Marcelo Hugo da Rocha
coordenação

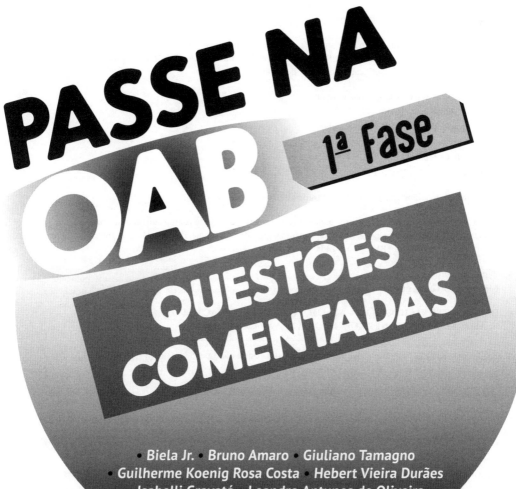

- Biela Jr. • Bruno Amaro • Giuliano Tamagno
- Guilherme Koenig Rosa Costa • Hebert Vieira Durães
- Isabelli Gravatá • Leandro Antunes de Oliveira
- Leonardo Castro • Marcelo Hugo da Rocha
- Rafael Novais • Renato Borelli
- Tatiana Marcello

16ª edição
2025

- O coordenador deste livro e a editora empenharam seus melhores esforços para assegurar que as informações e os procedimentos apresentados no texto estejam em acordo com os padrões aceitos à época da publicação, *e todos os dados foram atualizados pelo coordenador até a data da entrega dos originais à editora.* Entretanto, tendo em conta a evolução das ciências, as atualizações legislativas, as mudanças regulamentares governamentais e o constante fluxo de novas informações sobre os temas que constam do livro, recomendamos enfaticamente que os leitores consultem sempre outras fontes fidedignas, de modo a se certificarem de que as informações contidas no texto estão corretas e de que não houve alterações nas recomendações ou na legislação regulamentadora.

- Data do fechamento do livro: 10/10/2024

- O coordenador e a editora se empenharam para citar adequadamente e dar o devido crédito a todos os detentores de direitos autorais de qualquer material utilizado neste livro, dispondo-se a possíveis acertos posteriores caso, inadvertida e involuntariamente, a identificação de algum deles tenha sido omitida.

- Direitos exclusivos para a língua portuguesa
  Copyright ©2025 by
  Saraiva Jur, um selo da SRV Editora Ltda.
  Uma editora integrante do GEN | Grupo Editorial Nacional
  Travessa do Ouvidor, 11
  Rio de Janeiro – RJ – 20040-040

- **Atendimento ao cliente: https://www.editoradodireito.com.br/contato**

- Reservados todos os direitos. É proibida a duplicação ou reprodução deste volume, no todo ou em parte, em quaisquer formas ou por quaisquer meios (eletrônico, mecânico, gravação, fotocópia, distribuição pela Internet ou outros), sem permissão, por escrito, da **SRV Editora Ltda.**

- Capa: Lais Soriano
  Diagramação: Guilherme Salvador

- **DADOS INTERNACIONAIS DE CATALOGAÇÃO NA PUBLICAÇÃO (CIP)
  ELABORADO POR VAGNER RODOLFO DA SILVA – CRB-8/9410**

  P287 Passe na OAB – 1ª fase – questões comentadas / coordenado por Marcelo Hugo da Rocha. – 16. ed. – São Paulo: Saraiva Jur, 2025.

  664 p.
  ISBN: 978-85-5362-733-2

  1. Direito. 2. OAB. 3. Questões comentadas. I. Título.

	CDD 340
2024-3401	CDU 34

  Índice para catálogo sistemático:
  1. Direito   340
  2. Direito   34

Dedicamos nossos estudos àqueles para
quem o verbo *desistir* está ausente
do dicionário.

Insista como nós insistimos.

Nota do Coordenador

Quinze anos depois de lançarmos a 1ª edição em 2010, chegamos em 2025 com o livro que gostaríamos, nós, professores, de estudar para o Exame da OAB. São mais de 3.000 questões exclusivamente da OAB e aplicadas pela banca FGV. Para manter um ótimo custo-benefício e ser uma obra acessível, parte dessas questões está disponível ao leitor no conteúdo *online*, pelo acesso ao QR Code, no início do capítulo de cada disciplina, que o conduzirá a mais questões comentadas, e parte (desde o XX Exame) nesta obra impressa.

Lembre-se: resolver questões é um dos melhores métodos de estudos, segundo a ciência. Porém, **quantidade não é qualidade!** Então, nosso compromisso é entregar somente questões da OAB e comentários objetivos, pois quem deseja perder tempo com provas que não sejam do Exame de Ordem e explicações só para fazer volume?

Todos os outros diferenciais continuam nesta nova edição, como o **quadro de questões**[1] em cada disciplina, o nosso modo direto de comentar as questões, a divisão por tema ou assunto e a equipe de colaboradores; enfim, uma nova edição que deixará sua aprovação **mais próxima** de ser concretizada! Além disso, há **dicas**[2] **estratégicas e certeiras** das disciplinas para ajudá-los a **alcançar o maior número de acertos possíveis** e, por que não, gabaritar muitas delas!

As novas disciplinas do Exame da OAB a partir de 2023 — Direito Eleitoral, Direito Financeiro e Direito Previdenciário — estão comentadas nesta obra[3].

Espero que gostem.

Bons estudos a todos!

Marcelo Hugo da Rocha
www.marcelohugo.com.br
@profmarcelohugo

Acesse o QR Code e assista ao vídeo Mentoria para o Exame da OAB

> https://uqr.to/1wk6t

---

1 A quantidade de questões indicadas no *Quadro geral de questões* é a soma das questões desta obra e das questões comentadas disponibilizadas no conteúdo *online*.

2 O objetivo dos assuntos selecionados nas *Dicas para o Exame da OAB* não é esgotar toda e qualquer possibilidade de temas possíveis, mas, sim, trazer os principais tópicos de estudo para o candidato.

3 As disciplinas Direito Eleitoral, Direito Financeiro e Direito Previdenciário não possuem conteúdo *online* com *Dicas para o Exame da OAB* e *Questões Comentadas*, porque, devido a recente exigência no exame, ainda não há elementos suficientes para a classificação de assuntos dessas disciplinas.

Autores e disciplinas comentadas

AUTORES	DISCIPLINAS COMENTADAS
BIELA JR. Advogado e professor de Direito Civil e Ética Profissional na Uninove e UniSantaRita. Relator da XVIII Turma Disciplinar do TED da OAB/SP 2012/2015/2018. Mestre em Direito pela Universidade Metropolitana de Santos na área de concentração Responsabilidade Civil Ambiental. Pós-graduado *lato sensu* em Responsabilidade Civil pela FAAP e em Direito Processual Civil pelo Mackenzie. Possui MBA em Gestão de Negócios Imobiliários pela FMU. Pós-graduado em Direito do Consumidor e Direito de Família e Sucessões pela Faculdade Legale. Autor de obras jurídicas. Redes sociais: Instagram: @bielajr; Facebook: Professor Biela Jr.; Canal no YouTube: Biela Jr.	Ética e Legislação Profissional da OAB
BRUNO AMARO Mestrando em Gestão Pública e Políticas Públicas pela Fundação Getulio Vargas (FGV). Pós-graduado em Contratos Públicos/Direito Administrativo pela Universidade de Salamanca (Espanha). Pós-graduado em Direito Penal pela Escola Superior do Ministério Público de São Paulo. Professor de Direito Constitucional e Direito Administrativo de cursos preparatórios para concursos. Autor de diversas obras jurídicas. Ex-Procurador Estatal concursado da CPOS/SP. Ex-Procurador Estatal concursado da DERSA/SP. Ex-Legal Counsel da EMBRAER S.A. – Área de Defesa e Segurança. Secretário Adjunto da Secretaria de Assuntos Jurídicos do município de Cotia/SP (2023/2024). *E-mail*: professorbrunoamaro@hotmail.com.	Direito Constitucional
GIULIANO TAMAGNO Mestre em Direito. Especialista em Direito do Estado. Advogado. Membro da Academia Brasileira de Direito Civil. Foi servidor público. Professor de Direito e Processo Civil. Advogado.	Direito Civil
GUILHERME KOENIG ROSA COSTA Graduado em Direito. Especialista em Direito Processual Civil. Oficial de Justiça do TJ/RS.	Direito Processual Civil
HEBERT VIEIRA DURÃES Mestre em Direito Econômico (UFPB). MBA em Direito e Agronegócio e especialização em Ensino Remoto, Ensino a Distância e Metodologias Ativas. Graduado em História (licenciatura). Pós-graduado em Gestão do Ensino Superior Público e Privado e doutorando em Difusão do Conhecimento (UFBA/UNEB/IFBA). Professor efetivo da Universidade do Estado da Bahia – UNEB e da Faculdade Irecê (FAI). Leciona Direito Empresarial, Direito Civil, Direito do Consumidor e Teoria do Direito. Professor do Gran Cursos, além de outros preparatórios para OAB. Árbitro da Câmara de Mediação e Arbitragem Especializada – CAMES. Advogado, consultor jurídico, palestrante e autor de obras jurídicas pela Editora Saraiva e outras. Instagram: @hebertvduraes.	Direitos Humanos Filosofia do Direito

ISABELLI GRAVATÁ Advogada. Doutora em Direito Político e Econômico na Universidade Presbiteriana Mackenzie (SP). Mestre em Direito Público pela UNESA (RJ). Especialista em Direito Empresarial pela Faculdade Cândido Mendes (RJ). Especialista em Direito e Processo do Trabalho pela Universidade Cândido Mendes (UCAM). Ex-residente jurídica da área Trabalhista da Universidade do Estado do Rio de Janeiro (UERJ). Professora desde 2002 da Faculdade Presbiteriana Mackenzie Rio. Professora de cursos preparatórios para concursos públicos – área jurídica e área fiscal. Autora de livros jurídicos.	Direito do Trabalho
LEANDRO ANTUNES DE OLIVEIRA Advogado, professor e palestrante. Pós-doutorando em Direito UERJ. Doutor e Mestre em Direito. Presidente da Comissão de Estudos de Direito Material e Processual do Trabalho da OAB/RJ. Pós-graduado em Direito e Processo do Trabalho pela Universidade Presbiteriana Mackenzie. Professor universitário e de diversos cursos preparatórios para concursos públicos e pós-graduação.	Direito Processual do Trabalho
LEONARDO CASTRO Professor de Direito Penal. Especialista em Direito Penal. Professor do Gran Cursos e do Prova da Ordem. Autor de diversas obras jurídicas. Instagram: @leocastrodireitopenal. *Site*: www.praticapenal.com.br	Direito Penal
MARCELO HUGO DA ROCHA Graduado em Psicologia (Atitus Educação). Graduado em Direito (PUCRS). Especialista em Direito Empresarial (PUCRS). Mestre em Direito (PUCRS). Especialista em Psicologia Positiva e *Coaching* (Faculdade UNYLEYA). Psicólogo. Professor. Advogado. Coordenador, autor e coautor de mais de cem obras. Destaque para as coleções: Completaço® Passe na OAB e Completaço® Passe em Concursos Públicos, ambas publicadas pela Editora Saraiva. Rede social: Instagram: @profmarcelohugo; *site*: www.marcelohugo.com.br	Direito Ambiental Direito Civil Direito Eleitoral Direito Empresarial Direito Financeiro Direito Internacional Direito Previdenciário Direito Processual Civil Direito Tributário Estatuto da Criança e do Adolescente
RAFAEL NOVAIS Mestre em Direito pela Universidade Católica de Pernambuco – UNICAP. Especialista em Direito Público, Privado e Tributário. Especialista em Giustizia Constituzionale e Tutela Giurisdizionale dei Diritti pela Universidade de Pisa/It. Palestrante, consultor e doutrinador. Instrutor e assessor jurídico no Tribunal de Justiça do Estado de Pernambuco – TJPE. Instrutor especial na Escola Fazendária da Secretaria da Fazenda Pública de Pernambuco – ESAFAZ. Professor de Ética, Direito e Processo Tributário em diversos cursos preparatórios para concursos públicos e exames da OAB em todo o Brasil. Autor de obras jurídicas.	Direito Tributário
RENATO BORELLI Juiz federal do TRF 1ª Região. Foi juiz federal do TRF 5ª Região. Exerceu a advocacia privada e pública. Atuou no CARF/Ministério da Fazenda como conselheiro (antigo conselho de contribuintes). É formado em Direito e Economia, com especialização em direito público, direito tributário e sociologia jurídica.	Direito Processual Penal

AUTORES E DISCIPLINAS COMENTADAS

TATIANA MARCELLO Advogada. Professora de Direito Administrativo e Direito do Consumidor. Professora no programa de pós-graduação da PUCRS. Professora de curso preparatório para concursos e Exame de Ordem. Especialista em Processo Civil pela UCB. Especialista em Direito Civil pela Esade. Coordenadora da pós-graduação em Gestão Pública e Direito Administrativo da Escola Mineira de Direito (EMD). Coautora de diversas obras publicadas pela Editora Saraiva e por outras editoras.	Direito Administrativo Direito do Consumidor

Quadro geral de questões

DISCIPLINAS	N. DE QUESTÕES*
Ética e Legislação Profissional da OAB	412
Filosofia do Direito	65
Direito Constitucional	280
Direitos Humanos	105
Direito Internacional	81
Direito Tributário	207
Direito Administrativo	228
Direito Ambiental	83
Direito Civil	297
Estatuto da Criança e do Adolescente	89
Direito do Consumidor	85
Direito Empresarial	188
Direito Processual Civil	252
Direito Penal	244
Direito Processual Penal	222
Direito do Trabalho	245
Direito Processual do Trabalho	218
Direito Eleitoral	8
Direito Financeiro	8
Direito Previdenciário	8
TOTAL	3325

* O número de questões refere-se às questões deste livro mais as questões disponibilizadas no conteúdo *online*.

Sumário

Nota do Coordenador VII

Autores e disciplinas comentadas IX

Quadro geral de questões XIII

Ética e Legislação Profissional da OAB 1
Biela Jr.

Filosofia do Direito 65
Hebert Vieira Durães

Direito Constitucional 81
Bruno Amaro

Direitos Humanos 147
Hebert Vieira Durães

Direito Internacional 169
Marcelo Hugo da Rocha

Direito Tributário 183
Marcelo Hugo da Rocha e Rafael Novais

Direito Administrativo 215
Tatiana Marcello

Direito Ambiental 259
Marcelo Hugo da Rocha

Direito Civil 275
Marcelo Hugo da Rocha e Giuliano Tamagno

Estatuto da Criança e do Adolescente 333
Marcelo Hugo da Rocha

Direito do Consumidor 351
Tatiana Marcello

Direito Empresarial 373
Marcelo Hugo da Rocha

Direito Processual Civil 405
Marcelo Hugo da Rocha e Guilherme Koenig Rosa Costa

Direito Penal 461
Leonardo Castro

Direito Processual Penal 505
Renato Borelli

Direito do Trabalho 557
Isabelli Gravatá

Direito Processual do Trabalho 599
Leandro Antunes de Oliveira

Direito Eleitoral 637
Marcelo Hugo da Rocha

Direito Financeiro 641
Marcelo Hugo da Rocha

Direito Previdenciário 645
Marcelo Hugo da Rocha

Ética e Legislação Profissional da OAB

Ao acessar o QR Code, você encontrará Dicas para o Exame da OAB e mais Questões Comentadas para treinar seus conhecimentos

> https://uqr.to/1wk6u

ÉTICA E LEGISLAÇÃO PROFISSIONAL DA OAB: QUADRO GERAL DE QUESTÕES	
TEMAS	N. DE QUESTÕES
I. Atividade Privativa	16
II. Atividade	33
III. Tipos de Advocacia	12
IV. Mandato	23
V. Direitos	65
VI. Inscrição	26
VII. Incompatibilidades e Impedimentos	19
VIII. Sociedades	28
IX. Honorários	43
X. Infrações	40
XI. OAB	31
XII. Processo Disciplinar	24
XIII. Código de Ética e Disciplina – Geral	15
XIV. Código de Ética e Disciplina – Sigilo	13
XV. Código de Ética e Disciplina – Publicidade	24
TOTAL	412

I. ATIVIDADE PRIVATIVA

1. (35º Exame) João é estagiário de Direito. É vedado a João praticar isoladamente – isto é, sem atuar em conjunto com o advogado ou o defensor público que o supervisiona – o seguinte ato:

(A) assinar petições de juntada de documentos a processos judiciais.
(B) obter junto aos escrivães e chefes de secretarias certidões de peças de processos em curso.
(C) comparecer à prática de atos extrajudiciais, sem autorização ou substabelecimento do advogado.
(D) retirar e devolver autos em cartório, assinando a respectiva carga.

RESPOSTA Aqui, para se chegar à resposta desta questão, bastava ter conhecimento do art. 29 do Regulamento Geral, já que as afirmativas das letras A, B e D são os atos que o estagiário pode praticar isoladamente. Todavia, João precisa de autorização para a prática dos atos extrajudiciais. *Alternativa C.*

2. (XXXIV Exame) Aline, advogada inscrita na OAB, poderá praticar validamente, durante o período em que estiver cumprindo sanção disciplinar de suspensão, o seguinte ato:

(A) impetrar *habeas corpus* perante o Superior Tribunal de Justiça.

(B) visar ato constitutivo de cooperativa, para que seja levado a registro.

(C) complementar parecer que elaborara em resposta à consulta jurídica.

(D) interpor recurso com pedido de reforma de sentença que lhe foi desfavorável em processo no qual atuava em causa própria.

RESPOSTA Mesmo estando suspensa, o ato de impetrar *HC* não é privativo de advogado, podendo qualquer do povo impetrar, conforme reza o art. 1º, § 1º, do EAOAB. *Alternativa A.*

3. (XXXIV Exame) Determinada sociedade de advogados sustenta que os serviços por ela prestados são considerados de notória especialização, para fins de contratação com a Administração Pública.

Sobre tal conceito, nos termos do Estatuto da Advocacia e da OAB, assinale a afirmativa correta.

(A) Todas as atividades privativas da advocacia são consideradas como serviços de notória especialização, tratando-se de atributo da atuação técnica do advogado, não extensível à sociedade de advogados.

(B) Todas as atividades privativas da advocacia são consideradas como serviços de notória especialização, conceito que se estende à atuação profissional do advogado ou da sociedade de advogados.

(C) Apenas exercem serviços de notória especialização o advogado ou a sociedade de advogados cujo trabalho seja possível inferir ser essencial e, indiscutivelmente, o mais adequado à plena satisfação do objeto do contrato.

(D) Apenas exercem serviços de notória especialização o advogado cujo trabalho seja possível inferir ser essencial e, indiscutivelmente, o mais adequado à plena satisfação do objeto do contrato, tratando-se de atributo da atuação técnica do advogado, não extensível à sociedade de advogados.

RESPOSTA Considera-se de notória especialização o profissional ou a sociedade de advogados cujo conceito no campo de sua especialidade, decorrente de desempenho anterior, estudos, experiências, publicações, organização, aparelhamento, equipe técnica ou de outros requisitos relacionados com suas atividades, permita inferir que o seu trabalho é essencial e, indiscutivelmente, o mais adequado à plena satisfação do objeto do contrato, nos exatos termos do art. 3º-A, *caput*, do EAOAB. *Alternativa C.*

4. (XXIX Exame) Júnior é bacharel em Direito. Formou-se no curso jurídico há seis meses e não prestou, ainda, o Exame de Ordem para sua inscrição como advogado, embora pretenda fazê-lo em breve. Por ora, Júnior é inscrito junto à OAB como estagiário e exerce estágio profissional de advocacia em certo escritório credenciado pela OAB, há um ano. Nesse exercício, poucas semanas atrás, juntamente com o advogado José dos Santos, devidamente inscrito como tal, prestou consultoria jurídica sobre determinado tema, solicitada por um cliente do escritório. Os atos foram assinados por ambos. Todavia, o cliente sentiu-se lesado nessa consultoria, alegando culpa grave na sua elaboração.

Considerando o caso hipotético, bem como a disciplina do Estatuto da Advocacia e da OAB, assinale a opção correta.

(A) Júnior não poderia atuar como estagiário e deverá responder em âmbito disciplinar por essa atuação indevida. Já a responsabilidade pelo conteúdo da atuação na atividade de consultoria praticada é de José.

(B) Júnior não poderia atuar como estagiário e deverá responder em âmbito disciplinar por essa atuação indevida. Já a responsabilidade pelo conteúdo da atuação na atividade de consultoria praticada é solidária entre Júnior e José.

(C) Júnior poderia atuar como estagiário. Já a responsabilidade pelo conteúdo da atuação na atividade de consultoria praticada é solidária entre Júnior e José.

(D) Júnior poderia atuar como estagiário. Já a responsabilidade pelo conteúdo da atuação na atividade de consultoria praticada é de José.

RESPOSTA Nos termos do art. 29 do RGEAOAB, o estagiário, em conjunto com o advogado, poderá praticar todos os atos privativos da advocacia, inclusive de consultoria, contudo a responsabilidade profissional será do advogado. *Alternativa D.*

5. (XXVII Exame) Guilherme é bacharel em Direito, não inscrito na OAB como advogado. Ao se deparar com situações de ilegalidade que ameaçam a liberdade de locomoção de seus amigos César e João, e com situação de abuso de poder que ameaça direito líquido e certo de seu amigo Antônio, Guilherme, valendo-se de seus conhecimentos jurídicos, impetra *habeas corpus* em favor de César na Justiça Comum Estadual, em 1ª instância; *habeas corpus* em favor de Antônio, perante o Tribunal de Justiça, em 2ª instância; e mandado de segurança em favor de João, na Justiça Federal, em 1ª instância.

ÉTICA E LEGISLAÇÃO PROFISSIONAL DA OAB

Considerando o que dispõe o Estatuto da OAB acerca da atividade da advocacia, assinale a afirmativa correta.

(A) Guilherme pode impetrar *habeas corpus* em favor de César, mas não pode impetrar *habeas corpus* em favor de Antônio, nem mandado de segurança em favor de João.

(B) Guilherme pode impetrar *habeas corpus* em favor de César e Antônio, mas não pode impetrar mandado de segurança em favor de João.

(C) Guilherme pode impetrar *habeas corpus* em favor de César e Antônio, e também pode impetrar mandado de segurança em favor de João.

(D) Guilherme pode impetrar mandado de segurança em favor de João, mas não pode impetrar *habeas corpus* em favor de César e Antônio.

RESPOSTA O objetivo da questão era verificar os conhecimentos dos candidatos no que diz respeito aos atos privativos no seu regime de regras e exceções (EAOAB, art. 1º). Nesse caso, a impetração de mandado de segurança como regra de ato privativo de advogado e, como exceção à regra, a impetração do *habeas corpus* em qualquer instância ou tribunal (EAOAB, art. 1º, § 1º). *Alternativa A.*

6. (XXIII Exame) Juliana é integrante da equipe de recursos humanos de certa sociedade anônima, de grande porte, cujo objeto social é o comércio de produtos eletrônicos. Encontrando-se vago um cargo de gerência jurídica, Juliana organizou processo seletivo, tendo recebido os currículos de três candidatas. A primeira delas, Mariana, é advogada regularmente inscrita na OAB, tendo se especializado em Direito Penal. A segunda, Patrícia, não é graduada em Direito, porém é economista e concluiu o doutorado em direito societário e mercado de capitais. A terceira, Luana, graduada em Direito, foi aprovada no exame da OAB e concluiu mestrado e doutorado. É conselheira de certo tribunal de contas estadual, mas encontra-se afastada, a pedido, sem vencimentos. Considerando a situação narrada, assinale a afirmativa correta.

(A) Qualquer das candidatas poderá exercer a função de gerência jurídica, mas apenas Mariana poderá subscrever os atos privativos da advocacia.

(B) Qualquer das candidatas poderá exercer a função de gerência jurídica, mas apenas Mariana e Luana poderão subscrever os atos privativos da advocacia.

(C) Apenas Mariana poderá exercer a função de gerência jurídica.

(D) Apenas Mariana e Luana poderão exercer a função de gerência jurídica.

RESPOSTA Apenas os advogados devidamente inscritos na OAB é que podem exercer cargos de gerente jurídico, nos termos do art. 1º, II, do EAOAB. *Alternativa C.*

II. ATIVIDADE

7. (41º Exame) A advogada Marina prestou consultoria na área de Direito Tributário para uma sociedade empresária, analisando um tema importante para as funções da referida pessoa jurídica.

Sobre a atividade da advogada, de acordo com o Estatuto da Advocacia e da OAB, assinale a afirmativa correta.

(A) A mencionada consultoria deve ser prestada exclusivamente de modo escrito e pressupõe formalização de contrato de honorários.

(B) Se a pessoa jurídica e a advogada assim acordarem, independentemente de mandato ou mesmo da formalização do contrato de honorários, é possível a prestação da consultoria por escrito ou verbalmente.

(C) Caso a consultoria seja prestada verbalmente, a concordância com essa forma deve ser expressa por ambas as partes em contrato escrito de prestação de serviços advocatícios.

(D) A consultoria prestada por Marina pode ser realizada de modo escrito ou verbalmente e, assim, o contrato de prestação de serviços advocatícios pode ser verbal ou escrito, mas é necessária a outorga de mandato.

RESPOSTA De acordo com o EAOAB, art. 5º, § 4º, incluído pela Lei n. 14.365/2022, "as atividades de consultoria e assessoria jurídicas podem ser exercidas de modo verbal ou por escrito, a critério do advogado e do cliente, e independem de outorga de mandato ou de formalização por contrato de honorários". *Alternativa B.*

8. (40º Exame) Valmir, bacharel em Direito, aprovado no Exame da Ordem dos Advogados do Brasil, ocupa o cargo público de agente de Polícia Civil do Estado Alfa.

Movido por sentimento altruísta, Valmir requer sua inscrição na OAB, pois pretende, nos momentos de folga da atividade policial, exercer a advocacia de forma gratuita, eventual e voluntária, em favor de instituições sociais sem fins econômicos que não disponham de recursos para a contratação de profissional.

À luz dessas informações, e considerada a legislação vigente, assinale a afirmativa correta.

(A) Valmir poderá exercer regularmente a advocacia, inclusive *pro bono*.

(B) Valmir não poderá exercer a advocacia remunerada, pois ocupa cargo incompatível, mas poderá exercer a advocacia *pro bono*.

(C) Valmir não poderá exercer a advocacia, mesmo *pro bono*, uma vez que o cargo público que ocupa atrai o regime da incompatibilidade;

(D) A condição de servidor público atrai o regime do impedimento, razão pela qual Valmir não poderá exercer a advocacia contra a Fazenda Pública que o remunera. Observado esse impedimento, não haverá óbice para o exercício da advocacia *pro bono*.

RESPOSTA Pergunta clássica e com o objetivo de confundir o candidato. O EAOAB proíbe totalmente o exercício da atividade, mesmo que seja "*pro bono*", conforme reza o art. 28, V: "ocupantes de cargos ou funções vinculados direta ou indiretamente a atividade policial de qualquer natureza". *Alternativa C*.

9. (39º Exame) O advogado Edson foi contratado para prestar a um cliente assessoria jurídica quanto a uma questão imobiliária.

Considerando o caso hipotético, assinale a afirmativa correta.

(A) Edson pode prestar a assessoria de modo verbal. Também não é necessária a outorga de mandato ou formalização por contrato de honorários.

(B) Edson deve prestar a assessoria de modo escrito. Faz-se necessária a outorga de mandato, mesmo que não haja formalização por contrato de honorários.

(C) Edson pode prestar a assessoria de modo verbal. É necessária a outorga de mandato, mesmo que não haja formalização por contrato de honorários.

(D) Edson deve prestar a assessoria de modo escrito, mas não é necessária a outorga de mandato ou formalização por contrato de honorários.

RESPOSTA De acordo com a Lei n. 14.365/2002, que acrescentou o § 4º ao art. 5º do EOAB: "as atividades de consultoria e assessoria jurídicas podem ser exercidas de modo verbal ou por escrito, a critério do advogado e do cliente, e independem de outorga de mandato ou de formalização por contrato de honorários". *Alternativa A*.

10. (39º Exame) Luana, advogada especialista em Direito Civil, é procurada por Carla, que busca ajuizar demanda para obtenção de indenização por danos morais e materiais em face de seu vizinho. Ao tomar conhecimento dos fatos, Luana percebe que aquele era o último dia possível para o ajuizamento da ação, visto que a prescrição da pretensão de sua cliente se consumaria no dia seguinte.

Luana, então, peticionou, perante o juízo competente, sem, contudo, ter tido tempo hábil para anexar aos autos a procuração de sua cliente, em razão da urgência decorrente da iminente prescrição.

Nesse contexto, considerando as disposições do Estatuto da Ordem dos Advogados do Brasil, assinale a afirmativa correta.

A) A advogada Luana não pode postular em juízo ou fora dele sem procuração, ainda que em situação de alegada urgência.

B) A urgência, por si só, não é suficiente para justificar a não apresentação da procuração, devendo ser conjugada com iminente risco à integridade física ou à vida do cliente.

C) Luana não está obrigada a apresentar procuração, visto que o mandato conferido por seus clientes é presumido pelos fatos narrados na inicial e pela documentação que a instrui.

D) No contexto da iminente prescrição da pretensão de sua cliente, Luana, afirmando urgência, pode atuar sem procuração, obrigando-se a apresentá-la no prazo de quinze dias, prorrogável por igual período.

RESPOSTA Neste caso, o examinador pretende saber se o examinando conhece o regime de regra e exceção no tocante a apresentação da procuração, cobrando nesta questão exatamente o que dispõe o EAOAB, art. 5º, § 1º: "o advogado, afirmando urgência, pode atuar sem procuração, obrigando-se a apresentá-la no prazo de quinze dias, prorrogável por igual período". *Alternativa D*.

11. (36º Exame) O advogado João ajuizou uma lide temerária em favor de seu cliente Flávio. Sobre a responsabilização de João, assinale a afirmativa correta.

(A) João será solidariamente responsável com Flávio apenas se provado conluio para lesar a parte contrária.

(B) João será solidariamente responsável com Flávio independentemente de prova de conluio para lesar a parte contrária.

(C) João será responsável subsidiariamente a Flávio apenas se provado conluio para lesar a parte contrária.

(D) Flávio será responsabilizado subsidiariamente a João independentemente de prova de conluio para lesar a parte contrária.

RESPOSTA Ao mencionar lide temerária, o examinador remete o candidato ao parágrafo único do art. 32 do EAOAB, o qual dispõe sobre a responsabilidade

ÉTICA E LEGISLAÇÃO PROFISSIONAL DA OAB

solidária do advogado em caso lide temerária, o que deve ser apurado em ação própria. *Alternativa A.*

12. **(36º Exame)** O advogado Francisco Campos, acadêmico respeitado no universo jurídico, por solicitação do Presidente da Comissão de Constituição e Justiça da Câmara de Deputados, realizou estudos e sugestões para a alteração de determinado diploma legal.

Sobre a atividade realizada por Francisco Campos, assinale a afirmativa correta.

(A) A contribuição de Francisco dá-se como a de qualquer cidadão, não se configurando atividade da advocacia, dentre as elencadas no Estatuto da Advocacia e da OAB.

(B) É vedada ao advogado a atividade mencionada junto ao Poder Legislativo.

(C) A referida contribuição de Francisco é autorizada apenas se Francisco for titular de mandato eletivo, hipótese em que, no que se refere ao exercício da advocacia, ele estará impedido.

(D) Enquanto advogado, é legítimo a Francisco contribuir com a elaboração de normas jurídicas, no âmbito dos Poderes da República.

RESPOSTA Nesse caso, o examinador cobrou assunto relativamente novo no EAOAB, especificamente o art. 2-A, reproduzindo seu texto na letra D, *verbis*: "O advogado pode contribuir com o processo legislativo e com a elaboração de normas jurídicas, no âmbito dos Poderes da República". Assim, com o conhecimento literal do EAOAB, o aluno conseguiria acertar a questão. *Alternativa D.*

13. **(XXXIII Exame)** Antônio, residente no Município do Rio de Janeiro, ajuizou em tal foro, assistido pelo advogado Bernardo, ação ordinária em face do Banco Legal, com pedido de pagamento de indenização por danos morais supostamente sofridos por ter sido ofendido por segurança quando tentava ingressar em agência bancária localizada em Niterói.

Ao despachar a petição inicial, o juiz verificou que Antônio ocultou a circunstância de que já havia proposto, perante um dos juizados especiais cíveis da comarca de Niterói, outra ação em face do Banco Legal em razão dos mesmos fatos, na qual o pedido indenizatório foi julgado improcedente, em decisão que já havia transitado em julgado quando ajuizada a ação no Rio de Janeiro.

Em tal situação, caso se comprove que Bernardo agiu de forma coligada com Antônio para lesar o Banco Legal, Bernardo será responsabilizado

(A) solidariamente com Antônio, conforme apurado em ação própria.

(B) solidariamente com Antônio, conforme apurado nos próprios autos.

(C) subsidiariamente com Antônio, conforme apurado em ação própria.

(D) subsidiariamente em relação a Antônio, conforme apurado nos próprios autos.

RESPOSTA No caso em tela, trata-se de lide temerária, razão pela qual Antônio responderá solidariamente conforme dispõe o art. 32, parágrafo único, do EAOAB, portanto, não confunda com responsabilidade subsidiária dos sócios. *Alternativa A.*

14. **(XXX Exame)** Em certa situação, uma advogada, inscrita na OAB, foi ofendida em razão do exercício profissional durante a realização de uma audiência judicial. O ocorrido foi amplamente divulgado na mídia, assumindo grande notoriedade e revelando, de modo urgente, a necessidade de desagravo público.

Considerando que o desagravo será promovido pelo Conselho competente, seja pelo órgão com atribuição ou pela Diretoria *ad referendum*, assinale a afirmativa correta.

(A) A atuação se dará apenas mediante provocação, a pedido da ofendida ou de qualquer outra pessoa. É condição para concessão do desagravo a solicitação de informações à pessoa ou autoridade apontada como ofensora.

(B) A atuação se dará de ofício ou mediante pedido, o qual deverá ser formulado pela ofendida, seu representante legal ou advogado inscrito na OAB. É condição para concessão do desagravo a solicitação de informações à pessoa ou autoridade apontada como ofensora.

(C) A atuação se dará de ofício ou mediante provocação, seja da ofendida ou de qualquer outra pessoa. Não é condição para concessão do desagravo a solicitação de informações à pessoa ou autoridade apontada como ofensora.

(D) A atuação se dará de ofício ou mediante pedido, o qual deverá ser formulado pela ofendida, seu representante legal ou advogado inscrito na OAB. Não é condição para concessão do desagravo a solicitação de informações à pessoa ou autoridade apontada como ofensora.

RESPOSTA Conforme reza o *caput* do art. 18 do RGEAOAB, o desagravo poderá se dar de ofício, a pedido do ofendido ou de qualquer pessoa, e o § 2º do mesmo artigo complementa a alternativa no sentido de que não é condição para concessão do desagravo a solicitação de informações à pessoa ou à autoridade apontada como ofensora. *Alternativa C.*

15. **(XXV Exame)** O advogado Ícaro dos Santos, regularmente constituído para a defesa judicial de certo cliente, necessitou, para o correto exercício do mandato, que o cliente lhe apresentasse alguns documentos. Após Ícaro solicitar-lhe os documentos diversas vezes, realizando inúmeras tentativas de contato, o cliente manteve-se inerte por prazo superior a três meses.

Considerando o caso narrado, assinale a afirmativa correta.

(A) Diante da inércia do cliente, o Código de Ética e Disciplina da OAB dispõe que se presume extinto automaticamente o mandato.

(B) Diante da inércia do cliente, o Código de Ética e Disciplina da OAB dispõe que é recomendada a renúncia ao mandato. Ainda de acordo com o diploma, a renúncia ao patrocínio deve ser feita com menção do motivo que a determinou.

(C) Diante da inércia do cliente, o Código de Ética e Disciplina da OAB dispõe que é recomendado ao advogado peticionar nos autos, solicitando a intimação pessoal do cliente para apresentação dos documentos. Apenas após o ato, se mantida a inércia, presume-se extinto o mandato.

(D) Diante da inércia do cliente, o Código de Ética e Disciplina da OAB dispõe que é recomendada a renúncia ao mandato. Ainda de acordo com o diploma, a renúncia ao patrocínio deve ser feita sem menção do motivo que a determinou.

RESPOSTA O advogado não será responsabilizado por omissão do cliente quanto a documento ou informação que lhe devesse fornecer para a prática oportuna de ato processual do seu interesse (art. 16, § 2º, do CED). *Alternativa D.*

16. **(XXIII Exame)** Diogo é estudante de Direito com elevado desempenho acadêmico. Ao ingressar nos últimos anos do curso, ele é convidado por um ex-professor para estagiar em seu escritório. Inscrito nos quadros de estagiários da OAB e demonstrando alta capacidade, Diogo ganha a confiança dos sócios do escritório e passa a, isoladamente e sob a responsabilidade do advogado, retirar e devolver autos em cartório, assinando a respectiva carga; visar atos constitutivos de sociedades para que sejam admitidos a registro; obter junto a escrivães e chefes de secretaria certidões de peças ou autos de processos em curso ou findos; assinar petições de juntada de documentos a processos judiciais ou administrativos; e subscrever embargos de declaração opostos em face de decisões judiciais. Considerando as diversas atividades desempenhadas por Diogo, isoladamente e sob a

responsabilidade do advogado, de acordo com o Estatuto e Regulamento da OAB, ele pode

(A) Retirar e devolver autos em cartório, assinando a respectiva carga, bem como visar atos constitutivos de sociedades, para que sejam admitidos a registro.

(B) Obter, junto a escrivães e chefes de secretaria, certidões de peças ou autos de processos em curso ou findos, bem como assinar petições de juntada de documentos a processos judiciais ou administrativos.

(C) Obter, junto a escrivães e chefes de secretaria, certidões de peças ou autos de processos findos, mas não de processos em curso, bem como subscrever embargos de declaração opostos em face de decisões judiciais.

(D) Assinar petições de juntada de documentos a processos judiciais, mas não a processos administrativos, nem subscrever embargos de declaração opostos em face de decisões judiciais.

RESPOSTA Nesse caso, o examinador cobrou exatamente o texto previsto no art. 29 do Regulamento Geral, *verbis*: "Art. 29. Os atos de advocacia, previstos no art. 1º do Estatuto, podem ser subscritos por estagiário inscrito na OAB, em conjunto com o advogado ou o defensor público. § 1º O estagiário inscrito na OAB pode praticar isoladamente os seguintes atos, sob a responsabilidade do advogado: I – retirar e devolver autos em cartório, assinando a respectiva carga; II – obter junto aos escrivães e chefes de secretarias certidões de peças ou autos de processos em curso ou findos; III – assinar petições de juntada de documentos a processos judiciais ou administrativos". *Alternativa B.*

17. **(XXII Exame)** Carolina, Júlia, Bianca e Maria são advogadas. Carolina é servidora estadual não enquadrada em hipótese de incompatibilidade; Júlia está cumprindo suspensão por infração disciplinar; Bianca está licenciada por requerimento próprio justificado; e Maria é servidora federal não enquadrada em hipótese de incompatibilidade. As quatro peticionam, como advogadas, isoladamente e em atos distintos, em ação judicial proposta em face da União.

Diante da situação narrada, de acordo com o Estatuto da OAB, são válidos os atos praticados

(A) Por Carolina, apenas.

(B) Por Carolina e Bianca, apenas.

(C) Por Carolina, Bianca e Maria, apenas.

(D) Por Carolina, Júlia, Bianca e Maria.

RESPOSTA Apenas os atos de Carolina são válidos nos termos do art. 30, I, do EAOAB, pois a União não

ÉTICA E LEGISLAÇÃO PROFISSIONAL DA OAB

é a Fazenda Pública remuneradora de Carolina. *Alternativa A.*

18. **(XXI Exame)** Pedro é advogado empregado da sociedade empresária FJ. Em reclamação trabalhista proposta por Tiago em face da FJ, é designada audiência para data na qual os demais empregados da empresa estarão em outro Estado, participando de um congresso.

Assim, no dia da audiência designada, Pedro se apresenta como preposto da reclamada, na condição de empregado da empresa, e advogado com procuração para patrocinar a causa.

Nesse contexto,

(A) Pedro pode funcionar no mesmo processo, simultaneamente, como patrono e preposto do empregador, em qualquer hipótese.

(B) Pedro pode funcionar no mesmo processo, simultaneamente, como patrono e preposto do empregador, pois não há outro empregado disponível na data da audiência.

(C) Pedro pode funcionar no mesmo processo, simultaneamente, como patrono e preposto do empregador, em qualquer hipótese, desde que essa circunstância seja previamente comunicada ao juízo e ao reclamante.

(D) Pedro não pode funcionar no mesmo processo, simultaneamente, como patrono e preposto do empregador ou cliente.

RESPOSTA Mais uma vez o examinador cobra o texto da norma, no caso o CED, art. 25, ao determinar que é defeso ao advogado funcionar no mesmo processo, simultaneamente, como patrono e preposto de empregador ou cliente. *Alternativa D.*

19. **(XXI Exame)** A advogada Kátia exerce, de forma eventual e voluntária, a advocacia *pro bono* em favor de certa instituição social, a qual possui personalidade jurídica como associação, bem como de pessoas físicas economicamente hipossuficientes.

Em razão dessa prática, sempre que pode, Kátia faz menção pública à sua atuação *pro bono*, por entender que isto revela correição de caráter e gera boa publicidade de seus serviços como advogada, para obtenção de clientes em sua atuação remunerada.

Considerando as informações acima, assinale a afirmativa correta.

(A) Kátia comete infração ética porque a advocacia *pro bono* não pode ser destinada a pessoas jurídicas, sob pena de caracterização de aviltamento de honorários. Kátia também comete infração ética ao divulgar sua atuação *pro bono*

como instrumento de publicidade para obtenção de clientela.

(B) Kátia comete infração ética, ao divulgar sua atuação *pro bono* como instrumento de publicidade para obtenção de clientela. Quanto à atuação *pro bono* em favor de pessoas jurídicas, inexiste vedação.

(C) Kátia comete infração ética porque a advocacia *pro bono* não pode ser destinada a pessoas jurídicas, sob pena de caracterização de aviltamento de honorários. Quanto à divulgação de seus serviços *pro bono* para obtenção de clientela, inexiste vedação.

(D) A situação narrada não revela infração ética. Inexistem óbices à divulgação por Kátia de seus serviços *pro bono* para obtenção de clientela, bem como à atuação *pro bono* em favor de pessoas jurídicas.

RESPOSTA No exercício da advocacia *pro bono* é terminantemente proibido exercê-la como instrumento de publicidade para captação de clientela, nos termos do art. 30, § 3º, do CED. *Alternativa B.*

20. **(XXI Exame)** José, bacharel em Direito, constitui Cesar, advogado, como seu procurador para atuar em demanda a ser proposta em face de Natália.

Ajuizada a demanda, após o pedido de tutela provisória ter sido indeferido, José orienta César a opor Embargos de Declaração, embora não vislumbre omissão, contradição ou obscuridade na decisão, tampouco erro material a corrigir. César, porém, acredita que a medida mais adequada é a interposição de Agravo de Instrumento, pois entende que a decisão poderá ser revista pelo tribunal, facultando-se, ainda, ao juízo de primeira instância reformar sua decisão.

Diante da divergência, assinale a opção que indica o posicionamento correto.

(A) César deverá, em qualquer hipótese, seguir a orientação de José, que é parte na demanda e possui formação jurídica.

(B) César deverá esclarecer José quanto à sua estratégia, mas subordinar-se, ao final, à orientação deste, pois no exercício do mandato atua como patrono da parte.

(C) César deverá imprimir a orientação que lhe pareça mais adequada à causa, sem se subordinar à orientação de José, mas procurando esclarecê-lo quanto à sua estratégia.

(D) César deverá imprimir a orientação que lhe pareça mais adequada à causa, sem se subordinar à orientação de José, e sem procurar esclarecê-lo quanto à sua estratégia, pois, no seu ministério privado, presta serviço público.

RESPOSTA Sendo o advogado o primeiro juiz da causa, tendo liberdade e independência no exercício profissional, o CED, no art. 11, dispõe que o advogado, no exercício do mandato, deve imprimir à causa orientação que lhe pareça mais adequada, sem se subordinar a intenções contrárias do cliente, mas sempre procurando esclarecê-lo quanto à estratégia traçada. *Alternativa C.*

21. (XX Exame – Reaplicação) Luiz, estudante do quarto período da Faculdade de Direito, e seu irmão, Bernardo, que cursa o nono período na mesma faculdade, foram contratados pelo escritório Pereira Advogados, para atuar como estagiários. Bernardo é inscrito como estagiário perante o Conselho Seccional respectivo.

Sobre a atuação dos irmãos, assinale a opção correta.

(A) Luiz e Bernardo poderão, isoladamente, retirar e devolver autos em cartório, assinando a respectiva carga.

(B) Bernardo poderá, isoladamente, obter, junto ao chefe de secretaria do cartório judicial, certidão sobre processos em curso.

(C) Bernardo poderá, isoladamente, realizar, de forma onerosa, atividades de consultoria e assessoria jurídica. Luiz poderá assinar petições de juntada de documentos a processos judiciais.

(D) Bernardo não poderá comparecer isoladamente para a prática de atos extrajudiciais, mesmo diante de substabelecimento, sendo necessária a presença conjunta de advogado.

RESPOSTA Nos termos do art. 29, § 1º, II, do Regulamento Geral, o estagiário inscrito na OAB pode praticar isoladamente, sob a responsabilidade do advogado a obtenção junto aos escrivães e chefes de secretarias certidões de peças ou autos de processos em curso ou findos. *Alternativa B.*

22. (XX Exame – Reaplicação) Rodrigo outorgou mandato à advogada Lívia para postular em juízo o adimplemento de obrigação de fazer em face de uma concessionária de serviços públicos. Ocorre que Lívia, por problemas pessoais, após a citação da ré, não desejou mais atuar como advogada na causa.

Nestas condições, Lívia deverá

(A) comunicar ao juízo a renúncia ao mandato, liberando-se, após a protocolização da petição, do dever de representar Rodrigo em juízo.

(B) notificar Rodrigo da renúncia ao mandato por carta. Após, deverá comunicar ao juízo, mas continuará obrigada a representar Rodrigo em juízo

até que decorridos dez dias da ciência apostada pelo magistrado da renúncia nos autos.

(C) comunicar ao juízo a renúncia ao mandato, e, posteriormente, notificar Rodrigo, continuando obrigada a representar o cliente até que ele constitua novo advogado ou defensor público.

(D) notificar Rodrigo da renúncia ao mandato por carta e, após, deverá comunicar ao juízo, mas, nos dez dias seguintes à notificação ao cliente da renúncia, Lívia continuará obrigada a representar Rodrigo, a menos que seja substituída por outro advogado antes do término desse prazo.

RESPOSTA O EAOAB, art. 5º, § 3º, trata dessa obrigação, em que o advogado que renunciar continuará, durante os 10 dias seguintes à notificação da renúncia, a representar o mandante, salvo se for substituído antes do término desse prazo. *Alternativa D.*

23. (XX Exame) As advogadas Tereza, Gabriela e Esmeralda desejam integrar a lista a ser encaminhada ao Tribunal de Justiça de determinado Estado da Federação, para preenchimento de vaga constitucionalmente destinada aos advogados na composição do Tribunal. Tereza exerce regular e efetivamente a atividade de advocacia há 15 anos. Possui reputação ilibada e saber jurídico tão notório que a permitiu ser eleita conselheira suplente, para a atual gestão, de determinada subseção da OAB. Gabriela, embora nunca tenha integrado órgão da OAB, exerce, regular e efetivamente, a advocacia há 06 anos e é conhecida por sua conduta ética e seu profundo conhecimento do Direito. Por sua vez, Esmeralda pratica regularmente a advocacia há 10 anos. Também é inconteste seu extenso conhecimento jurídico. A reputação ilibada de Esmeralda é comprovada diariamente no corretíssimo exercício de sua função de tesoureira da Caixa de Assistência de Advogados da Seccional da OAB na qual inscrita.

Sobre o caso narrado, assinale a afirmativa correta.

(A) Nenhuma das advogadas deverá compor a lista a ser encaminhada ao Tribunal de Justiça.

(B) Apenas Tereza e Esmeralda deverão compor a lista a ser encaminhada ao Tribunal de Justiça.

(C) Apenas Gabriela deverá compor a lista a ser encaminhada ao Tribunal de Justiça.

(D) Apenas Tereza deverá compor a lista a ser encaminhada ao Tribunal de Justiça.

RESPOSTA Nos termos do Provimento n. 139/2010, em seu art. 7º, há a proibição para Tereza, *verbis*: "Os membros de órgãos da OAB (art. 45 da Lei n. 8.906/94), titulares ou suplentes, no decurso do triênio para o qual foram eleitos, não poderão inscrever-se no pro-

ÉTICA E LEGISLAÇÃO
PROFISSIONAL DA OAB

cesso seletivo de escolha das listas sêxtuplas, ainda que tenham se licenciado ou declinado do mandato, por renúncia". Já Gabriela não possui o tempo mínimo que é de 10 anos, conforme art. 5º do referido Provimento. Por fim, Esmeralda, que é tesoureira na Caixa de Assistência de Advogados, também lhe é vedado participar do processo seletivo das listas pelo mesmo motivo de Tereza. *Alternativa A.*

III. TIPOS DE ADVOCACIA

24. (XXV Exame) Enzo, regularmente inscrito junto à OAB, foi contratado como empregado de determinada sociedade limitada, a fim de exercer atividades privativas de advogado. Foi celebrado, por escrito, contrato individual de trabalho, o qual estabelece que Enzo se sujeitará a regime de dedicação exclusiva. A jornada de trabalho acordada de Enzo é de oito horas diárias. Frequentemente, porém, é combinado que Enzo não compareça à sede da empresa pela manhã, durante a qual deve ficar, por três horas, "de plantão", ou seja, à disposição do empregador, aguardando ordens. Nesses dias, posteriormente, no período da tarde, dirige-se à sede, a fim de exercer atividades no local, pelo período contínuo de seis horas.

Considerando o caso narrado e a disciplina do Estatuto da Advocacia e da OAB, bem como do seu Regulamento Geral, assinale a afirmativa correta.

(A) É vedada a pactuação de dedicação exclusiva. Deverão ser remuneradas como extraordinárias as horas diárias excedentes a quatro horas contínuas, incluindo-se as horas cumpridas por Enzo na sede da empresa, bem como as horas que ele permanece em sede externa, executando tarefas ou meramente aguardando ordens do empregador.

(B) É autorizada a pactuação do regime de dedicação exclusiva. Deverão ser remuneradas como extraordinárias as horas que excederem a jornada de oito horas diárias, o que inclui as horas cumpridas por Enzo na sede da empresa ou efetivamente executando atividades externas ordenadas pelo empregador. As horas em que Enzo apenas aguarda as ordens fora da sede são consideradas somente para efeito de compensação de horas.

(C) É autorizada a pactuação do regime de dedicação exclusiva. Deverão ser remuneradas como extraordinárias as horas que excederem a jornada de oito horas diárias, o que inclui tanto as horas cumpridas por Enzo na sede da empresa como as horas em que ele permanece em sede

externa, executando tarefas ou meramente aguardando ordens do empregador.

(D) É autorizada a pactuação do regime de dedicação exclusiva. Deverão ser remuneradas como extraordinárias as horas que excederem a jornada de nove horas diárias, o que inclui as horas cumpridas por Enzo na sede da empresa ou efetivamente executando atividades externas ordenadas pelo empregador. As horas em que Enzo apenas aguarda as ordens fora da sede são consideradas somente para efeito de compensação de horas.

RESPOSTA Nos termos do EAOAB, art. 20 e parágrafos, note-se que foi exigida nessa questão o texto da lei. A alteração introduzida pela Lei n. 14.365/2022 não afeta o conteúdo da questão. *Alternativa C.*

IV. MANDATO

25. (40º Exame) Sebastião, advogado, celebrou contrato de mandato com o cliente Amir, para representá-lo extrajudicialmente, tendo realizado diligências em prol da resolução do imbróglio.

Desde a celebração do mandato, passaram-se mais de 20 (vinte) anos, mas as atividades para as quais Amir contratou Sebastião, por sua própria natureza, se protraíram no tempo, sendo ainda necessárias a Amir.

Sobre a hipótese apresentada, assinale a afirmativa correta.

(A) O mandato extinguiu-se pelo decurso do tempo, salvo se previsto prazo diverso no respectivo instrumento.

(B) O mandato extinguiu-se pelo decurso do tempo, sendo vedada a previsão de prazo diverso no respectivo instrumento.

(C) O mandato não se extinguiu pelo decurso do tempo, salvo se foi consignado prazo no respectivo instrumento;

(D) O mandato não se extinguiu pelo decurso do tempo, sendo vedada a estipulação de prazo no respectivo instrumento.

RESPOSTA Cobrado o dia a dia da advocacia previsto no CED, art. 18: "O mandato judicial ou extrajudicial não se extingue pelo decurso de tempo, salvo se o contrário for consignado no respectivo instrumento". *Alternativa C.*

26. (37º Exame) Teresa, advogada contratada por Carina para representar seus interesses em ação judicial, decide renunciar ao mandato.

Em 16/02/2023, Teresa redige notificação de renúncia e a envia por meio de correspondência com aviso de recebimento a Carina, que a recebe em 28/02/2023.

No dia seguinte, Carina ajusta com a advogada Fernanda que ela passará a representar seus interesses na ação judicial a partir de então, mas ainda não assina nova procuração.

Considerando esse cenário, sobre o cumprimento de prazo processual com vencimento no dia 02/03/2023, assinale a afirmativa correta.

(A) Teresa deve cumprir o prazo porque continuará obrigada, durante os dez dias seguintes à notificação de renúncia, a representar Carina, mesmo que tenha sido substituída antes do término desse prazo.

(B) Teresa estará desobrigada do cumprimento do prazo, porque Carina foi notificada da renúncia ao mandato em data anterior ao seu vencimento.

(C) Fernanda não poderá cumprir o prazo, já que somente poderá postular em juízo fazendo prova do mandato.

(D) Fernanda poderá cumprir o prazo, já que, afirmando urgência, poderá atuar sem procuração, obrigando-se a apresentá-la no prazo de 15 dias, prorrogável por igual período.

RESPOSTA De fato, o advogado postula em juízo fazendo prova do mandato, porém, no caso em tela, havia urgência, portanto, Fernanda, nos termos do EAOAB, art. 5º, § 1º, afirmando urgência, pode atuar sem procuração, obrigando-se a apresentá-la no prazo de 15 dias, prorrogável por igual período. *Alternativa D.*

27. (35º Exame) Maria, advogada, sente falta de confiança na relação profissional que mantém com Pedro, cliente que representa em ação judicial. Maria externa essa impressão a Pedro, mas as dúvidas existentes não são dissipadas. Maria decide, então, renunciar ao mandato.

Considerando essa situação hipotética, é correto afirmar que o ato de renúncia ao patrocínio

(A) excluirá a responsabilidade de Maria por danos eventualmente causados a Pedro após dez dias da notificação, salvo se for substituída antes do término desse prazo.

(B) obrigará Maria a depositar em juízo bens, valores e documentos que lhe hajam sido confiados e ainda estejam em seu poder.

(C) fará cessar de imediato a responsabilidade profissional de Maria pelo acompanhamento da causa.

(D) deverá ser feita sem menção do motivo que a determinou.

RESPOSTA O enunciado da questão está baseado no art. 10 do CED, porém, deve ser complementado pelo art. 16 do CED. *Alternativa D.*

28. (XXX Exame) O advogado Geraldo foi regularmente constituído por certo cliente para defendê-lo em um processo judicial no qual esse cliente é réu. Geraldo ofereceu contestação, e o processo segue atualmente seu trâmite regular, não tendo sido, por ora, designada audiência de instrução e julgamento.

Todavia, por razões insuperáveis que o impedem de continuar exercendo o mandato, Geraldo resolve renunciar. Em 12/02/2019, Geraldo fez a notificação válida da renúncia. Três dias depois da notificação, o mandante constituiu novo advogado, substituindo-o. Todo o ocorrido foi informado nos autos.

Considerando o caso narrado, de acordo com o Estatuto da Advocacia e da OAB, assinale a afirmativa correta.

(A) Geraldo continuará a representar o mandante durante os dez dias seguintes à notificação da renúncia.

(B) O dever de Geraldo de representar o mandante cessa diante da substituição do advogado, independentemente do decurso de prazo.

(C) Geraldo continuará a representar o mandante até que seja proferida e publicada sentença nos autos, ainda que recorrível.

(D) Geraldo continuará a representar o mandante até o término da audiência de instrução e julgamento.

RESPOSTA Nos termos do art. 5º, § 3º, do EAOAB, *verbis*: "O advogado que renunciar ao mandato continuará, durante os dez dias seguintes à notificação da renúncia, a representar o mandante, salvo se for substituído antes do término desse prazo. Assim, como foi substituído antes, não há necessidade de continuar a representar o cliente nos dias subsequentes até completar os 10 dias". *Alternativa B.*

29. (XXIII Exame) O advogado Diogo foi procurado, em seu escritório profissional, por Paulo, que desejava contratá-lo para atuar nos autos de processo judicial já em trâmite, patrocinado pelo advogado Jorge, mediante procuração, em face de um plano de saúde, pelo seguinte motivo: subitamente, Paulo descobriu que precisa realizar uma cirurgia imediatamente, sob risco de morte. Como não estava satisfeito com a atuação do advogado Jorge, decide, diante da necessidade de realizar a cirurgia, procurar Diogo, para requerer a tutela de urgência nos referidos autos, em plantão judicial. Considerando a situação narrada e o disposto no Código de Ética e Disciplina da OAB, assinale a afirmativa correta.

(A) Diogo apenas deverá atuar na causa, aceitando procuração, se houver concordância do advogado Jorge, uma vez que, de acordo com o Código de Ética e Disciplina da OAB, o advogado não deve aceitar procuração de quem já tenha patrono constituído, salvo com a concordância deste.

(B) Diogo apenas deverá atuar na causa, aceitando procuração, após ser dado prévio conhecimento ao advogado Jorge, uma vez que, de acordo com o Código de Ética e Disciplina da OAB, o advogado não deve aceitar procuração de quem já tenha patrono constituído anteriormente à comunicação a este.

(C) Diogo poderá aceitar procuração e requerer nos autos judiciais, em favor de Paulo, a tutela de urgência necessária apenas se apresentar nos autos justificativa idônea a cessar a responsabilidade profissional de Jorge pelo acompanhamento da causa.

(D) Diogo poderá aceitar procuração e requerer nos autos judiciais, em favor de Paulo, a tutela de urgência necessária, independentemente de prévia comunicação a Jorge ou de apresentação ao juízo de justificativa idônea para a cessação da responsabilidade profissional de Jorge.

RESPOSTA O enunciado trata justamente da exceção à regra prevista pelo art. 14 do CED, ou seja, que por motivo plenamente justificável ou para adoção de medidas judiciais urgentes e inadiáveis, o advogado poderá aceitar procuração de quem já tenha advogado constituído. *Alternativa D.*

30. (XXIII Exame) O advogado Ramiro foi procurado por Hugo, inventariante, para atuar no processo de inventário do genitor deste. Em momento posterior, os irmãos de Hugo, José e Luiz, outros herdeiros do *de cujus*, conferiram procuração a Ramiro, a fim de ele também representá-los na demanda. Todavia, no curso do feito, os irmãos, até então concordantes, passam a divergir sobre os termos da partilha. Ramiro, então, marca reuniões, em busca de harmonização dos interesses dos três, porém não obtém sucesso. Diante do caso narrado, por determinação do Código de Ética e Disciplina da OAB, Ramiro deverá

(A) renunciar aos três mandatos, afastando-se do feito.

(B) manter-se no patrocínio dos três irmãos, desde que informe o conflito nos autos e atue de forma imparcial, observando-se a disciplina legal.

(C) escolher, de acordo com seus critérios de prudência, apenas um dos mandatos, renunciando aos demais.

(D) manter-se no patrocínio daquele que primeiro lhe conferiu o mandato, isto é, o inventariante, renunciando aos demais.

RESPOSTA Como se vê do enunciado, há um conflito de interesses e, nesse caso, aplica-se a regra do art. 20 do CED. *Alternativa C.*

31. (XX Exame) João outorgou procuração ao advogado Antônio, para sua defesa em certo processo. Todavia, decorridos alguns dias, João concluiu que a atuação de apenas um profissional não seria suficiente à sua satisfatória representação e buscou Antônio, a fim de informá-lo de que pretendia também contratar o advogado Luiz, para atuar juntamente com ele no feito. Ocorre que Antônio negou-se a aceitar a indicação, por duvidar das qualidades profissionais do colega. Meses depois, convencido de que realmente precisa de auxílio, resolveu substabelecer o mandato, com reserva de poderes, ao advogado Lucas, que goza de sua absoluta confiança.

Diante da situação narrada, assinale a afirmativa correta.

(A) A recusa de Antônio à indicação de outro profissional pelo cliente não constitui infração ética, pois o advogado não é obrigado a aceitar a indicação de outro profissional para com ele trabalhar no processo. Por sua vez, o substabelecimento do mandato a Lucas depende de prévia comunicação a João.

(B) A recusa de Antônio à indicação de outro profissional pelo cliente constitui infração ética, uma vez que ele comportou-se com deslealdade em face do colega advogado, pronunciando-se contra sua contratação. Por sua vez, o substabelecimento do mandato a Lucas depende de prévia comunicação a João.

(C) A recusa de Antônio à indicação de outro profissional pelo cliente constitui infração ética, uma vez que ele comportou-se com deslealdade em face do colega advogado, pronunciando-se contra sua contratação. Por sua vez, o substabelecimento do mandato a Lucas independe de prévia comunicação a João, pois constitui ato pessoal do advogado da causa.

(D) A recusa de Antônio à indicação de outro profissional pelo cliente não constitui infração ética, pois o advogado não é obrigado a aceitar a indicação de outro profissional para com ele trabalhar no processo. Por sua vez, o substabelecimento do mandato a Lucas independe de comunicação a João, já que constitui ato pessoal do advogado da causa.

RESPOSTA Conforme previsão do CED, no art. 24, o qual dispõe que "o advogado não se sujeita à imposição do cliente que pretenda ver com ele atuando outros advogados, nem fica na contingência de aceitar a indicação de outro profissional para com ele trabalhar no processo" e que nesse caso deve ser combinado com o art. 26 do mesmo códex, o qual prescreve que "o substabelecimento do mandato, com reserva de poderes, é ato pessoal do advogado da causa". *Alternativa D.*

V. DIREITOS

32. **(41º Exame)** O juízo criminal da Comarca de ABC expediu mandado de prisão preventiva em desfavor de Saulo, o qual, no momento do cumprimento da medida, telefonou para sua amiga, a advogada criminalista Janete, rogando-lhe verbalmente que verificasse as razões daquela prisão, bem como levantasse outras informações sobre a investigação contra si instaurada.

Ao se dirigir à autoridade policial responsável, Janete foi informada de que não poderia ter acesso aos autos do flagrante e nem aos do respectivo caderno apuratório, uma vez que não apresentou prova do mandato e os autos estão integralmente submetidos a sigilo.

Com base nessas informações, e considerados os direitos da advocacia, assinale a afirmativa correta.

(A) A negativa de acesso aos autos, na hipótese, possui respaldo legal, uma vez que, estando os autos submetidos a sigilo, o acesso de Janete dependeria da apresentação de procuração.

(B) O Estatuto da Advocacia e da OAB assegura o direito de Janete de examinar os autos do flagrante e do respectivo caderno apuratório, mesmo sem procuração, ainda que submetidos a sigilo.

(C) Na hipótese de haver diligências em andamento, a negativa de acesso aos autos da investigação possui suporte legal, extensiva aos elementos de prova já documentados, oriundos de diligências finalizadas.

(D) É vedado o fornecimento incompleto de autos ou o fornecimento de autos em que houve a retirada de peças relacionadas a diligências sigilosas em andamento, sob pena de responsabilização criminal e funcional.

RESPOSTA A questão versa sobre a prerrogativa profissional do advogado de acesso a autos de prisão nos termos do art. 7º, XIV, do EAOAB. Todavia, no caso em tela havia o detalhe de que os autos estavam integralmente submetidos a sigilo, o que cai na exceção à regra acima, exigindo-se a apresentação da procuração conforme reza do § 10 do art. 7º do EAOAB. *Alternativa A.*

33. **(40º Exame)** Mariângela, advogada trabalhista, foi intimada pelo juízo da Vara do Trabalho de sua cidade para comparecer à audiência una, designada para 16h15 de determinado dia. Por estar amamentando sua filha Manuela, recém-nascida, Mariângela protocolou petição nos autos do respectivo processo, requerendo preferência na ordem das audiências, mediante comprovação da sua condição. O juiz, contudo, indeferiu o pedido, com o argumento de que a causa é copatrocinada por uma segunda advogada, conforme procuração constante dos autos, a qual poderia participar do ato.

A respeito da hipótese narrada, assinale a afirmativa correta.

(A) Diante da constatação de que há duas advogadas constituídas pela parte, e à míngua de previsão legal, a condição de lactante de Mariângela não é suficiente para o deferimento do pedido de preferência.

(B) Conquanto inexista previsão legal para o pedido formulado por Mariângela, o juiz deveria ter deferido o pleito com base na práxis judiciária e no princípio da razoabilidade.

(C) Apenas se Mariângela comprovasse ser a única patrona da causa, haveria previsão legal para que o pedido de preferência fosse atendido.

(D) Mariângela tem o direito de preferência assegurado em lei, independentemente de haver outra advogada constituída nos autos;

RESPOSTA As prerrogativas profissionais são um dos temas preferidos do examinador. Importante destacar as prerrogativas das mulheres, como no caso em tela, assegurada a prerrogativa da preferência na ordem das audências quando a advogada comprovar tal condição, conforme dispõe o EAOAB, art. 7º-A, III: "gestante, lactante, adotante ou que der à luz, preferência na ordem das sustentações orais e das audiências a serem realizadas a cada dia, mediante comprovação de sua condição". *Alternativa D.*

34. **(40º Exame)** Monique, advogada regularmente inscrita nos quadros da OAB, é investigada em inquérito policial por supostos crimes praticados por motivo ligado ao exercício da advocacia, tendo sido presa em flagrante, por crime da mesma espécie, em seu escritório, enquanto atendia a uma de suas clientes. Considerando as disposições do Estatuto da Advocacia, é correto afirmar que

(A) Monique tem direito à presença de representante da OAB para lavratura do auto de prisão em flagrante, visto que se trata de suposto crime por motivo ligado ao exercício da advocacia, sob pena de nulidade;

ÉTICA E LEGISLAÇÃO PROFISSIONAL DA OAB

(B) não há qualquer direito ou prerrogativa conferida pela legislação no caso em tela, devendo Monique receber tratamento idêntico ao dado a outros indivíduos não advogados, em razão do princípio da igualdade.

(C) a presença de representante da OAB no momento da lavratura do auto de prisão em flagrante será devida ainda que não se trate de motivo ligado ao exercício da advocacia, visto que se cuida de direito conferido ao advogado em todo e qualquer crime por ele cometido.

(D) o representante da OAB para acompanhar a lavratura do auto de prisão em flagrante, pode ser substituído por representante da Defensoria Pública, visto que ambos podem figurar como defensores.

RESPOSTA As prerrogativas profissionais são um dos assuntos preferidos do examinador, pois é o dia a dia do advogado. A presença do representante da OAB é de fundamental importância para evitar abusos por parte da autoridade. É o que assegura o EAOAB no art. 7º, IV: "ter a presença de representante da OAB, quando preso em flagrante, por motivo ligado ao exercício da advocacia, para lavratura do auto respectivo, sob pena de nulidade e, nos demais casos, a comunicação expressa à seccional da OAB". *Alternativa A.*

35.
(39º Exame) Bruno, advogado, compareceu à audiência de conciliação acompanhado de seu cliente Carlos, tendo-lhe sido conferidos poderes para transacionar em juízo ou fora dele. Na audiência, foi oferecida proposta de acordo pela parte adversa, que não foi aceita por Bruno, visto que conflitava flagrantemente com os interesses de seu cliente.

Contrariado, o magistrado cassou a palavra de Bruno, determinando que não se manifestasse mais durante a audiência, visto que a opção de aceitar ou não o acordo seria de decisão única de Carlos, sem possibilidade de influência de seu patrono.

Nesse contexto, de acordo com o Estatuto da Advocacia e Ordem dos Advogados do Brasil (OAB), assinale a afirmativa correta.

(A) O magistrado agiu corretamente, considerando que tem o dever de manter a ordem dos trabalhos e, em sua atuação, deve fomentar a solução pacífica dos conflitos, que estava sendo inviabilizada pela resistência de Bruno ao acordo.

(B) A palavra de Bruno não poderia ter sido cassada sob o fundamento de que aceitar ou não o acordo é de decisão única de Carlos sem possibilidade de influência de seu patrono, vez que o advogado é indispensável à administração da justiça e deve orientar seu cliente.

(C) Em insistindo em falar com seu cliente sobre a aceitação ou não do acordo, a conduta de Bruno acarretará responsabilidade perante a OAB, em razão da violação da ordem hierárquica do magistrado.

(D) Em caso de manutenção da insubordinação de Bruno, o juiz poderá determinar que a seccional competente da Ordem dos Advogados do Brasil aplique a pena de suspensão das atividades de advocacia por ele desempenhadas, por prazo não inferior a dois anos.

RESPOSTA Essa questão tratou da indispensabilidade do advogado e de sua prerrogativa, pois não é possível imaginar o exercício da advocacia sem o uso da principal ferramenta de trabalho do advogado – o uso da palavra. Assim, é dever do advogado orientar seu constituinte sendo indispensável à administração da justiça e o uso da palavra prerrogativa do causídico conforme CED, art. 2º c/c EAOAB, arts. 2º e 7º. *Alternativa B.*

36.
(39º Exame) Alice Santos, advogada, está sendo investigada criminalmente por ter, supostamente, cometido fraude contra o sistema previdenciário, em conjunto com Robson Lima, seu cliente, e Leonardo Melo, seu ex-cliente. O órgão competente do Ministério Público consulta a Dra. Alice Santos sobre seu interesse em efetuar colaboração premiada.

Com base na legislação aplicável, assinale a afirmativa que apresenta, corretamente, o que ela concluiu.

(A) Poderá efetuar colaboração premiada contra Leonardo Melo, já que ele não ostenta mais a condição de seu cliente.

(B) Poderá efetuar colaboração premiada contra Robson Lima, por se tratar de cliente que está sendo formalmente investigado como coautor pela prática do mesmo crime.

(C) Caso efetue colaboração premiada contra Robson Lima, estará sujeita a processo disciplinar, que poderá culminar na aplicação da pena de suspensão.

(D) Caso efetue colaboração premiada contra Leonardo Melo, estará sujeita às penas do crime de violação do segredo profissional.

RESPOSTA A questão versa sobre novidade em sede de prerrogativas profissionais, sendo certo que o examinador faz um jogo de palavras nas alternativas para pegar os examinandos menos preparados. Todavia, considerando que é vedada a colaboração premiada contra quem seja ou tenha sido seu cliente, bem como a questão referente a sanção disciplinar aplicável ao advogado que a fizer, temos que, de acordo com a parte final da redação do art. 7º, § 6º-I, do EAOAB diz, sem prejuízo das penas previstas no Código Penal, ou seja, crime de violação de segredo profissional. *Alternativa D.*

37. **(39º Exame)** Durante audiência de instrução e julgamento da qual participou na qualidade de advogado, Robson foi comprovadamente ofendido por palavras desferidas pelo juiz que presidia o ato. Abalado em razão desse fato, Robson decide buscar as informações necessárias para obter desagravo público perante o Conselho Seccional competente da OAB.

A esse respeito, assinale a afirmativa correta.

(A) O relator deverá solicitar informações da autoridade ofensora, como condição para a concessão do desagravo.

(B) Não há previsão legal ou regulamentar de prazo máximo para concessão do desagravo, em caso de acolhimento do parecer do relator, aplicando-se o princípio da Duração Razoável do Processo.

(C) O desagravo será concedido em sessão realizada para essa finalidade, amplamente divulgada, sendo vedada, em qualquer caso, a concessão imediata.

(D) A sessão de desagravo deverá ser realizada, preferencialmente, no local onde a ofensa foi sofrida ou onde se encontre a autoridade ofensora.

RESPOSTA Conforme reza o Regulamento Geral, art. 18, § 6º, em caso de acolhimento do parecer, é designada a sessão de desagravo, amplamente divulgada, devendo ocorrer, no prazo máximo de 30 dias, preferencialmente, no local onde a ofensa foi sofrida ou onde se encontre a autoridade ofensora. *Alternativa D.*

38. **(38º Exame)** A medida cautelar de busca e apreensão a ser cumprida no escritório do advogado José foi regularmente deferida por Juízo competente. Considerou o magistrado que havia nos autos indícios de autoria e materialidade da prática de crime por José, juntamente com um cliente seu, de nome Oswaldo.

Quanto à situação hipotética narrada, assinale a afirmativa correta.

(A) É dever do representante da OAB presente ao ato, durante o cumprimento do mandado de busca e apreensão, impedir que documentos referentes a outros processos em face de Oswaldo, não relacionados ao objeto da investigação que ensejou a cautelar, sejam retirados do escritório, exceto se o volume ou natureza dos objetos impedirem o resguardo do sigilo através da cadeia de custódia.

(B) A análise dos documentos apreendidos deve ser feita mediante comunicação prévia ao Conselho Federal da OAB, com antecedência mínima e impreterível de 48 horas.

(C) Caso seja essencial à sua defesa no processo criminal, é admitido que José efetue colaboração premiada em face de Oswaldo, desde que haja confirmação das imputações por outros meios de prova.

(D) É direito de José estar presente na ocasião designada para análise do conteúdo dos documentos apreendidos, quando do cumprimento do mandado de busca e apreensão.

RESPOSTA Como sempre, o examinador cobrou o assunto referente a prerrogativas profissionais, afinal, tal assunto faz parte do dia a dia do advogado. Nesse caso, foi cobrada a novidade trazida pela Lei n. 14.365/2022, especialmente o disposto no § 6º-F, *verbis*: "É garantido o direito de acompanhamento por representante da OAB e pelo profissional investigado durante a análise dos documentos e dos dispositivos de armazenamento de informação pertencentes a advogado, apreendidos ou interceptados, em todos os atos, para assegurar o cumprimento do disposto no inciso II do *caput* deste artigo". *Alternativa D.*

39. **(38º Exame)** Maria, advogada regularmente inscrita na OAB, encontra-se gestante. Em razão de sua condição, Maria tem direitos específicos previstos no Estatuto da Advocacia e da OAB.

Assinale a opção que apresenta corretamente um desses direitos.

(A) Durante a gravidez, ela terá direito a uma vaga garantida nas garagens dos fóruns de todos os tribunais.

(B) Durante a gravidez, ela terá preferência na realização das audiências a serem realizadas no dia, independentemente de comprovação de sua condição.

(C) Após dar à luz, ela terá direito à suspensão dos prazos processuais por 60 (sessenta) dias, contados a partir da data do parto, se for a única patrona da causa.

(D) Após dar à luz, ela terá preferência na ordem das sustentações orais, mediante comprovação de sua condição, pelo período de 90 (noventa) dias, contados a partir da data do parto.

RESPOSTA As prerrogativas profissionais sempre são cobradas nas provas. Nessa questão, a alternativa correta refere-se à prerrogativa da advogada gestante quanto a vaga de garagens nos fóruns de todos os tribunais, nos termos do EAOAB, art. 7º-A, I, *b*. *Alternativa A.*

ÉTICA E LEGISLAÇÃO PROFISSIONAL DA OAB

40. (XXXII Exame) A advogada Clotilde, em manifestação oral em juízo, proferiu algumas palavras sobre o adversário processual de seu cliente. Na ocasião, a pessoa mencionada alegou que teria sido vítima de crime de injúria.

Considerando o disposto no Estatuto da Advocacia e da OAB, é correto afirmar que

(A) as palavras proferidas podem constituir crime de injúria, a fim de se tutelar a adequada condução da atividade jurisdicional. Além disso, Clotilde poderá responder disciplinarmente perante a OAB pelos excessos que tiver cometido.

(B) a imunidade profissional conferida a Clotilde assegura que as palavras proferidas não constituem injúria, tampouco são passíveis de responsabilização disciplinar perante a OAB, independentemente da alegação de excesso.

(C) a imunidade profissional conferida a Clotilde assegura que as palavras proferidas não constituem injúria. Contudo, ela poderá responder disciplinarmente perante a OAB pelos excessos que tiver cometido.

(D) as palavras proferidas podem constituir crime de injúria, a fim de se tutelar a adequada condução da atividade jurisdicional. Contudo, não são passíveis de responsabilização disciplinar perante a OAB, independentemente da alegação de excesso.

RESPOSTA O advogado possui imunidade profissional nos termos do art. 7º, § 2º, do EAOAB, portanto, Clotilde estaria protegida nesse sentido, porém, caso se excedesse, responderia pelo excesso. Todavia, referido parágrafo foi revogado pela Lei n. 14.365/2022. No entanto, em nosso entendimento, não altera o objetivo da referida questão. *Alternativa C.*

41. (XXXII Exame) Maria, advogada, adotou o recém-nascido João. A fim de organizar sua rotina, Maria verifica que tem contestação a apresentar em quinze dias e audiência agendada em quarenta dias, em processos distintos, nos quais figura como única advogada das partes que representa.

Sobre a situação apresentada, assinale a afirmativa correta.

(A) Maria, ao comparecer ao fórum para a realização da audiência, terá direito a reserva de vaga na garagem.

(B) Maria terá preferência de ordem para a realização da audiência, mediante comprovação de sua condição.

(C) Maria terá o prazo para apresentar a contestação interrompido, desde que notifique o cliente por escrito.

(D) Maria, ao comparecer ao fórum para a realização da audiência, não deverá ser submetida a detectores de metais e aparelhos de raio X, se estiver acompanhada de João.

RESPOSTA Trata-se de prerrogativa assegurada a mãe adotante nos termos do art. 7º-A, III, do EAOAB. *Alternativa B.*

42. (XXXII Exame) O advogado Júnior foi procurado pela família de João, preso em razão da decretação de prisão temporária em certo estabelecimento prisional. Dirigindo-se ao local, Júnior foi informado que João é considerado um preso de alta periculosidade pelo sistema prisional, tendo em vista o cometimento de diversos crimes violentos, inclusive contra um advogado, integração a organização criminosa e descobrimento de um plano de fuga a ser executado pelo mesmo grupo.

Diante de tais circunstâncias, o diretor do estabelecimento conduziu Júnior a uma sala especial, onde poderia conversar com João na presença de um agente prisional destinado a garantir a segurança do próprio Júnior e dos demais. Além disso, foi exigida a apresentação de procuração pelo advogado antes de deixar o estabelecimento prisional.

Considerando o caso narrado, assinale a afirmativa correta.

(A) É exigível a apresentação de procuração. Quanto às condições exigidas para a realização da entrevista, por serem devidamente justificadas, não indicam violação de direitos.

(B) Não é exigível a apresentação de procuração. Já as condições exigidas para a realização da entrevista violam direitos e implicam o cometimento de fato penalmente típico pelo diretor do estabelecimento.

(C) É exigível a apresentação de procuração. Já as condições exigidas para a realização da entrevista indicam violação de direitos, devendo ser combatidas por meio das medidas judiciais cabíveis, tais como a impetração de habeas corpus.

(D) Não é exigível a apresentação de procuração. Já as condições exigidas para a realização da entrevista indicam violação de direitos, devendo ser combatidas por meio das medidas judiciais cabíveis, tais como a impetração de habeas corpus, não se tratando de fato tipificado penalmente.

RESPOSTA Trata-se de caso típico de violação de prerrogativas profissionais, haja vista o que art. 7º, III, do EAOAB assegura ao advogado comunicar-se pessoal e reservadamente com seu cliente, mesmo que incomunicáveis e sem necessidade de apresentar procuração. Cumpre salientar, como defendemos em nosso livro Curso de Ética Profissional para Advogados, tal fato é tão grave que atualmente é caracterizado como crime previsto no art. 7º-B do EAOAB. *Alternativa B.*

43. (XXIX Exame) O advogado X foi preso em flagrante enquanto furtava garrafas de vinho, de valor bastante expressivo, em determinado supermercado. Conduzido à delegacia, foi lavrado o auto de prisão em flagrante, sem a presença de representante da OAB.

Com base no disposto no Estatuto da Advocacia e da OAB, assinale a afirmativa correta.

(A) A lavratura do auto de prisão em flagrante foi eivada de nulidade, em razão da ausência de representante da OAB, devendo a prisão ser relaxada.

(B) A lavratura do auto de prisão em flagrante não é viciada, desde que haja comunicação expressa à seccional da OAB respectiva.

(C) A lavratura do auto de prisão em flagrante foi eivada de nulidade, em razão da ausência de representante da OAB, devendo ser concedida liberdade provisória não cumulada com aplicação de medidas cautelares diversas da prisão.

(D) A lavratura do auto de prisão em flagrante não é viciada e independe de comunicação à seccional da OAB respectiva.

RESPOSTA Nos termos do art. 7º, IV, do EAOAB, no caso do enunciado, não há obrigatoriedade da presença de representante da OAB, pois o crime praticado não foi no exercício da profissão. *Alternativa B.*

44. (XXIX Exame) O advogado João, conselheiro em certo Conselho Seccional da OAB, foi condenado, pelo cometimento de crime de tráfico de influência, a uma pena privativa de liberdade. João respondeu ao processo todo em liberdade, apenas tendo sido decretada a prisão após o trânsito em julgado da sentença condenatória.

Quanto aos direitos de João, considerando o disposto no Estatuto da Advocacia e da OAB, assinale a afirmativa correta.

(A) João tem direito à prisão domiciliar em razão de suas atividades profissionais, ou à prisão em sala de Estado Maior, durante todo o cumprimento da pena que se inicia, a critério do juiz competente.

(B) João tem direito a ser preso em sala de Estado Maior durante o cumprimento integral da pena que se inicia. Apenas na falta desta, em razão de suas atividades profissionais, terá direito à prisão domiciliar.

(C) João não tem direito a ser preso em sala de Estado Maior em nenhum momento do cumprimento da pena que se inicia, nem terá direito, em decorrência de suas atividades profissionais, à prisão domiciliar.

(D) João tem direito a ser preso em sala de Estado Maior apenas durante o transcurso de seu mandato como conselheiro, mas não terá direito, em decorrência de suas atividades profissionais, à prisão domiciliar.

RESPOSTA O referido conselheiro seccional condenado por tráfico de influência já transitado em julgado, não terá a prerrogativa prevista no art. 7º, V, do EAOAB, referente a sala de Estado Maior, posto que já houve o trânsito em julgado da condenação, devendo cumprir a pena em cela. *Alternativa C.*

45. (XXIX Exame) A conduta de um juiz em certa comarca implicou violação a prerrogativas de advogados previstas na Lei n. 8.906/94, demandando representação administrativo-disciplinar em face do magistrado.

Considerando a hipótese narrada, de acordo com o Regulamento Geral do Estatuto da Advocacia e da OAB, assinale a afirmativa correta.

(A) É competência dos presidentes do Conselho Federal, do Conselho Seccional ou da Subseção formularem a representação administrativa cabível. Em razão da natureza da autoridade e da providência, o ato não pode ser delegado a outro advogado.

(B) É competência apenas dos presidentes do Conselho Federal ou do Conselho Seccional formularem a representação administrativa cabível. Todavia, pode ser designado outro advogado, investido de poderes bastantes, para o ato.

(C) É competência apenas do presidente do Conselho Seccional formular a representação administrativa cabível. Em razão da natureza da autoridade e da providência, o ato não pode ser delegado a outro advogado.

(D) É competência dos presidentes do Conselho Federal, do Conselho Seccional ou da Subseção formularem a representação administrativa cabível. Todavia, pode ser designado outro advogado, investido de poderes bastantes, para o ato.

RESPOSTA Nesse enunciado temos a reprodução do que dispõe o art. 15 e parágrafo único do Regulamento Geral, ou seja, a competência é dos presidentes do Conselho Federal da Seccional ou de Subseção, podendo designar-se advogado investido de poderes bastantes para o ato. *Alternativa D.*

46. (XXVII Exame) A advogada Mariana, gestante, ao ingressar em certo Tribunal de Justiça, foi solicitada a passar por aparelho de raios X e por detector de metais.

Considerando o caso narrado, de acordo com o Estatuto da Advocacia e da OAB, assinale a afirmativa correta.

(A) Mariana tem o direito de não ser submetida a aparelho de raios X, embora deva passar pelo detector de metais, independentemente de motivação.

(B) Mariana tem o direito de não ser submetida a aparelho de raios X. Quanto ao detector de metais, deverá passar pelo aparelho apenas se evidenciada situação especial de segurança, em ato motivado.

(C) Mariana deverá, por medida de segurança, passar pelo aparelho de raios X e pelo detector de metais, a menos que haja contraindicação médica expressa.

(D) Mariana tem o direito, independentemente do teor da alegação sobre segurança, de não ser submetida ao detector de metais, nem ao aparelho de raios X.

RESPOSTA Conforme o art. 7º-A, I, *a*, do Estatuto da OAB, é direito da advogada entrar em Tribunais sem a submissão a detectores de metais e aparelhos de raio X. *Alternativa D.*

47. (XXVII Exame) O advogado Mário dos Santos, presidente do Conselho Seccional Y da OAB, foi gravemente ofendido em razão do seu cargo, gerando violação a prerrogativas profissionais. O fato obteve grande repercussão no país.

Considerando o caso narrado, de acordo com o Regulamento Geral do Estatuto da Advocacia e da OAB, assinale a afirmativa correta.

(A) Compete ao Conselho Seccional Y da OAB promover o desagravo público, ocorrendo a sessão na sede do Conselho Seccional Y.

(B) Compete ao Conselho Federal da OAB promover o desagravo público, ocorrendo a sessão na sede do Conselho Federal.

(C) Compete ao Conselho Seccional Y da OAB promover o desagravo público, ocorrendo a sessão na sede da subseção do território em que ocorreu a violação a prerrogativas profissionais.

(D) Compete ao Conselho Federal da OAB promover o desagravo público, ocorrendo a sessão na sede do Conselho Seccional Y.

RESPOSTA Conforme o art. 19 do RGEAOAB, sendo relevante o conhecimento de que a sessão pública de desagravo ocorrerá na sede do Conselho Seccional,

excetuada hipótese de desagravo de Conselheiro Federal. *Alternativa D.*

48. (XXVI Exame) O advogado Fred dirigiu-se, em certa ocasião, a uma delegacia de polícia e a um presídio, a fim de entrevistar clientes seus que se encontravam, respectivamente, prestando depoimento e preso. Na mesma data, o advogado Jorge realizou audiências na sede de um juizado especial cível e no interior de certo fórum regional da comarca.

Considerando o disposto no Estatuto da Advocacia e da OAB, assinale a afirmativa correta.

(A) É direito de Fred e Jorge a instalação de salas especiais permanentes para os advogados nos seguintes locais visitados: sede do juizado especial cível e fórum regional da comarca. Quanto aos demais, embora seja recomendável a existência de salas especiais, não há dever legal de instalação.

(B) É direito de Fred e Jorge a instalação de salas especiais permanentes para os advogados em todos os locais visitados. Quanto aos quatro locais, há dever legal de instalação das salas.

(C) É direito de Fred e Jorge a instalação de salas especiais permanentes para os advogados nos seguintes locais visitados: sede do juizado especial cível, fórum regional da comarca e presídio. Quanto à delegacia de polícia, embora seja recomendável a existência de salas especiais, não há dever legal de instalação.

(D) É direito de Fred e Jorge a instalação de salas especiais permanentes para os advogados nos seguintes locais visitados: fórum regional da comarca e presídio. Quanto aos demais, embora seja recomendável a existência de salas especiais, não há dever legal de instalação.

RESPOSTA O caso trata de prerrogativas profissionais do advogado, devidamente consagradas no art. 7º do EAOAB, especialmente, em seu § 4º, condição necessária para exercer o direito de defesa. *Alternativa B.*

49. (XXV Exame) José Carlos Santos, advogado, dirigiu-se ao Ministério Público a fim de tomar apontamentos sobre investigação criminal em andamento, conduzida pelo Parquet, em face de seu cliente, em que foi decretado sigilo. Dias depois, José Carlos foi à delegacia de polícia no intuito de examinar e retirar cópias de autos de certo inquérito policial, em curso, no qual também foi decretado sigilo, instaurado contra outro cliente seu.

Consoante o disposto no Estatuto da Advocacia e da OAB, assinale a afirmativa correta.

(A) Em ambos os casos, José Carlos deverá apresentar procuração tanto para tomar apontamentos sobre a investigação em trâmite perante o Ministério Público quanto para examinar e retirar cópias do inquérito policial.

(B) Apenas é necessário que José Carlos apresente procuração para tomar apontamentos sobre a investigação em trâmite perante o Ministério Público, não sendo exigível a apresentação de procuração para examinar e retirar cópias do inquérito policial.

(C) Apenas é necessário que José Carlos apresente procuração para examinar e retirar cópias do inquérito policial, não sendo exigível a apresentação de procuração para tomar apontamentos sobre a investigação em trâmite perante o Ministério Público.

(D) Não é exigível a apresentação de procuração para examinar e retirar cópias do inquérito policial, nem para tomar apontamentos sobre a investigação em trâmite perante o Ministério Público.

RESPOSTA Uma vez decretado o sigilo de investigação, o advogado, para exercer sua prerrogativa de examinar, tomar apontamentos e cópias, deve apresentar procuração (art. 7º, § 10, do EAOAB). *Alternativa A.*

50. (XXIV Exame) A advogada Ana encontra-se no quinto mês de gestação. Em razão de exercer a profissão como única patrona nas causas em que atua, ela receia encontrar algumas dificuldades durante a gravidez e após o parto.

Considerando o caso narrado, assinale a afirmativa correta.

(A) O Estatuto da OAB confere a Ana o direito de entrar nos tribunais sem submissão aos detectores de metais, vagas reservadas nas garagens dos fóruns onde atuar, preferência na ordem das audiências a serem realizadas a cada dia e suspensão dos prazos processuais quando der à luz.

(B) O Estatuto da OAB não dispõe sobre direitos especialmente conferidos às advogadas grávidas, mas aplicam-se a Ana as disposições da CLT relativas à proteção à maternidade e à trabalhadora gestante.

(C) O Estatuto da OAB confere a Ana o direito de entrar nos tribunais sem submissão aos detectores de metais e preferência na ordem das audiências a serem realizadas a cada dia, mas não dispõe sobre vagas reservadas nas garagens dos fóruns e suspensão dos prazos processuais quando der à luz.

(D) O Estatuto da OAB confere a Ana o direito de entrar nos tribunais sem submissão aos detectores de metais, preferência na ordem das audiên-

cias a serem realizadas a cada dia e vagas reservadas nas garagens dos fóruns, mas não dispõe sobre suspensão dos prazos processuais quando der à luz.

RESPOSTA A questão enfrentada abraçou em uma única alternativa três incisos do art. 7º-A, são eles: inciso I e suas alíneas *a* e *b*, inciso II e III. *Alternativa A.*

51. (XXIV Exame) Tânia, advogada, dirigiu-se à sala de audiências de determinada Vara Criminal, a fim de acompanhar a realização das audiências designadas para aquele dia em feitos nos quais não oficia. Tânia verificou que os processos não envolviam segredo de justiça e buscou ingressar na sala de audiências no horário designado.

Não obstante, certo funcionário deu-lhe duas orientações. A primeira orientação foi de que ela não poderia permanecer no local se todas as cadeiras estivessem ocupadas, pois não seria autorizada a permanência de advogados de pé, a fim de evitar tumulto na sala. A segunda orientação foi no sentido de que, caso ingressassem na sala, Tânia e os demais presentes não poderiam sair até o fim de cada ato, salvo se houvesse licença do juiz, para evitar que a entrada e saída de pessoas atrapalhasse o regular andamento das audiências.

Considerando o caso narrado, assinale a afirmativa correta.

(A) A primeira orientação dada pelo funcionário viola os direitos assegurados ao advogado, pois Tânia possui o direito de permanecer, mesmo que de pé, na sala de audiências. Todavia, a segunda orientação coaduna-se com o poder-dever do magistrado de presidir e evitar tumulto no ato judicial, não violando, por si, direitos normatizados no Estatuto da OAB.

(B) A segunda orientação dada pelo funcionário viola os direitos assegurados ao advogado, pois Tânia possui o direito de retirar-se a qualquer momento, independentemente de licença do juiz, da sala de audiências. Todavia, a primeira orientação coaduna-se com o poder-dever do magistrado de presidir e evitar tumulto no ato judicial, não violando, por si, direitos normatizados no Estatuto da OAB.

(C) Ambas as orientações violam os direitos assegurados, pelo Estatuto da OAB, ao advogado, pois Tânia possui o direito de permanecer, mesmo que de pé, na sala de audiências, bem como de se retirar a qualquer momento, independentemente de licença do juiz.

(D) Nenhuma das orientações viola os direitos assegurados ao advogado, pois se coadunam com o poder-dever do magistrado de presidir e evitar

ÉTICA E LEGISLAÇÃO PROFISSIONAL DA OAB

tumulto no ato judicial, não contrariando, por si sós, direitos normatizados no Estatuto da OAB.

RESPOSTA A questão apresenta o caso típico de violação das prerrogativas profissionais, em especial aquelas previstas no art. 7º, VI, *b*, e VII, do EAOAB. *Alternativa C.*

52. (XXII Exame) Viviane, Paula e Milena são advogadas. Viviane acaba de dar à luz, Paula adotou uma criança e Milena está em período de amamentação.

Diante da situação narrada, de acordo com o Estatuto da OAB, assinale a afirmativa correta.

(A) Viviane e Milena têm direito a reserva de vaga nas garagens dos fóruns dos tribunais.

(B) Viviane e Paula têm direito à suspensão de prazos processuais, em qualquer hipótese, desde que haja notificação por escrito ao cliente.

(C) Viviane, Paula e Milena têm direito de preferência na ordem das audiências a serem realizadas a cada dia, mediante comprovação de sua condição.

(D) Paula e Milena têm direito a entrar nos tribunais sem serem submetidas a detectores de metais e aparelhos de raio-X.

RESPOSTA São prerrogativas da advogada gestante, lactante, adotante ou que der à luz, preferência na ordem das sustentações orais e das audiências a serem realizadas a cada dia, mediante comprovação de sua condição (art. 7º-A, III, do EAOAB). *Alternativa C.*

53. (XXI Exame) Adolfo, policial militar, consta como envolvido em fato supostamente violador da integridade física de terceiros, apurado em investigação preliminar perante a Polícia Militar. No curso desta investigação, Adolfo foi notificado a prestar declarações e, desde logo, contratou a advogada Simone para sua defesa. Ciente do ato, Simone dirige-se à unidade respectiva, pretendendo solicitar vista quanto aos atos já concluídos da investigação e buscando tirar cópias com seu aparelho celular. Além disso, Simone intenta acompanhar Adolfo durante o seu depoimento designado.

Considerando o caso narrado, assinale a afirmativa correta.

(A) É direito de Simone, e de seu cliente Adolfo, que a advogada examine os autos da investigação, no que se refere aos atos já concluídos e documentados, porém, a possibilidade de emprego do telefone celular para tomada de cópias fica a critério da autoridade responsável pela investigação. Também é direito de ambos que Simone esteja presente no depoimento de Adolfo, sob

pena de nulidade absoluta do ato e de todos os elementos investigatórios dele decorrentes.

(B) É direito de Simone, e de seu cliente Adolfo, que a advogada examine os autos, no que se refere aos atos já concluídos e documentados, bem como empregue o telefone celular para tomada de cópias digitais, o que não pode ser obstado pela autoridade responsável pela investigação. Também é direito de ambos que Simone esteja presente no depoimento de Adolfo, sob pena de nulidade absoluta do ato e de todos os elementos investigatórios dele decorrentes.

(C) É direito de Simone, e de seu cliente Adolfo, que a advogada examine os autos, no que se refere aos atos já concluídos e documentados, bem como empregue o telefone celular para tomada de cópias digitais, o que não pode ser obstado pela autoridade responsável pela investigação. Também é direito de ambos que Simone esteja presente no depoimento de Adolfo, sob pena de nulidade relativa apenas do ato em que embaraçava a sua presença.

(D) Considerando cuidar-se de mera investigação preliminar, Simone não possui o direito de examinar os atos já concluídos e documentados ou tomar cópias. Do mesmo modo, por não se tratar de interrogatório formal, mas mera investigação preliminar, sujeita à disciplina da legislação castrense, não configura nulidade se obstada a presença de Simone no depoimento de Adolfo.

RESPOSTA Nos exatos termos da Lei n. 13.245/2016, que alterou a redação do art. 7º, XIV, e acrescentou o inciso XXI, como se vê a seguir:

"XIV – examinar, em qualquer instituição responsável por conduzir investigação, mesmo sem procuração, autos de flagrante e de investigações de qualquer natureza, findos ou em andamento, ainda que conclusos à autoridade, podendo copiar peças e tomar apontamentos, em meio físico ou digital;

"XXI – assistir a seus clientes investigados durante a apuração de infrações, sob pena de nulidade absoluta do respectivo interrogatório ou depoimento e, subsequentemente, de todos os elementos investigatórios e probatórios dele decorrentes ou derivados, direta ou indiretamente, podendo, inclusive, no curso da respectiva apuração". *Alternativa B.*

54. (XX Exame – Reaplicação) A advogada Lúcia dirigiu-se ao cartório de determinada Vara Cível, com o objetivo de retirar os autos dos processos 1, 2 e 3 para consulta. Quanto ao processo 1, já findo, não foi autorizada a retirada porque havia sido decretado segredo de justiça e Lúcia não havia atuado no feito. No que se refere ao processo

2, ainda em trâmite, não foi permitida a retirada, pois Lúcia, advogada do réu, já havia deixado anteriormente de devolver os autos no prazo legal, só o fazendo depois de intimada. Já quanto ao processo 3, também findo, não foi concedida a retirada sob a justificativa de que existiam nos autos documentos originais de difícil restauração.

Sobre o caso narrado, assinale a opção correta.

(A) É excepcionado o direito do advogado à retirada dos autos apenas em razão dos motivos declinados quanto aos processos 1 e 2. No que se refere ao processo 3, houve indevida violação do direito de Lúcia.

(B) É excepcionado o direito do advogado à retirada dos autos apenas em razão dos motivos declinados quanto aos processos 1 e 3. No que se refere ao processo 2, houve indevida violação do direito de Lúcia.

(C) É excepcionado o direito do advogado à retirada dos autos em razão dos motivos declinados quanto aos processos 1, 2 e 3. Não houve indevida violação do direito de Lúcia.

(D) É excepcionado o direito do advogado à retirada dos autos apenas em razão do motivo declinado quanto ao processo 1. No que se refere aos processos 2 e 3, houve indevida violação do direito de Lúcia.

RESPOSTA De acordo com o art. 7º, § 1º, do EAOAB, não se aplica o direito de retirada de autos:

1) aos processos sob regime de segredo de justiça;
2) quando existirem nos autos documentos originais de difícil restauração ou ocorrer circunstância relevante que justifique a permanência dos autos no cartório, secretaria ou repartição, reconhecida pela autoridade em despacho motivado, proferido de ofício, mediante representação ou a requerimento da parte interessada;
3) até o encerramento do processo, ao advogado que houver deixado de devolver os respectivos autos no prazo legal, e só o fizer depois de intimado. *Alternativa C.* (Todavia, em 2 de junho de 2022, a Lei n. 14.365 revogou o § 1º do art. 7º do EAOAB, perdendo seu objeto a referida questão.)

55. (XX Exame – Reaplicação) João das Neves, advogado, foi preso em flagrante delito, sendo-lhe imputada a suposta prática do delito de lesão corporal grave, perpetrado no contexto de violência doméstica e familiar contra a mulher, em face de sua companheira Ingrid.

No que se refere à lavratura do Auto de Prisão em Flagrante, assinale a afirmativa correta.

(A) A lavratura do Auto de Prisão em Flagrante observará as formalidades previstas nos artigos 304, 305 e 306 do Código de Processo Penal.

Não são exigidas formalidades decorrentes da condição de advogado de João das Neves, pois a prisão deu-se por fato não relacionado ao exercício da advocacia.

(B) A lavratura do Auto de Prisão em Flagrante deverá, invariavelmente, ocorrer na presença de representante da OAB, sob pena de nulidade do ato.

(C) A prisão em flagrante de João das Neves deverá ser objeto de comunicação expressa à seccional respectiva da OAB, não sendo exigida, neste caso, a presença de representante da OAB para lavratura do Auto de Prisão em Flagrante.

(D) A lavratura do Auto de Prisão em Flagrante deverá ocorrer na presença de representante da OAB. Não obstante, a falta, segundo entendimento jurisprudencial consolidado do STF, não constitui nulidade, mas mera irregularidade, que pode ser suprida, *a posteriori*, mediante comunicação ao Conselho Federal da OAB.

RESPOSTA De acordo com o art. 7º, IV, do EAOAB, são direitos do advogado ter a presença de representante da OAB, quando preso em flagrante, por motivo ligado ao exercício da advocacia, para lavratura do auto respectivo, sob pena de nulidade e, nos demais casos, a comunicação expressa à seccional da OAB. *Alternativa C.*

56. (XX Exame) Michael foi réu em um processo criminal, denunciado pela prática do delito de corrupção passiva. Sua defesa técnica no feito foi realizada pela advogada Maria, que, para tanto, teve acesso a comprovantes de rendimentos e extratos da conta bancária de Michael.

Tempos após o término do processo penal, a ex-mulher de Michael ajuizou demanda, postulando, em face dele, a prestação de alimentos. Ciente de que Maria conhecia os rendimentos de Michael, a autora arrolou a advogada como testemunha.

Considerando o caso narrado e o disposto no Código de Ética e Disciplina da OAB, assinale a afirmativa correta.

(A) Maria deverá depor como testemunha, prestando compromisso de dizer a verdade, e revelar tudo o que souber, mesmo que isto prejudique Michael, uma vez que não é advogada dele no processo de natureza cível.

(B) Maria deverá depor como testemunha, mesmo que isto prejudique Michael, uma vez que não é advogada dele no processo de natureza cível, mas terá o direito e o dever de se calar apenas quanto às informações acobertadas pelo sigilo bancário de Michael.

(C) Maria deverá recusar-se a depor como testemunha, exceto se Michael expressamente auto-

ÉTICA E LEGISLAÇÃO PROFISSIONAL DA OAB

rizá-la, caso em que deverá informar o que souber, mesmo que isto prejudique Michael.

(D) Maria deverá recursar-se a depor como testemunha, ainda que Michael expressamente lhe autorize ou solicite que revele o que sabe.

RESPOSTA De acordo com o que dispõe o art. 7º, XIX, do EAOAB, recusar-se a depor como testemunha em processo no qual funcionou ou deva funcionar, ou sobre fato relacionado com pessoa de quem seja ou foi advogado, mesmo quando autorizado ou solicitado pelo constituinte, bem como sobre fato que constitua sigilo profissional. *Alternativa D.*

57. (XX Exame) Júlia é advogada de Fernando, réu em processo criminal de grande repercussão social. Em um programa vespertino da rádio local, o apresentador, ao comentar o caso, afirmou que Júlia era "advogada de porta de cadeia" e "ajudante de bandido". Ouvinte do programa, Rafaela procurou o Conselho Seccional da OAB e pediu que fosse promovido o desagravo público. Júlia, ao tomar conhecimento do pedido de Rafaela, informou ao Conselho Seccional da OAB que o desagravo não era necessário, pois já ajuizara ação para apurar a responsabilidade civil do apresentador.

No caso narrado,

(A) O pedido de desagravo público só pode ser formulado por Júlia, que é a pessoa ofendida em razão do exercício profissional.

(B) O pedido de desagravo pode ser formulado por Rafaela, mas depende da concordância de Júlia, que é a pessoa ofendida em razão do exercício profissional.

(C) O pedido de desagravo pode ser formulado por Rafaela, e não depende da concordância de Júlia, apesar de esta ser a pessoa ofendida em razão do exercício profissional.

(D) O pedido de desagravo público só pode ser formulado por Júlia, que é a pessoa ofendida em razão do exercício profissional, mas o ajuizamento de ação para apurar a responsabilidade civil implica a perda de objeto do desagravo.

RESPOSTA O pedido de desagravo público pode ser efetuado pelo próprio ofendido ou por qualquer pessoa nos termos do art. 18 do Regulamento Geral. *Alternativa C.*

VI. INSCRIÇÃO

58. (41º Exame) Pedro Estrela, brasileiro, natural de Recife/PE, foi preso em flagrante por participar de esquema criminoso envolvendo pirâmides financeiras e por se apresentar como ad-

vogado, mesmo sem qualquer formação jurídica. Tendo obtido liberdade provisória, fugiu para o Equador, onde obteve graduação no curso de Direito, em faculdade local.

Muitos anos depois, após ter extinta a punibilidade pelas infrações penais praticadas, decide voltar ao Brasil com a pretensão de exercer a advocacia. Quando da mudança para o Brasil, trouxe sua esposa equatoriana, Soraya, que já exercia a profissão de advogada no Equador.

Considerando o enunciado acima, e a respeito da inscrição na Ordem dos Advogados do Brasil, assinale a afirmativa correta.

(A) Pedro Estrela, desde que atendidos os demais requisitos para a inscrição como advogado, poderá exercer a advocacia no Brasil, independentemente de revalidação do seu diploma, diante do fato de ser brasileiro nato.

(B) Soraya não poderá exercer a profissão de advogada no Brasil, ainda que cumpra os demais requisitos para inscrição na Ordem, porque títulos de graduação obtidos em instituições estrangeiras não são aceitos para comprovação da aptidão por estrangeiros.

(C) O título de graduação obtido por Pedro em instituição estrangeira poderá ser aceito no Brasil, desde que devidamente revalidado, o que não lhe garantirá a inscrição na OAB, diante da necessidade de aprovação no Exame de Ordem, além do preenchimento dos demais requisitos legais, em especial a comprovação de idoneidade moral para a função.

(D) Pedro e Soraya poderão exercer livremente a função de advogado no Brasil, desde que sejam aprovados no Exame de Ordem, porque a aprovação nesse certame convalida os diplomas obtidos no exterior.

RESPOSTA O enunciado da questão traz diversas informações, todavia, algumas com o objetivo de desviar a atenção do examinando. Portanto, atente-se ao comando da questão, o que no caso versa sobre a inscrição de quem formou-se no estrangeiro. Note-se que conforme o § 2º do art. 8º do EOAB reproduz exatamente a hipótese da alternativa correta, verbis: "O estrangeiro ou brasileiro, quando não graduado em direito no Brasil, deve fazer prova do título de graduação, obtido em instituição estrangeira, devidamente revalidado, além de atender aos demais requisitos previstos neste artigo". *Alternativa C.*

59. (39º Exame) Pedro, cidadão brasileiro, graduou-se em Direito em renomada instituição norte-americana. Caso deseje exercer no

Brasil a profissão de advogado, Pedro deverá solicitar inscrição na Ordem dos Advogados do Brasil.

Sobre a hipótese, assinale a opção que indica o requisito que, em tal ocasião, Pedro estará dispensado de apresentar.

(A) Revalidação do título de graduação em Direito.

(B) Aprovação em Exame de Ordem.

(C) Ter sido admitido em estágio profissional de advocacia.

(D) Prestação de compromisso perante o conselho.

RESPOSTA Observe o comando da questão: Pedro estará dispensado de apresentar... que no caso em tela é ter sido admitido em estágio profissional de advocacia, requisito não obrigatório para a inscrição nos termos do art. 8º do EOAB. *Alternativa C.*

60. **(38º Exame)** Lucas, estagiário de Direito, descobre que Patrícia, advogada que o supervisiona, teve sua inscrição na OAB cancelada. Na intenção de auxiliar Patrícia a restabelecer o exercício da advocacia, Lucas passa a estudar a legislação que disciplina o tema.

Sobre o cancelamento da inscrição, Lucas concluiu, corretamente, que

(A) deve ter motivo justificado, caso seja solicitada pelo profissional.

(B) a aplicação de penalidade de exclusão impossibilita um novo pedido de inscrição.

(C) deve ser promovido, de ofício, pelo conselho competente, caso decorra do exercício de atividade incompatível com a advocacia.

(D) será restaurado o número cancelado, caso seja feito um novo pedido de inscrição.

RESPOSTA Veja que, nessa questão, a advogada teve a inscrição cancelada e o estagiário Lucas passa a estudar a legislação na intenção de auxiliar a profissional a restabelecer o exercício da advocacia. Todavia, o comando da questão se dá em razão da conclusão de Lucas sobre o porquê do cancelamento da inscrição, ventilando-se algo que não figurava no enunciado. Entretanto, com a leitura das alternativas, o candidato excluiria as erradas, chegando à única alternativa correta nos termos do EAOAB, art. 11, IV e § 1º (detalhe que a alternativa não diz se é definitiva ou temporária). Fica a crítica com relação à elaboração da questão. *Alternativa C.*

61. **(38º Exame)** O advogado Alex encontra-se licenciado junto à OAB. Assinale a opção que, corretamente, apresenta uma causa para o licenciamento de Alex.

(A) O requerimento de licenciamento, independentemente de motivação, formulado por Alex.

(B) O fato de Alex passar a sofrer de doença física incurável.

(C) O exercício por Alex, de forma definitiva, de atividade incompatível com a advocacia.

(D) O fato de Alex passar a sofrer de doença mental curável.

RESPOSTA A questão está de acordo com o previsto no EAOAB, art. 12, III. *Alternativa D.*

62. **(35º Exame)** Antônio, brasileiro, formou-se em Direito em uma renomada Universidade de certo país da América do Sul. Lá, conheceu e casou-se com uma nacional daquele país, Ana, que também se formou em Direito na mencionada universidade.

Já graduados, Ana e Antônio decidiram mudar-se para o Brasil, e exercer a advocacia em Minas Gerais, uma vez que se especializaram em determinado ramo do Direito em que há bastante similitude com o Direito do país de origem de Ana.

Considerando o caso narrado, assinale a afirmativa correta.

(A) É vedado a Ana o exercício da advocacia no Brasil, salvo, a título precatório, como consultora em Direito Internacional, se não cursar novamente a graduação no nosso país. Antônio, em via diversa, poderá inscrever-se como advogado desde que prove seu título de graduação, obtido na universidade estrangeira, que este seja revalidado e que seja aprovado no Exame de Ordem, cumpridos os demais requisitos legais.

(B) Tanto Ana quanto Antônio poderão inscrever-se como advogados, desde que provem seus títulos de graduação, obtidos na universidade estrangeira, que estes sejam revalidados e que eles sejam aprovados no Exame de Ordem, cumpridos os demais requisitos legais.

(C) É vedado a Ana o exercício da advocacia no Brasil, salvo, a título precatório, como consultora em Direito Internacional, se não cursar novamente a graduação no nosso país. Antônio poderá inscrever-se como advogado desde que prove seu título de graduação, obtido na universidade estrangeira, independentemente de revalidação, e que seja aprovado no Exame de Ordem, cumpridos os demais requisitos legais.

(D) É vedado a Ana e a Antônio o exercício da advocacia no Brasil, salvo, a título precatório, como consultores no Direito estrangeiro, se não cursarem novamente a graduação no nosso país.

RESPOSTA Esta questão tem por base o art. 8º, § 2º, do EAOAB, que estabelece os requisitos para a inscrição de graduados em Direito no estrangeiro, ou seja, a

ÉTICA E LEGISLAÇÃO
PROFISSIONAL DA OAB

revalidação do Diploma e os requisitos dos incisos do art. 8º, inclusive o Exame de Ordem. *Alternativa B.*

63.
(XXXIII Exame) Carlos é aluno do primeiro período do curso de Direito. Vinícius é bacharel em Direito, que ainda não realizou o Exame da Ordem. Fernanda é advogada inscrita na OAB. Todos eles são aprovados em concurso público realizado por Tribunal de Justiça para o preenchimento de vagas de Técnico Judiciário.

Após a investidura de Carlos, Vinícius e Fernanda em tal cargo efetivo e, enquanto permanecerem em atividade, é correto afirmar que

(A) Carlos não poderá frequentar o estágio ministrado pela instituição de ensino superior em que está matriculado.

(B) Vinícius preencherá os requisitos necessários para ser inscrito como advogado na OAB, caso venha a ser aprovado no Exame da Ordem.

(C) Fernanda deverá ter sua inscrição na OAB cancelada de ofício ou em virtude de comunicação que pode ser feita por qualquer pessoa.

(D) Fernanda deverá ter sua inscrição na OAB suspensa, restaurando-se o número em caso de novo pedido.

RESPOSTA   Ao passar a exercer atividade incompatível de caráter definitivo, a inscrição de Fernanda será cancelada nos termos do que dispõe o EAOAB, art. 11, IV e § 1º. *Alternativa C.*

64.
(XXXIII Exame) Anderson, advogado, decidiu renunciar ao mandato outorgado por Adriana. Nessa hipótese, segundo o Estatuto da Advocacia e da OAB, é correto afirmar que Anderson continuará a representar Adriana por

(A) 10 dias, contados da notificação da renúncia, ainda que Adriana constitua novo advogado antes desse prazo.

(B) 15 dias, contados da notificação da renúncia, ainda que Adriana constitua novo advogado antes desse prazo.

(C) 15 dias, contados da notificação da renúncia, exceto se Adriana constituir novo advogado antes desse prazo.

(D) 10 dias, contados da notificação da renúncia, exceto se Adriana constituir novo advogado antes desse prazo.

RESPOSTA   Nessa simples pergunta o examinador exigiu exatamente o que dispõe o EAOAB, art. 5º, § 3º, *verbis*: "O advogado que renunciar ao mandato continuará, durante os dez dias seguintes à notificação da renúncia, a representar o mandante, salvo se for substituído antes do término desse prazo". *Alternativa D.*

65.
(XXXIII Exame) Lia, aluna do oitavo período de uma Faculdade de Direito, obteve de certo escritório de advocacia a proposta de um estágio profissional. Assim, pretende providenciar sua inscrição como estagiária junto à OAB.

Lia deverá requerer sua inscrição como estagiária junto ao Conselho Seccional em cujo território se situa

(A) a sede do escritório onde atuará.

(B) a sede principal da sua atividade de estagiária de advocacia.

(C) o seu domicílio de pessoa física.

(D) a Faculdade de Direito em que estuda.

RESPOSTA   Aqui mais uma vez o examinador exigiu o conhecimento da letra da lei. Assim, Lia deverá requerer sua inscrição junto ao Conselho Seccional onde se situa a faculdade em que estuda, nos termos do art. 9º, § 2º, do EAOAB. *Alternativa D.*

66.
(XXXI Exame) Havendo indícios de que Sara obteve inscrição na Ordem dos Advogados do Brasil mediante prova falsa, foi instaurado contra ela processo disciplinar. Sobre o tema, assinale a afirmativa correta.

(A) O processo disciplinar contra Sara pode ser instaurado de ofício ou mediante representação, que pode ser anônima.

(B) Em caso de revelia de Sara, o processo disciplinar seguirá, independentemente de designação de defensor dativo.

(C) O processo disciplinar instaurado contra Sara será, em regra, público.

(D) O recurso contra eventual decisão que determine o cancelamento da inscrição de Sara não terá efeito suspensivo.

RESPOSTA   Nos termos do art. 77 do EAOAB, a questão versava sobre inscrição obtida mediante falsa prova dos requisitos para inscrição nos quadros da OAB e, nesse caso, o recurso não terá efeito suspensivo, apenas devolutivo. *Alternativa D.*

67.
(XXX Exame) Maria, formada em uma renomada faculdade de Direito, é transexual. Após a aprovação no Exame de Ordem e do cumprimento dos demais requisitos, Maria receberá a carteira de identidade de advogado, relativa à sua inscrição originária. Sobre a hipótese apresentada, de acordo com o disposto na Lei n. 8.906/94 e no Regulamento Geral do Estatuto da Advocacia e da OAB, assinale a afirmativa correta.

(A) É admitida a inclusão do nome social de Maria, em seguida ao nome registral, havendo exigência normativa de que este seja o nome pelo qual Maria se identifica e é socialmente reconhecida, mediante mero requerimento formulado pela advogada.

(B) É admitida a inclusão do nome social de Maria, desde que, por exigência normativa, este seja o nome pelo qual Maria se identifica e que consta em registro civil de pessoas naturais, originariamente ou por alteração, mediante mero requerimento formulado pela advogada.

(C) É admitida a inclusão do nome social de Maria, independentemente de menção ao nome registral, havendo exigência normativa de que este seja o nome pelo qual Maria se identifica, e é socialmente reconhecida, e de que haja prévia aprovação em sessão do Conselho Seccional respectivo.

(D) Não há previsão na Lei n. 8.906/94 e no Regulamento Geral do Estatuto da Advocacia e da OAB sobre a inclusão do nome social de Maria na carteira de identidade do advogado, embora tal direito possa advir de interpretação do disposto na Constituição Federal, desde que haja cirurgia prévia de redesignação sexual e posterior alteração do nome registral da advogada para aquele pelo qual ela se identifica e é socialmente reconhecida.

RESPOSTA a) correta, nos termos do art. 24, § 1º, do Regulamento Geral que determina que o CNA deve conter o nome completo de cada advogado, o nome social, o número da inscrição, o Conselho Seccional e a Subseção a que está vinculado; b) errada; c) errada; d) errada. *Alternativa A.*

68. (XXX Exame) Jailton, advogado, após dez anos de exercício da advocacia, passou a apresentar comportamentos incomuns. Após avaliação médica, ele foi diagnosticado com uma doença mental curável, mediante medicação e tratamento bastante demorado.

Segundo as disposições do Estatuto da Advocacia e da OAB, o caso do advogado Jailton incide em causa de

(A) suspensão do exercício profissional.
(B) impedimento para o exercício profissional.
(C) cancelamento da inscrição profissional.
(D) licença do exercício profissional.

RESPOSTA a) errada; b) errada; c) errada; D) correta, pois licencia-se o advogado que sofrer de doença mental considerada curável nos termos do art. 12, III, do EAOAB. *Alternativa D.*

69. (XXVII Exame) Lúcio pretende se inscrever como advogado junto à OAB. Contudo, ocorre que ele passou por determinada situação conflituosa que foi intensamente divulgada na mí-

dia, tendo sido publicado, em certos jornais, que Lúcio não teria idoneidade moral para o exercício das atividades de advogado.

Considerando que Lúcio preenche, indubitavelmente, os demais requisitos para a inscrição, de acordo com o Estatuto da Advocacia e da OAB, assinale a afirmativa correta.

(A) A inidoneidade moral apenas poderá ser suscitada junto à OAB por advogado inscrito e deve ser declarada por meio de decisão da diretoria do conselho competente, por maioria absoluta, em procedimento que observe os termos do processo disciplinar.

(B) A inidoneidade moral poderá ser suscitada junto à OAB por qualquer pessoa e deve ser declarada por meio de decisão de, no mínimo, dois terços dos votos de todos os membros do conselho competente, em procedimento que observe os termos do processo disciplinar.

(C) A inidoneidade moral apenas poderá ser suscitada junto à OAB por advogado inscrito e deve ser declarada por meio de decisão, por maioria absoluta, de todos os membros do conselho competente, em procedimento que observe os termos do processo disciplinar.

(D) A inidoneidade moral poderá ser suscitada junto à OAB por qualquer pessoa e deve ser declarada por meio de decisão, por maioria simples, do Tribunal de Ética e Disciplina do conselho competente, em procedimento que observe os termos do processo disciplinar.

RESPOSTA Conforme o art. 8º, § 3º, do EAOAB, a idoneidade moral poderá ser suscitada por qualquer pessoa, e deve ser declarada mediante decisão que obtenha no mínimo dois terços dos votos de todos os membros do conselho competente, em procedimento que observe os termos do processo disciplinar. *Alternativa B.*

70. (XXIV Exame) O advogado Gennaro exerce suas atividades em sociedade de prestação de serviços de advocacia, sediada na capital paulista. Todas as demandas patrocinadas por Gennaro tramitam perante juízos com competência em São Paulo. Todavia, recentemente, a esposa de Gennaro obteve trabalho no Rio de Janeiro.

Após buscarem a melhor solução, o casal resolveu que fixaria sua residência, com ânimo definitivo, na capital fluminense, cabendo a Gennaro continuar exercendo as mesmas funções no escritório de São Paulo. Nos dias em que não tem atividades profissionais, o advogado, valendo-se da ponte aérea, retorna ao domicílio do casal no Rio de Janeiro.

ÉTICA E LEGISLAÇÃO
PROFISSIONAL DA OAB

Considerando o caso narrado, assinale a afirmativa correta.

(A) O Estatuto da Advocacia e da OAB impõe que Gennaro requeira a transferência de sua inscrição principal como advogado para o Conselho Seccional do Rio de Janeiro.

(B) O Estatuto da Advocacia e da OAB impõe que Gennaro requeira a inscrição suplementar como advogado junto ao Conselho Seccional do Rio de Janeiro.

(C) O Estatuto da Advocacia e da OAB impõe que Gennaro requeira a inscrição suplementar como advogado junto ao Conselho Federal da OAB.

(D) O Estatuto da Advocacia e da OAB não impõe que Gennaro requeira a transferência de sua inscrição principal ou requeira inscrição suplementar.

RESPOSTA No caso em tela o domicílio profissional de Gennaro é mantido em São Paulo, assim, como não é o caso de mudança efetiva de domicílio profissional nem de atuação em outro Conselho Seccional, não há razão para a transferência de inscrição ou inscrição principal. *Alternativa D.*

VII. INCOMPATIBILIDADES E IMPEDIMENTOS

71. (XXX Exame) João Pedro, advogado conhecido no Município Alfa, foi eleito para mandato na Câmara Municipal, na legislatura de 2012 a 2015. Após a posse e o exercício do cargo de vereador em 2012 e 2013, João Pedro licenciou-se do mandato em 2014 e 2015 a convite do Prefeito, para exercer o cargo de Procurador-Geral do Município Alfa.

Diante desses fatos, João Pedro,

(A) em 2012 e 2013, poderia exercer a advocacia a favor de entidades paraestatais.

(B) em 2012 e 2013, não poderia exercer a advocacia contra empresa concessionária de serviço público estadual.

(C) em 2014 e 2015, poderia exercer a advocacia privada, desde que não atuasse contra o Município Alfa ou entidade que lhe seja vinculada.

(D) em 2014 e 2015, não poderia exercer a advocacia a favor de autarquia vinculada ao Município Alfa.

RESPOSTA a) errada; B) correta, pois em 2012 e 2013 não poderia exercer a advocacia contra empresa concessionária de serviço público estadual nos termos do art. 30, II, do EAOAB, já que nesse período ocupava o cargo de vereador; c) errada; d) errada. *Alternativa B.*

72. (XX Exame – Reaplicação) Renata, devidamente inscrita na Ordem dos Advogados do Brasil, exerce, há muitos anos, atividades privativas da advocacia. Ocorre que Renata concorre a deputada estadual, encontrando-se em curso diversos processos em que ela atua como advogada.

Caso Renata seja eleita, é correto afirmar que

(A) ela ficará impedida de exercer a advocacia apenas contra ou a favor de pessoas jurídicas de direito público, empresas públicas, sociedades de economia mista, fundações públicas, entidades paraestatais ou empresas concessionárias ou permissionárias de serviço público.

(B) ela ficará sujeita à proibição total ao exercício da advocacia, pois este é incompatível, mesmo em causa própria, com as atividades dos membros do Poder Legislativo.

(C) ela ficará impedida de exercer a advocacia apenas contra ou a favor de pessoas jurídicas de direito público.

(D) ela ficará sujeita à proibição total ao exercício da advocacia, pois este é incompatível, mesmo em causa própria, com as atividades dos membros do Poder Legislativo, mas poderá atuar, excepcionalmente, nos feitos que já estavam em curso antes do exercício de seu mandato parlamentar.

RESPOSTA O EAOAB, no art. 30, II, institui essa restrição à liberdade plena de advogar, estabelecendo que são impedidos de exercer a advocacia "os membros do Poder Legislativo, em seus diferentes níveis, contra ou a favor das pessoas jurídicas de direito público, empresas públicas, sociedades de economia mista, fundações públicas, entidades paraestatais ou empresas concessionárias ou permissionárias de serviço público". *Alternativa A.*

73. (XX Exame – Reaplicação) Pedro iniciou sua carreira no mercado financeiro, no qual ocupa atualmente a função de direção em uma instituição privada. Contudo, buscando exercer melhor a função, matriculou-se em uma Faculdade de Direito.

Para realizar o estágio profissional de advocacia, ao alcançar os dois últimos anos do curso jurídico, sem se desligar da atividade financeira, Pedro deve:

(A) realizar o estágio profissional mantido em sua respectiva instituição de ensino superior para fins de aprendizagem, vedada sua inscrição como estagiário na OAB.

(B) inscrever-se como estagiário na OAB e realizar o estágio profissional mantido em sua faculdade, mantido pelo Conselho da OAB ou mantido nos setores, órgãos jurídicos e escritórios de advocacia credenciados pela OAB.

(C) inscrever-se como estagiário na OAB e realizar o estágio profissional mantido em sua faculdade ou mantido pelo Conselho da OAB.

(D) realizar o estágio profissional mantido pelo Conselho da OAB ou mantido por setores, órgãos jurídicos e escritórios de advocacia credenciados pela OAB, podendo realizar, para fins de aprendizagem, as atividades próprias de estagiário, tais como retirar autos de processos em cartório. Porém, é vedada sua inscrição como estagiário junto à OAB.

RESPOSTA Trata-se de situação de atividade incompatível (EAOAB, art. 28, VIII) que combinado com o art. 9º, I, do EAOAB proíbe-se a inscrição para o estágio profissional, sendo-lhe admitido apenas o estágio acadêmico, nos termos do art. 9º, § 3º, do EAOAB. *Alternativa A.*

VIII. SOCIEDADES

74. (40º EXAME) Determinada sociedade de advogados deseja se associar a advogados que não a integram para prestação de serviços e participação nos resultados.

Segundo a legislação aplicável à formalização desse vínculo jurídico, assinale a opção que indica, corretamente, a conclusão dos administradores da sociedade de advogados.

(A) O contrato de associação não pode ser pactuado em caráter geral, devendo restringir-se a causas ou trabalhos específicos, sob pena de se configurarem os requisitos legais de vínculo empregatício.

(B) O contrato de associação deverá ser registrado no Conselho Seccional da OAB em cuja base territorial tiver sede a sociedade de advogados;

(C) O contrato de associação poderá atribuir a totalidade dos riscos à sociedade de advogados, mas não exclusivamente a um advogado sócio ou associado.

(D) O advogado não pode, simultaneamente, celebrar contrato de associação com mais de uma sociedade de advogados com sede ou filial na mesma área territorial do respectivo Conselho Seccional.

RESPOSTA O examinador cobrou inovação legislativa prevista no EAOAB, art. 17-B. A associação de que trata o art. 17-A desta Lei dar-se-á por meio de pactuação de contrato próprio, que poderá ser de caráter geral ou restringir-se a determinada causa ou trabalho e que deverá ser registrado no Conselho Seccional da OAB em cuja base territorial tiver sede a sociedade de advogados que dele tomar parte. *Alternativa B.*

75. (39º EXAME) O advogado Pedro, regularmente inscrito na OAB, deseja ser sócio de determinada sociedade de advogados. É seu intuito, ainda, ser escolhido sócio administrador da mencionada sociedade de advogados. Não obstante, Pedro atua, e continuará atuando, como servidor da administração pública indireta.

À luz do Estatuto da Advocacia e da OAB, assinale a afirmativa correta.

(A) Pedro poderá ser sócio da sociedade de advogados e ocupar a posição de sócio administrador, exceto se for sujeito a regime de dedicação exclusiva.

(B) Há vedação legal a que Pedro seja sócio da sociedade de advogados.

(C) Pedro poderá ser sócio da sociedade de advogados. Todavia, não é autorizado que ocupe a posição de sócio administrador, independentemente do regime a que sujeito.

(D) Pedro poderá ser sócio da sociedade de advogados. De igual maneira, mesmo que o regime a que submetido seja de dedicação exclusiva, Pedro poderá ser sócio administrador da sociedade de advogados.

RESPOSTA De acordo com o EOAB, art. 15, § 8º, "Nas sociedades de advogados, a escolha do sócio-administrador poderá recair sobre advogado que atue como servidor da administração direta, indireta e fundacional, desde que não esteja sujeito ao regime de dedicação exclusiva, não lhe sendo aplicável o disposto no inciso X do *caput* do art. 117 da Lei n. 8.112, de 11 de dezembro de 1990, no que se refere à sociedade de advogados". *Alternativa A.*

76. (39º Exame) Mariana deseja ingressar no quadro da *Sociedade de Advogados XYZ,* na qualidade de associada, sem vínculo de emprego. Ao pesquisar a legislação que rege a parceria em questão, Mariana descobriu que constitui cláusula essencial do contrato de associação

(A) a qualificação das partes, com referência expressa à inscrição no Conselho Seccional da OAB competente.

(B) a identificação da parte que terá a responsabilidade exclusiva pelos riscos e pelas receitas decorrentes da prestação do serviço.

(C) a forma de repartição da responsabilidade pelo fornecimento de condições materiais necessárias à execução dos serviços entre as partes, vedada a atribuição da totalidade das despesas exclusivamente a uma delas.

(D) a estabilidade da parceria, materializada na ausência de prazo determinado para a duração do contrato.

RESPOSTA Como sempre orientamos nossos alunos, o examinador gosta de perguntar as novidades. Inúmeras foram as novidades trazidas pela Lei n. 14.365/2022 e no caso em tela constitui cláusula essencial do contrato de associação a prevista no EOAB, art. 17-B, parágrafo único, inciso I, mas não deixe de se atentar para os demais incisos que constituem os requisitos mínimos para o contrato de associado. Vejamos: "Art. 17-B. (...) Parágrafo único. No contrato de associação, o advogado sócio ou associado e a sociedade pactuarão as condições para o desempenho da atividade advocatícia e estipularão livremente os critérios para a partilha dos resultados dela decorrentes, devendo o contrato conter, no mínimo: I – qualificação das partes, com referência expressa à inscrição no Conselho Seccional da OAB competente; II – especificação e delimitação do serviço a ser prestado; III – forma de repartição dos riscos e das receitas entre as partes, vedada a atribuição da totalidade dos riscos ou das receitas exclusivamente a uma delas; IV – responsabilidade pelo fornecimento de condições materiais e pelo custeio das despesas necessárias à execução dos serviços; V – prazo de duração do contrato". *Alternativa A.*

77. (37º Exame) Lucas e Leandro são os únicos sócios da sociedade de advogados Lucas & Leandro Advogados. Ocorre que Leandro, que já exerce mandato de vereador, passará a integrar a mesa diretora da Câmara Municipal no próximo biênio.

Durante tal período, a sociedade de advogados

(A) deverá transformar-se em sociedade unipessoal de advocacia, com a concentração em Lucas das cotas que pertencem a Leandro.

(B) deverá averbar, no registro da sociedade, o licenciamento de Leandro para exercer atividade incompatível com a advocacia em caráter temporário, não alterando sua constituição.

(C) não poderá funcionar, porque Leandro, um de seus integrantes, estará totalmente proibido de advogar.

(D) não poderá ter sede ou filial na mesma área territorial do Conselho Seccional em que Leandro exerce o mandato na mesa diretora da Câmara Municipal.

RESPOSTA O caso narrado refere-se à atividade incompatível de caráter temporário, porém abordando a temática da sociedade e novidade legislativa prevista no EAOAB, art. 16, § 2º: "O impedimento ou a incompatibilidade em caráter temporário do advogado não o exclui da sociedade de advogados à qual pertença e deve ser averbado no registro da sociedade, observado o disposto nos arts. 27, 28, 29 e 30 desta Lei [do EAOAB] e proibida, em qualquer hipótese, a exploração de seu nome e de sua imagem em favor da sociedade". *Alternativa B.*

78. (37º Exame) O advogado Jefferson pretende associar-se a uma sociedade de advogados para a prestação de serviços advocatícios e participação nos resultados.

Sobre tal possibilidade, assinale a afirmativa correta.

(A) É admitido que Jefferson se associe, em tais moldes, a apenas uma sociedade de advogados.

(B) A associação de Jefferson a uma sociedade unipessoal de advocacia, com participação nos resultados, não é permitida, pois configuraria a presença de requisitos legais de vínculos empregatícios.

(C) É admitido que Jefferson se associe, simultaneamente, a uma sociedade de advogados e a uma sociedade unipessoal de advocacia.

(D) A associação de Jefferson a uma sociedade de advogados deve ser em caráter geral, não sendo admitida a restrição à determinada causa.

RESPOSTA Nessa questão, o examinador cobrou a novidade legislativa prevista no EAOAB, art. 17-A. O advogado poderá associar-se a uma ou mais sociedades de advogados ou sociedades unipessoais de advocacia sem que estejam presentes os requisitos legais de vínculo empregatício para prestação de serviços e participação nos resultados, na forma do Regulamento Geral e de Provimentos do Conselho Federal da OAB. *Alternativa C.*

79. (36º Exame) Recém-formadas e inscritas na OAB, as amigas Fernanda e Júlia desejam ingressar no mercado de trabalho. Para tanto, avaliam se devem constituir sociedade unipessoal de advocacia ou atuar em sociedade simples de prestação de serviços de advocacia.

Constituída a sociedade, Fernanda e Júlia deverão observar que

(A) a sociedade unipessoal de advocacia adquire personalidade jurídica com o registro aprovado dos seus atos constitutivos no cartório de registro civil de pessoas jurídicas, sujeito a homologação da OAB.

(B) as procurações devem ser outorgadas à sociedade de advocacia e indicar individualmente os advogados que dela façam parte.

(C) poderão integrar simultaneamente uma sociedade de advogados e uma sociedade unipessoal de advocacia com sede na mesma área territorial do respectivo Conselho Seccional.

(D) os advogados integrantes da sociedade não poderão representar em juízo clientes de interesses opostos.

RESPOSTA Para responder a essa questão bastava ter o conhecimento literal da lei, em que você eliminaria as alternativas A, B e C, e assinalaria como correta a letra D, pois reproduz o texto do § 6º do art. 15 do EAOAB. *Alternativa D.*

80. (35º Exame) Antônio, economista sem formação jurídica, e Pedro, advogado, ambos estudiosos da Análise Econômica do Direito, desejam constituir sociedade de advogados que também fornecerá aos seus clientes serviços de consultoria na área econômica.

Ao analisar a possibilidade de registro desse empreendimento, que consideram inovador, Antônio e Pedro concluíram, corretamente, que

(A) poderá ser efetivado, já que é permitido o registro, nos cartórios de registro civil de pessoas jurídicas e nas juntas comerciais, de sociedade que inclua, entre outras finalidades, a atividade de advocacia.

(B) não poderá ser efetivado, já que somente são admitidas a registro as sociedades de advogados que explorem ciências sociais complementares à advocacia.

(C) poderá ser efetivado, desde que a razão social tenha o nome de, pelo menos, um advogado responsável pela sociedade.

(D) não poderá ser efetivado, já que não são admitidas a registro as sociedades de advogados que incluam como sócio pessoa não inscrita como advogado ou totalmente proibida de advogar.

RESPOSTA Mais um caso em que o examinador perguntou o texto da lei. Nesse caso, a proibição está prevista no art. 16 do EAOAB. *Alternativa D.*

81. (XXXIV Exame) Anderson, titular de sociedade individual de advocacia, é contratado pela sociedade empresária *Polvilho Confeitaria Ltda.* para atuar em sua defesa em ação judicial ajuizada por Pedro, consumidor insatisfeito.

No curso da demanda, a impugnação ao cumprimento de sentença não foi conhecida por ter sido injustificadamente protocolizada por Anderson após o prazo previsto em lei, o que faz com que Pedro receba valor maior do que teria direito e, consequentemente, a sociedade empresária *Polvilho Confeitaria Ltda.* sofra danos materiais.

Diante dessa situação, Anderson, sem prejuízo da responsabilidade disciplinar em que possa incorrer, poderá responder com seu patrimônio pessoal pelos danos materiais causados à sociedade empresária *Polvilho Confeitaria Ltda.*

(A) Solidariamente, com a sociedade individual de advocacia e de forma ilimitada.

(B) Subsidiariamente, em relação à sociedade individual de advocacia e de forma ilimitada.

(C) Solidariamente, com a sociedade individual de advocacia e de forma limitada.

(D) Subsidiariamente, em relação à sociedade individual de advocacia e de forma limitada.

RESPOSTA Trata-se de responsabilidade subsidiária e ilimitada, conforme reza o art. 17 do EAOAB. *Alternativa B.*

82. (XXXIV Exame) A sociedade empresária Y presta, com estrutura organizacional, atividades de consultoria jurídica e de orientação de *marketing* para pequenos empreendedores.

Considerando as atividades exercidas pela sociedade hipotética, assinale a afirmativa correta.

(A) A sociedade Y deve ter seus atos constitutivos registrados apenas na Junta Comercial.

(B) A sociedade Y deve ter seus atos constitutivos registrados apenas no Conselho Seccional da OAB em cuja base territorial tem sede.

(C) É vedado o registro dos atos constitutivos da sociedade Y nos Conselhos Seccionais da OAB e também é vedado seu registro na Junta Comercial.

(D) Os atos constitutivos da sociedade Y devem ser registrados na Junta Comercial e no Conselho Seccional da OAB em cuja base territorial tem sede.

RESPOSTA Nos termos do EAOAB, art. 16, *caput* e § 3º, pois sociedade empresarial não pode prestar consultoria jurídica, sendo proibido seu registro nos referidos órgãos. *Alternativa C.*

83. (XXXII Exame) A sociedade de advogados "A e B Advogados" está sediada no Rio de Janeiro. Entretanto, em razão das circunstâncias de mercado dos seus clientes, verificou que seria necessário ao bom desempenho das suas atividades profissionais constituir uma filial em São Paulo.

No que se refere ao ato de constituição da filial e a atuação dos sócios, assinale a afirmativa correta.

(A) O ato de constituição da filial deve ser averbado no registro da sociedade e arquivado no Conselho Seccional de São Paulo, ficando todos seus sócios obrigados à inscrição suplementar junto ao Conselho Seccional de São Paulo.

(B) O ato de constituição da filial deve ser averbado no registro da sociedade e arquivado no Conselho Seccional de São Paulo, ficando obrigados à inscrição suplementar junto ao Conselho Seccional de São Paulo apenas aqueles sócios que habitualmente exercerem a profissão naquela localidade, considerando-se habitualidade a intervenção judicial que exceder cinco causas por ano.

(C) O ato de constituição da filial deve ser averbado no registro da sociedade e arquivado no Conselho Seccional do Rio de Janeiro, ficando obrigados à inscrição suplementar junto ao Conselho Seccional de São Paulo apenas aqueles sócios que habitualmente exercerem a profissão naquela localidade, considerando-se habitualidade a intervenção judicial que exceder cinco causas por ano.

(D) O ato de constituição da filial deve ser averbado no registro da sociedade e arquivado no Conselho Seccional do Rio de Janeiro, ficando todos seus sócios obrigados à inscrição suplementar junto ao Conselho Seccional de São Paulo.

RESPOSTA Nessa questão a alternativa correta corresponde exatamente ao texto do que dispõe o EAOAB, art. 15, § 5º, devendo o ato de constituição da filial ser averbado no registro da sociedade e arquivado no Conselho Seccional de São Paulo e todos os sócios obrigados à inscrição suplementar junto ao Conselho Seccional de São Paulo. *Alternativa A.*

84. **(XXXI Exame)** Os sócios Antônio, Daniel e Marcos constituíram a sociedade *Antônio, Daniel & Marcos Advogados Associados*, com sede em São Paulo e filial em Brasília. Após desentendimentos entre eles, Antônio constitui sociedade unipessoal de advocacia, com sede no Rio de Janeiro. Marcos, por sua vez, retira-se da sociedade *Antônio, Daniel & Marcos Advogados Associados*.

Sobre a situação apresentada, assinale a afirmativa correta.

(A) Daniel não está obrigado a manter inscrição suplementar em Brasília, já que a sociedade *Antônio, Daniel & Marcos Advogados Associados* tem sede em São Paulo.

(B) Antônio deverá retirar-se da *Antônio, Daniel & Marcos Advogados Associados*, já que não pode integrar, simultaneamente, uma sociedade de advogados e uma sociedade unipessoal de advocacia.

(C) Mesmo após Marcos se retirar da sociedade *Antônio, Daniel & Marcos Advogados Associados* permanece o impedimento para que ele e Antônio representem em juízo clientes com interesses opostos.

(D) Caso Antônio também se retire da *Antônio, Daniel & Marcos Advogados Associados*, a sociedade deverá passar a ser denominada *Daniel Sociedade Individual de Advocacia*.

RESPOSTA No caso em tela, exigiu-se o conhecimento do EAOAB, art. 16, § 4º, em que "a denominação da sociedade unipessoal de advocacia deve ser obrigatoriamente formada pelo nome do seu titular, completo ou parcial, com a expressão 'Sociedade Individual de Advocacia'". *Alternativa D.*

85. **(XXXI Exame)** A sociedade *Antônio, Breno, Caio & Diego Advogados Associados* é integrada, exclusivamente, pelos sócios Antônio, Breno, Caio e Diego, todos advogados regularmente inscritos na OAB. Em um determinado momento, Antônio vem a falecer. Breno passa a exercer mandato de vereador, sem figurar entre os integrantes da Mesa Diretora da Câmara Municipal ou seus substitutos legais. Caio passa a exercer, em caráter temporário, função de direção em empresa concessionária de serviço público.

Considerando esses acontecimentos, assinale a afirmativa correta.

(A) O nome de Antônio poderá permanecer na razão social da sociedade após o seu falecimento, ainda que tal possibilidade não esteja prevista em seu ato constitutivo.

(B) Breno deverá licenciar-se durante o período em que exercer o mandato de vereador, devendo essa informação ser averbada no registro da sociedade.

(C) Caio deverá deixar a sociedade, por ter passado a exercer atividade incompatível com a advocacia.

(D) Com o falecimento de Antônio, se Breno e Caio deixarem a sociedade e nenhum outro sócio ingressar nela, Diego poderá continuar suas atividades, caso em que passará a ser titular de sociedade unipessoal de advocacia.

RESPOSTA No caso em tela, exigiu-se o conhecimento sobre o tema dos impedimentos e incompatibilidades, mas a resposta correta exigiu o conhecimento específico sobre sociedades e exatamente sobre o disposto no EAOAB, art. 15, § 7º, qual seja "a sociedade unipessoal de advocacia pode resultar da concentração por um advogado das quotas de uma sociedade de advogados, independentemente das razões que motivaram tal concentração". *Alternativa D.*

86. **(XXIX Exame)** A Sociedade de Advogados X pretende associar-se aos advogados João e Maria, que não a integrariam como sócios, mas teriam participação nos honorários a serem recebidos.

Sobre a pretensão da Sociedade de Advogados X, de acordo com o disposto no Regulamento Geral do Estatuto da Advocacia e da OAB, assinale a afirmativa correta.

(A) É autorizada, contudo deve haver formalização em contrato averbado no registro da Sociedade de Advogados. A associação pretendida deverá implicar necessariamente vínculo empregatício.

(B) É autorizada, contudo deve haver formalização em contrato averbado no registro da Sociedade de Advogados. A associação pretendida não implicará vínculo empregatício.

(C) É autorizada, independentemente de averbação no registro da Sociedade. A associação pretendida não implicará vínculo empregatício.

(D) Não é autorizada, pois os advogados João e Maria passariam a integrar a Sociedade X como sócios, mediante alteração no registro da sociedade.

RESPOSTA Nos termos do art. 39, *caput* e parágrafo único, do Regulamento Geral, tal associação será possível, devendo formalizar-se o contrato escrito de associados, devidamente averbado no registro da sociedade de advogados, o que não configurará vínculo empregatício. *Alternativa B.*

87. (XXVII Exame) Ricardo Silva, Carlos Santos e Raul Azevedo são advogados e constituem a sociedade Silva, Santos e Azevedo Sociedade de Advogados, para exercício conjunto da profissão. A sociedade consolida-se como referência de atuação em determinado ramo do Direito. Anos depois, Carlos Santos falece e seus ex-sócios pretendem manter seu sobrenome na sociedade.

Sobre a manutenção do sobrenome de Carlos Santos na sociedade, de acordo com o Estatuto e com o Regulamento Geral da OAB, assinale a afirmativa correta.

(A) É permitida, desde que expressamente autorizada por seus herdeiros.

(B) É vedada, pois da razão social não pode constar o nome de advogado falecido.

(C) É permitida, desde que prevista tal possibilidade no ato constitutivo da sociedade ou na alteração contratual em vigor.

(D) É permitida, independentemente da previsão no ato constitutivo ou na alteração contratual em vigor, ou de autorização dos herdeiros, desde que autorizada pelo Conselho da respectiva Seccional.

RESPOSTA De acordo com o art. 16, § 1º, do EAOAB, poderá constar o nome do advogado falecido desde que haja previsão no ato constitutivo. *Alternativa C.*

88. (XXVI Exame) O advogado Pasquale integra a sociedade de advogados X, juntamente com três sócios. Todavia, as suas funções na aludida sociedade apenas ocupam parte de sua car-

ga horária semanal disponível. Por isso, a fim de ocupar o tempo livre, o advogado estuda duas propostas: de um lado, pensa em criar, paralelamente, uma sociedade unipessoal de advocacia; de outro, estuda aceitar a oferta, proposta pela sociedade de advogados Y, de integrar seus quadros.

Considerando que todas as pessoas jurídicas mencionadas teriam sede na mesma área territorial de um Conselho Seccional da OAB, assinale a afirmativa correta.

(A) É permitido que Pasquale integre simultaneamente a sociedade de advogados X e a sociedade de advogados Y. Todavia, não é autorizado que integre simultaneamente a sociedade de advogados X e a sociedade unipessoal de advocacia.

(B) É permitido que Pasquale integre simultaneamente a sociedade de advogados X e a sociedade unipessoal de advocacia. Todavia, não é autorizado que integre simultaneamente a sociedade de advogados X e a sociedade de advogados Y.

(C) Não é permitido que Pasquale integre simultaneamente a sociedade de advogados X e a sociedade de advogados Y. Tampouco é autorizado que integre simultaneamente a sociedade de advogados X e a sociedade unipessoal de advocacia.

(D) É permitido que Pasquale integre simultaneamente a sociedade de advogados X e a sociedade de advogados Y. Também é autorizado que integre simultaneamente a sociedade de advogados X e a sociedade unipessoal de advocacia.

RESPOSTA a) errada; b) errada; c) correta, pois nos termos do art. 15, § 4º, do EAOAB, que veda expressamente tal participação; d) errada. *Alternativa C.*

89. (XXIII Exame) Miguel, advogado, sempre exerceu a atividade sozinho. Não obstante, passou a pesquisar sobre a possibilidade de constituir, individualmente, pessoa jurídica para a prestação de seus serviços de advocacia. Sobre o tema, assinale a afirmativa correta.

(A) Miguel poderá constituir a pessoa jurídica pretendida, mediante registro dos seus atos constitutivos no Conselho Seccional da OAB em cuja base territorial tiver sede, com denominação formada pelo nome do titular, seguida da expressão 'Sociedade Individual de Advocacia'.

(B) Miguel não poderá constituir a pessoa jurídica pretendida, uma vez que o ordenamento jurídico brasileiro não admite a figura da sociedade unipessoal, ressalvados apenas os casos de unipessoalidade temporária e da chamada subsidiária integral.

ÉTICA E LEGISLAÇÃO
PROFISSIONAL DA OAB

(C) Miguel poderá constituir a pessoa jurídica pretendida mediante registro dos seus atos constitutivos no Conselho Seccional da OAB, com denominação formada pelo nome do titular, seguida da expressão 'EIRELI'.

(D) Miguel poderá constituir a pessoa jurídica pretendida mediante registro dos seus atos constitutivos no Registro Civil de Pessoas Jurídicas, com denominação formada pelo nome do titular, seguida da expressão "EIRELI".

RESPOSTA A questão contempla justamente a novidade trazida no ano de 2016 pela Lei n. 13.247, ou seja, o EAOAB, em sua nova redação no art. 15, prevê que "os advogados podem reunir-se em sociedade simples de prestação de serviços de advocacia ou constituir sociedade unipessoal de advocacia, na forma disciplinada nesta Lei e no regulamento geral". *Alternativa A.*

90. (XXII Exame) Os advogados Raimundo da Silva, Severino da Silva e Juscelino da Silva constituíram sociedade simples de prestação de serviços de advocacia, denominada Silva Advogados, com o registro aprovado dos seus atos constitutivos no Conselho Seccional da OAB pertinente ao local da sede. Severino figura como sócio-gerente. Além dos três advogados, não há outros sócios ou associados.

Considerando a situação narrada e a disciplina do Regulamento Geral do Estatuto da Advocacia e da OAB, assinale a afirmativa correta.

(A) Os atos indispensáveis à satisfação das finalidades da pessoa jurídica apenas podem ser praticados por Raimundo, Severino ou Juscelino, sendo vedada a prática de atos por Silva Advogados, uma vez que as atividades necessárias ao desempenho da advocacia devem ser exercidas individualmente, ainda que revertam à sociedade os proveitos.

(B) Os atos indispensáveis à satisfação das finalidades da pessoa jurídica podem ser praticados por Silva Advogados; porém, os atos privativos de advogado devem ser praticados por Raimundo, Severino ou Juscelino.

(C) Os atos indispensáveis à satisfação das finalidades da pessoa jurídica e os atos privativos de advogado podem ser praticados por Silva Advogados.

(D) Os atos destinados à satisfação das finalidades da pessoa jurídica apenas devem ser praticados por Severino, sendo vedada a prática de atos por Silva Advogados, uma vez que as atividades necessárias ao desempenho da advocacia devem ser exercidas individualmente, ainda que revertam à sociedade os proveitos. Os atos também

não podem ser praticados pelos demais sócios, já que Severino figura como sócio-gerente.

RESPOSTA De acordo com o art. 42 do RGEAOAB, "podem ser praticados pela sociedade de advogados, com uso da razão social, os atos indispensáveis às suas finalidades, que não sejam privativos de advogado". *Alternativa B.*

IX. HONORÁRIOS

91. (41º Exame) Gilson, advogado recém-inscrito nos quadros da Ordem dos Advogados do Brasil, estava em dúvida entre constituir sociedade unipessoal de advocacia, o que, em seu entender, lhe traria maior autonomia e liberdade, ou aceitar a proposta recebida da sociedade empresária XYZ, para atuar como advogado empregado em regime de dedicação exclusiva.

Após estudar a legislação correlata, Gilson aceitou a proposta de emprego da sociedade empresária XYZ. Acerca desse vínculo contratual, de acordo com o texto legal do Estatuto da Advocacia, assinale a afirmativa correta.

(A) Nas causas em que Gilson atuar como advogado empregado da empresa XYZ, ou de pessoa por esta representada, os honorários de sucumbência lhe pertencerão.

(B) Gilson estará eticamente obrigado a prestar serviços profissionais de interesse pessoal dos diretores da sociedade empresária XYZ.

(C) A jornada de trabalho de Gilson não poderá exceder a duração diária de 4 (quatro) horas contínuas e a de 20 (vinte) horas semanais.

(D) Em virtude da dedicação exclusiva, Gilson não poderá ser remunerado pelas horas trabalhadas excedentes à jornada normal prevista na legislação.

RESPOSTA A questão versa sobre honorários devidos ao advogado empregado, sem maiores dados para análise, o que restou para o observação das alternativas, nas quais as incorretas mostram-se evidentes, tais como: interesses pessoais dos diretores; jornada de trabalho de acordo com legislação revogada e impossibilidade de remuneração de horas extras. Portanto, a alternativa correta reproduz o texto do art. 21 do EOAB. *Alternativa A.*

92. (38º Exame) Teresa Silva, advogada atuante na área criminal, tem como clientes Luiz, acusado de tráfico ilícito de drogas, e Roberto, acusado de crimes contra o sistema financeiro nacional. Após serem proferidas decisões judiciais que determinam o bloqueio universal dos patrimônios de Luiz e Roberto, Teresa se indaga a respeito dos meios disponíveis para obter os valores necessários ao reembolso de gastos com a defesa e ao recebimento de honorários desses clientes.

Sobre esse assunto, é correto concluir que

(A) garantir-se-á a Teresa a liberação de 20% (vinte por cento) dos bens bloqueados de Luiz para o fim de reembolso de gastos com a defesa, vedado o recebimento de honorários.

(B) garantir-se-á a Teresa a liberação de 20% (vinte por cento) dos bens bloqueados de Roberto para o fim de reembolso de gastos com a defesa e o recebimento de honorários.

(C) Teresa poderá optar pela venda de bens de Luiz em hasta pública para o reembolso de gastos com a defesa.

(D) Teresa não poderá realizar a adjudicação de bens de Roberto para a satisfação dos honorários devidos.

RESPOSTA Como sempre o examinador cobra a novidade legislativa. Nesse caso, foi aquela prevista no EAOAB, art. 24-A, *caput*, *verbis*: "No caso de bloqueio universal do patrimônio do cliente por decisão judicial, garantir-se-á ao advogado a liberação de até 20% (vinte por cento) dos bens bloqueados para fins de recebimento de honorários e reembolso de gastos com a defesa (...)". *Alternativa B*.

93.

(37º Exame) A advogada Celina celebrou com a cliente Camila um contrato de prestação de serviços advocatícios. Na cláusula X, foi disposto que a extensão do patrocínio é limitada ao primeiro grau de jurisdição. Na cláusula W, foi disposto valor diverso de honorários contratuais para a hipótese de a causa encerrar-se por acordo.

Considerando o informado sobre o contrato realizado, de acordo com o Código de Ética e Disciplina da OAB, assinale a afirmativa correta.

(A) A cláusula X é vedada, pois não se admite tal limitação de atuação em grau de jurisdição. A cláusula W também é vedada, pois não se admite a previsão de valores diversos de honorários em caso de acordo.

(B) O conteúdo da cláusula W, com disposição de valor diverso de honorários contratuais para a hipótese de a causa encerrar-se por acordo, pode ser incluído no contrato sem que isso implique ilegalidade. A limitação de atuação em grau de jurisdição prevista na mencionada cláusula X encontra vedação legal.

(C) A cláusula X é permitida. Por sua vez, a cláusula W é vedada, pois não se admite a previsão de valores diversos de honorários em caso de acordo.

(D) As duas cláusulas narradas não violam a disciplina do citado Código de Ética e Disciplina da OAB.

RESPOSTA A cláusula X está de acordo com § 1º do art. 48 do CED. O conteúdo da cláusula W, com disposição de valor diverso de honorários contratuais para a hipótese de a causa encerrar-se por acordo, pode ser incluído no contrato sem que isso implique ilegalidade, pois a proibição é para a diminuição dos honorários contratados em decorrência da solução do litígio por qualquer mecanismo adequado de solução extrajudicial. *Alternativa D*.

94.

(36º Exame) Celso, advogado, foi contratado por Maria, servidora pública, para ajuizar ação com pedido de pagamento de determinada gratificação. O contrato celebrado entre eles prevê que Celso somente receberá honorários caso a demanda seja exitosa, em percentual do proveito econômico obtido por Maria.

Em tal caso, é correto afirmar que

(A) os honorários contratuais não poderão incidir sobre o valor das parcelas vincendas da gratificação.

(B) os honorários foram pactuados de forma correta, já que, nessa hipótese, deveriam ser necessariamente representados por pecúnia.

(C) os honorários não podem ser superiores às vantagens advindas a favor de Maria, exceto se acrescidos aos honorários de sucumbência.

(D) os honorários contratuais não poderão incidir sobre o valor das parcelas vencidas da gratificação.

RESPOSTA Trata-se de pacto *quota litis*, nos termos do CED, art. 50. *Alternativa B*.

95.

(36º Exame) Hildegardo dos Santos, advogado, é contratado em regime de dedicação exclusiva como empregado da sociedade *XPTO Advogados Associados*. Em tal condição, Hildegardo atuou no patrocínio dos interesses de cliente da sociedade de advogados que se sagrou vencedor em demanda judicial.

Hildegardo, diante dessa situação, tem dúvidas a respeito do destino dos honorários de sucumbência que perceberá, a serem pagos pela parte vencida na demanda judicial.

Ao consultar a legislação aplicável, ele ficou sabendo que os honorários

(A) serão devidos à sociedade empregadora.

(B) constituem direito pessoal do advogado empregado.

(C) serão devidos à sociedade empregadora, podendo ser partilhados com o advogado empregado, caso estabelecido em acordo coletivo ou convenção coletiva.

(D) serão partilhados entre o advogado empregado e a sociedade empregadora, na forma estabelecida em acordo.

RESPOSTA Para responder a essa questão, o candidato deveria se atentar para a orientação do enunciado, ou seja, referente ao destino dos honorários de sucumbência a advogado empregado nos exatos termos da legislação, no caso, o parágrafo único do art. 21, que dispõe que "Os honorários de sucumbência, percebidos por advogado empregado de sociedade de advogados são partilhados entre ele e a empregadora, na forma estabelecida em acordo". *Alternativa D.*

96. (35º Exame) Em certa comarca, em razão da insuficiência do número de defensores públicos em atuação, o Juiz Caio nomeou o advogado Pedro para defender um réu juridicamente necessitado.

Quanto aos honorários a serem recebidos por Pedro, assinale a afirmativa correta.

(A) Pedro apenas terá direito ao recebimento de honorários na hipótese de a parte contrária ser sucumbente, a serem pagos pelo autor.

(B) Pedro tem direito a honorários fixados pelo juiz, independentemente de sucumbência, a serem pagos pelo Estado, segundo a tabela organizada pelo Conselho Seccional da OAB.

(C) Pedro tem direito a honorários fixados pelo juiz, independentemente de sucumbência, a serem pagos pela Defensoria Pública, segundo a tabela organizada pelo Defensor Público Geral do Estado.

(D) Pedro apenas terá direito ao recebimento de honorários na hipótese de a parte contrária ser sucumbente, a serem pagos pela Defensoria Pública.

RESPOSTA Nesta questão, a alternativa apontada como correta é a reprodução do texto do art. 22, § 1º, do EAOAB. *Alternativa B.*

97. (XXXIV Exame) Leandro, advogado, celebrou contrato com associação de servidores públicos para pleitear em juízo o pagamento de determinada indenização em face do ente público respectivo. O contrato previu que Leandro receberia percentual do valor a que fizesse jus cada servidor que aderisse aos seus termos. O pedido em questão foi julgado procedente em ação coletiva.

Após o trânsito em julgado dessa decisão, Leandro passou a representar em execução individual os interesses de Hugo, servidor substituído em juízo pela associação que optou, expressamente, por adquirir os direitos decorrentes daquele contrato. Em tal caso, o montante destinado a Leandro era inferior ao limite fixado em lei para as obrigações de pequeno valor, mas o mesmo não ocorria com relação ao crédito titularizado por Hugo. Assim, Leandro juntou aos autos, no momento oportuno, o contrato de honorários celebrado com a associação e a opção pelo mesmo firmada por Hugo. Fez, ainda, três requerimentos: o destaque da parcela relativa aos honorários convencionados do valor total devido a Hugo, a expedição de precatório em nome de Hugo e a expedição de requisição de pequeno valor em seu nome.

Considerando essa situação, assinale a afirmativa correta.

(A) Apenas o requerimento de expedição do precatório deve ser deferido, já que, por ter atuado em prol de entidade de classe em substituição processual, Leandro somente faz jus aos honorários assistenciais fixados na ação coletiva.

(B) Apenas o requerimento de expedição do precatório deve ser deferido, já que, como o contrato de honorários foi celebrado entre Leandro e a associação, as obrigações dele decorrentes não podem ser assumidas por Hugo sem a necessidade de mais formalidades.

(C) Apenas o requerimento de expedição de requisição de pequeno valor deve ser indeferido, já que o juiz deve determinar que os honorários contratuais sejam deduzidos do valor devido a Hugo após o pagamento pelo ente público.

(D) Todos os requerimentos devem ser deferidos.

RESPOSTA Esta questão gerou polêmica nesse XXXIV Exame de Ordem e, interposto recurso pleiteando sua anulação, este resultou infrutífero. Todavia, observo que o vício na questão, s.m.j., está no advérbio de exclusão "apenas" em cada alternativa, o que inviabilizaria assinalar a alternativa D como correta. Superada essa questão, vejamos:

(A) Conforme o art. 22, §§ 6º e 7º, do EAOAB.
(B) Conforme o art. 23 do EAOAB.
(C) Conforme o art. 22, § 4º, do EAOAB e a Súmula Vinculante 47.

Correta, segundo a banca, a letra D. *Alternativa D.*

98. (XXXIV Exame) O advogado César foi procurado pelo cliente Vinícius, que pretendia sua atuação defendendo-o em processo judicial. Ambos, então, ajustaram certo valor em honorários, por meio de contrato escrito. Na fase de execução do processo, César recebeu pagamentos de importâncias devidas a Vinícius e pretende realizar a compensação com os créditos de que é titular.

Com base no caso narrado, assinale a afirmativa correta.

(A) É admissível a compensação de créditos apenas na hipótese de o contrato de prestação de serviços a autorizar; se for silente o contrato, é vedada, mesmo diante de autorização posterior pelo cliente.

(B) É admissível a compensação de créditos somente se o contrato de prestação de serviços a autorizar; caso silente o contrato, é possível a compensação, se houver autorização especial firmada pelo cliente para esse fim.

(C) A compensação pretendida apenas será cabível se houver autorização especial firmada pelo cliente para esse fim; no contrato de prestação de serviços não é admitida a inclusão prévia de cláusula autorizativa de compensação de créditos.

(D) A compensação de créditos é vedada, não sendo admitida a inclusão prévia de cláusula autorizativa no contrato de prestação de serviços; tampouco, autoriza-se tal compensação, ainda que diante de autorização especial firmada pelo cliente para esse fim.

RESPOSTA Nos termos do CED, art. 48, § 2º, observa-se que o examinador cobrou exatamente o texto legal, como sempre falo em minhas aulas. *Alternativa B.*

99. (XXXIII Exame) Gabriel, advogado, exerce o patrocínio de Bruno em certo processo administrativo. Todavia, foi necessário o substabelecimento do mandato a Henrique.

Considerando a hipótese apresentada, assinale a afirmativa correta.

(A) O substabelecimento do mandato com reserva de poderes a Henrique exigirá inequívoco conhecimento de Bruno.

(B) Diante de substabelecimento com reserva de poderes, Henrique deverá ajustar antecipadamente os seus honorários com Bruno.

(C) Caso Bruno não aceite a atuação de Henrique, por preferir o trabalho de outro advogado, Gabriel deverá privilegiar a atuação do outro profissional com ele no processo.

(D) Diante de substabelecimento com reserva de poderes a Henrique, este não poderá cobrar honorários sem a intervenção de Gabriel.

RESPOSTA O enunciado não fala se com ou sem reservas, porém, das alternativas apresentadas, a letra D é a única que está de acordo com o disposto no EAOAB, art. 26. O advogado substabelecido, com reserva de poderes, não pode cobrar honorários sem a intervenção daquele que lhe conferiu o substabelecimento. *Alternativa D.*

100. (XXXIII Exame) A entidade de classe X, atuando em substituição processual, obteve, no âmbito de certo processo coletivo, decisão favorável aos membros da categoria. A advogada Cleide patrocinou a demanda, tendo convencionado com a entidade, previamente, certo valor em honorários. Ao final do feito, foram fixados honorários sucumbenciais pelo juiz.

Sobre o caso apresentado, assinale a afirmativa correta.

(A) Cleide deverá optar entre os honorários convencionais e os sucumbenciais.

(B) Cleide terá direito aos honorários sucumbenciais, sem prejuízo dos honorários convencionais.

(C) Cleide só terá direito aos honorários convencionais e não aos sucumbenciais, que competirão à entidade de classe.

(D) Cleide terá apenas direito aos honorários convencionais e não aos sucumbenciais, que reverterão ao Fundo de Amparo ao Trabalhador.

RESPOSTA A questão trata de honorários assistenciais, assim, Cleide terá direito a ambos como dispõe o EAOAB, art. 22, § 6º O disposto neste artigo aplica-se aos honorários assistenciais, compreendidos como os fixados em ações coletivas propostas por entidades de classe em substituição processual, sem prejuízo aos honorários convencionais *Alternativa B.*

101. (XXXII Exame) Caio procurou o advogado Rodrigo para que este ajuizasse, em favor do primeiro, determinada demanda judicial. Rodrigo, interessado no patrocínio da causa, celebrou com Caio contrato de prestação de serviços advocatícios com adoção de cláusula *quota litis*.

Considerando o contrato celebrado, assinale a afirmativa correta.

(A) A adoção da cláusula *quota litis* é vedada pelo Código de Ética e Disciplina da OAB, de modo que o caso deverá ser regido pela disciplina afeta aos contratos silentes sobre os valores devidos a título de honorários contratuais.

(A) A adoção da mencionada cláusula é admitida, mas é vedado que os honorários contratados, acrescidos dos honorários da sucumbência, sejam superiores às vantagens advindas por Caio; além disso, não é admitido que os honorários advocatícios incidam sobre o valor de prestações vincendas.

(A) A inclusão da cláusula em questão é autorizada, caso em que os honorários contratuais devem ser limitados às vantagens advindas por Caio, excluídos de tal limitação os honorários da sucumbência; além disso, não é admitido que os honorários advocatícios incidam sobre o valor de prestações vincendas.

(A) A cláusula *quota litis*, incluída no contrato, é permitida, mas é vedado que os honorários contratados, acrescidos dos honorários da sucumbência, sejam superiores às vantagens advindas por Caio; além disso, admite-se que os honorários advocatícios incidam sobre o valor de prestações vincendas, se estabelecidos com moderação e razoabilidade.

RESPOSTA A cláusula Quota Litis diz respeito ao contrato de êxito, de resultado, o que é permitido nos termos do art. 50 e seu § 2º do CED. *Alternativa D.*

102. (XXXII Exame) O advogado Filipe, em razão de sua notoriedade na atuação em defesa das minorias, foi procurado por representantes de certa pessoa jurídica X, que solicitaram sua atuação *pro bono* em favor da referida pessoa jurídica, em determinados processos judiciais.

De acordo com o Código de Ética e Disciplina da OAB, assinale a opção que apresenta a resposta que deve ser dada por Filipe a tal consulta.

(A) É vedada a atuação *pro bono* em favor de pessoas jurídicas, embora seja possível a defesa das pessoas físicas que sejam destinatárias das suas atividades, desde que estas não disponham de recursos para contratação de profissional.

(B) É autorizada a atuação *pro bono* em favor de pessoas jurídicas, desde que consideradas instituições sociais e que não se destinem a fins econômicos, e aos seus assistidos, sempre que os beneficiários não dispuserem de recursos para a contratação de profissional.

(C) É autorizada a atuação *pro bono* em favor de pessoas jurídicas, mesmo que destinadas a fins econômicos, desde que a atividade advocatícia atenda a motivos considerados socialmente relevantes, independentemente da existência de recursos para contratação de profissional.

(D) É autorizada a atuação *pro bono* em favor de pessoas jurídicas, mesmo que destinadas a fins econômicos, desde que a atividade advocatícia se dirija a motivos considerados socialmente relevantes e as pessoas físicas beneficiárias das suas atividades não disponham de recursos para contratação de profissional.

RESPOSTA Nesse caso, o examinador buscava aferir o conhecimento do candidato exatamente no sentido do que dispõe o CED, art. 30. *Alternativa B.*

103. (XXXI Exame) O advogado Fernando foi contratado por Flávio para defendê-lo, extrajudicialmente, tendo em vista a pendência de inquérito civil em face do cliente. O contrato celebrado por ambos foi assinado em 10/03/15, não prevista data de vencimento. Em 10/03/17, foi concluída a atuação de Fernando, tendo sido homologado o arquivamento do inquérito civil junto ao Conselho Superior do Ministério Público. Em 10/03/18, Fernando notificou extrajudicialmente Flávio, pois este ainda não havia adimplido os valores relativos aos honorários contratuais acordados. A ação de cobrança de honorários a ser proposta por Fernando prescreve em

(A) três anos, contados de 10/03/15.
(B) cinco anos, contados de 10/03/17.
(C) três anos, contados de 10/03/18.
(D) cinco anos, contados de 10/03/15.

RESPOSTA No caso apresentado, o examinador não fugiu do que sempre perguntou no que tange ao prazo prescricional para cobrança dos honorários e, como sempre falamos em nossas aulas na graduação, preparatórios e vídeos em nosso canal no YouTube, exigiu o conhecimento do examinando sobre o momento em que se iniciava o prazo, que, no caso do enunciado, é de 5 anos contados da ultimação do serviço extrajudicial, nos termos do art. 25, III, do EAOAB. *Alternativa B.*

104. (XXVIII Exame) Eduardo contrata o advogado Marcelo para propor ação condenatória de obrigação de fazer em face de João. São convencionados honorários contratuais, porém o contrato de honorários advocatícios é omisso quanto à forma de pagamento. Proposta a ação, Marcelo cobra de Eduardo o pagamento de metade dos honorários acordados.

De acordo com o Estatuto da OAB, assinale a afirmativa correta.

(A) Marcelo pode cobrar de Eduardo metade dos honorários, pois, na ausência de estipulação sobre a forma de pagamento, metade dos honorários é devida no início do serviço e metade é devida no final.

(B) Marcelo pode cobrar de Eduardo metade dos honorários, pois, na ausência de estipulação sobre a forma de pagamento, os honorários são devidos integralmente desde o início do serviço.

(C) Marcelo não pode cobrar de Eduardo metade dos honorários, pois, na ausência de estipulação sobre a forma de pagamento, os honorários somente são devidos após a decisão de primeira instância.

(D) Marcelo não pode cobrar de Eduardo metade dos honorários, pois, na ausência de estipulação sobre a forma de pagamento, apenas um terço é devido no início do serviço.

RESPOSTA Salvo estipulação em contrário, um terço dos honorários é devido no início do serviço, outro terço até a decisão de primeira instância e o restante no final, conforme art. 22, § 3º, da Lei n. 8.906/94. *Alternativa D.*

105. (XXVIII Exame) Jorge é advogado, atuando no escritório modelo de uma universidade. Em certa ocasião, Jorge é consultado por um cliente, pois este gostaria de esclarecer dúvidas sobre honorários advocatícios. O cliente indaga a Jorge sobre o que seriam os honorários assistenciais.

Considerando o disposto no Estatuto da Advocacia e da OAB, assinale a opção que apresenta a resposta de Jorge.

(A) Os honorários assistenciais são aqueles pagos diretamente ao advogado que promove a juntada aos autos do seu contrato de honorários antes de expedir-se o mandado de levantamento ou precatório.

(B) Os honorários assistenciais são aqueles devidos ao advogado em periodicidade determinada, pela prestação de serviços advocatícios de forma continuada, nas situações que o cliente venha a ter necessidade, como contrapartida à chamada "*advocacia de partido*".

(C) Os honorários assistenciais são aqueles fixados pelo juiz ao advogado indicado para patrocinar causa de juridicamente necessitado, no caso de impossibilidade da Defensoria Pública no local da prestação do serviço.

(D) Os honorários assistenciais são aqueles fixados em ações coletivas propostas por entidades de classe em substituição processual.

RESPOSTA Nos termos do art. 22 do EAOAB: "A prestação de serviço profissional assegura aos inscritos na OAB o direito aos honorários convencionados, aos fixados por arbitramento judicial e aos de sucumbência. § 6º O disposto neste artigo aplica-se aos honorários assistenciais, compreendidos como os fixados em ações coletivas propostas por entidades de classe em substituição processual, sem prejuízo aos honorários convencionais". *Alternativa D.*

106. (XXVII Exame) O advogado Nelson celebrou, com determinado cliente, contrato de prestação de serviços profissionais de advocacia. No contrato, Nelson inseriu cláusula que dispunha sobre a forma de contratação de profissionais para serviços auxiliares relacionados a transporte e a cópias de processos. Todavia, o pacto não tratava expressamente sobre o pagamento de custas e emolumentos.

Considerando o caso narrado, assinale a afirmativa correta.

(A) O contrato celebrado viola o disposto no Código de Ética e Disciplina da OAB, pois é vedada a referência a outras atividades diversas da atuação do advogado, como os serviços auxiliares mencionados. Por sua vez, quanto às custas e aos emolumentos, na ausência de disposição em contrário, presume-se que sejam atendidos pelo cliente.

(B) O contrato celebrado viola o disposto no Código de Ética e Disciplina da OAB, pois é vedada a referência a outras atividades diversas da atuação do advogado, como os serviços auxiliares mencionados. Por sua vez, quanto às custas e aos emolumentos, na ausência de disposição em contrário, presume-se que sejam antecipados pelo advogado.

(C) O Código de Ética e Disciplina da OAB autoriza que o contrato de prestação de serviços de advocacia disponha sobre a forma de contratação de profissionais para serviços auxiliares. Por sua vez, quanto às custas e aos emolumentos, na ausência de disposição em contrário, presume-se que sejam atendidos pelo cliente.

(D) O Código de Ética e Disciplina da OAB autoriza que o contrato de prestação de serviços de advocacia disponha sobre a forma de contratação de profissionais para serviços auxiliares. Por sua vez, quanto às custas e aos emolumentos, na ausência de disposição em contrário, presume-se que sejam antecipados pelo advogado.

RESPOSTA Nos termos do art. 48, § 3º, CED, que autoriza a disposição acerca de serviços auxiliares, e ficando a cargo do cliente o pagamento de emolumentos e custas, na ausência de disposição em contrário. *Alternativa C.*

107. (XXVII Exame) O advogado Sebastião é empregado de certa sociedade limitada, competindo-lhe, entre outras atividades da advocacia, atuar nos processos judiciais em que a pessoa jurídica é parte. Em certa demanda, na qual foram julgados procedentes os pedidos formulados pela sociedade, foram fixados honorários de sucumbência em seu favor.

Considerando o caso narrado e o disposto no Regulamento Geral do Estatuto da Advocacia e da OAB, assinale a afirmativa correta.

(A) Os referidos honorários integram a remuneração de Sebastião e serão considerados para efeitos trabalhistas, embora não sejam considerados para efeitos previdenciários.

(B) Os referidos honorários integram a remuneração de Sebastião e serão considerados para efeitos trabalhistas e para efeitos previdenciários.

(C) Os referidos honorários não integram a remuneração de Sebastião e não serão considerados para efeitos trabalhistas, embora sejam considerados para efeitos previdenciários.

(D) Os referidos honorários não integram a remuneração de Sebastião e não serão considerados para efeitos trabalhistas, nem para efeitos previdenciários.

RESPOSTA Conforme o art. 14 do RGEAOAB, combinado com o art. 21 do Estatuto da OAB, os referidos honorários não integram a remuneração de Sebastião e não serão considerados para efeitos trabalhistas, nem para efeitos previdenciários. *Alternativa D.*

108. (XXVII Exame) Gilda, empregada terceirizada contratada pela sociedade empresária XX Ltda. para prestar serviços ao Município ABCD, procura o auxílio de Judite, advogada, para o ajuizamento de reclamação trabalhista em face do empregador e do tomador de serviços.

Considerando a existência de decisão transitada em julgado que condenou os réus, solidariamente, ao pagamento de verbas de natureza trabalhista, assinale a afirmativa correta.

(A) Em execução contra o Município ABCD, Judite terá direito autônomo a executar a sentença quanto aos honorários incluídos na condenação por arbitramento ou por sucumbência, podendo requerer que o precatório seja expedido em seu favor.

(B) Em caso de falência da sociedade empresária XX Ltda., os honorários arbitrados em favor de Judite serão considerados crédito privilegiado, sendo obrigatória sua habilitação perante o juízo falimentar.

(C) Em execução contra o Município ABCD, o juiz deve determinar que os honorários contratuais sejam pagos diretamente a Judite, desde que o contrato de honorários seja anexado aos autos após a expedição do precatório, exceto se Gilda provar que já os pagou.

(D) Judite poderá cobrar judicialmente os honorários contratuais devidos por Gilda, devendo renunciar ao mandato se, em sede de sentença, a demanda for julgada procedente.

RESPOSTA De acordo com o art. 23 do EAOAB, em que os honorários incluídos na condenação, por arbitramento ou sucumbência, pertencem ao advogado, tendo este direito autônomo para executar a sentença nesta parte, podendo requerer que o precatório,

quando necessário, seja expedido em seu favor. *Alternativa A.*

109. (XXVI Exame) O advogado Fabrício foi contratado por José para seu patrocínio em processo judicial, por meio de instrumento firmado no dia 14/11/2012. No exercício do mandato, Fabrício distribuiu, em 23/11/2012, petição inicial em que José figurava como autor. No dia 06/11/2013, nos autos do processo, Fabrício foi intimado de sentença, a qual fixou honorários advocatícios sucumbenciais, no valor de dez mil reais, em seu favor. A referida sentença transitou em julgado em 21/11/2013.

Considerando que não houve causa de suspensão ou interrupção do prazo prescricional, de acordo com a disciplina do Estatuto da Advocacia e da OAB, assinale a afirmativa correta.

(A) A pretensão de cobrança dos honorários sucumbenciais, fixados em favor de Fabrício, prescreve no prazo de cinco anos, a contar de 14/11/2012.

(B) A pretensão de cobrança dos honorários sucumbenciais, fixados em favor de Fabrício, prescreve no prazo de cinco anos, a contar de 06/11/2013.

(C) A pretensão de cobrança dos honorários sucumbenciais, fixados em favor de Fabrício, prescreve no prazo de cinco anos, a contar de 21/11/2013.

(D) A pretensão de cobrança dos honorários sucumbenciais, fixados em favor de Fabrício, é imprescritível, tendo em vista seu caráter alimentar.

RESPOSTA A alternativa correta está de acordo com o disposto no art. 25, II, do EAOAB. *Alternativa C.*

110. (XXIV Exame) O advogado Inácio foi indicado para defender em juízo pessoa economicamente hipossuficiente, pois no local onde atua não houve disponibilidade de defensor público para tal patrocínio. Sobre o direito de Inácio à percepção de honorários, assinale a afirmativa correta.

(A) Os honorários serão fixados pelo juiz, apenas em caso de êxito, de natureza sucumbencial, a serem executados em face da parte adversa.

(B) Os honorários serão fixados pelo juiz, independentemente de êxito, segundo tabela organizada pelo Conselho Seccional da OAB e pagos pelo Estado.

(C) Os honorários serão fixados pelo juiz, apenas em caso de êxito, independentemente de observância aos patamares previstos na tabela organizada pelo Conselho Seccional da OAB, a serem pagos pelo Estado.

(D) Os honorários serão fixados pelo juiz, independentemente de êxito, segundo tabela organizada pelo Conselho Seccional da OAB, e pagos pelo patrocinado caso possua patrimônio, a ser executado no prazo de cinco anos, a contar da data da nomeação.

RESPOSTA Nessa questão, o examinador reproduziu o texto da lei na alternativa correta que no caso é o § 1º do art. 22 do EAOAB. *Alternativa B.*

111. (XXIV Exame) Certa sociedade de advogados, de acordo com a vontade do cliente, emitiu fatura, com fundamento no contrato de prestação de serviços advocatícios. Em seguida, promoveu o saque de duplicatas quanto ao crédito pelos honorários advocatícios.

Considerando o caso narrado, assinale a afirmativa correta.

(A) É vedada a emissão da fatura, com fundamento no contrato de prestação de serviços, bem como não é autorizado o saque de duplicatas quanto ao crédito pelos honorários advocatícios.

(B) É autorizada a emissão de fatura, com fundamento no contrato de prestação de serviços, se assim pretender o cliente, sendo também permitido que posteriormente seja levada a protesto. Todavia, é vedado o saque de duplicatas quanto ao crédito pelos honorários advocatícios.

(C) É autorizada a emissão de fatura, com fundamento no contrato de prestação de serviços, se assim pretender o cliente, sendo vedado que seja levada a protesto. Ademais, não é permitido o saque de duplicatas quanto ao crédito pelos honorários advocatícios.

(D) É vedada a emissão de fatura, com fundamento no contrato de prestação de serviços, mas é permitido que, posteriormente, seja levada a protesto. Ademais, é permitido o saque de duplicatas quanto ao crédito pelos honorários advocatícios.

RESPOSTA É permitida a emissão de fatura e vedado o saque de duplicatas conforme o art. 52 do CED. *Alternativa C.*

112. (XXIII Exame) O advogado Stéfano, buscando facilitar a satisfação de honorários advocatícios contratuais a que fará jus, estuda tomar duas providências: de um lado, tenciona incluir expressamente no contrato de prestação de seus serviços, com concordância do cliente, autorização para que se dê compensação de créditos pelo advogado, de importâncias devidas ao cliente; de outro, pretende passar a empregar, para o recebimento de honorários, sistema de cartão de crédito, mediante credenciamento junto a uma operadora. Tendo em vista as medidas pretendidas

pelo advogado e as disposições do Código de Ética e Disciplina da OAB, assinale a afirmativa correta.

(A) Não é permitida a compensação de créditos, pelo advogado, de importâncias devidas ao cliente, sendo vedada a inclusão de cláusula nesse sentido no contrato de prestação de serviços. De igual maneira, não é admitido o emprego de sistema de cartões de crédito para recebimento de honorários, mediante credenciamento junto a operadoras de tal ramo.

(B) Não é permitida a compensação de créditos, pelo advogado, de importâncias devidas ao cliente, sendo vedada a inclusão de cláusula nesse sentido no contrato de prestação de serviços. Porém, é admitido o emprego de sistema de cartões de crédito para recebimento de honorários, mediante credenciamento junto a operadoras de tal ramo.

(C) É admitida a compensação de créditos, pelo advogado, de importâncias devidas ao cliente, se houver autorização para tanto no contrato de prestação de serviços. Também é permitido o emprego de sistema de cartões de crédito para recebimento de honorários, mediante credenciamento junto a operadoras de tal ramo.

(D) É admitida a compensação de créditos, pelo advogado, de importâncias devidas ao cliente, se houver autorização para tanto no contrato de prestação de serviços. Porém, não é permitido o emprego de sistema de cartões de crédito para recebimento de honorários, mediante credenciamento junto a operadoras de tal ramo.

RESPOSTA O Código de Ética e Disciplina trouxe não só a autorização expressa para a utilização de máquina de cartão de crédito como se vê do art. 53, bem como a admissibilidade no tocante a compensação de créditos, desde que mediante autorização por escrito. *Alternativa C.*

113. (XX Exame) A advogada Taís foi contratada por Lia para atuar em certo processo ajuizado perante o Juizado Especial Cível. Foi acordado o pagamento de honorários advocatícios no valor de R$ 5.000,00 (cinco mil reais). O feito seguiu regularmente o rito previsto na Lei n. 9.099/95, tendo o magistrado, antes da instrução e julgamento, esclarecido as partes sobre as vantagens da conciliação, obtendo a concordância dos litigantes pela solução consensual do conflito.

Considerando o caso relatado, assinale a afirmativa correta.

(A) Diante da conciliação entre as partes, ocorrida antes da instrução e julgamento do feito, Taís

ÉTICA E LEGISLAÇÃO PROFISSIONAL DA OAB

fará jus à metade do valor acordado a título de honorários advocatícios.

(B) A conciliação entre as partes, ocorrida antes da instrução e julgamento do feito, não prejudica os honorários convencionados, salvo aquiescência de Taís.

(C) Diante da conciliação entre as partes, ocorrida antes da instrução e julgamento do feito, deverá o magistrado, ao homologar o acordo, fixar o valor que competirá a Taís, a título de honorários advocatícios, não prevalecendo a pactuação anterior entre cliente e advogada.

(D) Em razão da conciliação entre as partes, ocorrida antes da instrução e julgamento do feito, deverá ser pactuado, por Taís e Lia, novo valor a título de honorários advocatícios, não prevalecendo a obrigação anteriormente fixada.

RESPOSTA Conforme dispõe o EAOAB, art. 24, § 4º: "O acordo feito pelo cliente do advogado e a parte contrária, salvo aquiescência do profissional, não lhe prejudica os honorários, quer os convencionados, quer os concedidos por sentença". *Alternativa B.*

114. **(XX Exame)** A advogada Laila representou judicialmente Rita, em processo no qual esta postulava a condenação do Município de Manaus ao cumprimento de obrigação de pagar quantia certa. Fora acordado entre Laila e Rita o pagamento de valor determinado à advogada, a título de honorários, por meio de negócio jurídico escrito e válido. Após o transcurso do processo, a Fazenda Pública foi condenada, nos termos do pedido autoral. Antes da expedição do precatório, Laila juntou aos autos o contrato de honorários, no intuito de obter os valores pactuados.

Considerando a situação narrada, é correto afirmar que

(A) Laila deverá executar os honorários em face de Rita em processo autônomo, sendo vedado o pagamento nos mesmos autos, por se tratar de honorários contratuais e não sucumbenciais.

(B) o juiz deverá determinar que os valores acordados a título de honorários sejam pagos diretamente a Laila, por dedução da quantia a ser recebida por Rita, independentemente de concordância desta nos autos, salvo se Rita provar que já os pagou.

(C) Laila deverá executar os honorários em face do município de Manaus, em processo autônomo de execução, sendo vedado o pagamento nos mesmos autos, por se tratar de honorários contratuais e não sucumbenciais.

(D) o juiz poderá determinar que os valores acordados a título de honorários sejam pagos diretamente a Laila, por dedução da quantia a ser re-

cebida por Rita, caso Rita apresente sua concordância nos autos.

RESPOSTA Nos termos do EAOAB, art. 22, § 4º: "Se o advogado fizer juntar aos autos o seu contrato de honorários antes de expedir-se o mandado de levantamento ou precatório, o juiz deve determinar que lhe sejam pagos diretamente, por dedução da quantia a ser recebida pelo constituinte, salvo se este provar que já os pagou". *Alternativa B.*

115. **(XX Exame – Reaplicação)** Leandro é advogado empregado de uma sociedade anônima, tendo atuado sozinho em demanda proposta em 2014, na qual tal pessoa jurídica foi vencedora, tendo o magistrado condenado a parte adversa ao pagamento de honorários de sucumbência.

Com base no disposto no Estatuto da OAB e no entendimento adotado pelo Supremo Tribunal Federal sobre o tema, assinale a afirmativa correta.

(A) Os referidos honorários pertencem à pessoa jurídica empregadora, uma vez que tal verba sucumbencial destina-se a recompor o patrimônio jurídico da parte vencedora na demanda.

(B) Os mencionados honorários pertencem a Leandro, mas é possível, de acordo com o STF, haver estipulação contratual em contrário, pois se trata de direito disponível do advogado.

(C) Os mencionados honorários pertencem a Leandro, sendo vedada, de acordo com o STF, qualquer estipulação contratual em contrário, pois se trata de direito indisponível.

(D) Os referidos honorários serão partilhados entre Leandro e a pessoa jurídica empregadora, de acordo com o STF, sendo vedada qualquer estipulação contratual em contrário, por se tratar de honorários sucumbenciais.

RESPOSTA O EAOAB, art. 21, estabelece que os honorários de sucumbência são devidos aos advogados empregados. Contudo, o STF, na ADIn 1.194-4, entendeu que referidos honorários podem ser tanto do advogado quanto da sociedade ou de ambos, dependendo de disposição contratual. *Alternativa B.*

X. INFRAÇÕES

116. **(41º Exame)** O Conselho Seccional da OAB do Estado Alfa, por meio do seu Tribunal de Ética e Disciplina, instaurou processo disciplinar, ao fim do qual foi aplicada a pena de suspensão do advogado Daniel pelo prazo de seis meses pela conduta prevista no Art. 34, inciso XXX, do Estatuto da Advocacia ("*praticar assédio moral,* *sexual ou discriminação*"). Os mesmos fatos ensejaram a propositura de ação penal por parte do Ministério Público, sobrevindo, na instância criminal, a condenação de Daniel à pena de um ano de detenção, em regime aberto, substituída por uma pena restritiva de direitos.

A decisão proferida na instância disciplinar transitou em julgado e já foi cumprida por Daniel há mais de um ano, ao passo que, na instância criminal, a execução da pena restritiva de direito encontra-se em curso.

Com base nessa situação hipotética, considerando o instituto da reabilitação disciplinar, assinale a afirmativa correta.

(A) Daniel pode requerer a reabilitação perante o órgão competente da OAB, porque decorrido mais de um ano do cumprimento da sanção disciplinar, a qual será irrecusável por se tratar de direito subjetivo do advogado.

(B) Embora decorrido mais de um ano do cumprimento da sanção disciplinar, Daniel ainda não faz jus à reabilitação disciplinar, mesmo que haja provas efetivas de bom comportamento, visto que o pedido de reabilitação depende também da correspondente reabilitação criminal.

(C) Havendo provas efetivas de bom comportamento, Daniel fará jus à reabilitação da sanção disciplinar que lhe foi imposta, porquanto decorrido mais de um ano do seu cumprimento, independentemente da reabilitação criminal, visto que há independência entre as instâncias.

(D) Caso decida requerer a reabilitação, Daniel deverá protocolar seu pedido diretamente no Conselho Federal da OAB, instância competente para revisar as decisões do Conselho Seccional e apreciar pedidos de reabilitação disciplinar.

RESPOSTA nos termos do EAOAB, art. 41, parágrafo único, *verbis*: "Quando a sanção disciplinar resultar da prática de crime, o pedido de reabilitação depende também da correspondente reabilitação criminal". Portanto, no caso em tela a reabilitação administrativa disciplinar depende da correspondente reabilitação criminal. *Alternativa B.*

117. (41º Exame) O empresário João Pedro, movido pelo sentimento de vingança, contrata o advogado Beraldo para propor ação de cobrança contra seu ex-sócio Marcos, apresentando frágeis documentos que comprovariam uma suposta dívida.

A ação foi proposta e, concedida medida cautelar pelo juiz da causa, gerou diversos danos a Marcos, a partir da indisponibilidade de seus bens e do bloqueio de todos os seus ativos bancários *initio litis*.

Ao final, porém, o pedido foi julgado totalmente improcedente, sendo expressamente reconhecida a lide temerária.

Acerca da responsabilidade do advogado nessa hipotética situação, assinale a afirmativa correta.

(A) Beraldo poderá ser responsabilizado subsidiariamente pelos prejuízos causados, caso demonstrada culpa ou dolo no exercício da profissão, o que deverá ser apurado nos próprios autos.

(B) Beraldo e João Pedro poderão ser responsabilizados solidariamente pelos prejuízos causados, desde que demonstrada a coligação entre ambos para lesar Marcos, o que deverá ser apurado em ação própria.

(C) Beraldo não poderá ser responsabilizado pelos prejuízos causados, pois o Estatuto da Advocacia e da OAB não prevê consequência jurídica para a hipótese de lide temerária.

(D) Beraldo poderá ser responsabilizado solidariamente pelos prejuízos causados, desde que seja demonstrada a coligação com João Pedro para lesar Marcos, o que deverá ser apurado nos próprios autos.

RESPOSTA Veja que nesta questão o examinador aponta justamente para a responsabilidade do advogado pela questão da lide temerária. Neste sentido, o EAOAB, art. 32, parágrafo único dispõe que "em caso de lide temerária, o advogado será solidariamente responsável com seu cliente, desde que coligado com este para lesar a parte contrária, o que será apurado em ação própria". *Alternativa B.*

118. (38º Exame) Marcelo, advogado, é acusado de usar atestado médico falso para libertar seu cliente da prisão. O fato alcança grande repercussão, a ponto de um jornal local publicar matéria em que afirma que Marcelo deve ser suspenso preventivamente pela OAB, até que se conclua a apuração disciplinar da conduta.

Sobre esse tema, assinale a afirmativa correta.

(A) Cabe ao Tribunal de Ética e Disciplina do Conselho Seccional perante o qual a infração tenha ocorrido suspendê-lo preventivamente.

(B) A suspensão preventiva pressupõe a demonstração de que o fato tenha gerado repercussão prejudicial à dignidade da advocacia.

(C) Antes de aplicada a suspensão preventiva, o acusado deve ser ouvido em sessão especial, salvo se não for possível notificá-lo para comparecer.

(D) Caso aplicada a suspensão preventiva, o processo disciplinar deve ser concluído no prazo máximo de sessenta dias.

RESPOSTA A própria questão apontou que o fato alcançou grande repercussão. Daí era só o candidato

ÉTICA E LEGISLAÇÃO PROFISSIONAL DA OAB

lembrar das hipóteses de cabimento da suspensão preventiva, especialmente o disposto no EAOAB, art. 70, § 3º, *verbis*: "o tribunal de ética e disciplina do conselho onde o acusado tenha inscrição principal pode suspendê-lo preventivamente, em caso de repercussão prejudicial à dignidade da advocacia, depois de ouvi-lo em sessão especial para a qual deve ser notificado a comparecer, salvo se não atender à notificação. Nesse caso, o processo disciplinar deve ser concluído no prazo máximo de noventa dias". *Alternativa B.*

119. (37º **Exame**) Laura, advogada inscrita na OAB, atua na defesa de Amanda em processo criminal. Pessoalmente convicta da inocência de Amanda, Laura elaborou recurso em que transcreveu seletivamente partes de julgados de tribunais superiores, deturpando o seu teor com o objetivo de iludir o juiz da causa.

Verificada tal infração disciplinar, instaura-se o processo administrativo para apurá-la. Laura não é reincidente nem recebeu punição disciplinar anterior. Também não está presente qualquer circunstância agravante.

Dadas essas circunstâncias, Laura estará sujeita

(A) à interdição do exercício profissional, em todo o território nacional, pelo prazo de trinta dias a doze meses.

(B) à censura, que poderá ser convertida em advertência, em ofício reservado, sem registro em seus assentamentos.

(C) à multa, variável entre o mínimo correspondente ao valor de uma anuidade e o máximo de seu sêxtuplo.

(D) ao impedimento de exercer o mandato profissional.

RESPOSTA O enunciado quando aduz não ser a advogada reincidente, que não fora punida anteriormente e que não está presente qualquer circunstância agravante dá a deixa para a aplicação da censura, convertida em advertência, em ofício reservado, sem registro em seus assentamentos, conforme reza o EAOAB, art. 36, em seu parágrafo único. *Alternativa B.*

120. (36º **Exame**) A advogada Carolina e a estagiária de Direito Beatriz, que com ela atua com o intuito de promover sua atuação profissional, valeram- se, ambas, de meios de publicidade vedados no Código de Ética e Disciplina da OAB.

Após a verificação da irregularidade, indagaram sobre a possibilidade de celebração de termo de ajustamento de conduta, tendo como objeto a adequação da publicidade.

Considerando o caso narrado, assinale a afirmativa correta.

(A) É admitida a celebração do termo de ajustamento de conduta apenas no âmbito do Conselho Federal da OAB para fazer cessar a publicidade praticada pela advogada Carolina e pela estagiária Beatriz.

(B) É admitida a celebração do termo de ajustamento de conduta, no âmbito do Conselho Federal da OAB ou dos Conselhos Seccionais, para fazer cessar a publicidade praticada pela advogada Carolina, mas é vedado que o termo de ajustamento de conduta abranja a estagiária Beatriz.

(C) É vedada pelo Código de Ética e Disciplina da OAB a possibilidade de celebração de termo de ajustamento de conduta no caso narrado, uma vez que se trata de infração ética.

(D) É admitida a celebração do termo de ajustamento de conduta no âmbito do Conselho Federal da OAB ou dos Conselhos Seccionais, para fazer cessar a publicidade praticada pela advogada Carolina e também pela estagiária Beatriz.

RESPOSTA A celebração do termo de ajustamento de conduta está prevista no art. 47-A do CED, permitindo-se tanto à advogada, quanto à estagiária tal possibilidade, seja no âmbito do Conselho Federal quanto no Seccional. *Alternativa D.*

121. (XXXIV **Exame**) O advogado Pedro praticou infração disciplinar punível com censura, a qual gerou repercussão bastante negativa à advocacia, uma vez que ganhou grande destaque na mídia nacional. Por sua vez, o advogado Hélio praticou infração disciplinar punível com suspensão, a qual não gerou maiores repercussões públicas, uma vez que não houve divulgação do caso para além dos atores processuais envolvidos.

Considerando a situação hipotética narrada, assinale a afirmativa correta.

(A) É admissível a celebração de termo de ajustamento de conduta tanto por Pedro como por Hélio.

(B) Não é admissível a celebração de termo de ajustamento de conduta por Pedro nem por Hélio.

(C) É admissível a celebração de termo de ajustamento de conduta por Pedro, mas não é admissível a celebração de termo de ajustamento de conduta por Hélio.

(D) É admissível a celebração de termo de ajustamento de conduta por Hélio, mas não é admissível a celebração de termo de ajustamento de conduta por Pedro.

RESPOSTA Nos termos do art. 58-A do CED, não cabe TAC de suspensão nem de censura com repercussão negativa à advocacia. *Alternativa B.*

122.
(XXX Exame) O advogado Carlos não adimpliu suas obrigações relativas às anuidades devidas à OAB. Assinale a opção que, corretamente, trata das consequências de tal inadimplemento.

(A) Carlos deverá quitar o débito em 15 dias contados da notificação para tanto, sob pena de suspensão, independentemente de processo disciplinar. Na terceira suspensão por não pagamento de anuidade, seja a mesma ou anuidades distintas, será cancelada sua inscrição.

(B) Carlos deverá quitar o débito no prazo fixado em notificação, sob pena de suspensão mediante processo disciplinar. Após 15 dias de suspensão, caso não realizado o pagamento da mesma anuidade, será cancelada sua inscrição.

(C) Carlos deverá quitar o débito em 15 dias contados da notificação para tanto, sob pena de suspensão, mediante processo disciplinar. Na terceira suspensão por não pagamento de anuidades, será cancelada sua inscrição.

(D) Carlos deverá quitar o débito em 15 dias contados da notificação para tanto, sob pena de suspensão, independentemente de processo disciplinar. Na segunda suspensão por não pagamento de anuidades distintas, será cancelada sua inscrição, após o transcurso de processo disciplinar.

RESPOSTA O não pagamento de anuidades gera a sanção de suspensão. Todavia, é importante deixar claro que o cancelamento da inscrição em decorrência de 3 suspensões não é automático, pois exige-se a manifestação favorável de 2/3 dos membros do Conselho Seccional nos termos do parágrafo único do art. 38 do EAOAB. *Alternativa C.*

123.
(XXIX Exame) Milton, advogado, exerceu fielmente os deveres decorrentes de mandato outorgado para defesa do cliente Tomás, em juízo. Todavia, Tomás deixou, injustificadamente, de efetuar o pagamento dos valores acordados a título de honorários.

Em 08/04/19, após negar-se ao pagamento devido, Tomás solicitou a Milton que agendasse uma reunião para que este esclarecesse, de forma pormenorizada, questões que entendia pertinentes e necessárias sobre o processo. Contudo, Milton informou que não prestaria nenhum tipo de informação judicial sem pagamento, a fim de evitar o aviltamento da atuação profissional.

Em 10/05/19, Tomás solicitou que Milton lhe devolvesse alguns bens móveis que haviam sido confiados ao advogado durante o processo, relativos ao objeto da demanda. Milton também se recusou, pois pretendia alienar os bens para compensar os honorários devidos. Considerando o caso narrado, assinale a afirmativa correta.

(A) Apenas a conduta de Milton praticada em 08/04/19 configura infração ética.

(B) Ambas as condutas de Milton, praticadas em 08/04/19 e em 10/05/19, configuram infrações éticas.

(C) Nenhuma das condutas de Milton, praticadas em 08/04/19 e em 10/05/19, configura infração ética.

(D) Apenas a conduta de Milton praticada em 10/05/19 configura infração ética.

RESPOSTA As condutas de 8-4-2019 e de 10-5-2019 configuram infração do art. 12 do CED, posto que tal norma obriga a devolução de bens, valores e documentos, bem como de prestar esclarecimentos complementares que se mostrem pertinentes e necessários. *Alternativa B.*

124.
(XXVIII Exame) Gabriel, advogado, teve aplicada contra si penalidade de suspensão, em razão da prática das seguintes condutas: atuar junto a cliente para a realização de ato destinado a fraudar a lei; recusar-se a prestar contas ao cliente de quantias recebidas dele e incidir em erros reiterados que evidenciaram inépcia profissional.

Antes de decorrido o prazo para que pudesse requerer a reabilitação quanto à aplicação dessas sanções e após o trânsito em julgado das decisões administrativas, instaurou-se contra ele, em razão dessas punições prévias, novo processo disciplinar.

Com base no caso narrado, assinale a opção que indica a penalidade disciplinar a ser aplicada.

(A) De exclusão, para a qual é necessária a manifestação da maioria absoluta dos membros do Conselho Seccional competente.

(B) De suspensão, que o impedirá de exercer o mandato e implicará o cancelamento de sua inscrição na OAB.

(C) De exclusão, ficando o pedido de nova inscrição na OAB condicionado à prova de reabilitação.

(D) De suspensão, que o impedirá de exercer o mandato e o impedirá de exercer a advocacia em todo o território nacional, pelo prazo de doze a trinta meses.

RESPOSTA Conforme o art. 38, I, do EAOAB, no caso de três suspensões, o novo processo a ser instaurado será o de exclusão; todavia, há a possibilidade de um novo pedido de inscrição, desde que reabilitado, conforme art. 41 do EAOAB. *Alternativa C.*

125. (XX Exame – Reaplicação) O advogado Aureliano foi contratado por alguns herdeiros de José Arcádio para representá-los em inventário judicial. Após dez anos, dá-se o trânsito em julgado da sentença que julgou a partilha, ocasião em que os clientes solicitam a Aureliano que apresente as contas dos valores que deles recebeu durante o período, referentes a custas e outras despesas processuais. Todavia, por não desejar perder tempo com a elaboração do documento, Aureliano, que até então possuía conduta profissional irretocável, deixa de oferecer as contas requeridas.

Assim, Aureliano cometeu infração disciplinar, sujeitando-se à sanção

(A) de censura.
(B) de suspensão.
(C) de advertência.
(D) de exclusão.

RESPOSTA Constitui infração disciplinar: recusar-se, injustificadamente, a prestar contas ao cliente de quantias recebidas dele ou de terceiros por conta dele (EAOAB, art. 34, XXI) que deve ser combinado com art. 37, I, do EAOAB que prevê a pena de suspensão. *Alternativa B.*

126. (XX Exame) Guilherme é advogado de José em ação promovida por este em face de Bruno, cujo advogado é Gabriel. Na audiência de conciliação, ao deparar-se com Bruno, Guilherme o reconhece como antigo amigo da época de colégio, com o qual havia perdido contato. Dias após a realização da audiência, na qual foi frustrada a tentativa de conciliação, Guilherme se reaproxima de Bruno, e com vistas a solucionar o litígio, estabelece entendimento sobre a causa diretamente com ele, sem autorização de José e sem ciência de Gabriel.

Na situação narrada,

(A) Guilherme cometeu infração disciplinar ao estabelecer entendimento com Bruno, tanto pelo fato de não haver ciência de Gabriel, como por não haver autorização de José.
(B) Guilherme cometeu infração disciplinar ao estabelecer entendimento com Bruno, pelo fato de não haver ciência de Gabriel, mas não por não haver autorização de José.
(C) Guilherme cometeu infração disciplinar ao estabelecer entendimento com Bruno, pelo fato de não haver autorização de José, mas não por não haver ciência de Gabriel.

(D) Guilherme não cometeu infração disciplinar ao estabelecer entendimento com Bruno, sem ciência de Gabriel ou autorização de José.

RESPOSTA Note-se que o examinador perguntou exatamente a letra da lei, como se vê no EAOAB, art. 34, VIII, que constitui infração disciplinar "estabelecer entendimento com a parte adversa sem autorização do cliente ou ciência do advogado contrário". *Alternativa A.*

XI. OAB

127. (36º Exame) O Conselho Seccional X da OAB encontra-se em dificuldades financeiras. Assim, o Conselho Seccional Y pretende socorrê-lo, a fim de preservar a atuação daquele nas defesas dos direitos e prerrogativas dos advogados, por meio da transferência de certos valores em dinheiro e bens móveis, como computadores e impressoras.

Diante do caso hipotético narrado, assinale a afirmativa correta.

(A) É vedada a transferência dos bens móveis e dos recursos em dinheiro do Conselho Seccional Y para o Conselho Secccional X.
(B) A transferência dos bens móveis e dos recursos em dinheiro é permitida mediante autorização do Conselho Federal da OAB.
(C) A transferência dos bens móveis e dos recursos em dinheiro é permitida mediante aprovação por ambos os Conselhos Seccionais.
(D) A transferência dos bens móveis é permitida mediante autorização do Conselho Federal da OAB, e a dos recursos em dinheiro, vedada.

RESPOSTA Nos termos do Regulamento Geral da OAB, art. 56, § 5º, qualquer transferência de bens ou recursos de um Conselho Seccional a outro depende de autorização do Conselho Federal. *Alternativa B.*

128. (36º Exame) A diretoria de certa subseção da OAB emitiu decisão no âmbito de suas atribuições. Irresignados, os interessados desejavam manejar recurso em face de tal decisão.

Sobre a hipótese, assinale a afirmativa correta.

(A) A competência privativa para julgar, em grau de recurso, questão decidida pela diretoria da subseção é do Conselho Federal da OAB.
(B) A competência privativa para julgar, em grau de recurso, questão decidida pela diretoria da subseção, é do Presidente do Conselho Seccional respectivo da OAB.
(C) A competência privativa para julgar, em grau de recurso, questão decidida pela diretoria da sub-

seção, é do Conselho Seccional respectivo da OAB.

(D) A decisão proferida pela diretoria da subseção é irrecorrível.

RESPOSTA Para responder a essa questão, bastava ter o conhecimento literal da lei, em que você eliminaria as alternativas A, B e D, e assinalaria como correta a alternativa C, pois reproduz o texto do art. 76 do EAOAB. *Alternativa C.*

129. (35º Exame) O advogado Cauã Silva foi presidente de certo Conselho Seccional da OAB, tendo seu mandato se encerrado há mais de uma década. Desde então, embora tenha permanecido como aguerrido defensor das prerrogativas e dos direitos dos advogados, Cauã não mais concorreu a nenhum cargo na OAB.

Considerando a situação hipotética narrada, assinale a afirmativa correta.

(A) Cauã, quando cessado seu mandato, deixou de integrar o Conselho Seccional da OAB.

(B) Cauã permanece como membro honorário do Conselho Seccional da OAB, mas não tem direito de voto ou de voz nas sessões.

(C) Cauã é ainda membro honorário do Conselho Seccional da OAB e o será de forma vitalícia, tendo, contudo, apenas direito de voz nas sessões.

(D) Cauã permanece como membro honorário do Conselho Seccional da OAB, a quem são conferidos os direitos a voz e voto nas sessões do Conselho.

RESPOSTA Mesmo que tenha sido presidente do Conselho Seccional há muitos anos, Cauã é membro honorário vitalício, tendo direito a voz nas sessões do Conselho Seccional, conforme reza o art. 56, § 1º, do EAOAB. *Alternativa C.*

130. (35º Exame) Vitor deseja se candidatar ao Cargo de Conselheiro Seccional da OAB. Ao estudar a legislação aplicável, Vitor concluiu que poderia concorrer ao cargo em questão, ainda que

(A) estivesse em atraso com o pagamento da anuidade.

(B) exercesse efetivamente a profissão há menos de 3 (três) anos.

(C) ocupasse cargo de provimento efetivo em órgão da Administração Pública indireta.

(D) tivesse sido condenado por infração disciplinar resultante da prática de crime há mais de um ano, mesmo sem ter obtido a reabilitação criminal.

RESPOSTA Ao conhecer o teor do art. 63, § 2º, do EAOAB, o aluno conseguiria responder a questão tranquilamente, até mesmo por exclusão. *Alternativa C.*

131. (XXXI Exame) O advogado João era conselheiro de certo Conselho Seccional da OAB. Todavia, por problemas pessoais, João decidiu renunciar ao mandato. Considerando o caso narrado, assinale a afirmativa correta.

(A) Compete ao plenário do Conselho Seccional respectivo declarar extinto o mandato, sendo exigido que previamente ouça João no prazo de dez dias, após notificação deste mediante ofício com aviso de recebimento.

(B) Compete à Diretoria do Conselho Seccional respectivo declarar extinto o mandato, independentemente de exigência de prévia notificação para oitiva de João.

(C) Compete ao plenário do Conselho Seccional respectivo declarar extinto o mandato, sendo exigido que previamente ouça João no prazo de quinze dias, após notificação pessoal deste.

(D) Compete à Segunda Câmara do Conselho Federal da OAB declarar extinto o mandato, independentemente de exigência de prévia notificação para oitiva de João.

RESPOSTA Apesar de exigir o texto da lei, a questão demandou conhecimento das normas e interpretação dos textos combinados enunciado x alternativas x lei. Regulamento Geral, art. 54, § 1º: "A Diretoria, antes de declarar extinto o mandato, salvo no caso de morte ou renúncia, ouve o interessado no prazo de quinze dias, notificando-o mediante ofício com aviso de recebimento". *Alternativa B.*

132. (XXXI Exame) Os advogados Diego, Willian e Pablo, todos em situação regular perante a OAB, desejam candidatar-se ao cargo de conselheiro de um Conselho Seccional da OAB. Diego é advogado há dois anos e um dia, sendo sócio de uma sociedade simples de prestação de serviços de advocacia e nunca foi condenado por infração disciplinar. Willian, por sua vez, exerce a advocacia há exatos quatro anos e constituiu sociedade unipessoal de advocacia, por meio da qual advoga atualmente. Willian já foi condenado pela prática de infração disciplinar, tendo obtido reabilitação um ano e três meses após o cumprimento da sanção imposta. Já Pablo é advogado há cinco anos e um dia e nunca respondeu por prática de qualquer infração disciplinar. Atualmente, Pablo exerce certo cargo em comissão, exonerável *ad nutum*, cumprindo atividades exclusivas da advocacia.

ÉTICA E LEGISLAÇÃO PROFISSIONAL DA OAB

Considerando as informações acima e o disposto na Lei n. 8.906/94, assinale a afirmativa correta.

(A) Apenas Diego e Willian cumprem os requisitos para serem eleitos para o cargo pretendido.

(B) Apenas Willian cumpre os requisitos para ser eleito para o cargo pretendido.

(C) Apenas Diego e Pablo cumprem os requisitos para serem eleitos para o cargo pretendido.

(D) Apenas Pablo cumpre os requisitos para ser eleito para o cargo pretendido.

RESPOSTA Exigiu-se a reflexão sobre os requisitos para a elegibilidade nas eleições da OAB nos termos do EAOAB, art. 63, § 2º, *verbis*: "O candidato deve comprovar situação regular perante a OAB, não ocupar cargo exonerável *ad nutum*, não ter sido condenado por infração disciplinar, salvo reabilitação, e exercer efetivamente a profissão há mais de 3 (três) anos, nas eleições para os cargos de Conselheiro Seccional e das Subseções, quando houver, e há mais de 5 (cinco) anos, nas eleições para os demais cargos". *Alternativa B.*

133. (XXX Exame) Beatriz, advogada regularmente inscrita na OAB, deseja organizar uma chapa para concorrer à diretoria de Subseção. Ao estudar os pressupostos para a formação da chapa, a realização das eleições e o futuro exercício do cargo, Beatriz concluiu corretamente que

(A) a chapa deverá ser integrada por advogados em situação regular junto à OAB, que exerçam cargos em comissão, desde que atuem, efetivamente, na profissão há mais de cinco anos.

(B) a eleição será realizada na segunda quinzena do mês de novembro, do último ano do mandato, sendo o comparecimento obrigatório para todos os advogados inscritos na OAB.

(C) o mandato é de três anos, iniciando-se em primeiro de fevereiro do ano seguinte ao da eleição.

(D) o mandato extingue-se automaticamente, antes do seu término, sempre que o titular faltar, sem motivo justificado, a mais de três reuniões ordinárias.

RESPOSTA A alternativa correta está de acordo com o art. 63 do EAOAB, quando prevê o momento da realização das eleições na Subseção e, também, que o comparecimento para o voto é obrigatório para todos advogados. *Alternativa B.*

134. (XXVIII Exame) Em certo Estado da Federação X, há notícias fundadas acerca de irregularidades na Caixa de Assistência dos Advogados, em razão de malversação de receitas, gerando hipótese de intervenção.

Considerando a situação hipotética, assinale a afirmativa correta.

(A) Quanto à receita destinada à Caixa de Assistência dos Advogados, cabe-lhe metade da receita das anuidades recebidas pelo Conselho Seccional. Diante da notícia de malversação dos valores, a intervenção na Caixa de Assistência dos advogados é atribuição do Conselho Seccional do Estado X.

(B) Quanto à receita destinada à Caixa de Assistência dos Advogados, não lhe podem ser destinados valores decorrentes das anuidades recebidas pelo Conselho Seccional, mas apenas contribuições específicas. Diante da notícia de malversação dos valores, a intervenção na Caixa de Assistência dos advogados é atribuição do Conselho Federal da OAB.

(C) Quanto à receita destinada à Caixa de Assistência dos Advogados, cabe-lhe metade da receita das anuidades recebidas pelo Conselho Seccional. Diante da notícia de malversação dos valores, a intervenção na Caixa de Assistência dos advogados é atribuição do Conselho Federal da OAB.

(D) Quanto à receita destinada à Caixa de Assistência dos Advogados, não lhe podem ser destinados valores decorrentes das anuidades recebidas pelo Conselho Seccional, mas apenas contribuições específicas. Diante da notícia de malversação dos valores, a intervenção na Caixa de Assistência dos advogados é atribuição do Conselho Seccional do estado X.

RESPOSTA A fundamentação da resposta a essa questão encontra-se no art. 62 do EAOAB: "Art. 62. A Caixa de Assistência dos Advogados, com personalidade jurídica própria, destina-se a prestar assistência aos inscritos no Conselho Seccional a que se vincule. § 5º Cabe à Caixa a metade da receita das anuidades recebidas pelo Conselho Seccional, considerado o valor resultante após as deduções regulamentares obrigatórias. § 7º O Conselho Seccional, mediante voto de dois terços de seus membros, pode intervir na Caixa de Assistência dos Advogados, no caso de descumprimento de suas finalidades, designando diretoria provisória, enquanto durar a intervenção". *Alternativa A.*

135. (XXVIII Exame) Em certo local, pretende-se a aquisição de um imóvel pelo Conselho Seccional respectivo da OAB, para funcionar como centro de apoio em informática aos advogados inscritos. Também se negocia a constituição de hipoteca sobre outro bem imóvel que já integra o patrimônio deste Conselho Seccional.

De acordo com o caso narrado, com fulcro no disposto no Regulamento Geral do Estatuto da Advocacia e da OAB, assinale a afirmativa correta.

(A) A aquisição do imóvel dependerá de autorização da maioria dos membros efetivos do Conselho Seccional; já a constituição da hipoteca é decisão que compete à Diretoria do Conselho Seccional.

(B) Tanto a aquisição do imóvel como a constituição da hipoteca dependerão de autorização da maioria dos membros efetivos do Conselho Seccional.

(C) Tanto a aquisição do imóvel como a constituição da hipoteca são decisões que competem à Diretoria do Conselho Seccional, dispensada autorização dos membros efetivos do Conselho Seccional.

(D) A aquisição do imóvel é decisão que compete à Diretoria do Conselho Seccional; já a constituição da hipoteca dependerá de autorização da maioria dos membros efetivos do Conselho Seccional.

RESPOSTA A resposta encontra seu fundamento legal no art. 48, parágrafo único, do Regulamento Geral da OAB: "A alienação ou *oneração* de bens imóveis depende de autorização da maioria das delegações, no Conselho Federal, e da maioria dos membros efetivos, no Conselho Seccional". *Alternativa D.*

136. (XXVI Exame) O Conselho Seccional X pretende criar a subseção Z, que abrange três municípios. Estima-se que, na área territorial pretendida para a subseção Z, haveria cerca de cinquenta advogados profissionalmente domiciliados. O mesmo Conselho Seccional também pretende criar as subseções W e Y, de modo que W abrangeria a região norte e Y abrangeria a região sul de um mesmo município.

Considerando o caso narrado, de acordo com o Estatuto da Advocacia e da OAB, assinale a afirmativa correta.

(A) Não é autorizada, pelo Estatuto da Advocacia e da OAB, a criação da subseção Z com a área territorial pretendida. Quanto às subseções W e Y, poderão ser criadas se contarem, cada qual, com um número mínimo de cem advogados nela profissionalmente domiciliados.

(B) Não é autorizada, pelo Estatuto da Advocacia e da OAB, a criação da subseção Z, em razão da área territorial pretendida. Quanto às subseções W e Y, poderão ser criadas se contarem, cada qual, com um número mínimo de quinze advogados nela profissionalmente domiciliados.

(C) A criação da subseção Z, com a área territorial pretendida, é autorizada pelo Estatuto da Advocacia e da OAB. Da mesma forma, as subseções W e Y poderão ser criadas se contarem, cada

qual, com um número mínimo de quinze advogados nelas profissionalmente domiciliados.

(D) A criação da subseção Z, com a área territorial pretendida, é autorizada pelo Estatuto da Advocacia e da OAB. Já a criação das subseções W e Y, em razão da área territorial pretendida, não é autorizada pelo Estatuto da Advocacia e da OAB, independentemente do número de advogados nela profissionalmente domiciliados.

RESPOSTA O EAOAB, em seu art. 60, § 1º, prevê exatamente tal situação, *verbis*: "A área territorial da Subseção pode abranger um ou mais municípios, ou parte de município, inclusive da capital do Estado, contando com um mínimo de quinze advogados, nela profissionalmente domiciliados". *Alternativa C.*

137. (XXV Exame) Em determinada sessão do Conselho Seccional da OAB do Estado da Bahia, compareceram Arthur, Presidente do Conselho Federal da OAB; Daniel, Conselheiro Federal da OAB, integrante da delegação da Bahia, e Carlos, ex-Presidente do Conselho Seccional da OAB do Estado da Bahia.

De acordo com o Estatuto da OAB, para as deliberações nessa sessão,

(A) Arthur tem direito a voz e voto. Daniel e Carlos têm direito somente a voz.

(B) Daniel tem direito a voz e voto. Arthur e Carlos têm direito somente a voz.

(C) Daniel e Carlos têm direito a voz e voto. Arthur tem direito somente a voz.

(D) Arthur, Daniel e Carlos têm direito somente a voz.

RESPOSTA Arthur, Presidente do Conselho Federal, tem direito a voz nas sessões do Conselho Seccional da Bahia, o mesmo ocorrendo com Daniel, Conselheiro Federal integrante da delegação da Bahia (EAOAB, art. 56, § 3º) e, Carlos, na condição de ex-presidente do Conselho Seccional da Bahia, tem o mesmo direito assegurado no art. 56, § 1º, do EAOAB. *Alternativa D.*

138. (XXIV Exame) O Conselho Seccional Y da OAB, entendendo pela inconstitucionalidade de certa norma em face da Constituição da República, subscreve indicação de ajuizamento de ação direta de inconstitucionalidade, endereçando-a ao Conselho Federal da OAB.

Considerando o caso apresentado, de acordo com o Regulamento Geral do Estatuto da Advocacia e da OAB, assinale a afirmativa correta.

(A) A mencionada indicação de ajuizamento de ação direta de inconstitucionalidade submete-se a obrigatório juízo prévio de admissibilidade realizado pela Diretoria do Conselho Federal para aferição da relevância da defesa dos princípios e

ÉTICA E LEGISLAÇÃO PROFISSIONAL DA OAB

das normas constitucionais. Caso seja admitida, o relator, designado pelo Presidente, independentemente da decisão da Diretoria, pode levantar preliminar de inadmissibilidade perante o Conselho Pleno, quando não encontrar norma ou princípio constitucionais violados pelo ato normativo. Após, se aprovado o ajuizamento da ação, esta será proposta pelo Presidente do Conselho Federal.

(B) A mencionada indicação de ajuizamento de ação direta de inconstitucionalidade submete-se a obrigatório juízo prévio de admissibilidade realizado pela Segunda Câmara do Conselho Federal para aferição da relevância da defesa dos princípios e das normas constitucionais. Caso seja admitida, o relator designado pelo Presidente, independentemente da decisão da Segunda Câmara, pode levantar preliminar de inadmissibilidade perante o Conselho Pleno, quando não encontrar norma ou princípio constitucionais violados pelo ato normativo. Após, se aprovado o ajuizamento da ação, esta será proposta pelo Presidente do Conselho Federal.

(C) A mencionada indicação de ajuizamento de ação direta de inconstitucionalidade não se sujeita a juízo prévio obrigatório de admissibilidade, seja pela Diretoria ou qualquer Câmara do Conselho Federal. Porém, o relator, designado pelo Presidente, pode levantar preliminar de inadmissibilidade perante o Conselho Pleno, quando não encontrar norma ou princípio constitucionais violados pelo ato normativo. Após, se aprovado o ajuizamento da ação, esta será proposta pelo Presidente do Conselho Federal.

(D) A mencionada indicação de ajuizamento de ação direta de inconstitucionalidade não se sujeita a juízo prévio obrigatório de admissibilidade seja pela Diretoria ou qualquer Câmara do Conselho Federal. Porém, o relator designado pelo Presidente, pode levantar preliminar de inadmissibilidade perante o Conselho Pleno, quando não encontrar norma ou princípio constitucionais violados pelo ato normativo. Após, se aprovado o ajuizamento da ação, esta será proposta pelo relator designado.

RESPOSTA Aqui, mais uma vez, o examinador buscou cobrar do candidato o texto da lei, no caso em tela o art. 82, incisos I e II, do Regulamento Geral que foram reproduzidos na alternativa C. *Alternativa C.*

139. (XXII Exame) A advogada Maria foi procurada por certo cliente para o patrocínio de uma demanda judicial. Ela, então, apresentou ao cliente contrato de prestação de seus serviços profissionais. A cláusula dez do documento estabelecia que Maria obrigava-se apenas a atuar na causa no primeiro grau de jurisdição. Além disso, a cláusula treze dispunha sobre a obrigatoriedade de pagamento de honorários, em caso de ser obtido acordo antes do oferecimento da petição inicial. Irresignado, o cliente encaminhou cópia do contrato à OAB, solicitando providências disciplinares.

Sobre os termos do contrato, assinale a afirmativa correta.

(A) A cláusula dez do contrato viola o disposto no Código de Ética e Disciplina da OAB, uma vez que é vedada a limitação do patrocínio a apenas um grau de jurisdição. Quanto à cláusula treze, não se vislumbram irregularidades.

(B) Não se vislumbram irregularidades quanto às cláusulas dez e treze do contrato, ambas consonantes com o disposto no Estatuto da OAB e no Código de Ética e Disciplina da OAB.

(C) A cláusula treze do contrato viola o disposto no Código de Ética e Disciplina da OAB, uma vez que o advogado não faz jus ao recebimento de honorários contratuais em caso de acordo feito entre o cliente e a parte contrária, anteriormente ao oferecimento da demanda. Quanto à cláusula dez, não se vislumbram irregularidades.

(D) A cláusula dez do contrato viola o disposto no Código de Ética e Disciplina da OAB, uma vez que é vedada a limitação do patrocínio a apenas um grau de jurisdição. A cláusula treze do contrato também viola o disposto no Código de Ética e Disciplina da OAB, uma vez que o advogado não faz jus ao recebimento de honorários contratuais em caso de acordo feito entre o cliente e a parte contrária, anteriormente ao oferecimento da demanda.

RESPOSTA O art. 48, § 1º, do CED prevê a possibilidade de estipulação da extensão do patrocínio, bem como a forma de pagamento e, nesse último caso, o § 5º do referido artigo prevê a vedação da diminuição dos valores contratados em decorrência de solução do litígio por meio extrajudicial. *Alternativa B.*

140. (XXII Exame) No ano de 2017, deverá se realizar a Conferência Nacional da Advocacia Brasileira, órgão consultivo máximo do Conselho Federal, que se reúne trienalmente.

Cientes do evento, Raul, Francisco e Caetano decidem participar como membros efetivos da Conferência. Raul, advogado, é conselheiro de certo Conselho Seccional da OAB. Francisco é advogado, regularmente inscrito na OAB, e não exerce previamente função junto a qualquer órgão da instituição. Caetano é estagiário, regularmente inscrito como tal junto à OAB, e também não exerce previamente função em nenhum de seus órgãos.

Considerando o disposto no Regulamento Geral do Estatuto da Advocacia e da OAB, assinale a afirmativa correta.

(A) Raul participará como membro efetivo da Conferência Nacional da Advocacia Brasileira, caso em que terá direito a voto. Os demais, mesmo inscritos na Conferência, poderão participar apenas como convidados ou ouvintes, sem direito a voto.

(B) Francisco, se inscrito, e Raul participarão como membros efetivos da Conferência Nacional da Advocacia Brasileira. Porém, o direito a voto é conferido apenas a Raul. Caetano, ainda que inscrito na conferência, somente poderá participar como ouvinte.

(C) Francisco e Caetano, se inscritos na Conferência Nacional da Advocacia Brasileira, dela participarão como membros efetivos, mas o direito a voto é conferido apenas a Francisco. Raul fica impedido de participar como membro efetivo da conferência, tendo em vista que já exerce função em órgão da OAB.

(D) Raul participará como membro efetivo da Conferência Nacional da Advocacia Brasileira. Do mesmo modo, Francisco e Caetano, se inscritos na conferência, poderão participar como membros efetivos, permitindo-se, aos três, o direito a voto.

RESPOSTA Art. 146 do RGEAOAB: "São membros das Conferências: I – efetivos: os Conselheiros e Presidentes dos órgãos da OAB presentes, os advogados e estagiários inscritos na Conferência, todos com direito a voto". *Alternativa D.*

141. (XXII Exame) Em determinada subseção da OAB, constatou-se grave violação à disciplina prevista na Lei n. 8.906/94, no que diz respeito ao exercício de suas atribuições de representar a OAB perante os poderes constituídos e de fazer valer as prerrogativas do advogado.

Considerando a situação hipotética narrada, assinale a afirmativa correta.

(A) Compete ao Conselho Federal da OAB intervir na aludida subseção mediante voto de dois terços de seus membros.

(B) Compete ao Conselho Federal da OAB intervir na aludida subseção mediante decisão por maioria do Órgão Especial do Conselho Pleno.

(C) Compete ao Conselho Seccional respectivo da OAB intervir na aludida subseção mediante decisão unânime de sua diretoria.

(D) Compete ao Conselho Seccional respectivo da OAB intervir na aludida subseção mediante voto de dois terços de seus membros.

RESPOSTA Compete privativamente ao Conselho Seccional intervir nas Subseções e na Caixa de Assistência dos Advogados nos termos do EAOAB, art. 58, combinado com os arts. 105, III, e 108 do Regulamento Geral. *Alternativa D.*

142. (XXI Exame) O advogado Roni foi presidente do Conselho Federal da OAB em mandato exercido por certo triênio, na década entre 2000 e 2010. Sobre a participação de Roni, na condição de ex-presidente do Conselho Federal, nas sessões do referido Conselho, assinale a afirmativa correta.

(A) Não integra a atual composição do Conselho Federal da OAB. Logo, apenas pode participar das sessões na condição de ouvinte, não lhe sendo facultado direito a voto ou direito a voz.

(B) Integra a atual composição do Conselho Federal da OAB, na qualidade de membro honorário vitalício, sendo-lhe conferido direito a voto e direito a voz nas sessões.

(C) Não integra a atual composição do Conselho Federal da OAB. Logo, apenas pode participar das sessões na condição de convidado honorário, não lhe sendo facultado direito a voto, mas, sim, direito a voz.

(D) Integra a atual composição do Conselho Federal da OAB, na qualidade de membro honorário vitalício, sendo-lhe conferido apenas direito a voz nas sessões e não direito a voto.

RESPOSTA De acordo com o EAOAB, art. 51, II e § 2º, os ex-presidentes do Conselho Federal integram o referido órgão como membro honorário vitalício possuindo apenas direito a voz nas sessões do referido Conselho. *Alternativa D.*

143. (XX Exame) Fabiano é conselheiro eleito de certo Conselho Seccional da OAB. No curso do mandato, Fabiano pratica infração disciplinar e sofre condenação, em definitivo, à pena de censura.

Considerando a situação descrita e o disposto no Estatuto da OAB, o mandato de Fabiano no Conselho Seccional

(A) será extinto, apenas se a sanção disciplinar aplicada for de exclusão.

(B) será extinto, apenas se a sanção por infração disciplinar aplicada for de exclusão ou de suspensão.

(C) será extinto, independentemente da natureza da sanção disciplinar aplicada.

ÉTICA E LEGISLAÇÃO
PROFISSIONAL DA OAB

(D) será extinto, apenas se a sanção aplicada for de suspensão ou se for reincidente em infração disciplinar.

RESPOSTA Conforme determina o EAOAB, art. 66: "Extingue-se o mandato automaticamente, antes do seu término, quando: (...) II – o titular sofrer condenação disciplinar". *Alternativa C.*

144. (XX Exame) Charles é presidente de certo Conselho Seccional da OAB. Não obstante, no curso do mandato, Charles vê-se envolvido em dificuldades no seu casamento com Emma, e decide renunciar ao mandato, para dedicar-se às suas questões pessoais.

Sobre o caso, assinale a afirmativa correta.

(A) O sucessor de Charles deverá ser eleito pelo Conselho Federal da OAB, dentre os membros do Conselho Seccional respectivo.

(B) O sucessor de Charles deverá ser eleito pelo Conselho Seccional respectivo, dentre seus membros.

(C) O sucessor de Charles deverá ser eleito pela Subseção respectiva, dentre seus membros.

(D) O sucessor de Charles deverá ser eleito por votação direta dos advogados regularmente inscritos perante o Conselho Seccional respectivo.

RESPOSTA Sendo lógica a resposta, já que o sucessor de Charles (o vice-presidente) foi eleito pelo Conselho Seccional dentre os seus membros. *Alternativa B.*

XII. PROCESSO DISCIPLINAR

145. (40º Exame) Antônio Oliveira, advogado, cometeu infração disciplinar no exercício de suas funções, submetendo-se a processo disciplinar perante o Tribunal de Ética e Disciplina do Conselho Seccional competente.

Antônio contratou o advogado Pedro para defendê-lo no âmbito do processo disciplinar. No que diz respeito à instauração, instrução e tramitação do processo disciplinar instaurado em face de Antônio, assinale a afirmativa correta que deverá ser observada por Pedro, no exercício da defesa técnica.

(A) O processo disciplinar poderá ser instruído por subseção ou por relatores do próprio Conselho Seccional;

(B) Antônio não poderá ser suspenso preventivamente sem oitiva prévia, mesmo que não atenda às notificações de comparecimento.

(C) O processo disciplinar não poderá ser instaurado de ofício, sob pena de violação do princípio acusatório.

(D) Oferecida a defesa prévia, o relator do processo disciplinar poderá decidir pelo arquivamento liminar da representação.

RESPOSTA O enunciado da questão não oferece maiores dados, passando para as alternativas onde o candidato deverá trabalhar por exclusão, sendo certo afirmarmos que Antônio poderá ser suspenso preventivamente sem oitiva prévia; que o processo disciplinar pode ser instaurado de ofício e, por fim, o relator do processo disciplinar não pode decidir pelo arquivamento liminar da representação, ele apenas profere parecer, quem decide é o presidente do Conselho Seccional ou do Tribunal de Ética (art. 58, §§ 3º e 4º). Assim, o processo disciplinar poderá ser instruído por Subseção ou por relatores do próprio Conselho Seccional conforme dispõe o EOAB, art. 70, § 1º. *Alternativa A.*

146. (37º Exame) Foi instaurado processo disciplinar em face do advogado Nino, tendo em vista possível prática de infração disciplinar. No que se refere às notificações de Nino no mencionado feito, assinale a afirmativa correta.

(A) A notificação inicial de Nino para apresentação de defesa prévia deverá ser feita pessoalmente, de forma preferencial, admitindo-se a notificação por correspondência com aviso de recebimento apenas em hipóteses excepcionais, previstas no Regulamento Geral do Estatuto da Advocacia e da OAB .

(B) Na hipótese de a notificação inicial para apresentação de defesa prévia ser realizada por edital, deve constar do edital apenas o nome completo de Nino, o seu número de inscrição e a menção de que a notificação destina-se à apresentação da defesa prévia no feito disciplinar no prazo legal.

(C) As notificações realizadas no referido processo disciplinar que forem feitas através de edital, com exceção da notificação inicial, deverão indicar o nome completo de Nino e o do advogado constituído para sua defesa, salvo na hipótese de atuação em causa própria.

(D) Há presunção de recebimento das notificações enviadas por correspondência com aviso de recebimento ao endereço residencial ou ao endereço profissional que constam no cadastro de Nino junto ao Conselho Seccional.

RESPOSTA A referida questão contempla o conhecimento do Regulamento Geral, mais especificamente o art. 137-D, *caput*, e seu § 1º, *verbis*: "Art. 137-D. A notificação inicial para a apresentação de defesa prévia ou manifestação em processo administrativo perante a OAB deverá ser feita através de correspondência, com aviso de recebimento, enviada para o endereço profissional ou residencial constante do cadastro do Conselho Seccional. § 1º Incumbe ao advogado manter sempre atualizado o seu endereço residencial e profissional no cadastro do Conselho Seccional, presumindo-se recebida a correspondência enviada para o endereço nele constante". Como se pode observar, o examinador cobrou o texto da legislação profissional do advogado. *Alternativa D.*

147. (XXXIV Exame) Beatriz, advogada, oferece representação perante a OAB em razão de Isabela, outra advogada que atua na mesma área e na mesma cidade, ter supostamente praticado atos de captação de causas.

Preocupada com as consequências dessa representação, Isabela decidiu estudar as normas que regem possível processo disciplinar a ser instaurado perante a OAB.

Ao fazê-lo, Isabela concluiu que

(A) o processo disciplinar pode ser instaurado de ofício, não dependendo de representação de autoridade ou da pessoa interessada.

(B) o processo disciplinar tramita em sigilo até o seu término, permitindo-se o acesso às suas informações somente às partes e a seus defensores por ordem da autoridade judiciária competente.

(C) ao representado deve ser assegurado amplo direito de defesa, cabendo ao Tribunal de Ética e Disciplina, por ocasião do julgamento, avaliar a necessidade de defesa oral.

(D) se, após a defesa prévia, o relator se manifestar pelo indeferimento liminar da representação, o processo deverá ser levado a julgamento pelo Tribunal de Ética e Disciplina, que poderá determinar seu arquivamento.

RESPOSTA Conforme o art. 72 do EAOAB, o examinador reproduziu o texto da lei, ou seja, que o processo disciplinar pode ser instaurado de ofício. *Alternativa A.*

148. (XXXII Exame) O advogado Gerson responde a processo disciplinar perante a OAB pela prática de infração prevista na Lei n. 8.906/94. No curso do feito, dá-se a apreciação, pelo órgão julgador, de matéria processual sobre a qual se entendeu cabível decisão de ofício. Não é conferida oportunidade de manifestação sobre tal matéria à defesa de Gerson.

Considerando o caso narrado, assinale a afirmativa correta.

(A) Em grau recursal, é vedada decisão com base em fundamento sobre o qual não foi dada oportunidade de manifestação à defesa de Gerson, ainda que se trate de matéria que se deva decidir de ofício. Excepcionam-se, dessa regra, as medidas

de urgência previstas na Lei n. 8.906/94. Por sua vez, em primeiro grau, cuidando-se de matéria de ordem pública, passível de decisão de ofício, ou tratando-se de medidas de urgência previstas na Lei n. 8.906/94, autoriza-se a apreciação sem que seja facultada prévia manifestação às partes.

(B) Em qualquer grau de julgamento, é vedada decisão com base em fundamento sobre o qual não foi dada oportunidade de manifestação à defesa de Gerson, ainda que se trate de matéria sobre a qual se deva decidir de ofício. Excepcionam-se dessa regra as medidas de urgência previstas na Lei n. 8.906/94.

(C) Em grau recursal, é vedada decisão com base em fundamento sobre o qual não foi dada oportunidade de manifestação à defesa de Gerson, ainda que se trate de matéria que se deva decidir de ofício. Tal vedação abrange, inclusive, as medidas de urgência previstas na Lei n. 8.906/94. Por sua vez, em primeiro grau, tratando-se de matéria de ordem pública, passível de decisão de ofício, ou em caso de medidas de urgência, autoriza-se a apreciação sem que seja facultada prévia manifestação às partes.

(D) Em qualquer grau de julgamento, é vedada decisão com base em fundamento sobre o qual não foi dada oportunidade de manifestação à defesa de Gerson, ainda que se cuide de matéria sobre a qual se deva decidir de ofício, ou que se trate de medidas de urgência previstas na Lei n. 8.906/94.

RESPOSTA De redação obscura, do que se depreendeu do enunciado e das alternativas, o que o examinador queria era saber sobre a inafastabilidade do princípio constitucional do contraditório e da ampla defesa. Todavia, excepcionalmente, nas medidas urgentes como na suspensão preventiva é possível como se depreende do art. 70, § 3º, *in fine,* do EAOAB justamente na ressalva "salvo se não atender a notificação. *Alternativa B.*

149. (XXIX Exame) O Conselho Seccional X da OAB proferiu duas decisões, ambas unânimes e definitivas, em dois processos distintos. Acerca da matéria que é objeto do processo 1, há diversos julgados, em sentido diametralmente oposto, proferidos pelo Conselho Seccional Y da OAB. Quanto ao processo 2, há apenas uma decisão contrária, outrora proferida pelo Conselho Federal da OAB. De acordo com a situação narrada, assinale a afirmativa correta.

(A) Cabe recurso da decisão proferida no processo 1 ao Conselho Federal da OAB, com fundamento na divergência com as decisões emanadas do

ÉTICA E LEGISLAÇÃO PROFISSIONAL DA OAB

Conselho Seccional Y. Também cabe recurso da decisão proferida no processo 2 ao Conselho Federal da OAB, com base na divergência com a decisão anterior do Conselho Federal.

(B) Não cabe recurso da decisão proferida no processo 1 ao Conselho Federal da OAB, com fundamento na divergência com as decisões emanadas do Conselho Seccional Y. No entanto, cabe recurso da decisão proferida no processo 2 ao Conselho Federal da OAB, com base na divergência com a decisão anterior do Conselho Federal.

(C) Cabe recurso da decisão proferida no processo 1 ao Conselho Federal da OAB, com fundamento na divergência com as decisões emanadas do Conselho Seccional Y. No entanto, não cabe recurso da decisão proferida no processo 2 ao Conselho Federal da OAB, com base na divergência com a decisão anterior do Conselho Federal.

(D) Não cabem recursos das decisões proferidas no processo 1 e no processo 2, tendo em vista a definitividade das decisões emanadas do Conselho Seccional.

RESPOSTA No caso em tela, caberá recurso dessa decisão para o Conselho Federal, posto que embora unânimes contrariam decisão do Conselho Federal e de outro Conselho Seccional, nos termos do art. 75 do EAOAB. *Alternativa A.*

150. (XXIX Exame) Os sócios de certa sociedade de advogados divergiram intensamente quanto à solução de questões relativas a conduta disciplinar, relação com clientes e honorários. Em razão disso, passaram a pesquisar quais as atribuições do Tribunal de Ética e Disciplina, do Conselho Seccional da OAB respectivo, que poderiam ajudar a solver suas dificuldades.

Considerando o caso narrado, bem como os limites de competência do Tribunal de Ética e Disciplina do Conselho Seccional, previstos no Código de Ética e Disciplina da OAB, assinale a afirmativa correta.

(A) Não compete ao Tribunal de Ética e Disciplina responder a consultas realizadas em tese por provocação dos advogados, atuando apenas diante de situações concretas.

(B) Compete ao Tribunal de Ética e Disciplina atuar como um conciliador em pendências concretas relativas à partilha de honorários entre advogados contratados conjuntamente.

(C) Não compete ao Tribunal de Ética e Disciplina ministrar cursos destinados a solver dúvidas usuais dos advogados no que se refere à conduta ética que deles é esperada.

(D) Compete ao Tribunal de Ética e Disciplina coordenar as ações do Conselho Seccional respectivo e dos demais Conselhos Seccionais, com o objetivo de reduzir a ocorrência das infrações disciplinares mais frequentes.

RESPOSTA É competência do TED atuar como mediador ou conciliador sobre questões pertinentes a partilha de honorários contratados em conjunto, nos termos do art. 71, VI, alínea *b*, do CED.

151. (XXVIII Exame) Maria teve processo disciplinar recém-instaurado contra si pelo Conselho Seccional da OAB, no qual está inscrita. No dia seguinte à sua notificação por meio de edital, encontra-se no fórum com Tânia, sua ex-colega de faculdade, que veio comentar com Maria sobre o conteúdo do referido processo.

De acordo com o Estatuto da OAB, Tânia poderia conhecer o conteúdo do processo disciplinar instaurado, em face de Maria,

(A) por qualquer meio, dada a natureza pública de sua tramitação.

(B) se fosse parte, defensora de parte ou autoridade judiciária competente, dada a natureza sigilosa de sua tramitação.

(C) caso tivesse tido acesso à notificação inicial, feita por meio de edital, dada a natureza pública de sua tramitação.

(D) em nenhuma hipótese, dada a natureza sigilosa de sua tramitação.

RESPOSTA Em razão do princípio do sigilo, o EAOAB no art. 72, § 2º, prevê a tramitação sob sigilo do processo disciplinar. *Alternativa B.*

152. (XXVI Exame) Júlio Silva sofreu sanção de censura por infração disciplinar não resultante da prática de crime; Tatiana sofreu sanção de suspensão por infração disciplinar não resultante da prática de crime; e Rodrigo sofreu sanção de suspensão por infração disciplinar resultante da prática de crime ao qual foi condenado. Transcorrido um ano após a aplicação e o cumprimento das sanções, os três pretendem obter a reabilitação, mediante provas efetivas de seu bom comportamento.

De acordo com o EAOAB, assinale a afirmativa correta.

(A) Júlio e Tatiana fazem jus à reabilitação, que pode ser concedida após um ano mediante provas efetivas de bom comportamento, nos casos de qualquer sanção disciplinar. O pedido de Rodrigo, porém, depende também da reabilitação criminal.

(B) Apenas Júlio faz jus à reabilitação, que pode ser concedida após um ano mediante provas efetivas de bom comportamento, somente nos casos de sanção disciplinar de censura.

(C) Todos fazem jus à reabilitação, que pode ser concedida após um ano mediante provas efetivas de bom comportamento, nos casos de qualquer sanção disciplinar, independentemente se resultantes da prática de crime, tendo em vista que são esferas distintas de responsabilidade.

(D) Ninguém faz jus à reabilitação, que só pode ser concedida após dois anos mediante provas efetivas de bom comportamento, nos casos de sanção disciplinar de censura, e após três anos nos casos de sanção disciplinar de suspensão.

RESPOSTA O art. 41 do EAOAB estabelece tal direito a Júlio e Tatiana, todavia, quando a sanção disciplinar resultar da prática de crime, o pedido de reabilitação depende também da correspondente reabilitação criminal. *Alternativa A.*

153. (XXV Exame) Carlos praticou infração disciplinar, oficialmente constatada em 09 de fevereiro de 2010. Em 11 de abril de 2013, foi instaurado processo disciplinar para apuração da infração, e Carlos foi notificado em 15 de novembro do mesmo ano. Em 20 de fevereiro de 2015, o processo ficou pendente de julgamento, que só veio a ocorrer em 1º de março de 2018.

De acordo com o Estatuto da OAB, a pretensão à punibilidade da infração disciplinar praticada por Carlos

(A) está prescrita, tendo em vista o decurso de mais de três anos entre a constatação oficial da falta e a instauração do processo disciplinar.

(B) está prescrita, tendo em vista o decurso de mais de seis meses entre a instauração do processo disciplinar e a notificação de Carlos.

(C) está prescrita, tendo em vista o decurso de mais de três anos de paralisação para aguardar julgamento.

(D) não está prescrita, tendo em vista que não decorreram cinco anos entre cada uma das etapas de constatação, instauração, notificação e julgamento.

RESPOSTA A alternativa é considerada correta em face da aplicação da prescrição intercorrente prevista no EAOAB, art. 43, § 1º. *Alternativa C.*

154. (XXV Exame) O Tribunal de Ética e Disciplina de certo Conselho Seccional da OAB decidiu pela suspensão preventiva do advogado Hélio, acusado em processo disciplinar. Hélio, todavia, interpôs o recurso cabível contra tal decisão.

Considerando as regras sobre os recursos em processos que tramitam perante a OAB, bem como a situação descrita, assinale a afirmativa correta.

(A) Em regra, os recursos em processos que tramitam perante a OAB têm efeito suspensivo. Assim, no caso narrado, o recurso interposto por Hélio será dotado do aludido efeito.

(B) Em regra, os recursos em processos que tramitam perante a OAB não têm efeito suspensivo. Todavia, nesse caso, excepcionalmente, pode ser atribuído o efeito, se demonstrada a probabilidade de provimento ou se, sendo relevante a fundamentação, o recorrente indicar risco de dano grave ou de difícil reparação.

(C) Em regra, os recursos em processos que tramitam perante a OAB têm efeito suspensivo. Todavia, o recurso manejado por Hélio se inclui em hipótese excepcional, na qual é vedado o efeito suspensivo.

(D) Em regra, os recursos em processos que tramitam perante a OAB não têm efeito suspensivo, não sendo permitida a concessão de tal efeito por decisão da autoridade julgadora. Assim, no caso narrado, o recurso interposto por Hélio não será dotado de efeito suspensivo.

RESPOSTA O art. 77 do EAOAB estabelece a regra dos efeitos do recurso, bem como as respectivas exceções, dentre elas a da hipótese do caso apresentado no enunciado, ou seja, suspensão preventiva, onde o efeito recursal será somente devolutivo. *Alternativa C.*

155. (XXV Exame) Lina, cidadã que não exerce a advocacia, deseja endereçar à presidência de certa Subseção da OAB representação pela instauração de processo disciplinar em face de determinado advogado, pelo cometimento de infrações éticas. Assim, ela busca se informar sobre como pode oferecer tal representação e qual a forma adequada para tanto.

De acordo com o disposto no Código de Ética e Disciplina da OAB, Lina poderá oferecer representação pela instauração de processo disciplinar em face do advogado, mas

(A) deve endereçá-la ao presidente do respectivo Conselho Seccional, uma vez que receber e processar representações com tal conteúdo não se inclui entre as atribuições das Subseções. A representação poderá ser realizada por escrito ou verbalmente, com ou sem identificação do representante.

(B) deve formulá-la ao presidente do Conselho Seccional ou ao presidente da Subseção. A representação poderá ser realizada por escrito ou verbalmente, mas é necessária a identificação do representante, sob pena de não ser considerada fonte idônea.

(C) deve endereçá-la ao presidente do respectivo Conselho Seccional, uma vez que não se inclui

ÉTICA E LEGISLAÇÃO PROFISSIONAL DA OAB

entre as atribuições das Subseções receber e processar representações com tal conteúdo. A representação deverá ser realizada por escrito, não sendo consideradas fontes idôneas as representações verbais ou sem identificação do representante.

(D) deve formulá-la ao presidente do Conselho Seccional ou ao presidente da Subseção. A representação poderá ser realizada por escrito ou verbalmente, com ou sem identificação do representante. Será considerada fonte idônea ainda que oferecida sem a identificação do representante.

RESPOSTA Nos exatos termos do CED, art. 56, *caput*, combinado com art. 57, I. *Alternativa B.*

156. (XXIII Exame) Nilza, advogada, responde a processo disciplinar perante certo Conselho Seccional da OAB, em razão da suposta prática de infração disciplinar que, se comprovada, poderá sujeitá-la à sanção de exclusão. Sobre o tema, assinale a afirmativa correta.

(A) O processo disciplinar instaurado em face de Nilza tramita em sigilo, até o seu término, só tendo acesso às suas informações as partes, seus defensores e a autoridade competente.

(B) O processo disciplinar instaurado em face de Nilza é público, sendo facultado o acesso aos autos a qualquer advogado regularmente inscrito, para exercício do controle externo.

(C) O processo disciplinar instaurado em face de Nilza é, em regra, público, sendo facultado o acesso aos autos a qualquer cidadão. Porém, excepcionalmente, pode ser decretado o sigilo, a critério da autoridade processante, quando justificada a necessidade de preservação do direito à intimidade.

(D) O processo disciplinar instaurado em face de Nilza tramita, em regra, em sigilo, só tendo acesso às suas informações as partes, seus defensores e a autoridade competente. Torna-se, porém, público se o Tribunal de Ética e Disciplina do Conselho decidir suspender Nilza preventivamente.

RESPOSTA Nesse caso, o examinador cobrou do candidato exatamente a letra lei, conforme dispõe o EAOAB, art. 72, § 2º. O processo disciplinar tramita em sigilo, até o seu término, só tendo acesso às suas informações as partes, seus defensores e a autoridade judiciária competente. *Alternativa A.*

157. (XXII Exame) Cláudio, advogado inscrito na Seccional da OAB do Estado do Rio de Janeiro, praticou infração disciplinar em território abrangido pela Seccional da OAB do Estado

da São Paulo. Após representação do interessado, o Conselho de Ética e Disciplina da Seccional da OAB do Estado do Rio de Janeiro instaurou processo disciplinar para apuração da infração.

Sobre o caso, de acordo com o Estatuto da OAB, o Conselho de Ética e Disciplina da Seccional da OAB do Estado do Rio de Janeiro

(A) não tem competência para punir disciplinarmente Cláudio, pois a competência é exclusivamente do Conselho Seccional em cuja base territorial tenha ocorrido a infração, salvo se a falta for cometida perante o Conselho Federal.

(B) tem competência para punir disciplinarmente Cláudio, pois a competência é exclusivamente do Conselho Seccional em que o advogado se encontra inscrito, salvo se a falta for cometida perante o Conselho Federal.

(C) tem competência para punir disciplinarmente Cláudio, pois a competência é concorrente entre o Conselho Seccional em que o advogado se encontra inscrito e o Conselho Seccional em cuja base territorial tenha ocorrido a infração, salvo se a falta for cometida perante o Conselho Federal.

(D) não tem competência para punir disciplinarmente Cláudio, pois a competência é exclusivamente do Conselho Federal, ainda que a falta não tenha sido cometida perante este, quando o advogado for inscrito em uma Seccional e a infração tiver ocorrido na base territorial de outra.

RESPOSTA De acordo com o EAOAB, art. 70, "o poder de punir disciplinarmente os inscritos na OAB compete exclusivamente ao Conselho Seccional em cuja base territorial tenha ocorrido a infração, salvo se a falta for cometida perante o Conselho Federal". *Alternativa A.*

158. (XXI Exame) Luciana e Antônio são advogados que, embora não tenham constituído sociedade, atuam em conjunto em algumas causas, por meio de substabelecimentos conferidos reciprocamente. Em regra, acordam informalmente a divisão do trabalho e dos honorários.

Todavia, após obterem sucesso em caso de valor vultoso, não chegaram a um consenso acerca da partilha dos honorários, pois cada um entendeu que sua participação foi preponderante. Assim, decidiram submeter a questão à Ordem dos Advogados.

Nesse caso,

(A) havendo divergência, a partilha dos honorários entre Luciana e Antônio deve ser feita atribuindo-se metade a cada um, pois quando não há prévio acordo é irrelevante a participação de cada um no processo.

(B) compete ao Tribunal de Ética e Disciplina atuar como mediador na partilha de honorários, podendo indicar mediador que contribua no sentido de que a distribuição se faça proporcionalmente à atuação de cada um no processo.

(C) compete ao juiz da causa em que houve a condenação em honorários especificar o percentual ou o quanto é devido a cada um dos patronos, de modo que a distribuição se faça proporcionalmente à atuação de cada um no processo.

(D) compete à Caixa de Assistência aos Advogados atuar como mediadora na partilha de honorários, podendo indicar mediador que contribua no sentido de que a distribuição se faça proporcionalmente à atuação de cada um no processo.

RESPOSTA A questão trouxe um caso de competência do TED, nos termos do art. 71, VI, *b*, ou seja, atuar como órgão mediador ou conciliador nas questões que envolvam a partilha de honorários contratados em conjunto ou decorrentes de substabelecimento, bem como os que resultem de sucumbência. *Alternativa B.*

159. (XXI Exame) Lúcia, advogada, foi processada disciplinarmente e, após a interposição de recurso, o Conselho Seccional do Estado de Pernambuco confirmou, por unanimidade, a sanção de suspensão pelo prazo de trinta dias, nos termos do art. 37, § 1º, do Estatuto da OAB. Lúcia verificou, contudo, existir decisão em sentido contrário, em caso idêntico ao seu, no Conselho Seccional do Estado de Minas Gerais.

De acordo com o Estatuto da OAB, contra a decisão definitiva unânime proferida pelo Conselho Seccional do Estado de Pernambuco,

(A) não cabe recurso ao Conselho Federal, em qualquer hipótese.

(B) cabe recurso ao Conselho Federal, por contrariar decisão do Conselho Seccional de Minas Gerais.

(C) cabe recurso ao Conselho Federal, se a decisão contrariar também decisão do Conselho Federal, e não apenas decisão do Conselho Seccional de Minas Gerais.

(D) cabe recurso ao Conselho Federal, em qualquer hipótese, ainda que não existisse decisão em sentido contrário do Conselho Seccional de Minas Gerais.

RESPOSTA Nos termos do art. 75, que dispõe caber recurso ao Conselho Federal de decisão unânime que contrarie decisão de outro Conselho Seccional. *Alternativa B.*

160. (XX Exame) A advogada Dolores cometeu infração disciplinar sujeita à sanção de suspensão em 12-7-2004. Em 13-7-2008

o fato foi oficialmente constatado, tendo sido encaminhada notícia a certo Conselho Seccional da OAB. Em 14-7-2010 foi instaurado processo disciplinar. Em 15-7-2012 foi aplicada definitivamente a sanção disciplinar de suspensão.

Sobre o tema, assinale a afirmativa correta.

(A) A pretensão à punibilidade das infrações disciplinares prescreve em oito anos. No caso narrado, não se operou o fenômeno prescritivo.

(B) A pretensão à punibilidade das infrações disciplinares prescreve em cinco anos. No caso narrado, operou-se o fenômeno prescritivo, pois decorridos mais de cinco anos entre a data do fato e a instauração do processo disciplinar.

(C) A pretensão à punibilidade das infrações disciplinares prescreve em oito anos. No caso narrado, operou-se o fenômeno prescritivo, pois decorridos mais de oito anos entre a data do fato e a aplicação definitiva da sanção disciplinar.

(D) A pretensão à punibilidade das infrações disciplinares prescreve em cinco anos. No caso narrado, não se operou o fenômeno prescritivo.

RESPOSTA Conforme dispõe o art. 43 do EAOAB, "a pretensão à punibilidade das infrações disciplinares prescreve em cinco anos, contados da data da constatação oficial do fato" e no caso em tela o processo foi julgado em dois anos. *Alternativa D.*

XIII. CÓDIGO DE ÉTICA E DISCIPLINA – GERAL

161. (41º EXAME) Ana Júlia, recentemente aprovada no Exame da Ordem dos Advogados do Brasil, aspira exercer sua nova atividade profissional de maneira comprometida com os deveres éticos e valores inerentes à elevada função pública da profissão.

Nesse sentido, assinale a afirmativa que corretamente descreve a hipótese de cumprimento de dever ético por Ana Júlia.

(A) Ana Júlia deverá, sempre que possível, estimular a conciliação e a mediação entre os litigantes, entendendo-se diretamente com a parte adversa, cujo eventual patrono constituído, na hipótese de haver a solução do conflito, deverá ser ulteriormente comunicado.

(B) Nos pleitos administrativos ou judiciais em que ingressar, Ana Júlia deverá atuar com destemor e independência, especialmente perante aquelas autoridades com as quais tenha vínculos negociais ou familiares.

(C) Ana Júlia deverá pugnar pela solução dos problemas da cidadania e pela efetivação dos direi-

ÉTICA E LEGISLAÇÃO
PROFISSIONAL DA OAB

tos individuais, coletivos e difusos, dever que pode ser cumprido, por exemplo, com a adoção de política permanente de contratação de honorários advocatícios em valores abaixo da tabela da OAB.

(D) No exercício do seu mandato, Ana Júlia deverá atuar como patrona da parte e, portanto, imprimir à causa orientação que lhe pareça mais adequada, procurando esclarecer a estratégia traçada ao cliente, mas sem se subordinar às suas intenções contrárias.

RESPOSTA Questão versa sobre o Código de Ética, todavia, seu enunciado não traz maiores informações, transferindo isso para a análise das alternativas. No caso, cada uma das alternativas erradas apresenta uma frase em desacordo com o CED, especialmente as vedações previstas no art. 2º, VIII, *d* e *f*. Portanto, a alternativa correta corresponde à letra da lei do art. 11 do CED. *Alternativa D.*

162. (38º Exame) O advogado Luís Santos, regularmente inscrito na OAB, está em início de carreira. Luís presta serviços jurídicos a determinada instituição social sem fins econômicos, consistentes em patrocinar seus interesses em demanda judicial em curso.

Sobre a atuação de Luís, assinale a afirmativa correta.

(A) Não poderá ser considerada advocacia *pro bono* a atuação gratuita de Luís como advogado das pessoas naturais, hipossuficientes econômicas, beneficiárias da instituição social.

(B) É ilícito que Luís preste gratuitamente tais serviços jurídicos, se o objetivo é valer-se de sua atuação como instrumento de publicidade da sua atividade profissional.

(C) A atuação gratuita de Luís, ainda que não seja eventual, na defesa em Juízo da mencionada instituição social, pode ser considerada advocacia *pro bono*.

(D) É admitida a prestação por Luís, sob a forma de advocacia *pro bono* voluntária, de serviços jurídicos para uma instituição social cobrando preços simbólicos, haja vista a ausência de fins econômicos.

RESPOSTA O enunciado da questão versa sobre advocacia *pro bono* que está disposta no Código de Ética e Disciplina, art. 30 e parágrafos. O enunciado é sucinto, ofertando informações básicas sobre os serviços de Luís. Partindo-se para a análise das alternativas, é correto afirmar que nos termos do CED, art. 30, § 3º, é ilícito usar da advocacia *pro bono* como instrumento de atividade profissional. *Alternativa B.*

163. (37º Exame) A advogada Maria integra a Comissão de Defesa do Consumidor de certa Seccional da OAB, promovendo debates e a qualificação profissional de colegas sobre temas específicos de Direito do Consumidor. Sobre a atuação de Maria, enquanto integrar a comissão, assinale a afirmativa correta.

(A) Maria poderá firmar contrato gratuito de prestação de serviços com entidades da OAB.

(B) Maria é impedida de adquirir bens móveis fungíveis de entidades da OAB.

(C) Maria poderá alienar bens móveis infungíveis para entidades da OAB.

(D) Maria poderá adquirir bens imóveis de entidades da OAB.

RESPOSTA Nessa questão, a exegese é *a contrario sensu* da norma prevista no CED, art. 32. Não poderá o advogado, enquanto exercer cargos ou funções em órgãos da OAB ou representar a classe junto a quaisquer instituições, órgãos ou comissões, públicos ou privados, firmar contrato oneroso de prestação de serviços ou fornecimento de produtos com tais entidades nem adquirir bens postos à venda por quaisquer órgãos da OAB. *Alternativa A.*

164. (XXXI Exame) Um escritório de renome internacional considera expandir suas operações, iniciando atividades no Brasil. Preocupados em adaptar seus procedimentos internos para que reflitam os códigos brasileiros de ética profissional, seus dirigentes estrangeiros desejam entender melhor as normas a respeito da relação entre clientes e advogados no país.

Sobre esse tema, é correto afirmar que os advogados brasileiros

(A) podem, para a adoção de medidas judiciais urgentes e inadiáveis, aceitar procuração de quem já tenha patrono constituído, sem prévio conhecimento deste.

(B) deverão considerar sua própria opinião a respeito da culpa do acusado ao assumir defesa criminal.

(C) podem funcionar, no mesmo processo, simultaneamente, como patrono e preposto de seu cliente, desde que tenham conhecimento direto dos fatos.

(D) podem representar, em juízo, clientes com interesses opostos se não integrarem a mesma sociedade profissional, mas estiverem reunidos em caráter permanente para cooperação recíproca.

RESPOSTA No caso em exame, apenas a alternativa A está de acordo com o art. 14 do CED, que dispõe: "O advogado não deve aceitar procuração de quem já tenha patrono constituído, sem prévio conhecimento deste, salvo por motivo plenamente justificável ou para adoção de medidas judiciais urgentes e inadiáveis". *Alternativa A.*

165. (XXVIII Exame) Maria Lúcia é parte em um processo judicial que tramita em determinada Vara da Infância e Juventude, sendo defendida, nos autos, pelo advogado Jeremias, integrante da Sociedade de Advogados Y.

No curso da lide, ela recebe a informação de que a criança, cujos interesses são debatidos no feito, encontra-se em proeminente situação de risco, por fato que ocorrera há poucas horas. Ocorre que o advogado Jeremias não se encontra na cidade naquela data. Por isso, Maria Lúcia procura o advogado Paulo, o qual, após analisar a situação, conclui ser necessário postular, imediatamente, medida de busca e apreensão do infante.

Considerando o caso hipotético, assinale a afirmativa correta.

(A) Paulo poderá aceitar procuração de Maria Lúcia e postular a busca e apreensão, independentemente de prévio conhecimento de Jeremias ou da Sociedade de Advogados Y.

(B) Paulo poderá aceitar procuração de Maria Lúcia e postular a busca e apreensão, apenas após o prévio conhecimento de Jeremias, não sendo suficiente informar à Sociedade de Advogados Y, sob pena de cometimento de infração ética.

(C) Paulo poderá aceitar procuração de Maria Lúcia e postular a busca e apreensão, apenas após o prévio conhecimento de Jeremias ou da Sociedade de Advogados Y, sob pena de cometimento de infração ética.

(D) Paulo não poderá aceitar procuração de Maria Lúcia e postular a busca e apreensão, mesmo que seja promovido o prévio conhecimento de Jeremias e da Sociedade de Advogados Y, sem antes ocorrer a renúncia ou revogação do mandato, sob pena de cometimento de infração ética.

RESPOSTA O advogado não deve aceitar procuração de quem já tenha patrono constituído, sem prévio conhecimento deste, salvo por motivo plenamente justificável ou para adoção de medidas judiciais urgentes e inadiáveis. Sendo assim, era necessário conhecer a hipótese de exceção com relação a procuração, conforme o art. 14 do CED. *Alternativa A.*

166. (XXVI Exame) Juan e Pablo, ambos advogados, atuaram conjuntamente patrocinando uma demanda trabalhista em favor de certo trabalhador empregado. Tiveram bastante sucesso no exercício dessa função, tendo se valido de teses jurídicas notórias. Em razão disso, após o fim desse processo, duas pessoas jurídicas contrataram, respectivamente, Juan e Pablo, como integrantes de seus departamentos jurídicos, em relação empregatícia. A sociedade que empregou Juan determinou que ele atue de forma consultiva, emitindo parecer sobre a mesma questão jurídica tratada naquele primeiro processo, embora adotando orientação diversa, desta feita favorável aos empregadores. A pessoa jurídica que emprega Pablo pretende que ele realize sua defesa, em juízo, em processos nos quais ela é ré, sobre a mesma questão, também sustentando o posicionamento favorável aos empregadores.

Considerando o caso narrado, assinale a afirmativa correta.

(A) Juan e Pablo podem, de maneira legítima, recusar a atuação consultiva e o patrocínio das demandas judiciais, respectivamente, sem que isso implique violação aos seus deveres profissionais.

(B) Apenas Juan pode, de maneira legítima, recusar a atuação consultiva sem que isso implique violação aos seus deveres profissionais.

(C) Apenas Pablo pode, de maneira legítima, recusar o patrocínio das demandas judiciais sem que isso implique violação aos seus deveres profissionais.

(D) As recusas quanto à atuação consultiva e ao patrocínio das demandas judiciais, por Juan e Pablo, respectivamente, implicam violações aos seus deveres profissionais.

RESPOSTA Trata-se de direito e dever ético do advogado previsto no art. 22 do CED, *verbis*: Ao advogado cumpre abster-se de patrocinar causa contrária à validade ou legitimidade de ato jurídico em cuja formação haja colaborado ou intervindo de qualquer maneira; da mesma forma, deve declinar seu impedimento ou o da sociedade que integre quando houver conflito de interesses motivado por intervenção anterior no trato de assunto que se prenda ao patrocínio solicitado. *Alternativa A.*

167. (XXVI Exame) O advogado José Maria celebrou contrato de mandato, há muitos anos, com o cliente Antônio para defendê-lo extrajudicialmente em certa questão. O instrumento não previu, de forma expressa, o prazo de duração do mandato.

Considerando a hipótese descrita, assinale a afirmativa correta.

(A) Ausente previsão de prazo no instrumento, o contrato de mandato extrajudicial é válido e será extinto pelo decurso do prazo de 15 anos, salvo renovação expressa.

(B) Ausente previsão de prazo no instrumento, o mandato extrajudicial é válido e não será extinto pelo decurso de qualquer prazo.

ÉTICA E LEGISLAÇÃO PROFISSIONAL DA OAB

(C) Ausente previsão de prazo no instrumento, o mandato extrajudicial é anulável e não será extinto pelo decurso de qualquer prazo, mas a anulabilidade pode ser pronunciada por decisão judicial, mediante alegação dos interessados.

(D) Ausente previsão de prazo no instrumento, o mandato extrajudicial é válido e será extinto pelo decurso do prazo de 20 anos, salvo renovação expressa.

RESPOSTA Não havendo previsão expressa de prazo determinado tem-se como por prazo indeterminado. Nesse sentido, cessa o mandato pelo término do prazo ou conclusão do negócio (CC, art. 682, IV c/c CED, art. 13). *Alternativa B.*

168. (XXIV Exame) Severino, advogado, é notório conhecedor das normas procedimentais e disciplinares do Estatuto da Advocacia e da OAB, bem como de seu regulamento, atuando na defesa de colegas advogados em processos disciplinares. Recentemente, Severino foi eleito conselheiro, passando a exercer essa função em certo Conselho Seccional da OAB.

Considerando o caso descrito, assinale a afirmativa correta.

(A) Severino não poderá, enquanto exercer a função de conselheiro, atuar em processos disciplinares que tramitem perante qualquer órgão da OAB, sequer em causa própria.

(B) Severino não poderá, enquanto for conselheiro, atuar em processos disciplinares que tramitem perante o Conselho Seccional onde exerce sua função. Porém, perante os demais conselhos, não há vedação à sua atuação, em causa própria ou alheia.

(C) Severino não poderá, enquanto for conselheiro, atuar em processos disciplinares que tramitem perante o Conselho Seccional onde exerce sua função e o Conselho Federal da OAB. Porém, perante os demais conselhos, não há vedação à sua atuação, em causa própria ou alheia.

(D) Severino não poderá, enquanto exercer a função, atuar em processos disciplinares que tramitem perante qualquer órgão da OAB, salvo em causa própria.

RESPOSTA O Código de Ética estabelece um maior rigor para aqueles que exercem cargos e funções na OAB e, nesse caso, Severino enquanto conselheiro eleito não poderá atuar em processos disciplinares que tramitem na OAB conforme determina o art. 33 do CED. *Alternativa D.*

169. (XXIII Exame) O Dr. Silvestre, advogado, é procurado por um cliente para patrociná-lo em duas demandas em curso, nas quais o aludido cliente figura como autor. Ao verificar o andamento processual dos feitos, Silvestre observa que o primeiro processo tramita perante a juíza Dra. Isabel, sua tia. Já o segundo processo tramita perante o juiz Dr. Zacarias, que, coincidentemente, é o locador do imóvel onde o Dr. Silvestre reside. Considerando o disposto no Código de Ética e Disciplina da OAB, assinale a afirmativa correta.

(A) O Dr. Silvestre cometerá infração ética se atuar em qualquer dos processos, tendo em vista o grau de parentesco com a primeira magistrada e a existência de relação negocial com o segundo juiz.

(B) O Dr. Silvestre cometerá infração ética apenas se atuar no processo que tramita perante a juíza Dra. Isabel, tendo em vista o grau de parentesco com a magistrada. Quanto ao segundo processo, não há vedação ética ao patrocínio na demanda.

(C) O Dr. Silvestre cometerá infração ética apenas se atuar no processo que tramita perante o juiz Dr. Zacarias, tendo em vista a existência de relação negocial com o magistrado. Quanto ao primeiro processo, não há vedação ética ao patrocínio na demanda.

(D) O Dr. Zacarias não cometerá infração ética se atuar em ambos os feitos, pois as hipóteses de suspeição e impedimento dos juízes versam sobre seu relacionamento com as partes, e não com os advogados.

RESPOSTA É dever ético do advogado observar as regras de conduta a respeito do não fazer, que, no caso do enunciado é justamente o previsto pelo CED, no art. 2º, parágrafo único, VIII, e. *Alternativa A.*

XIV. CÓDIGO DE ÉTICA E DISCIPLINA – SIGILO

170. (XXX Exame) Antônio e José são advogados e atuam em matéria trabalhista. Antônio tomou conhecimento de certos fatos relativos à vida pessoal de seu cliente, que respondia a processo considerado de interesse acadêmico. Após o encerramento do feito judicial, Antônio resolveu abordar os fatos que deram origem ao processo em sua dissertação pública de mestrado. Então, a fim de se resguardar, Antônio notificou o cliente, indagando se este solicitava sigilo sobre os fatos pessoais ou se estes podiam ser tratados na aludida dissertação. Tendo obtido resposta favorável do cliente, Antônio abordou o assunto na dissertação.

Por sua vez, o advogado José também soube de fatos pessoais de seu cliente, em razão de sua atuação em outro processo. Entretanto, José foi difamado em público, gravemente, por uma das partes da demanda. Por ser necessário à defesa de sua honra, José divulgou o conteúdo particular de que teve conhecimento.

Considerando os dois casos narrados, assinale a afirmativa correta.

(A) Antônio infringiu o disposto no Código de Ética e Disciplina da OAB, violando o dever de sigilo profissional. Por outro lado, José não cometeu infração ética, já que o dever de sigilo profissional cede na situação descrita.

(B) Antônio e José infringiram, ambos, o disposto no Código de Ética e Disciplina da OAB, violando seus deveres de sigilo profissional.

(C) José infringiu o disposto no Código de Ética e Disciplina da OAB, violando o dever de sigilo profissional. Por outro lado, Antônio não cometeu infração ética, já que o dever de sigilo profissional cede na situação descrita.

(D) Antônio e José não cometeram infração ética, já que o dever de sigilo profissional, em ambos os casos, cede nas situações descritas.

RESPOSTA Antônio mesmo com autorização de seu cliente deve guardar o sigilo profissional nos termos do art. 36 do CED. Por outro lado, no caso de José, é possível a quebra do sigilo no caso de grave ameaça ao direito a honra ou situações que envolvam a própria defesa, nos termos do art. 37 do CED. *Alternativa A.*

171. (XXVI Exame) Rafaela, advogada, atua como árbitra em certa lide. Lena, também regularmente inscrita como advogada perante a OAB, exerce atualmente a função de mediadora. Ambas, no exercício de suas atividades, tomaram conhecimento de fatos relativos às partes envolvidas. Todavia, apenas foi solicitado a Rafaela que guardasse sigilo sobre tais fatos.

Considerando o caso narrado, assinale a afirmativa correta.

(A) Apenas Rafaela, no exercício da profissão, submete-se ao dever de guardar sigilo dos fatos de que tomou conhecimento. O dever de sigilo cederá em face de circunstâncias excepcionais que configurem justa causa, como nos casos de grave ameaça aos direitos à vida e à honra, bem como em caso de defesa própria.

(B) Apenas Lena, no exercício da profissão, submete-se ao dever de guardar sigilo dos fatos de que tomou conhecimento. O dever de sigilo cederá em face de circunstâncias excepcionais que configurem justa causa, como nos casos de grave ameaça aos direitos à vida e à honra, bem como em caso de defesa própria.

(C) Ambas as advogadas, no exercício da profissão, submetem-se ao dever de guardar sigilo dos fatos de que tomaram conhecimento. O dever de sigilo cederá em face de circunstâncias excepcionais que configurem justa causa, como nos casos de grave ameaça aos direitos à vida e à honra, bem como em caso de defesa própria.

(D) Apenas Rafaela, no exercício da profissão, submete-se ao dever de guardar sigilo dos fatos de que tomou conhecimento. O dever de sigilo cederá em face de circunstâncias excepcionais que configurem justa causa, como nos casos de grave ameaça aos direitos à vida e à honra. Porém, não se admite a relativização do dever de sigilo para exercício de defesa própria.

RESPOSTA Nos termos do art. 36, § 2º, do CED, o sigilo é norma de ordem pública e alcança o advogado quando exerce as funções de árbitro, mediador ou conciliador. *Alternativa C.*

172. (XXII Exame) Juliana, advogada, foi empregada da sociedade empresária OPQ Cosméticos e, em razão da sua atuação na área tributária, tomou conhecimento de informações estratégicas da empresa.

Muitos anos depois de ter deixado de trabalhar na empresa, foi procurada por Cristina, consumidora que pretendia ajuizar ação cível em face da OPQ Cosméticos por danos causados pelo uso de um de seus produtos.

Juliana, aceitando a causa, utiliza-se das informações estratégicas que adquirira como argumento de reforço, com a finalidade de aumentar a probabilidade de êxito da demanda.

Considerando essa situação, segundo o Estatuto da OAB e o Código de Ética e Disciplina da OAB, assinale a afirmativa correta.

(A) Juliana não pode advogar contra a sociedade empresária OPQ Cosméticos, tampouco se utilizar das informações estratégicas a que teve acesso quando foi empregada da empresa.

(B) Juliana pode advogar contra a sociedade empresária OPQ Cosméticos, mas não pode se utilizar das informações estratégicas a que teve acesso quando foi empregada da empresa.

(C) Juliana pode advogar contra a sociedade empresária OPQ Cosméticos e pode se utilizar das informações estratégicas a que teve acesso quando foi empregada da empresa.

(D) Juliana não pode advogar contra a sociedade empresária OPQ Cosméticos, mas pode repassar as informações estratégicas a que teve acesso quando foi empregada da empresa, a fim de que

ÉTICA E LEGISLAÇÃO
PROFISSIONAL DA OAB

sejam utilizadas por terceiro que patrocine a causa de Cristina.

RESPOSTA Nos termos do art. 35 do CED, pois é dever inerente à atividade do advogado. *Alternativa B.*

XV. CÓDIGO DE ÉTICA E DISCIPLINA – PUBLICIDADE

173. **(41º Exame)** Atena, médica oftalmologista, e Dionísio, advogado atuante em Direito de Família, são casados há 5 anos e residem em casa alugada na cidade de Uberaba/MG.

Sendo ambos iniciantes em suas respectivas profissões e visando evitar gastos, decidem instalar seus escritórios profissionais na própria casa em que residem. Assim, montaram um consultório médico e um escritório de advocacia na parte frontal da residência e anunciaram conjuntamente, em *outdoor* próximo, os serviços médicos e advocatícios, em publicidade que ressaltou o fato de serem casados.

Acerca dos limites das atividades de advocacia e da publicidade do advogado, conforme o Código de Ética e Disciplina e o Estatuto da Ordem dos Advogados do Brasil, assinale a afirmativa correta.

(A) Atena e Dionísio poderão constituir seus escritórios profissionais no mesmo imóvel, bem como divulgar seus respectivos trabalhos conjuntamente, desde que o *outdoor* em que incluírem a publicidade seja de pequeno porte.

(B) A divulgação dos serviços de advocacia em conjunto com serviços médicos não é vedada, desde que tenha caráter meramente informativo e zele pela discrição e sobriedade.

(C) Dionísio não poderá anunciar seus serviços advocatícios em conjunto com outras atividades, ainda que com sua esposa que exerce a medicina, pois o Estatuto da Ordem e o Código de Ética e Disciplina proíbem tal conduta de forma peremptória.

(D) A divulgação conjunta dos serviços médicos e advocatícios será permitida, excepcionalmente, neste caso, porque Atena e Dionísio são casados e moram na mesma residência, de modo que não lhes seria possível exigir conduta diversa.

RESPOSTA Questão básica e clássica sobre a divulgação em conjunto da atividade de advocacia com outras atividades, o que é expressamente proibido tanto pelo EAOAB (art. 1º, § 3º) quanto pelo CED (art. 40, IV). *Alternativa C.*

174. **(40º Exame)** Pedro, contador com vasta experiência e sólida carreira, decide fazer uma segunda graduação, tornando-se bacha-

rel em Direito. Depois da aprovação no Exame de Ordem Unificado e da inscrição nos quadros da Ordem dos Advogados do Brasil, Pedro pretende continuar prestando serviços contábeis, sem prejuízo do exercício concomitante da nova atividade.

Acerca da intenção de Pedro, bem como dos limites ético-normativos para a publicidade profissional da sua nova atividade, assinale a afirmativa correta.

(A) Pedro não poderá exercer de modo concomitante as atividades de contador e advogado, pois, de acordo com o Estatuto da Advocacia e da OAB, a prestação de serviços contábeis é incompatível com o exercício simultâneo da advocacia.

(B) Não há óbice ético para o duplo exercício das atividades de contador e advogado, podendo Pedro se valer da divulgação conjunta dos serviços oferecidos, desde que não seja por meio de inscrições em muros, paredes, veículos, elevadores ou em qualquer espaço público.

(C) Embora não haja incompatibilidade para o exercício concomitante das duas atividades, não será permitido a Pedro divulgar sua nova profissão de modo conjunto com a de contador.

(D) Pedro poderá fazer uso de mala direta, distribuição de panfletos ou formas assemelhadas de publicidade, visando a captação de clientela para a sua nova atividade, mas não poderá mencionar, nessa publicidade, os serviços de contabilidade.

RESPOSTA Tema do dia a dia do advogado e que consideramos importante para o Exame de Ordem, pois, todos os dias observamos publicidade de escritório de advocacia e contabilidade ou imobiliária, achamos que é permitido, mas não é; conforme dispõe o EOAB, art. 1º, § 3º. É vedada a divulgação de advocacia em conjunto com outra atividade (CED, art. 40, IV). *Alternativa C.*

175. **(38º Exame)** Uma sociedade de advogados decidiu patrocinar a realização de um evento, sob o formato de um congresso, em certo hotel de lazer do tipo *resort*, que conta com área de conferências, com o explícito fim de publicidade de suas atividades profissionais.

Considerando a forma de publicidade escolhida, assinale a afirmativa correta.

(A) Não é autorizada, independentemente de quem seja o público convidado para o evento, tendo em vista o local escolhido. Todavia, se o congresso fosse realizado em local diverso do hotel selecionado, seria admitido o seu patrocínio como meio de publicidade.

(B) É admitida, desde que os participantes sejam apenas integrantes da sociedade de advogados, funcionários ou clientes.

(C) É autorizada, sendo admitida a participação de clientes da sociedade de advogados e de interessados do meio jurídico.

(D) Não é autorizada, independentemente de quem seja o público convidado para o evento, ou do local onde realizado.

RESPOSTA Referida questão objetivava o conhecimento do Código de Ética e Disciplina dos Advogados, na temática sobre publicidade, especialmente nos termos do art. 45, que admite o patrocínio de eventos (o artigo não especifica qual tipo de evento, o que pode abranger o Congresso), e, especialmente, a parte final do referido artigo quanto aos clientes e a interessados do meio jurídico. *Alternativa C.*

176. (35º Exame) O estagiário de Direito Jefferson Santos, com o objetivo de divulgar a qualidade de seus serviços, realizou publicidade considerada irregular por meio da Internet, por resultar em captação de clientela, nos termos do Código de Ética e Disciplina da OAB.

Quanto aos instrumentos admitidos no caso em análise, assinale a afirmativa correta.

(A) É admitida a celebração de termo de ajustamento de conduta, tanto no âmbito dos Conselhos Seccionais quanto do Conselho Federal, para fazer cessar a publicidade irregular praticada.

(B) Não é permitida a celebração de termo de ajustamento de conduta, tendo em vista tratar-se de estagiário.

(C) É admitida a celebração de termo de ajustamento de conduta para fazer cessar a publicidade irregular praticada, que deverá seguir regulamentação constante em provimentos de cada Conselho Seccional, quanto aos seus requisitos e condições.

(D) Não é permitida a celebração de termo de ajustamento de conduta, tendo em vista a natureza da infração resultante da publicidade irregular narrada.

RESPOSTA Trata-se de novidade no CED, art. 47-A, o qual foi reproduzido pelo examinador. *Alternativa A.*

177. (XXXIII Exame) O renomado advogado José deseja editar, para fins de publicidade, cartões de apresentação de suas atividades profissionais como advogado.

José, especialista em arbitragem e conciliação, já exerceu a função de conciliador junto a órgãos do Poder Judiciário. Além disso, José, atualmente, é conselheiro em certo Conselho Seccional da OAB e é professor aposentado do curso de Direito de certa universidade federal.

Considerando as informações dadas, assinale a afirmativa correta.

(A) É vedada menção, nos cartões de apresentação de José, à sua condição de conselheiro do Conselho Seccional, bem como à pregressa atuação de José como conciliador e à de professor universitário.

(B) É vedada menção, nos cartões de apresentação de José, à sua condição de conselheiro do Conselho Seccional. Todavia, autoriza-se a referência nos cartões à pregressa atuação de José como conciliador e à atividade de professor universitário.

(C) É vedada menção, nos cartões de apresentação de José, à sua pregressa atuação como conciliador. Todavia, autoriza- se a referência nos cartões à condição de conselheiro do Conselho Seccional, bem como, à atividade de professor universitário.

(D) É vedada menção, nos cartões de apresentação de José, à sua condição de conselheiro do Conselho Seccional, bem como à pregressa atuação de José como conciliador. Todavia, autoriza-se a referência nos cartões à atividade de professor universitário.

RESPOSTA Tal questão versa sobre os elementos obrigatórios, facultativos e proibidos na publicidade na advocacia que tratamos em nosso livro Curso de Ética Profissional para Advogados. No caso em tela, é proibida a citação da condição atual de Conselheiro da OAB, bem como, a condição passada de conciliador. Todavia, a única permissão é a de professor universitário, nos termos do art. 44, *caput* e § 2º, do CED. *Alternativa D.*

178. (XXXIII Exame) Luiz Felipe, advogado, mantém uma coluna semanal em portal na internet destinado ao público jurídico. Para que a conduta de Luiz Felipe esteja de acordo com as normas relativas à publicidade da profissão de advogado, ele poderá

(A) debater causa sob o patrocínio de outro advogado.

(B) externar posicionamento que induza o leitor a litigar.

(C) responder à consulta sobre matéria jurídica de forma esporádica.

(D) fazer referência ao seu telefone e *e-mail* de contato ao final da coluna.

RESPOSTA Uma das regras permissivas quanto a publicidade é justamente a eventualidade, nos termos da interpretação a contrário senso do que dispõe o CED, art. 42, I. *Alternativa C.*

ÉTICA E LEGISLAÇÃO PROFISSIONAL DA OAB

179. (XXXI Exame) Em certo município, os advogados André e Helena são os únicos especialistas em determinado assunto jurídico. Por isso, André foi convidado a participar de entrevista na imprensa escrita sobre as repercussões de medidas tomadas pelo Poder Executivo local, relacionadas à sua área de especialidade. Durante a entrevista, André convidou os leitores a litigarem em face da Administração Pública, conclamando-os a procurarem advogados especializados para ajuizarem, desde logo, as demandas que considerava tecnicamente cabíveis. Porém, quando indagado sobre os meios de contato de seu escritório, para os leitores interessados, André disse que, por obrigação ética, não poderia divulgá-los por meio daquele veículo. Por sua vez, a advogada Helena, irresignada com as mesmas medidas tomadas pelo Executivo, procurou um programa de rádio, oferecendo-se para uma reportagem sobre o assunto. No programa, Helena manifestou-se de forma técnica, educativa e geral, evitando sensacionalismo. Considerando as situações acima narradas e o disposto no Código de Ética e Disciplina da OAB, assinale a afirmativa correta.

(A) André e Helena agiram de forma ética, observando as normas previstas no Código de Ética e Disciplina da OAB.

(B) Nenhum dos dois advogados agiu de forma ética, tendo ambos inobservado as normas previstas no Código de Ética e Disciplina da OAB.

(C) Apenas André agiu de forma ética, observando as normas previstas no Código de Ética e Disciplina da OAB.

(D) Apenas Helena agiu de forma ética, observando as normas previstas no Código de Ética e Disciplina da OAB.

RESPOSTA A conduta dos advogados de André e Helena é contrária ao CED. Em nosso *e-book Legislação profissional do advogado:* anotada e sistematizada, comentamos sobre as questões proibitivas do Código de Ética e Disciplina no que tange à publicidade na advocacia. No caso, André estimulou o litígio na imprensa escrita e Helena ofereceu-se para uma reportagem, o que viola os arts. 41 e 42, V, do CED. *Alternativa B.*

180. (XXVIII Exame) A advogada Leia Santos confeccionou cartões de visita para sua apresentação e de seu escritório. Nos cartões, constava seu nome, número de inscrição na OAB, bem como o *site* do escritório na Internet e um *QR code* para que o cliente possa obter informações sobre o escritório. Já o advogado Lucas Souza elaborou cartões de visita que, além do seu nome e

número de inscrição na OAB, apresentam um logotipo discreto e a fotografia do escritório.

Considerando as situações descritas e o disposto no Código de Ética e Disciplina da OAB, assinale a afirmativa correta.

(A) Leia e Lucas cometeram infrações éticas, pois inseriram elementos vedados pelo Código de Ética e Disciplina da OAB nos cartões de apresentação.

(B) Nenhum dos advogados cometeu infração ética, pois os elementos inseridos por ambos nos cartões de apresentação são autorizados.

(C) Apenas Leia cometeu infração ética, pois inseriu elementos vedados pelo Código de Ética e Disciplina da OAB nos cartões de apresentação. Os elementos empregados por Lucas são autorizados.

(D) Apenas Lucas cometeu infração ética, pois inseriu elementos vedados pelo Código de Ética e Disciplina da OAB nos cartões de apresentação. Os elementos empregados por Leia são autorizados.

RESPOSTA Não houve infração, pois o art. 44 do CED estabelece os elementos obrigatórios e facultativos na publicidade de advogados. *Alternativa B.*

181. (XXV Exame) O advogado Valter instalou, na fachada do seu escritório, um discreto painel luminoso com os dizeres "Advocacia Trabalhista". A sociedade de advogados X contratou a instalação de um sóbrio painel luminoso em um dos pontos de ônibus da cidade, onde constava apenas o nome da sociedade, dos advogados associados e o endereço da sua sede. Já a advogada Helena fixou, em todos os elevadores do prédio comercial onde se situa seu escritório, cartazes pequenos contendo inscrições sobre seu nome, o ramo do Direito em que atua e o andar no qual funciona o escritório.

Considerando as situações descritas e o disposto no Código de Ética e Disciplina da OAB, assinale a afirmativa correta.

(A) Apenas Valter e a sociedade de advogados X violaram a disciplina quanto à ética na publicidade profissional.

(B) Apenas Helena violou a disciplina quanto à ética na publicidade profissional.

(C) Valter, Helena e a sociedade de advogados X violaram a disciplina quanto à ética na publicidade profissional.

(D) Apenas a sociedade de advogados X e Helena violaram a disciplina quanto à ética na publicidade profissional.

RESPOSTA O CED proíbe a instalação de painel luminoso, ainda mais em espaço público como um ponto de ônibus, bem como em elevadores (art. 40, II e III). *Alternativa D.*

182. (XXIV Exame) Em determinada edição de um jornal de grande circulação, foram publicadas duas matérias subscritas, cada qual, pelos advogados Lúcio e Frederico. Lúcio assina, com habitualidade, uma coluna no referido jornal, em que responde, semanalmente, a consultas sobre matéria jurídica. Frederico apenas subscreveu matéria jornalística naquela edição, debatendo certa causa, de natureza criminal, bastante repercutida na mídia, tendo analisado a estratégia empregada pela defesa do réu no processo.

Considerando o caso narrado e o disposto no Código de Ética e Disciplina da OAB, assinale a afirmativa correta.

(A) Lúcio e Frederico cometeram infração ética.
(B) Apenas Lúcio cometeu infração ética.
(C) Apenas Frederico cometeu infração ética.
(D) Nenhum dos advogados cometeu infração ética.

RESPOSTA Conforme ensina Biela Jr. em seu *Minimanual do novo Código de Ética e Disciplina dos Advogados,* 2017, p. 63, os advogados devem observar as normas éticas sobre a publicidade na advocacia, o que não ocorreu no caso em tela, pois Lúcio responde com habitualidade, o que é proibido e, Frederico, debateu causa de sob o patrocínio de outro advogado, o que também é proibido. *Alternativa A.*

183. (XXII Exame) Marcelo, renomado advogado, foi convidado para participar de matéria veiculada pela Internet, por meio de portal de notícias, com a finalidade de informar os leitores sobre direitos do consumidor. Ao final da matéria, mediante sua autorização, foi divulgado o *e-mail* de Marcelo, bem como o número de telefone do seu escritório.

Sobre essa situação, de acordo com o Código de Ética e Disciplina da OAB, assinale a afirmativa correta.

(A) Marcelo não pode participar de matéria veiculada pela Internet, pois esse fato, por si só, configura captação de clientela.
(B) Marcelo pode participar de matéria veiculada pela Internet, mas são vedadas a referência ao *e-mail* e ao número de telefone do seu escritório ao final da matéria.
(C) Marcelo pode participar de matéria veiculada pela Internet e são permitidas a referência ao *e-mail* e ao número de telefone do seu escritório ao final da matéria.

(D) Marcelo pode participar de matéria veiculada pela Internet, mas é vedada a referência ao número de telefone do seu escritório ao final da matéria, sendo permitida a referência ao seu *e-mail*.

RESPOSTA Nos exatos termos do art. 40, V, do CED, sendo-lhe vedado o fornecimento de dados de contato como telefone e endereço, sendo permitido a referência a e-mail. *Alternativa D.*

184. (XXII Exame) Isabela é advogada prestigiada, tendo organizado, com o correr dos anos, um escritório de advocacia especializado em Direito Ambiental, com vários advogados associados. Por sugestão de um deles, edita um atualizado boletim de notícias, com informações jurisprudenciais, doutrinárias, legais e internacionais sobre o tema, considerado uma publicação de altíssima qualidade, que é distribuído somente aos profissionais do escritório. Sabedor da publicação, Eusébio, jovem estudante de Direito, que busca direcionar seus estudos para a área ambiental, solicita acesso ao referido boletim.

Nos termos do Código de Ética da Advocacia, o boletim de notícias

(A) deve circular restritivamente entre os profissionais do escritório.
(B) pode ser enviado a qualquer pessoa como forma de propaganda.
(C) pode ser remetido a quem o requerer.
(D) é considerado como publicidade abusiva e vedado ao advogado.

RESPOSTA O CED, em seu art. 45, autoriza tal prática, desde que sua circulação fique adstrita a clientes e a interessados do meio jurídico. *Alternativa C.*

185. (XXI Exame) Janaína é procuradora do município de Oceanópolis e atua, fora da carga horária demandada pela função, como advogada na sociedade de advogados Alfa, especializada em Direito Tributário. A profissional já foi professora na universidade estadual Beta, situada na localidade, tendo deixado o magistério há um ano, quando tomou posse como procuradora municipal.

Atualmente, Janaína deseja imprimir cartões de visitas para divulgação profissional de seu endereço e telefones. Assim, dirigiu-se a uma gráfica e elaborou o seguinte modelo: no centro do cartão, consta o nome e o número de inscrição de Janaína na OAB. Logo abaixo, o endereço e os telefones do escritório. No canto superior direito, há uma pequena fotografia da advogada, com vestimenta adequada. Na parte inferior do cartão, estão as seguintes inscrições "procuradora do município de Oceanópolis", "advogada – Sociedade de Advogados Alfa" e "ex-professora da Universidade Beta". A impressão será feita em papel branco com proporções usuais e grafia discreta na cor preta.

Considerando a situação descrita, assinale a afirmativa correta.

(A) Os cartões de visitas pretendidos por Janaína não são adequados às regras referentes à publicidade profissional. São vedados: o emprego de fotografia pessoal e a referência ao cargo de procurador municipal. Os demais elementos poderão ser mantidos.

(B) Os cartões de visitas pretendidos por Janaína, pautados pela discrição e sobriedade, são adequados às regras referentes à publicidade profissional.

(C) Os cartões de visitas pretendidos por Janaína não são adequados às regras referentes à publicidade profissional. São vedados: o emprego de fotografia e a referência ao cargo de magistério que Janaína não mais exerce. Os demais elementos poderão ser mantidos.

(D) Os cartões de visitas pretendidos por Janaína não são adequados às regras referentes à publicidade profissional. São vedados: a referência ao cargo de magistério que Janaína não mais exerce e a referência ao cargo de procurador municipal. Os demais elementos poderão ser mantidos.

RESPOSTA　Nos termos do art. 44, § 2º, do CED, é vedada a inclusão de fotografias pessoais ou de terceiros nos cartões de visitas do advogado, bem como menção a qualquer emprego, cargo ou função ocupado, atual ou pretérito, me qualquer órgão ou instituição, salvo o de professor universitário. *Alternativa A.*

186. (XXI Exame) Florentino, advogado regularmente inscrito na OAB, além da advocacia, passou a exercer também a profissão de corretor de imóveis, obtendo sua inscrição no conselho pertinente. Em seguida, Florentino passou a divulgar suas atividades, por meio de uma placa na porta de um de seus escritórios, com os dizeres: Florentino, advogado e corretor de imóveis.

Sobre o tema, assinale a afirmativa correta.

(A) É vedado a Florentino exercer paralelamente a advocacia e a corretagem de imóveis.

(B) É permitido a Florentino exercer paralelamente a advocacia e a corretagem de imóveis, desde que não sejam prestados os serviços de advocacia aos mesmos clientes da outra atividade. Além disso, é permitida a utilização da placa

empregada, desde que seja discreta, sóbria e meramente informativa.

(C) É permitido a Florentino exercer paralelamente a advocacia e a corretagem de imóveis. Todavia, é vedado o emprego da aludida placa, ainda que discreta, sóbria e meramente informativa.

(D) É permitido a Florentino exercer paralelamente a advocacia e a corretagem de imóveis, inclusive em favor dos mesmos clientes. Também é permitido empregar a aludida placa, desde que seja discreta, sóbria e meramente informativa.

RESPOSTA　Nos termos do CED, art. 40, IV, é vedada a divulgação de serviços de advocacia juntamente com a de outras atividades ou a indicação de vínculos entre uns e outras. *Alternativa C.*

187. (XX Exame – Reaplicação) As advogadas Juliana e Patrícia, iniciando carreira na advocacia, acreditam que seja necessária a divulgação de seus serviços, para se tornarem conhecidas. Assim, decidem realizar publicidade de sua atuação, mediante as seguintes medidas: primeiramente, publicam um anúncio, em jornal de grande circulação, onde constam seus nomes, números de inscrição na OAB e endereço de atuação. Além disso, anunciam no rádio suas qualificações profissionais, bem como expedem correspondências a seus clientes e a colegas advogados, contendo boletim informativo e comentários à legislação.

Sobre a situação apresentada, assinale a opção correta.

(A) Se realizadas com discrição e moderação, as publicações no jornal e as correspondências expedidas não representam infração ética, porém a veiculação do anúncio no rádio viola o Código de Ética e Disciplina da OAB.

(B) As três medidas de publicidade adotadas por Juliana e Patrícia violam o disposto no Código de Ética e Disciplina da OAB, pois é vedado ao advogado anunciar seus serviços profissionais de forma a alcançar uma coletividade de pessoas.

(C) Apenas a expedição de correspondências contendo boletim informativo e comentários à legislação configura violação ao previsto no Código de Ética e Disciplina da OAB, já que é vedada a comunicação do advogado por correspondências, salvo aquelas destinadas a informar os clientes de seus interesses.

(D) Se realizadas com razoabilidade, nenhuma das medidas adotadas viola o Código de Ética e Disciplina da OAB, porque o advogado pode anunciar seus serviços profissionais, individual ou coletivamente, desde que observadas moderação e discrição quanto ao conteúdo, forma e dimensões.

RESPOSTA O anúncio em jornal não é vedado, portanto, permitido nos termos do CED, art. 44, sempre mencionando o nome e número de inscrição (elementos obrigatórios) e os facultativos (endereço e área de atuação). É vedado o anúncio em rádio, tv e cinema (art. 40, I) e permitida a divulgação de boletins para fins de informação (art. 45). *Alternativa A.*

REFERÊNCIAS

BIELA JR. *Curso de ética profissional para advogados.* 7. ed. São Paulo: LTr, 2022.

BIELA JR. *Estatuto da Advocacia e a ética do profissional:* preparando-se para o Exame de Ordem. 4. ed. São Paulo: LTr, 2016.

BIELA JR. *Ética na OAB*: questões resolvidas. 2. ed. São Paulo: Saraiva, 2015.

BIELA JR. *Ética na OAB: questões resolvidas.* 3. ed. São Paulo: Saraiva, 2016.

BIELA JR. *Legislação profissional do advogado:* anotada e sistematizada. São Paulo: Amazon-Kindle, 2020.

BIELA JR. *Manual do Código de Ética dos Advogados.* 5. ed. São Paulo: Amazon-Kindle, 2023.

BIELA JR. *Manual do Código de Ética dos Advogados.* Leme/SP: Mizuno, 2024.

BIELA JR. *Minimanual do Novo Código de Ética e Disciplina dos Advogados.* 2. ed. Salvador: JusPodivm, 2017.

BIELA JR. *Passe na OAB e comece a advogar:* responsabilidade civil. São Paulo: LTr, 2013.

BIELA JR. Publicidade na Advocacia. *Jornal Tribuna dos Advogados.* Disponível em: http://www.oab-guarulhos.org.br/anexos/Fev_2012.pdf. Acesso em: 29 jan. 2015.

BRASIL. Código de Ética e Disciplina da Ordem dos Advogados do Brasil. Dispõe sobre o Código de Ética e Disciplina da OAB previsto na Lei n. 8.906, de 4 de julho de 1994.

BRASIL. Lei n. 8.906, de 4 de julho de 1994. Dispõe sobre o Estatuto da Advocacia e da Ordem dos Advogados do Brasil – OAB. *Diário Oficial da União,* 5 de julho de 1994.

BRASIL. Regulamento Geral do Estatuto da Advocacia e da OAB. Dispõe sobre o Regulamento Geral previsto na Lei n. 8.906, de 4 de julho de 1994.

BRASIL. Resolução n. 02/2015 do Conselho Federal da OAB. Aprova o novo Código de Ética e Disciplina da OAB previsto na Lei n. 8.906, de 4 de julho de 1994.

ROCHA, Marcelo Hugo da (coord.). *Passe na OAB 1ª Fase Completaço®:* teoria unificada e questões comentadas. 8. ed. São Paulo: SaraivaJur, 2022.

Filosofia do Direito

Ao acessar o QR Code, você encontrará Dicas para o Exame da OAB e mais Questões Comentadas para treinar seus conhecimentos

> https://uqr.to/1wk6v

FILOSOFIA DO DIREITO: QUADRO GERAL DE QUESTÕES	
TEMAS	N. DE QUESTÕES
I. Filosofia do Direito	24
II. Direito e Moral	16
III. Hermenêutica Jurídica	10
IV. Doutrinas Jurídicas	15
TOTAL	65

I. FILOSOFIA DO DIREITO

1. (41º Exame) *A regra da igualdade não consiste senão em quinhoar desigualmente aos desiguais, na medida em que se desigualam. [...] Tratar com desigualdade a iguais, ou a desiguais com igualdade, seria desigualdade flagrante, e não igualdade real.*

Rui Barbosa. Oração aos moços.

É comum encontrar frases de Rui Barbosa reproduzidas em sentenças, petições, sustentações orais ou mesmo estampadas em escritórios de advocacia ou gabinetes de juízes. O trecho acima é uma das frases mais conhecidas de Rui Barbosa.

A ideia central contida no trecho citado tem clara inspiração em

(A) A República, de Platão.
(B) Ética a Nicômaco, de Aristóteles.
(C) Crítica da Razão Prática, de Kant.
(D) Teoria Pura do Direito, de Kelsen.

RESPOSTA A ideia central do trecho citado de Rui Barbosa, que fala da necessidade de tratar desigualmente os desiguais na medida de suas desigualdades para alcançar a verdadeira igualdade, encontra inspiração na filosofia de Aristóteles. Na obra "Ética a Nicômaco", Aristóteles discute a justiça distributiva, que implica a distribuição de bens e honrarias de acordo com o mérito e as diferenças relevantes entre as pessoas. Essa concepção de justiça é fundamental para a noção de igualdade que Rui Barbosa expressa, fazendo referência à igualdade proporcional, um conceito aristotélico clássico. *Alternativa B.*

2. (41º Exame) A obra de Hans Kelsen é de fundamental importância para o Direito e segue estudada e discutida até os dias atuais. Acerca de sua Teoria Pura do Direito, assinale a afirmativa correta.

(A) O autor nega a influência e a conexão entre Sociologia, Ética e Política com o Direito, de modo que apenas ignorando essas disciplinas seria possível construir uma teoria verdadeiramente pura.
(B) A pureza a que o autor alude possui sentido metodológico, diferenciando Direito da Ciência do Direito, a fim de excluir de sua análise tudo aquilo que não pertença ao seu objeto de estudo.
(C) Em sua obra Teoria Pura do Direito, Kelsen trata de ciência jurídica e não política do Direito, motivo pelo qual busca responder como deve ser o Direito e como ele deve ser feito.
(D) A conexão entre o Direito e os elementos essenciais à sua compreensão, como a Teoria Política, motivou Kelsen a incorporar esses elementos na elaboração da Teoria Pura do Direito, pois indissociáveis.

RESPOSTA Hans Kelsen, na Teoria Pura do Direito, propõe uma análise metodologicamente pura do Direito, distinguindo-o de outras ciências, como Sociologia, Ética e Política. Seu objetivo era construir uma ciência jurídica autônoma, livre de influências externas, focada exclusivamente em seu objeto de estudo: o Direito enquanto norma. A pureza metodológica visa excluir qualquer elemento não jurídico da análise, permitindo uma compreensão do Direito em seus próprios termos e como uma ciência normativa. *Alternativa B.*

3. **(40º Exame)** "Portanto, a moralidade, e a humanidade enquanto capaz de moralidade, são as únicas coisas que têm dignidade." Immanuel Kant

O artigo primeiro da Constituição Federal de 1988 determina que a dignidade da pessoa humana é fundamento da República. Filósofos e juristas há muito debatem o tema da dignidade.

Sobre o tema, assinale a opção que apresenta a posição de Immanuel Kant, em seu livro Fundamentação da Metafísica dos Costumes.

(A) Aquele que pode participar dos destinos políticos da cidade é quem possui e exerce sua dignidade.

(B) Quando algo está acima de todo preço e, portanto, não permite equivalente, então ele tem dignidade.

(C) O amor à lei e à pátria conformam as bases da dignidade na vida social e política.

(D) A dignidade ocorre quando alguém possui elevada estima por si mesmo, mantendo seu amor próprio.

RESPOSTA Para Immanuel Kant, a dignidade é uma característica inerente à humanidade, originada da capacidade moral dos indivíduos. Em sua obra "Fundamentação da Metafísica dos Costumes", Kant defende que a dignidade é um valor absoluto, que não pode ser substituído ou mensurado por qualquer preço ou equivalente. A dignidade, segundo Kant, é a base moral que coloca a humanidade e a moralidade acima de qualquer valor comercial ou utilitário, refletindo a natureza intrínseca e incondicional do valor humano. *Alternativa B.*

4. **(39º Exame)** Sófocles, em sua tragédia "Antígona", aborda o conflito entre as leis humanas e as leis divinas, sugerindo que certas normas de justiça estão acima das leis estabelecidas pelos homens. Aristóteles, em seu livro Retórica, utiliza essa obra para discutir o conceito de lei natural.

Assinale a opção que apresenta, segundo Aristóteles, o conceito de lei natural.

(A) Aquela que emana do diálogo comum entre diferentes comunidades políticas e resulta em um

acordo que está acima de leis e tratados impostos pelo Estado.

(B) Uma expressão da natureza divina, que se encarna na figura do rei ou do soberano e é a base da legitimidade da monarquia como forma de governo.

(C) As tradições de uma comunidade política, que são repassadas de geração em geração sob a presunção de realizarem os anseios de justiça de um determinado povo.

(D) A justiça da qual todos têm, de alguma maneira, uma intuição e que é comum a todos, independentemente de todo Estado e de toda convenção recíproca.

RESPOSTA Para Aristóteles, a lei natural é aquela justiça intuitiva que todos os seres humanos reconhecem, independentemente de leis estabelecidas pelo Estado ou de convenções sociais. Ela é universal e não depende de acordos ou tradições locais. *Alternativa D.*

5. **(38º Exame)** "Há muitos tipos diferentes de relação entre o direito e a moral e a relação entre eles não pode ser isolada com proveito para efeitos de estudo. Em vez disso, é importante distinguir algumas das muitas coisas diferentes que podem querer dizer-se através da afirmação ou negação de que o direito e a moral estão relacionados." *Herbert Hart*

Herbert Hart, em seu livro *O conceito de direito*, comenta sobre a influência da moral sobre o Direito, afirmando que nenhum positivista poderá negar que a estabilidade dos sistemas jurídicos depende, em parte, da correspondência com a moral.

Assinale a opção que, segundo o autor, no livro em referência, mostra como essa influência da moral sobre o direito pode ocorrer.

(A) Pode se dar por meio da legislação ou por intermédio do processo judicial. Pode ocorrer que, em alguns sistemas, os critérios últimos de validade incorporem explicitamente princípios de justiça ou valores morais substantivos.

(B) Por intermédio da religião, sobretudo naqueles estados que, mesmo tendo a forma laica, admitem a influência das autoridades religiosas sobre o funcionamento das instituições.

(C) Ocorre por meio do pensamento científico. O desenvolvimento da ciência aponta possibilidades que exigem uma base moral que normatize os padrões de conduta em relação ao que seria aceitável ou não naquela sociedade.

(D) A influência da moral sobre o direito acontece por força da própria natureza das coisas. São padrões de certo e errado que surgem naturalmente e em um determinado momento histórico

FILOSOFIA DO DIREITO

são incorporados ao direito positivo de forma espontânea e automática.

RESPOSTA Na citada obra *O conceito de direito*, Hart discute o papel da moral na influência sobre o Direito. O autor defende a separação entre o direito e a moral, argumentando que nem todas as normas morais são necessariamente leis, nem todas as leis são necessariamente morais. Por isso, Herbert Hart entende que a influência da moral sobre o direito pode ocorrer. Pode se dar por meio da legislação ou por intermédio do processo judicial. Pode ocorrer que, em alguns sistemas, os critérios últimos de validade incorporem explicitamente princípios de justiça ou valores morais substantivos. *Alternativa A.*

6. (37º Exame) Operadores do Direito, com relativa frequência, precisam enfrentar situações dramáticas que envolvem a vida humana ou o corpo humano. Em casos como esses, nem sempre a lei oferece uma determinação clara e unívoca. Certas vezes a filosofia oferece uma base mais consistente de reflexão e argumentação.

Assinale a opção que apresenta o conhecido imperativo categórico de Kant, muitas vezes citado nos debates relativos a essas situações dramáticas.

(A) O homem é um animal político e como tal possui o sentimento do bem e do mal, do justo e do injusto, sobre os quais pode se manifestar graças ao dom da fala e de sua capacidade de comunicação.

(B) A normatização que regula a relação entre o todo e as partes deve ser considerada justa, de forma a realizar a distribuição proporcional dos bens comuns.

(C) Age de tal maneira que uses a humanidade, tanto na tua pessoa como na pessoa de qualquer outro, sempre e simultaneamente como um fim e nunca como um meio.

(D) O mundo ético vivo é o espírito em sua verdade; assim que o espírito chega ao saber abstrato de sua essência, a eticidade decai na universalidade formal do Direito.

RESPOSTA O imperativo categórico de Kant estabelece que devemos agir de tal maneira que tratemos a humanidade, tanto em nós mesmos quanto nos outros, sempre como um fim em si mesmo, e nunca meramente como um meio para atingir um fim. Alternativa C.

7. (35º Exame) A calamidade dos que não têm direitos não decorre do fato de terem sido privados da vida, da liberdade ou da procura da felicidade... Sua situação angustiante não resulta do fato de não serem iguais perante a lei, mas sim de não existirem mais leis para eles... Hannah Arendt

A filósofa Hannah Arendt, em seu livro *As Origens do Totalitarismo*, aborda a trágica realidade daqueles que, com os eventos da II Guerra Mundial, perderam não apenas seu lar, mas a proteção do governo. Com isso, ficaram destituídos de seus direitos e, também, sem a quem pudessem recorrer. Diante disso, Hannah Arendt afirma que, antes de todos os direitos fundamentais, há um primeiro direito a ser garantido pela própria humanidade. Assinale a opção que o apresenta.

(A) O direito à liberdade de consciência e credo.

(B) O direito a ter direitos, isto é, de pertencer à humanidade.

(C) O direito de resistência contra governos tiranos.

(D) O direito à igualdade e de não ser oprimido.

RESPOSTA A obra de Hannah Arendt *(As Origens do Totalitarismo)* citada no enunciado contextualiza a tragédia dos eventos da II Guerra Mundial com o abandono do governo, que deixou de assistir às pessoas. Por isso, Hannah Arendt se refere a um "direito a ter direitos". Antes mesmo de se falar em direitos fundamentais, é preciso garantir substância humana às pessoas. *Alternativa B.*

8. (XXXIV Exame) Mas tal como os homens, tendo em vista conseguir a paz, e através disso sua própria conservação, criaram um homem artificial, ao qual chamamos Estado, assim também criaram cadeias artificiais, chamadas leis civis, as quais eles mesmos, mediante pactos mútuos, prenderam numa das pontas à boca daquele homem ou assembleia a quem confiaram o poder soberano, e na outra ponta a seus próprios ouvidos. Thomas Hobbes

Em seu livro *Leviatã*, Hobbes fala de um direito natural à liberdade de preservar sua própria vida. Porém, ele fala, também, da liberdade resultante do Pacto que institui o Estado Civil, isto é, da liberdade dos súditos. Assinale a opção que expressa essa ideia de liberdade dos súditos, segundo Hobbes no livro em referência.

(A) Agir conforme os princípios do direito internacional, das tradições e dos costumes que são amplamente conhecidos pelos governos e pelos povos.

(B) Ser livre para instaurar uma assembleia soberana que decida acerca das condutas que serão permitidas, proibidas e obrigatórias no âmbito do Estado Civil.

(C) O poder do mais forte de decidir sobre os mais fracos, tal qual fazem os Estados soberanos após batalharem entre si e algum deles vencer a guerra.

(D) A liberdade de fazer as coisas conforme elas foram reguladas pelo poder soberano, tais como comprar, vender e realizar outros contratos mútuos.

RESPOSTA A questão aborda conceito fundamental do contratualismo: a liberdade. Para o filósofo Thomas Hobbes (citado no enunciado da questão), o Estado deve existir soberanamente para garantir a preservação e a paz entre as pessoas. Desse modo, a liberdade do ser humano deve estar limitada às leis criadas pelo Estado soberano. A liberdade (elemento central da questão) existe, mas dentro dos limites e da vontade estabelecida pelo Estado soberano, a quem as pessoas (os súditos) delegaram todo o poder em troca da sobrevivência e de paz. *Alternativa D.*

9. (XXXIV Exame) John Locke, em seu livro *Segundo Tratado sobre o Governo,* afirma que no estado de natureza as pessoas são livres, porém não possuem as condições de fruição da liberdade. Assim, é necessário instituir uma sociedade política com um governo civil. Assinale a opção que, segundo o autor no livro em referência, expressa os fins da sociedade política e do governo.

(A) Estabelecer um processo de dominação de classe.
(B) Promover a autocontenção da animalidade humana.
(C) Garantir a mútua conservação da vida, da liberdade e da propriedade.
(D) Assegurar o governo de um soberano forte e limitado apenas pela própria vontade.

RESPOSTA Mais uma questão de filosofia abordando o contratualismo (os homens abrem mão de sua liberdade, conferindo poderes ao Estado). Para John Locke (citado no enunciado da questão), os governos devem existir para garantir o exercício dos direitos civis do seu povo, como a vida, a liberdade e a propriedade. *Alternativa C.*

10. (XXXIII Exame) Este sistema, que consiste em fazer uso da oposição e da rivalidade dos interesses, na falta de motivos melhores, é o segredo de todos os negócios humanos, quer sejam particulares, quer públicos. MADISON, James; HAMILTON, Alexander; JAY, John. In O Federalista Os textos conhecidos na forma do livro O Federalista expressam um princípio de governo republicano que ficou conhecido como freios e contrapesos, que se propõe a assegurar a justiça e a liberdade que deveriam ser, segundo os autores, o fim de todo governo e da sociedade civil. Assinale a opção que melhor expressa, com base no livro em referência, o princípio dos freios e contrapesos.

(A) Assegurar o devido processo legal, de modo que todos aqueles que sejam acusados de terem cometido um ilícito contra um particular ou contra o Poder Público possam se valer de todos os instrumentos de defesa técnica adequada, tendo em vista impedir que o magistrado da causa julgue com base em suas convicções morais, filosóficas ou religiosas.

(B) Assegurar um sistema de representação eleitoral em que a população manifeste sua vontade, mas escolhendo apenas representantes que tenham passado por um devido processo de formação política oferecido pela Escola de Governo da República. Essa Escola deve ser mantida pela União e as vagas devem ser repartidas proporcionalmente entre os partidos políticos.

(C) Assegurar a ampla defesa e o contraditório, de forma que no desenrolar de uma ação judicial os argumentos de acusação e defesa se coloquem em equilíbrio e, dessa forma, não haja um peso excessivo apenas para um dos lados da causa, o que geraria uma inevitável injustiça.

(D) Assegurar a vontade própria de cada Poder do Estado, de modo que aqueles que o exercitam tenham a menor influência na escolha dos representantes dos demais poderes. Além disso, deve-se organizar o poder legislativo em duas casas legislativas com eleições independentes, e deve-se, também, impedir que uma facção política destrua a outra.

RESPOSTA O fundamento da resposta se encontra em um fragmento da obra citada no enunciado: "como base adequada para o exercício independente e distinto dos diferentes poderes de governo, que até certo ponto todos admitem ser essencial à preservação da liberdade, é evidente que cada poder deveria determinar-se a si mesmo; consequentemente, deveria ser constituído de tal modo que seus respectivos membros tivessem a menor ingerência possível na designação dos membros dos outros" (MADISON, James; HAMILTON, Alexander; JAY, John. *O Federalista.* Rio de Janeiro: Nova Fronteira, 1993, p. 349). *Alternativa D.*

11. (XXXI Exame) "Temos pois definido o justo e o injusto. Após distingui-los assim um do outro, é evidente que a ação justa é intermediária entre o agir injustamente e o ser vítima da injustiça; pois um deles é ter demais e o outro é ter demasiado pouco". ARISTÓTELES. *Ética a Nicômaco.* Coleção Os Pensadores. São Paulo: Abril Cultural, 1973.

Em seu livro *Ética a Nicômaco,* Aristóteles apresenta a justiça como uma virtude e a diferença daquilo que é injusto. Assinale a opção que define aquilo que, nos termos do livro citado, deve ser entendido como justiça enquanto virtude.

(A) Uma espécie de meio-termo, porém não no mesmo sentido que as outras virtudes, e sim porque

FILOSOFIA DO DIREITO

se relaciona com uma quantia intermediária, enquanto a injustiça se relaciona com os extremos.

(B) Uma maneira de proteger aquilo que é o mais conveniente para o mais forte, uma vez que a justiça como produto do governo dos homens expressa sempre as forças que conseguem fazer valer seus próprios interesses.

(C) O cumprimento dos pactos que decorrem da vida em sociedade, seja da lei como pacto que vincula todos os cidadãos da cidade, seja dos contratos que funcionam como pactos celebrados entre particulares e vinculam as partes contratantes.

(D) Um imperativo categórico que define um modelo de ação moralmente desejável para toda e qualquer pessoa e se expressa da seguinte maneira: "Age como se a máxima de tua ação devesse tornar-se, por meio da tua vontade, uma lei universal".

RESPOSTA A resposta correta é um fragmento da obra em questão. Nela, Aristóteles ensina que "a justiça é uma espécie de meio-termo, porém, não no mesmo sentido que as outras virtudes [que não envolvem bens em disputa, mas são relativas ao modo como o agente estabelece o meio-termo em suas emoções, tal como a coragem, que é um meio-termo entre o medo e a temeridade], e sim porque se relaciona com uma quantia ou quantidade intermediária, enquanto a injustiça se relaciona com os extremos" (Aristóteles. *Ética a Nicômaco*. Coleção Os Pensadores. São Paulo: Abril Cultural, 1979, p. 129). *Alternativa A.*

12. (XXX Exame) *Um juiz pode dar uma sentença favorável a uma querelante com um rostinho bonito ou proveniente de determinada classe social, na realidade porque gosta do rosto ou da classe, mas ostensivamente pelas razões que apresentar para sua decisão.* Neil MacCormick

Existem diferentes motivos pelos quais uma decisão é tomada, segundo MacCormick. Alguns argumentos podem ser até mesmo inconfessáveis, porém, de qualquer forma, a autoridade que decide precisa persuadir um auditório quanto à sua decisão. Assinale a opção que, segundo Neil MacCormick, em seu livro *Argumentação jurídica e teoria do direito*, apresenta a noção essencial daquilo que a fundamentação de uma decisão deve fazer.

(A) Dar boas razões ostensivamente justificadoras em defesa da decisão, de modo que o processo de argumentação seja apresentado como processo de justificação.

(B) Realizar uma dedução silogística por intermédio da qual a decisão seja a premissa maior, resultante da lei, que deve ser considerada a premissa menor do raciocínio lógico.

(C) Proceder a um ato de vontade no qual cabe ao juiz escolher uma norma válida contida no ordenamento jurídico vigente e aplicá-la ao caso concreto.

(D) Alinhar-se à jurisprudência dominante em respeito às decisões dos tribunais superiores expressas na firma de precedentes, enunciados e súmulas.

RESPOSTA Trata-se de silogismo jurídico. Em sua obra *Argumentação jurídica e teoria do direito*, MacCormick defende que há uma série de requisitos aos quais a decisão de um caso difícil deve obedecer para ser considerada adequadamente justificada. Esses requisitos, resumidos por MacCormick em consistência, coerência, consequencialismo e universalizabilidade, representam limitações à discricionariedade jurisdicional e servem como critérios de avaliação da racionalidade argumentativa de decisões judiciais. *Alternativa A.*

13. (XXIX Exame) "Mas a justiça não é a perfeição dos homens?" Platão, *A República*. Lisboa: Calouste Gulbenkian, 1993. O conceito de justiça é o mais importante da Filosofia do Direito. Há uma antiga concepção segundo a qual justiça é dar a cada um o que lhe é devido. No entanto, Platão, em seu livro *A República*, faz uma crítica a tal concepção. Assinale a opção que, conforme o livro citado, melhor explica a razão pela qual Platão realiza essa crítica.

(A) Platão defende que justiça é apenas uma maneira de proteger o que é mais conveniente para o mais forte.

(B) A justiça não deve ser considerada algo que seja entendido como virtude e sabedoria, mas uma decorrência da obediência à lei.

(C) Essa ideia implicaria fazer bem ao amigo e mal ao inimigo, mas fazer o mal não produz perfeição, e a justiça é uma virtude que produz a perfeição humana.

(D) Esse é um conceito decorrente exclusivamente da ideia de troca entre particulares, e, para Platão, o conceito de justiça diz respeito à convivência na cidade.

RESPOSTA A resposta correta é extraída da obra *A República*, na qual Platão leciona que, "se alguém disser que a justiça consiste em restituir a cada um aquilo que lhe é devido, e como isto quiser significar que o homem justo deve fazer mal aos inimigos, e bem aos amigos – quem assim falar não é sábio, porquanto não disse a verdade. Efetivamente, em caso algum nos pareceu que fosse justo fazer mal a alguém". *Alternativa C.*

14. (XXVIII Exame) Uma das mais importantes questões para a Filosofia do Direito diz respeito ao procedimento que define uma norma jurídica como sendo válida. Para o jusfilósofo Herbert Hart, em *O conceito de direito*, o fundamento de validade do Direito baseia-se na existência de uma regra de reconhecimento, sem a qual não seria possível a existência de ordenamentos jurídicos. Segundo Hart, assinale a opção que define regra de reconhecimento.

(A) Regra que exige que os seres humanos pratiquem ou se abstenham de praticar certos atos, quer queiram quer não.

(B) Regra que estabelece critérios segundo os quais uma sociedade considera válida a existência de suas próprias normas jurídicas.

(C) Regra que impõe deveres a todos aqueles que são reconhecidos como cidadãos sob a tutela do Estado.

(D) Regra que reconhece grupos excluídos e minorias sociais como detentores de direitos fundamentais.

RESPOSTA Trata-se da "regra de reconhecimento delimitada" criada por Herbert Hart em *O conceito de direito*. De acordo com o autor, se estiverem presentes as características numa determinada norma, serão consideradas como indicação conclusiva de que se trata de uma norma do grupo, a ser apoiada pela pressão social que este exerce. A existência dessa norma de reconhecimento pode assumir qualquer uma dentre uma imensa variedade de formas, simples ou complexas (HART, Herbert Lionel Adolphus. *O Conceito do Direito*. São Paulo: WMF Martins Fontes, 2012). *Alternativa B*.

15. (XXVII Exame) *Concebo, na espécie humana, dois tipos de desigualdade: uma que chamo de natural ou física, por ser estabelecida pela natureza e que consiste na diferença das idades, da saúde, das forças do corpo e das qualidades do espírito e da alma; a outra, que se pode chamar de desigualdade moral ou política, porque depende de uma espécie de convenção e que é estabelecida ou, pelo menos, autorizada pelo consentimento dos homens.* ROUSSEAU, Jean-Jacques. *Discurso sobre a origem e os fundamentos da desigualdade entre os homens*. Coleção Os Pensadores. São Paulo: Abril Cultural, 1978. Levando em consideração o trecho acima, assinale a afirmativa que apresenta a perspectiva de Rousseau sobre como se coloca o problema da desigualdade.

(A) As desigualdades naturais são a causa das desigualdades morais, uma vez que as diferenças naturais se projetam na vida política.

(B) As desigualdades naturais são inaceitáveis; por isso, o homem funda a sociedade civil por meio do contrato social.

(C) As desigualdades naturais são aceitáveis, mas as desigualdades morais não o são, pois consistem em privilégios de uns sobre os outros.

(D) Todas as formas de desigualdade consistem num fato objetivo, devendo ser compreendidas e toleradas, pois elas geram o progresso humano e produzem mais bens do que males.

RESPOSTA Para Rousseau, em sua obra *Discurso sobre a origem e os fundamentos da desigualdade entre os homens* (citada no enunciado), a desigualdade moral "consiste nos vários privilégios de que gozam alguns em prejuízo de outros, como o serem mais ricos, mais poderosos e homenageados do que estes, ou ainda por fazerem-se obedecer por eles". *Alternativa C*.

16. (XXIV Exame) *É verdade que nas democracias o povo parece fazer o que quer, mas a liberdade política não consiste nisso. Montesquieu*

No preâmbulo da Constituição da República, os constituintes afirmaram instituir um Estado Democrático destinado a assegurar, dentre outras coisas, a liberdade. Esse é um conceito de fundamental importância para a Filosofia do Direito, muito debatido por inúmeros autores. Uma importante definição utilizada no mundo jurídico é a que foi dada por Montesquieu em seu Do Espírito das Leis.

Assinale a opção que apresenta a definição desse autor na obra citada.

(A) A liberdade consiste na forma de governo dos homens, e não no governo das leis.

(B) A disposição de espírito pela qual a alma humana nunca pode ser aprisionada é o que chamamos de liberdade.

(C) Liberdade é o direito de fazer tudo o que as leis permitem.

(D) O direito de resistência aos governos injustos é a expressão maior da liberdade.

RESPOSTA Trata-se de uma afirmação clássica de Montesquieu em sua obra *Do espírito das leis*. Segundo o referido autor, "a liberdade é o direito de fazer tudo o que as leis permitem; se um cidadão pudesse fazer tudo o que elas proíbem, não teria mais liberdade, porque os outros também teriam tal poder". *Alternativa C*.

17. (XXIV Exame) *O povo maltratado em geral, e contrariamente ao que é justo, estará disposto em qualquer ocasião a livrar-se do peso que o esmaga. John Locke*

FILOSOFIA DO DIREITO

O art. 1º, parágrafo único, da Constituição Federal de 1988 afirma que "todo o poder emana do povo, que o exerce por meio de representantes eleitos ou diretamente". Muitos autores associam tal disposição ao conceito de direito de resistência, um dos mais importantes da Filosofia do Direito, de John Locke.

Assinale a opção que melhor expressa tal conceito, conforme desenvolvido por Locke na sua obra Segundo Tratado sobre o Governo Civil.

(A) A natureza humana é capaz de resistir às mais poderosas investidas morais e humilhações, desde que os homens se apoiem mutuamente.

(B) Sempre que os governantes agirem de forma a tentar tirar e destruir a propriedade do povo ou deixando-o miserável e exposto aos seus maus tratos, ele poderá resistir.

(C) Apenas o contrato social, que tira o homem do estado de natureza e o coloca na sociedade política, é capaz de resistir às ameaças externas e às ameaças internas, de tal forma que institui o direito de os governantes resistirem a toda forma de guerra e rebelião.

(D) O direito positivo deve estar isento de toda forma de influência da moral e da política. Uma vez que o povo soberano produza as leis, diretamente ou por meio de seus representantes, elas devem resistir a qualquer forma de interpretação ou aplicação de caráter moral e político.

RESPOSTA A alternativa correta é uma paráfrase do fragmento da obra Segundo tratado sobre o governo civil de John Locke. Nela, o autor afirma que "sempre que os legisladores tentam tirar e destruir a propriedade do povo, ou reduzi-lo à escravidão sob poder arbitrário, entra em estado de guerra com ele, que fica assim absolvido de qualquer obediência". Alternativa B.

18. (XX Exame) A partir da leitura de Aristóteles (Ética a Nicômaco), assinale a alternativa que corresponde à classificação de justiça constante do texto: "... uma espécie é a que se manifesta nas distribuições de honras, de dinheiro ou das outras coisas que são divididas entre aqueles que têm parte na constituição (pois aí é possível receber um quinhão igual ou desigual ao de um outro)...".

(A) Justiça Natural.
(B) Justiça Comutativa.
(C) Justiça Corretiva.
(D) Justiça Distributiva.

RESPOSTA A questão exige conhecimento acerca da justiça particular de Aristóteles. Para o referido filósofo, a justiça particular se divide em justiça dis-

tributiva e justiça comutativa. Na obra Ética a Nicômaco, a justiça distributiva "é a que se manifesta nas distribuições das honras, de dinheiro ou das outras coisas que são divididas entre aqueles que têm parte na constituição (pois aí é possível receber um quinhão igual ou desigual ao de um outro)", enquanto a justiça corretiva "é aquela que desempenha um papel corretivo nas transações entre os indivíduos". Alternativa D.

19. (XX Exame – Reaplicação) Na sua mais importante obra, a Summa Theologica, Santo Tomás de Aquino trata os conceitos de justiça comutativa e de justiça distributiva de uma tal maneira, que eles passariam a ser largamente utilizados na Filosofia do Direito. Assinale a opção que apresenta esses conceitos, conforme expostos na obra citada.

(A) A Justiça Comutativa regula as relações mútuas entre pessoas privadas e a Justiça Distributiva regula a distribuição proporcional dos bens comuns.

(B) A Justiça Distributiva destina-se a minorar o sofrimento das pessoas e a Justiça Comutativa regula os contratos de permuta de mercadorias.

(C) A Justiça Comutativa trata da redução ou diminuição das penas (sanção penal) e a Justiça Distributiva da distribuição justa de taxas e impostos.

(D) A Justiça Comutativa regula a relação entre súditos e governante e a Justiça Distributiva trata das relações entre diferentes povos, também chamadas de direito das gentes.

RESPOSTA Na obra Summa Theológica, Santo Tomás de Aquino leciona que a justiça distributiva e a justiça comutativa são espécies de justiça particular (tal como dito por Aristóteles). Para o referido filósofo, a justiça comutativa regula as relações mútuas entre as pessoas. Alternativa A.

II. DIREITO E MORAL

20. (37º Exame) "...a justiça tem um papel a desempenhar na determinação do que é o direito."

Ronald Dworkin

Um dos mais importantes debates no âmbito da Filosofia do Direito é a relação entre direito e moral. Esse tema costuma dividir o posicionamento de positivistas e não positivistas. Ronald Dworkin, um dos mais influentes filósofos do direito contemporâneo, em seu livro A Justiça de Toga, se posiciona expressamente sobre essa questão.

Assinale a opção que expressa o posicionamento desse autor no livro em referência.

(A) A moral é parte do Direito porque, ao tomar decisões no âmbito de um processo judicial, um juiz ou uma juíza devem julgar de acordo com a sua consciência, seguindo aquilo que acham correto.

(B) O Direito não se confunde com a moral, pois são formas distintas de conhecimento. Além disso, a norma jurídica e a norma moral possuem formas diferentes, sendo a primeira subjetiva e a segunda objetiva.

(C) A moral e o Direito devem ser tratadas como áreas específicas e distintas de conhecimento, a menos que o legislador inclua critérios morais no direito positivo, caso em que eles seriam complementares, embora independentes.

(D) O Direito deveria ser tratado como um segmento da moral, não como algo separado dela. Dessa forma, a teoria jurídica deveria ser considerada uma parte especial da moral política.

RESPOSTA Ronald Dworkin defende que o Direito deveria ser tratado como um segmento da moral e não como algo separado dela. Ele argumenta que a teoria jurídica deveria ser considerada uma parte especial da moral política. *Alternativa D.*

21. (XXXI Exame) "É preciso sair do estado natural, no qual cada um age em função dos seus próprios caprichos, e convencionar com todos os demais em submeter-se a uma limitação exterior, publicamente acordada, e, por conseguinte, entrar num estado em que tudo que deve ser reconhecido como seu é determinado pela lei..." Immanuel Kant

A perspectiva contratualista de Kant, apresentada na obra *Doutrina do Direito*, sustenta ser necessário passar de um estado de natureza, no qual as pessoas agem egoisticamente, para um estado civil, em que a vida em comum seja regulada pela lei, como forma de justiça pública. Isso implica interferir na liberdade das pessoas. Em relação à liberdade no estado civil, assinale a opção que apresenta a posição que Kant sustenta na obra em referência.

(A) O homem deixou sua liberdade selvagem e sem freio para encontrar toda a sua liberdade na dependência legal, isto é, num estado jurídico, porque essa dependência procede de sua própria vontade legisladora.

(B) A liberdade num estado jurídico ou civil consiste na capacidade da vontade soberana de cada indivíduo de fazer aquilo que deseja, pois somente nesse estado o homem se vê livre das forças da natureza que limitam sua vontade.

(C) A liberdade civil resulta da estrutura política do estado, de forma que somente pode ser considerado liberdade aquilo que decorre de uma afirmação de vontade do soberano. No estado civil, a liberdade não pode ser considerada uma vontade pessoal.

(D) Na república, a liberdade é do governante para governar em prol de todos os cidadãos, de modo que o governante possui liberdade, e os governados possuem direitos que são instituídos pelo governo.

RESPOSTA Para Immanuel Kant, não se pode dizer que o homem, no estado natural, teria sacrificado a sua liberdade externa, mas sim que teria abandonado por completo a liberdade selvagem e sem lei para, numa situação de dependência legal, isto é, num estado jurídico, reencontrar intacta sua liberdade em geral, pois essa dependência surge de sua própria vontade legisladora. *Alternativa A.*

22. (XXX Exame) *É preciso repetir mais uma vez aquilo que os adversários do utilitarismo raramente fazem o favor de reconhecer: a felicidade que os utilitaristas adotaram como padrão do que é certo na conduta não é a do próprio agente, mas a de todos os envolvidos.* John Stuart Mill

Na defesa que Stuart Mill faz do utilitarismo como princípio moral, em seu texto *Utilitarismo*, ele afirma que o utilitarismo exige que o indivíduo não coloque seus interesses acima dos interesses dos demais, devendo, por isso, ser imparcial, e até mesmo benevolente. Assim, no texto em referência, Stuart Mill afirma que, para aproximar os indivíduos desse ideal, a utilidade recomenda que

(A) As leis e os dispositivos sociais coloquem, o máximo possível, a felicidade ou o interesse de cada indivíduo em harmonia com os interesses do todo.

(B) O Direito Natural, que possui como base a própria natureza das coisas, seja o fundamento primeiro e último de todas as leis, para que o desejo de ninguém se sobreponha ao convívio social.

(C) Os sentimentos morais que são inatos aos seres humanos e conformam, de fato, uma parte de nossa natureza, já que estão presentes em todos, sejam a base da legislação.

(D) As leis de cada país garantam a liberdade de cada indivíduo em buscar sua própria felicidade, ainda que a felicidade de um não seja compatível com a felicidade de outro.

RESPOSTA Contrapondo o "imperativo categórico" de Immanuel Kant, o utilitarismo é uma doutrina ética segundo a qual: "a finalidade principal de qualquer atividade humana é a maior felicidade possível com-

FILOSOFIA DO DIREITO

partilhada pelo maior número possível de pessoas" e que "toda a ação, qualquer que seja, deve ser aprovada ou rejeitada em função da sua tendência de aumentar ou reduzir o bem-estar das partes afetadas pela ação". *Alternativa A.*

23. (XXVII Exame) *Algo mais fundamental do que a liberdade e a justiça, que são os direitos dos cidadãos, está em jogo quando deixa de ser natural que um homem pertença à comunidade em que nasceu...* ARENDT, Hannah. *As origens do totalitarismo.* São Paulo: Cia. das Letras, 2012. A situação atual dos refugiados no mundo provoca uma reflexão jusfilosófica no sentido do que já havia pensado Hannah Arendt, logo após a II Guerra Mundial, em sua obra *As origens do totalitarismo.* Nela, a autora sustenta que o mais fundamental de todos os direitos humanos é o direito a ter direitos, o que não ocorre com os apátridas. Segundo a obra em referência, assinale a opção que apresenta a razão pela qual o homem perde sua qualidade essencial de homem e sua própria dignidade.

(A) Ser privado de direitos subjetivos específicos previstos no ordenamento jurídico pátrio.

(B) Viver sob um regime de tirania que viola a liberdade de crença e limita a liberdade de expressão.

(C) Cumprir pena de privação da liberdade, quando executada em penitenciárias sob condições desumanas.

(D) Deixar de pertencer a uma comunidade organizada, disposta e capaz de garantir quaisquer direitos.

RESPOSTA Em sua obra *As origens do totalitarismo,* Hannah Arendt afirma que "algo mais fundamental do que a liberdade e a justiça, que são os direitos dos cidadãos, está em jogo quando deixa de ser natural que um homem pertença à comunidade em que nasceu e quando o não pertencer a ela não é um ato da sua livre escolha...". *Alternativa D.*

24. (XXVI Exame) Em tempos de mudanças e reformas, é comum assistirmos a diferentes tipos de lutas sociais, especialmente visando à garantia de direitos e à conquista de novos direitos. Em *A luta pelo direito,* o jurista alemão Rudolf Von Ihering afirma que o fim do Direito é a paz, mas o meio de atingi-lo é a luta. Considerando essa afirmação e de acordo com o livro citado, assinale a opção que melhor caracteriza o pensamento jusfilosófico de Ihering.

(A) O Direito é sempre o produto do espírito do povo, que é passado de geração em geração. Por isso, quando se fala em Direito é preciso sempre olhar para a história. O Direito romano é a melhor expressão desse processo social-histórico.

(B) O Direito de uma sociedade é a expressão dos conflitos sociais dela e resulta de uma luta de pessoas e grupos pelos seus próprios direitos subjetivos. Por isso, o Direito é uma força viva, e não uma ideia.

(C) O Direito resulta exclusivamente da ação institucional do Estado. É no parlamento que são travadas as lutas políticas que definem os direitos subjetivos presentes no Direito Positivo de uma dada sociedade.

(D) O Direito é parte da infraestrutura da sociedade e resulta de um processo de luta de classes, no qual a classe dominante usa o Direito para manter o controle sobre os dominados.

RESPOSTA No clássico *A luta pelo direito* (leitura obrigatória para todo jurista), Rudolf Von Ihering afirma que "todos os direitos da humanidade foram conquistados na luta, todas as regras importantes do direito devem ter sido, em sua origem, arrancadas àqueles que a elas se opunham, e todo o direito, direito de um povo, ou direito de um particular, faz presumir que alguém esteja decidido a mantê-lo com firmeza. O Direito não é uma simples ideia, mas uma força viva". *Alternativa B.*

25. (XXV Exame) Uma punição só pode ser admitida na medida em que abre chances no sentido de evitar um mal maior (Jeremy Bentham).

Jeremy Bentham, em seu livro *Princípios da moral e da legislação,* afirma que há quatro casos em que não se deve infligir uma punição. Assinale a opção que corresponde a um desses casos citados pelo autor na obra em referência.

(A) Quando a lei não é suficientemente clara na punição que estabelece.

(B) Quando o prejuízo produzido pela punição for maior do que o prejuízo que se quer evitar.

(C) Quando o juiz da causa entende ser inoportuna a aplicação da punição.

(D) Quando o agressor já sofreu o suficiente em função das vicissitudes do processo penal.

RESPOSTA A questão exige conhecimento sobre utilitarismo. O filósofo Jeremy Bentham leciona que "... toda punição é um mal: todo castigo em si é um mal. Sobre o princípio da utilidade, se é que deve ser admitido, deve ser admitido apenas na medida em que promete excluir algum mal maior". *Alternativa B.*

26. (XXI Exame) De acordo com o contratualismo proposto por Thomas Hobbes em sua obra Leviatã, o contrato social só é possível em função de uma lei da natureza que expresse, segundo o autor, a própria ideia de justiça. Assinale a opção que, segundo o autor na obra em referência, apresenta esta lei da natureza.

(A) Tratar igualmente os iguais e desigualmente os desiguais.

(B) Dar a cada um o que é seu.

(C) Que os homens cumpram os pactos que celebrem.

(D) Fazer o bem e evitar o mal.

RESPOSTA Para Thomas Hobbes, em sua obra *Leviatã*, uma lei da natureza é "que os homens cumpram os pactos que celebrarem. Sem essa lei os pactos seriam vãos, e não passariam de palavras vazias; como o direito de todos os homens a todas as coisas continuaria em vigor, permaneceríamos na condição de guerra". *Alternativa C.*

27. (XXI Exame) *Há um limite para a interferência legítima da opinião coletiva sobre a independência individual, e encontrar esse limite, guardando-o de invasões, é tão indispensável à boa condição dos negócios humanos como a proteção contra o despotismo político. John Stuart Mill* A consciência jurídica deve levar em conta o delicado balanço entre a liberdade individual e o governo das leis. No livro *A liberdade. Utilitarismo*, John Stuart Mill sustenta que um dos maiores problemas da vida civil é a *tirania das maiorias*. Conforme a obra citada, assinale a opção que expressa corretamente a maneira como esse autor entende o que seja tirania e a forma de proteção necessária.

(A) A tirania resulta do poder do povo como autogoverno porque o povo não é esclarecido para fazer suas escolhas. A proteção contra essa tirania é delegar o governo aos mais capacitados, como uma espécie de governo por meritocracia.

(B) A deliberação de juízes ao imporem suas concepções de certo e errado sobre as causas que julgam, produz a mais poderosa tirania, pois subjuga a vontade daqueles que estão sob a jurisdição desses magistrados. Apenas o duplo grau de jurisdição pode proteger a sociedade desta tirania.

(C) Os governantes eleitos impõem sobre o povo suas vontades e essa forma de opressão é a única tirania da maioria contra a qual se deve buscar a proteção na vida social, o que é feito por meio da desobediência civil.

(D) A sociedade, quando faz as vezes do tirano, pratica uma tirania mais temível do que muitas espécies de opressão política, pois penetra nos detalhes da vida e escraviza a alma. Por isso é necessária a proteção contra a tirania da opinião e do sentimento dominantes.

RESPOSTA Para *John Stuart Mill*, cada indivíduo tem o direito de agir como desejar, desde que suas ações não prejudiquem outrem. Se a ação afeta diretamente apenas a pessoa que a está realizando, então a sociedade não tem o direito de intervir, ainda que seja possível imaginar que haja um prejuízo para o próprio agente. *Alternativa D.*

28. (XX Exame – Reaplicação) *"O direito não é uma simples ideia, é uma força viva."* (*Rudolf von Ihering*)

Em seu texto *A luta pelo direito*, o jurista alemão Rudolf von Ihering apresenta o conceito de direito a partir da ideia de luta social. Assinale a afirmativa que expressa o sentido que, no trecho citado, Ihering confere ao direito.

(A) Trabalho incessante e uma luta sem tréguas nos quais participam o Poder Público e toda a população, isto é, qualquer pessoa que se veja na contingência de ter de afirmar seu direito.

(B) Uma luta permanente que é travada por parlamentares no âmbito da arena legislativa, que o fazem em nome da população a partir das eleições que configuram o processo democrático de legitimação popular.

(C) O resultado dinâmico da jurisprudência que cria e recria o direito a partir das demandas de cada caso concreto, adaptando a lei ao mundo real.

(D) O produto das relações industriais e comerciais que são livremente travadas por agentes econômicos, trabalhadores e empregadores e que definem, no contexto de uma luta concreta, o sentido próprio das leis.

RESPOSTA Mais uma questão envolvendo *A luta pelo direito* (leitura obrigatória para todo jurista). Nesta obra, Rudolf Von Lhering ensina que "todos os direitos da humanidade foram conquistados na luta, todas as regras importantes do direito devem ter sido, em sua origem, arrancadas àqueles que a elas se opunham, e todo o direito, direito de um povo, ou direito de um particular, faz presumir que alguém esteja decidido a mantê-lo com firmeza. O Direito não é uma simples ideia, mas uma força viva". *Alternativa A.*

III. HERMENÊUTICA JURÍDICA

29. (39º Exame) O Código Civil de Napoleão, de 1804, representou um momento de grande expectativa e confiança nos poderes da lei escrita. Nesse contexto, surge um importante movimento no Direito, chamado "Escola da Exegese".

Assinale a opção que, segundo Miguel Reale em seu livro Lições Preliminares do Direito, define este movimento.

FILOSOFIA DO DIREITO

(A) A afirmação de que a lei é uma realidade histórica, que se situa na progressão do tempo e, por isso, deve ser interpretada segundo as tradições e o próprio espírito do povo.

(B) A crença de que a lei é importante, mas se não corresponder mais aos fatos supervenientes, deve-se procurar a solução em outras fontes, como o costume, por exemplo.

(C) A concepção segundo a qual cabe ao juiz julgar segundo os ditames da ciência e de sua consciência, de forma a prevalecer um direito justo, seja na falta da lei, seja contra aquilo que dispõe a lei.

(D) A sustentação de que na lei positiva, e de maneira especial no Código Civil, já se encontra a possibilidade de uma solução para todos os eventuais casos ou ocorrências da vida social.

RESPOSTA A Escola da Exegese surgiu como um movimento que valorizava a lei escrita, especialmente após a promulgação do Código Civil de Napoleão. Este movimento defendia que o Código Civil possuía em si a solução para todos os casos possíveis, deixando ao jurista apenas a tarefa de interpretar e aplicar a lei de forma literal, sem recorrer a outras fontes ou questionar o espírito da norma. *Alternativa D.*

30. (36º Exame) "O problema da eficácia nos leva ao terreno da aplicação das normas jurídicas, que é o terreno dos comportamentos efetivos dos homens que vivem em sociedade..."

Norberto Bobbio

Norberto Bobbio, em seu livro Teoria da Norma Jurídica, ao tratar dos critérios de valoração da norma jurídica, fala de três critérios possíveis: justiça, validade e eficácia. Com relação ao critério da eficácia na obra em referência, assinale a afirmativa correta.

(A) Relaciona-se ao problema da interdependência necessária entre os critérios, isto é, para que uma regra seja eficaz, ela deve também ser válida e ser justa.

(B) Diz respeito ao problema de uma norma ser ou não seguida pelas pessoas a quem é dirigida e, no caso de violação, ser imposta por via coercitiva pela autoridade que a evocou.

(C) Trata-se do problema da correspondência ou não da norma aos valores últimos ou finais que inspiram um determinado ordenamento jurídico, expressos pelo legislador de maneira mais ou menos explícita.

(D) Refere-se ao problema da existência da regra enquanto tal e se resolve com um juízo de fato, isto é, trata-se de constatar se uma regra assim determinada pertence ou não a um ordenamento jurídico.

RESPOSTA O critério da eficácia, segundo Bobbio, diz respeito à questão de uma norma ser ou não seguida pelas pessoas a quem é dirigida e, no caso de violação, ser imposta coercitivamente pela autoridade competente. *Alternativa B.*

31. (36º Exame) "Juízes e juristas, ademais, são muito mal aparelhados para fazer esse tipo de avaliação [consequencialista], em comparação com o braço executivo do governo, ou mesmo do legislador."

Neil MacCormick

Neil MacCormick, em seu livro Retórica e o Estado de Direito, afirma que um certo tipo de raciocínio consequencialista tem importância decisiva na justificação das decisões jurídicas. Contudo, ele reconhece que há dificuldades para se adotar essa postura consequencialista.

Assinale a opção que, segundo o autor, na obra citada, expressa tal dificuldade.

(A) A dificuldade está na extensão das consequências que os juízes devem considerar e nas bases sobre as quais eles devem avaliá-las.

(B) É difícil fazer uma análise isenta, pois as convicções religiosas de um juiz o fazem projetar as consequências de suas decisões nos termos de sua cosmovisão.

(C) É preciso decidir com base nos textos legais e é impossível fazer juízos consequencialistas a partir daquilo que dizem as normas jurídicas.

(D) O juízo consequencialista se adequa ao sistema de direito romano-germânico, mas não ao sistema de direito consuetudinário, portanto, é muito difícil torná-lo um padrão universal.

RESPOSTA Segundo Neil MacCormick, a dificuldade principal para se adotar uma postura consequencialista está na extensão das consequências que os juízes devem considerar e nas bases sobre as quais eles devem avaliá-las. *Alternativa A.*

32. (35º Exame) É possível que, diante de um caso concreto, seja aceitável a aplicação tanto de uma lei geral quanto de uma lei especial. Isso, segundo Norberto Bobbio, em seu livro *Teoria do Ordenamento Jurídico*, caracteriza uma situação de antinomia. Assinale a opção que, segundo o autor na obra em referência, apresenta a solução que deve ser adotada.

(A) Deve ser feita uma ponderação de princípios entre a lei geral e a lei especial, de forma que a lei que se revelar menos razoável seja revogada.

(B) Deve prevalecer a lei especial sobre a lei geral, de forma que a lei geral seja derrogada, isto é, caia parcialmente.

(C) Deve ser verificada a data de edição de ambas as leis, pois, nesse tipo de conflito entre lei geral e lei especial, deve prevalecer aquela que for posterior.

(D) Deve prevalecer a lei geral sobre a lei especial, pois essa prevalência da lei geral é um momento inelimínavel de desenvolvimento de um ordenamento jurídico.

RESPOSTA Embora esteja no rol de questões de Filosofia do Direito, o fundamento da resposta se encontra também na disciplina de Introdução ao Direito ou Teoria do Direito, especificamente no conteúdo de "antinomia jurídica" e seus critérios de solução. No caso, quando há conflito entre norma geral e norma especial, a norma especial, por ser mais específica, prevalece. *Alternativa B.*

33. (XXIX Exame) *Costuma-se dizer que o ordenamento jurídico regula a própria produção normativa. Existem normas de comportamento ao lado de normas de estrutura... elas não regulam um comportamento, mas o modo de regular um comportamento...* BOBBIO, Norberto. *Teoria do ordenamento jurídico.* São Paulo: Polis; Brasília: Ed. UnB, 1989. A atuação de um advogado deve se dar com base no ordenamento jurídico. Por isso, não basta conhecer as leis; é preciso compreender o conceito e o funcionamento do ordenamento. Bobbio, em seu livro *Teoria do ordenamento jurídico,* afirma que a unidade do ordenamento jurídico é assegurada por suas fontes. Assinale a opção que indica o fato que, para esse autor, interessa notar para uma teoria geral do ordenamento jurídico, em relação às fontes do Direito.

(A) No mesmo momento em que se reconhece existirem atos ou fatos dos quais se faz depender a produção de normas jurídicas, reconhece-se que o ordenamento jurídico, além de regular o comportamento das pessoas, regula também o modo pelo qual se devem produzir as regras.

(B) As fontes do Direito definem o ordenamento jurídico como um complexo de normas de comportamento referidas a uma dada sociedade e a um dado momento histórico, de forma que garante a vinculação entre interesse social e comportamento normatizado.

(C) Como forma de institucionalização do direito positivo, as fontes do Direito definem o ordenamento jurídico exclusivamente em relação ao processo formal de sua criação, sem levar em conta os elementos morais que poderiam definir uma norma como justa ou injusta.

(D) As normas, uma vez definidas como jurídicas, são associadas num conjunto específico, chamado de direito positivo. Esse direito positivo é

o que comumente chamamos de ordenamento jurídico. Portanto, a fonte do Direito que institui o Direito como ordenamento é a norma, anteriormente definida como jurídica.

RESPOSTA Trata-se de um fragmento da obra *Teoria do ordenamento jurídico,* na qual Norberto Bobbio ensina que "costuma-se dizer que o ordenamento jurídico regula a própria produção normativa. Existem normas de comportamento ao lado de normas de estrutura. As normas de estrutura podem também ser consideradas como as normas para a produção jurídica, quer dizer, como as normas que regulam os procedimentos de regulamentação jurídica. Elas não regulam o comportamento, mas o modo de regular um comportamento, ou, mais exatamente, o comportamento que elas regulam é o de produzir regras". *Alternativa A.*

IV. DOUTRINAS JURÍDICAS

34. (40º Exame) Uma norma jurídica não vale porque tem um determinado conteúdo... (Hans Kelsen). O que faz uma norma jurídica ser válida é tema central para a teoria e a Filosofia do Direito. Segundo o Normativismo Jurídico de Hans Kelsen, conforme apresentado em seu livro Teoria Pura do Direito, a validade da norma jurídica recai logicamente sobre uma categoria que é o ponto de partida do processo de criação do direito positivo. Assinale a opção que apresenta essa categoria:

(A) O legislador democrático.
(B) A soberania popular.
(C) A norma fundamental pressuposta.
(D) O direito das gentes.

RESPOSTA A Teoria Pura do Direito de Kelsen estabelece uma ciência jurídica que busca ser livre de influências externas, como a política, moral ou sociologia. Nesse contexto, Kelsen introduz o conceito de "norma fundamental" (Grundnorm) como o fundamento do sistema jurídico. Essa norma fundamental é uma pressuposição hipotética que sustenta a validade de todas as outras normas no sistema jurídico. Ela não é escrita ou formalizada, mas é entendida como a base lógica que dá autoridade às normas constitucionais e, consequentemente, a todo o sistema jurídico. *Alternativa C.*

35. (XXXIII Exame) Norberto Bobbio, em seu livro *Teoria da Norma Jurídica,* considera a sanção uma das mais significativas características da norma jurídica. Ele diferencia a sanção jurídica da sanção moral e da sanção social, pelo fato de a sanção jurídica ser institucionalizada. Assinale a opção que, segundo Bobbio na obra em

FILOSOFIA DO DIREITO

referência, expressa as características da sanção institucionalizada.

(A) A sanção que obriga a consciência dos destinatários da norma e que produz um sentimento de culpa, que é a consequência negativa ou desagradável decorrente da eventual violação da norma.

(B) A sanção que resulta dos costumes e da vida em sociedade em geral, e que possui como fim tornar mais fácil ou menos difícil a convivência social.

(C) A sanção que foi feita para os casos de violação de uma regra primária e que tem sua medida estabelecida dentro de certos termos, para ser executada por pessoas previamente determinadas.

(D) A sanção instituída pelo direito natural e que decorre da natureza mesma das coisas, da vontade de Deus e da razão humana.

RESPOSTA Bobbio leciona que, "para toda violação de uma regra primária, é estabelecida a relativa sanção; é estabelecida, se bem que dentro de certos termos, a medida da sanção" e que "são estabelecidas pessoas encarregadas de efetuar a execução". *Alternativa C.*

36. (XXXII Exame) Norberto Bobbio, em seu livro *O Positivismo Jurídico: lições de Filosofia do Direito*, afirma que o positivismo jurídico é uma teoria na medida em que se propõe a descrever o Direito, mas que também pode ser uma ideologia na medida em que se propõe a ser um certo modo de querer o Direito.

Assinale a opção que, segundo Bobbio, no livro em referência, expressa essa suposta ideologia do positivismo jurídico, denominada por ele positivismo ético.

(A) A ética como fundamento moral para a autoridade competente propor e aprovar a lei.

(B) A lei só é válida se for moralmente aceitável por parte da maioria da população.

(C) A lei deve ser obedecida apenas na medida em que se revelar socialmente útil.

(D) O dever absoluto ou incondicional de obedecer a lei enquanto tal.

RESPOSTA Trata-se da teoria da obediência. Para Bobbio, "há um conjunto de posições no âmbito do positivismo jurídico que encabeça a teoria da obediência absoluta da lei enquanto tal, teoria sintetizada no aforismo: *Gesetz its Gesetz* (lei é lei)". *Alternativa D.*

37. (XXXII Exame) Miguel Reale, ao tratar do tema da validade da norma jurídica em seu livro *Lições Preliminares de Direito*, fala de uma dimensão denominada por ele validade social ou, ainda, eficácia ou efetividade. Segundo Reale, a eficácia seria a regra jurídica enquanto momento da conduta humana. Com base no livro em referência, assinale a opção que apresenta a ideia de eficácia ou efetividade da norma jurídica.

(A) Executoriedade compulsória de uma regra de direito, por haver preenchido os requisitos essenciais à sua feitura ou elaboração.

(B) Obediência das normas jurídicas às determinações formais e materiais da Constituição Federal, sem o que uma norma jurídica não teria capacidade de produzir efeitos.

(C) O fundamento da norma jurídica, isto é, o valor ou o fim objetivado pela regra de direito; a razão de ser da norma, pois é impossível conceber uma regra jurídica desvinculada de sua finalidade.

(D) A norma em sua dimensão experimental, pois se refere ao cumprimento efetivo do direito por parte de uma sociedade ou, ainda, aos efeitos sociais que uma regra suscita por meio de seu cumprimento.

RESPOSTA Para Miguel Reale, "a eficácia, ao contrário, tem um caráter experimental, porquanto se refere ao cumprimento efetivo do Direito por parte de uma sociedade, ao 'reconhecimento' *(Anerkennung)* do Direito pela comunidade, no plano social, ou mais particularizadamente, aos efeitos sociais que uma regra suscita através de seu cumprimento". *Alternativa D.*

38. (XXVIII Exame) *Isso pressupõe que a norma de justiça e a norma do direito positivo sejam consideradas como simultaneamente válidas. Tal, porém, não é possível, se as duas normas estão em contradição, quer dizer, entram em conflito uma com a outra. Nesse caso apenas uma pode ser considerada como válida.* Hans Kelsen. Sobre a relação entre validade e justiça da norma, o jusfilósofo Hans Kelsen, em seu livro *O problema da justiça*, sustenta o princípio do positivismo jurídico, para afirmar que:

(A) A validade de uma norma do direito positivo é independente da validade de uma norma de justiça.

(B) O direito possui uma textura aberta que confere, ao intérprete, a possibilidade de buscar um equilíbrio entre interesses conflitantes.

(C) O valor de justiça do ato normativo define a validade formal da norma; por isso valor moral e valor jurídico se confundem no direito positivo.

(D) A validade de uma norma jurídica se refere à sua dimensão normativa positiva, à sua dimensão axiológica, e também, à sua dimensão fática.

RESPOSTA Para Kelsen, expoente do positivismo jurídico, é impossível comparar uma norma do direito positivo com uma norma de justiça, tendo em vista que a justiça é uma construção subjetiva e, portanto, foge da lógica cientificista da validade do direito. *Alternativa A.*

39. (XXV Exame) A ideia da existência de lacuna é um desafio ao conceito de completude do ordenamento jurídico. Segundo o jusfilósofo italiano Norberto Bobbio, no livro *Teoria do ordenamento jurídico*, pode-se completar ou integrar as lacunas existentes no Direito por intermédio de dois métodos, a saber: heterointegração e autointegração. Assinale a opção que explica como o jusfilósofo define tais conceitos na obra em referência.

(A) O primeiro método consiste na integração operada por meio de recursos a ordenamentos diversos e a fontes diversas daquela que é dominante; o segundo método consiste na integração cumprida por meio do mesmo ordenamento, no âmbito da mesma fonte dominante, sem recorrência a outros ordenamentos.

(B) A heterointegração consiste em preencher as lacunas recorrendo-se aos princípios gerais do Direito, uma vez que estes não estão necessariamente incutidos nas normas do Direito positivo; já a autointegração consiste em solucionar as lacunas por meio das convicções pessoais do intérprete.

(C) O primeiro método diz respeito à necessidade de utilização da jurisprudência como meio adequado de solucionar as lacunas sem gerar controvérsias; por outro lado, o segundo método implica buscar a solução da lacuna por meio de interpretação extensiva.

(D) A heterointegração exige que o intérprete busque a solução das lacunas nos tratados e nas convenções internacionais de que o país seja signatário; por seu turno, a autointegração está relacionada à busca da solução na jurisprudência pátria.

RESPOSTA Em sua obra *Teoria do ordenamento jurídico*, o filósofo Norberto Bobbio ensina que heterointegração consiste na integração operada por meio de recursos a ordenamentos diversos e a fontes diversas daquela que é dominante; enquanto a autointegração consiste na integração cumprida por meio do mesmo ordenamento, no âmbito da mesma fonte dominante, sem recorrência a outros ordenamentos. *Alternativa A.*

40. (XXIII Exame) *A igualdade de recursos é uma questão de igualdade de quaisquer recursos que os indivíduos possuam privadamente.* – Ronald Dworkin.

A igualdade é um dos valores supremos presentes na Constituição da República e, também, objeto de um debate profundo no âmbito da Filosofia do Direito. Assinale a alternativa que apresenta a concepção de igualdade distributiva, defendida por Ronald Dworkin em seu livro *A virtude soberana*.

(A) Circunstâncias segundo as quais as pessoas não são iguais em bem-estar, mas nos recursos de que dispõem.

(B) Possibilidade de que todos os membros de uma comunidade política devem ter de usufruir o bem-estar em condição de igualdade.

(C) Igual partilha dos poderes políticos e dos direitos individuais em uma dada sociedade.

(D) Um conjunto de políticas que assegurem a maximização utilitária do bem-estar em médio a longo prazo para a maior parte da população.

RESPOSTA A resposta correta deriva da "igualdade de recursos", assim denominada por Ronald Dworkin. No livro *A virtude soberana*, Ronald Dworkin leciona que "a igualdade de tratamento exige que o governo aspire uma forma de igualdade material que denominei como igualdade de recursos, ainda que outros nomes fossem apropriados". *Alternativa A.*

41. (XXIII Exame) *... só a vontade geral pode dirigir as forças do Estado de acordo com a finalidade de suas instituições, que é o bem comum...* – Jean-Jacques Rousseau.

A ideia de vontade geral, apresentada por Rousseau em seu livro *Do contrato social*, foi fundamental para o amadurecimento do conceito moderno de lei e de democracia. Assinale a opção que melhor expressa essa ideia conforme concebida por Rousseau no livro citado.

(A) A soma das vontades particulares.

(B) A vontade de todos.

(C) O interesse particular do soberano, após o contrato social.

(D) O interesse em comum ou o substrato em comum das diferenças.

RESPOSTA Rousseau afirma que "a vontade constante de todos os membros do Estado é a vontade geral: por ela é que são cidadãos e livres. Quando se propõe uma lei na assembleia do povo, o que se pergunta não é, precisamente, se aprovam ou rejeitam a proposta, mas se estão ou não de acordo com a vontade geral que é a deles; cada um, dando seu sufrágio, dá, com isso, a sua opinião, e do cálculo dos votos se conclui a declaração da vontade geral". *Alternativa D.*

42. (XXII Exame) Um sério problema com o qual o advogado pode se deparar ao lidar com o ordenamento jurídico é o das antinomias.

FILOSOFIA DO DIREITO

Segundo Norberto Bobbio, em seu livro *Teoria do ordenamento jurídico*, são necessárias duas condições para que uma antinomia ocorra. Assinale a opção que, segundo o autor da obra em referência, apresenta tais condições.

(A) As duas normas em conflito devem pertencer ao mesmo ordenamento; as duas normas devem ter o mesmo âmbito de validade, seja temporal, espacial, pessoal ou material.

(B) Ambas as normas devem ter procedido da mesma autoridade legislativa; as duas normas em conflito não devem dispor sobre uma mesma matéria.

(C) Ocorre no âmbito do processo judicial quando há uma divergência entre a decisão de primeira instância e a decisão de segunda instância ou quando um tribunal superior de natureza federal confirma a decisão de segunda instância.

(D) As duas normas aplicáveis não apresentam uma solução satisfatória para o caso; as duas normas não podem ser integradas mediante recurso a analogia ou costumes.

RESPOSTA Trata-se da caracterização da antinomia real. Para Norberto Bobbio, ocorre antinomia real nas seguintes situações: "as duas normas devem pertencer ao mesmo ordenamento. [...] As duas normas devem ter o mesmo âmbito de validade... temporal, espacial, pessoal e material". *Alternativa A.*

43.

(XXII Exame) A principal tese sustentada pelo paradigma do positivismo jurídico é a validade da norma jurídica, independentemente de um juízo moral que se possa fazer sobre o seu conteúdo. No entanto, um dos mais influentes filósofos do direito juspositivista, Herbert Hart, no seu pós-escrito ao livro *O conceito de direito*, sustenta a possibilidade de um positivismo brando, eventualmente chamado de positivismo inclusivo ou *soft positivism*.

Assinale a opção que apresenta, segundo o autor na obra em referência, o conceito de positivismo brando.

(A) O reconhecimento da existência de normas de direito natural e de que tais normas devem preceder às normas de direito positivo sempre que houver conflito entre elas.

(B) A jurisprudência deve ser considerada como fonte do direito da mesma forma que a lei, de maneira a produzir uma equivalência entre o sistema de *common law* ou de direito consuetudinário e sistema de *civil law* ou de direito romano-germânico.

(C) O positivismo brando ocorre no campo das ciências sociais, não possuindo, portanto, o mesmo rigor científico exigido no campo das ciências da natureza.

(D) A possibilidade de que a norma de reconhecimento de um ordenamento jurídico incorpore, como critério de validade jurídica, a obediência a princípios morais ou valores substantivos.

RESPOSTA Na referida obra (*O conceito de direito*), Hart afirma que "a regra de reconhecimento pode incorporar, como critérios de validade jurídica, a conformidade com princípios morais ou com valores substantivos; por isso, a minha doutrina é aquilo que tem sido designado como 'positivismo moderado'" [ou brando]. *Alternativa D.*

44.

(XX Exame) O raciocínio analógico é típico do pensamento jurídico. Esse é um tema debatido por vários teóricos e filósofos do Direito. Para Norberto Bobbio, na obra *Teoria do ordenamento jurídico*, trata-se de um método de autointegração do Direito. Assinale a opção que, segundo esse autor, apresenta o conceito de *analogia*.

(A) Subsunção de um caso (premissa menor) a uma norma jurídica (premissa maior) de forma a permitir uma conclusão lógica e necessária.

(B) Existindo relevante semelhança entre dois casos, as consequências jurídicas atribuídas a um caso já regulamentado deverão ser atribuídas também a um caso não regulamentado.

(C) Raciocínio em que se produz, como efeito, a extensão de uma norma jurídica para casos não previstos por esta.

(D) Decisão, por meio de recurso, às práticas sociais que sejam uniformes e continuadas e que possuam previsão de necessidade jurídica.

RESPOSTA Para Bobbio, "entende-se por 'analogia' o procedimento pelo qual se atribui a um caso não regulamentado a mesma disciplina que a um caso regulamentado semelhante". *Alternativa B.*

REFERÊNCIAS

ARENDT, Hannah. *As origens do totalitarismo.* Antissemitismo, imperialismo, totalitarismo. São Paulo: Companhia das Letras, 1991.

BOBBIO, Norberto. *O positivismo jurídico.* São Paulo: Ícone, 2006.

CASTILHO, R. *Filosofia do direito.* São Paulo: Saraiva, 2012.

DURÃES, Hebert Vieira. *Teoria e história do direito.* São Paulo: Rideel, 2022. Coleção Rideel Flix.

HART, Herbert. *O conceito de direito.* 3. ed. Lisboa: Calouste Gulbenkian, 1994.

Direito Constitucional

Ao acessar o QR Code, você encontrará Dicas para o Exame da OAB e mais Questões Comentadas para treinar seus conhecimentos
> https://uqr.to/1wk6w

DIREITO CONSTITUCIONAL: QUADRO GERAL DE QUESTÕES	
TEMAS	N. DE QUESTÕES
I. Conceito, Classificação e Aplicação da Constituição	5
II. Da Interpretação das Normas Constitucionais	4
III. Hierarquia das Leis	1
IV. Princípios Constitucionais	5
V. Dos Direitos e Garantias Fundamentais	52
VI. Direito à Nacionalidade	8
VII. Dos Direitos Políticos, Partidos Políticos e Sistema Eleitoral	15
VIII. Da Organização do Estado e Repartição de Competências	31
IX. Da Administração Pública	3
X. Do Poder Legislativo	17
XI. Processo Legislativo e Espécies Normativas	21
XII. Da Fiscalização Contábil, Financeira e Orçamentária	2
XIII. Do Poder Executivo	10
XIV. Do Poder Judiciário e das Funções Essenciais à Justiça	14
XV. Controle de Constitucionalidade	28
XVI. Poder Constituinte	3
XVII. Da Intervenção, da Defesa do Estado e das Instituições Democráticas	15
XVIII. Súmula Vinculante	9
XIX. Reclamação Constitucional	4
XX. Da Seguridade Social	1
XXI. Da Assistência Social	3
XXII. Da Saúde	3
XXIII. Da Educação, da Cultura e do Desporto	9
XXIV. Das Finanças Públicas	2
XXV. Da Segurança Pública	1
XXVI. Recursos Ordinário, Extraordinário e Especial	1
XXVII. Da Ordem Econômica e Financeira	7
XXVIII. Dos Índios	1
XXIX. Das Disposições Constitucionais Gerais	5
TOTAL	280

I. CONCEITO, CLASSIFICAÇÃO E APLICAÇÃO DA CONSTITUIÇÃO

1. (36º Exame) José leu, em artigo jornalístico veiculado em meio de comunicação de abrangência nacional, que o Supremo Tribunal Federal poderia, em sede de ADI, reconhecer a ocorrência de mutação constitucional em matéria relacionada ao meio ambiente. Em razão disso, ele procurou obter maiores esclarecimentos sobre o tema. No entanto, a ausência de uma definição mais clara do que seria "mutação constitucional" o impediu de obter um melhor entendimento sobre o tema. Com o objetivo de superar essa dificuldade, procurou Jonas, advogado atuante na área pública, que lhe respondeu, corretamente, que a expressão "mutação constitucional", no âmbito do sistema jurídico-constitucional brasileiro, refere-se a um fenômeno:

(A) concernente à atuação do poder constituinte derivado reformador, no processo de alteração do texto constitucional.

(B) referente à mudança promovida no significado normativo constitucional, por meio da utilização de emenda à Constituição.

(C) relacionado à alteração de significado de norma constitucional sem que haja qualquer mudança no texto da Constituição Federal.

(D) de alteração do texto constitucional antigo por um novo, em virtude de manifestação de uma Assembleia Nacional Constituinte.

RESPOSTA Segundo o Ministro do STF Gilmar Mendes, "as mutações constitucionais nada mais são que as alterações semânticas dos preceitos da Constituição, em decorrência de modificações no prisma histórico-social ou fático axiológico em que se concretiza a sua aplicação". Ou seja, em outras palavras, a mudança de uma norma da Constituição sem a mudança de seu texto. Quando um texto ou artigo constitucional tinha uma determinada interpretação e, por causa de mudança de pensamentos e posicionamentos da sociedade, seu significado muda, estamos diante da chamada "mutação constitucional". *Alternativa C.*

2. (36º Exame) Uma nova Constituição é promulgada, sendo que um grupo de parlamentares mantém dúvidas acerca do destino a ser concedido a várias normas da Constituição antiga, cujas temáticas não foram tratadas pela nova Constituição. Como a nova Constituição ficou silente quanto a essa situação, o grupo de parlamentares, preocupado com possível lacuna normativa, resolve procurar competentes advogados a fim de sanar a referida dúvida. Os advogados informaram que, segundo o sistema jurídico-constitucional brasileiro,

(A) as normas da Constituição pretérita que guardarem congruência material com a nova Constituição serão convertidas em normas ordinárias.

(B) as matérias tratadas pela Constituição pretérita e não reguladas pela nova Constituição serão por esta recepcionadas.

(C) as matérias tratadas pela Constituição pretérita e não reguladas pela nova Constituição receberão, na nova ordem, *status* supralegal, mas infraconstitucional.

(D) a revogação tácita da ordem constitucional pretérita pela nova Constituição se dará de forma completa e integral, ocasionando a perda de sua validade.

RESPOSTA As matérias e/ou normas de uma anterior Constituição que não forem tratadas na nova Constituição entender-se-ão revogadas, ou seja, não aceitas na nova ordem constitucional. *Alternativa D.*

3. (XXV Exame) Todos os dispositivos da Lei Y, promulgada no ano de 1985, possuem total consonância material e formal com a Constituição de 1967, com a redação dada pela Emenda Constitucional n. 1/1969. No entanto, o Supremo Tribunal Federal, em sede de recurso extraordinário, constatou que, após a atuação do Poder Constituinte originário, que deu origem à Constituição de 1988, o Art. X da mencionada Lei Y deixou de encontrar suporte material na atual ordem constitucional. Sobre esse caso, segundo a posição reconhecida pela ordem jurídico-constitucional brasileira, assinale a afirmativa correta.

(A) Ocorreu o fenômeno conhecido como "não recepção", que tem por consequência a revogação do ato normativo que não se compatibiliza materialmente com o novo parâmetro constitucional.

(B) Ao declarar a inconstitucionalidade do Art. X à luz do novo parâmetro constitucional, devem ser reconhecidos os naturais efeitos retroativos (*ex tunc*) atribuídos a tais decisões.

(C) Na ausência de enunciado expresso, dá-se a ocorrência do fenômeno denominado "desconstitucionalização", sendo que o Art. X é tido como inválido perante a nova Constituição.

(D) Terá ocorrido o fenômeno da inconstitucionalidade formal superveniente, pois o Art. X, constitucional perante a Constituição de 1967, tornou-se inválido com o advento da Constituição de 1988.

RESPOSTA Antes da explicação, vale ressaltar alguns pontos que o aluno deve ter atenção ao ler a questão. Primeiro, perceber que o STF julgou um recurso extraordinário. Ou seja, o controle de constitucionalidade nesse caso é incidental. Também, que o

DIREITO CONSTITUCIONAL

art. X da Lei Y era compatível materialmente (ou seja, em relação ao seu conteúdo) com a Constituição anterior, e que agora com a CRFB não é mais. Com essas premissas detectadas, o aluno tem muito mais chances de assinalar a alternativa correta. Assim sendo, quando uma norma (lei ou artigo de lei) produzida sob a égide de Constituição anterior não é mais compatível com a Constituição atual, a doutrina constitucional diz que esta norma "não foi recepcionada". Há, portanto, uma declaração de inconstitucionalidade sobre esta norma, tendo em vista seu conteúdo não ser mais compatível com a Constituição em vigência. *Alternativa A.*

II. DA INTERPRETAÇÃO DAS NORMAS CONSTITUCIONAIS

4. (XXVIII Exame) A população do Estado X, insatisfeita com os rumos da política nacional e os sucessivos escândalos de corrupção que assolam todas as esferas do governo, inicia uma intensa campanha pleiteando sua separação do restante da Federação brasileira. Um plebiscito é então organizado e 92% dos votantes opinaram favoravelmente à independência do Estado. Sobre a hipótese, com base no texto constitucional, assinale a afirmativa correta.

(A) Diante do expressivo quórum favorável à separação do Estado X, a Assembleia Legislativa do referido ente deverá encaminhar ao Congresso Nacional proposta de Emenda Constitucional que, se aprovada, viabilizará a secessão do Estado X.

(B) Para o exercício do direito de secessão, exige-se lei estadual do ente separatista, dentro do período determinado por Lei Complementar federal, dependendo ainda de consulta prévia, mediante plebiscito, às populações dos demais Estados, após divulgação dos estudos de viabilidade, apresentados e publicados na forma da lei.

(C) Diante da autonomia dos entes federados, admite-se a dissolução do vínculo existente entre eles, de modo que o Estado X poderia formar um novo país, mas, além da aprovação da população local por meio de plebiscito ou referendo, seria necessária a edição de Lei Complementar federal autorizando a separação.

(D) A forma federativa de Estado é uma das cláusulas pétreas que norteiam a ordem constitucional brasileira, o que conduz à conclusão de que se revela inviável o exercício do direito de secessão por parte de qualquer dos entes federados, o que pode motivar a intervenção federal.

RESPOSTA O direito de secessão (ou seja, a independência de um Estado-membro do restante do país

que ele integra) é estritamente proibido num Estado Federal, não importando plebiscito ou referendo da população nesse sentido. Também, não é possível inseri-lo no ordenamento jurídico brasileiro, tendo em vista que o federalismo (e a consequente proibição do direito de secessão) é cláusula pétrea (art. 60, § 4º, I, da CRFB). *Alternativa D.*

5. (XXII Exame) Parlamentar brasileiro, em viagem oficial, visita o Tribunal Constitucional Federal da Alemanha, recebendo numerosas informações acerca do seu funcionamento e de sua área de atuação. Uma, todavia, chamou especialmente sua atenção: a referida Corte Constitucional reconhecia a possibilidade de alteração da Constituição material – ou seja, de suas normas – sem qualquer mudança no texto formal. Surpreendido com essa possibilidade, procura sua assessoria jurídica a fim de saber se o Supremo Tribunal Federal fazia uso de técnica semelhante no âmbito da ordem jurídica brasileira. A partir da hipótese apresentada, assinale a opção que apresenta a informação dada pela assessoria jurídica.

(A) Não. O Supremo Tribunal Federal somente pode reconhecer nova norma no sistema jurídico constitucional a partir de emenda à constituição produzida pelo poder constituinte derivado reformador.

(B) Sim. O Supremo Tribunal Federal, reconhecendo o fenômeno da mutação constitucional, pode atribuir ao texto inalterado uma nova interpretação, que expressa, assim, uma nova norma.

(C) Não. O surgimento de novas normas constitucionais somente pode ser admitido por intermédio das vias formais de alteração, todas expressamente previstas no próprio texto da Constituição.

(D) Sim. O sistema jurídico-constitucional brasileiro, seguindo linhas interpretativas contemporâneas, admite, como regra, a interpretação da Constituição independentemente de limites semânticos concedidos pelo texto.

RESPOSTA Há dois modos de modificação da Constituição Federal: o modo formal e o modo informal ou material. As modificações formais são entendidas como as emendas constitucionais, sejam de qual natureza forem. Já o processo informal é baseado na mutação constitucional, que significa a mudança de posicionamento do órgão guardião da Constituição Federal, o Supremo Tribunal Federal. *Alternativa B.*

6. (XX Exame) Jovem governador do Estado Alfa, vencedor das eleições com o slogan "A vez dos jovens", propõe projeto de emenda à constituição do Estado a fim de alterar os requisitos para escolha de conselheiros no Tribunal de Contas do Estado. A idade mínima, que antes seguia o padrão constitucional federal, sendo fixada em 35 anos, passaria a ser de 30 anos. Segundo a ordem jurídico-constitucional brasileira, tal norma deveria ser considerada

(A) inconstitucional, pois o padrão estabelecido pela CRFB/88, para o caso, configura típica cláusula de imposição de simetria.

(B) constitucional, pois a organização dos Tribunais de Contas estaduais está exclusivamente submetida ao poder constituinte derivado decorrente.

(C) constitucional, pois está baseada na autonomia dos Estados-Membros, princípio basilar e inflexível que sustenta o Pacto Federativo.

(D) inconstitucional, pois a estrutura do Poder Judiciário somente pode ser disciplinada pela Constituição da República, não pela Constituição Estadual.

RESPOSTA O princípio federativo da simetria constitucional impõe que cláusulas estabelecidas na constituição federal devam ser obrigatoriamente repetidas nas constituições estaduais. Trocando em outras palavras, há normas nas constituições estaduais e nas leis orgânicas dos municípios que não podem ser contrárias a normas estruturais da Constituição Federal. Portanto, os Estados devem adotar os modelos normativo constitucionalmente estabelecidos pela União. *Alternativa A.*

7. (XX Exame – Reaplicação) O modelo federalista é uma forma de organização e distribuição do poder estatal que pressupõe a relação entre as esferas de governo federal e local, compondo os chamados entes federativos, todos dotados de autonomia. Apresenta-se como oposição ao unitarismo, de modo que haja a repartição de competências entre os entes que integram o Estado federado. A ordem jurídica estabeleceu elementos, no texto constitucional, que caracterizam essa forma de Estado. A partir das características da Federação brasileira, assinale a afirmativa correta.

(A) A forma federativa de Estado autoriza a secessão de um ente federativo por meio de plebiscito popular ou *referendum*.

(B) A forma federativa de Estado é estabelecida por um pacto (ou tratado) internacional entre os estados soberanos.

(C) A forma federativa de Estado impõe a necessidade de existência de uma cláusula de garantia ao pacto federativo, tal como a chamada intervenção federal.

(D) Uma vez que, na forma federativa, todos os entes federativos são autônomos, eles estão autorizados a representar a soberania do Estado em suas relações internacionais.

RESPOSTA Um estado cuja constituição o cria e o estrutura como estado federal deve possuir mecanismos de manutenção de seu arcabouço orgânico, de modo a manter e equilibrar sua formação como tal. Assim sendo, um desses mecanismos de manutenção do estado federal é a intervenção, que impõe a obediência das divisões políticas (Estados-membros, DF e municípios) em relação aos ditames e regras constitucionais, sob pena de terem temporariamente sua autonomia suspensa até que haja a regularização da desestabilidade política. *Alternativa C.*

III. HIERARQUIA DAS LEIS

8. (XXIX Exame) Em 2005, visando a conferir maior estabilidade e segurança jurídica à fiscalização das entidades dedicadas à pesquisa e à manipulação de material genético, o Congresso Nacional decidiu discipliná-las por meio da Lei Complementar X, embora a Constituição Federal não reserve a matéria a essa espécie normativa. Posteriormente, durante o ano de 2017, com os avanços tecnológicos e científicos na área, entrou em vigor a Lei Ordinária Y prevendo novos mecanismos fiscalizatórios a par dos anteriormente estabelecidos, bem como derrogando alguns artigos da Lei Complementar X. Diante da situação narrada, assinale a afirmativa correta.

(A) A Lei Ordinária Y é formalmente inconstitucional, não podendo dispor sobre matéria já tratada por Lei Complementar, em razão da superioridade hierárquica desta em relação àquela.

(B) Embora admissível a edição da Lei Ordinária Y tratando de novos mecanismos a par dos já existentes, a revogação de dispositivos da Lei Complementar X exigiria idêntica espécie normativa.

(C) A Lei Complementar X está inquinada de vício formal, já que a edição dessa espécie normativa se encontra vinculada às hipóteses taxativamente elencadas pela Constituição Federal de 1988.

(D) A Lei Complementar X, por tratar de matéria a respeito da qual não se exige a referida espécie normativa, pode vir a ser revogada por Lei Ordinária posterior que verse sobre a mesma temática.

RESPOSTA Essa questão é bastante interessante, pois trata diretamente com hierarquia legislativa e competência constitucional. Quando a CRFB exige que para determinada matéria deve haver lei complementar, não pode o Congresso produzir lei ordinária a respeito. Porém, o inverso é permitido. Isso, pois a lei complementar é mais complexa de ser aprovada do que a ordinária. Então, quem pode mais, pode menos. Se é possível aprovar lei complementar para determinada matéria, é possível aprovar lei ordinária – mas

DIREITO CONSTITUCIONAL

não o inverso. No caso em tela, a CRFB não exige lei complementar para tratar de fiscalização das entidades dedicadas à pesquisa e à manipulação de material genético. Mas, sendo produzida lei complementar (maior complexidade de aprovação) tratando do assunto, caso haja posterior lei ordinária regulamentando determinados pontos em sentido contrário, esta revogará aquela nestes pontos. Afinal, não pode o legislador criar dificuldade onde a Constituição assim não o fez. *Alternativa D.*

IV. PRINCÍPIOS CONSTITUCIONAIS

9. (XXXIV Exame) O perfil de proteção jurídica dos direitos fundamentais já passou e vem passando por momentos de avanços e involuções atrelados aos diferentes paradigmas constitucionais. Formam uma categoria aberta e dinâmica, que se encontra em constante mutação, em razão do Art. 5º, § 2º, da CRFB/88. Nessa perspectiva, em 2017, foi editada a Lei X que regulamentou diversos direitos sociais do rol constante do seu Art. 6º. Com isso, incorporou vários direitos sociais ao patrimônio jurídico do povo. No entanto, em 2019, foi aprovada a Lei Y, que revogou completamente a Lei X, desconstituindo pura e simplesmente o grau de concretização que o legislador democrático já havia dado ao Art. 6º da CRFB/88, sem apresentar nenhum outro instrumento protetivo no seu lugar.

Diante de tal situação e de acordo com o direito constitucional contemporâneo, a Lei Y deve ser considerada

(A) inconstitucional, pois a revogação total da Lei X, sem apresentação de lei regulamentadora alternativa, viola o princípio da "reserva do possível".

(B) inconstitucional, pois a revogação total da Lei X, sem apresentação de lei regulamentadora alternativa, viola o princípio da "proibição de retrocesso social".

(C) constitucional, pois predomina no direito brasileiro o princípio da "reserva do possível", cuja interpretação garante a onipotência do Poder Legislativo na concretização dos direitos sociais.

(D) constitucional, pois predomina no direito brasileiro o princípio da "proibição do retrocesso social", de modo que os direitos sociais não têm imperatividade, podendo ser livremente regulamentados.

RESPOSTA Proveniente do direito alemão, nascido na década de 1970, e hoje muito bem estudado por J. J. Canotilho, o princípio da proibição do retrocesso social está diretamente ligado ao princípio da dignidade da pessoa humana, esculpido no art. 1º, III, da nossa CRFB. Basicamente, o conceito desse princípio se

resume à proibição constitucional de o legislador ordinário eliminar, pura e simplesmente, normas legais e concretizadoras de direitos constitucionais já anteriormente consagrados, seja de que modo for. E, exatamente por ser um princípio constitucional implícito, cabe ao STF, por meio de suas decisões, defender e manter sua aplicação, principalmente, quando do julgamento de processos cuja matéria diga respeito a controle de constitucionalidade. *Alternativa B.*

10. (XXXI Exame) Preocupado com o grande número de ações judiciais referentes a possíveis omissões inconstitucionais sobre direitos sociais e, em especial, sobre o direito à saúde, o Procurador-Geral do Estado Beta (PGE) procurou traçar sua estratégia hermenêutica de defesa a partir de dois grandes argumentos jurídicos: em primeiro lugar, destacou que a efetividade dos direitos prestacionais de segunda dimensão, promovida pelo Poder Judiciário, deve levar em consideração a disponibilidade financeira estatal; um segundo argumento é o relativo à falta de legitimidade democrática de juízes e tribunais para fixar políticas públicas no lugar do legislador eleito pelo povo. Diante de tal situação, assinale a opção que apresenta os conceitos jurídicos que correspondem aos argumentos usados pelo PGE do Estado Beta.

(A) Dificuldade contraparlamentar e reserva do impossível.

(B) Reserva do possível fática e separação dos Poderes.

(C) Reserva do possível jurídica e reserva de jurisdição do Poder Judiciário.

(D) Reserva do possível fática e reserva de plenário.

RESPOSTA Em relação ao primeiro argumento, muito importante aqui estabelecermos as características da "reserva do possível" (*expressão que, nas decisões do STF, também pode ser encontrada como "reserva do financeiramente possível"*), pois não há um conceito certo e exato dessa expressão. Devemos, então, identificar alguns elementos na formação desse conceito, como, principalmente, a conjugação de efetivação dos direitos sociais, econômicos e culturais em conjunto com a atuação positiva e onerosa do Estado. Tal efetivação pode eventualmente sofrer "limitação material", pois está vinculada à capacidade econômico-financeira do ente estatal. Especificamente nesse sentido, a plena aplicabilidade dos direitos de segunda geração vai de encontro à realidade econômico-financeira do Estado, tornando inexigível a prestação imediata de determinados direitos fundamentais. Resumida e exemplificativamente, decisões que exigem a aplicação de direitos fundamentais dependem de disponibilidade financeira para o destinatário da decisão poder realizá-la. Em relação ao segundo argumento, é pacificamente entendido, tanto pela doutrina quanto pela jurisprudência, que a fixação de políticas públicas por membros do Poder Judiciário por meio de suas decisões, obrigando tanto membros do Poder Legislativo quanto do Executivo, afronta claramente o princípio fundamental da separação dos Poderes. *Alternativa B.*

11. (XX Exame – Reaplicação) Com a promulgação da Constituição de Weimar, em 1919, ocorreram transformações paradigmáticas no regime jurídico de proteção dos direitos fundamentais, o que alterou a concepção negativa do papel do Estado, que apenas consagrava as liberdades individuais e a igualdade formal perante a lei. Com o advento da referida ordem constitucional, o Estado deve agir, positivamente, para garantir as condições materiais de vida digna para todos e para a proteção dos hipossuficientes. Esse texto descreve o ambiente em que o Direito Constitucional Positivo

(A) estabeleceu os direitos individuais negativos de primeira dimensão.

(B) consagrou os direitos sociais prestacionais de segunda dimensão.

(C) definiu os direitos transindividuais de solidariedade de terceira dimensão.

(D) instituiu os direitos humanos metaconstitucionais de quarta dimensão.

RESPOSTA Os direitos sociais prestacionais de segunda geração tiveram seu efetivo estabelecimento, de acordo com a grande maioria da doutrina, as Constituições alemã de Weimar de 1919 e Mexicana de 1917. Após o crescimento e a queda dos direitos de primeira geração (direitos de liberdade), houve uma necessidade dos povos de estabelecer, por meio do estado, o equilíbrio entre as camadas sociais que o liberalismo econômico em excesso acabou gerando. Com isso, os estados, em suas novéis constituições do início do século XX, sentiram necessidade de estabelecer normas impositivas de garantia de direitos sociais, como o direito do trabalho, direito à gestante, direito ao salário mínimo, entre outros direitos sociais (direitos de segunda geração). *Alternativa B.*

V. DOS DIREITOS E GARANTIAS FUNDAMENTAIS

12. (41º Exame) Durante uma operação policial, conhecido traficante de substâncias entorpecentes de alta periculosidade, que operava no Município Alfa, foi preso em flagrante. Sua prisão, no entanto, por alegadas razões de segurança, não foi comunicada a ninguém, acrescendo-se que o local onde se encontra detido é desconhecido. A família do preso procura você, na qualidade de advogado(a), para saber se ocorreu a violação de algum direito fundamental do preso.

Com base na situação descrita e no sistema jurídico-constitucional brasileiro, assinale a afirmativa correta.

(A) Não houve desrespeito a qualquer direito fundamental do preso, visto que a ordem constitucional estatui que, para os casos de prisão em flagrante, os agentes policiais têm até 72 horas para comunicar à família a prisão.

(B) A prisão e o local onde o preso se encontra detido deveriam ter sido comunicados imediatamente à família ou a outra pessoa por ele indicada, bem como ao juiz competente para apreciar a legalidade da prisão.

(C) Por se tratar de criminoso de alta periculosidade, ele deixa de ser considerado, pela ordem constitucional, titular de direitos fundamentais, de modo que há mera liberalidade estatal em comunicar a sua prisão em flagrante.

(D) A falta de comunicação da prisão e do local em que o preso se encontra são justificáveis, o que decorre da necessidade de se preservar a segurança da sociedade, considerando a periculosidade do agente.

RESPOSTA Houve patente inconstitucionalidade na efetivação da prisão do traficante, pois o art. 5º, inciso LXII, da Constituição Federal determina expressamente que a prisão de qualquer pessoa e o local onde se encontre serão comunicados imediatamente ao juiz competente e à família do preso ou à pessoa por ele indicada. Assim sendo, a prisão ilegal será imediatamente relaxada pela autoridade judiciária (inciso LXV do mesmo art. 5º da CF). *Alternativa B.*

13. (41º Exame) Ao exercer o direito de petição, determinada pessoa jurídica estabelecida no território brasileiro precisou realizar o pagamento de taxa, para que o órgão administrativo competente analisasse a tese de que o agente público praticara uma ilegalidade em seu desfavor, o que lhe acarretou um ônus financeiro indevido. Tal pagamento foi cobrado com base no que dispõe a Lei Federal nº Y, recentemente publicada, que dispõe sobre essa exigência.

Diante de tal contexto, assinale a opção que se harmoniza com o sistema constitucional brasileiro.

(A) O referido pagamento é devido pela pessoa jurídica estabelecida no Brasil, na medida em que somente pessoas naturais, nacionais ou estrangeiras, podem exercer o direito de petição independentemente do pagamento de taxas.

DIREITO CONSTITUCIONAL

(B) Ao exigir o referido pagamento como requisito para a apreciação da ilegalidade noticiada, a Lei Federal nº Y é inconstitucional por afrontar o exercício do direito de petição.

(C) Por ser um remédio constitucional direcionado ao âmbito jurisdicional, o direito de petição, sem pagamento de taxas, não é operativo na via administrativa, logo, a Lei Federal nº Y é constitucional.

(D) A Lei Federal nº Y é válida, desde que, por meio de interpretação conforme a Constituição, seja entendido que o referido pagamento tem a sua exigibilidade restrita aos casos em que o direito de petição descreva abuso de poder.

RESPOSTA O direito de petição é uma garantia constitucional (art. 5º, XXXIV, da CF) gratuita (independentemente do pagamento de taxas) para qualquer cidadão que queira defender seus direitos contra ilegalidades ou apontar a autoridades públicas cometimentos de abusos de autoridade. Assim, a Lei Federal nº Y é flagrantemente inconstitucional. *Alternativa B.*

14. (39º Exame) Emenda à Constituição inseriu novo direito social na Constituição Federal de 1988. Da análise do dispositivo normativo extraiu-se que a fruição do direito ali previsto somente seria possível com sua devida disciplina legal. Passados sete anos sem que o Congresso Nacional tivesse elaborado a referida regulamentação, mesmo após decisões do Supremo Tribunal Federal que reconheciam a mora e determinavam prazo razoável para a edição da norma regulamentadora, Fernando, que entende fazer jus a tal direito, procurou você, como advogado(a), a fim de saber se há alguma providência judicial a ser tomada para que possa usufruir do direito constitucionalmente previsto. Sobre a hipótese, de acordo com o sistema jurídico-constitucional vigente, assinale a afirmativa que apresenta, corretamente, sua orientação.

A) A via judicial não é cabível, posto que, com base no princípio da separação de poderes, somente a produção de lei regulamentadora pelo Congresso Nacional viabilizará a fruição do referido direito social.

B) Fernando poderá ingressar com mandado de injunção perante o Superior Tribunal de Justiça, o qual, reconhecendo a existência de mora por parte do Congresso Nacional, poderá determinar que este Tribunal edite a lei regulamentadora imediatamente.

C) O mandado de injunção, a ser impetrado por Fernando perante o Supremo Tribunal Federal, pode ser utilizado para requerer que o Tribunal

estabeleça as condições em que se dará o exercício do referido direito social, de modo a permitir a sua fruição.

D) Fernando tem a possibilidade de ajuizar uma ação direta de inconstitucionalidade por omissão perante o Supremo Tribunal Federal, requerendo que o Tribunal promova sua implementação imediata para todos que façam jus ao direito social.

RESPOSTA Como a inserção de novo direito constitucional não havia sido regulamentado até o momento em que o procurou, seu cliente (Fernando) somente poderá usufruí-lo caso haja decisão judicial nesse sentido, estabelecendo normas para tanto (art. 5º, LXXI, da CF). Vale ressaltar que, por se tratar de direito constitucional, somente o Supremo Tribunal Federal é o órgão competente para receber e processar esse tipo de ação judicial. *Alternativa C.*

15. (37º Exame) Carlos, praticante de religião politeísta, é internado em hospital de orientação cristã e solicita assistência espiritual a ser conduzida por um líder religioso de sua crença. Os parentes de Carlos, mesmo cientes de que a assistência solicitada se resumiria a uma discreta conversa, estão temerosos de que a presença do referido líder coloque em risco a permanência de Carlos no hospital, em virtude de representar uma vertente religiosa não aderente à fé adotada pela instituição hospitalar. Os parentes de Carlos o procuram, como advogado(a), para conhecer os procedimentos adequados à situação narrada. Você os informou que, segundo o sistema jurídico-constitucional brasileiro, o hospital

(A) pode negar a autorização para a assistência espiritual em religião diversa daquela preconizada pela instituição, embora não fosse o caso de Carlos perder a vaga.

(B) não pode negar o apoio espiritual solicitado, mesmo que a assistência seja prestada em bases religiosas diversas daquela oficialmente preconizada pelo hospital.

(C) somente está obrigado a autorizar a assistência religiosa caso já tivesse permitido que sacerdote de outra religião exercesse atividades religiosas em suas instalações.

(D) tem, como instituição privada, total autonomia para estabelecer regras para situações como esta, podendo permitir ou negar o pedido, de acordo com seu regulamento interno.

RESPOSTA O hospital jamais pode obstacularizar a possibilidade de assistência religiosa aos seus pacientes. A Constituição Federal protege expressamente a prestação de assistência religiosa nas entidades civis e militares de internação coletiva (artigo 5º, inciso VII). *Alternativa B.*

16. (37º Exame) O poder constituinte derivado reformador promulgou emenda à Constituição, inserindo um novo direito fundamental na CRFB/88. No caso, trata-se de norma de eficácia limitada, necessitando, portanto, de lei regulamentadora a ser produzida pelo Congresso Nacional. Em razão da total inércia do Poder Legislativo, tendo decorrido quatro anos desde a referida emenda, uma associação de classe legalmente constituída e em funcionamento há mais de 10 anos, cujo estatuto prevê a possibilidade de atuar judicial e extrajudicialmente no interesse de seus associados, que não estariam sendo contemplados em razão da referida inércia, procura você, como advogado(a). Com base no sistema jurídico-constitucional brasileiro, você, como advogado(a), informa, corretamente, que a fruição dos direitos pelos associados

(A) somente poderá ser alcançada com a impetração de Mandado de Injunção por iniciativa individual de cada um dos associados, em seus próprios nomes, junto ao Supremo Tribunal Federal.

(B) poderá ser alcançada com a impetração de Mandado de Injunção Coletivo pela referida Associação, em seu próprio nome, junto ao Supremo Tribunal Federal.

(C) somente será alcançada após o Congresso Nacional produzir a lei regulamentadora referente à norma constitucional de eficácia limitada.

(D) será possível com o ajuizamento de uma Ação Civil Pública, que tenha como pedido a exigência de que o Congresso Nacional produza, imediatamente, a lei regulamentadora.

RESPOSTA Sempre que a falta de norma regulamentadora torne inviável o exercício dos direitos e liberdades constitucionais e das prerrogativas inerentes à nacionalidade, à soberania e à cidadania, essa lacuna poderá ser preenchida com a impetração de um mandado de injunção (art. 5º, LXXI, da CRFB). E, ainda, como a associação está legalmente constituída e em funcionamento há mais de dez anos, além de prever a possibilidade de atuar judicial e extrajudicialmente no interesse de seus associados, acresce-se a possibilidade de o mandado de injunção ser coletivo, beneficiando a todos. *Alternativa B.*

17. (36º Exame) Martinez, cidadão espanhol, foi convidado por XYZ, universidade privada de Direito, situada no Brasil, para ministrar a disciplina Direito Constitucional. Para tanto, ele estabeleceu residência em solo brasileiro. Após 2 (dois) anos lecionando na referida instituição de ensino, apesar de possuir qualificação adequada para o exercício do magistério, Martinez é surpreendido em suas redes sociais com graves alegações de exercício ilegal da profissão. Sobre a questão em comento, com base no texto constitucional, assinale a afirmativa correta.

(A) Martinez, na condição de estrangeiro residente no Brasil, goza de todos os direitos fundamentais e políticos assegurados pela Constituição de 1988 aos brasileiros natos e naturalizados, podendo, em consequência, lecionar na universidade de Direito XYZ.

(B) Apesar de restringir o exercício de determinados direitos por parte dos estrangeiros, a Constituição de 1988 assegura a Martinez o livre exercício de sua profissão, desde que preencha os requisitos legais exigidos.

(C) A Constituição de 1988, ainda que assegure a autonomia didático-científica das universidades, exige prévia naturalização do estrangeiro Martinez para que possa atuar no ensino superior de ensino.

(D) A ordem constitucional permite que Martinez, na condição de estrangeiro residente no Brasil, desempenhe livremente sua profissão, mas condiciona tal direito à prova de residência em solo brasileiro por, no mínimo, 4 (quatro) anos.

RESPOSTA Em relação ao livre exercício de qualquer trabalho, a Constituição Federal não distingue brasileiros natos, naturalizados ou estrangeiros (art. 5º, XIII, da CRFB). No entanto, o que a norma constitucional exige de todos é o atendimento às qualificações que a lei de seu trabalho, de seu cargo ou de sua função estabelecerem. *Alternativa B.*

18. (36º Exame) Antônio foi condenado em definitivo pela prática de diversos crimes em concurso material. Além da privação da liberdade, também foi condenado, cumulativamente, à pena de multa e à obrigação de ressarcir os danos causados às vítimas das práticas criminosas. Em caso de falecimento de Antônio, com base no texto constitucional, é correto afirmar que,

(A) à exceção das penas privativas de liberdade, todas as demais podem ser estendidas aos sucessores de Antônio até o limite do valor do patrimônio transferido.

(B) pelo princípio da intransmissibilidade da pena, nenhuma das obrigações ou penas decorrentes da prática criminosa pode ser transferida aos sucessores de Antônio.

(C) apenas a pena de multa e obrigações de cunho patrimonial podem ser estendidas aos sucesso-

DIREITO CONSTITUCIONAL

res de Antônio até o limite do valor do patrimônio transferido.

(D) a obrigação de reparar os danos causados às vítimas pode ser estendida aos sucessores de Antônio e contra eles executada até o limite do valor do patrimônio transferido.

RESPOSTA Nessa questão, temos a aplicação do "princípio da intranscendência da pena", prevista no art. 5º, XLV, da CRFB, que afirma que nenhuma pena passará da pessoa do condenado, podendo a obrigação de reparar o dano e a decretação do perdimento de bens ser, nos termos da lei, estendidas aos sucessores e contra eles executadas, até o limite do valor do patrimônio transferido. *Alternativa D.*

19. (36º Exame) Um órgão público, detentor de banco de dados com informações passíveis de serem transmitidas a terceiros, possuía informações inexatas a respeito de João. Em razão disso, ele dirige petição ao referido órgão solicitando que providenciasse a devida retificação. A petição seguiu acompanhada dos documentos que informavam os dados corretos sobre a pessoa de João. Como o órgão público indeferiu tanto o pedido inicial quanto o recurso administrativo interposto, João contratou você, como advogado(a), para ajuizar a medida judicial cabível. Agindo em conformidade com o sistema jurídico-constitucional brasileiro, você

(A) ajuizou um *habeas data*, esclarecendo que o Mandado de Segurança, por ser um remédio de caráter residual, não seria o instrumento adequado para aquela situação específica, em que se almejava retificar informações pessoais.

(B) ajuizou uma Ação Ordinária, informando a João ser esta a única solução processual passível de atingir os objetivos pretendidos, já que a comprovação do direito líquido e certo pressupõe a dilação probatória.

(C) impetrou Mandado de Segurança, tendo o cuidado de observar que a impetração se desse dentro do prazo decadencial de 120 dias do conhecimento, por João, do improvimento do recurso.

(D) informou a João que a situação em tela é uma exceção à possibilidade de resolução no âmbito da esfera judicial, sendo que sua solução obrigatoriamente se esgota na esfera administrativa.

RESPOSTA Em verdade, como o órgão público é detentor de banco de dados pessoais e possuidor de informações inexatas a respeito de um cidadão, o remédio constitucional correto e adequado para retificar tais dados é o *habeas data*, e não o mandado de segurança. Essa ação judicial tanto vale para correção de

dados quanto para assegurar o conhecimento de informações relativas à pessoa do impetrante, constantes de registros ou bancos de dados de entidades governamentais ou de caráter público (artigo 5º, inciso LXXII, da CF). *Alternativa A.*

20. (36º Exame) Roberto, cidadão brasileiro, toma conhecimento que um órgão público federal está contratando uma conhecida empreiteira do Estado Delta para a realização de obras sem promover o regular procedimento licitatório. A fim de proteger o interesse público, busca obter maiores informações junto aos setores competentes do próprio órgão. Sem sucesso, passa a considerar a hipótese de ajuizar uma Ação Popular, a fim de anular os atos de contratação, bem como buscar o ressarcimento dos cofres públicos por eventuais danos patrimoniais. Antes de fazê-lo, no entanto, quer saber as consequências referentes ao pagamento de custas judiciais e do ônus de sucumbência, caso não obtenha sucesso na causa. Você, como advogado(a), então, explica-lhe que, segundo o sistema jurídico-constitucional brasileiro, caso não obtenha sucesso na causa,

(A) não terá que arcar com as custas judiciais e com o ônus de sucumbência, posto que o interesse que o move na causa é revestido de inequívoca boa-fé, em defesa do interesse público.

(B) somente terá que arcar com as custas judiciais, mas não com os ônus sucumbenciais, posto se tratar de um processo de natureza constitucional que visa a salvaguardar o interesse social.

(C) terá que arcar com as custas judiciais e com o ônus de sucumbência, como ocorre ordinariamente no âmbito do sistema processual brasileiro.

(D) não terá que arcar com qualquer custo, considerando que a Constituição Federal de 1988 concede aos brasileiros isenção de custas em todos os chamados remédios constitucionais.

RESPOSTA A ação popular é prevista na Constituição Federal – artigo 5º, inciso LXXIII – e seu principal objetivo é a anulação, por qualquer cidadão, a ato lesivo ao patrimônio público ou de entidade de que o Estado participe, à moralidade administrativa, ao meio ambiente e ao patrimônio histórico e cultural. Vale ressaltar que essa ação é, para quem propõe, isenta de custas judiciais e do ônus de sucumbência, salvo se comprovado nos autos sua má-fé. *Alternativa A.*

21. (35º Exame) O Juízo da 10ª Vara Criminal do Estado Alfa, com base nos elementos probatórios dos autos, defere medida de busca e apreensão a ser realizada na residência de João. Devido à intensa movimentação de pessoas durante o período diurno, bem como para evitar a destruição deliberada de provas, o delegado de polícia determina que as diligências necessárias ao cumprimento da ordem sejam realizadas à noite, quando João estaria dormindo, aumentando as chances de sucesso da incursão. Sobre o caso hipotético narrado, com base no texto constitucional, assinale a afirmativa correta.

(A) A inviolabilidade de domicílio, embora possa ser relativizada em casos pontuais, não autoriza que as diligências necessárias ao cumprimento do mandado de busca e apreensão na residência de João sejam efetivadas durante o período noturno.

(B) A incursão policial na residência de João se justificaria apenas em caso de flagrante delito, mas, inexistindo a situação de flagrância, mandado de busca e apreensão expedido pelo Juízo da 10ª Vara Criminal do Estado Alfa é nulo.

(C) O cumprimento da medida de busca e apreensão durante o período noturno é justificado pelas razões invocadas pelo Delegado, de modo que a inviolabilidade de domicílio cede espaço à efetividade e à imperatividade dos atos estatais.

(D) A inviolabilidade de domicílio não é uma garantia absoluta e, estando a ordem expedida pelo Juízo da 10ª Vara Criminal devidamente fundamentada, o seu cumprimento pode ser realizado a qualquer hora do dia ou da noite.

RESPOSTA Em nenhum momento da questão foi colocado que o mandado de busca e apreensão expedido pela autoridade judicial permite noturnas diligências para realização de seu cumprimento. Portanto, esta decisão foi tomada exclusivamente pelo delegado e o mandado não é nulo. Ainda, sabe-se que a CRFB afirma peremptoriamente que ninguém pode ingressar em residência alheia sem consentimento do morador, salvo em caso de flagrante delito ou desastre, ou para prestar socorro, ou, durante o dia, por determinação judicial (art. 5º, XI, da CRFB). Portanto, a citada garantia constitucional, a preservar a inviolabilidade do domicílio durante o período noturno, alcança também ordem judicial (Recurso Extraordinário 460.880, rel. Min. Marco Aurélio, j. 25-9-2007, 1ª T., DJE de 29-2-2008). *Alternativa A.*

22. (XXXIII Exame) O parlamentar José, em apresentação na Câmara dos Deputados, afirmou que os direitos à informação e à liberdade jornalística possuem normatividade absoluta e, por esta razão, não podem ceder quando em colisão com os direitos à privacidade e à intimidade, já que estes últimos apenas tutelam interesses meramente individuais. Preocupado com o que reputou *"um discurso radical"*, o deputado Pedro recorreu a um advogado constitucionalista, a fim de que este lhe esclarecesse sobre quais direitos devem prevalecer quando os direitos à intimidade e à privacidade colidem com os direitos à liberdade jornalística e à informação.

O advogado afirmou que, segundo o sistema jurídico-constitucional brasileiro, o parlamentar José

(A) está correto, pois, em razão do patamar atingido pelo Estado Democrático de Direito contemporâneo, os direitos à liberdade jornalística e à informação possuem valor absoluto em confronto com qualquer outro direito fundamental.

(B) está equivocado, pois os tribunais entendem que os direitos à intimidade e à privacidade têm prevalência apriorística sobre os direitos à liberdade jornalística e à informação.

(C) está equivocado, pois, tratando-se de uma colisão entre direitos fundamentais, se deve buscar a conciliação entre eles, aplicando-se cada um em extensão variável, conforme a relevância que apresentem no caso concreto específico.

(D) está correto, pois a questão envolve tão somente um conflito aparente de normas, que poderá ser adequadamente solucionado se corretamente utilizados os critérios da hierarquia, da temporalidade e da especialidade.

RESPOSTA Entende-se existir uma colisão de direitos fundamentais no momento em que o exercício de um direito fundamental por parte do seu titular colide *(e parece conflitar)* com o exercício do direito fundamental por parte de outro titular. Quando esse momento ocorrer, dá-se preferência à utilização do método de *ponderação entre princípios constitucionais*, com intuito de harmonizá-los quando de sua aplicação no caso concreto. Nesse caso, não é possível aplicar nem o critério cronológico, nem o hierárquico, nem a especialidade para resolver uma antinomia de valores. Na aplicação desta técnica da ponderação, o jurista deverá, primeiramente, tentar conciliar ou harmonizar os interesses em jogo, pelo princípio da concordância prática. Aí então, caso não seja possível a conciliação, é que aplicará a ponderação propriamente dita - ou seja, a prevalência de um direito fundamental sobre o outro, no caso concreto. *Alternativa C.*

23. (XXXIII Exame) João, considerado suspeito de ter comercializado drogas ilícitas em festa realizada há duas semanas em badalada praia do Município Delta, após investigação policial, teve localizado seu endereço. Os policiais, sem perda de tempo, resolvem se dirigir para o referido endereço, e lá chegando, às 22h, mesmo sem permissão, entram na casa de João e realizam uma busca por provas e evidências.

DIREITO CONSTITUCIONAL

Segundo o sistema jurídico-constitucional brasileiro, a ação policial

(A) respeitou o direito à inviolabilidade domiciliar, já que a Constituição da República dispensa a necessidade de mandado judicial em situações nas quais esteja em questão a possibilidade de obtenção de provas para investigação criminal em curso.

(B) desrespeitou o direito à inviolabilidade domiciliar, já que, como a Constituição da República não prevê explicitamente qualquer exceção a este direito, o ingresso na casa alheia, contra a vontade do morador, sempre exige ordem judicial.

(C) respeitou o direito à inviolabilidade domiciliar, já que o sistema jurídico brasileiro considera que a plena fruição desse direito somente pode ser relativizada em situações nas quais o seu exercício venha a conceder proteção a alguma ação criminosa.

(D) desrespeitou o direito à inviolabilidade domiciliar, já que, embora esse direito não seja absoluto e possua restrições expressas no próprio texto constitucional, a atuação dos agentes estatais não se deu no âmbito destas exceções.

RESPOSTA O art. 302 do Código de Processo Penal dispõe que se considera em flagrante delito quem está cometendo, naquele instante, a infração penal; ou acaba de cometê-la; ou é perseguido, logo após, pela autoridade, pelo ofendido ou por qualquer pessoa, em situação que faça presumir ser autor da infração; ou é encontrado, logo depois, com instrumentos, armas, objetos ou papéis que façam presumir ser ele autor da infração, ou seja, no caso da questão, João não está em situação legal de flagrante delito. E, portanto, assim sendo, os policiais não poderiam ingressar na casa de João, pois inexistentes as hipóteses constitucionais que os autorizariam a lá ingressar sem permissão de seu proprietário, quais sejam: flagrante delito ou desastre, ou para prestar socorro, ou, durante o dia, por determinação judicial (art. 5º, XI, da CRFB). *Alternativa D.*

24. (XXXIII Exame) A União, com o objetivo de recrudescer o combate aos crimes contra o patrimônio, insere, por meio da Lei Ordinária Federal X, um novo artigo no Título II da Parte Especial do Código Penal, dispondo que *"as penas de prestação de serviços à comunidade, se não forem cumpridas em até 10 (dez) dias após o trânsito em julgado da condenação, comunicam-se, desde que maiores de 18 (dezoito) e menores de 60 (sessenta) anos, aos parentes em linha reta dos condenados."* Sobre a hipotética situação narrada, com base no ordenamento constitucional vigente, assinale a afirmativa correta.

(A) A Lei X é formal e materialmente constitucional, pois compete à União legislar privativamente sobre direito penal e processual.

(B) A Lei X é inconstitucional, porque, apesar de a edição de normas com conteúdo penal estar inserida no rol de competências privativas da União, normas que impliquem em situação mais gravosa aos apenados demandam lei complementar.

(C) A Lei X é formal e materialmente constitucional, pois o princípio da intransmissibilidade da pena, inserido no rol de direitos e garantias fundamentais, restringe-se às sanções que impliquem em privação ou restrição à liberdade.

(D) A Lei X é materialmente inconstitucional, pois as penas de prestação de serviços não podem transcender a pessoa do condenado, sob pena de ofensa ao princípio da pessoalidade ou intransmissibilidade da pena.

RESPOSTA A citada lei fere frontalmente direito fundamental insculpido no inciso XLV do artigo 5º da CRFB, que determina explicitamente que nenhuma pena passará da pessoa do condenado, com exceção da obrigação de reparar o dano e a decretação do perdimento de bens, que podem ser, nos termos da lei, estendidas aos sucessores e contra eles executadas, mas apenas até o limite do valor do patrimônio transferido. *Alternativa D.*

25. (XXXII Exame) Ante a ausência de norma regulamentadora de direito social na Constituição da República, cuja edição é de competência da União, ao que se soma a constatação de que a mora legislativa já fora reconhecida em diversas decisões do tribunal competente, o sindicato dos Radiologistas do Estado Alfa, organização sindical regularmente constituída e em funcionamento há mais de 1 (um) ano, ingressa com Mandado de Injunção Coletivo perante o Supremo Tribunal Federal, pugnando pelo estabelecimento das condições necessárias à fruição do referido direito, de interesse de todos os servidores públicos lotados no Hospital de Diagnóstico por Imagem do respectivo ente, uma fundação pública estadual. A partir do caso apresentado, com base na Constituição vigente e na Lei n. 13.300/16, assinale a afirmativa correta.

(A) A petição inicial do Mandado de Injunção Coletivo deverá ser indeferida desde logo, eis que manifestamente incabível, pois o autor não tem legitimidade ativa para a sua propositura.

(B) Ainda que reconhecido o estado de mora legislativa, o Supremo Tribunal Federal não pode estabelecer as condições para o exercício de um direito social.

(C) O Mandado de Injunção Coletivo deveria ter sido proposto perante o Tribunal de Justiça do Estado Alfa, pois a decisão abrangerá apenas os servidores da fundação pública estadual do respectivo ente.

(D) Com o trânsito em julgado da decisão do Supremo Tribunal Federal, julgando procedente o pedido formulado, seus efeitos podem ser estendidos a casos análogos por decisão monocrática do relator.

RESPOSTA No caso em tela, todos os requisitos formais, tanto de legitimidade quanto temporal e do próprio objeto da referida ação, foram atendidos em relação à Constituição Federal e em relação aos preceitos da Lei Federal n. 13.300/2016. Além disso, pontua a citada lei que a decisão final dos processos de mandado de injunção, seja individual ou coletivo, terão, *a priori*, eficácia subjetiva limitada às partes e produzirão efeitos até o advento da norma regulamentadora, podendo ser conferida eficácia ultra partes ou erga omnes à decisão, quando isso for inerente ou indispensável ao exercício do direito, da liberdade ou da prerrogativa objeto da impetração. E, ainda, transitada em julgado a decisão, seus efeitos poderão ser estendidos aos casos análogos por decisão monocrática do relator. *Alternativa D.*

26. (XXXI Exame) Alfa, entidade de classe de abrangência regional, legalmente constituída e em funcionamento há mais de 1 ano, ingressa, perante o Supremo Tribunal Federal, com mandado de segurança coletivo para tutelar os interesses jurídicos de seus representados. Considerando a urgência do caso, Alfa não colheu autorização dos seus associados para a impetração da medida.

Com base na narrativa acima, assinale a afirmativa correta.

(A) Alfa não tem legitimidade para impetrar mandado de segurança coletivo, de modo que a defesa dos seus associados em juízo deve ser feita pelo Ministério Público ou, caso evidenciada situação de vulnerabilidade, pela Defensoria Pública.

(B) Alfa goza de ampla legitimidade para impetrar mandado de segurança coletivo, inclusive para tutelar direitos e interesses titularizados por pessoas estranhas à classe por ela representada.

(C) Alfa possui legitimidade para impetrar mandado de segurança coletivo em defesa dos interesses jurídicos dos seus associados, sendo, todavia, imprescindível a prévia autorização nominal e individualizada dos representados, em assembleia especialmente convocada para esse fim.

(D) Alfa possui legitimidade para impetrar mandado de segurança coletivo em defesa dos interesses jurídicos da totalidade ou mesmo de parte dos seus associados, independentemente de autorização.

RESPOSTA Aqui, trata-se de verificar se o candidato tem conhecimento de texto expresso de súmula do STF: "A impetração de mandado de segurança coletivo por entidade de classe em favor dos associados independe da autorização destes" (Súmula 629). *Alternativa D.*

27. (XXX Exame) Giuseppe, italiano, veio ainda criança para o Brasil, juntamente com seus pais. Desde então, nunca sofreu qualquer tipo de condenação penal, constituiu família, sendo pai de um casal de filhos nascidos no país, possui título de eleitor e nunca deixou de participar dos pleitos eleitorais. Embora tenha se naturalizado brasileiro na década de 1990, não se sente brasileiro. Nesse sentido, Giuseppe afirma que é muito grato ao Brasil, mas que, apesar do longo tempo aqui vivido, não partilha dos mesmos valores espirituais e culturais dos brasileiros. Giuseppe mora em Vitória/ES e descobriu o envolvimento do Ministro de Estado Alfa em fraude em uma licitação cujo resultado beneficiou, indevidamente, a empresa de propriedade de seus irmãos. Indignado com tal atitude, Giuseppe resolveu, em nome da intangibilidade do patrimônio público e do princípio da moralidade administrativa, propor ação popular contra o Ministro de Estado Alfa, ingressando no juízo de primeira instância da justiça comum, não no Supremo Tribunal Federal. Sobre o caso, com base no Direito Constitucional e na jurisprudência do Supremo Tribunal Federal, assinale a afirmativa correta.

(A) A ação não deve prosperar, uma vez que a competência para processá-la e julgá-la é do Supremo Tribunal Federal, e falta legitimidade ativa para o autor da ação, porque não possui a nacionalidade brasileira, não sendo, portanto, classificado como cidadão brasileiro.

(B) A ação deve prosperar, porque a competência para julgar a ação popular em tela é do juiz de primeira instância da justiça comum, e o autor da ação tem legitimidade ativa porque é cidadão no pleno gozo de seus direitos políticos, muito embora não faça parte da nação brasileira.

(C) A ação não deve prosperar, uma vez que a competência para julgar a mencionada ação popular é do Supremo Tribunal Federal, muito embora não falte legitimidade *ad causam* para o autor da ação, que é cidadão brasileiro, detentor da nacionalidade brasileira e no pleno gozo dos seus direitos políticos.

(D) A ação deve prosperar, porque a competência para julgar a ação popular em tela tanto pode

DIREITO CONSTITUCIONAL

ser do juiz de primeira instância da justiça comum quanto do Supremo Tribunal Federal, e não falta legitimidade *ad causam* para o autor da ação, já que integra o povo brasileiro.

RESPOSTA De acordo com o art. 5º da Lei n. 4.717/65, a competência para julgamento da ação popular é, via de regra, do juízo de primeiro grau. Evidentemente, dependendo da origem do ato (se federal ou estadual), a competência deverá ser direcionada para uma ou outra vara competente. Além disso, o autor da ação tem legitimidade ativa porque é cidadão no pleno gozo de seus direitos políticos e, portanto, atende ao requisito exigido pela citada lei: "A prova da cidadania, para ingresso em juízo, será feita com o título eleitoral ou com documento que a ele corresponda" (art. 1º, § 3º, da Lei n. 4.717/65). *Alternativa B.*

28.
(XXX Exame) O Supremo Tribunal Federal reconheceu a periculosidade inerente ao ofício desempenhado pelos agentes penitenciários, por tratar-se de atividade de risco. Contudo, ante a ausência de norma que regulamente a concessão da aposentadoria especial no Estado Alfa, os agentes penitenciários dessa unidade federativa encontram-se privados da concessão do referido direito constitucional.

Diante disso, assinale a opção que apresenta a medida judicial adequada a ser adotada pelo Sindicato dos Agentes Penitenciários do Estado Alfa, organização sindical legalmente constituída e em funcionamento há mais de 1 (um) ano, em defesa da respectiva categoria profissional.

(A) Ele pode ingressar com mandado de injunção coletivo para sanar a falta da norma regulamentadora, dispensada autorização especial dos seus membros.

(B) Ele não possui legitimidade ativa para ingressar com mandado de injunção coletivo, mas pode pleitear aplicação do direito constitucional via ação civil pública.

(C) Ele tem legitimidade para ingressar com mandado de injunção coletivo, cuja decisão pode vir a ter eficácia ultra partes, desde que apresente autorização especial dos seus membros.

(D) Ele pode ingressar com mandado de injunção coletivo, mas, uma vez reconhecida a mora legislativa, a decisão não pode estabelecer as condições em que se dará o exercício do direito à aposentadoria especial, sob pena de ofensa à separação dos Poderes.

RESPOSTA O mandado de injunção é um dos remédios constitucionais previstos na Carta Magna (art. 5º, LXXI, da CRFB). Ele poderá ser interposto quando a falta de norma regulamentadora torne inviável o exercício dos direitos e liberdades constitucionais e das prerrogativas inerentes à nacionalidade, à soberania e à cidadania – como é o caso em tela. Vale ressaltar que a ação civil pública não se presta a resolver o problema proposto, tendo em vista servir apenas para corrigir lesão a interesse difuso ou coletivo, infração à ordem econômica ou urbanística, à honra e à dignidade de grupos raciais, étnicos ou religiosos e ao patrimônio público e social (Lei n. 7.347/85). *Alternativa A.*

29.
(XXIX Exame) O diretor da unidade prisional de segurança máxima ABC expede uma portaria vedando, no âmbito da referida entidade de internação coletiva, quaisquer práticas de cunho religioso direcionadas aos presos, apresentando, como motivo para tal ato, a necessidade de a Administração Pública ser laica. A partir da situação hipotética narrada, assinale a afirmativa correta.

(A) A motivação do ato administrativo encontra-se equivocada, uma vez que o preâmbulo da Constituição da República de 1988 faz expressa menção à "proteção de Deus", também assegurando aos entes federados ampla liberdade para estabelecer e subvencionar os cultos religiosos e igrejas.

(B) O ato expedido pelo diretor encontra plena correspondência com a ordem constitucional brasileira, a qual veda, aos entes federados, estabelecer cultos religiosos ou igrejas, subvencioná-los ou firmar qualquer espécie de colaboração de interesse público.

(C) A Constituição da República de 1988 dispõe que, nos termos da lei, é assegurada assistência religiosa nas entidades civis e militares de internação coletiva, de modo que a portaria expedida pelo diretor viola um direito fundamental dos internos.

(D) Inexiste incompatibilidade entre a portaria e a Constituição da República de 1988, uma vez que a liberdade religiosa apenas se apresenta no ensino confessional, ministrado, em caráter facultativo, nos estabelecimentos públicos e privados de ensino, não sendo tal direito extensível aos presos.

RESPOSTA Realmente, conforme a CRFB, é assegurada assistência religiosa nas entidades civis e militares de internação coletiva, nos termos da lei (art. 5º, VII, da CRFB). Ainda, o Estado brasileiro que é laico, e não as pessoas que vivem nele. O Estado, sendo laico, não pode obrigar sua população a seguir nenhuma religião, mas a liberdade religiosa também é igualmente protegida. Tal portaria é evidentemente inconstitucional. *Alternativa C.*

30. **(XXIX Exame)** Durval, cidadão brasileiro e engenheiro civil, desempenha trabalho voluntário na ONG Transparência, cujo principal objetivo é apurar a conformidade das contas públicas e expor eventuais irregularidades, apresentando reclamações e denúncias aos órgãos e entidades competentes. Ocorre que, durante o ano de 2018, a Secretaria de Obras do Estado Alfa deixou de divulgar em sua página da Internet informações referentes aos repasses de recursos financeiros, bem como foram omitidos os registros das despesas realizadas. Por essa razão, Durval compareceu ao referido órgão e protocolizou pedido de acesso a tais informações, devidamente especificadas. Em resposta à solicitação, foi comunicado que os dados requeridos são de natureza sigilosa, somente podendo ser disponibilizados mediante requisição do Ministério Público ou do Tribunal de Contas. A partir do enunciado proposto, com base na legislação vigente, assinale a afirmativa correta.

(A) A decisão está em desacordo com a ordem jurídica, pois os órgãos e entidades públicas têm o dever legal de promover, mesmo sem requerimento, a divulgação, em local de fácil acesso, no âmbito de suas competências, de informações de interesse coletivo ou geral que produzam ou custodiem.

(B) Assiste razão ao órgão público no que concerne tão somente ao sigilo das informações relativas aos repasses de recursos financeiros, sendo imprescindível a requisição do Ministério Público ou do Tribunal de Contas para acessar tais dados.

(C) Assiste razão ao órgão público no que concerne tão somente ao sigilo das informações relativas aos registros das despesas realizadas, sendo imprescindível a requisição do Ministério Público ou do Tribunal de Contas para acessar tais dados.

(D) Assiste razão ao órgão público no que concerne ao sigilo das informações postuladas, pois tais dados apenas poderiam ser pessoalmente postulados por Durval caso estivesse devidamente assistido por advogado regularmente inscrito na Ordem dos Advogados do Brasil.

RESPOSTA A fundamentação correta para esta resposta fica no art. 5º, XXXIII, da CRFB, que diz que todos têm direito a receber dos órgãos públicos informações de seu interesse particular, ou de interesse coletivo ou geral, ressalvadas aquelas cujo sigilo seja imprescindível à segurança da sociedade e do Estado. No caso em tela, não há informações imprescindíveis à segurança do Estado, mas tão somente informações que interessam à população em geral, como onde e quanto do dinheiro público está sendo gasto. Portanto, ilegal a conduta do órgão público. *Alternativa A.*

31. **(XXIX Exame)** O Município X, visando à interligação de duas importantes zonas da cidade, após o regular procedimento licitatório, efetua a contratação de uma concessionária que ficaria responsável pela construção e administração da via. Ocorre que, em análise do projeto básico do empreendimento, constatou-se que a rodovia passaria em área de preservação ambiental e ensejaria graves danos ao ecossistema local. Com isso, antes mesmo de se iniciarem as obras, Arnaldo, cidadão brasileiro e vereador no exercício do mandato no Município X, constitui advogado e ingressa com Ação Popular postulando a anulação da concessão. Com base na legislação vigente, assinale a afirmativa correta.

(A) A Ação Popular proposta por Arnaldo não se revela adequada ao fim de impedir a obra potencialmente lesiva ao meio ambiente.

(B) A atuação de Arnaldo, na qualidade de cidadão, é subsidiária, sendo necessária a demonstração de inércia por parte do Ministério Público.

(C) A ação popular, ao lado dos demais instrumentos de tutela coletiva, é adequada à anulação de atos lesivos ao meio ambiente, mas Arnaldo não precisaria constituir advogado para ajuizá-la.

(D) Caso Arnaldo desista da Ação Popular, o Ministério Público ou qualquer cidadão que esteja no gozo de seus direitos políticos poderá prosseguir com a demanda.

RESPOSTA Como parte legítima, qualquer cidadão pode propor ação popular que vise a anular ato lesivo ao meio ambiente, dentre outros direitos difusos e/ou coletivos (art. 5º, LXXIII, da CRFB). Na lei que regulamenta todo seu procedimento (Lei n. 4.717/65), é explícita a possibilidade de, se o autor desistir da ação, serão publicados editais nos prazos e condições previstos no art. 7º, II, da referida lei, ficando assegurado a qualquer cidadão, bem como ao representante do Ministério Público, dentro do prazo de 90 (noventa) dias da última publicação feita, promover o prosseguimento da ação. *Alternativa D.*

32. **(XXVIII Exame)** Alisson, cidadão brasileiro, ingressa com requerimento administrativo, perante a Secretaria Fazendária do Município Y, pleiteando a revisão do valor do Imposto sobre a Propriedade Predial e Territorial Urbana (IPTU), uma vez que não concorda com os cálculos empregados pela autoridade fazendária. Alisson, decorridos 90 dias sem qualquer atualização no andamento do feito, retorna à repartição administrativa indagando o porquê da demora. Ele obtém como resposta que o trâmite do procedimento é sigiloso, mas que seria possível obter uma certidão com as informações

DIREITO CONSTITUCIONAL

postuladas mediante o pagamento de determinada quantia, a título de "taxa". Diante da situação hipotética apresentada, com base no texto constitucional, assinale a afirmativa correta.

(A) A atuação da Secretaria Fazendária revela-se inconstitucional, pois a obtenção de certidões em repartições públicas, contendo informações de interesse particular ou de interesse coletivo ou geral, é direito de todos, sem o pagamento de taxa, ressalvadas aquelas cujo sigilo seja imprescindível à segurança da sociedade e do Estado.

(B) Para a obtenção de certidão com informações de direito pessoal, como manifestação do direito de petição aos órgãos e poderes públicos, pode ser exigido o pagamento de taxas caso Alisson não demonstre ser hipossuficiente econômico.

(C) Embora inexista óbice à cobrança de taxas para cobrir as despesas com a emissão de certidões em repartições públicas, ainda que destinadas à defesa e ao esclarecimento de situações de interesse pessoal, Alisson poderá utilizar o *habeas data* para obter as informações relativas ao procedimento administrativo instaurado.

(D) Alisson não pode ter acesso ao feito, porque os procedimentos administrativos que versem sobre matéria tributária são de natureza sigilosa, somente podendo ser acessados, sem autorização judicial, por advogado regularmente constituído pelo contribuinte, bem como por órgãos da administração pública direta e indireta.

RESPOSTA O acesso a informações previsto no inciso XXXIII do art. 5º afirma expressamente que todos têm direito a receber dos órgãos públicos informações de seu interesse particular, ou de interesse coletivo ou geral, e que serão prestadas no prazo da lei, sob pena de responsabilidade. Esta lei já foi publicada e está em vigor: Lei n. 12.527/2011. Portanto, como essas informações são particulares e de interesse de Alisson – ou seja, não são sigilosas, ele tem direito de recebê-las sem pagamento de nenhuma taxa. *Alternativa A.*

33. (XXVIII Exame) Pablo, cidadão espanhol, decide passar férias no litoral do Nordeste brasileiro. Durante sua estadia, de modo acidental, corta-se gravemente com o facão que manuseava para abrir um coco verde, necessitando de imediato e urgente atendimento hospitalar. Ocorre que o hospital de emergência da localidade se recusa a atender Pablo, ao argumento de que, por ser estrangeiro, ele não faria jus aos serviços do Sistema Único de Saúde, devendo procurar um hospital particular. Com base na situação fictícia narrada, assinale a afirmativa correta.

(A) A Constituição da República, no *caput* do art. 5º, assegura a igualdade de todos os brasileiros natos e naturalizados perante a lei, sem distinções de qualquer natureza, de modo que Pablo, por ser estrangeiro, não faz jus ao direito social à saúde.

(B) A saúde, na qualidade de direito social, apenas pode ser prestada àqueles que contribuem para a manutenção da seguridade social; diante da impossibilidade de Pablo fazê-lo, por ser estrangeiro, não pode ser atendido pelos hospitais que integram o Sistema Único de Saúde.

(C) O Sistema Único de Saúde rege-se pelo princípio da universalidade da tutela à saúde, direito fundamental do ser humano; logo, ao ingressar no território brasileiro, Pablo, mesmo sendo cidadão espanhol, tem direito ao atendimento médico público e gratuito em caso de urgência.

(D) Pablo apenas pode ser atendido em hospital público que integre o Sistema Único de Saúde caso se comprometa a custear todas as despesas com seu tratamento, salvo comprovação de ser hipossuficiente econômico, circunstância excepcional na qual terá direito ao atendimento gratuito.

RESPOSTA Em que pese a infeliz redação do *caput* do art. 5º da CRFB ("Todos são iguais perante a lei, sem distinção de qualquer natureza, garantindo-se aos brasileiros e aos estrangeiros residentes no País a inviolabilidade do direito à vida, à liberdade, à igualdade, à segurança e à propriedade..."), já está mais do que sedimentado na doutrina e na jurisprudência do STF de que qualquer pessoa tem assegurados direitos fundamentais no Brasil: "o fato de o paciente ostentar a condição jurídica de estrangeiro e de não possuir domicílio no Brasil não lhe inibe, só por si, o acesso aos instrumentos processuais de tutela da liberdade nem lhe subtrai, por tais razões, o direito de ver respeitadas, pelo Poder Público, as prerrogativas de ordem jurídica e as garantias de índole constitucional que o ordenamento positivo brasileiro confere e assegura a qualquer pessoa que sofra persecução penal instaurada pelo Estado" (STF, HC 94016 MC/SP, rel. Min. Celso de Mello, j. 7/4/2008). *Alternativa C.*

34. (XXVII Exame) Os produtores rurais do Município X organizaram uma associação civil sem fins lucrativos para dinamizar a exploração de atividade econômica pelos associados, bem como para fins de representá-los nas demandas de caráter administrativo e judicial. Anderson, proprietário de uma fazenda na região, passa a receber, mensalmente, carnê contendo a cobrança de uma taxa associativa, embora nunca tivesse manifestado qualquer interesse em ingressar na referida entidade associativa. Em consulta junto aos órgãos municipais, Anderson descobre que a associação de produtores rurais, embora tenha sido criada na forma da lei, jamais obteve autorização estatal para funcionar. Diante disso, procura um escritório de advocacia especializado, para pleitear, judicialmente, a interrupção da cobrança e a suspensão das atividades associativas. Sobre a questão em comento, assinale a afirmativa correta.

(A) Anderson pode pleitear judicialmente a interrupção da cobrança, a qual revela-se indevida, pois ninguém pode ser compelido a associar-se ou a permanecer associado, ressaltando-se que a falta de autorização estatal não configura motivo idôneo para a suspensão das atividades da associação.

(B) As associações representativas de classes gozam de proteção absoluta na ordem constitucional, de modo que podem ser instituídas independentemente de autorização estatal e apenas terão suas atividades suspensas quando houver decisão judicial com trânsito em julgado.

(C) A Constituição de 1988 assegura a plena liberdade de associação para fins lícitos, vedando apenas aquelas de caráter paramilitar, de modo que Anderson não pode insurgir-se contra a cobrança, vez que desempenha atividade de produção e deve associar-se compulsoriamente.

(D) A liberdade associativa, tendo em vista sua natureza de direito fundamental, não pode ser objeto de qualquer intervenção do Poder Judiciário, de modo que Anderson apenas poderia pleitear administrativamente a interrupção da cobrança dos valores que entende indevidos.

RESPOSTA A criação de associações e de cooperativas realmente não dependem de autorização estatal, além de ser constitucionalmente proibida qualquer interferência estatal em seu funcionamento (art. 5º, XVII, da CRFB). No entanto, em suas relações civis, também a CRFB determina que ninguém poderá ser compelido a associar-se ou a permanecer associado (art. 5º, XX, da CRFB). Assim sendo, Anderson pode pleitear judicialmente a interrupção da cobrança. *Alternativa A.*

35. (XXVI Exame) Antônio, líder ativista que defende a proibição do uso de quaisquer drogas, cientifica as autoridades sobre a realização de manifestação contra projeto de lei sobre a liberação do uso de entorpecentes. Marina, líder ativista do movimento pela liberação do uso de toda e qualquer droga, ao tomar conhecimento de tal evento, resolve, então, sem solicitar autorização à autoridade competente, marcar, para o mesmo dia

e local, manifestação favorável ao citado projeto de lei, de forma a impedir a propagação das ideias defendidas por Antônio. Nesse sentido, segundo o sistema jurídico-constitucional brasileiro, assinale a afirmativa correta.

(A) Marina pode dar continuidade à sua iniciativa, pois, com fundamento no princípio do Estado Democrático, está amplamente livre para expressar suas ideias.

(B) Marina não poderia dar continuidade à sua iniciativa, pois o direito de reunião depende de prévia autorização por parte da autoridade competente.

(C) Marina não poderia dar continuidade à sua iniciativa, já que sua reunião frustraria a reunião de Antônio, anteriormente convocada para o mesmo local.

(D) Marina pode dar continuidade à sua iniciativa, pois é livre o direito de reunião quando o país não se encontra em estado de sítio ou em estado de defesa.

RESPOSTA É direito fundamental o direito de reunião, previsto no art. 5º, XVI, da CRFB. É garantido por esta norma que todos podem reunir-se pacificamente, sem armas, em locais abertos ao público, independentemente de autorização. Mas desde que não frustrem outra reunião anteriormente convocada para o mesmo local, sendo apenas exigido prévio aviso à autoridade competente. *Alternativa C.*

36. (XXIV Exame) Atos generalizados de violência e vandalismo foram praticados nas capitais de alguns estados do país, com ações orquestradas pelo crime organizado. Identificados e presos alguns dos líderes desses movimentos, numerosos políticos, com apoio popular, propuseram a criação, pela forma juridicamente correta, de um juízo especial para apreciação desses fatos, em caráter temporário, a fim de que o julgamento dos líderes presos se revele exemplar. Ao submeterem essa ideia a um advogado constitucionalista, este afirma que, segundo a ordem jurídico-constitucional brasileira, a criação de tal juízo

(A) é constitucional, pois o apoio popular tem o condão de legitimar a atuação do poder público, ainda que esta seja contrária ao ordenamento jurídico vigente.

(B) é inconstitucional, em razão de vedação expressa da Constituição da República de 1988 à criação de juízo ou tribunal de exceção.

(C) necessita de previsão legislativa ordinária, já que a criação de juízos é competência do Poder Legislativo, após iniciativa do Poder Judiciário.

DIREITO CONSTITUCIONAL

(D)   pressupõe a necessária alteração da Constituição da República de 1988, por via de emenda, de
maneira a suprimir a vedação ali existente.

RESPOSTA   A Constituição Federal proíbe expressamente os tribunais de exceção, conforme se verifica
pelo seu artigo 5º, XXXVII: "não haverá juízo ou tribunal de exceção;". Essencial é que o candidato tenha
claro o que é um tribunal de exceção. Trata-se de um
órgão julgador criado exclusivamente para decidir a
respeito de determinado fato ilícito. Em outras palavras: após ocorrido determinado fato ilícito, cria-se
um órgão específico tão somente para julgá-lo. Ocorre que este tipo de tribunal é antidemocrático e vai de
encontro a princípios basilares de um Estado de Direito como da anterioridade, imparcialidade e isonomia.
Afinal, toda a estrutura de órgãos julgadores de um
Estado Democrático de Direito deve necessariamente
existir antes da ocorrência dos fatos ilícitos sob sua
tutela. Assim, evita-se julgamentos direcionados a interesses particulares ou escusos. *Alternativa B.*

37.
(XXII Exame) A teoria dimensional dos direitos fundamentais examina os diferentes
regimes jurídicos de proteção desses direitos ao
longo do constitucionalismo democrático, desde as
primeiras Constituições liberais até os dias de hoje.
Nesse sentido, a teoria dimensional tem o mérito de
mostrar o perfil de evolução da proteção jurídica
dos direitos fundamentais ao longo dos diferentes
paradigmas do Estado de Direito, notadamente do
Estado Liberal de Direito e do Estado Democrático
Social de Direito. Essa perspectiva, calcada nas dimensões ou gerações de direitos, não apenas proje-
ta o caráter cumulativo da evolução protetiva, mas
também demonstra o contexto de unidade e indivisibilidade do catálogo de direitos fundamentais do
cidadão comum. A partir dos conceitos da teoria
dimensional dos direitos fundamentais, assinale a
afirmativa correta.

(A)   Os direitos estatais prestacionais, ligados ao Estado Liberal de Direito, nasceram atrelados ao
princípio da igualdade formal perante a lei, perfazendo a primeira dimensão de direitos.

(B)   A chamada reserva do possível fática, relacionada à escassez de recursos econômicos e financeiros do Estado, não tem nenhuma influência
na efetividade dos direitos fundamentais de segunda dimensão do Estado Democrático Social
de Direito.

(C)   O conceito de direitos coletivos de terceira dimensão se relaciona aos direitos transindividuais de natureza indivisível de que sejam titulares
pessoas indeterminadas e ligadas por circunstâncias de fato, como ocorre com o direito ao
meio ambiente.

(D)   Sob a égide da estatalidade mínima do Estado
Liberal, os direitos negativos de defesa dotados
de natureza absenteísta são corretamente classificados como direitos de primeira dimensão.

RESPOSTA   Os direitos estatais prestacionais não
estão ligados ao Estado Liberal de Direito, mas, sim,
nasceram atrelados ao princípio da igualdade formal
perante a lei, perfazendo a segunda dimensão de direitos. Continuando, a chamada reserva do possível
fática, relacionada à falta de recursos econômicos e
financeiros do Estado, tem influência direta na efetividade (ou não) dos direitos fundamentais de segunda
dimensão do Estado Democrático Social de Direito,
que são aqueles relacionados à prestatividade estatal
de direitos sociais. Já o conceito de direitos difusos (e
não coletivos) de terceira dimensão se relaciona aos
direitos transindividuais de natureza indivisível de que
sejam titulares pessoas indeterminadas e ligadas por
circunstâncias de fato, como ocorre com o direito ao
meio ambiente. *Alternativa D.*

38.
(XXII Exame) A Lei n. 13.300/2016, que
disciplina o processo e o julgamento dos
mandados de injunção individual e coletivo, surgiu
para combater o mal da síndrome da inefetividade
das normas constitucionais. Nesse sentido, o seu
Art. 8º, inciso II, inovou a ordem jurídica positivada
ao estabelecer que, reconhecido o estado de mora
legislativa, será deferida a injunção para estabelecer as condições em que se dará o exercício dos
direitos, das liberdades ou das prerrogativas recla-
mados, ou, se for o caso, as condições em que o
interessado poderá promover ação própria visando
a exercê-los, caso não seja suprida a mora legislativa no prazo determinado. Considerando o conteúdo normativo do art. 8º, inciso II, da Lei n. 13.300/16
e a teoria acerca da efetividade das normas constitucionais, assinale a afirmativa correta.

(A)   Foi adotada a posição neoconstitucionalista, na
qual cabe ao Poder Judiciário apenas declarar
formalmente a mora legislativa, atuando como
legislador negativo e garantindo a observância
do princípio da separação dos poderes, sem invadir a esfera discricionária do legislador democrático.

(B)   Foi consolidada a teoria concretista, em prol da
efetividade das normas constitucionais, estabelecendo as condições para o ativismo judicial,
revestindo-o de legitimidade democrática, sem
ferir a separação de Poderes e, ao mesmo tempo,
garantindo a força normativa da Constituição.

(C)   Foi promovida a posição não concretista dentro
do escopo de um Estado Democrático de Direito,
na qual cabe ao Poder Judiciário criar direito
para sanar omissão legiferante dos Poderes

constituídos, geradores da chamada "síndrome da inefetividade das normas constitucionais", em típico processo objetivo de controle de constitucionalidade.

(D) Foi retomada a posição positivista normativista, concedendo poderes normativos momentâneos aos juízes e tribunais, de modo a igualar os efeitos da ação direta de inconstitucionalidade por omissão (modalidade do controle abstrato) e do mandado de injunção (remédio constitucional).

RESPOSTA Desde a elaboração da Constituição de 1988, não havia sistemática legislativa do procedimento de elaboração e trâmite do mandado de injunção. Isso criava uma insegurança jurídica bastante prejudicial no âmbito do Poder Judiciário, pois deixava sem definição correta de como tal procedimento deveria tramitar. Com a edição e publicação da referida lei e, estabelecendo prazo para o órgão omisso se manifestar, sob pena de o autor da ação ter seu direito reconhecido caso a omissão permaneça, caracteriza-se claramente a ideia da teoria concretista, agora enraizada na Lei Federal n. 13.300/2016. *Alternativa B.*

VI. DIREITO À NACIONALIDADE

39. (35º Exame) Doralice, brasileira, funcionária de uma empresa italiana situada em Roma (Itália), conheceu Rocco, italiano, e com ele se casa. Em Milão, em 1998, nasceu Giuseppe, filho do casal, sendo registrado unicamente em repartição pública italiana. Porém, recentemente, Giuseppe, que sempre demonstrou grande afinidade com a cultura brasileira, externou a seus pais e amigos duas ambições: adquirir a nacionalidade brasileira e integrar os quadros do Itamarati, na condição de diplomata brasileiro. Ele procura, então, um escritório de advocacia no Brasil para conhecer as condições necessárias para atingir seus objetivos. De acordo com o sistema jurídico-constitucional brasileiro, Giuseppe

(A) poderá exercer qualquer cargo público no âmbito da República Federativa do Brasil, uma vez que, por ser filho de pessoa detentora da nacionalidade brasileira, já possui a condição de brasileiro nato.

(B) poderá atingir o seu objetivo de ser um diplomata brasileiro caso lhe seja reconhecida a condição de brasileiro nato, *status* que somente será alcançado se vier a residir no Brasil e optar pela nacionalidade brasileira.

(C) poderá adquirir a nacionalidade brasileira na condição de brasileiro naturalizado e, assim, seguir a carreira diplomática, pois a Constituição

veda qualquer distinção entre brasileiros natos e naturalizados.

(D) não poderá seguir a carreira diplomática pela República Federativa do Brasil, já que sua situação concreta apenas lhe oferece a possibilidade de adquirir a nacionalidade brasileira pela via da naturalização.

RESPOSTA Dentre as hipóteses de brasileiros natos (art. 12, I, *c*, da CRFB), há aqueles que são nascidos no estrangeiro de pai brasileiro ou de mãe brasileira, desde que sejam registrados em repartição brasileira competente ou venham a residir na República Federativa do Brasil e optem, em qualquer tempo, pela nacionalidade brasileira, depois de atingida a maioridade. Nesse caso, então, teria *status* de brasileiro nato. Esta seria a única maneira de Giuseppe seguir a carreira diplomática, pois tal cargo deve ser ocupado por brasileiro nato, necessariamente, conforme determina expressamente a Constituição Federal (art. 12, § 3º, V, da CRFB). *Alternativa B.*

40. (XXVI Exame) Afonso, nascido em Portugal e filho de pais portugueses, mudou-se para o Brasil ao completar 25 anos, com a intenção de advogar no estado da Bahia, local onde moram seus avós paternos. Após cumprir todos os requisitos exigidos e ser regularmente inscrito nos quadros da OAB local, Afonso permanece, por 13 (treze) anos ininterruptos, laborando e residindo em Salvador. Com base na hipótese narrada, sobre os direitos políticos e de nacionalidade de Afonso, assinale a afirmativa correta.

(A) Afonso somente poderá se tornar cidadão brasileiro quando completar 15 (quinze) anos ininterruptos de residência na República Federativa do Brasil, devendo, ainda, demonstrar que não sofreu qualquer condenação penal e requerer a nacionalidade brasileira.

(B) Uma vez comprovada sua idoneidade moral, Afonso poderá, na forma da lei, adquirir a qualidade de brasileiro naturalizado e, nessa condição, desde que preenchidos os demais pressupostos legais, candidatar-se ao cargo de prefeito da cidade de Salvador.

(C) Afonso poderá se naturalizar brasileiro caso demonstre ser moralmente idôneo, mas não poderá alistar-se como eleitor ou exercer quaisquer dos direitos políticos elencados na Constituição da República Federativa do Brasil.

(D) Afonso, por ser originário de país de língua portuguesa, adquirirá a qualidade de brasileiro nato ao demonstrar, na forma da lei, residência ininterrupta por 1 (um) ano em solo pátrio e idoneidade moral.

DIREITO CONSTITUCIONAL

RESPOSTA Conforme art. 12, II, *a*, da CRFB, podem se tornar brasileiros naturalizados todas as pessoas nascidas em países de língua portuguesa que mantenham residência no Brasil por um ano ininterrupto e comprovada idoneidade moral. Portanto, uma vez comprovada sua idoneidade moral, Afonso poderá, na forma da lei, adquirir a condição de brasileiro naturalizado. Também, se assim quiser, pode candidatar-se ao cargo de prefeito da cidade de Salvador, pois não há menção na CRFB de que para exercer tal cargo seja necessário ser brasileiro nato (art. 12, § 3º, da CRFB). *Alternativa B.*

41. (XXV Exame) Jean Oliver, nascido em Paris, na França, naturalizou-se brasileiro no ano de 2003. Entretanto, no ano de 2016, foi condenado, na França, por comprovado envolvimento com tráfico ilícito de drogas (cocaína), no território francês, entre os anos de 2010 e 2014. Antes da condenação, em 2015, Jean passou a residir no Brasil. A França, com quem o Brasil possui tratado de extradição, requer a imediata extradição de Jean, a fim de que cumpra, naquele país, a pena de oito anos à qual foi condenado. Apreensivo, Jean procura um advogado e o questiona acerca da possibilidade de o Brasil extraditá-lo. O advogado, então, responde que, segundo o sistema jurídico-constitucional brasileiro, a extradição:

(A) não é possível, já que, a Constituição Federal, por não fazer distinção entre o brasileiro nato e o brasileiro naturalizado, não pode autorizar tal procedimento.

(B) não é possível, pois o Brasil não extradita seus cidadãos nacionais naturalizados, por crime comum praticado após a oficialização do processo de naturalização.

(C) é possível, pois a Constituição Federal prevê a possibilidade de extradição em caso de comprovado envolvimento com tráfico ilícito de drogas, ainda que praticado após a naturalização.

(D) é possível, pois a Constituição Federal autoriza que o Brasil extradite qualquer brasileiro quando comprovado o seu envolvimento na prática de crime hediondo em outro país.

RESPOSTA Para que o aluno não mais esqueça, as possibilidades de extradição são: I) brasileiro nato: nunca; II) brasileiro naturalizado (art. 5º, LI, da CRFB): será extraditado em caso de crime comum – desde que praticado antes da naturalização – ou desde que comprovado envolvimento em tráfico ilícito de entorpecentes e drogas afins, seja antes ou depois da naturalização; III) estrangeiro: será extraditado sempre que seu país de origem assim requerer ao Brasil, desde que haja tratado de extradição entre o país e o Brasil,

e que o crime cometido não seja político ou de opinião. *Alternativa C.*

42. (XX Exame – Reaplicação) José, brasileiro de dezesseis anos de idade, possuidor de título de eleitor e no pleno gozo dos seus direitos políticos, identifica, com provas irrefutáveis, ato lesivo do Presidente da República que atenta contra a moralidade administrativa. Com base no fragmento acima, assinale a opção que se coaduna com o instituto jurídico da Ação Popular.

(A) José, desde que tenha assistência, é parte legítima para propor Ação Popular em face do Presidente da República perante o Supremo Tribunal Federal.

(B) José, ainda que sem assistência, é parte legítima para propor Ação Popular em face do Presidente da República perante o juiz natural de primeira instância.

(C) José, ainda que sem assistência, é parte legítima para propor Ação Popular em face do Presidente da República perante o Supremo Tribunal Federal.

(D) José não é parte legítima para propor Ação Popular em face do Presidente da República, porque ainda não é considerado cidadão.

RESPOSTA Vale aqui lembrar que a Constituição Federal não exige nada além do título de eleitor daquele que se propõe a elaborar uma ação popular, senão vejamos: "qualquer cidadão é parte legítima para propor ação popular que vise a anular ato lesivo ao patrimônio público ou de entidade de que o Estado participe, à moralidade administrativa, ao meio ambiente e ao patrimônio histórico e cultural, ficando o autor, salvo comprovada má-fé, isento de custas judiciais e do ônus da sucumbência" – art. 5º, LXXIII, da Constituição Federal. José não tem plena capacidade processual e deve ser assistido por pelo menos um dos pais, mas isso não o faz menos cidadão ou sem legitimidade para propor uma ação popular. *Alternativa B.*

VII. DOS DIREITOS POLÍTICOS, PARTIDOS POLÍTICOS E SISTEMA ELEITORAL

43. (39º Exame) Bento de Souza, governador do Estado Alfa, reconhecido como grande gestor público, foi indicado para assumir a presidência da Petrobras pelo Presidente da República. Honrado com o convite e inclinado a aceitá-lo, busca orientação com seu advogado(a) a respeito da possibilidade de cumular os dois cargos. Com base no ordenamento jurídico-constitucional brasileiro, assinale a opção que indica a orientação dada pelo(a) advogado(a).

(A) Na eventualidade de Bento aceitar o convite para assumir a presidência da Petrobras, perderá o mandato de governador do Estado Alfa.

(B) Bento pode assumir o cargo na Petrobras, caso peça licença do cargo para o qual foi eleito, a ele podendo retornar, caso se exonere do cargo na sociedade de economia mista.

(C) Bento pode acumular os dois cargos públicos, devendo optar pela remuneração de Governador ou pela remuneração de presidente da Petrobras.

(D) Bento, após sua diplomação, mesmo que renunciasse ao cargo de governador, está proibido de assumir, no período para o qual foi eleito, o cargo de presidente da Petrobras.

RESPOSTA O art. 28, § 1º, da Constituição Federal é bastante claro em dispor que perderá o mandato o Governador que assumir outro cargo ou função na administração pública direta ou indireta. As únicas exceções a essa regra são: a posse em virtude de concurso público e as hipóteses dispostas nos arts. 38, I, IV e V, da CF. No caso em tela, tais exceções não se aplicam. Assim, caso Bento aceite assumir a presidência da Petrobrás, perderá automaticamente o mandato de governador do estado Alfa. *Alternativa A.*

44. (XXXIV Exame) Faltando um ano e meio para a eleição dos cargos políticos federais e estaduais, é promulgada pelo Presidente da República uma lei que estabelece diversas alterações no processo eleitoral. Alguns partidos políticos se insurgem, alegando ser inconstitucional que essa lei produza efeitos já na próxima eleição. Afirmam que uma nova lei eleitoral não pode ser aplicada na eleição imediata, pois isso contrariaria o princípio da anterioridade. No que tange à discussão referida, a possibilidade de a referida lei produzir efeitos já nas próximas eleições é

(A) constitucional, já que o lapso temporal, entre a data de entrada em vigor da lei e a data da realização da próxima eleição, não afronta a regra temporal imposta pela Constituição Federal.

(B) inconstitucional, por violação expressa ao princípio da anterioridade da legislação eleitoral, nos limites que a Constituição Federal de 1988 a ele concedeu.

(C) inconstitucional, porque qualquer alteração do processo eleitoral somente poderia vir a ocorrer por via do poder constituinte derivado reformador.

(D) constitucional, pois a Constituição Federal não impõe ao legislador qualquer limite temporal para a realização de alteração no processo eleitoral.

RESPOSTA Há, sim, regra temporal constitucional em relação às novas leis que alteram o processo eleitoral. O art. 16 da CRFB é bem claro ao afirmar que a lei que alterar o processo eleitoral entrará em vigor na data de sua publicação, não se aplicando à eleição que ocorra até um ano da data de sua vigência. Destarte, como no caso em tela falta ainda um ano e meio para a eleição de cargos federais e estaduais, a referida lei é constitucional. *Alternativa A.*

45. (XXXI Exame) José Maria, no ano de 2016, foi eleito para exercer o seu primeiro mandato como Prefeito da Cidade Delta, situada no Estado Alfa. Nesse mesmo ano, a filha mais jovem de José Maria, Janaína (22 anos), elegeu-se vereadora e já se organiza para um segundo mandato como vereadora. Rosária (26 anos), a outra filha de José Maria, animada com o sucesso da irmã mais nova e com a popularidade do pai, que pretende concorrer à reeleição, faz planos para ingressar na política, disputando uma das cadeiras da Assembleia Legislativa do Estado Alfa. Diante desse quadro, a família contrata um advogado para orientá-la. Após analisar a situação, seguindo o sistema jurídico-constitucional brasileiro, o advogado afirma que

(A) as filhas não poderão concorrer aos cargos almejados, a menos que José Maria desista de concorrer à reeleição para o cargo de chefe do Poder Executivo do Município Delta.

(B) Rosária pode se candidatar ao cargo de deputada estadual, mas Janaína não poderá se candidatar ao cargo de vereadora em Delta, pois seu pai ocupa o cargo de chefe do Poder Executivo do referido município.

(C) as candidaturas de Janaína, para reeleição ao cargo de vereadora, e de Rosária, para o cargo de deputada estadual, não encontram obstáculo no fato de José Maria ser prefeito de Delta.

(D) Janaína pode se candidatar ao cargo de vereadora, mas sua irmã Rosária não poderá se candidatar ao cargo de deputada estadual, tendo em vista o fato de seu pai exercer a chefia do Poder Executivo do município.

RESPOSTA Para bem responder a essa questão, é preciso ter em mente a regra básica sobre cargos eletivos e pessoas de uma mesma família, disposta na Constituição Federal (art. 14, § 7º, da CRFB). Diz o artigo que são inelegíveis, no território em que incide o mandato do titular do cargo eletivo: o cônjuge e os parentes consanguíneos ou afins, até o segundo grau ou por adoção, do Presidente da República, de Governador de Estado ou Território, do Distrito Federal, de Prefeito ou de quem os haja substituído dentro dos seis meses anteriores ao pleito, salvo se já titular de

DIREITO CONSTITUCIONAL

mandato eletivo e candidato à reeleição. Ou seja: no caso aqui exposto, a filha Janaína já é vereadora e está concorrendo à reeleição. Portanto, já era titular de mandato eletivo e não encontra óbice legal para pleitear novo mandato. Já a irmã Rosária irá concorrer ao cargo de deputada estadual, o que não conflita com o território de atuação do pai e da irmã (cargos eletivos municipais). *Alternativa C.*

46. (XXVI Exame) Juliano, governador do estado X, casa-se com Mariana, deputada federal eleita pelo estado Y, a qual já possuía uma filha chamada Letícia, advinda de outro relacionamento pretérito. Na vigência do vínculo conjugal, enquanto Juliano e Mariana estão no exercício de seus mandatos, Letícia manifesta interesse em também ingressar na vida política, candidatando-se ao cargo de deputada estadual, cujas eleições estão marcadas para o mesmo ano em que completa 23 (vinte e três) anos de idade. A partir das informações fornecidas e com base no texto constitucional, assinale a afirmativa correta.

(A) Letícia preenche a idade mínima para concorrer ao cargo de deputada estadual, mas não poderá concorrer no estado X, por expressa vedação constitucional, enquanto durar o mandato de Juliano.

(B) Uma vez que Letícia está ligada a Juliano, seu padrasto, por laços de mera afinidade, inexiste vedação constitucional para que concorra ao cargo de deputada estadual no estado X.

(C) Letícia não poderá concorrer por não ter atingido a idade mínima exigida pela Constituição como condição de elegibilidade para o exercício do mandato de deputada estadual.

(D) Letícia não poderá concorrer nos estados X e Y, uma vez que a Constituição dispõe sobre a inelegibilidade reflexa ou indireta para os parentes consanguíneos ou afins até o 2º grau nos territórios de jurisdição dos titulares de mandato eletivo.

RESPOSTA É expresso no § 7º do artigo 14 que são inelegíveis, no território de jurisdição do titular, o cônjuge e os parentes consanguíneos ou afins, até o segundo grau ou por adoção, do Presidente da República, de Governador de Estado ou Território, do Distrito Federal, de Prefeito ou de quem os haja substituído dentro dos seis meses anteriores ao pleito, salvo se já titular de mandato eletivo e candidato à reeleição. Portanto, apesar de possuir mais de 21 anos (art. 14, § 3º, VI, c, da CRFB) como Letícia é juridicamente considerada "afim" (ou parente por afinidade) – é enteada de Juliano – não poderá concorrer no estado X enquanto durar o mandato de seu padrasto. *Alternativa A.*

47. (XXIV Exame) Numerosos partidos políticos de oposição ao governo federal iniciaram tratativas a fim de se fundirem, criando um novo partido, o Partido Delta. Almejam, com isso, criar uma força política de maior relevância no contexto nacional. Preocupados com a repercussão da iniciativa no âmbito das políticas regionais e percebendo que as tratativas políticas estão avançadas, alguns deputados federais buscam argumentos jurídico-constitucionais que impeçam a criação desse novo partido. Em reunião, concluem que, embora o quadro jurídico-constitucional brasileiro não vede a fusão de partidos políticos, estes, como pessoas jurídicas de direito público, somente poderão ser criados mediante lei aprovada no Congresso Nacional. Ao submeterem essas conclusões a um competente advogado, este, alicerçado na Constituição da República, afirma que os deputados federais

(A) estão corretos quanto à possibilidade de fusão entre partidos políticos, mas equivocados quanto à necessidade de criação de partido por via de lei, já que, no Brasil, os partidos políticos possuem personalidade jurídica de direito privado.

(B) estão equivocados quanto à possibilidade de fusão entre partidos políticos no Brasil, embora estejam corretos quanto à necessidade de que a criação de partidos políticos se dê pela via legal, por serem pessoas jurídicas de direito público.

(C) estão equivocados, pois a Constituição da República não só proibiu a fusão entre partidos políticos como também deixou a critério do novo partido político escolher a personalidade jurídica de direito que irá assumir, pública ou privada.

(D) estão corretos, pois a Constituição da República, ao exigir que a criação ou a fusão de partidos políticos se dê pela via legislativa, concedeu ao Congresso Nacional amplos poderes de fiscalização para sua criação ou fusão.

RESPOSTA Em nenhum momento a Constituição Federal proíbe a fusão de partidos políticos ou impõe que esta fusão seja realizada por meio de lei. Pelo contrário, em seu art. 17 afirma expressamente que "livre a criação, fusão, incorporação e extinção de partidos políticos, resguardados a soberania nacional, o regime democrático, o pluripartidarismo, os direitos fundamentais da pessoa humana (...)". Este mesmo art. 17 continua dizendo que os partidos políticos devem adquirir personalidade jurídica na forma da lei civil. E, o Código Civil, por sua vez, no art. 44, V, impõe personalidade jurídica de direito privado aos partidos políticos. *Alternativa A.*

48. (XXIV Exame) Edinaldo, estudante de Direito, realizou intensas reflexões a respeito da eficácia e da aplicabilidade do Art. 14, § 4º, da Constituição da República, segundo o qual "os inalistáveis e os analfabetos são inelegíveis". A respeito da norma obtida a partir desse comando, à luz da sistemática constitucional, assinale a afirmativa correta.

(A) Ela veicula programa a ser implementado pelos cidadãos, sem interferência estatal, visando à realização de fins sociais e políticos.

(B) Ela tem eficácia plena e aplicabilidade direta, imediata e integral, pois, desde que a CRFB/88 entrou em vigor, já está apta a produzir todos os seus efeitos.

(C) Ela apresenta contornos programáticos, dependendo sempre de regulamentação infraconstitucional para alcançar plenamente sua eficácia.

(D) Ela tem aplicabilidade indireta e imediata, não integral, produzindo efeitos restritos e limitados em normas infraconstitucionais quando da promulgação da Constituição da República.

RESPOSTA Não há dúvidas em relação à aplicabilidade imediata e integral desta norma, tanto também de sua eficácia plena. As afirmações diretas constantes de algumas normas da Constituição Federal, que não abrem possibilidade de o legislador infraconstitucional interferir em sua aplicabilidade (como é o caso deste art. 14, § 4º) são consideradas normas de eficácia plena. Dica: por exclusão, sempre que a norma constitucional não trouxer em seu conteúdo a expressão "na forma prevista em lei", ou "em virtude de lei", ou "nos termos da lei", ou expressão equivalente, ela será de eficácia plena. *Alternativa B.*

49. (XXIII Exame) João, rico comerciante, é eleito vereador do Município "X" pelo partido Alfa. Contudo, passados dez dias após sua diplomação, o partido político Pi, adversário de Alfa, ajuíza ação de impugnação de mandato eletivo, perante a Justiça Eleitoral, requerendo a anulação da diplomação de João. Alegou o referido partido político ter havido abuso do poder econômico por parte de João na eleição em que logrou ser eleito, anexando, inclusive, provas que considerou irrefutáveis. João, sentindo-se injustiçado, já que, em momento algum no decorrer da campanha ou mesmo após a divulgação do resultado, teve conhecimento desses fatos, busca aconselhamento com um advogado acerca da juridicidade do ajuizamento de tal ação. Com base no caso narrado, assinale a opção que apresenta a orientação dada pelo advogado.

(A) O Partido Pi não poderia ter ingressado com a ação, pois abuso de poder econômico não configura fundamento que tenha o condão de viabilizar a impugnação de mandato eletivo conquistado pelo voto.

(B) O Partido Pi respeitou os requisitos impostos pela CRFB/88, tanto no que se refere ao fundamento (abuso do poder econômico) para o ajuizamento da ação como também em relação à sua tempestividade.

(C) O Partido Pi, nos termos do que dispõe a CRFB/88, não poderia ter ingressado com a ação, pois, ocorrida a diplomação, precluso encontrava-se o direito de impugnar o mandato eletivo de João.

(D) O Partido Pi só poderia impugnar o mandato eletivo que João conquistou pelo voto popular em momento anterior à diplomação, sob pena de afronta ao regime democrático.

RESPOSTA Diplomação é o ato por meio do qual a Justiça Eleitoral atesta que o candidato foi efetivamente eleito pelo povo e, por isso, está apto a tomar posse no cargo. Segundo a Constituição Federal, o Partido Pi tinha até quinze dias contados da diplomação – instruída a ação com provas de abuso do poder econômico, corrupção ou fraude – para efetivar o ajuizamento da anulação de impugnação de mandato eletivo. Portanto, O Partido Pi respeitou os requisitos impostos pelo § 10 do art. 14 da Constituição Federal. *Alternativa B.*

50. (XX Exame – Reaplicação) Wilson, nascido nos Estados Unidos da América, com 29 anos de idade, é filho de pais brasileiros. Fluente na língua portuguesa, participa com brilho da política partidária regional de um Estado da federação brasileira, dominado há várias gerações por sua família. Esta natural inclinação leva seus familiares a incentivá-lo no sentido de concorrer ao cargo de Governador do Estado nas eleições que serão realizadas dali a dois anos. Sobre a possibilidade jurídica de Wilson concorrer ao pleito, mais precisamente no que se refere às questões de nacionalidade e idade, assinale a afirmativa correta.

(A) Wilson já terá completado, na data da eleição, a idade exigível para o exercício do cargo pleiteado, mas somente poderá concorrer caso adquira a nacionalidade brasileira.

(B) Wilson poderá concorrer, pois não apenas contemplará o requisito da idade, como, pelo simples fato de ser filho de brasileiros, possui automaticamente a nacionalidade de brasileiro nato.

(C) Wilson não estará apto a concorrer nesta próxima eleição para o cargo apontado, pois, mesmo

DIREITO CONSTITUCIONAL

que adquira a nacionalidade brasileira, não possuirá a idade mínima exigida para o cargo.

(D) Wilson não poderá concorrer, pois, embora a idade não seja um problema, poderá, no máximo, adquirir o status de brasileiro naturalizado, enquanto o cargo em questão exige o status de brasileiro nato.

RESPOSTA Para concorrer ao cargo de Governador, Wilson deve respeitar as exigências do § 3º do art. 14 da Constituição Federal, que são: a nacionalidade brasileira; o pleno exercício dos direitos políticos; o alistamento eleitoral; o domicílio eleitoral na circunscrição; a filiação partidária; e a idade mínima de 30 anos especificamente para essa disputa eleitoral (governador). *Alternativa A.*

VIII. DA ORGANIZAÇÃO DO ESTADO E REPARTIÇÃO DE COMPETÊNCIAS

51. (39º Exame) O Governador do Estado Alfa, recém-empossado, apresentou projeto de lei à Assembleia Legislativa no qual propôs políticas de proteção específicas, direcionadas às pessoas com deficiência no âmbito do seu Estado, visto ser esta uma de suas pautas durante a campanha eleitoral. Com base na situação hipotética narrada e no sistema jurídico-constitucional brasileiro, em relação ao projeto de lei, assinale a opção correta.

(A) A competência para legislar sobre a proteção das pessoas com deficiência é matéria de interesse local, de competência dos Municípios.

(B) Os Estados podem legislar concorrentemente com a União sobre a matéria.

(C) À União compete, privativamente, legislar sobre a proteção das pessoas com deficiência.

(D) O projeto de lei está de acordo com a CRFB/88, visto que trata de matéria que o texto constitucional dispõe, expressamente, ser afeta à competência residual dos Estados.

RESPOSTA O art. 24, XIV, da Constituição Federal (competência concorrente legislativa) é bastante claro ao afirmar que compete à União, aos Estados e ao Distrito Federal legislar concorrentemente sobre proteção e integração social das pessoas portadoras de deficiência. Importante ressaltar que, no âmbito da legislação concorrente, a competência da União limita-se a estabelecer normas gerais, não excluindo a competência suplementar dos Estados. Caso inexista lei federal sobre normas gerais, os Estados exercerão a competência legislativa plena, para atender a suas peculiaridades. *Alternativa B.*

52. (37º Exame) Márcio, deputado estadual do Estado-membro Alfa e líder do governo na Assembleia, vem demonstrando grande preocupação com o excessivo número de projetos de lei que chegam à Casa Legislativa do Estado e que, segundo ele, se aprovados, trarão muitas inovações e, em consequência, elevado grau de insegurança jurídica aos cidadãos. Por isso, ele sugere que o governador proponha uma emenda à Constituição do Estado (PEC estadual), no sentido de tornar mais dificultoso o processo legislativo para aprovação de lei ordinária. Sua ideia é a de que, ao invés de maioria relativa, a aprovação de lei ordinária apenas se configure caso atingido o quórum de maioria absoluta dos membros da Assembleia legislativa de Alfa. Avaliada pelos Procuradores do Estado Alfa, estes informam, acertadamente, que, segundo o sistema jurídico constitucional brasileiro, a sugestão de Márcio, acerca da alteração no processo legislativo de Alfa,

(A) pode ser levada adiante, já que, no caso, com base no princípio federativo, há total autonomia do Estado-membro para a elaboração de suas próprias regras quanto ao processo legislativo.

(B) pode ser levada adiante, já que apenas não seria possível a proposta de emenda que viesse a facilitar o processo legislativo para a alteração de leis ordinárias.

(C) é inconstitucional, pois, com base no princípio da simetria, o tema objeto da suposta emenda tem de ser disciplinado com observância das regras estabelecidas pela Constituição Federal de 1988.

(D) é inválida, pois a Constituição Federal de 1988 veda aos detentores do cargo de Chefe do Poder Executivo o poder de iniciativa para propor a alteração no texto constitucional estadual.

RESPOSTA Princípio basilar da Constituição Federal, traz em seu significado a necessidade de que haja simetria entre o processo legislativo, as regras básicas do processo legislativo da União, do processo legislativo previsto na Constituição Federal, em relação ao processo legislativo estadual, distrital e municipal. Em outras palavras, e de acordo com a jurisprudência do STF, as regras básicas do processo legislativo federal são obrigatórias também para o processo legislativo estadual, distrital e municipal. Assim sendo, é inconstitucional o tema objeto da suposta emenda. *Alternativa C.*

53. (37º Exame) Em projeto de lei apresentado pelos próprios Vereadores, a Câmara de Vereadores do Município Alfa votou e aprovou a fixação dos subsídios dos referidos agentes, daí resultando a Lei municipal n. XX. O padrão remuneratório assim fixado gerou muitos debates em relação à higidez do processo legislativo e à necessidade de serem observados certos parâmetros em sua fixação, sendo sustentada uma necessária correspondência percentual em relação ao subsídio dos Deputados Estaduais. Sobre o caso narrado, com base no texto constitucional, assinale a afirmativa correta.

(A) A fixação dos subsídios dos Vereadores é de competência da Câmara Municipal, não podendo ultrapassar determinado percentual do subsídio dos Deputados Estaduais, percentual este que varia conforme a população do Município;

(B) A referida lei padece de vício de iniciativa, eis que compete privativamente ao Prefeito do Município Alfa dispor sobre os subsídios dos membros dos Poderes Executivo e Legislativo.

(C) Diante do princípio da separação dos poderes, inexiste vedação para que os subsídios dos integrantes do Poder Legislativo local superem aqueles recebidos pelo Deputados Estaduais, desde que respeitado o teto constitucional.

(D) É de competência comum da Câmara Municipal e do Prefeito Municipal a fixação dos subsídios dos Vereadores, os quais não podem ultrapassar o subsídio mensal, em espécie, dos Ministros do Supremo Tribunal Federal, exceptuadas vantagens pessoais, não tendo vinculação com os Deputados Estaduais.

RESPOSTA O padrão remuneratório do Poder Legislativo municipal traz necessidade de serem observados certos parâmetros em sua fixação, Isso, pois o artigo 29, inciso VI da CF impõe limites o subsídio dos Vereadores. Diz que será fixado pelas respectivas Câmaras Municipais em cada legislatura para a subsequente, com correspondência proporcional: número de habitantes / porcentagem do subsídio dos Deputados Estaduais. Exemplo: em Municípios de cinquenta mil e um a cem mil habitantes, o subsídio máximo dos Vereadores corresponderá a quarenta por cento do subsídio dos Deputados Estaduais (alínea "c" do mesmo inciso VI do artigo 29 da CF). *Alternativa A.*

54. (35º Exame) Um agente público federal, em entrevista a jornal de grande circulação, expressou sua insatisfação com o baixo índice de desenvolvimento econômico e social de aproximadamente 25 por cento do amplo território ocupado pelo Estado Alfa, mais precisamente da parte sul do Estado. Por entender que a autoridade estadual não possui os recursos necessários para implementar políticas que desenvolvam essa região, afirma que faz parte da agenda do governo federal transformar a referida área em território federal. O Governador de Alfa, preocupado com o teor do pronunciamento, solicita que os procuradores do Esta-

do informem se tal medida é possível, segundos os parâmetros estabelecidos na Constituição Federal de 1988. O corpo jurídico, então, responde que

(A) embora na atual configuração da República Federativa do Brasil não conste nenhum território federal, caso venha a ser criado, constituirá um ente dotado de autonomia política plena.

(B) embora não exista território federal na atual configuração da República Federativa do Brasil, a Constituição Federal de 1988 prevê, expressamente, a possibilidade de sua criação.

(C) em respeito ao princípio da autonomia estadual, somente seria possível a criação de território pelo Governador de Alfa, a quem caberia a responsabilidade pela gestão.

(D) ainda que o Brasil já tenha tido territórios federais, a Constituição Federal não prevê tal modalidade, o que afasta a possibilidade de sua criação.

RESPOSTA O § 3º do art. 18 da CRFB possui regra que regulamenta a criação de territórios federais, podendo, portanto, os Estados subdividir-se ou desmembrar-se para se anexarem a outros, ou formarem novos Estados ou Territórios Federais, mediante aprovação da população diretamente interessada, através de plebiscito, e do Congresso Nacional, por lei complementar. Dessa forma, na questão aqui colocada, a solução encontrada pelo Governo Federal é válida: transformar a referida área de baixo índice de desenvolvimento econômico e social em território federal. Assim, a administração do futuro Território ficará a cargo diretamente da União, que eventualmente poderá empreender maiores quantidades de recursos necessários para implementar políticas que desenvolvam essa região. Por fim, lembramos que, hoje, o Brasil não possui Territórios Federais. Os antigos Territórios Federais de Roraima e do Amapá foram transformados em Estados Federados (art. 14 do ADCT), e o antigo Território de Fernando de Noronha foi incorporado como parte do Estado de Pernambuco (art. 15 do ADCT). *Alternativa B.*

55. (35º Exame) Diante do desafio de promover maior proteção às florestas, à fauna e à flora, reiteradamente atingidas por incêndios e desmatamentos, organizações não governamentais resolvem provocar o Poder Público, a fim de que sejam adotadas providências concretas para manutenção do equilíbrio climático. Porém, sem saber quais os entes federativos que seriam constitucionalmente competentes para agir na direção almejada, buscam maiores esclarecimentos com competente advogado(a). No âmbito da competência comum estabelecida pela Constituição Federal de

DIREITO CONSTITUCIONAL

1988, assinale a opção que apresenta a orientação recebida.

(A) A União deve atuar legislando privativamente a respeito da referida proteção, sendo que, aos demais entes federativos, restará tão somente cumprir as normas editadas pela União, sem que possam suplementá-la.

(B) A União, os Estados, o Distrito Federal e os Municípios são todos competentes para promover a referida proteção, sendo os termos dessa cooperação fixados em legislação primária produzida pelo Congresso Nacional, com quórum de aprovação de maioria absoluta.

(C) A União e os Estados dividirão, com exclusividade, as responsabilidades inerentes à produção das normas e à atuação administrativa, tendo por pressuposto o fato de ter o constituinte originário brasileiro, na Constituição de 1988, adotado uma típica federação de 2º grau.

(D) A referida proteção é uma tarefa precípua da União, podendo o Presidente da República, no uso de suas atribuições constitucionais, se considerar conveniente, delegar tarefas específicas aos Estados, ao Distrito Federal e aos Municípios.

RESPOSTA Como se sabe, em relação ao objeto (matérias a serem tratadas), as competências constitucionais em relação aos entes federados (União, Estados, DF e Municípios) se dividem em competência administrativa e competência legislativa. Na Constituição Federal, se localizam nos arts. 21, 22, 23 e 24. Uma dica boa para se lembrar de quem tem competência para determinada matéria é entender se aquele assunto é de interesse geral da população ou não, se diz respeito a apenas um ou outro ente. Por exemplo, o caso aqui em questão. Proteção ao meio ambiente é de interesse geral da população e dever do Estado brasileiro, como um todo. Assim sendo, é natural que a competência para sua proteção seja de todos os entes federados. Desse modo, portanto, está prevista a competência de preservação das florestas, fauna e flora para a União, Estados, DF e Municípios de modo igual, no art. 23, VII, da CRFB. *Alternativa B.*

56. **(XXXIII Exame)** No Município X, foi editada lei proibindo a queima da palha de cana-de-açúcar e o uso do fogo em atividades agrícolas. Tal diploma legal foi, então, impugnado pelo sindicato patronal representante dos produtores de álcool da região, ao argumento de que a municipalidade não detém competência para dispor sobre o assunto. A partir do caso enunciado, com base no texto constitucional, assinale a afirmativa correta.

(A) Os Municípios apenas detêm competência para legislar sobre assuntos de interesse local; logo, como a proteção do meio ambiente engloba interesse federal e estadual, a lei municipal é inconstitucional.

(B) A lei municipal é constitucional, eis que os Municípios possuem competência para dispor sobre a proteção do meio ambiente e o controle da poluição, no limite de seu interesse local e em harmonia com a disciplina estabelecida pelos demais entes federados.

(C) Os Municípios têm competência para legislar sobre assuntos de interesse local; mas como o direito ao meio ambiente equilibrado demanda tratamento uniforme por todas as unidades da Federação, a lei municipal é inconstitucional.

(D) Os Municípios possuem competência exclusiva para legislar sobre assuntos de interesse local e a preservação do meio ambiente, de modo que a lei municipal em questão é constitucional.

RESPOSTA É de competência comum da União, dos Estados, do Distrito Federal e dos Municípios, de modo concomitante, *proteger* o meio ambiente e combater a poluição em qualquer de suas formas (art. 23, VI, da CRFB). E o modo de executar essa proteção é produzindo leis de conservação da natureza, defesa do solo e dos recursos naturais, proteção do meio ambiente e controle da poluição (art. 24, VI), combinado com o art. 30, I, da CRFB - "compete ao Município legislar sobre assuntos de interesse local". *Alternativa B.*

57. **(XXXIII Exame)** A Lei Y do Estado Beta obriga pessoas físicas ou jurídicas, independente da atividade que exerçam, a oferecer estacionamento ao público, a cercar o respectivo local e a manter funcionários próprios para garantia da segurança, sob pena de pagamento de indenização em caso de prejuízos causados ao dono do veículo. A Confederação Nacional do Comércio procurou seus serviços, como advogado(a), visando obter esclarecimentos quanto à constitucionalidade da referida lei estadual. Sobre a Lei Y, com base na ordem jurídico-constitucional vigente, assinale a afirmativa correta.

(A) É inconstitucional, pois viola a competência privativa da União de legislar sobre matéria concernente ao Direito Civil.

(B) É inconstitucional, pois, conforme a Constituição Federal, compete ao ente municipal legislar sobre Direito do Consumidor.

(C) É constitucional, pois versa sobre matéria afeta ao Direito do Consumidor, cuja competência legislativa privativa pertence ao Estado Beta.

(D) É constitucional, pois, tratando a Lei de temática afeta ao Direito Civil, a competência legislativa concorrente entre a União e os Estados permite que Beta legisle sobre a matéria.

RESPOSTA A obrigação imposta a pessoas físicas ou jurídicas, independentemente da atividade que exerçam, de oferecer estacionamento ao público, a cercar o respectivo local e a manter funcionários próprios para garantia da segurança, sob pena de pagamento de indenização em caso de prejuízos causados ao dono do veículo é de natureza civil. E, portanto, tal obrigação somente pode ser criada mediante lei, ou seja, *lei de natureza civil (art. 22, I, da CRFB)*. Assim, como compete privativamente à União legislar sobre, dentre outros assuntos, direito civil, a criação da citada lei Y viola determinação constitucional de determinação de competência legislativa. *Alternativa A.*

58. **(XXXII Exame)** A Constituição do Estado Alfa, em seu Art. 32, dispõe que *"os vencimentos dos servidores públicos municipais da administração direta e indireta são pagos até o último dia de cada mês, corrigindo-se monetariamente seus valores se o pagamento se der além desse prazo".* Considerando os termos do preceito mencionado, assinale a afirmativa correta.

(A) Embora a CRFB/88 preconize ser de competência dos Municípios dispor sobre assuntos de interesse local, incumbe à União legislar, privativamente, sobre a organização administrativa e financeira dos entes federados; logo, o Art. 32 da Constituição do Estado Alfa é inconstitucional.

(B) Apesar de o Art. 32 da Constituição do Estado Alfa não apresentar vício formal de inconstitucionalidade, ele apresenta vício de ordem material, pois a CRFB/88 dispõe que os vencimentos dos servidores públicos devem ser pagos até o quinto dia útil do mês subsequente.

(C) O Art. 32 da Constituição do Estado Alfa não padece de vício de inconstitucionalidade, pois a CRFB/88 autoriza os Estados a dispor sobre a organização administrativa dos entes municipais que se encontram em sua circunscrição territorial.

(D) O referido dispositivo da Constituição do Estado Alfa é inconstitucional porque, ao estabelecer regra afeta aos servidores municipais, viola, com isso, a autonomia municipal para disciplinar a matéria.

RESPOSTA Caso claro de ingerência estadual indevida em tema de exclusivo interesse do Município. Há, nesse caso, evidente inviabilidade de o Estado-membro impor ao Município regras que a este devem ser reguladas por direito próprio. Os arts. 29, 29-A e 30 da CRFB impõe que os municípios devam ter autonomia para legislar e tratar, de modo exclusivo, assuntos locais - de interesse próprio. *Alternativa D.*

59. **(XXXI Exame)** O governo federal, visando ao desenvolvimento e à redução das desigualdades no sertão nordestino do Brasil, editou a Lei Complementar Y, que dispôs sobre a concessão de isenções e reduções temporárias de tributos federais devidos por pessoas físicas e jurídicas situadas na referida região. Sobre a Lei Complementar Y, assinale a afirmativa correta.

(A) É formalmente inconstitucional, eis que a Constituição da República de 1988 proíbe expressamente a criação de regiões, para efeitos administrativos, pela União.

(B) É materialmente inconstitucional, sendo vedada a concessão de incentivos regionais de tributos federais, sob pena de violação ao princípio da isonomia federativa.

(C) É formal e materialmente constitucional, sendo possível que a União conceda incentivos visando ao desenvolvimento econômico e à redução das desigualdades no sertão nordestino.

(D) Apresenta inconstitucionalidade formal subjetiva, eis que cabe aos Estados e ao Distrito Federal, privativamente, criar regiões administrativas visando ao seu desenvolvimento e à redução das desigualdades.

RESPOSTA Um dos artigos menos comentados e estudados da Constituição Federal pelos alunos e professores, o art. 43 dispõe que a União poderá articular sua ação em um mesmo complexo geoeconômico e social, visando a seu desenvolvimento e à redução das desigualdades regionais. Nesse sentido, para fazer efetivar tais objetivos, poderá editar lei complementar que disporá sobre as condições para integração de regiões em desenvolvimento e a composição dos organismos regionais que executarão, na forma da lei, os planos regionais, integrantes dos planos nacionais de desenvolvimento econômico e social, aprovados juntamente com estes. Esses incentivos regionais (*que, no caso da presente questão, estão focados no sertão nordestino*) poderão compreender – dentre outros – isenções, reduções ou diferimento temporário de tributos federais devidos por pessoas físicas ou jurídicas. *Alternativa C.*

60. **(XXVII Exame)** Após cumprimento de todas as formalidades constitucionais e legais exigíveis, o Estado Alfa se desmembra (desmembramento por formação), ocasionando o surgimento de um novo Estado-membro: o Estado Beta. Preocupados com a possibilidade de isso influenciar nas grandes decisões políticas regionais, um grupo de cidadãos inicia um movimento exigindo a imediata elaboração de uma Constituição para o novo Estado Beta. Os líderes políticos locais, sem

DIREITO CONSTITUCIONAL

maiores conhecimentos sobre a temática, buscam assessoramento jurídico junto a advogados constitucionalistas, sendo-lhes corretamente informado que, segundo a inteligência do sistema jurídico--constitucional brasileiro,

(A) com a criação do Estado Beta no âmbito da República Federativa do Brasil, passou este a fazer parte do pacto federativo, subordinando-se tão somente à Constituição Federal, e não a qualquer outra constituição.

(B) tendo passado o Estado Beta a ser reconhecido como um ente autônomo, adquiriu poderes para se estruturar por meio de uma Constituição, sem a necessidade desta se vincular a padrões de simetria impostos pela Constituição Federal.

(C) pelo fato de o Estado Beta ter sido reconhecido como um ente federado autônomo, passa a ter poderes para se estruturar por meio de uma Constituição, que deverá observar o princípio da simetria, conforme os padrões fixados na Constituição Federal.

(D) o reconhecimento do Estado Beta como um ente federado autônomo assegurou-lhe poderes para se estruturar por meio de uma Constituição, cujo texto, porém, não poderá se diferenciar daquele fixado pela Constituição Federal.

RESPOSTA Todos os entes federados autônomos, num estado federal (como é o Brasil), devem necessariamente possuir capacidade política (ou seja, poder de produzir suas próprias leis, por meio de órgão legislativo próprio). Entretanto, a liberdade dessa produção legislativa é relativa, pois tais leis estaduais devem ter como padrão os princípios jurídicos basilares existentes Constituição Federal. Diga-se: não só as leis estaduais, mas as próprias constituições estaduais. É o que a doutrina chama de princípio da simetria. *Alternativa C.*

61.
(XXVII Exame) O Estado Y, bastante conhecido pela exuberância de suas praias, que atraem milhares de turistas todos os anos, edita lei estadual impedindo a pesca de peixes regionais típicos, ameaçados de extinção, e limitando o transporte marítimo de passageiros. A partir da hipótese narrada, nos termos da Constituição da República Federativa do Brasil, assinale a afirmativa correta.

(A) O Estado Y possui competência legislativa concorrente com a União para dispor sobre pesca, mas poderá legislar sobre transporte e navegação marítima, caso Lei Complementar federal o autorize.

(B) O Estado Y tem competência comum com os demais entes federados para legislar sobre a matéria; logo, a lei estadual é constitucional.

(C) A lei editada pelo Estado Y é inconstitucional, porque compete privativamente à União legislar sobre a proteção do meio ambiente e o controle da poluição.

(D) A lei editada pelo Estado Y é inconstitucional, porque trata de pesca e navegação marítima, que são de competência exclusiva da União, apesar de o Estado Y ter competência privativa para legislar sobre meio ambiente.

RESPOSTA Como direito difuso que é, a defesa do meio ambiente (florestas, caça, pesca, fauna, conservação da natureza, defesa do solo e dos recursos naturais, proteção do meio ambiente e controle da poluição) é de competência concorrente da União, Estados e Distrito Federal, nos termos do art. 24 da CRFB. Agora, legislar sobre transporte e navegação marítima é de competência exclusiva da União (art. 22, X, da CRFB) e, assim sendo, lei complementar poderá autorizar os Estados a legislar sobre questões específicas desses assuntos, conforme parágrafo único deste mesmo artigo. *Alternativa A.*

62.
(XXIV Exame) Em observância aos princípios da transparência, publicidade e responsabilidade fiscal, o prefeito do Município Alfa elabora detalhado relatório contendo a prestação de contas anual, ficando tal documento disponível, para consulta e apreciação, no respectivo Poder Legislativo e no órgão técnico responsável pela sua elaboração. Carlos, morador do Município Alfa, contribuinte em dia com suas obrigações civis e políticas, constata diversas irregularidades nos demonstrativos apresentados, apontando indícios de superfaturamento e desvios de verbas em obras públicas. Em função do exposto e com base na Constituição da República, você, como advogado de Carlos, deve esclarecer que

(A) a fiscalização das referidas informações, concernentes ao Município Alfa, conforme previsto na Constituição brasileira, é de responsabilidade exclusiva dos Tribunais de Contas do Estado ou do Município, onde houver.

(B) Carlos tem legitimidade para questionar as contas do Município Alfa, já que, todos os anos, as contas permanecem à disposição dos contribuintes durante sessenta dias para exame e apreciação.

(C) a impugnação das contas apresentadas pelo Chefe do Executivo local exige a adesão mínima de um terço dos eleitores do Município Alfa.

(D) a CRFB/88 não prevê qualquer forma de participação popular no controle das contas públicas, razão pela qual Carlos deve recorrer ao Ministério Público Estadual para que seja apresentada ação civil pública impugnando os atos lesivos ao patrimônio público praticados pelo prefeito do Município Alfa.

RESPOSTA A população é e deve ser o maior fiscal do Poder Público. Com essa diretriz, a Constituição Federal impõe que, todos os anos, as contas dos Municípios ficarão, durante sessenta dias à disposição de qualquer contribuinte, para exame e apreciação, sendo que este poderá questionar-lhes qualquer tipo de ilícito ou irregularidade (art. 31, § 3º). *Alternativa B.*

63.
(XXIII Exame) Leonardo matriculou seus dois filhos em uma escola pública municipal, mas foi surpreendido ao tomar conhecimento de que ambos estão tendo aulas regulares, como disciplina obrigatória, de uma específica religião de orientação cristã. Indignado, ele procura você para, como advogado(a), orientá-lo sobre a regularidade de tal situação. Sobre tal prática, com base no que dispõe o sistema jurídico-constitucional brasileiro, assinale a afirmativa correta.

(A) É constitucional, pois a força normativa do preâmbulo constitucional auxilia uma interpretação que autoriza o ensino de religião, contanto que com viés cristão.

(B) É inconstitucional, pois a laicidade estatal deve garantir que nenhuma religião possa ser preferida a outra no âmbito do espaço público-estatal, sendo o ensino religioso facultativo.

(C) É constitucional, posto que o ensino religioso deve ser ministrado, segundo a Constituição de 1988, como disciplina obrigatória nas escolas públicas de ensino fundamental.

(D) É inconstitucional, pois a laicidade estabelecida pela Constituição de 1988 pressupõe a vedação a qualquer espécie de orientação de ordem religiosa em instituições públicas.

RESPOSTA A alternativa "A" está errada pois o preâmbulo, além de não impor viés cristão ao Estado brasileiro, também não possui força normativa. A alternativa "C" está equivocada pois não há obrigatoriedade, em nenhum lugar da CRFB, sobre o ensino religioso. A alternativa "D" está errada pois a laicidade estabelecida pela Constituição de 1988 não pressupõe a vedação de orientação de ordem religiosa em instituições públicas; pelo contrário. O art. 19, I, da CRFB diz claramente que é vedado a qualquer ente federativo estabelecer cultos religiosos ou igrejas, subvencioná-los, ou embaraçar-lhes o funcionamento. E é o que se preceitua em um verdadeiro Estado laico, ou seja, em um Estado no qual se permite a livre convicção religiosa de toda a sociedade, sem interferência estatal.

Outros artigos que corroboram essa diretriz constitucional são os arts. 5º, VI, e 210, § 1º. *Alternativa B.*

64.
(XXIII Exame) As contas do Município Alfa referentes ao exercício financeiro de 2014, apresentadas pelo prefeito em 2015, receberam parecer desfavorável do Tribunal de Contas do referido Município, o qual foi criado antes da promulgação da Constituição da República Federativa do Brasil de 1988. O Presidente da Câmara, após o regular trâmite interno, editou resolução e aprovou as referidas contas públicas municipais, uma vez que as demonstrações contábeis de exercícios financeiros anteriores deveriam ter sido analisadas em consonância com o plano plurianual. Diante da narrativa exposta, assinale a afirmativa correta.

(A) A competência para julgar as contas é do Tribunal de Contas do Município, órgão do Poder Judiciário, não podendo, em nenhuma hipótese, o Legislativo local afastá-la, sob pena de violação ao princípio da separação e harmonia entre os Poderes.

(B) O parecer do Tribunal de Contas do Município a respeito da rejeição das contas somente não será acatado pela Câmara Municipal por decisão de 2/3 (dois terços) dos membros deste órgão.

(C) Considerando que o Tribunal de Contas do Município é órgão do Poder Legislativo e o Presidente da Câmara é a autoridade máxima de sua estrutura, é constitucional o afastamento, pelo Chefe do Poder Legislativo local, do entendimento de órgão a ele subordinado.

(D) O Presidente da Câmara agiu corretamente, pois a periodicidade para análise das contas públicas do Município deve ser de 5 (cinco) anos, e tal disposição não foi observada pelo Tribunal de Contas do Município.

RESPOSTA É sabido que uma das formas de fiscalização do Município é exercida pelo Poder Legislativo Municipal, por meio do controle externo. Tal controle é realizado pela Câmara Municipal, com o auxílio dos Tribunais de Contas dos Estados ou do Município, onde houver. Assim sendo, emitido o parecer do órgão auxiliar (Tribunal de Contas do Estado ou do Município, onde houver) em relação às contas públicas do Prefeito, o parecer só poderá ser derrubado por decisão de dois terços dos membros da Câmara Municipal, segundo o que preceitua o § 2º do art. 31 da Constituição Federal. *Alternativa B.*

IX. DA ADMINISTRAÇÃO PÚBLICA

65.
(38º Exame) A Lei n. YYY do Município Alfa revogou o adicional por tempo de serviços (ATS), abolindo-o por inteiro com efeitos

DIREITO CONSTITUCIONAL

retroativos absolutos. Além disso, estabeleceu as regras para que os servidores não só deixassem de receber o referido adicional, como também para que devolvessem todas as quantias por eles recebidas a título de ATS. A medida foi justificada sob o argumento de que haveria significativa economia das despesas públicas e, por isso, seria possível o aumento nos investimentos em saúde e em educação. Os servidores, por sua vez, alegaram clara violação ao direito adquirido e ao ato jurídico perfeito em relação à determinação de devolução dos valores já recebidos.

Sobre a questão em discussão, segundo o sistema jurídico-constitucional, assinale a afirmativa correta.

(A) A Lei n. YYY apresenta indiscutível interesse público, portanto, a retroatividade absoluta é válida, encontrando-se de acordo com o que determina o sistema jurídico-constitucional.

(B) A garantia ao direito adquirido não se aplica às normas municipais, que podem, por razões econômicas, produzir efeitos retroativos.

(C) A retroatividade absoluta da Lei n. YYY fere o texto constitucional, pois afeta situações já constituídas e exauridas em momento pretérito.

(D) O direito adquirido, por determinação constitucional expressa, pode ser desconsiderado nas situações em que o seu reconhecimento inviabilize políticas públicas nas áreas de educação e saúde.

RESPOSTA Há dois pontos de atenção nessa questão. Primeiro, efetivamente houve quebra do princípio constitucional de que "a lei não prejudicará o direito adquirido, o ato jurídico perfeito e a coisa julgada", previsto no artigo art. 5º, inciso XXXVI, da CF. Segundo, os servidores receberam seus proventos de boa-fé. Não pode eventual erro ou mudança de posicionamento discricionária da Administração Pública atingir valores recebidos de boa-fé pelos servidores; valores estes que, inclusive, possuem natureza alimentar. A restituição só será possível quando comprovada a má-fé. Precedentes do E. STJ. *Alternativa C.*

66.
(XXII Exame) Carlos, contando com 59 (cinquenta e nove) anos de idade, resolve se inscrever em concurso público para o cargo de Agente de Polícia, dos quadros da Polícia Civil do Estado Beta. Todavia, sua inscrição é negada com base no edital, que reproduz a Lei Estadual X, segundo a qual o candidato, no momento da inscrição, deve ter entre 18 (dezoito) e 32 (trinta e dois) anos de idade. Inconformado, Carlos consulta um advogado a respeito de possível violação do direito fundamental à igualdade. Diante do caso concreto, assinale a opção que se harmoniza com a ordem jurídico-constitucional brasileira.

(A) Houve violação ao princípio da igualdade, pois o sistema jurídico-constitucional brasileiro veda, em caráter absoluto, que a lei estabeleça requisitos de ordem etária para o provimento de cargos públicos.

(B) Não houve violação ao princípio da igualdade, pois o sistema jurídico-constitucional brasileiro permite que a lei estabeleça limite de idade para inscrição em concurso público quando tal medida se justificar pela natureza das atribuições do cargo a ser preenchido.

(C) Houve violação ao princípio da razoabilidade, pois as atividades inerentes ao cargo a ser ocupado não justificam a previsão do critério etário como requisito para inscrição no concurso público que visa ao seu provimento.

(D) Não houve violação ao princípio da igualdade, pois o sistema jurídico-constitucional brasileiro concede aos administradores públicos poder discricionário para definir, por via editalícia, independentemente da lei, os limites etários para a participação em concursos.

RESPOSTA Aqui, a questão exigiu do candidato conhecimento sobre as súmulas do STF. No caso, a Súmula 683 do STF, cujo conteúdo é: "o limite de idade para inscrição em concurso público só se legitima em face do art. 7º, inciso XXX, da Constituição, quando possa ser justificado pela natureza das atribuições do cargo a ser preenchido". *Alternativa B.*

X. DO PODER LEGISLATIVO

67.
(38º Exame) José foi eleito deputado estadual por determinado Estado da Federação. Uma semana após a sua posse e fora do recinto da Assembleia Legislativa do seu respectivo Estado, o deputado encontra João, candidato não eleito e seu principal opositor durante a campanha eleitoral, vindo a agredi-lo, causando-lhe lesões corporais gravíssimas, cuja persecução em juízo é iniciada mediante denúncia oferecida pelo Ministério Público.

Diante de tal contexto, levando em consideração as imunidades do parlamentar estadual, de acordo com o Direito Constitucional brasileiro, assinale a opção correta.

(A) Em relação à imunidade formal de processo, recebida a denúncia oferecida contra o deputado estadual José, por crime cometido após a posse, a Casa legislativa a que pertence o parlamentar denunciado poderá apenas sustar a tramitação da ação penal.

(B) Por gozar da mesma imunidade material (inviolabilidade parlamentar) de deputados federais e senadores, o deputado estadual José não poderá ser responsabilizado por qualquer tipo de crime praticado durante o seu mandato eletivo.

(C) Em relação à imunidade formal de processo, o deputado estadual José está sujeito a julgamento judicial pelo crime comum cometido, desde que a análise da denúncia oferecida contra ele seja autorizada pela respectiva casa legislativa.

(D) Por não possuir as mesmas imunidades formais de deputados federais e senadores, mas apenas a imunidade material relativa aos atos praticados em razão do seu mandato, o deputado estadual José será julgado pelo crime comum cometido, não sendo possível que seja sustada a tramitação da ação penal.

RESPOSTA Conforme o princípio da simetria, e expressamente pelo § 1º do art. 27 da CF, aos deputados estaduais serão aplicadas as mesmas regras, direitos, deveres e procedimentos sobre inviolabilidade e imunidade parlamentar dos deputados federais. Nesse sentido, portanto, como o crime de lesão corporal foi cometido durante a vigência de seu mandato como deputado estadual e, já recebida a denúncia oferecida pelo Ministério Público, o respectivo TJ estadual dará ciência à Assembleia Legislativa que, por iniciativa de partido político nela representado e pelo voto da maioria de seus membros, poderá, até a decisão final, sustar o andamento da ação (analogia com o § 3º do art. 53 da CF). *Alternativa A.*

68. (XXXII Exame) Deputados Federais da oposição articularam-se na Câmara dos deputados e obtiveram apoio de 1/3 (um terço) dos respectivos membros para instaurarem Comissão Parlamentar de Inquérito (CPI), visando a apurar supostos ilícitos praticados pelo Presidente da República. Para evitar que integrantes da base governista se imiscuíssem e atrapalhassem as investigações, foi deliberado que somente integrantes dos partidos oposicionistas comporiam a Comissão. Diante do caso hipotético narrado, com base na ordem constitucional vigente, assinale a afirmativa correta.

(A) O procedimento está viciado porque não foi atingido o quórum mínimo de maioria simples, exigido pela Constituição de 1988, para a instauração da Comissão Parlamentar de Inquérito.

(B) O procedimento encontra-se viciado porque não assegurou a representação proporcional dos partidos ou blocos parlamentares que participam da Casa Legislativa.

(C) O procedimento encontra-se viciado em razão da inobservância do quórum mínimo exigido, de maioria absoluta.

(D) O procedimento narrado não apresenta quaisquer vícios de ordem material e formal, estan-

do de acordo com os preceitos da Constituição de 1988.

RESPOSTA Tal procedimento está, por evidente, viciado, pois vai de encontro ao art. 58, § 1º, da CRFB, que, de modo bastante equilibrado e coerente, determina que, na constituição das CPIs, é assegurada, tanto quanto possível, a representação proporcional dos partidos ou dos blocos parlamentares que participam da respectiva Casa. Assim, tenta-se evitar possíveis manobras de partidos políticos que, tanto possam querer abafar casos que devam ser investigados, quanto possam querer investigar fatos que não possuem relevância jurídico-política. *Alternativa B.*

69. (XXXI Exame) Josué, deputado federal no regular exercício do mandato, em entrevista dada, em sua residência, à revista *Pensamento*, acusa sua adversária política, Aline, de envolvimento com escândalos de desvio de verbas públicas, o que é objeto de investigação em Comissão parlamentar de Inquérito instaurada poucos dias antes. Não obstante, após ser indagado sobre os motivos que nutriam as acaloradas disputas entre ambos, Josué emite opinião com ofensas de cunho pessoal, sem qualquer relação com o exercício do mandato parlamentar. Diante do caso hipotético narrado, conforme reiterada jurisprudência do Supremo Tribunal Federal sobre o tema, assinale a afirmativa correta.

(A) Josué poderá ser responsabilizado penal e civilmente, inclusive por danos morais, pelas ofensas proferidas em desfavor de Aline que não guardem qualquer relação com o exercício do mandato parlamentar.

(B) Josué encontra-se protegido pela imunidade material ou inviolabilidade por suas opiniões, palavras e votos, o que, considerado o caráter absoluto dessa prerrogativa, impede a sua responsabilização por quaisquer das declarações prestadas à revista.

(C) Josué poderá ter sua imunidade material afastada em virtude de as declarações terem sido prestadas fora da respectiva casa legislativa, independentemente de estarem, ou não, relacionadas ao exercício do mandato.

(D) A imunidade material, consagrada constitucionalmente, foi declarada inconstitucional pelo Supremo Tribunal Federal, de modo que Josué não poderá valer-se de tal prerrogativa para se isentar de eventual responsabilidade pelas ofensas dirigidas a Aline.

RESPOSTA Já sabemos de antemão que os deputados e senadores são invioláveis, civil e penalmente, por quaisquer de suas opiniões, palavras e votos (art. 53,

DIREITO CONSTITUCIONAL

caput, da CRFB). No entanto, há uma delimitação jurídica para essa imunidade, para que não haja excesso nem desvio de poder por parte dos parlamentares. Necessariamente, a imunidade deve estar atrelada às atividades ligadas ao exercício parlamentar, ou seja, ligadas diretamente a suas funções como deputado ou senador. Qualquer outra atividade que não tenha vínculo com o exercício do mandato não estará protegida pela imunidade parlamentar. No caso em tela, Josué poderá sim ser responsabilizado penal e civilmente ao acusar levianamente outrem de desvio de verbas públicas, e não no exercício das funções do seu mandato. Dica extra: "A imunidade parlamentar não se estende ao corréu sem essa prerrogativa" (Súmula 245 do STF). *Alternativa A*.

70. (XXIX Exame) O senador João fora eleito Presidente do Senado Federal. Ao aproximar-se o fim do exercício integral do seu mandato bienal, começa a planejar seu futuro na referida casa legislativa. Ciente do prestígio que goza entre seus pares, discursa no plenário, anunciando a intenção de permanecer na função até o fim de seu mandato como senador, o que ocorrerá em quatro anos. Assim, para que tal desejo se materialize, será necessário que seja reeleito nos dois próximos pleitos (dois mandatos bienais). Sobre a intenção do senador, segundo o sistema jurídico-constitucional brasileiro, assinale a afirmativa correta.

(A) Será possível, já que não há limites temporais para o exercício da presidência nas casas legislativas do Congresso Nacional.

(B) Não será possível, pois a Constituição proíbe a reeleição para esse mesmo cargo no período bienal imediatamente subsequente.

(C) É parcialmente possível, pois, nos moldes da reeleição ao cargo de Presidente da República, ele poderá concorrer à reeleição uma única vez.

(D) Não é possível, pois o exercício da referida presidência inviabiliza a possibilidade de, no futuro, vir a exercê-la novamente.

RESPOSTA Os membros das Mesas do Congresso Nacional têm mandato de 2 (dois) anos, sendo vedada pela CRFB a recondução para o mesmo cargo na eleição imediatamente subsequente (art. 57, § 4º, da CRFB). Explicando: as "Mesas", tanto da Câmara dos Deputados quanto do Senado Federal, são responsáveis pela direção dos trabalhos legislativos e dos serviços administrativos das suas respectivas Casas. Compõem-se, cada uma, de Presidência – Presidente e dois Vice-Presidentes – e de Secretaria, composta por quatro Secretários e quatro Suplentes. *Alternativa B*.

71. (XXVIII Exame) A Mesa da Câmara dos Deputados encaminhou ao Ministro de Es-

tado da Saúde pedido escrito de informações acerca da sua participação na formulação da política pública e na execução das ações de saneamento básico no território nacional. Passados trinta dias do recebimento do documento, não há qualquer resposta por parte do ministério, sendo que o ministro da referida pasta entende que as questões suscitadas não demandam resposta ministerial, por não possuírem caráter técnico, mas apenas político. Indignado, o Presidente da Mesa da Câmara dos Deputados submete a questão à apreciação de sua assessoria jurídica. Sobre o caso narrado, assinale a opção que apresenta, de acordo com o sistema jurídico-constitucional brasileiro, a resposta correta.

(A) O Ministro de Estado da Saúde, em exercício no âmbito do Poder Executivo, somente está obrigado a responder aos pedidos oriundos do Presidente da República, a quem hierarquicamente se submete.

(B) Em razão do princípio da independência entre os poderes da República, a ausência da resposta por parte do Poder Executivo não poderá acarretar sanções jurídicas, embora possa gerar uma crise entre os poderes.

(C) A ausência de resposta poderá fazer com que o Ministro responsável pela pasta venha a responder por crime, perante o Superior Tribunal de Justiça, caso seja denunciado pelo Ministério Público.

(D) O Ministro de Estado da Saúde poderá vir a responder por crime de responsabilidade, não lhe sendo assegurada discricionariedade para deixar de responder ao pedido de informações formulado pela Mesa da Câmara dos Deputados.

RESPOSTA Você, como assessor jurídico da Câmara, deve informar que o Ministro de Estado da Saúde poderá vir a responder por crime de responsabilidade, conforme determina expressamente o art. 50 da CRFB – pois não importa a natureza da informação que o órgão legislativo questiona, sendo necessário, apenas, que o assunto deva ser previamente determinado. *Alternativa D*.

72. (XXI Exame) Ricardo é o diretor geral do órgão da administração direta federal responsável pela ordenação de despesas. Inconformado com o fato de o Tribunal de Contas da União (TCU) ter apreciado e julgado as contas do órgão que dirige e, por fim, lhe aplicando sanções com fundamento em irregularidades apontadas por auditoria realizada pelo próprio TCU, procura um(a) advogado(a). Seu objetivo é saber se o referido Tribunal possui, ou não, tais competências. Neste sentido, o(a) advogado(a) responde que, segundo a ordem jurídico-constitucional vigente, as competências do TCU

(A) abrangem a tarefa referida, já que até mesmo as contas do Presidente da República estão sujeitas ao julgamento do referido Tribunal.

(B) não abarcam a tarefa de julgar tais contas, competindo ao Tribunal tão somente apreciá-las, para que, posteriormente, os Tribunais Federais venham a julgá-las.

(C) abrangem o julgamento das contas, devendo o TCU aplicar as sanções previstas na ordem jurídica em conformidade com os ilícitos que venha a identificar.

(D) não abrangem essa atividade, pois o TCU é órgão responsável pelo controle externo, não podendo, por força do princípio hierárquico, julgar contas de órgão da administração direta.

RESPOSTA As competências constitucionais atribuídas ao TCU estão relacionadas ao art. 71 da Constituição Federal. Dentre elas, há o dever constitucional de julgar as contas dos administradores e demais responsáveis por dinheiros, bens e valores públicos da administração direta e indireta, incluídas as fundações e sociedades instituídas e mantidas pelo Poder Público federal, e as contas daqueles que derem causa a perda, extravio ou outra irregularidade de que resulte prejuízo ao erário público; e aplicar aos responsáveis, em caso de ilegalidade de despesa ou irregularidade de contas, as sanções previstas em lei, que estabelecerá, entre outras cominações, multa proporcional ao dano causado ao erário. *Alternativa C.*

XI. PROCESSO LEGISLATIVO E ESPÉCIES NORMATIVAS

73. **(41º Exame)** Uma Proposta de Emenda à Constituição (PEC) foi apresentada pelo Presidente da República à Câmara dos Deputados. Tal PEC, para alguns parlamentares, versa sobre matéria que é manifestamente ofensiva ao núcleo essencial do pacto federativo. Apesar disso, é aprovada pelas comissões competentes e colocada em pauta, pela Mesa, para a votação pelo Plenário.

Diversos deputados federais do bloco de oposição, inconformados com essa situação, consultam você, como advogado(a), sobre possível medida judicial para que seja reconhecida a incompatibilidade da PEC com a Constituição da República, de modo a impedir a votação pelo Plenário.

Diante de tal contexto, assinale, como advogado(a), a opção que se harmoniza com o sistema brasileiro de controle de constitucionalidade.

(A) A PEC, enquanto não for aprovada e convertida em um ato normativo, vigente e eficaz, não pode ser objeto de nenhum tipo de controle de constitucionalidade.

(B) É possível que a PEC seja considerada inconstitucional em sede de mandado de segurança impetrado no Supremo Tribunal Federal por qualquer deputado federal.

(C) É cabível uma ação direta de inconstitucionalidade perante o Supremo Tribunal Federal, ajuizada por qualquer partido político com representação no Congresso Nacional.

(D) Como a PEC viola preceito fundamental, pode ser deflagrado o controle abstrato de constitucionalidade, via arguição de descumprimento de preceito fundamental, perante o Supremo Tribunal Federal.

RESPOSTA Prevista no art. 60, § 4º, I, da Constituição Federal, a forma federativa de Estado é considerada cláusula pétrea, ou seja, jamais poderá ser modificada por nenhuma emenda constitucional. O mandado de segurança (art. 5º, LXIX, da Constituição Federal) é o remédio constitucional mais adequado para proteger direito líquido e certo (desde que este direito não esteja amparado por *habeas corpus* ou *habeas data*) quando o responsável pela ilegalidade ou abuso de poder for autoridade pública ou agente de pessoa jurídica no exercício de atribuições do Poder Público. Portanto, em se tratando de preservação do devido processo constitucional legislativo, quaisquer parlamentares têm legitimidade para impetrar mandado de segurança preventivo perante o Supremo Tribunal Federal. *Alternativa B.*

74. **(40º Exame)** Uma Proposta de Emenda à Constituição (PEC) é apresentada por um grupo de deputados federais, conforme autoriza a ordem constitucional, cujo objeto é a alteração do Art. 60, § 4º, inciso II, da CRFB/88, que passaria a ter a seguinte redação: o voto direto, aberto, universal e periódico. Depois de apertada aprovação nas comissões competentes, os autores da proposta solicitaram ao Presidente da Câmara dos Deputados que colocasse a referida PEC na pauta do plenário da Casa Legislativa, o que foi atendido. Paralelamente, outro grupo de parlamentares, ao perceber que, pela movimentação política, a PEC possivelmente seria aprovada, procura uma ação jurídica para impedir tal votação pelo plenário da Casa. A respeito da ação jurídica capaz de impedir tal votação pelo plenário da Casa, segundo o sistema brasileiro de controle de constitucionalidade, assinale a afirmativa correta.

DIREITO CONSTITUCIONAL

(A) Em razão da afronta à cláusula pétrea do voto secreto, qualquer legitimado a deflagar o controle concentrado de constitucionalidade pode ajuizar uma Ação Direta de Inconstitucionalidade (ADI) perante o Supremo Tribunal Federal.

(B) Com se está perante matéria *interna corporis* do Congresso Nacional, que só pode ser apreciada no âmbito do Poder Legislativo, a referida PEC, enquanto não for promulgada e se transformar em ato normativo existente e eficaz, não pode ser objeto de nenhum tipo de controle pelo Poder Judiciário.

(C) Por afronta a preceito fundamental, um legitimado pode ajuizar Arguição de Descumprimento de Preceito Fundamental (ADPF) perante o Supremo Tribunal Federal, nos termos da Constituição da República.

(D) Em razão da inobservância das limitações constitucionais materiais ao poder de emendar a Constituição, qualquer deputado federal tem legitimidade ativa para impetrar mandado de segurança perante o Supremo Tribunal Federal.

RESPOSTA O art. 60, § 4º, II, da Constituição Federal é considerada cláusula pétrea, ou seja, nenhuma emenda constitucional jamais poderá reduzir ou modificar suas disposições. Caso haja indevida e inconstitucional evolução na alteração deste parágrafo – como é o caso da questão – o mandado de segurança (art. 5º, LXIX, da Constituição Federal) é o remédio constitucional mais adequado para proteger direito líquido e certo, desde que não amparado por *habeas corpus* ou *habeas data*, quando o responsável pela ilegalidade ou abuso de poder for autoridade pública ou agente de pessoa jurídica no exercício de atribuições do Poder Público. Assim, em se tratando de preservação do devido processo constitucional legislativo, parlamentares têm legitimidade para impetrar mandado de segurança preventivo; trata-se de uma das formas de controle judicial preventivo de constitucionalidade. *Alternativa D.*

75. (40º Exame) O Presidente da República almeja apresentar ao Poder Legislativo um projeto de lei sobre cidadania, além de obter rapidamente a sua aprovação. Com isso, quer cumprir uma promessa realizada durante sua campanha eleitoral. Por essa razão, consulta o Advogado-Geral da União para saber qual é a correta orientação constitucional a ser observada para a concretização do seu objetivo. Com base na situação hipotética narrada e no sistema jurídico-constitucional brasileiro, assinale a opção que indica, corretamente, a resposta apresentada pelo Advogado-Geral da União.

(A) Edição de medida provisória, para que a iniciativa pudesse produzir efeitos rapidamente, devendo-se lembrar ainda que, por essa via, imediatamente ficaria trancada a pauta do Congresso Nacional para deliberar sobre outra matéria.

(B) Apresentação de projeto de lei na Câmara dos Deputados com pedido de urgência, sendo que, por essa via, cada Casa do Congresso Nacional, sucessivamente, tem até 45 (quarenta e cinco) dias para deliberar sobre a proposta, sob o risco de sobrestamento das demais deliberações.

(C) Solicitação à base de apoio do Executivo no âmbito do Congresso Nacional para que inicie o processo legislativo de uma Emenda Constitucional, pois, só assim, ele poderia solicitar urgência para a deliberação da proposta nas Casas Legislativas.

(D) Requerimento, ao Congresso Nacional, de delegação para elaboração de lei delegada, pois, assim, ele não teria emendas ao seu projeto e, imediatamente, a lei produziria seus efeitos.

RESPOSTA O art. 64, § 1º, da Constituição Federal dispõe que, se assim quiser, o Presidente da República poderá solicitar urgência para apreciação de projetos de sua iniciativa. Vale ressaltar que a letra "A" está errada pois, mesmo tendo efeitos imediatos, as medidas provisórias não trancam imediatamente a pauta do Congresso Nacional para deliberações de outras matérias. *Alternativa B.*

76. (37º Exame) O Presidente da República, ao finalizar projeto de lei de sua iniciativa privativa, é aconselhado por um assessor que encaminhe o texto ao Senado Federal, de forma a ali dar início à discussão e à votação do referido projeto. A justificativa para que o Senado Federal fosse definido como a casa iniciadora do projeto de lei era a de que a matéria teria recebido grande apoio no âmbito do Senado Federal. O Presidente da República, então, solicita que sua assessoria analise a possibilidade ventilada. Estes, após cuidadosa avaliação, informam ao Presidente da República que, segundo a ordem jurídico-constitucional brasileira, a discussão e a votação dos projetos de lei de iniciativa do Presidente da República terão início

(A) na Câmara dos Deputados ou no Senado Federal, conforme escolha discricionária de sua parte.

(B) na Câmara dos Deputados, necessariamente, sendo que ao Senado Federal restará o papel de casa revisora.

(C) por vezes na Câmara dos Deputados, por vezes no Senado Federal, devendo apenas ser respeitada a regra de alternância entre elas.

(D) por regra, no Senado Federal, salvo exceções estabelecidas na Constituição Federal de 1988.

RESPOSTA No caso em tela, sendo o projeto de lei de iniciativa privativa do Presidente da República, é obrigatório que sua deflagração (seu início) se dê na Câmara dos Deputados, conforme disposição expressa do artigo 64 da Constituição Federal. *Alternativa B.*

77. (37º Exame) Um terço dos membros do Senado Federal apresentou proposta de emenda à Constituição da República (PEC), propondo o acréscimo de um inciso ao art. 5º. Segundo a PEC, o novo inciso teria a seguinte redação: "LXXX – é garantida a inclusão digital e o acesso amplo e irrestrito à Internet, nos termos da lei". A proposta foi aprovada pelo plenário da Câmara dos Deputados e do Senado Federal por mais de três quintos dos membros em um único turno de votação. Ato contínuo, a PEC foi promulgada pelas Mesas da Câmara dos Deputados e do Senado Federal. Sobre a PEC descrita na narrativa, segundo o sistema jurídico-constitucional brasileiro, assinale a afirmativa correta.

(A) Apresenta uma inconstitucionalidade material, que vem a ser a violação de cláusula pétrea, haja vista a impossibilidade de qualquer alteração no art. 5º da Constituição da República.

(B) É formalmente inconstitucional, pois o procedimento a ser seguido pelas Casas do Congresso Nacional, que funcionam como poder constituinte derivado reformador, não foi corretamente observado.

(C) Ostenta um vício de iniciativa, visto que é da competência exclusiva do chefe do Poder Executivo a apresentação do projeto de emenda à Constituição.

(D) Apresenta vício formal, pois, em qualquer ato de produção normativa, especialmente no caso de emenda à constituição, a competência para o ato de promulgação é do Presidente da República.

RESPOSTA O caso em tela descreve flagrante desrespeito no processo legislativo de emenda à Constituição Federal. O art. 60 da CF é expresso em afirmar que, dentre outras formas, poderá ser emendada mediante proposta de um terço, no mínimo, dos membros da Câmara dos Deputados ou do Senado Federal (inciso I). E, após a propositura, a emenda será discutida e votada em cada Casa do Congresso Nacional, em dois turnos, considerando-se aprovada se obtiver, em ambos, três quintos dos votos dos respectivos membros (§ 2º do mesmo art. 60). *Alternativa B.*

78. (XXXI Exame) Diante das intensas chuvas que atingiram o Estado Alfa, que se encontra em situação de calamidade pública, o Presidente da República, ante a relevância e urgência latentes, edita a Medida Provisória n. XX/19, determinando a abertura de crédito extraordinário para atender às despesas imprevisíveis a serem realizadas pela União, em decorrência do referido desastre natural.

A partir da situação hipotética narrada, com base no texto constitucional vigente, assinale a afirmativa correta.

(A) A Constituição de 1988 veda, em absoluto, a edição de ato normativo dessa natureza sobre matéria orçamentária, de modo que a abertura de crédito extraordinário deve ser feita por meio de lei ordinária de iniciativa do Chefe do Executivo.

(B) A Constituição de 1988 veda a edição de ato normativo dessa natureza em matéria de orçamento e créditos adicionais e suplementares, mas ressalva a possibilidade de abertura de crédito extraordinário para atender a despesas imprevisíveis e urgentes, como as decorrentes de calamidade pública.

(C) O ato normativo editado afronta o princípio constitucional da anterioridade orçamentária, o qual impede quaisquer modificações nas leis orçamentárias após sua aprovação pelo Congresso Nacional e consequente promulgação presidencial.

(D) O ato normativo editado é harmônico com a ordem constitucional, que autoriza a edição de medidas provisórias que versem sobre planos plurianuais, diretrizes orçamentárias, orçamento e créditos adicionais, suplementares e extraordinários, desde que haja motivação razoável.

RESPOSTA Realmente, o art. 62, § 1º, da CRFB veda expressamente a edição, pelo Presidente da República, de medidas provisórias sobre (dentre outros assuntos) planos plurianuais, diretrizes orçamentárias, orçamento e créditos adicionais e suplementares. Entretanto, há uma pequena, mas expressiva exceção – *a que a maioria dos estudantes não atenta* –, que permite sim a abertura de crédito extraordinário para atender a despesas imprevisíveis e urgentes, como as decorrentes de guerra, comoção interna ou calamidade pública. Trata-se da determinação do art. 167, § 3º, da CRFB. *Alternativa B.*

79. (XXVIII Exame) Ante o iminente vencimento do prazo para adimplemento de compromissos internacionais assumidos pelo Brasil perante o Fundo Monetário Internacional, bem como diante da grave crise econômica enfrentada pelo Estado, o Presidente da República, no regular exercício do mandato, edita a Medida Provisória X.

DIREITO CONSTITUCIONAL

A medida dispõe sobre a possibilidade de detenção e sequestro, pelo governo federal, de bens imóveis com área superior a 250 m² situados em zonas urbanas, desde que não se trate de bem de família e que o imóvel esteja desocupado há mais de dois anos. Sobre a Medida Provisória X, com base na CRFB/88, assinale a afirmativa correta.

(A) É inconstitucional, uma vez que a Constituição Federal de 1988 veda, expressamente, que tal espécie normativa disponha sobre matéria que vise a detenção ou o sequestro de bens.

(B) É inconstitucional, pois trata de matéria já regulamentada pelo legislador ordinário, qual seja, a possibilidade de desapropriação de bens imóveis urbanos por necessidade ou utilidade pública.

(C) Ela não se revela adequada ao cumprimento do requisito de urgência porque só produzirá efeitos no exercício financeiro seguinte, caso venha a ser convertida em lei até o último dia daquele em que foi editada.

(D) É constitucional, pois foram respeitados os requisitos de relevância e urgência, desde que seja submetida de imediato ao Congresso Nacional, perdendo eficácia se não for convertida em lei no prazo de 60 (sessenta) dias, prorrogável uma única vez por igual período.

RESPOSTA A medida provisória é norma proveniente (editada e criada) pelo chefe do Poder Executivo, com força de lei, que trata de assuntos com extrema relevância e urgência, pois assuntos dessa natureza não poderiam esperar o trâmite normal de um processo legislativo. Entretanto, há assuntos proibidos constitucionalmente de serem tratados via medida provisória. Dentre eles, a detenção ou sequestro de bens, de poupança popular ou qualquer outro ativo financeiro (art. 62, § 1º, II, da CRFB). *Alternativa A.*

80. (XXVI Exame) O deputado federal Alberto propôs, no exercício de suas atribuições, projeto de lei de grande interesse para o Poder Executivo federal. Ao perceber que o momento político é favorável à sua aprovação, a bancada do governo pede ao Presidente da República que, utilizando-se de suas prerrogativas, solicite urgência (regime de urgência constitucional) para a apreciação da matéria pelo Congresso Nacional. Em dúvida, o Presidente da República recorre ao seu corpo jurídico, que, atendendo à sua solicitação, informa que, de acordo com o sistema jurídico-constitucional brasileiro, o pleito da base governista

(A) é viável, pois é prerrogativa do chefe do Poder Executivo solicitar o regime de urgência constitucional em todos os projetos de lei que tramitem no Congresso Nacional.

(B) não pode ser atendido, pois o regime de urgência constitucional somente pode ser solicitado pelo presidente da mesa de uma das casas do Congresso Nacional.

(C) viola a CRFB/88, pois o regime de urgência constitucional somente pode ser requerido pelo Presidente da República em projetos de lei de sua própria iniciativa.

(D) não pode ser atendido, pois, nos casos urgentes, o Presidente da República deve veicular a matéria por meio de medida provisória e não solicitar que o Legislativo aprecie a matéria em regime de urgência.

RESPOSTA Conforme expressa determinação do § 1º do art. 64 da CRFB, o Presidente da República poderá solicitar urgência para apreciação de projetos apenas de sua iniciativa. *Alternativa C.*

81. (XXII Exame) O Presidente da República, objetivando adotar medidas urgentes para melhorar o desempenho da máquina burocrática pública, solicita delegação ao Congresso Nacional a fim de normatizar, por meio de lei delegada, a tramitação mais eficiente de processos no âmbito da Administração Pública. O Congresso Nacional, embora tenha concordado com o pedido formulado, especifica, por meio de resolução, que o projeto de lei delegada proposto pelo Presidente da República, antes de adentrar o sistema jurídico vigente pela via legal, deverá ser por ele avaliado. O Presidente da República, tendo dúvidas sobre se a condição imposta pelo Poder Legislativo é violadora da ordem jurídico-constitucional brasileira, solicita esclarecimentos à sua assessoria jurídica. Sobre a exigência do Congresso Nacional, assinale a afirmativa correta.

(A) A exigência é constitucional, tendo em vista que a CRFB/88 prevê a possibilidade de controle prévio sobre o conteúdo normativo da delegação, quando a resolução assim o previr.

(B) A exigência é inconstitucional, posto que a autorização para a edição de lei delegada, quando concedido pelo Congresso Nacional, retira desse órgão qualquer possibilidade de controle sobre o seu conteúdo.

(C) A exigência é constitucional, podendo o Parlamento arrogar-se o direito de propor emendas ao conteúdo normativo do projeto de lei proposto pelo Presidente da República.

(D) A exigência é inconstitucional, pois a lei delegada é espécie normativa cujo fundamento encontra-se alicerçado no princípio da total independência de um Poder nos assuntos de outro.

RESPOSTA As leis delegadas serão elaboradas pelo Presidente da República, que deverá solicitar tal delegação ao Congresso Nacional. A delegação ao Presidente da República terá a forma de resolução, que especificará seu conteúdo e os termos de seu exercício. Ou seja, as condições impostas anteriormente pelo Congresso Nacional ao Presidente da República são justas e condizentes com a sistemática constitucional. *Alternativa A.*

82. (XX Exame – Reaplicação) Sob a alegação de que o Projeto de Lei n. 1234, aprovado pelo Congresso Nacional, viola a CRFB/88, o Presidente da República o veta. Insatisfeitas, as lideranças políticas da oposição afirmam que a justificativa presidencial não se sustenta em argumentação jurídica plausível. As lideranças partidárias, por considerarem que o projeto de lei, nos termos aprovados pelo Poder Legislativo, é fundamental para o processo de recuperação econômica do país, reúnem-se e sugerem várias ações para que as propostas constantes do projeto possam se converter em lei. Assinale a ação que, com embasamento constitucional, as lideranças partidárias devem adotar.

(A) Formar uma base de apoio que contasse com a maioria simples dos membros de uma das casas legislativas, para apresentar, na mesma sessão legislativa, projeto de lei de idêntico teor.

(B) Recorrer ao Poder Judiciário contra o ato do Presidente da República, que, valendo-se de instrumento arbitrário e antidemocrático (o veto), impediu o Legislativo de exercer sua função típica.

(C) Formar maioria absoluta no Congresso Nacional (senadores e deputados federais) que, em sessão conjunta, votasse pela derrubada do veto imposto pelo Presidente da República.

(D) Entender-se politicamente com o Presidente da República, de maneira que este último viesse a desistir do veto por intermédio da figura jurídica da retratação de veto presidencial.

RESPOSTA As lideranças partidárias estão certas em procurar convencer a maioria absoluta do Congresso Nacional, pois esta é a regra estabelecida pelo art. 66, § 4º, da Constituição Federal: "O veto será apreciado em sessão conjunta, dentro de trinta dias a contar de seu recebimento, só podendo ser rejeitado pelo voto da maioria absoluta dos Deputados e Senadores". *Alternativa C.*

83. (XX Exame) Um Senador da República apresentou projeto de lei visando determinar à União que sejam adotadas as providências necessárias para que toda a população brasileira seja vacinada contra determinada doença causadora de pandemia transmitida por mosquito. O Senado Federal, no entanto, preocupado com o fato de que os servidores da saúde poderiam descumprir o que determinaria a futura lei, isso em razão de seus baixos salários, acabou por emendar o projeto de lei, determinando, igualmente, a majoração da remuneração dos servidores públicos federais da área de saúde pública. Aprovado em ambas as Casas do Congresso Nacional, o projeto foi encaminhado ao Presidente da República. Com base na hipótese apresentada, assinale a afirmativa correta.

(A) O Presidente da República não terá motivos para vetar o projeto de lei por vício de inconstitucionalidade formal, ainda que possa vetá-lo por entendê-lo contrário ao interesse público, devendo fazer isso no prazo de quinze dias úteis.

(B) O Presidente da República, ainda que tenha motivos para vetar o projeto de lei por vício de inconstitucionalidade formal, poderá, no curso do prazo para a sanção ou o veto presidencial, editar medida provisória com igual conteúdo ao do projeto de lei aprovado pelo Congresso Nacional, tendo em vista o princípio da separação dos poderes.

(C) O Presidente da República poderá vetá-lo, por motivo de inconstitucionalidade material e não por inconstitucionalidade formal, uma vez que os projetos de lei que acarretem despesas para o Poder Executivo são de iniciativa privativa do Presidente da República.

(D) O Presidente da República poderá vetá-lo, por motivo de inconstitucionalidade formal, na parte que majorou a remuneração dos servidores públicos, uma vez que a iniciativa legislativa nessa matéria é privativa do Chefe do Poder Executivo, devendo o veto ser exercido no prazo de quinze dias úteis.

RESPOSTA Dentre os projetos de lei de iniciativa privativa do Presidente da República (art. 61, § 1º, da CRFB), está a de criação de cargos, funções ou empregos públicos na administração direta e autárquica ou o aumento de sua remuneração. Assim sendo, ficam proibidas quaisquer emendas parlamentares ou de comissões do legislativo a respeito desses temas/assuntos. *Alternativa D.*

XII. DA FISCALIZAÇÃO CONTÁBIL, FINANCEIRA E ORÇAMENTÁRIA

84. (XXXIII Exame) Ao apreciar as contas anuais do chefe do Poder Executivo do Município Y, o Tribunal de Contas emitiu parecer técnico contrário à sua aprovação, por entender

DIREITO CONSTITUCIONAL

que diversos dispositivos da Lei de Responsabilidade Fiscal teriam sido violados. Ainda assim, em contrariedade a tal entendimento, a Câmara Municipal, por decisão dos seus membros, com apenas um voto vencido, julgou e aprovou tais contas. À luz da hipótese narrada, com fundamento no texto constitucional, assinale a afirmativa correta.

(A) A aprovação das contas do Prefeito do Município Y se deu em conformidade com o disposto no texto constitucional, já que parecer prévio do Tribunal de Contas não possui caráter vinculante, deixando de prevalecer por voto de, ao menos, dois terços dos membros da Câmara Municipal.

(B) O parecer técnico emitido pelo Tribunal de Contas possui, excepcionalmente, caráter vinculante, de modo que, no caso em análise, as contas anuais apresentadas pelo Chefe do Executivo não poderiam ter sido aprovadas pela Câmara Municipal.

(C) O Tribunal de Contas, órgão de controle externo auxiliar do Poder Legislativo, tem competência para analisar, julgar e rejeitar, em caráter definitivo, as contas anuais apresentadas pelo Chefe do Executivo local; portanto, é desnecessária a submissão do seu parecer à Câmara Municipal.

(D) Como corolário da autonomia financeira e orçamentária inerente aos três poderes, as contas anuais do Chefe do Executivo municipal não se submetem à aprovação da Câmara local, eis que tal situação implica em indevida ingerência do Poder Legislativo sobre o Poder Executivo.

RESPOSTA A fiscalização financeira do Município (ou seja, controle externo do Município) será exercida pelo Poder Legislativo Municipal, com o auxílio do Tribunal de Contas – seja do municipal (nos locais onde já existem, pois é vedada a criação de Tribunais, Conselhos ou órgãos de Contas Municipais – § 4º do art. 31), seja do estadual, que atua nos municípios onde não há tribunal de contas municipal. Ressalte-se que o parecer prévio, emitido pelo Tribunal de Contas competente sobre as contas que o Prefeito deve anualmente prestar, só deixará de prevalecer (só será derrubado) por decisão de dois terços dos membros da Câmara Municipal. *Alternativa A.*

XIII. DO PODER EXECUTIVO

85. (XXXII Exame) No dia 1º de janeiro de 2015, foi eleito o Presidente da República Alfa, para um mandato de quatro anos. Pouco depois, já no exercício do cargo, foi denunciado pelo Ministério Público de Alfa por ter sido flagrado cometendo o crime (comum) de lesão corporal contra um parente. Embora o referido crime não guarde nenhuma relação com o exercício da função, o Presidente da República Alfa mostra-se temeroso com a possibilidade de ser imediatamente afastado do exercício da presidência e preso. Se a situação ocorrida na República Alfa acontecesse no Brasil, segundo o sistema jurídico-constitucional brasileiro, dar-se-ia

(A) o afastamento do Presidente da República se o Senado Federal deliberasse dessa maneira por maioria absoluta.

(B) a permanência do Presidente da República no exercício da função, embora tenha que responder pelo crime cometido após a finalização do seu mandato.

(C) o afastamento do Presidente da República se, após autorização da Câmara dos Deputados, houvesse sua condenação pelo Supremo Tribunal Federal.

(D) a autorização para que o Presidente da República finalizasse o seu mandato, caso o Senado Federal assim decidisse, após manifestação da Câmara dos Deputados.

RESPOSTA O fundamento desta resposta está no § 4º do artigo 86 da CRFB. O presidente jamais deixa de responder pelos seus crimes, sejam comuns ou de responsabilidade. O que difere um do outro é que, na vigência de seu mandato, não poderá ser responsabilizado por atos estranhos (incluindo crimes) no exercício de suas funções, ou seja, temos uma relativa e temporária irresponsabilidade, na vigência do mandato, pela prática de atos estranhos ao exercício de suas funções. No entanto, necessariamente irá responder pelo crime logo após o término de eu mandato. *Alternativa B.*

86. (XXVII Exame) Em determinado órgão integrante da administração pública federal, vinculado ao Ministério da Fazenda, foi apurado que aproximadamente 100 (cem) cargos estavam vagos. O Presidente da República, mediante decreto, delegou ao Ministro da Fazenda amplos poderes para promover a reestruturação do aludido órgão público, inclusive com a possibilidade de extinção dos cargos vagos. Sobre a hipótese, com fundamento na ordem jurídico-constitucional vigente, assinale a afirmativa correta.

(A) Somente mediante lei em sentido formal é admitida a criação e extinção de funções e cargos públicos, ainda que vagos; logo, o decreto presidencial é inconstitucional por ofensa ao princípio da reserva legal.

(B) A Constituição de 1988 atribui exclusivamente ao Presidente da República a possibilidade de, mediante decreto, dispor sobre a extinção de funções ou cargos públicos, não admitindo que tal competência seja delegada aos Ministros de Estado.

(C) O referido decreto presidencial se harmoniza com o texto constitucional, uma vez que o Presidente da República pode dispor, mediante decreto, sobre a extinção de funções ou cargos públicos, quando vagos, sendo permitida a delegação dessa competência aos Ministros de Estado.

(D) A Constituição de 1988 não permite que cargos públicos legalmente criados, ainda que vagos, sejam extintos, ressalvada a excepcional hipótese de excesso de gastos orçamentários com pessoal; portanto, o Decreto presidencial é inconstitucional.

RESPOSTA Esta questão é bastante interessante: realmente, somente por meio de lei em sentido formal é admitida a criação e extinção de cargos públicos – como regra geral. No entanto, excepcionalmente, por meio de decreto, o Presidente da República pode extinguir funções ou cargos púbicos, quando vagos. Essa competência estabelecida pela CRFB é privativa (art. 84, VI). Além disso, esta específica competência poder ser delegada pelo Presidente aos Ministros de Estado, ao Procurador-Geral da República ou ao Advogado-Geral da União, conforme diz o parágrafo único do mesmo citado art. 84. *Alternativa C.*

87. (XXII Exame) O Presidente da República descumpriu ordem judicial, emanada de autoridade competente, impondo à União o pagamento de vantagens atrasadas, devidas aos servidores públicos federais ativos e inativos. A Advocacia Geral da União argumentava que a mora era justificável por conta da ausência de previsão de recursos públicos em lei orçamentária específica. Apesar disso, um grupo de parlamentares, interessado em provocar a atuação do Ministério Público, entendeu ter ocorrido crime comum de desobediência, procurando você para que, como advogado(a), informe que órgão seria competente para julgar ilícito dessa natureza. Dito isto e a par da conduta descrita, é correto afirmar que o Presidente da República deve ser julgado

(A) pela Câmara dos Deputados, após autorização do Senado Federal.

(B) pelo Senado Federal, após autorização da Câmara dos Deputados.

(C) pelo Supremo Tribunal Federal, após autorização da Câmara dos Deputados.

(D) pelo Supremo Tribunal Federal, após autorização do Congresso Nacional.

RESPOSTA Para a averiguação, investigação e processo de crimes comuns supostamente cometidos pelo Presidente da República, o Ministério Público Federal irá propor denúncia na Câmara dos Deputados. Admitida a acusação, por dois terços desta Casa, será submetido a julgamento perante o Supremo Tribunal Federal, ficando suspenso de suas funções. No entanto, se, decorrido o prazo de cento e oitenta dias e o julgamento não estiver concluído, cessará o afastamento do Presidente, sem prejuízo do regular prosseguimento do processo. Ainda, enquanto não sobrevier sentença condenatória, nas infrações comuns, o Presidente da República não estará sujeito a prisão – art. 86 da CRFB. *Alternativa C.*

XIV. DO PODER JUDICIÁRIO E DAS FUNÇÕES ESSENCIAIS À JUSTIÇA

88. (40º Exame) Determinada associação nacional, que congrega oficiais do registro e notários, foi surpreendida com a publicação da Lei Federal X, que mudou a destinação dos emolumentos cartorários, de modo que uma parte dos valores arrecadados passaria a ser destinada a políticas públicas do governo federal na área de educação. Considerando a iminente perda de arrecadação, a associação procura você, na qualidade de advogado(a), para saber da constitucionalidade da Lei Federal X. Com base na hipótese narrada e no sistema jurídico-constitucional brasileiro, assinale a opção que apresenta, corretamente, o seu parecer.

(A) Não há inconstitucionalidade na Lei Federal X, pois os emolumentos cartorários, por serem recursos públicos, devem ter a destinação que lhe é atribuída em lei.

(B) A Lei Federal X é inconstitucional, pois vincula a destinação dos emolumentos cartorários a finalidade diversa daquela prevista na ordem constitucional.

(C) A Lei Federal X é coerente com o sistema constitucional, pois mudou a destinação dos emolumentos cartorários apenas no âmbito da União.

(D) Os emolumentos cartorários devem ser direcionados ao custeio da seguridade social, logo, a Lei Federal X afronta a ordem constitucional.

RESPOSTA O § 2º do art. 98 da Constituição Federal é muito claro em afirmar que as custas e emolumentos serão destinados exclusivamente ao custeio dos serviços afetos às atividades específicas da Justiça. Assim sendo, fica evidenciada a inconstitucionalidade da referida Lei Federal X, podendo, inclusi-

DIREITO CONSTITUCIONAL

ve, ser objeto da ação direta de inconstitucionalidade. *Alternativa B.*

89.
(XXXIV Exame) João Santos, eleito para o cargo de governador do Estado Delta, em cumprimento de uma promessa de campanha, resolve realizar severa reforma administrativa, de modo a melhorar as condições econômico-financeiras do Estado Delta. Para tanto, entre várias propostas, sugere a extinção da Defensoria Pública do Estado, sendo que a Procuradoria-Geral do Estado passaria a ter, então, a incumbência de exercer as atribuições da instituição a ser extinta.

Segundo a ordem jurídico-constitucional brasileira, o governador está

(A) correto, pois os interesses público primários e secundários são coincidentes, não havendo motivos para que mais de um órgão venha a ter a competência concorrente de tutelar a ambos.

(B) equivocado, pois a extinção da Defensoria Pública teria, por consequência automática, o repasse das atribuições do órgão a ser extinto para o Ministério Público do Estado Delta.

(C) correto, pois a organização da estrutura administrativa do Estado Delta é atribuição do Governador do Estado, como decorrência natural do princípio federativo.

(D) equivocado, sendo que sua proposta viola a Constituição Federal, já que a Defensoria Pública, como instituição permanente, é essencial à função jurisdicional do Estado.

RESPOSTA O Governador está totalmente equivocado. A Defensoria Pública é instituição permanente e essencial à função jurisdicional do Estado. A característica constitucional "instituição permanente" significa que determinado órgão jamais poderá ser extinto, em nenhuma hipótese, nem mesmo por emenda constitucional. Ainda, como expressão e instrumento do regime democrático, as Defensorias têm como principais objetivos a orientação jurídica, a promoção dos direitos humanos e a defesa, em todos os graus, seja judicial ou extrajudicial, dos direitos individuais e coletivos, de forma integral e gratuita, aos necessitados. Assim, além de ser inconstitucional extinguir a Defensoria, tal ato causaria retrocesso à garantia e defesa de direitos fundamentais de todos os grupos vulneráveis da sociedade do estado Delta, o que é incabível. *Alternativa D.*

90.
(XXV Exame) Policiais militares do Estado Y decidiram entrar em greve em razão dos atrasos salariais e por considerarem inadequadas as condições de trabalho. Em razão desse quadro, a Associação de Esposas e Viúvas dos Policiais Militares procura um advogado para saber da constitucionalidade dessa decisão dos policiais militares. Sobre a hipótese apresentada, assinale a afirmativa correta.

(A) Compete aos referidos policiais militares decidir sobre a oportunidade de exercer o direito de greve, que lhes é assegurado pela CRFB/88.

(B) O direito de greve pode ser livremente exercido pelos policiais militares estáveis, mas aqueles que estiverem em estágio probatório podem ser demitidos por falta injustificada ao serviço.

(C) O exercício do direito de greve, sob qualquer forma ou modalidade, é-lhes vedado, pois sua atividade é essencial à segurança da sociedade, tal qual ocorre com os militares das Forças Armadas.

(D) O direito de greve dos servidores públicos ainda não foi regulamentado por lei específica, o que torna a decisão constitucionalmente incorreta.

RESPOSTA Nesse caso, a resposta é bastante simples, pois a Constituição Federal é clara. Em seu art. 142, § 3º, IV, expressa que "os membros das Forças Armadas são denominados militares, aplicando-se-lhes, além das que vierem a ser fixadas em lei, as seguintes disposições: IV – ao militar são proibidas a sindicalização e a greve". Nesse caso, não há exceção: aos militares (quaisquer) é proibido o direito de exercer greve. *Alternativa C.*

91.
(XXI Exame) A parte autora em um processo judicial, inconformada com a sentença de primeiro grau de jurisdição que se embasou no ato normativo X, apela da decisão porque, no seu entender, esse ato normativo seria inconstitucional. A 3ª Câmara Cível do Tribunal de Justiça do Estado Alfa, ao analisar a apelação interposta, reconhece que assiste razão à recorrente, mais especificamente no que se refere à inconstitucionalidade do referido ato normativo X. Ciente da existência de cláusula de reserva de plenário, a referida Turma dá provimento ao recurso sem declarar expressamente a inconstitucionalidade do ato normativo X, embora tenha afastado a sua incidência no caso concreto. De acordo com o sistema jurídico-constitucional brasileiro, o acórdão proferido pela 3ª Turma Cível

(A) está juridicamente perfeito, visto que, nestas circunstâncias, a solução constitucionalmente expressa é o afastamento da incidência, no caso concreto, do ato normativo inconstitucional.

(B) não segue os parâmetros constitucionais, pois deveria ter declarado, expressamente, a inconstitucionalidade do ato normativo que fundamentou a sentença proferida pelo juízo *a quo*.

(C) está correto, visto que a 3ª Turma Cível, como órgão especial que é, pode arrogar para si a competência do Órgão Pleno do Tribunal de Justiça do Estado Alfa.

(D) está incorreto, visto que violou a cláusula de reserva de plenário, ainda que não tenha declarado expressamente a inconstitucionalidade do ato normativo.

RESPOSTA Pela regra existente no art. 97 da Constituição Federal, qualquer declaração de inconstitucionalidade incidental, por meio do controle difuso, deve seguir a regra ali estabelecida: "Somente pelo voto da maioria absoluta de seus membros ou dos membros do respectivo órgão especial poderão os tribunais declarar a inconstitucionalidade de lei ou ato normativo do Poder Público". Assim sendo, o acórdão está incorreto, mesmo se houvesse declarado expressamente a norma como inconstitucional, pois a regra exige que essa declaração parta do órgão especial ou da maioria absoluta dos membros do tribunal. *Alternativa D.*

92. **(XX Exame)** Ao ouvir, em matéria telejornalística, referência ao Conselho Nacional de Justiça (CNJ), João, estudante do primeiro ano de curso jurídico, interessado em melhor compreender a estrutura e as atribuições dos órgãos estatais, procura o seu professor de Direito Constitucional para obter maiores informações sobre o tema. Narra o conteúdo da matéria, informando-lhe não ter conseguido entender adequadamente o papel desempenhado pelo referido Conselho na estrutura do Estado. O referido professor, então, plenamente alicerçado na ordem constitucional, esclarece que o Conselho Nacional de Justiça

(A) é um órgão atípico, que não se encontra na estrutura de nenhum dos Poderes da República, mas que, sem prejuízo das suas atribuições administrativas, excepcionalmente possui atribuições jurisdicionais.

(B) é um órgão pertencente à estrutura do Poder Judiciário e, como tal, possui todas as atribuições jurisdicionais recursais, sem prejuízo das atribuições administrativas de sua competência.

(C) embora seja um órgão pertencente à estrutura do Poder Judiciário, possui atribuições exclusivamente administrativas, não sendo, portanto, órgão com competência jurisdicional.

(D) é um órgão auxiliar da Presidência da República, com atribuições de controle da atividade administrativa, financeira e disciplinar de toda a magistratura, incluído neste rol o Supremo Tribunal Federal.

RESPOSTA O Conselho Nacional de Justiça compõe-se de 15 (quinze) membros com mandato de 2 (dois) anos, admitida 1 (uma) recondução, conforme preconiza o art. 103-B da Constituição Federal. Sua principal competência está estabelecida no § 4º desse mesmo artigo, que aponta como sendo o controle da atuação administrativa e financeira do Poder Judiciário e do cumprimento dos deveres funcionais dos juízes. Portanto, não há prestação jurisdicional nos julgamentos do CNJ. *Alternativa C.*

93. **(XX Exame)** Como determinado minério vem obtendo alto preço no mercado mundial devido às grandes quantidades compradas pela China, o Estado-membro Alfa recorre ao governo chinês para obter um empréstimo, com vistas à construção da infraestrutura necessária à sua extração. Sabedor do fato, o prefeito do Município Beta, onde se localiza o principal porto do Estado Alfa, também solicita um empréstimo à China, para viabilizar o melhor escoamento do minério. Concedidos os empréstimos, com estrita observância da sistemática constitucional e gastos os recursos, a crise no setor público acaba por inviabilizar o pagamento da dívida contraída pelos entes federativos. Insatisfeita, a China ajuíza ação, no Brasil, contra o Estado Alfa e o Município Beta.

Assinale a opção que indica a competência para processar e julgar as matérias.

(A) Supremo Tribunal Federal nos dois processos, posto que a presença da China no polo ativo da relação processual obriga que a Corte Suprema seja responsável pela solução dos dois litígios.

(B) Supremo Tribunal Federal na relação jurídica entre a China e o Estado Alfa, e Superior Tribunal de Justiça na relação entre a China e o Município Beta, por expressa determinação constitucional.

(C) Supremo Tribunal Federal na relação jurídica entre a China e o Estado Alfa, e juiz federal, na relação entre a China e o Município Beta, por expressa determinação constitucional.

(D) Tribunal de Justiça do Estado Alfa, posto que, não havendo interesse da União nos negócios jurídicos firmados, os órgãos da Justiça Federal não podem solucionar as lides.

RESPOSTA No caso em tela, trata-se de competência para processar e julgar casos em que há organismo estrangeiro como sendo uma das partes. Assim a Constituição Federal preconiza que compete aos juízes federais processar e julgaras causas entre Estado estrangeiro ou organismo internacional e Município ou pessoa domiciliada ou residente no País (inciso II do art. 109 da CRFB). E compete ao STF processar e

DIREITO CONSTITUCIONAL

julgar os litígios entre Estado estrangeiro ou organismo internacional e a União, o Estado, o Distrito Federal ou o Território (art. 102, inciso I, alínea "e", da CRFB). *Alternativa C.*

XV. CONTROLE DE CONSTITUCIONALIDADE

94. **(41º Exame)** No Estado Ômega, um deputado estadual ajuizou representação de inconstitucionalidade perante o Tribunal de Justiça local, visando questionar a constitucionalidade de uma lei estadual. O Tribunal, porém, se negou a conhecer da representação, argumentando que o deputado não possuía legitimidade ativa conforme estabelecido na Constituição Estadual. Inconformado, o deputado considera interpor recurso extraordinário, a ser julgado pelo Supremo Tribunal Federal (STF) contra a decisão do Tribunal de Justiça.

Como base no sistema jurídico-constitucional brasileiro, o(a) advogado(a) do deputado estadual informou, corretamente, que:

(A) não cabe recurso extraordinário, pois o Tribunal de Justiça é o guardião da Constituição Estadual e a questão não envolve norma de reprodução obrigatória.

(B) é cabível o recurso extraordinário, pois a decisão do Tribunal de Justiça envolve interpretação da Constituição Estadual, que deve ser revista pelo STF.

(C) não é possível interpor o recurso extraordinário, mas, sim, recurso ordinário, pois trata-se de matéria de direito infraconstitucional.

(D) deve ser interposto recurso extraordinário, pois qualquer decisão do Tribunal de Justiça pode ser revisada pelo STF, independentemente da matéria.

RESPOSTA Conforme o art. 125, § 2º, da Constituição Federal, cabe aos Estados a instituição de representação de inconstitucionalidade de leis ou atos normativos estaduais ou municipais em face da Constituição Estadual, vedada a atribuição da legitimação para agir a um único órgão. Essa parte final traz, portanto, a ideia de que cabe às Constituições Estaduais determinarem quais são os legitimados a propor ADI ou ADC perante o TJ local, sendo livres para realizarem essa escolha – desde que não deixem tal legitimidade para apenas um único órgão. Assim sendo, a escolha do estado-membro sobre quais pessoas ou órgãos podem propor representação de inconstitucionalidade de leis ou atos normativos estaduais ou municipais em face da Constituição Estadual não é considerada norma de reprodução obrigatória (ou seja, não é aplicado o princípio da simetria federativa) e, portanto, de tal decisão não cabe recurso extraordinário – já que a causa decidida não contrariou nem lei federal nem a

própria Constituição Federal (art. 102, III, da CF). *Alternativa A.*

95. **(39º Exame)** Vários municípios, pertencentes a diferentes estados-membros da Federação, vêm reproduzindo o teor da Lei XXX/2019, do Município Alfa. Esses diplomas vêm causando grande polêmica no mundo jurídico, já que diversos Tribunais de Justiça têm se dividido quanto à constitucionalidade ou inconstitucionalidade das referidas leis municipais. Os componentes da Mesa do Senado Federal, cientes da insegurança que tal divergência gera ao ambiente jurídico, analisam a possibilidade de, diante da grande disparidade das posições assumidas pelos diversos Tribunais de Justiça, ajuizar uma Ação Declaratória de Constitucionalidade (ADC). Em consonância com o sistema jurídico-constitucional brasileiro, assinale a opção que deve ser apresentada aos componentes da Mesa do Senado Federal.

(A) A ação prevista não geraria os resultados esperados quanto à segurança jurídica, pois uma decisão nesta espécie de ação não produz efeitos *erga omnes*.

(B) A Mesa do Senado Federal não possui legitimidade ativa para a proposição de ação de controle concentrado do tipo apresentado.

(C) Embora a decisão proferida na ação produza efeitos *erga omnes*, as normas municipais não poderiam ser objeto de avaliação por esta ação específica.

(D) A Lei XXX/2019, em razão da natureza do ente federativo que a produziu, somente pode ser objeto de análise pela via do controle difuso de constitucionalidade.

RESPOSTA De acordo com o art. 102, I, *a*, da Constituição Federal, a ação declaratória de constitucionalidade (ADC) é um mecanismo jurídico-constitucional destinado a declarar a constitucionalidade de lei ou ato normativo federal – com efeitos *erga omnes* e vinculante, relativamente aos demais órgãos do Poder Judiciário e à administração pública direta e indireta, nas esferas federal, distrital, estadual e municipal. Assim, percebe-se que apenas normas de nível federal serão atingidas pelos efeitos da ADC. Além disso, os órgãos do Poder Legislativo – de qualquer nível político – não são atingidos pelos efeitos da ADC. *Alternativa C.*

96. **(39º Exame)** O Presidente da República promulgou a Lei Federal XX/2022, versando sobre certa matéria, que também poderia ser objeto de medida provisória. Tal lei vem sendo aplicada normalmente por diversos órgãos judiciais e administrativos do País. No entanto, convicto da inconstitucionalidade da Lei Federal XX/2022, um legitimado resolveu ajuizar ação direta de inconstitucionalidade (ADI) perante o Supremo Tribunal Federal (STF) contra o referido diploma legal. No julgamento da ADI, o Plenário do STF resolve, por maioria absoluta de seis Ministros, julgar procedente o pedido e declarar a inconstitucionalidade da Lei Federal XX/2022. Com base na situação hipotética apresentada, assinale a opção que está de acordo com o sistema brasileiro de controle de constitucionalidade.

(A) A decisão final de mérito do STF no julgamento da ADI em tela vincula todo o Poder Judiciário, incluindo o próprio Pleno do Tribunal.

(B) O Presidente da República poderá editar medida provisória sobre a matéria, porque, ao exercer função legislativa, não está vinculado à decisão definitiva de mérito do STF, proferida em sede de ADI.

(C) A decisão definitiva de mérito proferida pelo STF no julgamento da referida ADI produz eficácia *erga omnes*, porque vincula plenamente todos os três Poderes do Estado (Executivo, Legislativo e Judiciário).

(D) Apenas a Administração Pública direta, nas esferas federal, estadual e municipal, está vinculada à decisão definitiva de mérito proferida pelo STF em sede de ADI.

RESPOSTA O § 2º do art. 102 da Constituição Federal dispõe que as decisões definitivas de mérito, proferidas pelo Supremo Tribunal Federal, nas ações diretas de inconstitucionalidade e nas ações declaratórias de constitucionalidade produzirão eficácia contra todos e efeito vinculante, relativamente aos demais órgãos do Poder Judiciário e à administração pública direta e indireta, nas esferas federal, estadual e municipal. Ou seja, deixa de fora o Poder Legislativo. E, como a edição de medidas provisórias pelo chefe do Poder Executivo é considerada um exercício de função legislativa, poderá editá-las sobre a mesma matéria disposta no julgamento da ADI. *Alternativa B.*

97. *(37º Exame)* Determinada lei federal de 2020 gerou intensa controvérsia em vários órgãos do Poder Judiciário, bem como suscitou severas críticas de importantes juristas, que questionaram a constitucionalidade de diversos dos seus dispositivos. Afinal, cerca de metade dos juízes e tribunais do País inclinou-se por sua inconstitucionalidade. A existência de pronunciamentos judiciais antagônicos vem gerando grande insegurança jurídica no País, daí a preocupação de um legitimado à deflagração do controle concentrado de constitu-

cionalidade em estabelecer uma orientação homogênea na matéria regulada pela lei federal em tela, sem, entretanto, retirá-la do mundo jurídico.

Sem saber como proceder para afastar a incerteza jurídica a partir da mitigação de decisões judiciais conflitantes, esse legitimado solicitou que você, como advogado(a), se manifestasse. Assinale a opção que indica a ação cabível para atingir esse objetivo.

(A) Ação Direta de Inconstitucionalidade (ADI).
(B) Representação de Inconstitucionalidade (RI).
(C) Arguição de Descumprimento de Preceito Fundamental (ADPF).
(D) Ação Declaratória de Constitucionalidade (ADC).

RESPOSTA Com efeito, a ADC consiste num processo objetivo destinado a afastar a insegurança jurídica ou o estado de incerteza sobre a validade de uma lei, com o fundamento principiológico de que leis e atos normativos são presumidamente constitucionais. Ou seja, verificando-se que a jurisprudência infraconstitucional traz essa insegurança jurídica por meio de diferentes e controversas decisões, poderão os órgãos legitimados – *se estiverem convencidos de sua constitucionalidade* – provocar o Supremo Tribunal Federal para que ponha termo à controvérsia instaurada (art. 103 da CF). Vale ressaltar que, seguindo essa lógica, caso proclamada a constitucionalidade da norma questionada, julgar-se-á improcedente a ação direta ou procedente eventual ação declaratória. Além disso, a declaração de constitucionalidade tem eficácia contra todos e efeito vinculante em relação aos órgãos do Poder Judiciário e à Administração Pública federal, estadual e municipal (arts. 24 e 28 da Lei Federal n. 9.868/99). *Alternativa D.*

98. *(36º Exame)* O atual governador do Estado Delta entende que, de acordo com a CRFB/88, a matéria enfrentada pela Lei X, de 15 de agosto de 2017, aprovada pela Assembleia Legislativa de Delta, seria de iniciativa privativa do Chefe do Poder Executivo estadual. Porém, na oportunidade, o projeto de lei foi proposto por um deputado estadual. Sem saber como proceder, o atual Chefe do Poder Executivo buscou auxílio junto ao Procurador-geral do Estado Delta, que, com base no sistema jurídico-constitucional brasileiro, afirmou que o Governador

(A) poderá tão somente ajuizar uma ação pela via difusa de controle de constitucionalidade, pois, no caso em tela, não possui legitimidade para propor ação pela via concentrada.

(B) poderá, pela via política, requisitar ao Poder Legislativo do Estado Delta que suspenda a eficá-

DIREITO CONSTITUCIONAL

cia da referida Lei X, porque, no âmbito jurídico, nada pode ser feito.

(C) poderá propor uma ação direta de inconstitucionalidade perante o Supremo Tribunal Federal, alegando vício de iniciativa, já que possui legitimidade para tanto.

(D) não poderá ajuizar qualquer ação pela via concentrada, já que apenas a Mesa da Assembleia Legislativa de Delta possuiria legitimidade constitucional para tanto.

RESPOSTA A inconstitucionalidade formal é aquela que está relacionada com vício no processo de produção das leis, editadas em desconformidade com as normas previstas constitucionalmente em relação ao modo ou à forma de sua elaboração. No caso em questão, o Governador tem interesse processual em ingressar com ADI (via concentrada – proposta perante o STF), sendo ele parte legítima para fazê-lo, conforme art. 103, V, da CF. *Alternativa C.*

99.
(36º Exame) O governador do Estado Alfa pretendia criar um novo município no âmbito do seu estado. No entanto, tinha conhecimento de que o art. 18, § 4º, da CRFB/88, que trata dessa temática, é classificado como norma de eficácia limitada, que ainda está pendente de regulamentação por lei complementar a ser editada pela União. Em razão dessa constatação, resolve ajuizar Ação Direta de Inconstitucionalidade por Omissão (ADO), perante o Supremo Tribunal Federal (STF), com o intuito de sanar a omissão legislativa. Ao analisar a referida ADO, o STF, por maioria absoluta de seus membros, reconhece a omissão legislativa. Diante dessa narrativa, assinale a opção que está de acordo com o sistema brasileiro de controle de constitucionalidade.

(A) O STF, com o objetivo de combater a síndrome da ineficácia das normas constitucionais, deverá dar ciência ao Poder Legislativo para a adoção das providências necessárias à concretização do texto constitucional, obrigando-o a editar a norma faltante em trinta dias.

(B) O STF, em atenção ao princípio da separação de Poderes, deverá dar ciência ao Poder Legislativo para a adoção das providências necessárias à concretização da norma constitucional.

(C) O STF, a exemplo do que se verifica no mandado de injunção, atuando como legislador positivo, deverá suprir a omissão inconstitucional do legislador democrático, criando a norma inexistente que regula a constituição de novos municípios, o que obsta a atuação legislativa superveniente.

(D) A referida ação deveria ter sido julgada inepta, na medida em que somente as normas constitucionais de eficácia contida podem ser objeto de Ação Direta de Inconstitucionalidade por Omissão.

RESPOSTA A ADI por omissão está prevista no art. 103, § 2º, da CF e seu procedimento foi regulamentado pela Lei Federal n. 9.868/99 – arts. 12-A a 12-H. No caso em tela, o STF, por maioria absoluta de seus membros, reconheceu a omissão legislativa. Portanto, nesse caso, será dada ciência ao Poder competente para a adoção das providências necessárias e, em se tratando de órgão administrativo, para fazê-lo em trinta dias. *Alternativa B.*

100.
(35º Exame) Em decisão de mérito proferida em sede de ação direta de inconstitucionalidade (ADI), os Ministros do Supremo Tribunal Federal declararam inconstitucional o Art. 3º da Lei X. Na oportunidade, não houve discussão acerca da possibilidade de modulação dos efeitos temporais da referida decisão. Sobre a hipótese, segundo o sistema jurídico-constitucional brasileiro, assinale a afirmativa correta.

(A) A decisão está eivada de vício, pois é obrigatória a discussão acerca da extensão dos efeitos temporais concedidos à decisão que declara a inconstitucionalidade.

(B) A decisão possui eficácia temporal *ex tunc*, já que, no caso apresentado, esse é o natural efeito a ela concedido.

(C) Nesta específica ação de controle concentrado, é terminantemente proibida a modulação dos efeitos temporais da decisão.

(D) A decisão em tela possui eficácia temporal *ex nunc*, já que, no caso acima apresentado, esse é o efeito obrigatório.

RESPOSTA Não é obrigatória discussão acerca da extensão dos efeitos temporais concedidos à decisão que declara a inconstitucionalidade – muito pelo contrário. Apenas se assim quiser, ao declarar a inconstitucionalidade de lei ou ato normativo, e tendo em vista razões de segurança jurídica ou de excepcional interesse social, poderá o Supremo Tribunal Federal, por maioria de dois terços de seus membros, restringir os efeitos daquela declaração ou decidir que ela só tenha eficácia a partir de seu trânsito em julgado ou de outro momento que venha a ser fixado (art. 27 da Lei Federal n. 9.868/99). Assim, o efeito natural da declaração de inconstitucionalidade é *ex tunc*, ou seja, o objeto da ADI é extirpado do ordenamento jurídico desde seu nascimento. *Alternativa B.*

101.
(XXXIV Exame) O governador do Estado Alfa propôs, perante o Supremo Tribunal Federal, Ação Declaratória de Constituciona-

lidade (ADC), com pedido de tutela cautelar de urgência, para ver confirmada a legitimidade jurídico-constitucional de dispositivos da Constituição estadual, isto em razão da recalcitrância de alguns órgãos jurisdicionais na sua observância. Foi requerida medida cautelar. A partir do caso narrado, assinale a afirmativa correta.

(A) A ADC pode ser conhecida e provida pelo STF, para que venha a ser declarada a constitucionalidade dos dispositivos da Constituição do Estado Alfa indicados pelo governador.

(B) Embora a ADC proposta pelo governador do Estado Alfa possa ser conhecida e julgada pelo STF, revela-se incabível o deferimento de tutela cautelar de urgência nessa modalidade de ação de controle abstrato de constitucionalidade.

(C) A admissibilidade da ADC prescinde da existência do requisito da controvérsia judicial relevante, uma vez que a norma sobre a qual se funda o pedido de declaração de constitucionalidade tem natureza supralegal.

(D) A ADC não consubstancia a via adequada à análise da pretensão formulada, uma vez que a Constituição do Estado Alfa não pode ser objeto de controle em tal modalidade de ação abstrata de constitucionalidade.

RESPOSTA Questão bastante interessante pelo grau de detalhe que o candidato deve ter da letra da lei constitucional. O art. 102 da CRFB possui peculiaridade que pode fazê-lo errar a questão, caso não preste muita atenção na pergunta. Esse artigo diz que, em que pese o STF ter competência para processar e julgar, originariamente, a ADI de lei ou ato normativo federal ou estadual, a competência para processar e julgar ADC será, apenas, em relação a lei ou ato normativo federal, ou seja, não cabe ADC de lei ou ato normativo estadual em face do STF. *Alternativa D.*

102. (XXX Exame) Em março de 2017, o Supremo Tribunal Federal, em decisão definitiva de mérito proferida no âmbito de uma Ação Declaratória de Constitucionalidade, com eficácia contra todos (*erga omnes*) e efeito vinculante, declarou que a lei federal, que autoriza o uso de determinado agrotóxico no cultivo de soja, é constitucional, desde que respeitados os limites e os parâmetros técnicos estabelecidos pela Agência Nacional de Vigilância Sanitária (ANVISA). Inconformados com tal decisão, os congressistas do partido Y apresentaram um projeto de lei perante a Câmara dos Deputados visando proibir, em todo o território nacional, o uso do referido agrotóxico e, com isso, "derrubar" a decisão da Suprema Corte. Em outubro de 2017, o projeto de lei é apresentado para ser

votado. Diante da hipótese narrada, assinale a afirmativa correta.

(A) A superação legislativa das decisões definitivas de mérito do Supremo Tribunal Federal, no âmbito de uma ação declaratória de constitucionalidade, deve ser feita pela via da emenda constitucional, ou seja, como fruto da atuação do poder constituinte derivado reformador; logo, o projeto de lei proposto deve ser impugnado por mandado de segurança em controle prévio de constitucionalidade.

(B) Embora as decisões definitivas de mérito proferidas pelo Supremo Tribunal Federal nas ações declaratórias de constitucionalidade não vinculem o Poder Legislativo em sua função típica de legislar, a Constituição de 1988 veda a rediscussão de temática já analisada pela Suprema Corte na mesma sessão legislativa, de modo que o projeto de lei apresenta vício formal de inconstitucionalidade.

(C) Como as decisões definitivas de mérito proferidas pelo Supremo Tribunal Federal em sede de controle concentrado de constitucionalidade gozam de eficácia contra todos e efeito vinculante, não poderia ser apresentado projeto de lei que contrariasse questão já pacificada pela Suprema Corte, cabendo sua impugnação pela via da reclamação constitucional.

(D) O Poder Legislativo, em sua função típica de legislar, não fica vinculado às decisões definitivas de mérito proferidas pelo Supremo Tribunal Federal no controle de constitucionalidade, de modo que o projeto de lei apresentado em data posterior ao julgamento poderá ser regularmente votado e, se aprovado, implicará a superação ou reação legislativa da jurisprudência.

RESPOSTA Conforme § 2º do art. 102 da CRFB, as decisões definitivas de mérito, proferidas pelo Supremo Tribunal Federal, nas ações diretas de inconstitucionalidade e nas ações declaratórias de constitucionalidade produzirão eficácia contra todos e efeito vinculante, relativamente aos demais órgãos do Poder Judiciário e à administração pública direta e indireta, nas esferas federal, estadual e municipal. Ou seja, os efeitos destas decisões atingem e vinculam, diretamente, os Poderes Executivo e Judiciário. Entretanto, não vinculam o Poder Legislativo em sua função típica de legislar, podendo este, inclusive, produzir normas jurídicas contrárias a quaisquer decisões de qualquer natureza do Poder Judiciário. *Alternativa D.*

103. (XXIX Exame) O Estado Alfa promulgou, em 2018, a Lei Estadual X, concedendo unilateralmente isenção sobre o tributo incidente em operações relativas à circulação in-

DIREITO CONSTITUCIONAL

terestadual de mercadorias (ICMS) usadas como insumo pela indústria automobilística. O Estado Alfa, com isso, atraiu o interesse de diversas montadoras em ali se instalarem. A Lei Estadual X, no entanto, contraria norma da Constituição da República que dispõe caber a lei complementar regular a forma de concessão de incentivos, isenções e benefícios fiscais relativos ao ICMS, mediante deliberação dos Estados e do Distrito Federal. Em razão da Lei Estadual X, o Estado Beta, conhecido polo automobilístico, sofrerá drásticas perdas em razão da redução na arrecadação tributária, com a evasão de indústrias e fábricas para o Estado Alfa. Diante do caso narrado, com base na ordem jurídico-constitucional vigente, assinale a afirmativa correta.

(A) O Governador do Estado Beta não detém legitimidade ativa para a propositura da Ação Direta de Inconstitucionalidade em face da Lei Estadual X, uma vez que, em âmbito estadual, apenas a Mesa da Assembleia Legislativa do respectivo ente está no rol taxativo de legitimados previsto na Constituição.

(B) A legitimidade do Governador do Estado Beta restringe-se à possibilidade de propor, perante o respectivo Tribunal de Justiça, representação de inconstitucionalidade de leis ou atos normativos estaduais ou municipais em face da Constituição Estadual.

(C) A legitimidade ativa do Governador para a Ação Direta de Inconstitucionalidade vincula-se ao objeto da ação, pelo que deve haver pertinência da norma impugnada com os objetivos do autor da ação; logo, não podem impugnar ato normativo oriundo de outro Estado da Federação.

(D) O Governador do Estado Beta é legitimado ativo para propor Ação Direta de Inconstitucionalidade em face da Lei Estadual X, a qual, mesmo sendo oriunda de ente federativo diverso, provoca evidentes reflexos na economia do Estado Beta.

RESPOSTA Uma lei inconstitucional de um Estado-membro que provoca efeitos diretos em outro Estado-membro pode sim ser objeto de ADI. Primeiro, pois a legitimidade para a propositura de ADI é conferida aos Governadores de Estado e do Distrito Federal pelo art. 103, V, da CRFB. Segundo, pois, ainda que a Constituição não estabeleça condição para o exercício dessa competência, o STF entende que "em se tratando de impugnação a diploma normativo a envolver outras Unidades da Federação, o Governador há de demonstrar a pertinência-temática, ou seja, a repercussão do ato considerados os interesses do Estado". STF. Plenário. ADI 2.747/DF. Decisão unânime. Rel.: Ministro Marco Aurélio. 16/05/2007. *Alternativa D.*

104. **(XXVIII Exame)** Numerosas decisões judiciais, contrariando portarias de órgãos ambientais e de comércio exterior, concederam autorização para que sociedades empresárias pudessem importar pneus usados. Diante disso, o Presidente da República ingressa com Arguição de Descumprimento de Preceito Fundamental (ADPF), sustentando que tais decisões judiciais autorizativas da importação de pneus usados teriam afrontado preceito fundamental, representado pelo direito à saúde e a um meio ambiente ecologicamente equilibrado. A partir do caso narrado, assinale a afirmativa correta.

(A) A ADPF não se presta para impugnar decisões judiciais, pois seu objeto está adstrito às leis ou a atos normativos federais e estaduais de caráter geral e abstrato, assim entendidos aqueles provenientes do Poder Legislativo em sua função legislativa.

(B) A ADPF tem por objetivo evitar ou reparar lesão a preceito fundamental resultante de ato do Poder Público, ainda que de efeitos concretos ou singulares; logo, pode impugnar decisões judiciais que violem preceitos fundamentais da Constituição, desde que observada a subsidiariedade no seu uso.

(C) Embora as decisões judiciais possam ser impugnadas por ADPF, a alegada violação do direito à saúde e a um meio ambiente ecologicamente equilibrado não se insere no conceito de preceito fundamental, conforme rol taxativo constante na Lei Federal n. 9.882/99.

(D) A ADPF não pode ser admitida, pois o Presidente da República, na qualidade de chefe do Poder Executivo, não detém legitimidade ativa para suscitar a inconstitucionalidade de ato proferido por membros do Poder Judiciário, sob pena de vulneração ao princípio da separação dos poderes.

RESPOSTA A ADPF tem por objeto evitar ou reparar lesão a preceitos fundamentais, proveniente de ato do Poder Público; ou também pode ser interposta quando houver controvérsia constitucional sobre lei ou ato normativo federal, estadual ou municipal – incluídos os anteriores à atual Constituição (art. 1º da Lei n. 9.882/99). Assim sendo, está inserido em seu espectro de atuação impugnar decisões judiciais que violem preceitos fundamentais da Constituição. Apenas lembre-se que, mesmo assim, a ADPF somente poderá ser proposta quando não houver (couber) nenhuma outra ação constitucional com o mesmo objetivo – princípio da subsidiariedade da ADPF. *Alternativa B.*

105. (XXVII Exame) O Supremo Tribunal Federal (STF), em decisão definitiva de mérito proferida em sede de Ação Direta de Inconstitucionalidade, declarou inconstitucional determinada lei do Estado Alfa. Meses após a referida decisão, o Estado Sigma, após regular processo legislativo e sanção do Governador, promulga uma lei estadual com teor idêntico àquele da lei federal que fora declarada inconstitucional pelo STF. Com base no ordenamento jurídico-constitucional vigente, assinale a afirmativa correta.

(A) As decisões proferidas em sede de controle concentrado, como no caso da Ação Direta de Inconstitucionalidade, gozam de efeitos *erga omnes* e vinculam o Poder Legislativo e o Poder Executivo; logo, a inconstitucionalidade da lei do Estado Sigma pode ser arguida em reclamação ao STF.

(B) A norma editada pelo Estado Sigma, ao contrariar decisão definitiva de mérito proferida pela Suprema Corte, órgão de cúpula do Poder Judiciário ao qual compete, precipuamente, a guarda da Constituição, já nasce nula de pleno direito e não produz quaisquer efeitos.

(C) A decisão definitiva de mérito proferida pelo STF em sede de Ação Direta de Inconstitucionalidade não possui efeito vinculante, razão pela qual inexiste óbice à edição de lei estadual com teor idêntico àquele de outra lei estadual que fora declarada inconstitucional pela Suprema Corte.

(D) A referida decisão proferida pelo STF, declarando a inconstitucionalidade da lei do Estado Alfa, apenas vincula os demais órgãos do Poder Judiciário e a administração pública direta e indireta, não o Poder Legislativo em sua função típica de legislar; logo, pode ser proposta nova ADI.

RESPOSTA Como bem afirmado pelo Professor Pedro Lenza, não há no ordenamento jurídico brasileiro a chamada "fossilização da Constituição Federal", ou seja, caso uma lei seja declarada inconstitucional em sede de ADI, tal decisão apenas obriga (vincula) os demais órgãos do Poder Judiciário e a administração pública direta e indireta, mas não o Poder Legislativo em sua função típica de legislar. É um exemplo típico e claro do equilíbrio entre os poderes (sistema de freios e contrapesos). *Alternativa D.*

106. (XXIV Exame) Considere a seguinte situação hipotética: Decreto Legislativo do Congresso Nacional susta Ato Normativo do Presidente da República que exorbita dos limites da delegação legislativa concedida. Insatisfeito com tal Iniciativa do Congresso Nacional e levando em consideração o sistema brasileiro de controle de constitucionalidade, o Presidente da República pode

(A) deflagrar o controle repressivo concentrado mediante uma Arguição de Descumprimento de Preceito Fundamental (ADPF), pois não cabe Ação Direta de Inconstitucionalidade de decreto legislativo.

(B) recorrer ao controle preventivo jurisdicional mediante o ajuizamento de um Mandado de Segurança perante o Supremo Tribunal Federal.

(C) deflagrar o controle repressivo político mediante uma representação de inconstitucionalidade, pois se trata de um ato do Poder Legislativo.

(D) deflagrar o controle repressivo concentrado mediante uma Ação Direta de Inconstitucionalidade (ADI), uma vez que o decreto legislativo é ato normativo primário.

RESPOSTA Tendo em vista que o decreto legislativo já foi emitido pelo Congresso e que seus efeitos já estão em vigor, o controle será o repressivo. Além disso, o decreto legislativo tem natureza jurídica de "ato normativo primário", ou seja, é norma passível de ser objeto de controle concentrado de constitucionalidade. Aqui, apresentamos as normas passíveis de controle concentrado de constitucionalidade, segundo maioria da doutrina e jurisprudência: – art. 59 da Constituição Federal; – decretos autônomos do Poder Executivo (art. 84, VI, da CRFB); – resoluções administrativas dotadas de abstração e generalidade provenientes do Conselho Nacional de Justiça, Conselho Nacional do Ministério Público, Tribunais Superiores e Tribunais de segunda instância; – tratados internacionais, depois de incorporados no nosso ordenamento jurídico. *Alternativa D.*

107. (XXIII Exame) A Lei federal n. 123, sancionada em 2012, é objeto de Ação Direta de Inconstitucionalidade proposta por partido político com representação no Congresso Nacional. O referido diploma legal é declarado materialmente inconstitucional pelo Supremo Tribunal Federal (STF), em março de 2014. Em outubro de 2016, membro da Câmara dos Deputados apresenta novo projeto de lei ordinária contendo regras idênticas àquelas declaradas materialmente inconstitucionais. Tomando por base o caso apresentado acima, assinale a afirmativa correta.

(A) A decisão proferida pelo STF produz eficácia contra todos e efeito vinculante relativamente aos órgãos dos Poderes Executivo, Legislativo e Judiciário, inclusive nas suas funções típicas; logo, o novo projeto de lei ordinária, uma vez aprovado pelo Congresso Nacional, será nulo por ofensa à coisa julgada.

DIREITO CONSTITUCIONAL

(B) Em observância ao precedente firmado na referida Ação Direta de Inconstitucionalidade, o plenário do STF pode, em sede de controle preventivo, obstar a votação do novo projeto de lei por conter regras idênticas àquelas já declaradas inconstitucionais.

(C) A decisão proferida pelo STF não vincula o Poder Legislativo ou o plenário do próprio Tribunal em relação a apreciações futuras da temática; logo, caso o novo projeto de lei venha a ser aprovado e sancionado, a Corte pode vir a declarar a constitucionalidade da nova lei.

(D) A decisão proferida pelo STF é ineficaz em relação a terceiros, porque o partido político com representação no Congresso Nacional não está elencado no rol constitucional de legitimados aptos a instaurar o processo objetivo de controle normativo abstrato.

RESPOSTA Este caso aqui apresentado é um típico caso do que a doutrina chama de "fossilização da Constituição". Qualquer decisão do STF em relação ao controle de constitucionalidade não vincula o Poder Legislativo de impedir a produção de outra norma de idêntico conteúdo. Inclusive, este é um dos mais claros exemplos de equilíbrio e harmonia entre os Poderes. Se fosse possível o impedimento do Poder Legislativo em editar nova norma de conteúdo idêntico ou similar a qualquer outra anterior, considerada pelo STF como inconstitucional, teríamos o que a doutrina chama de "fenômeno da fossilização da Constituição" – ou seja, os efeitos da decisão de inconstitucionalidade do STF seriam vinculantes, também, para o Poder Legislativo. *Alternativa C.*

XVI. PODER CONSTITUINTE

108. (35º Exame) No Preâmbulo da Constituição do Estado Alfa consta: "Nós, Deputados Estaduais Constituintes, no pleno exercício dos poderes outorgados pelo artigo 11 do Ato das Disposições Transitórias da Constituição da República Federativa do Brasil, promulgada em 5 de outubro de 1988, reunidos em Assembleia, no pleno exercício do mandato, de acordo com a vontade política dos cidadãos deste Estado, dentro dos limites autorizados pelos princípios constitucionais que disciplinam a Federação Brasileira, promulgamos, sob a proteção de Deus, a presente Constituição do Estado Alfa." Diante de tal fragmento e de acordo com a teoria do poder constituinte, o ato em tela deve ser corretamente enquadrado como forma de expressão legítima do poder constituinte

(A) originário.

(B) derivado difuso.

(C) derivado decorrente.

(D) derivado reformador.

RESPOSTA Proveniente do poder constituinte originário, o poder constituinte derivado consiste na possibilidade de modificação ou criação de normas constitucionais. Quando se tratar de emendas constitucionais, chama-se "poder constituinte derivado reformador". Agora, como no caso da questão, quando se tratar de ser possibilitado a cada Estado-membro da federação criar sua própria constituição (respeitadas as diretrizes básicas da Constituição Federal), temos, então, o chamado "poder constituinte derivado decorrente". *Alternativa C.*

109. (XXV Exame) Por entender que o voto é um direito, e não um dever, um terço dos membros da Câmara dos Deputados articula proposição de emenda à Constituição de 1988, no sentido de tornar facultativo a todos os cidadãos o voto nas eleições a serem realizadas no país. Sabendo que a proposta gerará grande polêmica, o grupo de parlamentares resolve consultar um advogado especialista na matéria. De acordo com o sistema jurídico-constitucional brasileiro, assinale a opção que indica a orientação correta a ser dada pelo advogado.

(A) Não é possível sua supressão por meio de Emenda Constitucional, porque o voto obrigatório é considerado cláusula pétrea da Constituição da República, de 1988.

(B) Não há óbice para que venha a ser objeto de alteração por via de Emenda Constitucional, embora o voto obrigatório tenha estatura constitucional.

(C) Para que a proposta de Emenda Constitucional seja analisada pelo Congresso Nacional, é necessária manifestação de um terço de ambas as Casas.

(D) A emenda, sendo aprovada pelo Congresso Nacional, somente será promulgada após a devida sanção presidencial.

RESPOSTA Cuidado com a pegadinha! Segundo está descrito na Constituição Federal, art. 14, § 1º, I, "o alistamento eleitoral e o voto são obrigatórios para os maiores de dezoito anos". No entanto, quando a Constituição trata sobre cláusulas pétreas (aquelas normas constitucionais que não podem ser modificadas), diz que, em seu art. 60, § 4º, "não será objeto de deliberação a proposta de emenda tendente a abolir o voto direto, secreto, universal e periódico". Portanto, uma emenda constitucional que tiver como objeto abolir o voto obrigatório não estará indo contra as cláusulas pétreas. *Alternativa B.*

XVII. DA INTERVENÇÃO, DA DEFESA DO ESTADO E DAS INSTITUIÇÕES DEMOCRÁTICAS

110.
(40º Exame) Depois da ocorrência de calamidade de grandes proporções, em razão de enchentes causadas por chuvas cuja intensidade foi classificada como "sem precedentes", o Presidente da República vislumbra a possível necessidade de decretação de estado de defesa para combater o quadro caótico no qual se encontram quatro estados de uma determinada região do país. Depois de visitar o local, ele tem dúvidas acerca do prazo de duração da medida e, por isso, submete a proposta à apreciação de sua assessoria jurídica.

Assinale a afirmativa que, em consonância com o sistema jurídico-constitucional brasileiro, deve ser adotada

A) O Presidente da República tem poder discricionário para definir o prazo de duração, desde que haja aprovação prévia do Congresso Nacional.

B) O tempo de duração não será superior a 30 (trinta) dias, podendo ser prorrogado uma vez, por igual período, se persistirem as razões que justificaram a sua decretação.

C) O tempo para a superação da crise que deu origem à decretação pelo Presidente da República não pode ultrapassar uma sessão legislativa.

D) O tempo de duração será definido discricionariamente, em respeito ao princípio da separação de poderes, pelo Congresso Nacional.

RESPOSTA Especificamente sobre o prazo de duração do estado de defesa, o § 2º do art. 136 da Constituição Federal determina que não será superior a trinta dias, podendo ser prorrogado uma vez, por igual período, se persistirem as razões que justificaram a sua decretação. *Alternativa B.*

111.
(38º Exame) O Presidente da República Federativa do Brasil, após ouvir os Conselhos da República e de Defesa Nacional, decretou estado de defesa em parte da Região Centro-Oeste do país, que fora atingida por calamidade natural de grandes proporções. O Congresso Nacional, 12 horas após a veiculação do decreto presidencial, tomou ciência da justificativa que levou o Presidente a decretar o estado de defesa. Sobre a hipótese, segundo o sistema jurídico-constitucional brasileiro, assinale a afirmativa correta.

(A) O procedimento apresenta uma inconstitucionalidade formal, pois a decretação do estado de defesa exige aprovação prévia das razões do ato pelo Congresso Nacional.

(B) O decreto presidencial encontra-se formalmente correto, pois, diferentemente do estado de sítio, o estado de defesa dispensa qualquer manifestação, prévia ou *a posteriori*, do Congresso Nacional.

(C) O ato de decretação somente poderia passar a vigorar na região apontada após prévia normatização por meio de decreto legislativo elaborado exclusivamente pelo Congresso Nacional.

(D) O procedimento utilizado pelo Presidente da República converge com aquele que é constitucionalmente exigido, já que a decretação do estado de defesa não exige aprovação prévia do Congresso Nacional.

RESPOSTA Efetivamente, a decretação do estado de defesa pelo Presidente da República não exige aprovação prévia do Congresso Nacional mas, sim, apreciação posterior dentro de 24 horas. A cúpula do Poder Legislativo federal então decidirá, dentro de dez dias, contados de seu recebimento e por maioria absoluta, se o decreto será mantido ou cessará (§§ 4º a 7º do art. 136 da CF). *Alternativa D.*

112.
(38º Exame) Com grande adesão da população, o prefeito do Município Delta, situado no Estado-membro Alfa, declarou a independência do território municipal, criando um novo país. Assustado com a rapidez do processo, o Presidente da República, após ouvir o Conselho de Defesa Nacional, sem perda de tempo, decidiu decretar a intervenção federal no Município. Ato contínuo, submeteu o decreto ao Congresso Nacional, que o aprovou, também de forma célere, por unanimidade.

Sobre o decreto interventivo federal, segundo o sistema jurídico-constitucional brasileiro, assinale a afirmativa correta.

(A) A Constituição da República de 1988 veda, de forma cabal, o direito de secessão, sendo o decreto constitucional.

(B) O ato de insurreição traz consigo grave comprometimento à ordem pública, o que aponta para a constitucionalidade do decreto.

(C) Como Delta está situado em um Estado-membro, não há previsão constitucional para a decretação de intervenção federal.

(D) O fato de a decisão presidencial não ter sido antecedida de requisição pelo Supremo Tribunal Federal indica a invalidade do decreto.

RESPOSTA Mesmo sendo apresentada essa situação extremamente peculiar, de decretação de independência de um município frente à União Federal – podendo inclusive gerar grave instabilidade sócio--política –, não há previsão constitucional desse tipo

DIREITO CONSTITUCIONAL

de intervenção (hipóteses taxativamente previstas no art. 34 da CF). *Alternativa C.*

113. (36º Exame) Dois Estados de determinada região do Brasil foram atingidos por chuvas de tal magnitude que o fenômeno foi identificado como calamidade de grandes proporções na natureza. A ocorrência gerou graves ameaças à ordem pública, e o Presidente da República, após ouvir o Conselho da República e o de Defesa Nacional, decretou o estado de defesa, a fim de restabelecer a paz social. No decreto instituidor, indicou, como medida coercitiva, a ocupação e o uso temporário de bens e serviços públicos dos Estados atingidos, sem direito a qualquer ressarcimento ou indenização por danos e custos decorrentes. Segundo o sistema jurídico-constitucional brasileiro, no caso em análise,

(A) houve violação ao princípio federativo, já que o uso e a ocupação em tela importam em violação à autonomia dos Estados atingidos pela calamidade natural de grandes proporções.

(B) a medida coercitiva é constitucional, pois a decretação de estado de defesa confere à União poderes amplos para combater, durante um prazo máximo de noventa dias, as causas geradoras da crise.

(C) a medida coercitiva em tela viola a ordem constitucional, pois a União deve ser responsabilizada pelos danos e custos decorrentes da ocupação e uso temporário de bens e serviços de outros entes.

(D) a medida coercitiva, nos termos acima apresentados, somente será constitucional se houver prévia e expressa autorização de ambas as casas do Congresso Nacional.

RESPOSTA Trata-se de hipótese de estado de defesa, com o objetivo de preservar ou prontamente restabelecer, em locais restritos e determinados, a ordem pública ou a paz social atingidas por calamidades de grandes proporções na natureza. Entretanto, por ocupação e uso temporário de bens e serviços públicos, na hipótese de calamidade pública, responde a União pelos danos e custos decorrentes, conforme determinação expressa do artigo 136, § 1º, inciso II, da CF. *Alternativa C.*

114. (XXXIV Exame) A zona oeste do Estado Delta foi atingida por chuvas de grande intensidade por duas semanas, levando os especialistas a classificar tal situação como de calamidade de grandes proporções na natureza, em virtude dos estragos observados. O governador de Delta, ao decidir pela decretação do estado de de-

fesa, convoca os procuradores do Estado para que estes se manifestem acerca da constitucionalidade da medida. Os procuradores informam ao governador que, segundo o sistema jurídico-constitucional brasileiro, a decretação do estado de defesa

(A) é um meio institucional adequado para o enfrentamento da crise, mas depende de prévia consulta à Assembleia Legislativa do Estado Delta.

(B) pode ser promovida pelo governador do Estado Delta, caso o Presidente da República delegue tais poderes ao Chefe do Poder Executivo estadual.

(C) não pode se concretizar, pois a ocorrência de calamidade de grandes proporções na natureza não configura hipótese justificadora da referida medida.

(D) é competência indelegável do Presidente da República, não sendo constitucionalmente prevista sua extensão aos chefes do poder executivo estadual.

RESPOSTA A competência para decretar estado de defesa (e estado de sítio) é exclusiva e indelegável do chefe do Poder Executivo Federal – art. 136 da CRFB. Tais comandos estatais são de natureza muito grave e excepcionais, pois geram suspensão temporária de exercícios de alguns direitos constitucionais dos cidadãos. Esse mecanismo tem por objetivo preservar ou prontamente restabelecer, em locais restritos e determinados, a ordem pública ou a paz social ameaçadas por grave e iminente instabilidade institucional ou atingidas por calamidades de grandes proporções na natureza. Por fim, tem-se que não pode ser decretada por nenhum outro chefe do Poder Executivo estadual, municipal e/ou distrital. *Alternativa D.*

115. (XXXIII Exame) O Município Alfa, situado no Estado Beta, negou-se a apresentar contas anuais de numerosos exercícios ao Tribunal de Contas do referido Estado. Convencido de não se tratar de meros equívocos, mas sim de tentativa de dissimular uma série de irregularidades administrativas, o Governador do Estado Beta encaminhou a questão à Procuradoria do Estado, a fim de saber se a situação ensejaria uma intervenção. A Procuradoria de Beta, após análise da Constituição Federal, informou corretamente que o caso

(A) não admite intervenção em Alfa, pois o fato de os Municípios brasileiros serem entes federativos autônomos lhes garante total independência no trato de seus recursos, impossibilitando a ingerência de outros entes.

(B) pode ensejar intervenção federal no Município Alfa, sendo que o Presidente da República somente poderá vir a decretá-la após solicitação formal por parte do Governador de Beta e o devido controle político pelo Congresso Nacional.

(C) enseja a intervenção estadual por decreto do próprio Governador de Beta, sendo o referido ato necessariamente dirigido, posteriormente, à Assembleia Legislativa de Beta, para que realize o devido controle político.

(D) admite a intervenção estadual no Município Alfa, mas o Governador somente poderá decretá-la após a devida e formal solicitação por parte da Câmara Municipal de Alfa, que deverá, em seguida, exercer o controle político do ato.

RESPOSTA Existe previsão *(hipótese)* constitucional de intervenção estadual em município (artigo 35, II, da CRFB) quando este não prestar suas contas devidas, na forma da lei. Neste caso, o decreto de intervenção, que especificará a amplitude, o prazo e as condições de execução *(e que, se couber, nomeará o interventor)* será submetido à apreciação da Assembleia Legislativa do respectivo Estado, no prazo de vinte e quatro horas após sua expedição. Então, cessados os motivos da intervenção, as autoridades eventualmente afastadas de seus cargos a estes voltarão, salvo impedimento legal (artigo 36 da CRFB). *Alternativa C.*

116. (XXXII Exame) Durante pronunciamento em rede nacional, o Presidente da República é alertado por seus assessores sobre a ocorrência de um ataque balístico, em solo pátrio, oriundo de país fronteiriço ao Brasil. Imediatamente, anuncia que tal agressão armada não ficará sem resposta. Após reunir-se com o Conselho da República e o Conselho de Defesa Nacional, solicita autorização ao Congresso Nacional para decretar o estado de sítio e adotar as seguintes medidas: I – a população que reside nas proximidades da área atacada deve permanecer dentro de duas casas ou em abrigos indicados pelo governo; II – imposição de restrições relativas à inviolabilidade da correspondência e ao sigilo das comunicações. A partir do enunciado proposto, com base na ordem constitucional vigente, assinale a afirmativa correta.

(A) Cabe ao Congresso Nacional decidir, por maioria absoluta, sobre a decretação do estado de sítio, visto que as medidas propostas pelo Presidente da República revelam-se compatíveis com a ordem constitucional.

(B) Além de as medidas a serem adotadas serem incompatíveis com a ordem constitucional, a resposta à agressão armada estrangeira é causa de decretação do estado de defesa, mas não do estado de sítio.

(C) Embora as medidas a serem adotadas guardem compatibilidade com a ordem constitucional, a

decretação do estado de sítio prescinde de prévia aprovação pelo Congresso Nacional.

(D) Cabe ao Congresso Nacional decidir, por maioria simples, sobre a instituição do estado de sítio, mas as medidas propostas pelo Presidente apresentam flagrante inconstitucionalidade.

RESPOSTA Nos casos mais graves previstos pela Constituição Federal *(estado de sítio: comoção nacional, ineficácia do estado de defesa ou guerra declarada)*, o Presidente da República é obrigado a pedir permissão formal ao Congresso Nacional para executá-las. Ressaltamos, ainda, que o Presidente pode tomar quaisquer medidas para conter o problema causado pela guerra. Isso, pois a CRFB determinou, de modo explícito, e apenas para as hipóteses de comoção nacional e ineficácia do estado de defesa, quais medidas poderiam ser tomadas. Assim, como nada disse sobre medidas durante o estado de guerra, entende-se ser possível restringir quaisquer direitos e serem tomadas quaisquer medidas - sempre lembrando que, cessado o estado de defesa ou o estado de sítio, cessarão também seus efeitos, sem prejuízo da responsabilidade pelos ilícitos cometidos por seus executores ou agentes. *Alternativa A.*

117. (XXX Exame) As chuvas torrenciais que assolaram as regiões Norte e Nordeste do país resultaram na paralisação de serviços públicos essenciais ligados às áreas de saúde, educação e segurança. Além disso, diversos moradores foram desalojados de suas residências, e o suprimento de alimentos e remédios ficou prejudicado em decorrência dos alagamentos. O Presidente da República, uma vez constatado o estado de calamidade pública de grande proporção, decretou estado de defesa. Dentre as medidas coercitivas adotadas com o propósito de restabelecer a ordem pública estava o uso temporário de ambulâncias e viaturas pertencentes ao Município Alfa. Diante do caso hipotético narrado, assinale a afirmativa correta.

(A) A fundamentação empregada pelo Presidente da República para decretar o estado de defesa viola a Constituição de 1988, porque esta exige, para tal finalidade, a declaração de estado de guerra ou resposta a agressão armada estrangeira.

(B) Embora seja admitida a decretação do estado de defesa para restabelecer a ordem pública em locais atingidos por calamidade de grandes proporções da natureza, não pode o Presidente da República, durante a vigência do período de exceção, determinar o uso temporário de bens pertencentes a outros entes da federação.

DIREITO CONSTITUCIONAL

(C) O estado de defesa, no caso em comento, viola o texto constitucional, porque apenas poderia vir a ser decretado pelo Presidente da República caso constatada a ineficácia de medidas adotadas durante o estado de sítio.

(D) A União pode determinar a ocupação e o uso temporário de bens e serviços públicos, respondendo pelos danos e custos decorrentes, porque a necessidade de restabelecer a ordem pública em locais atingidos por calamidades de grandes proporções da natureza é fundamento idôneo para o estado de defesa.

RESPOSTA Visando preservar ou prontamente restabelecer, em locais restritos e determinados, a ordem pública ou a paz social ameaçadas: 1) por grave e iminente instabilidade institucional ou 2) atingidas por calamidades de grandes proporções na natureza, Presidente da República pode, ouvidos o Conselho da República e o Conselho de Defesa Nacional, decretar "estado de defesa" (art. 136 da CRFB). Agora, apenas na hipótese de calamidade pública: decretado o estado de defesa, a União pode ocupar e usar temporariamente bens e serviços públicos, arcando com eventuais danos e custos decorrentes (inciso II do mesmo art. 136 da CRFB). *Alternativa D.*

118. **(XXVII Exame)** O Procurador-Geral de Justiça resolve representar perante o Tribunal de Justiça, solicitando intervenção estadual no Município Alfa, sob a alegação de que esse ente federado tem violado frontalmente diversos princípios, de reprodução obrigatória, indicados na Constituição Estadual. Com base na hipótese narrada, assinale a afirmativa correta.

(A) A intervenção estadual no Município Alfa pode ser decretada, *ex officio*, pelo Governador de Estado, independentemente da representação.

(B) A intervenção estadual no Município Alfa dependerá de provimento do Tribunal de Justiça requisitando ao Governador de Estado que decrete a referida medida.

(C) A intervenção estadual não é possível, pois, devido à sua natureza excepcional, o rol previsto na Constituição da República não contempla a violação a princípios.

(D) A intervenção estadual no Município Alfa, após o acolhimento da representação pelo Tribunal de Justiça, ainda dependerá do controle político da Assembleia Legislativa Estadual.

RESPOSTA Conforme o princípio da simetria, e tendo em vista que, por causa disso, o mecanismo constitucional de intervenção é um conjunto de normas de reprodução obrigatória nas constituições estaduais, a intervenção estadual no Município Alfa tem como

base a lesão a princípio "sensível" – como são chamados os princípios constitucionais descritos no inciso VII do art. 34 da CRFB. Destarte, a efetivação desse tipo de intervenção sempre depende de pedido expresso do chefe do Ministério Público, seguido do provimento do Tribunal de Justiça requisitando ao Governador de Estado que a decrete (art. 36, III, da CRFB). *Alternativa B.*

119. **(XXVI Exame)** Durante ato de protesto político, realizado na praça central do Município Alfa, os manifestantes, inflamados por grupos oposicionistas, começam a depredar órgãos públicos locais, bem como invadem e saqueiam estabelecimentos comerciais, situação que foge do controle das forças de segurança. Diante do quadro de evidente instabilidade social, o Presidente da República, por Decreto, institui o estado de defesa no Município Alfa por prazo indeterminado, até que seja restaurada a ordem pública e a paz social. No Decreto, ainda são fixadas restrições aos direitos de reunião e ao sigilo de correspondência e comunicação telefônica. Acerca do caso apresentado, assinale a afirmativa correta.

(A) Durante o estado de defesa, podem ser estabelecidas restrições aos direitos de reunião e ao sigilo de correspondência e comunicação telefônica, mas o referido decreto não poderia estender-se por prazo indeterminado, estando em desconformidade com a ordem constitucional.

(B) Ao decretar a medida, o Chefe do Poder Executivo não poderia adotar medidas de restrição ao sigilo de correspondência e comunicação telefônica, o que denota que o decreto é materialmente inconstitucional.

(C) O decreto é formalmente inconstitucional, porque o Presidente da República somente poderia decretar medida tão drástica mediante lei previamente aprovada em ambas as casas do Congresso Nacional.

(D) O decreto presidencial, na forma enunciada, não apresenta qualquer vício de inconstitucionalidade, sendo assegurada, pelo texto constitucional, a possibilidade de o Presidente da República determinar, por prazo indeterminado, restrições aos referidos direitos.

RESPOSTA Nos termos do artigo 136 da CRFB, o decreto que instituir o estado de defesa poderá determinar, dentro dos limites da lei, as seguintes medidas coercitivas: restrições aos direitos de reunião, ainda que exercida no seio das associações; sigilo de correspondência; sigilo de comunicação telegráfica e telefônica; e ocupação e uso temporário de bens e serviços públicos, na hipótese de calamidade pública, sendo que seu tempo de duração do estado de defesa não será superior a trinta dias, podendo ser prorrogado uma vez, por igual período, se persistirem as razões que justificaram a sua decretação. *Alternativa A*.

120.
(XXV Exame) O Estado Alfa deixou de aplicar, na manutenção e no desenvolvimento do ensino, o mínimo exigido da receita resultante de impostos estaduais, compreendida a proveniente de transferências. À luz desse quadro, algumas associações de estudantes procuram um advogado e o questionam se, nessa hipótese, seria possível decretar a intervenção federal no Estado Alfa. Com base na hipótese narrada, assinale a afirmativa correta.

(A) A intervenção federal da União no Estado Alfa pode ser decretada, *ex officio*, pelo Presidente da República.

(B) A intervenção federal não é possível, pois, por ser um mecanismo excepcional, o rol previsto na Constituição que a autoriza é taxativo, não contemplando a situação narrada.

(C) A intervenção da União no Estado Alfa dependerá de requerimento do Procurador-Geral da República perante o Supremo Tribunal Federal.

(D) A intervenção federal não seria possível, pois a norma constitucional que exige a aplicação de percentual mínimo de receita na educação nunca foi regulamentada.

RESPOSTA A regra da Constituição Federal é da não intervenção, seja em qualquer dos seus entes federados. No entanto, excepcionalmente, nas hipóteses em que estão elencadas nos arts. 34 e 35 da CRFB, será possível a intervenção, mas também desde que preenchidos alguns pré-requisitos. No caso em tela, há a possibilidade de intervenção (art. 34, VII, *e*, da CRFB) quando não ocorre, pelo Estado-membro, a aplicação do mínimo exigido da receita resultante de impostos estaduais, compreendida a proveniente de transferências, na manutenção e desenvolvimento do ensino e nas ações e serviços públicos de saúde. Aí então, nesses casos, a Constituição prevê que o deferimento da intervenção dependerá de provimento da representação proposta pelo Procurador-Geral da República (chefe do Ministério Público Federal) perante o Supremo Tribunal Federal (art. 36, III, da CRFB). *Alternativa C*.

121.
(XX Exame) O Presidente da República, cumpridos todos os pressupostos constitucionais exigíveis, decreta estado de defesa no Estado-membro Alfa, que foi atingido por calamidades naturais de grandes proporções, o que causou tumulto e invasões a supermercados, farmácias e outros estabelecimentos, com atingimento à or-

dem pública e à paz social. Mesmo após o prazo inicial de 30 dias ter sido prorrogado por igual período (mais 30 dias), ainda restava evidente a ineficácia das medidas tomadas no decorrer do citado estado de defesa. Sem saber como proceder, a Presidência da República recorre ao seu corpo de assessoramento jurídico que, de acordo com a CRFB/88, informa que

(A) será possível, cumpridas as exigências formais, uma nova prorrogação de, no máximo, 30 dias do estado de defesa.

(B) será possível, cumpridas as exigências formais, prorrogar o estado de defesa até que seja a crise completamente debelada.

(C) será possível, cumpridas as exigências formais, decretar o estado de sítio, já que vedada nova prorrogação do estado de defesa.

(D) será obrigatoriamente decretada a intervenção federal no Estado Alfa, que possibilita a utilização de meios de ação mais contundentes do que os previstos no estado de defesa.

RESPOSTA O Presidente da República pode, ouvidos o Conselho da República e o Conselho de Defesa Nacional, decretar estado de defesa para preservar ou prontamente restabelecer, em locais restritos e determinados, a ordem pública ou a paz social ameaçadas por grave e iminente instabilidade institucional ou atingidas por calamidades de grandes proporções na natureza. O tempo de duração do estado de defesa não será superior a trinta dias, podendo ser prorrogado uma vez, por igual período, se persistirem as razões que justificaram a sua decretação. No entanto, caso o estado de defesa decretado não atinja os objetivos por ele propostos, o Presidente da República pode, ouvidos o Conselho da República e o Conselho de Defesa Nacional, solicitar ao Congresso Nacional autorização para decretar o estado de sítio. É o disposto nos arts. 136 e 137 da Constituição Federal. *Alternativa C*.

122.
(XX Exame – Reaplicação) Determinado Município localizado no âmbito de um Estado-membro da Federação brasileira deixa de cumprir ordem judicial emanada do Tribunal de Justiça local. Diante de tal fato, segundo a ordem jurídico-constitucional brasileira, assinale a afirmativa correta.

(A) O Tribunal de Justiça local poderá, por intermédio de requisição, solicitar ao Governador do Estado a decretação da intervenção estadual no referido Município, sem necessidade de nenhum tipo de Ação Direta Interventiva.

(B) O Procurador-Geral da República poderá ajuizar Representação Interventiva junto ao Supremo Tribunal Federal, que julgando-a proce-

DIREITO CONSTITUCIONAL

dente suscitará a intervenção federal no Município em tela, a ser decretada pelo Presidente da República.

(C) O Superior Tribunal de Justiça poderá, por intermédio de requisição ao Chefe do Executivo Estadual, determinar a intervenção estadual no referido Município, sem a necessidade de nenhum tipo de Ação Direta Interventiva.

(D) O Procurador-Geral de Justiça poderá ajuizar Ação Direta Interventiva estadual junto ao Tribunal de Justiça Local, que a julgando procedente autoriza a intervenção estadual no referido Município, a ser decretada pelo Governador do Estado.

RESPOSTA No caso em tela, houve explícita não obediência do município em relação à ordem judicial. Ocorre que, para haver intervenção do Estado no município, como aquele assim quer, faz-se necessária a propositura, por meio do Procurador-Geral de Justiça do Estado (chefe do Ministério Público estadual), de ação direita de inconstitucionalidade interventiva (ADI interventiva), visando atender ao dispositivo do art. 35, inciso IV, da Constituição Federal. *Alternativa D.*

XVIII. SÚMULA VINCULANTE

123. (41º Exame) Tendo em vista a existência de inúmeras controvérsias entre órgãos judiciários, que geravam grave insegurança jurídica, o Supremo Tribunal Federal editou, há quase uma década, a súmula vinculante nº X, que tratava da incidência de determinado tributo em situações e condições específicas.

O Procurador-Geral da República, apontando as mudanças legislativas e as emendas constitucionais promulgadas em tempos mais recentes, manifestou-se na mídia sobre a ausência de compatibilidade da referida súmula com a ordem jurídica brasileira.

Sobre a hipótese, segundo o sistema jurídico-constitucional brasileiro, assinale a afirmativa correta.

(A) Por não se encontrar na esfera da Justiça Federal, um Tribunal de Justiça de Estado-membro não está obrigado a seguir as diretrizes estabelecidas na súmula vinculante em questão.

(B) Para o cancelamento da súmula vinculante em referência, será necessário que o pleno do Supremo Tribunal Federal se manifeste pelo quórum qualificado de dois terços de seus membros.

(C) Ainda que o Supremo Tribunal Federal entenda que o teor da súmula vinculante não mais se coaduna com a ordem constitucional, somente

poderá apreciar seu cancelamento se provocado por algum agente legitimado.

(D) A fim de obter o cancelamento da mencionada súmula vinculante, deverá o Procurador-Geral da República provocar o Supremo Tribunal Federal por meio de uma ação direta de inconstitucionalidade.

RESPOSTA Para proceder a revisão ou cancelamento de uma súmula vinculante, o art. 103-A *caput* da Constituição Federal impõe que haja decisão, nesse sentido, de dois terços do Supremo Tribunal Federal – seja de ofício ou por provocação. *Alternativa B.*

124. (40º Exame) O Supremo Tribunal Federal (STF), por dois terços de seus membros, aprovou de ofício, no último mês, a Súmula Vinculante XXX, que versa sobre matéria tributária. O deputado federal João da Silva mostrou-se preocupado com a referida Súmula, pois tramita no Congresso Nacional projeto de lei complementar cujo teor conflita fortemente com o da Súmula Vinculante XXX. Por desconhecer as consequências que a referida Súmula acarretará ao processo legislativo em andamento, João busca auxílio de sua assessoria jurídica. Sobre as consequências da Súmula Vinculante aprovada pelo STF, assinale a opção que apresenta, corretamente, a orientação recebida.

(A) Ela vincula unicamente os órgãos do Poder Judiciário, não atingindo os demais poderes, em respeito à separação de poderes.

(B) Ela não alcança o poder legiferante do Congresso Nacional, que segue mantendo intacta sua função originária de criação do Direito.

(C) Ela tem mera função diretiva e de orientação aos demais poderes, sem, no entanto, ter caráter impositivo para qualquer deles, incluindo o Poder Legislativo.

(D) Ela terá efeito vinculante em relação a todos os poderes, em todas as esferas, inclusive no que se refere ao poder de legislar dos entes federativos.

RESPOSTA O art. 103-A da Constituição Federal aponta que as súmulas vinculantes terão efeito vinculante em relação a todos os órgãos do Poder Judiciário (com exceção do STF) e à administração pública direta e indireta, nas esferas federal, distrital, estadual e municipal. Portanto, o Poder Legislativo não está vinculado aos efeitos das súmulas vinculantes, mantendo plenamente sua função constitucional. *Alternativa B.*

125. (39º Exame) À luz de um caso concreto, que envolvia um cliente do escritório, dois advogados iniciaram um debate sobre a relevância do instituto da Súmula Vinculante como instrumento de interpretação. O primeiro advogado ressaltou que a importância destas súmulas é justificada por vincularem todas as estruturas estatais de poder, com exceção do Supremo Tribunal Federal (STF), criando, assim, uma estabilidade jurídica dos significados da Constituição. O segundo advogado disse que achava que o colega estava equivocado, pois o STF também estaria vinculado ao seu entendimento. Sobre o impasse surgido, de acordo com o sistema jurídico-constitucional brasileiro, assinale a afirmativa correta.

(A) Os dois advogados estão equivocados, pois as súmulas vinculantes não vinculam o STF, que as edita e revê, nem tampouco o Poder Legislativo, que possui plena autonomia para legislar, mesmo em sentido contrário ao das súmulas vinculantes.

(B) Os dois advogados estão equivocados, pois as súmulas vinculantes não vinculam o STF, que as edita e revê, nem tampouco o Superior Tribunal de Justiça, por ser o intérprete da legislação federal.

(C) O primeiro advogado está certo e o segundo errado, pois as súmulas vinculantes, de acordo com a Constituição, vinculam todas as estruturas estatais de poder, com exceção apenas do STF, que zela pela adaptabilidade da Constituição à realidade.

(D) O segundo advogado está certo e o primeiro equivocado, pois as súmulas vinculantes, de acordo com a Constituição, vinculam todas as estruturas estatais.

RESPOSTA Os dois causídicos realmente estão equivocados. Conforme art. 103-A da Constituição Federal, as súmulas vinculantes terão efeito vinculante em relação a todos os órgãos do Poder Judiciário (com exceção do STF) e à administração pública direta e indireta, nas esferas federal, distrital, estadual e municipal. Assim, além do STF, o Poder Legislativo também não é atingido pelos efeitos das súmulas vinculantes. *Alternativa A.*

XIX. RECLAMAÇÃO CONSTITUCIONAL

126. (38º Exame) O Procurador-Geral da República, preocupado com o grande número de decisões judiciais divergentes, em âmbito nacional, referentes à possível inconstitucionalidade da Lei Federal n. XX/2021, ajuizou, perante o Supremo Tribunal Federal (STF), uma Ação Declaratória de Constitucionalidade (ADC) visando a elidir a controvérsia judicial. Em março de 2022, no julgamento do mérito, o STF decidiu pela improcedência da ADC referente à Lei Federal n. XX/2021.

No entanto, você, na qualidade de advogado(a) de uma determinada causa, deparou-se com a seguinte situação: em desfavor do seu cliente, o Tribunal Regional Federal (TRF) competente, mantendo decisão proferida pelo Juiz Federal responsável pelo caso, deu aplicação à Lei Federal n. XX/21, que já fora objeto de ADC, apreciada pelo STF em março de 2022.

Diante de tal contexto, assinale a opção que apresenta a medida judicial a ser utilizada para preservar, de forma eficiente e célere, o interesse do seu cliente na causa.

(A) Formular representação ao Procurador-Geral da República, para que seja deflagrado um novo processo objetivo perante o STF para retirar a Lei Federal n. XX/21 do mundo jurídico.

(B) Interpor recurso especial perante o STF, com fundamento em violação de dispositivo constitucional.

(C) Ajuizar reclamação perante o STF em relação à decisão proferida pelo TRF.

(D) Formular representação ao Conselho Nacional de Justiça (CNJ), para que seja deflagrado um processo administrativo disciplinar contra os magistrados do TRF.

RESPOSTA Há certa complexidade na resposta dessa questão. Indo por partes: tendo em vista que, em março de 2022, no julgamento do mérito, o STF decidiu pela improcedência da ADC referente à Lei Federal n. XX/2021, automaticamente, segundo o art. 24 da Lei Federal n. 9.868/99, deve ser proclamada a inconstitucionalidade da norma com sua consequente e imediata exclusão do ordenamento jurídico. Assim sendo, evidentemente, não mais poderá ser aplicada em quaisquer casos judiciais. Portanto, a aplicação pelo TRF dessa citada lei é totalmente indevida, cabendo reclamação a ser impetrada diretamente perante o STF, para a preservação de sua competência e garantia da autoridade de suas decisões (artigo 102, inciso I, alínea *l*, da CF c/c art. 988 do CPC). *Alternativa C.*

127. (35º Exame) O chefe do Poder Executivo do município Ômega, mediante decisão administrativa, resolve estender aos servidores inativos do município o direito ao auxílio-alimentação, contrariando a Súmula Vinculante n. 55 do Supremo Tribunal Federal. Para se insurgir contra a situação apresentada, assinale a opção que indica a medida judicial que deve ser adotada.

(A) Ação Direta de Inconstitucionalidade, perante o Supremo Tribunal Federal, com o objetivo de questionar o decreto.

DIREITO CONSTITUCIONAL

(B) Mandado de injunção, com o objetivo de exigir que o Poder Legislativo municipal edite lei regulamentando a matéria.

(C) Reclamação constitucional, com o objetivo de assegurar a autoridade da súmula vinculante.

(D) *Habeas data*, com o objetivo de solicitar explicações à administração pública municipal.

RESPOSTA Aqui temos uma questão que exige do aluno o conhecimento da competência originária do STF, ou seja, as causas que devem ser propostas diretamente no STF para que este as julguem. A reclamação constitucional é uma ação prevista na Constituição Federal cujo objetivo é a preservação e garantia das decisões tomadas de modo vinculante pelo STF. Assim sendo, quando uma súmula vinculante ou uma decisão com efeitos *erga omnes* vier a ser desrespeitada em julgamento por qualquer membro do Poder Judiciário ou se decisão administrativa do Poder Executivo também porventura contrariar decisão vinculante do STF, a ação para corrigir tal distorção é a reclamação constitucional, prevista no art. 102, I, *l*, e no art. 103-A, § 2º, ambos da Constituição Federal. *Alternativa C.*

128.
(XX Exame – Reaplicação) Inconformado com decisão proferida em sede de primeiro grau da Justiça Estadual, que reconheceu a licitude da exigência de prévio depósito de dinheiro como condição para a admissibilidade de recurso administrativo, em clara afronta à Súmula Vinculante editada pelo Supremo Tribunal Federal, João busca orientação jurídica com conceituado advogado. Assinale a opção que apresenta a medida judicial que deve ser apresentada para que, em consonância com o sistema jurídico-constitucional brasileiro, João, como legitimado, possa buscar a cassação da supramencionada decisão judicial.

(A) Ingressar com reclamação perante o Supremo Tribunal Federal, por contrariar Súmula Vinculante por ele aprovada.

(B) Interpor recurso extraordinário perante o Supremo Tribunal Federal, pelo fato de a decisão ofender a interpretação constitucional sumulada pelo Tribunal.

(C) Propor ação direta de inconstitucionalidade, perante o Tribunal de Justiça ou o Supremo Tribunal Federal, por a referida decisão conter explícita inconstitucionalidade.

(D) Arguir o descumprimento de preceito fundamental, já que a decisão está baseada em ato administrativo contrário à inteligência da CRFB/88.

RESPOSTA Instituto jurídico não tão comum no dia a dia do Poder Judiciário, a reclamação constitucional

é o mecanismo de garantia das decisões do STF, inclusive das súmulas vinculantes, como expressamente disposto no art. 103-A, § 3º, da Constituição Federal: "Do ato administrativo ou decisão judicial que contrariar a súmula aplicável ou que indevidamente a aplicar, caberá reclamação ao Supremo Tribunal Federal que, julgando-a procedente, anulará o ato administrativo ou cassará a decisão judicial reclamada, e determinará que outra seja proferida com ou sem a aplicação da súmula, conforme o caso". *Alternativa A.*

XX. DA SEGURIDADE SOCIAL

129.
(XXI Exame) O Governador do Estado E, diante da informação de que poderia dispor de um lastro orçamentário mais amplo para a execução de despesas com a seguridade social, convocou seu secretariado a fim de planejar o encaminhamento a ser dado a tais recursos. Na reunião foram apresentadas quatro propostas, mas o governador, consultando sua equipe de assessoramento jurídico, foi informado de que apenas uma das propostas era adequada para assegurar diretamente direitos relativos à seguridade social, segundo a definição que lhe dá a CRFB/88. Dentre as opções a seguir, assinale-a.

(A) Ampliação da rede escolar do ensino fundamental e do ensino médio.

(B) Ampliação da rede hospitalar de atendimento à população da região.

(C) Desenvolvimento de programa de preservação da diversidade cultural da população.

(D) Aprimoramento da atuação da guarda municipal na segurança do patrimônio público.

RESPOSTA A seguridade social compreende um conjunto integrado de ações de iniciativa dos Poderes Públicos e da sociedade, destinadas a assegurar os direitos relativos à saúde, à previdência e à assistência social (art. 194, *caput*, da CRFB). Assim sendo, de todas essas alternativas que foram propostas pelo seu secretariado, a única que tem realmente ligação com a ideia constitucional de seguridade social é a da alternativa B, tendo em vista ser a única alternativa que irá auxiliar pessoas de um mesmo nicho socioprofissional (no caso, hospitalar). *Alternativa B.*

XXI. DA ASSISTÊNCIA SOCIAL

130.
(35º Exame) Lei ordinária do município Alfa dispôs que os benefícios de assistência social voltados à reabilitação das pessoas com deficiência passariam a ser condicionados ao pagamento de contribuição à seguridade social pelos beneficiários. Sobre a questão em comento,

com base no texto constitucional, assinale a afirmativa correta.

(A) Embora a lei seja materialmente compatível com o texto da Constituição de 1988, a competência legislativa para dispor sobre a defesa e reabilitação de pessoas com deficiência é privativa do Estado.

(B) A lei ordinária do município Alfa apresenta vício material, já que a reabilitação das pessoas com deficiência é matéria estranha à assistência social.

(C) A lei em comento, embora materialmente adequada ao texto constitucional, apresenta vício de forma, já que apenas lei complementar pode dispor sobre matérias afetas à assistência social.

(D) Trata-se de lei inconstitucional, uma vez que a Constituição de 1988 estabelece que os benefícios da assistência social serão prestados a quem deles necessitar, independentemente de contribuição à seguridade social.

RESPOSTA A Constituição Federal criou a assistência social – que é um dos braços da seguridade social –, cujo objetivo é garantir a proteção social aos cidadãos, pelo apoio a indivíduos, famílias e à comunidade no enfrentamento de suas dificuldades, por meio de serviços, benefícios, programas e projetos. Será prestada a quem dela necessitar, independentemente de contribuição à seguridade social, e tem por objetivos, dentre outros, a proteção à família, à maternidade, à infância, à adolescência e à velhice, o amparo às crianças e adolescentes carentes e a habilitação e reabilitação das pessoas portadoras de deficiência – arts. 203 e 204 da CRFB. *Alternativa D.*

131. (XXXIV Exame) Clarisse, em razão da deficiência severa, não possui quaisquer meios de prover sua própria manutenção. Como sua deficiência foi adquirida ainda na infância, jamais exerceu qualquer atividade laborativa, e por essa razão não contribuiu para a previdência social no decorrer de sua vida. Alguns vizinhos, consternados com o quadro de grandes dificuldades por que passa Clarisse e interessados em auxiliá-la, procuram aconselhamento jurídico junto a competente advogado. Este, ao tomar ciência detalhada da situação, informa que, segundo o sistema jurídico-constitucional brasileiro, comprovada sua deficiência, Clarisse

(A) possuirá a garantia de receber um salário mínimo de benefício mensal, independentemente de qualquer contribuição à seguridade social, nos termos da lei.

(B) poderá acessar o sistema previdenciário para que este lhe conceda uma pensão por invalidez, cujo valor, nos termos da lei, não ultrapassará dois salários mínimos.

(C) possuirá direito a um benefício de metade do salário mínimo vigente, mensalmente, se vier a comprovar, nos termos da lei, sua filiação ao sistema previdenciário.

(D) terá que contribuir com ao menos uma parcela, a fim de ser considerada filiada ao sistema previdenciário e, só assim, terá direito a benefício no valor estabelecido em lei.

RESPOSTA Preconiza o art. 194 da CRFB que a seguridade social compreende um conjunto integrado de ações de iniciativa dos Poderes Públicos e da sociedade, destinadas a assegurar os direitos relativos à saúde, à previdência e à assistência social. No caso em tela, trata-se de caso de assistência social. Inclusive, há previsão expressa no sentido da garantia constitucional de recebimento de um salário mínimo de benefício mensal à pessoa portadora de deficiência e ao idoso que comprovem não possuir meios de prover a própria manutenção ou de tê-la provida por sua família, cabendo à lei infraconstitucional regulamentar o exercício desse direito – art. 203, V, da CRFB. Por fim, vale ressaltar que assistência social será prestada a quem dela necessitar, independentemente de contribuição à seguridade social. *Alternativa A.*

132. (XXV Exame) Após uma vida dura de trabalho, Geraldo, que tem 80 anos, encontra-se doente em razão de um problema crônico nos rins e não possui meios de prover a própria manutenção. Morando sozinho e não possuindo parentes vivos, sempre trabalhou, ao longo da vida, fazendo pequenos biscates, jamais contribuindo com a previdência social. Instruído por amigos, procura um advogado para saber se o sistema jurídico-constitucional prevê algum meio assistencial para pessoas em suas condições. O advogado informa a Geraldo que, segundo a Constituição Federal:

(A) é garantido o amparo à velhice somente àqueles que contribuíram com a seguridade social no decorrer de uma vida dedicada ao trabalho.

(B) é assegurado o auxílio de um salário mínimo apenas àqueles que comprovem, concomitantemente, ser idosos e possuir deficiência física impeditiva para o trabalho.

(C) seria garantida a prestação de assistência social a Geraldo caso ele comprovasse, por intermédio de laudos médicos, ser portador de deficiência física.

(D) há previsão, no âmbito da seguridade social, de prestação de assistência social a idosos na situação em que Geraldo se encontra.

RESPOSTA A Constituição Federal é expressa no sentido de afirmar que a assistência social será prestada a quem dela necessitar, independentemente de contribuição à seguridade social – art. 203, *caput*. En-

DIREITO CONSTITUCIONAL

tre os necessitados e a ajuda que lhes será prestada, é expressamente prevista nesse mesmo artigo a garantia de um salário mínimo de benefício mensal à pessoa portadora de deficiência e ao idoso que comprovem não possuir meios de prover a própria manutenção ou de tê-la provida por sua família, conforme dispuser a lei (inciso V). Além disso, na Lei Federal que regulamenta todo o sistema da assistência social, há a definição de que a assistência social, direito do cidadão e dever do Estado, é Política de Seguridade Social não contributiva, que provê os mínimos sociais, realizada por meio de um conjunto integrado de ações de iniciativa pública e da sociedade, para garantir o atendimento às necessidades básicas. *Alternativa D.*

XXII. DA SAÚDE

133. (40º Exame) Em uma cidade situada no município Gama, José Silva sofreu grave acidente ao ser atropelado por um caminhão. Com lesões pelo corpo, ele foi conduzido ao hospital municipal situado na cidade e, ao passar pelo setor de identificação, alegou não possuir consigo qualquer documento. Na dúvida sobre se José poderia ter acesso aos serviços de saúde do SUS (Sistema Único de Saúde), a direção do hospital consultou a Procuradoria do Município. Sobre o caso apresentado, em consonância com o sistema jurídico-constitucional brasileiro, assinale a afirmativa que apresenta a resposta correta.

(A) Para fazer jus aos serviços de saúde ofertados pelo SUS, José deve comprovar a condição de contribuinte do sistema previdenciário brasileiro.

(B) Para fazer jus aos serviços de saúde ofertados pelo SUS, José deve comprovar, formalmente, a condição de trabalhador.

(C) Os serviços de saúde ofertados pelo SUS somente são disponibilizados para os brasileiros natos ou naturalizados.

(D) O atendimento pelo SUS deve ser realizado, independentemente de José possuir nacionalidade brasileira, ser trabalhador ou contribuir com a Previdência Social.

RESPOSTA A seguridade social compreende um conjunto integrado de ações de iniciativa dos Poderes Públicos e da sociedade, destinadas a assegurar os direitos relativos à saúde, à previdência e à assistência social, sendo um dos seus principais objetivos a universalidade da cobertura e do atendimento. Especificamente sobre a saúde como direito protegido constitucionalmente, é direito de todos e dever do Estado, garantido mediante políticas sociais e econômicas que visem à redução do risco de doença e de outros agravos e ao acesso universal e igualitário às ações e serviços para sua promoção, proteção e recuperação (art.

194, I, c/c art. 196, *caput*, da Constituição Federal). *Alternativa D.*

134. (XXX Exame) Em decorrência de um surto de dengue, o Município Alfa, após regular procedimento licitatório, firmou ajuste com a sociedade empresária Mata Mosquitos Ltda., pessoa jurídica de direito privado com fins lucrativos, visando a prestação de serviços relacionados ao combate à proliferação de mosquitos e à realização de campanhas de conscientização da população local. Nos termos do ajuste celebrado, a sociedade empresarial passaria a integrar, de forma complementar, o Sistema Único de Saúde (SUS). Diante da situação narrada, com base no texto constitucional, assinale a afirmativa correta.

(A) O ajuste firmado entre o ente municipal e a sociedade empresária é inconstitucional, eis que a Constituição de 1988 veda a participação de entidades privadas com fins lucrativos no Sistema Único de Saúde, ainda que de forma complementar.

(B) A participação complementar de entidades privadas com fins lucrativos no Sistema Único de Saúde é admitida, sendo apenas vedada a destinação de recursos públicos para fins de auxílio ou subvenção às atividades que desempenhem.

(C) O ajuste firmado entre o Município Alfa e a sociedade empresária Mata Mosquito Ltda. encontra-se em perfeita consonância com o texto constitucional, que autoriza a participação de entidades privadas com fins lucrativos no Sistema Único de Saúde e o posterior repasse de recursos públicos.

(D) As ações de vigilância sanitária e epidemiológica, conforme explicita a Constituição de 1988, não se encontram no âmbito de atribuições do Sistema Único de Saúde, razão pela qual devem ser prestadas exclusivamente pelo poder público.

RESPOSTA Apesar de ser dever do Estado (art. 196 da CRFB), a assistência à saúde é livre à iniciativa privada (art. 199 da CRFB). Entretanto, a participação das instituições privadas é restrita e condicionada: apenas poderão participar de forma complementar ao sistema único de saúde, segundo diretrizes deste, mediante contrato de direito público ou convênio, tendo preferência as entidades filantrópicas e as sem fins lucrativos. Ainda, vale ressaltar que a Constituição Federal proíbe expressamente a destinação de recursos públicos para auxílios ou subvenções às instituições privadas com fins lucrativos. *Alternativa B.*

135. (XXIII Exame) O prefeito do Município Ômega, ante a carência de estabelecimentos públicos de saúde capazes de atender satisfatoriamente às necessidades da população local, celebra diversos convênios com hospitais privados para que passem a integrar a rede de credenciados junto ao Sistema Único de Saúde (SUS). Considerando o disposto na Constituição da República de 1988, sobre os convênios firmados pelo prefeito do Município Ômega, assinale a afirmativa correta.

(A) São válidos, uma vez que as instituições privadas podem participar de forma complementar do SUS, tendo preferência as entidades filantrópicas e as sem fins lucrativos.

(B) São nulos, pois a CRFB/88 apenas autoriza, no âmbito da assistência à saúde, a participação de entidades públicas, não de instituições privadas, com ou sem fins lucrativos.

(C) São válidos, porque a destinação de recursos públicos para auxílio ou subvenção às instituições privadas com fins lucrativos está, inclusive, autorizada pela CRFB/88.

(D) São nulos, porque, conforme previsão constitucional expressa, compete privativamente à União, mediante convênio ou contrato de direito público, autorizar a participação de instituições privadas no SUS.

RESPOSTA Em que pese a saúde ser direito de todos, sua prestação é um dever do Estado. Mas, contudo, como se é sabido, o Estado não consegue suportar toda a demanda de suporte à saúde à população, sozinho. Nesse sentido, a Constituição Federal optou por preceituar que a assistência à saúde é livre à iniciativa privada, podendo as instituições privadas participar de forma complementar do sistema único de saúde, segundo diretrizes deste, mediante contrato de direito público ou convênio, tendo preferência as entidades filantrópicas e as sem fins lucrativos (art. 199, *caput* e § 1º, da CRFB). *Alternativa A.*

XXIII. DA EDUCAÇÃO, DA CULTURA E DO DESPORTO

136. (38º Exame) Preocupado com a qualidade da educação básica ofertada pela rede de ensino municipal do Município Teta, o prefeito da cidade pretende apresentar projeto de lei à Câmara Municipal, no qual uma série de melhorias está prevista.

No entanto, ciente da ausência de recursos orçamentários e financeiros para efetivar o que está previsto no projeto, o Prefeito levantou a hipótese de criar uma taxa de serviço, que seria paga por aqueles que viessem a se utilizar dos serviços municipais de educação básica (ensinos fundamental e médio) em seus estabelecimentos oficiais.

Antes de enviar o projeto de lei, o Prefeito consultou sua assessoria sobre a conformidade constitucional do projeto, sendo-lhe corretamente informado que a cobrança da referida taxa

(A) caracterizaria efetiva violação à ordem constitucional, posto ser o acesso gratuito à educação básica um direito subjetivo de todos.

(B) poderia ser exigida, contanto que o valor cobrado como contraprestação pelo serviço de educação não afrontasse o princípio da proporcionalidade.

(C) apenas poderia ser exigida daqueles que não conseguissem comprovar, nos termos legalmente estabelecidos, a hipossuficiência econômica.

(D) poderia ser exigida dos estudantes do ensino médio, mas não dos estudantes do ensino fundamental, aos quais a ordem constitucional assegura a gratuidade.

RESPOSTA A educação, direito de todos e dever do Estado e da família, será gratuita em estabelecimentos públicos oficiais (artigo 206, inciso IV, da CF). Inclusive, o artigo 208, inciso I, da CF reforça que o dever do Estado com a educação será efetivado mediante a garantia de educação básica obrigatória e gratuita dos 4 (quatro) aos 17 (dezessete) anos de idade, sendo tal obrigatoriedade e gratuidade um direito público subjetivo (§ 1º do mesmo artigo 208). Por fim, alertamos que essa cobrança irregular de taxa de serviço por serviços educacionais de educação pública pode acarretar responsabilidade da autoridade competente (§ 2º do art. 208 da CF). *Alternativa A.*

137. (XXXIV Exame) O governador do Estado Alfa, como represália às críticas oriundas dos professores das redes públicas de ensino, determinou cortes na educação básica do referido ente, bem como instituiu a necessidade de pagamento de mensalidades pelos alunos de estabelecimentos oficiais de ensino que não comprovassem ser oriundos de famílias de baixa renda. Sobre a conduta do governador, com base na CRFB/88, assinale a afirmativa correta.

(A) Está errada, pois a gratuidade do ensino público em estabelecimentos oficiais está prevista na ordem constitucional, de modo que o seu não oferecimento ou o oferecimento irregular pode ensejar, inclusive, a responsabilização do governador do Estado Alfa.

(B) Está errada, pois o Estado deve garantir a educação básica obrigatória e gratuita dos 4 aos 17 anos de idade, de modo que ele apenas poderia restringir sua oferta gratuita em relação àqueles que a ela não tiveram acesso na idade própria.

(C) Está certa, pois a gratuidade do ensino público, com a promulgação da Constituição de 1988,

DIREITO CONSTITUCIONAL

deixou de ser obrigatória, sendo facultado o exercício das atividades de ensino pela inciativa privada.

(D) Está errada, pois os Estados e o Distrito Federal devem atuar, exclusivamente, no ensino médio e fundamental, de sorte que o governador do Estado Alfa não poderia adotar medida que viesse a atingir, indistintamente, todos os alunos da educação básica.

RESPOSTA Tal gratuidade do ensino público está prevista no art. 206, IV, da CRFB, e deve ser oferecida de modo irrestrito em todos os estabelecimentos de ensino. Inclusive, não só deve haver gratuidade no ensino infantil como também no fundamental e no superior: "A cobrança de taxa de matrícula nas universidades públicas viola o disposto no art. 206, IV, da CRFB" – Súmula Vinculante 12. *Alternativa A*.

138. (XXXII Exame) No Município Alfa, 20% (vinte por cento) da população pertence a uma comunidade indígena. Hoje, o Município vive uma grande polêmica, porque alguns líderes da referida comunidade têm protestado contra a política educacional do Município, segundo a qual o ensino fundamental deve ser ofertado exclusivamente em língua portuguesa, rejeitando a possibilidade de a língua materna da comunidade indígena ser também utilizada no referido processo educacional. Sobre a posição defendida pelos referidos líderes da comunidade indígena, segundo o sistema jurídico-constitucional brasileiro, assinale a afirmativa correta.

(A) Encontra base na Constituição de 1988, que, respeitando uma posição multiculturalista, abdica de definir uma língua específica como idioma oficial no território brasileiro.

(B) Não encontra fundamento na Constituição da República, que estabelece a língua portuguesa como a única língua passível de ser utilizada no ensino fundamental.

(C) Alicerça-se na Constituição de 1988, que assegura aos membros da comunidade indígena o direito de, no processo de aprendizagem do ensino fundamental, utilizar sua língua materna.

(D) Não se alicerça na Constituição de 1988, principalmente porque o reconhecimento da nacionalidade brasileira ao indígena tem por condição a capacidade deste último de se comunicar em língua portuguesa.

RESPOSTA A Carta Magna determina, de modo expresso, que deverão ser ministrados conteúdos mínimos para o ensino fundamental, de maneira a assegurar formação básica comum e respeito aos valores culturais e artísticos, nacionais e regionais. E, um dos modos de execução e realização dessa garantia é a determinação de que às comunidades indígenas serão asseguradas a utilização de suas línguas maternas e processos próprios de aprendizagem – art. 210 da CRFB. *Alternativa C*.

139. (XXX Exame) Durante campeonato oficial de judô promovido pela Federação de Judô do Estado Alfa, Fernando, um dos atletas inscritos, foi eliminado da competição esportiva em decorrência de uma decisão contestável da arbitragem que dirigiu a luta. Na qualidade de advogado(a) contratado(a) por Fernando, assinale a opção que apresenta a medida juridicamente adequada para o caso narrado.

(A) Fernando poderá ingressar com processo perante a justiça desportiva para contestar o resultado da luta e, uma vez esgotadas as instâncias desportivas e proferida decisão final sobre o caso, não poderá recorrer ao Poder Judiciário.

(B) Fernando poderá impugnar o resultado da luta perante o Poder Judiciário, independentemente de esgotamento das instâncias da justiça desportiva, em virtude do princípio da inafastabilidade da jurisdição.

(C) Fernando, uma vez esgotadas as instâncias da justiça desportiva (que terá o prazo máximo de 60 dias, contados da instauração do processo, para proferir decisão final), poderá impugnar o teor da decisão perante o Poder Judiciário.

(D) A ordem jurídica, que adotou o princípio da unidade de jurisdição a partir da Constituição de 1988, passou a prever a exclusividade do Poder Judiciário para dirimir todas as questões que venham a ser judicializadas em território nacional, deslegitimando a atuação da justiça desportiva.

RESPOSTA A Justiça Desportiva, por expressa determinação constitucional, deverá ser acionada antes – necessariamente – do que a Justiça comum (art. 217, § 1º, da CRFB). Ou seja: o Poder Judiciário só admitirá ações relativas à disciplina e às competições desportivas após esgotarem-se as instâncias da Justiça Desportiva. A estrutura da Justiça Desportiva é composta pelos Tribunais de Justiça Desportiva, atuando em âmbito regional e municipal, e pelos Superiores Tribunais de Justiça, como órgãos máximos de cada modalidade. Assim sendo, por exemplo, o STJD do vôlei funciona junto à CBV (confederação brasileira de vôlei), enquanto o STJD do futebol funciona junto à CBF, e assim por diante. Por fim, ressaltamos que a justiça desportiva terá o prazo máximo de sessenta dias, contados da instauração do processo de sua competência, para proferir decisão final (art. 217, § 2º, da CRFB). *Alternativa C*.

140. (XXIV Exame) Maria, maior e capaz, reside no Município Sigma e tem um filho, Lucas, pessoa com deficiência, com 8 (oito) anos de idade. Por ser uma pessoa humilde, sem dispor de recursos financeiros para arcar com os custos de um colégio particular, Maria procura a Secretaria de Educação do Município Sigma para matricular seu filho na rede pública. Seu requerimento é encaminhado à assessoria jurídica do órgão municipal, para que seja emitido o respectivo parecer para a autoridade executiva competente. A partir dos fatos narrados, considerando a ordem jurídico-constitucional vigente, assinale a afirmativa correta.

(A) O pedido formulado por Maria deve ser indeferido, uma vez que incumbe ao Município atuar apenas na educação infantil, a qual é prestada até os 5 (cinco) anos de idade por meio de creches e pré-escolas. Logo, pelo sistema constitucional de repartição de competências, Lucas, pela sua idade, deve cursar o Ensino Fundamental em instituição estadual de ensino.

(B) O parecer da assessoria jurídica deve ser favorável ao pleito formulado por Maria, garantindo ao menor uma vaga na rede de ensino municipal. Pode, ainda, alertar que a Constituição da República prevê expressamente a possibilidade de a autoridade competente ser responsabilizada pelo não oferecimento do ensino obrigatório ou mesmo pela sua oferta irregular.

(C) O pleito de Maria deve ser deferido, ressalvando-se que Lucas, por ser pessoa com deficiência, necessita de atendimento educacional especializado, não podendo ser incluído na rede regular de ensino do Município Sigma.

(D) A assessoria jurídica da Secretaria de Educação do Município Sigma deve opinar pela rejeição do pedido formulado por Maria, pois incumbe privativamente à União, por meio do Ministério da Educação e Cultura (MEC), organizar e prestar a educação básica obrigatória e gratuita dos 4 (quatro) aos 17 (dezessete) anos de idade.

RESPOSTA O pedido formulado por Maria deve ser conhecido e deferido. O art. 208 da Constituição Federal diz que é dever do Estado com a educação será efetivado mediante a garantia de educação básica obrigatória e gratuita dos 4 (quatro) aos 17 (dezessete) anos de idade, assegurada inclusive sua oferta gratuita para todos os que a ela não tiveram acesso na idade própria, sendo o acesso ao ensino obrigatório e gratuito um direito público subjetivo de todos os brasileiros, e o não oferecimento do ensino obrigatório ou sua oferta irregular pelo Poder Público importa responsabilidade da autoridade competente. Além disso, o ensino fundamental é de responsabilidade

prioritária dos Municípios, em conjunto com os Estados-membros e o Distrito Federal. Especialmente a respeito de Lucas ser pessoa com deficiência, a Carta Magna exige que haja atendimento educacional especializado a estas pessoas, preferencialmente na rede regular de ensino. *Alternativa B.*

141. (XXII Exame) Enzo, brasileiro naturalizado há três anos, apaixonado por ópera, ao saber que a sociedade empresária de radiodifusão, Rádio WXZ, situada na capital do Estado Alfa, encontra-se em dificuldade econômica, apresenta uma proposta para ingressar na sociedade. Nessa proposta, compromete-se a adquirir 25% do capital total da sociedade empresária, com a condição inafastável de que o controle total sobre o conteúdo da programação veiculada pela rádio seja de sua inteira responsabilidade, de forma a garantir a inclusão de um programa diário, com duração de uma hora, sobre ópera. A proposta foi aceita pelos atuais sócios, mas Enzo, preocupado com a licitude do negócio, dada a sua condição de brasileiro naturalizado, procura a consultoria de um advogado. Considerando a hipótese apresentada, segundo o sistema jurídico-constitucional brasileiro, assinale a afirmativa correta.

(A) Não será possível a concretização do negócio nos termos apresentados, tendo em vista que a Constituição da República não permite que os meios de comunicação divulguem manifestações culturais estrangeiras.

(B) Será possível a concretização do negócio nos termos apresentados, posto que Enzo é brasileiro naturalizado e a Constituição da República veda qualquer distinção entre brasileiro nato e brasileiro naturalizado.

(C) Não será possível a concretização do negócio nos termos acima apresentados, pois a Constituição da República veda que brasileiro naturalizado há menos de dez anos possa estabelecer o conteúdo da programação da rádio.

(D) Será possível a concretização do negócio nos termos acima apresentados, pois a Constituição da República, em respeito aos princípios liberais que sustenta, não interfere no conteúdo pactuado entre contratantes privados.

RESPOSTA Em relação às regras de comunicação social estabelecidas pela Constituição Federal, está expressamente determinado que meios de comunicação social não podem, direta ou indiretamente, ser objeto de monopólio ou oligopólio. Ainda segundo a Carta Magna, a propriedade de empresa jornalística e de radiodifusão sonora e de sons e imagens é privativa de brasileiros natos ou naturalizados há mais de dez

DIREITO CONSTITUCIONAL

anos, ou de pessoas jurídicas constituídas sob as leis brasileiras e que tenham sede no País. Em qualquer caso, pelo menos 70% do capital total e do capital votante das empresas jornalísticas e de radiodifusão sonora e de sons e imagens deverão pertencer, direta ou indiretamente, a brasileiros natos ou naturalizados há mais de dez anos, que exercerão obrigatoriamente a gestão das atividades e estabelecerão o conteúdo da programação – art. 222 da CRFB. *Alternativa C.*

142. (XXI Exame) W, deputado federal pelo Estado Beta, proferindo discurso no Congresso Nacional, fez contundentes críticas ao que denominou de "abuso midiático contra a classe política". Na oportunidade, acrescentou estar elaborando um projeto de lei ordinária que tem por objetivo criar regras de licenciamento (por autoridades do poder público), a que deverão se submeter os veículos de comunicação, principalmente jornais e revistas. Segundo o referido deputado, a vida privada dos políticos deve ser preservada, devendo, por isso, ser estabelecidos limites à mídia jornalística. Com relação ao projeto de lei ordinária idealizado pelo deputado federal W, de acordo com a ordem jurídico-constitucional brasileira, assinale a afirmativa correta.

(A) É constitucional, pois a preservação da intimidade e da privacidade não pode estar sujeita à influência das mídias e deve ser garantida, na máxima extensão possível, pela ordem jurídica.

(B) É inconstitucional, pois matéria referente a controle de informação somente pode ser objeto de iniciativa legislativa com o assentimento de dois terços dos membros de qualquer das Casas legislativas.

(C) É constitucional, pois se trata de aplicação de tratamento análogo àquele atualmente concedido às mídias jornalísticas que adotam o sistema de radiodifusão e de sons e imagens.

(D) É inconstitucional, pois a Constituição da República garante expressamente que a publicação de veículo impresso de comunicação independe de licença de autoridade.

RESPOSTA O projeto de lei ordinária vai de encontro a uma regra explícita da Constituição Federal: aponta o art. 220, § 6º, que "a publicação de veículo impresso de comunicação independe de licença de autoridade". Caso realmente entre em vigor esse projeto de lei, deverá ser objeto de controle de constitucionalidade. *Alternativa D.*

143. (XXI Exame) Finalizadas as Olimpíadas no Brasil, certo deputado federal pelo Estado Beta, ex-esportista conhecido nacionalmente, resolve elaborar projeto de lei visando a melhorar a performance do Brasil nos Jogos Olímpicos de 2020. Para realizar esse objetivo, o projeto dispõe que os recursos públicos devem buscar promover, prioritariamente, o esporte de alto rendimento. Submetida a ideia à sua assessoria jurídica, esta exteriorizou o único posicionamento que se mostra harmônico com o sistema jurídico-constitucional brasileiro, afirmando que o projeto

(A) é constitucional, contanto que o desporto educacional também seja contemplado com uma parcela, mesmo que minoritária, dos recursos.

(B) é inconstitucional, pois, segundo a Constituição da República, a destinação de recursos públicos deve priorizar o desporto educacional.

(C) é constitucional, pois, não havendo tratamento explícito da questão pela Constituição da República, o poder público tem discricionariedade para definir a destinação da verba.

(D) é inconstitucional, pois a Constituição da República prevê que a destinação de recursos públicos para o desporto contemplará exclusivamente o desporto educacional.

RESPOSTA O Estado brasileiro colocou como dever para si próprio fomentar práticas desportivas formais e não formais, como direito de todos os brasileiros. Dentre tais obrigações, a destinação de recursos públicos para a promoção prioritária do desporto educacional e, em casos específicos, para a do desporto de alto rendimento, conforme preconiza o art. 271 da Carta Magna. *Alternativa B.*

XXIV. DAS FINANÇAS PÚBLICAS

144. (XXXII Exame) Em razão de profunda crise fiscal vivenciada pela República Delta, que teve como consequência a diminuição drástica de suas receitas tributárias, o governo do país resolveu recorrer a um empréstimo, de forma a obter os recursos financeiros necessários para que o Tesouro Nacional pudesse honrar os compromissos assumidos. Neste sentido, o Presidente da República, seguindo os trâmites institucionais exigidos, recorre ao Banco Central, a fim de obter os referidos recursos a juros mais baixos que os praticados pelos bancos privados nacionais ou internacionais. Se situação similar viesse a ocorrer na República Federativa do Brasil, segundo o nosso sistema jurídico-constitucional, o Banco Central

(A) teria que conceder o empréstimo, como instituição integrante do Poder Executivo, mas observando o limite máximo de cinquenta por cento de suas reservas.

(B) não poderia conceder o referido empréstimo para o Tesouro Nacional brasileiro, com base em expressa disposição constante na Constituição Federal de 1988.

(C) avaliaria as condições concretas do caso, podendo, ou não, conceder o empréstimo, atuando em bases semelhantes às utilizadas pela iniciativa privada.

(D) não poderia fazê-lo em termos que viessem a colocar em risco a saúde financeira da instituição, embora esteja obrigado a realizar o empréstimo.

RESPOSTA Não há possibilidade alguma nem nenhuma exceção à proibição expressa do Banco Central em conceder, direta ou indiretamente, empréstimos ao Tesouro Nacional ou a qualquer órgão ou entidade que não seja instituição financeira. *Alternativa B.*

XXV. DA SEGURANÇA PÚBLICA

145. (XXXI Exame) João dos Santos foi selecionado para atuar como praça prestadora de serviço militar inicial, fato que lhe permitirá ser o principal responsável pelos meios de subsistência de sua família. No entanto, ficou indignado ao saber que sua remuneração será inferior ao salário mínimo, contrariando o texto constitucional, insculpido no Art. 7º, inciso IV, da CRFB/88.

Desesperado com tal situação, João entrou no gabinete do seu comandante e o questionou, de forma ríspida e descortês, acerca dessa remuneração supostamente inconstitucional, sofrendo, em consequência dessa conduta, punição administrativo-disciplinar de prisão por 5 dias, nos termos da legislação pertinente. Desolada, a família de João procurou um advogado para saber sobre a constitucionalidade da remuneração inferior ao salário mínimo, bem como da possibilidade de a prisão ser relaxada por ordem judicial.

Nessas circunstâncias, nos termos do direito constitucional brasileiro e da jurisprudência do STF, assinale a opção que apresenta a resposta do advogado.

(A) A remuneração inferior ao salário mínimo para as praças prestadoras de serviço militar inicial não viola a Constituição de 1988, bem como não cabe *habeas corpus* em relação às punições disciplinares militares, exceto para análise de pressupostos de legalidade, excluída a apreciação de questões referentes ao mérito.

(B) A remuneração inferior ao salário mínimo contraria o Art. 7º, inciso IV, da Constituição de 1988, bem como se reconhece o cabimento de *habeas corpus* para as punições disciplinares militares, qualquer que seja a circunstância.

(C) O estabelecimento de remuneração inferior ao salário mínimo para as praças prestadoras de serviço militar inicial não viola a Constituição da República, mas é cabível o *habeas corpus* para as punições disciplinares militares, até mesmo em relação a questões de mérito da sanção administrativa.

(D) A remuneração inferior ao salário mínimo contraria a ordem constitucional, mais especificamente o texto constitucional inserido no Art. 7º, inciso IV, da Constituição de 1988, bem como não se reconhece o cabimento de *habeas corpus* em relação às punições disciplinares militares, exceto para análise dos pressupostos de legalidade, excluídas as questões de mérito da sanção administrativa.

RESPOSTA Questão bastante peculiar e fora dos padrões da OAB, o candidato deve saber, *a priori*, o que significa "praças prestadoras de serviço militar" (também chamados de "praças militares"): é uma classe formada por soldados, cabos, sargentos e subtenentes, cuja formação militar não corresponde a nenhum ensino superior e que não possui patente. Pois bem. A Medida Provisória federal n. 2.215-10/2001 dispôs, em seu art. 18, que praças que prestam serviço militar inicial não possuem a garantia do salário mínimo. E, assim sendo, foi proposta tese de repercussão geral, que logo depois deu origem à Súmula Vinculante 6 do STF, que assim dispõe: "Não viola a Constituição o estabelecimento de remuneração inferior ao salário mínimo para as praças prestadoras de serviço militar inicial". Além disso, especificamente em relação à prisão administrativo-disciplinar, a Constituição Federal é expressa em afirmar que não cabe *habeas corpus* em relação a punições disciplinares militares – art. 142, § 2º, da CRFB. *Alternativa A.*

XXVI. RECURSOS ORDINÁRIO, EXTRAORDINÁRIO E ESPECIAL

146. (III Exame) Um juiz federal proferiu uma sentença em processo relativo a crime político e outra sentença em processo movido por Estado estrangeiro contra pessoa residente no Brasil. Os recursos interpostos contra essas duas sentenças serão julgados pelo

(A) STF, no primeiro caso, e pelo TRF, no segundo caso.

(B) TRF em ambos os casos.

(C) STF, no primeiro caso, e pelo STJ, no segundo caso.

(D) TRF, no primeiro caso, e pelo STF, no segundo caso.

RESPOSTA O recurso contra sentença em processo relativo a crime político será julgado pelo Supremo Tribunal Federal, sendo cabível o Recurso Ordinário,

DIREITO CONSTITUCIONAL

em consonância com a *alínea "b" do inciso II do art. 102 da CRFB*. Já o recurso em face de sentença em processo movido por Estado estrangeiro contra pessoa residente no Brasil será julgado pelo *Superior Tribunal de Justiça*, sendo cabível o Recurso Ordinário, como estabelece a *alínea "c" do inciso II do art. 105 da CRFB*. *Alternativa C*.

XXVII. DA ORDEM ECONÔMICA E FINANCEIRA

147. (XXX Exame) Bento ficou surpreso ao ler, em um jornal de grande circulação, que um cidadão americano adquiriu fortuna ao encontrar petróleo em sua propriedade, situada no Estado do Texas. Acresça-se que um amigo, com formação na área de Geologia, tinha informado que as imensas propriedades de Bento possuíam rochas sedimentares normalmente presentes em regiões petrolíferas. Antes de pedir um aprofundado estudo geológico do terreno, Bento buscou um advogado especialista na matéria, a fim de saber sobre possíveis direitos econômicos que lhe caberiam como resultado da extração do petróleo em sua propriedade. O advogado respondeu que, segundo o sistema jurídico-constitucional brasileiro, caso seja encontrado petróleo na propriedade, Bento:

(A) poderá, por ser proprietário do solo e, por extensão, do subsolo de sua propriedade, explorar, per se, a atividade, auferindo para si os bônus e ônus econômicos advindos da exploração.

(B) receberá indenização justa e prévia pela desapropriação do terreno em que se encontra a jazida, mas não terá direito a qualquer participação nos resultados econômicos provenientes da atividade.

(C) terá assegurada, nos termos estabelecidos pela via legislativa ordinária, participação nos resultados econômicos decorrentes da exploração da referida atividade em sua propriedade.

(D) não terá direito a qualquer participação no resultado econômico da atividade, pois, embora seja proprietário do solo, as riquezas extraídas do subsolo são de propriedade exclusiva da União.

RESPOSTA As regras sobre os possíveis direitos econômicos que caberiam a Bento como resultado da extração do petróleo em sua propriedade estão dispostas no art. 176 da Constituição Federal, que afirma serem as jazidas, em lavra ou não, e demais recursos minerais e os potenciais de energia hidráulica (para efeito de exploração ou aproveitamento) propriedade distinta da do solo e pertencem à União. No entanto,

é assegurada constitucionalmente a participação ao proprietário do solo nos resultados da lavra, na forma e no valor que dispuser a lei (§ 3º do art. 176 da CRFB). *Alternativa C*.

148. (XXIX Exame) O Deputado Federal X, defensor de posições políticas estatizantes, convencido de que seria muito lucrativo o fato de o Estado passar a explorar, ele próprio, atividades econômicas, pretende propor projeto de lei que viabilize a criação de diversas empresas públicas. Esses entes teriam, como único pressuposto para sua criação, a possibilidade de alcançar alto grau de rentabilidade. Com isso, seria legalmente inviável a criação de empresas públicas deficitárias. Antes de submeter o projeto de lei à Câmara, o Deputado Federal X consulta seus assistentes jurídicos, que, analisando a proposta, informam, corretamente, que seu projeto é:

(A) inconstitucional, pois a criação de empresas públicas, sendo ato estratégico da política nacional, é atribuição exclusiva do Presidente da República, que poderá concretizá-la por meio de decreto.

B) constitucional, muito embora deva o projeto de lei seguir o rito complementar, o que demandará a obtenção de um quórum de maioria absoluta em ambas as casas do Congresso Nacional.

(C) inconstitucional, pois a exploração direta da atividade econômica pelo Estado só será permitida quando necessária à segurança nacional ou caracterizado relevante interesse nacional.

(D) constitucional, pois a Constituição Federal, ao estabelecer a livre concorrência entre seus princípios econômicos, não criou obstáculos à participação do Estado na exploração da atividade econômica.

RESPOSTA "Art. 173 da Constituição Federal: Ressalvados os casos previstos nesta Constituição, a exploração direta de atividade econômica pelo Estado só será permitida quando necessária aos imperativos da segurança nacional ou a relevante interesse coletivo, conforme definidos em lei." A liberdade da atividade econômica no Brasil é princípio constitucional (parágrafo único do art. 170 da CRFB), aliada à valorização do trabalho humano e a busca de justiça social – todas essas características têm como base o binômio "livre concorrência/defesa do consumidor". Desta forma, se houver a interferência no Estado como efetivo explorador de atividade econômica, essa competição no mercado restaria desequilibrada e prejudicial a quem participa dela. Por isso o motivo da CRFB exigir a interferência do Estado na economia tão somente quando necessário à segurança nacional ou caracterizado relevante interesse nacional. *Alternativa C*.

149. (XXVII Exame) A Lei X do Município Sigma estabelece que, em certo bairro, considerado área residencial, fica vedada a instalação de mais de um centro empresarial de grandes proporções, com área superior a 5.000 m² (cinco mil metros quadrados) e que reúna, em suas dependências, mais de 10 (dez) lojas distintas. Ante a existência de um estabelecimento comercial com tais características no bairro "Y", a administradora Alfa, visando abrir um *shopping center* no mesmo bairro, procura você, na qualidade de advogado(a), para obter esclarecimentos quanto à viabilidade deste empreendimento. Diante da situação narrada, com base na ordem jurídico-constitucional vigente e na jurisprudência dos Tribunais Superiores, assinale a afirmativa correta.

(A) Apenas a União tem competência para, por meio de lei e outros atos normativos, organizar o uso e a ocupação do solo; logo, apenas por esse motivo, a Lei X do Município Sigma é manifestamente inconstitucional.

(B) A Constituição da República de 1988 atribui aos Municípios competência para promover o zoneamento urbano, mas a Lei X do Município Sigma, ao impedir a instalação de estabelecimentos comerciais do mesmo ramo em determinada área, ofende o princípio da livre concorrência.

(C) A Constituição da República de 1988 dispõe ser competência estadual e distrital promover, no que couber, o adequado ordenamento territorial, mediante planejamento e controle do uso, do parcelamento e da ocupação do solo, não podendo a lei do Município Sigma dispor sobre a matéria.

(D) Compete privativamente à União dispor sobre o zoneamento urbano e legislar sobre Direito Civil e Comercial; logo, somente os Estados e o Distrito Federal poderiam ser autorizados, mediante lei complementar, a legislar sobre a matéria.

RESPOSTA O art. 170 da CRFB determina que, dentre outros princípios, a livre concorrência é um dos pilares da justiça social no Brasil, visando assegurar a todos existência digna, fundada na valorização do trabalho humano. Portanto, restringi-la (como fez a Lei X) é retirar da sociedade a possibilidade de ser beneficiada por disputa de melhores preços e qualidades sobre produtos e prestação de serviços. Inclusive, a CRFB também determina – neste mesmo sentido citado – que a legislação deverá reprimir o abuso do poder econômico que vise à dominação dos mercados, à eliminação da concorrência e ao aumento arbitrário dos lucros (art. 173, § 4º, da CRFB). *Alternativa B.*

XXVIII. DOS ÍNDIOS

150. (41º Exame) Ubirajara é membro de uma comunidade indígena situada em terras regularmente demarcadas, ali vivendo conforme as tradições dos seus ancestrais. Em determinado momento, ele resolveu tentar nova vida em uma cidade brasileira. Sem recursos para dar início a esse projeto, decidiu vender a terra em que habitava desde seu nascimento para um grupo de agricultores, que pretende ali se instalar definitivamente.

Sobre a hipótese narrada, segundo a ordem jurídico-constitucional brasileira, assinale a afirmativa correta.

(A) Ubirajara somente poderá dispor das terras se a alienação, comprovadamente, atender aos imperativos da ordem econômica brasileira.

(B) Ubirajara, caso figure como proprietário das terras no registro de imóveis da localidade, poderá aliená-las, assegurado o direito de participação da comunidade no valor da venda.

(C) Ubirajara não pode efetivar a venda almejada, pois as terras em questão não são passíveis de alienação e nem mesmo de disposição.

(D) Ubirajara somente poderia alienar as terras após a devida autorização por parte da comunidade indígena, que é a proprietária das terras.

RESPOSTA As terras tradicionalmente ocupadas pelos índios e por eles habitadas em caráter permanente são inalienáveis e indisponíveis, e os direitos sobre elas, imprescritíveis – conforme §§ 1º e 4º do art. 231 da Constituição Federal. *Alternativa C.*

XXIX. DAS DISPOSIÇÕES CONSTITUCIONAIS GERAIS

151. (XXVIII Exame) Agentes do Ministério do Trabalho, em inspeção realizada em carvoaria situada na zona rural do Estado K, constataram que os trabalhadores locais se encontravam sob exploração de trabalho escravo, sujeitando-se a jornadas de 16 horas consecutivas de labor, sem carteira assinada ou qualquer outro direito social ou trabalhista, em condições desumanas e insalubres, percebendo, como contraprestação, valor muito inferior ao salário mínimo nacional. Diante da situação narrada, com base na ordem constitucional vigente, assinale a afirmativa correta.

(A) Diante da vedação ao confisco consagrada na Constituição de 1988, o descumprimento da função social, agravado pela situação de grave violação aos direitos humanos dos trabalhadores, enseja responsabilização administrativa, cí-

DIREITO CONSTITUCIONAL

vel e criminal do proprietário, mas não autoriza a expropriação da propriedade rural.

(B) O uso de mão de obra escrava autoriza a progressividade das alíquotas do imposto sobre a propriedade territorial rural e, caso tal medida não se revele suficiente, será possível que a União promova a expropriação e destinação das terras à reforma agrária e a programas de habitação popular, mediante prévia e justa indenização do proprietário.

(C) A hipótese narrada enseja a desapropriação por interesse social para fins de reforma agrária, uma vez que o imóvel rural não cumpre a sua função social, mediante prévia e justa indenização em títulos da dívida agrária.

(D) A exploração de trabalho escravo na referida propriedade rural autoriza sua expropriação pelo Poder Público, sem qualquer indenização ao proprietário e sem prejuízo de outras sanções previstas em lei, admitindo-se, até mesmo, o confisco de todo e qualquer bem de valor econômico apreendido na carvoaria.

RESPOSTA A recente Emenda Constitucional n. 81 de 2014 deu nova redação ao art. 243 da CRFB no sentido de impor expropriação às propriedades rurais e urbanas de qualquer região do País onde forem localizadas culturas ilegais de plantas psicotrópicas ou exploração de trabalho escravo, sendo destinadas à reforma agrária e a programas de habitação popular – e sem qualquer indenização ao proprietário, além de imposição de quaisquer outras sanções previstas em lei. Além disso, todo e qualquer bem de valor econômico ali apreendido será confiscado e revertido a fundo especial com destinação específica, também na forma da lei. *Alternativa A.*

152. (XXIII Exame) A Lei Orgânica do Município "Z", com 70.000 habitantes, dispõe que o Poder Legislativo deverá fixar o número de vereadores para a composição da Câmara Municipal. Resolução da Câmara Municipal de "Z" fixou em 13 o número de vereadores para a próxima legislatura. Considerando a situação narrada e o sistema constitucional brasileiro, assinale a afirmativa correta.

(A) A Lei Orgânica e a Resolução são inconstitucionais por afrontarem a Constituição da República.

(B) Como ato normativo secundário, a Resolução não pode ser objeto de controle de constitucionalidade.

(C) A resolução é inconstitucional, em razão do número de vereadores estabelecido.

(D) A Lei Orgânica do Município "Z" é inconstitucional, pois viola o princípio da separação dos poderes.

RESPOSTA "A redação dada ao art. 29, IV, da Constituição Federal, pela Emenda Constitucional n. 58/2009, modificou os limites relativos à composição das câmaras de vereadores, fixando novos limites máximos, conforme as faixas populacionais estabelecidas no Texto Constitucional. Referida redação não impôs limites mínimos, mas apenas limites máximos para cada uma das faixas populacionais, de modo que os municípios poderão, no exercício da sua autonomia, fixar o número de vereadores das suas respectivas câmaras, de acordo com as suas particularidades, obedecendo-se apenas aos mencionados limites máximos. Podem, dessa forma, adotar número de vereadores inferior ao máximo permitido para a faixa populacional em que se situa a municipalidade, sem incorrer em ilegalidade ou inconstitucionalidade. Tal autonomia encontra como restrição, apenas, o princípio da representatividade, de modo que o número de vereadores não pode ser diminuto em relação à população local, sob pena de tal número vir a ser corrigido pela via judicial." (Nota técnica da Consultoria Legislativa da Câmara dos Deputados, 2010.) Assim sendo, a OAB não disponibilizou alternativa com conteúdo correto. Assim, apenas deixaremos explicitado nosso posicionamento. O gabarito oficial apontou *Alternativa A.*

153. (XXIII Exame) Ao constatar que numerosas tribos indígenas, que ocupam determinadas áreas em caráter permanente, estão sendo fortemente atingidas por uma epidemia de febre amarela, o Governador do Estado Alfa remove-as da localidade de maneira forçada. Dada a repercussão do caso, logo após a efetivação da remoção, submete suas justificativas à Assembleia Legislativa do Estado Alfa, informando que o deslocamento das tribos será temporário e que ocorreu em defesa dos interesses das populações indígenas da região. A Assembleia Legislativa do Estado Alfa termina por referendar a ação do Chefe do Poder Executivo estadual. Sobre o ato do Governador, com base no quadro acima apresentado, assinale a afirmativa correta.

(A) Agiu em consonância com o sistema jurídico-constitucional brasileiro, pois é de competência exclusiva do Chefe do Poder Executivo decidir quais as medidas a serem tomadas nos casos que envolvam perigo de epidemia.

(B) Não agiu em consonância com o sistema jurídico-constitucional brasileiro, pois o princípio da irremovibilidade dos índios de suas terras é absoluto e, por essa razão, torna ilegítima a ação de remoção das tribos.

(C) Agiu em consonância com a CRFB/88, pois, como o seu ato foi referendado pelo Poder Legislativo do Estado Alfa, respeitou os ditames estabelecidos pelo sistema jurídico-constitucional brasileiro.

(D) Não agiu em consonância com o sistema jurídico-constitucional brasileiro, posto que, no caso concreto, as autoridades estaduais não poderiam ter decidido, de modo conclusivo, pela remoção das tribos.

RESPOSTA Os arts. 231 e 232 da Constituição Federal discorrem sobre os principais direitos e princípios pró-indígenas. Ainda, diz o art. 22, XIV, que compete privativamente à União legislar sobre populações indígenas. Ou seja, tanto pelas esparsas disposições constitucionais quanto pelos próprios arts. 231 e 232 da CRFB, a União é o único ente federativo que pode dispor sobre direitos indígenas. Assim sendo, e principalmente conforme § 6º do art. 231 da CRFB, apenas as autoridades federais poderiam ter decidido, de modo conclusivo, pela remoção das tribos. *Alternativa D.*

154. (XXI Exame) Carlos pleiteia determinado direito, que fora regulado de forma mais genérica no corpo principal da CRFB/88 e de forma mais específica no Ato das Disposições Constitucionais Transitórias – o ADCT. O problema é que o corpo principal da Constituição da República e o ADCT estabelecem soluções jurídicas diversas, sendo que ambas as normas poderiam incidir na situação concreta.

Carlos, diante do problema, consulta um(a) advogado(a) para saber se a solução do seu caso deve ser regida pela norma genérica oferecida pelo corpo principal da Constituição da República ou pela norma específica oferecida pelo ADCT. Com base na CRFB/88, assinale a opção que apresenta a proposta correta dada pelo(a) advogado(a).

(A) Como o corpo principal da CRFB/88 possui hierarquia superior a todas as demais normas do sistema jurídico, deve ser aplicável, afastada a aplicação das normas do ADCT.

(B) Como o ADCT possui o mesmo status jurídico das demais normas do corpo principal da CRFB/88, a norma específica do ADCT deve ser aplicada no caso concreto.

(C) Como o ADCT possui hierarquia legal, não pode afastar a solução normativa presente na CRFB/88.

(D) Como o ADCT possui caráter temporário, não é possível que venha a reger qualquer caso concreto, posto que sua eficácia está exaurida.

RESPOSTA A sigla ADCT significa "Ato das Disposições Constitucionais Transitórias". Esse "ato" faz parte da Constituição, e está localizado ao final dela. São (ou deveriam ser) regras transitórias, que fazem que a transição de uma ordem constitucional anterior para uma nova ordem seja realizada de modo bastante pacífico e equilibrado. E, sendo assim, não há hierarquia entre as normas contidas no ADCT e as normas constitucionais. *Alternativa B.*

REFERÊNCIAS

ALMEIDA, Bruno Amaro Alves de. *Manual de controle de constitucionalidade*. São Paulo: Rideel, 2016.

BRASIL. Constituição da República Federativa do Brasil de 1988. Disponível em: http://www.planalto. gov.br/ccivil_03/constituicao/constituicao.htm. Acesso em: 1º maio 2016.

LENZA, Pedro. *Direito constitucional esquematizado*. 18. ed. São Paulo: Saraiva, 2014.

MENDES, Gilmar Ferreira; BRANCO, Paulo Gustavo Gonet; COELHO, Inocêncio Mártires. *Curso de direito constitucional*. 4. ed. São Paulo: Saraiva, 2009.

MORAES, Guilherme Peña de. *Curso de direito constitucional*. 8. ed. São Paulo: Atlas, 2016.

NOVELINO, Marcelo. *Direito constitucional*. 11. ed. Salvador: JusPodivm, 2016.

SILVA, José Afonso da. *Curso de direito constitucional positivo*. 38. ed. São Paulo: Malheiros, 2015.

Direitos Humanos

Ao acessar o QR Code, você encontrará Dicas para o Exame da OAB e mais Questões Comentadas para treinar seus conhecimentos
> https://uqr.to/1wk6x

DIREITOS HUMANOS: QUADRO GERAL DE QUESTÕES	
TEMAS	N. DE QUESTÕES
I. Dignidade Humana como Valor Universal	1
II. História dos Direitos Humanos	3
III. Estrutura e Funções da ONU	1
IV. Tratados Internacionais sobre Direitos Humanos	49
V. Tratados Internacionais e o Direito Brasileiro	20
VI. Direitos Humanos e Direitos Fundamentais na Constituição Federal	12
VII. Planos Nacionais de Direitos Humanos	4
VIII. Estatutos que Garantem Direitos Fundamentais	15
TOTAL	105

I. DIGNIDADE HUMANA COMO VALOR UNIVERSAL

Acesse o QR Code e consulte as questões comentadas sobre este tema.

II. HISTÓRIA DOS DIREITOS HUMANOS

Acesse o QR Code e consulte as questões comentadas sobre este tema.

III. ESTRUTURA E FUNÇÕES DA ONU

Acesse o QR Code e consulte as questões comentadas sobre este tema.

IV. TRATADOS INTERNACIONAIS SOBRE DIREITOS HUMANOS

1. (41º Exame) Em razão da alta concentração de indígenas no Município X e com vistas à melhor promoção dos seus direitos e garantias, as autoridades locais adotaram uma série de medidas administrativas com impacto direto sobre as referidas comunidades. Não lhes foi franqueada, contudo, qualquer mecanismo de participação nos ciclos de elaboração e implementação dessas medidas.

Nesse contexto, você foi procurado(a), como advogado(a), para representar uma das comunidades. À luz da Convenção 169 da Organização Internacional do Trabalho sobre Povos Indígenas e Tribais, assinale a opção que apresenta, corretamente, sua orientação.

(A) É assegurado às comunidades indígenas e às populações tradicionais o direito à consulta, mediante procedimentos apropriados e, particularmente, por meio de suas instituições representativas, cada vez que sejam previstas medidas legislativas ou administrativas suscetíveis de afetá-las diretamente.

(B) No caso específico, a Convenção em questão excetua o dever de assegurar a participação das comunidades indígenas diretamente atingidas, já que se trata de medidas tomadas com o intuito de promover a máxima eficácia dos direitos e das garantias dessas populações tradicionais.

(C) Apesar de as disposições da Convenção em questão estabelecerem a necessidade de efetiva participação das comunidades indígenas cada vez que forem previstas medidas legislativas ou administrativas suscetíveis de afetá-las diretamente, a não observância desse dever estatal somente acarreta vício capaz de anular os atos praticados se restar demonstrado, no caso concreto, a existência de prejuízo.

(D) É assegurado às comunidades indígenas e populações tradicionais o direito à consulta, mediante procedimentos apropriados, cada vez que sejam previstas medidas legislativas ou administrativas suscetíveis de afetá-las diretamente. No âmbito nacional, confiou-se à Fundação Nacional do Índio (FUNAI) a atribuição para representar diretamente as referidas comunidades, por serem desprovidas de personalidade jurídica própria.

RESPOSTA A Convenção 169 da Organização Internacional do Trabalho (OIT), sobre Povos Indígenas e Tribais, assegura o direito das comunidades indígenas e populações tradicionais à consulta, mediante procedimentos apropriados e, particularmente, por meio de suas instituições representativas, cada vez que sejam previstas medidas legislativas ou administrativas suscetíveis de afetá-las diretamente. Isso está expresso no Artigo 6º da Convenção, que enfatiza a necessidade de consulta com os povos indígenas através de suas instituições representativas, sempre que medidas legislativas ou administrativas possam afetá-los. *Alternativa A.*

2. (41º Exame) Na qualidade de advogado, você foi consultado por um grupo de imigrantes que, uma vez residindo no território nacional, mesmo que em situação irregular, passou a trabalhar em condições indignas, tendo vários dos direitos trabalhistas, expressamente reconhecidos aos trabalhadores em geral, desrespeitados. Sobre esse caso, assinale a afirmativa que apresenta a orientação correta que você prestou.

(A) Em razão de o Estado brasileiro ainda não ter ratificado a Convenção Internacional sobre a Proteção dos Direitos de Todos os Trabalhadores Migrantes e dos Membros de suas Famílias, a situação não poderá ser submetida à apreciação dos órgãos integrantes do sistema regional americano de proteção dos direitos humanos.

(B) Na condição de Estado-membro da Organização dos Estados Americanos, o Brasil tem o dever de respeitar e garantir os direitos dos trabalhadores migrantes indocumentados, independentemente de sua nacionalidade, em nome do direito à igualdade e não discriminação em relação aos trabalhadores nacionais.

(C) Os trabalhadores em referência poderão levar o caso ao conhecimento da Comissão Interamericana de Direitos Humanos, muito embora não tenham assegurada a possibilidade de acesso ao Poder Judiciário nacional, diante do *status* irregular do seu ingresso e permanência no território brasileiro.

(D) Os trabalhadores em questão têm assegurado o acesso tanto ao Poder Judiciário local, quanto aos órgãos integrantes do sistema regional americano de proteção dos direitos humanos, inclusive de forma simultânea, diante da inexistência de litispendência entre as instâncias nacional e internacional.

RESPOSTA Conforme os princípios do direito internacional dos direitos humanos, em especial aqueles ratificados pelo Brasil na qualidade de Estado-membro da Organização dos Estados Americanos (OEA), o país tem a obrigação de respeitar e garantir os direitos humanos de todos os indivíduos sob sua jurisdição, independentemente de sua situação migratória. A Convenção Americana sobre Direitos Humanos (Pacto de San José da Costa Rica), da qual o Brasil é signatário, e a Declaração Americana dos Direitos e Deveres do Homem garantem o direito à igualdade e à não discriminação, aplicáveis a todos os trabalhadores, incluindo os migrantes indocumentados. Além disso, o artigo 7º da Declaração Universal dos Direitos Humanos e o artigo 5º da Convenção Americana sobre Direitos Humanos asseguram que todos são iguais perante a lei e têm direito, sem discriminação, a igual proteção da lei. Desta forma, os direitos trabalhistas devem ser garantidos a todos, incluindo os trabalhadores migrantes indocumentados, em conformidade com o princípio da igualdade e não discriminação. *Alternativa B.*

3. (40º Exame) Os conflitos armados, infelizmente, são uma realidade que afeta diferentes países. As quatro Convenções de Genebra de 1949 conformam a base do Direito Internacional Humanitário. Em comum às quatro Convenções está o Art. 3º que, entre outros dispositivos, determina o tratamento humano para todos os indivíduos em poder do inimigo, sem nenhuma distinção adversa. Proíbe, especialmente, os assassinatos, as mutilações, as torturas e os tratamentos cruéis, humilhantes e degradantes, a tomada de reféns e os julgamentos parciais. Sobre esse artigo, assinale a afirmativa correta:

(A) Abrange também as situações de conflito armado sem caráter internacional e que surjam no território de um Estado-parte da Convenção.

DIREITOS HUMANOS

(B) Determina a obrigatoriedade de cessar-fogo, no caso de início de uma rodada de negociações para a busca de solução não armada do conflito.

(C) Atribui ao Conselho de Segurança da ONU a competência para julgar a legitimidade da guerra e as eventuais sanções a serem impostas às partes do conflito.

(D) Prevê a instituição de um tribunal específico para o julgamento de acusados de terem cometido crimes de guerra pela Assembleia-Geral das Nações Unidas.

RESPOSTA O Artigo 3º das Convenções de Genebra de 1949 se aplica a conflitos armados sem caráter internacional que ocorram no território de um Estado-parte da Convenção. Suas disposições garantem tratamento humano e proíbem práticas como assassinatos, mutilações, torturas, tratamentos cruéis, humilhantes e degradantes, tomada de reféns e julgamentos parciais. *Alternativa A.*

4. **(38º Exame)** Considere a hipótese de ter sido decretado estado de emergência no país, implicando a suspensão de garantias judiciais, como o *habeas corpus*. Argumentando a favor desse decreto, o governo alega que a própria Convenção Americana de Direitos Humanos prevê, em seu art. 27, a suspensão de garantias.

Como advogada(o) que atua na defesa dos direitos humanos, de acordo com as importantes opiniões consultivas OC-08/87 e OC-09/87 da Corte Interamericana de Direitos Humanos, você deve esclarecer que

(A) uma vez que tais garantias judiciais não estejam previstas entre os direitos ressalvados expressamente no art. 27.2 da Convenção, elas podem ser suspensas.

(B) pode haver a suspensão de tais garantias, inclusive do *habeas corpus*, em situações de estado de emergência, como o estado de defesa, desde que isso seja decidido pelo Poder Executivo e confirmado pelo Poder Judiciário.

(C) as garantias judiciais, como o *habeas corpus*, não podem ser canceladas ou descontinuadas, pois visam à proteção dos direitos essenciais que, segundo o art. 27.2 da Convenção, não podem ser suspensos.

(D) em situações de emergência, como o estado de defesa, tendo em vista a proteção da soberania nacional, pode haver a suspensão de alguns direitos e garantias, dentre eles o direito ao *habeas corpus*.

RESPOSTA De acordo com o art. 27.2 da CADH (mencionado no enunciado), "a disposição precedente não autoriza a suspensão dos direitos determinados

seguintes artigos: 3 (direito ao reconhecimento da personalidade jurídica); 4 (direito à vida); 5 (direito à integridade pessoal); 6 (proibição da escravidão e servidão); 9 (princípio da legalidade e da retroatividade); 12 (liberdade de consciência e de religião); 17 (proteção da família); 18 (direito ao nome); 19 (direitos da criança); 20 (direito à nacionalidade) e 23 (direitos políticos), nem das garantias indispensáveis para a proteção de tais direitos". *Alternativa C.*

5. **(37º Exame)** Você está diante de um caso de extrema gravidade de violação de direitos previstos na Convenção Americana sobre Direitos Humanos, quando é urgente a adoção de medidas para evitar prejuízos irreparáveis às vítimas. Trata-se de um caso com demora injustificada na decisão sobre os recursos da jurisdição interna. Como advogada ou advogado que conhece o Sistema Interamericano de Proteção dos Direitos Humanos você sabe que a Corte Interamericana de Direitos Humanos pode adotar medidas provisórias que considerar cabíveis.

Considerando as normas pertinentes do Sistema Interamericano, assinale a afirmativa correta.

(A) Deve-se peticionar diretamente à Corte Interamericana de Direitos Humanos, ainda que o caso não esteja sob o conhecimento da Corte, para que ela adote as medidas provisórias cabíveis.

(B) O caso deve ser encaminhado à Comissão Jurídica Interamericana para que, nos termos do Art. 99 da Carta da OEA, ela tome as medidas provisórias adequadas.

(C) É preciso aguardar a decisão de um Tribunal Superior sobre o caso para que, após, se recorra ao Sistema Interamericano, segundo o princípio do duplo grau de jurisdição.

(D) Pode-se submeter o caso à Comissão Interamericana de Direitos Humanos para que ela avalie e decida se irá solicitar medidas provisórias à Corte.

RESPOSTA No Sistema Interamericano de Proteção dos Direitos Humanos, é a Comissão Interamericana de Direitos Humanos que inicialmente recebe os casos de violação dos direitos previstos na Convenção Americana sobre Direitos Humanos. Se o caso é urgente e há risco de prejuízos irreparáveis às vítimas, a Comissão pode solicitar à Corte Interamericana de Direitos Humanos que adote medidas provisórias. Essas medidas são destinadas a evitar danos irreparáveis às pessoas em situações graves e urgentes, garantindo proteção imediata enquanto o caso ainda está sendo analisado ou enquanto os recursos internos estão sendo esgotados. Portanto, o correto é submeter o caso à Comissão Interamericana, que avaliará a necessidade de solicitar tais medidas à Corte. *Alternativa D.*

6. (36º Exame) Você, como advogado(a), foi contratado(a) para esclarecer algumas alternativas na defesa e proteção do direito de circulação e de residência de um determinado grupo de pessoas, que vem sendo violado, em razão de preconceito. Nessa reunião, as vítimas disseram que já tentaram todas as medidas administrativas junto aos órgãos governamentais competentes e nada foi resolvido. Uma das vítimas propôs que fosse encaminhada petição para a Corte Interamericana de Direitos Humanos, a fim de instaurar um processo para a decisão daquela Corte que pudesse resultar em condenação do Estado brasileiro, indenização das vítimas e garantia dos direitos violados.

Assim, com base no que dispõe a Convenção Americana sobre Direitos Humanos, cabe a você esclarecer que as vítimas

(A) não têm o direito de submeter diretamente um caso à decisão da Corte Interamericana de Direitos Humanos.

(B) devem comprovar o esgotamento de todos os recursos da jurisdição interna para encaminhar a petição para a Corte.

(C) podem submeter o caso à decisão da Corte, mas devem requerer que sejam tomadas medidas provisórias em caráter de urgência, dada a gravidade da situação.

(D) não podem enviar a petição, uma vez que o Brasil não reconhece a competência da Corte em casos relativos à aplicação da Convenção Americana de Direitos Humanos.

RESPOSTA De acordo com o Sistema Interamericano de Proteção dos Direitos Humanos, os indivíduos não têm o direito de submeter diretamente um caso à Corte Interamericana de Direitos Humanos. O procedimento correto é que o caso seja primeiramente submetido à Comissão Interamericana de Direitos Humanos. A Comissão, após avaliar o caso, pode decidir encaminhá-lo à Corte Interamericana, caso considere que há fundamento suficiente para uma eventual condenação do Estado membro por violação dos direitos previstos na Convenção Americana sobre Direitos Humanos. Portanto, as vítimas devem buscar a Comissão Interamericana como a instância inicial no Sistema Interamericano. *Alternativa A.*

7. (XXXIV Exame) Você está trabalhando, como advogada(o), para um grupo de estudantes universitários com deficiência visual. Eles relataram ter muita dificuldade para estudar, pois há pouquíssima disponibilidade de obras científicas com exemplar em formato acessível. Para preparar sua atuação no caso, você recorreu ao Tratado de Marraqueche para Facilitar o Acesso a Obras Publicadas às Pessoas Cegas, com Deficiência Visual ou com Outras Dificuldades para Ter Acesso ao Texto Impresso. Como ponto de partida do seu caso, exemplar em formato acessível, segundo o Tratado de Marraqueche, deve ser entendido como

(A) disponibilização da obra no sistema de escrita e leitura tátil baseada em símbolos em relevo, conhecido como método Braille. Tal disponibilização deve se dar em centros governamentais ou não governamentais especializados em apoio às pessoas com deficiência visual.

(B) venda ou reprodução de obras literárias, artísticas ou científicas por preços de no máximo 30% do valor de mercado destinada exclusivamente às pessoas com deficiência visual. As empresas editoriais contarão com isenções tributárias para compensar o custo de produção.

(C) reprodução de uma obra de uma maneira ou forma alternativa que dê aos beneficiários acesso à obra, inclusive para permitir que a pessoa tenha acesso de maneira tão prática e cômoda como uma pessoa sem deficiência visual ou sem outras dificuldades para ter acesso ao texto impresso.

(D) exemplar disponível para as pessoas com deficiência visual em bibliotecas que tenham ledores disponíveis durante todo o seu horário de funcionamento.

RESPOSTA A resposta correta é um fragmento do art. 2º, *b*, do Tratado de Marraqueche, nos seguintes termos: "exemplar em formato acessível" significa a reprodução de uma obra de maneira ou forma alternativa que dê aos beneficiários acesso à obra, inclusive para permitir que a pessoa tenha acesso de maneira tão prática e cômoda como uma pessoa sem deficiência visual ou sem outras dificuldades para ter acesso ao texto impresso. O exemplar em formato acessível é utilizado exclusivamente por beneficiários e deve respeitar a integridade da obra original, levando em devida consideração as alterações necessárias para tornar a obra acessível no formato alternativo e as necessidades de acessibilidade dos beneficiários. O referido tratado foi incorporado no ordenamento jurídico brasileiro pelo Decreto n. 9.522/2018, tendo em vista o cumprimento dos requisitos constitucionais. *Alternativa C.*

8. (XXXIV Exame) Você, como advogado(a), representa um grupo de familiares que possuem algum ente internado em estabelecimento público de tratamento de saúde mental onde, comprovadamente, tem havido tratamento cruel e degradante, violando o Art. 5º da Convenção Americana sobre Direitos Humanos. Após tentativas frustradas de resolução do problema por via administrativa junto aos órgãos competentes, você ingres-

DIREITOS HUMANOS

sou com petição na Comissão Interamericana de Direitos Humanos. Tendo em vista que se trata de uma situação de gravidade e urgência, e considerando o que dispõe o Regulamento da Comissão Interamericana de Direitos Humanos, cabe a você esclarecer aos familiares e às próprias vítimas que, mesmo diante da gravidade e urgência da situação, a Comissão

(A) deverá emitir o seu relatório final com recomendações para o Estado brasileiro, caso ele seja considerado responsável pelas violações ocorridas.

(B) pode decidir liminarmente o caso, porém essa decisão liminar favorável às vítimas deverá ser homologada pelo Superior Tribunal de Justiça brasileiro para que possa ser devidamente executada.

(C) deverá encaminhar de imediato o caso para a Corte Interamericana de Direitos Humanos para que esta adote medida prévia que vise à garantia dos direitos violados das vítimas.

(D) poderá solicitar que o Estado brasileiro adote medidas cautelares para prevenir danos irreparáveis às pessoas vítimas da violação dos Direitos Humanos.

RESPOSTA A alternativa correta se encontra no art. 29, § 2º, da Convenção Americana sobre Direitos Humanos – CIDH, o qual dispõe que: "Em casos urgentes, quando se tornar necessário para evitar danos irreparáveis a pessoas, a Comissão poderá pedir que sejam tomadas medidas cautelares para evitar que se consume o dano irreparável, no caso de serem verdadeiros os fatos denunciados". Previsão semelhante também se encontra no art. 25 do Regulamento da Comissão Interamericana de Direitos Humanos: "Em situações de gravidade e urgência a Comissão poderá, por iniciativa própria ou a pedido da parte, solicitar que um Estado adote medidas cautelares para prevenir danos irreparáveis às pessoas ou ao objeto do processo relativo a uma petição ou caso pendente". *Alternativa D.*

9. (XXXIII Exame) Você, que atua na defesa de Direitos Humanos, foi convidado(a) para participar de um debate promovido pela Comissão de Direitos Humanos da OAB. Um dos debatedores afirmou, com base na Declaração e Programa de Ação de Viena, que é importante compreender que Direitos Humanos são indivisíveis e devem ser considerados com igual ênfase. Outro debatedor retrucou essa afirmação. No momento da sua fala, você deve esclarecer que, de acordo com a Declaração citada, os Direitos Humanos são

(A) indivisíveis, interdependentes e interrelacionados, e a comunidade internacional deve considerá-los em pé de igualdade.

(B) divididos em direitos públicos e direitos privados, com ênfase nos direitos públicos como parte do Direito Positivo de cada país.

(C) divididos em direitos em sentido forte e direitos em sentido fraco, e que apenas os direitos civis e políticos são direitos humanos em sentido forte.

(D) conceitos acadêmicos sempre em disputa e que a Declaração e Programa de Ação de Viena não fala da indivisibilidade ou da divisibilidade dos Direitos Humanos.

RESPOSTA Trata-se de um trecho do item 5 da Declaração e Programa de Ação de Viena, a qual afirma que "Todos os Direitos Humanos são universais, indivisíveis, interdependentes e inter-relacionados. A comunidade internacional deve considerar os Direitos Humanos, globalmente, de forma justa e equitativa, no mesmo pé e com igual ênfase. Embora se deva ter sempre presente o significado das especificidades nacionais e regionais e os diversos antecedentes históricos, culturais e religiosos, compete aos Estados, independentemente dos seus sistemas políticos, econômicos e culturais, promover e proteger todos os Direitos Humanos e liberdades fundamentais". *Alternativa A.*

10. (XXXI Exame) Recentemente assumiu a presidência da Câmara dos Deputados um parlamentar que afirma que o Brasil é um país soberano e não deve ter nenhum compromisso com os Direitos Humanos na ordem internacional. Afirma que, apesar de ter sido internamente ratificado, o Pacto Internacional dos Direitos Civis e Políticos não se caracteriza como norma vigente, e os direitos ali previstos podem ser suspensos ou não precisam ser aplicados. Por ser atuante na área dos Direitos Humanos, você foi convidado(a) pela Comissão de Direitos Humanos da Câmara dos Deputados para prestar mais esclarecimentos sobre o assunto. Com base no que dispõe o próprio Pacto Internacional dos Direitos Civis e Políticos – PIDCP, assinale a opção que apresenta o esclarecimento dado à Comissão.

(A) Caso situações excepcionais ameacem a existência da nação e sejam proclamadas oficialmente, os Estados-partes podem adotar, na estrita medida exigida pela situação, medidas que suspendam as obrigações decorrentes do PIDCP, desde que tais medidas não acarretem discriminação por motivo de raça, cor, sexo, língua, religião ou origem social.

(B) É admissível a suspensão das obrigações decorrentes do PIDCP quando houver, no âmbito do Estado-parte, um ato formal do Poder Legislativo e do Poder Executivo declarando o efeito suspensivo, desde que tal ato declare um prazo para essa suspensão, que, em nenhuma hipótese, pode exceder o período de 2 anos.

(C) Em nenhuma hipótese ou situação os Estados-partes do PIDCP podem adotar medidas que suspendam as obrigações decorrentes do Pacto, uma vez que, ratificado o Pacto, todos os seus direitos vigoram de forma efetiva, não sendo admitida nenhuma possibilidade de suspensão ou exceção.

(D) Mesmo ratificado, o Pacto Internacional dos Direitos Civis e Políticos e os direitos nele contidos não podem ser caracterizados como normas vigentes, uma vez que se trata de direitos em sentido fraco, de forma que apenas os direitos fundamentais, previstos na Constituição, são direitos em sentido forte.

RESPOSTA A alternativa correta é um fragmento do Pacto Internacional dos Direitos Civis e Políticos – PIDCP, o qual dispõe no art. 4.1 que, "quando situações excepcionais ameacem a existência da nação e sejam proclamadas oficialmente, os Estados-Partes do presente Pacto podem adotar, na estrita medida exigida pela situação, medidas que suspendam as obrigações decorrentes do presente Pacto, desde que tais medidas não sejam incompatíveis com as demais obrigações que lhes sejam impostas pelo Direito Internacional e não acarretem discriminação alguma apenas por motivo de raça, cor, sexo, língua, religião ou origem social". *Alternativa A.*

11. (XXXI Exame) Recentemente houve grande polêmica na cidade de Piraporanga, porque o Prefeito proibiu o museu local de realizar uma exposição, sob a alegação de que as obras de arte misturavam temas religiosos com conteúdos sexuais, além de haver quadros e esculturas obscenas. Você é contratada(o) para atuar no caso pelos autores das obras de arte e por intelectuais. Com base na Convenção Americana de Direitos Humanos e na Constituição Federal de 1988, assinale a opção que apresenta o argumento que você, como advogada(o), deveria adotar.

(A) A censura prévia por autoridades administrativas competentes, como mecanismo eficaz para assegurar o respeito à reputação de pessoas e como forma de garantir a moralidade pública, deve ser admitida.

(B) O exercício da liberdade de expressão e o da criação artística estão sujeitos à censura prévia, mas apenas por força de lei devidamente justificada, como forma de proteção da honra individual e da moral pública.

(C) A liberdade de expressão e de criação artística estão sujeitas à censura prévia pelas autoridades

competentes quando elas ocorrem por meio de exposições em museus, tendo em vista a proteção da memória nacional e da ordem pública.

(D) A lei pode regular o acesso a diversões e espetáculos públicos, tendo em vista a proteção moral da infância e da adolescência, sendo vedada, porém, toda e qualquer censura prévia de natureza política, ideológica e artística.

RESPOSTA A resposta exige conhecimento da Convenção Americana sobre Direitos Humanos, a qual disciplina em seu art. 13.4 que "a lei pode submeter os espetáculos públicos à censura prévia, com o objetivo exclusivo de regular o acesso a eles, para proteção moral da infância e da adolescência, sem prejuízo do disposto no inciso 2º". Igualmente, exige conhecimento do art. 5º da CRFB, a qual disciplina no inciso IX que "é livre a expressão da atividade intelectual, artística, científica e de comunicação, independentemente de censura ou licença". *Alternativa D.*

12. (XXIX Exame) No âmbito dos sistemas internacionais de proteção dos Direitos Humanos, existem hoje três sistemas regionais: africano, (inter)americano e europeu. Existem semelhanças e diferenças entre esses sistemas. Assinale a opção que corretamente expressa uma grande diferença entre o sistema (inter)americano e o europeu.

(A) O sistema europeu foi instituído a partir da Convenção para a Proteção dos Direitos do Homem e das Liberdades Fundamentais, de 1950, e já está em pleno funcionamento. Já o sistema (inter)americano foi instituído pela Convenção Americana Sobre Direitos Humanos, de 1998, e ainda não está em pleno funcionamento.

(B) O sistema (inter)americano conta com uma Comissão Interamericana de Direitos Humanos, mas não possui uma Corte ou Tribunal. Já o sistema europeu possui um Tribunal, mas não possui uma Comissão de Direitos Humanos.

(C) O sistema europeu é baseado em um Conselho de Ministros e admite denúncias de violações de direitos humanos que sejam feitas pelos Estados-partes da Convenção, mas não admite petições individuais. Já o sistema (inter)americano não possui o Conselho de Ministros e admite petições individuais.

(D) O sistema (inter)americano possui uma Comissão e uma Corte para conhecer de assuntos relacionados ao cumprimento dos compromissos assumidos pelos Estados-partes na Convenção Americana Sobre Direitos Humanos. Já o sistema europeu não possui uma Comissão com as mesmas funções que a Comissão Interamericana, mas um Tribunal Europeu dos Direitos do Homem, que é efetivo e permanente.

DIREITOS HUMANOS

RESPOSTA É possível encontrar semelhanças e distinções entre os três sistemas internacionais de proteção aos Direitos Humanos. A questão, contudo, pede a distinção entre dois deles: o (inter)americano e o europeu. O sistema (inter)americano, como destaca a questão correta, possui uma Comissão e uma Corte para conhecer assuntos relacionados ao cumprimento dos compromissos assumidos pelos Estados-partes na Convenção Americana sobre Direitos Humanos, enquanto que o sistema europeu não possui uma Comissão com as mesmas funções que a Comissão Interamericana, mas um Tribunal Europeu dos Direitos do Homem, que é efetivo e permanente. *Alternativa D.*

13. (XXVI Exame) Um jovem congolês, em função de perseguição sofrida no país de origem, obteve, há cerca de três anos, reconhecimento de sua condição de refugiado no Brasil. Sua mãe, triste pela distância do filho, decide vir ao Brasil para com ele viver, porém não se enquadra na condição de refugiada. Com base na Lei brasileira que implementou o Estatuto dos Refugiados, cabe a você, como advogado que atua na área dos Direitos Humanos, orientar a família. Assinale a opção que apresenta a orientação correta para o caso.

(A) As medidas e os direitos previstos na legislação brasileira sobre refugiados se aplicam somente àqueles que tiverem sido reconhecidos nessa condição. Por isso, a mãe deve entrar com o pedido de refúgio e comprovar que também se enquadra na condição.

(B) Apesar de a mãe não ser refugiada, os efeitos da condição de refugiado de seu filho são extensivos a ela; por isso, ela pode obter autorização para residência no Brasil.

(C) A lei brasileira que trata de refúgio prevê a possibilidade de que pai e mãe tenham direito à residência caso o filho ou a filha venham a ser considerados refugiados, mas a previsão condiciona esse direito a uma avaliação a ser feita pelo representante do governo brasileiro.

(D) Para que a mãe possa viver no Brasil com seu filho ou sua filha, ela deverá comprovar que é economicamente dependente dele ou dela, pois é nesse caso que ascendentes podem gozar dos efeitos da condição de refugiado reconhecida a um filho ou a uma filha.

RESPOSTA O Estatuto dos Refugiados (Lei n. 9.474/97) disciplina em seu art. 2º que "os efeitos da condição dos refugiados serão extensivos ao cônjuge, aos ascendentes e descendentes, assim como aos demais membros do grupo familiar que do refugiado dependerem economicamente, desde que se encontrem em território nacional". *Alternativa B.*

14. (XXV Exame) Você foi procurado, como advogado(a), por representantes de um Centro de Defesa dos Direitos Humanos, que lhe informaram que o governador do estado, juntamente com o ministro da justiça do país, estavam articulando a expulsão coletiva de um grupo de haitianos, que vive legalmente na sua cidade. Na iminência de tal situação e sabendo que o Brasil é signatário da Convenção Americana sobre os Direitos Humanos, assinale a opção que indica, em conformidade com essa convenção, o argumento jurídico a ser usado.

(A) Um decreto do governador combinado a uma portaria do ministro da justiça constituem fundamento jurídico suficiente para a expulsão coletiva, segundo a Convenção acima citada. Portanto, a única solução é política, ou seja, fazer manifestações para demover as autoridades desse propósito.

(B) A Convenção Americana sobre os Direitos Humanos é omissa quanto a esse ponto. Portanto, a única alternativa é buscar apoio em outros tratados internacionais, como a Convenção das Nações Unidas, relativa ao Estatuto dos Refugiados, também conhecida como Convenção de Genebra, de 1951.

(C) A expulsão coletiva de estrangeiros é permitida, segundo a Convenção Americana sobre os Direitos Humanos, apenas no caso daqueles que tenham tido condenação penal com trânsito em julgado, o que não foi o caso dos haitianos visados pelos propósitos do governador e do ministro, uma vez que eles vivem legalmente na cidade.

(D) A pessoa que se ache legalmente no território de um Estado tem direito de circular nele e de nele residir em conformidade com as disposições legais. Além disso, é proibida a expulsão coletiva de estrangeiros.

RESPOSTA O art. 22 da Convenção Americana sobre os Direitos Humanos, nos itens 1 e 9, dispõe, respectivamente, que "toda pessoa que se ache legalmente no território de um Estado tem direito de circular nele e de nele residir em conformidade com as disposições legais" e que "é proibida a expulsão coletiva de estrangeiros". *Alternativa D.*

15. (XXIV Exame) Há cerca de três meses, foi verificado que os presos da Penitenciária Quebrantar estavam sofrendo diversas formas de maus tratos, incluindo violência física. Você foi contratado(a) por familiares dos presos, que lhe disseram ter elementos suficientes para acreditar que qualquer medida judicial no Brasil seria ineficaz no prazo desejado. Por isso, eles o(a) consultaram sobre a possibilidade de submeter o caso à Comissão Interamericana de Direitos Humanos (CIDH).

Considerando as regras de funcionamento dessa Comissão, você deve informá-los de que a CIDH pode receber a denúncia:

(A) caso sejam feitas petições individualizadas, uma vez que os casos de violação de direitos previstos no Pacto de São José da Costa Rica devem ser julgados diretamente pela Corte Interamericana de Justiça.

(B) caso sejam feitas petições individualizadas relatando a violação sofrida por cada uma das vítimas e as relacionando aos direitos previstos na Convenção Americana; assim, a CIDH poderá adotar as medidas que julgar necessárias para a cessação da violação.

(C) caso entenda haver situação de gravidade e urgência. Assim, a CIDH poderá instaurar de ofício um procedimento no qual solicita que o Estado brasileiro adote medidas cautelares de natureza coletiva para evitar danos irreparáveis aos presos.

(D) caso entenda haver situação de gravidade e urgência. Assim, a CIDH deve encaminhar diretamente o caso à Corte Interamericana de Justiça, que poderá ordenar a medida provisória que julgar necessária à cessação da violação.

RESPOSTA Embora não esteja expressamente previsto na Convenção que a Comissão pode instaurar de ofício um procedimento no qual solicita que o "Estado brasileiro" adote medidas cautelares de natureza coletiva para evitar danos irreparáveis aos presos, esta possibilidade está prevista no art. 23 do Regulamento, que diz que a Comissão pode, "por iniciativa própria ou a pedido da parte, solicitar que um Estado adote medidas cautelares, relacionadas às situações de gravidade e urgência que apresentem risco de dano irreparável às pessoas" (art. 25.3 do Regulamento). *Alternativa C.*

16. (XXIV Exame) Você, como advogada(o) que atua na defesa dos Direitos Humanos, foi chamada(o) para atuar em um caso em que há uma disputa pela terra entre produtores rurais e uma comunidade quilombola. Você sabe que, de acordo com o Decreto n. 4.887/03 do Governo Federal, "consideram-se remanescentes das comunidades dos quilombos, os grupos étnico-raciais, segundo critérios de autoatribuição, com trajetória histórica própria, dotados de relações territoriais específicas, com presunção de ancestralidade negra relacionada com a resistência à opressão histórica sofrida".

Em relação a essas pessoas remanescentes de quilombos, é correto dizer que a Constituição Federal de 1988

(A) assegura o direito às suas tradições, mas não garante a propriedade da terra ocupada por elas.

(B) prevê o direito à consulta aos quilombolas sempre que houver proposta oficial de exploração de riquezas minerais de suas terras.

(C) afirma o direito à posse da terra quando ocupada de boa-fé por esses grupos.

(D) reconhece a propriedade definitiva das terras que estejam ocupando, cabendo ao Estado a emissão dos títulos respectivos.

RESPOSTA O art. 68 do ADCT dispõe que aos remanescentes das comunidades dos quilombos que estejam ocupando suas terras é reconhecida a propriedade definitiva, devendo o Estado emitir-lhes os títulos respectivos. *Alternativa D.*

17. (XXII Exame) Você está advogando em um caso que tramita na Corte Interamericana de Direitos Humanos. O Brasil é parte passiva do processo e, finalmente, foi condenado. A condenação envolve, além da reparação pecuniária pela violação dos direitos humanos, medidas simbólicas de restauração da dignidade da vítima e até mesmo a mudança de parte da legislação interna. Embora a União tenha providenciado o pagamento do valor referente à reparação pecuniária da vítima, há muito tempo permanece inadimplente quanto ao cumprimento das demais obrigações impostas na sentença condenatória proferida pela corte.

Diante disso, assinale a afirmativa correta.

(A) É necessário ingressar com medida específica junto ao STF para a homologação da sentença da Corte ou a obtenção do *exequatur*, isto é, a decisão de cumprir, aqui no Brasil, uma sentença que tenha sido proferida por tribunal estrangeiro.

(B) Não há nada que possa ser feito, já que não há previsão nem na legislação do Brasil, nem na própria Convenção Americana dos Direitos Humanos sobre algum tipo de medida quando do não cumprimento da sentença da Corte pelo país que se submeteu à sua jurisdição.

(C) A execução da sentença pode ser feita diretamente no Sistema Interamericano de Direitos Humanos, pois essa é uma das atribuições e incumbências previstas no Pacto de São José da Costa Rica para a Comissão Interamericana de Direitos Humanos.

(D) Pode-se solicitar à Corte que, no seu relatório anual para a Assembleia Geral da OEA, indique o caso em que o Brasil foi condenado, como aquele em que um Estado não deu cumprimento total à sentença da Corte.

RESPOSTA O item 1 do art. 51 da Convenção Americana sobre Direitos Humanos disciplina que, "se no

DIREITOS HUMANOS

prazo de três meses, a partir da remessa aos Estados interessados do relatório da Comissão, o assunto não houver sido solucionado ou submetido à decisão da Corte pela Comissão ou pelo Estado interessado, aceitando sua competência, a Comissão poderá emitir, pelo voto da maioria absoluta dos seus membros, sua opinião e conclusões sobre a questão submetida à sua consideração". O item 2 aduz que "a Comissão fará as recomendações pertinentes e fixará um prazo dentro do qual o Estado deve tomar as medidas que lhe competirem para remediar a situação examinada". E, por fim, o item 3 determina que, "transcorrido o prazo fixado, a Comissão decidirá, pelo voto da maioria absoluta dos seus membros, se o Estado tomou ou não medidas adequadas e se publica ou não seu relatório". *Alternativa D.*

18. (XXII Exame) Seu cliente possui um filho com algum nível de deficiência mental e, após muito tentar, não conseguiu vaga no sistema público de ensino da cidade, uma vez que as escolas se diziam não preparadas para lidar com essa situação. Você já ingressou com a ação judicial competente há mais de dois anos, mas há uma demora injustificada no julgamento e o caso ainda se arrasta nos tribunais. Diante desse quadro, você avalia a possibilidade de apresentar uma petição à Comissão Interamericana de Direitos Humanos. Tendo em vista o que dispõe a Convenção Americana sobre Direitos Humanos e seus respectivos protocolos, assinale a afirmativa correta.

(A) Considerando a demora injustificada da decisão na jurisdição interna, você pode peticionar à Comissão, pois o direito à Educação é um dos casos de direitos sociais previstos no Protocolo de São Salvador, que, uma vez violado, pode ensejar aplicação do sistema de petições individuais.

(B) Não obstante a demora injustificada da decisão final do Poder Judiciário brasileiro ser uma condição que admite excepcionar os requisitos de admissibilidade para que seja apresentada a petição, o direito à educação não está expressamente previsto nem na Convenção, nem no Protocolo de São Salvador como um caso de petição individual.

(C) Apenas a Corte Interamericana de Direitos Humanos pode encaminhar um caso para a Comissão. Portanto, deve ser provocada a jurisdição da Corte. Se esta entender adequado, pode enviar o caso para que a Comissão adote as medidas e providências necessárias para garantir o direito e reparar a vítima, se for o caso.

(D) Em nenhuma situação você pode entrar com a petição individual de seu cliente na Comissão Interamericana de Direitos Humanos até que se-

jam esgotados todos os recursos da jurisdição interna do Brasil.

RESPOSTA Inicialmente, observe-se que o enunciado requer a resposta de acordo com a Convenção Americana sobre Direitos Humanos e seus respectivos "protocolos". De acordo com o Protocolo de San Salvador, "deverão ser estabelecidos programas de ensino diferenciado para os deficientes, a fim de proporcionar instrução especial e formação a pessoas com impedimentos físicos ou deficiência mental" (art. 13.3). *Alternativa A.*

19. (XXII Exame) O país foi tomado por uma onda de manifestações sociais, que produzem grave e iminente instabilidade institucional, de modo que a Presidência da República decretou, e o Congresso Nacional aprovou o estado de defesa no Brasil. Nesse período, você é procurado(a), como advogado(a), para atuar na causa em que um casal relata que seu filho, João da Silva, de 21 anos, encontra-se desaparecido há cinco dias, desde que foi detido para investigação policial. Os órgãos de segurança afirmam não ter informações acerca do paradeiro dele, embora admitam que ele foi interrogado pela polícia. Ao questionar o procedimento de interrogatório e buscar mais informações sobre o paradeiro de João da Silva junto à Corregedoria da Polícia, você é lembrado de que o país encontra-se sob estado de defesa, existindo, nesse caso, restrição a vários direitos fundamentais. Sobre a hipótese apresentada, com base na Convenção Interamericana sobre o Desaparecimento Forçado de Pessoas, assinale a afirmativa correta.

(A) A Convenção proíbe que os Estados-Partes decretem qualquer tipo de estado de emergência, incluindo aí o estado de defesa ou o estado de sítio, de forma a evitar a gravíssima violação dos direitos humanos, como é o desaparecimento forçado de João da Silva.

(B) O caso de João da Silva ainda não pode ser considerado desaparecimento forçado, porque a Convenção afirma que o prazo para que o desaparecimento forçado seja caracterizado como tal deve ser de pelo menos dez dias, desde a falta de informação ou a recusa a reconhecer a privação de liberdade pelos agentes do Estado.

(C) O Conselho de Defesa Nacional deliberou que, mesmo no estado de defesa, as autoridades judiciárias competentes devem ter livre e imediato acesso a todo centro de detenção e às suas dependências, bem como a todo lugar onde houver motivo para crer que se possa encontrar a pessoa desaparecida.

(D) O Brasil, como Estado-Parte da Convenção, comprometeu-se a não praticar, nem permitir, nem tolerar o desaparecimento forçado de pessoas, nem mesmo durante os estados de emergência, exceção ou de suspensão de garantias individuais.

RESPOSTA Embora a Convenção Americana sobre Direitos Humanos não diga expressamente sobre "desaparecimento forçado de pessoas", os seus arts. 7 e 27 fazem concluir que o compromisso firmado pelo Estado-Parte inclui "não praticar, nem permitir, nem tolerar o desaparecimento forçado de pessoas". *Alternativa D.*

20. (XXI Exame) Maria deu entrada em uma maternidade pública já em trabalho de parto. Contudo, a falta de pronto atendimento levou a óbito tanto Maria quanto o bebê. Você foi contratado(a) pela família de Maria para advogar neste caso de grave violação de Direitos Humanos. Após algumas rápidas pesquisas na *Internet*, o pai e a mãe de Maria pedem que o caso seja imediatamente encaminhado para julgamento na Corte Interamericana de Direitos Humanos. Você, como advogado(a) da família, deve esclarecer que

(A) é uma ótima ideia e vai peticionar para que o caso seja submetido à decisão da Corte, bem como tomar todas as providências para que o caso seja julgado o mais cedo possível.

(B) apesar de ser uma boa ideia, é necessário aguardar que hajam sido interpostos e esgotados os recursos de jurisdição interna para que a família possa submeter o caso à decisão da Corte.

(C) não é possível a família encaminhar o caso à Corte, pois somente os Estados Partes da Convenção Americana de Direitos Humanos e a Comissão Interamericana de Direitos Humanos têm direito de submeter um caso à decisão da Corte.

(D) não é possível que o caso seja encaminhado para decisão da Corte porque, embora o Brasil seja signatário da Convenção Americana dos Direitos Humanos, o país não reconheceu a jurisdição da Corte.

RESPOSTA Não é possível a família encaminhar o caso à Corte, pois, de acordo com o art. 61.1 da Convenção Americana sobre Direitos Humanos, "somente os Estados-Partes e a Comissão têm direito de submeter caso à decisão da Corte". *Alternativa C.*

21. (XX Exame) Considere o seguinte caso: Em um Estado do norte do Brasil está havendo uma disputa que envolve a exploração de recursos naturais em terras indígenas. Esta disputa envolve diferentes comunidades indígenas e uma mineradora privada. Como advogado que atua na área dos Direitos Humanos, foi lhe solicitado elaborar um parecer. Nesse caso, é imprescindível se ter em conta a Convenção 169 da OIT, que foi ratificada pelo Brasil, em 2002. De acordo com o art. 2º desta Convenção, os governos deverão assumir a responsabilidade de desenvolver, com a participação dos povos interessados, uma ação coordenada e sistemática com vistas a proteger os direitos desses povos e a garantir o respeito pela sua integridade. Levando-se em consideração esta Convenção e em relação ao que se refere aos recursos naturais eventualmente existentes em terras indígenas, assinale a afirmativa correta.

(A) Os povos indígenas que ocupam terras onde haja a exploração de suas riquezas minerais e do subsolo têm direito ao recebimento de parte dos recursos auferidos, mas não possuem direito a participar da utilização, administração e conservação dos recursos mencionados.

(B) Em caso de a propriedade dos minérios ou dos recursos do subsolo pertencer ao Estado, o governo deverá estabelecer ou manter consultas dos povos interessados, a fim de determinar se os interesses desses povos seriam prejudicados, antes de empreender ou autorizar qualquer programa de prospecção ou exploração dos recursos existentes.

(C) A exploração de riquezas minerais e do subsolo em terras ocupadas por povos indígenas é aceitável e prescinde de consulta prévia desde que se cumpram os seguintes requisitos: preservação da identidade cultural dos povos ocupantes da terra, pagamento de *royalties* em função dos transtornos causados e autorização por meio de decreto legislativo.

(D) Em nenhuma hipótese pode haver a exploração de riquezas minerais e do subsolo em terras ocupadas por populações indígenas.

RESPOSTA A questão exige conhecimento da Convenção 169 da OIT, a qual estatui em seu **art. 15** que "1. O direito dos povos interessados aos recursos naturais existentes em suas terras deverá gozar de salvaguardas especiais. Esses direitos incluem o direito desses povos de participar da utilização, administração e conservação desses recursos. 2. Em situações nas quais o Estado retém a propriedade dos minerais ou dos recursos do subsolo ou direitos a outros recursos existentes nas terras, os governos estabelecerão ou manterão procedimentos pelos quais consultarão estes povos para determinar se seus interesses seriam prejudicados, e em que medida, antes de executar ou autorizar qualquer programa de exploração desses recursos existentes em suas terras. Sempre que for possível, os povos participarão dos benefícios proporcio-

DIREITOS HUMANOS

nados por essas atividades e receberão indenização justa por qualquer dano que sofram em decorrência dessas atividades". *Alternativa B.*

22. (XX Exame) João e Maria são casados e ambos são deficientes visuais. Enquanto João possui visão subnormal (incapacidade de enxergar com clareza suficiente para contar os dedos da mão a uma distância de 3 metros), Maria possui cegueira total. O casal tentou se habilitar ao processo de adoção de uma criança, mas foi informado no Fórum local que não teriam o perfil de pais adotantes, em função da deficiência visual, uma vez que isso seria um obstáculo para a criação de um futuro filho. Diante desse caso, assinale a opção que melhor define juridicamente a situação.

(A) A informação obtida no Fórum local está errada e o casal, a despeito da deficiência visual, pode exercer o direito à adoção em igualdade de oportunidades com as demais pessoas, conforme previsão expressa na legislação pátria.

(B) A informação prestada no Fórum está imprecisa. Embora não haja previsão legal expressa que assegure o direito à adoção em igualdade de oportunidades pela pessoa com deficiência, é possível defender e postular tal direito com base nos princípios constitucionais.

(C) Conforme previsto no art. 149 do Estatuto da Criança e do Adolescente, cabe ao juiz disciplinar, por meio de Portaria, os critérios de habilitação dos pretendentes à adoção.
Assim, se no Fórum foi dito que o casal não pode se habilitar em função da deficiência é porque a Portaria do Juiz assim definiu, sendo esta válida nos termos do artigo citado do ECA.

(D) Como não há nenhuma previsão expressa na legislação sobre adoção em igualdade de oportunidades por pessoas com deficiência e os princípios constitucionais não possuem densidade normativa para regulamentar tal caso, deve-se reconhecer a lacuna da lei e raciocinar com base em analogia, costumes e princípios gerais do direito, conforme determina o art. 4º da Lei de Introdução às Normas do Direito Brasileiro.

RESPOSTA Sobre o tema, o Decreto n. 6.949/2009 incorporou a Convenção Internacional sobre os Direitos das Pessoas com Deficiência no ordenamento jurídico do Brasil e, em seu art. 23, II, está previsto expressamente que os Estados-Partes assegurarão os direitos e responsabilidades das pessoas com deficiência, relativos a guarda, custódia, curatela e adoção de crianças ou instituições semelhantes. *Alternativa A.*

23. (XX Exame – Reaplicação) Você, advogado, patrocinou uma importante causa na jurisdição interna do Brasil e, diante da demora injustificada na decisão, apresentou o caso na Comissão Interamericana de Direitos Humanos, onde o Brasil foi condenado a reparar seu cliente. Diante da inadimplência do Estado brasileiro, a Comissão enviou o caso à Corte Interamericana de Direitos Humanos, onde o Brasil foi condenado, sem, contudo, efetuar a reparação exigida pela sentença da Corte. Diante desse fato e de acordo com a Convenção Americana sobre Direitos Humanos, você deve

(A) instar a Corte para, no ano seguinte, submeter o fato do descumprimento da decisão pelo Estado brasileiro à consideração da Assembleia Geral da Organização dos Estados Americanos, por meio de relatório sobre as atividades da Corte.

(B) recorrer à Corte Internacional de Justiça de Haia, nos termos do que dispõe a Convenção Americana sobre Direitos Humanos, uma vez que os sistemas regionais e o sistema global de proteção dos direitos humanos são complementares.

(C) conformar-se, pois não há mais nenhuma medida que possa ser feita pela Corte para buscar o cumprimento de sua decisão pelo estado brasileiro condenado após o devido processo legal.

(D) ingressar com a competente ação de obrigação de fazer em face do Estado brasileiro no Superior Tribunal de Justiça, conforme o procedimento previsto na Convenção Americana sobre Direitos Humanos ratificado pelo Estado brasileiro.

RESPOSTA De acordo com o art. 51 da Convenção Americana sobre Direitos Humanos, "se no prazo de três meses, a partir da remessa aos Estados interessados do relatório da Comissão, o assunto não houver sido solucionado ou submetido à decisão da Corte pela Comissão ou pelo Estado interessado, aceitando sua competência, a Comissão poderá emitir, pelo voto da maioria absoluta dos seus membros, sua opinião e conclusões sobre a questão submetida à sua consideração" (item 1). Afirma também que "a Comissão fará as recomendações pertinentes e fixará um prazo dentro do qual o Estado deve tomar as medidas que lhe competirem para remediar a situação examinada" (item 2). Por fim, que, "transcorrido o prazo fixado, a Comissão decidirá, pelo voto da maioria absoluta dos seus membros, se o Estado tomou ou não medidas adequadas e se publica ou não seu relatório" (item 3). *Alternativa A.*

24. (XX Exame – Reaplicação) Você, advogado, foi contratado por um grupo de organizações de defesa dos Direitos Humanos para emitir um parecer jurídico quanto à viabilidade técnica da seguinte proposta: tendo em vista que em 2013 entrou em vigor o Protocolo Facultativo ao Pacto Internacional de Direitos Econômicos, Sociais e Culturais (PIDESC), as organizações pretendem criar um programa conjunto que envie comunicações individuais ao comitê do PIDESC no caso de jovens que tentaram por todos os meios, mas não conseguiram matrícula em escolas de ensino médio com ensino técnico ou profissionalizante. Dessa forma o Comitê ao receber a comunicação, sendo esta admissível, poderá fazer recomendações ao Estado-parte que deverá implantá-las em seis meses. Assinale a opção que caracteriza o parecer mais adequando para o caso.

(A) O PIDESC faz uma previsão genérica de garantia da educação e prevê expressamente o ensino fundamental, mas não faz qualquer menção ao ensino técnico e profissional como sendo um direito que deve ser assegurado pelos estados-partes. Por isso o Programa não pode ser implementado.

(B) O Programa proposto não pode ser implementado pois de acordo com o Protocolo ao PIDESC apenas o indivíduo que for a vítima pode submeter diretamente a comunicação. Em nenhuma hipótese o autor da comunicação pode ser alguém que não seja a vítima.

(C) Embora a proposta seja interessante e adequada tanto ao escopo do PIDESC quanto ao Protocolo Facultativo, ela não pode ser realizada pois o Brasil, até a presente data, não ratificou o Protocolo Facultativo e, portanto, o Comitê não está autorizado a receber comunicações individuais em face do Estado brasileiro.

(D) O Programa proposto pelas organizações de defesa dos direitos humanos atende tanto uma demanda da realidade brasileira quanto às disposições previstas no PIDESC e no Protocolo Facultativo ao PIDESC, de forma que pode ser plenamente implementado.

RESPOSTA O art. 13, § 2º, do Pacto Internacional de Direitos Econômicos, Sociais e Culturais (PIDESC) disciplina que "os Estados-Partes no presente Pacto reconhecem que, com o objetivo de assegurar o pleno exercício desse direito: 1. A educação primária deverá ser obrigatória e acessível gratuitamente a todos. 2. A educação secundária em suas diferentes formas, inclusive a educação secundária técnica e profissional, deverá ser generalizada e tornar-se acessível a todos, por todos os meios apropriados e, principalmente, pela implementação progressiva do ensino gratuito". Observe-se que o PIDESC não faz menção expressa à garantia do ensino técnico e profissional. *Alternativa A.*

25. (XX Exame – Reaplicação) Há bastante tempo você tem atuado tanto administrativamente como judicialmente para conseguir um tratamento de saúde especializado para o seu cliente. Diante da morosidade injustificada enfrentada, seja na administração pública seja no processo judicial, você está avaliando a possibilidade de ingressar com petição individual de seu cliente na Comissão Interamericana de Direitos Humanos. Assinale a opção que melhor expressa suas possibilidades, tendo em vista a Convenção Americana sobre Direitos Humanos e o Protocolo de São Salvador.

(A) Você não pode entrar com a petição individual de seu cliente na Comissão Interamericana de Direitos Humanos, até que sejam esgotados todos os recursos da jurisdição interna do Brasil.

(B) Você pode entrar com a petição individual de seu cliente na Comissão Interamericana de Direitos Humanos, desde que demonstre que está havendo uma demora injustificada na prestação dos recursos da jurisdição interna.

(C) Você pode entrar com a petição individual de seu cliente na Comissão Interamericana de Direitos, desde que atendidos os requisitos de admissibilidade previstos na Convenção Americana sobre Direitos Humanos, pois embora o direito à saúde não esteja previsto na própria Convenção, o Protocolo de São Salvador torna possível o uso deste meio de proteção mesmo no caso do direito à saúde.

(D) Você, para encaminhar uma petição individual para a Comissão Interamericana de Direitos Humanos, deve respeitar os requisitos de admissibilidade e que o direito violado esteja previsto na própria Convenção ou, alternativamente, que seja um meio de proteção autorizado pelo Protocolo de São Salvador, o que não é o caso do direito à saúde.

RESPOSTA A questão está de acordo com o art. 46 da Convenção Americana sobre Direitos Humanos, a qual disciplina que, "para que uma petição ou comunicação apresentada de acordo com os artigos 44 ou 45 seja admitida pela Comissão, será necessário: a. que hajam sido interpostos e esgotados os recursos da jurisdição interna, de acordo com os princípios de direito internacional geralmente reconhecidos". *Alternativa A.*

V. TRATADOS INTERNACIONAIS E O DIREITO BRASILEIRO

26. (38º Exame) Numa acirrada disputa eleitoral pelo governo municipal de sua cida-

DIREITOS HUMANOS

de, o prefeito atual e candidato à reeleição, divulgou, por meio do *site* da prefeitura, informações inexatas e ofensivas contra o candidato da oposição.

Esse candidato o(a) procurou, por saber de sua atuação como advogado(a) em defesa dos direitos humanos, e disse que, amparado na Convenção Americana sobre Direitos Humanos, queria o direito de resposta na rádio local.

Sobre a hipótese narrada, cabe a você esclarecer que a Convenção assegura

(A) plenamente o direito à resposta, que deve ocorrer no órgão de difusão da escolha do ofendido.

(B) o direito de resposta e determina que ele aconteça no órgão de difusão que tenha a capacidade de alcançar o maior número de pessoas.

(C) o direito à resposta e determina que ela deve ser feita no mesmo órgão de difusão em que ocorreu a divulgação das informações inexatas e ofensivas.

(D) o direito de resposta, mas estabelece como condição a apreciação judicial e o encerramento da lide em última instância.

RESPOSTA A questão está em conformidade com o texto expresso do Pacto de San José, o qual disciplina no art. 14 que "toda pessoa atingida por informações inexatas ou ofensivas emitidas em seu prejuízo por meios de difusão legalmente regulamentados e que se dirijam ao público em geral, tem direito a fazer, pelo mesmo órgão de difusão, sua retificação ou resposta, nas condições que estabeleça a lei". *Alternativa c.*

27. (35º Exame) O Conselho Nacional dos Direitos Humanos (CNDH), assim denominado pela Lei n. 12.986/14 e vinculado à administração pública federal, é um importante órgão de proteção dos direitos no Brasil. Você, que atua na defesa dos Direitos Humanos, tomou conhecimento de uma violação de um direito social previsto no Pacto Internacional dos Direitos Econômicos e Sociais. Assim, você avalia a possibilidade de levar tal situação ao conhecimento do Conselho Nacional dos Direitos Humanos (CNDH). Diante disso, assinale a opção que corresponde às corretas incumbência e atribuição desse Conselho.

(A) Assessorar o Congresso Nacional em matéria relativa aos Direitos Humanos e avaliar eventuais projetos de leis que envolvam os Direitos Humanos que tenham sido propostos por deputados federais e senadores da República.

(B) Representar o Brasil perante a Comissão Interamericana de Direitos Humanos quando da apuração, por esta Comissão, de denúncia de violação de Direitos Humanos resultante da ação ou omissão do Estado brasileiro.

(C) Receber representações ou denúncias de condutas ou situações contrárias aos Direitos Humanos e apurar as respectivas responsabilidades, aplicando sanções de advertência, censura pública ou recomendação para afastamento de cargo.

(D) Representar, em juízo, as vítimas de violações de Direitos Humanos, naquelas ações judiciais reparadoras de direitos que forem impetradas pelo próprio CNDH no âmbito de jurisdição especial do Superior Tribunal de Justiça.

RESPOSTA A resposta correta deriva de fragmentos dos arts. 4º e 6º da Lei n. 12.986/2014 (citada no enunciado), a qual dispõe, respectivamente, sobre corretas incumbências do Conselho e possíveis penalidades. *Alternativa C.*

28. (35º Exame) De acordo com a Recomendação n. 123, de 07 de janeiro de 2022, do Conselho Nacional de Justiça, os órgãos do Poder Judiciário brasileiro estão recomendados à "observância dos tratados e convenções internacionais de direitos humanos em vigor no Brasil e à utilização da jurisprudência da Corte Interamericana de Direitos Humanos (Corte IDH), bem como à necessidade de controle de convencionalidade das leis internas." Nesse sentido, controle de convencionalidade deve ser corretamente entendido como

(A) o controle de compatibilidade material e formal entre a legislação brasileira e o que está disposto, em geral, na Constituição Federal.

(B) a verificação da compatibilidade entre as leis de um Estado (legislação doméstica) e as normas dos tratados internacionais de Direitos Humanos firmados e incorporados à legislação do país.

(C) a análise hermenêutica que propõe uma interpretação das normas de Direitos Humanos, de maneira a adequá-las àquilo que estabelece a legislação interna do país.

(D) a busca da conformidade da Constituição e da legislação doméstica àquilo que está convencionado nas normas do Direito Natural, pois essas são logicamente anteriores e moralmente superiores.

RESPOSTA Segundo entendimento estatuído pela Corte Interamericana de Direitos Humanos, entende-se por controle de convencionalidade o mecanismo de direito internacional que permite a verificação da compatibilidade do direito interno com os tratados internacionais em vigor no país, notadamente os de direitos humanos, mas não somente eles, e implica que a norma doméstica deve ser compatível com a ordem. *Alternativa B.*

29. **(XXXIII Exame)** Você, como advogada(o) atuante na defesa dos Direitos Humanos, foi convidada(o) para participar de um programa de debate na rádio local sobre a questão da pena de morte. Um dos debatedores, em certo ponto do programa, afirmou que, caso fosse aprovada uma Proposta de Emenda Constitucional (PEC) suprimindo a vedação da pena de morte presente na Constituição, o Brasil poderia adotar esse tipo de pena. Na opinião desse debatedor, tratar-se-ia apenas de vontade política e não de questão jurídica. Diante disso, cabe a você esclarecer que

(A) essa PEC poderia ser aprovada pelo Congresso Nacional e surtir seus efeitos jurídicos mas, por se tratar de uma questão política, o ideal seria que essa decisão fosse precedida de amplo debate popular.

(B) essa PEC poderia ser aprovada pelo Congresso Nacional mas, de acordo com a Constituição da República, uma decisão nesse sentido somente poderia ser implementada após aprovação em referendo popular.

(C) essa PEC não é juridicamente adequada, porque tal vedação é cláusula pétrea da Constituição e porque o Brasil promulgou o Protocolo Adicional à Convenção Americana sobre Direitos Humanos referente à abolição da pena de morte.

(D) de acordo com a Constituição da República e a Convenção Americana sobre Direitos Humanos, apenas o Supremo Tribunal Federal poderia admitir a pena de morte, porque possui competência para relativizar a proteção a um direito fundamental, desde que para proteger outro direito fundamental.

RESPOSTA O Protocolo Adicional à Convenção Americana sobre Direitos Humanos Referente à Abolição da Pena de Morte, adotado em Assunção em 8 de junho de 1990, e assinado pelo Brasil em 7 de junho de 1994, deverá ser executado e cumprido tão inteiramente como nele se contém, conforme o art. 84, XIX, do Decreto n. 2.754, de 27 de agosto de 1998. *Alternativa C.*

30. **(XXXII Exame)** Como advogada(o) atuante na área dos Direitos Humanos, você foi convidada(o) para participar de um evento na OAB sobre o Sistema Interamericano de Direitos Humanos. Em meio ao debate, foi alegado que a Convenção Americana dos Direitos Humanos não vincula juridicamente os Estados que a ratificaram, mas apenas cria um compromisso moral. Em relação a tal alegação, é fundamental invocar o conhecido e importante Caso Velásquez Rodríguez. Essa decisão da Corte Interamericana dos Direitos Humanos é especialmente relevante porque

(A) foi a primeira condenação do Brasil pela Corte Interamericana de Direitos Humanos e obrigou o Estado brasileiro a reconhecer suas omissões, a indenizar os familiares da vítima e a promover ajustes no sistema de saúde pública brasileira.

(B) afirmou que os Estados partes devem prevenir, investigar e punir toda violação dos direitos reconhecidos pela Convenção Americana, bem como procurar, ademais, o restabelecimento, se possível, do direito violado e, se for o caso, a reparação dos danos produzidos pela violação dos Direitos Humanos.

(C) admitiu que o Sistema Interamericano dos Direitos Humanos é formado por um conjunto de órgãos que estão vinculados à Secretaria Geral da Organização dos Estados Americanos e subordinados à Assembleia Geral dessa mesma Organização, de forma que suas decisões apenas adquirem força vinculante quando confirmadas pela Assembleia Geral.

(D) estabeleceu o procedimento de eficácia das próprias decisões da Corte, que, após serem prolatadas, deverão ser encaminhadas para os tribunais superiores dos Estados partes da Convenção Americana dos Direitos Humanos, a fim de que sejam ratificadas por esses tribunais. Somente após essa confirmação é que as decisões se tornarão juridicamente vinculantes.

RESPOSTA Uma das obrigações dos Estados-Partes é "garantir" o livre e pleno exercício dos direitos reconhecidos na Convenção a toda pessoa sujeita à sua jurisdição. Essa obrigação implica o dever dos Estados-Partes de organizar todo o aparato governamental e, em geral, todas as estruturas através das quais se manifesta o exercício do poder público, de maneira tal que sejam capazes de assegurar juridicamente o livre e pleno exercício dos direitos humanos. Como consequência dessa obrigação, os Estados devem prevenir, investigar e punir toda violação dos direitos reconhecidos pela Convenção e procurar, ademais, o restabelecimento, se possível, do direito violado e, se for o caso, a reparação dos danos produzidos pela violação dos direitos humanos, conforme se extrai da sentença prolatada pela Corte Interamericana de Direitos Humanos, em 29 de julho de 1988, do caso Velásquez Rodríguez *vs.* Honduras. *Alternativa B.*

31. **(XXX Exame)** Um rapaz, que era pessoa em situação de rua, acabou de sair da prisão. Ele fora condenado pelo crime de latrocínio e, posteriormente, a defensoria pública ajuizou, a seu favor, uma ação de revisão criminal, na qual ele foi absolvido por ausência de provas, caracterizando,

DIREITOS HUMANOS

assim, um erro judiciário. Nesse período, ele ficou cinco anos preso. Agora a família indaga se existe um direito de indenização em função de condenação por erro judiciário. Assinale a opção que apresenta a informação que você, na condição de advogado(a) especializado(a) em Direitos Humanos, deve prestar à família, com base na Convenção Americana Sobre Direitos Humanos.

(A) O direito à indenização está previsto na Convenção Americana Sobre Direitos Humanos de forma geral, mas não há previsão expressa de indenização por erro judiciário; portanto, essa é uma construção argumentativa que deve ser produzida no caso concreto.

(B) A indenização por erro judiciário não é uma matéria própria do campo dos Direitos Humanos, por isso não existe tal previsão nem na Convenção Americana Sobre Direitos Humanos, nem em nenhum outro tratado de Direitos Humanos de que o Brasil seja signatário.

(C) A Convenção Americana Sobre Direitos Humanos assegura o direito à indenização por erro judiciário, mas o restringe aos erros que resultam em condenação na esfera civil, excluindo eventuais erros que ocorram na jurisdição penal.

(D) A Convenção Americana Sobre Direitos Humanos dispõe que toda pessoa tem direito de ser indenizada conforme a lei, no caso de haver sido condenada em sentença transitada em julgado por erro judiciário.

RESPOSTA Toda pessoa tem o direito de ser indenizada conforme a lei, no caso de haver sido condenada em sentença passada em julgado, por erro judiciário, conforme Convenção Americana sobre Direitos Humanos (art. 10). *Alternativa D.*

32. (XXX Exame) Em uma cidade brasileira de fronteira, foi detectado um intenso movimento de entrada de pessoas de outro país para trabalhar, residir e se estabelecer temporária ou definitivamente no Brasil. Após algum tempo, houve uma reação de moradores da cidade que começaram a hostilizar essas pessoas, exigindo que as autoridades brasileiras proibissem sua entrada e a regularização documental. Você foi procurado(a), como advogado(a), por instituições humanitárias, para redigir um parecer jurídico sobre a situação. Nesse sentido, com base na Lei n. 13.445/2017 (Lei da Migração), assinale a afirmativa correta.

(A) A admissão de imigrantes por meio de entrada e regularização documental não caracteriza uma diretriz específica da política migratória brasileira, e sim um ato discricionário do chefe do Poder Executivo.

(B) A promoção de entrada e a regularização documental de imigrantes são coisas distintas. A política migratória brasileira adota o princípio da regularização documental dos imigrantes, mas não dispõe sobre promoção de entrada regular de imigrantes.

(C) A política migratória brasileira rege-se pelos princípios da promoção de entrada regular e de regularização documental, bem como da acolhida humanitária e da não criminalização da migração.

(D) O imigrante, de acordo com a Lei da Migração, é a pessoa nacional de outro país que vem ao Brasil para estadas de curta duração, sem pretensão de se estabelecer temporária ou definitivamente no território nacional.

RESPOSTA A política migratória brasileira rege-se pelos seguintes princípios e diretrizes: I – universalidade, indivisibilidade e interdependência dos direitos humanos; II – repúdio e prevenção à xenofobia, ao racismo e a quaisquer formas de discriminação; III – não criminalização da migração; IV – não discriminação em razão dos critérios ou dos procedimentos pelos quais a pessoa foi admitida em território nacional; V – promoção de entrada regular e de regularização documental; VI – acolhida humanitária, de acordo com o art. 3º da Lei n. 13.445/2017. *Alternativa C.*

33. (XXIX Exame) Uma Organização de Direitos Humanos afirma estar tramitando, no Congresso Nacional, um Projeto de Lei propondo que o trabalhador tenha direito a férias, mas que seja possível que o empregador determine a não remuneração dessas férias. No mesmo Projeto de Lei, fica estipulado que, nos feriados nacionais, não haverá remuneração. A Organização procura você, como advogado(a), para redigir um parecer quanto a um eventual controle de convencionalidade, caso esse projeto seja transformado em lei. Assim, com base no Protocolo Adicional à Convenção Americana Sobre Direitos Humanos em Matéria de Direitos Econômicos, Sociais e Culturais – Protocolo de San Salvador –, assinale a opção que apresenta seu parecer sobre o fato apresentado.

(A) O Brasil, embora tenha ratificado a Convenção Americana de Direitos Humanos, não é signatário do Protocolo Adicional à Convenção Americana Sobre Direitos Humanos em Matéria de Direitos Econômicos, Sociais e Culturais – Protocolo de San Salvador. Portanto, independentemente do que disponha esse Protocolo, ele não configura uma base jurídica que permita fazer um controle de convencionalidade.

(B) Tanto o direito a férias remuneradas quanto o direito à remuneração nos feriados nacionais estão presentes no Protocolo de San Salvador. Considerando que o Brasil é signatário desse Protocolo, caso o Projeto de Lei venha a ser convertido em Lei pelo Congresso Nacional, é possível submetê-lo ao controle de convencionalidade, com base no Protocolo de San Salvador.

(C) A despeito de as férias remuneradas e a remuneração nos feriados nacionais estarem previstos no Protocolo de San Salvador, não é possível fazer o controle de convencionalidade caso o Projeto de Lei seja aprovado, porque se trata apenas de um Protocolo, e, como tal, não possui força de Convenção, como é o caso da Convenção Americana Sobre Direitos Humanos.

(D) Se o Projeto de Lei for aprovado, não será possível submetê-lo a um controle de convencionalidade com base no Protocolo de San Salvador, porque os direitos em questão não estão previstos no referido Protocolo, que sequer trata de condições justas, equitativas e satisfatórias de trabalho.

RESPOSTA São condições justas, equitativas e satisfatórias de trabalho: repouso, gozo do tempo livre, férias remuneradas, bem como pagamento de salários nos dias feriados nacionais, conforme o art. 7º do Protocolo Adicional à Convenção Americana sobre Direitos Humanos em Matéria de Direitos Econômicos, Sociais e Culturais ("Protocolo de São Salvador"). *Alternativa B.*

34. (XXVIII Exame) O padrasto de Ana Maria, rotineiramente, abre sua correspondência física e entra em sua conta de *e-mail* sem autorização, ainda que a jovem seja maior de idade. Cansada dessa ingerência arbitrária e sem o amparo de sua própria mãe, a jovem busca apoio na organização de direitos humanos em que você atua. Com base no Pacto Internacional dos Direitos Civis e Políticos (PIDCP), assinale a opção que indica o esclarecimento correto que você, como advogado(a), prestou a Ana Maria.

(A) O Pacto prevê a prevalência do poder familiar nas relações familiares e, como a conduta do padrasto tem a concordância da mãe de Ana Maria, ainda que seja inconveniente, essa conduta não pode ser considerada uma violação de direitos.

(B) O Pacto assegura o direito à privacidade nas relações em gerais, mas nas relações especificamente familiares admite ingerências arbitrárias se forem voltadas para a proteção e o cuidado.

(C) O Pacto dispõe que ninguém poderá ser objeto de ingerências arbitrárias ou ilegais em sua vida privada, em sua família, em seu domicílio ou em sua correspondência.

(D) O Pacto é omisso em relação à prática de ingerências arbitrárias na vida privada e na família, tratando apenas da proteção da privacidade na vida pública e em face da conduta do Estado.

RESPOSTA Ninguém poderá ser objeto de ingerências arbitrárias ou ilegais em sua vida privada, em sua família, em seu domicílio ou em sua correspondência, nem de ofensas ilegais à sua honra e reputação, e toda pessoa terá direito à proteção da lei contra essas ingerências ou ofensas, conforme itens 1 e 2, respectivamente, do art. 17 do Pacto Internacional sobre Direitos Civis e Políticos. *Alternativa C.*

35. (XXVII Exame) Em 14 de dezembro de 2009, o Brasil promulgou a Convenção de Viena sobre o Direito dos Tratados de 1969, por meio do Decreto n. 7.030. A Convenção codificou as principais regras a respeito da conclusão, entrada em vigor, interpretação e extinção de tratados internacionais. Tendo por base os dispositivos da Convenção, assinale a afirmativa correta.

(A) Para os fins da Convenção, "tratado" significa qualquer acordo internacional concluído por escrito entre Estados e/ou organizações internacionais.

(B) Os Estados são soberanos para formular reservas, independentemente do que disponha o tratado.

(C) Um Estado não poderá invocar o seu direito interno para justificar o descumprimento de obrigações assumidas em um tratado internacional devidamente internalizado.

(D) Os tratados que conflitem com uma norma imperativa de Direito Internacional geral têm sua execução suspensa até que norma ulterior de Direito Internacional geral da mesma natureza derrogue a norma imperativa com eles conflitante.

RESPOSTA Uma parte não pode invocar as disposições de seu direito interno para justificar o inadimplemento de um tratado, conforme dispõe o art. 27 da Convenção de Viena sobre o Direito dos Tratados. *Alternativa C.*

36. (XXVII Exame) A Lei de Migração, Lei n. 13.445/2017, dispõe sobre os direitos do estrangeiro em território nacional de uma forma mais ampla e abrangente do que a legislação anterior, revogada. A normativa em vigor dispõe que o estrangeiro no Brasil terá acesso ao sistema público de saúde e direito à educação pública, vedada a discriminação em razão da nacionalidade e da sua condição migratória. Isso significa que o acesso à educação pública no Brasil é assegurado:

DIREITOS HUMANOS

(A) Somente aos estrangeiros portadores de visto de estudante ou permanente.

(B) A todos os migrantes, exceto os refugiados, que são regidos por legislação especial.

(C) Apenas aos estrangeiros cujos países assegurem reciprocidade aos brasileiros.

(D) A todos os migrantes, inclusive os apátridas e os refugiados.

RESPOSTA "A política migratória brasileira rege-se pelos seguintes princípios e diretrizes: [...] IV – não discriminação em razão dos critérios ou dos procedimentos pelos quais a pessoa foi admitida em território nacional; [...] XI – acesso igualitário e livre do migrante a serviços, programas e benefícios sociais, bens públicos, educação, assistência jurídica integral pública, trabalho, moradia, serviço bancário e seguridade social", conforme dispõe o art. 3º da Lei n. 13.445/2017. *Alternativa D.*

37. (XX Exame) Alguns jovens relataram um caso em que um outro jovem, de origem vietnamita, foi preso sob a alegação de tráfico de drogas. O acusado não conhece ninguém no Brasil e o processo penal já se iniciou, mas ele não compreende o que se passa no processo por não saber o idioma e pela grande dificuldade de comunicação entre ele e seu defensor.

A partir da hipótese apresentada, de acordo com o Pacto de São José da Costa Rica, assinale a afirmativa correta.

(A) O acusado tem direito de ser assistido gratuitamente por tradutor ou intérprete, se não compreender ou não falar o idioma do juízo ou tribunal.

(B) O acusado tem que garantir por seus próprios meios a assistência de tradutor ou intérprete, mas tem o direito de que os atos processuais sejam suspensos até que seja providenciado o intérprete.

(C) A investigação e o processo penal somente poderão acontecer quando o acusado tiver assistência consular de seu país de origem.

(D) O Pacto de São José da Costa Rica não dá ao acusado o direito de ser assistido por um intérprete providenciado pelo Estado signatário ou de ter algum rito especial no processo.

RESPOSTA A Convenção Americana sobre Direitos Humanos prevê "o direito do acusado de ser assistido gratuitamente por tradutor ou intérprete, se não compreender ou não falar o idioma do juízo ou tribunal" (art. 8º). *Alternativa A.*

VI. DIREITOS HUMANOS E DIREITOS FUNDAMENTAIS NA CONSTITUIÇÃO FEDERAL

38. (40º Exame) STJ transfere à Justiça Federal apuração da morte de líderes de trabalhadores rurais em Rondônia. A pedido da Procuradoria-Geral da República (PGR), a Terceira Seção do Superior Tribunal de Justiça (STJ) determinou a transferência, para a Justiça Federal, de seis inquéritos relativos a crimes de homicídio praticados contra líderes de trabalhadores rurais e outras pessoas que denunciaram grilagem de terras e exploração ilegal de madeira em Rondônia. Notícias do STJ – 25/08/2023. A notícia acima, informada no site do STJ, diz respeito a um instituto exclusivo para a proteção dos Direitos Humanos previsto na Constituição Federal/88. Assinale a opção que o indica:

(A) Arguição de Descumprimento de Preceito Fundamental.

(B) Incidente de Deslocamento de Competência.

(C) Tese com Repercussão Geral.

(D) Ação Popular.

RESPOSTA Conforme o art. 109, § 5º, da Constituição Federal de 1988, a Emenda Constitucional n. 45/2004 introduziu o Incidente de Deslocamento de Competência (IDC), que permite a transferência de processos para a Justiça Federal quando houver grave violação de direitos humanos e a necessidade de assegurar o cumprimento de obrigações decorrentes de tratados internacionais. *Alternativa B.*

39. (XXXII Exame) Maria, sua cliente é mulher transexual e professora servidora pública lotada no Colégio de Aplicação de uma universidade federal. Na ocasião do concurso que prestou, Maria ainda era reconhecida como homem em sua identidade de gênero. Contudo, após a cirurgia de transgenitalização, pretende ser reconhecida como mulher. Ela procurou você porque tentou adotar o nome social – Maria – na Administração Pública, mas foi informada que, por trabalhar com adolescentes no ensino médio, isso não seria possível. Assim, com base na norma que regulamenta o assunto, cabe a você esclarecer à administração da universidade que

(A) os órgãos e as entidades da administração pública federal direta, autárquica e fundacional, em seus atos e procedimentos, deverão adotar o nome social da pessoa travesti ou transexual, de acordo com seu requerimento.

(B)   a Convenção Americana sobre Direitos Humanos, da qual o Brasil é signatário, determina que os Estados Partes assegurem a utilização do nome social de travestis e transexuais, tanto no âmbito da vida privada quanto da vida pública.

(C)   após decisão do Supremo Tribunal Federal, o Conselho Nacional de Justiça já regulamentou que pessoas transexuais e travestis podem adotar o nome social nos contratos de trabalho, contratos civis e na relação com a administração pública.

(D)   embora seja ato discricionário da administração pública acolher, ou não, o requerimento de travestis e transexuais para utilização do nome social, o requerimento deve ser acolhido, pois os alunos de Maria já a reconhecem como mulher desde a transgenitalização.

RESPOSTA   Os órgãos e as entidades da administração pública federal direta, autárquica e fundacional, em seus atos e procedimentos, deverão adotar o nome social da pessoa travesti ou transexual, de acordo com seu requerimento, consoante o art. 2º do Decreto n. 8.727/2016. *Alternativa A.*

40. (XXVI Exame) Antônio, líder ativista que defende a proibição do uso de quaisquer drogas, cientifica as autoridades sobre a realização de manifestação contra projeto de lei sobre a liberação do uso de entorpecentes. Marina, líder ativista do movimento pela liberação do uso de toda e qualquer droga, ao tomar conhecimento de tal evento, resolve, então, sem solicitar autorização à autoridade competente, marcar, para o mesmo dia e local, manifestação favorável ao citado projeto de lei, de forma a impedir a propagação das ideias defendidas por Antônio. Nesse sentido, segundo o sistema jurídico-constitucional brasileiro, assinale a afirmativa correta.

(A)   Marina pode dar continuidade à sua iniciativa, pois, com fundamento no princípio do Estado Democrático, está amplamente livre para expressar suas ideias.

(B)   Marina não poderia dar continuidade à sua iniciativa, pois o direito de reunião depende de prévia autorização por parte da autoridade competente.

(C)   Marina não poderia dar continuidade à sua iniciativa, já que sua reunião frustraria a reunião de Antônio, anteriormente convocada para o mesmo local.

(D)   Marina pode dar continuidade à sua iniciativa, pois é livre o direito de reunião quando o país não se encontra em estado de sítio ou em estado de defesa.

RESPOSTA   Todos podem se reunir pacificamente, sem armas, em locais abertos ao público, independentemente de autorização, desde que não frustrem outra reunião anteriormente convocada para o mesmo local, sendo apenas exigido prévio aviso à autoridade competente, conforme dispõe o art. 5º, XVI, da CRFB. *Alternativa C.*

41. (XXV Exame) O governo federal autorizou uma mineradora a prospectar a exploração dos recursos existentes nas terras indígenas. Numerosas instituições da sociedade civil contratam você para, na condição de advogado, atuar em defesa da comunidade indígena. Tendo em vista tal fato, além do que determina a Convenção 169 da OIT Sobre Povos Indígenas e Tribais, assinale a afirmativa correta.

(A)   O governo deverá estabelecer ou manter procedimentos com vistas a consultar os povos indígenas interessados, a fim de determinar se os interesses desses povos seriam prejudicados e em que medida, antes de empreender ou autorizar qualquer programa de prospecção ou exploração dos recursos existentes em suas terras.

(B)   A prospecção e a exploração dos recursos naturais em terras indígenas pode ocorrer independentemente da autorização e da participação dos povos indígenas nesse processo, desde que haja uma indenização por eventuais danos causados em decorrência dessa exploração.

(C)   A prospecção e a exploração das riquezas naturais em terras indígenas podem ocorrer mesmo sem a participação ou o consentimento dos povos indígenas afetados. No entanto, esses povos têm direito a receber a metade do valor obtido como lucro líquido resultante dessa exploração.

(D)   Se a propriedade dos minérios ou dos recursos do subsolo existentes na terra indígena pertencerem ao Estado, o governo não está juridicamente obrigado a consultar os povos interessados. Nesse caso, restaria apenas a mobilização política como estratégia de convencimento.

RESPOSTA   Os governos deverão zelar para que, sempre que possível, sejam efetuados estudos junto aos povos interessados com o objetivo de se avaliar a incidência social, espiritual e cultural e sobre o meio ambiente que as atividades de desenvolvimento, previstas, possam ter sobre esses povos. Os resultados desses estudos deverão ser considerados como critérios fundamentais para a execução das atividades mencionadas, conforme estatuído no art. 7º da Convenção 169 da OIT sobre Povos Indígenas e Tribais. *Alternativa A.*

DIREITOS HUMANOS

42. (XXI Exame) Você, na condição de advogado(a) comprometido com os Direitos Humanos, foi procurado por José, que é paraplégico e candidato a vereador. A partir de denúncia feita por ele, você constatou que um outro candidato e desafeto de José, tem afirmado, em programa de rádio local, que não obstante José ser boa pessoa, o fato de ser deficiente o impede de exercer o mandato de forma plena, razão pela qual ele nem deveria ter a candidatura homologada pelo TRE. Com base na hipótese apresentada, assinale a opção que apresenta a resposta que, juridicamente, melhor caracteriza a situação.

(A) O problema é político e não jurídico. José deve ser aconselhado a reforçar sua campanha, a apresentar suas propostas aos eleitores e mostrar que sempre foi um cidadão ativo, de maneira a demonstrar que tem plena condição para o exercício de um eventual mandato, apesar de sua deficiência.

(B) A análise jurídica revela um problema restrito ao campo do Direito Civil. O fato é que o desafeto de José não o impediu de candidatar-se, assim não houve discriminação. O procedimento deve ser caracterizado apenas como dano moral, uma vez que José teve sua dignidade atacada.

(C) O fato evidencia crime de incitação à discriminação de pessoa em razão de deficiência, com o agravante de ter sido cometido em meio de comunicação, independentemente da caracterização ou não de dano moral.

(D) O caso é típico de colisão de princípios em que, de um lado, está o princípio da dignidade da pessoa humana e, do outro, o princípio da liberdade de expressão. Mas não há caracterização de ilícito civil nem de ilícito penal.

RESPOSTA Toda pessoa com deficiência tem direito à igualdade de oportunidades com as demais pessoas e não sofrerá nenhuma espécie de discriminação, conforme o art. 4º da Lei n. 13.146, de 6 de julho de 2015. Já o seu § 1º dispõe que "considera-se discriminação em razão da deficiência toda forma de distinção, restrição ou exclusão, por ação ou omissão, que tenha o propósito ou o efeito de prejudicar, impedir ou anular o reconhecimento ou o exercício dos direitos e das liberdades fundamentais de pessoa com deficiência, incluindo a recusa de adaptações razoáveis e de fornecimento de tecnologias assistivas". No mesmo estatuto está previsto que "o poder público deve garantir à pessoa com deficiência todos os direitos políticos e a oportunidade de exercê-los em igualdade de condições com as demais pessoas" (art. 76). *Alternativa C.*

43. (XXI Exame) Maria é aluna do sexto período do curso de Direito. Por convicção filosófica e política se afirma feminista e é reconhecida como militante de movimentos que denunciam o machismo e afirmam o feminismo como ideologia de gênero. Após um confronto de ideias com um professor em sala de aula e de chamá-lo de machista, Maria é colocada pelo professor para fora de sala e, posteriormente, o mesmo não lhe dá a oportunidade de fazer a vista de sua prova para um eventual pedido de revisão da correção, o que é um direito previsto no regimento da instituição de ensino. Em função do exposto, e com base na Constituição da República, assinale a afirmativa correta.

(A) Maria foi privada de um direito por motivo de convicção filosófica ou política e, portanto, as autoridades competentes da instituição de ensino devem assegurar a ela o direito de ter vista de prova e, se for o caso, de pedir a revisão da correção.

(B) Houve um debate livre e legítimo em sala de aula e a postura do professor pode ser considerada "dura", mas não implicou nenhum tipo de violação de direito de Maria.

(C) Embora tenha havido um debate acerca de uma questão que envolve convicção filosófica ou política, não houve privação de direito já que a vista de prova e o eventual pedido de revisão da correção está contido apenas no regimento da instituição de ensino e não na legislação pátria.

(D) A solução do impasse instaurado entre a aluna e o professor somente pode acontecer mediante o diálogo entre as duas partes, em que cada um considere seus eventuais excessos, uma vez que o que houve foi um mero desentendimento e não uma violação de direito por convicção filosófica ou política.

RESPOSTA Ninguém será privado de direitos por motivo de crença religiosa ou de convicção filosófica ou política, salvo se as invocar para eximir-se de obrigação legal a todos imposta e recusar-se a cumprir prestação alternativa, fixada em lei, conforme o art. 5º, VIII, da CRFB. *Alternativa A.*

VII. PLANOS NACIONAIS DE DIREITOS HUMANOS

Acesse o QR Code e consulte as questões comentadas sobre este tema.

VIII. ESTATUTOS QUE GARANTEM DIREITOS FUNDAMENTAIS

44. (39º Exame) Você, como advogado(a), recebeu uma família cujo filho mais velho é pessoa com deficiência. Na conversa inicial, os pais relataram algumas situações em que certas barreiras eram verdadeiros obstáculos para que seu filho pudesse exercer seus direitos.

Com base no Estatuto da Pessoa com Deficiência, cabe a você, como advogado(a), esclarecer que uma das barreiras mais significativas é a atitudinal. Assinale a afirmativa que a caracteriza.

(A) Os obstáculos existentes nas vias e nos espaços públicos e privados abertos ao público ou de uso coletivo.

(B) Os comportamentos que impedem a participação social da pessoa com deficiência em igualdade de condições e oportunidades com as demais pessoas.

(C) As barreiras que ocorrem nos edifícios públicos e privados, bem como nos sistemas e meios de transportes de uso coletivo.

(D) Os meios que dificultam a expressão ou o recebimento de mensagens e de informações por intermédio de sistemas de comunicação e de tecnologia da informação.

RESPOSTA Com base no Estatuto da Pessoa com Deficiência, o conceito de barreiras abrange diversos tipos de obstáculos que podem limitar ou impedir a participação social plena da pessoa com deficiência. Conforme disposto no art. 3º, inciso IV, barreiras incluem não apenas os obstáculos físicos, mas também atitudes e comportamentos que podem restringir o exercício de direitos fundamentais, como a acessibilidade, a liberdade de movimento, e o acesso à informação. *Alternativa B.*

45. (37º Exame) Você, como advogado(a), foi procurada(o) por uma família indígena que relatou ter interesse em manter sua cultura e suas tradições. Contudo, na escola pública mais próxima da comunidade indígena, escola em que estudam algumas crianças dessa comunidade, o ensino ocorre apenas em Língua Portuguesa.

Em relação a isso, você deve esclarecer para a família que

(A) o paradigma adotado pelo ordenamento jurídico brasileiro é o da integração, por isso o ensino feito exclusivamente em Língua Portuguesa é, na verdade, uma forma de assegurar o direito dos índios de se integrarem à cultura mais abrangente.

(B) no ensino regular fundamental cabe apenas a Língua Portuguesa. Para que seja assegurada às comunidades indígenas a utilização da sua língua materna isso deve acontecer fora do ensino regular fundamental, em escolas mantidas pelas próprias comunidades indígenas.

(C) no ensino fundamental de competência dos municípios, cada municipalidade, de acordo com

sua legislação local, é que vai decidir sobre a utilização ou não de línguas maternas indígenas no sistema oficial de ensino.

(D) não obstante o ensino fundamental regular ser ministrado em Língua Portuguesa, deve ser assegurada às comunidades indígenas também a utilização de suas línguas maternas e processos próprios de aprendizagem.

RESPOSTA A legislação brasileira, conforme a Constituição Federal e a Lei de Diretrizes e Bases da Educação Nacional (LDB), garante às comunidades indígenas o direito de utilizar suas línguas maternas e processos próprios de aprendizagem no ensino fundamental, além da Língua Portuguesa. Esse direito visa preservar e valorizar as culturas indígenas, assegurando que a educação formal respeite e integre as tradições e identidades dessas comunidades, promovendo uma educação bilíngue e culturalmente sensível. Portanto, a escola pública deve incluir a língua materna indígena no processo educacional, conforme previsto pela legislação. *Alternativa D.*

46. (36º Exame) O prefeito de Caápuera determinou que a escola municipal que atende as crianças das comunidades indígenas da região realize o processo educacional exclusivamente em Língua Portuguesa. Uma organização não governamental contrata você, como advogado(a), para atuar na proteção dos direitos dos povos indígenas. Assim, com base no que dispõe a CRFB/88, cabe a você esclarecer que

(A) a Constituição Federal de 88 determina que o ensino fundamental regular seja ministrado apenas em Língua Portuguesa, mesmo para as tribos ou comunidades indígenas.

(B) apenas por determinação da Fundação Nacional do Índio, órgão do governo federal, a escola que presta ensino fundamental regular às comunidades indígenas será obrigada a utilizar suas línguas maternas.

(C) o Estado tem o dever de ministrar o ensino fundamental regular em Língua Portuguesa, mas nada impede que uma organização não governamental ofereça reforço escolar na língua materna dos índios.

(D) o ensino fundamental regular deve ser ministrado em Língua Portuguesa, mas é assegurado às comunidades indígenas também a utilização de suas línguas maternas e de seus processos próprios de aprendizagem.

RESPOSTA A Constituição Federal de 1988 reconhece e valoriza a diversidade cultural dos povos indígenas, assegurando-lhes o direito de manter suas tradições e culturas, incluindo o uso de suas línguas maternas. O art. 210, §2º, da Constituição, prevê que

DIREITOS HUMANOS

o ensino fundamental regular deve respeitar os processos próprios de aprendizagem das comunidades indígenas, o que inclui a utilização de suas línguas maternas, além da Língua Portuguesa. Portanto, é um direito das comunidades indígenas que o processo educacional seja realizado de forma bilíngue, garantindo a preservação e valorização de suas culturas e tradições no contexto da educação formal. *Alternativa D.*

47. **(XXVIII Exame)** Você foi procurada, como advogada, por um pequeno grupo de estudantes negros que cursa o terceiro ano do ensino médio em uma escola particular. Os estudantes relatam que se sentem violados na sua cultura, porque os programas das disciplinas pertinentes não tratam de temas ligados à História da África e da população negra no Brasil. Indagam a você, como advogado(a), se a Escola não teria a obrigação de fazê-lo. Nesse caso, com base no Estatuto da Igualdade Racial, assinale a opção que apresenta a resposta correta a ser dada aos alunos.

(A) O estudo de temas ligados à história da população negra na África e no Brasil e da cultura afro-brasileira é importante no sentido ético, mas não há obrigação legal das escolas nesse sentido.

(B) As escolas públicas devem promover o estudo da História da África e da história da população negra no Brasil, mas esse dever não se estende aos estabelecimentos privados de ensino que possuem autonomia na definição de seus currículos.

(C) A adoção de conteúdos referentes à cultura afro-brasileira, bem como aqueles referentes à história da população negra no Brasil, depende de determinação dos Conselhos de Educação, seja o Conselho Nacional, sejam os respectivos Conselhos Estaduais.

(D) As escolas de ensino fundamental e médio devem promover o estudo da História da África e da história da população negra no Brasil, bem como da cultura afro-brasileira, o que deve ocorrer no âmbito de todo o currículo escolar.

RESPOSTA Nos estabelecimentos de ensino fundamental e de ensino médio, públicos e privados, é obrigatório o estudo da história geral da África e da história da população negra no Brasil, observado o disposto na Lei n. 9.394, de 20 de dezembro de 1996, e os conteúdos referentes à história da população negra no Brasil serão ministrados no âmbito de todo o currículo escolar, resgatando sua contribuição decisiva para o desenvolvimento social, econômico, político e cultural do País, conforme determina o art. 11 da

Lei n. 12.288/2010 e o § 1º do mesmo dispositivo. *Alternativa D.*

48. **(XXIII Exame)** Você advoga na Procuradoria Geral do Estado em que reside. Em uma tarde, recebe um telefonema urgente do diretor da Penitenciária Anhanguera, que deseja fazer uma consulta de viva voz. Diz o diretor que está com duas pessoas identificadas como membros do Mecanismo Nacional de Prevenção e Combate à Tortura (MNPCT) e que elas estão requerendo acesso imediato às instalações da penitenciária, onde pretendem gravar entrevistas com alguns presos. Também estão solicitando acesso aos registros relativos ao tratamento conferido aos presos. Com base nas normas de funcionamento do Mecanismo Nacional de Prevenção e Combate à Tortura, cabe a você informar corretamente ao diretor que

(A) os membros do MNPCT não possuem direito de acesso às penitenciárias, devendo a visita ser tratada previamente com a Secretaria de Segurança Pública e Administração Penitenciária do Estado.

(B) tanto o acesso à penitenciária quanto o acesso aos registros relativos ao tratamento conferido aos presos, depende de autorização judiciária expedida pelo juiz da Vara de Execução Penal da Comarca onde fica a Penitenciária.

(C) o acesso dos membros do MNPCT às instalações da penitenciária deve ser liberado, mas a gravação de entrevistas e o acesso aos registros relativos ao tratamento conferido aos presos devem ser negados.

(D) o acesso às instalações da penitenciária aos membros do MNPCT deve ser liberado, bem como fornecidos os registros solicitados e permitida a gravação das entrevistas com os presos.

RESPOSTA Segundo o art. 5º do Regimento Interno do MNPCT, "são assegurados ao MNPCT e aos seus membros: [...] IV – o acesso aos locais arrolados no inciso II do art. 3º da Lei n. 12.847, de 2003, públicos e privados, de privação de liberdade e a todas as instalações e equipamentos do local". *Alternativa D.*

49. **(XXIII Exame)** Em 22 de julho de 1997, foi promulgada a Lei n. 9.474, que define os mecanismos para implementação da Convenção das Nações Unidas sobre o Estatuto dos Refugiados, da qual o Brasil é signatário. A respeito dos mecanismos, termos e condições nela previstos, assinale a afirmativa correta.

(A) Para que possa solicitar refúgio, o indivíduo deve ter ingressado no Brasil de maneira regular.

(B) Compete ao Ministério da Justiça declarar o reconhecimento, em primeira instância, da condição de refugiado.

(C) O refugiado poderá exercer atividade remunerada no Brasil, ainda que pendente o processo de refúgio.

(D) Na hipótese de decisão negativa no curso do processo de refúgio, é cabível a interposição de recurso pelo refugiado perante o Supremo Tribunal Federal.

RESPOSTA Recebida a solicitação de refúgio, o Departamento de Polícia Federal emitirá protocolo em favor do solicitante e de seu grupo familiar que se encontre no território nacional, o qual autorizará a estada até a decisão final do processo e permitirá ao Ministério do Trabalho expedir carteira de trabalho provisória para o exercício de atividade remunerada no País, nos termos da Lei n. 9.474/97. *Alternativa C.*

REFERÊNCIAS

BOBBIO, N. *A era dos direitos.* São Paulo: Campus, 2004.

CASTILHO, R. *Direitos humanos.* São Paulo: Saraiva, 2010.

DURÃES, Hebert Vieira. *Teoria e história do direito.* Coleção Rideel Flix. São Paulo: Rideel, 2022.

GUERRA, S. *Direitos humanos:* curso elementar. São Paulo: Saraiva, 2013.

PASCOLATI, Ana Carolina. *Direito Internacional e Direitos Humanos.* Coleção Rideel Flix. São Paulo: Rideel, 2022.

RAMOS, A. C. *Teoria geral dos direitos humanos na ordem internacional.* São Paulo: Saraiva, 2013.

TOSCANO FILHO, Antônio Alburqueque. *Direito estatutário* – ECA, idoso, deficiência e igualdade racial. Coleção Rideel Flix. São Paulo: Rideel, 2022.

Direito Internacional

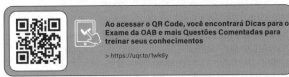

DIREITO INTERNACIONAL: QUADRO GERAL DE QUESTÕES	
TEMAS	N. DE QUESTÕES
I. Direito Internacional Público: Teoria Geral, Soberania e Domínio Público	4
II. Nacionalidade e Estrangeiros	21
III. Relações Diplomáticas	5
IV. Tribunais, Tratados Internacionais e Arbitragem	16
V. Sujeitos e Organizações Internacionais	3
VI. Direitos Humanos	1
VII. Direito Internacional Privado	31
TOTAL	81

I. DIREITO INTERNACIONAL PÚBLICO: TEORIA GERAL, SOBERANIA E DOMÍNIO PÚBLICO

1. (37º Exame) O veículo de serviço do Consulado de um Estado estrangeiro transgrediu as leis de trânsito brasileiras e causou avarias em uma viatura da Polícia Militar de Estado da Federação brasileira. A competência para processar e julgar uma eventual ação indenizatória é, originariamente,

(A) do Supremo Tribunal Federal.
(B) do Superior Tribunal de Justiça.
(C) da Justiça Federal de 1ª Instância.
(D) da Justiça Estadual de 1ª Instância.

RESPOSTA Diz a CF que compete ao Supremo Tribunal Federal, precipuamente, a guarda da Constituição, cabendo-lhe processar e julgar, originariamente o litígio entre Estado estrangeiro ou organismo internacional e a União, o Estado, o Distrito Federal ou o Território (art. 102, I, *e*). Alternativa A.

2. (37º Exame) Em Londres, uma sociedade empresária chinesa contratou, com uma sociedade empresária alemã, a entrega de 20.000 toneladas de minério de ferro no Porto de Santos, São Paulo. Por problemas relacionados ao desembarque da mercadoria, a sociedade empresária chinesa resolveu demandar em face da alemã. De acordo com as normas de Direito Internacional Privado brasileiro, assinale a afirmativa correta.

(A) A competência para processar e julgar a demanda é exclusivamente da autoridade judiciária inglesa.
(B) A competência para processar e julgar a demanda é concorrentemente das autoridades judiciárias alemã e chinesa.
(C) A Justiça brasileira é concorrentemente competente para processar e julgar a demanda.
(D) A Justiça alemã é exclusivamente competente para processar e julgar a demanda.

RESPOSTA A competência da autoridade judiciária brasileira encontra-se nos arts. 21, 22 e 23 do CPC. De acordo com o CPC, compete à autoridade judiciária brasileira processar e julgar as ações em que no Brasil tiver de ser cumprida a obrigação e o fundamento seja fato ocorrido ou ato praticado no Brasil (art. 21, II e III). *Alternativa C.*

3. (XXV Exame) Ernesto concluiu o doutorado em Direito em prestigiosa universidade situada em Nova York, nos Estados Unidos, e pretende fazer concurso para o cargo de professor em uma universidade brasileira. Uma das exigências para a revalidação do seu diploma estrangeiro é que este esteja devidamente legalizado. Essa legalização de documento estrangeiro deverá ser feita mediante

(A) o apostilamento pela Convenção da Apostila de Haia, da qual Brasil e Estados Unidos fazem parte.
(B) a consularização no consulado brasileiro em Nova York.
(C) a notarização em consulado norte-americano no Brasil.
(D) o apostilamento pela Convenção da Apostila de Haia, no consulado brasileiro.

RESPOSTA A Convenção da Apostila de Haia (ou Convenção sobre a Eliminação da Exigência de Legalização de Documentos Públicos Estrangeiros) de 5 de outubro de 1961 e promulgada pelo Decreto n. 8.660/2016, trata sobre o tema, em que Brasil e EUA são signatários. De acordo com a referida Convenção, a apostila será aposta no próprio documento ou em uma folha a ele apensa (art. 4º). *Alternativa A.*

II. NACIONALIDADE E ESTRANGEIROS

4. (41º Exame) Sofia, brasileira nata, com dupla nacionalidade, portuguesa e brasileira, decidiu renunciar à nacionalidade brasileira e procurou você, como advogado(a), para receber a orientação jurídica adequada sobre os efeitos de tal decisão. Depois da avaliação do caso, você afirmou, corretamente, à sua cliente que

(A) a renúncia sendo feita de forma expressa, perante autoridade brasileira competente, dará causa à declaração da perda da nacionalidade brasileira.
(B) a renúncia, sendo feita de forma tácita, dará causa à declaração da perda da nacionalidade brasileira.
(C) após a efetivação da perda da nacionalidade, ela não poderá readquirir a nacionalidade brasileira originária.
(D) a renúncia não será aceita pela autoridade brasileira competente, em razão do risco de geração de situação de apatridia

RESPOSTA Considere que esta temática foi abordada na EC n. 133, de 2023, conforme art. 12, § 4º, II e § 5º, ambos da CF. Observe o texto literal: "II – fizer pedido expresso de perda da nacionalidade brasileira perante autoridade brasileira competente, ressalvadas situações que acarretem apatridia; (...) § 5º A renúncia da nacionalidade, nos termos do inciso II do § 4º deste artigo, não impede o interessado de readquirir sua nacionalidade brasileira originária, nos termos da lei". *Alternativa A.*

5. (41º Exame) Estado estrangeiro solicita, por via diplomática, ao Ministério da Justiça e Segurança Pública brasileiro (MJSP), com base em tratado, com promessa de reciprocidade, a transferência da execução da pena de Olof, estrangeiro com residência habitual no Brasil, pelo cometimento de crime perante a lei de ambos os países, punido com pena superior a dois anos. Você, como advogado(a) especializado(a) em Direito Internacional, foi procurado(a) por Olof para avaliar a viabilidade do pedido do Estado estrangeiro, depois que ele soube que o MJSP já havia se manifestado pela presença dos pressupostos formais de admissibilidade exigidos pelo tratado de que são signatários o Brasil e o Estado estrangeiro solicitante. Sobre a hipótese apresentada, assinale a afirmativa correta.

(A) O pedido terá êxito após a homologação pelo Supremo Tribunal Federal da sentença criminal estrangeira, ainda que não tenha transitado em julgado, para fins de transferência de execução da pena.
(B) O pedido terá êxito após a homologação pelo Superior Tribunal de Justiça da sentença criminal estrangeira, transitada em julgado, para fins de transferência de execução da pena.
(C) O pedido terá êxito independentemente da homologação por órgão judicial da sentença criminal estrangeira, transitada em julgado, para fins de transferência de execução da pena.
(D) O pedido terá êxito independentemente da homologação por órgão judicial da sentença criminal estrangeira, ainda que não tenha transitado em julgado, para fins de transferência de execução da pena

RESPOSTA De acordo com o art. 101, da Lei de Migração (Lei n. 13.445/2017), o pedido de transferência de execução da pena de Estado estrangeiro será requerido por via diplomática ou por via de autoridades centrais. Seu § 1º: "O pedido será recebido pelo órgão competente do Poder Executivo e, após exame da presença dos pressupostos formais de admissibilidade exigidos nesta Lei ou em tratado, encaminhado ao Su-

DIREITO INTERNACIONAL

perior Tribunal de Justiça para decisão quanto à homologação". Alternativa B.

6. **(36º Exame)** A medida de retirada compulsória de pessoa nacional de outro país, que ingressou em território nacional com visto de visita e está exercendo atividade remunerada, será

(A) a repatriação, que é a medida administrativa de devolução de pessoa em situação de impedimento ao país de procedência ou de nacionalidade.

(B) a deportação, que é a medida decorrente de procedimento administrativo que consiste na retirada compulsória de pessoa que se encontra em situação migratória irregular em território nacional.

(C) a expulsão, que é medida administrativa de retirada compulsória de migrante ou visitante do território nacional, conjugada com o impedimento de reingresso por prazo determinado.

(D) a extradição, que é a medida de cooperação internacional entre o Estado brasileiro e outro Estado pela qual se concede ou solicita a entrega de pessoa sobre quem recaia condenação criminal definitiva ou para fins de instrução de processo penal em curso.

RESPOSTA Diante da situação, trata-se de deportação, *vide* os casos do art. 53 da Lei de Migração (Lei n. 13.445/2017). *Alternativa B.*

7. **(35º Exame)** Pablo acaba de chegar do Uruguai e pretende se fixar em Uruguaiana (RS) como residente fronteiriço. Desconhecendo seus direitos como residente fronteiriço, ele procura você, como advogado(a), para receber a orientação jurídica adequada.

Em relação aos direitos de Pablo, como residente fronteiriço, assinale a opção que apresenta, corretamente, a orientação recebida.

(A) A abrangência do espaço geográfico, autorizada pelo documento de residente fronteiriço de Pablo, será o território nacional.

(B) A obtenção de outra condição migratória implica a renovação automática, por prazo indeterminado, do documento de Pablo, como residente fronteiriço.

(C) A autorização para a realização de atos da vida civil poderá ser concedida a Pablo, mediante requerimento, a fim de facilitar sua livre circulação.

(D) A fim de facilitar a sua livre circulação, poderá ser concedido a Pablo, mediante requerimento, visto temporário em seu passaporte para a realização de atos da vida civil.

RESPOSTA: A Lei da Migração (Lei n. 13.445/2017) determina que, a fim de facilitar a sua livre circulação, poderá ser concedida ao residente fronteiriço, mediante requerimento, autorização para a realização de atos da vida civil (art. 23). *Alternativa C.*

8. **(XXXIV Exame)** Klaus, nascido na Alemanha, é filho de Ângela, também alemã, e de Afonso, brasileiro, que estava no país germânico porque fora contratado por empresa privada local, como engenheiro mecânico. Klaus, com 18 anos, resolve seguir os passos do pai, e vem para o Brasil cursar engenharia mecânica em conceituada universidade federal. Para tanto, e para concorrer às vagas comuns, deseja ter reconhecida a nacionalidade brasileira. Acerca do caso narrado, e com base no que dispõe a Constituição da República, assinale a afirmativa correta.

(A) Klaus não poderá optar pela nacionalidade brasileira, pois Afonso, ainda que brasileiro, não estava na Alemanha a serviço do Brasil.

(B) Klaus poderá ter reconhecida a condição de brasileiro nato se fixar residência no Brasil e optar pela nacionalidade brasileira, ainda que não tenha sido registrado em repartição brasileira competente na Alemanha.

(C) Tendo em vista que Klaus já atingiu a maioridade, poderá requerer a nacionalidade brasileira apenas na condição de naturalizado.

(D) A comunicação em língua portuguesa mostra-se como condição para a obtenção da nacionalidade brasileira por Klaus.

RESPOSTA De acordo com o art. 12 da CRFB, são brasileiros natos os nascidos no estrangeiro de pai brasileiro ou de mãe brasileira, desde que sejam registrados em repartição brasileira competente ou venham a residir na República Federativa do Brasil e optem, em qualquer tempo, depois de atingida a maioridade, pela nacionalidade brasileira (inciso I, alínea *c*). *Alternativa B.*

9. **(XXXIV Exame)** Ao imigrar para o Brasil, uma família de venezuelanos procura um advogado a fim de obter orientação jurídica acerca dos direitos relativos à moradia, educação para os filhos e abertura de conta-corrente perante instituição financeira brasileira, tendo em vista ser assegurado aos imigrantes determinados direitos, em condições de igualdade com os nacionais, em todo o território nacional. Em relação a esses direitos, assinale a afirmativa correta.

(A) É assegurado o direito à liberdade de circulação em território nacional, restrita à área fronteiriça por onde ingressou.

(B) É assegurado o direito à educação pública, vedada a discriminação em razão da nacionalidade e da condição migratória.

(C) É vedado o direito de transferir recursos decorrentes de sua renda e economias pessoais para outro país.

(D) É vedada a abertura de conta-corrente em instituições financeiras nacionais.

RESPOSTA A Lei da Migração (Lei n. 13.445/2017), por meio do seu art. 4º, garante ao migrante no território nacional, em condição de igualdade com os nacionais, a inviolabilidade do direito à vida, à liberdade, à igualdade, à segurança e à propriedade, bem como os direitos disponíveis nos seus incisos, entre eles, o que está disposto na alternativa B (inciso X), portanto, correta. *Alternativa B.*

10. (XXXIII Exame) John, de nacionalidade americana, possui interesse em visitar seu filho Mário, brasileiro nato, de 18 anos, que reside no Brasil com sua mãe. Em sua visita, John pretende permanecer no país por apenas 10 (dez) dias. Diante do interesse manifestado por John em visitar o filho no Brasil, à luz da atual Lei de Migração (Lei n. 13.445/2017), assinale a afirmativa correta.

(A) Uma vez obtido o visto de visita, é direito subjetivo de John ingressar no Brasil.

(B) John tem direito subjetivo ao visto de visita, em razão de a política migratória brasileira estabelecer a garantia do direito à reunião familiar, independentemente de outros requisitos previstos na atual Lei de Migração.

(C) John, mesmo após obter o visto de visita, poderá ser impedido de ingressar no Brasil, caso tenha sido condenado ou esteja respondendo a processo em outro país por crime doloso passível de extradição segundo a lei brasileira.

(D) Se John tiver o intuito de estabelecer residência por tempo determinado no Brasil, deverá obrigatoriamente solicitar visto para trabalho, uma vez que a Lei de Migração não possui a previsão de concessão de visto temporário para reunião familiar.

RESPOSTA O Decreto n. 9.199, de 20-11-2017, que regulamenta a Lei de Migração, tem no seu inciso III do art. 171 a seguinte previsão: "Após entrevista individual e mediante ato fundamentado, o ingresso no País poderá ser impedido à pessoa: condenada ou respondendo a processo em outro país por crime doloso passível de extradição segundo a lei brasileira". *Alternativa C.*

11. (XXXII Exame) Michel, francês residentes em Salvador há 12 anos, possui um filho brasileiro de 11 anos que vive às suas expensas, chamado Fernando, embora o menor resida exclusivamente com sua genitora, Sofia, brasileira, na cidade de São Paulo.Sofia, ex-companheira de Michel, possui a guarda unilateral de Fernando. Por sentença transitada em julgado, Michel, que possui 47 anos, foi condenado por homicídio culposo a três anos de detenção. Com relação ao caso narrado, segundo o que dispõe a Lei de Migração (Lei n. 3.445/2017), assinale a afirmativa correta.

(A) Michel não poderá ser expulso do Brasil pelo fato de que sua condenação, ainda que transitada em julgado, decorre do cometimento de crime culposo.

(B) A dependência econômica de Fernando em relação a Michel não é suficiente para garantir a permanência do último no país, sendo necessário, ainda, que o filho esteja sob a guarda de Michel.

(C) O tempo de residência de Michel no Brasil, por ser superior há 10 anos, impossibilita que se proceda à sua expulsão.

(D) É desnecessário garantir o contraditório no processo de expulsão de Michel, porquanto se presume que a referida garantia constitucional já fora observada durante o processo penal.

RESPOSTA Diante da situação hipotética, o fato é que a expulsão, que consiste em medida administrativa de retirada compulsória de migrante ou visitante do território nacional, conjugada com o impedimento de reingresso por prazo determinado, tem regras e entre elas aquelas previstas no art. 54 da Lei n. 13.445/2017. No caso de crime comum, deverá ser doloso e passível de pena privativa de liberdade, consideradas a gravidade e as possibilidades de ressocialização em território nacional. *Alternativa A.*

12. (XXXI Exame) Em razão da profunda crise econômica e da grave instabilidade institucional que assola seu país, Pablo resolve migrar para o Brasil, uma vez que, neste último, há melhores oportunidades para exercer seu trabalho e sustentar sua família. Em que pese Pablo possuir a finalidade de trabalhar, acabou por omitir tal informação, obtendo visto de visita, na modalidade turismo, para o Brasil. Considerando-se o enunciado acima, à luz da Lei de Migração em vigor (Lei n. 13.445/17), assinale a afirmativa correta.

(A) Se Pablo, com o visto de visita, vier a exercer atividade remunerada no Brasil, poderá ser expulso do país.

(B) Se Pablo, com o visto de visita, vier a exercer atividade remunerada no Brasil, poderá ser extraditado do país.

DIREITO INTERNACIONAL

(C) Pablo poderia solicitar, bem como obter, visto temporário para acolhida humanitária, diante da grave instabilidade institucional que assola seu país.

(D) Pablo poderá obter asilo, em razão da profunda crise econômica que assola seu país.

RESPOSTA De acordo com a referida lei, a expulsão consiste em medida administrativa de retirada compulsória de migrante ou visitante do território nacional, conjugada com o impedimento de reingresso por prazo determinado (art. 54). Já a deportação é medida decorrente de procedimento administrativo que consiste na retirada compulsória de pessoa que se encontre em situação migratória irregular em território nacional (art. 50). O asilo é político, que constitui ato discricionário do Estado, poderá ser diplomático ou territorial e será outorgado como instrumento de proteção à pessoa (art. 27). Já o visto temporário pode ser concedido como acolhida humanitária, *vide* § 3º do art. 14. *Alternativa C.*

13. (XXVII Exame) A Lei de Migração, Lei n. 13.445/2017, dispõe sobre os direitos do estrangeiro em território nacional de uma forma mais ampla e abrangente do que a legislação anterior, revogada. A normativa em vigor dispõe que o estrangeiro no Brasil terá acesso ao sistema público de saúde e direito à educação pública, vedada a discriminação em razão da nacionalidade e da sua condição migratória. Isso significa que o acesso à educação pública no Brasil é assegurado

(A) Somente aos estrangeiros portadores de visto de estudante ou permanente.

(B) A todos os migrantes, exceto os refugiados, que são regidos por legislação especial.

(C) Apenas aos estrangeiros cujos países assegurem reciprocidade aos brasileiros.

(D) A todos os migrantes, inclusive os apátridas e os refugiados.

RESPOSTA De acordo com o art. 5º, *caput*, da Constituição, brasileiros e estrangeiros são iguais perante a lei, sem distinção de qualquer natureza. Dentro deste contexto, apátridas e refugiados terão direitos assegurados no Brasil. Em razão da lei referida no enunciado, o país deve se reger pelo princípio da prevalência dos direitos humanos. De acordo com ela, a política migratória brasileira rege-se por diversos princípios e diretrizes, dentre outros, da universalidade, indivisibilidade e interdependência dos direitos humanos e acesso igualitário e livre do migrante a serviços, programas e benefícios sociais, bens públicos, educação, assistência jurídica integral pública, trabalho, moradia, serviço bancário e seguridade social (*vide* arts. 3º e 4º). *Alternativa D.*

14. (XXVI Exame) Um ex-funcionário de uma agência de inteligência israelense está de passagem pelo Brasil e toma conhecimento de que chegou ao Supremo Tribunal Federal um pedido de extradição solicitado pelo governo de Israel, país com o qual o Brasil não possui tratado de extradição. Receoso de ser preso, por estar respondendo em Israel por crime de extorsão, ele pula o muro do consulado da Venezuela no Rio de Janeiro e solicita proteção diplomática a esse país. Nesse caso,

(A) pode pedir asilo diplomático e terá direito a salvo-conduto para o país que o acolheu.

(B) é cabível o asilo territorial, porque o consulado é território do Estado estrangeiro.

(C) não se pode pedir asilo, e o STF não autorizará a extradição, por ausência de tratado.

(D) o asilo diplomático não pode ser concedido, pois não é cabível em consulado.

RESPOSTA De acordo com a Resolução 3.212 da ONU, o Estado soberano tem o direito de conceder o asilo, mas não o dever. Recorde que há dois tipos de asilo, o territorial e o diplomático. No caso em tela, trata-se de asilo diplomático, aquele que tem como objetivo o acolhimento de indivíduos em missões diplomáticas (vide a Convenção de Caracas de 1954), garantido àqueles que estejam sofrendo perseguição política. Importa destacar que há doutrina que entende que é cabível o asilo diplomático em sede consular, mas a questão não foi anulada. *Alternativa D.*

15. (XXIII Exame) Em 22 de julho de 1997, foi promulgada a Lei n. 9.474, que define os mecanismos para implementação da Convenção das Nações Unidas sobre o Estatuto dos Refugiados, da qual o Brasil é signatário. A respeito dos mecanismos, termos e condições nela previstos, assinale a afirmativa correta.

(A) Para que possa solicitar refúgio, o indivíduo deve ter ingressado no Brasil de maneira regular.

(B) Compete ao Ministério da Justiça declarar o reconhecimento, em primeira instância, da condição de refugiado.

(C) O refugiado poderá exercer atividade remunerada no Brasil, ainda que pendente o processo de refúgio.

(D) Na hipótese de decisão negativa no curso do processo de refúgio, é cabível a interposição de recurso pelo refugiado perante o Supremo Tribunal Federal.

RESPOSTA De acordo com a lei referida, recebida a solicitação de refúgio, o Departamento de Polícia Federal emitirá protocolo em favor do solicitante e de seu grupo familiar que se encontre no território nacional, o qual autorizará a estada até a decisão final do processo. O protocolo permitirá ao Ministério do Trabalho expedir carteira de trabalho provisória, para o exercício de atividade remunerada no País (art 21, § 1º). *Alternativa C.*

16. (XXII Exame) Walter, estrangeiro, casou-se com Lúcia, por quem se apaixonou quando passou as férias em Florianópolis. O casal tem um filho, Ricardo, de 2 anos. Residente no Brasil há mais de cinco anos, Walter é acusado de ter cometido um crime em outro país. Como o Brasil possui promessa de reciprocidade com o referido país, este encaminha ao governo brasileiro o pedido de extradição de Walter. Nesse caso, o governo brasileiro

(A) não pode conceder a extradição, porque Walter tem um filho brasileiro.

(B) pode conceder a extradição, por meio de ordem expedida por um juiz federal.

(C) pode conceder a extradição, desde que cumpridos os requisitos legais do Estatuto do Estrangeiro.

(D) não pode conceder a extradição, pois esta só seria possível se houvesse tratado com o país de origem de Walter.

RESPOSTA Diante do caso, observe a Súmula STF 421, que afirma que "não impede a extradição a circunstância de ser o extraditando casado com brasileira ou ter filho brasileiro". Ademais, a extradição ocorre pelo STF (*vide* art. 102, I, *g*, da CRFB). Portanto, Walter, estrangeiro, poderá ser extraditado, observados os requisitos legais do Estatuto do Estrangeiro (*vide* arts. 76 a 94). *Alternativa C.*

17. (XXII Exame) Luca nasceu em Nápoles, na Itália, em 1997. É filho de Marta, uma ilustre pintora italiana, e Jorge, um escritor brasileiro. Quando de seu nascimento, seus pais o registraram apenas perante o registro civil italiano. Luca nunca procurou se informar sobre seu direito à nacionalidade brasileira, mas, agora, vislumbrando seu futuro, ele entra em contato com um escritório especializado, a fim de saber se e como poderia obter a nacionalidade brasileira. Assinale a opção que apresenta, em conformidade com a legislação brasileira, o procedimento indicado pelo escritório.

(A) Luca não tem direito à nacionalidade brasileira, eis que seu pai não estava ou está a serviço do Brasil.

(B) Luca não poderá mais obter a nacionalidade brasileira, tendo em vista que já é maior de idade.

(C) Luca tem direito à nacionalidade brasileira, mas, ainda que a obtenha, não será considerado brasileiro nato.

(D) Luca deverá ir residir no Brasil e fazer a opção pela nacionalidade brasileira.

RESPOSTA Conforme a Constituição Federal, art. 12, I, *c*. *Alternativa D.*

18. (XX Exame – Reaplicação) Thomas, nacional dos Estados Unidos, deseja passar as férias com a esposa Mary, canadense, no Brasil. Para tanto, o casal obteve visto de turista, na forma da legislação brasileira aplicável. Após meses de expectativa, é chegado o tempo de embarcar para o Brasil. A respeito da entrada e estada do casal no Brasil, assinale a afirmativa correta.

(A) Caso desejem fixar residência no Brasil, Thomas e Mary poderão pleitear a conversão de seu visto para permanente.

(B) Caso ultrapassem o prazo de estada no Brasil previsto em seus vistos, Thomas e Mary poderão ser expulsos do Brasil.

(C) Thomas e Mary poderão solicitar ao Ministério da Justiça a prorrogação de sua estada no Brasil por até 1 ano.

(D) Os vistos de turista concedidos a Thomas e a Mary configuram mera expectativa de direito, podendo sua entrada no território nacional ser obstada.

RESPOSTA À época da questão, estava em vigência o Estatuto do Estrangeiro (Lei n. 6.815/80) e o texto legal se referia à "mera expectativa" (art. 26). Porém, com a Lei n. 13.445/2017, a expressão não foi mantida. Segundo o atual art. 6º, "o visto é o documento que dá a seu titular expectativa de ingresso em território nacional". Deve-se cogitar que a *alternativa D*, gabarito original, não esteja de acordo com a nova Lei de Migração.

III. RELAÇÕES DIPLOMÁTICAS

19. (38º Exame) Um brasileiro teve seu pedido de visto de trabalho negado por uma representação consular de um Estado estrangeiro. Inconformado, consultou você, como advogado(a), para a adoção das providências cabíveis no Brasil. Após a avaliação do caso, você concluiu que

(A) nenhuma medida judicial é cabível.

(B) deve ser proposto mandado de segurança perante a Justiça Federal.

(C) cabe reclamação trabalhista perante a Justiça do Trabalho.

(D) deve ser proposta ação condenatória por obrigação de fazer, perante o Tribunal de Justiça competente.

DIREITO INTERNACIONAL

RESPOSTA A presente hipótese pode ser considerada como um ato de império do Estado estrangeiro, visto que exerce sua prerrogativa de soberania e o visto trata de exemplo. Poderia ser ato de gestão, exemplo clássico a contratação de um funcionário, nesse caso, poderia a pessoa exercer o direito de ação. *Alternativa A.*

20. (XXVI Exame) Maria Olímpia é demitida pela Embaixada de um país estrangeiro, em Brasília, por ter se recusado a usar véu como parte do seu uniforme de serviço. Obteve ganho de causa na reclamação trabalhista que moveu, mas, como o Estado não cumpriu espontaneamente a sentença, foi solicitada a penhora de bens da Embaixada. Nesse caso, a penhora de bens do Estado estrangeiro

(A) somente irá prosperar se o Estado estrangeiro tiver bens que não estejam diretamente vinculados ao funcionamento da sua representação diplomática.

(B) não poderá ser autorizada, face à imunidade absoluta de jurisdição do Estado estrangeiro.

(C) dependerá de um pedido de auxílio direto via Autoridade Central, nos termos dos tratados em vigor.

(D) poderá ser deferida, porque, sendo os contratos de trabalho atos de gestão, os bens que são objeto da penhora autorizam, de imediato, a execução.

RESPOSTA De acordo com a situação hipotética, e observado que "os locais da Missão, em mobiliário e demais bens neles situados, assim como os meios de transporte da Missão, não poderão ser objeto de busca, requisição, embargo ou medida de execução" (art. 22, Convenção de Viena de 1961), somente é possível a execução sobre bens que não estejam vinculados à missão diplomática. *Alternativa A.*

21. (XXI Exame) Aurélio, diplomata brasileiro, casado e pai de dois filhos menores, está em vias de ser nomeado chefe de missão do Brasil na capital de importante Estado europeu. À luz do disposto na Convenção de Viena sobre Relações Diplomáticas, promulgada no Brasil por meio do Decreto n. 56.435/65, assinale a afirmativa correta.

(A) A nomeação de Aurélio pelo Brasil não depende da anuência do Estado acreditado, visto se tratar de uma decisão soberana do Estado acreditante.

(B) Mesmo se nomeado, o Estado acreditado poderá considerar Aurélio *persona non grata*, desde que, para tanto, apresente suas razões ao Estado acreditante, em decisão fundamentada. Se acolhidas as razões apresentadas pelo Estado acreditado, Aurélio poderá ser retirado da missão ou deixar de ser reconhecido como membro da missão.

(C) Os privilégios e as imunidades previstos estendidos à mulher e aos filhos de Aurélio cessam de imediato, na hipótese de falecimento de Aurélio.

(D) Se nomeado, a residência de Aurélio gozará da mesma inviolabilidade estendida ao local em que baseada a missão do Brasil no Estado acreditado.

RESPOSTA De acordo com a Convenção de Viena sobre Relações Diplomáticas (Decreto n. 56.435/65), a residência particular do agente diplomático goza da mesma inviolabilidade e proteção que os locais da missão (art. 30). *Alternativa D.*

IV. TRIBUNAIS, TRATADOS INTERNACIONAIS E ARBITRAGEM

22. (38º Exame) O cidadão francês Pierre Renoir, residente e domiciliado em Portugal, foi casado com uma espanhola, com quem teve dois filhos nascidos na Alemanha. Pierre faleceu em 2022 e deixou como herança um apartamento no Brasil, onde viveu durante a fase universitária. Nesta hipótese, à sucessão do bem será aplicada a lei

(A) francesa.

(B) portuguesa.

(C) brasileira.

(D) alemã.

RESPOSTA Diz o art. 10 da LINDB que a sucessão por morte ou por ausência obedece à lei do país em que domiciliado o defunto ou o desaparecido, qualquer que seja a natureza e a situação dos bem. Portanto, será aplicada a lei do último domicílio do *de cujus*, e, no caso, o cidadão francês residia em Portugal. *Alternativa B.*

23. (36º Exame) Um brasileiro, casado com uma espanhola, faleceu durante uma viagem de negócios a Paris. O casal tinha dois filhos nascidos na Espanha e era domiciliado em Portugal. Ele deixou bens no Brasil. Assinale a opção que indica a lei que regulará a sucessão por morte.

(A) A brasileira.

(B) A espanhola.

(C) A francesa.

(D) A portuguesa.

RESPOSTA Diz o art. 10 da LINDB que a sucessão por morte ou por ausência obedece à lei do país em que domiciliado o defunto ou o desaparecido, qualquer que seja a natureza e a situação dos bens. Considere ainda que a sucessão de bens de estrangeiros, situados no País, será regulada pela lei brasileira em benefício do cônjuge ou dos filhos brasileiros, ou de quem os represente, sempre que não lhes seja mais favorável a lei pessoal do *de cujus* (§ 1º). *Alternativa D.*

24. (XXXIII Exame) Carlyle Schneider, engenheiro suíço, morava em Madison, Wisconsin, Estados Unidos da América, há 12 anos. Em meados de 2015, participou da construção de dois edifícios em Florianópolis, Brasil, dos quais se afeiçoou de tal modo, que decidiu adquirir uma unidade residencial em cada prédio. Portanto, apesar de bem estabelecido em Madison, era o Sr. Schneider proprietário de dois imóveis no Brasil. Em 10/12/2017, viajou à Alemanha e, ao visitar um antigo casarão a ser restaurado, foi surpreendido pelo desabamento da construção sobre si, falecendo logo em seguida. Carlyle Schneider deixou 3 (três) filhos, que moravam na Suíça. A respeito dos limites da jurisdição nacional e da cooperação internacional, com base nas normas constantes do Código de Processo Civil, assinale a afirmativa correta.

(A) Em matéria de sucessão hereditária, compete exclusivamente à autoridade judiciária da Suíça, país de nacionalidade do autor da herança e de nacionalidade e residência dos herdeiros legítimos, proceder à partilha dos dois bens imóveis situados no Brasil.

(B) Em matéria de sucessão hereditária, compete concorrentemente à autoridade judiciária da Alemanha, local de óbito do autor da herança, proceder à partilha dos dois bens imóveis situados no Brasil.

(C) Em matéria de sucessão hereditária, compete exclusivamente ao Estado brasileiro, local de situação dos imóveis, proceder ao inventário e à partilha dos dois bens imóveis.

(D) Em matéria de sucessão hereditária, compete concorrentemente à autoridade judiciária dos Estados Unidos da América, país de residência do autor da herança, proceder à partilha dos dois bens imóveis situados no Brasil.

RESPOSTA Deve-se observar que neste caso a competência pode ser concorrente/relativa, ou seja, a parte escolhe onde vai propor a ação (se no Brasil ou Exterior). Ou a competência poderá ser exclusiva/absoluta, quando a ação deve ser proposta no Brasil. Sendo assim, quando existir bens no Brasil, a ação deverá ser no Brasil, conforme previsto no artigo 23, do CPC, "Compete à autoridade judiciária brasileira, com exclusão de qualquer outra: I - conhecer de ações relativas a imóveis situados no Brasil; II - em matéria de sucessão hereditária, proceder à confirmação de testamento particular e ao inventário e à partilha de bens situados no Brasil, ainda que o autor da herança seja de nacionalidade estrangeira ou tenha domicílio fora do território nacional; III - em divórcio, separação judicial ou dissolução de união estável, proceder à partilha de bens situados no Brasil, ainda que o titular seja de nacionalidade estrangeira ou tenha domicílio fora do território nacional. *Alternativa C.*

25. (XXX Exame) Uma arbitragem, conduzida na Argentina segundo as regras da Câmara de Comércio Internacional – CCI, condenou uma empresa com sede no Brasil ao pagamento de uma indenização à sua ex-sócia argentina. Para ser executável no Brasil, esse laudo arbitral

(A) dispensa homologação pelo STJ, nos termos da Convenção de Nova York.

(B) precisa ser homologado pelo Judiciário argentino e depois, pelo STJ.

(C) precisa ser homologado pelo STJ, por ser laudo arbitral estrangeiro.

(D) dispensa homologação, por ser laudo arbitral proveniente de país do Mercosul.

RESPOSTA De acordo com o art. 960 do CPC, a homologação de decisão estrangeira será requerida por ação de homologação de decisão estrangeira, salvo disposição especial em sentido contrário prevista em tratado. Segundo o seu § 2º, a homologação obedecerá ao que dispuserem os tratados em vigor no Brasil e o Regimento Interno do Superior Tribunal de Justiça. Assim, faz-se necessária a homologação pelo STJ também pelo o que consta na Lei de Arbitragem (Lei n. 9.307/96, art. 35), qual seja o dispositivo: "para ser reconhecida ou executada no Brasil, a sentença arbitral estrangeira está sujeita, unicamente, à homologação do Superior Tribunal de Justiça". *Alternativa C.*

26. (XXVIII Exame) Existem disputas sobre parcelas de territórios entre países da América Latina. O Brasil e o Uruguai, por exemplo, possuem uma disputa em torno da chamada "ilha brasileira", na foz do Rio Uruguai. Na hipótese de o Uruguai vir a reivindicar formalmente esse território, questionando a divisa estabelecida no tratado internacional de 1851, assinale a opção que indica o tribunal internacional ao qual ele deveria endereçar o pleito.

(A) Tribunal Permanente de Revisão do Mercosul.

(B) Corte Internacional de Justiça.

(C) Tribunal Penal Internacional.

(D) Tribunal Internacional do Direito do Mar.

RESPOSTA A Corte Internacional de Justiça (CIJ) é o principal órgão judiciário das Nações Unidas, cuja função é solucionar, em concordância com o direito internacional, disputas legais submetidas por Estados, além de oferecer pareceres consultivos sobre questões legais apresentadas por órgãos autorizados da ONU e outras agências especializadas. *Alternativa B.*

DIREITO INTERNACIONAL

27. (XXVII Exame) Em 14 de dezembro de 2009, o Brasil promulgou a Convenção de Viena sobre o Direito dos Tratados de 1969, por meio do Decreto n. 7.030. A Convenção codificou as principais regras a respeito da conclusão, entrada em vigor, interpretação e extinção de tratados internacionais. Tendo por base os dispositivos da Convenção, assinale a afirmativa correta.

(A) Para os fins da Convenção, "tratado" significa qualquer acordo internacional concluído por escrito entre Estados e/ou organizações internacionais.

(B) Os Estados são soberanos para formular reservas, independentemente do que disponha o tratado.

(C) Um Estado não poderá invocar o seu direito interno para justificar o descumprimento de obrigações assumidas em um tratado internacional devidamente internalizado.

(D) Os tratados que conflitem com uma norma imperativa de Direito Internacional geral têm sua execução suspensa até que norma ulterior de Direito Internacional geral da mesma natureza derrogue a norma imperativa com eles conflitante.

RESPOSTA De acordo com o art. 2º, 1, da referida Convenção de Viena, o conceito de Tratado é "acordo internacional concluído por escrito entre Estados e regido pelo Direito Internacional, quer conste de um instrumento único, quer de dois ou mais instrumentos conexos, qualquer que seja sua denominação específica". Atente-se que "reserva" designa a ideia de excluir ou modificar o efeito jurídico de certas disposições do tratado em sua aplicação a esse Estado (*vide* art. 2º, *d*). De acordo com o art. 27 da Convenção de Viena sobre Direito dos Tratados, "Uma parte não pode invocar as disposições de seu direito interno para justificar o inadimplemento de um tratado". *Alternativa C.*

28. (XXIII Exame) O mecanismo de solução de controvérsias atualmente em vigor no âmbito da Organização Mundial do Comércio (OMC) foi instituído em 1994 por meio do Entendimento Relativo às Normas e Procedimentos sobre Solução de Controvérsias, constantes do Tratado de Marrakesh, e vincula todos os membros da organização. A respeito do funcionamento desse mecanismo, assinale a afirmativa correta.

(A) Uma vez acionado o mecanismo de solução de controvérsias, os Estados em disputa ficam impedidos de recorrer a formas pacíficas de solução de seus litígios, tais como bons ofícios, conciliação e mediação.

(B) A decisão, por consenso, acerca da adoção de um relatório produzido pelo grupo especial, integra o rol de competências do Órgão de Solução de Controvérsias, ainda que as partes em controvérsia escolham não apelar ao Órgão Permanente de Apelação.

(C) As recomendações e decisões do Órgão de Solução de Controvérsias poderão implicar a diminuição ou o aumento dos direitos e das obrigações dos Estados, conforme estabelecido nos acordos firmados no âmbito da OMC.

(D) As partes em controvérsia e os terceiros interessados que tenham sido ouvidos pelo grupo especial poderão recorrer do relatório do grupo especial ao Órgão Permanente de Apelação.

RESPOSTA A OMC tem entre os seus órgãos, o DSB (*Dispute Settlement Body*), composto por todos os seus representantes, ou denominado Solução de Controvérsias. O tal procedimento de solução de controvérsias tem quatro fases, consultas, painéis (ou grupos especiais), apelação e implementação. Assim, diante das afirmativas e de acordo com o Tratado de Marrakesh. *Alternativa B.*

29. (XXI Exame) O Acordo de Cooperação e Assistência Jurisdicional em Matéria Civil, Comercial, Trabalhista e Administrativa entre os Estados Partes do Mercosul, a República da Bolívia e a República do Chile, foi promulgado no Brasil por meio do Decreto n. 6.891/09, tendo por finalidade estabelecer as bases em que a cooperação e a assistência jurisdicional entre os Estados membros será realizada. A respeito desse instrumento, assinale a afirmativa correta.

(A) A indicação das autoridades centrais responsáveis pelo recebimento e andamento de pedidos de assistência jurisdicional é realizada pelo Grupo Mercado Comum.

(B) Os nacionais ou residentes permanentes de outro Estado membro, para que possam se beneficiar do mecanismo de cooperação jurisdicional em determinado Estado membro, deverão prestar caução.

(C) Os procedimentos para cumprimento de uma carta rogatória recebida sob a guarida do Acordo são determinados pela lei interna do Estado em que a carta deverá ser cumprida, não sendo admitida, em qualquer hipótese, a observação de procedimentos diversos solicitados pelo Estado de onde provenha a carta.

(D) Uma sentença ou um laudo arbitral proveniente de um determinado Estado, cujo reconhecimento e execução seja solicitado a outro Estado membro, pode ter sua eficácia admitida pela autoridade jurisdicional do Estado requerido apenas parcialmente.

RESPOSTA O Decreto n. 6.891/2009 refere-se à promulgação do Protocolo de Las Leñas e dele se afirma que, "se uma sentença ou um laudo arbitral não puder ter eficácia em sua totalidade, a autoridade jurisdicional competente do Estado requerido poderá admitir sua eficácia parcial mediante pedido da parte interessada" (art. 23). *Alternativa D.*

V. SUJEITOS E ORGANIZAÇÕES INTERNACIONAIS

Acesse o QR Code e consulte as questões comentadas sobre este tema.

VI. DIREITOS HUMANOS

Acesse o QR Code e consulte as questões comentadas sobre este tema.

VII. DIREITO INTERNACIONAL PRIVADO

30. (40º Exame) Uma sociedade empresária colombiana celebrou, na Inglaterra, com uma sociedade alemã, um contrato para a entrega de 500 (quinhentas) sacas de café tipo arábica no Porto de Santos, Brasil, sem cláusula de eleição de foro exclusivo. Durante o transporte, houve um acidente com a embarcação, que acarretou o perecimento da mercadoria. Você, como advogado(a), é procurado(a) para ajuizar a presente ação. De acordo com o direito internacional privado brasileiro, assinale a opção que indica a autoridade judiciária competente para processar e julgar eventual demanda entre as contratantes.

(A) A autoridade judiciária inglesa, única e exclusivamente.

(B) A autoridade judiciária colombiana, concorrentemente.

(C) A autoridade judiciária alemã, única e exclusivamente.

(D) A autoridade judiciária brasileira, concorrentemente.

RESPOSTA Considerando a competência concorrente ou relativa da Justiça Brasileira, art. 21, II, do CPC. *Alternativa D.*

31. (40º Exame) A Fundação de Juristas Moçambique – Brasil, associação privada de fim de interesse coletivo, constituiu-se na década de 1990, na cidade de Maputo, capital de Moçambique, e pretende abrir filial no Brasil. Você, advogado(a) especializado em Direito Internacional, é procurado pela Fundação para avaliar a pretensão do caso em tela. Sobre a hipótese apresentada, assinale a afirmativa correta.

(A) A Fundação não poderá ter filial no Brasil, salvo se houver prévia decisão da justiça brasileira autorizativa.

(B) A Fundação não poderá ter filial no Brasil, antes da aprovação dos atos constitutivos pelo governo brasileiro, ficando a filial sujeita à lei brasileira.

(C) A Fundação não poderá ter filial no Brasil, salvo se houver prévia autorização legislativa do Congresso Nacional.

(D) A Fundação não poderá ter filial no Brasil, antes da aprovação dos atos constitutivos pelo governo moçambicano, ficando a filial sujeita à lei moçambicana.

RESPOSTA De acordo com o art. 11, § 1º, da LINDB, as organizações destinadas a fins de interesse coletivo, como as sociedades e as fundações, obedecem à lei do Estado em que se constituírem. Não poderão, entretanto ter no Brasil filiais, agências ou estabelecimentos antes de serem os atos constitutivos aprovados pelo Governo brasileiro, ficando sujeitas à lei brasileira. *Alternativa B.*

32. (39º Exame) Em uma disputa judicial estabelecida no Brasil referente a um contrato de compra e venda internacional de mercadorias, regido por lei estrangeira, uma sociedade empresária invocou para fundamentar a sua pretensão perante a outra parte. Você, como advogado(a) especializado(a) em Direito Internacional, foi procurado(a) pela sociedade para avaliar a validade de invocar a lei estrangeira no caso em tela. Sobre a hipótese apresentada, assinale a afirmativa correta.

(A) A alegação de lei estrangeira pelos litigantes viola a ordem pública.

(B) A parte que invocar a lei estrangeira provar-lhe--á o texto e a vigência, se assim o juiz determinar diante do seu desconhecimento daquela.

(C) A alegação de lei estrangeira pelos litigantes depende da concordância da parte contrária.

(D) Ao juiz é vedado transferir o encargo de comprovar o teor e a vigência da lei estrangeira à parte.

RESPOSTA A parte que alega a lei estrangeira deve provar o texto da sua vigência, traduzir e juramentar, conforme art. 14 da LINDB. Compete ao juiz brasileiro conhecer da lei brasileira, quando alegado a lei estrangeira, cabe a parte seguir tramites processuais importantes. *Alternativa B.*

33. (39º Exame) Um jato privado, de propriedade de empresa inglesa, causou um acidente ao colidir com uma aeronave comercial brasileira em território nacional, provocando várias mortes, entre passageiros e tripulantes. A família de uma das vítimas brasileiras propõe uma ação

DIREITO INTERNACIONAL

contra a empresa inglesa no Brasil, formulando pedido de reparação por danos materiais e morais. A empresa ré alega que a competência para julgar o caso é da justiça inglesa. Sobre a hipótese apresentada, segundo o direito brasileiro, assinale a afirmativa correta.

(A) O acidente ocorreu no Brasil e, assim, a justiça brasileira é competente para julgá-lo.

(B) A ré é uma empresa estrangeira que não opera no Brasil, o que impede a justiça brasileira de julgar o caso.

(C) A justiça brasileira é competente para julgar o caso, porque a vítima é brasileira.

(D) O caso deve ser remetido por carta rogatória à justiça inglesa, a quem cabe julgá-lo

RESPOSTA Considere a competência para propositura da ação, portanto, a resposta correta será Justiça brasileira, visto que o dano ocorreu no Brasil, conforme art. 21, III, do CPC. Observe que a dica é que se não for competência exclusiva ou absoluta da Justiça brasileira (art. 23 do CPC) será competência relativa ou concorrente (art. 21 ou 22 do CPC). *Alternativa A*.

34. **(35º Exame)** Thomas, inglês, e Marta, brasileira, que se conheceram na Inglaterra, são grandes admiradores das praias brasileiras, motivo pelo qual resolvem se casar em Natal, cidade de domicílio de Marta. Em seguida, constituem como seu primeiro domicílio conjugal a capital inglesa. O casal, que havia se mudado para Portugal passados cinco anos do início do vínculo conjugal, resolve lá se divorciar. Os consortes não tiveram filhos e, durante o matrimônio, adquiriram bens em Portugal, bem como um imóvel em Natal, onde passavam férias.

Acerca do caso narrado, e com base no que dispõem o Código de Processo Civil e a Lei de Introdução às Normas do Direito Brasileiro, assinale a afirmativa correta.

(A) O casal poderia buscar as autoridades consulares brasileiras em Portugal para a realização do divórcio, sendo consensual.

(B) Se consensual o divórcio, a sentença estrangeira que o decreta produz efeitos no Brasil, independentemente de homologação pelo Superior Tribunal de Justiça.

(C) Se o casal não fez opção expressa pelo regime de comunhão parcial de bens, deverá ser observado o regime legal previsto no Código Civil brasileiro, haja vista que o casamento fora celebrado no país.

(D) Inexistindo acordo entre os cônjuges a respeito da partilha do imóvel situado no Brasil, é possível a homologação da sentença proferida pelo

Poder Judiciário português que decretou o divórcio, inclusive no ponto em que determina a partilha do referido bem.

RESPOSTA A sentença estrangeira de divórcio consensual produz efeitos no Brasil, independentemente de homologação pelo Superior Tribunal de Justiça, é o que diz o § 5º do art. 961 do CPC. *Alternativa B*.

35. **(XXXII Exame)** Pedro, cidadão de nacionalidade argentina e nesse país residente, ajuizou ação em face de sociedade empresária de origem canadense, a qual, ao final do processo, foi condenada ao pagamento de determinada indenização. Pedro, então, ingressou com pedido de homologação dessa sentença estrangeira no Brasil. Sobre a hipótese apresentada, assinale a afirmativa correta.

(A) Para que a sentença estrangeira seja homologada no Brasil, é necessário que ela tenha transitado em julgado no exterior.

(B) A sentença condenatória argentina não poderá ser homologada no Brasil por falta de tratado bilateral específico para esse tema entre os dois países.

(C) A sentença poderá ser regularmente homologada no Brasil, ainda que não tenha imposto qualquer obrigação a ser cumprida em território nacional, não envolva partes brasileiras ou domiciliadas no país e não se refira a fatos ocorridos no Brasil.

(D) De acordo com o princípio da efetividade, todo pedido de homologação de sentença alienígena, por apresentar elementos transfronteiriços, exige que haja algum ponto de conexão entre o exercícioda jurisdição pelo Estado brasileiroe o caso concreto a ele submetido.

RESPOSTA A (A) está errada, pois dentro dos requisitos do art. 963 do CPC para homologação da decisão não há o trânsito em julgado no exterior. (B) Está errada, também pelo mesmo motivo anterior. (C) Errada, pois há regras a serem observadas, além das razões que fazem correta a *alternativa D*, que reproduz o entendimento do STJ (SEC 8.542/EX).

36. **(XXXI Exame)** Em função do incremento nas atividades de transporte aéreo no Brasil, a sociedade empresária Fast Plane, sediada no país, resolveu adquirir helicópteros de última geração da pessoa jurídica holandesa Nederland Air Transport, que ficou responsável pela fabricação, montagem e envio da mercadoria. O contrato de compra e venda restou celebrado, presencialmente, nos Estados Unidos da América, restando ajustado que o cumprimento da obrigação se dará no Brasil. No momento de receber as aeronaves, contudo, a adquirente verificou que o produto enviado era di-

179

verso do apontado no instrumento contratual. Decidiu a sociedade empresária Fast Plane, então, buscar auxílio jurídico para resolver a questão, inclusive para a propositura de eventual ação, caso não haja solução consensual. Considerando-se o enunciado acima, aplicando-se a Lei de Introdução às Normas do Direito Brasileiro (Decreto-lei n. 4.657/42) e o Código de Processo Civil, assinale a afirmativa correta.

(A) A lei aplicável na solução da questão é a holandesa, em razão do local de fabricação e montagem das aeronaves adquiridas.

(B) A autoridade judiciária brasileira será competente para processar e julgar eventual ação proposta pela Fast Plane, mesmo se estabelecida cláusula de eleição de foro exclusivo estrangeiro, em razão do princípio da inafastabilidade da jurisdição.

(C) A autoridade judiciária brasileira tem competência exclusiva para processar e julgar eventual ação a ser proposta pela Fast Plane para resolver a questão.

(D) A autoridade judiciária brasileira tem competência concorrente para processar e julgar eventual ação a ser proposta pela Fast Plane para resolver a questão.

RESPOSTA Diante do caso, o art. 21 e parágrafo único do CPC preveem que compete à autoridade judiciária brasileira processar e julgar as ações em que o réu, qualquer que seja a sua nacionalidade, estiver domiciliado no Brasil e quanto a pessoa jurídica estrangeira, que tiver agência, filial ou sucursal; no Brasil tiver de ser cumprida a obrigação; o fundamento seja fato ocorrido ou ato praticado no Brasil. *Vide* ainda o art. 12 da LINDB. *Alternativa D.*

37. (XXX Exame) Victor, após divorciar-se no Brasil, transferiu seu domicílio para os Estados Unidos. Os dois filhos brasileiros de sua primeira união continuaram vivendo no Brasil. Victor contraiu novo matrimônio nos Estados Unidos com uma cidadã norte-americana e, alguns anos depois, vem a falecer nos Estados Unidos, deixando um imóvel e aplicações financeiras nesse país. A regra de conexão do direito brasileiro estabelece que a sucessão de Victor será regida

(A) Pela lei brasileira, em razão da nacionalidade brasileira do *de cujus*.

(B) Pela lei brasileira, porque o *de cujus* tem dois filhos brasileiros.

(C) Pela lei norte-americana, em razão do último domicílio do *de cujus*.

(D) Pela lei norte-americana, em razão do local da situação dos bens a serem partilhados.

RESPOSTA A regra de sucessão rege-se pela lei do último domicílio do *de cujus*, conforme *caput* do art. 10, da LINDB, visto que a sucessão por morte ou por ausência obedece à lei do país em que domiciliado o defunto ou o desaparecido, qualquer que seja a natureza e a situação dos bens. *Alternativa C.*

38. (XXIX Exame) João da Silva prestou serviços de consultoria diretamente ao Comitê Olímpico Internacional (COI), entidade com sede na Suíça, por ocasião dos Jogos Olímpicos realizados no Rio de Janeiro, em 2016. Até o presente momento, João não recebeu integralmente os valores devidos. Na hipótese de recorrer a uma cobrança judicial, o pedido deve ser feito

(A) Na justiça federal, pois o COI é uma organização internacional estatal.

(B) Na justiça estadual, pois o COI não é um organismo de direito público externo.

(C) Por auxílio direto, intermediado pelo Ministério Público, nos termos do tratado Brasil-Suíça.

(D) Na justiça federal, por se tratar de uma organização internacional com sede no exterior.

RESPOSTA A dificuldade da questão é saber qual a personalidade jurídica do COI, como organização. Se de direito público externo, justiça federal; ao contrário, justiça estadual. Segundo a Wikipedia, é uma organização não governamental, de iniciativa privada. *Alternativa B.*

39. (XXVIII Exame) Uma das funções da cooperação jurídica internacional diz respeito à obtenção de provas em outra jurisdição, nos termos das disposições dos tratados em vigor e das normas processuais brasileiras. Para instruir processo a ser iniciado ou já em curso, no Brasil ou no exterior, não é admitida, no entanto, a solicitação de colheita de provas

(A) por carta rogatória ativa.

(B) por carta rogatória passiva.

(C) a representantes diplomáticos ou agentes consulares.

(D) pela via do auxílio direto.

RESPOSTA A cooperação jurídica internacional está prevista nos artigos 26 e 27 do CPC. O auxílio direto, a partir do art. 28 do CPC e a carta rogatória, art. 36. Quanto à colheita de provas, o Brasil ratificou a Convenção sobre a Obtenção de Provas no Estrangeiro em Matéria Civil ou Comercial, cujo vigor só ocorreu com a promulgação do Decreto n. 9.039, de 27 de abril de 2017. No entanto, o país fez algumas ressalvas, dentre elas, que provas pudessem ser produzidas não só por juízes, mas também por representantes diplomáticos ou agentes consulares. Portanto, não são admitidas a tais pessoas. *Alternativa C.*

DIREITO INTERNACIONAL

40. **(XXV Exame)** Paulo, brasileiro, celebra no Brasil um contrato de prestação de serviços de consultoria no Brasil a uma empresa pertencente a François, francês residente em Paris, para a realização de investimentos no mercado imobiliário brasileiro. O contrato possui uma cláusula indicando a aplicação da lei francesa.

Em ação proposta por Paulo no Brasil, surge uma questão envolvendo a capacidade de François para assumir e cumprir as obrigações previstas no contrato. Com relação a essa questão, a Justiça brasileira deverá aplicar

(A) a lei brasileira, porque o contrato foi celebrado no Brasil.

(B) a lei francesa, porque François é residente da França.

(C) a lei brasileira, país onde os serviços serão prestados.

(D) a lei francesa, escolhida pelas partes mediante cláusula contratual expressa.

RESPOSTA De acordo com o art. 7º da LINDB, que trata da capacidade, a lei do país em que domiciliada a pessoa determina as regras sobre o começo e o fim da personalidade, o nome, a capacidade e os direitos de família. *Alternativa B.*

41. **(XXIV Exame)** Henrique e Ruth se casaram no Brasil e se mudaram para a Holanda, onde permaneceram por quase 4 anos. Após um período difícil, o casal, que não tem filhos, nem bens, decide, de comum acordo, se divorciar e Ruth pretende retornar ao Brasil. Com relação à dissolução do casamento, assinale a afirmativa correta.

(A) O divórcio só poderá ser requerido no Brasil, eis que o casamento foi realizado no Brasil.

(B) O divórcio, se efetivado na Holanda, precisa ser reconhecido e homologado perante o STJ para que tenha validade no Brasil.

(C) O divórcio consensual pode ser reconhecido no Brasil sem que seja necessário proceder à homologação.

(D) Para requerer o divórcio no Brasil, o casal deverá, primeiramente, voltar a residir no país.

RESPOSTA De acordo com o CPC, a sentença estrangeira de divórcio consensual produz efeitos no Brasil, independentemente de homologação pelo Superior Tribunal de Justiça (art. 960, § 5º). *Alternativa C.*

42. **(XXIV Exame)** Roger, suíço radicado no Brasil há muitos anos, faleceu em sua casa no Rio Grande do Sul, deixando duas filhas e um filho, todos maiores de idade. Suas filhas residem no Brasil, mas o filho se mudara para a Suíça antes mesmo do falecimento de Roger, lá residindo. Roger possuía diversos bens espalhados pelo sul do Brasil e uma propriedade no norte da Suíça. Com referência à sucessão de Roger, assinale a afirmativa correta.

(A) Se o inventário de Roger for processado no Brasil, sua sucessão deverá ser regulada pela lei suíça, que é a lei de nacionalidade de Roger.

(B) A capacidade do filho de Roger para sucedê-lo será regulada pela lei suíça.

(C) Se Roger tivesse deixado testamento, seria aplicada, quanto à sua forma, a lei da nacionalidade dele, independentemente de onde houvesse sido lavrado.

(D) O inventário de Roger não poderá ser processado no Brasil, em razão de existirem bens no estrangeiro a partilhar.

RESPOSTA De acordo com a LINDB, a lei do país em que domiciliada a pessoa determina as regras sobre o começo e o fim da personalidade, o nome, a capacidade e os direitos de família (art. 7º). *Alternativa B.*

43. **(XX Exame)** Em 2013, uma empresa de consultoria brasileira assina, na cidade de Londres, Reino Unido, contrato de prestação de serviços com uma empresa local. As contratantes elegem o foro da comarca do Rio de Janeiro para dirimir eventuais dúvidas, com a exclusão de qualquer outro. Dois anos depois, as partes se desentendem quanto aos critérios técnicos previstos no contrato e não conseguem chegar a uma solução amigável. A empresa de consultoria brasileira decide, então, ajuizar uma ação no Tribunal de Justiça do Estado do Rio de Janeiro para rescindir o contrato. Com relação ao caso narrado acima, assinale a afirmativa correta.

(A) O juiz brasileiro poderá conhecer e julgar a lide, mas deverá basear sua decisão na legislação brasileira, pois um juiz brasileiro não pode ser obrigado a aplicar leis estrangeiras.

(B) O Poder Judiciário brasileiro não é competente para conhecer e julgar a lide, pois o foro para dirimir questões em matéria contratual é necessariamente o do local em que o contrato foi assinado.

(C) O juiz brasileiro poderá conhecer e julgar a lide, mas deverá basear sua decisão na legislação do Reino Unido, pois os contratos se regem pela lei do local de sua assinatura.

(D) O juiz brasileiro poderá conhecer e julgar a lide, mas deverá se basear na legislação brasileira, pois, a litígios envolvendo brasileiros e estrangeiros, aplica-se a *lex fori*.

RESPOSTA De acordo com a situação hipotética, correta está a *alternativa C*, pois em razão do *caput* do art. 9º da LINDB, em caso de contratos ("obrigações"), aplicar-se-á a lei do país onde se constituíram. Assim, deverá ser considerada a legislação do Reino Unido, mas o juiz brasileiro é competente para conhecer a ação devido ao foro de eleição contratual, Rio de Janeiro. *Alternativa C.*

44.
(XX Exame – Reaplicação) Uma agricultora japonesa residente no Brasil ingressou com ação perante a autoridade judiciária do Japão para cobrar indenização de seu principal fornecedor de pesticidas, a brasileira Ervas Daninhas S.A., alegando descumprimento dos termos de um contrato de fornecimento celebrado entre as partes. A agricultora recentemente obteve uma decisão interlocutória a seu favor, reconhecendo a Ervas Daninhas S.A. como devedora. Sobre a hipótese, assinale a afirmativa correta.

(A) A decisão da autoridade judiciária japonesa poderá ser executada no Brasil por meio de carta rogatória.

(B) A decisão interlocutória da autoridade judiciária japonesa poderá ser executada no Brasil, depois de homologada pelo Superior Tribunal de Justiça.

(C) A decisão proferida pela autoridade judiciária japonesa não poderá produzir efeitos no Brasil, visto que apenas a autoridade brasileira poderá conhecer de ações relativas a bens situados no Brasil.

(D) A agricultora deverá aguardar o trânsito em julgado da decisão final da autoridade judiciária japonesa, para então proceder à sua homologação no Superior Tribunal de Justiça e execução na Justiça Federal.

RESPOSTA De acordo com a Constituição Federal (art. 105, I, *i*), o Superior Tribunal de Justiça (STJ) tem a competência da homologação de sentenças estrangeiras e a concessão de *exequatur* às cartas rogatórias, respondendo ao caso acima. *Alternativa A.*

45.
(XX Exame) Lúcia, brasileira, casou-se com Mauro, argentino, há 10 anos, em elegante cerimônia realizada no Nordeste brasileiro. O casal vive atualmente em Buenos Aires com seus três filhos menores. Por diferenças inconciliáveis, Lúcia pretende se divorciar de Mauro, ajuizando, para tanto, a competente ação de divórcio, a fim de partilhar os bens do casal: um apartamento em Buenos Aires/Argentina e uma casa de praia em Trancoso/Bahia. Mauro não se opõe à ação. Com relação à ação de divórcio, assinale a afirmativa correta.

(A) Ação de divórcio só poderá ser ajuizada no Brasil, eis que o casamento foi realizado em território brasileiro.

(B) Caso Lúcia ingresse com a ação perante a Justiça argentina, não poderá partilhar a casa de praia.

(C) Eventual sentença argentina de divórcio, para produzir efeitos no Brasil, deverá ser primeiramente homologada pelo Superior Tribunal de Justiça.

(D) Ação de divórcio, se consensual, poderá ser ajuizada tanto no Brasil quanto na Argentina, sendo ambos os países competentes para decidir acerca da guarda das crianças e da partilha dos bens.

RESPOSTA Diante do caso e de acordo com o inciso III do art. 23, do CPC, tratando-se de divórcio, cujos bens estão no Brasil, a competência é da autoridade judiciária brasileira com a exclusão de qualquer outra. Sendo assim, a Justiça argentina não é competente, somente a brasileira. *Alternativa B.*

REFERÊNCIAS

BRAGA, Marcelo Pupe. *Direito internacional público e privado*. São Paulo: Método, 2009.

NEVES, Gustavo Bregalda. *Direito internacional público e privado*. São Paulo: Saraiva, 2011.

REZEK, Francisco. *Direito internacional público*: curso elementar. 13. ed. São Paulo: Saraiva, 2011.

Direito Tributário

Ao acessar o QR Code, você encontrará Dicas para o Exame da OAB e mais Questões Comentadas para treinar seus conhecimentos

> https://uqr.to/1wk6z

DIREITO TRIBUTÁRIO: QUADRO GERAL DE QUESTÕES	
TEMAS	N. DE QUESTÕES
I. Princípios Constitucionais Tributários	14
II. Competência Tributária e Tributos em Espécie	68
III. Imunidades Tributárias	14
IV. Legislação Tributária	11
V. Obrigação Tributária	8
VI. Responsabilidade Tributária	24
VII. Crédito Tributário	35
VIII. Garantias, Privilégios, Preferências do Crédito Tributário e Administração Tributária	22
IX. Ações Judiciais no Direito Tributário	11
TOTAL	207

I. PRINCÍPIOS CONSTITUCIONAIS TRIBUTÁRIOS

1. (XXXIII Exame) Em 10/11/2020, foi publicada lei ordinária federal que majorava a alíquota de contribuição previdenciária a ser cobrada do empregador, incidente sobre a folha de salários e demais rendimentos do trabalho pagos ou creditados, a qualquer título, à pessoa física que lhe preste serviço, mesmo sem vínculo empregatício. Diante desse cenário, a nova alíquota poderá ser aplicada

(A) a partir da data da publicação da lei.
(B) noventa dias a contar da data da publicação da lei.
(C) a partir do primeiro dia do exercício financeiro seguinte.
(D) a partir de noventa dias contados do primeiro dia do exercício financeiro seguinte.

RESPOSTA É vedado à União, aos Estados, ao Distrito Federal e aos Municípios cobrar tributos antes de decorridos noventa dias da data em que haja sido publicada a lei que os instituiu ou aumentou (art. 150, III, c, CRFB) a qual se aplica à "contribuição previdenciária a ser cobrada do empregador, incidente sobre a folha de salários e demais rendimentos do trabalho pagos ou creditados". A este princípio se dá o nome de Princípio da Anterioridade Nonagesimal. *Alternativa B.*

2. (XXIX Exame) O Município X, na tentativa de fazer com que os cofres municipais pudessem receber determinado tributo com mais celeridade, publicou, em maio de 2017, uma lei que alterava a data de recolhimento daquela exação. A lei dispunha que os efeitos das suas determinações seriam imediatos. Nesse sentido, assinale a afirmativa correta.

(A) Segundo a Lei de Introdução às Normas do Direito Brasileiro (LINDB), a lei é válida, mas apenas poderia entrar em vigor 45 (quarenta e cinco) dias após a sua publicação.
(B) A lei é inconstitucional, uma vez que não respeitou o princípio da anterioridade.
(C) A lei é constitucional, uma vez que, nessa hipótese, não se sujeita ao princípio da anterioridade.

(D) A lei é válida, mas só poderia vigorar 90 (noventa) dias após a sua publicação.

RESPOSTA De acordo com a Súmula Vinculante 50 do STF, norma legal que altera o prazo de recolhimento de obrigação tributária não se sujeita ao princípio da anterioridade. *Alternativa C.*

3. (XXIX Exame) O Chefe do Executivo do Município X editou o Decreto 123, em que corrige o valor venal dos imóveis para efeito de cobrança do Imposto Predial e Territorial Urbano (IPTU), de acordo com os índices inflacionários anuais de correção monetária. No caso narrado, a medida

(A) fere o princípio da legalidade, pois a majoração da base de cálculo somente pode ser realizada por meio de lei em sentido formal.

(B) está de acordo com o princípio da legalidade, pois a majoração da base de cálculo do IPTU dispensa a edição de lei em sentido formal.

(C) está de acordo com o princípio da legalidade, pois a atualização monetária da base de cálculo do IPTU pode ser realizada por meio de decreto.

(D) fere o princípio da legalidade, pois a atualização monetária da base de cálculo do IPTU não dispensa a edição de lei em sentido formal.

RESPOSTA De acordo com o CTN, não constitui majoração de tributo a atualização do valor monetário da respectiva base de cálculo (art. 97, § 2º), e somente por lei é possível aumentar tributo (art. 150, I, da CRFB). Em conjugação com estas definições, a correção do caso em tela pode ser por decreto, pois não se trata de aumento e sim mera atualização. *Vide*, ainda, a Súmula 160 do STJ: "É defeso, ao município, atualizar o IPTU, mediante decreto, em percentual superior ao índice oficial de correção monetária". *Alternativa C.*

4. (XXI Exame) João, advogado tributarista, é procurado para orientar a empresa L a respeito do comportamento da jurisprudência do Supremo Tribunal Federal sobre matéria tributária. Como assistente de João, assinale a opção que veicula enunciado com efeito vinculante em relação aos órgãos do Poder Judiciário e à Administração Pública direta e indireta, nas esferas federal, estadual e municipal.

(A) Na entrada de mercadoria importada do exterior é legítima a cobrança do ICMS por ocasião do desembaraço aduaneiro.

(B) Ainda quando alugado a terceiros, o imóvel pertencente a qualquer das entidades referidas pelo Art. 150, inciso VI, alínea c, da CRFB/88, permanece imune ao IPTU, não importando a finalidade a que os aluguéis se destinem.

(C) A norma legal que altera o prazo de recolhimento de obrigação tributária está sujeita ao princípio da anterioridade.

(D) A exigência de depósito prévio, como requisito de admissibilidade de ação judicial na qual se pretenda discutir a exigibilidade de crédito tributário, é constitucional.

RESPOSTA De acordo com a Súmula Vinculante 48 do STF. *Alternativa A.*

II. COMPETÊNCIA TRIBUTÁRIA E TRIBUTOS EM ESPÉCIE

5. (41º Exame) Foi criado o Território Federal Alfa no Brasil, com a determinação de que, por sua extensão, deveria ser dividido em municípios. À luz do texto da Constituição Federal de 1988, sobre a cobrança de impostos nesse novo Território Federal, assinale a afirmativa correta.

(A) Os impostos federais e municipais devem ser cobrados, mas os estaduais não, porque o Território não é Estado-membro.

(B) Os impostos federais e estaduais cobrados pertencerão à União, enquanto os impostos municipais pertencerão a cada um dos Municípios em que está dividido o Território.

(C) Os impostos federais cobrados pertencerão à União, mas os impostos estaduais e municipais pertencerão a cada um dos Municípios em que está dividido o Território.

(D) Os impostos cobrados, seja os federais, seja os estaduais, seja os municipais, pertencerão à União.

RESPOSTA Em Territórios Federais, os impostos federais e estaduais pertencem à União. Caso o Território Federal seja dividido em Municípios, os impostos municipais pertencem aos respectivos Municípios (art. 147 da CRFB). *Alternativa B.*

6. (41º Exame) Lei Ordinária do Município Alfa, publicada no Diário Oficial Municipal em 30/09/2020, instituiu uma Taxa de Fiscalização de Estabelecimentos Comerciais – TFEC, incidente sobre o setor de materiais de construção. Sua produção de efeitos se deu a partir de 01/01/2021, com a finalidade de aferir o cumprimento das normas de segurança e urbanização local e a taxa passou a ser cobrada por meio de alíquotas específicas, fixadas no valor de R$ 150,00 para empresas com capital social de até R$ 100.000,00, de R$ 300,00 para empresas com capital social de até R$ 500.000,00 e de R$ 1.500,00 para empresas com capital social superior a R$ 500.000,00. A associação dos empre-

DIREITO TRIBUTÁRIO

sários daquele setor empresarial pretende questionar essa cobrança. Diante desse cenário, a cobrança da referida taxa

(A) é legal e constitucional, por estar dentro da competência tributária do respectivo município, fundada no seu regular poder de polícia.

(B) não respeita o princípio da anterioridade, sendo inconstitucional nesse aspecto.

(C) é devida por atender aos princípios da progressividade e da capacidade contributiva, ao cobrar maior valor sobre a empresa com maior capital social e cobrar menor valor sobre a empresa com menor capital social.

(D) é ilegal por ser calculada com base no capital social das empresas.

RESPOSTA A taxa não pode ser calculada em função do capital das empresas (art. 77, parágrafo único, do CTN). *Alternativa D.*

7. **(40º Exame)** O Município Alfa pretende firmar convênio com a União para fiscalizar e arrecadar diretamente o Imposto sobre a Propriedade Territorial Rural (ITR) dos imóveis rurais situados em seu território. Acerca dessa pretensão municipal, assinale a afirmativa correta.

(A) Tal convênio, caso firmado, configura um exemplo de transferência de competência tributária plena da União para o Município.

(B) Caso firme tal convênio, o Município Alfa terá direito a ficar com 100% do ITR arrecadado referente aos imóveis rurais situados em seu território.

(C) Tal convênio é legalmente vedado por configurar delegação de capacidade tributária ativa.

(D) O Município Alfa pode receber delegação para arrecadar o tributo, mas sua fiscalização é privativa de agentes da Administração Tributária Federal.

RESPOSTA A competência tributária para criação do ITR pertence à União (art. 153, VI, da CRFB). Contudo, os Municípios poderão exercer a capacidade tributária ativa para fiscalizar, executar e arrecadar esse imposto (art. 153, § 4º, III, da CRFB). Nessa hipótese, ficará com 100% do produto arrecadado (art. 158, II, da CRFB). *Alternativa B.*

8. **(40º Exame)** Determinado país declarou guerra ao Brasil. Para fazer frente aos gastos com o esforço de guerra, a União resolveu criar, por lei federal ordinária, um imposto extraordinário de guerra, com a mesma hipótese de incidência do Imposto sobre a Transmissão Causa Mortis e Doações. A alíquota fixada pela lei federal era de 1% sobre o valor da doação ou do montante transmitido causa

mortis. Sobre esse imposto extraordinário, assinale a afirmativa correta.

(A) Não pode ser criado, pois viola a competência tributária dos Estados e do Distrito Federal.

(B) Como apresenta hipótese de incidência idêntica à do imposto estadual, somente poderia ser criado por lei complementar.

(C) Configura hipótese de bitributação ilegal, razão pela qual não poderia ser admitido.

(D) É válido, mas deve ser suprimido, gradativamente, cessadas as causas de sua criação.

RESPOSTA Na iminência ou no caso de guerra externa a União poderá instituir impostos extraordinários, compreendidos ou não em sua competência tributária, os quais serão suprimidos, gradativamente, cessadas as causas de sua criação (art. 154, II, da CRFB). *Alternativa D.*

9. **(39º Exame)** Diante da calamidade pública decretada pela União, por força da pandemia da "Gripe-22XY", foi editada a Lei Ordinária Federal n. XX/2022, de 01/05/2022, estabelecendo sua vigência e eficácia imediata, instituindo empréstimo compulsório para atender a despesas extraordinárias na área sanitária para enfrentamento da pandemia. Diante desse cenário, a instituição e a cobrança do empréstimo compulsório

(A) podem ser feitas, por cumprir o requisito constitucional de ser voltada a "atender a despesas extraordinárias, decorrentes de calamidade pública".

(B) são válidas, por atenderem ao princípio da legalidade tributária.

(C) desrespeitam o princípio da anterioridade tributária nonagesimal.

(D) violou a exigência de ser veiculada mediante Lei Complementar.

RESPOSTA O empréstimo compulsório é de competência exclusiva da União e outro ente não pode criar. A forma de devolução é em dinheiro e deve ser instituída mediante LC, não cabendo MP. Pode ser instituída para atender despesas decorrentes de guerra e calamidade como exceção das anterioridades, conforme dispõe o art. 148 da CRFB. *Alternativa D.*

10. **(39º Exame)** No ano de 2022, os sindicatos de enfermeiros e de médicos do Estado Alfa firmaram convenção coletiva de trabalho (CCT) com os hospitais daquele estado para que a remuneração paga pelo trabalho realizado nos plantões em final de semana passasse a ter a nomenclatura de "indenização de plantões". Assim, não seria mais necessária a retenção na fonte do respectivo Imposto sobre a Renda de Pessoa Física

(IRPF) quanto a esta parcela, aumentando, como consequência, o valor líquido de salário que os médicos e enfermeiros receberiam mensalmente. O médico João, que sempre cumpriu corretamente suas obrigações tributárias, preocupado com o decidido naquela CCT, procura o seu advogado para emitir um parecer sobre aquela situação. Diante desse cenário, à luz do Código Tributário Nacional, assinale a afirmativa correta.

(A) Em razão da natureza indenizatória que esta verba passou a ter, o IRPF não incide sobre tal parcela.

(B) Embora não tenha caráter indenizatório, sobre tal parcela não haverá incidência de IRPF por se tratar de uma decisão tomada em convenção coletiva de trabalho (CCT).

(C) Uma vez que se trata de classificação de verbas estabelecida por convenção coletiva de trabalho (CCT), que tem força de lei, haverá hipótese de isenção tributária de IRPF, a qual não se confunde com a não incidência.

(D) Deverá ser retido na fonte o IRPF sobre as verbas com a nova denominação "indenização de plantões", pois a incidência do imposto sobre a renda independe da denominação do rendimento

RESPOSTA A incidência do imposto de renda independe da denominação da receita ou do rendimento, da localização, condição jurídica ou nacionalidade da fonte, da origem e da forma de percepção (art. 43, §1º, CTN). *Alternativa D.*

11. (38º Exame) O Estado Alfa alterou, por meio de lei, a contribuição social para custeio do regime próprio de previdência social, cobrada dos seus servidores ativos, dos aposentados e dos pensionistas. José e Márcio são servidores públicos do mesmo órgão estadual, ganhando cada um, respectivamente, a remuneração mensal de 15 mil reais e 10 mil reais. José, ao notar que a alíquota incidente sobre sua remuneração era de 16,5%, ao passo que para Márcio a alíquota era de 14,5%, ficou indignado e, em relação a essa situação diferenciada, resolve contratar você, como advogado(a), para um eventual questionamento judicial. A respeito da posição de José, assinale a afirmativa correta.

(A) Nenhum tributo incidente sobre a renda ou proventos poderá ter alíquotas progressivas, sob pena de violar a capacidade contributiva.

(B) É vedada a adoção de alíquotas progressivas para esta espécie de contribuição social, em respeito ao princípio da capacidade contributiva.

(C) A progressividade tributária deve ser obrigatoriamente adotada para todos os tributos esta-

duais, nos termos da CRFB/88, garantindo-se efetividade ao princípio da capacidade contributiva.

(D) Esta espécie de contribuição social poderá ter alíquotas progressivas de acordo com o valor da base de contribuição.

RESPOSTA A Constituição Federal possibilita a adoção de alíquotas progressivas para contribuições sociais (art. 149, § 1º, da CRFB). *Alternativa D.*

12. (37º Exame) João e José constituíram uma sociedade empresária por quotas de responsabilidade limitada com capital social de R$ 50.000,00. Sem optarem pelo regime tributário do Simples Nacional, para formalmente exercerem a atividade de comércio varejista de fogos de artifício (considerada atividade de alto risco e periculosidade), sendo ambos residentes e domiciliados no Distrito Federal, mesmo local onde será instalado seu estabelecimento. Surpreendidos com a exigência do pagamento de uma taxa de licenciamento e alvará calculada em função do capital social da sociedade empresária, indagam a você, como advogado(a), se a referida taxa é realmente devida. Diante deste cenário, a referida taxa, tal como prevista,

(A) não é devida, pois o Distrito Federal não possui competência tributária para a sua cobrança.

(B) não é devida, pois não poderia ser calculada em função do capital social da empresa.

(C) é devida, por ter como fato gerador o exercício regular do poder de polícia distrital sobre atividades econômicas exercidas em seu território, especialmente as de alto risco e periculosidade.

(D) é devida, por ter como fato gerador a utilização efetiva de serviço público, específico e divisível, prestado ao contribuinte.

RESPOSTA Taxas não podem ser calculadas em função do capital de empresas (art. 77, parágrafo único, do CTN). *Alternativa B.*

13. (36º Exame) O Município Beta, após realizar uma grande obra pública de recuperação, ampliação e melhoramentos da praça central do bairro Gama, custeada com recursos próprios, no valor de quinhentos mil reais, e que promoveu uma valorização dos imóveis apenas nesse bairro, decidiu cobrar uma contribuição de melhoria. O referido tributo, instituído mediante lei ordinária específica, foi cobrado de todos os 5 mil proprietários de imóveis privados daquela cidade, em um valor fixo de 200 reais para cada um. José, advogado e morador do bairro Delta, bastante distante do bairro Gama, se insurge contra a referida contribuição

DIREITO TRIBUTÁRIO

de melhoria. Diante desse cenário, a referida contribuição de melhoria

(A) foi corretamente instituída, pois decorre de previsão legal específica, tendo como fato gerador a obra pública realizada.

(B) foi corretamente instituída, pois respeitou o princípio da igualdade tributária ao adotar o mesmo valor para todos os contribuintes da cidade.

(C) foi incorretamente instituída, por ter atingido imóveis que não se valorizaram por decorrência da obra pública e por ter cobrado valor cujo somatório é superior ao custeio da obra.

(D) foi incorretamente instituída, pois só pode ser cobrada nos casos em que a obra pública seja exclusivamente para abertura, alargamento, pavimentação ou iluminação de vias públicas.

RESPOSTA A contribuição de melhoria somente poderá ser cobrada daqueles que tiveram imóveis valorizados em decorrência da obra pública (art. 81, CTN). *Alternativa C.*

14. **(35º Exame)** A sociedade empresária ABC Ltda. foi criada em janeiro de 2020 e estabelecida no município Alfa. É especializada em recauchutagem de pneus, atividade na qual o cliente entrega os pneus do seu automóvel ao estabelecimento para que esses passem por um complexo processo de recuperação da borracha e de sua forma (raspagem, colagem, vulcanização etc.), transformando o pneu velho e desgastado em um pneu novo para uso do respectivo cliente em seu automóvel. Antes de iniciar suas atividades, ainda na fase de regularização fiscal, você é chamado(a) para emitir parecer sobre qual imposto incidirá naquela operação. Diante desse cenário, incidirá

(A) o Imposto sobre Serviços (ISS), uma vez que a atividade da sociedade empresária é realizada por encomenda do proprietário do automóvel, dono dos pneus.

(B) o Imposto sobre Circulação de Mercadorias e Serviços (ICMS), uma vez que, na operação descrita, os pneus são considerados mercadorias.

(C) o Imposto sobre Produtos Industrializados (IPI), uma vez que, na operação descrita, há um processo de industrialização na recauchutagem dos pneus, na espécie transformação.

(D) o Imposto sobre Circulação de Mercadorias e Serviços (ICMS), uma vez que, nessa operação, os pneus são considerados mercadorias, acrescido do Imposto sobre Produtos Industrializados (IPI), uma vez que há um processo de industrialização na operação.

RESPOSTA O Imposto sobre Serviços de Qualquer Natureza, de competência dos Municípios e do Distri-

to Federal, tem como fato gerador a prestação de serviços constantes da lista anexa, ainda que estes não se constituam como atividade preponderante do prestador (art. 1º da LC n. 116/2003). Na lista anexa está "14.04 – Recauchutagem ou regeneração de pneus". Porém, não é necessário decorar a lista para responder à questão, no momento em que há uma explicação do que trata a recauchutagem como um serviço prestado. *Alternativa A.*

15. **(XXXIV Exame)** O Município X, desejando fomentar os pequenos negócios de tinturaria e lavanderia na cidade (item 14.10 da lista anexa à Lei Complementar 116/2003), editou, em 2018, Lei Ordinária que fixou a alíquota do Imposto sobre Serviços (ISS) em 1,5% sobre o preço desses serviços. Diante desse cenário, assinale a afirmativa correta.

(A) A referida alíquota de ISS não poderia ser fixada por lei ordinária, mas sim por lei complementar municipal.

(B) A referida alíquota de ISS foi fixada sobre base de cálculo equivocada, pois não deveria incidir sobre o preço do serviço.

(C) A referida alíquota de ISS não viola a alíquota mínima geral de ISS estabelecida em lei complementar federal, pois os serviços de tinturaria e lavanderia constituem uma das hipóteses de exceção à regra geral de alíquota mínima.

(D) A referida alíquota de ISS viola a alíquota mínima geral de ISS estabelecida em lei complementar federal.

RESPOSTA A alíquota máxima do Imposto sobre Serviços de Qualquer Natureza é de 5%, de acordo com o inciso I do art. 8º da LC n. 116/2003. E a alíquota mínima é de 2%, *vide* art. 8º-A. *Alternativa D.*

16. **(XXXIV Exame)** Projeto de lei ordinária municipal deseja criar tributo para custear a prestação do serviço público de iluminação das vias e logradouros públicos do Município Alfa. O projeto prevê também que o tributo será cobrado na fatura de consumo de energia elétrica. Diante deste cenário, o tributo a ser criado poderá ser

(A) a taxa de iluminação pública, mas sua arrecadação não pode ser feita na fatura de consumo de energia elétrica.

(B) a contribuição de iluminação pública e sua arrecadação pode ser feita na fatura de consumo de energia elétrica.

(C) a taxa de iluminação pública e sua arrecadação pode ser feita na fatura de consumo de energia elétrica.

(D) a contribuição de iluminação pública, mas sua arrecadação não pode ser feita na fatura de consumo de energia elétrica.

RESPOSTA Os Municípios e o Distrito Federal poderão instituir contribuição, na forma das respectivas leis, para o custeio, a expansão e a melhoria do serviço de iluminação pública e de sistemas de monitoramento para segurança e preservação de logradouros públicos, observado o disposto no art. 150, I e III (art. 149-A da CRFB). Observe, ainda, a Súmula Vinculante 41 do STF, que diz que o serviço de iluminação pública não pode ser remunerado mediante taxa. *Alternativa B.*

17. **(XXXIII Exame)** Um carregamento de computadores foi abandonado no porto pelo importador, que não chegou a realizar o desembaraço aduaneiro dentro do prazo previsto na legislação tributária. Por isso, a autoridade tributária, após o devido processo legal, aplicou a pena de perdimento e realizou leilão para alienação dos computadores. Diante dessa situação, a base de cálculo do imposto sobre a importação incidente na hipótese será o valor

(A) de mercado dos bens.
(B) da arrematação.
(C) arbitrado pela autoridade tributária.
(D) estimado dos bens, deduzindo-se os custos com armazenagem e as comissões do leiloeiro público.

RESPOSTA De acordo com o CTN, a base de cálculo do imposto de importação quando se trate de produto apreendido ou abandonado, levado a leilão, é o preço da arrematação (art. 20, III). *Alternativa B.*

18. **(XXXIII Exame)** A Assembleia Legislativa do Estado Alfa, castigado por chuvas torrenciais que causaram graves enchentes, aprovou lei complementar estadual de iniciativa parlamentar que instituiu empréstimo compulsório sobre a aquisição de veículos automotores no território estadual, vinculando os recursos obtidos ao combate dos efeitos das enchentes. Diante desse cenário, assinale a afirmativa correta.

(A) A iniciativa da lei que instituiu o empréstimo compulsório é privativa do chefe do Poder Executivo.
(B) O empréstimo compulsório necessita de lei complementar estadual para sua instituição.
(C) O Estado não pode instituir empréstimos compulsórios.
(D) A vinculação da receita de empréstimos compulsórios é inconstitucional.

RESPOSTA De acordo com a CRFB, somente a União poderá instituir empréstimo compulsório, *vide* art. 148. *Alternativa C.*

19. **(XXXII Exame)** Rodrigo, em janeiro de 2018, objetivando melhorar o seu inglês, mudou-se para a Austrália para realizar um intercâmbio de 5 (cinco) meses, sem, contudo, prestar qualquer tipo de informação à Secretaria da Receita Federal do Brasil. Durante o seu intercâmbio, precisando aumentar sua renda, Rodrigo prestou alguns serviços no exterior, recebendo por mês o equivalente a R$ 20.000,00 (vinte mil reais), totalizando R$ 100.000,00 (cem mil reais) ao longo dos cinco meses. Tais valores foram tributados na Austrália. Em abril do ano seguinte, Rodrigo questiona você sobre se deve declarar tais rendimentos à Secretaria da Receita Federal do Brasil, para fins de apuração do Imposto sobre a Renda de Pessoa Física (IRPF). Sobre a hipótese formulada e considerando que o Brasil não possui convenção internacional com a Austrália para evitar a bitributação, assinale a afirmativa correta.

(A) Como os rendimentos foram obtidos no exterior, o Fisco Federal não possui competência para cobrá-los; sendo assim, Rodrigo não deve declará-los.
(B) Como os rendimentos foram tributados no exterior, Rodrigo não deve declará-los, sob pena de bitributação.
(C) Rodrigo não está obrigado a declarar e recolher o IRPF, uma vez que os rendimentos obtidos no exterior estão alcançados por imunidade.
(D) Os rendimentos de Rodrigo deverão ser declarados e tributados, uma vez que, tratando-se de residente fiscal no Brasil, a tributação do imposto sobre a renda independe da origem dos rendimentos.

RESPOSTA De acordo com o CTN, a incidência do imposto independe da denominação da receita ou do rendimento, da localização, condição jurídica ou nacionalidade da fonte, da origem e da forma de percepção e na hipótese de receita ou de rendimento oriundos do exterior, a lei estabelecerá as condições e o momento em que se dará sua disponibilidade, para fins de incidência do imposto sobre a renda e proventos (IR), *vide* §§ 1º e 2º do art. 43. *Alternativa D.*

20. **(XXXII Exame)** Decretado estado de calamidade pública financeira, o Presidente da República edita Medida Provisória (MP), instituindo, temporariamente, imposto extraordinário, incidente sobre os serviços de qualquer natureza, a ser suprimido, gradativamente, no prazo máximo

DIREITO TRIBUTÁRIO

de 5 (cinco) anos. Em seu último parágrafo, a MP prevê que entra em vigor e passa a gerar efeitos a partir da sua publicação, o que se dá em 20/12/2019. Assinale a opção que apresenta o vício da referida medida provisória, tal como editada.

(A) À Lei Complementar, e não a uma MP, cabe instituir impostos extraordinários.

(B) A instituição de impostos extraordinários só é permitida na iminência ou no caso de guerra externa.

(C) À União é vedado cobrar tributos no mesmo exercício financeiro em que haja sido publicada a lei que os instituiu ou aumentou.

(D) A referida MP viola a competência constitucional privativa dos Municípios para instituir impostos sobre serviços de qualquer natureza.

RESPOSTA Diz a CRFB que a União poderá instituir na iminência ou no caso de guerra externa, impostos extraordinários, compreendidos ou não em sua competência tributária, os quais serão suprimidos, gradativamente, cessadas as causas de sua criação (art. 154, II). Neste caso não é necessária lei complementar nem se fala em bitributação. *Alternativa B.*

21.
(XXXI Exame) A sociedade empresária ABC, concessionária de serviço de transporte público coletivo de passageiros, opera a linha de ônibus 123, que inicia seu trajeto no Município X e completa seu percurso no Município Y, ambos localizados no Estado Z. Sobre a prestação onerosa desse serviço de transporte, deve incidir

(A) o ISS, a ser recolhido para o Município X.

(B) o ISS, a ser recolhido para o Município Y.

(C) o ICMS, a ser cobrado de forma conjunta pelo Município X e o Município Y.

(D) o ICMS, a ser recolhido para o Estado em que se localizam o Município X e o Município Y.

RESPOSTA Por se tratar de transporte intermunicipal, que atende dois municípios distintos, observar-se-á o tributo do inciso II do art. 155 da CRFB, qual seja, ICMS, a ser recolhido para o Estado. *Alternativa D.*

22.
(XXXI Exame) Maria dos Santos, querendo constituir hipoteca sobre imóvel de sua propriedade em garantia de empréstimo bancário a ser por ela contraído, vai a um tabelionato para lavrar a escritura pública da referida garantia real. Ali, é informada que o Município Z, onde se situa o bem, cobra o Imposto de Transmissão de Bens Imóveis (ITBI) sobre a constituição de direitos reais de garantia. Diante desse cenário, assinale a afirmativa correta.

(A) É possível tal cobrança, pois a constituição de direito real de garantia sobre bens imóveis, por ato *inter vivos*, é uma das hipóteses de incidência do ITBI.

(B) O contribuinte do ITBI, nesse caso, não seria Maria dos Santos, mas sim a instituição bancária em favor de quem a garantia real será constituída.

(C) O tabelião atua como responsável por substituição tributária, recolhendo, no lugar do contribuinte, o ITBI devido em favor do Município Z nessa constituição de direitos reais de garantia.

(D) Não é possível exigir ITBI sobre direitos reais de garantia sobre imóveis.

RESPOSTA De acordo com a CRFB, compete aos Municípios, entre outros, instituir impostos sobre transmissão *inter vivos*, a qualquer título, por ato oneroso, de bens imóveis, por natureza ou acessão física, e de direitos reais sobre imóveis, exceto os de garantia, bem como cessão de direitos a sua aquisição. Portanto, deve prevalecer a exceção. *Alternativa D.*

23.
(XXX Exame) Otávio, domiciliado no Estado X, possui ações representativas do capital social da Sociedade BETA S/A, com sede no Estado Y, e decide doar parte da sua participação acionária a Mário, seu filho, então domiciliado no Estado Z. Com dúvidas quanto ao Estado para o qual deverá ser recolhido o imposto sobre a Transmissão *Causa Mortis* e Doação (ITCD) incidente nessa operação, Mário consulta seu escritório, destacando que o Estado Z estabelece alíquotas inferiores às praticadas pelos demais Estados. Com base nisso, assinale a afirmativa correta.

(A) O ente competente para exigir o ITCD na operação em análise é o Estado X, onde tem domicílio o doador.

(B) O ITCD deverá ser recolhido ao Estado Y, uma vez que o bem a ser doado consiste em participação acionária relativa à sociedade ali estabelecida, e o imposto compete ao Estado da situação do bem.

(C) O ITCD deverá ser recolhido ao Estado Z, uma vez que o contribuinte do imposto é o donatário.

(D) Doador ou donatário poderão recolher o imposto ao Estado X ou ao Estado Z, pois o contribuinte do imposto é qualquer das partes na operação tributada.

RESPOSTA O ITCD tem duas regras principais a quem compete, a saber (*vide* art. 155, § 1º, CRFB): "I – relativamente a bens imóveis e respectivos direitos, compete ao Estado da situação do bem, ou ao Distrito Federal e II – relativamente a bens móveis, títulos e créditos, compete ao Estado onde era domiciliado o *de cujus*, ou tiver domicílio o doador, ou ao Distrito Federal". A situação hipotética trata da segunda hipótese. *Alternativa A.*

24. (XXX Exame) Projeto de Resolução do Senado Federal pretende fixar nacionalmente as alíquotas mínimas do Imposto sobre a Propriedade de Veículos Automotores (IPVA), tributo de competência estadual. Um Senador, membro da Comissão de Constituição, Justiça e Cidadania do Senado Federal, que terá de elaborar parecer sobre o tema, consulta você sobre sua opinião jurídica acerca desse projeto de Resolução. Diante desse cenário, assinale a afirmativa correta.

(A) O Senado, por ser órgão do Poder Legislativo da União, não possui competência constitucional para, por Resolução, dispor sobre o tema, por se tratar de ingerência indevida da União na autonomia dos Estados.

(B) É lícito ao Senado instituir a referida Resolução, pois existe autorização expressa na Constituição para tal fixação por Resolução do Senado.

(C) A fixação de alíquota mínima de tributo, por mera Resolução do Senado, viola o princípio da legalidade tributária.

(D) Resolução do Senado poderia tratar do tema, desde que ratificada por ao menos dois terços dos membros do Conselho Nacional de Política Fazendária (CONFAZ).

RESPOSTA De acordo com o § 6º do art. 155 da CRFB, o IPVA terá alíquotas mínimas fixadas pelo Senado Federal (inciso I) e poderá ter alíquotas diferenciadas em função do tipo e utilização (inciso II). *Alternativa B.*

25. (XXX Exame) O Estado Y concedeu, em 2018, por iniciativa própria e isoladamente, mediante uma lei ordinária estadual, isenção fiscal do Imposto sobre Circulação de Mercadorias e Serviços (ICMS) a um determinado setor de atividade econômica, como forma de atrair investimentos para aquele Estado. Diante desse cenário, assinale a afirmativa correta.

(A) É suficiente lei ordinária estadual para a concessão de tal isenção de ICMS, por se tratar de tributo de competência estadual.

(B) Ainda que se trate de tributo de competência estadual, somente por lei estadual complementar seria possível a concessão de tal isenção de ICMS.

(C) A lei ordinária estadual pode conceder tal isenção de ICMS, desde que condicionada a uma contrapartida do contribuinte beneficiado.

(D) Apesar de se tratar de tributo de competência estadual, a concessão de tal isenção de ICMS

pelo Estado deve ser precedida de deliberação dos Estados e do Distrito Federal (CONFAZ).

RESPOSTA De acordo com a CRFB, cabe à lei complementar, quanto ao ICMS, regular a forma como, mediante deliberação dos Estados e do Distrito Federal, isenções, incentivos e benefícios fiscais serão concedidos e revogados (art. 155, § 2º, XII, *g*). E de acordo com a LC n. 24/75, as isenções do imposto sobre operações relativas à circulação de mercadorias serão concedidas ou revogadas nos termos de convênios celebrados e ratificados pelos Estados e pelo Distrito Federal, segundo esta Lei. O Conselho Nacional de Política Fazendária – CONFAZ foi criado para evitar a guerra fiscal entre os Estados-membros. *Alternativa D.*

26. (XXIX Exame) A União, diante de grave desastre natural que atingiu todos os estados da Região Norte, e considerando ainda a severa crise econômica e financeira do país, edita Medida Provisória, que institui Empréstimo Compulsório, para que as medidas cabíveis e necessárias à reorganização das localidades atingidas sejam adotadas. Sobre a constitucionalidade da referida tributação, assinale a afirmativa correta.

(A) O Empréstimo Compulsório não pode ser instituído para atender às despesas extraordinárias decorrentes de calamidade pública.

(B) O Empréstimo Compulsório deve ser instituído por meio de Lei Complementar, sendo vedado pela CRFB/88 que Medida Provisória trate desse assunto.

(C) Nenhum tributo pode ser instituído por meio de Medida Provisória.

(D) A União pode instituir Empréstimo Compulsório para atender às despesas decorrentes de calamidade pública, sendo possível, diante da situação de relevância e urgência, a edição de Medida Provisória com esse propósito.

RESPOSTA De acordo com o art. 148 da CRFB, a União, mediante lei complementar, poderá instituir empréstimos compulsórios para atender a despesas extraordinárias, decorrentes de calamidade pública, de guerra externa ou sua iminência (inciso I). No entanto, é vedado a instituição por medida provisória conforme a própria CRFB (art. 62, § 1º, III). *Alternativa B.*

27. (XXVIII Exame) O médico João da Silva está há 4 (quatro) anos sem pagar a anuidade cobrada pelo Conselho Regional de Medicina (CRM). Diante desse cenário, o CRM poderá

(A) inscrever o débito em dívida ativa de natureza tributária, depois promovendo a competente ação de execução fiscal, regida pela Lei n. 6.830/80, para cobrança.

DIREITO TRIBUTÁRIO

(B) promover a competente ação de execução fiscal regida pela Lei n. 6.830/80, sem necessidade de inscrição em dívida ativa, por serem as certidões de inadimplemento de anuidades expedidas pelos conselhos profissionais dotadas de natureza de título executivo extrajudicial.

(C) promover a competente ação de cobrança das anuidades, regida pelo Código de Processo Civil, a partir da comprovação do não pagamento das anuidades em atraso.

(D) promover a competente ação de execução das anuidades, regida pelo Código de Processo Civil, por serem as certidões de inadimplemento de anuidades expedidas pelos conselhos profissionais dotadas de natureza de título executivo extrajudicial.

RESPOSTA Com exceção das anuidades devida pelos advogados e advogadas para a OAB, as demais contribuições das categorias profissionais possuem natureza tributária (art. 149 da CRFB) e se submetem aos ditames da Lei n. 6.830/80 para execução fiscal. *Alternativa A.*

28. (XXVIII Exame) O Distrito Federal instituiu, por lei distrital, a contribuição para o custeio do serviço de iluminação pública. Um contribuinte insurgiu-se judicialmente contra tal cobrança, alegando que a instituição pelo Distrito Federal seria inconstitucional. Diante desse quadro, assinale a afirmativa correta.

(A) O contribuinte tem razão, uma vez que, em virtude das peculiaridades do Distrito Federal, é a União o ente federado competente pela instituição da contribuição para o custeio do serviço de iluminação pública na capital federal.

(B) O contribuinte tem razão, uma vez que, em virtude das peculiaridades do Distrito Federal, é o Estado de Goiás o responsável pela instituição da contribuição para o custeio do serviço de iluminação pública na capital federal.

(C) O contribuinte não tem razão, pois o Distrito Federal possui delegação de capacidade tributária ativa feita pela União para a cobrança da contribuição para o custeio do serviço de iluminação pública.

(D) O contribuinte não tem razão, pois o Distrito Federal pode instituir a contribuição para o custeio do serviço de iluminação pública, assim como os Municípios.

RESPOSTA De acordo com o art. 149-A da CRFB, os Municípios e o Distrito Federal poderão instituir contribuição, na forma das respectivas leis, para o custeio do serviço de iluminação pública. *Alternativa D.*

29. (XXVIII Exame) A União, por meio de lei ordinária, instituiu nova contribuição social (nova fonte de custeio) para financiamento da seguridade social. Para tanto, adotou, além da não cumulatividade, fato gerador e base de cálculo distintos dos discriminados na Constituição da República. A referida lei foi publicada em 1º de outubro de 2018, com entrada em vigor em 1º de fevereiro de 2019, determinando, como data de vencimento da contribuição, o dia 1º de março de 2019. A pessoa jurídica XYZ não realizou o pagamento, razão pela qual, em 10 de março de 2019, foi aconselhada, por seu(sua) advogado(a), a propor uma ação Declaratória de Inexistência de Relação Jurídica, em face da União. Assinale a opção que indica o fundamento que poderá ser alegado para contestar a nova contribuição.

(A) Ela somente poderia ser instituída por meio de Lei Complementar.

(B) Ela violou o princípio da anterioridade anual.

(C) Ela violou o princípio da anterioridade nonagesimal.

(D) Ela somente poderia ser instituída por Emenda Constitucional.

RESPOSTA Segundo a CRFB, novos impostos devem respeitar o art. 154, qual seja, ser instituídos em lei complementar e desde que sejam não cumulativos e não tenham fato gerador ou base de cálculo próprios dos discriminados na Constituição. O art. 195, § 4º, da CRFB permite a criação de outras fontes para manter a seguridade social, mas desde que respeite o artigo supracitado. *Alternativa A.*

30. (XXVII Exame) Em dezembro de 2017, João adquiriu o domínio útil de um terreno de marinha. No ano de 2018, foi surpreendido com a chegada de duas notificações: uma da Secretaria de Patrimônio da União (SPU), para pagamento do foro anual à União; outra do Município, contendo a cobrança do IPTU do imóvel. Acerca desse cenário, assinale a afirmativa correta.

(A) A cobrança do IPTU é devida, pois o titular do domínio útil também é contribuinte do IPTU.

(B) A dupla cobrança é indevida, pois, tratando-se do mesmo imóvel, a base de cálculo e o fato gerador do foro anual e do IPTU seriam idênticos, configurando um *bis in idem* vedado em matéria tributária.

(C) A cobrança do IPTU é indevida, pois, sendo o imóvel de propriedade da União, goza da imunidade recíproca.

(D) Como ambos os tributos (foro anual e IPTU) destinam-se a entes federados distintos, é admissível a dupla cobrança.

RESPOSTA O IPTU, segundo o art. 32 do CTN, é o imposto, de competência dos Municípios, sobre a propriedade predial e territorial urbana que tem como fato gerador a propriedade, o domínio útil ou a posse de bem imóvel por natureza ou por acessão física, como definido na lei civil, localizado na zona urbana do Município. Atente-se que o foro ou laudêmio não são tributos e, em se tratando de domínio útil, portanto, correta a *alternativa A*.

31. (XXVI Exame) Admita que, em 2016, foi criado um Território Federal no Brasil, dividido em municípios. Joaquim reside nesse Território e recebeu da União, no presente ano, uma guia para o pagamento do Imposto sobre a Propriedade Predial e Territorial Urbana (IPTU) do seu imóvel. Na semana seguinte, recebeu também uma guia do município em que mora. Levando em conta a situação descrita, assinale a afirmativa correta.

(A) Apenas a União é competente para, no caso, exigir o IPTU.

(B) Apenas o Município onde Joaquim reside é competente para exigir o IPTU.

(C) Tanto o Estado, onde se localiza o Território, quanto o Município seriam competentes para exigir o IPTU.

(D) Tanto a União quanto o Município em que Joaquim reside seriam competentes para exigir o IPTU.

RESPOSTA Considerando que o território federal é dividido em municípios, compete a eles a exigência do IPTU, de acordo com o art. 147 da CRFB. *Alternativa B*.

32. (XXVI Exame) José, preocupado com o meio ambiente, faz uso de um processo caseiro de transformação do lixo orgânico em adubo, bem como separa o lixo inorgânico, destinando-o à reciclagem. Por isso, sempre que os caminhões que prestam o serviço público de coleta de lixo passam por sua casa, não encontram lixo a ser recolhido. José, então, se insurge contra a cobrança da taxa municipal de coleta de lixo proveniente de imóveis, alegando que, como não faz uso do serviço, a cobrança em relação a ele é indevida. Acerca desse cenário, assinale a afirmativa correta.

(A) Por ser a taxa de um tributo contraprestacional, a não utilização do serviço pelo contribuinte retira seu fundamento de validade.

(B) A coleta de lixo domiciliar nessas condições não configura a prestação de um serviço público específico e divisível, sendo inconstitucional.

(C) Por se tratar de serviço público prestado à coletividade em geral, no interesse da saúde pública, seu custeio deve ocorrer por meio dos recursos genéricos auferidos com a cobrança de impostos.

(D) A cobrança é devida, pois o serviço está sendo potencialmente colocado à disposição do contribuinte.

RESPOSTA De acordo com o art. 79, I, *b*, do CTN, basta que o serviço esteja a disposição por ser de utilização compulsória. Observe, ainda, a Súmula Vinculante 19 do STF. *Alternativa D*.

33. (XXV Exame) Em 2015, o Município X estabeleceu, por meio da Lei n. 123, alíquotas progressivas do Imposto sobre propriedade Predial e Territorial Urbana (IPTU), tendo em conta o valor do imóvel. Sobre a hipótese, assinale a afirmativa correta.

(A) A lei é inconstitucional, pois a Constituição da República admite alíquotas progressivas do IPTU apenas se destinadas a assegurar o cumprimento da função social da propriedade urbana, o que não é a hipótese.

(B) A lei é inconstitucional, pois viola o Princípio da Isonomia.

(C) A lei está de acordo com a Constituição da República, e a fixação de alíquotas progressivas poderia até mesmo ser estabelecida por Decreto.

(D) A lei está de acordo com a Constituição da República, que estabelece a possibilidade de o IPTU ser progressivo em razão do valor do imóvel.

RESPOSTA De acordo com o art. 156, § 1º, da CRFB e observada a Súmula 668 do STF, o IPTU pode ser progressivo em razão do valor do imóvel. *Alternativa D*.

34. (XXV Exame) O Município M, ao realizar a opção constitucionalmente prevista, fiscalizou e cobrou Imposto sobre Propriedade Territorial Rural (ITR), incidente sobre as propriedades rurais localizadas fora da sua área urbana. Em função desse fato, o Município M recebeu 50% (cinquenta por cento) do produto do imposto da União sobre a propriedade rural, relativo aos imóveis nele situados. Diante dessa situação, sobre a fiscalização e a cobrança do ITR pelo Município M, assinale a afirmativa correta.

(A) Não são possíveis, por se tratar de imposto de competência da União.

(B) São possíveis, sendo igualmente correta a atribuição de 50% (cinquenta por cento) do produto da arrecadação do imposto a ele.

(C) São possíveis, porém, nesse caso, a totalidade do produto da arrecadação do imposto pertence ao Município.

(D) São possíveis, porém, nesse caso, 25% (vinte e cinco por cento) do produto da arrecadação do imposto pertence ao Município.

DIREITO TRIBUTÁRIO

RESPOSTA Se os Municípios nada fizerem, já teriam direito a 50% do valor do ITR. Caso o Município realize a fiscalização, ficará com 100% do valor. De acordo com o art. 153, § 4º, III, da CRFB. *Vide* ainda o art. 158, II, da CRFB. *Alternativa C.*

35. (XXIII Exame) O laboratório de análises clínicas X realizou a importação de equipamento eletrônico necessário para a realização de alguns exames. Por ocasião do desembaraço aduaneiro, foi lhe exigido o pagamento de Imposto sobre Produtos Industrializados (IPI), cuja base de cálculo correspondia a 150% do preço corrente do equipamento no mercado atacadista da praça do remetente, acrescido do Imposto de Importação (II), das taxas exigidas para a entrada do produto no país e dos encargos cambiais efetivamente pagos pelo laboratório. Sobre a exigência feita, assinale a afirmativa correta.

(A) É ilegal, pois, além dos acréscimos, a base de cálculo está sendo de 150% do preço corrente do equipamento no mercado atacadista da praça do remetente.

(B) É ilegal, pois a base de cálculo está incluindo o montante correspondente ao imposto de importação.

(C) É ilegal, pois a base de cálculo está incluindo o montante correspondente às taxas exigidas para a entrada do produto no país.

(D) É ilegal, pois a base de cálculo está incluindo o montante correspondente aos encargos cambiais efetivamente pagos pelo laboratório.

RESPOSTA Atente-se que, quando da cobrança do IPI, o que pode variar é a alíquota do tributo e não a própria consideração de preço. *Vide* art. 153, § 3º, I, da CRFB e o art. 47, I, do CTN. *Alternativa A.*

36. (XXII Exame) O Município Alfa realizou obras nas praças públicas de determinado bairro, incluindo iluminação e arborização. Tais obras acarretaram a valorização imobiliária de dezenas de residências daquela região. Em decorrência disso, o município instituiu contribuição de melhoria.

Sobre a contribuição em questão, segundo o CTN, assinale a afirmativa correta.

(A) É inválida, pois deveria ter sido instituída pelo Estado Beta, onde está localizado o Município Alfa.

(B) É válida, porque foi instituída para fazer face ao custo de obra pública da qual decorre a valorização imobiliária.

(C) É válida, mas poderia ter sido instituída independentemente da valorização dos imóveis dos contribuintes.

(D) É inválida, porque deveria ter, como limite individual, o valor global da despesa realizada pelo Poder Público na obra e não a valorização de cada imóvel.

RESPOSTA Diante do caso hipotético, o tributo é válido, de acordo com os arts. 81 e 82 do CTN, pois foi instituído pelo município que realizou a obra e obedeceu aos limites legais. *Alternativa B.*

37. (XXII Exame) Por meio da Lei Ordinária n. 123, a União instituiu contribuição não cumulativa destinada a garantir a expansão da seguridade social, utilizando, para tanto, fato gerador e base de cálculo distintos dos discriminados na Constituição da República. A referida lei foi publicada em 1º de setembro de 2015, com entrada em vigor em 2 de janeiro de 2016, determinando o dia 1º de fevereiro do mesmo ano como data de pagamento. Por considerar indevida a contribuição criada pela União, a pessoa jurídica A, atuante no ramo de supermercados, não realizou o seu pagamento, razão pela qual, em 5 de julho de 2016, foi lavrado auto de infração para a sua cobrança. Considerando a situação em comento, assinale a opção que indica o argumento que poderá ser alegado pela contribuinte para impugnar a referida cobrança.

(A) A nova contribuição viola o princípio da anterioridade nonagesimal.

(B) A nova contribuição viola o princípio da anterioridade anual.

(C) A nova contribuição somente poderia ser instituída por meio de lei complementar.

(D) A Constituição da República veda a instituição de contribuições não cumulativas

RESPOSTA De acordo com o art. 195, § 4º, da CRFB, a lei poderá instituir outras fontes destinadas a garantir a manutenção ou expansão da seguridade social, desde que obedecido o art. 154, I, da CRFB. Ocorre que a contribuição trazida na questão não obedece ao requisito da lei complementar. *Alternativa C.*

38. (XX Exame – Reaplicação) O Chefe do Poder Executivo da União, acreditando ser esta a melhor estratégia econômica para estimular o mercado interno brasileiro, decide reduzir a alíquota do Imposto sobre Produtos Industrializados (IPI) sobre alguns produtos. Neste cenário, você é consultado sobre os parâmetros constitucionais dirigidos àquele imposto. Assim, você afirmaria que, a respeito do IPI, o art. 153, § 3º, da CRFB/88, estabelece que

(A) não será seletivo, em função da essencialidade do produto.

(B) será cumulativo.

(C) não incidirá sobre produtos industrializados destinados ao exterior.

(D) terá impacto mais gravoso quando incidente sobre a aquisição de bens de capital pelo contribuinte do imposto.

RESPOSTA O IPI é seletivo, não cumulativo, e possui específica imunidade tributária que lhe retira a incidência sobre exportações, de acordo com o art. 153, § 3º, da CRFB. *Alternativa C.*

39. (XX Exame) Determinado ente da Federação instituiu um tributo incidente sobre a folha de salários e demais rendimentos do trabalho pagos ou creditados, a qualquer título, à pessoa física que preste serviço a empregador privado, ainda que sem vínculo empregatício, com o objetivo de financiar a seguridade social.

Em sintonia com a CRFB/88, assinale a opção que indica o ente da Federação competente para a instituição do tributo descrito e o nome do tributo em questão.

(A) Estados-membros e o Distrito Federal. Contribuição previdenciária.

(B) União. Contribuição social.

(C) União. Imposto sobre a renda.

(D) Todos os entes da Federação. Contribuições sociais.

RESPOSTA Segundo o art. 149 da CRFB, é a competência da União para estabelecer as contribuições sociais, as CIDEs e contribuições corporativas. A contribuição previdenciária, espécie de contribuição social destinada à seguridade social, está na competência da União (art. 195, I, da CRFB). *Alternativa B.*

40. (XX Exame) Fulano de Tal prometeu adquirir de uma autarquia federal um imóvel residencial urbano. O sinal e parte substancial do preço são pagos no momento da lavratura da escritura pública de promessa de compra e venda, que é prontamente registrada no Registro Geral de Imóveis (RGI) competente. O saldo do preço será pago em várias parcelas. Após o registro da promessa de compra e venda

(A) passa a incidir o IPTU, a ser pago pela autarquia.

(B) continua a não incidir o IPTU, por força da imunidade da autarquia (cujo nome continua vinculado ao imóvel no RGI, ainda que agora a autarquia figure como promitente vendedora).

(C) passa a incidir o IPTU, a ser pago solidariamente pela autarquia e por Fulano de Tal.

(D) passa a incidir o IPTU, a ser pago por Fulano de Tal, uma vez que registrada no RGI a promessa de compra e venda do imóvel.

RESPOSTA De acordo com o art. 150, VI, *a* c/c §§ 2º e 3º da CRFB e Súmula 583 do STF. *Alternativa D.*

41. (XX Exame) O Estado Alfa institui, por meio de lei complementar, uma taxa pela prestação de serviço público específico e divisível. Posteriormente a alíquota e a base de cálculo da taxa vêm a ser modificadas por meio de lei ordinária, que as mantém em patamares compatíveis com a natureza do tributo e do serviço público prestado.

A lei ordinária em questão é

(A) integralmente inválida, pois lei ordinária não pode alterar lei complementar.

(B) parcialmente válida – apenas no que concerne à alteração da base de cálculo, pois a modificação da alíquota só seria possível por meio de lei complementar.

(C) parcialmente válida – apenas no que concerne à alteração da alíquota, pois a modificação da base de cálculo só seria possível por meio de lei complementar.

(D) integralmente válida, pois a matéria por ela disciplinada não é constitucionalmente reservada à lei complementar.

RESPOSTA A criação ou majoração de taxas não dependem da edição de lei complementar, conforme art. 145, II, da CRFB ou art. 77 do CTN. Portanto, ainda que inicialmente instituída por meio de Lei Complementar, sua matéria continua sendo de Lei Ordinária, podendo ser modificada por meio desse instrumento. *Alternativa D.*

III. IMUNIDADES TRIBUTÁRIAS

42. (40º Exame) João e José decidem constituir uma sociedade empresária, denominada Informática ABC Ltda., especializada na prestação de serviços na área de informática. João integralizou 50% do capital social da sociedade com dinheiro, e José integralizou os seus 50% com um imóvel de sua propriedade localizado no Município Alfa, a ser utilizado como sede da empresa. Dois anos depois do início das atividades da sociedade empresária, José recebe uma notificação da Secretaria de Fazenda do Município Alfa, por falta de pagamento do Imposto sobre a Transmissão de Bens Imóveis (ITBI), devido no ato da integralização do capital social da empresa, por ser ele, segundo a legislação local, o contribuinte deste imposto. Diante desse cenário, assinale a afirmativa correta.

(A) José é responsável solidário pelo recolhimento do ITBI incidente sobre essa transmissão.

DIREITO TRIBUTÁRIO

(B) As empresas do setor de informática, por expressa disposição de lei complementar nacional, estão isentas do pagamento de ITBI.

(C) É devida a cobrança do ITBI, uma vez que houve a transmissão da propriedade do imóvel de José para a empresa Informática ABC Ltda. no ato da integralização do capital social.

(D) O ITBI não incide sobre a transmissão de bens incorporados ao patrimônio de Informática ABC Ltda., em realização de capital.

RESPOSTA O ITBI possui específica imunidade tributária para não incidência na transmissão em integralização de capital para criação de empresas, salvo se atuasse na atividade imobiliária (art. 156, § 2º, I, da CRFB). *Alternativa D.*

43. (40º Exame) A sociedade empresária Books & Books Ltda., verificando a queda na receita de venda de livros impressos e o fechamento de inúmeras outras livrarias locais, decide alterar seu negócio para importação e comercialização no mercado interno de livros eletrônicos acompanhados dos respectivos aparelhos exclusivamente leitores. Diante desse cenário, assinale a afirmativa correta.

(A) A importação de tais livros eletrônicos e seus respectivos aparelhos leitores por Books & Books Ltda. fica imune da incidência do Imposto de Importação.

(B) A comercialização no mercado interno de tais livros eletrônicos por Books & Books Ltda. é imune da incidência de Imposto sobre Circulação de Mercadorias, mas não é imune da incidência deste tributo estadual na comercialização de seus respectivos aparelhos leitores.

(C) Embora tais livros eletrônicos e seus respectivos aparelhos leitores importados e comercializados no mercado interno por Books & Books Ltda. sejam equiparados a livros, o Imposto de Importação e o Imposto sobre Circulação de Mercadorias, por serem tributos indiretos, não podem ser alcançados por essa imunidade.

(D) Os livros eletrônicos e seus respectivos aparelhos leitores importados e comercializados por Books & Books Ltda. não podem ser equiparados a livros, razão pela qual não incide qualquer imunidade sobre a importação ou a comercialização deles no mercado interno.

RESPOSTA A imunidade cultural também se aplica para os livros eletrônicos e seus leitores, conforme art. 150, VI, *d*, da CRFB e Súmula Vinculante 57. *Alternativa A.*

44. (39º Exame) Um grupo de empresários da área têxtil decidiu criar um sindicato dos empregadores daquele setor, para fins de representação e defesa dos interesses da categoria econômica. Na assembleia geral ordinária constitutiva da instituição e para elaboração do estatuto social, surgiu a dúvida a respeito da possibilidade de obtenção da imunidade tributária sobre o patrimônio, renda ou serviços das entidades sindicais. Presente uma equipe de advogados, estes são incitados a se manifestarem a respeito. Diante desse cenário, assinale a afirmativa correta.

(A) Não há previsão constitucional para imunidade tributária de impostos de sindicato de empregadores.

(B) O setor têxtil se trata de categoria econômica que não permite o enquadramento na imunidade tributária de impostos dos sindicatos.

(C) Tal sindicato faz jus à imunidade tributária de impostos, desde que exerça suas atividades sem finalidade lucrativa e atenda ao requisito de não distribuição de qualquer parcela do seu patrimônio ou renda.

(D) Desde que os recursos provenientes das contribuições associativas sejam aplicados exclusivamente na sua área de atuação e vinculados a suas finalidades essenciais, tal sindicato poderá gozar da imunidade tributária de impostos.

RESPOSTA A imunidade sindical prevista na Carta Magna apenas afasta o dever de pagar impostos por parte do Sindicato dos Trabalhadores e não o patronal, conforme art. 150, VI, *c*, da CRFB. *Alternativa A.*

45. (38º Exame) A sociedade empresária ABC Ltda. adquiriu no exterior um lote de dez mil unidades de um determinado perfume francês. Antes da chegada das mercadorias ao porto, foi publicado no *Diário Oficial da União*, em 20/04/2023, um decreto editado pelo poder executivo federal majorando imediatamente a alíquota do imposto sobre a importação de perfumes de 20% para 30%, prevendo expressamente sua vigência e produção de efeitos a partir da data de sua publicação. Em 30/04/2023, as mercadorias finalmente chegam ao porto no Brasil, devendo agora a empresa realizar o desembaraço aduaneiro. Preocupada com possível prejuízo decorrente do aumento inesperado do custo da mercadoria devido à elevação do imposto de importação, a sociedade empresária procura você, como advogado(a), indagando sobre a validade daquele decreto. Diante deste cenário, assinale a afirmativa correta.

(A) A elevação desta alíquota por decreto violou o princípio da legalidade tributária.

(B) O prazo previsto para produção de efeitos da elevação de alíquota violou o princípio da anterioridade tributária nonagesimal.

(C) Embora tal imposto seja classificado como extrafiscal, deve obediência ao princípio da anterioridade tributária anual.

(D) A majoração dessa alíquota e a sua produção de efeitos imediata são válidas.

RESPOSTA O imposto de importação é tributo de natureza extrafiscal (protetiva) e, portanto, é considerado exceção dos princípios da legalidade e anterioridades, podendo ter suas alíquotas modificadas por decreto e não precisam esperar próximo ano ou noventa dias (art. 150, § 1º, da CRFB e art. 153, § 1º, da CRFB). *Alternativa D.*

46. (38º Exame) Em dezembro de 2022, um decreto do prefeito do município Alfa atualizou o valor do imposto predial e territorial urbano (IPTU), a contar de 1º de janeiro de 2023, atendo-se à aplicação de índice oficial de atualização monetária. Além disso, neste mesmo decreto, acompanhado da estimativa de impacto orçamentário e financeiro, estabeleceu-se, também a contar de 1º de janeiro de 2023, a isenção do IPTU para os imóveis localizados no centro da cidade que fossem destinados exclusivamente para moradia, visando a diversificar a ocupação naquele local e dar efetividade ao princípio da função social da propriedade. Diante deste cenário, assinale a afirmativa correta.

(A) Tal decreto poderia ser usado apenas para atualizar o valor do IPTU.

(B) A concessão de tal isenção, por ter base na função social da propriedade, poderia ser feita por meio de decreto.

(C) Embora possa ser usado tanto para a atualização deste valor do IPTU como para a concessão deste tipo de isenção, tal decreto violou o princípio da anterioridade tributária nonagesimal.

(D) Este decreto não é instrumento normativo hábil seja para a atualização deste valor do IPTU, seja para a concessão deste tipo de isenção.

RESPOSTA A atualização de tributos não equivale ao seu aumento e, portanto, poderá ser realizada por simples decreto (art. 97, § 2º, CTN). Contudo, isenções devem ser estabelecidas por meio de lei (art. 176, CTN). *Alternativa A.*

47. (36º Exame) A secretaria da Receita Federal do Brasil lavrou, em 2022, auto de infração de um milhão de reais em face da sociedade empresária Maçã Ltda. por não ter recolhido o Imposto de Importação (II) e a Contribuição Social

sobre Lucro Líquido (CSLL) referentes ao ano de 2021, incidentes sobre a comercialização de livros eletrônicos (*e-books*) por ela importados e comercializados no país. O departamento jurídico da sociedade autuada contrata você, como advogado(a), para emitir parecer para fundamentar sua defesa. Diante desse cenário, assinale a afirmativa correta.

(A) O II e a CSLL são indevidos, pois os livros eletrônicos (*e-books*) se enquadram na imunidade tributária dos livros.

(B) Apenas o II é indevido, pois os livros eletrônicos (*e-books*) se enquadram na imunidade tributária dos livros.

(C) Apenas a CSLL é indevida, pois os livros eletrônicos (*e-books*) se enquadram na imunidade tributária dos livros.

(D) O II e a CSLL são devidos, pois os livros eletrônicos (*e-books*) não se enquadram na imunidade tributária dos livros.

RESPOSTA A Carta Magna estabelece imunidade tributária para afastar apenas impostos sobre livros, ainda que eletrônicos – *e-book* (art. 150, VI, *d*, CRFB). *Alternativa B.*

48. (36º Exame) A Assembleia Legislativa do Estado Beta irá votar, em 2022, um projeto de lei ordinária para a criação de sua própria contribuição social previdenciária, para custeio do regime próprio de previdência social estadual, a ser cobrada dos seus servidores ativos, dos aposentados e dos pensionistas. Antes, porém, submete o referido projeto de lei ordinária para análise da comissão de constituição e justiça daquela casa legislativa, para emissão de parecer sobre a constitucionalidade daquele tributo. Diante desse cenário, a referida contribuição social previdenciária

(A) poderia ser criada por lei ordinária e ser cobrada de servidores ativos, dos aposentados e dos pensionistas.

(B) poderia ser criada por lei ordinária, mas só poderia ser cobrada de servidores ativos.

(C) não poderia ser criada por lei ordinária, mas poderia ser cobrada de servidores ativos, dos aposentados e dos pensionistas.

(D) não poderia ser criada por lei ordinária e só poderia ser cobrada de servidores ativos.

RESPOSTA Poderá ser criada por lei ordinária e ser exigida de servidores ativos, aposentados e pensionistas (art. 149, § 1º, da CRFB). *Alternativa A.*

49. (XXVIII Exame) O Estado Y lavrou auto de infração em face da pessoa jurídica PJ para cobrança de créditos de Impostos sobre a Circulação de Mercadorias e Prestação de Serviços

DIREITO TRIBUTÁRIO

(ICMS), decorrentes da produção e venda de livros eletrônicos. Adicionalmente aos créditos de ICMS, o Estado Y cobrou o pagamento de multa em decorrência do descumprimento de obrigação acessória legalmente prevista. Tendo isso em vista, assinale a afirmativa correta.

(A) Há imunidade tributária em relação aos livros eletrônicos; por outro lado, é incorreta a cobrança da multa pelo descumprimento da obrigação acessória.

(B) Há imunidade tributária em relação aos livros eletrônicos; no entanto, tendo em vista a previsão legal, é correta a cobrança de multa pelo descumprimento da obrigação acessória.

(C) É correta a cobrança do ICMS, uma vez que a imunidade tributária somente abrange o papel destinado à impressão de livros, jornais e periódicos; da mesma forma, é correta a cobrança de multa pelo descumprimento da obrigação acessória, em vista da previsão legal.

(D) É correta a cobrança do ICMS, uma vez que a imunidade tributária somente abrange o papel destinado à impressão de livros, jornais e periódicos; no entanto, é incorreta a cobrança da multa pelo descumprimento da obrigação acessória.

RESPOSTA De acordo com as imunidades tributárias previstas na CRFB, livros, jornais, periódicos e o papel destinado a sua impressão são imunes (art. 150, VI, *d*). Não trata de livros eletrônicos especificamente, mas o STF entendeu que se estende também a eles. Atente-se que as obrigações acessórias devem ser cobradas, *vide* o § 3º do art. 113 do CTN. *Alternativa B.*

50. (XXIII Exame) O reitor de uma faculdade privada sem fins lucrativos (cujas receitas, inclusive seus eventuais superávits, são integralmente reinvestidas no estabelecimento de ensino) deseja saber se está correta a cobrança de impostos efetuada pelo fisco, que negou a pretendida imunidade tributária, sob o argumento de que a instituição de ensino privada auferia lucros. Na hipótese, sobre a atuação do fisco, assinale a afirmativa correta.

(A) O fisco agiu corretamente, pois a imunidade tributária apenas alcança instituições de ensino que não sejam superavitárias.

(B) O fisco agiu corretamente, pois a imunidade tributária apenas alcança instituições públicas de ensino.

(C) O fisco não agiu corretamente, pois não há impedimento à distribuição de lucro pelo estabelecimento de ensino imune.

(D) O fisco não agiu corretamente, pois, para que seja concedida tal imunidade, a instituição não

precisa ser deficitária, desde que o superávit seja revertido para suas finalidades.

RESPOSTA De acordo com o art. 150, VI, *c*, da CRFB, observados os requisitos do art. 14 do CTN. *Alternativa D.*

51. (XXII Exame) O Município X instituiu taxa a ser cobrada, exclusivamente, sobre o serviço público de coleta, remoção e tratamento de lixo e resíduos provenientes de imóveis. A igreja ABC, com sede no Município X, foi notificada da cobrança da referida taxa.

Sobre a hipótese apresentada, assinale a afirmativa correta.

(A) As Igrejas são imunes; portanto, não devem pagar a taxa instituída pelo Município X.

(B) A taxa é inconstitucional, pois não é específica e divisível.

(C) A taxa é inconstitucional, uma vez que os Municípios não são competentes para a instituição de taxas de serviço público.

(D) A taxa é constitucional e as Igrejas não são imunes.

RESPOSTA De acordo com o art. 150, VI e incisos da CRFB – incluindo-se a imunidade religiosa –, trata especificamente quanto à vedação da cobrança de impostos. Não há qualquer vedação constitucional acerca da tributação de taxa sobre entidades religiosas. Quanto à taxa, *vide* a Súmula Vinculante 19: "a taxa cobrada exclusivamente em razão dos serviços públicos de coleta, remoção e tratamento ou destinação de lixo ou resíduos provenientes de imóveis não viola o art. 145, II, da Constituição Federal". *Alternativa D.*

IV. LEGISLAÇÃO TRIBUTÁRIA

52. (35º Exame) O Estado Alfa concedeu por lei ordinária, observadas as regras orçamentárias, isenção de IPVA para automóveis exclusivamente elétricos, fundamentando que a tributação possui uma importante função extrafiscal e objetivos ecológicos. José é proprietário de um automóvel registrado perante o DETRAN do Estado Alfa, movido a biogás, combustível considerado inovador e não poluente, produzido a partir de resíduos orgânicos como lixo, cana, biomassa etc. e refinado em biometano para abastecer carros. Desejando José obter para si o mesmo benefício fiscal dos carros elétricos, ele contrata você, como advogado(a), para fins de requerimento administrativo da isenção. Diante desse cenário, assinale a afirmativa correta.

(A) É possível a concessão do benefício fiscal por analogia e interpretação extensiva aos automóveis movidos a combustível de biogás.

(B) É possível a concessão do benefício fiscal, tendo em vista a função extrafiscal e o objetivo ecológico do combustível de biogás.

(C) Não é possível a concessão do benefício fiscal aos automóveis movidos a biogás, pois deve ser interpretada literalmente a legislação que dispõe sobre a outorga de isenção.

(D) Não é possível a concessão do benefício fiscal aos automóveis movidos a biogás, tendo em vista ser necessário comprovar os benefícios ecológicos por meio de perícia técnica, procedimento vedado na esfera administrativa.

RESPOSTA De acordo com o art. 111 do CTN, interpreta-se literalmente a legislação tributária que disponha sobre (I) suspensão ou exclusão do crédito tributário; (II) outorga de isenção; (III) dispensa do cumprimento de obrigações tributárias acessórias. *Alternativa C.*

53. (XXXI Exame) Uma lei ordinária federal tratava de direitos do beneficiário de pensão previdenciária e também previa norma que ampliava, para 10 anos, o prazo decadencial para o lançamento dos créditos tributários referentes a uma contribuição previdenciária federal. A respeito da ampliação de prazo, assinale a afirmativa correta.

(A) É inválida, pois, em razão do caráter nacional das contribuições previdenciárias federais, somente poderia ser veiculada por Resolução do Senado Federal.

(B) É inválida, pois somente poderia ser veiculada por Lei Complementar.

(C) É válida, pois o CTN prevê a possibilidade de que o prazo geral de 5 anos, nele previsto para a Fazenda Pública constituir o crédito tributário, seja ampliado por meio de Lei Ordinária Específica.

(D) É válida, por existir expressa previsão constitucional, específica para contribuições de seguridade social, autorizando a alteração de prazo de constituição do crédito tributário por Lei Ordinária.

RESPOSTA De acordo com a CRFB, cabe lei complementar, entre outros casos, estabelecer normas gerais em matéria de legislação tributária, especialmente sobre obrigação, lançamento, crédito, prescrição e decadência tributários (art. 146, III, *b*). *Alternativa B.*

54. (XXX Exame) A sociedade empresária ABC Ltda. foi autuada pelo Fisco do Estado Z apenas pelo descumprimento de uma determinada obrigação tributária acessória, referente à fiscalização do ICMS prevista em lei estadual (mas sem deixar de recolher o tributo devido). Inconformada, realiza a impugnação administrativa por meio do auto de infração. Antes que sobreviesse a decisão administrativa da impugnação, outra lei estadual extingue a previsão da obrigação acessória que havia sido descumprida. Diante desse cenário, assinale a afirmativa correta.

(A) A lei estadual não é instrumento normativo hábil para extinguir a previsão dessa obrigação tributária acessória referente ao ICMS, em virtude do caráter nacional desse tributo.

(B) O julgamento administrativo, nesse caso, deverá levar em consideração apenas a legislação tributária vigente na época do fato gerador.

(C) Não é possível a extinção dos efeitos da infração a essa obrigação tributária acessória após a lavratura do respectivo auto de infração.

(D) A superveniência da extinção da previsão dessa obrigação acessória, desde que não tenha havido fraude, nem ausência de pagamento de tributo, constitui hipótese de aplicação da legislação tributária a ato pretérito.

RESPOSTA De acordo com o art. 106 do CTN, a lei aplica-se a ato ou fato pretérito em qualquer caso, quando seja expressamente interpretativa, excluída a aplicação de penalidade à infração dos dispositivos interpretados; tratando-se de ato não definitivamente julgado: a) quando deixe de defini-lo como infração; b) quando deixe de tratá-lo como contrário a qualquer exigência de ação ou omissão, desde que não tenha sido fraudulento e não tenha implicado em falta de pagamento de tributo; c) quando lhe comine penalidade menos severa que a prevista na lei vigente ao tempo da sua prática. *Alternativa D.*

55. (XX Exame – Reaplicação) A pessoa jurídica XX, procurando compreender os métodos de interpretação da legislação tributária a respeito dos casos de extinção, suspensão e exclusão do crédito tributário, consulta você, como advogado.

À luz do Código Tributário Nacional, assinale a alternativa que veicula tema sobre o qual é imperiosa a interpretação literal de norma tributária.

(A) Anistia

(B) Remissão

(C) Prescrição

(D) Compensação

RESPOSTA De acordo com o art. 111, I, do CTN, interpreta-se literalmente a legislação tributária que disponha sobre suspensão ou exclusão do crédito tributário, e sendo a anistia uma modalidade de exclusão do crédito tributário (art. 175, II, do CTN), correta está a *Alternativa A.*

DIREITO TRIBUTÁRIO

V. OBRIGAÇÃO TRIBUTÁRIA

56. (35º Exame) A empresa pública estadual XYZ S.A., com imunidade tributária que a desonera do pagamento de Imposto sobre a Renda de Pessoa Jurídica (IRPJ) reconhecida desde o ano de 2020 por decisão do Supremo Tribunal Federal transitada em julgado, deixou de cumprir diversas obrigações acessórias relativas ao IRPJ referente ao ano-base de 2021. Em decorrência disso, foi autuada e recebeu multa pelo descumprimento de obrigações tributárias acessórias. A empresa procura você, como advogado(a), indagando sobre a validade da exigência desta penalidade pecuniária, uma vez que sua imunidade já foi reconhecida. Diante desse cenário, sobre a autuação fiscal e a respectiva cobrança de multa, assinale a afirmativa correta.

(A) São inválidas e ilegais, por inexistir a obrigação tributária principal, e aplica-se a regra de que a obrigação acessória segue a obrigação principal.

(B) São válidas e legais, porque o descumprimento da obrigação acessória, mesmo por empresa imune, converte-se em obrigação principal relativamente à penalidade pecuniária.

(C) Só poderiam ser exigidas caso a imunidade tributária daquela empresa não fosse reconhecida ou revogada.

(D) São inválidas e ilegais, porque a imunidade tributária veda, também, a exigência de cumprimento de obrigações acessórias.

RESPOSTA Observar-se-á o § 3º do art. 113 do CTN, visto que a obrigação acessória, pelo simples fato da sua inobservância, converte-se em obrigação principal relativamente à penalidade pecuniária. *Alternativa B.*

57. (XXXIV Exame) Maria recebeu de seu tio, em 2019, a posse de um automóvel de alto valor para facilitar seu transporte até a faculdade. Em 2020, seu tio resolveu realizar, em favor de Maria, a doação do automóvel, sob condição suspensiva, por escritura pública. O evento previsto na condição era o de que Maria se formasse na faculdade até o fim do ano de 2021. Contudo, ela abandona a faculdade, escoando o ano de 2021 sem que se formasse. Diante desse cenário, à luz do CTN, o Imposto sobre a Transmissão *Causa Mortis* e Doação (ITCMD)

(A) é devido na data de efetiva transferência da posse do automóvel.

(B) é devido na data de efetiva lavratura da escritura pública de doação.

(C) não é devido, por se tratar de doação de bem móvel.

(D) não é devido, pois a doação não se tornou perfeita e acabada em virtude da ausência do implemento do evento previsto na condição.

RESPOSTA De acordo com o CTN, considera-se ocorrido o fato gerador e existentes os seus efeitos, tratando-se de situação jurídica, desde o momento em que esteja definitivamente constituída, nos termos de direito aplicável (art. 116, II). E os atos ou negócios jurídicos condicionais reputam-se perfeitos e acabados, sendo suspensiva a condição, desde o momento de seu implemento; ou sendo resolutória a condição, desde o momento da prática do ato ou da celebração do negócio (art. 117). *Alternativa D.*

58. (XXVII Exame) A sociedade empresária ABC, atuante na área de prestação de serviços de limpeza, em dificuldades financeiras, não estava conseguindo realizar o pagamento dos tributos federais. Diante disso, ela se ofereceu à Administração Pública Federal para realizar o pagamento dos tributos mediante prestação direta de serviços de limpeza em prédios públicos ou, alternativamente, transferir para o Fisco um imóvel de sua propriedade. A respeito desse cenário, assinale a afirmativa correta.

(A) As propostas são inadmissíveis, pois os tributos somente podem ser pagos em dinheiro.

(B) As propostas são admissíveis, em razão do princípio da menor onerosidade para o devedor (*favor debitoris*).

(C) A proposta de transferência de imóvel do contribuinte para a Fazenda Pública Federal para pagamento de tributo é admissível por expressa permissão legal.

(D) A proposta de prestação direta de serviços para pagamento de tributo é admissível, em circunstâncias excepcionais, como forma subsidiária de garantia do recebimento do crédito pela Fazenda Pública.

RESPOSTA Dentre as hipóteses de extinção do crédito tributário está a dação em pagamento, que é a situação apresentada na questão, *vide* o art. 156, XI, do CTN. *Alternativa C.*

59. (XXVII Exame) O Município M resolve ele mesmo fiscalizar e cobrar o Imposto sobre a Propriedade Territorial Rural (ITR) dos imóveis rurais localizados em seu território. Acerca desse cenário, assinale a afirmativa correta.

(A) O ITR não pode ser fiscalizado e cobrado pelo Município M, por se tratar de tributo de competência da União.

(B) O Município M poderá optar, na forma da lei, por fiscalizar e cobrar diretamente o ITR.

(C) A fiscalização e a cobrança do ITR pelo Município M autorizam-no a reter 50% do produto da arrecadação do imposto, como contraprestação pela fiscalização e cobrança no lugar da União.

(D) A partir da opção por fiscalizar e cobrar o ITR, o Município M passa a ter competência para alterar as alíquotas do imposto, inclusive para sua redução.

RESPOSTA Conforme a Constituição Federal, o ITR será fiscalizado e cobrado pelos Municípios que assim optarem, na forma da lei, desde que não implique redução do imposto ou qualquer outra forma de renúncia fiscal (art. 153, § 4º, III). *Alternativa B.*

60. (XX Exame – Reaplicação) A pessoa jurídica XYZ celebra contrato de locação de automóveis com a pessoa jurídica ABC, proprietária dos veículos, pelo prazo de 5 (cinco) anos. Os automóveis serão utilizados pelos diretores da pessoa jurídica XYZ. Segundo o contrato, a locatária XYZ é a responsável pelo pagamento do Imposto sobre Propriedade de Veículos Automotores – IPVA de todos os automóveis durante o prazo contratual.

Sobre a hipótese, assinale a afirmativa correta.

(A) O contrato é nulo, uma vez que altera, por meio de convenção particular, a condição de sujeito ativo da obrigação tributária.

(B) O contrato é válido e eficaz entre as partes, porém não produzirá efeito contra a Fazenda Pública, que poderá exigir o IPVA do proprietário dos veículos, a pessoa jurídica ABC.

(C) O contrato é válido e eficaz entre as partes e poderá ser oposto contra a Fazenda Pública, que somente poderá exigir o cumprimento da obrigação tributária pela locatária XYZ, conforme previsão contratual.

(D) O contrato é válido e eficaz entre as partes e poderá ser oposto contra a Fazenda Pública desde que seja editada Resolução pelo Secretário Estadual de Fazenda autorizando a referida transferência de sujeição passiva tributária.

RESPOSTA De acordo com o art. 123 do CTN, as convenções particulares, ainda que válidas, em matéria tributária não são oponíveis aos entes públicos. Desse modo, apesar do contrato de locação, o responsável tributário pelo pagamento do tributo perante a Administração Pública é sempre o seu proprietário. *Alternativa B.*

VI. RESPONSABILIDADE TRIBUTÁRIA

61. (39º Exame) João e José receberam um imóvel residencial situado no Município Alfa por herança de seus pais. Em janeiro de 2017, com autorização de José (menor de idade), seu irmão e tutor João (maior de idade), assina como único locador um contrato de aluguel do referido imóvel com Joaquim, com prazo determinado de 3 (três) anos, constando cláusula expressa de que o locatário será o único responsável pelo pagamento de todos os impostos e taxas do imóvel locado, exonerando o locador de tal obrigação. Em dezembro de 2021, João e José são surpreendidos com uma ação de execução fiscal movida em face de ambos pelo Município Alfa para cobrança do IPTU do imóvel locado referente a todo o exercício fiscal de 2018. Diante desse cenário e à luz do Código Tributário Nacional, a ação de execução fiscal

(A) somente poderia ter sido ajuizada em face de Joaquim, único devedor do IPTU, conforme cláusula expressa contratual.

(B) somente poderia ter sido ajuizada em face de João, único que figurou no contrato como locador e dotado de capacidade tributária e processual.

(C) foi corretamente ajuizada, uma vez que João e José respondem pelo tributo devido, ainda que este último seja menor de idade.

(D) não podia ter sido ajuizada por já estar o crédito tributário prescrito.

RESPOSTA Em regra, contratos particulares não podem ser opostos para modificar o devedor de tributo (art. 123 do CTN). Igualmente, ambos não considerados devedores solidários (art. 124, I, do CTN), ainda que um deles não possua capacidade civil plena (art. 126, I, do CTN). *Alternativa C.*

62. (37º Exame) Lucas, menor de oito anos de idade, é proprietário de um imóvel (recebido por herança de seu avô), o qual foi alugado por seus pais, João e Maria, representando-o. Contudo, o imposto sobre a propriedade territorial urbana (IPTU) referente a este imóvel não está sendo pago pelo locatário, conforme havia sido pactuado no contrato de locação. Em razão do inadimplemento, foi enviada notificação de lançamento do crédito tributário em nome de Lucas como devedor do tributo, para seu domicílio tributário, a fim de que pagasse o débito. A notificação foi recebida via Correios por seus pais, que residem junto com seu filho. Os pais, por entenderem que esta obrigação era do locatário, recusam-se a pagar. O fisco municipal está agora a cobrar judicialmente o valor da dívida de IPTU. Diante desse cenário e à luz do Código Tributário Nacional, assinale a afirmativa correta.

(A) Lucas, embora absolutamente incapaz, pode figurar como contribuinte devedor do IPTU, inclu-

DIREITO TRIBUTÁRIO

sive podendo constar seu nome na notificação de lançamento do crédito tributário.

(B) Em razão da menoridade de Lucas, apenas seus pais serão considerados contribuintes deste IPTU.

(C) Lucas e seus pais são contribuintes do IPTU, mas os bens dos pais devem ser executados antes dos bens de Lucas.

(D) Lucas é o contribuinte do IPTU, sendo o locatário o responsável tributário pelo pagamento do mesmo.

RESPOSTA A capacidade tributária passiva não depende da capacidade civil e, portanto, Lucas será considerado contribuinte, e não seus pais ou o inquilino (arts. 123 e 126, I, do CTN). *Alternativa A.*

63. (36º Exame) Em 10 de maio de 2020, a sociedade empresária ABC Ltda. sofre fiscalização federal e, ao final, é autuada em R$ 100.000,00. Além de multa e respectivos encargos, a título de imposto sobre produtos industrializados (IPI) devido referente ao exercício de 2019, por omissão do envio mensal das informações fiscais em DCTF - declaração de débitos e créditos tributários federais -, bem como por falta de pagamento daquele imposto. Em 20 de junho de 2020, a empresa recebe notificação de pagamento no prazo de 30 dias. Você, como advogado(a) da sociedade empresária, é chamado(a) para defender os interesses da empresa nesse processo no mesmo dia da notificação, pretendendo adotar providências logo no dia seguinte e refletindo sobre a possibilidade de adotar o mecanismo da denúncia espontânea prevista no Código Tributário Nacional (CTN). Diante desse cenário, assinale a afirmativa correta.

(A) Poderá ser adotado o mecanismo de denúncia espontânea, já que ainda não foi ajuizada a ação de execução fiscal.

(B) Poderá ser adotado o mecanismo de denúncia espontânea, já que ainda se está dentro do prazo de pagamento.

(C) Não poderá mais ser adotado o mecanismo de denúncia espontânea após o início de qualquer procedimento administrativo ou medida de fiscalização relacionados com a infração.

(D) Não poderá mais ser adotado o mecanismo de denúncia espontânea, pois o limite legal para adoção deste benefício é de 40 salários mínimos.

RESPOSTA A denúncia espontânea somente poderá ser utilizada antes do início de qualquer procedimento de fiscalização (art. 138 do CTN). *Alternativa C.*

64. (XXXIV Exame) Pequenos produtores rurais do interior do Estado Alfa vendem sua produção de leite para uma indústria de laticínios localizada no Município Beta, no mesmo Estado. Por determinação em lei do Estado Alfa, fica atribuída a tal indústria a responsabilidade tributária pelo pagamento do ICMS vinculado ao fato gerador da etapa de circulação da mercadoria dos pequenos produtores rurais para a indústria (excluindo-se a responsabilidade dos contribuintes produtores rurais). Diante desse cenário, assinale a afirmativa correta.

(A) A indústria é substituta tributária no âmbito de uma substituição tributária regressiva (substituição "para trás").

(B) A indústria é substituta tributária no âmbito de uma substituição tributária progressiva (substituição "para frente").

(C) A indústria realiza um fato gerador presumido.

(D) A indústria realiza um fato gerador fictício.

RESPOSTA De acordo com o art. 128 do CTN, a lei pode atribuir de modo expresso a responsabilidade pelo crédito tributário a terceira pessoa, vinculada ao fato gerador da respectiva obrigação, excluindo a responsabilidade do contribuinte ou atribuindo-a a este em caráter supletivo do cumprimento total ou parcial da referida obrigação. Trata-se de "substituição para trás", pois o substituto (no caso a indústria) assumirá o recolhimento do tributo cujo fato gerador já ocorreu (com os produtores de leite), por isso, "regressiva". "Para frente" seria o recolhimento de um tributo cujo fator gerador ainda irá acontecer. *Alternativa A.*

65. (XXXIV Exame) José e João eram sócios da Sociedade Empresária XYZ Ltda. entre os anos de 2017 e 2019, cada um com 50% do capital social e poderes de administração. Em janeiro de 2020, João se retira regularmente da sociedade, alienando suas cotas sociais para Joaquim, passando este a exercer a gestão juntamente com José. Em novembro de 2021 é ajuizada uma ação de execução fiscal contra a Sociedade Empresarial XYZ Ltda. para a cobrança de um crédito tributário relativo a fato gerador ocorrido no ano de 2018. No momento da citação, verifica-se que a empresa havia sido dissolvida irregularmente poucos meses antes, não possuindo mais bens. O procurador responsável pela ação decide requerer o redirecionamento da execução fiscal. Diante deste cenário e à luz do CTN, assinale a afirmativa correta.

(A) Apenas José e João respondem solidariamente em caso de redirecionamento da execução fiscal por dissolução irregular da sociedade.

(B) Apenas José responderá pessoalmente em caso de redirecionamento da execução fiscal por dissolução irregular da sociedade.

(C) Apenas a Sociedade Empresária XYZ Ltda. responderá pela dívida tributária, não sendo possível o redirecionamento da execução fiscal por dissolução irregular da sociedade.

(D) Apenas José e Joaquim respondem pessoalmente em caso de redirecionamento da execução fiscal por dissolução irregular.

RESPOSTA De acordo com o art. 135 do CTN, são pessoalmente responsáveis pelos créditos correspondentes a obrigações tributárias resultantes de atos praticados com excesso de poderes ou infração de lei, contrato social ou estatutos: os diretores, gerentes ou representantes de pessoas jurídicas de direito privado (inciso III). Diz ainda a Súmula 435 do STJ que se presume dissolvida irregularmente a empresa que deixar de funcionar no seu domicílio fiscal, sem comunicação aos órgãos competentes, legitimando o redirecionamento da execução fiscal para o sócio-gerente. *Alternativa D.*

66. (XXXIII Exame) Panificadora Pães Fofos Ltda., tendo como sócio-administrador José, alienou seu fundo de comércio à Panificadora Flor de Lisboa Ltda., deixando de atuar comercialmente. Contudo, 9 meses após a alienação do fundo de comércio, a Panificadora Pães Fofos Ltda. alugou um novo ponto comercial e retornou às atividades de panificação. Diante desse cenário, assinale a afirmativa correta.

(A) A Panificadora Flor de Lisboa Ltda. responde, integralmente, pelos tributos relativos ao fundo adquirido, devidos até à data do ato de aquisição.

(B) Ambas as panificadoras respondem, solidariamente, pelos tributos relativos ao fundo adquirido, devidos até à data do ato de aquisição.

(C) A Panificadora Pães Fofos Ltda. responde, subsidiariamente, pelos tributos relativos ao fundo adquirido, devidos até à data do ato de aquisição.

(D) A Panificadora Pães Fofos Ltda. e José, seu sócio-administrador, respondem, subsidiariamente, pelos tributos relativos ao fundo adquirido, devidos até à data do ato de aquisição.

RESPOSTA Diz o art. 133 do CTN que a pessoa natural ou jurídica de direito privado que adquirir de outra, por qualquer título, fundo de comércio ou estabelecimento comercial, industrial ou profissional, e continuar a respectiva exploração, sob a mesma ou outra razão social ou sob firma ou nome individual, responde pelos tributos, relativos ao fundo ou estabelecimento adquirido, devidos até à data do ato: I - integralmente, se o alienante cessar a exploração do comércio, indústria ou atividade; II - subsidiariamente com o alienante, se este prosseguir na exploração ou iniciar dentro de seis meses a contar da data da alie-

nação, nova atividade no mesmo ou em outro ramo de comércio, indústria ou profissão. *Alternativa A.*

67. (XXVIII Exame) Pedro tem três anos de idade e é proprietário de um apartamento. Em janeiro deste ano, o Fisco notificou Pedro para o pagamento do Imposto Predial e Territorial Urbano (IPTU), por meio do envio do carnê de cobrança ao seu endereço. Os pais de Pedro, recebendo a correspondência, decidiram não pagar o tributo, mesmo possuindo recursos suficientes para tanto. Diante da impossibilidade de cumprimento da obrigação por Pedro, assinale a afirmativa correta.

(A) Os pais de Pedro devem pagar o tributo, na qualidade de substitutos tributários.

(B) O Fisco deverá aguardar Pedro completar 18 anos para iniciar o processo de execução da dívida.

(C) Os pais de Pedro responderão pelo pagamento do tributo, uma vez que são responsáveis tributários na condição de terceiros.

(D) O Fisco deve cobrar o tributo dos pais de Pedro, já que são contribuintes do IPTU.

RESPOSTA Quanto à responsabilidade de terceiros sobre o pagamento de tributos, como é o caso em tela, o art. 134 do CTN é bastante claro. Segundo ele, nos casos de impossibilidade de exigência do cumprimento da obrigação principal pelo contribuinte, respondem solidariamente com este nos atos em que intervierem ou pelas omissões de que forem responsáveis os pais, pelos tributos devidos por seus filhos menores (inciso I). *Alternativa C.*

68. (XXVII Exame) A pessoa jurídica Sigma teve lavrado contra si um auto de infração. A autuação fiscal lhe impôs multa pela falta de exibição de notas fiscais durante um determinado período. Após ser citada em sede de execução fiscal, a pessoa jurídica Sigma alegou, em embargos à execução, que não apresentou as notas fiscais porque elas haviam sido furtadas por seu antigo gerente geral, que, com elas, praticara ilícito criminal, tendo sido, por isso, condenado na esfera penal por sonegação fiscal e furto daquelas notas. Com base nessa narrativa, no que tange ao pagamento da multa tributária, assinale a afirmativa correta.

(A) A responsabilidade é pessoal do antigo gerente por ter cometido infração conceituada na lei como crime.

(B) A empresa deve arcar com o pagamento da multa, sendo possível, posteriormente, uma ação de regresso em face do antigo gerente geral.

DIREITO TRIBUTÁRIO

(C) O antigo gerente não pode ser responsabilizado na esfera cível/tributária, por já ter sido condenado na esfera penal.

(D) O caso é de responsabilidade solidária, por ter a empresa nomeado o antigo gerente para cargo de tamanha confiança.

RESPOSTA De acordo com o art. 137 do CTN, a responsabilidade é pessoal ao agente quanto às infrações conceituadas por lei como crimes ou contravenções, salvo quando praticadas no exercício regular de administração, mandato, função, cargo ou emprego, ou no cumprimento de ordem expressa emitida por quem de direito (inciso I), o que não aconteceu no caso hipotético. *Alternativa A.*

69. (XXV Exame) A pessoa jurídica XXX é devedora de Contribuição Social sobre o Lucro Líquido (CSLL), além de multa de ofício e de juros moratórios (taxa Selic), relativamente ao exercício de 2014. O referido crédito tributário foi devidamente constituído por meio de lançamento de ofício, e sua exigibilidade se encontra suspensa por força de recurso administrativo. No ano de 2015, a pessoa jurídica XXX foi incorporada pela pessoa jurídica ZZZ. Sobre a responsabilidade tributária da pessoa jurídica ZZZ, no tocante ao crédito tributário constituído contra XXX, assinale a afirmativa correta.

(A) A incorporadora ZZZ é responsável apenas pelo pagamento da CSLL e dos juros moratórios (taxa Selic).

(B) A incorporadora ZZZ é integralmente responsável tanto pelo pagamento da CSLL quanto pelo pagamento da multa e dos juros moratórios.

(C) A incorporadora ZZZ é responsável apenas pelo tributo, uma vez que, em razão da suspensão da exigibilidade, não é responsável pelo pagamento das multas e dos demais acréscimos legais.

(D) A incorporadora ZZZ é responsável apenas pela CSLL e pela multa, não sendo responsável pelo pagamento dos juros moratórios.

RESPOSTA De acordo com o art. 132 do CTN e atente-se à Sumula 554 do STJ. *Alternativa B.*

70. (XXIV Exame) João e Maria celebraram entre si contrato de locação, sendo João o locador e proprietário do imóvel. No contrato, eles estipularam que a responsabilidade pelo pagamento do Imposto sobre a Propriedade Predial e Territorial Urbana (IPTU) do imóvel será de Maria, locatária. Com base nessas informações, assinale a afirmativa correta.

(A) O contrato será ineficaz entre as partes, pois transferiu a obrigação de pagar o imposto para pessoa não prevista em lei.

(B) O contrato firmado entre particulares não poderá se opor ao fisco municipal, no que tange à alteração do sujeito passivo do tributo.

(C) O contrato é válido e eficaz, e, por consequência dele, a responsabilidade pelo pagamento do tributo se tornará solidária, podendo o fisco municipal cobrá-lo de João e/ou de Maria.

(D) No caso de o fisco municipal cobrar o tributo de João, ele não poderá ajuizar ação regressiva em face de Maria.

RESPOSTA De acordo com o art. 123 do CTN, as convenções particulares, relativas à responsabilidade pelo pagamento de tributos, não podem ser opostas à Fazenda Pública, para modificar a definição legal do sujeito passivo das obrigações tributárias correspondentes. *Alternativa B.*

71. (XXIV Exame) Considere que Luís é um andarilho civilmente capaz que não elegeu nenhum lugar como seu domicílio tributário, não tem domicílio civil, nem residência fixa, e não desempenha habitualmente atividades em endereço certo. A partir da hipótese apresentada, de acordo com o Código Tributário Nacional e no silêncio de legislação específica, assinale a afirmativa correta.

(A) Luís nunca terá domicílio tributário.

(B) O domicílio tributário de Luís será o lugar da situação de seus bens ou da ocorrência do fato gerador.

(C) O domicílio tributário de Luís será, necessariamente, a sede da entidade tributante.

(D) O domicílio tributário de Luís será a residência de seus parentes mais próximos ou o lugar da situação dos bens de Luís.

RESPOSTA De acordo com o art. 127, § 1º, do CTN, considerar-se-á como domicílio tributário do contribuinte ou responsável o lugar da situação dos bens ou da ocorrência dos atos ou fatos que deram origem à obrigação. *Alternativa B.*

72. (XXIII Exame) A pessoa jurídica XYZ, prestadora de serviços contábeis, é devedora de Imposto sobre a Renda Pessoa Jurídica (IRPJ), além de multa moratória e punitiva, dos anos-calendário de 2014 e 2015. No ano de 2016, a pessoa jurídica XYZ foi incorporada pela pessoa jurídica ABC, também prestadora de serviços contábeis. Sobre a responsabilidade tributária da pessoa jurídica ABC, assinale a afirmativa correta.

(A) Ela é responsável apenas pelo IRPJ devido, não sendo responsável pelo pagamento das multas moratória e punitiva.

(B) Ela é responsável integral, tanto pelo pagamento do IRPJ devido quanto pelas multas moratória e punitiva.

(C) Ela não é responsável pelo pagamento do IRPJ e das multas moratória e punitiva, uma vez que não praticou o fato gerador do tributo.

(D) Ela é responsável apenas pelo IRPJ e pela multa moratória, não sendo responsável pelo pagamento da multa punitiva.

RESPOSTA De acordo com o art. 132 do CTN, a responsabilidade tributária da empresa incorporadora é integral. *Alternativa B.*

73. (XXII Exame) João e Pedro são, por lei, contribuintes obrigados solidariamente a pagar determinado tributo. Foi publicada lei que isenta os ex-combatentes do pagamento de tal tributo, sendo este o caso pessoal somente de João.

Tendo em vista essa situação, assinale a afirmativa correta.

(A) Sendo um caso de isenção pessoal, a lei não exonera Pedro, que permanece obrigado a pagar o saldo remanescente, descontada a parcela isenta em favor de João.

(B) Pedro ficará totalmente exonerado do pagamento, aproveitando-se da isenção em favor de João.

(C) O imposto poderá ser cobrado de Pedro ou de João, pois a solidariedade afasta a isenção em favor deste.

(D) Pedro permanece obrigado a pagar integralmente o imposto, nada obstante a isenção em favor de João.

RESPOSTA Tratando-se de isenção pessoal, apenas beneficiará um dos devedores. O outro deve responder pelo saldo restante, conforme art. 125, II, do CTN. *Alternativa A.*

74. (XX Exame – Reaplicação) XYZ é um estabelecimento empresarial que foi alienado e cujo adquirente continuou a explorar a mesma atividade.

Considerando que também o alienante de XYZ continuou a exercer atividade empresarial no mesmo ramo de negócio, assinale a afirmativa correta.

(A) O adquirente é integralmente responsável pelos tributos devidos até a data da alienação do estabelecimento, sem responsabilidade do alienante.

(B) O adquirente e o alienante são responsáveis, cada qual, por 50% dos tributos devidos até a data da alienação do estabelecimento.

(C) A responsabilidade pelos tributos devidos até a data da alienação é integralmente do alienante, sem responsabilidade do adquirente.

(D) Como o alienante continuou a explorar atividade empresarial, a responsabilidade do adquirente pelos tributos devidos até a data da alienação é subsidiária com o alienante.

RESPOSTA Considerando que o vendedor/alienante permaneceu exercendo atividade econômica, o comprador/adquirente responde apenas de forma subsidiária, conforme com o art. 133 do CTN. *Alternativa D.*

VII. CRÉDITO TRIBUTÁRIO

75. (41º Exame) O Estado Alfa acabou de implantar um novo sistema *online* para o lançamento do Imposto sobre a Transmissão Causa Mortis e Doação – ITCMD, veiculando também em lei estadual o modo como o preenchimento da declaração deve ser feito e entregue pelo sujeito passivo tributário por meio da Internet. Segundo essa lei, caberia ao sujeito passivo preencher a declaração, indicando os fatos geradores, as bases de cálculo e as alíquotas aplicáveis, resultando, ao final, no valor a ser pago, devendo também o sujeito passivo gerar a guia de pagamento pela internet e pagá-la. O Fisco estadual teria prazo decadencial para analisar a declaração entregue e o respectivo pagamento por parte do sujeito passivo. Assinale a opção que indica, corretamente, a modalidade de lançamento do ITCMD nesse Estado.

(A) Lançamento por declaração.

(B) Lançamento por arbitramento.

(C) Lançamento por homologação.

(D) Lançamento de ofício.

RESPOSTA Considerando que houve a declaração e pagamento antecipado, restando ao fisco apenas analisar e eventualmente homologar a quitação, trata-se de lançamento por homologação (art. 150 do CTN). *Alternativa C.*

76. (40º Exame) Para conter a escalada de preços dos combustíveis que vem afetando a economia nacional, a equipe econômica do governo federal estuda a possibilidade de conceder, mediante lei complementar editada exclusivamente para tal fim, uma isenção temporária de um ano sobre todos os tributos federais e estaduais incidentes sobre os combustíveis (petróleo e derivados), atendendo aos requisitos das leis orçamentárias. Diante desse cenário, assinale a afirmativa correta.

DIREITO TRIBUTÁRIO

(A) A concessão de tal isenção, mediante lei complementar, de caráter nacional, exclusivamente para este fim é admitida pela Constituição Federal.

(B) Sendo tal benefício fiscal apenas temporário, pode ser excepcionalmente admitido por ter, como causa, uma situação extraordinária de interesse nacional.

(C) Tal lei afronta a Constituição Federal ao atingir tributos de competência estadual.

(D) A competência tributária é privativa da Agência Nacional de Petróleo (ANP) quanto à tributação de combustíveis, e tal lei acaba por violá-la.

RESPOSTA A União não pode conceder isenção de tributo de competência estadual (art. 151, III, da CRFB). *Alternativa C.*

77.

(38º Exame) A sociedade empresária Aguardente 100% Ltda., fabricante de bebidas destiladas, por meio de sua advogada Sophia, protocolou perante a secretaria especial da Receita Federal do Brasil, ainda dentro do prazo legal para pagamento, consulta referente à necessidade de recolhimento de imposto sobre produtos industrializados (IPI) acerca de operação específica por ela desempenhada. Escoado o prazo original para pagamento e ainda não decidida a consulta, à luz do Código Tributário Nacional (CTN), assinale a afirmativa correta.

(A) Aguardente 100% Ltda. poderá ter cobrados contra si juros de mora que correm mesmo na pendência da consulta tributária.

(B) Por ocasião da decisão final da consulta, o fisco federal poderá impor multa tributária caso a solução de consulta seja contrária aos interesses de Aguardente 100% Ltda.

(C) A obrigação tributária a ser cumprida por Aguardente 100% Ltda., por ter sido objeto de consulta, não poderá ser acrescida de juros de mora e nem poderá ser imposta multa tributária à empresa.

(D) Podem ser aplicadas contra Aguardente 100% Ltda. medidas de garantia previstas no CTN ou em lei tributária na pendência da consulta tributária.

RESPOSTA De acordo com art. 161, § 2º, do CTN, na pendência de consulta fiscal não poderá incidir os encargos de juros ou multa tributária. *Alternativa C.*

78.

(XXXIII Exame) Lei municipal específica instituiu contribuição de melhoria para custeio de pavimentação asfáltica integralmente custeada pelo ente público na Rua ABC, localizada no Município X. Finalizada a obra e seguido o devido procedimento previsto na legislação para cálculo e cobrança deste tributo, Lucas, proprietário de

imóvel substancialmente valorizado em decorrência da obra, recebeu notificação, em 1º-6-2021, para pagamento do tributo até 30-6-2021. Contudo, nem pagou nem impugnou o débito tributário. Diante desse cenário, assinale a afirmativa correta.

(A) O prazo decadencial para constituição deste crédito tributário se encerra em cinco anos contados a partir da data de 1º-6-2021.

(B) O prazo decadencial para constituição deste crédito tributário se encerra em cinco anos contados a partir da data de 30-6-2021.

(C) O prazo prescricional para cobrança deste crédito tributário se encerra em cinco anos contados a partir da data de 1º-6-2021.

(D) O prazo prescricional para cobrança deste crédito tributário se encerra em cinco anos contados a partir da data de 30-6-2021.

RESPOSTA De acordo com o CTN, a ação para a cobrança do crédito tributário prescreve em cinco anos, contados da data da sua constituição definitiva (art. 174). Considerando o vencimento do débito, já se inicia o prazo prescricional (Súmula 622 do STJ). *Alternativa D.*

79.

(XXXI Exame) Uma sociedade empresária em recuperação judicial requereu, perante a Secretaria Estadual de Fazenda do Estado X, o parcelamento de suas dívidas tributárias estaduais. O Estado X dispunha de uma lei geral de parcelamento tributário, mas não de uma lei específica para parcelamento de débitos tributários de devedor em recuperação judicial. Diante desse cenário, assinale a afirmativa correta.

(A) O parcelamento não pode ser concedido caso inexista lei específica estadual que disponha sobre as condições de parcelamento dos créditos tributários do devedor em recuperação judicial.

(B) O prazo de parcelamento a ser concedido ao devedor em recuperação judicial quanto a tais débitos para com o Estado X não pode ser inferior ao concedido por lei federal específica de parcelamento dos créditos tributários do devedor em recuperação judicial.

(C) O parcelamento do crédito tributário exclui a incidência de juros, em regra, no caso de devedor em recuperação judicial.

(D) O parcelamento do crédito tributário exclui a incidência de multas, em regra, no caso de devedor em recuperação judicial.

RESPOSTA Diante do caso em tela, observa-se que lei específica disporá sobre as condições de parcelamento dos créditos tributários do devedor em recuperação judicial (art. 155-A, § 3º, do CTN). Mas, no caso de inexistência da lei específica, importa na aplicação das leis gerais de parcelamento do ente da Federação ao devedor em recuperação judicial, não podendo, neste caso, ser o prazo de parcelamento inferior ao concedido pela lei federal específica (§ 4º). *Alternativa B.*

80. (XXX Exame) No final do ano de 2018, o Município X foi gravemente afetado por fortes chuvas que causaram grandes estragos na localidade. Em razão disso, a Assembleia Legislativa do Estado Y, em que está localizado o Município X, aprovou lei estadual ordinária concedendo moratória quanto ao pagamento do Imposto Predial e Territorial Urbano (IPTU) do ano subsequente, em favor de todos os contribuintes desse imposto situados no Município X. Diante desse cenário, assinale a afirmativa correta.

(A) Lei ordinária não é espécie normativa adequada para concessão de moratória.

(B) Lei estadual pode conceder moratória de IPTU, em situação de calamidade pública ou de guerra externa ou sua iminência.

(C) Lei estadual não pode, em nenhuma hipótese, conceder moratória de IPTU.

(D) A referida moratória somente poderia ser concedida mediante despacho da autoridade administrativa em caráter individual.

RESPOSTA Considerando ser tributo de competência municipal, não poderá o Estado conceder moratória (art. 156, I, da CRFB). *Alternativa C.*

81. (XXIX Exame) A Fazenda Pública apurou que fato gerador, ocorrido em 12/10/2007, referente a um imposto sujeito a lançamento por declaração, não havia sido comunicado pelo contribuinte ao Fisco. Por isso, efetuou o lançamento de ofício do tributo em 05/11/2012, tendo sido o contribuinte notificado desse lançamento em 09/11/2012, para pagamento em 30 dias. Não sendo a dívida paga, nem tendo o contribuinte impugnado o lançamento, a Fazenda Pública inscreveu, em 05/10/2017, o débito em dívida ativa, tendo ajuizado a ação de execução fiscal em 08/01/2018. Diante desse cenário, assinale a afirmativa correta.

(A) A cobrança é indevida, pois o crédito tributário foi extinto pelo decurso do prazo decadencial.

(B) A cobrança é indevida, pois já teria se consumado o prazo prescricional para propor a ação de execução fiscal.

(C) A cobrança é devida, pois a inscrição em dívida ativa do crédito tributário, em 05/10/2017, suspendeu, por 180 dias, a contagem do prazo prescricional para propositura da ação de execução fiscal.

(D) A cobrança é devida, pois não transcorreram mais de 10 anos entre a ocorrência do fato gerador (12/10/2007) e a inscrição em dívida ativa do crédito tributário (05/10/2017).

RESPOSTA De acordo com o CTN, a ação para a cobrança do crédito tributário prescreve em cinco anos, contados da data da sua constituição definitiva (art. 174). Segundo as datas do problema, o prazo prescricional já estaria vencido. *Alternativa B.*

82. (XXVI Exame) Em março de 2016, o Município X publicou lei instituindo novos critérios de apuração e ampliando os poderes de investigação das autoridades administrativas. Com base nessa nova orientação, em outubro do mesmo ano, o fisco municipal verificou a ausência de declaração e recolhimento de valores do Imposto Sobre Serviços de Qualquer Natureza – ISSQN devidos pela pessoa jurídica Y, referentes ao ano-calendário 2014; diante dessa constatação, lavrou auto de infração para cobrança dos valores inadimplidos. No que tange à possibilidade de aplicação da nova legislação ao presente caso, assinale a afirmativa correta.

(A) É inaplicável, pois não respeitou o princípio da anterioridade anual.

(B) É inaplicável, pois o fisco somente poderia lavrar o auto de infração com base nos critérios de apuração previstos em lei vigente no momento da ocorrência do fato gerador.

(C) É aplicável, pois a legislação que institui novos critérios de apuração e amplia poderes de investigação das autoridades administrativas aplica-se aos lançamentos referentes a fatos geradores ocorridos antes de sua vigência.

(D) É aplicável, pois foi observado o princípio da anterioridade nonagesimal.

RESPOSTA De acordo com o art. 144, § 1º, do CTN. *Alternativa C.*

83. (XXV Exame) João, no final de janeiro de 2016, foi citado em execução fiscal, proposta no início do mesmo mês, para pagamento de valores do Imposto sobre a Propriedade Predial e Territorial Urbana (IPTU) referente aos anos de 2009 e 2010. Sabe-se que o IPTU em referência aos dois exercícios foi lançado e notificado ao sujeito passivo, respectivamente, em janeiro de 2009 e em janeiro de 2010. Após a ciência dos lançamentos, João não tomou qualquer providência em relação aos débitos. O município não adotou qualquer medida judicial entre a notificação dos lançamentos ao sujeito passivo e o ajuizamento da execução fiscal. Com base na hipótese apresentada, assinale

DIREITO TRIBUTÁRIO

a opção que indica o argumento apto a afastar a exigência fiscal.

(A) O crédito tributário está extinto em virtude de decadência.

(B) O crédito tributário está extinto em virtude de parcelamento.

(C) A exigibilidade do crédito tributário está suspensa em virtude de compensação.

(D) O crédito tributário está extinto em virtude de prescrição.

RESPOSTA De acordo com os arts. 156, V, e 174 do CTN. *Alternativa D.*

84.
(XXV Exame) Devido à crise que vem atingindo o Estado Y, seu governador, após examinar as principais reclamações dos contribuintes, decidiu estabelecer medidas que facilitassem o pagamento do Imposto sobre a Propriedade de Veículos Automotores (IPVA). Por meio de despacho administrativo, autorizado por lei, perdoou débitos de IPVA iguais ou inferiores a R$ 300,00 (trezentos reais) na época da publicação. Além disso, sancionou lei prorrogando o prazo para pagamento dos débitos de IPVA já vencidos. Com base no caso apresentado, assinale a opção que indica os institutos tributários utilizados pelo governo, respectivamente.

(A) Remissão e isenção.

(B) Moratória e anistia.

(C) Remissão e moratória.

(D) Isenção e moratória.

RESPOSTA Remissão se caracteriza como hipótese de extinção do crédito tributário pelo perdão das dívidas (art. 172 do CTN), já a moratória se enquadra como modalidade de suspensão (art. 152, CTN). Sendo assim, correta a *Alternativa C.*

85.
(XXIV Exame) O Município X, graças a uma lei municipal publicada no ano de 2014, concedeu isenção de IPTU aos proprietários de imóveis cujas áreas não ultrapassem 70m². João possui um imóvel nessa condição e procura seus serviços, como advogado(a), para saber se deve pagar a taxa de coleta de resíduos sólidos urbanos, instituída pelo município por meio de lei publicada em junho de 2017, a ser exigida a partir do exercício financeiro seguinte.

Diante desse quadro fático, assinale a afirmativa correta.

(A) João não deve pagar a taxa de coleta, uma vez que a isenção do IPTU se aplica a qualquer outro tributo.

(B) João não deve pagar a taxa de coleta, porque, sendo a lei instituidora da taxa posterior à lei que concedeu a isenção, por esta é abrangida, ficando João desobrigado do IPTU e da taxa.

(C) João deve pagar a taxa de coleta, porque a isenção só é extensiva às contribuições de melhoria instituídas pelo município.

(D) João deve pagar a taxa de coleta, porque, salvo disposição de lei em contrário, a isenção não é extensiva às taxas.

RESPOSTA Em razão do art. 150, § 6º, da CRFB e arts. 111 e 177 do CTN. *Alternativa D.*

86.
(XXIII Exame) O Estado E publicou a Lei n. 123, instituindo anistia relativa às infrações cometidas em determinada região de seu território, em função de condições a ela peculiares. Diante desse fato, o contribuinte C apresentou requerimento para a concessão da anistia, comprovando o preenchimento das condições e o cumprimento dos requisitos previstos em lei. Efetivada a anistia por despacho da autoridade administrativa, verificou-se o descumprimento, por parte do contribuinte, das condições estabelecidas em lei, gerando a revogação da anistia de ofício. Diante da situação apresentada, assinale a afirmativa correta.

(A) A anistia instituída pela Lei n. 123 é inviável, pois a anistia deve abranger todo o território da entidade tributante.

(B) Não é possível a revogação da anistia, pois o preenchimento das condições e o cumprimento dos requisitos previstos em lei, por parte do contribuinte, geram direito adquirido.

(C) A anistia instituída pela Lei n. 123 é inviável, pois a anistia somente pode ser concedida em caráter geral.

(D) É possível a revogação da anistia, pois o despacho da autoridade administrativa efetivando a anistia não gera direito adquirido.

RESPOSTA De acordo com o art. 182, parágrafo único, do CTN. *Alternativa D.*

87.
(XXI Exame) Determinado Estado da Federação publicou, em julho de 2015, a Lei n. 123/2015, que majorou o valor das multas e das alíquotas de ICMS. Em fevereiro de 2016, em procedimento de fiscalização, aquele Estado constatou que determinado contribuinte, em operações realizadas em outubro de 2014, não recolheu o ICMS devido. Por conta disso, foi efetuado o lançamento tributário contra o contribuinte, exigindo-lhe o ICMS não pago e a multa decorrente do inadimplemento.

O lançamento em questão só estará correto se

(A) as multas e alíquotas forem as previstas na Lei n. 123/2015.

(B) as alíquotas forem as previstas na Lei n. 123/2015 e as multas forem aquelas previstas na lei vigente ao tempo do fato gerador.

(C) as multas e as alíquotas forem as previstas na lei vigente ao tempo do fato gerador.

(D) as multas forem as previstas na Lei n. 123/2015 e as alíquotas forem aquelas previstas na lei vigente ao tempo do fato gerador.

RESPOSTA De acordo com o art. 150, III, *a*, da CRFB e art. 106 do CTN. *Alternativa C.*

88. **(XXI Exame)** A Pessoa Jurídica ABC verificou que possuía débitos de Imposto sobre a Renda ("IRPJ") e decidiu aderir ao parcelamento por necessitar de certidão de regularidade fiscal para participar de licitação. Após regular adesão ao parcelamento e diante da inexistência de quaisquer outros débitos, a contribuinte apresentou requerimento para emissão da certidão.

Com base nessas informações, o Fisco deverá

(A) deferir o pedido, já que o parcelamento é causa de extinção do crédito tributário.

(B) (indeferir o pedido, pois a certidão somente poderá ser emitida após o pagamento integral do tributo em atraso.

(C) deferir o pedido, já que o parcelamento é causa de suspensão da exigibilidade do crédito tributário.

(D) deferir o pedido, já que o parcelamento é causa de exclusão do crédito tributário.

RESPOSTA Segundo o art. 151, VI, do CTN, o parcelamento é modalidade de suspensão do crédito tributário, situação que possibilita a emissão da certidão de regularidade fiscal constante no art. 206 do CTN. *Alternativa C.*

VIII. GARANTIAS, PRIVILÉGIOS, PREFERÊNCIAS DO CRÉDITO TRIBUTÁRIO E ADMINISTRAÇÃO TRIBUTÁRIA

89. **(41º Exame)** Um deputado estadual desejava conceder benefício fiscal na modalidade de crédito presumido de ICMS em favor de bares e restaurantes situados no Estado Alfa, de modo a fomentar esse setor comercial. Por isso, propôs projeto de lei com esse fim, o qual foi aprovado por maioria simples na Assembleia Legislativa e sancionado pelo governador. Acerca desse cenário, assinale a afirmativa correta.

(A) Tal projeto de lei deveria ter sido aprovado por maioria absoluta, e não por maioria simples, na Assembleia Legislativa.

(B) A iniciativa desse projeto de lei era privativa do governador.

(C) A concessão de tal benefício fiscal na modalidade de crédito presumido dependeria de prévia autorização, por meio de convênio celebrado no âmbito do Conselho Nacional de Política Fazendária.

(D) O governador poderia ter concedido tal benefício fiscal na modalidade de crédito presumido por decreto, não sendo necessária a aprovação de lei estadual nesse sentido

RESPOSTA A concessão de benefício fiscal do ICMS precisa de prévia deliberação dos Estados e Distrito Federal por meio do Conselho Nacional de Política Fazendária – Confaz (art. 155, § 2º, XII, *g*, da CRFB). *Alternativa C.*

90. **(39º Exame)** O Estado Alfa notificou João em 05/05/2022 para, no prazo legal de 30 dias, pagar ou impugnar sua dívida de IPVA referente aos anos de 2020 e 2021. Este, por sua vez, quedou-se inerte e deixou transcorrer o referido prazo sem nada fazer. Logo em seguida, em 15/06/2022, a Secretaria de Fazenda do Estado Alfa, nos termos da legislação, encaminhou a Certidão de Dívida Ativa (CDA) devidamente inscrita em seus registros para o Cartório de Protesto de Títulos local, que expediu intimação ao devedor para pagamento da obrigação tributária, com os acréscimos legais e emolumentos cartorários. João, preocupado com as repercussões decorrentes do protesto extrajudicial da CDA em seu nome, sobretudo em relação aos órgãos de proteção ao crédito, como o Serasa e o Serviço de Proteção ao Crédito – SPC, consulta você, como advogado(a). Diante desse cenário, assinale a afirmativa correta.

(A) Tal protesto viola o sigilo fiscal do contribuinte e cria um dano ao seu nome, honra e imagem.

(B) Por não se tratar de um ato de natureza tributária, tal protesto será admissível apenas para a cobrança da dívida não tributária.

(C) Ao possuir previsão legal expressa, não se consubstanciando em uma sanção ilegítima, o ato de protesto é válido.

(D) Embora se admita tal protesto, não se autoriza a inserção do nome de João nos cadastros de órgãos de proteção ao crédito.

RESPOSTA Não é vedada a divulgação de informações relativas a inscrições na Dívida Ativa da Fazenda Pública (art. 198, § 3º, II, do CTN). *Alternativa C.*

DIREITO TRIBUTÁRIO

91. (35º Exame) Marcelo, servidor do Estado X, verificando sua conta bancária, percebeu que houve a retenção a maior do imposto sobre a renda (IRRF) incidente sobre sua remuneração. Objetivando receber a quantia recolhida a maior de volta, Marcelo ajuizou ação de repetição de indébito, incluindo, no polo passivo, o Estado X. Sobre a hipótese descrita, assinale a afirmativa correta.

(A) O imposto sobre a renda é um tributo de competência exclusiva da União, e, portanto, o polo passivo deve ser integrado pela União.

(B) Marcelo não possui legitimidade ativa para propor a ação de repetição de indébito, visto que não suportou o ônus tributário.

(C) Somente o Estado X tem legitimidade para figurar no polo passivo da ação de restituição de indébito do imposto sobre a renda retido na fonte proposta por seus servidores.

(D) Tanto o Estado X quanto a União deveriam figurar solidariamente no polo passivo da ação de repetição de indébito.

RESPOSTA O produto da arrecadação do imposto da União sobre renda e proventos de qualquer natureza, incidente na fonte, sobre rendimentos pagos, a qualquer título, por eles, suas autarquias e pelas fundações que instituírem e mantiverem pertence aos Estados e ao Distrito Federal. É o que está estabelecido no inciso I do art. 157 da CRFB. Diz a Súmula 447 do STJ que os Estados e o Distrito Federal são partes legítimas na ação de restituição de imposto de renda retido na fonte proposta por seus servidores. *Alternativa C.*

92. (XXXII Exame) A sociedade empresária Quitutes da Vó Ltda. teve sua falência decretada, tendo dívidas de obrigação tributária principal relativas a tributos e multas, dívida de R$ 300.000,00 decorrente de acidente de trabalho, bem como dívidas civis com garantia real. Diante desse cenário, assinale a afirmativa correta.

(A) O crédito tributário de obrigação principal tem preferência sobre as dívidas civis com garantia real.

(B) A dívida decorrente de acidente de trabalho tem preferência sobre o crédito tributário de obrigação principal.

(C) O crédito tributário decorrente de multas tem preferência sobre a dívida de R$ 300.000,00 decorrente de acidente de trabalho.

(D) O crédito relativo às multas tem preferência sobre o crédito tributário de obrigação principal.

RESPOSTA De acordo com o art. 186 do CTN, o crédito tributário prefere a qualquer outro, seja qual for sua natureza ou o tempo de sua constituição, ressalvados os créditos decorrentes da legislação do trabalho ou do acidente de trabalho. *Alternativa B.*

93. (XXXII Exame) José está sendo executado por dívida tributária municipal não paga. Na Certidão de Dívida Ativa (CDA) que instrui a execução fiscal, constam o nome do devedor e seu domicílio; a quantia devida e a maneira de calcular os juros de mora; a origem e natureza do crédito, com menção do decreto municipal em que está fundado; e a data em que foi inscrito. José oferece embargos à execução, atacando a CDA, que reputa incorreta. Diante desse cenário, José

(A) tem razão, pois cabe à Fazenda Pública o ônus da prova de que a CDA cumpre todos os requisitos obrigatoriamente exigidos por lei.

(B) tem razão, pois a CDA deve mencionar dispositivo de lei em que o crédito tributário está fundado.

(C) não tem razão, pois esta CDA goza de presunção iuris et de iure (absoluta) de certeza e liquidez.

(D) não tem razão, pois esta CDA contém todos os requisitos obrigatoriamente exigidos por lei.

RESPOSTA Dentre os requisitos do termo de inscrição da dívida ativa, autenticado pela autoridade competente, está a indicação obrigatória a origem e natureza do crédito, mencionada especificamente a disposição da lei em que seja fundado (art. 202, III). *Alternativa B.*

94. (XXXI Exame) João da Silva, servidor da Administração Tributária do Município Y, recebeu propina de José Pereira, adquirente de um imóvel, para, em conluio com este, emitir uma certidão que atestava falsamente a quitação de débito do Imposto de Transmissão de Bens Imóveis (ITBI) incidente sobre a transferência de propriedade. A certidão seria apresentada ao tabelião para lavrar-se escritura pública de compra e venda imobiliária e para posterior registro. Considerando-se que, nesse Município, o contribuinte de ITBI é o adquirente de imóvel, assinale a afirmativa correta.

(A) O servidor João da Silva poderá ser responsabilizado funcional e criminalmente por esse ato, mas a dívida tributária somente poderá ser cobrada de José Pereira, o único que é parte na relação jurídico-tributária com o Município credor.

(B) O servidor João da Silva poderá ser responsabilizado pessoalmente pelo crédito tributário e juros de mora acrescidos.

(C) O tabelião poderá ser o único responsabilizado pela dívida tributária e juros de mora acrescidos, por ter lavrado a escritura pública sem averiguar, junto ao Fisco Municipal, a veracidade das informações da certidão apresentada.

(D) Caso seja aplicada multa tributária punitiva contra José Pereira, este poderá exigir do Fisco que 50% do valor da multa seja cobrado do servidor João da Silva.

RESPOSTA De acordo com o art. 208 do CTN, a certidão negativa expedida com dolo ou fraude, que contenha erro contra a Fazenda Pública, responsabiliza pessoalmente o funcionário que a expedir, pelo crédito tributário e juros de mora acrescidos. Ademais, o disposto neste artigo não exclui a responsabilidade criminal e funcional que no caso couber. *Alternativa B.*

95. (XXIX Exame) A União lavrou auto de infração para a cobrança de créditos de Imposto sobre a Renda, devidos pela pessoa jurídica PJ. A cobrança foi baseada no exame, considerado indispensável por parte da autoridade administrativa, de documentos, livros e registros de instituições financeiras, incluindo os referentes a contas de depósitos e aplicações financeiras de titularidade da pessoa jurídica PJ, após a regular instauração de processo administrativo. Não houve, neste caso, qualquer autorização do Poder Judiciário. Sobre a possibilidade do exame de documentos, livros e registros de instituições financeiras pelos agentes fiscais tributários, assinale a afirmativa correta.

(A) Não é possível, em vista da ausência de previsão legal.

(B) É expressamente prevista em lei, sendo indispensável a existência de processo administrativo instaurado.

(C) É expressamente prevista em lei, sendo, no entanto, dispensável a existência de processo administrativo instaurado.

(D) É prevista em lei, mas deve ser autorizada pelo Poder Judiciário, conforme exigido por lei.

RESPOSTA De acordo com o art. 196 do CTN, a autoridade administrativa que proceder ou presidir a quaisquer diligências de fiscalização lavrará os termos necessários para que se documente o início do procedimento, na forma da legislação aplicável, que fixará prazo máximo para a conclusão daquelas. *Alternativa B.*

96. (XXVII Exame) A União concedeu isenção de Imposto sobre a Renda aos portadores da doença Beta. João e Maria são portadores da referida doença, sendo João servidor público do Estado ABC e Maria, servidora pública do Município XYZ. Em razão de retenção indevida do tributo, João e Maria desejam propor ação de restituição de Imposto sobre a Renda retido na fonte. Com base nesse relato, assinale a afirmativa correta.

(A) João e Maria devem ajuizar ação em face da União, sendo a competência da Justiça Federal.

(B) João deve ajuizar ação em face do Estado ABC, enquanto Maria deve ajuizar ação em face do Município XYZ, sendo a competência da Justiça Estadual.

(C) João deve ajuizar ação em face da União e do Estado ABC e Maria, em face da União e do Município XYZ, sendo a competência da Justiça Federal.

(D) João e Maria devem ajuizar ação em face do respectivo ente empregador, sendo a competência da Justiça Federal, tendo em vista o interesse da União.

RESPOSTA As ações devem ser direcionadas dentro da competência de cada unidade federativa. Sendo assim, o Estado e o Município respondem na Justiça Estadual. *Vide* ainda a Súmula 447 do STJ, que preconiza que os Estados e o Distrito Federal são partes legítimas na ação de restituição de imposto de renda retido na fonte proposta por seus servidores. Atente-se que o IR retido na fonte pertencem tanto aos Estados como aos Municípios, de acordo com os arts. 157 e 158 da CRFB, respectivamente. *Alternativa B.*

97. (XXVI Exame) João, empresário, inconformado com a notificação de que a Administração Pública Fazendária teria acesso às informações de sua movimentação bancária para instruir processo administrativo fiscal, decidiu procurar o Escritório Alfa de advocacia para uma consulta a respeito do caso. João busca saber se a medida configura quebra de sigilo fiscal e se o procedimento da Administração Pública está correto. Com base na hipótese apresentada, assinale a opção que indica a orientação a ser dada pelo Escritório Alfa, considerando a jurisprudência do Supremo Tribunal Federal (STF) acerca do acesso a dados bancários sigilosos pela Administração Pública Fazendária.

(A) Não se trata de quebra de sigilo, mas de transferência de sigilo para finalidades de natureza eminentemente fiscal, pois a legislação aplicável garante a preservação da confidencialidade dos dados, vedado seu repasse a terceiros estranhos ao próprio Estado, sob pena de responsabilização dos agentes que eventualmente pratiquem essa infração.

(B) A imediata notificação do contribuinte é mera liberalidade da Administração Fazendária, sendo ao contribuinte facultada, tão somente, a extração da decisão final da Administração Fazendária.

(C) Tal uso de dados ofende o direito ao sigilo bancário, porque macula o princípio da igualdade e o princípio da capacidade contributiva.

(D) É inconstitucional a quebra de sigilo, pois a legislação aplicável garante a preservação da confidencialidade dos dados, vedado seu repasse a

DIREITO TRIBUTÁRIO

terceiros, inclusive aos integrantes da Administração Pública Fazendária.

RESPOSTA De acordo com o STF, "o entendimento de que a norma não resulta em quebra de sigilo bancário, mas sim em transferência de sigilo da órbita bancária para a fiscal, ambas protegidas contra o acesso de terceiros. A transferência de informações é feita dos bancos ao Fisco, que tem o dever de preservar o sigilo dos dados, portanto não há ofensa à Constituição Federal" (julgamento das ADI 2859, 2390, 2386 e 2397 sobre a LC n. 105/2001). *Alternativa A.*

98. (XXIV Exame) O Estado A ajuizou execução fiscal em face da pessoa jurídica B, com o objetivo de cobrar crédito referente ao Imposto sobre a Circulação de Mercadorias e Prestação de Serviços (ICMS). Nesse sentido, requereu, em sua petição inicial, que, após a citação, fosse determinada a imediata indisponibilidade de bens e direitos da contribuinte. Nesse caso, o juiz deve indeferir o pedido, porque a decretação da indisponibilidade de bens e direitos

(A) ocorre somente após o insucesso do pedido de constrição sobre ativos financeiros, embora desnecessária qualquer outra providência.

(B) ocorre somente após a expedição de ofícios aos registros públicos do domicílio do executado, embora desnecessária qualquer outra providência.

(C) ocorre somente após o exaurimento das diligências na busca por bens penhoráveis.

(D) é impossível durante a execução fiscal.

RESPOSTA De acordo com o art. 185-A do CTN. *Alternativa C.*

99. (XXIV Exame) A pessoa jurídica A declarou débitos de Imposto sobre a Renda (IRPJ) que, no entanto, deixaram de ser quitados. Diante do inadimplemento da contribuinte, a União promoveu o protesto da Certidão de Dívida Ativa (CDA) decorrente da regular constituição definitiva do crédito tributário inadimplido.

Com base em tais informações, no que tange à possibilidade de questionamento por parte da contribuinte em relação ao protesto realizado pela União, assinale a afirmativa correta.

(A) O protesto da CDA é indevido, uma vez que o crédito tributário somente pode ser cobrado por meio da execução fiscal.

(B) O protesto da CDA é regular, por se tratar de instrumento extrajudicial de cobrança com expressa previsão legal.

(C) O protesto da CDA é regular, por se tratar de instrumento judicial de cobrança com expressa previsão legal.

(D) O protesto da CDA é indevido, por se tratar de sanção política sem previsão em lei.

RESPOSTA De acordo com o art. 174, parágrafo único, II, do CTN, a ação para a cobrança do crédito tributário prescreve em cinco anos, contados da data da sua constituição definitiva, sendo que a prescrição se interrompe pelo protesto judicial. E segundo o STF, o protesto da CDA é considerado instrumento extrajudicial. *Alternativa B.*

100. (XXIII Exame) A massa falida X possui (i) débitos tributários vencidos de Imposto sobre Circulação de Mercadorias e Serviços – ICMS; (ii) débitos decorrentes da legislação do trabalho, no valor de 30 salários mínimos; (iii) débitos com os sócios da massa falida X; e (iv) remuneração devida ao administrador da massa. Em tal quadro, assinale a afirmativa correta.

(A) O débito de natureza tributária será pago em primeiro lugar.

(B) O débito de natureza tributária será pago em segundo lugar.

(C) O débito de natureza tributária será pago em terceiro lugar.

(D) O débito de natureza tributária será pago em quarto lugar.

RESPOSTA De acordo com a preferência de pagamentos da Lei n. 11.101/2005 e Lei Complementar n. 118/2005 e do art. 186 do CTN. *Alternativa C.*

IX. AÇÕES JUDICIAIS NO DIREITO TRIBUTÁRIO

101. (41º Exame) Em 2022, a Organização Religiosa ABC recebeu em doação lojas que pretende alugar para destinar a renda obtida com os aluguéis ao pagamento de auxílio ministerial para a subsistência de seus ministros religiosos e suas famílias. Temendo que o Fisco municipal, já em janeiro de 2023, venha a fazer o lançamento dos IPTUs referentes a tais lojas, a Organização Religiosa ABC procurou você, como advogado(a), nesse mesmo mês de janeiro de 2023, para que seja promovida medida judicial a fim de que o Fisco se abstenha de fazer tal lançamento, sabendo que terá de ser produzida prova nos autos – por perito contábil indicado pelo Juízo – acerca da destinação que se pretende dar a esses aluguéis. Diante desse cenário, assinale a opção que indica a ação a ser proposta.

(A)   Mandado de Segurança Preventivo.
(B)   Medida Cautelar Fiscal.
(C)   Ação Anulatória.
(D)   Ação Declaratória.

RESPOSTA   Considerando que ainda não houve efetivo lançamento tributário a medida correta seria a Ação Declaratória (art. 19, I, do CPC). Não seria cabível o Mandado de Segurança preventivo em razão da informação quanto a necessidade de produção probatória. *Alternativa D.*

102. (37º Exame) A instituição assistencial sem fins lucrativos Quero-te-bem, apesar de atender há muitos anos a todos os requisitos legais e constitucionais para ter direito ao seu enquadramento como detentora da imunidade tributária de impostos das entidades beneficentes de assistência social (art. 150, inciso VI, alínea *c*, da CRFB/88), foi surpreendida, em dezembro de 2022, com uma notificação de lançamento tributário referente ao Imposto sobre a Renda de Pessoa Jurídica (IRPJ) dos anos de 2018 a 2021. Ao consultar seu advogado, este solicita todos os livros contábeis, documentos societários e demais certidões, todos desde a sua constituição, a fim de desconstituir judicialmente a cobrança, com o auxílio de parecer de empresa de auditoria e de perito judicial a serem indicados e produzidos como meios de provas no processo. Diante desse cenário, assinale a opção que indica a medida judicial cabível.

(A)   Mandado de segurança repressivo.
(B)   Ação anulatória de débito fiscal.
(C)   Ação declaratória de inexistência de relação jurídico-tributária.
(D)   Medida cautelar fiscal.

RESPOSTA   Considerando que já existe lançamento tributário sem cobrança por meio de execução, aliada à necessidade de produção de provas, a medida judicial correta será a ação anulatória (art. 38, LEF). *Alternativa B.*

103. (37º Exame) Depois de citado em ação de execução fiscal movida pelo Estado Alfa, João não pagou o crédito tributário constante da certidão de dívida ativa no valor de R$ 100.000,00 e nem ofereceu voluntariamente qualquer bem para garantir a execução. Em seguida, foi decretada e cumprida a penhora *online* em dinheiro do valor total cobrado, que foi encontrado em uma de suas contas bancárias, constrição realizada através do SISBAJUD. João, por seu advogado(a), pretende oferecer em sua defesa os embargos do devedor, dentro do prazo legal. Para tal, ele terá 30 (trinta) dias para oferecer os embargos do devedor, contados

(A)   da sua citação para oferecer os embargos do devedor.
(B)   do despacho do juiz que deferiu a inicial da ação de execução fiscal.
(C)   da efetiva intimação da penhora.
(D)   da juntada aos autos do mandado de intimação da penhora devidamente cumprido.

RESPOSTA   O prazo para manejo dos embargos à execução será de trinta dias. Tratando-se de penhora de valores, o prazo será iniciado da intimação da penhora (art. 16, III). *Alternativa C.*

104. (36º Exame) Uma ação de execução fiscal foi movida pela União em face de João para cobrança de crédito tributário referente ao Imposto sobre a Renda de Pessoa Física (IRPF) dos exercícios de 2019 e 2020, conforme Certidão de Dívida Ativa (CDA) regularmente juntada. Na mesma data em que recebeu a citação enviada pelo Correio com aviso de recepção, o executado entrou em contato com seu advogado, constituindo-o para defender os seus interesses. Diante desse cenário, assinale a afirmativa correta.

(A)   A citação é inválida, pois deveria ter sido realizada exclusivamente por oficial de justiça ou por edital.
(B)   Ao ser citado, João terá 5 dias para apresentar a sua contestação.
(C)   Citado, João poderá, dentro do prazo legal, pagar a dívida com os acréscimos devidos ou garantir a execução.
(D)   No prazo de 30 dias contados da citação, João poderá oferecer embargos à execução.

RESPOSTA   A citação pelos Correios é válida e o executado terá 5 dias para efetuar o pagamento ou garantir a execução (art. 8º, I, da LEF). *Alternativa C.*

105. (35º Exame) Marcelo, servidor do Estado X, verificando sua conta bancária, percebeu que houve retenção a maior do imposto sobre a renda (IRRF) incidente sobre sua remuneração. Objetivando receber a quantia recolhida a maior de volta, Marcelo ajuizou ação de repetição de indébito, incluindo, no polo passivo, o Estado X. Sobre a hipótese descrita, assinale a afirmativa correta.

(A)   O imposto sobre a renda é um tributo de competência exclusiva da União, e, portanto, o polo passivo deve ser integrado pela União.
(B)   Marcelo não possui legitimidade ativa para propor a ação de repetição de indébito, visto que não suportou o ônus tributário.

DIREITO TRIBUTÁRIO

(C) Somente o Estado X tem legitimidade para figurar no polo passivo da ação de restituição de indébito do imposto sobre a renda retido na fonte proposta por seus servidores.

(D) Tanto o Estado X quanto a União deveriam figurar solidariamente no polo passivo da ação de repetição de indébito.

RESPOSTA O produto da arrecadação do imposto da União sobre renda e proventos de qualquer natureza, incidente na fonte, sobre rendimentos pagos, a qualquer título, por eles, suas autarquias e pelas fundações que instituírem e mantiverem, pertencem aos Estados e ao Distrito Federal. É o que está estabelecido no inciso I do art. 157 da CRFB. Diz a Súmula 447 do STJ que os Estados e o Distrito Federal são partes legítimas na ação de restituição de imposto de renda retido na fonte proposta por seus servidores. *Alternativa C.*

106. (35º Exame) A sociedade empresária Comércio de Roupas ABC Ltda. deixou passar o prazo para a interposição dos embargos à execução em ação de execução fiscal ajuizada em agosto de 2021, relativa à cobrança de PIS e CO-FINS do período de janeiro a março do ano de 2010 não declarados nem pagos, objetos de lançamentos de ofício ocorridos em dezembro de 2014 e não impugnados. Sabendo que a sociedade pretende apresentar uma Exceção de Pré-Executividade visando a afastar a exigibilidade e extinguir a ação de cobrança, seu advogado, como argumento cabível para esta defesa, poderá requerer

(A) o arrolamento de testemunhas (ex-funcionários) para comprovar que não teria havido vendas no período alegado como fato gerador.

(B) a realização de perícia contábil dos seus livros fiscais para comprovar que não teria havido faturamento no período alegado como fato gerador.

(C) o reconhecimento da prescrição do crédito tributário apenas pela análise dos prazos de lançamento e cobrança judicial.

(D) a juntada da declaração de imposto sobre a renda da pessoa jurídica e a escrituração contábil do exercício fiscal do período alegado como fato gerador para comprovar que a sociedade empresarial teria tido prejuízo e, por isso, não teria ocorrido o fato gerador das contribuições sociais objeto da cobrança.

RESPOSTA A ação para a cobrança do crédito tributário prescreve em cinco anos, contados da data da sua constituição definitiva (Súmula 622 do STJ). Se já estava prescrito, tornou-se matéria de ordem pública a pode ser suscitada por meio da Exceção de Pré-Executividade (Súmula 393 do STJ). *Alternativa C.*

107. (XXI Exame) João deixou de pagar o Imposto de Importação sobre mercadoria trazida do exterior, sendo notificado pelo fisco federal. Ao receber a notificação, logo impugnou administrativamente a cobrança. Percebendo que seu recurso administrativo demoraria longo tempo para ser apreciado e querendo resolver a questão o mais rápido possível, propõe ação anulatória para discutir matéria idêntica àquela demandada administrativamente.

Com base nesse relato, assinale a afirmativa correta.

(A) Haverá o sobrestamento da ação anulatória até que seja efetivamente apreciada a impugnação administrativa.

(B) A medida judicial será indeferida devido à utilização de recurso na esfera administrativa.

(C) A propositura de ação judicial sobre matéria idêntica àquela demandada na esfera administrativa não constitui em desistência de tal esfera.

(D) A concomitância de defesa administrativa com medida judicial versando sobre matérias idênticas implica desistência do recurso administrativo interposto.

RESPOSTA O art. 38, parágrafo único, da Lei n. 6.830/80 e o art. 87 do Decreto federal n. 7.574/2011 dispõem que a existência ou propositura, pelo sujeito passivo, de ação judicial com o mesmo objeto do lançamento importa em renúncia ou em desistência ao litígio nas instâncias administrativas. *Alternativa D.*

108. (XX Exame) Após verificar que realizou o pagamento indevido de Imposto sobre Circulação de Mercadorias e Serviços – ICMS, determinado contribuinte requer administrativamente a restituição do valor recolhido. O órgão administrativo competente denega o pedido de restituição.

Qual o prazo, bem como o marco inicial, para o contribuinte ajuizar ação anulatória da decisão administrativa que denega a restituição?

(A) 2 (dois) anos contados da notificação do contribuinte da decisão administrativa.

(B) 5 (cinco) anos contados da notificação do contribuinte da decisão administrativa.

(C) 5 (cinco) anos contados do primeiro dia do exercício seguinte ao fato gerador.

(D) 1 (um) ano contado da data do julgamento.

RESPOSTA De acordo com o art. 169 do CTN. *Alternativa A.*

REFERÊNCIAS

ALEXANDRE, Ricardo. *Direito tributário esquematizado*. 2. ed. São Paulo: Método, 2008.

AMARO, Luciano. *Direito tributário brasileiro*. 13. ed. São Paulo: Saraiva, 2007.

CARVALHO, Paulo de Barros. *Curso de direito tributário*. 19. ed. São Paulo: Saraiva, 2009.

NOVAIS, Rafael. *Direito tributário facilitado*. 3. ed. São Paulo: Método, 2018.

ROCHA, Marcelo Hugo da; KNIJNIK, Eduardo. *Direito tributário*. Rio de Janeiro: Impetus, 2012.

SABBAG, Eduardo. *Manual de direito tributário*. 3. ed. São Paulo: Saraiva, 2011.

Direito Administrativo

Ao acessar o QR Code, você encontrará Dicas para o Exame da OAB e mais Questões Comentadas para treinar seus conhecimentos
> https://uqr.to/1wk70

DIREITO ADMINISTRATIVO: QUADRO GERAL DE QUESTÕES	
TEMAS	N. DE QUESTÕES
I. Princípios do Direito Administrativo	3
II. Bens Públicos	8
III. Organização da Administração Pública	40
IV. Serviços Públicos	22
V. Agentes Públicos	42
VI. Licitações	7
VII. Contratos Administrativos	4
VIII. Intervenção do Estado na Propriedade	26
IX. Controle da Administração Pública	11
X. Responsabilidade Civil do Estado	13
XI. Poderes Administrativos	13
XII. Atos Administrativos	10
XIII. Processo Administrativo	21
XIV. Improbidade Administrativa, Lei Anticorrupção e Lei de Acesso à Informação	8
TOTAL	228

I. PRINCÍPIOS DO DIREITO ADMINISTRATIVO

1. (41º Exame) Há mais de dez anos o Município Delta trava uma batalha judicial com a sociedade empresária Ipsilone, em decorrência de uma construção irregular, que, apesar de não causar qualquer tipo de risco, não logrou obter a devida licença administrativa por violar formalmente as normas então vigentes, mas que trouxe diversos benefícios sociais e turísticos para a coletividade. Em decorrência do clamor público, o prefeito do Município Delta determinou a realização de uma consulta pública, para viabilizar a celebração de um compromisso que encerrasse a situação jurídica contenciosa, com vistas a melhor atender ao interesse geral. Em razão disso, os representantes da sociedade Ipsilone buscaram você, como advogado(a), com o objetivo de esclarecer se a conduta do prefeito está adequada ao ordenamento jurídico, notadamente no que concerne às normas de interpretação e aplicação do Direito Público. Diante dessa situação hipotética, com base no texto da Lei de Introdução às normas do Direito Brasileiro, assinale a opção que apresenta, corretamente, sua orientação sobre a mencionada consulta.

(A) É vedado ao Município Delta realizar o almejado compromisso com a sociedade Ipsilone em decorrência do princípio da indisponibilidade do interesse público.

(B) O referido compromisso poderá conferir à sociedade Ipsilone a desoneração permanente de dever reconhecido por orientação geral, diante do
princípio da supremacia do interesse público.

(C) O compromisso pretendido deve produzir efeitos a partir da respectiva formalização, antes
mesmo de sua publicação oficial, à luz do princípio da transparência.

(D) O compromisso em questão deverá buscar solução jurídica proporcional, equânime, eficiente e
compatível com interesses gerais.

RESPOSTA De acordo com o inciso I do §1º do art.
26 da LINDB, para eliminar irregularidade, incerteza
jurídica ou situação contenciosa na aplicação do direito público, inclusive no caso de expedição de licença, a autoridade administrativa poderá, após oitiva do
órgão jurídico e, quando for o caso, após realização de
consulta pública, e presentes razões de relevante interesse geral, celebrar compromisso com os interessados, observada a legislação aplicável, o qual só produzirá efeitos a partir de sua publicação oficial. "§ 1º O
compromisso referido no *caput* deste artigo: I – busca-
rá solução jurídica proporcional, equânime, eficiente e
compatível com os interesses gerais". *Alternativa D.*

2. (XXIV Exame) João foi aprovado em concurso público promovido pelo Estado Alfa para o
cargo de analista de políticas públicas, tendo tomado posse no cargo, na classe inicial da respectiva
carreira. Ocorre que João é uma pessoa proativa e
teve, como gestor, excelentes experiências na iniciativa privada. Em razão disso, ele decidiu que não
deveria cumprir os comandos determinados por
agentes superiores na estrutura administrativa, porque ele as considerava contrárias ao princípio da
eficiência, apesar de serem ordens legais. A partir do
caso apresentado, assinale a afirmativa correta.

(A) João possui total liberdade de atuação, não se
submetendo a comandos superiores, em decorrência do princípio da eficiência.

(B) A liberdade de atuação de João é pautada somente pelo princípio da legalidade, considerando que não existe escalonamento de competência no âmbito da Administração Pública.

(C) João tem dever de obediência às ordens legais
de seus superiores, em razão da relação de subordinação decorrente do poder hierárquico.

(D) As autoridades superiores somente podem realizar o controle finalístico das atividades de João,
em razão da relação de vinculação estabelecida
com os superiores hierárquicos.

RESPOSTA O princípio da eficiência, introduzido
pela Emenda Constitucional n. 19 de 1998, não se sobrepõe ao princípio da legalidade. É limitado pela Le-

galidade. Dessa forma, João deve obedecer, em função
do princípio da hierarquia, que norteia a Administração Pública, as ordens legais de seus superiores em
razão da subordinação de corrente do poder hierárquico. *Alternativa C.*

3. (XX Exame) Carlos Mário, chefe do Departamento de Contratos de uma autarquia federal descobre, por diversos relatos, que Geraldo, um
dos servidores a ele subordinado, deixara de comparecer a uma reunião para acompanhar a tarde de
autógrafos de um famoso artista de televisão. Em
outra ocasião, Geraldo já se ausentara do serviço,
durante o expediente, sem prévia autorização do
seu chefe, razão pela qual lhe fora aplicada advertência. Irritado, Carlos Mário determina a instauração de um processo administrativo disciplinar, aplicando a Geraldo a penalidade de suspensão, por 15
(quinze) dias, sem a sua oitiva, em atenção ao princípio da verdade sabida.

Considerando o exposto, assinale a afirmativa
correta.

(A) A penalidade aplicada é nula, em razão de violação às garantias constitucionais da ampla defesa e do contraditório, razão pela qual o princípio
da verdade sabida não guarda compatibilidade
com a ordem constitucional vigente.

(B) A penalidade aplicada é nula, pois a ausência do
serviço sem autorização do chefe é hipótese de
aplicação da penalidade de advertência e jamais
poderia dar ensejo à aplicação da penalidade de
suspensão.

(C) A penalidade aplicada é correta, pois a ausência
do servidor no horário de expediente é causa de
aplicação da penalidade de suspensão, e o fato
era de ciência de vários outros servidores.

(D) A penalidade aplicada contém vício sanável, devendo ser ratificada pelo Diretor-Presidente da
autarquia, autoridade competente para tanto.

RESPOSTA No Brasil, o Processo Administrativo
Disciplinar não é orientado pelo Princípio da Verdade
Sabida. Ao contrário, aplica-se obrigatoriamente a
observância aos Princípios da Ampla Defesa e do Contraditório. *Alternativa A.*

II. BENS PÚBLICOS

4. (XXXIII Exame) Há muitos anos, Bruno invadiu sorrateiramente uma terra devoluta
indispensável à defesa de fronteira, que já havia
sido devidamente discriminada. Como não houve
oposição, Bruno construiu uma casa, na qual passou a residir com sua família, além de usar o ter-

DIREITO ADMINISTRATIVO

reno subjacente para a agricultura de subsistência. A União, muitos anos depois do início da utilização do bem por Bruno, promoveu a sua notificação para desocupar o imóvel, em decorrência de sua finalidade de interesse público. Na qualidade de advogado(a) consultado(a) por Bruno, assinale a afirmativa correta.

(A) Bruno terá que desocupar o bem em questão e não terá direito à indenização pelas acessões e benfeitorias realizadas, pois era mero detentor do bem da União.

(B) A União não poderia ter notificado Bruno para desocupar bem que não lhe pertence, na medida em que todas as terras devolutas são de propriedade dos estados em que se situam.

(C) Bruno pode invocar o direito fundamental à moradia para reter o bem em questão, até que a União efetue o pagamento pelas acessões e benfeitorias realizadas.

(D) Caso Bruno preencha os requisitos da usucapião extraordinária, não precisará desocupar o imóvel da União.

RESPOSTA Terras devolutas são de propriedade da União (art. 20, II, CRFB), sendo, portanto, bens públicos (art. 98, CC). Os bens públicos são insuscetíveis de usucapião (art. 102, CC), sendo Bruno mero detentor do bem. *Alternativa A.*

5. (XXXII Exame) O Município Delta está passando por graves dificuldades financeiras e recebeu da sociedade empresária Incorporatudo uma proposta para alienar determinada praça pública, situada em bairro valorizado, por montante consideravelmente superior ao praticado no mercado, em decorrência do grande interesse que a Incorporatudo tem de promover um empreendimento de luxo no local. Diante dessa situação hipotética, assinale a afirmativa correta.

(A) O Município Delta pode alienar o bem em questão, mediante autorização por Decreto e sem licitação, diante da obtenção do lucro que poderia ser revertido para a coletividade.

(B) O bem em foco, por ser dominical, poderia ser alienado pelo Município Delta mediante autorização legislativa, dispensada a licitação em razão do alto valor oferecido.

(C) O bem público em comento, em razão de ser de uso comum, só poderia ser alienado se houvesse a sua prévia desafetação e fossem seguidos os ditames da lei geral de licitações.

(D) O bem de uso especial é passível de alienação pelo Município Delta, apesar de, na hipótese, ser necessária a licitação.

RESPOSTA O Código Civil divide os bens públicos em de uso comum do povo (como as praças), de uso especial e os dominicais, *vide* art. 99. Os dois primeiros são inalienáveis (art. 100) enquanto mantiverem essa qualificação, podendo ser alienados somente se forem desafetados. Já os dominicais podem ser alienados (art. 101). *Alternativa C.*

6. (XXIV Exame) Determinado município é proprietário de um extenso lote localizado em área urbana, mas que não vem sendo utilizado pela Administração há anos. Em consequência do abandono, o imóvel foi ocupado por uma família de desempregados, que deu à área uma função social. O poder público teve ciência do fato, mas, como se tratava do final da gestão do então prefeito, não tomou qualquer medida para que o bem fosse desocupado. A situação perdurou mais de trinta anos, até que o município ajuizou a reintegração de posse. Sobre a questão apresentada, assinale a afirmativa correta.

(A) O terreno não estava afetado a um fim público, razão pela qual pode ser adquirido por usucapião.

(B) O terreno é insuscetível de aquisição por meio de usucapião, mesmo sendo um bem dominical.

(C) O poder público municipal não poderá alienar a área em questão, dado que todos os bens públicos são inalienáveis.

(D) O bem será classificado como de uso especial, caso haja a reintegração de posse e o município decida construir uma grande praça no local anteriormente ocupado pela família.

RESPOSTA Os bens públicos são insuscetíveis a Usucapião. O art. 183, § 3º, expressamente determina que os imóveis públicos urbanos não são passíveis de usucapião. Não há distinção entre bens de Uso Comum do Povo, de Uso Especial ou Dominicais. *Alternativa B.*

7. (XXI Exame) A sociedade "Limpatudo" S/A é empresa pública estadual destinada à prestação de serviços públicos de competência do respectivo ente federativo. Tal entidade administrativa foi condenada em vultosa quantia em dinheiro, por sentença transitada em julgado, em fase de cumprimento de sentença. Para que se cumpra o título condenatório, considerar-se-á que os bens da empresa pública são

(A) impenhoráveis, certo que são bens públicos, de acordo com o ordenamento jurídico pátrio.

(B) privados, de modo que, em qualquer caso, estão sujeitos à penhora.

(C) privados, mas, se necessários à prestação de serviços públicos, não podem ser penhorados.

(D) privados, mas são impenhoráveis em decorrência da submissão ao regime de precatórios.

RESPOSTA Bens das pessoas jurídicas de direito privado integrantes da Administração Pública são privados (ou particulares), mas quando estiverem sendo efetivamente utilizados na prestação de um serviço público, estarão sujeitos a regras próprias do regime jurídico de bens públicos (*inalienabilidade, impenhorabilidade, imprescritibilidade e não onerabilidade*). *Alternativa C.*

III. ORGANIZAÇÃO DA ADMINISTRAÇÃO PÚBLICA

8. **(40º Exame)** A sociedade empresária Sabiá tomou conhecimento de um edital de licitação elaborado pelo Município Alfa para promover a permissão de determinado serviço público de competência local, razão pela qual procura sua assessoria jurídica, a fim de dirimir algumas dúvidas acerca da mencionada modalidade de delegação. Acerca das peculiaridades da permissão de serviços públicos, à luz do disposto na CRFB/88 e na Lei n. 8.987/95, assinale a afirmativa correta.

(A) A modalidade licitatória deverá ser necessariamente aquela designada como diálogo competitivo.

(B) Não é necessária a realização de licitação para a formalização da delegação pretendida pelo Município Alfa.

(C) É necessária a constituição de uma sociedade de propósito específico para a formalização do respectivo contrato.

(D) A delegação pretendida poderá ser realizada para pessoa física ou jurídica que demonstre capacidade para a prestação do serviço por sua conta e risco.

RESPOSTA De acordo com art. 2º, IV, da Lei 8.987/95, para os fins do disposto nesta Lei, considera-se permissão de serviço público: a delegação, a título precário, mediante licitação, da prestação de serviços públicos, feita pelo poder concedente à pessoa física ou jurídica que demonstre capacidade para seu desempenho, por sua conta e risco. *Alternativa D.*

9. **(39º Exame)** Diante da necessidade de vultosos investimentos em infraestrutura e para atrair a iniciativa privada, a União divulgou, pelos meios de comunicação, que pretende realizar uma parceria público-privada, na modalidade concessão patrocinada, salientando que já ficou caracterizado que cerca de 75% (setenta e cinco por cento) da remuneração do parceiro privado deverá ser paga pela Administração. Tal notícia despertou o interesse da sociedade. Considera, que procurou a sua assessoria jurídica acerca da contratação pretendida. Diante dessa situação hipotética, assinale a alternativa correta, à luz da Lei n. 11.079/2004.

A) A concessão patrocinada pretendida depende de autorização legislativa específica.

B) Acaso vença a licitação, a própria sociedade Considera poderá formalizar o respectivo contrato administrativo para implantar e gerir o objeto da parceria.

C) A contraprestação da União no contrato em questão deverá ser realizada exclusivamente por ordem bancária.

D) Não é possível que a União preste garantia das obrigações pecuniárias contraídas pela Administração Pública.

RESPOSTA De acordo com art. 10, § 3º, da Lei 11.079/2004, as concessões patrocinadas em que mais de 70% (setenta por cento) da remuneração do parceiro privado for paga pela Administração Pública dependerão de autorização legislativa específica. *Alternativa A.*

10. **(35º Exame)** O Estado Alfa pretende firmar com sociedade empresária ou consórcio privado contrato de concessão patrocinada de serviços públicos para manutenção de uma rodovia estadual, precedida de obra pública, sob o regime jurídico da chamada parceria público-privada. O Estado Alfa iniciou os trâmites legais para a contratação, e a sociedade empresária Delta está interessada em ser contratada. Visando calcular os riscos, em especial tirar dúvidas sobre o pedágio que será cobrado dos usuários e as providências administrativas que deve adotar previamente para ser contratada, a sociedade empresária Delta buscou orientação em escritório de advocacia especializado na matéria. Na qualidade de advogado(a) que compareceu à reunião para prestar esclarecimentos à sociedade empresária Delta, você informou ao sócio-administrador, com base na Lei n. 11.079/04, que a concessionária prestará o serviço cobrando

(A) dos usuários determinado valor pela tarifa e percebendo uma remuneração adicional paga pelo poder público concedente, e, antes da celebração do contrato, deverá ser constituída sociedade de propósito específico, incumbida de implantar e gerir o objeto da parceria.

(B) do Estado Alfa, na qualidade de usuário direto ou indireto dos serviços, o valor total da tarifa, e, antes da celebração do contrato, deverá ser constituída sociedade empresária subsidiária, incumbida de planejar o objeto da parceria.

DIREITO ADMINISTRATIVO

(C) dos usuários valor como tarifa que seja suficiente para, de forma integral, arcar com e manter o equilíbrio econômico e financeiro do contrato, sem contribuição do poder público concedente, e a contratação será precedida de licitação na modalidade concorrência.

(D) do Estado Alfa, na qualidade de usuário indireto dos serviços, o valor da metade da tarifa, e a contratação será precedida de licitação na modalidade concorrência ou pregão, de acordo com o valor estimado do contrato.

RESPOSTA De acordo com o art. 2º da Lei n. 11.079/2004, parceria público-privada é o contrato administrativo de concessão, na modalidade patrocinada ou administrativa. Concessão patrocinada é a concessão de serviços públicos ou de obras públicas de que trata a Lei n. 8.987/95, quando envolver, adicionalmente à tarifa cobrada dos usuários, contraprestação pecuniária do parceiro público ao parceiro privado (§ 1º). Ademais, prevê o art. 9º que, antes da celebração do contrato, deverá ser constituída sociedade de propósito específico, incumbida de implantar e gerir o objeto da parceria. *Alternativa A.*

11. (35º Exame) A Associação Gama é uma instituição religiosa que se dedica à promoção da assistência social e almeja obter recursos financeiros junto ao governo federal a fim de fomentar suas atividades. Para tanto, seus representantes acreditam que a melhor alternativa é a qualificação como Organização da Sociedade Civil de Interesse Público – OSCIP, razão pela qual procuram você, como advogado(a), a fim de esclarecer as peculiaridades relacionadas à legislação de regência (Lei n. 9.790/99). Acerca da situação hipotética apresentada, assinale a afirmativa correta.

(A) A qualificação da Associação Gama como OSCIP é ato discricionário, que deve ser pleiteado junto ao Ministério da Justiça.

(B) Após a sua qualificação como OSCIP, a Associação Gama deverá formalizar contrato de gestão com a Administração Pública para a transferência de recursos financeiros.

(C) A Associação Gama não poderá ser qualificada como OSCIP, pois as instituições religiosas não são passíveis de tal qualificação.

(D) O estatuto social da Associação Gama precisa vedar a participação de servidores públicos na composição de conselho ou diretoria, a fim de que ela possa ser qualificada como OSCIP.

RESPOSTA Conforme o art. 2º da Lei n. 9.790/99, as instituições religiosas ou voltadas para a disseminação de credos, cultos, práticas e visões devocionais e confessionais não são passíveis de qualificação como Or-

ganizações da Sociedade Civil de Interesse Público, ainda que se dediquem de qualquer forma às atividades descritas no art. 3º da lei (ex.: promoção de assistência social). *Alternativa C.*

12. (35º Exame) Em decorrência das queimadas que têm assolado certo bioma, os municípios vizinhos Alfa, Beta e Gama, nacionalmente conhecidos pelo turismo ambiental promovido na localidade e drasticamente afetados pelo fogo, decidiram formalizar um consórcio público com vistas a promover a proteção ao meio ambiente. No respectivo protocolo de intenções, os entes federativos estabeleceram a denominação – Protetivus –, a finalidade, o prazo de duração, a sede do consórcio e a previsão de que o consórcio é associação pública, dentre outras cláusulas necessárias. Diante dessa situação hipotética, em consonância com a legislação de regência, assinale a afirmativa correta.

(A) A associação pública Protetivus não poderá integrar a Administração Indireta dos municípios Alfa, Beta e Gama.

(B) Os municípios Alfa, Beta e Gama somente entregarão recursos financeiros ao consórcio público mediante contrato de rateio.

(C) Os municípios Alfa, Beta e Gama não poderiam formalizar o consórcio público em questão sem a participação da União.

(D) A edição de Decreto por cada um dos municípios envolvidos é suficiente para que a associação pública Protetivus adquira personalidade jurídica.

RESPOSTA De acordo com o art. 8º da Lei n. 11.107/2005, os entes consorciados somente entregarão recursos ao consórcio público mediante contrato de rateio. *Alternativa B.*

13. (XXXIV Exame) Com vistas a atender a relevante interesse social e coletivo, o Estado Alfa decidiu criar uma sociedade de economia mista para o desempenho de atividade econômica de sua competência. Após os devidos trâmites para a criação de tal pessoa jurídica, designada de Empreendere, verificou-se a necessidade da contratação de pessoal para que a entidade administrativa pudesse desempenhar suas atividades. Considerando a situação delimitada, assinale a afirmativa correta.

(A) Por desempenhar atividade econômica, não há necessidade de Empreendere realizar concurso público para a contratação de pessoal.

(B) Por se tratar de pessoa jurídica de direito privado, a criação de Empreendere não depende de autorização legislativa.

(C) O regime de pessoal a ser adotado por Empreender será o de emprego público, ou seja, o regime celetista.

(D) Empreendere é uma pessoa jurídica de direito público, cuja criação decorre diretamente da lei, independentemente do registro dos atos constitutivos.

RESPOSTA Sociedade de Economia Mista é entidade da administração indireta, cuja criação depende de autorização por lei específica (CRFB, art. 37, XIX) e possui personalidade jurídica de direito privado (Lei n. 13.303/16, art. 4º). O regime de pessoal a ser adotado é o típico de pessoas jurídicas de direito privado, ou seja, o celetista (CLT), conforme previsão da própria CRFB (art. 173, § 1º, II). *Alternativa C.*

14. (XXX Exame) O mandato de João como dirigente de determinada agência reguladora federal terminou pelo decurso do prazo, em junho de 2019, sem sua recondução ao cargo. No mês seguinte, João recebeu vultosa e tentadora proposta de certa sociedade empresária para prestar serviço de consultoria na área do setor regulado pela citada agência. Levando em conta que a lei específica da agência em tela seguiu as normas gerais de gestão de recursos humanos das agências reguladoras previstas na Lei n. 9.986/2000, João

(A) está impedido de aceitar a proposta, pois precisa cumprir quatro meses de quarentena, contados do término do seu mandato, período durante o qual ficará vinculado à agência, fazendo jus à remuneração compensatória equivalente à do cargo de direção que exerceu e aos benefícios a ele inerentes, sob pena de incorrer na prática de crime de advocacia administrativa.

(B) está impedido de aceitar a proposta, pois precisa cumprir noventa dias de quarentena, contados do término do seu mandato, período durante o qual não ficará vinculado à agência, nem fará jus a qualquer remuneração compensatória, sob pena de incorrer na prática de ato de improbidade administrativa.

(C) pode aceitar a proposta, desde que abra mão da remuneração compensatória equivalente à do cargo de direção que exerceu e aos benefícios a ele inerentes, que receberia durante noventa dias após o término de seu mandato, sob pena de incorrer na prática de enriquecimento ilícito.

(D) pode aceitar a proposta, inclusive acumulando sua nova remuneração da iniciativa privada com a remuneração compensatória equivalente à do cargo de direção que exerceu e aos benefícios a ele inerentes, a que faz jus durante noventa dias após o término de seu mandato.

RESPOSTA Considerando a data do término do mandato (junho de 2019), aplica-se ao caso a previsão do art. 8º da Lei n. 9.986/2000, vigente na época, ou seja, de que estaria impedido de aceitar a proposta pelo período de 4 meses. Ressalte-se que essa previsão foi alterada pela Lei n. 13.848/2019, a qual entrou em vigor após o caso narrado, alterando o prazo para 6 meses. *Alternativa A.*

15. (XXVII Exame) No ano corrente, a União decidiu criar uma nova empresa pública, para a realização de atividades de relevante interesse econômico. Para tanto, fez editar a respectiva lei autorizativa e promoveu a inscrição dos respectivos atos constitutivos no registro competente. Após a devida estruturação, tal entidade administrativa está em vias de iniciar suas atividades. Acerca dessa situação hipotética, na qualidade de advogado(a), assinale a afirmativa correta.

(A) A participação de outras pessoas de direito público interno, na constituição do capital social da entidade administrativa, é permitida, desde que a maioria do capital votante permaneça em propriedade da União.

(B) A União não poderia ter promovido a inscrição dos atos constitutivos no registro competente, na medida em que a criação de tal entidade administrativa decorre diretamente da lei.

(C) A entidade administrativa em análise constitui uma pessoa jurídica de direito público, que não poderá contar com privilégios fiscais e trabalhistas.

(D) Os contratos com terceiros destinados à prestação de serviços para a entidade administrativa, em regra, não precisam ser precedidos de licitação.

RESPOSTA De acordo com o art. 3º da Lei n. 13.303/2016, que traz o conceito de empresa pública, diz que é a entidade dotada de personalidade jurídica de direito privado, com criação autorizada por lei e com patrimônio próprio, cujo capital social é integralmente detido pela União, pelos Estados, pelo Distrito Federal ou pelos Municípios. Complementa-se, ainda, com o parágrafo único, qual seja, desde que a maioria do capital votante permaneça em propriedade da União, do Estado, do Distrito Federal ou do Município, será admitida, no capital da empresa pública, a participação de outras pessoas jurídicas de direito público interno, bem como de entidades da administração indireta da União, dos Estados, do Distrito Federal e dos Municípios. *Alternativa A.*

16. (XXV Exame) A organização religiosa *Tenhafé*, além dos fins exclusivamente religiosos, também se dedica a atividades de interesse público, notadamente à educação e à socialização

DIREITO ADMINISTRATIVO

de crianças em situação de risco. Ela não está qualificada como Organização Social (OS), nem como Organização da Sociedade Civil de Interesse Público (OSCIP), mas pretende obter verbas da União para a promoção de projetos incluídos no plano de Governo Federal, propostos pela própria Administração Pública. Sobre a pretensão da organização religiosa *Tenhafé*, assinale a afirmativa correta.

(A) Por ser uma organização religiosa, *Tenhafé* não poderá receber verbas da União.

(B) A transferência de verbas da União para a organização religiosa *Tenhafé* somente poderá ser formalizada por meio de contrato administrativo, mediante a realização de licitação na modalidade concorrência.

(C) Para receber verbas da União para a finalidade em apreço, a organização religiosa *Tenhafé* deverá qualificar-se como OS ou OSCIP.

(D) Uma vez selecionada por meio de chamamento público, a organização religiosa *Tenhafé* poderá obter a transferência de recursos da União por meio de termo de colaboração.

RESPOSTA A Lei n. 13.019/2014 assim dispõe: "Art. 2º Para os fins desta Lei, considera-se: I – organização da sociedade civil: c) as organizações religiosas que se dediquem a atividades ou a projetos de interesse público e de cunho social distintas das destinadas a fins exclusivamente religiosos". O art. 16 da mesma lei assim dispõe: "Art. 16. O termo de colaboração deve ser adotado pela administração pública para consecução de planos de trabalho de sua iniciativa, para celebração de parcerias com organizações da sociedade civil que envolvam a transferência de recursos financeiros". *Alternativa D.*

17. (XXII Exame) A Associação Delta se dedica à promoção do voluntariado e foi qualificada como Organização da Sociedade Civil sem fins lucrativos – OSCIP, após o que formalizou termo de parceria com a União, por meio do qual recebeu recursos que aplicou integralmente na realização de suas atividades, inclusive na aquisição de um imóvel, que passou a ser a sede da entidade. Com base nessa situação hipotética, assinale a afirmativa correta.

(A) A Associação não poderia ter sido qualificada como OSCIP, considerando que o seu objeto é a promoção do voluntariado.

(B) A qualificação como OSCIP é ato discricionário da Administração Pública, que poderia indeferi-lo, mesmo que preenchidos os requisitos legais.

(C) A qualificação como OSCIP não autoriza o recebimento de recursos financeiros por meio de

termo de parceria, mas somente mediante contrato de gestão.

(D) A Associação não tem liberdade para alienar livremente os bens adquiridos com recursos públicos provenientes de termo de parceria.

RESPOSTA A qualificação de Organização da Sociedade Civil sem fins lucrativos – OSCIP é regulada pela Lei n. 9.790/99, a qual prevê, em seu art. 15, que, caso a organização adquira bem imóvel com recursos provenientes da celebração do Termo de Parceria, este será gravado com cláusula de inalienabilidade. Portanto, não há liberdade para alienação dos bens adquiridos com recursos de termos de parceria. *Alternativa D.*

18. (XXI Exame) Uma autarquia federal divulgou edital de licitação para a concessão da exploração de uma rodovia que interliga diversos Estados da Federação. A exploração do serviço será precedida de obras de duplicação da rodovia. Como o fluxo esperado de veículos não é suficiente para garantir, por meio do pedágio, a amortização dos investimentos e a remuneração do concessionário, haverá, adicionalmente à cobrança do pedágio, contraprestação pecuniária por parte do Poder Público. Sobre a hipótese apresentada, assinale a afirmativa correta.

(A) Trata-se de um exemplo de parceria público-privada, na modalidade concessão administrativa.

(B) Trata-se de um consórcio público com personalidade de direito público entre a autarquia federal e a pessoa jurídica de direito privado.

(C) Trata-se de um exemplo de parceria público-privada, na modalidade concessão patrocinada.

(D) Trata-se de um exemplo de consórcio público com personalidade jurídica de direito privado.

RESPOSTA Trata-se de parceria público-privada (PPP), na modalidade concessão patrocinada, com fundamento no art. 2º, § 1º da Lei n. 11.079/2004, ou seja, quando envolve, adicionalmente à tarifa cobrada dos usuários, contraprestação pecuniária do parceiro público ao parceiro privado. *Alternativa C.*

19. (XX Exame – Reaplicação) O Estado Alfa e os Municípios Beta e Gama, localizados naquele Estado, celebraram protocolo de intenções para a constituição de consórcio público para atuação na área de saneamento, dispondo que o consórcio teria personalidade jurídica de direito público. No protocolo de intenções está prevista a outorga de concessão, permissão e autorização de serviços públicos pelo consórcio, além da possibilidade de promover desapropriações e instituir servidões.

Sobre a hipótese apresentada, assinale a afirmativa correta.

(A) O consórcio é ente desprovido de personalidade e, portanto, não é válida a previsão contida no protocolo de intenções.

(B) O consórcio em referência não poderá ser constituído sem a obrigatória participação da União entre os seus consorciados.

(C) Após a constituição do consórcio, poderá ele promover desapropriação, pois prevista no protocolo, mas a declaração de utilidade pública não pode ser feita pelo consórcio.

(D) Com a assinatura do protocolo de intenções por todos os entes participantes, estará constituído o consórcio em referência.

RESPOSTA O Consórcio Público é dotado de Personalidade Jurídica. Pode ser pessoa jurídica de direito público ou de direito privado. O Estado pode se consorciar com os Municípios, inexistindo a necessidade de a União Federal integrar esse Consórcio. O art. 2º, § 1º, da Lei n. 11.107/2005 dispõe que, para o cumprimento de seus objetivos, o consórcio público poderá promover desapropriações e instituir servidões nos termos de declaração de utilidade ou necessidade pública, ou interesse social, realizada pelo Poder Público, destacando-se que a assinatura do protocolo de intenções não é suficiente para a constituição do Consórcio. *Alternativa C.*

IV. SERVIÇOS PÚBLICOS

20. (37º EXAME) O Estado Delta, com o fim de combater grave crise no sistema carcerário, realizou os estudos pertinentes para contratar uma concessão administrativa, de modo a delegar os serviços de determinado presídio, abarcando as atividades de limpeza e manutenção predial (incluindo reformas), bem como o fornecimento de alimentação e de vestuário para os detentos, sem que haja, portanto, a possibilidade de cobrança de tarifas dos usuários. Acerca da situação descrita, assinale a afirmativa correta.

(A) O Estado Delta, para a finalidade almejada, deveria fazer uso da concessão patrocinada.

(B) O contrato poderá ter, no máximo, prazo de validade de dois anos.

(C) O objeto do contrato poderia abarcar, também, as principais atividades atinentes aos serviços de segurança pública.

(D) O objeto do contrato é possível, pois não abarca apenas o fornecimento de mão de obra.

RESPOSTA Trata-se de parceria público-privada na modalidade "concessão administrativa". O art. 2º, § 4º, II, prevê que é vedada a celebração de contrato de parceria público-privada que tenha como objeto único o fornecimento de mão de obra, o fornecimento e instalação de equipamentos ou a execução de obra pública. Portanto, como o contrato não abarca somente o fornecimento de mão de obra, ele é possível. *Alternativa D.*

21. (XXXII Exame) O Município Alfa pretende formalizar uma parceria público-privada para a realização de obras, instalação de postes e prestação de serviços de iluminação pública. A contraprestação da concessionária vencedora da licitação seria inteiramente custeada pela Administração Pública local, mediante ordem bancária e por outorga de direitos sobre bens públicos dominicais do município. Sobre essa situação hipotética, assinale a afirmativa correta.

(A) A contratação almejada não é possível, porque o ordenamento não admite que a Administração arque com o custeio integral de parceria público-privada.

(B) A outorga de direitos sobre bens públicos dominicais não é contraprestação admissível para a formalização da parceria.

(C) O Município Alfa deveria utilizar-se de concessão administrativa para a formalização da contratação pretendida.

(D) A natureza individual (uti singuli) do serviço em questão exige a cobrança de tarifa do usuário para a realização da parceria público-privada almejada.

RESPOSTA A parceria público-privada é o contrato administrativo de concessão, na modalidade patrocinada ou administrativa, diz o art. 2º da Lei n. 11.079/2004. E a concessão administrativa é o contrato de prestação de serviços de que a Administração Pública seja a usuária direta ou indireta, ainda que envolva execução de obra ou fornecimento e instalação de bens (§ 2º). Assim, correta a *alternativa C.*

22. (XXXI Exame) O Município Beta concedeu a execução do serviço público de veículos leves sobre trilhos e, ao verificar que a concessionária não estava cumprindo adequadamente as obrigações determinadas no respectivo contrato, considerou tomar as providências cabíveis para a regularização das atividades em favor dos usuários. Nesse caso,

(A) impõe-se a encampação, mediante a retomada do serviço pelo Município Beta, sem o pagamento de indenização.

(B) a hipótese é de caducidade a ser declarada pelo Município Beta, mediante decreto, que independe da verificação prévia da inadimplência da concessionária.

DIREITO ADMINISTRATIVO

(C) cabe a revogação do contrato administrativo pelo Município Beta, diante da discricionariedade e precariedade da concessão, formalizada por mero ato administrativo.

(D) é possível a intervenção do Município Beta na concessão, com o fim de assegurar a adequada prestação dos serviços, por decreto do poder concedente, que conterá designação do interventor, o prazo, os objetivos e os limites da medida.

RESPOSTA A previsão expressa encontra-se no art. 32 e seu parágrafo único da Lei n. 8.987/95, segundo o qual o poder concedente poderá intervir na concessão, com o fim de assegurar a adequação na prestação do serviço, bem como o fiel cumprimento das normas contratuais, regulamentares e legais pertinentes. A intervenção far-se-á por decreto do poder concedente, que conterá a designação do interventor, o prazo da intervenção e os objetivos e limites da medida. *Alternativa D.*

23.
(XXIX Exame) O Município Alfa planeja estabelecer uma parceria público-privada para a construção e operação do metrô, cujo contrato terá vigência de trinta e cinco anos. Como a receita com a venda das passagens é inferior ao custo de implantação/operação do serviço, o ente local aportará recursos como complementação da remuneração do parceiro privado. Sobre a questão, assinale a afirmativa correta.

(A) Como o parceiro privado será remunerado pela tarifa do serviço de transporte e por uma contrapartida do poder público, a concessão será celebrada na modalidade administrativa.

(B) A contrapartida do parceiro público somente pode se dar em dinheiro, não sendo permitido qualquer outro mecanismo, a exemplo da outorga de direitos em face da Administração Pública.

(C) A vigência do futuro contrato é adequada, mas, por se tratar de negócio com duração de trinta e cinco anos, não poderá haver prorrogação contratual.

(D) Independentemente da proporção da contrapartida do parceiro público frente ao total da receita auferida pelo parceiro privado, não haverá necessidade de autorização legislativa específica.

RESPOSTA De acordo com art. 5º da Lei n. 11.079/2004, as cláusulas dos contratos de parceria público-privada atenderão ao disposto no art. 23 da Lei n. 8.987/95, no que couber, devendo também prever o prazo de vigência do contrato, compatível com a amortização dos investimentos realizados, não inferior a 5, nem superior a 35 anos, incluindo eventual prorrogação (inciso I). *Alternativa C.*

24.
(XXVIII Exame) O Governo do Estado Alfa, para impulsionar o potencial turístico de uma região cercada de belíssimas cachoeiras, pretende asfaltar uma pequena estrada que liga a cidade mais próxima ao local turístico. Com vistas à melhoria do serviço público e sem dinheiro em caixa para arcar com as despesas, o Estado decide publicar edital para a concessão da estrada, com fundamento na Lei n. 8.987/95, cabendo ao futuro concessionário a execução das obras. Com base na hipótese apresentada, assinale a afirmativa correta.

(A) O edital poderá prever, em favor da concessionária, outras fontes de receita além daquela oriunda do pedágio; a renda adicional deve favorecer a modicidade tarifária, reduzindo a tarifa paga pelos usuários.

(B) Um grande investidor (pessoa física) pode ser contratado pelo poder concedente, caso demonstre capacidade de realização das obras.

(C) A concessão pode ser feita mediante licitação na modalidade tomada de preços, caso as obras necessárias estejam orçadas em até R$ 1.500.000,00 (um milhão e quinhentos mil reais).

(D) O poder concedente não poderá exigir no edital garantias do concessionário de que realizará as obras a contento, dado que a essência do contrato de concessão é a delegação de serviço público.

RESPOSTA De acordo com o art. 11 da Lei n. 8.987/95, no atendimento às peculiaridades de cada serviço público, poderá o poder concedente prever, em favor da concessionária, no edital de licitação, a possibilidade de outras fontes provenientes de receitas alternativas, complementares, acessórias ou de projetos associados, com ou sem exclusividade, com vistas a favorecer a modicidade das tarifas, observado o disposto no art. 17 desta Lei. *Alternativa A.*

25.
(XXVII Exame) A sociedade empresária Beta assinou, na década de 1990, contrato de concessão de serviço de transporte público. Desde então, vem utilizando os mesmos ônibus no transporte de passageiros, não se preocupando com a renovação da frota, tampouco com o conforto dos usuários ou com o nível de emissão de poluentes. Em paralelo, com a natural evolução tecnológica, sabe-se que os veículos atualmente estão mais bem equipados, são mais seguros e, naturalmente, emitem menos poluentes. Com base no caso narrado, assinale a afirmativa correta.

(A) A renovação da frota visa a atender ao princípio da atualidade, que exige das concessionárias o emprego de equipamentos modernos.

(B) Constitui interesse público a utilização de ônibus novos, mais econômicos, eficientes e confortáveis; por isso, independentemente de lei autorizativa, pode o poder concedente encampar o contrato de concessão, retomando o serviço público.

(C) Se a concessionária desrespeitar os parâmetros de qualidade do serviço estabelecidos no contrato, a concessão poderá ser extinta unilateralmente pelo poder concedente, aplicando-se o instituto da rescisão.

(D) Ao fim da concessão, os veículos utilizados retornam ao poder concedente, independentemente de expressa previsão no edital e no contrato.

RESPOSTA Toda concessão ou permissão pressupõe a prestação de serviço adequado ao pleno atendimento dos usuários, conforme estabelecido nesta Lei, nas normas pertinentes e no respectivo contrato (art. 6º, Lei n. 8.987/95). Dentre seus princípios, está a atualidade, que compreende a modernidade das técnicas, do equipamento e das instalações e a sua conservação, bem como a melhoria e expansão do serviço (art. 6º, § 2º). *Alternativa A.*

26. (XX Exame) Determinada empresa apresenta impugnação ao edital de concessão do serviço público metroviário em determinado Estado, sob a alegação de que a estipulação do retorno ao poder concedente de todos os bens reversíveis já amortizados, quando do advento do termo final do contrato, ensejaria enriquecimento sem causa do Estado.

Assinale a opção que indica o princípio que justifica tal previsão editalícia.

(A) Desconcentração.
(B) Imperatividade.
(C) Continuidade dos Serviços Públicos.
(D) Subsidiariedade.

RESPOSTA O retorno ao poder concedente dos bens reversíveis já amortizados objetiva realizar o Princípio da Continuidade do Serviço Público. A eventual interrupção poderia ocorrer se os bens não retornassem ao Estado. *Alternativa C.*

V. AGENTES PÚBLICOS

27. (41º Exame) Diante do grande déficit de servidores, o Estado Alfa realizou concurso público para o cargo da polícia penal, com previsão de cinquenta vagas. O respectivo edital previu o prazo de um ano para o certame, prorrogável por igual período, bem como a realização de exame psicotécnico, de caráter eliminatório, com base em previsão constante da lei e do edital. Após a homologação do certame, ficou constando que Eulália

fora aprovada em quadragésimo lugar. Durante o prazo de validade do concurso anterior, o Estado Alfa abriu novo concurso para o preenchimento de mais cinquenta vagas para o mesmo cargo, com as mesmas previsões editalícias mencionadas, no qual Carlos foi o primeiro colocado. Recentemente, Carlos foi convocado para nomeação para o cargo em questão, enquanto, até a presente data, Eulália ainda não havia sido chamada, apesar de o seu certame ainda estar no prazo de validade. Nesse contexto, Eulália buscou a sua assessoria jurídica para fins de esclarecer as suas dúvidas acerca da situação vivenciada, hipótese em que você informou corretamente o que se segue.

(A) Eulália não tem direito subjetivo de ser nomeada, considerando que a aprovação em concurso gera mera expectativa de direito.

(B) Os concursos em questão estão viciados, na medida em que é nula a previsão editalícia que exija exame psicotécnico de caráter eliminatório.

(C) A convocação de Carlos caracteriza a preterição do direito de Eulália, já que ela tem prioridade de ser chamada sobre novos concursados.

(D) O prazo de validade estabelecido para os mencionados concursos é inválido, pois a Constituição exige o período razoável de no mínimo dois anos, prorrogável por mais um ano.

RESPOSTA Dentro do tema 784 do STF, "Direito à nomeação de candidatos aprovados fora do número de vagas previstas no edital de concurso público no caso de surgimento de novas vagas durante o prazo de validade do certame", a decisão no RE 837311 ajuda a solucionar o respectivo caso. "Assim, o direito subjetivo à nomeação do candidato aprovado em concurso público exsurge nas seguintes hipóteses: 1 – Quando a aprovação ocorrer dentro do número de vagas dentro do edital; 2 – Quando houver preterição na nomeação por não observância da ordem de classificação; 3 – Quando surgirem novas vagas, ou for aberto novo concurso durante a validade do certame anterior, e ocorrer a preterição de candidatos de forma arbitrária e imotivada por parte da administração nos termos acima". *Alternativa C.*

28. (40º Exame) Jamile, após aprovação em concurso público, foi investida em cargo efetivo na Secretaria de Administração do Estado Alfa, no qual alcançou a estabilidade. No entanto, o mencionado ente federativo decidiu reformular o seu quadro de pessoal, de modo que, após o devido processo legislativo, fez publicar a Lei XYX que extinguiu a carreira e, consequentemente, o cargo efetivo ocupado por Jamile, e, em razão disso, ato contínuo, promoveu sua exoneração. Diante dessa

DIREITO ADMINISTRATIVO

situação hipotética, à luz das disposições constitucionais acerca dos servidores públicos, assinale a afirmativa correta.

(A) Jamile não pode ser afetada pela alteração legislativa em comento, pois possui o direito adquirido de permanecer no cargo para o qual foi aprovada em concurso.

(B) O Estado Alfa deve promover o aproveitamento de Jamile em outro cargo, ainda que com atribuições e remuneração distintas daquele para o qual ela fora aprovada em concurso.

(C) A exoneração de Jamile revela-se adequada e pertinente, diante da extinção da carreira e do cargo efetivo que ocupava pela Lei XYZ.

(D) Jamile, em razão da extinção do cargo, deve ficar em disponibilidade, com remuneração proporcional ao tempo de serviço, até o seu adequado aproveitamento em outro cargo.

RESPOSTA De acordo com a Constituição Federal, extinto o cargo ou declarada a sua desnecessidade, o servidor estável ficará em disponibilidade, com remuneração proporcional ao tempo de serviço, até seu adequado aproveitamento em outro cargo (art. 41, § 3º). *Alternativa D.*

29. (40º Exame) Marcelo, servidor público federal estável, aposentou-se por invalidez. Meses depois, uma junta médica oficial declarou insubsistentes os motivos de sua aposentadoria. Consoante a Lei n. 8.112/90, que dispõe sobre o regime jurídico dos servidores públicos civis da União, o retorno de Marcelo à atividade, por meio de provimento de cargo público derivado por reingresso, se dará pela

(A) reintegração, que se dará no cargo anteriormente ocupado ou no cargo resultante de sua transformação. Na hipótese de o cargo ter sido extinto, Marcelo ficará em disponibilidade.

(B) recondução, que ocorrerá no mesmo cargo de origem e, encontrando-se provido o cargo, Marcelo será aproveitado em outro.

(C) reversão, que se fará no mesmo cargo ou no cargo resultante de sua transformação e, encontrando-se provido o cargo, Marcelo exercerá suas atribuições como excedente, até a ocorrência de vaga.

(D) readaptação, que se realizará em cargo de atribuições afins ao cargo originário de Marcelo, respeitada a habilitação exigida, o nível de escolaridade e a equivalência de vencimento.

RESPOSTA De acordo com art. 25, I, da Lei n. 8.112/90, a reversão é o retorno à atividade de servidor aposentado: por invalidez, quando junta médica oficial de-

clarar insubsistentes os motivos da aposentadoria. *Alternativa C.*

30. (XXXIV Exame) Carlos, conhecido advogado de notório saber jurídico e de reputação ilibada, com 30 (trinta) anos de efetiva atividade profissional, acaba de ser nomeado Desembargador junto ao Tribunal de Justiça do Estado Alfa. Em razão da natureza do cargo que passará a ocupar e do grau de responsabilidade de suas novas funções, Carlos gozará da prerrogativa da vitaliciedade, que garante que a perda de seu cargo apenas pode ocorrer mediante sentença judicial transitada em julgado. A vitaliciedade no cargo do Carlos será adquirida

(A) imediatamente, no momento de sua posse e exercício, não sendo necessária a observância de qualquer prazo ou a prática de qualquer ato administrativo específico.

(B) após 2 (dois) anos de efetivo exercício, período no qual desempenhará estágio probatório supervisionado pelo Tribunal de Justiça estadual.

(C) após 3 (três) anos de efetivo exercício, durante os quais cumprirá estágio probatório supervisionado, em conjunto, pela seccional da Ordem dos Advogados do Brasil e pelo Tribunal de Justiça estadual.

(D) no prazo de 30 (trinta) dias após sua posse, por meio de ato administrativo complexo a ser praticado pela seccional da Ordem dos Advogados do Brasil e pelo Tribunal de Justiça estadual.

RESPOSTA De acordo com a Lei Complementar n. 35/79 (Lei Orgânica da Magistratura Nacional), são vitalícios a partir da posse, dentre outros, os *Desembargadores, os Juízes dos Tribunais de Alçada e dos Tribunais de segunda instância da Justiça Militar dos Estados* (art. 22, I, *e*). *Alternativa A.*

31. (XXXIV Exame) Ataulfo é servidor público estável de um pequeno Município, ocupante de cargo administrativo de carreira junto ao Poder Executivo, cuja remuneração era composta pelas seguintes rubricas, determinadas por lei do mencionado ente federativo: (I) vencimento base, de valor inferior ao salário mínimo; (II) abono salarial, utilizado para alcançar o salário mínimo; (III) adicional de tempo de serviço. O Município editou, recentemente, a Lei XYZ, que conferiu à carreira de Ataulfo nova gratificação, estipulada em 10% (dez por cento) sobre o total da remuneração até então percebida pelo mencionado servidor (somatório das rubricas (I), (II) e (III)). Acerca da remuneração de Ataulfo, com base na situação hipotética narrada, assinale a afirmativa correta.

(A) A remuneração de Ataulfo é inconstitucional porque seu vencimento-base não poderia ser inferior ao salário mínimo.

(B) O Município não precisava ter editado lei para instituir a nova gratificação, na medida em que a alteração da remuneração de Ataulfo poderia ser efetuada por decreto.

(C) A gratificação instituída pela Lei XYZ é inconstitucional, porque o seu cálculo incidiu sobre verbas que não podem ser computadas para a concessão de acréscimos ulteriores.

(D) A remuneração de Ataulfo é inconstitucional, pois é obrigatório que sua remuneração seja realizada, exclusivamente, por subsídio, que é parcela única, vedado o acréscimo de qualquer parcela remuneratória.

RESPOSTA Prevê o art. 37, XIV, da CRFB que os acréscimos pecuniários percebidos por servidor público não serão computados nem acumulados para fins de concessão de acréscimos ulteriores. *Alternativa C.*

32. (XXXIII Exame) Flávio, oficial de justiça de determinado Tribunal Regional Federal, no exercício de suas atribuições, ao se dirigir para uma diligência, foi surpreendido por intenso tiroteio. Em razão disso, Flávio adentrou clandestinamente o imóvel de Júlia, sendo que permaneceu no local sem determinação judicial, por longo período e contra a vontade da proprietária. Diante da configuração de crime previsto na Lei de Abuso de Autoridade, Flávio foi denunciado no âmbito criminal, sendo certo que, após o devido processo legal, ele foi absolvido, em decorrência da caracterização de estado de necessidade, operando-se o trânsito em julgado da sentença. Paralelamente, foi instaurado processo administrativo disciplinar, para fins de obter a responsabilização de Flávio pela respectiva falta funcional. Diante dessa situação hipotética, assinale a afirmativa correta.

(A) O reconhecimento de que Flávio praticou o ato de abuso de autoridade em estado de necessidade na decisão prolatada na esfera penal faz coisa julgada no âmbito administrativo-disciplinar.

(B) A existência de ação penal por abuso de autoridade em face de Flávio deveria ter impedido a instauração do processo administrativo disciplinar, pois não é admitida duplicidade de responsabilização.

(C) A sentença penal que absolveu Flávio não pode repercutir na esfera administrativa-disciplinar, uma vez que a sentença absolutória criminal somente pode refletir em outras esferas nas hipóteses de negativa de autoria.

(D) Não é possível aplicar penalidade administrativa-disciplinar a Flávio, na medida em que toda sentença absolutória penal vincula o controle pela Administração Pública, ainda que o fundamento criminal seja a ausência de prova.

RESPOSTA Conforme prevê o art. 8º da Lei n. 13.869/2019 (Lei de Abuso de Autoridade), faz coisa julgada em âmbito cível, assim como no administrativo-disciplinar, a sentença penal que reconhecer ter sido o ato praticado em estado de necessidade, em legítima defesa, em estrito cumprimento de dever legal ou no exercício regular de direito.

33. (XXXII Exame) Amadeu, assim que concluiu o ensino médio, inscreveu-se e foi aprovado em concurso público para o cargo de técnico administrativo do quadro permanente de determinado Tribunal Regional Federal, cargo em que alcançou a estabilidade, após o preenchimento dos respectivos requisitos legais. Enquanto estava no exercício das funções desse cargo, Amadeu cursou e concluiu a Faculdade de Direito, razão pela qual decidiu prestar concurso público e foi aprovado para ingressar como advogado de certa sociedade de economia mista federal, que recebe recursos da União para o seu custeio geral. Diante dessa situação hipotética, assinale a afirmativa correta.

(A) Amadeu poderá acumular o cargo no Tribunal com o emprego na sociedade de economia mista federal, se houver compatibilidade de horários.

(B) A estabilidade já alcançada por Amadeu estende-se à sociedade de economia mista, considerando-se que aquela se consuma no serviço público, e não no cargo.

(C) Amadeu, ao ser contratado pela sociedade de economia mista, continua submetido ao teto remuneratório do serviço público federal.

(D) Amadeu poderia ser transferido para integrar os quadros da sociedade de economia mista sem a realização de novo concurso público.

RESPOSTA Segundo a CRFB, aplica-se às empresas públicas e às sociedades de economia mista, e suas subsidiárias, que receberem recursos da União, dos Estados, do Distrito Federal ou dos Municípios para pagamento de despesas de pessoal ou de custeio em geral, a regra do teto remuneratório (não poderão exceder o subsídio mensal, em espécie, dos Ministros do Supremo Tribunal Federal), *vide* art. 37, § 9º. *Alternativa C.*

34. (XXXII Exame) O Ministério Público Federal denunciou Marcos, fiscal da Receita Federal, pelo crime de peculato doloso, em decorrência da existência de provas contundentes de que tal servidor apropriou-se de dinheiro público de que tinha guarda. Ao tomar conhecimento de tais fatos, durante o trâmite do processo penal, a autoridade

DIREITO ADMINISTRATIVO

administrativa competente determinou a instauração de processo administrativo disciplinar, que, após o devido processo legal, levou à demissão de Marcos antes do julgamento da ação penal. Sobre a questão apresentada, assinale a afirmativa correta.

(A) A Administração fica vinculada à capitulação estabelecida no processo penal, vedada a incidência de qualquer falta residual no âmbito administrativo, considerando que o peculato constitui crime contra a Administração Pública.

(B) A demissão de Marcos na esfera administrativa é válida, mas a superveniência de eventual sentença penal absolutória, por ausência de provas, exige a reintegração do servidor no mesmo cargo que ocupava.

(C) O processo administrativo disciplinar deveria ter sido instaurado para apurar a conduta de Marcos, mas impunha-se sua suspensão diante da existência de processo criminal pelos mesmos fatos.

(D) Deve ser aplicado ao processo administrativo disciplinar o prazo prescricional previsto na lei penal para o crime de peculato cometido por Marcos.

RESPOSTA   De acordo com o § 2º do art. 142 da Lei n. 8.112/90, os prazos de prescrição previstos na lei penal aplicam-se às infrações disciplinares capituladas também como crime. *Alternativa D.*

35. (XXXI Exame) Maria foi contratada, temporariamente, sem a realização de concurso público, para exercer o cargo de professora substituta em entidade autárquica federal, em decorrência do grande número de professores do quadro permanente em gozo de licença. A contratação foi objeto de prorrogação, de modo que Maria permaneceu em exercício por mais três anos, período durante o qual recebeu muitos elogios. Em razão disso, alunos, pais e colegas de trabalho levaram à direção da autarquia o pedido de criação de um cargo em comissão de professora, para que Maria fosse nomeada para ocupá-lo e continuasse a ali lecionar. Avalie a situação hipotética apresentada e, na qualidade de advogado(a), assinale a afirmativa correta.

(A) Não é possível a criação de um cargo em comissão de professora, visto que tais cargos destinam-se apenas às funções de direção, chefia e assessoramento.

(B) É adequada a criação de um cargo em comissão para que Maria prolongue suas atividades como professora na entidade administrativa, diante do justificado interesse público.

(C) Maria tem estabilidade porque exerceu a função de professora por mais de três anos consecuti-

vos, tornando desnecessária a criação de um cargo em comissão para que ela continue como professora na entidade autárquica.

(D) Não é necessária a criação de um cargo em comissão para que Maria permaneça exercendo a função de professora, porque a contratação temporária pode ser prorrogada por tempo indeterminado.

RESPOSTA   Não será possível a criação do cargo em comissão, considerando que estes destinam-se apenas às atribuições de direção, chefia e assessoramento (art. 37, V, CRFB). Ademais, muito embora Maria tenha exercido a função por mais de 3 anos, não adquiriu estabilidade, considerando que tal garantia destina-se apenas a quem foi nomeado para cargo público efetivo em virtude de concurso público (art. 41, CRFB). Diga-se, ainda, que a contratação temporária terá prazo determinado (art. 37, IX, CRFB). *Alternativa A.*

36. (XXVIII Exame) Os analistas de infraestrutura de determinado Ministério, ocupantes de cargo efetivo, pleiteiam há algum tempo uma completa reestruturação da carreira, com o aumento de cargos e de remunerações. Recentemente, a negociação com o Governo Federal esfriou dado o cenário de crise fiscal severa. Para forçar a retomada das negociações, a categoria profissional decidiu entrar em greve, mantendo em funcionamento apenas os serviços essenciais. Com base na hipótese apresentada, assinale a afirmativa correta.

(A) Compete à Justiça Federal – e não à Justiça do Trabalho – julgar a abusividade do direito de greve dos analistas de infraestrutura.

(B) A Administração Pública não poderá, em nenhuma hipótese, fazer o desconto dos dias não trabalhados em decorrência do exercício do direito de greve pelos servidores públicos civis.

(C) O direito de greve dos servidores públicos civis não está regulamentado em lei, o que impede o exercício de tal direito.

(D) O direito de greve é constitucionalmente assegurado a todas as categorias profissionais, incluindo os militares das Forças Armadas, os policiais militares e os bombeiros militares.

RESPOSTA   O STF já decidiu que é de competência da justiça comum, federal ou estadual, conforme o caso, o julgamento de dissídio de greve promovida por servidores públicos (RE 846854). Como a questão em pauta trata de uma situação com o Governo Federal, resta competente a Justiça Federal (*vide* art. 109 da CRFB). *Alternativa A.*

37. (XXVIII Exame) Sávio, servidor público federal, frustrado com a ineficiência da repartição em que trabalha, passou a faltar ao serviço. A Administração Pública, após constatar que Sávio acumulou sessenta dias de ausência nos últimos doze meses, instaurou processo administrativo disciplinar para apurar a conduta do referido servidor. Tendo como premissa esse caso concreto, assinale a afirmativa correta.

(A) O processo administrativo disciplinar será submetido a um procedimento sumário, mais simples e célere, composto pelas fases da instauração, da instrução sumária – que compreende a indiciação, a defesa e o relatório – e do julgamento.

(B) A inassiduidade habitual configura hipótese de demissão do serviço público, ficando Sávio impedido de nova investidura em cargo público federal pelo prazo de cinco anos, a contar do julgamento.

(C) Na hipótese de ser imputada a pena de demissão a Sávio, é lícito à Administração Pública exigir depósito de dinheiro como requisito de admissibilidade do recurso administrativo, até mesmo como forma de ressarcir os custos adicionais que o poder público terá com o processamento do apelo.

(D) A falta de advogado constituído por Sávio no processo administrativo é causa de nulidade, tendo em vista que a ausência de defesa técnica prejudica o exercício da ampla defesa por parte do servidor arrolado.

RESPOSTA De acordo com o art. 133 da Lei n. 8.112/90, detectada a qualquer tempo a acumulação ilegal de cargos, empregos ou funções públicas, a autoridade a que se refere o art. 143 notificará o servidor, por intermédio de sua chefia imediata, para apresentar opção no prazo improrrogável de dez dias, contados da data da ciência e, na hipótese de omissão, adotará procedimento sumário para a sua apuração e regularização imediata, cujo processo administrativo disciplinar se desenvolverá nas seguintes fases: I – instauração, com a publicação do ato que constituir a comissão, a ser composta por dois servidores estáveis, e simultaneamente indicar a autoria e a materialidade da transgressão objeto da apuração; II – instrução sumária, que compreende indiciação, defesa e relatório; e III – julgamento. *Alternativa A.*

38. (XXVII Exame) Desde 1980, Jorge é docente em determinada universidade federal, ocupando o cargo efetivo de professor titular na Faculdade de Direito. No início do ano 2000, foi designado para ocupar a chefia de patrimônio da mesma instituição de ensino, cargo comissionado que exerce cumulativamente com o de professor. Mesmo tendo cumprido os requisitos para a aposentadoria voluntária do cargo efetivo, decide permanecer em atividade, até atingir a idade-limite para a aposentadoria compulsória. Com base na situação narrada, assinale a afirmativa correta.

(A) A aposentadoria compulsória, que ocorrerá aos 70 (setenta) anos de idade, só atingirá o cargo de professor. Neste caso, inexistindo impedimentos infraconstitucionais, Jorge poderá continuar exercendo a chefia de patrimônio.

(B) A aposentadoria compulsória, que ocorrerá aos 75 (setenta e cinco) anos de idade, só atingirá o cargo de professor. Neste caso, inexistindo impedimentos infraconstitucionais, Jorge poderá continuar exercendo a chefia de patrimônio.

(C) Não cabe ao Tribunal de Contas da União apreciar, para fins de registro, a legalidade da(s) aposentadoria(s) compulsória(s) concedida(s), tendo em vista que a atribuição constitucional somente diz respeito às aposentadorias voluntárias ou por invalidez permanente.

(D) Cabe ao Tribunal de Contas da União apreciar, para fins de registro, a legalidade das admissões de pessoal, tanto as que envolvem provimento de cargo efetivo quanto as que dizem respeito a provimento de cargo em comissão.

RESPOSTA De acordo com a CRFB, aos servidores públicos a aposentadoria acontecerá compulsoriamente, com proventos proporcionais ao tempo de contribuição, aos 70 (setenta) anos de idade, ou aos 75 (setenta e cinco) anos de idade, na forma de lei complementar (art. 40, § 1º, II). O inciso I do art. 2º da LC n. 152/2015 regulamenta a situação ao afirmar que serão aposentados compulsoriamente, com proventos proporcionais ao tempo de contribuição, aos 75 (setenta e cinco) anos de idade os servidores titulares de cargos efetivos da União, dos Estados, do Distrito Federal e dos Municípios, incluídas suas autarquias e fundações. *Alternativa B.*

39. (XXVI Exame) Maria foi aprovada em concurso para o cargo de analista judiciário do Tribunal Regional Federal da 2ª Região, mas, após ter adquirido a estabilidade, foi demitida sem a observância das normas relativas ao processo administrativo disciplinar. Em razão disso, Maria ajuizou ação anulatória do ato demissional, na qual obteve êxito por meio de decisão jurisdicional transitada em julgado. Nesse interregno, contudo, Alfredo, também regularmente aprovado em concurso e estável, foi promovido e passou a ocupar o cargo que era de Maria. Sobre a hipótese apresentada, assinale a afirmativa correta.

DIREITO ADMINISTRATIVO

(A) A invalidação do ato demissional de Maria não poderá importar na sua reintegração ao cargo anterior, considerando que está ocupado por Alfredo.

(B) Maria, em razão de ter adquirido a estabilidade, independentemente da existência e necessidade do cargo que ocupava, deverá ser posta em disponibilidade.

(C) Maria deverá ser readaptada em cargo superior ao que ocupava anteriormente, diante da ilicitude de seu ato demissional.

(D) Em decorrência da invalidade do ato demissional, Maria deve ser reintegrada ao cargo que ocupava e Alfredo deverá ser reconduzido para o cargo de origem.

RESPOSTA De acordo com o § 2º do art. 41 da CRFB, invalidada por sentença judicial a demissão do servidor estável, será ele reintegrado, e o eventual ocupante da vaga, se estável, reconduzido ao cargo de origem, sem direito a indenização, aproveitado em outro cargo ou posto em disponibilidade com remuneração proporcional ao tempo de serviço. *Alternativa D.*

40. (XXV Exame) Ricardo, servidor público federal, especializou-se no mercado imobiliário, tornando-se corretor de imóveis. Em razão do aumento da demanda, passou a atender seus clientes durante o horário de expediente, ausentando-se da repartição pública sem prévia autorização do chefe imediato.

Instaurada sindicância, Ricardo foi punido com uma advertência. A despeito disso, ele passou a reincidir na mesma falta que ensejou sua punição. Nova sindicância foi aberta.

Com base na situação narrada, assinale a afirmativa correta.

(A) A sindicância não pode resultar, em nenhuma hipótese, na aplicação da pena de suspensão; neste caso, deve ser instaurado processo administrativo disciplinar.

(B) A reiteração da mesma falha não enseja a aplicação da pena de suspensão; neste caso, a única sanção possível é a advertência.

(C) A sindicância pode dar ensejo à aplicação da pena de suspensão, desde que a sanção seja de até 30 (trinta) dias.

(D) A pena de demissão independe da instauração de processo administrativo disciplinar, podendo ser aplicada após sindicância.

RESPOSTA O art. 130 da Lei n. 8.112/90 pode decorrer da reincidência de infração punida com advertência, podendo ser apurada em sindicância, que, a teor do disposto no art. 145 da mesma lei, pode levar à aplicação de pena de advertência e suspensão até 30 dias. *Alternativa C.*

41. (XXV Exame) João foi aprovado em concurso público para ocupar um cargo federal. Depois de nomeado, tomou posse e entrou em exercício imediatamente. Porém, em razão da sua baixa produtividade, o órgão ao qual João estava vinculado entendeu que o servidor não satisfez as condições do estágio probatório.

Considerando o Estatuto dos Servidores Públicos Civis da União, à luz do caso narrado, assinale a afirmativa correta.

(A) A Administração Pública deve exonerar João, após o devido processo legal, visto que ele não mostrou aptidão e capacidade para o exercício do cargo.

(B) A Administração Pública deve demitir João, solução prevista em lei para os casos de inaptidão no estágio probatório.

(C) João deve ser redistribuído para outro órgão ou outra entidade do mesmo Poder, a fim de que possa desempenhar suas atribuições em outro local.

(D) João deve ser readaptado em cargo de atribuições afins.

RESPOSTA O servidor público, em estágio probatório, passa por uma avaliação (art. 41, § 4º, da CRFB, regulamentado pelo art. 20 da Lei 8.112/90). Por ocasião dessa avaliação, pode ser aprovado ou reprovado. Sendo aprovado, é estabilizado. Se for reprovado, é exonerado do respectivo cargo público. *Alternativa A.*

42. (XXIV Exame) Marcelo é médico do Corpo de Bombeiros Militar do Estado Beta e foi aprovado em concurso público para o cargo de médico civil junto a um determinado hospital da União, que é uma autarquia federal. A partir do fato apresentado, acerca da acumulação de cargos públicos, assinale a afirmativa correta.

(A) Por exercer atividade militar, Marcelo não pode acumular os cargos em comento.

(B) Marcelo pode acumular os cargos em questão, pois não existe, no ordenamento pátrio, qualquer vedação à acumulação de cargos ou de empregos públicos em geral.

(C) A acumulação de cargos por Marcelo não é viável, sendo cabível somente quando os cargos pertencem ao mesmo ente da Federação.

(D) É possível a acumulação de cargos por Marcelo, desde que haja compatibilidade de horários.

RESPOSTA A regra geral é a inacumulabilidade dos cargos públicos, ressalvando a acumulação de dois cargos de professor, de dois cargos na área de saúde e de um cargo técnico ou científico com um cargo de professor (art. 37, XVI, CRFB). *Alternativa D.*

43. (XXII Exame) O Município Beta procedeu ao recadastramento de seus servidores efetivos e constatou que 6 (seis) bacharéis em contabilidade exerciam variados cargos na estrutura administrativa, todos providos mediante concurso público. Verificou também que existiam 10 (dez) cargos vagos de auditores fiscais de tributos, decorrentes de aposentadorias havidas nos últimos anos. O Município, considerando a necessidade de incrementar receitas, editou lei reorganizando sua estrutura funcional de modo a reenquadrar aqueles servidores como auditores fiscais de tributos. Com base na hipótese apresentada, acerca do provimento de cargo público, assinale a afirmativa correta.

(A) A medida é inválida, porque o provimento originário de cargo efetivo em uma determinada carreira exige concurso público específico.

(B) A medida é válida, porque os servidores reenquadrados são concursados, configurando-se na espécie mera transformação de cargos, expressamente prevista na CRFB/88.

(C) A medida é inválida, porque o provimento de todo e qualquer cargo faz-se exclusivamente mediante concurso público.

(D) A medida é válida, porque os servidores reenquadrados são concursados e não há aumento de despesa, uma vez que os cargos preenchidos já existiam.

RESPOSTA De acordo com o previsto no art. 37, II da CRFB, a investidura em cargo ou emprego público depende de aprovação prévia em concurso público de provas ou de provas e títulos, de acordo com a natureza e a complexidade do cargo ou emprego, na forma prevista em lei, ressalvadas as nomeações para cargo em comissão declarado em lei de livre nomeação e exoneração. Portanto, o provimento originário do servidor em cargo público exige concurso público para aquele cargo específico. Ademais, a Súmula Vinculante 43 do STF determina que *"é inconstitucional toda modalidade de provimento que propicie ao servidor investir-se, sem prévia aprovação em concurso público destinado ao seu provimento, em cargo que não integra a carreira na qual anteriormente investido".* *Alternativa A.*

44. (XXII Exame) O governador do estado Alfa, diante de grave crise financeira que assola as contas estaduais, elaborou numerosos projetos de lei para diminuir os gastos públicos e atender ao disposto na Lei de Responsabilidade Fiscal. Dentre esses projetos encontram-se: i) corte de 25% (vinte e cinco por cento) dos cargos em comissão do Poder Executivo; ii) redução dos subsídios e vencimentos dos servidores públicos estáveis em 10% (dez por cento) de seu valor nominal. Com relação à constitucionalidade de tais projetos, assinale a afirmativa correta.

(A) Os projetos são constitucionais, porque cabe ao Estado zelar por suas finanças, à luz dos princípios aplicáveis à Administração Pública.

(B) O projeto que determina o corte de cargos em comissão é inconstitucional, pois resultará na exoneração dos servidores que os ocupam.

(C) O projeto que reduz diretamente os subsídios e vencimentos pagos aos servidores públicos é inconstitucional.

(D) Os projetos são inconstitucionais, porque há direito adquirido à imutabilidade de regime jurídico dos servidores públicos.

RESPOSTA A CRFB prevê limites de gastos com pessoal aos entes públicos, sendo que a extrapolação desses limites sujeita o ente às seguintes providências: I – redução em pelo menos vinte por cento das despesas com cargos em comissão e funções de confiança; II – exoneração dos servidores não estáveis. Se nem assim for o suficiente para equalizar os gastos, é possível até mesmo que o servidor estável perca o cargo (art. 169, §§ 3º e 4º, da CRFB). Portanto, dos projetos acima, a redução de 25% dos CCs é constitucional; já a redução dos subsídios e vencimentos dos servidores públicos é inconstitucional (art. 37, XV, da CRFB). *Alternativa C.*

45. (XXI Exame) O Município Beta verificou grave comprometimento dos serviços de educação das escolas municipais, considerando o grande número de professoras gozando licença maternidade e de profissionais em licença de saúde, razão pela qual fez editar uma lei que autoriza a contratação de professores, por tempo determinado, sem a realização de concurso, em situações devidamente especificadas na norma local. Diante dessa situação hipotética, assinale a afirmativa correta.

(A) A Constituição da República não autoriza a contratação temporária sem a realização de concurso público.

(B) O Município Beta somente poderia se utilizar da contratação temporária para os cargos permanentes de direção, chefia e assessoramento.

(C) A contratação temporária, nos termos da lei, é possível, considerando que a situação apresentada caracteriza necessidade temporária de excepcional interesse público.

DIREITO ADMINISTRATIVO

(D) A contratação temporária de servidores, independentemente de previsão legal, é possível.

RESPOSTA A situação narrada se enquadra na previsão do art. 37, IX da CRFB, segundo o qual, a lei estabelecerá os casos de contratação por tempo determinado para atender a necessidade temporária de excepcional interesse público. *Alternativa C.*

46. (XXI Exame) João foi aprovado em concurso público para o cargo de agente administrativo do Estado Alfa. Após regular investidura, recebeu sua primeira remuneração. Contudo, os valores apontados na folha de pagamento causaram estranheza, considerando que a rubrica de seu vencimento-base se mostrava inferior ao salário mínimo vigente, montante que só era alcançado se considerados os demais valores (adicionais e gratificações) que compunham a sua remuneração total. Diante dessa situação hipotética, assinale a afirmativa correta.

(A) A remuneração de João é constitucional, porque a garantia do salário mínimo não é aplicável aos servidores públicos.

(B) A remuneração de João é inconstitucional, porque o seu vencimento-base teria que ser superior ao salário mínimo.

(C) A remuneração de João é constitucional, porque a garantia do salário mínimo se refere ao total da remuneração percebida.

(D) A remuneração de João é inconstitucional, pois todo servidor público deve receber por subsídio, fixado em parcela única.

RESPOSTA A CRFB garante ao servidor público a percepção de salário mínimo (art. 39, § 3º c/c art. 7º, IV). Entretanto, a Súmula Vinculante n. 16 do STF prevê que "*os artigos 7º, IV, e 39, § 3º (redação da EC 19/98), da Constituição, referem-se ao total da remuneração percebida pelo servidor público*". Portanto, a garantia do salário mínimo prevista na CRFB refere-se à remuneração total (básico + vantagens permanentes), não apenas ao básico. *Alternativa C.*

47. (XX Exame – Reaplicação) Fátima exerce o cargo público de servidora da câmara de vereadores do Município Z. Como servidora municipal, sua remuneração tem um limite remuneratório.

Sobre o caso apresentado, assinale a afirmativa correta.

(A) O cargo de Fátima está sujeito ao teto remuneratório correspondente ao subsídio do Prefeito.

(B) O cargo de Fátima está sujeito ao limite remuneratório correspondente ao subsídio dos vereadores.

(C) O cargo de Fátima não está sujeito ao limite remuneratório, uma vez que pode ser cumulado com o cargo de professor.

(D) Enquanto não for editada lei complementar específica, não pode ser aplicado o limite remuneratório aos vencimentos do cargo de Fátima.

RESPOSTA No âmbito do Município, há um teto remuneratório único, que corresponde ao subsídio mensal do Prefeito, ou seja, referido teto aplica-se aos servidores do Poder Executivo e do Poder Legislativo. *Alternativa A.*

48. (XX Exame – Reaplicação) Apolônio foi aprovado em concurso público para o provimento do cargo de auditor fiscal da receita federal, alcançando a sexta colocação na classificação geral. O edital prevê a existência de cinco vagas, a serem preenchidas ao longo do prazo de validade do concurso, que é de dois anos, prorrogável por igual período.

Sobre o caso apresentado, assinale a afirmativa correta.

(A) Apolônio tem direito subjetivo a ser nomeado para o cargo em questão.

(B) A prorrogação do prazo de validade do concurso público é ato discricionário da administração.

(C) O prazo de validade estabelecido para o concurso viola os limites estabelecidos na Constituição da República.

(D) Caso venha a ser investido no cargo, Apolônio se submeterá ao regime celetista até que se expire o prazo de validade do concurso.

RESPOSTA Apolônio não tem direito subjetivo à nomeação por encontrar-se fora das vagas previstas para a nomeação. Esse direito somente existe para quem encontrar-se dentro das vagas previstas no Edital. A prorrogação do prazo de validade é faculdade discricionária da Administração Pública, tornando o item B correto. O prazo de validade do concurso é de até dois anos, prorrogáveis uma única vez por igual período. O cargo de Auditor Fiscal da Receita Federal é regido pelo estatuto, não se aplicando o regime da CLT. *Alternativa B.*

49. (XX Exame) Paulo é servidor concursado da Câmara de Vereadores do município Beta há mais de quinze anos. Durante esse tempo, Paulo concluiu cursos de aperfeiçoamento profissional, graduou-se no curso de economia, exerceu cargos em comissão e foi promovido por merecimento. Todos esses fatores contribuíram para majorar sua remuneração.

Considerando a disciplina constitucional a respeito dos servidores públicos, assinale a afirmativa correta.

(A) O teto remuneratório aplicável a Paulo, servidor público municipal, corresponde ao subsídio do prefeito do município Beta.

(B) O teto remuneratório aplicável a Paulo, servidor público municipal, corresponde ao subsídio pago aos vereadores de Beta.

(C) Os acréscimos de caráter remuneratório, pagos a Paulo, como a gratificação por tempo de serviço e a gratificação adicional de qualificação profissional, não se submetem ao teto remuneratório.

(D) O teto remuneratório aplicável a Paulo não está sujeito a qualquer limitação, tendo em vista a necessidade de edição de lei complementar para a instituição do teto previsto na CRFB/88.

RESPOSTA No âmbito do Município, há um teto remuneratório único, que corresponde ao subsídio mensal do Prefeito, ou seja, referido teto aplica-se aos servidores do Poder Executivo e do Poder Legislativo. *Alternativa A.*

50. (XX Exame) Um servidor público federal em São Paulo viajou a serviço para Brasília, para uma inspeção, e cobriu todas as despesas com recursos próprios. Passados exatos 3 anos e 10 meses, o servidor formulou pedido na esfera administrativa de reembolso de despesas e pagamento das diárias de viagem. A decisão final no processo administrativo somente foi proferida 1 (um) ano e 6 (seis) meses após a formalização do pedido, negando o pleito. Diante desse fato, ele pretende ingressar com demanda para cobrar o referido valor.

Considerando o exposto, assinale a afirmativa correta.

(A) O prazo prescricional é de 3 (três) anos, que já se tinha consumado quando o servidor formulou o pedido na esfera administrativa.

(B) O prazo prescricional é de 5 (cinco) anos e este foi suspenso pelo pedido administrativo. Com a decisão negativa, volta a correr a prescrição contra o servidor.

(C) O prazo prescricional é de 10 (dez) anos e, a despeito de não haver previsão de suspensão ou interrupção do prazo, este ainda não se consumou em desfavor do servidor.

(D) O prazo prescricional é de 5 (cinco) anos e, portanto, este já transcorreu integralmente, visto que o pedido formulado na esfera administrativa não suspende e nem interrompe a prescrição.

RESPOSTA O art. 110, I, da Lei n. 8.112/90 dispõe que o direito de requerer prescreve em 5 (cinco) anos, quanto aos atos de demissão e de cassação de aposentadoria ou disponibilidade, ou que afetem interesse patrimonial e créditos resultantes das relações de trabalho, sendo suspenso com o pedido administrativo.

No entanto, com a decisão negativa, volta a correr a prescrição. *Alternativa B.*

VI. LICITAÇÕES

51. (41º Exame) O Município Delta procurou o Escritório Alfa com a intenção de contratá-lo para prestar serviços especializados de consultoria e auditoria financeira, de natureza predominantemente técnica, diante de sua notória especialização na área. Na reunião realizada entre os representantes do escritório e do município, o Procurador do Município Delta consignou que, para formalizar o mencionado negócio jurídico, pretende formalizar uma contratação direta, ou seja, sem a necessidade de realizar uma licitação sob o regime jurídico da nova lei de licitações. Sobre a hipótese, na qualidade de advogado(a) do Escritório Alfa, consoante dispõe a Lei n. 14.133/21, assinale a afirmativa correta.

(A) A licitação não é exigível, devendo ser considerada de notória especialização a sociedade empresária cujo conceito, decorrente de estudos, desempenho anterior, publicações, organização, equipe técnica ou outros requisitos relacionados às suas atividades, permita inferir que seu trabalho é essencial e reconhecidamente adequado à plena satisfação do objeto do contrato.

(B) A licitação na modalidade concurso é necessária, devendo ser considerada de notória especialização a sociedade empresária que possa prestar o serviço em situação emergencial para manter a continuidade do serviço público, observados os valores praticados pelo mercado.

(C) A licitação pode ser dispensada, devendo ser considerada de notória especialização a sociedade empresária apta a prestar serviços contratados pela Administração Pública para a manutenção da atividade administrativa, decorrentes de necessidades permanentes ou prolongadas.

(D) A licitação na modalidade diálogo competitivo é necessária, devendo ser considerada de notória especialização a sociedade empresária que tenha sido contratada anteriormente pelo poder público, com prestação de contas aprovada pelo Tribunal de Contas, permitindo inferir que seu trabalho é essencial e reconhecidamente adequado à plena satisfação do objeto do contrato.

RESPOSTA O art. 74 traz os casos de inexigibilidade e o art. 75, de dispensa. De acordo com o caso em pauta, é uma situação de inexigibilidade conforme artigo 74, III, c, e seu § 3º. *Alternativa A.*

DIREITO ADMINISTRATIVO

52. **(39º Exame)** A Secretaria de Fazenda do Estado Alfa acabou de adquirir novos computadores, que substituíram os antigos equipamentos que serviam aos agentes públicos lotados no órgão. Sendo assim, os antigos equipamentos, que ainda funcionam, estão sem qualquer utilidade na pasta, razão pela qual o Secretário de Fazenda instaurou processo administrativo, visando à sua alienação. No bojo do citado processo, ficou consignada a existência de interesse público devidamente justificado para a alienação dos equipamentos, assim como já foi realizada sua avaliação. A sociedade empresária Sigma possui interesse em adquirir os computadores e, em consulta a seu advogado, foi informada de que, consoante dispõe a Lei n. 14.133/21, a alienação desses bens da Secretaria de Fazenda do Estado Alfa, em regra,

(A) dependerá de licitação na modalidade leilão.

(B) exigirá autorização legislativa e dependerá de licitação na modalidade concorrência.

(C) será promovida mediante inexigibilidade de licitação, observados o interesse social e os critérios de oportunidade e conveniência.

(D) deverá ocorrer mediante prévia licitação, em modalidade compatível com o valor da avaliação dos equipamentos.

RESPOSTA De acordo com art. 76, II, da Lei n. 14.133/2021, a alienação de bens da Administração Pública, subordinada à existência de interesse público devidamente justificado, será precedida de avaliação e obedecerá às seguintes normas, dentre elas, tratando-se de bens móveis, dependerá de licitação na modalidade leilão. *Alternativa A.*

53. **(39º Exame)** O Município Ômega pretende alugar o imóvel de propriedade de João, pois suas características de instalações e de localização tornam necessária sua escolha, uma vez que se trata de um prédio de três andares situado ao lado do principal hospital municipal, que, após as necessárias adaptações e investimentos, poderá sediar a Secretaria Municipal de Saúde, cuja sede atual não mais comporta todos seus setores. Desta forma, o Município Ômega instaurou processo administrativo, no bojo do qual já houve a certificação da inexistência de imóveis públicos vagos e disponíveis que atendam ao objeto pretendido, bem como foram juntadas informações com as justificativas que demonstram a singularidade do imóvel a ser locado pela Administração e que evidenciam vantagem para ela. João, que tem interesse em alugar seu imóvel, foi procurado por agentes públicos da Secretaria Municipal de Saúde para assinar o contrato administrativo, que será firmado expres-

samente sob o regime jurídico da nova Lei de Licitações, mediante dispensa de licitação e com valor compatível com o preço de mercado. Na qualidade de advogado(a) contratado por João, você lhe informou que, de acordo com a Lei n. 14.133/21, o contrato administrativo de locação:

(A) pode ser assinado com fundamento na dispensa de licitação, desde que haja prévias avaliação do bem e autorização do Prefeito Municipal.

(B) deve ser assinado com fundamento na inexigibilidade de licitação, desde que haja prévias avaliação do bem e autorização legal da Câmara Municipal.

(C) pode ser assinado com fundamento na dispensa de licitação, com avaliação prévia do bem, do seu estado de conservação e estimativa dos custos de adaptações para atender às necessidades de utilização da Secretaria Municipal de Saúde.

(D) deve ser assinado com fundamento na inexigibilidade de licitação, com avaliação prévia do bem, do seu estado de conservação, dos custos de adaptações, quando imprescindíveis às necessidades de utilização, e do prazo de amortização dos investimentos.

RESPOSTA De acordo com art. 74, § 5º, I, da Lei n. 14.133/2021, é inexigível a licitação quando inviável a competição, em especial nos casos de aquisição ou locação de imóvel cujas características de instalações e de localização tornem necessária sua escolha. Nas contratações com fundamento no inciso V do *caput* deste artigo, devem ser observados os seguintes requisitos, entre outros, a avaliação prévia do bem, do seu estado de conservação, dos custos de adaptações, quando imprescindíveis às necessidades de utilização, e do prazo de amortização dos investimentos. *Alternativa D.*

54. **(38º EXAME)** O pequeno Município Alfa, situado no interior do Estado Beta, enfrenta grave problema de abastecimento de água potável, pois não há fornecimento de água encanada para determinada região da cidade, por dificuldades técnicas. Visando à resolução para a questão juntamente com a iniciativa privada, o Município Alfa pretende, mediante licitação, contratar objeto que envolva inovação tecnológica ou técnica, sendo imprescindível a adaptação de soluções disponíveis no mercado. Atualmente, verifica-se a impossibilidade de as especificações técnicas serem definidas com precisão suficiente pela Administração, razão pela qual é preciso o prévio debate com o setor privado, para se definirem e se identificarem os meios e as alternativas que possam satisfazer as necessidades da administração municipal. Ao tomar conhecimento de que o Município Alfa pretende realizar licitação nas condições narradas, com o intuito de desenvolver uma ou mais alternativas capazes de atender às suas necessidades da forma mais adequada, dada a complexidade da questão local de abastecimento de água, a sociedade empresária Delta se interessou em participar do certame. Como advogado(a) da sociedade empresária, você informou à diretoria que, de acordo com a nova Lei de Licitações (Lei n. 14.133/21), a modalidade de licitação mais adequada diante da realidade fática descrita, é o(a)

(A) concorrência, que é mais abrangente, seja do ponto de vista do valor do contrato, seja por contemplar variados objetos.

(B) leilão, em que serão admitidos como licitantes todos os interessados que preencherem os requisitos objetivos estabelecidos.

(C) concurso, no qual o poder público municipal não poderá revelar a outros licitantes as soluções técnicas propostas por um concorrente.

(D) diálogo competitivo, em que os licitantes devem apresentar proposta final após o encerramento dos diálogos.

RESPOSTA Diálogo competitivo é modalidade de licitação para contratação de obras, serviços e compras em que a Administração Pública realiza diálogos com licitantes previamente selecionados mediante critérios objetivos, com o intuito de desenvolver uma ou mais alternativas capazes de atender às suas necessidades, devendo os licitantes apresentar proposta final após o encerramento dos diálogos (art. 7º, XLII, Lei 14.133/21). Prevê o art. 32 da Lei n. 14.133/21 que *a modalidade diálogo competitivo é restrita a contratações em que a Administração:* "I - vise a contratar objeto que envolva as seguintes condições: a) inovação tecnológica ou técnica; b) impossibilidade de o órgão ou entidade ter sua necessidade satisfeita sem a adaptação de soluções disponíveis no mercado; e c) impossibilidade de as especificações técnicas serem definidas com precisão suficiente pela Administração". *Alternativa D.*

55. (35º Exame) O município Gama almeja realizar licitação para a escolha de um projeto urbanístico, de cunho técnico especializado, de natureza preponderantemente cultural, para a revitalização de seu centro histórico. Para tanto, fez publicar o respectivo edital com as especificações determinadas por lei. Sobre a hipótese, segundo a nova de Lei de Licitações (Lei n. 14.133/21), assinale a afirmativa correta.

(A) O vencedor da licitação deverá ceder ao município Gama os direitos patrimoniais relativos ao projeto e autorizar sua execução conforme juízo

de conveniência e oportunidade das autoridades competentes.

(B) A elaboração do projeto técnico mencionado corresponde a serviço comum, de modo que a modalidade de licitação aplicável pelo município Gama é o pregão.

(C) A modalidade de licitação a ser utilizada pelo município Gama é o diálogo competitivo, porque a Nova Lei de Licitações não prevê o concurso.

(D) A licitação deverá ser realizada como concurso público de provas e títulos, tal como ocorre com a admissão de pessoal, para fins de remunerar o projeto vencedor.

RESPOSTA A modalidade de licitação, nesse caso, é o concurso, previsto no art. 30 da Lei n. 14.133/2021, sendo que o respectivo parágrafo único prevê que, "Nos concursos destinados à elaboração de projeto, o vencedor deverá ceder à Administração Pública, nos termos do art. 93 desta Lei, todos os direitos patrimoniais relativos ao projeto e autorizar sua execução conforme juízo de conveniência e oportunidade das autoridades competentes". *Alternativa A.*

56. (XXXIII Exame) Para fins de contratar serviço de engenharia necessário ao desenvolvimento de sua atividade, que não abarca reforma de edifício ou equipamento, certa empresa pública federal realizou licitação, na forma da Lei n. 13.303/16. A sociedade empresária Feliz sagrou-se vencedora do certame. Após regular formalização do contrato, a entidade administrativa, diante do advento de nova tecnologia relevante, decidiu alterar as especificações do objeto, mediante aditamento. Acerca dessa situação hipotética, assinale a afirmativa correta.

(A) Ainda que haja acordo entre as partes, a alteração do contrato pretendida não é possível, em decorrência do princípio de que o pactuado deve ser respeitado.

(B) A empresa pública tem a prerrogativa de realizar a alteração do contrato, independentemente de acordo com a sociedade empresária Feliz.

(C) A alteração do contrato depende de acordo com a sociedade empresária Feliz e deve respeitar o limite estabelecido na lei de regência.

(D) Se houver acordo entre as partes, não há limitação para a alteração do contrato formalizado com a sociedade empresária Feliz.

Resposta   Prevê o art. 72 da Lei n. 13.303/2016 que os contratos regidos por esta Lei somente poderão ser alterados por acordo entre as partes, vedando-se ajuste que resulte em violação da obrigação de licitar. *Alternativa C.*

DIREITO ADMINISTRATIVO

57. (XXX Exame) Determinada empresa pública estadual, com vistas a realizar a aquisição de bens necessários para o adequado funcionamento de seus serviços de informática, divulgou, após a devida fase de preparação, o respectivo instrumento convocatório, no qual indicou certa marca, que é comercializada por diversos fornecedores, por considerá-la a única capaz de atender ao objeto do contrato, e adotou a sequência de fases previstas na lei de regência. No curso da licitação, a proposta apresentada pela sociedade empresária Beta foi considerada a melhor, mas a sociedade empresária Alfa considerou que houve um equívoco no julgamento e apresentou recurso administrativo para impugnar tal fato, antes da habilitação, que não foi aceito. Foi dado prosseguimento ao certame, com a inabilitação da sociedade Beta, de modo que a vencedora foi a sociedade empresária Sigma, consoante resultado homologado. Considerando o regime licitatório aplicável às empresas estatais e as circunstâncias do caso concreto, assinale a afirmativa correta.

(A) Existe vício insanável no instrumento convocatório, pois é vedada a indicação de marca, mesmo nas circunstâncias apontadas.

(B) A homologação foi equivocada, na medida em que a empresa pública não observou a sequência das fases previstas em lei ao efetuar o julgamento das propostas antes da habilitação.

(C) O recurso da sociedade Alfa foi apresentado em momento oportuno e a ele deveria ter sido conferido efeito suspensivo com a postergação da fase da habilitação.

(D) A homologação do resultado implica a constituição de direito relativo à celebração do contrato em favor da sociedade empresária Sigma.

RESPOSTA Trata-se de licitação realizada por empresa pública, aplicando-se, portanto, as disposições da Lei n. 13.303/2016. O art. 60 prevê expressamente que a homologação do resultado implica a constituição de direito relativo à celebração do contrato em favor do licitante vencedor. *Alternativa D.*

VII. CONTRATOS ADMINISTRATIVOS

58. (37º EXAME) A União pretende realizar uma obra de grande vulto, com serviços de engenharia, mediante licitação na modalidade concorrência e no regime de contratação semi-integrada, na forma da Lei n. 14.133/2021, em relação à qual será necessária a realização de desapropriação. Para tanto, fez publicar um edital que previu a responsabilidade do contratado pela realização de desapropriação, estabelecendo o responsável por cada fase do procedimento expropriatório e a estimativa do valor da respectiva indenização, a ser paga pelo contratado. Além disso, o instrumento convocatório previu a distribuição objetiva dos riscos entre as partes, incluído o risco pela diferença entre o custo da desapropriação e a estimativa do valor a ser pago e pelos eventuais danos e prejuízos ocasionados por atraso na disponibilização dos bens expropriados. A sociedade XPTO está muito interessada em participar da licitação, mas tem fundadas dúvidas acerca da validade das cláusulas editalícias relacionadas à desapropriação, razão pela qual consulta sua assessoria jurídica a respeito do tema. Acerca dessa situação hipotética, assinale a afirmativa correta.

(A) O edital em questão não poderia prever que o contratado promovesse nenhuma das fases de procedimento de desapropriação autorizada pelo Poder Público.

(B) Quanto às fases do procedimento expropriatório, poderia ser conferida ao contratado, até mesmo, a possibilidade de editar o Decreto expropriatório.

(C) A cláusula que estabelece que o contratado será responsável pelo pagamento da indenização é nula, na medida em que tal montante deve ser necessariamente arcado pelo contratante.

(D) A repartição objetiva dos riscos deve ser respeitada, ainda que ocorra o atraso na conclusão da desapropriação por fato imprevisível.

RESPOSTA Conforme previsto no art. 124, II, *d*, da Lei n. 14.133/2021, os contratos regidos pela lei poderão ser alterados, com as devidas justificativas, por acordo entre as partes, para restabelecer o equilíbrio econômico-financeiro inicial do contrato em caso de força maior, caso fortuito ou fato do príncipe ou em decorrência de fatos imprevisíveis ou previsíveis de consequências incalculáveis, que inviabilizem a execução do contrato tal como pactuado, *respeitada, em qualquer caso, a repartição objetiva de risco estabelecida no contrato. Alternativa D.*

59. (XXV Exame) A União celebrou com a empresa Gama contrato de concessão de serviço público precedida de obra pública. O negócio jurídico tinha por objeto a exploração, incluindo a duplicação, de determinada rodovia federal. Algum tempo após o início do contrato, o poder concedente identificou a inexecução de diversas obrigações por parte da concessionária, o que motivou a notificação da contratada. Foi autuado processo administrativo, ao fim do qual o poder concedente concluiu estar prejudicada a prestação do serviço por culpa da contratada.

Com base na hipótese apresentada, assinale a afirmativa correta.

(A) O contrato é nulo desde a origem, eis que a concessão de serviços públicos não pode ser precedida da execução de obras públicas.

(B) O poder concedente pode declarar a caducidade do contrato de concessão, tendo em vista a inexecução parcial do negócio jurídico por parte da concessionária.

(C) O poder concedente deve, necessariamente, aplicar todas as sanções contratuais antes de decidir pelo encerramento do contrato.

(D) O processo administrativo tem natureza de inquérito e visa coletar informações precisas dos fatos; por isso, não há necessidade de observar o contraditório e a ampla defesa da concessionária.

RESPOSTA A Lei n. 8.987/95, em seu art. 35, disciplina as formas de extinção da Concessão, utilizando uma nomenclatura própria. Entre as formas de extinção, está a caducidade, prevista no art. 38, encontrando-se em seu § 1º as hipóteses taxativamente previstas, incluindo o descumprimento das obrigações contratuais pela empresa concessionária. *Alternativa B.*

VIII. INTERVENÇÃO DO ESTADO NA PROPRIEDADE

60. (41º Exame) O Município Alfa fez editar um decreto expropriatório por utilidade pública do bem de propriedade de Constância, sob o fundamento de que o imóvel é necessário para a construção de uma escola. Constância recusou-se a formalizar acordo na via administrativa, na medida em que tem robustas provas de que, na realidade, o objetivo da desapropriação é uma vingança pessoal de seu ex-cônjuge, Rosalvo, que é o atual prefeito do município, que subscreve o mencionado decreto. Diante da ausência de acordo, o Município ajuizou a respectiva ação de desapropriação. Em razão disso, Constância procurou você, como advogado(a), a fim de elucidar questões atinentes ao problema por ela enfrentado. Considerando estritamente os fatos narrados, assinale a afirmativa que apresenta, corretamente, sua orientação.

(A) A desapropriação não apresenta qualquer vício, considerando que o motivo invocado no decreto é válido, independentemente de Rosalvo ter dela se utilizado para fins de vingança.

(B) Em sede de contestação na ação de desapropriação, Constância pode invocar qualquer matéria de fato ou de direito, mediante a produção de provas que viabilizem ao Poder Judiciário a verificação da existência ou não da situação de utilidade pública invocada no decreto.

(C) A utilização da desapropriação por Rosalvo para se vingar da ex-cônjuge constitui desvio de finalidade, vício insanável que deverá ser alegado em ação própria, na medida em que a contestação na ação de desapropriação só pode versar sobre vício processual ou impugnação do preço.

(D) O município não poderia ter ajuizado a ação de desapropriação, na medida em que esta depende da realização de acordo na via administrativa para a consumação da perda da propriedade.

RESPOSTA De acordo com o art. 2º da Lei n. 4.717/65, são nulos os atos lesivos ao patrimônio das entidades mencionadas no artigo anterior, nos casos de: a) incompetência; b) vício de forma; c) ilegalidade do objeto; d) inexistência dos motivos; e) desvio de finalidade. Segundo o parágrafo único, para a conceituação dos casos de nulidade observar-se-ão as seguintes normas, entre outras: e) o desvio de finalidade se verifica quando o agente pratica o ato visando a fim diverso daquele previsto, explícita ou implicitamente, na regra de competência. *Alternativa C.*

61. (38º Exame) O Município Alfa, observadas as cautelas legais, instituiu servidão administrativa sobre o imóvel de propriedade de Gabriel, com a finalidade de instalar postes e fios de energia elétrica, com escopo de regularizar o serviço de iluminação pública na localidade. Diante das circunstâncias do caso concreto, em especial pelo grande espaço cuja utilização é necessária para manutenção dos equipamentos instalados, verifica-se, de forma incontroversa, que Gabriel sofreu efetivo dano no direito de propriedade. Para melhor compreender o regime jurídico próprio dessa modalidade de intervenção do Estado na propriedade e ficar ciente de seus direitos e obrigações, em especial em matéria de indenização, Gabriel contratou você, como advogado(a). No caso em tela, atento às normas de regência, você orientou seu cliente no sentido de que a servidão administrativa instituída pelo Município Alfa,

(A) enseja o pagamento de indenização, se houver dano comprovado.

(B) ocorre com prazo determinado, podendo ser prorrogado mediante prévia indenização.

(C) ostenta natureza de direito pessoal da Administração Pública, que prescinde de registro no Cartório de Registro de Imóveis, e ocorre mediante indenização em títulos da dívida pública.

(D) tem por pressuposto a necessidade ou utilidade pública, ou por interesse social, e deve ocorrer mediante justa e prévia indenização em dinheiro.

DIREITO ADMINISTRATIVO

RESPOSTA Para Hely Lopes Meirelles, servidão administrativa ou pública é ônus real de uso imposto pela Administração à propriedade particular, para assegurar a realização e conservação de obras e serviços públicos ou de utilidade pública, mediante indenização dos prejuízos efetivamente suportados pelo proprietário. *Alternativa A.*

62. (36º Exame) A administração do Município Alfa está construindo uma ponte para facilitar o acesso dos produtores rurais ao seu centro urbano. Para a realização da construção, o ente necessita utilizar a propriedade privada de Fernando, um terreno não edificado, vizinho à obra, enquanto perdurar a atividade de interesse público, para a qual não há perigo iminente. Considerando as modalidades de intervenção do Estado na propriedade, a administração do Município Alfa deve:

(A) realizar o tombamento do bem de Fernando, mediante prévia e justa indenização em dinheiro, diante da relevância da obra a ser realizada;

(B) determinar a requisição administrativa do bem de Fernando, mediante indenização ulterior, em caso de dano;

(C) efetuar a ocupação temporária do bem de Fernando, passível de indenização pela utilização do terreno em ação própria;

(D) implementar uma servidão administrativa no bem de Fernando, mediante prévia e justa indenização em dinheiro, pelo sacrifício da propriedade.

RESPOSTA Trata-se de ocupação temporária, prevista no art. 36 do Decreto n. 3.365/41: "É permitida a ocupação temporária, que será indenizada, afinal, por ação própria, de terrenos não edificados, vizinhos às obras e necessários à sua realização". *Alternativa C.*

63. (36º Exame) José é proprietário de imóvel rural de enorme dimensão, mas totalmente improdutivo, que vem sendo objeto de constantes desmatamentos à revelia da legislação ambiental. O imóvel está localizado no Município Alfa do Estado Gama, sendo certo que os órgãos ambientais de ambos os entes federativos já vêm atuando em razão da supressão vegetal ilegal. Em seu imóvel, José não promove a utilização adequada dos recursos naturais disponíveis e a preservação do meio ambiente, nem mesmo realiza seu aproveitamento racional e adequado. Por estar descumprindo sua função social, nos termos da CRFB/88, o imóvel de José pode ser objeto de desapropriação:

(A) por interesse social, para fins de reforma agrária, mediante prévia e justa indenização em títulos da dívida agrária, cuja competência é da União.

(B) sanção, que consiste em punição ao particular por sua conduta imobiliária inconstitucional, mediante justa e prévia indenização, cuja competência é do Estado Gama.

(C) confisco, que consiste na retirada do bem do patrimônio do particular com sua incorporação ao patrimônio público, mediante justa e ulterior indenização, cuja competência é da União.

(D) por utilidade social e com caráter sancionador, mediante ulterior e justa indenização a ser paga por meio de precatório, cuja competência é do Município Alfa.

RESPOSTA Trata-se da hipótese de desapropriação prevista no art. 184 da CRFB: "Compete à União desapropriar por interesse social, para fins de reforma agrária, o imóvel rural que não esteja cumprindo sua função social, mediante prévia e justa indenização em títulos da dívida agrária, com cláusula de preservação do valor real, resgatáveis no prazo de até vinte anos, a partir do segundo ano de sua emissão, e cuja utilização será definida em lei". *Alternativa A.*

64. (XXXIV Exame) Em determinado hospital municipal ocorreu grave incêndio, iniciado por pane elétrica no sistema de refrigeração. Todos os pacientes foram imediatamente retirados do hospital e, diante do iminente perigo público, a autoridade competente determinou que, até que fosse providenciada a remoção dos pacientes para outras unidades de saúde, os enfermos fossem abrigados no pátio de uma grande escola particular situada em frente ao nosocômio. Buscando obter informações sobre seu eventual direito à indenização, o proprietário da escola particular procurou você, como advogado(a), para obter a orientação jurídica correta. Segundo sua orientação, no caso em tela, o agente público fez uso da

(A) ocupação administrativa temporária, e o proprietário da escola particular não faz jus à indenização, em razão da supremacia do interesse público.

(B) limitação administrativa, que assegura ao proprietário da escola particular o direito à indenização imediata e ao poder público o direito de preempção.

(C) servidão administrativa, que assegura ao proprietário da escola particular o direito à prévia indenização, em razão do uso temporário de seu bem imóvel.

(D) requisição administrativa, que assegura ao proprietário da escola particular o direito à indenização ulterior, caso haja dano.

RESPOSTA Trata-se de *requisição administrativa (modalidade de intervenção do estado na proprieda-*

de), pela qual o estado determina a utilização coativa de bens ou serviços particulares, *por ato de execução imediata e direta da autoridade pública, cabendo indenização posterior (caso comprovado o dano)*, para atendimento de necessidades coletivas urgentes e transitórias. *No caso de iminente perigo público, a autoridade competente poderá usar de propriedade particular, assegurada ao proprietário indenização ulterior, se houver dano* (CRFB, art. 5º, XXV). *Alternativa D.*

65.

(XXXIII Exame) Luciano, proprietário de um terreno localizado no Município Ômega, viajou para o exterior, pelo período de 8 meses, para realizar curso de especialização profissional. Quando retornou de viagem, verificou que o Município, sem expedir qualquer notificação, de forma irregular e ilícita, invadiu sua propriedade e construiu uma escola, em verdadeiro apossamento administrativo. As aulas na nova escola municipal já se iniciaram há dois meses e verifica-se a evidente impossibilidade de se reverter a situação sem ensejar prejuízos aos interesses da coletividade. Ao buscar assistência jurídica junto a conhecido escritório de advocacia, foi manejada em favor de Luciano ação de

(A) indenização por retrocessão, por abuso de poder da municipalidade, que gera direito à justa e imediata indenização, exigível quando do trânsito em julgado da ação.

(B) indenização por desapropriação indireta, que visa à justa e posterior indenização, a ser paga por meio de precatório.

(C) reintegração de posse por tredestinação ilícita, por desvio de finalidade, que visa à justa e posterior indenização, a ser paga por meio de precatório.

(D) interdito proibitório por desvio de finalidade, que gera direito à justa e imediata indenização, exigível quando do trânsito em julgado da ação.

RESPOSTA Trata-se de *desapropriação indireta (art. 35, DL n. 3.365/41)*, quando o Estado se apropria do bem do particular sem a observância dos requisitos ou do devido processo legal. Nesse caso, não há a anulação da desapropriação. O expropriado apenas terá direito à indenização por perdas e danos. Alternativa B.

66.

(XXXII Exame) A União, diante da necessidade de utilização do imóvel produtivo de Astrobaldo para fazer passar importante oleoduto, fez editar Decreto que declarou a utilidade pública do bem para tal finalidade e determinou que a concessionária do setor levasse a efeito a mencionada intervenção, na forma do contrato de concessão, de modo a instituir o respectivo direito real de gozo para a Administração Pública. Astrobaldo recusou-se a permitir o ingresso de prepostos da referida sociedade no bem para realizar as respectivas obras, o que levou a concessionária a ajuizar ação específica, com pedido liminar de imissão provisória na posse, para a implementação do estabelecido no Decreto. Diante dessa situação hipotética, assinale a afirmativa correta.

(A) A concessionária não poderia levar a efeito a intervenção do Estado na propriedade pretendida pela União, porque não pode exercer poder de polícia.

(B) A intervenção do Estado na propriedade pretendida é a requisição, considerando a necessidade do bem de Astrobaldo para a realização de serviço público.

(C) O pedido de imissão provisória na posse foi equivocado, porque não é cabível o procedimento da ação de desapropriação na intervenção em comento, cuja modalidade é a servidão.

(D) O eventual deferimento da imissão provisória na posse importará no dever de acrescer juros compensatórios sobre a indenização que venha a ser determinada no processo.

RESPOSTA Diz o art. 15-A do DL 3.365/41, que no caso de imissão prévia na posse, na desapropriação por necessidade ou utilidade pública e interesse social, inclusive para fins de reforma agrária, havendo divergência entre o preço ofertado em juízo e o valor do bem, fixado na sentença, expressos em termos reais, incidirão juros compensatórios de até seis por cento ao ano sobre o valor da diferença eventualmente apurada, a contar da imissão na posse, vedado o cálculo de juros compostos. O STF valida através da Súmula 164 quando afirma que "no processo de desapropriação, são devidos juros compensatórios desde a antecipada imissão de posse, ordenada pelo juiz, por motivo de urgência". *Alternativa D.*

67.

(XXXI Exame) Diante da necessidade de construção de uma barragem no Município Alfa, a ser efetuada em terreno rural de propriedade de certa sociedade de economia mista federal, o Poder Legislativo local fez editar uma lei para declarar a desapropriação por utilidade pública, após a autorização por decreto do Presidente da República, sendo certo que, diante do sucesso das tratativas entre os chefes do Executivo dos entes federativos em questão, foi realizado acordo na via administrativa para ultimar tal intervenção do Estado na propriedade. Diante dessa situação hipotética, assinale a afirmativa correta.

(A) A autorização por decreto não pode viabilizar a desapropriação do bem em questão pelo Muni-

DIREITO ADMINISTRATIVO

cípio Alfa, porque os bens federais não são expropriáveis.

(B) A iniciativa do Poder Legislativo do Município Alfa para declarar a desapropriação é válida, cumprindo ao respectivo Executivo praticar os atos necessários para sua efetivação.

(C) A intervenção na propriedade em tela não pode ser ultimada na via administrativa, mediante acordo entre os entes federativos envolvidos.

(D) O Município Alfa não tem competência para declarar a desapropriação por utilidade pública de propriedades rurais.

RESPOSTA Conforme prevê o art. 8º do Decreto-lei n. 3.365/41, o Poder Legislativo poderá tomar a iniciativa da desapropriação, cumprindo, neste caso, ao Executivo praticar os atos necessários à sua efetivação. A desapropriação de imóvel rural por interesse social para fins de reforma agrária, por descumprimento da função social da propriedade rural (art. 184, CRFB) é de competência exclusiva da União. Por *utilidade* ou *necessidade públicas* ou por *interesse social genérico, qualquer ente federado pode* desapropriar imóvel rural. *Alternativa B.*

68. (XXIX Exame) Virgílio é proprietário de um imóvel cuja fachada foi tombada pelo Instituto do Patrimônio Histórico e Artístico Nacional – IPHAN, autarquia federal, após o devido processo administrativo, diante de seu relevante valor histórico e cultural. O logradouro em que o imóvel está localizado foi assolado por fortes chuvas, que comprometeram a estrutura da edificação, a qual passou a apresentar riscos de desabamento. Em razão disso, Virgílio notificou o Poder Público e comprovou não ter condições financeiras para arcar com os custos da respectiva obra de recuperação. Certo de que a comunicação foi recebida pela autoridade competente, que atestou a efetiva necessidade da realização de obras emergenciais, Virgílio procurou você, como advogado(a), para, mediante orientação jurídica adequada, evitar a imposição de sanção pelo Poder Público. Sobre a hipótese apresentada, assinale a opção que apresenta a orientação correta.

(A) Virgílio poderá demolir o imóvel.

(B) A autoridade competente deve mandar executar a recuperação da fachada tombada, às expensas da União.

(C) Somente Virgílio é obrigado a arcar com os custos de recuperação do imóvel.

(D) As obras necessárias deverão ser realizadas por Virgílio, independentemente de autorização especial da autoridade competente.

RESPOSTA De acordo com o art. 19 do Decreto-lei n. 25/37, o proprietário de coisa tombada, que não dispuser de recursos para proceder às obras de conservação e reparação que a mesma requerer, levará ao conhecimento do Serviço do Patrimônio Histórico e Artístico Nacional a necessidade das mencionadas obras, sob pena de multa correspondente ao dobro da importância em que for avaliado o dano sofrido pela mesma coisa. Atente-se que recebida a comunicação, e consideradas necessárias as obras, o diretor do Serviço do Patrimônio Histórico e Artístico Nacional mandará executá-las, a expensas da União, devendo as mesmas ser iniciadas dentro do prazo de 6 meses, ou providenciará para que seja feita a desapropriação da coisa (§ 1º). *Alternativa B.*

69. (XXIX Exame) O poder público, com fundamento na Lei n. 8.987/95, pretende conceder à iniciativa privada uma rodovia que liga dois grandes centros urbanos. O edital, publicado em maio de 2018, previu a duplicação das pistas e a obrigação de o futuro concessionário desapropriar os terrenos necessários à ampliação. Por se tratar de projeto antigo, o poder concedente já havia declarado, em janeiro de 2011, a utilidade pública das áreas a serem desapropriadas no âmbito do futuro contrato de concessão. Com base na hipótese apresentada, assinale a afirmativa correta.

(A) O ônus das desapropriações necessárias à duplicação da rodovia não pode ser do futuro concessionário, mas sim do poder concedente.

(B) O poder concedente e o concessionário só poderão adentrar os terrenos necessários à ampliação da rodovia após a conclusão do processo de desapropriação.

(C) O decreto que reconheceu a utilidade pública dos terrenos caducou, sendo necessária a expedição de nova declaração.

(D) A declaração de utilidade pública pode ser emitida tanto pelo poder concedente quanto pelo concessionário.

RESPOSTA De acordo com o art. 10 do Decreto-lei n. 3.365/41, a desapropriação deverá efetivar-se mediante acordo ou intentar-se judicialmente, dentro de 5 anos, contados da data da expedição do respectivo decreto e findos os quais este caducará. *Alternativa C.*

70. (XXVIII Exame) Determinado Município fez publicar decreto de desapropriação por utilidade pública de determinada área, com o objetivo de construir um hospital, o que incluiu o imóvel de Ana. A proprietária aceitou o valor oferecido pelo ente federativo, de modo que a desapropriação se consumou na via administrativa. Após o início das obras, foi constatada a necessidade, de maior urgência, da instalação de uma creche na mesma localidade, de modo que o Município alterou a destinação a ser conferida à edificação que estava sendo erigida. Ana se arrependeu do acordo firmado com o poder público. Diante dessa situação hipotética, na qualidade de advogado(a) de Ana, assinale a afirmativa correta.

(A) Ana deverá ajuizar ação de retrocessão do imóvel, considerando que o Município não possui competência para atuar na educação infantil, de modo que não poderia alterar a destinação do bem expropriado para esta finalidade.

(B) Cabe a Ana buscar a anulação do acordo firmado com o Município, que deveria ter ajuizado a indispensável ação de desapropriação para consumar tal modalidade de intervenção do estado na propriedade.

(C) O ordenamento jurídico não autoriza que Ana impugne a desapropriação amigável acordada com o Município, porque a nova destinação conferida ao imóvel atende ao interesse público, a caracterizar a chamada tredestinação lícita.

(D) Ana deverá ajuizar ação indenizatória em face do ente federativo, com base na desapropriação indireta, considerando que o Município não pode conferir finalidade diversa da constante no decreto expropriatório.

RESPOSTA Há dois tipos de tredestinação, uma denominada lícita e outra, ilícita. A lícita é a situação da presente questão. A ilícita é quando não há um interesse público superveniente, como na lícita, mas sim um interesse privado, o que enseja o direito de retrocessão do expropriado. *Alternativa C.*

71. (XXV Exame) Em novembro de 2014, Josué decidiu gozar um período sabático e passou, a partir de então, quatro anos viajando pelo mundo. Ao retornar ao Brasil, foi surpreendido pelo fato de que um terreno de sua propriedade havia sido invadido, em setembro de 2015, pelo Município Beta, que nele construiu uma estação de tratamento de água e esgoto. Em razão disso, Josué procurou você para, na qualidade de advogado(a), traçar a orientação jurídica adequada, em consonância com o ordenamento vigente.

(A) Deve ser ajuizada uma ação possessória, diante do esbulho cometido pelo Poder Público municipal.

(B) Não cabe qualquer providência em Juízo, considerando que a pretensão de Josué está prescrita.

(C) Impõe-se que Josué aguarde que o bem venha a ser destinado pelo Município a uma finalidade alheia ao interesse público, para que, somente então, possa pleitear uma indenização em Juízo.

(D) É pertinente o ajuizamento de uma ação indenizatória, com base na desapropriação indireta, diante da incorporação do bem ao patrimônio público pela afetação.

RESPOSTA O art. 35 do Decreto-lei n. 3.365/41 assim dispõe: "Art. 35. Os bens expropriados, uma vez incorporados à Fazenda Pública, não podem ser objeto de reivindicação, ainda que fundada em nulidade do processo de desapropriação. Qualquer ação, julgada procedente, resolver-se-á em perdas e danos", ou seja, somente resta ao proprietário uma ação de indenização por desapropriação indireta. *Alternativa D.*

72. (XXIV Exame) Damião, proprietário de terrenos não utilizados, mantidos para fins de especulação imobiliária, é notificado pela autoridade pública municipal, uma vez que seu terreno está incluído no plano Diretor do Município XYZ, e a Lei Municipal n. 123 determinou a edificação compulsória e aplicação de IPTU progressivo no tempo. Sobre as possíveis consequências que Damião pode sofrer, assinale a afirmativa correta.

(A) Caso não seja cumprida a notificação no prazo estabelecido, o Poder Público procederá à aplicação do Imposto sobre a Propriedade Predial e Territorial Urbana (IPTU) progressivo no tempo, o qual pode ser majorado indefinidamente, até que alcance o valor do bem.

(B) Ainda que Damião transfira o imóvel, a obrigação de edificação compulsória é transferida aos adquirentes, sem que haja interrupção dos prazos previamente estabelecidos pelo Poder Público.

(C) O Poder Público Municipal poderá desapropriar o imóvel de Damião mediante pagamento de indenização justa, prévia e em dinheiro, que refletirá o valor da base de cálculo do IPTU.

(D) Não há consequência jurídica no descumprimento, tendo em vista a não autoexecutoriedade nos atos do Poder Público em tema de política urbana, sendo necessária a intervenção do Poder Judiciário.

RESPOSTA Na política urbana, prevista na Constituição Federal, há a previsão expressa, em caso de imóveis urbanos não utilizados ou subutilizados, uma série de providências administrativas e tributárias, começando com a notificação para a edificação ou parcelamento compulsórios, seguindo-se de um IPTU progressivo no tempo até determinado limite, previsto na Lei n. 10.257 de 2001, adotando-se como última providência a desapropriação para melhor uso do solo urbano. A obrigação da edificação e parcelamento compulsórios transfere-se para eventuais adquirentes do imóvel, sem que haja interrupção dos prazos previamente estabelecidos pelo Poder Público. *Alternativa B.*

DIREITO ADMINISTRATIVO

73. **(XXII Exame)** O Município Beta foi assolado por chuvas que provocaram o desabamento de várias encostas, que abalaram a estrutura de diversos imóveis, os quais ameaçam ruir, especialmente se não houver imediata limpeza dos terrenos comprometidos. Diante do iminente perigo público a residências e à vida de pessoas, o Poder Público deve, prontamente, utilizar maquinário, que não consta de seu patrimônio, para realizar as medidas de contenção pertinentes.

Assinale a opção que indica a adequada modalidade de intervenção na propriedade privada para a utilização do maquinário necessário.

(A) Requisição administrativa.

(B) Tombamento.

(C) Desapropriação.

(D) Servidão administrativa.

RESPOSTA Trata-se de requisição administrativa, modalidade de intervenção na propriedade privada prevista no art. 5º, XXV, da CRFB: "*XXV – no caso de iminente perigo público, a autoridade competente poderá usar de propriedade particular, assegurada ao proprietário indenização ulterior, se houver dano*". Alternativa A.

74. **(XX Exame – Reaplicação)** O Estado Beta pretende estabelecer ligação viária entre dois municípios contíguos em seu território. Para tanto, mostra-se necessária a desapropriação, por utilidade pública, de bem de propriedade de um dos municípios beneficiários da obra.

Quanto à competência do Estado Beta para desapropriar bem público, assinale a afirmativa correta.

(A) O Estado Beta não tem competência para desapropriar, por utilidade pública, bem municipal.

(B) O Estado Beta não tem competência para desapropriar bens públicos.

(C) O Estado Beta poderá desapropriar sem qualquer providência preliminar.

(D) O Estado Beta poderá desapropriar mediante a respectiva autorização legislativa.

RESPOSTA O Decreto-lei n. 3.365/41, art. 2º, § 2º, exige autorização legislativa prévia para o Estado desapropriar um bem do município. *Alternativa D*.

IX. CONTROLE DA ADMINISTRAÇÃO PÚBLICA

75. **(41º Exame)** Evandro Santos, prefeito do município Gama, tem dúvidas acerca da operacionalização do controle externo do julgamento das contas que deve anualmente prestar ao Legislativo. Em razão disso, questionou sua assessoria jurídica acerca dos trâmites necessários para tanto. Sobre a situação hipotética apresentada, assinale a opção que apresenta a resposta correta a ser dada pela assessoria jurídica.

(A) O julgamento das contas será realizado exclusivamente pela Corte de Contas competente.

(B) As contas anuais serão prestadas e julgadas exclusivamente pela Câmara Municipal, independentemente da atuação da Corte de Contas.

(C) O julgamento das contas anuais caberá à Assembleia Legislativa do Estado a que pertence o município Gama.

(D) O julgamento das contas dependerá da elaboração de parecer prévio da Corte de Contas competente, cuja conclusão só deixará de prevalecer por decisão de dois terços dos membros da Câmara Municipal.

RESPOSTA: De acordo com os §§ 1º e 2º do art. 31 da CF, o controle externo da Câmara Municipal será exercido com o auxílio dos Tribunais de Contas dos Estados ou do Município ou dos Conselhos ou Tribunais de Contas dos Municípios, onde houver. O parecer prévio, emitido pelo órgão competente sobre as contas que o Prefeito deve anualmente prestar, só deixará de prevalecer por decisão de dois terços dos membros da Câmara Municipal. *Alternativa D*.

76. **(39º Exame)** A sociedade empresária Alfa praticou ato lesivo à administração pública do Estado Beta, pois, em matéria de licitações e contratos, obteve vantagem indevida, de modo fraudulento, em sucessivas prorrogações de contrato administrativo, sem autorização legal, no ato convocatório da licitação pública ou no respectivo instrumento contratual. Com a devida orientação de seu advogado, visando obter isenção de sanções que provavelmente lhe seriam aplicadas, a sociedade empresária firmou com o Estado Beta acordo de leniência. No caso em tela, nos termos da chamada Lei Anticorrupção (Lei n. 12.846/13), a celebração do citado acordo isentará a sociedade empresária Alfa da proibição de receber incentivos, subsídios, subvenções, doações ou empréstimos na forma prevista na lei, bem como da sanção de

(A) multa civil, e reduzirá à metade a obrigação de ressarcimento dos danos ao erário.

(B) obrigação de ressarcimento ao erário e da medida de suspensão ou interdição parcial de suas atividades.

(C) publicação extraordinária da decisão condenatória e reduzirá, em até 2/3 (dois terços), o valor da multa aplicável.

(D) multa administrativa, e condicionará a manutenção das atividades da pessoa jurídica à adoção de programa de integridade, no prazo de 90 (noventa) dias da assinatura do acordo.

RESPOSTA De acordo com § 2º do art. 16 da Lei n. 12.846/2013, a celebração do acordo de leniência isentará a pessoa jurídica das sanções previstas no inciso II do art. 6º e no inciso IV do art. 19 e reduzirá em até 2/3 (dois terços) o valor da multa aplicável. *Alternativa C.*

77. (36º Exame) A Agência Reguladora federal Alfa, criada no ano corrente, tem a intenção de formalizar um acordo de cooperação com a Agência Reguladora estadual Beta. O acordo visa à descentralização das atividades normativas, fiscalizatórias, sancionatórias e arbitrais, com o intuito de conferir maior eficiência à atuação das duas entidades. Nesse contexto, à luz do disposto na CRFB/88 e na Lei n. 13.848/2018, assinale a afirmativa correta.

(A) O acordo de cooperação poderia ter por objeto a delegação de competência normativa da Agência Alfa.

(B) A execução da fiscalização do objeto da delegação pela Agência Beta, por ser estadual, não precisa observar as normas federais pertinentes.

(C) A execução de competência delegada pelo acordo de cooperação à Agência Beta independe do acompanhamento e da avaliação pela Agência Alfa.

(D) A Agência Alfa, havendo delegação de competência, permanecerá como instância superior e recursal das decisões tomadas no exercício da competência delegada à Agência Beta.

RESPOSTA Todas as alternativas se resolvem com o art. 34, §§ 1º, 3º, 4º e 7º, da Lei n. 13.848/2018. O § 7º prevê que: "havendo delegação de competência, a agência reguladora delegante permanecerá como instância superior e recursal das decisões tomadas no exercício da competência delegada". *Alternativa D.*

78. (XXX Exame) A sociedade empresária Feliz S/A, após apresentar a melhor proposta em licitação para a contratação de obra de grande vulto, promovida por certa empresa pública federal, apresentou os documentos exigidos no edital e foi habilitada. Este último ato foi objeto de recurso administrativo, no qual restou provado que a mencionada licitante foi constituída para burlar a sanção que lhe fora aplicada, já que se constituíra por transformação da sociedade empresária Alegre S/A, com os mesmos sócios e dirigentes, mesmo patrimônio, igual endereço e idêntico objeto social. A sociedade empresária Alegre S/A, em decorrência de escândalo que envolvia pagamento de propina e fraudes em licitações, foi penalizada em diversos processos administrativos. Após os trâmites previstos na Lei n. 12.846/2013 (Lei Anticorrupção Empresarial), diante do reconhecimento de haver praticado atos lesivos à Administração Pública, ela foi penalizada com a aplicação de multa e a declaração de inidoneidade para licitar ou contratar com a Administração Pública, pelo prazo de quatro anos. Diante dessa situação hipotética, assinale a afirmativa correta

(A) A exclusão da sociedade empresária Feliz S/A da licitação em curso é legítima, pois, diante da transformação, subsiste a responsabilidade da sociedade Alegre S/A.

(B) O reconhecimento da responsabilização administrativa da sociedade empresária Alegre S/A, por ato lesivo contra a Administração Pública, dependia da comprovação do elemento subjetivo culpa.

(C) A penalização da sociedade empresária Alegre S/A impede a responsabilização individual de seus dirigentes; por isso, não pode ser estendida à sociedade Feliz S/A.

(D) A imposição da sanção de declaração de inidoneidade à sociedade empresária Alegre S/A deveria impedir a aplicação de multa por ato lesivo à Administração Pública pelos mesmos fatos, sob pena de *bis in idem*.

RESPOSTA De acordo com o art. 4º da Lei n. 12.846/2013, subsiste a responsabilidade da pessoa jurídica na hipótese de alteração contratual, transformação, incorporação, fusão ou cisão societária. *Alternativa A.*

79. (XXVIII Exame) A União celebrou convênio com o Município Alfa para a implantação de um sistema de esgotamento sanitário. O Governo Federal repassou recursos ao ente local, ficando o município encarregado da licitação e da contratação da sociedade empresária responsável pelas obras. Após um certame conturbado, cercado de denúncias de favorecimento e conduzido sob a estreita supervisão do prefeito, sagrou-se vencedora a sociedade empresária Vale Tudo Ltda. Em escutas telefônicas, devidamente autorizadas pelo Poder Judiciário, comprovou-se o direcionamento da licitação para favorecer a sociedade empresária Vale Tudo Ltda., que tem, como sócios, os filhos do prefeito do Município Alfa. Tendo sido feita perícia no orçamento, identificou-se superfaturamento no preço contratado. Com base na situação narrada, assinale a afirmativa correta.

(A) Não compete ao Tribunal de Contas da União fiscalizar o emprego dos recursos em questão, pois, a partir do momento em que ocorre a

DIREITO ADMINISTRATIVO

transferência de titularidade dos valores, encerra-se a jurisdição da Corte de Contas Federal.

(B) O direcionamento da licitação constitui hipótese de frustração da licitude do certame, configurando ato de improbidade administrativa que atenta contra os princípios da Administração Pública e, por isso, sujeita os agentes públicos somente à perda da função pública e ao pagamento de multa civil.

(C) Apenas os agentes públicos estão sujeitos às ações de improbidade, de forma que terceiros, como é o caso da sociedade empresária Vale Tudo Ltda., não podem ser réus da ação judicial e, por consequência, imunes à eventual condenação ao ressarcimento do erário causado pelo superfaturamento.

(D) Por se tratar de ato de improbidade administrativa que causou prejuízo ao erário, os agentes públicos envolvidos e a sociedade empresária Vale Tudo Ltda. estão sujeitos ao integral ressarcimento do dano, sem prejuízo de outras medidas, como a proibição de contratar com o Poder Público ou receber incentivos fiscais por um prazo determinado.

RESPOSTA Dentre os atos de improbidade administrativa, previstos na Lei n. 8.429/92, a situação é contemplada pelo art. 10 em razão da lesão ao erário. Neste sentido, dispõe a lei (art. 12), que, independentemente das sanções penais, civis e administrativas previstas na legislação específica, está o responsável pelo ato de improbidade sujeito às seguintes cominações, que podem ser aplicadas isolada ou cumulativamente, de acordo com a gravidade do fato, na hipótese do art. 10, ressarcimento integral do dano, perda dos bens ou valores acrescidos ilicitamente ao patrimônio, se concorrer esta circunstância, perda da função pública, suspensão dos direitos políticos de cinco a oito anos, pagamento de multa civil de até duas vezes o valor do dano e proibição de contratar com o Poder Público ou receber benefícios ou incentivos fiscais ou creditícios, direta ou indiretamente, ainda que por intermédio de pessoa jurídica da qual seja sócio majoritário, pelo prazo de cinco anos (inciso II). *Alternativa D.*

80. (XXVI Exame) Raul e Alberto inscreveram-se para participar de um concorrido concurso público. Como Raul estava mais preparado, combinaram que ele faria a prova rapidamente e, logo após, deixaria as respostas na lixeira do banheiro para que Alberto pudesse ter acesso a elas. A fraude só veio a ser descoberta após o ingresso de Raul e de Alberto no cargo, fato que ensejou o afastamento deles. Após rígida investigação policial e administrativa, não foi identificada, na época do certame, a participação de agentes públicos no

esquema. Sobre os procedimentos de Raul e de Alberto, com base nas disposições da Lei de Improbidade Administrativa, assinale a afirmativa correta.

(A) Eles enriqueceram ilicitamente graças aos salários recebidos e, por isso, devem responder por ato de improbidade administrativa.

(B) Eles causaram prejuízo ao erário, consistente nos salários pagos indevidamente e, por isso, devem responder por ato de improbidade administrativa.

(C) Eles frustraram a licitude de concurso público, atentando contra os princípios da Administração Pública, e, por isso, devem responder por ato de improbidade administrativa.

(D) Eles não praticaram ato de improbidade administrativa, pois, no momento em que ocorreu a fraude no concurso público, não houve a participação de agentes públicos.

RESPOSTA De acordo com o art. 3º da Lei n. 8.429/92, Lei da Improbidade Pública, as disposições desta lei são aplicáveis, no que couber, àquele que, mesmo não sendo agente público, induza ou concorra para a prática do ato de improbidade ou dele se beneficie sob qualquer forma direta ou indireta. Como no momento da fraude não houve participação de agentes públicos, isentos estarão de responsabilidade. *Alternativa D.*

X. RESPONSABILIDADE CIVIL DO ESTADO

81. (37º EXAME) Mateus e Geraldo foram presos em decorrência de sentença penal com trânsito em julgado, pelo crime de latrocínio. Ambos ficaram, inicialmente, na mesma cela prisional, em condições absolutamente precárias e insalubres, sendo certo que Geraldo evadiu-se da cadeia. Seis meses após a fuga, Geraldo praticou novo latrocínio, que levou Tânia a óbito. Mateus, que ficou muito deprimido pelas condições degradantes do cárcere, cometeu suicídio, cortando seus pulsos com faca adquirida irregularmente de Rodrigo, agente penitenciário, fato que poderia ter sido evitado, portanto, se o Estado tivesse adotado precauções mínimas. Diante das circunstâncias narradas, assinale a afirmativa correta.

(A) O Estado poderia ser civilmente responsabilizado pela morte de Tânia, pois tinha o dever de evitar a fuga de Geraldo, mas não pelo óbito de Mateus, em razão de fato exclusivo da vítima, tendo em conta a adoção da teoria do risco administrativo.

(B) Ambas as mortes anteriormente descritas seriam passíveis de configurar a responsabilização civil do Estado, nos termos da Constituição, que adota expressamente a teoria do risco integral, nas situações relacionadas à segurança pública.

(C) Nenhum dos óbitos narrados pode caracterizar a responsabilização civil do Estado, na medida em que nas hipóteses de omissão do Estado deve ficar caracterizado o elemento culpa, imprescindível no âmbito da teoria do risco administrativo.

(D) O Estado poderia ser civilmente responsabilizado pela morte de Mateus, pois tinha o dever de proteger a incolumidade física de pessoa sob sua custódia, mas não pelo óbito de Tânia, na medida em que não há nexo de causalidade entre a fuga de Geraldo e o evento danoso.

RESPOSTA Quando coisas ou pessoas estão *sob custódia do Estado*, este tem do dever de assegurar a integridade, senão, responderá objetivamente, mesmo que o dano não ocorra diretamente de uma "ação" de algum agente, entendendo-se que houve a inobservância do dever específico de proteção (CF, art. 5º, XLIX); sendo assim, haveria reponsabilidade do estado pela morte de Mateus. Já em relação à morte de Tânia, o STF entende que nos termos do art. 37, § 6º, da Constituição Federal, *não* se caracteriza a responsabilidade civil objetiva do Estado por danos decorrentes de crime praticado por pessoa foragida do sistema prisional, quando não demonstrado o nexo causal direto entre o momento da fuga e a conduta praticada. *Alternativa D.*

82. (XXXIV Exame) Márcio é policial militar do Estado Ômega e, ao longo de suas férias, em movimentada praia no litoral do Estado Alfa, durante festa em que se encontrava à paisana, envolveu-se em uma briga, durante a qual sacou a arma da corporação, que sempre portava, e desferiu tiros contra Bernardo, que veio a óbito imediato. Mirtes, mãe de Bernardo, pretende ajuizar ação indenizatória em decorrência de tal evento. Sobre a situação narrada, assinale a afirmativa correta.

(A) A ação indenizatória não poderá ser ajuizada em face do Estado Ômega, na medida em que o fato ocorreu no território do Estado Alfa.

(B) A ação deverá ser ajuizada em face da União, que é competente para promover a segurança pública.

(C) Há legitimidade passiva do Estado Ômega, considerando que Márcio tinha a posse de uma arma da corporação, em decorrência da qualidade de agente público.

(D) O Estado Ômega deve responder civilmente pela conduta de Márcio, já que o ordenamento jurídico pátrio adotou a teoria do risco integral.

RESPOSTA Trata-se de responsabilidade civil do estado, a qual é baseada na Teoria do Risco Administrativo, conforme § 6º do art. 37 da CRFB. No mesmo

sentido, entende a Jurisprudência que "ocorre *relação causal* entre a omissão, consubstanciada no dever de vigilância do patrimônio público ao se permitir a saída de policial em dia de folga, portando o revólver da corporação, e o ato ilícito praticado por este servidor" (RE 213.525 AgR, rel. Min. Ellen Gracie, 2ª Turma, *DJ* 6-2-2009). *Alternativa C.*

83. (XXXI Exame) Rafael, funcionário da concessionária prestadora do serviço público de fornecimento de gás canalizado, realizava reparo na rede subterrânea, quando deixou a tampa do bueiro aberta, sem qualquer sinalização, causando a queda de Sônia, transeunte que caminhava pela calçada. Sônia, que trabalha como faxineira diarista, quebrou o fêmur da perna direita em razão do ocorrido e ficou internada no hospital por 60 dias, sem poder trabalhar. Após receber alta, Sônia procurou você, como advogado(a), para ajuizar ação indenizatória em face

(A) da concessionária, com base em sua responsabilidade civil objetiva, para cuja configuração é desnecessária a comprovação de dolo ou culpa de Rafael.

(B) do Estado, como poder concedente, com base em sua responsabilidade civil direta e subjetiva, para cuja configuração é prescindível a comprovação de dolo ou culpa de Rafael.

(C) de Rafael, com base em sua responsabilidade civil direta e objetiva, para cuja configuração é desnecessária a comprovação de ter agido com dolo ou culpa, assegurado o direito de regresso contra a concessionária.

(D) do Município, como poder concedente, com base em sua responsabilidade civil objetiva, para cuja configuração é imprescindível a comprovação de dolo ou culpa de Rafael.

RESPOSTA Trata-se de responsabilidade civil objetiva (independe da comprovação de dolo ou culpa) da concessionária, que é a pessoa jurídica de direito privado prestadora de serviço público, à qual se aplica o disposto no art. 37, § 6º, da CRFB: As pessoas jurídicas de direito público e as de direito privado prestadoras de serviços públicos responderão pelos danos que seus agentes, nessa qualidade, causarem a terceiros, assegurado o direito de regresso contra o responsável nos casos de dolo ou culpa. *Alternativa A.*

84. (XXVII Exame) A União construiu uma usina nuclear para fins de geração de energia elétrica. A fim de minimizar os riscos de acidentes relacionados à utilização do urânio, foram empregados, no empreendimento, os mais modernos e seguros equipamentos. Do mesmo modo,

DIREITO ADMINISTRATIVO

o pessoal designado para trabalhar na usina recebeu todos os treinamentos exigidos nas legislações brasileira e internacional. Entretanto, em decorrência de uma intensa, imprevisível e excepcional chuva que caiu na região, parte da usina ficou alagada. Isso gerou superaquecimento nas instalações, fato que culminou na liberação de um pequeno volume de gases radioativos armazenados, causando náuseas e vômitos na população que mora próxima à usina. Com base na situação narrada, assinale a afirmativa correta.

(A) A União não pode ser responsabilizada pelos danos causados à população, tendo em vista a ausência de culpa (responsabilidade subjetiva) por parte do Poder Público.

(B) Em razão de as chuvas constituírem um evento imprevisível e excepcional, não se cogita a responsabilidade da União pelos danos causados à população.

(C) A União pode ser responsabilizada pelas consequências advindas do vazamento de gases radioativos, independentemente de culpa, pois a responsabilidade é objetiva.

(D) A União não pode ser responsabilizada pelos danos causados à população, dado competir aos Estados a exploração dos serviços e das instalações nucleares, cabendo a eles a responsabilidade pelos danos.

RESPOSTA Muito embora a responsabilidade civil do Estado esteja baseada na *Teoria do Risco Administrativo*, pela qual o Estado responde objetivamente por danos causados a terceiros, admitindo-se, no entanto, algumas excludentes, como caso fortuito e força maior, há casos em que a doutrina e jurisprudência entendem pela aplicação da chamada *Teoria do Risco Integral*, pela qual o Estado deve responder objetivamente, não havendo que se falar em excludentes, como é caso de danos nucleares. *Alternativa C.*

85.
(XXVI Exame) Em uma movimentada rodovia concedida pela União a uma empresa privada, um veículo particular colidiu com outro, deixando diversos destroços espalhados pela faixa de rolamento. Um dos objetos deixados sobre a pista cortou o pneu de um terceiro automóvel, causando a colisão deste em uma mureta de proteção. Com base no fragmento acima, assinale a afirmativa correta.

(A) A concessionária deve responder objetivamente pelos danos causados, com fundamento na teoria do risco administrativo.

(B) Em nenhuma hipótese a concessionária poderá ser responsabilizada pelo evento danoso.

(C) A concessionária responde pelos danos materiais causados ao terceiro veículo, com fundamento na teoria do risco integral, isto é, ficou comprovado que o dano foi causado por culpa exclusiva de terceiro ou por força maior.

(D) O proprietário do terceiro automóvel só será reparado pelos danos materiais caso demonstre a culpa da concessionária, caracterizada, por exemplo, pela demora excessiva em promover a limpeza da rodovia.

RESPOSTA De acordo com o § 6º do art. 37 da CRFB, as pessoas jurídicas de direito público e as de direito privado prestadoras de serviços públicos responderão pelos danos que seus agentes, nessa qualidade, causarem a terceiros, assegurado o direito de regresso contra o responsável nos casos de dolo ou culpa. *Alternativa A.*

86.
(XXI Exame) José, acusado por estupro de menores, foi condenado e preso em decorrência da execução de sentença penal transitada em julgado. Logo após seu recolhimento ao estabelecimento prisional, porém, foi assassinado por um colega de cela. Acerca da responsabilidade civil do Estado pelo fato ocorrido no estabelecimento prisional, assinale a afirmativa correta.

(A) Não estão presentes os elementos configuradores da responsabilidade civil do Estado, porque está presente o fato exclusivo de terceiro, que rompe o nexo de causalidade, independentemente da possibilidade de o Estado atuar para evitar o dano.

(B) Não estão presentes os elementos configuradores da responsabilidade civil do Estado, porque não existe a causalidade necessária entre a conduta de agentes do Estado e o dano ocorrido no estabelecimento estatal.

(C) Estão presentes os elementos configuradores da responsabilidade civil do Estado, porque o ordenamento jurídico brasileiro adota, na matéria, a teoria do risco integral.

(D) Estão presentes os elementos configuradores da responsabilidade civil do Estado, porque o poder público tem o dever jurídico de proteger as pessoas submetidas à custódia de seus agentes e estabelecimentos.

RESPOSTA Quando coisas ou pessoas estão sob custódia do Estado, este tem o dever de assegurar a integridade, senão, responderá, mesmo que o dano não ocorra diretamente de uma ação de algum agente, como é o caso de um preso assassinado por um colega de cela. Estando presentes, portanto, os elementos da responsabilidade civil *conduta do agente* (no caso, a omissão em proteger), *dano* (morte) e *nexo de causalidade* (o dano ocorreu em razão da falha no dever de proteger), configurada está a responsabilidade do Estado. *Alternativa D.*

87. (XX Exame – Reaplicação) Caio, policial militar do Estado X, abalroou, com sua viatura, um veículo particular estacionado em local permitido, durante uma perseguição. Júlio, proprietário do veículo atingido, ingressou com demanda indenizatória em face do Estado. A sentença de procedência reconheceu a responsabilidade civil objetiva do Estado, independentemente de se perquirir a culpa do agente.

Nesse caso,

(A) não pode o Estado ingressar com ação de regresso em face do policial militar, eis que atuava, no momento do acidente, na condição de agente público.

(B) pode o Estado ingressar com ação de regresso em face do policial militar, devendo o ente público demonstrar a existência de dolo do agente.

(C) pode o Estado ingressar com ação de regresso em face do policial militar, devendo o ente público demonstrar a existência de culpa ou dolo do agente.

(D) não pode o Estado ingressar com ação de regresso em face do agente público, uma vez que o Estado não foi condenado com base na culpa ou dolo do agente.

RESPOSTA O art. 37, § 6º, da CRFB expressamente estabelece que o Estado responde de forma objetiva, cabendo ação regressiva contra o servidor público nos casos de dolo ou culpa, ou seja, a responsabilidade do Estado é objetiva e a do servidor, é subjetiva. *Alternativa C.*

88. (XX Exame) A fim de pegar um atalho em seu caminho para o trabalho, Maria atravessa uma área em obras, que está interditada pela empresa contratada pelo Município para a reforma de um viaduto. Entretanto, por desatenção de um dos funcionários que trabalhava no local naquele momento, um bloco de concreto se desprendeu da estrutura principal e atingiu o pé de Maria. Nesse caso,

(A) a empresa contratada e o Município respondem solidariamente, com base na teoria do risco integral.

(B) a ação de Maria, ao burlar a interdição da área, exclui o nexo de causalidade entre a obra e o dano, afastando a responsabilidade da empresa e do Município.

(C) a empresa contratada e o Município respondem de forma atenuada pelos danos causados, tendo em vista a culpa concorrente da vítima.

(D) a empresa contratada responde de forma objetiva, mas a responsabilidade do Município demanda comprovação.

RESPOSTA O Brasil adota a Teoria do Risco Administrativo que admite diminuição da responsabilidade em caso de culpa concorrente do particular. No caso em apreço, a área está interditada e, consequentemente, não poderia Maria atravessar a área interditada. *Alternativa C.*

XI. PODERES ADMINISTRATIVOS

89. (XXX Exame) Após comprar um terreno, Roberto iniciou a construção de sua casa, sem prévia licença, avançando para além dos limites de sua propriedade e ocupando parcialmente a via pública, inclusive com possibilidade de desabamento de parte da obra e risco à integridade dos pedestres. No regular exercício da fiscalização da ocupação do solo urbano, o poder público municipal, observadas as formalidades legais, valendo-se da prerrogativa de direito público que, calcada na lei, autoriza-o a restringir o uso e o gozo da liberdade e da propriedade privada em favor do interesse da coletividade, determinou que Roberto demolisse a parte irregular da obra. O poder administrativo que fundamentou a determinação do Município é o poder

(A) De hierarquia, e, pelo seu atributo da coercibilidade, o particular é obrigado a obedecer às ordens emanadas pelos agentes públicos, que estão em nível de superioridade hierárquica e podem usar meios indiretos de coerção para fazer valer a supremacia do interesse público sobre o privado.

(B) Disciplinar, e o particular está sujeito às sanções impostas pela Administração Pública, em razão do atributo da imperatividade, desde que haja a prévia e imprescindível chancela por parte do Poder Judiciário.

(C) Regulamentar, e os agentes públicos estão autorizados a realizar atos concretos para aplicar a lei, ainda que tenham que se valer do atributo da autoexecutoriedade, a fim de concretizar suas determinações, independentemente de prévia ordem judicial.

(D) De polícia, e a fiscalização apresenta duplo aspecto: um preventivo, por meio do qual os agentes públicos procuram impedir um dano social, e um repressivo, que, face à transgressão da norma de polícia, redunda na aplicação de uma sanção.

RESPOSTA O poder administrativo que autoriza a Administração a restringir o uso e o gozo da liberdade e da propriedade privada em favor do interesse da co-

DIREITO ADMINISTRATIVO

letividade é o Poder de Polícia, sendo que a referida fiscalização tem por finalidade evitar um dano social, bem como aplicar a devida penalidade ao particular. *Alternativa D.*

90. (XXVI Exame) Maria solicitou ao Município Alfa licença de localização e funcionamento para exercer determinada atividade empresarial, apresentando todos os documentos necessários para tanto. Contudo, transcorrido mais de ano do mencionado pedido, não houve qualquer manifestação por parte da autoridade competente para sua apreciação. Diante dessa situação, na qualidade de advogado, assinale a afirmativa que indica o procedimento correto.

(A) Não se pode adotar qualquer medida contra a inércia da autoridade competente, considerando que o princípio da razoável duração do processo não se aplica à via administrativa.

(B) Deve-se ajuizar uma ação popular contra a omissão da autoridade competente, diante do preenchimento dos respectivos requisitos e da violação ao princípio da impessoalidade.

(C) Deve-se impetrar mandado de segurança, uma vez que a omissão da autoridade competente para a expedição do ato de licença constitui abuso de poder.

(D) Deve-se impetrar *habeas data* diante da inércia administrativa, considerando que a omissão da autoridade competente viola o direito à informação.

RESPOSTA *Vide* o inciso LXXIII do art. 5º da CRFB, que autoriza o mandado de segurança. Atente-se ainda ao art. 38, § 2º, da Lei n. 9.784/99 e a Súmula 592 do STJ. *Alternativa C.*

91. (XXIV Exame) Um fiscal de posturas públicas municipais verifica que um restaurante continua colocando, de forma irregular, mesas para os seus clientes na calçada. Depois de lavrar autos de infração com aplicação de multa por duas vezes, sem que a sociedade empresária tenha interposto recurso administrativo, o fiscal, ao verificar a situação, interdita o estabelecimento e apreende as mesas e cadeiras colocadas de forma irregular, com base na lei que regula o exercício do poder de polícia correspondente. A partir da situação acima, assinale a afirmativa correta.

(A) O fiscal atuou com desvio de poder, uma vez que o direito da sociedade empresária de continuar funcionando é emanação do direito de liberdade constitucional, que só pode ser contrastado a partir de um provimento jurisdicional.

(B) A prática irregular de ato autoexecutório pelo fiscal é clara, porque não homenageou o princípio do contraditório e da ampla defesa ao não permitir à sociedade empresária, antes da apreensão, a possibilidade de produzir, em processo administrativo específico, fatos e provas em seu favor.

(C) O ato praticado pelo fiscal está dentro da visão tradicional do exercício da polícia administrativa pelo Estado, que pode, em situações extremas, dentro dos limites da razoabilidade e da proporcionalidade, atuar de forma autoexecutória.

(D) A atuação do fiscal é ilícita, porque os atos administrativos autoexecutórios, como mencionado acima, exigem, necessariamente, autorização judicial prévia.

RESPOSTA A doutrina administrativa entende que os atos administrativos que manifestam o Poder de Polícia são essencialmente discricionários, autoexecutáveis e coercitivos. A autoexecutoriedade está associada à prerrogativa que tem o Estado de executar seus atos sem precisar da interferência prévia do Poder Judiciário, sendo possível, nesse caso, depois de dois autos de infração, o exercício do poder de polícia administrativa pelo Estado, que, depois de duas multas, dentro da razoabilidade e proporcionalidade, interditou o estabelecimento, apreendendo cadeiras e mesas. *Alternativa C.*

XII. ATOS ADMINISTRATIVOS

92. (XXXIV Exame) O Parque de Diversões Alegrias ABC obteve legalmente autorização do Município Alfa para uso de bem público, de maneira a montar suas instalações e exercer suas atividades em determinada praça pública, pelo período de três meses. Um mês após a edição do ato de autorização de uso, sobreveio legislação municipal, alterando o plano diretor da cidade, tornando aquela área residencial e proibindo expressamente sua autorização de uso para fins recreativos, como a instalação de parques de diversão. No caso em tela, houve extinção do ato administrativo de autorização de uso inicialmente válido por meio da

(A) cassação, devendo a autoridade municipal que emitiu o ato revogá-lo expressamente para o fiel cumprimento da lei e o Parque de Diversões Alegrias ABC não tem direito à indenização.

(B) caducidade, por força de ilegalidade superveniente causada pela alteração legislativa, sem culpa do beneficiário do ato Parque de Diversões Alegrias ABC.

(C) anulação, que ocorre de forma tácita, em razão de fato do príncipe superveniente, consistente na alteração do plano diretor da cidade, com direito de indenização ao Parque de Diversões Alegrias ABC.

(D) contraposição, por força de ilegalidade superveniente decorrente da nova lei municipal editada, devendo ser perquirida eventual culpa do Parque de Diversões Alegrias ABC.

RESPOSTA Trata-se de extinção por caducidade, ou seja, quando um ato é praticado de acordo com a lei, mas uma nova legislação torna o ato incompatível com o ordenamento jurídico. Como ensina Maria Sylvia Zanella Di Pietro, "... porque sobreveio norma jurídica que tornou inadmissível a situação antes permitida pelo direito e outorgada pelo ato precedente". *Alternativa B.*

93. (XXXI Exame) Otacílio, novo prefeito do Município Kappa, acredita que o controle interno é uma das principais ferramentas da função administrativa, razão pela qual determinou o levantamento de dados nos mais diversos setores da Administração local, a fim de apurar se os atos administrativos até então praticados continham vícios, bem como se ainda atendiam ao interesse público. Diante dos resultados de tal apuração, Otacílio deverá

(A) revogar os atos administrativos que contenham vícios insanáveis, ainda que com base em valores jurídicos abstratos.

(B) convalidar os atos administrativos que apresentem vícios sanáveis, mesmo que acarretem lesão ao interesse público.

(C) desconsiderar as circunstâncias jurídicas e administrativas que houvessem imposto, limitado ou condicionado a conduta do agente nas decisões sobre a regularidade de ato administrativo.

(D) indicar, de modo expresso, as consequências jurídicas e administrativas da invalidação de ato administrativo.

RESPOSTA Prevê expressamente o art. 21 da LINDB que a decisão que, nas esferas administrativa, controladora ou judicial, decretar a invalidação de ato, contrato, ajuste, processo ou norma administrativa deverá indicar de modo expresso suas consequências jurídicas e administrativas. Ademais, diante de um ato com vício insanável, a Administração deve proceder a sua anulação e não revogação (esta é cabível quando um ato legal estiver inoportuno ou inconveniente). *Alternativa D.*

94. (XXX Exame) José, servidor público federal ocupante exclusivamente de cargo em comissão, foi exonerado, tendo a autoridade competente motivado o ato em reiterado descumprimento da carga horária de trabalho pelo servidor. José obteve, junto ao departamento de recursos humanos, documento oficial com extrato de seu ponto eletrônico, comprovando o regular cumprimento de sua jornada de trabalho. Assim, o servidor buscou assistência jurídica junto a um advogado, que lhe informou corretamente, à luz do ordenamento jurídico, que

(A) Não é viável o ajuizamento de ação judicial visando a invalidar o ato de exoneração, eis que o próprio texto constitucional estabelece que cargo em comissão é de livre nomeação e exoneração pela autoridade competente, que não está vinculada ou limitada aos motivos expostos para a prática do ato administrativo.

(B) Não é viável o ajuizamento de ação judicial visando a invalidar o ato de exoneração, eis que tal ato é classificado como vinculado, no que tange à liberdade de ação do administrador público, razão pela qual o Poder Judiciário não pode se imiscuir no controle do mérito administrativo, sob pena de violação à separação dos Poderes.

(C) É viável o ajuizamento de ação judicial visando a invalidar o ato de exoneração, eis que, apesar de ser dispensável a motivação para o ato administrativo discricionário de exoneração, uma vez expostos os motivos que conduziram à prática do ato, estes passam a vincular a Administração Pública, em razão da teoria dos motivos determinantes.

(D) É viável o ajuizamento de ação judicial visando a invalidar o ato de exoneração, eis que, por se tratar de um ato administrativo vinculado, pode o Poder Judiciário proceder ao exame do mérito administrativo, a fim de aferir a conveniência e a oportunidade de manutenção do ato, em razão do princípio da inafastabilidade do controle jurisdicional.

RESPOSTA O caso narrado traz típica hipótese de aplicação da teoria dos motivos determinantes, segundo a qual a Administração Pública fica vinculada à existência e adequação dos motivos expostos como causa determinante da prática do ato. E isso ocorre até mesmo em casos de atos discricionários que não precisariam ser motivados (como, por exemplo, a exoneração do cargo em comissão), mas que, se a Administração motivar, também ficará vinculada, podendo o ato ser anulado caso os motivos inexistam ou sejam adequados. *Alternativa C.*

XIII. PROCESSO ADMINISTRATIVO

95. (40º Exame) Vicente, servidor público federal estável, praticou conduta que corresponde a crime, na forma da legislação penal, e se

DIREITO ADMINISTRATIVO

enquadra como falta funcional grave, passível de demissão. Ao tomar conhecimento de tal situação, a Administração determinou a instauração de processo administrativo disciplinar, com a designação da Comissão processante, composta por três servidores ocupantes de cargos efetivos, sendo certo que um deles, Alípio, ainda não alcançou a estabilidade. Paralelamente, o Juízo criminal competente recebeu denúncia em desfavor de Vicente em razão dos mesmos fatos. Considerando os dados apresentados, Vicente procurou você, como advogado(a), para esclarecer dúvidas acerca da mencionada situação. Assinale a opção que apresenta a orientação jurídica que, corretamente, você prestou.

(A) O processo administrativo disciplinar em face de Vicente não poderia ser instaurado, na medida em que a sua responsabilização deve se restringir à esfera criminal.

(B) A nomeação de Alípio para compor a comissão processante do processo administrativo disciplinar não é válida.

(C) O recebimento da denúncia em desfavor de Vicente suspende a apuração levada a efeito em sede de processo administrativo disciplinar.

(D) Eventual sentença absolutória na ação penal deverá repercutir em demissão de Vicente, ainda que fundada na ausência de provas.

RESPOSTA De acordo com o art. 149 da Lei n. 8.112/90, o processo disciplinar será conduzido por comissão composta de três servidores estáveis designados pela autoridade competente, observado o disposto no § 3º do art. 143, que indicará, dentre eles, o seu presidente, que deverá ser ocupante de cargo efetivo de mesmo nível, ou ter nível de escolaridade igual ou superior ao do indiciado. Assim, a nomeação de Alípio para compor a comissão mostrou-se inválida. *Alternativa B.*

96. (39º Exame) No ano de 2020, o Município Alfa, por meio da Secretaria Municipal de Saúde, realizou concurso público para o cargo de médico. Não obstante a inexistência de previsão legal, no curso do certame, a Secretaria de Saúde incluiu como fase do concurso exame psicotécnico e eliminou diversos candidatos. O candidato Antônio apresentou os requerimentos administrativos cabíveis para tentar reverter a decisão, mas não obteve êxito. Assim sendo, Antônio ajuizou reclamação constitucional junto ao Supremo Tribunal Federal, julgada procedente com base na Súmula Vinculante nº 44, do STF, que dispõe "Só por lei se pode sujeitar a exame psicotécnico a habilitação de candidato a cargo público", tendo a Suprema Corte dado ciência à autoridade prolatora do ato ilegal e

ao órgão competente para o julgamento do recurso. No ano de 2022, a Secretaria Municipal de Saúde publicou edital de novo concurso público, agora para o cargo de enfermeiro. Mantida a inexistência de lei prevendo o exame psicotécnico, mais uma vez, o Município Alfa incluiu o mencionado exame em fase do concurso e o mesmo Secretário Municipal eliminou do certame a candidata Maria. Na qualidade de advogado(a) de Maria, com base na Lei n. 9.784/99, integralmente aplicável ao Município Alfa por força de lei local, você deve

A) impetrar mandado de segurança, observado o prazo decadencial de 180 (cento e oitenta dias), pleiteando a anulação de todo concurso, em razão de descumprimento de súmula vinculante do STF.

B) ajuizar ação popular, requerendo a nomeação de Maria e a condenação do Secretário Municipal de Saúde por crime de responsabilidade, pela inobservância reiterada de súmula vinculante do STF.

C) propor ação anulatória do ato de eliminação de Maria e de afastamento cautelar do Secretário Municipal de Saúde, pelo prazo de um ano, como medida punitiva pelas ilegalidades praticadas que afrontaram o interesse público.

D) manejar pedido de reconsideração ao Secretário de Saúde, lhe alertando de que, em razão do julgamento de anterior reclamação pelo STF em caso semelhante, deve adequar sua decisão ao julgado da Suprema Corte, sob pena de responsabilização pessoal nas esferas cível, administrativa e penal.

RESPOSTA De acordo com art. 56, § 3º, da Lei n. 9.784/99, das decisões administrativas cabe recurso, em face de razões de legalidade e de mérito. Se o recorrente alegar que a decisão administrativa contraria enunciado da súmula vinculante, caberá à autoridade prolatora da decisão impugnada, se não a reconsiderar, explicitar, antes de encaminhar o recurso à autoridade superior, as razões da aplicabilidade ou inaplicabilidade da súmula, conforme o caso. *Alternativa D.*

97. (38º Exame) Josias e Januário são servidores públicos federais de alta hierarquia e estavam conversando sobre os problemas inerentes ao exercício de suas atribuições. Enquanto Josias está extremamente exacerbado de trabalho e precisa delegar algumas de suas atribuições, para não comprometer o funcionamento da atividade administrativa, Januário entende ser necessário avocar competência atribuída a órgão hierarquicamente inferior, por questões excepcionais que são de extrema relevância para o interesse público. Considerando as circunstâncias narradas, em consonância com a Lei n. 9.784/99, assinale a afirmativa correta.

(A) Josias poderá delegar verbalmente parcela de sua competência, considerando que esta é renunciável por servidor de alta hierarquia.

(B) Eventual delegação de competência por parte de Josias não poderá ser revogada após a sua formalização.

(C) A delegação de competência por Josias só pode ser realizada para órgão que lhe seja hierarquicamente inferior.

(D) A avocação temporária de competência por Januário será permitida em caráter excepcional e por motivos relevantes devidamente justificados.

RESPOSTA A Lei n. 9.784/99 trata de delegação e avocação de competências. Em regra, a *competência é irrenunciável* e se exerce pelos órgãos administrativos a que foi atribuída como própria, *salvo* nos casos de *delegação* e *avocação* legalmente admitidos (art. 11). O ato de delegação é revogável a qualquer tempo pela autoridade delegante (art. 144, § 2º). Será permitida, em caráter excepcional e por motivos relevantes devidamente justificados, a avocação temporária de competência atribuída a órgão hierarquicamente inferior (art. 15). *Alternativa D.*

98. (37º Exame) Com o intuito de tomar providências em relação à determinada política pública, no âmbito da Administração Pública Federal, foi determinado que os Ministérios Alfa, Beta e Gama promovessem uma decisão coordenada, diante da justificável relevância da matéria. A Associação Dabliu, que atua na área de interesse coletivo, almeja habilitar-se como ouvinte do processo decisório, bem como ter direito de voz durante a reunião concernente aos respectivos trabalhos, designada para a próxima quarta-feira. Diante dessa situação hipotética e das normas relativas à decisão coordenada na Lei n. 9.784/99, assinale a afirmativa correta.

(A) A Associação Dabliu não poderá habilitar-se a participar da decisão coordenada, ainda que na qualidade de ouvinte.

(B) A participação dos Ministérios Alfa, Beta e Gama na decisão coordenada em questão independe de intimação.

(C) O eventual dissenso do Ministério Alfa quanto à solução do objeto da decisão coordenada não precisa ser manifestado durante a reunião.

(D) A decisão prolatada por autoridade competente, que defira a participação da Associação Dabliu na reunião, com direito a voz, é irrecorrível.

RESPOSTA "Decisão Coordenada", prevista no art. 49-A da Lei n. 9.784/99, é a instância de natureza in-

terinstitucional ou intersetorial que atua de forma *compartilhada* com a finalidade de *simplificar o processo administrativo* mediante participação concomitante de *todas as autoridades e agentes decisórios* e dos responsáveis pela instrução técnico-jurídica, observada a natureza do objeto e a compatibilidade do procedimento e de sua formalização com a legislação pertinente. Poderão habilitar-se a participar da decisão coordenada, na qualidade de ouvintes, os interessados de que trata o art. 9º da lei, sendo que a participação na reunião, que poderá incluir direito a voz, será deferida por decisão *irrecorrível* da autoridade responsável pela convocação da decisão coordenada (art. 49-B). *Alternativa D.*

99. (36º Exame) Túlio era servidor público federal e falsificou documentos para, de má-fé, obter a sua aposentadoria por tempo de contribuição junto ao Regime Próprio de Previdência Social – RPPS. Por não ter sido verificado o problema dos documentos, o pedido foi deferido pelo órgão competente de origem e, pouco depois, registrado perante o Tribunal de Contas da União – TCU, que não verificou o embuste e não conferiu oportunidade de manifestação para Túlio. Ocorre que, seis anos após o aludido registro, a Corte de Contas tomou conhecimento do ardil de Túlio e da nulidade dos documentos apresentados, razão pela qual instaurou processo administrativo para fins de anular o registro promovido em dissonância com o ordenamento jurídico. Diante dessa situação hipotética, aponte a assertiva correta.

(A) A conduta do TCU foi irregular, na medida em que a aposentadoria de Túlio é ato administrativo simples, que não deveria ter sido submetido a registro perante a Corte de Contas.

(B) O exercício da autotutela, para fins de anular a aposentadoria de Túlio, não está fulminado pela decadência, diante de sua má-fé.

(C) O registro da aposentadoria de Túlio foi irregular, pois dependia da garantia da ampla defesa e contraditório perante o TCU.

(D) A anulação da aposentadoria não é mais viável, considerando que transcorrido o prazo prescricional de cinco anos para o exercício da pretensão.

RESPOSTA Prevê o art. 54 da Lei n. 9784/99 que o direito da Administração de anular os atos administrativos de que decorram efeitos favoráveis para os destinatários decai em cinco anos, contados da data em que foram praticados, salvo comprovada má-fé. Considerando a má-fé do beneficiário, não haverá a referida decadência. *Alternativa B.*

DIREITO ADMINISTRATIVO

100. (35º Exame) João é servidor público federal, ocupando o cargo efetivo de Analista Judiciário em determinado Tribunal. A autoridade competente do Tribunal recebeu uma denúncia anônima, devidamente circunstanciada, narrando que João revelou segredo, do qual se apropriou em razão do cargo, consistente no conteúdo de uma interceptação telefônica determinada judicialmente e ainda mantida em sigilo, a terceiro. O Tribunal instaurou preliminarmente sindicância, a qual, após a obtenção de elementos suficientes, resultou na instauração de processo administrativo disciplinar (PAD), iniciado por portaria devidamente motivada. O PAD, atualmente, está em fase de inquérito administrativo. No caso em tela, em razão de ter o PAD se iniciado por meio de notícia apócrifa, eventual alegação de sua nulidade pela defesa técnica de João

(A) não merece prosperar, pois é permitida a instauração de processo administrativo disciplinar com base em denúncia anônima, face ao poder-dever de autotutela imposto à Administração.

(B) merece prosperar, por violação ao princípio administrativo da publicidade, e a alegação deve ser feita até a apresentação de relatório pela comissão do PAD, que é composta por três servidores estáveis.

(C) não merece prosperar, pois já houve preclusão, eis que tal argumento deveria ter sido apresentado na fase de instauração do PAD, até cento e vinte dias após a publicação do ato que constituiu a comissão.

(D) merece prosperar, por violação aos princípios constitucionais do contraditório e de ampla defesa, pois o servidor público representado tem o direito subjetivo de conhecer e contraditar o autor da representação.

RESPOSTA Trata-se do entendimento da Súmula 611 do STJ: "Desde que devidamente motivada e com amparo em investigação ou sindicância, é permitida a instauração de processo administrativo disciplinar com base em denúncia anônima, em face do poder-dever de autotutela imposto à administração". *Alternativa A.*

101. (XXXI Exame) A autoridade competente, em âmbito federal, no regular exercício do poder de polícia, aplicou à sociedade empresária Soneca S/A multa em razão do descumprimento das normas administrativas pertinentes. Inconformada, a sociedade Soneca S/A apresentou recurso administrativo, ao qual foi conferido efeito suspensivo, sendo certo que não sobreveio qualquer manifestação do superior hierárquico responsável pelo julgamento, após o transcurso do prazo

de oitenta dias. Considerando o contexto descrito, assinale a afirmativa correta.

(A) Não se concederá Mandado de Segurança para invalidar a penalidade de multa aplicada a Soneca S/A, submetida a recurso administrativo provido de efeito suspensivo.

(B) O ajuizamento de qualquer medida judicial por Soneca S/A depende do esgotamento da via administrativa.

(C) Não há mora da autoridade superior hierárquica, que, por determinação legal, dispõe do prazo de noventa dias para decidir.

(D) A omissão da autoridade competente em relação ao seu dever de decidir, ainda que se prolongue por período mais extenso, não enseja a concessão de Mandado de Segurança.

RESPOSTA Trata-se da expressa disposição do art. 5º, inciso I, da Lei n. 12.016/2009: Art. 5º Não se concederá mandado de segurança quando se tratar: I – de ato do qual caiba recurso administrativo com efeito suspensivo, independentemente de caução. *Alternativa A.*

102. (XXIX Exame) Luciana, imbuída de má-fé, falsificou documentos com a finalidade de se passar por filha de Astolfo (recentemente falecido, com quem ela não tinha qualquer parentesco), movida pela intenção de obter pensão por morte do pretenso pai, que era servidor público federal. Para tanto, apresentou os aludidos documentos forjados e logrou a concessão do benefício junto ao órgão de origem, em março de 2011, com registro no Tribunal de Contas da União, em julho de 2014. Contudo, em setembro de 2018, a administração verificou a fraude, por meio de processo administrativo em que ficou comprovada a má-fé de Luciana, após o devido processo legal. Sobre essa situação hipotética, no que concerne ao exercício da autotutela, assinale a afirmativa correta.

(A) A administração tem o poder-dever de anular a concessão do benefício diante da má-fé de Luciana, pois não ocorreu a decadência.

(B) O transcurso do prazo de mais de cinco anos da concessão da pensão junto ao órgão de origem importa na decadência do poder-dever da administração de anular a concessão do benefício.

(C) O controle realizado pelo Tribunal de Contas por meio do registro sana o vício do ato administrativo, de modo que a administração não mais pode exercer a autotutela.

(D) Ocorreu a prescrição do poder-dever da administração de anular a concessão do benefício, na medida em que transcorrido o prazo de três anos do registro perante o Tribunal de Contas.

RESPOSTA A decadência do direito da Administração de anular os atos administrativos de que decorram efeitos favoráveis para os destinatários é de cinco anos, contados da data em que foram praticados, salvo comprovada má-fé (art. 54, Lei n. 9.784/99). *Alternativa A.*

103. **(XXVI Exame)** Marcos, servidor do Poder Executivo federal, entende que completou os requisitos para a aposentadoria voluntária, razão pela qual requereu, administrativamente, a concessão do benefício ao órgão competente. O pedido foi negado pela Administração. Não satisfeito com a decisão, Marcos interpôs recurso administrativo. Tendo o enunciado como parâmetro e considerando o disposto na Lei n. 9.784/99, assinale a afirmativa correta.

(A) O recurso, salvo disposição legal diversa, tramitará por, no mínimo, três instâncias administrativas.

(B) O recurso será dirigido à autoridade que proferiu a decisão, que, se não a reconsiderar, encaminhará o apelo à autoridade superior.

(C) O recurso e todos os atos subsequentes praticados pela Administração no âmbito do processo administrativo, em regra, devem apresentar forma determinada.

(D) Marcos somente poderá alegar questões de legalidade, como a incompetência da autoridade que proferiu a decisão, não lhe sendo permitido solicitar o reexame do mérito da questão apreciada.

RESPOSTA De acordo com o § 1º do art. 56 da citada lei, o recurso será dirigido à autoridade que proferiu a decisão, a qual, se não a reconsiderar no prazo de cinco dias, o encaminhará à autoridade superior. *Alternativa B.*

104. **(XXVI Exame)** Uma sociedade empresária, contratada pelo Estado para a construção de um prédio público, atrasa a entrega de uma fase do projeto prevista no edital de licitação e no contrato. Apesar disso, tendo em vista a situação financeira precária da sociedade empresária, causada pelo aumento dos custos dos insumos da construção, consoante peticionado por ela à Administração, o gestor público competente promove o pagamento integral da parcela não adimplida à sociedade empresária. Tendo em vista a situação acima, assinale a afirmativa correta.

(A) O pagamento feito pelo gestor é plenamente justificável em face da incidência na hipótese da teoria da imprevisão, que impõe ao Estado o ônus de recompor o equilíbrio econômico financeiro do contrato diante de fatos imprevisíveis.

(B) O gestor deveria ter instaurado processo administrativo para analisar a possibilidade de aplicação de sanção por inadimplemento e também a alegação da sociedade empresária de rompimento do equilíbrio econômico financeiro do contrato, sendo vedado a ele determinar o pagamento da despesa sem a devida liquidação.

(C) O pagamento da parcela inadimplida seria justificável ainda que a sociedade empresária não comprovasse a imprevisibilidade do aumento de custos alegado, uma vez que o Estado assume o chamado risco ordinário derivado do aumento do custo dos insumos em decorrência das oscilações naturais do mercado.

(D) O pagamento incontinente da parcela inadimplida, tal como realizado pelo gestor, necessitaria ter sido feito com o abatimento da multa que deveria ter sido aplicada à sociedade empresária em razão do descumprimento contratual.

RESPOSTA Importante destacar os arts. 62 e 63 da Lei n. 4.320/64, pois o pagamento da despesa só será efetuado quando ordenado após sua regular liquidação. Ademais, *vide* o art. 38 do Decreto n. 93.872/86. *Alternativa B.*

105. **(XXIII Exame)** Ao realizar uma auditoria interna, certa entidade administrativa federal, no exercício da autotutela, verificou a existência de um ato administrativo portador de vício insanável, que produz efeitos favoráveis para a sociedade Tudobeleza S/A, a qual estava de boa-fé. O ato foi praticado em 10 de fevereiro de 2012. Em razão disso, em 17 de setembro de 2016, a entidade instaurou processo administrativo, que, após o exercício da ampla defesa e do contraditório, culminou na anulação do ato em 05 de junho de 2017. Com relação ao transcurso do tempo na mencionada situação hipotética, assinale a afirmativa correta.

(A) Não há decadência do direito de anular o ato eivado de vício, considerando que o processo que resultou na invalidação foi instaurado dentro do prazo de 5 (cinco) anos.

(B) Consumou-se o prazo prescricional de 5 (cinco) anos para o exercício do poder de polícia por parte da Administração Pública federal.

(C) O transcurso do tempo não surte efeitos no caso em questão, considerando que a Administração pode anular seus atos viciados a qualquer tempo.

(D) Consumou-se a decadência para o exercício da autotutela, pois, entre a prática do ato e a anulação, transcorreram mais de 5 (cinco) anos.

RESPOSTA A Lei n. 9.784/99 estabelece, em seu art. 54, o prazo decadencial de cinco anos da data em que foram praticados, para a Administração Pública anu-

DIREITO ADMINISTRATIVO

lar seus próprios atos administrativos que geram efeitos favoráveis aos administrados, quando eivados de ilegalidade, salvo comprovada má fé. Em seu § 2º, afirma a lei que considera-se exercido o direito de anular qualquer medida da autoridade administrativa que importe impugnação à validade do ato. Desta forma, como o processo administrativo foi iniciado antes dos cinco anos, não ocorreu a decadência. *Alternativa A.*

106. (XXIII Exame) O Estado Alfa, mediante a respectiva autorização legislativa, constituiu uma sociedade de economia mista para o desenvolvimento de certa atividade econômica de relevante interesse coletivo. Acerca do Regime de Pessoal de tal entidade, integrante da Administração Indireta, assinale a afirmativa correta.

(A) Por se tratar de entidade administrativa que realiza atividade econômica, não será necessária a realização de concurso público para a admissão de pessoal, bastando processo seletivo simplificado, mediante análise de currículo.

(B) É imprescindível a realização de concurso público para o provimento de cargos e empregos em tal entidade administrativa, certo que os servidores ou empregados regularmente nomeados poderão alcançar a estabilidade mediante o preenchimento dos requisitos estabelecidos na Constituição da República.

(C) Deve ser realizado concurso público para a contratação de pessoal por tal entidade administrativa, e a remuneração a ser paga aos respectivos empregados não pode ultrapassar o teto remuneratório estabelecido na Constituição da República, caso sejam recebidos recursos do Estado Alfa para pagamento de despesas de pessoal ou de custeio em geral.

(D) A entidade administrativa poderá optar entre o regime estatutário e o regime de emprego público para a admissão de pessoal, mas, em qualquer dos casos, deverá realizar concurso público para a seleção de pessoal.

RESPOSTA A Administração Pública pode autorizar, por lei, a criação de Sociedade de Economia Mista ou Empresa Pública para o exercício de atividades econômicas em caso de interesse coletivo relevante ou segurança nacional. No entanto, o concurso público continua obrigatório para ingresso nos empregos públicos nestas entidades. Seus empregados, no entanto, são celetistas e não adquirem a estabilidade constitucional prevista em seu art. 41. O concurso público para a contratação de pessoal por tal entidade administrativa é obrigatório e a remuneração a ser paga aos respectivos empregados não pode ultrapassar o teto remuneratório estabelecido na Constituição da República, caso sejam recebidos recursos do

Estado Alfa para pagamento de despesas de pessoal ou de custeio em geral, como estabelece o disposto no art. 37, § 9º. Importante ressaltar que o regime de pessoal deverá ser o regime da CLT obrigatoriamente. *Alternativa C.*

107. (XXIII Exame) Após a Polícia Federal colher farto material probatório, o Ministério Público denunciou Ricardo, servidor público federal estável, por crime funcional e comunicou o fato às autoridades competentes para eventual apuração administrativa. Antes do recebimento da denúncia, diante da vasta documentação que demonstrava a materialidade de violação de dever funcional remetida para a Administração, foi instaurado o processo administrativo disciplinar, sem a realização de sindicância, que, mediante regular processamento do inquérito administrativo, culminou na aplicação da pena de demissão de Ricardo. Sobre a situação hipotética narrada, assinale a afirmativa correta.

(A) Ricardo não poderia ser demitido sem a realização de sindicância, que é procedimento prévio imprescindível para a instauração de processo administrativo disciplinar.

(B) O recebimento da denúncia deveria ter suspendido o processo administrativo disciplinar contra Ricardo, e o prosseguimento de tal apuração só poderia ocorrer após a conclusão do Juízo criminal.

(C) O processo administrativo disciplinar instaurado contra Ricardo é nulo, pois não é cabível a utilização de prova produzida para a apuração criminal.

(D) A hipótese não apresenta qualquer nulidade que contamine o processo administrativo disciplinar instaurado contra Ricardo.

RESPOSTA O art. 143 da lei n. 8112-90 determina que a apuração das irregularidades atribuídas a um servidor público federal pode ser feita mediante sindicância ou processo administrativo disciplinar, não sendo a sindicância imprescindível para a instauração de processo administrativo disciplinar. As instâncias penal e administrativa são independentes, razão pela qual o recebimento da denúncia criminal não gera suspensão do processo administrativo disciplinar, sendo possível a utilização neste de prova produzida na apuração criminal. Desta forma, na situação apresentada inexiste qualquer nulidade que contamine o processo administrativo disciplinar instaurado contra Ricardo. *Alternativa D.*

108. (XXIII Exame) O Ministério Público estadual ajuizou ação civil pública por improbidade em desfavor de Odorico, prefeito do Município Beta, perante o Juízo de 1º grau. Após os devidos trâmites e do recebimento da inicial, surgiram provas contundentes de que Odorico se utilizava da máquina administrativa para intimar servidores e prejudicar o andamento das investigações, razão pela qual o Juízo de 1º grau determinou o afastamento cautelar do chefe do Poder Executivo municipal pelo prazo de sessenta dias. Nesse caso, o Juízo de 1º grau

(A) não poderia ter dado prosseguimento ao feito, na medida em que Odorico é agente político e, por isso, não responde com base na lei de improbidade, mas somente na esfera política, por crime de responsabilidade.

(B) não tem competência para o julgamento da ação civil pública por improbidade ajuizada em face de Odorico, ainda que o agente tenha foro por prerrogativa junto ao respectivo Tribunal de Justiça estadual.

(C) não poderia ter determinado o afastamento cautelar de Odorico, pois a perda da função pública só se efetiva com o trânsito em julgado da sentença condenatória.

(D) agiu corretamente ao determinar o afastamento cautelar de Odorico, que, apesar de constituir medida excepcional, cabe quando o agente se utiliza da máquina administrativa para intimar servidores e prejudicar o andamento do processo.

RESPOSTA A Lei de Improbidade Administrativa aplica-se aos prefeitos, sendo competente para apreciar referida ação de Improbidade e o afastamento cautelar está previsto no art. 20, parágrafo único, da Lei n. 8.429/92, quando o agente público utilizar a máquina administrativa para intimar servidores e prejudicar a instrução processual. *Alternativa D.*

109. (XXIII Exame) O Estado Alfa, com o objetivo de articular a prestação dos serviços de saneamento básico entre municípios limítrofes, instituiu uma região metropolitana, de modo a promover a organização, o planejamento e a execução de tais atividades de interesse comum. Acerca da criação de regiões metropolitanas para a realização de serviços públicos, assinale a afirmativa correta.

(A) A instituição de região metropolitana para a organização, o planejamento e a execução dos serviços públicos é de competência do Estado Alfa, por meio de lei complementar.

(B) A organização, o planejamento e a execução dos serviços de saneamento básico entre municípios limítrofes deveria, necessariamente, ser promovida por meio de consórcio público.

(C) A competência para a criação de regiões metropolitanas é exclusiva da União, sob pena de violar a autonomia dos municípios que seriam por elas alcançados.

(D) A criação da região metropolitana pretendida pelo Estado Alfa não é possível, diante da ausência de previsão para tanto no nosso ordenamento jurídico.

RESPOSTA O art. 25, § 3º, da Constituição Federal estabelece que os Estados poderão, mediante lei complementar, instituir regiões metropolitanas, aglomerações urbanas e microrregiões, constituídas por municípios limítrofes, para integrar a organização, planejamento e a execução de funções públicas de interesse comum. *Alternativa A.*

110. (XXIII Exame) O Estado "X" pretende fazer uma reforma administrativa para cortar gastos. Com esse intuito, espera concentrar diversas secretarias estaduais em um mesmo prédio, mas não dispõe de um imóvel com a área necessária. Após várias reuniões com a equipe de governo, o governador decidiu desapropriar, por utilidade pública, um enorme terreno de propriedade da União para construir o edifício desejado. Sobre a questão apresentada, assinale a afirmativa correta.

(A) A União pode desapropriar imóveis dos Estados, atendidos os requisitos previstos em lei, mas os Estados não podem desapropriar imóveis da União.

(B) Para que haja a desapropriação pelo Estado "X", é imprescindível que este ente federado demonstre, em ação judicial, estar presente o interesse público.

(C) A desapropriação é possível, mas deve ser precedida de autorização legislativa dada pela Assembleia Legislativa.

(D) A desapropriação é possível, mas deve ser precedida de autorização legislativa dada pelo Congresso Nacional.

RESPOSTA O decreto-lei n. 3365-41 somente permite a desapropriação de bens dos Municípios e dos Estados pela União Federal, bem como é possível a desapropriação de bens dos Municípios pelos Estados. O contrário, no entanto, não será possível, ou seja, os Estados e os Municípios não podem desapropriar imóveis da União. *Alternativa A.*

111. (XXII Exame) A Agência Nacional do Petróleo – ANP, no exercício do poder de polícia, promoveu diligência, no dia 05/01/2010, junto à sociedade Petrolineous S/A, que culminou na autuação desta por fatos ocorridos naquela mesma data. Encerrado o processo administrativo, foi aplicada

DIREITO ADMINISTRATIVO

multa nos limites estabelecidos na lei de regência. O respectivo crédito não tributário resultou definitivamente constituído em 19/01/2011, e, em 15/10/2015, foi ajuizada a pertinente execução fiscal.

Com base na situação hipotética descrita, acerca da prescrição no Direito Administrativo, assinale a afirmativa correta.

(A) Operou-se a prescrição para a execução do crédito, considerando o lapso de cinco anos transcorrido entre a data da autuação e a do ajuizamento da ação.

(B) Não se operou a prescrição para a execução do crédito, que pode ser cobrado pela administração federal a qualquer tempo.

(C) Operou-se a prescrição para a execução do crédito, considerando o lapso de três anos decorrido entre a data de sua constituição definitiva e a do ajuizamento da ação.

(D) Não se operou a prescrição para a execução do crédito, considerando o lapso de cinco anos entre a data de sua constituição definitiva e a do ajuizamento da ação.

RESPOSTA A Lei n. 9.873/99 prevê em seu art. 1º-A que, "constituído definitivamente o crédito não tributário, após o término regular do processo administrativo, prescreve em 5 (cinco) anos a ação de execução da administração pública federal relativa a crédito decorrente da aplicação de multa por infração à legislação em vigor". Portanto, se o crédito foi constituído em 19-1-2011, a prescrição se daria em 19-1-2016. Como a ação foi ajuizada em 15-10-2015, não se operou a prescrição. *Alternativa D.*

XIV. IMPROBIDADE ADMINISTRATIVA, LEI ANTICORRUPÇÃO E LEI DE ACESSO À INFORMAÇÃO

112. (40º Exame) O Ministério Público Federal ajuizou ação buscando responsabilização judicial da Sociedade Empresária Delta pela prática de atos lesivos à Administração Pública que atentaram contra o patrimônio público nacional. Na inicial, imputa-se à citada pessoa jurídica a prática de atos que dificultaram atividade de fiscalização de órgãos públicos federais e intervieram na atuação desses órgãos, inclusive no âmbito de órgãos de fiscalização do sistema financeiro nacional. A diretoria da Sociedade Empresária Delta, preocupada com eventual possibilidade de sanção judicial de dissolução compulsória da pessoa jurídica, contratou você como o advogado(a) especializado na matéria. Diante das circunstâncias do caso concreto e com base na Lei Anticorrupção (Lei n.

12.846/2013), sobre a dissolução compulsória da pessoa jurídica assinale a afirmativa correta.

(A) Não é sanção prevista pela prática de atos lesivos à Administração Pública, mas pode ser aplicada em eventual ação de improbidade administrativa.

(B) É medida extrema que somente pode ser decretada pelo Supremo Tribunal Federal, quando houver risco concreto de comprometimento do sistema financeiro nacional ou da soberania nacional.

(C) Não existe no ordenamento jurídico brasileiro, em razão da função social da sociedade empresária e da livre concorrência, e a sanção máxima aplicável seria a suspensão ou interdição parcial de suas atividades.

(D) É determinada quando for comprovado que a personalidade jurídica foi utilizada de forma habitual para facilitar ou promover a prática de atos ilícitos, ou foi constituída para ocultar ou dissimular interesses ilícitos ou a identidade dos beneficiários dos atos praticados.

RESPOSTA De acordo com o § 1º do art. 19 da Lei Anticorrupção, a dissolução compulsória da pessoa jurídica será determinada quando comprovado: I – ter sido a personalidade jurídica utilizada de forma habitual para facilitar ou promover a prática de atos ilícitos; ou II – ter sido constituída para ocultar ou dissimular interesses ilícitos ou a identidade dos beneficiários dos atos praticados. *Alternativa D.*

113. (38º Exame) No ano corrente, o Ministério Público ajuizou duas ações por improbidade administrativa distintas, uma em desfavor de Carlos, prefeito do Município Alfa, e, outra, em desfavor de Bruno, servidor do Município Beta. Ambas as ações buscavam a aplicação de penalidade pela prática de atos de improbidade que violam princípios da Administração Pública, com a descrição objetiva dos fatos exigida em lei e apontando a lesividade relevante ao bem jurídico tutelado. A primeira tem fundamento na negativa, pelo próprio prefeito, de publicidade aos atos oficiais, que não estavam protegidos por sigilo. A segunda ação foi proposta porque Bruno nomeou sua esposa para cargo administrativo em comissão a ele subordinado, no qual ela vinha laborando com afinco. Diante dessa situação hipotética, considerando a atual redação da Lei n. 8.429/92, assinale a afirmativa correta.

(A) Revela-se pertinente o ajuizamento de ambas as ações, sendo imprescindível, em cada caso, a demonstração de dolo, bem como de que a conduta funcional de cada agente público tinha o fim de obter proveito ou benefício indevido para si ou para outra pessoa ou entidade.

(B) A ação ajuizada em desfavor de Carlos é pertinente, mas aquela em desfavor de Bruno não, considerando que, apesar de o nepotismo ser vedado pelo ordenamento, não há previsão no sentido de que sua prática caracteriza ato de improbidade administrativa.

(C) Apenas é pertinente a ação ajuizada em desfavor de Bruno, na medida em que a negativa de publicidade aos atos oficiais por Carlos não constitui uma ilegalidade passível de caracterizar ato de improbidade administrativa.

(D) Ambas as ações são despropositadas, pois, além da lesividade relevante ao bem jurídico tutelado, é imprescindível o reconhecimento de danos ao erário para a caracterização da improbidade administrativa, o que não ocorreu em nenhum dos casos.

RESPOSTA Carlos praticou ato de improbidade administrativa previsto no art. 11, IV, da LIA (negar publicidade aos atos oficiais, exceto em razão de sua imprescindibilidade para a segurança da sociedade e do Estado ou de outras hipóteses instituídas em lei); já Bruno praticou ato de improbidade previsto no art. 11, XI, da LIA (nomear cônjuge, companheiro ou parente em linha reta, colateral ou por afinidade, até o terceiro grau, inclusive, da autoridade nomeante ou de servidor da mesma pessoa jurídica investido em cargo de direção, chefia ou assessoramento, para o exercício de cargo em comissão ou de confiança ou, ainda, de função gratificada na administração pública direta e indireta em qualquer dos Poderes da União, dos Estados, do Distrito Federal e dos Municípios, compreendido o ajuste mediante designações recíprocas). Para que seja configurado ato de improbidade administrativa, é imprescindível a comprovação do dolo (art. 1º, §§ 1º e 2º, da LIA), sendo que por se tratarem de *atos de improbidade que atentam contra os princípios da administração*, é necessária a comprovação da conduta funcional do agente público o fim de obter proveito ou benefício indevido para si ou para outra pessoa ou entidade. *Alternativa A.*

114. (38º Exame) Ariquemes é servidor público federal e vem cumprindo diligentemente com as obrigações estabelecidas em lei para obter sua progressão funcional e assim aumentar sua remuneração. Os critérios para tanto estão estabelecidos em lei, são de caráter objetivo, mediante pontuação a ser adquirida pelo servidor, sendo certo que o provimento derivado em questão é ato vinculado. O mencionado servidor acredita ter cumprido todos os requisitos estabelecidos na aludida lei, mas foi surpreendido com o indeferi-

mento de sua progressão, sob o fundamento de que não alcançou a pontuação necessária. Em razão disso, com fulcro na Lei n. 12.527/11, Ariquemes pleiteou acesso às informações que levaram a tal conclusão da Administração, que considera flagrantemente equivocada. Contudo, o fornecimento dos dados foi negado sob o fundamento de que não há interesse público na respectiva divulgação. Diante dessa situação hipotética, assinale a afirmativa correta.

(A) O preenchimento dos requisitos previstos em lei não confere a Ariquemes o direito subjetivo à progressão almejada.

(B) As informações pleiteadas constituem atos internos da Administração e, portanto, são informação reservada, protegida por sigilo.

(C) O fornecimento dos dados pessoais pretendido por Ariquemes submete-se à discricionariedade da Administração, que atuou nos limites da lei.

(D) Ariquemes tem direito ao acesso a tais dados, considerando que este direito compreende as atividades exercidas pelos órgãos, inclusive as relativas a sua organização e serviços.

RESPOSTA Prevê o art. 6º da Lei n. 12.527/2011 que cabe aos órgãos e entidades do poder público, observadas as normas e procedimentos específicos aplicáveis, assegurar a gestão transparente da informação, propiciando *amplo acesso a ela e sua divulgação*. Já o art. 7º dispõe que o acesso à informação de que trata a lei compreende, entre outros, os direitos de obter informação sobre atividades exercidas pelos órgãos e entidades, inclusive as relativas à sua *política, organização e serviços*. *Alternativa D.*

115. (37º Exame) Após inúmeras tentativas de obter transparência e sanar constantes problemas na prestação de determinado serviço público federal junto à concessionária, Felipe decidiu apresentar manifestação perante a Ouvidoria da Administração Pública, para informar e buscar solução para recorrentes vícios que comprometem a realização adequada da atividade, o que considera violar os princípios da regularidade, continuidade e efetividade. Sobre a hipótese narrada, considerando os direitos dos usuários de serviços públicos, assinale a afirmativa correta.

(A) A Administração não pode exigir a apresentação de motivos determinantes da manifestação de Felipe perante a Ouvidoria.

(B) Felipe não pode provocar a via administrativa por meio de manifestação, considerando que o serviço público é atividade econômica submetida à livre-iniciativa.

DIREITO ADMINISTRATIVO

(C) A manifestação de Felipe é inócua, na medida em que a Administração não pode exigir da concessionária o respeito aos princípios que ele considera violados.

(D) A Administração deve recusar o recebimento da manifestação de Felipe, caso sua identificação não atenda às exigências determinadas pelo órgão, mesmo que estas possam vir a inviabilizar a sua manifestação.

RESPOSTA De acordo com a Lei n. 12.527/2011, "qualquer interessado poderá apresentar pedido de acesso a informações aos órgãos e entidades referidos no art. 1º desta Lei, por qualquer meio legítimo, devendo o pedido conter a identificação do requerente e a especificação da informação requerida" (art. 10). Já o § 3º do art. 10 prevê que são vedadas quaisquer exigências relativas aos motivos determinantes da solicitação de informações de interesse público. *Alternativa A.*

116. (37º Exame) Fernanda foi aprovada em primeiro lugar em concurso público para o cargo de Auditor Fiscal da Secretaria de Fazenda do Estado Alfa. Ao ser convocada para investidura no cargo público, o departamento de recursos humanos da secretaria solicitou a Fernanda, entre outros documentos, cópia da sua última declaração de imposto sobre a renda e proventos de qualquer natureza apresentada à Secretaria Especial da Receita Federal do Brasil. Com receio de ver violada sua privacidade e informações resguardadas pelo sigilo fiscal, Fernanda procurou você, como advogado(a), indagando sobre a obrigatoriedade da entrega da mencionada declaração. Com base na atual redação da Lei de Improbidade Administrativa, assinale a opção que apresenta seu esclarecimento.

(A) A posse e o exercício do cargo ficam condicionados à apresentação da citada declaração de imposto sobre a renda, a fim de ser arquivada no serviço de pessoal competente.

(B) A nomeação e a posse não ficam condicionadas à apresentação da citada declaração de imposto sobre a renda, mas seus vencimentos apenas serão pagos com a entrega do documento.

(C) A nomeação, a posse e o exercício do cargo ficam condicionados à apresentação da citada declaração de imposto sobre a renda, mediante prévia quebra de sigilo fiscal por ordem judicial.

(D) A nomeação, a posse e o exercício do cargo não ficam condicionados à apresentação da citada declaração de imposto sobre a renda, mas Fernanda responderá por ato de improbidade administrativa se não entregar o documento em 30 (trinta) dias após a posse.

RESPOSTA Prevê o art. 13, *caput*, da Lei n. 8.429/92 que a posse e o exercício de agente público *ficam condicionados à apresentação de declaração de imposto de renda* e proventos de qualquer natureza, que tenha sido apresentada à Secretaria Especial da Receita Federal do Brasil, *a fim de ser arquivada no serviço de pessoal competente. Alternativa A.*

117. (36º Exame) Na semana passada, o Ministério Público ajuizou ação em desfavor de Odorico, prefeito do Município Delta, em decorrência da prática de ato doloso de improbidade que causou enriquecimento ilícito. Após os devidos trâmites processuais, o Juízo de primeiro grau verificou a configuração dos elementos caracterizadores da improbidade, incluindo o dolo específico, razão pela qual aplicou as penalidades cominadas na legislação. Sobre as penalidades aplicadas ao prefeito Odorico, assinale a afirmativa correta.

(A) É cabível a execução provisória da penalidade de perda da função pública, com seu imediato afastamento do cargo.

(B) Poderia ser aplicada a penalidade de suspensão de direitos políticos por prazo superior a quinze anos, em razão da presença de dolo específico.

(C) O Juízo de primeiro grau não poderia cumular as penalidades de suspensão dos direitos políticos e de proibição de contratar com a Administração, sob pena de *bis in idem*.

(D) O Juízo de primeiro grau poderia cumular a determinação de ressarcimento integral ao erário com a aplicação da penalidade de multa equivalente ao valor do acréscimo patrimonial.

RESPOSTA Tratando-se de ato de improbidade que importa em enriquecimento ilícito, prevê o art. 12, I, da Lei n. 8.429/92 (Lei de Improbidade Administrativa), que independentemente do ressarcimento integral do dano patrimonial, se efetivo, e das sanções penais comuns e de responsabilidade, civis e administrativas previstas na legislação específica, está o responsável pelo ato de improbidade sujeito às seguintes cominações, que podem ser aplicadas isolada ou cumulativamente, de acordo com a gravidade do fato: perda dos bens ou valores acrescidos ilicitamente ao patrimônio, perda da função pública, suspensão dos direitos políticos até 14 (catorze) anos, pagamento de multa civil equivalente ao valor do acréscimo patrimonial e proibição de contratar com o poder público ou de receber benefícios ou incentivos fiscais ou creditícios, direta ou indiretamente, ainda que por intermédio de pessoa jurídica da qual seja sócio majoritário, pelo prazo não superior a 14 (catorze) anos. Lembrando que o § 9º prevê que as sanções somente poderão ser executadas após o trânsito em julgado da sentença condenatória. *Alternativa D.*

118. **(36º Exame)** A sociedade empresária Alfa praticou um ato lesivo à Administração Pública de um país estrangeiro, atentando contra os compromissos internacionais assumidos pelo Brasil no âmbito do combate à corrupção. Em razão disso, as autoridades brasileiras querem tomar as providências cabíveis a fim de promover a responsabilização administrativa e/ou judicial da pessoa jurídica por tais atos lesivos, em território nacional. Considerando os fatos narrados, à luz da Lei n. 12.846/2013 (Lei Anticorrupção), assinale a afirmativa correta.

(A) Não é possível a responsabilização administrativa no caso, considerando que o ilícito foi cometido contra Administração Pública estrangeira.

(B) Não é possível a responsabilização administrativa e/ou judicial da sociedade empresária Alfa, mas apenas a de seus sócios administradores.

(C) Na esfera administrativa, após o devido processo administrativo, é cabível a dissolução compulsória da sociedade empresária Alfa.

(D) A responsabilização administrativa da sociedade empresária Alfa não afasta a possibilidade de sancioná-la na esfera judicial, com base na legislação específica.

RESPOSTA Conforme previsto no art. 18 da Lei Anticorrupção, na esfera administrativa, a responsabilidade da pessoa jurídica *não* afasta a pos0sibilidade de sua responsabilização na esfera judicial. *Alternativa D.*

119. **(35º Exame)** Em janeiro de 2022, João, na qualidade de Secretário de Educação do município Alfa, de forma culposa, praticou ato que causou lesão ao erário municipal, na medida em que permitiu, por negligência, a aquisição de bem consistente em material escolar por preço superior ao de mercado. O Ministério Público ajuizou ação civil pública por ato de improbidade administrativa em face de João, imputando-lhe a prática de ato omisso e culposo que ensejou superfaturamento em prejuízo ao Município, bem como requereu a condenação do Secretário Municipal a todas as sanções previstas na Lei de Improbidade Administrativa. Após ser citado, João procurou você, como advogado(a), para defendê-lo. Com base na Lei n. 8.429/92 (com as alterações introduzidas pela Lei n. 14.230/21), você redigiu a contestação, alegando que, atualmente, não mais existe ato de improbidade administrativa

(A) omissivo, pois a nova legislação exige conduta comissiva, livre e consciente do agente, caracterizada por um atuar positivo por parte do sujeito ativo do ato de improbidade, para fins de caracterização de ato ímprobo.

(B) culposo, pois a nova legislação exige conduta dolosa para todos os tipos previstos na Lei de Improbidade e considera dolo a vontade livre e consciente de alcançar o resultado ilícito tipificado na lei, não bastando a voluntariedade do agente.

(C) que cause simplesmente prejuízo ao erário, pois é imprescindível que o sujeito ativo do ato de improbidade tenha se enriquecido ilicitamente com o ato praticado, direta ou indiretamente.

(D) que enseje mero dano ao erário, pois é imprescindível que o sujeito ativo do ato de improbidade tenha também atentado contra os princípios da administração pública, direta ou indiretamente.

RESPOSTA A Lei n. 8.429/92 foi modificada pela Lei n. 14.230/2021, sendo uma das principais alterações a extinção da configuração de atos de improbidade por condutas culposas. Atualmente, consideram-se atos de improbidade administrativa as condutas dolosas tipificadas nos arts. 9º, 10 e 11 da Lei de Improbidade (art. 1º, § 1º); sendo considerado dolo a vontade livre e consciente de alcançar o resultado ilícito tipificado nos arts. 9º, 10 e 11, não bastando a voluntariedade do agente. *Alternativa B.*

REFERÊNCIAS

BORDALO, Rodrigo. *Direito administrativo*. São Paulo: Saraiva, 2011.

CARVALHO FILHO, José dos Santos. *Manual de direito administrativo*. 28. ed. São Paulo: Atlas, 2015.

DI PIETRO, Maria Sylvia Zanella. *Direito administrativo*. 33. ed. Rio de Janeiro: Forense, 2021.

HEINEN, Juliano. *Curso de direito administrativo*. Salvador: Editora JusPodivm, 2020.

MEIRELLES, Hely Lopes. *Direito administrativo brasileiro*. 44. ed. São Paulo: Malheiros, 2020.

MELLO, Celso Antônio Bandeira de. *Curso de direito administrativo*. 32. ed. São Paulo: Malheiros, 2015.

PAULO, Vicente; ALEXANDRINO, Marcelo. *Resumo de direito administrativo descomplicado*. 2. ed. São Paulo: Método, 2009.

ZIMMER, Aloísio. *Curso de direito administrativo*. 3. ed. São Paulo: Método, 2009.

Direito Ambiental

Ao acessar o QR Code, você encontrará Dicas para o Exame da OAB e mais Questões Comentadas para treinar seus conhecimentos

> https://uqr.to/1wk71

DIREITO AMBIENTAL: QUADRO GERAL DE QUESTÕES	
TEMAS	N. DE QUESTÕES
I. Princípios de Direito Ambiental	3
II. Proteção Constitucional do Meio Ambiente	16
III. Crimes Ambientais	8
IV. Responsabilidade Civil por Danos Ambientais	7
V. Política Nacional do Meio Ambiente	5
VI. Estudo de Impacto Ambiental e Licenciamento Ambiental	19
VII. Meio Ambiente Natural (Flora e Recursos Hídricos)	21
VIII. Infrações Administrativas	4
TOTAL	83

I. PRINCÍPIOS DE DIREITO AMBIENTAL

1. (39º Exame) A sociedade empresária Alfa requereu licença ambiental para empreendimento consistente em indústria de cimento que gera materiais particulados, que se instalaria em determinada zona industrial já saturada. Durante o processo de licenciamento ambiental, restou comprovado que o projeto apresentado comprometeria a capacidade de suporte da área, causando grave poluição atmosférica. Diante dos riscos e impactos já de antemão conhecidos, o órgão ambiental licenciador indeferiu o pedido de licença. Assinale a opção que indica o princípio específico que embasou a decisão de negar a licença ambiental.

(A) Precaução, que requer certeza científica conclusiva e segura sobre os impactos ambientais.

(B) Prevenção, em que o risco é previamente conhecido e existe certeza a respeito da sua ocorrência.

(C) Desenvolvimento sustentável, que se relaciona à informação científica inconclusiva quanto aos danos ambientais a serem causados.

(D) Poluidor-pagador, que evidenciou que o perigo de dano ambiental era certo com elementos seguros para concluir que a atividade é efetivamente perigosa.

RESPOSTA: (A) Errada, visto que não há exigência de certeza conclusiva, por isso, "precaução". (B) Correta, em razão da sua afirmativa. (C) Errada, pois o princípio em questão não se relaciona à informação inconclusiva quanto aos danos ambientais. (D) Errada, pois não há relação com enunciado. *Alternativa B*

2. (XXXIII Exame) Determinado empreendedor requereu ao órgão ambiental competente licença ambiental para indústria geradora de significativa poluição atmosférica, que seria instalada em zona industrial que, contudo, já está saturada. Após a análise técnica necessária, feita com base nos riscos e impactos já de antemão conhecidos em razão de certeza científica, concluiu-se que os impactos negativos decorrentes da atividade não poderiam sequer ser mitigados a contento, diante da sinergia e cumulatividades com as atividades das demais fábricas já existentes na localidade. Assim, o órgão ambiental indeferiu o pedido de licença, com objetivo de impedir a ocorrência de danos ambientais, já que sabidamente a atividade comprometeria a capacidade de suporte dos ecossistemas locais. Assinale a opção que indica o princípio de Direito Ambiental em que a decisão de indeferimento do pedido de licença está fundada específica e diretamente.

(A) Princípio da precaução, eis que a operação do empreendimento pretendido causa riscos hipotéticos que devem ser evitados.

(B) Princípio da prevenção, eis que a operação do empreendimento pretendido causa perigo certo, com riscos previamente conhecidos.

(C) Princípio do poluidor-pagador, eis que a operação do empreendimento pretendido está condicionada à adoção das cautelas ambientais cabíveis para mitigar e reparar os danos ambientais.

(D) Princípio da responsabilidade ambiental objetiva, eis que a operação do empreendimento pretendido está condicionada ao prévio depósito de caução para garantir o pagamento de eventuais danos ambientais.

RESPOSTA (A) O Princípio da Precaução visa dar proteção ao meio ambiente para as presentes e futuras gerações. Por este Princípio não se deve licenciar uma atividade toda vez que não se tenha certeza de que ela não vai causar danos irreversíveis ao ambiente. Porém, na questão os danos são conhecidos, ou seja, não se aplica o Princípio da Precaução. (B) Item correto, pois pelo Princípio da Prevenção, ocorrendo uma análise prévia dos impactos que uma atividade ou empreendimento possam causar aos bens ambientais, é possível modificar o projeto, concretizar sua realização, não causando danos ao meio ambiente ou mitigando-os. O enunciado da questão afirma que o órgão licenciador já sabia dos possíveis danos. Não se tratava de uma incerteza. (C) Item que não tem relação com o enunciado da questão em si. O Princípio do Poluidor Pagador visa compensar a sociedade pelos danos e impactos causados por uma determinada atividade. (D) Não há essa caução e nem relação com a responsabilidade objetiva por danos ambientais. *Alternativa B.*

II. PROTEÇÃO CONSTITUCIONAL DO MEIO AMBIENTE

3. (40º Exame) Município Alfa criou regularmente uma Unidade de Conservação (UC), por meio de decreto do Prefeito. Três anos depois, mediante a realização de novos estudos técnicos e de consulta pública, o chefe do Executivo municipal se convenceu de que deveria reduzir os limites geográficos da Unidade de Conservação. Sabendo que o Prefeito está prestes a assinar novo decreto promovendo a supressão e a desafetação de uma parte dessa Unidade de Conservação, um grupo de ambientalistas procurou você como advogado(a). Nesse contexto, assinale a opção que apresenta, corretamente, sua orientação acerca do novo decreto.

(A) O decreto em questão não pode ser considerado válido, pois quaisquer alterações na UC devem ser precedidas de autorização dos órgãos ambientais estadual e federal.

(B) Não há qualquer mácula no aludido decreto, uma vez que foram realizados novos estudos técnicos e consulta pública, que são imprescindíveis para quaisquer alterações na UC.

(C) É inviável a alteração pretendida por decreto, haja vista que a desafetação ou redução dos limites de uma Unidade de Conservação só pode ser feita mediante lei específica.

(D) O decreto em análise está em consonância com o ordenamento jurídico, na medida em que, se a criação da UC se deu por tal via, sua redução pode ser realizada pelo mesmo instrumento normativo.

RESPOSTA: De acordo com o art. 225, § 1º, III, da Constituição Federal: "Todos têm direito ao meio ambiente ecologicamente equilibrado, bem de uso comum do povo e essencial à sadia qualidade de vida, impondo-se ao Poder Público e à coletividade o dever de defendê-lo e preservá-lo para as presentes e futuras gerações. § 1º Para assegurar a efetividade desse direito, incumbe ao Poder Público: (...) III – definir, em todas as unidades da Federação, espaços territoriais e seus componentes a serem especialmente protegidos, sendo a alteração e a supressão permitidas somente através de lei, vedada qualquer utilização que comprometa a integridade dos atributos que justifiquem sua proteção". *Alternativa C.*

4. (38º Exame) Tramita na Câmara do Município Alfa projeto de lei que dispõe sobre proteção ao meio ambiente no âmbito de seu território, observado o interesse local. Sabe-se que o projeto de lei está harmônico com a disciplina legislativa estadual e federal atualmente vigente. No caso em tela, em matéria de competência legislativa ambiental, de acordo com a CRFB/88, é correto afirmar que o projeto de lei, em tese

(A) ofende a Carta Magna, porque compete à União legislar privativamente sobre proteção ao meio ambiente, observadas as premissas constitucionais.

(B) é incompatível com a Carta Magna, porque compete à União, aos Estados e ao Distrito Fede-

DIREITO AMBIENTAL

ral legislar privativamente sobre proteção ao meio ambiente.

(C) não viola a Carta Magna, porque o Município possui competência suplementar à da União e à dos Estados para legislar sobre proteção ao meio ambiente, no limite do seu interesse local e desde que tal regramento seja harmônico com a disciplina estabelecida pelos demais entes federados.

(D) não afronta a Carta Magna, porque o Município possui competência concorrente e não suplementar com a União e os Estados para legislar sobre proteção ao meio ambiente, de maneira que pode dispor de forma diversa e menos protetiva ao ambiente do que a disciplina estadual.

RESPOSTA Diz a CF que a União, os Estados e o Distrito Federal podem legislar concorrentemente acerca da proteção ambiental (art. 24, VI). Diz também que compete aos Municípios legislar sobre assuntos de interesse local e suplementar à legislação federal e à estadual no que couber (art. 30, I e II). *Alternativa C.*

5. (XXXIV Exame) A Constituição da República dispõe que são reconhecidos aos índios sua organização social, costumes, línguas, crenças e tradições, e os direitos originários sobre as terras que tradicionalmente ocupam. Do ponto de vista histórico e cultural, percebe-se que a comunidade indígena está intimamente ligada ao meio ambiente, inclusive colaborando em sua defesa e preservação. Nesse contexto, de acordo com o texto constitucional, a pesquisa e a lavra das riquezas minerais em terras indígenas

(A) só podem ser efetivadas com autorização de todos os órgãos que integram o SISNAMA (Sistema Nacional do Meio Ambiente), na forma da lei.

(B) só podem ser efetivadas com autorização do Congresso Nacional, ouvidas as comunidades afetadas, ficando-lhes assegurada participação nos resultados da lavra, na forma da lei.

(C) não podem ser efetivadas em qualquer hipótese, eis que são terras inalienáveis e indisponíveis, e devem ser exploradas nos limites de atividades de subsistência para os índios.

(D) não podem ser efetivadas em qualquer hipótese, diante de expressa vedação constitucional, para não descaracterizar a área de relevante interesse social.

RESPOSTA Diz o art. 231 da CRFB que são reconhecidos aos índios sua organização social, costumes, línguas, crenças e tradições, e os direitos originários sobre as terras que tradicionalmente ocupam, competindo à União demarcá-las, protegê-las e fazer respeitar todos os seus bens. E o aproveitamento dos recursos hídricos, incluídos os potenciais energéticos, a

pesquisa e a lavra das riquezas minerais em terras indígenas só podem ser efetivados com autorização do Congresso Nacional, ouvidas as comunidades afetadas, ficando-lhes assegurada participação nos resultados da lavra, na forma da lei (§ 3º do art. 231 da CRFB). *Alternativa B.*

6. (XXXII Exame) A sociedade empresária Alfa opera, com regular licença ambiental expedida pelo órgão federal competente, empreendimento da área de refino de petróleo que está instalado nos limites do território do Estado da Federação Beta e localizado no interior de unidade de conservação instituída pela União. Durante o prazo de validade da licença de operação, o órgão federal competente, com a aquiescência do órgão estadual competente do Estado Beta, deseja delegar a execução de ações administrativas a ele atribuídas, consistente na fiscalização do cumprimento de condicionantes da licença ambiental para o Estado Beta. Sobre a delegação pretendida pelo órgão federal, consoante dispõe a Lei Complementar n. 140/2011, assinale a afirmativa correta.

(A) É possível, desde que o Estado Beta disponha de órgão ambiental capacitado a executar as ações administrativas a serem delegadas e de conselho de meio ambiente.

(B) É possível, desde que haja prévia manifestação dos conselhos nacional e estadual do meio ambiente, do Ministério Público e homologação judicial.

(C) Não é possível, eis que a competência para licenciamento ambiental é definida por critérios objetivos estabelecidos na legislação, sendo vedada a delegação de competência do poder de polícia ambiental.

(D) Não é possível, eis que a delegação de ações administrativas somente é permitida quando realizada do Município para Estado ou União, ou de Estado para União, vedada a delegação de atribuição ambiental federal.

RESPOSTA De acordo com a LC n. 140/2011, o ente federativo poderá delegar, mediante convênio, a execução de ações administrativas a ele atribuídas nesta lei complementar, desde que o ente destinatário da delegação disponha de órgão ambiental capacitado a executar as ações administrativas a serem delegadas e de conselho de meio ambiente. *Alternativa A.*

7. (XXXII Exame) O Estado Z promulga lei autorizando a supressão de vegetação em Área de Preservação Permanente para pequenas construções. A área máxima para supressão, segundo a lei, é de 100 metros quadrados quando utilizados para lazer e de 500 metros quadrados quando utilizados para fins comerciais. Sobre a referida lei, assinale a afirmativa correta.

(A) A lei é válida, uma vez que é competência privativa dos Estados legislar sobre as Áreas de Preservação Permanente inseridas em seu território.

(B) A lei é válida apenas com relação à utilização com finalidade de lazer, uma vez que é vedada a exploração comercial em Área de Preservação Permanente.

(C) A lei é inconstitucional, uma vez que compete aos Municípios legislar sobre impactos ambientais de âmbito local.

(D) A lei é inconstitucional, uma vez que é competência da União dispor sobre normas gerais sobre proteção do meio ambiente.

RESPOSTA De acordo com o art. 24 da CRFB, há matérias que competem à União, aos Estados e ao Distrito Federal legislar concorrentemente e, florestas, caça, pesca, fauna, conservação da natureza, defesa do solo e dos recursos naturais, proteção do meio ambiente e controle da poluição, é uma delas (inciso VI). Observado o Código Florestal (Lei n. 12.651/2012), como competência da União a se limitar a estabelecer normas gerais, tratar da supressão de vegetação em Área de Preservação Permanente, cabe à União, *vide* seu art. 8º. *Alternativa D.*

8. (XXIV Exame) Damião, proprietário de terrenos não utilizados, mantidos para fins de especulação imobiliária, é notificado pela autoridade pública municipal, uma vez que seu terreno está incluído no plano Diretor do Município XYZ, e a Lei Municipal n. 123 determinou a edificação compulsória e aplicação de IPTU progressivo no tempo. Sobre as possíveis consequências que Damião pode sofrer, assinale a afirmativa correta.

(A) Caso não seja cumprida a notificação no prazo estabelecido, o Poder Público procederá à aplicação do Imposto sobre a Propriedade Predial e Territorial Urbana (IPTU) progressivo no tempo, o qual pode ser majorado indefinidamente, até que alcance o valor do bem.

(B) Ainda que Damião transfira o imóvel, a obrigação de edificação compulsória é transferida aos adquirentes, sem que haja interrupção dos prazos previamente estabelecidos pelo Poder Público.

(C) O Poder Público Municipal poderá desapropriar o imóvel de Damião mediante pagamento de indenização justa, prévia e em dinheiro, que refletirá o valor da base de cálculo do IPTU.

(D) Não há consequência jurídica no descumprimento, tendo em vista a não autoexecutoriedade nos atos do Poder Público em tema de política

urbana, sendo necessária a intervenção do Poder Judiciário.

RESPOSTA Diante da situação hipotética e da Lei n. 10.257/2001, que trata de políticas urbanas, aplica-se o art. 6º do referido estatuto. *Alternativa B.*

9. (XXII Exame) Tendo em vista a infestação de percevejo-castanho-da-raiz, praga que causa imensos danos à sua lavoura de soja, Nelson, produtor rural, desenvolveu e produziu de forma artesanal, em sua fazenda, agrotóxico que combate a aludida praga. Mesmo sem registro formal, Nelson continuou a usar o produto por meses, o que ocasionou grave intoxicação em Beto, lavrador da fazenda, que trabalhava sem qualquer equipamento de proteção. Sobre a hipótese, assinale a afirmativa correta.

(A) Não há qualquer responsabilidade de Nelson, que não produziu o agrotóxico de forma comercial, mas para uso próprio.

(B) Nelson somente responde civilmente pelos danos causados, pelo não fornecimento de equipamentos de proteção a Beto.

(C) Nelson responde civil e criminalmente pelos danos causados, ainda que não tenha produzido o agrotóxico com finalidade comercial.

(D) Nelson somente responde administrativamente perante o Poder Público pela utilização de agrotóxico sem registro formal.

RESPOSTA De acordo com a situação hipotética, Nelson responderá tanto na esfera penal quanto na cível. *Vide* § 3º do art. 225 da CRFB. *Alternativa C.*

10. (XX Exame) O prefeito do Município Alfa, que conta hoje com 30 (trinta) mil habitantes e tem mais de 30% de sua área constituída por cobertura vegetal, consulta o Procurador Geral do Município para verificar a necessidade de edição de Plano Diretor, em atendimento às disposições constitucionais e ao Estatuto da Cidade (Lei n. 10.257/01). Sobre o caso, assinale a afirmativa correta.

(A) O Plano Diretor não é necessário, tendo em vista a área de cobertura vegetal existente no Município Alfa, devendo este ser substituído por Estudo Prévio de Impacto Ambiental (EIA).

(B) O Plano Diretor não será necessário, tendo em vista que todos os municípios com mais de 20 (vinte) mil habitantes estão automaticamente inseridos em "aglomerações urbanas", que, por previsão legal, são excluídas da necessidade de elaboração de Plano Diretor.

(C) Será necessária a edição de Plano Diretor, aprovado por lei municipal, que abrangerá todo o

DIREITO AMBIENTAL

território do Município Alfa, em razão do seu número de habitantes.

(D) O Plano Diretor será necessário na abrangência da região urbana do município, regendo, no que tange à área de cobertura vegetal, as normas da Política Nacional do Meio Ambiente

RESPOSTA Diante da situação hipotética, correta a alternativa C, *vide* art. 182, § 1º, da CRFB. As demais alternativas podem ser comparadas com o mesmo dispositivo constitucional, apesar do enunciado se referir ao Estatuto da Cidade (atente-se apenas ao seu art. 40). *Alternativa C.*

11. (XX Exame – Reaplicação) Luiz Periquito, famoso colecionador de pássaros, é surpreendido pela autoridade ambiental municipal em sua propriedade, a qual lavra auto de infração tendo em vista a posse de animais silvestres sem autorização legal, objeto de caça, bem como indícios de maus tratos aos animais. Sobre o caso e tendo em vista a proteção à fauna no ordenamento jurídico brasileiro, assinale a afirmativa correta.

(A) A atuação da autoridade municipal é inválida, já que a competência legislativa e material para tratar sobre caça, pesca e fauna é exclusiva da União Federal.

(B) O auto de infração está irregular, uma vez que a fauna não foi objeto de tutela constitucional e a Lei n. 5.197/67 (Lei de Proteção à Fauna) não disciplina especificamente o tema de caça e maus tratos.

(C) O auto de infração está correto, uma vez que a Constituição de 1988 veda qualquer forma de caça no território brasileiro, seja esportiva ou caça de controle.

(D) A conduta de Luiz Periquito está em desconformidade com a Constituição de 1988, já que há expressa vedação constitucional às práticas que submetam os animais à crueldade, na forma da lei.

RESPOSTA (A) Errada, *vide* o art. 23, VI, CRFB, competência comum de todos. (B) Errada, pois a fauna é tutelada pela CRFB. (C) Errada, pois não há vedação da caça na CRFB. A caça, quando autorizada pelo órgão competente, pode ser praticada no território nacional. (D) De acordo com art. 225, § 1º, VII, CRFB. *Alternativa D.*

III. CRIMES AMBIENTAIS

12. (39º Exame) O engenheiro ambiental João foi contratado pelo empreendedor Alfa para coordenar uma equipe multidisciplinar durante a elaboração de estudo de impacto ambiental (EIA), referente a empreendimento que causará relevantes impactos ambientais. João também foi contratado para representar o empreendedor junto ao órgão ambiental licenciador, inclusive recebendo procuração para impulsionar o processo administrativo de requerimento de licença. Com intuito de esconder os reais impactos ambientais do empreendimento, e sem que os demais profissionais que participaram dos estudos do EIA tivessem ciência, João, de forma dolosa, elaborou e apresentou, no licenciamento ambiental, estudo de impacto ambiental parcialmente enganoso, por omissão. Diante da conduta de João, foi emitida licença ambiental sem as devidas condicionantes, de maneira que houve dano significativo ao meio ambiente, em decorrência do uso da informação incompleta e enganosa por ele apresentada ao órgão ambiental. De acordo com a Lei n. 9.605/98, em matéria de responsabilidade penal, assinale a afirmativa correta.

(A) João não praticou crime ambiental, pois não existe crime ambiental omissivo, mas deve ser responsabilizado na esfera ambiental, em âmbito cível e administrativo.

(B) João não realizou conduta que configure crime ambiental, pois não é o empreendedor, que deve responder, como pessoa jurídica, nas esfera criminal, cível e administrativa.

(C) João cometeu crime ambiental, e a pena deve ser aumentada, porque houve dano significativo ao meio ambiente, em decorrência do uso da informação incompleta e enganosa por ele apresentada ao órgão ambiental.

(D) João incorreu em crime ambiental, e a pena pena deve ser diminuída, porque o responsável pela elaboração e apresentação do EIA não é o empreendedor e sim, o profissional técnico.

RESPOSTA De acordo com a Lei n. 9.605/98: "Art. 69-A. Elaborar ou apresentar, no licenciamento, concessão florestal ou qualquer outro procedimento administrativo, estudo, laudo ou relatório ambiental total ou parcialmente falso ou enganoso, inclusive por omissão: Pena – reclusão, de 3 (três) a 6 (seis) anos, e multa. (...) § 2º A pena é aumentada de 1/3 (um terço) a 2/3 (dois terços), se há dano significativo ao meio ambiente, em decorrência do uso da informação falsa, incompleta ou enganosa". *Alternativa C.*

13. (36º Exame) Pedro, proprietário de imóvel localizado em área rural, com vontade livre e consciente, executou extração de recursos minerais, consistentes em saibro, sem a competente autorização, permissão, concessão ou licença e vendeu o material para uma fábrica de cerâmica. O Ministério Público, por meio de seu órgão de execução com atribuição em tutela coletiva, visando à reparação dos danos ambientais causados, ajuizou ação civil pública em face de Pedro, no bojo da qual foi realizada perícia ambiental. Posteriormente, em razão da mesma extração mineral ilegal, o Ministério Público ofereceu denúncia criminal, deflagrando novo processo, agora em ação penal, e pretende aproveitar, como prova emprestada no processo penal, a perícia produzida no âmbito da ação civil pública. No caso em tela, de acordo com a Lei n. 9.605/98, a perícia produzida no juízo cível

(A) poderá ser aproveitada no processo penal, instaurando-se o contraditório.

(B) não poderá ser utilizada, em razão da independência das instâncias criminal, cível e administrativa.

(C) não poderá ser aproveitada no processo criminal, eis que é imprescindível um laudo pericial produzido pela Polícia Federal, para fins de configuração da existência material do delito.

(D) poderá ser aproveitada na ação penal, mas apenas pode subsistir uma condenação judicial final, para evitar o *bis in idem*.

RESPOSTA   Diz a Lei n. 9.605/98 (Lei de Crimes Ambientais) que a perícia de constatação do dano ambiental, sempre que possível, fixará o montante do prejuízo causado para efeitos de prestação de fiança e cálculo de multa (art. 19). A perícia produzida no inquérito civil ou no juízo cível poderá ser aproveitada no processo penal, instaurando-se o contraditório (parágrafo único). *Alternativa A.*

14. (XXXIV Exame) Após regular trâmite de ação penal, João foi condenado criminalmente por ter enviado para o exterior grande quantidade de peles e couros de jacaré em bruto, sem a autorização da autoridade ambiental competente. Na sentença condenatória, o juízo substituiu a pena privativa de liberdade de reclusão de 2 (dois) anos por pena restritiva de direitos de prestação pecuniária consistente no pagamento em dinheiro à determinada entidade pública, no valor de 400 (quatrocentos) salários mínimos. Especificamente, no que tange ao valor da prestação pecuniária, o(a) advogado(a) de João deve recorrer da sentença, alegando que, de acordo com a legislação de regência, tal montante

(A) deve consistir em 40 (quarenta) salários mínimos, sendo vedada a dedução do valor pago de eventual multa administrativa a que João for condenado.

(B) deve estar limitado a 40 (quarenta) salários mínimos, sendo certo que o valor pago será abati-

do do montante de eventual multa penal a que João for condenado.

(C) não pode ser superior a 60 (sessenta) salários mínimos, sendo vedada a dedução do valor pago de eventual multa civil a que João for condenado.

(D) não pode ser inferior a 1 (um) salário mínimo nem superior a 360 (trezentos e sessenta) salários mínimos, sendo certo que o valor pago será deduzido do montante de eventual reparação civil a que João for condenado.

RESPOSTA   A prestação pecuniária consiste no pagamento em dinheiro à vítima, a seus dependentes ou a entidade pública ou privada com destinação social, de importância fixada pelo juiz, não inferior a 1 salário mínimo nem superior a 360 salários mínimos. O valor pago será deduzido do montante de eventual condenação em ação de reparação civil, se coincidentes os beneficiários. É o que está no § 1º do art. 45 do CP. *Alternativa D.*

15. (XXVI Exame) A associação "Amigos da Natureza", constituída há 2 anos, com a finalidade institucional de proteger o meio ambiente, tem interesse na propositura de uma ação civil pública, a fim de que determinado agente causador de dano ambiental seja impedido de continuar a praticar o ilícito. Procurado pela associação, você, na qualidade de advogado, daria a orientação de

(A) não propor uma ação civil pública, visto que as associações não têm legitimidade para manejar tal instrumento, sem prejuízo de que outros legitimados, como o Ministério Público, o façam.

(B) propor uma ação civil pública, já que a associação está constituída há pelo menos 1 ano e tem, entre seus fins institucionais, a defesa do meio ambiente.

(C) apenas propor a ação civil pública quando a associação estiver constituída há pelo menos 3 anos.

(D) que a associação tem iniciativa subsidiária, de modo que só pode propor a ação civil pública após demonstração de inércia do Ministério Público.

RESPOSTA   De acordo com o art. 5º, V, letras *a* e *b*, da Lei da Ação Civil Pública (Lei n. 7.347/85). *Alternativa B.*

16. (XXV Exame) Configurada a violação aos dispositivos da Lei do Sistema Nacional de Unidades de Conservação, especificamente sobre a restauração e recuperação de ecossistema degradado, o Estado Z promove ação civil pública em face de Josemar, causador do dano. Em sua defesa judicial, Josemar não nega a degradação, mas alega o direito subjetivo de celebração de Termo de Ajus-

DIREITO AMBIENTAL

tamento de Conduta (TAC), com a possibilidade de transacionar sobre o conteúdo das normas sobre restauração e recuperação.

Sobre a hipótese, assinale a afirmativa correta.

(A) Josemar não possui direito subjetivo à celebração do TAC, que, caso celebrado, não pode dispor sobre o conteúdo da norma violada, mas sobre a forma de seu cumprimento.

(B) O TAC não pode ser celebrado, uma vez que a ação civil pública foi proposta pelo Estado, e não pelo Ministério Público.

(C) Josemar possui direito subjetivo a celebrar o TAC, sob pena de violação ao princípio da isonomia, mas sem que haja possibilidade de flexibilizar o conteúdo das normas violadas.

(D) Josemar possui direito subjetivo a celebrar o TAC nos termos pretendidos, valendo o termo como título executivo extrajudicial, apto a extinguir a ação civil pública por perda de objeto.

RESPOSTA Diante da situação hipotética, tem-se a dizer que o TAC não é um direito subjetivo do réu, pois trata de uma faculdade do órgão público, em que o réu pode aceitar ou não. Caso seja realizado, não pode alterar o conteúdo da norma violada. *Alternativa A.*

IV. RESPONSABILIDADE CIVIL POR DANOS AMBIENTAIS

17. (35º Exame) A sociedade empresária Beta atua no ramo de produção de produtos agrotóxicos, com regular licença ambiental, e vem cumprindo satisfatoriamente todas as condicionantes da licença. Ocorre que, por um acidente causado pela queda de um raio em uma das caldeiras de produção, houve vazamento de material tóxico, que causou grave contaminação do solo, subsolo e lençol freático. Não obstante a sociedade empresária tenha adotado, de plano, algumas medidas iniciais para mitigar e remediar parte dos impactos, fato é que ainda subsiste considerável passivo ambiental a ser remediado. Tendo em vista que a sociedade empresária Beta parou de atender às determinações administrativas do órgão ambiental competente, o Ministério Público ajuizou ação civil pública visando à remediação ambiental da área. Na qualidade de advogado(a) da sociedade empresária Beta, para que seu cliente decida se irá ou não celebrar acordo judicial com o MP, você lhe informou que, no caso em tela, a responsabilidade civil por danos ambiental é

(A) afastada, haja vista que a atividade desenvolvida pelo empreendedor era lícita e estava devidamente licenciada.

(B) afastada, pois se rompeu o nexo de causalidade, diante da ocorrência de força maior.

(C) subjetiva e, por isso, diante da ausência de dolo ou culpa por prepostos da sociedade empresária, não há que se falar em obrigação de reparar o dano.

(D) objetiva e está fundada na teoria do risco integral, de maneira que não se aplicam as excludentes do dever de reparar o dano do caso fortuito e força maior.

RESPOSTA A responsabilidade civil por danos ambientais que está prevista no art. 225 da CRFB e seu § 3º é objetiva, aplicada a teoria do risco integral. Nesse sentido é a jurisprudência, *vide* REsp 1.612.887/PR. *Alternativa D.*

18. (XXXI Exame) Seguindo plano de expansão de seu parque industrial para a produção de bebidas, o conselho de administração da sociedade empresária Frescor S/A autoriza a destruição de parte de floresta inserida em Área de Preservação Permanente, medida que se consuma na implantação de nova fábrica. Sobre responsabilidade ambiental, tendo como referência a hipótese narrada, assinale a afirmativa correta.

(A) Frescor S/A responde civil e administrativamente, sendo excluída a responsabilidade penal por ter a decisão sido tomada por órgão colegiado da sociedade.

(B) Frescor S/A responde civil e administrativamente, uma vez que não há tipificação criminal para casos de destruição de Área de Preservação Permanente, mas apenas de Unidades de Conservação.

(C) Frescor S/A responde civil, administrativa e penalmente, sendo a ação penal pública, condicionada à prévia apuração pela autoridade ambiental competente.

(D) Frescor S/A responde civil, administrativa e penalmente, sendo agravante da pena a intenção de obtenção de vantagem pecuniária.

RESPOSTA Prevê o art. 3º da Lei n. 9.605/98 que as pessoas jurídicas serão responsabilizadas administrativa, civil e penalmente conforme o disposto nessa lei, nos casos em que a infração seja cometida por decisão de seu representante legal ou contratual, ou de seu órgão colegiado, no interesse ou benefício da sua entidade. É crime destruir ou danificar floresta considerada de preservação permanente, mesmo que em formação, ou utilizá-la com infringência das normas de proteção (art. 38). Entre as circunstâncias que agravam a pena está a obtenção de vantagem pecuniária (art. 15, II, *a*). *Alternativa D.*

19. (XXIX Exame) Em decorrência de grave dano ambiental em uma Unidade de Conservação, devido ao rompimento de barragem de contenção de sedimentos minerais, a Defensoria Pública estadual ingressa com Ação Civil Pública em face do causador do dano. Sobre a hipótese, assinale a afirmativa correta.

(A) A Ação Civil Pública não deve prosseguir, uma vez que a Defensoria Pública não é legitimada a propor a referida ação judicial.

(B) A Defensoria Pública pode pedir a recomposição do meio ambiente cumulativamente ao pedido de indenizar, sem que isso configure *bis in idem*.

(C) Tendo em vista que a conduta configura crime ambiental, a ação penal deve anteceder a Ação Civil Pública, vinculando o resultado desta.

(D) A Ação Civil Pública não deve prosseguir, uma vez que apenas o IBAMA possui competência para propor Ação Civil Pública quando o dano ambiental é causado em Unidade de Conservação.

RESPOSTA Atente-se que a defensoria pública é legitimada para ingressar com a ação civil pública (art. 5º, II, Lei n. 7.347/85). Diante desta afirmativa, ela pode pedir a recomposição do meio ambiente cumulativamente ao pedido de indenizar, sem que isso configure *bis in idem*, *vide* o § 3º do art. 225 da Constituição Federal. *Alternativa B.*

20. (XX Exame) No curso de obra pública de construção de represa para fins de geração de energia hidrelétrica em rio que corta dois estados da Federação, a associação privada Sorrio propõe ação civil pública buscando a reconstituição do ambiente ao status quo anterior ao do início da construção, por supostos danos ao meio ambiente. Considerando a hipótese, assinale a afirmativa correta.

(A) Caso a associação Sorrio abandone a ação, o Ministério Público ou outro legitimado assumirá a titularidade ativa.

(B) Caso haja inquérito civil público em curso, proposto pelo Ministério Público, a ação civil pública será suspensa pelo prazo de até 1 (um) ano.

(C) Como o bem público objeto da tutela judicial está localizado em mais de um estado da federação, a legitimidade ativa exclusiva para propositura da ação civil pública é do Ministério Público Federal.

(D) Caso o pedido seja julgado improcedente por insuficiência de provas, não será possível a propositura de nova demanda com o mesmo pedido.

RESPOSTA (A) De acordo com o art. 5º, § 3º, da Lei n. 7.347/85 (Lei da Ação Civil Pública). (B) Errada, não há previsão legal. (C) Errada, não há previsão para esta exclusividade. (D) Errada, *vide* o art. 16 da Lei n. 7.347/85. *Alternativa A.*

V. POLÍTICA NACIONAL DO MEIO AMBIENTE

21. (37º Exame) A sociedade empresária Alfa é fabricante e comerciante de pilhas e baterias. Em matéria de responsabilidade compartilhada pelo ciclo de vida dos produtos, com base na Política Nacional de Resíduos Sólidos, a autoridade competente vem cobrando da sociedade empresária que promova o retorno dos produtos após o uso pelo consumidor, de forma independente do serviço público de limpeza urbana e de manejo dos resíduos sólidos. O sócio administrador da sociedade empresária Alfa entendeu que a responsabilidade pela destinação final das pilhas e baterias deve ser exclusivamente do consumidor final, razão pela qual contratou você, como advogado(a), para prestar consultoria jurídica. Levando em conta o que dispõe a Lei n. 12.305/2010, você informou a seu cliente que, no caso em tela, de fato, ele está obrigado a

(A) estruturar e implementar sistema de logística reversa.

(B) instituir o sistema de coleta seletiva no âmbito do Município onde está instalada a sede social da sociedade empresária.

(C) contratar cooperativas de catadores de materiais reutilizáveis e recicláveis para recolher os produtos.

(D) recomprar os produtos usados, não podendo disponibilizar postos de entrega de resíduos reutilizáveis e recicláveis.

RESPOSTA Diz a Lei n. 12.305/2010 que são obrigados a estruturar e implementar sistemas de logística reversa, mediante retorno dos produtos após o uso pelo consumidor, de forma independente do serviço público de limpeza urbana e de manejo dos resíduos sólidos, os fabricantes, importadores, distribuidores e comerciantes de pilhas e baterias (art. 33, II). *Alternativa A.*

22. (XXX Exame) Renato, proprietário de terra rural inserida no Município X, pretende promover a queimada da vegetação existente para o cultivo de cana-de-açúcar. Assim, consulta seu advogado, indagando sobre a possibilidade da realização da queimada. Sobre o caso narrado, assinale a afirmativa correta.

DIREITO AMBIENTAL

(A) A queimada poderá ser autorizada pelo órgão estadual ambiental competente do SISNAMA, caso as peculiaridades dos locais justifiquem o emprego do fogo em práticas agropastoris ou florestais.

(B) A queimada poderá ser autorizada pelo órgão municipal ambiental competente, após audiência pública realizada pelo Município X no âmbito do SISNAMA.

(C) A queimada não pode ser realizada, constituindo, ainda, ato tipificado como crime ambiental caso a área esteja inserida em Unidade de Conservação.

(D) A queimada não dependerá de autorização, caso Renato comprove a manutenção da área mínima de cobertura de vegetação nativa, a título de reserva legal.

RESPOSTA De acordo com o art. 38 do Código Florestal, dentre as exceções ao uso de fogo de vegetação está no caso de locais ou regiões cujas peculiaridades justifiquem o emprego do fogo em práticas agropastoris ou florestais, mediante prévia aprovação do órgão estadual ambiental competente do Sisnama, para cada imóvel rural ou de forma regionalizada, que estabelecerá os critérios de monitoramento e controle (inciso I). *Alternativa A.*

23. (XXX Exame) Pedro, proprietário de fazenda com grande diversidade florestal, decide preservar os recursos ambientais nela existentes, limitando, de forma perpétua, o uso de parcela de sua propriedade por parte de outros possuidores a qualquer título, o que realiza por meio de instrumento particular, averbado na matrícula do imóvel no registro de imóveis competente. Assinale a opção que indica o instrumento jurídico a que se refere o caso descrito.

(A) Zoneamento Ambiental.
(B) Servidão Ambiental.
(C) Área Ambiental Restrita.
(D) Área de Relevante Interesse Ecológico.

RESPOSTA De acordo com o art. 9º-A da Lei n. 6.938/81, o proprietário ou possuidor de imóvel, pessoa natural ou jurídica, pode, por instrumento público ou particular ou por termo administrativo firmado perante órgão integrante do Sisnama, limitar o uso de toda a sua propriedade ou de parte dela para preservar, conservar ou recuperar os recursos ambientais existentes, instituindo servidão ambiental. *Alternativa B.*

24. (XXIV Exame) Bolão Ltda., sociedade empresária, pretende iniciar atividade de distribuição de pneus no mercado brasileiro. Para isso, contrata uma consultoria para, dentre outros ele-

mentos, avaliar sua responsabilidade pela destinação final dos pneus que pretende comercializar. Sobre o caso, assinale a afirmativa correta.

(A) A destinação final dos pneus será de responsabilidade do consumidor final, no âmbito do serviço de regular limpeza urbana.

(B) A sociedade empresária será responsável pelo retorno dos produtos após o uso pelo consumidor, de forma independente do serviço público de limpeza urbana.

(C) A destinação final dos pneus, de responsabilidade solidária do distribuidor e do consumidor final, se dará no âmbito do serviço público de limpeza urbana.

(D) Previamente à distribuição de pneus, a sociedade empresária deve celebrar convênio com o produtor, para estabelecer, proporcionalmente, as responsabilidades na destinação final dos pneus.

RESPOSTA De acordo com a lei que instituiu a Política Nacional dos Resíduos Sólidos (Lei n. 12.305/2010), segundo o seu art. 33, são obrigados a estruturar e implementar sistemas de logística reversa, mediante retorno dos produtos após o uso pelo consumidor, de forma independente do serviço público de limpeza urbana e de manejo dos resíduos sólidos, os fabricantes, importadores, distribuidores e comerciantes de pneus (inciso III). *Alternativa B.*

VI. ESTUDO DE IMPACTO AMBIENTAL E LICENCIAMENTO AMBIENTAL

25. (41º Exame) A Sociedade Divergente, após os procedimentos pertinentes, obteve a licença de operação para as atividades lesivas ao meio ambiente que exerce pelo prazo de dez anos. Para tanto, vem cumprindo todas as condicionantes da licença ambiental, inclusive medidas mitigadoras e compensatórias, então determinadas pelo órgão competente. Dois anos depois da concessão da mencionada licença de operação, houve um grande avanço tecnológico, que viabiliza a drástica redução das externalidades negativas do empreendimento em questão. Por isso, foi editada uma lei que passou a exigir o emprego da nova técnica, inclusive, para as atividades já licenciadas. Em razão disso, os representantes da mencionada pessoa jurídica consultaram a sua assessoria jurídica para dirimir as dúvidas relacionadas aos efeitos do mencionado Diploma Legal superveniente na licença regularmente obtida em momento anterior, situação em que você esclareceu, corretamente, que a exigência da nova técnica

(A) poderá condicionar apenas os empreendimentos que não tenham obtido a licença de instalação ou a de operação, não podendo, em nenhuma hipótese, afetar aquelas que tenham sido validamente concedidas.

(B) importará na anulação automática da licença de operação anteriormente concedida, independentemente de motivação do respectivo órgão competente, por se tratar de medida mais protetiva ao meio ambiente.

(C) não poderá ser aplicada em nenhuma situação em que a licença ambiental tenha sido deferida de forma válida, seja ela prévia, de instalação ou de operação, de modo que somente pode condicionar os empreendimentos que ainda não iniciaram o licenciamento ambiental.

(D) é passível de ser exigida mesmo para as situações em que há licença de operação válida, pois o órgão ambiental competente, mediante decisão motivada poderá modificar as condicionantes, suspender ou cancelar licença expedida, quando ocorrer inadequação às normas legais.

RESPOSTA: De acordo com a Resolução n. 237/97 do CONAMA: "O órgão ambiental competente, mediante decisão motivada, poderá modificar os condicionantes e as medidas de controle e adequação, suspender ou cancelar uma licença expedida, quando ocorrer: I – violação ou inadequação de quaisquer condicionantes ou normas legais; II – omissão ou falsa descrição de informações relevantes que subsidiaram a expedição da licença; III – superveniência de graves riscos ambientais e de saúde". *Alternativa D.*

26. (40º Exame) A sociedade empresária Gama requereu licença ambiental para empreender um aterro sanitário. O processo de licenciamento ambiental tramita no órgão licenciador competente. No curso do procedimento, observadas as cautelas legais necessárias, o licenciador deferiu licença na fase inicial do planejamento do empreendimento, aprovando sua localização e concepção, atestando a viabilidade ambiental e estabelecendo os requisitos básicos e condicionantes a serem atendidos nas próximas fases de sua implementação. Registre-se que tal licença foi deferida isoladamente, diante da natureza, das características e da fase do empreendimento. O caso em tela, de acordo com a Resolução CONAMA n. 237/1997, trata de licença

(A) prévia, que será sucedida, na próxima etapa do licenciamento, pela licença de instalação, que autorizará a instalação do empreendimento de acordo com as especificações constantes dos planos, programas e projetos aprovados.

(B) de instalação, que será sucedida, na próxima etapa do licenciamento, pela licença de operação, que autorizará a operação da atividade ou do empreendimento, após a verificação do efetivo cumprimento do que consta das licenças anteriores, com as medidas de controle ambiental e os condicionantes determinados para a operação.

(C) de funcionamento, que foi precedida pela licença ambiental simplificada, que autorizará o início dos estudos ambientais, em especial, a elaboração do estudo prévio de impacto ambiental e seu correlato relatório de impacto ambiental.

(D) de operação, que foi precedida pela licença de instalação, que autorizará a execução das medidas mitigatórias previstas no estudo de impacto ambiental e a instalação do empreendimento de acordo com as especificações constantes dos planos, programas e projetos aprovados.

RESPOSTA De acordo com o art. 8º da Resolução n. 237/97 do CONAMA. Veja o texto literal: "O Poder Público, no exercício de sua competência de controle, expedirá as seguintes licenças: I – Licença Prévia (LP) – concedida na fase preliminar do planejamento do empreendimento ou atividade aprovando sua localização e concepção, atestando a viabilidade ambiental e estabelecendo os requisitos básicos e condicionantes a serem atendidos nas próximas fases de sua implementação; II – Licença de Instalação (LI) – autoriza a instalação do empreendimento ou atividade de acordo com as especificações constantes dos planos, programas e projetos aprovados, incluindo as medidas de controle ambiental e demais condicionantes, da qual constituem motivo determinante; III – Licença de Operação (LO) – autoriza a operação da atividade ou empreendimento, após a verificação do efetivo cumprimento do que consta das licenças anteriores, com as medidas de controle ambiental e condicionantes determinados para a operação". *Alternativa A.*

27. (36º Exame) A sociedade empresária Gama requereu licença ambiental para empreendimento da área de petróleo e gás natural, com significativo impacto ambiental, assim considerado pelo órgão ambiental competente, com fundamento no estudo de impacto ambiental e respectivo relatório - EIA/RIMA, apresentados pelo próprio empreendedor no curso do processo de licenciamento. Preenchidos os requisitos legais, o órgão ambiental concedeu a licença ambiental com uma série de condicionantes, entre elas, a obrigação do empreendedor de apoiar a implantação e a manutenção de determinada unidade de conservação do grupo de proteção integral. Para tanto, observado o grau de impacto ambiental causado pelo empreendimento licenciado e, de acordo com crité-

DIREITO AMBIENTAL

rios técnicos, legais e jurisprudenciais, foi regularmente arbitrado pelo órgão licenciador o montante de dez milhões de reais a ser destinado pelo empreendedor para tal finalidade. No caso em tela, de acordo com a Lei n. 9.985/00, a condicionante descrita é uma obrigação que visa à

(A) mitigação ambiental.

(B) compensação ambiental.

(C) punição por dano ambiental.

(D) inibição por dano ambiental.

RESPOSTA Diz a Lei n. 9.985/2000 que, nos casos de licenciamento ambiental de empreendimentos de significativo impacto ambiental, assim considerado pelo órgão ambiental competente, com fundamento em estudo de impacto ambiental e respectivo relatório – EIA/RIMA, o empreendedor é obrigado a apoiar a implantação e manutenção de unidade de conservação do Grupo de Proteção Integral (art. 36). Seu regulamento (Decreto 4.340/2002) diz que, para fins de fixação da compensação ambiental, o Ibama estabelecerá o grau de impacto a partir de estudo prévio de impacto ambiental e respectivo relatório – EIA/RIMA, ocasião em que considerará, exclusivamente, os impactos ambientais negativos sobre o meio ambiente (art. 31). *Alternativa B.*

28. (37º Exame) Diante do crescimento desordenado de determinado bairro da zona sul da cidade Alfa, a associação de moradores local vem realizando reuniões periódicas para traçar o diagnóstico urbanístico atual e verificar as medidas que podem ser adotadas. Durante as reuniões, a citada associação verificou que tal expansão urbana causou adensamento populacional, geração de tráfego e demanda por transporte público, desvalorização imobiliária e insuficiência dos equipamentos urbanos e comunitários, sem qualquer planejamento do Município, sobretudo em matéria de meio ambiente artificial. Contratado como advogado(a) da associação de moradores, você informou que, em tema de instrumentos da política urbana, o Estatuto da Cidade (Lei n. 10.257/2001) prevê que lei municipal definirá os empreendimentos e atividades

(A) privados em área urbana, que dependerão de elaboração de estudo prévio de impacto ambiental (EIA) para obter quaisquer licenças ou autorizações de construção, ampliação ou funcionamento, a cargo do Poder Público municipal, excluída a exigência de EIA quando o empreendedor for ente público.

(B) licitamente instalados no âmbito municipal, desde que compatíveis com o plano diretor, que é parte integrante do processo de planejamento

municipal, não podendo o plano plurianual, as diretrizes orçamentárias e o orçamento anual incorporar as diretrizes e as prioridades nele contidas.

(C) legalmente licenciados no âmbito municipal, desde que compatíveis com o plano diretor, cuja elaboração prescindirá de promoção de audiências públicas e debates com a participação da população e de associações representativas dos vários segmentos da comunidade.

(D) privados ou públicos em área urbana, que dependerão de elaboração de estudo prévio de impacto de vizinhança (EIV) para obter as licenças ou autorizações de construção, ampliação ou funcionamento, a cargo do Poder Público municipal.

RESPOSTA Diz a Lei n. 10.257/2001 que lei municipal definirá os empreendimentos e atividades privados ou públicos em área urbana que dependerão de elaboração de estudo prévio de impacto de vizinhança (EIV) para obter as licenças ou autorizações de construção, ampliação ou funcionamento a cargo do Poder Público municipal (art. 36). *Alternativa D.*

29. (35º Exame) Após regular processo administrativo de licenciamento ambiental, o Estado Alfa, por meio de seu órgão ambiental competente, deferiu licença de operação para a sociedade empresária Gama realizar atividade de frigorífico e abatedouro de bovinos. Durante o prazo de validade da licença, no entanto, a sociedade empresária Gama descumpriu algumas condicionantes da licença relacionadas ao tratamento dos efluentes industriais, praticando infração ambiental. Diante da inércia fiscalizatória do órgão licenciador, o município onde o empreendimento está instalado, por meio de seu órgão ambiental competente, exerceu o poder de polícia e lavrou auto de infração em desfavor da sociedade empresária Gama. No caso em tela, a conduta do município é

(A) lícita, pois, apesar de competir, em regra, ao órgão estadual lavrar auto de infração ambiental, o município pode lavrar o auto e, caso o órgão estadual também o lavre, prevalecerá o que foi lavrado primeiro.

(B) lícita, pois, apesar de competir, em regra, ao órgão estadual licenciador lavrar auto de infração ambiental, o município atuou legitimamente, diante da inércia do órgão estadual.

(C) ilícita, pois compete privativamente ao órgão estadual responsável pelo licenciamento da atividade lavrar auto de infração ambiental, vedada a atuação do município.

(D) ilícita, pois, apesar de competir, em regra, ao órgão estadual licenciador lavrar auto de infração ambiental, em caso de sua inércia, apenas a União poderia suplementar a atividade de fiscalização ambiental.

RESPOSTA Diz o art. 17 da LC n. 140/2011 que compete ao órgão responsável pelo licenciamento ou autorização, conforme o caso, de um empreendimento ou atividade lavrar auto de infração ambiental e instaurar processo administrativo para a apuração de infrações à legislação ambiental cometidas pelo empreendimento ou atividade licenciada ou autorizada. Deve-se observar, porém, que isso não impede o exercício pelos entes federativos da atribuição comum de fiscalização da conformidade de empreendimentos e atividades efetiva ou potencialmente poluidores ou utilizadores de recursos naturais com a legislação ambiental em vigor, prevalecendo o auto de infração ambiental lavrado por órgão que detenha a atribuição de licenciamento ou autorização (§ 3º). *Alternativa B.*

30. (XXXI Exame) Efeito Estufa Ltda., sociedade empresária que atua no processamento de alimentos, pretende instalar nova unidade produtiva na área urbana do Município de Ar Puro, inserida no Estado Y. Para esse fim, verificou que a autoridade competente para realizar o licenciamento ambiental será a do próprio Município de Ar Puro. Sobre o caso, assinale a opção que indica quem deve realizar o estudo de impacto ambiental.

(A) O Município de Ar Puro.

(B) O Estado Y.

(C) O IBAMA.

(D) Profissionais legalmente habilitados, às expensas do empreendedor.

RESPOSTA De acordo com a Resolução n. 237/87 do CONAMA, os estudos necessários ao processo de licenciamento deverão ser realizados por profissionais legalmente habilitados, às expensas do empreendedor (art. 11). *Alternativa D.*

31. (XXVIII Exame) A sociedade empresária Foice Ltda. dá início à construção de galpão de armazenamento de ferro-velho. Com isso, dá início a Estudo de Impacto Ambiental – EIA. No curso do EIA, verificou-se que a construção atingiria área verde da Comunidade de Flores, de modo que 60 (sessenta) cidadãos da referida Comunidade solicitaram à autoridade competente que fosse realizada, no âmbito do EIA, audiência pública. Sobre a situação, assinale a afirmativa correta.

(A) A audiência pública não é necessária, uma vez que apenas deve ser instalada quando houver solicitação do Ministério Público.

(B) A audiência pública não é necessária, uma vez que apenas deve ser instalada quando houver

solicitação de associação civil legalmente constituída há pelo menos 1 (um) ano.

(C) A audiência pública é necessária, e, caso não realizada, a eventual licença ambiental concedida não terá validade.

(D) A audiência pública é necessária, salvo quando celebrado Termo de Ajustamento de Conduta com o Ministério Público.

RESPOSTA Destaca-se que caso haja a elaboração de um EIA (Estudo de Impacto Ambiental), a audiência pública é obrigatória. Observe que a realização da audiência pública será sempre obrigatória quando o órgão de meio ambiente a julgar necessária ou quando for solicitada por entidade civil, pelo Ministério Público ou por 50 ou mais cidadãos, devendo ocorrer em local de fácil acesso aos interessados. No caso de haver essa solicitação e a audiência não acontecer, eventual licença concedida não terá validade (art. 2º da Resolução n. 9/87 do CONAMA). *Alternativa C.*

VII. MEIO AMBIENTE NATURAL (FLORA E RECURSOS HÍDRICOS)

32. (41º Exame) Gentil realiza atividade de agricultura familiar, tem um aviário e cria alguns animais, notadamente para a produção de leite. A pequena propriedade rural de Gentil vem sendo drasticamente afetada pelas alterações do entorno, de modo que o acesso à água, que já foi abundante, resta cada vez mais comprometido, configurando o contexto chamado de escassez hídrica. Em razão disso, Gentil consultou você, como advogado(a) especializado(a) em Direito Ambiental, acerca da existência e do delineamento de uma Política Nacional de Recursos Hídricos, até mesmo para viabilizar o acesso à água fora dos limites de sua propriedade. Com relação aos fundamentos da mencionada Política, na forma prevista na Lei n. 9.433/1997, você informou a Gentil que a legislação em vigor lhe confere o direito de continuar com suas atividades, com base na seguinte afirmativa:

(A) A água é um bem privado, de modo que pertence aos proprietários das terras em que se situam, que podem explorá-las economicamente sem autorização do Poder Público.

(B) A água, por ser um recurso ilimitado, não possui valor econômico, de modo que deve ser utilizada por todos os interessados de comum acordo.

(C) O uso prioritário dos recursos hídricos, em situações de escassez, é para o consumo humano e a dessedentação de animais.

(D) A gestão de recursos hídricos é centralizada em âmbito federal, de modo que não pode contar com a participação dos usuários e das comuni-

DIREITO AMBIENTAL

dades, que, entretanto, têm o direito de exercer atividades econômicas com a utilização da água.

RESPOSTA e acordo com a lei citada, correta a alternativa em razão do art. 1º, III. *Alternativa C.*

33. **(38º Exame)** O condomínio residencial Alfa Orquídeas é constituído por diversos blocos, com médio núcleo populacional, e está localizado em zona urbana do Município Beta, situado no Estado Gama. Diante da inexistência de rede canalizada para distribuição e abastecimento de água potável na localidade, desde a recente construção do condomínio, os condôminos fazem uso de caminhões pipas. Seja pelo alto custo, seja pela escassez dos caminhões pipas, os condôminos aprovaram, por unanimidade em assembleia, que o condomínio iria proceder à construção de um poço semiartesiano, para extração de água de um aquífero subterrâneo existente no local, para fins de consumo final. Sabe-se que o citado aquífero não é de domínio da União, que não tem qualquer tipo de interesse na questão. Para agir dentro da legalidade, antes da construção do poço, o síndico do condomínio residencial Alfa Orquídeas deve requerer

(A) licença ambiental ao Instituto Brasileiro do Meio Ambiente e dos Recursos Naturais Renováveis (Ibama).

(B) licença ambiental ao órgão ambiental do Município Beta.

(C) licença de uso de recursos hídricos ao Município Beta.

(D) outorga de uso de recursos hídricos ao Estado Gama.

RESPOSTA Diz a Lei n. 9.433/97 que o documento correto a ser obtido pelo condomínio interessado é a Outorga do Uso da Água e que independem de outorga pelo Poder Público o uso de recursos hídricos para a satisfação das necessidades de pequenos núcleos populacionais, distribuídos no meio rural. Por isso, o enunciado da questão traz que se trata de um médio núcleo populacional em área urbana, ou seja, é obrigatória a expedição de uma outorga do uso da água a ser feita pelo órgão estadual competente (art. 12 e § 1º). *Alternativa D.*

34. **(XXXIII Exame)** Há grande interesse das sociedades empresárias do setor petrolífero na exploração de áreas localizadas no mar. Nessas áreas, segundo grupos ambientalistas, foi constatada a presença de rara e sensível formação de recifes costeiros. Sobre a hipótese, assinale a opção que indica a medida adequada que o Poder Público deve tomar para manter a área preservada.

(A) Criar uma Reserva Legal.

(B) Criar um Parque Nacional Marinho.

(C) Autorizar a criação de uma Zona de Amortecimento.

(D) Estabelecer uma Área de Indisponibilidade da Zona Costeira.

RESPOSTA Errada a (A), pois a Reserva Legal está relacionada ao Código Florestal, Lei n. 12.651/12, sendo uma área de preservação e deve ser aplicada aos imóveis rurais, somente. (B) Pelo enunciado, a União pode criar uma unidade de conservação da espécie Parque Nacional, conforme dispõe a Lei n. 9.985/2000, *vide* seu artigo 11. Errada a (C), pois a zona de amortecimento somente existirá se houver a criação de uma unidade de conservação. Não existe essa previsão de haver somente uma zona de amortecimento para preservar alguma área. Errada a (D), visto que não há na legislação ambiental essa previsão de criação de Área de Insdisponibilidade da Zona Costeira. *Alternativa B.*

35. **(XXVIII Exame)** O Ministro do Meio Ambiente recomenda ao Presidente da República a criação de uma Unidade de Conservação em área que possui relevante ecossistema aquático e grande diversidade biológica. Porém, em razão da grave crise financeira, o Presidente pretende que a União não seja compelida a pagar indenização aos proprietários dos imóveis inseridos na área da Unidade de Conservação a ser criada. Considerando o caso, assinale a opção que indica a Unidade de Conservação que deverá ser criada.

(A) Estação Ecológica.

(B) Reserva Biológica.

(C) Parque Nacional.

(D) Área de Proteção Ambiental.

RESPOSTA De acordo com a Lei n. 9.985/2000, na Área de Proteção Ambiental é a única área das afirmativas da questão onde se permite que a Unidade de Conservação que poderá ser criada (art.15, § 1º). *Alternativa D.*

36. **(XXVII Exame)** Tendo em vista a elevação da temperatura do meio ambiente urbano, bem como a elevação do nível dos oceanos, a União deverá implementar e estruturar um mercado de carbono, em que serão negociados títulos mobiliários representativos de emissões de gases de efeito estufa evitadas. Sobre o caso, assinale a afirmativa correta.

(A) É possível a criação de mercado de carbono, tendo como atores, exclusivamente, a União, os Estados, os Municípios e o Distrito Federal.

(B) Não é constitucional a criação de mercado de carbono no Brasil, tendo em vista a natureza indisponível e inalienável de bens ambientais.

(C) A criação de mercado de carbono é válida, inclusive sendo operacionalizado em bolsa de valores aberta a atores privados.

(D) A implementação de mercado de carbono pela União é cogente, tendo o Brasil a obrigação de reduzir a emissão de gases de efeito estufa, estabelecida em compromissos internacionais.

RESPOSTA O Decreto Legislativo n. 144/2002 aprovou o texto do Protocolo de Quioto à Convenção Quadro das Nações Unidas sobre Mudança do Clima e que dentre seus dispositivos, trata da questão do carbono. Este protocolo permite a criação de mercado de carbono é válida, inclusive sendo operacionalizado em bolsa de valores aberta a atores privados. *Alternativa C.*

37. (XXVII Exame) A União edita o Decreto n. 123, que fixa as regras pelas quais serão outorgados direitos de uso dos recursos hídricos existentes em seu território, garantindo que seja assegurado o controle quantitativo e qualitativo dos usos da água. Determinada sociedade empresária, especializada nos serviços de saneamento básico, interessada na outorga dos recursos hídricos, consulta seu advogado para analisar a possibilidade de assumir a prestação do serviço. Desse modo, de acordo com a Lei da Política Nacional de Recursos Hídricos, assinale a opção que indica o uso de recursos hídricos que pode ser objeto da referida outorga pela União.

(A) O lançamento de esgotos em corpo de água que separe dois Estados da Federação, com o fim de sua diluição.

(B) A captação da água de um lago localizado em terreno municipal.

(C) A extração da água de um rio que banhe apenas um Estado.

(D) O uso de recursos hídricos para a satisfação das necessidades de pequenos núcleos populacionais, distribuídos pelo meio rural.

RESPOSTA Diante da situação, confere-se na referida Lei n. 9.433/97 que estão sujeitos a outorga pelo Poder Público os direitos dos seguintes usos de recursos hídricos, lançamento em corpo de água de esgotos e demais resíduos líquidos ou gasosos, tratados ou não, com o fim de sua diluição, transporte ou disposição final (art. 12, III). *Alternativa A.*

38. (XX Exame – Reaplicação) Hugo, advogado, é consultado pela pessoa jurídica Céu Azul Ltda., indústria química de grande porte, acerca da necessidade de redução de emissão de gases de efeito estufa, tendo em vista as disposições da lei que instituiu a Política Nacional sobre Mudança do Clima (PNMC). Com base na hipótese formulada, assinale a opção que apresenta a orientação dada por Hugo ao seu cliente.

(A) A pessoa jurídica Céu Azul Ltda. terá que reduzir a emissão de gases de efeito estufa ou adquirir créditos de carbono de outros emissores que reduzirem suas emissões além do legalmente necessário, sob pena de imposição de multa de até 2% (dois por cento) sobre suas receitas brutas.

(B) A pessoa jurídica Céu Azul Ltda., por pertencer a ramo industrial inserido no Plano de Desenvolvimento Limpo, terá que reduzir a emissão de gases de efeito estufa, não podendo se valer dos mecanismos de flexibilização, sob pena de imposição de multa de até 2% (dois por cento) de sua receita bruta.

(C) A pessoa jurídica Céu Azul Ltda. não estará obrigada a reduzir a emissão de gases de efeito estufa caso formalmente constituída até a data da vigência da lei que instituiu a Política Nacional sobre Mudança do Clima (PNMC), mas terá que pagar pelas emissões além do limite legal, tendo em vista o princípio do poluidor-pagador.

(D) A pessoa jurídica Céu Azul Ltda. não tem obrigação legal de redução de emissão de gases de efeito estufa, independentemente da data de sua constituição e do seu segmento de atividade, não obstante a expressa adoção dos princípios da prevenção e precaução pela lei que instituiu a PNMC.

RESPOSTA Diante da lei denominada de Política Nacional sobre Mudança do Clima (Lei n. 12.187/2009), está correta a *Alternativa D.*

VIII. INFRAÇÕES ADMINISTRATIVAS

39. (XXV Exame) Os Municípios ABC e XYZ estabeleceram uma solução consorciada intermunicipal para a gestão de resíduos sólidos. Nesse sentido, celebraram um consórcio para estabelecer as obrigações e os procedimentos operacionais relativos aos resíduos sólidos de serviços de saúde, gerados por ambos os municípios. Sobre a validade do plano intermunicipal de resíduos sólidos, assinale a afirmativa correta.

(A) Não é válido, uma vez que os resíduos de serviços de saúde não fazem parte da Política Nacional de Resíduos Sólidos, sendo disciplinados por lei específica.

(B) É válido, sendo que os Municípios ABC e XYZ terão prioridade em financiamentos de entidades federais de crédito para o manejo dos resíduos sólidos.

DIREITO AMBIENTAL

(C) É válido, devendo o consórcio ser formalizado por meio de sociedade de propósito específico com a forma de sociedade anônima.

(D) É válido, tendo como conteúdo mínimo a aplicação de 1% (um por cento) da receita corrente líquida de cada município consorciado.

RESPOSTA Diante da situação, tem-se que os Municípios têm competência na gestão dos resíduos sólidos, de acordo com o art. 18, § 1º, da Lei n. 12.305/2010. *Alternativa B.*

40. **(XXIII Exame)** Município de Fernandópolis, que já possui aterro sanitário, passa por uma grave crise econômica. Diante disso, o prefeito solicita auxílio financeiro do Governo Federal para implantar a coleta seletiva de resíduos sólidos, que contará com a participação de associação de catadores de materiais recicláveis.

Sobre o auxílio financeiro tratado, assinale a afirmativa correta.

(A) Não será possível o auxílio financeiro, sob pena de violação ao princípio da isonomia com relação aos demais entes da Federação.

(B) Não será possível o auxílio financeiro, uma vez que a coleta seletiva de resíduos sólidos do Município de Fernandópolis está sendo realizada parcialmente por associação privada.

(C) O auxílio financeiro é possível, desde que o Município possua até 20 mil habitantes ou seja integrante de área de especial interesse turístico.

(D) O auxílio financeiro é possível, desde que o Município elabore plano municipal de gestão integrada de resíduos sólidos.

RESPOSTA De acordo com o art. 18 da Lei n. 12.305/2010, denominada Política Nacional de Resíduos Sólidos, a elaboração de plano municipal de gestão integrada de resíduos sólidos, nos termos previstos por esta Lei, é condição para o Distrito Federal e os Municípios terem acesso a recursos da União, ou por ela controlados, destinados a empreendimentos e serviços relacionados à limpeza urbana e ao manejo de resíduos sólidos, ou para serem beneficiados por incentivos ou financiamentos de entidades federais de crédito ou fomento para tal finalidade. *Alternativa D.*

41. **(XXIII Exame)** A Lei Federal n. 123, de iniciativa parlamentar, estabelece regras gerais acerca do parcelamento do solo urbano. Em seguida, a Lei Municipal n. 147 fixa área que será objeto do parcelamento, em função da subutilização de imóveis. Inconformado com a nova regra, que atinge seu imóvel, Carlos procura seu advogado para que o oriente sobre uma possível irregularidade nas novas regras. Considerando a hipótese, acerca da Lei Federal n. 123, assinale a afirmativa correta.

(A) É formalmente inconstitucional, uma vez que é competência dos municípios legislar sobre política urbana.

(B) É formalmente inconstitucional, uma vez que a competência para iniciativa de leis sobre política urbana é privativa do Presidente da República.

(C) Não possui vício de competência, já que a Lei Municipal n. 147 é inconstitucional, sendo da competência exclusiva da União legislar sobre política urbana.

(D) Não possui vício de competência, assim como a Lei Municipal n. 147, sendo ainda de competência dos municípios a execução da política urbana.

RESPOSTA (A) Errada, *vide* art. 24 da CRFB. (B) Errada, *vide* art. 84 da CRFB. (C) Errada, *vide* inciso I do art. 24 da CRFB. (D) De acordo com o art. 182 da CRFB. *Alternativa D.*

REFERÊNCIAS

MACHADO, Paulo Affonso Leme. *Direito ambiental brasileiro*. 25. ed. São Paulo: Malheiros, 2017.

ROCHA, Marcelo Hugo; MEDEIROS, Fernanda. *Direito ambiental* – como se preparar para o Exame de Ordem. São Paulo: Método, 2015.

Direito Civil

Ao acessar o QR Code, você encontrará Dicas para o Exame da OAB e mais Questões Comentadas para treinar seus conhecimentos
> https://uqr.to/1wk72

DIREITO CIVIL: QUADRO GERAL DE QUESTÕES	
TEMAS	N. DE QUESTÕES
I. Lei de Introdução às Normas do Direito Brasileiro (LINDB)	2
II. Parte Geral	56
III. Direito das Obrigações	36
IV. Direito dos Contratos	49
V. Responsabilidade Civil	29
VI. Direito das Coisas	47
VII. Direito de Família	45
VIII. Direito das Sucessões	32
IX. Lei Geral de Proteção de Dados Pessoais (LGPD)	1
TOTAL	297

I. LEI DE INTRODUÇÃO ÀS NORMAS DO DIREITO BRASILEIRO (LINDB)

Acesse o QR Code e consulte as questões comentadas sobre este tema.

II. PARTE GERAL

1. (41º Exame) Lúcia, após negociações, concordou em vender para Cristina um imóvel pelo valor de R$ 500.000,00. Diante disso, as partes celebraram contrato definitivo de compra e venda, prevendo o objeto do contrato (o imóvel), o preço (R$ 500.000,00), a forma de pagamento e outras estipulações de caráter acessório. O contrato foi firmado por meio de instrumento particular. Considerando essas informações, sobre o contrato celebrado assinale a afirmativa correta.

(A) É anulável, pois a escritura pública é essencial à sua validade.
(B) É nulo, pois contém vício de consentimento consistente em erro.
(C) É plenamente válido, produzindo integralmente os seus efeitos, uma vez que a compra e venda definitiva tem como elementos essenciais a coisa, o preço e o consenso das partes.
(D) É nulo, porque a compra e venda definitiva deveria ter sido celebrada mediante escritura pública, mas é possível sua conversão em contrato preliminar de compra e venda, o que pode ser feito mediante instrumento particular.

RESPOSTA Não dispondo a lei em contrário, a escritura pública é essencial à validade dos negócios jurídicos que visem à constituição, transferência, modificação ou renúncia de direitos reais sobre imóveis de valor superior a trinta vezes o maior salário mínimo vigente no País (art. 108, CC). Como regra geral, é nulo o negócio jurídico quando não revestir a forma prescrita em lei (art. 166, IV, CC). Se, porém, o negócio jurídico nulo contiver os requisitos de outro, subsistirá este quando o fim a que visavam as partes permitir supor que o teriam querido, se houvessem previsto a nulidade (art. 170, CC). *Alternativa D.*

2. (40º Exame) Joaquim estava jantando com sua família em um restaurante, quando percebeu que sua filha tinha iniciado um quadro alérgico, apresentando dificuldades respiratórias, que a colocavam em grave risco de morte. Em frente ao restaurante, havia uma clínica médica, onde buscaram atendimento. O médico de plantão, aproveitando-se da situação de urgência, exigiu pagamento antecipado de valor exorbitante – muito acima do cobrado regularmente por ele ou pelo mercado para esse tipo de atendimento. Joaquim, em desespero, anuiu com o pagamento desproporcional. Entretanto, depois do susto, consultou você, como advogado(a). Após inteirar-se do caso, você afirmou ao seu cliente que o negócio jurídico celebrado entre ele e o médico padecia de um defeito. Assinale a opção que o indica.

(A) Dolo, com prazo decadencial de seis meses.

(B) Lesão, com prazo decadencial de dois anos.

(C) Estado de perigo, com prazo decadencial de quatro anos.

(D) Estado de necessidade, sem prazo decadencial.

RESPOSTA Configura-se o estado de perigo quando alguém, premido da necessidade de salvar-se, ou a pessoa de sua família, de grave dano conhecido pela outra parte, assume obrigação excessivamente onerosa. Tratando-se de pessoa não pertencente à família do declarante, o juiz decidirá segundo as circunstâncias (art. 156, CC). Ademais, é de quatro anos o prazo de decadência para pleitear-se a anulação do negócio jurídico, contado no de erro, dolo, fraude contra credores, estado de perigo ou lesão, do dia em que se realizou o negócio jurídico. *Alternativa C.*

3. (40º Exame) Antônio, locatário de um imóvel residencial, verificou uma enorme infiltração atrás dos armários da cozinha. Com a finalidade de evitar maior deterioração do imóvel, Antônio realizou a obra a fim de reparar o dano e conservar o bem. Aproveitando a presença do empreiteiro em sua casa, reformou todos os armários dos quartos, para incluir portas de espelho e puxadores em cobre com o único objetivo de deixá-los mais sofisticados, pois os anteriores estavam em perfeito estado. Aproveitou também a oportunidade para incluir um grande aquário embutido na parede da sala. Diante da situação narrada, assinale a afirmativa correta.

(A) Por não ser proprietário do bem, as obras realizadas por Antônio não podem ser consideradas como benfeitorias.

(B) As obras realizadas por Antônio são classificadas como benfeitorias úteis, pois facilitam o uso do bem.

(C) O reparo na cozinha é uma benfeitoria necessária, porque conserva e evita que a coisa se deteriore, e a reforma dos armários e do aquário são benfeitorias voluptuárias, pois trata se de mero deleite.

(D) A reforma dos armários dos quartos e o aquário da sala valorizam o bem, sendo consideradas como benfeitorias úteis, diferente do reparo na cozinha que, por força da gravidade, classifica-se como benfeitoria necessária.

RESPOSTA De acordo com o art. 96 do Código Civil as benfeitorias podem ser voluptuárias, úteis ou necessárias. São voluptuárias as de mero deleite ou recreio, que não aumentam o uso habitual do bem, ainda que o tornem mais agradável ou sejam de elevado valor. São úteis as que aumentam ou facilitam o uso do bem. São necessárias as que têm por fim conservar o bem ou evitar que se deteriore. *Alternativa C.*

4. (39º Exame) Ana comprou de Miguel um carro usado, por R$ 60.000,00, e combinou de fazer o pagamento à vista, por PIX. Ocorre que, na hora de digitar a chave PIX de Miguel – seu número de celular –, Ana errou um dígito, e acabou enviando o pagamento, por coincidência, para uma pessoa chamada José Miguel. Ao receber o comprovante, Miguel alertou a compradora para o equívoco. Ana, então, entrou imediatamente em contato com José Miguel por telefone, pedindo a restituição do valor transferido. Em seguida, encaminhou notificação extrajudicial, requerendo a restituição do valor. José Miguel, todavia, esquivou-se de fazê-lo, o que levou Ana a procurar você, como advogado, para orientá-la sobre o problema. Sobre a orientação dada, assinale a afirmativa correta.

(A) O fato narrado configura doação de Ana a José Miguel, que ela somente poderia discutir por meio de ação anulatória, provando algum dos defeitos dos negócios jurídicos.

(B) Em eventual ação de Ana contra José Miguel, provando a autora o erro no pagamento, deve o réu ser condenado a restituir à autora apenas a quantia nominal indevidamente recebida.

(C) Em eventual ação de Ana contra José Miguel, provando a autora o erro no pagamento, deve o réu ser condenado a restituir à autora a quantia indevidamente recebida, com os acréscimos da mora, desde a data do fato, cabendo a ele, todavia, eventuais rendimentos que tenha auferido por ter investido o montante.

(D) Em eventual ação de Ana contra José Miguel, provando a autora o erro no pagamento, deve o réu ser condenado a restituir a quantia indevidamente recebida, com os acréscimos da mora, desde a data do fato, bem como eventuais ren-

DIREITO CIVIL

dimentos que José Miguel tenha auferido por ter investido o montante, vez que se considera possuidor de má-fé.

RESPOSTA Em nosso ordenamento jurídico são anuláveis os negócios jurídicos quando as declarações de vontade emanarem de erro substancial que poderia ser percebido por pessoa de diligência normal, em face das circunstâncias do negócio. Uma das hipóteses de erro substancial relaciona-se à identidade ou à qualidade essencial da pessoa a quem se refira a declaração de vontade. Nesse sentido, o envio do PIX para pessoa errada configura um negócio anulável. Ademais, todo aquele que recebeu o que não lhe era devido fica obrigado a restituir a quantia indevidamente recebida, bem como eventuais rendimentos (arts. 876 e 878, CC). *Alternativa D.*

RESPOSTA As associações são sociedades civis sem finalidade lucrativa. O próprio art. 53 do CC consagra que: "Constituem-se as associações pela união de pessoas que se organizem para fins não econômicos". Apesar disso, podem realizar atividades que produzam rendimentos, desde que estes sejam empregados na própria associação, ou seja, que não sejam revertidos lucros para seus associados ou diretores. Nesse trilhar, o Enunciado n. 534 da VI Jornada de Direito Civil: "As associações podem desenvolver atividade econômica, desde que não haja finalidade lucrativa". Por outro lado, não podemos confundir com as fundações, pois estas se constituem por escritura pública ou testamento por meio de uma "dotação especial de bens livres". *Alternativa B.*

5. (38º Exame) Joana, conhecida durante toda a sua vida em sua cidade natal pelo prenome Giovanna, começa a enfrentar uma série de embaraços e constrangimentos ao ser chamada em órgãos públicos por seu prenome registral, constante de seus documentos de identificação civil. Diante disso, Joana, de 19 anos de idade, consulta você, como advogado(a), buscando descobrir a viabilidade jurídica de alterar o seu prenome e os eventuais requisitos jurídicos que deveriam ser observados caso seja possível a mudança. Sobre a pretensão de Joana, assinale a afirmativa correta.

(A) Poderá alterar seu prenome para Giovanna, bastando realizar solicitação, por escrito e fundamentada, diante do oficial do Registro Civil, dependendo, no entanto, de sentença judicial.

(B) Não poderá alterar seu prenome para Giovanna, pois vigora no Direito Brasileiro o princípio da imutabilidade do nome.

(C) Poderá alterar seu prenome para Giovanna, mediante requerimento pessoal e imotivadamente, independentemente de decisão judicial.

(D) Não poderá alterar seu prenome registral, mas poderá incluir o nome Giovanna, por ser este apelido público e notório.

RESPOSTA Vejamos o que estabelece o art. 56, da Lei n. 6.015/73 (Lei de Registros Públicos): "A pessoa registrada poderá, após ter atingido a maioridade civil, requerer pessoalmente e imotivadamente a alteração de seu prenome, independentemente de decisão judicial, e a alteração será averbada e publicada em meio eletrônico". Ou seja, não há necessidade de motivação na primeira alteração, bem como também não é necessário submeter o pedido à análise judicial. *Alternativa C.*

6. (37º Exame) A Associação Atlética de uma renomada instituição de ensino jurídico brasileira, que possui mais de seiscentos associados, publica edital em seu *site* e, também, nas redes sociais, de convocação para uma Assembleia Geral, a ser realizada por meio eletrônico, trinta dias após a publicação, tendo como pauta a aprovação das contas dos diretores relativas ao exercício financeiro anterior e a alteração do estatuto. Diante da situação narrada, assinale a afirmativa correta.

(A) A convocação de Assembleia Geral feita pela Associação Atlética apresenta um vício formal que conduz à nulidade absoluta, haja vista a impossibilidade da realização de Assembleia Geral por meio eletrônico.

(B) A realização de Assembleia Geral por meio eletrônico é possível juridicamente, desde que respeitada a participação e a manifestação dos associados, salvo para alteração estatutária, que deverá ser feita por reunião presencial, de modo que o edital da Associação Atlética é nulo, admitindo-se a conversão.

(C) A realização de Assembleia Geral por meio eletrônico é válida, desde que garantida a participação e a manifestação dos associados, além do respeito às normas estatutárias, inclusive, para a finalidade de alteração dos estatutos.

(D) A realização de Assembleia Geral por meio eletrônico é anulável, por falta de previsão legal, admitindo-se, por conseguinte, a convalidação.

RESPOSTA As pessoas jurídicas de direito privado, sem prejuízo do previsto em legislação especial e em seus atos constitutivos, poderão realizar suas assembleias gerais por meio eletrônico, respeitados os direitos previstos de participação e de manifestação (art. 48-A). *Alternativa C.*

7. (37º Exame) Waldo é titular de vultoso patrimônio e amigo de infância de Tadeu, que passa por sérias dificuldades econômicas. Frente às adversidades vividas pelo amigo, Waldo entrega as chaves de um imóvel de sua propriedade para Tadeu e diz a ele: "A partir de agora, essa casa é de sua propriedade". Sobre a hipótese apresentada, assinale a afirmativa correta.

(A) A declaração verbal de Waldo, junto da tradição do imóvel, é suficiente para considerar-se celebrado e realizado um contrato de doação válido e eficaz.

(B) Para que a doação de imóvel de Waldo a Tadeu se aperfeiçoe, será imprescindível celebrar o contrato por meio de escritura pública, seja qual for o valor do imóvel.

(C) Para que Waldo realize a pretendida doação de imóvel a Tadeu de modo válido, será imprescindível celebrar o contrato de forma escrita, seja por meio de escritura pública ou de instrumento particular, a depender do valor do imóvel.

(D) Caso Waldo optasse por doar dinheiro para Tadeu adquirir um imóvel, a doação seria válida sem que se fizesse por escritura pública ou instrumento particular, independentemente do valor transferido ao donatário.

RESPOSTA De modo geral, no âmbito do direito privado prepondera o princípio da liberdade das formas, ou seja, a validade da declaração de vontade não dependerá de forma especial, senão quando a lei expressamente a exigir (art. 107, CC). Tratando-se de aquisição imobiliária, em virtude da relevância social, o legislador definiu no art. 108 do CC, que não dispondo a lei em contrário, a escritura pública é essencial à validade dos negócios jurídicos que visem à constituição, transferência, modificação ou renúncia de direitos reais sobre imóveis de valor superior a trinta vezes o maior salário mínimo vigente no País. *Alternativa C.*

8. (36º Exame) João Paulo, Thiago, Ana e Tereza, amigos de infância, consultam um advogado sobre a melhor forma de, conjuntamente, desenvolverem atividade com o propósito de auxiliar na educação formal de jovens de uma comunidade da cidade ABC. Os amigos questionam se deveriam constituir uma pessoa jurídica para tal fim e informam ao advogado que gostariam de participar ativamente da administração e do desenvolvimento das atividades de educação. Além disso, os amigos concordam que a referida pessoa jurídica a ser constituída não deve ter finalidade lucrativa. Diante do cenário hipotético narrado, o advogado(a) deverá indicar

(A) a necessidade de constituição de uma associação e alertar aos amigos que o custeio da referida associação deverá ser arcado por eles, tendo em vista a ausência de finalidade lucrativa.

(B) a necessidade de constituição de uma associação que poderá desenvolver atividade econômica, desde que a totalidade dos valores auferidos seja revertida para a própria associação.

(C) a constituição de uma fundação, porque é a modalidade mais adequada para que os amigos possam participar ativamente da administração e das atividades de educação.

(D) a constituição de uma fundação e alertar aos amigos que o custeio da referida fundação deverá ser arcado por eles, tendo em vista a ausência de finalidade lucrativa e a impossibilidade de aportes financeiros por outras pessoas que não pertencem à fundação.

9. (35º Exame) Maurício, ator, 23 anos, e Fernanda, atriz, 25 anos, diagnosticados com Síndrome de Down, não curatelados, namoram há 3 anos. Em 2019, enquanto procuravam uma atividade laborativa em sua área, tanto Maurício quanto Fernanda buscaram, em processos diferentes, a fixação de tomada de decisão apoiada para o auxílio nas decisões relativas à celebração de diversas espécies de contratos, a qual se processou seguindo todos os trâmites adequados deferidos pelo Poder Judiciário. Assim, os pais de Maurício tornaram-se seus apoiadores e os pais de Fernanda, os apoiadores dela. Em 2021, Fernanda e Maurício assinaram contratos com uma emissora de TV, também assinados por seus respectivos apoiadores. Como precisarão morar próximo à emissora, o casal terá de mudar-se de sua cidade e, por isso, está buscando alugar um apartamento. Nesta conjuntura, Maurício e Fernanda conheceram Miguel, proprietário do imóvel que o casal pretende locar. Sobre a situação apresentada, conforme a legislação brasileira, assinale a afirmativa correta.

(A) Maurício e Fernanda são incapazes em razão do diagnóstico de Síndrome de Down.

(B) Maurício e Fernada são capazes por serem pessoas com deficiência apoiadas, ou seja, caso não fossem apoiados, seriam incapazes.

(C) Maurício e Fernanda são capazes, independentemente do apoio, mas Miguel poderá exigir que os apoiadores contra-assinem o contrato de locação, caso ele seja realmente celebrado.

(D) Miguel, em razão da capacidade civil de Maurício e de Fernanda, fica proibido de exigir que os apoiadores de ambos contra-assinem o contrato de locação, caso ele seja realmente celebrado.

RESPOSTA Prevê o Código Civil que a tomada de decisão apoiada é o processo pelo qual a pessoa com deficiência elege pelo menos duas pessoas idôneas, com as quais mantenha vínculos e que gozem de sua confiança, para prestar-lhe apoio na tomada de deci-

DIREITO CIVIL

são sobre atos da vida civil, fornecendo-lhes os elementos e informações necessários para que possa exercer sua capacidade (art. 1.783-A). E o terceiro com quem a pessoa apoiada mantenha relação negocial pode solicitar que os apoiadores contra-assinem o contrato ou acordo, especificando, por escrito, sua função em relação ao apoiado (§ 5º). Estas disposições foram incluídas no Código Civil pelo Estatuto da Pessoa com Deficiência. *Alternativa C.*

10. **(35º Exame)** Paulo é pai de Olívia, que tem três anos. Paulo é separado de Letícia, mãe de Olívia, e não detém a guarda da criança. Por sentença judicial, ficou fixado o valor de R$ 3.000,00 a título de pensão alimentícia em favor de Olívia. Paulo deixou de pagar a pensão alimentícia nos últimos cinco meses e, ajuizada uma ação de execução contra ele, não foi possível encontrar patrimônio suficiente para fazer frente às obrigações inadimplidas. Entretanto, Paulo é também sócio da sociedade Paulo Compra e Venda de Joias Ltda., sociedade que tem patrimônio considerável. Diante desse cenário, assinale a afirmativa correta.

(A) Tendo em vista a absoluta autonomia da pessoa jurídica em relação aos seus sócios, não é possível, em nenhuma hipótese, que, na ação de execução, Olívia atinja o patrimônio da pessoa jurídica Paulo Compra e Venda de Joias Ltda.

(B) É possível a desconsideração inversa da personalidade jurídica, a fim de se atingir o patrimônio da sociedade Paulo Compra e Venda de Joias Ltda., independentemente de restar configurada a situação de abuso da personalidade jurídica.

(C) Ainda que se comprove o abuso da personalidade jurídica, a legislação apenas reconhece a hipótese de desconsideração direta da personalidade jurídica, não se admitindo a desconsideração inversa, razão pela qual não é possível que Olívia atinja o patrimônio da sociedade Paulo Compra e Venda de Joias Ltda.

(D) É possível a desconsideração inversa da personalidade jurídica, a fim de que Olívia atinja o patrimônio da sociedade Paulo Compra e Venda de Joias Ltda., caso se considere que Paulo praticou desvio de finalidade ou confusão patrimonial.

RESPOSTA A desconsideração da personalidade jurídica está prevista no art. 50 do CC. Por meio da interpretação teleológica deste artigo, diversos julgados do STJ aplicam a desconsideração inversa da personalidade jurídica – que afasta a autonomia patrimonial da sociedade – para coibir fraude, abuso de direito e, principalmente, desvio de bens. Ela está prevista no § 2º do art. 133 do CPC. *Alternativa D.*

11. **(XXXIV Exame)** Júlia, 22 anos, com espectro autista, tem, em razão de sua deficiência, impedimento de longo prazo de natureza mental que pode, em algumas atividades cotidianas, obstruir sua participação plena e efetiva na sociedade em igualdade de condições com as demais pessoas. Júlia, apaixona-se por Rodrigo, 19 anos, também com espectro autista, com quem quer se casar. Mas Rita, mãe de Júlia, temendo que Júlia não tenha o discernimento adequado para tomar as decisões certas em sua vida, e no intuito de proteger o melhor interesse de sua filha, impede o casamento. Sobre a hipótese apresentada, assinale a afirmativa correta.

(A) Júlia é relativamente incapaz e, assim o sendo, precisará de anuência de sua mãe, Rita, para celebrar o ato, em prol da proteção de sua dignidade.

(B) A deficiência não afeta a plena capacidade civil da pessoa para casar-se, de modo que Rita não poderá impedir o casamento de Júlia.

(C) Júlia é plenamente capaz em razão de sua idade, mas, em razão da deficiência que a acomete, deverá confirmar sua vontade com o curador que deverá ser instituído.

(D) Rita, ainda que esteja atuando no melhor interesse de Júlia, na qualidade de mãe, não pode impedir o casamento podendo, contudo, impor à Júlia, sua curatela.

RESPOSTA O Código Civil, por si, não impede que haja o casamento, pois a previsão mais próxima seria uma interpretação do seu art. 4º, no qual considera incapaz aqueles que, por causa transitória ou permanente, não puderem exprimir sua vontade (inciso III). No entanto, não trata de deficiência, o que vem a ser regulada pela Lei n. 13.146/2015 (Estatuto da Pessoa com Deficiência). E lá está previsto que a deficiência não afeta a plena capacidade civil da pessoa, inclusive para casar-se e constituir união estável (art. 6º, I). *Alternativa B.*

12. **(XXXIII Exame)** Bruna visitou a mansão neoclássica que André herdara de seu tio e cuja venda estava anunciando. Bruna ficou fascinada com a sala principal, decorada com um piano do século XIX e dois quadros do conhecido pintor Monet, e com os banheiros, ornados com torneiras desenhadas pelos melhores profissionais da época. Diante disso, decidiu comprá-la.

Na ausência de acordo específico entre Bruna e André, por ocasião da transferência da propriedade, Bruna receberá

(A) a mansão com os quadros, o piano e as torneiras, pois todos esses bens são classificados como benfeitorias, que seguem o destino do bem principal vendido.

(B) apenas a mansão, eis que o princípio da gravitação jurídica não é aplicável aos demais bens citados no caso.

(C) a mansão juntamente com as torneiras dos banheiros, consideradas partes integrantes, mas não os quadros e o piano, considerados pertenças.

(D) a mansão e os quadros, pois, sendo considerados pertenças, impõe-se a regra de que o acessório deve seguir o destino do principal, mas o piano e as torneiras poderão ser removidos por André antes da transferência.

RESPOSTA Em questão está o princípio da gravitação jurídica e o conceito de pertenças. Sabe-se que as pertenças são consideradas bens acessórios, sem, contudo, seguir o principal, pois são consideradas partes não integrantes. Nesse sentido, artigo 93 do CC estabelece: "são pertenças os bens que, não constituindo partes integrantes, se destinam, de modo duradouro, ao uso, ao serviço ou ao aformoseamento de outro." Desse modo, na questão acima, resta evidente que os quadros e o piano são considerados pertenças. Complementando o raciocínio, de acordo com o artigo 94 do código civil, nos negócios jurídicos que dizem respeito ao bem principal não se abrangem as pertenças, salvo se o contrário resultar da lei, da manifestação de vontade, ou das circunstâncias do caso. *Alternativa C.*

13. (XXXI Exame) Márcia, adolescente com 17 anos de idade, sempre demonstrou uma maturidade muito superior à sua faixa etária. Seu maior objetivo profissional é o de tornar-se professora de História e, por isso, decidiu criar um canal em uma plataforma on-line, na qual publica vídeos com aulas por ela própria elaboradas sobre conteúdos históricos. O canal tornou-se um sucesso, atraindo multidões de jovens seguidores e despertando o interesse de vários patrocinadores, que começaram a procurar a jovem, propondo contratos de publicidade. Embora ainda não tenha obtido nenhum lucro com o canal, Márcia está animada com a perspectiva de conseguir custear seus estudos na Faculdade de História se conseguir firmar alguns desses contratos. Para facilitar as atividades da jovem, seus pais decidiram emancipá-la, o que permitirá que celebre negócios com futuros patrocinadores com mais agilidade. Sobre o ato de emancipação de Márcia por seus pais, assinale a afirmativa correta.

(A) Depende de homologação judicial, tendo em vista o alto grau de exposição que a adolescente tem na internet.

(B) Não tem requisitos formais específicos, podendo ser concedida por instrumento particular.

(C) Deve, necessariamente, ser levado a registro no cartório competente do Registro Civil de Pessoas Naturais.

(D) É nulo, pois ela apenas poderia ser emancipada caso já contasse com economia própria, o que ainda não aconteceu.

RESPOSTA A incapacidade para os menores poderá ocorrer pela concessão dos pais, ou de um deles na falta do outro, mediante instrumento público, independentemente de homologação judicial, ou por sentença do juiz, ouvido o tutor, se o menor tiver dezesseis anos completos (art. 5º, parágrafo único, I, CC). Será registrada em registro público, entre outros atos, a emancipação por outorga dos pais ou por sentença do juiz (art. 9º, II, CC). *Alternativa C.*

14. (XXXI Exame) João, único herdeiro de seu avô Leonardo, recebeu, por ocasião da abertura da sucessão deste último, todos os seus bens, inclusive uma casa repleta de antiguidades. Necessitando de dinheiro para quitar suas dívidas, uma das primeiras providências de João foi alienar uma pintura antiga que sempre estivera exposta na sala da casa, por um valor módico, ao primeiro comprador que encontrou. João, semanas depois, leu nos jornais a notícia de que reaparecera no mercado de arte uma pintura valiosíssima de um célebre artista plástico. Sua surpresa foi enorme ao descobrir que se tratava da pintura que ele alienara, com valor milhares de vezes maior do que o por ela cobrado. Por isso, pretende pleitear a invalidação da alienação. A respeito do caso narrado, assinale a afirmativa correta.

(A) O negócio jurídico de alienação da pintura celebrado por João está viciado por lesão e chegou a produzir seus efeitos regulares, no momento de sua celebração.

(B) O direito de João a obter a invalidação do negócio jurídico, por erro, de alienação da pintura, não se sujeita a nenhum prazo prescricional

(C) A validade do negócio jurídico de alienação da pintura subordina-se necessariamente à prova de que o comprador desejava se aproveitar de sua necessidade de obter dinheiro rapidamente.

(D) Se o comprador da pintura oferecer suplemento do preço pago de acordo com o valor de mercado da obra, João poderá optar entre aceitar a oferta ou invalidar o negócio.

RESPOSTA De acordo com o art. 157 do CC, ocorre a lesão quando uma pessoa, sob premente necessidade, ou por inexperiência, se obriga a prestação mani-

DIREITO CIVIL

festamente desproporcional ao valor da prestação oposta. *Alternativa A.*

15. (XXX Exame) Alberto, adolescente, obteve autorização de seus pais para casar-se aos dezesseis anos de idade com sua namorada Gabriela. O casal viveu feliz nos primeiros meses de casamento, mas, após certo tempo de convivência, começaram a ter constantes desavenças. Assim, a despeito dos esforços de ambos para que o relacionamento progredisse, os dois se divorciaram pouco mais de um ano após o casamento. Muito frustrado, Alberto decidiu reunir algumas economias e adquiriu um pacote turístico para viajar pelo mundo e tentar esquecer o ocorrido. Considerando que Alberto tinha dezessete anos quando celebrou o contrato com a agência de turismo e que o fez sem qualquer participação de seus pais, o contrato é

(A) válido, pois Alberto é plenamente capaz.

(B) nulo, pois Alberto é absolutamente incapaz.

(C) anulável, pois Alberto é relativamente incapaz.

(D) ineficaz, pois Alberto não pediu a anuência de Gabriela.

RESPOSTA Emancipação é a antecipação da capacidade de fato ou de exercício e as situações constam no parágrafo único do art. 5º do Código Civil, e dentre elas, o casamento (inciso II). Assim, ao ser emancipado, Alberto passa a ser plenamente capaz. *Alternativa A.*

16. (XXIX Exame) Gumercindo, 77 anos de idade, vinha sofrendo os efeitos do Mal de Alzheimer, que, embora não atingissem sua saúde física, perturbavam sua memória. Durante uma distração de seu enfermeiro, conseguiu evadir-se da casa em que residia. A despeito dos esforços de seus familiares, ele nunca foi encontrado, e já se passaram nove anos do seu desaparecimento. Agora, seus parentes lidam com as dificuldades relativas à administração e disposição do seu patrimônio. Assinale a opção que indica o que os parentes devem fazer para receberem a propriedade dos bens de Gumercindo.

(A) Somente com a localização do corpo de Gumercindo será possível a decretação de sua morte e a transferência da propriedade dos bens para os herdeiros.

(B) Eles devem requerer a declaração de ausência, com nomeação de curador dos bens, e, após um ano, a sucessão provisória; a sucessão definitiva, com transferência da propriedade dos bens, só poderá ocorrer depois de dez anos de passada em julgado a sentença que concede a abertura da sucessão provisória.

(C) Eles devem requerer a sucessão definitiva do ausente, pois ele já teria mais de oitenta anos de idade, e as últimas notícias dele datam de mais de cinco anos.

(D) Eles devem requerer que seja declarada a morte presumida, sem decretação de ausência, por ele se encontrar desaparecido há mais de dois anos, abrindo-se, assim, a sucessão.

RESPOSTA Seguindo a orientação do art. 38, CC, é possível requerer a sucessão definitiva, a qual observa-se que o ausente conta com oitenta anos de idade, e que de cinco datam as últimas notícias dele. Sendo assim, a família poderá ir diretamente para a sucessão definitiva, quando então ele será presumidamente morto nos termos do art. 6º, CC. *Alternativa C.*

17. (XXIX Exame) Eva celebrou com sua neta Adriana um negócio jurídico, por meio do qual doava sua casa de praia para a neta caso esta viesse a se casar antes da morte da doadora. O ato foi levado a registro no cartório do Registro de Imóveis da circunscrição do bem. Pouco tempo depois, Adriana tem notícia de que Eva não utilizava a casa de praia há muitos anos e que o imóvel estava completamente abandonado, deteriorando-se a cada dia. Adriana fica preocupada com o risco de ruína completa da casa, mas não tem, por enquanto, nenhuma perspectiva de casar-se. De acordo com o caso narrado, assinale a afirmativa correta.

(A) Adriana pode exigir que Eva autorize a realização de obras urgentes no imóvel, de modo a evitar a ruína da casa.

(B) Adriana nada pode fazer para evitar a ruína da casa, pois, nos termos do contrato, é titular de mera expectativa de fato.

(C) Adriana pode exigir que Eva lhe transfira desde logo a propriedade da casa, mas perderá esse direito se Eva vier a falecer sem que Adriana tenha se casado.

(D) Adriana pode apressar-se para casar antes da morte de Eva, mas, se esta já tiver vendido a casa de praia para uma terceira pessoa ao tempo do casamento, a doação feita para Adriana não produzirá efeito.

RESPOSTA O Código Civil prevê que o titular do direito eventual, nos casos de condição suspensiva ou resolutiva, pode praticar os atos destinados a conservá-lo (vide o art. 130). O donatário tem o direito de preservar o bem, mesmo sem o advento da condição estipulada. Desse modo, Adriana pode exigir que Eva autorize as obras urgentes que evitariam a ruína do bem. *Alternativa A.*

18. (XXVIII Exame) Mônica, casada pelo regime da comunhão total de bens, descobre que seu marido, Geraldo, alienou um imóvel pertencente ao patrimônio comum do casal, sem a devida vênia conjugal. A descoberta agrava a crise conjugal entre ambos e acaba conduzindo ao divórcio do casal. Tempos depois, Mônica ajuíza ação em face de seu ex-marido, objetivando a invalidação da alienação do imóvel. Sobre o caso narrado, assinale a afirmativa correta.

(A) O juiz pode conhecer de ofício do vício decorrente do fato de Mônica não ter anuído com a alienação do bem.

(B) O fato de Mônica não ter anuído com a alienação do bem representa um vício que convalesce com o decurso do tempo.

(C) O vício decorrente da ausência de vênia conjugal não pode ser sanado pela posterior confirmação do ato por Mônica.

(D) Para que a pretensão de Mônica seja acolhida, ela deveria ter observado o prazo prescricional de dois anos, a contar da data do divórcio.

RESPOSTA Trata-se, na situação hipotética, de hipótese de anulabilidade. Se o negócio apresenta um vício (art. 1.647), é passível de convalidação com o passar do tempo, já que o art. 1.649 estabelece o prazo decadencial de dois anos contados do término da sociedade conjugal para que o outro cônjuge pleiteie a anulação. Não cabe alegação de ofício em caso de anulabilidades (art. 177 e art. 1.650) e o negócio pode ser confirmado por Mônica (art. 162 e art. 1.649, parágrafo único). *Alternativa B.*

19. (XXVII Exame) Arnaldo foi procurado por sua irmã Zulmira, que lhe ofereceu R$ 1 milhão para adquirir o apartamento que ele possui na orla da praia. Receoso, no entanto, que João, o locatário que atualmente ocupa o imóvel e por quem Arnaldo nutre profunda antipatia, viesse a cobrir a oferta, exercendo seu direito de preferência, propôs a Zulmira que constasse da escritura o valor de R$ 2 milhões, ainda que a totalidade do preço não fosse totalmente paga. Realizado nesses termos, o negócio

(A) pode ser anulado no prazo decadencial de dois anos, em virtude de dolo.

(B) é viciado por erro, que somente pode ser alegado por João.

(C) é nulo em virtude de simulação, o que pode ser suscitado por qualquer interessado.

(D) é ineficaz, em razão de fraude contra credores, inoponíveis seus efeitos perante João.

RESPOSTA Diante da situação hipotética, trata-se de simulação, que é uma causa de nulidade do negócio jurídico. Não é hipótese de dolo e o prazo para pleite-

ar a anulabilidade no caso do dolo é de quatro anos. Também não configura hipótese de erro (uma falsa percepção espontânea da realidade) e não é hipótese de fraude contra credores. As partes querem mesmo celebrar um negócio jurídico, porém há um negócio aparente e outro que permanece dissimulado, sendo este último o verdadeiro. Nos termos do art. 167, CC, é nulo o negócio jurídico simulado e por se tratar de nulidade absoluta, essa pode ser alegada por qualquer interessado. *Alternativa C.*

20. (XXVI Exame) A cidade de Asa Branca foi atingida por uma tempestade de grandes proporções. As ruas ficaram alagadas e a população sofreu com a inundação de suas casas e seus locais de trabalho. Antônio, que tinha uma pequena barcaça, aproveitou a ocasião para realizar o transporte dos moradores pelo triplo do preço que normalmente seria cobrado, tendo em vista a premente necessidade dos moradores de recorrer a esse tipo de transporte. Nesse caso, em relação ao citado negócio jurídico, ocorreu

(A) estado de perigo.

(B) dolo.

(C) lesão.

(D) erro.

RESPOSTA Em virtude da tempestade na cidade de Asa Branca, seus moradores se encontraram em situação de premente necessidade contratual, tendo que recorrer ao leonino contrato proposto por Antônio para seu deslocamento. Trata-se de típica hipótese de lesão, assim descrita pelo art. 157 do CC: "ocorre a lesão quando uma pessoa, sob premente necessidade, ou por inexperiência, se obriga a prestação manifestamente desproporcional ao valor da prestação oposta". *Alternativa C.*

21. (XXIV Exame) Eduardo comprometeu-se a transferir para Daniela um imóvel que possui no litoral, mas uma cláusula especial no contrato previa que a transferência somente ocorreria caso a cidade em que o imóvel se localiza viesse a sediar, nos próximos dez anos, um campeonato mundial de surfe. Depois de realizado o negócio, todavia, o advento de nova legislação ambiental impôs regras impeditivas para a realização do campeonato naquele local. Sobre a incidência de tais regras, assinale a afirmativa correta.

(A) Daniela tem direito adquirido à aquisição do imóvel, pois a cláusula especial configura um termo.

(B) Prevista uma condição na cláusula especial, Daniela tem direito adquirido à aquisição do imóvel.

DIREITO CIVIL

(C) Há mera expectativa de direito à aquisição do imóvel por parte de Daniela, pois a cláusula especial tem natureza jurídica de termo.

(D) Daniela tem somente expectativa de direito à aquisição do imóvel, uma vez que há uma condição na cláusula especial.

RESPOSTA Ao estabelecer que o imóvel somente seria transferido caso o evento desportivo viesse a se realizar no local em um prazo de 10 anos, Eduardo apôs no contrato uma condição, nos termos do art. 121 do CC, eis que o negócio somente geraria efeitos com o advento do evento futuro e incerto (a realização do campeonato de surfe). Trata-se, ademais, de condição suspensiva, conforme o art. 125 do CC, uma vez que o evento futuro e incerto deve ocorrer para que posteriormente surja o direito de Daniela à aquisição do bem. Há, por parte de Daniela, mera expectativa de direito, enquanto não se verificar a condição. *Alternativa D.*

22. (XXIII Exame) Em um bazar beneficente, promovido por Júlia, Marta adquiriu um antigo faqueiro, praticamente sem uso. Acreditando que o faqueiro era feito de prata, Marta ofereceu um preço elevado sem nada perguntar sobre o produto. Júlia, acreditando no espírito benevolente de sua vizinha, prontamente aceitou o preço oferecido.

Após dois anos de uso constante, Marta percebeu que os talheres começaram a ficar manchados e a se dobrarem com facilidade. Consultando um especialista, ela descobre que o faqueiro era feito de uma liga metálica barata, de vida útil curta, e que, com o uso reiterado, ele se deterioraria.

De acordo com o caso narrado, assinale a afirmativa correta.

(A) A compra e venda firmada entre Marta e Júlia é nula, por conter vício em seu objeto, um dos elementos essenciais do negócio jurídico.

(B) O negócio foi plenamente válido, considerando ter restado comprovado que Júlia não tinha qualquer motivo para suspeitar do engano de Marta.

(C) O prazo decadencial a ser observado para que Marta pretenda judicialmente o desfazimento do negócio deve ser contado da data de descoberta do vício.

(D) De acordo com a disciplina do Código Civil, Júlia poderá evitar que o negócio seja desfeito se oferecer um abatimento no preço de venda proporcional à baixa qualidade do faqueiro.

RESPOSTA A adquirente contratou por erro, eis que desconhecia as verdadeiras qualidades do bem alienado. Ocorre, todavia, que para que se caracterize o vício do erro e possa ocorrer a anulação do negócio jurídico, o art. 138 do Código Civil exige não apenas que o erro seja substancial (isto é, que se trate de erro grave), como também que o engano da compradora, diante das circunstâncias do caso concreto, pudesse ser percebido pela vendedora. A alienante, todavia, agiu em estrita boa-fé, eis que julgou que o elevado preço pago pela adquirente se deu em caráter de altruísmo. Como o erro da compradora não podia ser percebido pela vendedora, não cabe invalidar o contrato, cujos efeitos prevalecem. *Alternativa B.*

23. (XXIII Exame) Em ação judicial na qual Paulo é réu, levantou-se controvérsia acerca de seu domicílio, relevante para a determinação do juízo competente. Paulo alega que seu domicílio é a capital do Estado do Rio de Janeiro, mas o autor sustenta que não há provas de manifestação de vontade de Paulo no sentido de fixar seu domicílio naquela cidade. Sobre o papel da vontade nesse caso, assinale a afirmativa correta.

(A) Por se tratar de um fato jurídico em sentido estrito, a vontade de Paulo na fixação de domicílio é irrelevante, uma vez que não é necessário levar em consideração a conduta humana para a determinação dos efeitos jurídicos desse fato.

(B) Por se tratar de um ato-fato jurídico, a vontade de Paulo na fixação de domicílio é irrelevante, uma vez que, embora se leve em consideração a conduta humana para a determinação dos efeitos jurídicos, não é exigível manifestação de vontade.

(C) Por se tratar de um ato jurídico em sentido estrito, embora os seus efeitos sejam predeterminados pela lei, a vontade de Paulo na fixação de domicílio é relevante, no sentido de verificar a existência de um ânimo de permanecer naquele local.

(D) Por se tratar de um negócio jurídico, a vontade de Paulo na fixação de domicílio é relevante, já que é a manifestação de vontade que determina quais efeitos jurídicos o negócio irá produzir.

RESPOSTA A fixação do domicílio civil de uma pessoa tem natureza de ato jurídico em sentido estrito: trata-se de ato voluntário, cujos efeitos, todavia, decorrem da lei (ao contrário do que se passa no universo dos negócios jurídicos, cujos efeitos derivam da vontade das partes, como nos contratos). É preciso atentar, todavia, para o teor do art. 70 do Código Civil, que delimita o conceito de domicílio: "o domicílio da pessoa natural é o lugar onde ela estabelece a sua residência com ânimo definitivo". Vê-se, pois, que a aferição do domicílio de uma pessoa pressupõe a conjugação de dois fatores: um elemento objetivo, correspondente à residência do indivíduo, e outro de cunho subjetivo, que diz respeito ao ânimo de permanência em caráter definitivo. A vontade do agente, portanto, é elemento primordial para a caracterização de seu domicílio. *Alternativa C.*

24. (XXII Exame) Ricardo realizou diversas obras no imóvel que Cláudia lhe emprestou: reparou um vazamento existente na cozinha; levantou uma divisória na área de serviço para formar um novo cômodo, destinado a servir de despensa; ampliou o número de tomadas disponíveis; e trocou o portão manual da garagem por um eletrônico.

Quando Cláudia pediu o imóvel de volta, Ricardo exigiu o ressarcimento por todas as benfeitorias realizadas, embora sequer a tenha consultado previamente sobre as obras.

Somente pode-se considerar benfeitoria necessária, a justificar o direito ao ressarcimento,

(A) o reparo do vazamento na cozinha.
(B) a formação de novo cômodo, destinado a servir de despensa, pelo levantamento de divisória na área de serviço.
(C) a ampliação do número de tomadas.
(D) a troca do portão manual da garagem por um eletrônico.

RESPOSTA Há três espécies de benfeitorias, nos termos do art. 96 do CC: "as benfeitorias podem ser voluptuárias, úteis ou necessárias. § 1º São voluptuárias as de mero deleite ou recreio, que não aumentam o uso habitual do bem, ainda que o tornem mais agradável ou sejam de elevado valor. § 2º São úteis as que aumentam ou facilitam o uso do bem. § 3º São necessárias as que têm por fim conservar o bem ou evitar que se deteriore". A divisória para formas novo cômodo, a ampliação do número de tomadas e a troca do portão são benfeitorias úteis, pois facilitam o uso do imóvel e não são realizadas para mero embelezamento, deleite ou recreio. A única benfeitoria necessária é o reparo no vazamento da cozinha, obra que deve ser feita para evitar a deterioração do bem. *Alternativa A.*

25. (XXI Exame) André possui um transtorno psiquiátrico grave, que demanda uso contínuo de medicamentos, graças aos quais ele leva vida normal. No entanto, em razão do consumo de remédios que se revelaram ineficazes, por causa de um defeito de fabricação naquele lote, André foi acometido de um surto que, ao privá-lo de discernimento, o levou a comprar diversos produtos caros de que não precisava.

Para desfazer os efeitos desses negócios, André deve pleitear

(A) a nulidade dos negócios, por incapacidade absoluta decorrente de enfermidade ou deficiência mental.

(B) a nulidade dos negócios, por causa transitória impeditiva de expressão da vontade.
(C) a anulação do negócio, por causa transitória impeditiva de expressão da vontade.
(D) a anulação do negócio, por incapacidade relativa decorrente de enfermidade ou deficiência mental.

RESPOSTA Com as reformas operadas nos arts. 3º e 4º do CC pelo Estatuto da Pessoa com Deficiência, o transtorno psiquiátrico deixa de ser causa de incapacidade. Ademais, a questão ressalva que André leva uma vida normal, sendo, assim, plenamente capaz. Ocorre que houve um momento transitório (um surto) que privou André do necessário discernimento para a prática de atos da vida civil. Neste caso, cabe reconhecer, ainda que temporariamente, a incapacidade relativa de André, nos termos do inciso III do art. 4º do CC ("são incapazes, relativamente a certos atos ou à maneira de os exercer: aqueles que, por causa transitória ou permanente, não puderem exprimir sua vontade"). O ato, assim, é anulável (art. 171, I do CC). *Alternativa C.*

26. (XXI Exame) Durante uma viagem aérea, Eliseu foi acometido de um mal súbito, que demandava atendimento imediato. O piloto dirigiu o avião para o aeroporto mais próximo, mas a aterrissagem não ocorreria a tempo de salvar Eliseu. Um passageiro ofereceu seus conhecimentos médicos para atender Eliseu, mas demandou pagamento bastante superior ao valor de mercado, sob a alegação de que se encontrava de férias.

Os termos do passageiro foram prontamente aceitos por Eliseu. Recuperado do mal que o atingiu, para evitar a cobrança dos valores avençados, Eliseu pode pretender a anulação do acordo firmado com o outro passageiro, alegando

(A) erro.
(B) dolo.
(C) coação.
(D) estado de perigo.

RESPOSTA Segundo determina o art. 156 do CC, "configura-se o estado de perigo quando alguém, premido da necessidade de salvar-se, ou a pessoa de sua família, de grave dano conhecido pela outra parte, assume obrigação excessivamente onerosa". O vício do estado de perigo é evidente no caso apresentado, pois o médico exigiu o pagamento de valores vultosos para prestar serviços ao passageiro. *Alternativa D.*

27. (XX Exame) Cristiano, piloto comercial, está casado com Rebeca. Em um dia de forte neblina, ele não consegue controlar o avião que pilotava e a aeronave, com 200 pessoas a bor-

DIREITO CIVIL

do, desaparece dos radares da torre de controle pouco antes do tempo previsto para a sua aterrissagem. Depois de vários dias de busca, apenas 10 passageiros foram resgatados, todos em estado crítico. Findas as buscas, como Cristiano não estava no rol de sobreviventes e seu corpo não fora encontrado, Rebeca decide procurar um advogado para saber como deverá proceder a partir de agora.

Com base no relato apresentado, assinale a afirmativa correta.

(A) A esposa deverá ingressar com uma demanda judicial pedindo a decretação de ausência de Cristiano, a fim de que o juiz, em um momento posterior do processo, possa declarar a sua morte presumida.

(B) A esposa não poderá requerer a declaração de morte presumida de Cristiano, uma vez que apenas o Ministério Público detém legitimidade para tal pedido.

(C) A declaração da morte presumida de Cristiano poderá ser requerida independentemente de prévia decretação de ausência, uma vez que esgotadas as buscas e averiguações por parte das autoridades competentes.

(D) A sentença que declarar a morte presumida de Cristiano não deverá fixar a data provável de seu falecimento, contando-se, como data da morte, a data da publicação da sentença no meio oficial.

RESPOSTA Segundo determina o art. 7º do CC, "pode ser declarada a morte presumida, sem decretação de ausência: I – se for extremamente provável a morte de quem estava em perigo de vida; II – se alguém, desaparecido em campanha ou feito prisioneiro, não for encontrado até dois anos após o término da guerra. Parágrafo único. A declaração da morte presumida, nesses casos, somente poderá ser requerida depois de esgotadas as buscas e averiguações, devendo a sentença fixar a data provável do falecimento". A situação de Cristiano evidentemente se enquadra na hipótese contida no inciso I do referido dispositivo. Assim, esgotadas as buscas e averiguações, é possível decretar sua morte presumida, independentemente do procedimento de ausência (arts. 22 a 39 do CC). *Alternativa C.*

28. (XX Exame – Reaplicação) Pedro, em dezembro de 2011, aos 16 anos, se formou no ensino médio. Em agosto de 2012, ainda com 16 anos, começou estágio voluntário em uma companhia local. Em janeiro de 2013, já com 17 anos, foi morar com sua namorada.

Em julho de 2013, ainda com 17 anos, após ter sido aprovado e nomeado em um concurso público, Pedro entrou em exercício no respectivo emprego público.

Tendo por base o disposto no Código Civil, assinale a opção que indica a data em que cessou a incapacidade de Pedro.

(A) Dezembro de 2011.
(B) Agosto de 2012.
(C) Janeiro de 2013.
(D) Julho de 2013.

RESPOSTA Pedro tem 16 anos e é relativamente incapaz. A questão desafia a análise do momento em que ocorre sua emancipação e, portanto, a aquisição de sua capacidade civil. Conforme o art. 5º do CC, em seu parágrafo único, "cessará, para os menores, a incapacidade: I – pela concessão dos pais, ou de um deles na falta do outro, mediante instrumento público, independentemente de homologação judicial, ou por sentença do juiz, ouvido o tutor, se o menor tiver dezesseis anos completos; II – pelo casamento; III – pelo exercício de emprego público efetivo; IV – pela colação de grau em curso de ensino superior; V – pelo estabelecimento civil ou comercial, ou pela existência de relação de emprego, desde que, em função deles, o menor com dezesseis anos completos tenha economia própria". A formatura no ensino médio, o simples estágio e o fato de viver com a namorada (mesmo que se tratasse de união estável) não provocam a emancipação. O fato emancipatório é o pleno exercício de emprego público. *Alternativa D.*

29. (XX Exame – Reaplicação) Bernardo, nascido e criado no interior da Bahia, decide mudar-se para o Rio de Janeiro. Ao chegar ao Rio, procurou um local para morar. José, percebendo o desconhecimento de Bernardo sobre o valor dos aluguéis no Rio de Janeiro, lhe oferece um quarto por R$ 500,00 (quinhentos reais).Pagando com dificuldade o aluguel do quarto, ao conversar com vizinhos, Bernardo descobre que ninguém paga mais do que R$ 200,00 (duzentos reais) por um quarto naquela região. Sentindo-se injustiçado, procura um advogado.

Sobre o caso narrado, com base no Código Civil, assinale a afirmativa correta.

(A) O negócio jurídico poderá ser anulado por lesão, se José não concordar com a redução do proveito ou com a oferta de suplemento suficiente.

(B) O negócio jurídico será nulo em virtude da ilicitude do objeto.

(C) O negócio jurídico poderá ser anulado por coação em razão da indução de Bernardo a erro.

(D) O negócio jurídico poderá ser anulado por erro, eis que este foi causa determinante do negócio.

RESPOSTA Conforme dispõe o art. 157 do CC, "ocorre a lesão quando uma pessoa, sob premente necessidade, ou por inexperiência, se obriga a prestação manifestamente desproporcional ao valor da prestação oposta. § 1º Aprecia-se a desproporção das prestações segundo os valores vigentes ao tempo em que foi celebrado o negócio jurídico. § 2º Não se decretará a anulação do negócio, se for oferecido suplemento suficiente, ou se a parte favorecida concordar com a redução do proveito". É evidente a inexperiência de Bernardo, que desconhece a realidade do mercado imobiliário do Rio de Janeiro. Ademais, há, por parte do devedor, a assunção de obrigação excessivamente onerosa, o que torna desequilibrado o contrato firmado. Por isso, o negócio está maculado pelo vício da lesão. Caso o credor não concorde com a revisão das prestações (aluguéis), restará a possibilidade de sua anulação. *Alternativa A*.

III. DIREITO DAS OBRIGAÇÕES

30.
(41º Exame) Adriana é fisioterapeuta e prestou serviços a Vitória (sessões de fisioterapia). Como contraprestação ao serviço prestado, Vitória se comprometeu a pagar a quantia de R$1.000,00 a Adriana. A obrigação foi registrada em instrumento contratual escrito. Posteriormente, Adriana cedeu seu crédito contra Vitória para Paulo. Sobre a cessão do crédito de Adriana para Paulo, assinale a afirmativa correta.

(A) É inválida, pois a natureza do crédito resultante de contrato de prestação de serviços não é compatível com a cessão.

(B) É ineficaz perante Vitória, salvo se ela tiver sido devidamente notificada do referido negócio ou se ela tiver se declarado ciente da cessão feita.

(C) Antes de ter tido conhecimento dela, Vitória não poderá opor a Paulo o eventual pagamento da dívida que já tenha efetuado a Adriana.

(D) Não havendo estipulação em contrário, caso Vitória se torne insolvente, Adriana responderá a Paulo pela dívida cedida.

RESPOSTA Como regra geral, o credor pode ceder o seu crédito, se a isso não se opuser a natureza da obrigação, a lei, ou a convenção com o devedor (art. 286, CC). Por outro lado, a cessão do crédito não tem eficácia em relação ao devedor, senão quando a este notificada; mas por notificado se tem o devedor que, em escrito público ou particular, se declarou ciente da cessão feita (art. 290, CC). *Alternativa B*.

31.
(39º Exame) Marcelo alugou um cavalo do haras Galopante para, com ele, disputar uma corrida no dia 15, comprometendo-se a devolvê-

-lo no dia seguinte à corrida (dia 16). Entretanto, Marcelo se afeiçoou pelo animal e não o devolveu no prazo estipulado, usando-o para passeios em sua fazenda. O haras, com isso, deixou de alugar o animal para outro jóquei que pretendia correr com ele no dia 18 e já o havia reservado. Para completar, no dia 20, em um dos passeios com Marcelo, o cavalo se assustou com uma cobra e sofreu uma queda. No acidente, fraturou a perna e teve que ser sacrificado. Diante disso, assinale a opção que indica os prejuízos que o haras Galopante pode exigir de Marcelo devido à falta do cavalo.

(A) Deve ser incluído o aluguel que deixou de receber do outro jóquei, mas não o equivalente do animal, porque Marcelo ficou liberado da responsabilidade pela impossibilidade da prestação a partir do dia 20, eis que decorrente de caso fortuito.

(B) Devem ser excluídos tanto o aluguel que receberia do outro jóquei, por se tratar de dano hipotético, como o equivalente do animal, pois Marcelo ficou liberado da responsabilidade pela impossibilidade da prestação a partir do dia 20, eis que decorrente de caso fortuito.

(C) Deve ser incluído o equivalente pecuniário do cavalo, tendo em vista a responsabilidade de Marcelo pela impossibilidade da prestação enquanto estava em mora, mas excluído o aluguel que receberia do outro jóquei, por se tratar de dano hipotético.

(D) Devem ser incluídos tanto o aluguel que deixou de receber do outro jóquei como o equivalente pecuniário do cavalo, tendo em vista a responsabilidade de Marcelo pela impossibilidade da prestação, enquanto estava em mora.

RESPOSTA Quando o devedor deixou de cumprir a sua prestação no prazo acordado este entrou em mora. É fundamental lembramos que o devedor em mora responde pela impossibilidade da prestação, embora essa impossibilidade resulte de caso fortuito ou de força maior, se estes ocorrerem durante o atraso. Portanto, devem ser incluídos tanto o aluguel que deixou de receber do outro jóquei como o equivalente pecuniário do cavalo, tendo em vista a responsabilidade de Marcelo pela impossibilidade da prestação, enquanto estava em mora. *Alternativa D*.

32.
(37º Exame) Joana contratou Maria para fotografar a festa infantil de sua filha, Laura. No momento do contrato, Maria exigiu um sinal equivalente a 20% do preço pactuado para o serviço. O restante do preço seria pago após a festa, quando entregues as fotografias do evento. Acontece que Maria não compareceu à festa de Laura, deixando de tirar as fotografias contratadas.

DIREITO CIVIL

Joana contratou, às pressas, outro fotógrafo e conseguiu registrar o evento a seu gosto. Entretanto, teve de pagar valores mais altos ao novo fotógrafo, o que lhe gerou prejuízos de ordem material. Diante desse cenário, considerando-se que os danos de Joana se limitaram aos prejuízos materiais, assinale a afirmativa correta.

(A) Joana pode pedir a devolução dos 20% adiantados mais o equivalente, com atualização monetária, juros e honorários de advogado, mas não pode pedir indenização suplementar em nenhuma hipótese.

(B) Joana pode pedir apenas a devolução dos 20% adiantados e indenização suplementar, independentemente da prova do prejuízo.

(C) Joana pode pedir a devolução dos 20% adiantados mais o equivalente, com atualização monetária, juros e honorários de advogado, e, se provar maior prejuízo, pode pedir indenização suplementar.

(D) Joana pode pedir a devolução dos 20%, acrescidos de atualização monetária, juros e honorários de advogado, sendo esse o máximo de indenização possível.

RESPOSTA Arras ou sinal é um instituto que um bem ou valor em dinheiro é dado para confirmar um determinado negócio ou servir de garantia de que o contrato será cumprido. De acordo com o nosso ordenamento jurídico, parte inocente pode pedir indenização suplementar, se provar maior prejuízo, valendo as arras como taxa mínima. Pode, também, a parte inocente exigir a execução do contrato, com as perdas e danos, valendo as arras como o mínimo da indenização (art. 419 do CC). *Alternativa C.*

33. (37º Exame) Rodrigo e Juliana celebraram contrato de compra e venda com Márcia, visando à aquisição de 20 (vinte) cavalos da raça manga-larga, de propriedade desta última. O contrato possui cláusula prevendo a solidariedade ativa de Rodrigo e Juliana, e que a entrega será feita de uma única vez. Dez dias antes da data pactuada para entrega dos animais, Márcia, culposamente, esqueceu aberta a porta do curral em que os animais estavam, o que ocasionou a fuga dos equinos. No dia combinado, Márcia dispunha de apenas cinco cavalos, os quais foram oferecidos a Rodrigo e Juliana como parte do pagamento. Acerca do caso apresentado, assinale a afirmativa correta.

(A) Por se tratar de obrigação de entrega de coisa a dois credores, a previsão de solidariedade ativa contratual é desnecessária, eis que decorrente de disposição expressa do Código Civil.

(B) Rodrigo e Juliana poderão optar por receber os cinco cavalos, com abatimento do preço, ou considerar resolvida a obrigação e, tanto num como noutro caso, exigir indenização das perdas e danos.

(C) Caso Rodrigo e Juliana optem pela conversão da obrigação em perdas e danos, a solidariedade não subsistirá.

(D) Márcia poderá compelir Rodrigo e Juliana a receberem cinco cavalos, posto se tratar de obrigação divisível.

RESPOSTA A presente questão versa sobre uma obrigação de dar coisa certa (20 cavalos da raça manga-larga). Uma parte dos animais foi perdida por culpa da devedora. O fundamento da presente questão passa pela análise do art. 236 do CC. Tal dispositivo consagra que sendo culpado o devedor, poderá o credor exigir o equivalente, ou aceitar a coisa no estado em que se acha, com direito a reclamar, em um ou em outro caso, indenização das perdas e danos. *Alternativa B.*

34. (36º Exame) João, Cláudia e Maria celebraram contrato de compra e venda de um carro com Carlos e Paula. Pelo respectivo contrato, Carlos e Paula se comprometeram, como devedores solidários, ao pagamento de R$ 50.000,00. Ficou estabelecido, ainda, solidariedade entre os credores João, Cláudia e Maria. Diante do enunciado, assinale a afirmativa correta.

(A) O pagamento feito por Carlos ou por Paula não extingue a dívida, ainda que parcialmente.

(B) Qualquer dos credores tem direito a exigir e a receber de Carlos ou de Paula, parcial ou totalmente, a dívida comum.

(C) Impossibilitando-se a prestação por culpa de Carlos, extingue-se a solidariedade, e apenas este responde pelo equivalente.

(D) Carlos e Paula só se desonerarão pagando a todos os credores conjuntamente.

RESPOSTA A alternativa A está equivocada, pois o credor tem direito a exigir e receber de um ou de alguns dos devedores, parcial ou totalmente, a dívida comum. Se o pagamento tiver sido parcial, todos demais devedores continuam obrigados solidariamente pelo resto. Ou seja, o pagamento realizado por Carlos ou por Paula extingue a dívida de forma parcial, ficando o devedor que não pagou responsável por pagar o restante (art. 275, CC). A alternativa B é o gabarito oficial e o fundamento também está no art. 275 combinado com o art. 267, o qual prevê que cada um dos credores solidários tem direito a exigir do devedor o cumprimento da prestação por inteiro. A alternativa C está errada, pois mesmo que a prestação tenha se impossibilitado por culpa de Carlos, todos os demais (no caso da questão, Paula) ainda serão responsáveis pela dívida. Entretanto, apenas Carlos responderá por perdas e danos (art. 279, CC). Por fim, a alternativa D está errada, pois Carlos e Paula poderão se desonerar da obrigação pagando a todos os credores conjuntamente ou pagando a um deles caso este apresente caução de ratificação dos demais credores (art. 269, CC). *Alternativa B.*

35. (XXXIII Exame) Valdeir e Max assinaram contrato particular de promessa de compra e venda com direito de arrependimento, no qual Valdeir prometeu vender o apartamento 901 de sua propriedade por R$ 500.000,00 (quinhentos mil reais). Max, por sua vez, se comprometeu a comprar o imóvel e, no mesmo ato de assinatura do contrato, pagou arras penitenciais de R$ 50.000,00 (cinquenta mil reais). A escritura definitiva de compra e venda seria outorgada em 90 (noventa) dias a contar da assinatura da promessa de compra e venda, com o consequente pagamento do saldo do preço. Contudo, 10 (dez) dias antes da assinatura da escritura de compra e venda, Valdeir celebrou escritura definitiva de compra e venda, alienando o imóvel à Ana Lúcia que pagou a importância de R$ 750.000,00 (setecentos e cinquenta mil reais) pelo mesmo imóvel. Max, surpreendido e indignado, procura você, como advogado(a), para defesa de seus interesses.

Sobre a hipótese apresentada, assinale a afirmativa correta.

(A) Max poderá exigir de Valdeir a importância paga a título de arras mais o equivalente, com atualização monetária segundo índices oficiais regularmente estabelecidos, juros e honorários de advogado.

(B) Por se tratar de arras penitenciais, Max poderá exigir de Valdeir apenas R$ 50.000,00 (cinquenta mil reais), e exigir a reparação pelas perdas e danos que conseguir comprovar.

(C) Max poderá exigir de Valdeir até o triplo pago a título de arras penitencias.

(D) Max não poderá exigir nada além do que pagou a título de arras penitenciais.

RESPOSTA De acordo com o art. 389 do CC: "Não cumprida a obrigação, responde o devedor por perdas e danos, mais juros e atualização monetária segundo índices oficiais regularmente estabelecidos, e honorários de advogado" e também do art. 420 do CC: "Se no contrato for estipulado o direito de arrependimento para qualquer das partes, as arras ou sinal terão função unicamente indenizatória. Neste caso, quem as deu perdê-las-á em benefício da outra parte; e quem as recebeu devolvê-las-á, mais o equivalente. Em ambos os casos não haverá direito a in-

denização suplementar." No caso em análise, quem descumpriu o contrato foi quem recebeu as arras, logo este deverá arcar com o seu valor mais o equivalente, com atualização monetária segundo índices oficiais regularmente estabelecidos, juros e honorários de advogado. *Alternativa A.*

36. (XXXI Exame) Jacira mora em um apartamento alugado, sendo a locação garantida por fiança prestada por seu pai, José. Certa vez, Jacira conversava com sua irmã Laura acerca de suas dificuldades financeiras, e declarou que temia não ser capaz de pagar o próximo aluguel do imóvel. Compadecida da situação da irmã, Laura procurou o locador do imóvel e, na data de vencimento do aluguel, pagou, em nome próprio, o valor devido por Jacira, sem oposição desta. Nesse cenário, em relação ao débito do aluguel daquele mês, assinale a afirmativa correta.

(A) Laura, como terceira interessada, sub-rogou-se em todos os direitos que o locador tinha em face de Jacira, inclusive a garantia fidejussória.

(B) Laura, como terceira não interessada, tem apenas direito de regresso em face de Jacira.

(C) Laura, como devedora solidária, sub-rogou-se nos direitos que o locador tinha em face de Jacira, mas não quanto à garantia fidejussória.

(D) Laura, tendo realizado mera liberalidade, não tem qualquer direito em face de Jacira.

RESPOSTA O terceiro não interessado, que paga a dívida em seu próprio nome, tem direito a reembolsar-se do que pagar; mas não se sub-roga nos direitos do credor – art. 305, CC. Segundo o parágrafo único, se pagar antes de vencida a dívida, só terá direito ao reembolso no vencimento. *Alternativa B.*

37. (XXX Exame) Lucas, interessado na aquisição de um carro seminovo, procurou Leonardo, que revende veículos usados. Ao final das tratativas, e para garantir que o negócio seria fechado, Lucas pagou a Leonardo um percentual do valor do veículo, a título de sinal. Após a celebração do contrato, porém, Leonardo informou a Lucas que, infelizmente, o carro que haviam negociado já havia sido prometido informalmente para um outro comprador, velho amigo de Leonardo, motivo pelo qual Leonardo não honraria a avença. Frustrado, diante do inadimplemento de Leonardo, Lucas procurou você, como advogado(a), para orientá-lo. Nesse caso, assinale a opção que apresenta a orientação dada.

(A) Leonardo terá de restituir a Lucas o valor pago a título de sinal, com atualização monetária, juros

DIREITO CIVIL

e honorários de advogado, mas não o seu equivalente.

(B) Leonardo terá de restituir a Lucas o valor pago a título de sinal, mais o seu equivalente, com atualização monetária, juros e honorários de advogado.

(C) Leonardo terá de restituir a Lucas apenas metade do valor pago a título de sinal, pois informou, tão logo quanto possível, que não cumpriria o contrato.

(D) Leonardo não terá de restituir a Lucas o valor pago a título de sinal, pois este é computado como início de pagamento, o qual se perde em caso de inadimplemento.

RESPOSTA De acordo com o Código Civil, se a parte que deu as arras não executar o contrato, poderá a outra tê-lo por desfeito, retendo-as; se a inexecução for de quem recebeu as arras, poderá quem as deu haver o contrato por desfeito, e exigir sua devolução mais o equivalente, com atualização monetária segundo índices oficiais regularmente estabelecidos, juros e honorários de advogado (art. 418). Assim, correta a *Alternativa B*.

38. **(XXVI Exame)** Lúcio, comodante, celebrou contrato de comodato com Pedro, comodatário, no dia 1º de outubro de 2016, pelo prazo de dois meses. O objeto era um carro da marca Y no valor de R$ 30.000,00. A devolução do bem deveria ser feita na cidade Alfa, domicílio do comodante, em 1º de dezembro de 2016. Pedro, no entanto, não devolveu o bem na data marcada e resolveu viajar com amigos para o litoral até a virada do ano. Em 1º de janeiro de 2017, desabou um violento temporal sobre a cidade Alfa, e Pedro, ao voltar da viagem, encontra o carro destruído. Com base nos fatos narrados, sobre a posição de Lúcio, assinale a afirmativa correta.

(A) Fará jus a perdas e danos, visto que Pedro não devolveu o carro na data prevista.

(B) Nada receberá, pois o perecimento se deu em razão de fato fortuito ou de força maior.

(C) Não terá direito a perdas e danos, pois cedeu o uso do bem a Pedro.

(D) Receberá 50% do valor do bem, pois, por fato inimputável a Pedro, o bem não foi devolvido.

RESPOSTA O violento temporal que provocou a destruição do carro pode ser enquadrado no conceito de caso fortuito, o que, em princípio, poderia ser invocado pelo devedor da prestação para se exonerar de qualquer responsabilidade. Ocorre, todavia, que o comodatário estava em mora quanto à obrigação de restituir o bem dado em comodato. Neste caso, é de se aplicar o teor do art. 399 do CC: "O devedor em mora responde pela impossibilidade da prestação, embora

essa impossibilidade resulte de caso fortuito ou de força maior, se estes ocorrerem durante o atraso; salvo se provar isenção de culpa, ou que o dano sobreviria ainda quando a obrigação fosse oportunamente desempenhada". Assim, o comodatário deve ser responsabilizado pelas perdas e danos. *Alternativa A*.

39. **(XXVI Exame)** Paula é credora de uma dívida de R$ 900.000,00 assumida solidariamente por Marcos, Vera, Teresa, Mirna, Júlio, Simone, Úrsula, Nestor e Pedro, em razão de mútuo que a todos aproveita. Antes do vencimento da dívida, Paula exonera Vera e Mirna da solidariedade, por serem amigas de longa data. Dois meses antes da data de vencimento, Júlio, em razão da perda de seu emprego, de onde provinha todo o sustento de sua família, cai em insolvência. Ultrapassada a data de vencimento, Paula decide cobrar a dívida. Sobre a hipótese apresentada, assinale a afirmativa correta.

(A) Vera e Mirna não podem ser exoneradas da solidariedade, eis que o nosso ordenamento jurídico não permite renunciar a solidariedade de somente alguns dos devedores.

(B) Se Marcos for cobrado por Paula, deverá efetuar o pagamento integral da dívida e, posteriormente, poderá cobrar dos demais as suas quotas-partes. A parte de Júlio será rateada entre todos os devedores solidários, inclusive Vera e Mirna.

(C) Se Simone for cobrada por Paula deverá efetuar o pagamento integral da dívida e, posteriormente, poderá cobrar dos demais as suas quotas-partes, inclusive Júlio.

(D) Se Mirna for cobrada por Paula, deverá efetuar o pagamento integral da dívida e, posteriormente, poderá cobrar as quotas-partes dos demais. A parte de Júlio será rateada entre todos os devedores solidários, com exceção de Vera.

RESPOSTA A solução ao problema posto desafia a análise de dois dispositivos do CC. Nos termos do art. 283, "o devedor que satisfez a dívida por inteiro tem direito a exigir de cada um dos codevedores a sua quota, dividindo-se igualmente por todos a do insolvente, se o houver, presumindo-se iguais, no débito, as partes de todos os codevedores". Esta responsabilidade de saldar a quota-parte do devedor insolvente também se atribui aos devedores que tenham sido exonerados da solidariedade, consoante dispõe o art. 284: "no caso de rateio entre os codevedores, contribuirão também os exonerados da solidariedade pelo credor, pela parte que na obrigação incumbia ao insolvente". *Alternativa B*.

40. **(XXV Exame)** Arlindo, proprietário da vaca Malhada, vendeu-a a seu vizinho,

Lauro. Celebraram, em 10 de janeiro de 2018, um contrato de compra e venda, pelo qual Arlindo deveria receber do comprador a quantia de R$ 2.500,00, no momento da entrega do animal, agendada para um mês após a celebração do contrato. Nesse interregno, contudo, para surpresa de Arlindo, Malhada pariu dois bezerros.

Sobre os fatos narrados, assinale a afirmativa correta.

(A) Os bezerros pertencem a Arlindo.
(B) Os bezerros pertencem a Lauro.
(C) Um bezerro pertence a Arlindo e o outro, a Lauro.
(D) Deverá ser feito um sorteio para definir a quem pertencem os bezerros.

RESPOSTA Ao contratar a compra e venda do animal ao comprador, Arlindo assumiu obrigação de dar coisa certa. Neste caso, aplica-se o disposto no art. 237 do CC, que assim dispõe: "Até a tradição pertence ao devedor a coisa, com os seus melhoramentos e acrescidos, pelos quais poderá exigir aumento no preço; se o credor não anuir, poderá o devedor resolver a obrigação. Parágrafo único. Os frutos percebidos são do devedor, cabendo ao credor os pendentes". A leitura do dispositivo indica, pois, que as crias do animal, que ainda não haviam sido entregues ao comprador, pertencem ao devedor, enquanto frutos da coisa principal já percebidos antes da tradição. *Alternativa A.*

41. (XXIV Exame) André, Mariana e Renata pegaram um automóvel emprestado com Flávio, comprometendo-se solidariamente a devolvê-lo em quinze dias. Ocorre que Renata, dirigindo acima do limite de velocidade, causou um acidente que levou à destruição total do veículo.

Assinale a opção que apresenta os direitos que Flávio tem diante dos três.

(A) Pode exigir, de qualquer dos três, o equivalente pecuniário do carro, mais perdas e danos.
(B) Pode exigir, de qualquer dos três, o equivalente pecuniário do carro, mas só pode exigir perdas e danos de Renata.
(C) Pode exigir, de cada um dos três, um terço do equivalente pecuniário do carro e das perdas e danos.
(D) Pode exigir, de cada um dos três, um terço do equivalente pecuniário do carro, mas só pode exigir perdas e danos de Renata.

RESPOSTA André, Mariana e Renata assumiram obrigação em caráter solidário, tratando-se, pois, da solidariedade passiva, em que são vários os devedores de uma obrigação comum. Nesse caso, impõe-se a observância do art. 279, a determinar o seguinte: "impossibilitando-se a prestação por culpa de um dos devedores solidários, subsiste para todos o encargo de pagar o equivalente; mas pelas perdas e danos só responde o culpado". Como Renata foi a única culpada pelo acidente, a solução preconizada por lei é esta: pela obrigação de reparar o prejuízo correspondente à destruição do veículo, persiste a responsabilidade de todos; mas, pelas perdas e danos, apenas Renata é responsável. *Alternativa B.*

42. (XXII Exame) Antônio, vendedor, celebrou contrato de compra e venda com Joaquim, comprador, no dia 1º de setembro de 2016, cujo objeto era um carro da marca X no valor de R$ 20.000,00, sendo o pagamento efetuado à vista na data de assinatura do contrato. Ficou estabelecido ainda que a entrega do bem seria feita 30 dias depois, em 1º de outubro de 2016, na cidade do Rio de Janeiro, domicílio do vendedor. Contudo, no dia 25 de setembro, uma chuva torrencial inundou diversos bairros da cidade e o carro foi destruído pela enchente, com perda total.

Considerando a descrição dos fatos, Joaquim

(A) não faz jus à devolução do pagamento de R$ 20.000,00.
(B) terá direito à devolução de 50% do valor, tendo em vista que Antônio, vendedor, não teve culpa.
(C) terá direito à devolução de 50% do valor, tendo em vista que Antônio, vendedor, teve culpa.
(D) terá direito à devolução de 100% do valor, pois ainda não havia ocorrido a tradição no momento do perecimento do bem.

RESPOSTA Embora já tivesse ocorrido o pagamento, ainda não tinha havido a tradição (ou seja, a entrega) do bem por parte do vendedor, que assumiu obrigação de dar coisa certa. Neste caso, como a coisa se perdeu por evento fortuito, sem culpa de qualquer das partes, determina o art. 234 do CC que "(...) a coisa se perder, sem culpa do devedor, antes da tradição, ou pendente a condição suspensiva, fica resolvida a obrigação para ambas as partes (...)". Assim, nenhum dos contratantes deve responder por perdas e danos, ficando extinto o negócio, cabendo ao comprador o direito de recuperar o pagamento realizado. *Alternativa D.*

43. (XXII Exame) Festas Ltda., compradora, celebrou, após negociações paritárias, contrato de compra e venda com Chocolates S/A, vendedora. O objeto do contrato eram 100 caixas de chocolate, pelo preço total de R$ 1.000,00, a serem entregues no dia 1º de novembro de 2016, data em que se comemorou o aniversário de 50 anos de existência da sociedade.

DIREITO CIVIL

No contrato, estava prevista uma multa de R$ 1.000,00 caso houvesse atraso na entrega. Chocolates S/A, devido ao excesso de encomendas, não conseguiu entregar as caixas na data combinada, mas somente dois dias depois. Festas Ltda., dizendo que a comemoração já havia acontecido, recusou-se a receber e ainda cobrou a multa. Por sua vez, Chocolates S/A não aceitou pagar a multa, afirmando que o atraso de dois dias não justificava sua cobrança e que o produto vendido era o melhor do mercado.

Sobre os fatos narrados, assinale a afirmativa correta.

(A) Festas Ltda. tem razão, pois houve o inadimplemento absoluto por perda da utilidade da prestação e a multa é uma cláusula penal compensatória.

(B) Chocolates S/A não deve pagar a multa, pois a cláusula penal, quantificada em valor idêntico ao valor da prestação principal, é abusiva.

(C) Chocolates S/A adimpliu sua prestação, ainda que dois dias depois, razão pela qual nada deve a título de multa.

(D) Festas Ltda. só pode exigir 2% de multa (R$ 20,00),teto da cláusula penal, segundo o Código de Defesa do Consumidor.

RESPOSTA　A empresa Festas Ltda. assumiu a obrigação de entregar os bens contratados em data determinada (termo certo), tendo incorrido em mora, por culpa própria, na medida em que, por descontrole em seus negócios, deixou de adimplir a prestação que lhe cabia. O inadimplemento, no caso, é absoluto, pois o cumprimento tardio da obrigação, neste caso, é inútil para o credor (art. 395, parágrafo único do CC). Como havia a previsão de cláusula penal (neste caso, não moratória, mas verdadeiramente *compensatória*) para o caso do total inadimplemento, como foi o caso, resta aplicar o teor do art. 410 do CC ao caso: "Quando se estipular a cláusula penal para o caso de total inadimplemento da obrigação, esta converter-se-á em alternativa a benefício do credor". *Alternativa A.*

44. (XXI Exame) Felipe e Ana, casal de namorados, celebraram contrato de compra e venda com Armando, vendedor, cujo objeto era um carro no valor de R$ 30.000,00, a ser pago em 10 parcelas de R$ 3.000,00, a partir de 1º de agosto de 2016.

Em outubro de 2016, Felipe terminou o namoro com Ana. Em novembro, nem Felipe nem Ana realizaram o pagamento da parcela do carro adquirido de Armando. Felipe achava que a responsabilidade era de Ana, pois o carro tinha sido presente pelo seu aniversário. Ana, por sua vez, acreditava que, como Felipe ficou com o carro, não estava mais

obrigada a pagar nada, já que ele terminara o relacionamento.

Armando procura seu(sua) advogado(a), que o orienta a cobrar

(A) a totalidade da dívida de Ana.

(B) a integralidade do débito de Felipe.

(C) metade de cada comprador.

(D) a dívida de Felipe ou de Ana, pois há solidariedade passiva.

RESPOSTA　Felipe e Ana são namorados. Não há, entre eles, casamento ou união estável, o que afasta a incidência de regras próprias do Direito de Família. A questão se resolve, no caso, pela análise das regras do Direito das Obrigações. E, nos termos do art. 257 do CC, "havendo mais de um devedor ou mais de um credor em obrigação divisível, esta presume-se dividida em tantas obrigações, iguais e distintas, quantos os credores ou devedores". Como não foi estipulada solidariedade entre os devedores, o credor poderá cobrar a parte que toca a cada devedor. *Alternativa C.*

45. (XX Exame) Paulo, João e Pedro, mutuários, contraíram empréstimo com Fernando, mutuante, tornando-se, assim, devedores solidários do valor total de R$ 6.000,00 (seis mil reais). Fernando, muito amigo de Paulo, exonerou-o da solidariedade. João, por sua vez, tornou-se insolvente. No dia do vencimento da dívida, Pedro pagou integralmente o empréstimo.

Considerando a hipótese narrada, assinale a afirmativa correta.

(A) Pedro não poderá regredir contra Paulo para que participe do rateio do quinhão de João, pois Fernando o exonerou da solidariedade.

(B) Apesar da exoneração da solidariedade, Pedro pode cobrar de Paulo o valor de R$ 3.000,00 (três mil reais).

(C) Ao pagar integralmente a dívida, Pedro se sub-roga nos direitos de Fernando, permitindo-se que cobre a integralidade da dívida dos demais devedores.

(D) Pedro deveria ter pago a Fernando apenas R$ 2.000,00 (dois mil reais), pois a exoneração da solidariedade em relação a Paulo importa, necessariamente, a exoneração da solidariedade em relação a todos os codevedores.

RESPOSTA　Fernando emprestou quantia em dinheiro a três devedores, que assumiram a obrigação em caráter de solidariedade. O credor exonerou da solidariedade Paulo, um dos devedores, aplicando-se, neste caso, o preceito do art. 282, parágrafo único, do CC: "se o credor exonerar da solidariedade um ou mais devedores, subsistirá a dos demais". Assim, Pedro e João continuam sendo devedores solidários, mas este caiu em insolvência, pagando aquele todo o valor da dívida. Cabe invocar, neste caso, os preceitos contidos nos arts. 283 e 284 do CC. Prevê o primeiro que "o devedor que satisfez a dívida por inteiro tem direito a exigir de cada um dos codevedores a sua quota, dividindo-se igualmente por todos a do insolvente, se o houver, presumindo-se iguais, no débito, as partes de todos os codevedores". Eis a redação do dispositivo seguinte: "no caso de rateio entre os codevedores, contribuirão também os exonerados da solidariedade pelo credor, pela parte que na obrigação incumbia ao insolvente". Assim, apesar de exonerado da solidariedade, Paulo ainda responde por sua obrigação e também pela parte que caberia ao insolvente. *Alternativa B.*

46. **(XX Exame – Reaplicação)** Marcos vendeu para Francisco, por instrumento particular, um quadro que pintara anos antes, pelo valor de três mil reais. No momento da celebração do contrato, Francisco entregou a Marcos, a título de arras penitenciais, quinhentos reais.

No contrato constou que Marcos entregaria a obra na casa do comprador 30 dias depois da celebração da avença. Todavia, 10 dias antes da data ajustada para a entrega, Francisco telefonou para Marcos e comunicou que desistira do negócio.

Sobre os fatos narrados, assinale a afirmativa correta.

(A) Francisco exerceu seu direito potestativo de desfazer a avença, e por isso perderá em favor de Marcos o sinal pago quando da celebração do contrato.

(B) Francisco cometeu um ilícito contratual, pelo que Marcos poderá reter o sinal dado pelo comprador no momento da celebração da avença.

(C) Marcos poderá pleitear indenização por perdas e danos se provar que seu prejuízo com o desfazimento do negócio foi superior aos R$ 500,00 pagos a título de sinal.

(D) As arras penitenciais reforçam o vínculo contratual e impedem o desfazimento do negócio, pelo que Marcos poderá pleitear a execução específica do contrato.

RESPOSTA Servem as arras penitenciais para indenizar uma das partes em caso de desistência no contrato pela outra. No caso, Francisco, o comprador, desistiu da contratação, exercendo seu legítimo direito de arrependimento. Aplica-se, então, o texto do art. 420 do CC: "se no contrato for estipulado o direito de arrependimento para qualquer das partes, as arras ou sinal terão função unicamente indenizatória. Neste caso, quem as deu perdê-las-á em benefício da outra parte; e quem as recebeu devolvê-las-á, mais o equi-

valente. Em ambos os casos não haverá direito a indenização suplementar". *Alternativa A.*

IV. DIREITO DOS CONTRATOS

47. **(41º Exame)** Aluísio concedeu um empréstimo a Fábio e, como garantia do empréstimo, Letícia concedeu a Aluísio fiança, renunciando ao benefício de ordem. Considerando essa hipótese, assinale a afirmativa correta.

(A) Letícia só pode conceder a Aluísio a fiança se houver o consentimento de Fábio.

(B) Se houver convenção expressa das partes, a fiança concedida por Letícia pode ser de valor superior à dívida de Fábio.

(C) Caso o empréstimo tenha sido verbal, a fiança também poderá sê-lo, pois, sendo contrato acessório, sua forma segue a do principal.

(D) Ao renunciar ao benefício de ordem, Letícia não poderá alegar que primeiro sejam executados os bens de Fábio.

RESPOSTA Pelo contrato de fiança, uma pessoa garante satisfazer ao credor uma obrigação assumida pelo devedor, caso este não a cumpra. A fiança dar-se--á por escrito, e não admite interpretação extensiva. O fiador demandado pelo pagamento da dívida tem direito a exigir, até a contestação da lide, que sejam primeiro executados os bens do devedor (art. 827, CC). Essa alegação chamamos de benefício de ordem. O fiador que arguir o benefício de ordem deve nomear bens do devedor, sitos no mesmo município, livres e desembargados, quantos bastem para solver o débito. No direito brasileiro é possível que as partes expressamente renunciem ao benefício de ordem. *Alternativa D.*

48. **(40º Exame)** André, mediante contrato escrito, comprou o carro de passeio de seu vizinho, Bernardo. Duas semanas depois, enquanto André o conduzia por uma das principais avenidas da cidade, o veículo quebrou, por causa de um defeito não aparente na mangueira do radiador. Para pretender indenização por perdas e danos em desfavor de Bernardo pelo ocorrido, André deve provar

(A) a existência de cláusula expressa no contrato de garantia contra vícios ocultos.

(B) a preexistência do defeito, mesmo que desconhecido por Bernardo.

(C) a preexistência do defeito e que Bernardo tinha conhecimento dele.

(D) a preexistência do defeito, que Bernardo tinha conhecimento dele e a existência de cláusula no contrato de garantia contra vícios ocultos.

RESPOSTA A coisa recebida em virtude de contrato comutativo pode ser enjeitada por vícios ou defeitos

DIREITO CIVIL

ocultos, que a tornem imprópria ao uso a que é destinada, ou lhe diminuam o valor (art. 441, CC). Se o alienante conhecia o vício ou defeito da coisa, restituirá o que recebeu com perdas e danos; se o não conhecia, tão somente restituirá o valor recebido, mais as despesas do contrato (art. 443, CC). *Alternativa C.*

49. (38º Exame) Renata alugou um imóvel a Tadeu. Como garantia das obrigações de Tadeu, Luzia e Humberto prestaram fiança a Renata. Tadeu descumpriu suas obrigações contratuais, deixando de pagar as contraprestações ajustadas. Diante desse quadro hipotético, assinale a afirmativa correta.

(A) Não havendo limitação contratual, Renata poderá cobrar de Luzia, sozinha, todos os acessórios da dívida principal, inclusive as despesas judiciais, desde a citação dos fiadores.

(B) Caso sejam demandados, Luzia e Humberto não têm direito de exigir que sejam primeiro executados os bens de Tadeu, pois, salvo disposição expressa em sentido contrário, não há benefício de ordem na fiança.

(C) Luzia e Humberto não respondem solidariamente pelas obrigações decorrentes do contrato de fiança, a não ser que haja disposição expressa.

(D) A fiança constitui contrato informal, entre Renata e os fiadores (Luzia e Humberto), e poderia ter sido celebrada ainda que contrariamente à vontade de Tadeu. Ademais, não admite interpretação extensiva.

RESPOSTA O art. 822 do CC define que: "Não sendo limitada, a fiança compreenderá todos os acessórios da dívida principal, inclusive as despesas judiciais, desde a citação do fiador". Para além disso, o art. 829 do CC define que: "A fiança conjuntamente prestada a um só débito por mais de uma pessoa importa o compromisso de solidariedade entre elas, se declaradamente não se reservarem o benefício de divisão. Parágrafo único. Estipulado este benefício, cada fiador responde unicamente pela parte que, em proporção, lhe couber no pagamento". Dessa forma, não havendo limitação contratual, Renata poderá cobrar de Luzia, sozinha, todos os acessórios da dívida principal, inclusive as despesas judiciais, desde a citação dos fiadores. *Alternativa A.*

50. (37º Exame) Nicolas, servidor do Tribunal de Justiça do Estado de São Paulo, lotado na 3ª Vara Cível da Comarca da Capital, toma conhecimento de hasta pública a ser realizada sobre valioso bem na vara em que labora. No intuito de colaborar com a rápida solução do processo, visando ao bom andamento da justiça e para saldar a dívida do devedor, decide comprar o bem objeto do litígio, pagando preço compatível com o mercado no âmbito da hasta pública realizada em sua vara. A referida compra e venda, se efetivada, será:

(A) nula, considerando que Nicolas é servidor na mesma vara em que foi realizada a hasta pública.

(B) válida, considerando ter sido realizada por hasta pública, procedimento que, dada a publicidade, convalida eventuais vícios porventura existentes.

(C) anulável, podendo ser realizada, mas sujeita à anulação posterior se os interessados se manifestarem.

(D) nula, considerando que a hasta pública não poderá recair sobre bem litigioso.

RESPOSTA Em nosso ordenamento jurídico, alguns bens não podem ser comprados por determinadas pessoas, sob pena de nulidade. Nesse sentido, o art. 497, II, do CC estabelece que não podem ser comprados, ainda que em hasta pública, pelos servidores públicos, em geral, os bens ou direitos da pessoa jurídica a que servirem, ou que estejam sob sua administração direta ou indireta. *Alternativa A.*

51. (35º Exame) Carlos alugou um imóvel de sua propriedade a Amanda para fins residenciais pelo prazo de 30 meses. Dez meses após a celebração do contrato de locação, Carlos vendeu o imóvel locado para Patrícia, que denunciou o contrato, concedendo a Amanda o prazo de 90 dias para a desocupação do imóvel. Diante desse cenário, assinale a afirmativa correta.

(A) Carlos não poderia alienar o imóvel a Patrícia, pois ainda estava vigente o prazo de locação.

(B) A alienação é possível, mas, se o contrato contiver cláusula de vigência em caso de alienação e estiver averbado junto à matrícula do imóvel, Patrícia deve respeitar o prazo da locação.

(C) Não há nenhum óbice à alienação do imóvel por Carlos a Patrícia e, uma vez realizada, o contrato de locação com Amanda é automaticamente desfeito.

(D) Carlos tem o direito de vender o imóvel durante o prazo de locação, mas, nessa hipótese, a compradora Patrícia estará necessariamente vinculada ao contrato de locação celebrado anteriormente, devendo cumprir o prazo inicialmente pactuado por Carlos com Amanda.

RESPOSTA De acordo com a Lei do Inquilinato (Lei n. 8.245/91), se o imóvel for alienado durante a locação, o adquirente poderá denunciar o contrato, com o prazo de 90 dias para a desocupação, salvo se a locação for por tempo determinado e o contrato contiver cláusula de vigência em caso de alienação e estiver averbado junto à matrícula do imóvel (art. 8º). *Alternativa B.*

52. **(XXXIV Exame)** Joana e Mário são pais de Ricardo, atualmente com 8 anos, e que se encontra no início de sua vida escolar. Tércio, irmão de Joana, decide doar, ao sobrinho Ricardo, certa quantia em dinheiro. Para que esta doação seja válida, o contrato

(A) deve ser anuído pelo próprio sobrinho, Ricardo.

(B) precisa contar com o consentimento de Ricardo, expressado por Joana e Mário.

(C) dispensa a aceitação, por ser pura e realizada em favor de absolutamente incapaz.

(D) prescinde de consentimento de Ricardo, pois se trata de negócio jurídico unilateral.

RESPOSTA De acordo com o Código Civil, se o donatário for absolutamente incapaz, dispensa-se a aceitação, desde que se trate de doação pura, *vide* art. 543. No caso, ela é dita "pura", pois não há condição ou encargo. *Alternativa C.*

53. **(XXXIV Exame)** Ivan, sócio da Soluções Inteligentes Ltda., celebra contrato de empreitada, na qualidade de dono da obra, com Demétrio, sócio da Construções Sólidas Ltda., tendo esta como a empresa empreiteira. A obra tem prazo de duração de 1 (um) ano, contratada a um custo de R$ 2.400.000,00 (dois milhões e quatrocentos mil reais), fracionados em 12 (doze) prestações mensais de R$ 200.000,00 (duzentos mil reais). O contratante, Ivan, necessita da obra pronta no prazo acordado. Em razão disso, acordou com Demétrio uma cláusula resolutiva expressa, informando que o atraso superior a 30 (trinta) dias importaria em extinção automática do contrato. Para se resguardar, Ivan exigiu de Demétrio que expusesse seu acervo patrimonial, mostrando o balanço contábil da empresa, de modo a ter convicção em torno da capacidade econômica da empreiteira para levar a cabo uma obra importante, sem maiores riscos. Transcorridos três meses de obra, que seguia em ritmo normal, em conformidade com o cronograma, Ivan teve conhecimento de que a empreiteira sofreu uma violenta execução judicial, impondo redução de mais de 90% (noventa por cento) de seu ativo patrimonial, fato que tornou ao menos duvidosa a capacidade da empreiteira de executar plenamente a obrigação pela qual se obrigou. Diante deste fato, assinale a afirmativa correta.

(A) Ivan pode se recusar a pagar o restante das parcelas da remuneração da obra até que Demétrio dê garantia bastante de satisfazê-la.

(B) O dono da obra pode requerer a extinção do contrato, ao fundamento de que há inadimplemento anterior ao termo, pela posterior redução da capacidade financeira da empreiteira.

(C) A cláusula resolutiva expressa prevista no contrato é nula, pois o ordenamento não permite a resolução automática dos contratos, por inadimplemento, impondo-se a via judicial.

(D) A parte contratante tem direito de invocar a exceção de contrato não cumprido, em face do risco iminente de inadimplemento.

RESPOSTA Perceba que, nos contratos bilaterais, nenhum dos contratantes, antes de cumprida a sua obrigação, pode exigir o implemento da do outro (art. 476 do CC). Prevê o art. 477 do CC que, se depois de concluído o contrato, sobrevier a uma das partes contratantes diminuição em seu patrimônio capaz de comprometer ou tornar duvidosa a prestação pela qual se obrigou, pode a outra recusar-se à prestação que lhe incumbe, até que aquela satisfaça a que lhe compete ou dê garantia bastante de satisfazê-la. *Alternativa A.*

54. **(XXXIV Exame)** Bento Albuquerque com o intuito de realizar o sonho de passar a aposentadoria na beira da praia, procura Inácio Monteiro, proprietário de uma quadra de lotes a 100 (cem) metros da famosa Praia dos Coqueiros, para comprar um lote sobre o qual seria construída sua sonhada casa de veraneio. Bento mostrou o projeto arquitetônico de sua futura casa na praia a Inácio e ressaltou que o lote para construção do projeto deveria contar com, no mínimo, 420 m² (quatrocentos e vinte metros quadrados), metragem necessária para construção da piscina, sauna e churrasqueira, além da casa projetada para ter quatro quartos. Nas tratativas e na escritura de compra e venda do imóvel, restou consignado que o imóvel possui 420 m² (quatrocentos e vinte metros quadrados) e que o preço certo e ajustado para essa metragem era de R$ 180.000,00 (cento e oitenta mil reais). No entanto, Bento ao levar o arquiteto para medidas de praxe e conhecer o lote sobre o qual o projeto seria construído, foi surpreendido ao ser informado que o imóvel contava apenas com 365 m² (trezentos e sessenta e cinco metros quadrados) e que o projeto idealizado não poderia ser construído naquele lote. Sobre a hipótese narrada, assinale a afirmativa correta.

(A) Bento nada pode fazer em relação a metragem faltante, tendo em vista que era sua obrigação conferi-la antes de adquirir o imóvel.

(B) Bento tem o direito de exigir o complemento da área faltante, e, caso não seja possível, tem a

DIREITO CIVIL

faculdade de rescindir o contrato ou pedir pelo abatimento do preço de acordo com a metragem correta do imóvel.

(C) Não haverá complemento de área, pois o imóvel foi vendido como coisa certa e discriminada, tendo sido apenas enunciativa a referência às suas dimensões.

(D) Presume-se que a referência às dimensões do imóvel é enunciativa, pois a diferença de metragem não chega a 20% (vinte por cento), logo, deverá ter, prioritariamente, abatimento do preço, mas não a complementação da metragem faltante.

RESPOSTA Veja que se, na venda de um imóvel, se estipular o preço por medida de extensão, ou se determinar a respectiva área, e esta não corresponder, em qualquer dos casos, às dimensões dadas, o comprador terá o direito de exigir o complemento da área, e, não sendo isso possível, o de reclamar a resolução do contrato ou abatimento proporcional do preço (art. 500 do CC). *Alternativa B.*

55. (XXXIII Exame) Antônio decide ceder gratuitamente a posse de um de seus imóveis residenciais a Carlos, seu grande amigo que vem passando por dificuldades financeiras, sem fixar prazo para a devolução do bem. Passados 5 (cinco) anos, Antônio decide notificar Carlos para que se retire do imóvel, após descobrir que estava deteriorado por pura desídia do possuidor, que não estava realizando os atos de conservação necessários. Carlos realiza uma contranotificação, informando que não vai devolver o imóvel, na medida em que ainda necessita dele para sua moradia. Em razão disso, Carlos decide arbitrar o aluguel pelo uso do bem imóvel.

Neste contexto, assinale a afirmativa correta.

(A) O contrato firmado é de depósito, motivo pelo qual tem Carlos o dever de guardá-lo e conservá-lo até que Antônio o reclame, sob pena de pagar alugueis.

(B) O contrato firmado é de mútuo, que transfere o domínio da coisa emprestada ao mutuário, correndo por conta deste os riscos desde a tradição, sendo indevidos os alugueis.

(C) O contrato celebrado é de comodato, sendo o comodatário obrigado a conservar a coisa emprestada e, uma vez constituído em mora, a pagar alugueis.

(D) O contrato pactuado é de locação, que se iniciou com a renúncia à cobrança de alugueis pelo locador e, após a notificação, tornou a exigi-los, como é da natureza do contrato.

RESPOSTA No caso em estudo, como foi um empréstimo gratuito de um bem infungível (imóvel), trata-se de um contrato de comodato com aplicação dos seguintes artigos do CC: "Art. 579. O comodato é o empréstimo gratuito de coisas não fungíveis. Perfaz-se com a tradição do objeto." e "art. 582. O comodatário é obrigado a conservar, como se sua própria fora, a coisa emprestada, não podendo usá-la senão de acordo com o contrato ou a natureza dela, sob pena de responder por perdas e danos. O comodatário constituído em mora, além de por ela responder, pagará, até restituí-la, o aluguel da coisa que for arbitrado pelo comodante." *Alternativa C.*

56. (XXXII Exame) Hugo, corretor de imóveis, recebe oferta de contrato, por prazo indeterminado, para intermediar a realização de negócios sobre novo empreendimento imobiliário, cujo lançamento ocorrerá em data próxima, obtendo as seguintes informações: (i) as características gerais do empreendimento, com a descrição da planta, da área e do valor de cada unidade autônoma projetada, em condomínio edilício; (ii) o valor oferecido em remuneração pelos serviços de corretagem correspondente a 4% sobre o valor da venda. Entusiasmado, Hugo entra em contato com diversos clientes (potenciais compradores), a fim de mediar a celebração de compromissos de compra e venda com o dono do negócio. Nesse ínterim, consegue marcar uma reunião entre o incorporador (dono do negócio) e seu melhor cliente, sócio de uma grande rede de farmácias, pretendendo adquirir a loja principal do empreendimento. Após a reunião, em que as partes se mostraram interessadas em prosseguir com as negociações, nenhum dos futuros contratantes tornou a responder ao corretor, que não mais atuou nesse empreendimento, ante a sua dispensa. Soube, meses depois, que o negócio havia sido fechado entre o incorporador e o comprador, em negociação direta, ao valor de R$ 5.000.000,00 (cinco milhões de reais). Diante do exposto, assinale a afirmativa correta.

(A) A dispensa do corretor não ilide o dever de pagar a remuneração que lhe era devida, pois o negócio se realizou posteriormente, como fruto de sua mediação.

(B) Ainda que tenha iniciado a negociação com a atuação do corretor, uma vez concluído o negócio diretamente entre as partes, nenhuma remuneração será devida.

(C) A ausência do corretor na negociação que resultou no acordo de venda evidencia o descumprimento do dever de diligência e prudência, motivo pelo qual perde o direito à remuneração.

(D) O corretor tem direito à remuneração parcial e proporcional, pois, apesar de dispensado, iniciou a intermediação, e o negócio ao final se concretizou.

RESPOSTA Diante da situação hipotética, observe o que diz o art. 727 do CC e que está dentro do capítulo da corretagem: "Se, por não haver prazo determinado, o dono do negócio dispensar o corretor, e o negócio se realizar posteriormente, como fruto da sua mediação, a corretagem lhe será devida; igual solução se adotará se o negócio se realizar após a decorrência do prazo contratual, mas por efeito dos trabalhos do corretor". *Alternativa A.*

57. (XXXII Exame) Érico é amigo de Astolfo, famoso colecionador de obras de arte. Érico, que está abrindo uma galeria de arte, perguntou se Astolfo aceitaria locar uma das pinturas de seu acervo para ser exibida na grande noite de abertura, como forma de atrair mais visitantes. Astolfo prontamente aceitou a proposta, e ambos celebraram o contrato de locação da obra, tendo Érico se obrigado a restituí-la já no dia seguinte ao da inauguração. O aluguel, fixado em parcela única, foi pago imediatamente na data de celebração do contrato. A abertura da galeria foi um grande sucesso, e Érico, assoberbado de trabalho nos dias que se seguiram, não providenciou a devolução da obra de arte para Astolfo. Embora a galeria dispusesse de moderna estrutura de segurança, cerca de uma semana após a inauguração, Diego, estudante universitário, invadiu o local e vandalizou todas as obras de arte ali expostas, destruindo por completo a pintura que fora cedida por Astolfo. As câmeras de segurança possibilitaram a pronta identificação do vândalo. De acordo com o caso narrado, assinale a afirmativa correta.

(A) Érico tem o dever de indenizar Astolfo, integralmente, pelos prejuízos sofridos em decorrência da destruição da pintura.

(B) Érico não pode ser obrigado a indenizar Astolfo pelos prejuízos decorrentes da destruição da pintura porque Diego, o causador do dano, foi prontamente identificado.

(C) Érico não pode ser obrigado a indenizar Astolfo pelos prejuízos decorrentes da destruição da pintura porque adotou todas as medidas de segurança necessárias para proteger a obra de arte.

(D) Érico somente estará obrigado a indenizar Astolfo se restar comprovado que colaborou, em alguma medida, para que Diego realizasse os atos de vandalismo.

RESPOSTA De acordo com o art. 575 do CC, no contrato de locação, se, notificado o locatário, não restituir a coisa, pagará, enquanto a tiver em seu poder, o aluguel que o locador arbitrar, e responderá pelo dano que ela venha a sofrer, embora proveniente de caso fortuito. No caso em tela, o locatário não foi notificado, porém, o prazo já tinha vencido e devolvida a obra de arte. Ademais, diz o artigo antecedente que se, findo o prazo, o locatário continuar na posse da coisa alugada, sem oposição do locador, presumir-se-á prorrogada a locação pelo mesmo aluguel, mas sem prazo determinado. *Alternativa A.*

58. (XXXII Exame) Leandro decide realizar uma doação com a finalidade exclusiva de remunerar serviços prestados voluntária e espontaneamente por Carmen em sua ONG (Organização Não Governamental). Oferece, então, um pequeno imóvel residencial, avaliado em R$ 100.000,00 (cem mil reais), por instrumento particular, oportunidade na qual o doador fez questão de estipular uma obrigação: Carmen teria que realizar benfeitorias específicas na casa, tais como a troca dos canos enferrujados, da fiação deteriorada, bem como a finalização do acabamento das paredes, com a devida pintura final. A donatária aceita os termos da doação e assina o documento particular, imitindo-se na posse do bem e dando início às obras. Alguns dias depois, orientada por um vizinho, reúne-se com o doador e decide formalizar a doação pela via de escritura pública, no ofício competente, constando também cláusula de renúncia antecipada do doador a pleitear a revogação da doação por ingratidão. Dois anos depois, após sérios desentendimentos e ofensas públicas desferidas por Carmen, esta é condenada, em processo cível, a indenizar Leandro ante a prática de ato ilícito, qualificado como injúria grave. Leandro, então, propõe uma ação de revogação da doação. Diante desse fato, assinale a afirmativa correta.

(A) Mesmo diante da prática de injúria grave por parte de Carmen, Leandro não pode pretender revogar a doação, porque houve renúncia expressa no contrato.

(B) A doação para Carmen se qualifica como condicional, eis que depende do cumprimento da obrigação de realizar as obras para a sua confirmação.

(C) A doação para Carmen não pode ser revogada por ingratidão, porque o ato de liberalidade do doador teve motivação puramente remuneratória.

(D) O ordenamento admite que a doação para Carmen fosse realizada por instrumento particular,

DIREITO CIVIL

razão pela qual a realização da escritura pública foi um ato desnecessário.

RESPOSTA O CC é expresso quanto aos casos que a doação não pode ser revogada (art. 564) e dentre elas está aquelas puramente remuneratórias, que é o caso em questão ("Leandro decide realizar doação com a finalidade exclusiva de remunerar"). *Alternativa C.*

59. (XXXI Exame) Antônio, divorciado, proprietário de três imóveis devidamente registrados no RGI, de valores de mercado semelhantes, decidiu transferir onerosamente um de seus bens ao seu filho mais velho, Bruno, que mostrou interesse na aquisição por valor próximo ao de mercado. No entanto, ao consultar seus dois outros filhos (irmãos do pretendente comprador), um deles, Carlos, opôs-se à venda. Diante disso, bastante chateado com a atitude de Carlos, seu filho que não concordou com a compra e venda do imóvel, decidiu realizar uma doação a favor de Bruno. Em face do exposto, assinale a afirmativa correta.

(A) A compra e venda de ascendente para descendente só pode ser impedida pelos demais descendentes e pelo cônjuge, se a oposição for unânime.

(B) Não há, na ordem civil, qualquer impedimento à realização de contrato de compra e venda de pai para filho, motivo pelo qual a oposição feita por Carlos não poderia gerar a anulação do negócio.

(C) Antônio não poderia, como reação à legítima oposição de Carlos, promover a doação do bem para um de seus filhos (Bruno), sendo tal contrato nulo de pleno direito.

(D) É legítima a doação de ascendentes para descendente, independentemente da anuência dos demais, eis que o ato importa antecipação do que lhe cabe na herança.

RESPOSTA De acordo com o art. 544 do CC, a doação de ascendentes a descendentes, ou de um cônjuge a outro, importa adiantamento do que lhes cabe por herança. Atente-se que é anulável a venda de ascendente a descendente, salvo se os outros descendentes e o cônjuge do alienante expressamente houverem consentido (art. 496). *Alternativa D.*

60. (XXX Exame) Joana doou a Renata um livro raro de Direito Civil, que constava da coleção de sua falecida avó, Marta. Esta, na condição de testadora, havia destinado a biblioteca como legado, em testamento, para sua neta, Joana (legatária). Renata se ofereceu para visitar a biblioteca, circunstância na qual se encantou com a coleção de clássicos franceses. Renata, então, ofereceu-se para adquirir, ao preço de R$ 1.000,00 (mil

reais), todos os livros da coleção, oportunidade em que foi informada, por Joana, acerca da existência de ação que corria na Vara de Sucessões, movida pelos herdeiros legítimos de Marta. A ação visava impugnar a validade do testamento e, por conseguinte, reconhecer a ineficácia do legado (da biblioteca) recebido por Joana. Mesmo assim, Renata decidiu adquirir a coleção, pagando o respectivo preço. Diante de tais situações, assinale a afirmativa correta.

(A) Quanto aos livros adquiridos pelo contrato de compra e venda, Renata não pode demandar Joana pela evicção, pois sabia que a coisa era litigiosa.

(B) Com relação ao livro recebido em doação, Joana responde pela evicção, especialmente porque, na data da avença, Renata não sabia da existência de litígio.

(C) A informação prestada por Joana a Renata, acerca da existência de litígio sobre a biblioteca que recebeu em legado, deve ser interpretada como cláusula tácita de reforço da responsabilidade pela evicção.

(D) O contrato gratuito firmado entre Renata e Joana classifica-se como contrato de natureza aleatória, pois Marta soube posteriormente do risco da perda do bem pela evicção.

RESPOSTA De acordo com o art. 447 do CC, nos contratos onerosos, o alienante responde pela evicção. Subsiste esta garantia ainda que a aquisição se tenha realizado em hasta pública. No entanto, diz o art. 449 do CC, não obstante a cláusula que exclui a garantia contra a evicção, se esta se der, tem direito o evicto a receber o preço que pagou pela coisa evicta, se não soube do risco da evicção, ou, dele informado, não o assumiu. *Alternativa A.*

61. (XXX Exame) Vilmar, produtor rural, possui contratos de compra e venda de safra com diversos pequenos proprietários. Com o intuito de adquirir novos insumos, Vilmar procurou Geraldo, no intuito de adquirir sua safra, cuja expectativa de colheita era de cinco toneladas de milho, que, naquele momento, estava sendo plantado em sua fazenda. Como era a primeira vez que Geraldo contratava com Vilmar, ele ficou em dúvida quanto à estipulação do preço do contrato. Considerando a natureza aleatória do contrato, bem como a dúvida das partes a respeito da estipulação do preço deste, assinale a afirmativa correta.

(A) A estipulação do preço do contrato entre Vilmar e Geraldo pode ser deixada ao arbítrio exclusivo de uma das partes.

(B) Se Vilmar contratar com Geraldo a compra da colheita de milho, mas, por conta de uma praga inesperada, para cujo evento o agricultor não tiver concorrido com culpa, e este não conseguir colher nenhuma espiga, Vilmar não deverá lhe pagar nada, pois não recebeu o objeto contratado.

(C) Se Vilmar contratar com Geraldo a compra das cinco toneladas de milho, tendo sido plantado o exato número de sementes para cumprir tal quantidade, e se, apesar disso, somente forem colhidas três toneladas de milho, em virtude das poucas chuvas, Geraldo não receberá o valor total, em virtude da entrega em menor quantidade.

(D) A estipulação do preço do contrato entre Vilmar e Geraldo poderá ser deixada ao arbítrio de terceiro, que, desde logo, prometerem designar.

RESPOSTA De acordo com o CC, a fixação do preço pode ser deixada ao arbítrio de terceiro, que os contratantes logo designarem ou prometerem designar. Se o terceiro não aceitar a incumbência, ficará sem efeito o contrato, salvo quando acordarem os contratantes designar outra pessoa (art. 485). *Alternativa D.*

62. **(XXVIII Exame)** Maria decide vender sua mobília para Viviane, sua colega de trabalho. A alienante decidiu desfazer-se de seus móveis porque, após um serviço de dedetização, tomou conhecimento que vários já estavam consumidos internamente por cupins, mas preferiu omitir tal informação de Viviane. Firmado o acordo, 120 dias após a tradição, Viviane descobre o primeiro foco de cupim, pela erupção que se formou em um dos móveis adquiridos. Poucos dias depois, Viviane, após investigar a fundo a condição de toda a mobília adquirida, descobriu que estava toda infectada. Assim, 25 dias após a descoberta, moveu ação com o objetivo de redibir o negócio, devolvendo os móveis adquiridos, reavendo o preço pago, mais perdas e danos. Sobre o caso apresentado, assinale a afirmativa correta.

(A) A demanda redibitória é tempestiva, porque o vício era oculto e, por sua natureza, só podia ser conhecido mais tarde, iniciando o prazo de 30 (trinta) dias da ciência do vício.

(B) Em vez de rejeitar a coisa, redibindo o contrato, deveria a adquirente reclamar abatimento no preço, em sendo o vício sanável.

(C) O pedido de perdas e danos não pode prosperar, porque o efeito da sentença redibitória se limita à restituição do preço pago, mais as despesas do contrato.

(D) A demanda redibitória é intempestiva, pois quando o vício só puder ser conhecido mais tarde, o prazo de 30 (trinta) dias é contado a partir da ciência, desde que dentro de 90 (noventa) dias da tradição.

RESPOSTA Na situação presente, há claramente um vício redibitório no bem transferido, e que por sua natureza, só pode ser conhecido mais tarde. Assim, o art. 445, § 1º, CC prevê que haverá um prazo para constatar o vício, que no caso de móveis, será de até 180 dias. A partir da constatação, o adquirente terá os prazos decadenciais do *caput* do referido artigo para ingressar com uma das ações edilícias (30 dias para bens móveis e 1 ano para imóveis). Logo, a resposta é aquela que prevê ser a demanda redibitória tempestiva. *Alternativa A.*

63. **(XXVII Exame)** Renata financiou a aquisição de seu veículo em 36 parcelas e vinha pagando pontualmente todas as prestações. Entretanto, a recente perda de seu emprego fez com que não conseguisse manter em dia a dívida, tendo deixado de pagar, justamente, as duas últimas prestações (35ª e 36ª). O banco que financiou a aquisição, diante do inadimplemento, optou pela resolução do contrato. Tendo em vista o pagamento das 34 parcelas anteriores, pode-se afirmar que a conduta da instituição financeira viola o princípio da boa-fé, em razão do(a)

(A) dever de mitigar os próprios danos.

(B) proibição de comportamento contraditório (*venire contra factum proprium*).

(C) adimplemento substancial.

(D) dever de informar.

RESPOSTA Diante da situação hipotética e apesar de não estar expressa no Código Civil, trata-se da teoria do Adimplemento Substancial (ou inadimplemento mínimo). Segundo o Enunciado n. 361 CJF/STJ, "O adimplemento substancial decorre dos princípios gerais contratuais, de modo a fazer preponderar a função social do contrato e o princípio da boa-fé objetiva, balizando a aplicação do art. 475". Este artigo trata do inadimplemento voluntário ou culposo do contrato, preceituando que a parte lesada pelo descumprimento pode exigir o cumprimento forçado da avença ou a sua resolução por perdas e danos. A referida teoria base nos princípios da boa-fé objetiva e a função social do contrato (art. 421, CC). *Alternativa C.*

64. **(XXVI Exame)** Jorge, engenheiro e construtor, firma, em seu escritório, contrato de empreitada com Maria, dona da obra. Na avença, foi acordado que Jorge forneceria os materiais da construção e concluiria a obra, nos termos do projeto, no prazo de seis meses. Acordou-se, também, que o pagamento da remuneração seria efetivado em duas parcelas: a primeira, correspon-

DIREITO CIVIL

dente à metade do preço, a ser depositada no prazo de 30 (trinta) dias da assinatura do contrato; e a segunda, correspondente à outra metade do preço, no ato de entrega da obra concluída. Maria, cinco dias após a assinatura da avença, toma conhecimento de que sobreveio decisão em processo judicial que determinou a penhora sobre todo o patrimônio de Jorge, reconhecendo que este possui dívida substancial com um credor que acaba de realizar ato de constrição sobre todos os seus bens (em virtude do valor elevado da dívida). Diante de tal situação, Maria pode

(A) recusar o pagamento do preço até que a obra seja concluída ou, pelo menos, até o momento em que o empreiteiro prestar garantia suficiente de que irá realizá-la.

(B) resolver o contrato por onerosidade excessiva, haja vista que o fato superveniente e imprevisível tornou o acordo desequilibrado, afetando o sinalagma contratual.

(C) exigir o cumprimento imediato da prestação (atividade de construção), em virtude do vencimento antecipado da obrigação de fazer, a cargo do empreiteiro.

(D) desistir do contrato, sem qualquer ônus, pelo exercício do direito de arrependimento, garantido em razão da natureza de contrato de consumo.

RESPOSTA Trata-se de contrato de empreitada, de caráter bilateral, a impor a cada parte o cumprimento pontual de suas obrigações. Antes do pagamento da primeira parcela do preço, uma das partes constata que a outra, em razão da penhora de todo o seu patrimônio, dificilmente será capaz de adimplir sua prestação. Neste caso, aplica-se o disposto no art. 477 do CC: "se, depois de concluído o contrato, sobrevier a uma das partes contratantes diminuição em seu patrimônio capaz de comprometer ou tornar duvidosa a prestação pela qual se obrigou, pode a outra recusar-se à prestação que lhe incumbe, até que aquela satisfaça a que lhe compete ou dê garantia bastante de satisfazê-la". Assim, Maria pode exigir a conclusão da obra, ou ao menos a prestação de garantias que assegurem sua conclusão, antes mesmo de efetivar a prestação que lhe cabe. *Alternativa A.*

65. (XXV Exame) Em 5 de dezembro de 2016, Sérgio, mediante contrato de compra e venda, adquiriu de Fernando um computador seminovo (ano 2014) da marca Massa pelo valor de R$ 5.000,00. O pagamento foi integralizado à vista, no mesmo dia, e foi previsto no contrato que o bem seria entregue em até um mês, devendo Fernando contatar Sérgio, por telefone, para que este buscasse o computador em sua casa. No contrato,

também foi prevista multa de R$ 500,00 caso o bem não fosse entregue no prazo combinado.

Em 06 de janeiro de 2017, Sérgio, muito ansioso, ligou para Fernando perguntando pelo computador, mas teve como RESPOSTA que o atraso na entrega se deu porque a irmã de Fernando, Ana, que iria trazer um computador novo para ele do exterior, tinha perdido o voo e só chegaria após uma semana. Por tal razão, Fernando ainda dependia do computador antigo para trabalhar e não poderia entregá-lo de imediato a Sérgio.

Acerca dos fatos narrados, assinale a afirmativa correta.

(A) Sérgio poderá exigir de Fernando a execução específica da obrigação (entrega do bem) ou a cláusula penal de R$ 500,00, não podendo ser cumulada a multa com a obrigação principal.

(B) Sérgio poderá exigir de Fernando a execução específica da obrigação (entrega do bem) simultaneamente à multa de R$ 500,00, tendo em vista ser cláusula penal moratória.

(C) Sérgio somente poderá exigir de Fernando a execução específica da obrigação (entrega do bem), não a multa, pois o atraso foi por culpa de terceiro (Ana), e não de Fernando.

(D) Sérgio somente poderá exigir de Fernando a cláusula penal de R$ 500,00, não a execução específica da obrigação (entrega do bem), que depende de terceiro (Ana).

RESPOSTA Ultrapassado o prazo assinalado para a entrega do bem, por fato imputável ao vendedor (que, neste caso, não pode se escudar em qualquer circunstância caracterizadora de caso fortuito ou de força maior), encontra-se ele em mora, nos termos do art. 394 e seguintes do CC. Houve, no contrato, a estipulação de cláusula penal. Nesta hipótese, em tendo ocorrido a mora do vendedor, está-se diante da denominada "cláusula penal moratória", aplicando-se ao caso o teor do art. 411 do CC: "quando se estipular a cláusula penal para o caso de mora, ou em segurança especial de outra cláusula determinada, terá o credor o arbítrio de exigir a satisfação da pena cominada, juntamente com o desempenho da obrigação principal". *Alternativa B.*

66. (XXIV Exame) Caio, locador, celebrou com Marcos, locatário, contrato de locação predial urbana pelo período de 30 meses, sendo o instrumento averbado junto à matrícula do imóvel no RGI. Contudo, após seis meses do início da vigência do contrato, Caio resolveu se mudar para Portugal e colocou o bem à venda, anunciando-o no jornal pelo valor de R$ 500.000,00. Marcos tomou conhecimento do fato pelo anúncio e entrou em contato por telefone com Caio, afirmando estar interessado na aquisição do bem e que estaria disposto a pagar o preço anunciado. Caio, porém, disse que a venda do bem imóvel já tinha sido realizada pelo mesmo preço a Alexandre. Além disso, o adquirente do bem, Alexandre, iria denunciar o contrato de locação e Marcos teria que desocupar o imóvel em 90 dias. Acerca dos fatos narrados, assinale a afirmativa correta.

(A) Marcos, tendo sido preterido na alienação do bem, poderá depositar o preço pago e as demais despesas do ato e haver para si a propriedade do imóvel.

(B) Marcos não tem direito de preferência na aquisição do imóvel, pois a locação é por prazo determinado.

(C) Marcos somente poderia exercer direito de preferência na aquisição do imóvel se fizesse oferta superior à de Alexandre.

(D) Marcos, tendo sido preterido na alienação do bem, poderá reclamar de Alexandre, adquirente, perdas e danos, e poderá permanecer no imóvel durante toda a vigência do contrato, mesmo se Alexandre denunciar o contrato de locação.

RESPOSTA O locatário de imóvel tem direito legal de preferência para sua aquisição, nos termos do art. 27 da Lei do Inquilinato (Lei n. 8.245/91), que assim preceitua: "no caso de venda, promessa de venda, cessão ou promessa de cessão de direitos ou dação em pagamento, o locatário tem preferência para adquirir o imóvel locado, em igualdade de condições com terceiros, devendo o locador dar-lhe conhecimento do negócio mediante notificação judicial, extrajudicial ou outro meio de ciência inequívoca". Se for preterido em seu direito de preferência, o locatário poderá valer-se do disposto no art. 33 da mesma lei: "o locatário preterido no seu direito de preferência poderá reclamar do alienante as perdas e danos ou, depositando o preço e demais despesas do ato de transferência, haver para si o imóvel locado, se o requerer no prazo de seis meses, a contar do registro do ato no cartório de imóveis, desde que o contrato de locação esteja averbado pelo menos trinta dias antes da alienação junto à matrícula do imóvel". *Alternativa A.*

67. (XXIII Exame) Cássio, mutuante, celebrou contrato de mútuo gratuito com Felipe, mutuário, cujo objeto era a quantia de R$ 5.000,00, em 1º de outubro de 2016, pelo prazo de seis meses. Foi combinado que a entrega do dinheiro seria feita no parque da cidade. No entanto, Felipe, após receber o dinheiro, foi furtado no caminho de casa.

Em 1º de abril de 2017, Cássio telefonou para Felipe para combinar o pagamento da quantia emprestada,

mas este respondeu que não seria possível, em razão da perda do bem por fato alheio à sua vontade.

Acerca dos fatos narrados, assinale a afirmativa correta.

(A) Cássio tem direito à devolução do dinheiro, ainda que a perda da coisa não tenha sido por culpa do devedor, Felipe.

(B) Cássio tem direito à devolução do dinheiro e ao pagamento de juros, ainda que a perda da coisa não tenha sido por culpa do devedor, Felipe.

(C) Cássio tem direito somente à devolução de metade do dinheiro, pois a perda da coisa não foi por culpa do devedor, Felipe.

(D) Cássio não tem direito à devolução do dinheiro, pois a perda da coisa não foi por culpa do devedor, Felipe.

RESPOSTA O contrato de mútuo estipulado entre Cássio e Felipe foi devidamente constituído, tendo ocorrido a tradição (isto é, a entrega dos valores) ao mutuário. A partir daí, incide a regra estabelecida no art. 587 do Código Civil, segundo a qual "este empréstimo transfere o domínio da coisa emprestada ao mutuário, por cuja conta correm todos os riscos dela desde a tradição". Felipe, assim, ao tomar as quantias emprestadas, assumiu o risco de vir a perdê-las, o que efetivamente ocorreu em razão do furto. Isto não o isenta, todavia, do dever de restituir o montante. *Alternativa A.*

68. (XXIII Exame) Juliana, por meio de contrato de compra e venda, adquiriu de Ricardo, profissional liberal, um carro seminovo (30.000km) da marca Y pelo preço de R$ 24.000,00. Ficou acertado que Ricardo faria a revisão de 30.000km no veículo antes de entregá-lo para Juliana no dia 23 de janeiro de 2017. Ricardo, porém, não realizou a revisão e omitiu tal fato de Juliana, pois acreditava que não haveria qualquer problema, já que, aparentemente, o carro funcionava bem.

No dia 23 de fevereiro de 2017, Juliana sofreu acidente em razão de defeito no freio do carro, com a perda total do veículo. A perícia demonstrou que a causa do acidente foi falha na conservação do bem, tendo em vista que as pastilhas do freio não tinham sido trocadas na revisão de 30.000km, o que era essencial para a manutenção do carro.

Considerando os fatos, assinale a afirmativa correta.

(A) Ricardo não tem nenhuma responsabilidade pelo dano sofrido por Juliana (perda total do carro), tendo em vista que o carro estava aparentemente funcionando bem no momento da tradição.

DIREITO CIVIL

(B) Ricardo deverá ressarcir o valor das pastilhas de freio, nada tendo a ver com o acidente sofrido por Juliana.

(C) Ricardo é responsável por todo o dano sofrido por Juliana, com a perda total do carro, tendo em vista que o perecimento do bem foi devido a vício oculto já existente ao tempo da tradição.

(D) Ricardo deverá ressarcir o valor da revisão de 30.000km do carro, tendo em vista que ela não foi realizada conforme previsto no contrato.

RESPOSTA O veículo foi alienado, sendo possível constatar a existência de defeitos anteriores à tradição, caracterizando-se, assim, a configuração da figura dos vícios redibitórios (art. 441 do Código Civil). Como o vendedor atuou de má-fé, eis que ocultou intencionalmente o fato de não ter procedido à revisão do veículo, caberá a ele não apenas restituir o valor do bem, como também responder pelos prejuízos sofridos por Juliana (art. 443 do Código Civil). *Alternativa C.*

69. (XXII Exame) João e Maria, casados e donos de extenso patrimônio, celebraram contrato de fiança em favor de seu filho, Carlos, contrato este acessório a contrato de locação residencial urbana, com duração de 30 meses, celebrado entre Carlos, locatário, e Marcelo, proprietário do apartamento e locador, com vigência a partir de 1º de setembro de 2015. Contudo, em novembro de 2016, Carlos não pagou o aluguel.

Considerando que não houve renúncia a nenhum benefício pelos fiadores, assinale a afirmativa correta.

(A) Marcelo poderá cobrar diretamente de João e Maria, fiadores, tendo em vista que eles são devedores solidários do afiançado, Carlos.

(B) Marcelo poderá cobrar somente de João, tendo em vista que Maria não é fiadora, mas somente deu a outorga uxória.

(C) Marcelo poderá cobrar de Carlos, locatário, mas não dos fiadores, pois não respondem pela dívida do contrato de locação.

(D) Marcelo poderá cobrar de João e Maria, fiadores, após tentar cobrar a dívida de Carlos, locatário, tendo em vista que os fiadores são devedores subsidiários.

RESPOSTA Os fiadores prestaram a garantia em prol de seu filho, deixando claro o enunciado da questão que não houve renúncia a nenhum benefício pelos fiadores. Assim, não se renunciou ao chamado *benefício de ordem* (art. 828, I do CC), o que significa que, de acordo com o art. 827 do CC, "o fiador demandado pelo pagamento da dívida tem direito a exigir, até a

contestação da lide, que sejam primeiro executados os bens do devedor". *Alternativa D.*

70. (XXI Exame) João e Maria casaram-se, no regime de comunhão parcial de bens, em 2004. Contudo, em 2008, João conheceu Vânia e eles passaram a ter um relacionamento amoroso. Separando-se de fato de Maria, João saiu da casa em que morava com Maria e foi viver com Vânia, apesar de continuar casado com Maria.

Em 2016, João, muito feliz em seu novo relacionamento, resolve dar de presente um carro 0 km da marca X para Vânia.

Considerando a narrativa apresentada, sobre o contrato de doação celebrado entre João, doador, e Vânia, donatária, assinale a afirmativa correta.

(A) É nulo, pois é hipótese de doação de cônjuge adúltero ao seu cúmplice.

(B) Poderá ser anulado, desde que Maria pleiteie a anulação até dois anos depois da assinatura do contrato.

(C) É plenamente válido, porém João deverá pagar perdas e danos à Maria.

(D) É plenamente válido, pois João e Maria já estavam separados de fato no momento da doação.

RESPOSTA Com a mera separação de fato entre Maria e João, este se encontrava livre para constituir união estável com Vânia (vide § 1º do art. 1.723 do CC). Estabelece o art. 550 do CC que: "A doação do cônjuge adúltero ao seu cúmplice pode ser anulada pelo outro cônjuge, ou por seus herdeiros necessários, até dois anos depois de dissolvida a sociedade conjugal". Vânia, todavia, não é cúmplice (concubina) de adultério, mas verdadeira *companheira* de João. *Alternativa D.*

71. (XXI Exame) Tiago celebrou contrato de empreitada com a sociedade Obras Já Ltda. para a construção de piscina e duas quadras de esporte em sua casa de campo, pelo preço total de R$ 50.000,00. No contrato ficou estabelecido que a empreiteira seria responsável pelo fornecimento dos materiais necessários à execução da obra.

Durante a obra, ocorreu uma enchente que alagou a região e parte do material a ser usado na obra foi destruída. A empreiteira, em razão disso, entrou em contato com Tiago cobrando um adicional de R$ 10.000,00 para adquirir os novos materiais necessários para terminar a obra.

Diante dos fatos narrados, assinale a afirmativa correta.

(A) Tiago não terá que arcar com o adicional de R$ 10.000,00, ainda que a destruição do material não tenha ocorrido por culpa do devedor.

(B) Tiago não terá que arcar com o adicional de R$ 10.000,00, porém a empreiteira não está mais obrigada a terminar a obra, tendo em vista a ocorrência de um fato fortuito ou de força maior.

(C) Tiago terá que arcar com o adicional de R$ 10.000,00, tendo em vista que a destruição do material não foi causada por um fato fortuito ou de força maior.

(D) Tiago terá que arcar com o adicional de R$ 10.000,00 e a empreiteira não está mais obrigada a terminar a obra, ante a ocorrência de um caso fortuito ou de força maior.

RESPOSTA Trata-se de contrato de empreitada, em que a construtora assumiu o ônus de não apenas concluir a obra como também de arcar com os materiais. Em razão de uma enchente, evento fortuito, houve perda de parte dos materiais. Neste caso, a primeira parte do art. 611 do CC prevê que "quando o empreiteiro fornece os materiais, correm por sua conta os riscos até o momento da entrega da obra (...)". Assim, quem assume os riscos de eventual perda dos materiais, neste caso, é a própria construtora, que não poderá impor ao dono da obra os respectivos ônus. *Alternativa A.*

V. RESPONSABILIDADE CIVIL

72. (39º Exame) Luan, conduzindo seu automóvel em velocidade acima da permitida, colidiu violentamente contra o veículo em que estavam Felipe, com 10 anos de idade, e seus pais, Paulo, com 45 anos de idade, e Juliana, com 38 anos. Em razão do acidente, Felipe sofreu ferimentos graves, só recebendo alta hospitalar após seis meses. Paulo e Juliana faleceram no acidente. Pedro, tio de Felipe, foi nomeado seu tutor, função que exerceu até a maioridade de Felipe. Ao completar 18 anos de idade, Felipe ajuizou ação indenizatória em face de Luan, buscando reparação pelos danos morais sofridos em razão do acidente, bem como o ressarcimento de despesas médicas. A respeito do caso acima narrado, assinale a afirmativa correta.

(A) A pretensão ressarcitória de Felipe não está prescrita, eis que exercida no prazo quinquenal, cujo termo inicial é a data em que Felipe alcançou a maioridade civil.

(B) A pretensão de Felipe não está prescrita, pois o termo inicial do prazo trienal é a data em que Felipe completou 16 anos.

(C) Luan e Felipe poderão convencionar que o prazo prescricional aplicável à pretensão de Luan é de dez anos.

(D) É vedado a Luan renunciar à eventual prescrição que lhe beneficie.

RESPOSTA A pretensão de reparação civil prescreve em 03 (três) anos. Porém, os prazos podem ser suspensos ou interrompidos em se tratando de absolutamente incapaz, onde não corre nem prazo prescricional nem prazo decadencial. Na época do acidente, o menor tinha 10 anos de idade, ou seja, absolutamente incapaz. Dessa forma, a pretensão de Felipe não está prescrita, pois o termo inicial do prazo trienal é a data em que Felipe completou 16 anos. *Alternativa B.*

73. (37º Exame) Henrique, 50 anos, médico dermatologista, recebe em seu consultório Nicola, 70 anos, dentista, para a realização de um procedimento ambulatorial em sua mão. Durante o procedimento, Henrique ministra erroneamente ácido na mão de Nicola, que era alérgico, fato conhecido por Henrique antes do início do procedimento. Henrique imediatamente adota as medidas preventivas necessárias à mitigação do dano, mas Nicola fica com sequelas permanentes na mão, inabilitando-o parcialmente para o exercício da profissão, porque impede que ele realize procedimentos ortodônticos que necessitam do uso de ambas as mãos. A respeito da indenização a que Nicola faz jus, assinale a afirmativa correta.

(A) Deve abranger os danos emergentes correspondentes às despesas do tratamento e não abrangerá indenização por lucros cessantes considerando que Nicola ainda pode auferir renda, excluindo o nexo de causalidade entre possíveis danos decorrentes de lucros cessantes e a conduta ilícita de Henrique.

(B) Deve abranger as despesas do tratamento, os lucros cessantes até o fim da convalescença e a pensão correspondente à importância do trabalho para que se inabilitou, ou da depreciação que ele sofreu.

(C) Caso a hipótese enseje a reparação por danos estéticos, não se poderá cumular a indenização por danos morais, à luz do princípio da reparação integral, considerando que o dano estético já indeniza a violação da integridade física, tutelada pela cláusula geral de tutela da dignidade da pessoa humana.

(D) Henrique não pode ser condenado ao pagamento da indenização de lucros cessantes e danos materiais diretos de uma só vez, devendo o pensionamento ser fixado em pagamentos periódicos, tais quais seriam os lucros decorrentes do trabalho de Nicola, sob pena de enriquecimento ilícito.

RESPOSTA De modo geral, a regra no ordenamento jurídico brasileiro é que a indenização se mede pela

DIREITO CIVIL

303

extensão do dano. Devemos lembrar, também, que é plenamente lícita a cumulação das indenizações de dano estético e dano moral (Súmula 387, STJ). Por fim, se da ofensa resultar defeito pelo qual o ofendido não possa exercer o seu ofício ou profissão, ou se lhe diminua a capacidade de trabalho, a indenização, além das despesas do tratamento e lucros cessantes até ao fim da convalescença, incluirá pensão correspondente à importância do trabalho para que se inabilitou, ou da depreciação que ele sofreu (art. 950, CC). *Alternativa B.*

74.
(36º Exame) João dirigia seu carro, respeitando todas as regras de trânsito, quando foi surpreendido por uma criança que atravessava a pista. Sendo a única forma de evitar o atropelamento da criança, João desviou seu veículo e acabou por abalroar um outro carro, que estava regularmente estacionado. Passado o susto e com a criança em segurança, João tomou conhecimento de que o carro com o qual ele havia colidido era dos pais daquela mesma criança. Diante das circunstâncias, João acreditou que não seria responsabilizado pelo dano material causado ao veículo dos pais. No entanto, para sua surpresa, os pais ingressaram com uma ação indenizatória, requerendo o ressarcimento pelos danos materiais. Diante da situação hipotética narrada, nos termos da legislação civil vigente, assinale a opção correta.

(A) João cometeu um ato ilícito e, como consequência, deverá indenizar pelos danos materiais causados, visto inexistir causa excludente de ilicitude da sua conduta.

(B) A ação de João é lícita, pois agiu em estado de necessidade, evitando um mal maior e, sendo assim, não deverá indenizar os pais da criança.

(C) A ação de João é lícita, pois agiu em estado de necessidade, evitando um mal maior, porém subsiste o seu dever de indenizar os pais da criança.

(D) João cometeu um ato ilícito, porém o prejuízo deverá ser suportado pelos pais da criança.

RESPOSTA No caso em estudo, João agiu em estado de necessidade. Assim, com base no art. 188, não cometeu ato ilícito, vejamos: "Art. 188. Não constituem atos ilícitos: II – a deterioração ou destruição da coisa alheia, ou a lesão a pessoa, a fim de remover perigo iminente". O parágrafo único do mesmo artigo estabelece que: "No caso do inciso II, o ato será legítimo somente quando as circunstâncias o tornarem absolutamente necessário, não excedendo os limites do indispensável para a remoção do perigo". Como na situação hipotética apreciada, os donos do carro danificado são também os pais da criança (culpados pelo perigo), estes não deverão ser indenizados. *Alternativa B.*

75.
(36º Exame) Henrique, mecânico da oficina Carro Bom, durante a manutenção do veículo de Sofia, deixado aos seus cuidados, arranhou o veículo acidentalmente, causando danos materiais à mesma. Ciente de que Henrique não tinha muitos bens materiais e que a execução em face de Henrique poderia ser frustrada, Sofia pretende ajuizar ação indenizatória em face da oficina Carro Bom. A esse respeito, é correto afirmar que Carro Bom responderá

(A) pelos danos causados a Sofia, devendo-se perquirir se houve culpa em eligendo pela oficina de um preposto desqualificado.

(B) subsidiariamente pelos danos causados por Henrique, caso este não tenha bens suficientes para saldar a execução.

(C) objetivamente pelos danos, sendo vedado o regresso em face do mecânico que atuou culposamente, pois a oficina não poderá repassar o risco de seu negócio a terceiros.

(D) objetivamente pelos danos, sendo permitido o regresso em face do mecânico que atuou culposamente.

RESPOSTA O fundamento da presente questão passa pela análise dos art. 932, III, e art. 933 do CC. O art. 932 consagra que: "São também responsáveis pela reparação civil: III – o empregador ou comitente, por seus empregados, serviçais e prepostos, no exercício do trabalho que lhes competir, ou em razão dele". Por outro lado, o art. 933 afirma que: "As pessoas indicadas nos incisos I a V do artigo antecedente, ainda que não haja culpa de sua parte, responderão pelos atos praticados pelos terceiros ali referidos. *Alternativa D.*

76.
(XXXIV Exame) Jorge foi atropelado por Vitor, em 02/02/2016. Em razão desse evento, Jorge sofreu danos morais, materiais e estéticos, os quais surgiram e foram percebidos por ele imediatamente após o acidente. Tempos depois, em 31/01/2021, Jorge procurou você, como advogado(a), e disse que pretendia ajuizar uma ação de reparação contra Vitor. Sobre a hipótese apresentada, você deverá informar para Jorge que

(A) o prazo prescricional da pretensão de reparação civil extracontratual é de 10 (dez) anos.

(B) a pretensão está prescrita, tendo em vista o prazo de 3 (três) anos ao qual se vincula a pretensão de reparação civil extracontratual.

(C) a pretensão está prestes a ser fulminada pela prescrição, uma vez que a pretensão de reparação civil extracontratual prescreve em 5 (cinco) anos.

(D) houve prescrição apenas da pretensão de demandar a seguradora da qual Vitor é segurado, mas que permanece viável a pretensão de reparação civil extracontratual, por seu prazo de 10 (dez) anos.

RESPOSTA A regra geral da prescrição é de dez anos (art. 205 do CC). No entanto, o artigo seguinte traz outros prazos prescricionais relacionados a situações e, no caso da pretensão de reparação civil, é de três anos (art. 206, § 3º, V). *Alternativa B.*

77. (XXXIII Exame) Matheus, médico clínico-geral, recebe para atendimento em seu consultório o paciente Victor, mergulhador profissional. Realizando a anamnese, Victor relata que é alérgico à ácido acetilsalicílico. Desatento, Matheus ministra justamente esta droga a Victor como parte de seu tratamento. Victor tem danos permanentes em razão do agravamento de sua asma pelo uso inadequado do medicamento, tendo que comprar novos medicamentos para seu tratamento e, ainda mais grave, fica impedido de trabalhar nos dois anos seguintes. A respeito da responsabilidade civil de Matheus, assinale a afirmativa correta.

(A) Ele responderá pelo regime objetivo de responsabilidade civil, tendo em vista que a atividade de Matheus é arriscada.

(B) Ele deverá indenizar Victor independentemente de culpa, isto é, de imperícia de sua parte, considerando existir relação de consumo.

(C) Ele, sendo profissional liberal, terá apurada sua responsabilidade mediante a verificação de culpa, responsabilizando-se unicamente pelos danos diretos verificados no caso.

(D) Ele deverá indenizar Victor pelas despesas do tratamento e pelos lucros cessantes até o fim da convalescença, além da pensão correspondente à importância do trabalho para que se inabilitou.

RESPOSTA A responsabilidade civil dos profissionais liberais é apurada mediante verificação de culpa, ou seja, sujeita-se à comprovação de que os danos causados decorreram da negligência, da imprudência ou da imperícia do agente, nos termos do disposto no art. 14, § 4º, do Código de Defesa do Consumidor. Ademais, na questão em análise também se aplica o art. 950 do CC: "Se da ofensa resultar defeito pelo qual o ofendido não possa exercer o seu ofício ou profissão, ou se lhe diminua a capacidade de trabalho, a indenização, além das despesas do tratamento e lucros cessantes até ao fim da convalescença, incluirá pensão correspondente à importância do trabalho para que se inabilitou, ou da depreciação que ele sofreu. Parágrafo único. O prejudicado, se preferir,

poderá exigir que a indenização seja arbitrada e paga de uma só vez." *Alternativa D.*

78. (XXXIII Exame) Daniel, habilitado e dentro do limite de velocidade, dirigia seu carro na BR 101 quando uma criança atravessou a pista, à sua frente. Daniel, para evitar o atropelamento da criança, saiu de sua faixa de rolamento e colidiu com o carro de Mário, taxista, que estava a serviço e não teve nenhuma culpa no acidente. Daniel se nega ao pagamento de qualquer valor a Mário por alegar que a responsabilidade, em verdade, seria de José, pai da criança. A respeito da responsabilidade de Daniel pelos danos causados no acidente em análise, assinale a afirmativa correta.

(A) Ele não praticou ato ilícito mas, ainda assim, terá que indenizar Mário.

(B) Ele praticou ato ilícito ao causar danos a Mario, violando o princípio do *neminem laedere*.

(C) Ele não praticou ato ilícito e não terá que indenizar Mario por atuar em estado de necessidade.

(D) Ele praticou ato ilícito ao causar danos a Mário e responderá objetivamente pelos danos a que der causa.

RESPOSTA No ordenamento jurídico brasileiro o estado de necessidade exclui a ilicitude da conduta. Logo, no momento em que Daniel, para evitar o atropelamento de uma criança sai da sua faixa e colide com o carro de Mário, aquele não praticou ato ilícito. Nesse sentido, não se pode falar que houve ofensa ao princípio do *neminem laedere* (expressão em língua latina que significa»a ninguém ofender») – letra "B" está errada. Porém, o estado de perigo exclui a ilicitude, mas obriga a reparação do dano. Por fim, nos termos do artigo 930 do CC, se o perigo ocorrer por culpa de terceiro, contra este terá o autor do dano ação regressiva para haver a importância que tiver ressarcido ao lesado. *Alternativa A.*

79. (XXXII Exame) Carlos, motorista de táxi, estava parado em um cruzamento devido ao sinal vermelho. De repente, de um prédio em péssimo estado de conservação, de propriedade da sociedade empresária XYZ e alugado para a sociedade ABC, caiu um bloco de mármore da fachada e atingiu seu carro. Sobre o fato narrado, assinale a afirmativa correta.

(A) Carlos pode pleitear, da sociedade XYZ, indenização pelos danos sofridos.

(B) Carlos pode pleitear indenização pelos danos sofridos apenas da sociedade ABC.

(C) A sociedade XYZ pode se eximir de responsabilidade alegando culpa da sociedade ABC.

DIREITO CIVIL

(D)   A sociedade ABC pode se eximir de responsabilidade alegando culpa exclusiva da vítima.

RESPOSTA   Diante da situação em questão, aplica-se o art. 937 do CC, pois o dono de edifício ou construção responde pelos danos que resultarem de sua ruína, se esta provier de falta de reparos, cuja necessidade fosse manifesta. *Alternativa A.*

80. **(XXIX Exame)** Márcia transitava pela via pública, tarde da noite, utilizando uma bicicleta que lhe fora emprestada por sua amiga Lúcia. Em certo momento, Márcia ouviu gritos oriundos de uma rua transversal e, ao se aproximar, verificou que um casal discutia violentamente. Ricardo, em estado de fúria e munido de uma faca, desferia uma série de ofensas à sua esposa Janaína e a ameaçava de agressão física. De modo a impedir a violência iminente, Márcia colidiu com a bicicleta contra Ricardo, o que foi suficiente para derrubá-lo e impedir a agressão, sem que ninguém saísse gravemente ferido. A bicicleta, porém, sofreu uma avaria significativa, de tal modo que o reparo seria mais caro do que adquirir uma nova, de modelo semelhante. De acordo com o caso narrado, assinale a afirmativa correta.

(A)   Lúcia não poderá ser indenizada pelo dano material causado à bicicleta.

(B)   Márcia poderá ser obrigada a indenizar Lúcia pelo dano material causado à bicicleta, mas não terá qualquer direito de regresso.

(C)   Apenas Ricardo poderá ser obrigado a indenizar Lúcia pelo dano material causado à bicicleta.

(D)   Márcia poderá ser obrigada a indenizar Lúcia pelo dano material causado à bicicleta e terá direito de regresso em face de Janaína.

RESPOSTA   De acordo com o Código Civil, não constituem atos ilícitos os praticados em legítima defesa ou no exercício regular de um direito reconhecido (art. 188, I). Tem-se ainda que o art. 929, CC, prevê que se a pessoa lesada, ou o dono da coisa, não forem culpados do perigo, assistir-lhes-á direito à indenização do prejuízo que sofreram. Por fim, o art. 930, CC, estabelece que, se o perigo ocorrer por culpa de terceiro, contra este terá o autor do dano ação regressiva para haver a importância que tiver ressarcido ao lesado. *Alternativa D.*

81. **(XXVII Exame)** Perpétua e Joaquim resolveram mover ação de indenização por danos morais contra um jornal de grande circulação. Eles argumentam que o jornal, ao noticiar que o filho dos autores da ação fora morto em confronto com policiais militares, em 21/01/2015, publicou o nome completo do menor e sua foto sem a tarja preta nos olhos, o que caracteriza afronta aos artigos 17, 18, 143 e 247 do Estatuto da Criança e do Adolescente. Esses artigos do ECA proíbem a divulgação da imagem e da identidade de menor envolvido em ato infracional. Diante dos fatos narrados, assinale a afirmativa correta.

(A)   O jornal agiu com abuso no direito de informar e deve indenizar pelos danos causados.

(B)   O jornal não incorreu em ilícito, pois pode divulgar a imagem de pessoa suspeita da prática de crime.

(C)   Restou caracterizado o ilícito, mas, tratando-se de estado de emergência, não há indenização de danos.

(D)   Não houve abuso do direito ante a absoluta liberdade de expressão do jornal noticiante.

RESPOSTA   De acordo com o art. 187 do CC, também comete ato ilícito o titular de um direito que, ao exercê-lo, excede manifestamente os limites impostos pelo seu fim econômico ou social, pela boa-fé ou pelos bons costumes. No caso em análise, resta evidente que o jornal agiu fora do exercício regular do direito de informar. Portanto, deve sim indenizar a família do jovem morto ante ao abuso do direito de informar. *Alternativa A.*

82. **(XXVII Exame)** Ao visitar a página de Internet de uma rede social, Samuel deparou-se com uma publicação, feita por Rafael, que dirigia uma série de ofensas graves contra ele. Imediatamente, Samuel entrou em contato com o provedor de aplicações responsável pela rede social, solicitando que o conteúdo fosse retirado, mas o provedor quedou-se inerte por três meses, sequer respondendo ao pedido. Decorrido esse tempo, o próprio Rafael optou por retirar, espontaneamente, a publicação. Samuel decidiu, então, ajuizar ação indenizatória por danos morais em face de Rafael e do provedor. Sobre a hipótese narrada, de acordo com a legislação civil brasileira, assinale a afirmativa correta.

(A)   Rafael e o provedor podem ser responsabilizados solidariamente pelos danos causados a Samuel enquanto o conteúdo não foi retirado.

(B)   O provedor não poderá ser obrigado a indenizar Samuel quanto ao fato de não ter retirado o conteúdo, tendo em vista não ter havido determinação judicial para que realizasse a retirada.

(C)   Rafael não responderá pelo dever de indenizar, pois a difusão do conteúdo lesivo se deu por fato exclusivo de terceiro, isto é, do provedor.

(D)   Rafael não responderá pelo dever de indenizar, pois o fato de Samuel não ter solicitado diretamente a ele a retirada da publicação configura fato exclusivo da vítima.

RESPOSTA De acordo com o Marco Civil da Internet (art. 19 da Lei n. 12.965/2014), deve haver decisão judicial para que o provedor retire o conteúdo ofensivo. Desta maneira, como não houve decisão judicial, o provedor não poderia ser civilmente responsabilizado. *Alternativa B.*

83. (XXV Exame) João, empresário individual, é titular de um estabelecimento comercial que funciona em loja alugada em um *shopping center* movimentado. No estabelecimento, trabalham o próprio João, como gerente, sua esposa, como caixa, e Márcia, uma funcionária contratada para atuar como vendedora. Certo dia, Miguel, um fornecedor de produtos da loja, quando da entrega de uma encomenda feita por João, foi recebido por Márcia e sentiu-se ofendido por comentários preconceituosos e discriminatórios realizados pela vendedora. Assim, Miguel ingressou com ação indenizatória por danos morais em face de João.

A respeito do caso narrado, assinale a afirmativa correta.

(A) João não deve responder pelo dano moral, uma vez que não foi causado direta e imediatamente por conduta sua.

(B) João pode responder apenas pelo dano moral, caso reste comprovada sua culpa *in vigilando* em relação à conduta de Márcia.

(C) João pode responder apenas por parte da compensação por danos morais diante da verificação de culpa concorrente de terceiro.

(D) João deve responder pelos danos causados, não lhe assistindo alegar culpa exclusiva de terceiro.

RESPOSTA Na condição de empregador de Márcia, a ofensora, João, empresário individual, passa a ser civilmente responsável pelos atos lesivos praticados pela empregada, nos termos do art. 932, III, do CC, sobretudo por se tratar de ato praticado no exercício do trabalho. A responsabilidade em questão, chamada "indireta" ou "por fato de terceiro", é objetiva, nos termos do art. 933 do CC, eis que independe de comprovação de culpa por parte do empregador. *Alternativa D.*

84. (XXV Exame) Marcos caminhava na rua em frente ao Edifício Roma quando, da janela de um dos apartamentos da frente do edifício, caiu uma torradeira elétrica, que o atingiu quando passava. Marcos sofreu fratura do braço direito, que foi diretamente atingido pelo objeto, e permaneceu seis semanas com o membro imobilizado, impossibilitado de trabalhar, até se recuperar plenamente do acidente.

À luz do caso narrado, assinale a afirmativa correta.

(A) O condomínio do Edifício Roma poderá vir a ser responsabilizado pelos danos causados a Marcos, com base na teoria da causalidade alternativa.

(B) Marcos apenas poderá cobrar indenização por danos materiais e morais do morador do apartamento do qual caiu o objeto, tendo que comprovar tal fato.

(C) Marcos não poderá cobrar nenhuma indenização a título de danos materiais pelo acidente sofrido, pois não permaneceu com nenhuma incapacidade permanente.

(D) Caso Marcos consiga identificar de qual janela caiu o objeto, o respectivo morador poderá alegar ausência de culpa ou dolo para se eximir de pagar qualquer indenização a ele.

RESPOSTA Nos termos do art. 938 do CC, "aquele que habitar prédio, ou parte dele, responde pelo dano proveniente das coisas que dele caírem ou forem lançadas em lugar indevido". Adota-se, no referido dispositivo, a chamada "teoria da causalidade alternativa". No caso, não incide a responsabilidade sobre o verdadeiro causador do dano, em razão da causalidade direta que une sua conduta ao dano; ao revés, a lei imputa responsabilidade à coletividade condominial, pela lógica da causalidade alternativa, eis que qualquer condômino poderia, potencialmente, ter causado o dano. *Alternativa A.*

85. (XXII Exame) André é motorista da transportadora Via Rápida Ltda. Certo dia, enquanto dirigia um ônibus da empresa, se distraiu ao tentar se comunicar com um colega, que dirigia outro coletivo ao seu lado, e precisou fazer uma freada brusca para evitar um acidente. Durante a manobra, Olívia, uma passageira do ônibus, sofreu uma queda no interior do veículo, fraturando o fêmur direito. Além do abalo moral, a passageira teve despesas médicas e permaneceu por semanas sem trabalhar para se recuperar da fratura. Olívia decide, então, ajuizar ação indenizatória pelos danos morais e materiais sofridos. Em referência ao caso narrado, assinale a afirmativa correta.

(A) Olívia deve, primeiramente, ajuizar a ação em face da transportadora, e apenas demandar André se não obtiver a reparação pretendida, pois a responsabilidade do motorista é subsidiária.

(B) Olívia pode ajuizar ação em face da transportadora e de André, simultânea ou alternativamente, pois ambos são solidariamente responsáveis.

(C) Olívia apenas pode demandar, nesse caso, a transportadora, mas esta terá direito de regresso em face de André, se for condenada ao dever de indenizar.

DIREITO CIVIL

(D) André e a transportadora são solidariamente responsáveis e podem ser demandados diretamente por Olívia, mas aquele que vier a pagar a indenização não terá regresso em face do outro.

RESPOSTA No caso em apreço, é incontestável o comportamento culposo do condutor, que, ao distrair-se ao volante, termina por causar danos à passageira. Neste caso, poderá a lesada exigir a reparação tanto da empresa quanto do condutor, em virtude de dois dispositivos do CC. Segundo o parágrafo único do art. 942 do CC, "são solidariamente responsáveis com os autores os coautores e as pessoas designadas no art. 932". O aludido art. 932 do CC, por seu turno, prevê que "São também responsáveis pela reparação civil: (...) III – o empregador ou comitente, por seus empregados, serviçais e prepostos, no exercício do trabalho que lhes competir, ou em razão dele". Assim, a responsabilidade do condutor e de sua empregadora é solidária. *Alternativa B.*

86. (XXI Exame) Tomás e Vinícius trabalham em uma empresa de assistência técnica de informática. Após diversas reclamações de seu chefe, Adilson, os dois funcionários decidem se vingar dele, criando um perfil falso em seu nome, em uma rede social. Tomás cria o referido perfil, inserindo no sistema os dados pessoais, fotografias e informações diversas sobre Adilson. Vinícius, a seu turno, alimenta o perfil durante duas semanas com postagens ofensivas, até que os dois são descobertos por um terceiro colega, que os denuncia ao chefe. Ofendido, Adilson ajuíza ação indenizatória por danos morais em face de Tomás e Vinícius.

A respeito do caso narrado, assinale a afirmativa correta.

(A) Tomás e Vinícius são corresponsáveis pelo dano moral sofrido por Adilson e devem responder solidariamente pelo dever de indenizar.

(B) Tomás e Vinícius devem responder pelo dano moral sofrido por Adilson, sendo a obrigação de indenizar, nesse caso, fracionária, diante da pluralidade de causadores do dano.

(C) Tomás e Vinícius apenas poderão responder, cada um, por metade do valor fixado a título de indenização, pois cada um poderá alegar a culpa concorrente do outro para limitar sua responsabilidade.

(D) Adilson sofreu danos morais distintos: um causado por Tomás e outro por Vinícius, devendo, portanto, receber duas indenizações autônomas.

RESPOSTA A solução para a questão proposta é simples. Basta verificar o teor do art. 942 do CC: "os bens do responsável pela ofensa ou violação do direito de outrem ficam sujeitos à reparação do dano causa-

do; e, se a ofensa tiver mais de um autor, todos responderão solidariamente pela reparação". Como as ofensas foram perpetradas em coautoria entre Tomás e Vinícius, ambos respondem solidariamente pela reparação dos danos sofridos por Adilson. *Alternativa A.*

87. (XX Exame) Maria, trabalhadora autônoma, foi atropelada por um ônibus da Viação XYZ S.A. quando atravessava movimentada rua da cidade, sofrendo traumatismo craniano. No caminho do hospital, Maria veio a falecer, deixando o marido, João, e o filho, Daniel, menor impúbere, que dela dependiam economicamente.

Sobre o caso, assinale a afirmativa correta.

(A) João não poderá cobrar compensação por danos morais, em nome próprio, da Viação XYZ S.A., porque o dano direto e imediato foi causado exclusivamente a Maria.

(B) Ainda que reste comprovado que Maria atravessou a rua fora da faixa e com o sinal de pedestres fechado, tal fato em nada influenciará a responsabilidade da Viação XYZ S.A.

(C) João poderá cobrar pensão alimentícia apenas em nome de Daniel, por se tratar de pessoa incapaz.

(D) Daniel poderá cobrar pensão alimentícia da Viação XYZ S.A., ainda que não reste comprovado que Maria exercia atividade laborativa, se preenchido o critério da necessidade.

RESPOSTA Como ocorreu homicídio, cuja responsabilidade é imputável à empresa, cumpre invocar o teor do art. 948 do CC: "No caso de homicídio, a indenização consiste, sem excluir outras reparações: I – no pagamento das despesas com o tratamento da vítima, seu funeral e o luto da família; II – na prestação de alimentos às pessoas a quem o morto os devia, levando-se em conta a duração provável da vida da vítima". Daniel é menor impúbere, absolutamente incapaz, vigorando uma presunção de que careça de pensão, ainda que não seja possível comprovar que a falecida exercia atividade remunerada. *Alternativa D.*

VI. DIREITO DAS COISAS

88. (41º Exame) João é proprietário de um terreno e, por meio de escritura pública devidamente registrada no registro de imóveis, concedeu a Paula o direito real de superfície sobre esse imóvel, podendo Paula nele plantar pelo período de cinco anos. Decorridos dois anos da celebração do contrato, João decidiu vender o terreno a Fábio. Antes de ultimada a venda, Paula foi informada da intenção de venda e ofereceu a João as mesmas condições para que ela própria adquirisse o terreno. Diante dessa situação, considerando a disciplina prevista no Código Civil, assinale a afirmativa correta.

(A) João não pode vender o imóvel a terceiros durante o prazo de vigência do direito real de superfície, de modo que, apenas após o decurso do prazo de cinco anos, João pode vender o imóvel a Fábio.

(B) João pode vender o imóvel a Fábio, ainda que Paula tenha oferecido as mesmas condições para adquirir o terreno, mas, uma vez adquirido o terreno, Fábio estará obrigado a respeitar o direito real de superfície de Paula.

(C) João apenas restará obrigado a vender o imóvel a Paula se as condições oferecidas por ela forem melhores do que as oferecidas por Fábio, o que não é o caso.

(D) João é obrigado a respeitar o direito de preferência de Paula, em igualdade de condições, na aquisição do imóvel, caso decida vender o terreno.

RESPOSTA O direito real de superfície ocorre quando o proprietário concede a outrem o direito de construir ou de plantar em seu terreno (superficiário), por tempo determinado, mediante escritura pública devidamente registrada no Cartório de Registro de Imóveis. No direito brasileiro a superfície pode transferir-se a terceiros e, por morte do superficiário, aos seus herdeiros. Acontecendo a alienação do imóvel ou do direito de superfície, o superficiário ou o proprietário tem direito de preferência, em igualdade de condições (art. 1.373, CC). *Alternativa D.*

89. (39º Exame) Vítor contraiu empréstimo perante uma instituição bancária e ofereceu, como garantia da dívida, a hipoteca sobre um bem imóvel dele. Considerando essa situação hipotética, assinale a afirmativa correta.

(A) Vítor poderá alienar o imóvel hipotecado, salvo se o contrato de empréstimo vedar a alienação, cláusula que é considerada válida.

(B) Vítor poderá alienar o imóvel hipotecado, mas a alienação implicará o vencimento automático do empréstimo, independentemente de previsão no contrato.

(C) Vítor não poderá alienar o imóvel hipotecado, porque isso resultaria em conduta contrária à boa-fé objetiva.

(D) Caso Vítor realize melhoramentos no imóvel após a constituição da hipoteca, eles integrarão a garantia real em prol da instituição bancária.

RESPOSTA A hipoteca é uma garantia real que abrange todas as acessões, melhoramentos ou construções do imóvel (art. 1.474, CC). É nula a cláusula que proíbe ao proprietário alienar imóvel hipotecado (art. 1.475, CC). Ademais, pode convencionar-se que

vencerá o crédito hipotecário, se o imóvel for alienado. *Alternativa D.*

90. (38º Exame) Antônio é proprietário de um prédio que não tem acesso à via pública. De um lado, Antônio tem Ricardo como vizinho, cuja propriedade alcança a via pública. Do outro lado, Antônio tem Luíza como vizinha, cuja propriedade também alcança a via pública. Todavia, no caso do imóvel de Luíza, o caminho até a via pública é menos natural e mais difícil. Ricardo e Luíza recusaram-se a oferecer voluntariamente a passagem. Diante disso, Antônio pode exigir

(A) tanto a passagem de Ricardo quanto a de Luiza, a seu critério, mas só precisará pagar indenização cabal se escolher Luiza.

(B) tanto a passagem de Ricardo quanto a de Luiza, a seu critério, e deverá pagar indenização cabal a quem escolher.

(C) que Ricardo lhe dê a passagem, sem que seja obrigado a pagar qualquer indenização a ele.

(D) que Ricardo lhe dê a passagem, mediante pagamento de indenização cabal.

RESPOSTA A questão exige do aluno conhecimento acerca do instituto da Passagem Forçada. Nesse trilhar, o art. 1.285 do CC consagra que: "O dono do prédio que não tiver acesso a via pública, nascente ou porto, pode, mediante pagamento de indenização cabal, constranger o vizinho a lhe dar passagem, cujo rumo será judicialmente fixado, se necessário. § 1º Sofrerá o constrangimento o vizinho cujo imóvel mais natural e facilmente se prestar à passagem". Como, no caso expresso, o imóvel de Ricardo é o que apresenta a forma mais fácil de acesso à via pública. *Alternativa D.*

91. (36º Exame) Otávio é proprietário e residente do apartamento 706, unidade imobiliária do condomínio edilício denominado União II, e é conhecido pelos vizinhos pelas festas realizadas durante a semana, que varam a madrugada. Na última comemoração, Otávio e seus convivas fizeram uso de entorpecentes e, em trajes incompatíveis com as áreas comuns do prédio, ficaram na escada do edifício cantando até a intervenção do síndico, que acionou a polícia para conter o grupo, que voltou para o apartamento de Otávio. No dia seguinte, o síndico convocou uma assembleia para avaliar as sanções a serem aplicadas ao condômino antissocial. Ficou decidido, pelo quórum de ¾, a aplicação de multa de cinco vezes o valor da contribuição mensal. Sobre a hipótese apresentada, assinale a afirmativa correta.

DIREITO CIVIL

(A) A multa aplicada é indevida, pois apesar do comportamento de Otávio, ele é proprietário de unidade imobiliária autônoma, assim como os demais condôminos que deliberaram a multa em seu desfavor.

(B) O síndico poderia ter aplicado a multa de até cinco contribuições mensais, sem a convocação da assembleia.

(C) A aplicação da multa em face de Otávio é ilegal, pois a sanção deveria ser precedida por ação judicial para sua aplicação.

(D) O síndico aplicou corretamente a multa. Caso o comportamento antissocial de Otávio persista, a multa poderá ser majorada para até dez vezes o valor da contribuição mensal do condomínio.

RESPOSTA De acordo com o *caput* do art. 1.337 do CC, o condômino, ou possuidor, que não cumpre reiteradamente com os seus deveres perante o condomínio poderá, por deliberação de três quartos dos condôminos restantes, ser constrangido a pagar multa correspondente até o quíntuplo do valor atribuído à contribuição para as despesas condominiais, conforme a gravidade das faltas e a reiteração, independentemente das perdas e danos que se apurem. Observem que tal multa necessita de um quórum de ¾ dos condôminos restantes para que seja válida, porém prescinde de uma ação judicial. Ademais, o parágrafo único do referido artigo consagra que o condômino ou possuidor que, por seu reiterado comportamento antissocial, gerar incompatibilidade de convivência com os demais condôminos ou possuidores, poderá ser constrangido a pagar multa correspondente ao décuplo do valor atribuído à contribuição para as despesas condominiais, até ulterior deliberação da assembleia. *Alternativa D.*

92.
(36º Exame) Márcio vendeu um imóvel residencial, do qual era proprietário, para Sebastião. Animado com esse negócio, o comprador, músico, mencionou ao vendedor sua felicidade, pois passaria a residir em uma casa onde haveria espaço suficiente para colocar um piano. Porém, queixou-se de ainda não ter encontrado o instrumento ideal para comprar. Neste momento, Márcio comentou que sua filha, Fabiana, trabalhava com instrumentos musicais e estava buscando alguém interessado em adquirir um de seus pianos. Após breve contato com Fabiana, Sebastião foi até a casa dela, analisou o instrumento e gostou muito. Por tais razões, manifestou vontade de comprá-lo. Após as tratativas mencionadas, Márcio e Sebastião celebraram contrato de compra e venda de imóvel sob a forma de escritura pública lavrada em Cartório de Notas, com posterior pagamento integral do preço, devido ao vendedor, pelo comprador.

De outro lado, Sebastião e Fabiana também celebraram contrato particular de compra e venda do piano, com posterior pagamento integral do valor pelo comprador e entrega por Fabiana do bem vendido. A respeito da situação apresentada, segundo o Código Civil, Sebastião adquiriu a propriedade

(A) tanto do imóvel quanto a do piano, pela tradição dos referidos bens.

(B) do piano a partir da tradição desse bem, mas a do imóvel foi adquirida no momento em que se lavrou a escritura pública de compra e venda no Cartório de Notas.

(C) do piano a partir da tradição desse bem, mas a do imóvel será adquirida mediante registro do título translativo no Registro de Imóveis.

(D) tanto do imóvel quanto a do piano, a partir do momento em que assumiu a posse dos referidos bens.

RESPOSTA De acordo com o art. 1.226 do CC, os direitos reais sobre coisas móveis, quando constituídos, ou transmitidos por atos entre vivos, só se adquirem com a tradição. Por outro lado, o art. 1.227 do CC assevera que os direitos reais sobre imóveis constituídos, ou transmitidos por atos entre vivos, só se adquirem com o registro no Cartório de Registro de Imóveis dos referidos títulos (arts. 1.245 a 1.247), salvo os casos expressos nesse Código. Assim, como o piano é bem móvel, transmite-se pela tradição. Já o apartamento, por se tratar de um bem imóvel, a aquisição, como regra, dá-se pelo registro no Cartório de Registro de Imóveis do respectivo título. *Alternativa C.*

93.
(35º Exame) João da Silva, buscando acomodar os quatro filhos, conforme cada um ia se casando, construiu casas sucessivas em cima de seu imóvel, localizado no Morro Santa Marta, na cidade do Rio de Janeiro. Cada uma das casas é uma unidade distinta da original, construídas como unidades autônomas. Com o casamento de Carlos, seu filho mais novo, ele já havia erguido quatro unidades imobiliárias autônomas, constituídas em matrícula própria, além do pavimento original, onde João reside com sua esposa, Sirlene. No entanto, pouco tempo depois, João assume que tivera uma filha fora do casamento e resolve construir mais uma casa, em cima do pavimento de Carlos, a fim de que sua filha possa residir com seu marido. Sobre a hipótese apresentada, assinale a afirmativa correta.

(A) João poderá construir nova laje, desde que tal construção não seja feita no subsolo, pois o direito real de laje só abrange a cessão de superfícies superiores em relação à construção-base.

(B) João poderá construir a casa para sua filha, tendo em vista se tratar de direito real de superfície e por ser ele o proprietário da construção-base.

(C) João não poderá construir a casa para sua filha, uma vez que o direito real de laje se limita a apenas quatro pavimentos adicionais à construção-base.

(D) João só poderá construir a casa para sua filha mediante autorização expressa dos titulares das demais lajes, respeitadas as posturas edilícias e urbanísticas vigentes.

RESPOSTA Sobre o direito de laje, previsto a partir do art. 1.510-A do CC, tem-se que o titular da laje poderá ceder a superfície de sua construção para a instituição de um sucessivo direito real de laje, desde que haja autorização expressa dos titulares da construção-base e das demais lajes, respeitadas as posturas edilícias e urbanísticas vigentes (§ 6º). *Alternativa D.*

94.
(XXXII Exame) Joel e Simone se casaram em regime de comunhão total de bens em 2010. Em 2015, depois de vários períodos conturbados, Joel abandonou a primeira e única residência de 150 m², em área urbana, que o casal havia adquirido mediante pagamento à vista, com recursos próprios de ambos, e não dá qualquer notícia sobre seu paradeiro ou intenções futuras. Em 2018, após Simone ter iniciado um relacionamento com Roberto, Joel reaparece subitamente, notificando sua ex-mulher, que não é proprietária nem possuidora de outro imóvel, de que deseja retomar sua parte no bem, eis que não admitiria que ela passasse a morar com Roberto no apartamento que ele e ela haviam comprado juntos. Sobre a hipótese narrada, assinale a afirmativa correta.

(A) Apesar de ser possuidora de boa-fé, Simone pode se considerar proprietária da totalidade do imóvel, tendo em vista a efetivação da usucapião extraordinária.

(B) Uma vez que a permanência de Simone no imóvel é decorrente de um negócio jurídico realizado entre ela e Joel, é correto indicar um desdobramento da posse no caso narrado.

(C) Como Joel deixou o imóvel há mais de dois anos, Simone pode alegar usucapião da fração do imóvel originalmente pertencente ao ex-cônjuge.

(D) A hipótese de usucapião é impossível, diante do condomínio sobre o imóvel entre Joel e Simone, eis que ambos são proprietários.

RESPOSTA De acordo com o art. 1.240-A do CC, aquele que exercer, por 2 (dois) anos ininterruptamente e sem oposição, posse direta, com exclusividade, sobre imóvel urbano de até 250m² cuja propriedade divida com ex-cônjuge ou ex-companheiro que abandonou o lar, utilizando-o para sua moradia ou de sua família, adquirir-lhe-á o domínio integral, desde que não seja proprietário de outro imóvel urbano ou rural. Os requisitos estão no caso em tela, portanto, correta a *alternativa C.*

95.
(XXXII Exame) Liz e seu marido Hélio adquirem uma fração de tempo em regime de multipropriedade imobiliária no hotel-fazenda Cidade Linda, no estado de Goiás. Pelos termos do negócio, eles têm direito a ocupar uma das unidades do empreendimento durante os meses de dezembro e janeiro, em regime fixo. No ano seguinte à realização do negócio, as filhas do casal, Samantha e Laura, ficam doentes exatamente em dezembro, o que os impede de viajar. Para contornar a situação, Liz oferece à sua mãe, Alda, o direito de ir para o Cidade Linda no lugar deles. Ao chegar ao local, porém, Alda é barrada pela administração do hotel, sob o fundamento de que somente a família proprietária poderia ocupar as instalações da unidade. Você, como advogado(a), deve esclarecer se o ato é legal, assinalando a opção que indica sua orientação.

(A) O ato é legal, pois o regime de multipropriedade, ao contrário do condominial, é personalíssimo.

(B) O ato é ilegal, pois, como hipótese de condomínio necessário, a multipropriedade admite o uso das unidades por terceiros.

(C) O ato é ilegal, pois a possibilidade de cessão da fração de tempo do multiproprietário em comodato é expressamente prevista no Código Civil.

(D) O ato é legal, pois o multiproprietário tem apenas o direito de doar ou vender a sua fração de tempo, mas nunca cedê-la em comodato.

RESPOSTA Dentre os direitos do multiproprietário, além daqueles previstos no instrumento de instituição e na convenção de condomínio em multipropriedade, segundo o art. 1.358-I do CC, está em ceder a fração de tempo em locação ou comodato (inciso II). Portanto, o ato é ilegal conforme está descrito na *alternativa C.*

96.
(XXX Exame) Lucas, um grande industrial do ramo de couro, decidiu ajudar Pablo, seu amigo de infância, na abertura do seu primeiro negócio: uma pequena fábrica de sapatos. Lucas doou 50 prensas para a fábrica, mas Pablo achou pouco e passou a constantemente importunar o amigo com novas solicitações. Após sucessivos e infrutíferos pedidos de empréstimos de toda ordem, a relação entre os dois se desgasta a tal ponto que Pablo, totalmente fora de controle, atenta con-

DIREITO CIVIL

tra a vida de Lucas. Este, porém, sobrevive ao atentado e decide revogar a doação feita a Pablo. Ocorre que Pablo havia constituído penhor sobre as prensas, doadas por Lucas, para obter um empréstimo junto ao Banco XPTO, mas, para não interromper a produção, manteve as prensas em sua fábrica. Diante do exposto, assinale a afirmativa correta.

(A) Para a constituição válida do penhor, é necessário que as coisas empenhadas estejam em poder do credor. Como isso não ocorreu, o penhor realizado por Pablo é nulo.

(B) Tendo em vista que o Banco XPTO figura como terceiro de má-fé, a realização do penhor é causa impeditiva da revogação da doação feita por Lucas.

(C) Como causa superveniente da resolução da propriedade de Pablo, a revogação da doação operada por Lucas não interfere no direito de garantia dado ao Banco XPTO.

(D) Em razão da tentativa de homicídio, a revogação da doação é automática, razão pela qual os direitos adquiridos pelo Banco XPTO resolvem-se junto com a propriedade de Pablo.

RESPOSTA Observa-se que a revogação da doação por ingratidão não prejudica os direitos adquiridos por terceiros, nem obriga o donatário a restituir os frutos percebidos antes da citação válida; mas sujeita-o a pagar os posteriores, e, quando não possa restituir em espécie as coisas doadas, a indenizá-la pelo meio termo do seu valor (art. 563, CC). *Alternativa C.*

97. (XXIX Exame) Em 05/05/2005, Aloísio adquiriu uma casa de 500 m² registrada em nome de Bruno, que lhe vendeu o imóvel a preço de mercado. A escritura e o registro foram realizados de maneira usual. Em 05/09/2005, o imóvel foi alugado, e Aloísio passou a receber mensalmente o valor de R$ 3.000,00 pela locação, por um período de 6 anos. Em 10/10/2009, Aloísio é citado em uma ação reivindicatória movida por Elisabeth, que pleiteia a retomada do imóvel e a devolução de todos os valores recebidos por Aloísio a título de locação, desde o momento da sua celebração. Uma vez que Elisabeth é judicialmente reconhecida como a verdadeira proprietária do imóvel em 10/10/2011, pergunta-se: é correta a pretensão da autora ao recebimento de todos os aluguéis recebidos por Aloísio?

(A) Sim. Independentemente da sentença de mérito, a própria contestação automaticamente transforma a posse de Aloísio em posse de má-fé desde o seu nascedouro, razão pela qual todos os valores recebidos pelo possuidor devem ser ressarcidos.

(B) Não. Sem a ocorrência de nenhum outro fato, somente após uma sentença favorável ao pedido de Elisabeth, na reivindicatória, é que seus argumentos poderiam ser considerados verdadeiros, o que caracterizaria a transformação da posse de boa-fé em posse de má-fé. Como o possuidor de má-fé tem direito aos frutos, Aloísio não é obrigado a devolver os valores que recebeu pela locação.

(C) Não. Sem a ocorrência de nenhum outro fato, e uma vez que Elisabeth foi vitoriosa em seu pleito, a posse de Aloísio passa a ser qualificada como de má-fé desde a sua citação no processo – momento em que Aloísio tomou conhecimento dos fatos ao final reputados como verdadeiros –, exigindo, em tais condições, a devolução dos frutos recebidos entre 10/10/2009 e a data de encerramento do contrato de locação.

(D) Não. Apesar de Elisabeth ter obtido o provimento judicial que pretendia, Aloísio não lhe deve qualquer valor, pois, sendo possuidor com justo título, tem, em seu favor, a presunção absoluta de veracidade quanto a sua boa-fé.

RESPOSTA É possuidor de má-fé aquele que tem conhecimento da existência do vício desde a citação e, sendo assim, responde por todos os frutos colhidos e percebidos, bem como pelos que, por culpa sua, deixou de perceber, desde o momento em que se constituiu de má-fé (art. 1.216, CC). Logo, só deverá ressarcir os frutos desde a data da citação e não de todo o período. *Alternativa C.*

98. (XXIX Exame) Arnaldo institui usufruto de uma casa em favor das irmãs Bruna e Cláudia, que, no intuito de garantir uma fonte de renda, alugam o imóvel. Dois anos depois da constituição do usufruto, Cláudia falece, e Bruna, mesmo sem "cláusula de acrescer" expressamente estipulada, passa a receber integralmente os valores decorrentes da locação. Um ano após o falecimento de Cláudia, Arnaldo vem a falecer. Seus herdeiros pleiteiam judicialmente uma parcela dos valores integralmente recebidos por Bruna no intervalo entre o falecimento de Cláudia e de Arnaldo e, concomitantemente, a extinção do usufruto em função da morte de seu instituidor. Diante do exposto, assinale a afirmativa correta.

(A) Na ausência da chamada "cláusula de acrescer", parte do usufruto teria se extinguido com a morte de Cláudia, mas o usufruto como um todo não se extingue com a morte de Arnaldo.

(B) Bruna tinha direito de receber a integralidade dos aluguéis independentemente de estipulação expressa, tendo em vista o grau de parentesco com Cláudia, mas o usufruto automaticamente se extingue com a morte de Arnaldo.

(C) A morte de Arnaldo só extingue a parte do usufruto que caberia a Bruna, mas permanece em vigor no que tange à parte que cabe a Cláudia, legitimando os herdeiros desta a receberem metade dos valores decorrentes da locação, caso esta permaneça em vigor.

(D) A morte de Cláudia extingue integralmente o usufruto, pois instituído em caráter simultâneo, razão pela qual os herdeiros de Arnaldo têm direito de receber a integralidade dos valores recebidos por Bruna, após o falecimento de sua irmã.

RESPOSTA De acordo com o Código Civil, a morte de um dos usufrutuários, sem que haja direito de acrescer aos outros, extingue o usufruto em relação ao que faleceu, nos termos dos arts. 1.410 e 1.411. Atente-se que a morte do nu proprietário não extingue o usufruto, assim, correta a *Alternativa A*.

99. (XXVIII Exame) Aline manteve união estável com Marcos durante 5 (cinco) anos, época em que adquiriram o apartamento de 80 m² onde residiam, único bem imóvel no patrimônio de ambos. Influenciado por tormentosas discussões, Marcos abandonou o apartamento e a cidade, permanecendo Aline sozinha no imóvel, sustentando todas as despesas deste. Após 3 (três) anos sem notícias de seu paradeiro, Marcos retornou à cidade e exigiu sua meação no imóvel. Sobre o caso concreto, assinale a afirmativa correta.

(A) Marcos faz jus à meação do imóvel em eventual dissolução de união estável.

(B) Aline poderá residir no imóvel em razão do direito real de habitação.

(C) Aline adquiriu o domínio integral, por meio de usucapião, já que Marcos abandonou o imóvel durante 2 (dois) anos.

(D) Aline e Marcos são condôminos sobre o bem, o que impede qualquer um deles de adquiri-lo por usucapião.

RESPOSTA A situação hipotética indica que, preenchidos os requisitos legais, incluindo o prazo estipulado, aplica-se usucapião familiar, prevista no art. 1.240-A, CC. *Alternativa C*.

100. (XXVIII Exame) Os negócios de Clésio vão de mal a pior e, em razão disso, ele toma uma decisão difícil: tomar um empréstimo de R$ 50.000,00 (cinquenta mil reais) com Antônia, dando, como garantia de pagamento, o penhor do seu relógio de ouro e diamantes, avaliado em R$ 200.00,00 (duzentos mil reais). Antônia, por sua vez, exige que, no instrumento de constituição do

penhor, conste uma cláusula prevendo que, em caso de não pagamento da dívida, o relógio passará a ser de sua propriedade. Clésio aceita a inserção da cláusula, mas consulta seus serviços, como advogado(a), para saber da validade de tal medida. Sobre a cláusula proposta por Antônia, assinale a afirmativa correta.

(A) É válida, tendo em vista o fato de que as partes podem, no exercício de sua autonomia privada, estipular esse tipo de acordo.

(B) É nula, tendo em vista o fato de que o Código Civil brasileiro proíbe o pacto comissório.

(C) É válida, uma vez que Clésio, como proprietário do bem, não está impedido de realizar o negócio por um preço muito inferior ao de mercado, não se configurando a hipótese como pacto comissório.

(D) É válida, ainda que os valores entre o bem dado em garantia e o empréstimo sejam díspares, nada impede sua inserção, eis que não há qualquer vedação ao pacto comissório no direito brasileiro.

RESPOSTA Clésio empenha seu relógio em prol da credora Antônia, constituindo-se assim uma garantia real sobre aquele bem móvel, em virtude de um empréstimo. Todavia, a cláusula que permite à credora ficar com o bem ante ao inadimplemento do devedor é totalmente nula. O ordenamento brasileiro não permite o denominado pacto comissório, conforme art. 1.428, CC. O credor deve levar o bem empenhado à hasta pública. *Alternativa B*.

101. (XXVIII Exame) Eduarda comprou um terreno não edificado, em um loteamento distante do centro, por R$ 50.000,00 (cinquenta mil reais). Como não tinha a intenção de construir de imediato, ela visitava o local esporadicamente. Em uma dessas ocasiões, Eduarda verificou que Laura, sem qualquer autorização, havia construído uma mansão com 10 quartos, sauna, piscina, cozinha gourmet etc., no seu terreno, em valor estimado em R$ 2.000.000,00 (dois milhões de reais). Laura, ao ser notificada por Eduarda, antes de qualquer prazo de usucapião, verificou a documentação e percebeu que cometera um erro: construíra sua mansão no lote "A" da quadra "B", quando seu terreno, na verdade, é o lote "B" da quadra "A". Diante do exposto, assinale a afirmativa correta.

(A) Eduarda tem o direito de exigir judicialmente a demolição da mansão construída por Laura, independentemente de qualquer indenização.

(B) Laura, apesar de ser possuidora de má-fé, tem direito de ser indenizada pelas benfeitorias necessárias realizadas no imóvel de Eduarda.

DIREITO CIVIL

(C) Laura, como é possuidora de boa-fé, adquire o terreno de Eduarda e a indeniza, uma vez que construiu uma mansão em imóvel inicialmente não edificado.

(D) Eduarda, apesar de ser possuidora de boa-fé, adquire o imóvel construído por Laura, tendo em vista a incidência do princípio pelo qual a superfície adere ao solo.

RESPOSTA Diante do caso, deve-se aplicar o art. 1.255, parágrafo único, CC, e que prevê o instituto da acessão inversa (ou invertida). Tem-se que se a construção ou a plantação exceder consideravelmente o valor do terreno, aquele que, de boa-fé, plantou ou edificou, adquirirá a propriedade do solo, mediante pagamento da indenização fixada judicialmente, se não houver acordo. *Alternativa C.*

102. (XXVI Exame) Ronaldo é proprietário de um terreno que se encontra cercado de imóveis edificados e decide vender metade dele para Abílio. Dois anos após o negócio feito com Abílio, Ronaldo, por dificuldades financeiras, descumpre o que havia sido acordado e constrói uma casa na parte da frente do terreno – sem deixar passagem aberta para Abílio – e a vende para José, que imediatamente passa a habitar o imóvel. Diante do exposto, assinale a afirmativa correta.

(A) Abílio tem direito real de servidão de passagem pelo imóvel de José, mesmo contra a vontade deste, com base na usucapião.

(B) A venda realizada por Ronaldo é nula, tendo em vista que José não foi comunicado do direito real de servidão de passagem existente em favor de Abílio.

(C) Abílio tem direito a passagem forçada pelo imóvel de José, independentemente de registro, eis que seu imóvel ficou em situação de encravamento após a construção e venda feita por Ronaldo.

(D) Como não participou da avença entre Ronaldo e Abílio, José não está obrigado a conceder passagem ao segundo, em função do caráter personalíssimo da obrigação assumida.

RESPOSTA Ronaldo, ao edificar uma casa no terreno, atua de modo a impedir a passagem de Abílio. Decorre dos termos do art. 1.285 do CC que o dono do imóvel que esteja privado de acesso à via pública, nascente ou porto poderá exigir passagem forçada pelo terreno vizinho. Este direito persiste, nos termos do § 2º do mesmo dispositivo, mesmo que ocorra a alienação parcial do prédio, de modo que uma das partes perca o acesso à via pública, nascente ou porto, caso retratado na hipótese em apreço. O encravamento provocado dá o direito a Abílio de constranger o atual

proprietário do terreno vizinho a dar-lhe passagem. *Alternativa C.*

103. (XXVI Exame) Diante da crise que se abateu sobre seus negócios, Eriberto contrai empréstimo junto ao seu amigo Jorge, no valor de R$ 200.000,00, constituindo, como garantia, hipoteca do seu sítio, com vencimento em 20 anos. Esgotado o prazo estipulado e diante do não pagamento da dívida, Jorge decide executar a hipoteca, mas vem a saber que o imóvel foi judicialmente declarado usucapido por Jonathan, que o ocupava de forma mansa e pacífica para sua moradia durante o tempo necessário para ser reconhecido como o novo proprietário do bem. Diante do exposto, assinale a opção correta.

(A) Como o objeto da hipoteca não pertence mais a Eriberto, a dívida que ele tinha com Jorge deve ser declarada extinta.

(B) Se a hipoteca tiver sido constituída após o início da posse *ad usucapionem* de Jonathan, o imóvel permanecerá hipotecado mesmo após a usucapião, em respeito ao princípio da ambulatoriedade.

(C) Diante da consumação da usucapião, Jorge tem direito de regresso contra Jonathan, haja vista que o bem usucapido era objeto de sua garantia.

(D) Sendo a usucapião um modo de aquisição originária da propriedade, Jonathan pode adquirir a propriedade do imóvel livre da hipoteca que Eriberto constituíra em favor de Jorge.

RESPOSTA A usucapião é uma forma de aquisição originária da propriedade, e não derivada. Isto significa dizer que o usucapiente, uma vez verificados os requisitos legais para a aquisição do bem, não responde pelos débitos ou gravames que incidam anteriormente sobre a coisa. *Alternativa D.*

104. (XXV Exame) Jonas trabalha como caseiro da casa de praia da família Magalhães, exercendo ainda a função de cuidador da matriarca Lena, já com 95 anos. Dez dias após o falecimento de Lena, Jonas tem seu contrato de trabalho extinto pelos herdeiros. Contudo, ele permanece morando na casa, apesar de não manter qualquer outra relação jurídica com os herdeiros, que também já não frequentam mais o imóvel e permanecem incomunicáveis.

Jonas decidiu, por sua própria conta, fazer diversas modificações na casa: alterou a pintura, cobriu a garagem (que passou a alugar para vizinhos) e ampliou a churrasqueira. Ele passou a dormir na suíte principal, assumiu as despesas de água, luz, gás e telefone, e apresentou-se, perante a comunidade, como "o novo proprietário do imóvel". Doze anos após o falecimento de Lena, seu filho Adauto decide retomar o imóvel, mas Jonas se recusa a devolvê-lo.

A partir da hipótese narrada, assinale a afirmativa correta.

(A) Jonas não pode usucapir o bem, eis que é possuidor de má-fé.

(B) Adauto não tem direito à ação possessória, eis que o imóvel estava abandonado.

(C) Jonas não pode ser considerado possuidor, eis que é o caseiro do imóvel.

(D) Na hipótese indicada, a má-fé de Jonas não é um empecilho à usucapião.

RESPOSTA De início, Jonas, na condição de caseiro, era mero detentor do imóvel. Enquanto fâmulo (ou servo) da posse, Jonas jamais poderia usucapir o bem, nos termos do art. 1.198 do CC. Ocorre, todavia, que a relação de subordinação de Jonas aos seus ex-empregadores cessou com o fim do vínculo trabalhista. A partir de então, Jonas passou a ser autêntico possuidor do imóvel, ainda que sua posse possa ser caracterizada como injusta e de má-fé (arts. 1.200 e 1.201 do CC), pois Jonas tem pleno conhecimento do fato de ser irregular a ocupação da terra. Independentemente de sua má-fé, todavia, na condição agora de possuidor, e não mais de detentor, Jonas pode arguir em seu proveito a usucapião do imóvel, eis que, à exceção da hipótese do art. 1.242 do CC, que exige a boa-fé, as demais espécies de usucapião (vide arts. 1.238 a 1.240 do CC) dispensam este requisito, o que significa que, preenchidos os demais pressupostos legais, o possuidor, mesmo quando de má-fé, pode adquirir bens imóveis pela via da usucapião. *Alternativa D.*

105. (XXIV Exame) Quincas adentra terreno vazio e, de forma pública, passa a construir ali a sua moradia. Após o exercício ininterrupto da posse por 17 (dezessete) anos, pleiteia judicialmente o reconhecimento da propriedade do bem pela usucapião. Durante o processo, constatou-se que o imóvel estava hipotecado em favor de Jovelino, para o pagamento de numerários devidos por Adib, proprietário do imóvel. Com base nos fatos apresentados, assinale a afirmativa correta.

(A) A hipoteca existente em benefício de Jovelino prevalece sobre eventual direito de Quincas, tendo em vista o princípio da prioridade no registro.

(B) A hipoteca é um impeditivo para o reconhecimento da usucapião, tendo em vista a função social do crédito garantido.

(C) Como a usucapião é modo originário de aquisição da propriedade, a hipoteca não é capaz de impedir a sua consumação.

(D) Quincas pode adquirir, pela usucapião, o imóvel em questão, porém ficará com o ônus de quitar o débito que a hipoteca garantia.

RESPOSTA A usucapião consiste em modo de aquisição originária da propriedade, e não derivada. Isto significa dizer que não apenas eventuais ônus (como a hipoteca) não impedem a aquisição do imóvel, como também que o usucapiente não responde pelos débitos ou gravames que incidam anteriormente sobre a coisa. *Alternativa C.*

106. (XXIV Exame) Laurentino constituiu servidão de vista no registro competente, em favor de Januário, assumindo o compromisso de não realizar qualquer ato ou construção que embarace a paisagem de que Januário desfruta em sua janela. Após o falecimento de Laurentino, seu filho Lucrécio decide construir mais dois pavimentos na casa para ali passar a habitar com sua esposa. Diante do exposto, assinale a afirmativa correta.

(A) Januário não pode ajuizar uma ação possessória, eis que a servidão é não aparente.

(B) Diante do falecimento de Laurentino, a servidão que havia sido instituída automaticamente se extinguiu.

(C) A servidão de vista pode ser considerada aparente quando houver algum tipo de aviso sobre sua existência.

(D) Januário pode ajuizar uma ação possessória, provando a existência da servidão com base no título.

RESPOSTA Ajustaram as partes direito de servidão de vista. Cumpre assinalar que a servidão é um direito real, isto é, um ônus que grava um imóvel em favor do outro (art. 1.378 do CC). Assim, o falecimento do proprietário do imóvel serviente, ou seja, do bem que sofre a servidão, não implica a extinção do direito real, que continua a gravar a coisa. Veja-se, a propósito, que entre as hipóteses legais de extinção da servidão (arts. 1.387 a 1.389 do CC), não figura a morte de qualquer das partes. Januário, o proprietário do imóvel dominante, pode se valer de ação possessória para tutelar seu direito de servidão, que permanece intacto. *Alternativa D.*

107. (XXIII Exame) À vista de todos e sem o emprego de qualquer tipo de violência, o pequeno agricultor Joventino adentra terreno vazio, constrói ali sua moradia e uma pequena horta para seu sustento, mesmo sabendo que o terreno é de propriedade de terceiros.

DIREITO CIVIL

Sem ser incomodado, exerce posse mansa e pacífica por 2 (dois) anos, quando é expulso por um grupo armado comandado por Clodoaldo, proprietário do terreno, que só tomou conhecimento da presença de Joventino no imóvel no dia anterior à retomada.

Diante do exposto, assinale a afirmativa correta.

(A) Como não houve emprego de violência, Joventino não pode ser considerado esbulhador.

(B) Clodoaldo tem o direito de retomar a posse do bem mediante o uso da força com base no desforço imediato, eis que agiu imediatamente após a ciência do ocorrido.

(C) Tendo em vista a ocorrência do esbulho, Joventino deve ajuizar uma ação possessória contra Clodoaldo, no intuito de recuperar a posse que exercia.

(D) Na condição de possuidor de boa-fé, Joventino tem direito aos frutos e ao ressarcimento das benfeitorias realizadas durante o período de exercício da posse.

RESPOSTA Importa verificar as circunstâncias narradas. Joventino se apossou de terreno alheio pública e pacificamente, não cabendo atestar, assim, violência e clandestinidade em sua conduta. Isto acarreta uma consequência: Joventino não é mero detentor (art. 1.208 do Código Civil), mas verdadeiro possuidor do terreno. A posse, todavia, deve ser considerada de má-fé (art. 1.201 do Código Civil), eis que Joventino tinha ciência do fato de que a terra pertence a terceiros. A conduta de Clodoaldo é flagrantemente ilícita, eis que a lei apenas admite o emprego do desforço privado (isto é, a retomada da posse pela própria força) se o ato ocorrer imediatamente após o esbulho, o que não corresponde ao caso (art. 1.210, § 1º, do Código Civil). Sendo Joventino autêntico possuidor, e tendo sido indevida a conduta de Clodoaldo, cumpre àquele propor ação de reintegração de posse, para reaver a ocupação do bem. *Alternativa C.*

108. (XXII Exame) George vende para Marília um terreno não edificado de sua propriedade, enfatizando a existência de uma "vista eterna para a praia" que se encontra muito próxima do imóvel, mesmo sem qualquer documento comprovando o fato.

Marília adquire o bem, mas, dez anos após a compra, é surpreendida com a construção de um edifício de vinte andares exatamente entre o seu terreno e o mar, impossibilitando totalmente a vista que George havia prometido ser eterna.

Diante do exposto e considerando que a construção do edifício ocorreu em um terreno de terceiro, assinale a afirmativa correta.

(A) Uma vez transcorrido o prazo de 10 anos, Marília pode pleitear o reconhecimento da usucapião da servidão de vista.

(B) Mesmo sem registro, Marília pode ser considerada titular de uma servidão de vista por destinação de George, o antigo proprietário do terreno.

(C) Mesmo sendo uma servidão aparente, as circunstancias do caso não permitem a usucapião de vista.

(D) Sem que tenha sido formalmente constituída, não é possível reconhecer servidão de vista em favor de Marília.

RESPOSTA A questão versa sobre a possibilidade de aquisição do direito real de servidão por usucapião. Neste caso, é preciso ter em conta o teor do art. 1.379 do CC, que assim dispõe: "o exercício incontestado e contínuo de uma servidão aparente, por dez anos, nos termos do art. 1.242, autoriza o interessado a registrá-la em seu nome no Registro de Imóveis, valendo-lhe como título a sentença que julgar consumado a usucapião". Vê-se, portanto, que a usucapião do direito de servidão somente será viável se se tratar de servidão aparente, assim considerara aquela que se torna ostensiva, sobretudo pela construção de obras que a tornem explícita ao olhar de terceiros. As servidões não aparentes, imperceptíveis, não podem ser adquiridas por usucapião. Assim, como não houve registro formal do direito de servidão (art. 1.378 do CC), não há como Marília reclamar tal direito. *Alternativa D.*

109. (XX Exame) Vítor, Paulo e Márcia são coproprietários, em regime de condomínio pro indiviso, de uma casa, sendo cada um deles titular de parte ideal representativa de um terço (1/3) da coisa comum. Todos usam esporadicamente a casa nos finais de semana. Certo dia, ao visitar a casa, Márcia descobre um vazamento no encanamento de água. Sem perder tempo, contrata, em nome próprio, uma sociedade empreiteira para a realização da substituição do cano danificado. Pelo serviço, ficou ajustado contratualmente o pagamento de R$ 900,00 (novecentos reais).

Tendo em vista os fatos expostos, assinale a afirmativa correta.

(A) A empreiteira pode cobrar a remuneração ajustada contratualmente de qualquer um dos condôminos.

(B) A empreiteira pode cobrar a remuneração ajustada contratualmente apenas de Márcia, que, por sua vez, tem direito de regresso contra os demais condôminos.

(C) A empreiteira não pode cobrar a remuneração contratualmente ajustada de Márcia ou de qualquer outro condômino, uma vez que o serviço foi contratado sem a prévia aprovação da totalidade dos condôminos.

(D) A empreiteira pode cobrar a remuneração ajustada contratualmente apenas de Márcia, que deverá suportar sozinha a despesa, sem direito de regresso contra os demais condôminos, uma vez que contratou a empreiteira sem o prévio consentimento dos demais condôminos.

RESPOSTA Vítor, Paulo e Márcia são condôminos de um bem comum, nos termos dos arts. 1.314 e s. do CC. A dívida foi contraída apenas por Márcia, que contratou a sociedade, mas o propósito da reforma era o de beneficiar todos os coproprietários. Neste caso, dispõe o art. 1.318 do CC que "as dívidas contraídas por um dos condôminos em proveito da comunhão, e durante ela, obrigam o contratante; mas terá este ação regressiva contra os demais". *Alternativa B.*

110. (XX Exame – Reaplicação) O apartamento de João é invadido e, entre outras coisas, um paletó é furtado. Três meses depois, João descobre que o seu paletó está sendo usado por Ricardo. Ao ser confrontado, Ricardo esclarece que adquiriu o paletó há um mês de um brechó, que o mantinha exposto no mostruário. Alegou ainda que adquiriu a roupa sem saber que era proveniente de furto. Em prova do alegado, Ricardo exibe documento comprobatório da compra do paletó feita no brechó.

Tendo em vista a situação descrita, assinale a afirmativa correta.

(A) Ricardo não é o legítimo proprietário do paletó, pois o adquiriu do brechó, que não era o verdadeiro dono da coisa.

(B) Ricardo é o legítimo proprietário do paletó, uma vez que o adquiriu de boa-fé, em estabelecimento comercial, que, nas circunstâncias do caso, aparentava ser o dono da coisa.

(C) Ricardo é o legítimo proprietário do paletó, mas deve indenizar João, entregando-lhe soma equivalente ao preço que pagou ao brechó.

(D) Ricardo não é o legítimo proprietário do paletó, uma vez que o comprou do brechó apenas dois meses depois do furto sofrido por João.

RESPOSTA João foi vítima de furto. Ocorre que Ricardo veio a adquirir o objeto do crime em um estabelecimento comercial, tendo adquirido sua propriedade de boa-fé. Neste caso, vigora o disposto no art. 1.268 do CC: "Feita por quem não seja proprietário, a tradição não aliena a propriedade, exceto se a coisa, oferecida ao público, em leilão ou estabelecimento comercial, for transferida em circunstâncias tais que, ao adquirente de boa-fé, como a qualquer pessoa, o alienante se afigurar dono". Trata-se da aplicação da teo-

ria da aparência (putatividade), eis que a Ricardo o estabelecimento aparentava ser o proprietário legítimo da coisa. *Alternativa B.*

VII. DIREITO DAS FAMÍLIAS

111. (41º Exame) Um ano antes da morte de Otávio, Natália, 19 anos, ajuizou ação declaratória de filiação, alegando ter nascido antes de trezentos dias da dissolução da sociedade conjugal de Otávio com Antônia, mãe dela. Otávio ainda teve tempo de contestar, alegando que, à época em que Antônia engravidou, ele sofria de impotência, e que ela o traía com Bernardo, irmão gêmeo univitelino dele – fato que foi devidamente comprovado, que o levou a se separar e a pedir o divórcio. Otávio faleceu pouco depois da contestação. Sobre o caso, assinale a afirmativa correta.

(A) Os herdeiros de Otávio podem, após a sua morte, prosseguir na ação.

(B) Opera presunção absoluta de que Otávio é pai de Natália.

(C) O adultério de Antônia é suficiente para afastar a presunção de paternidade de Otávio.

(D) A alegação de impotência, ainda que provada, é irrelevante para a discussão da filiação.

RESPOSTA No direito brasileiro a prova da impotência do cônjuge para gerar, à época da concepção, ilide a presunção da paternidade (art. 1.599, CC). Ademais, não basta o adultério da mulher, ainda que confessado, para ilidir a presunção legal da paternidade (art. 1.600, CC). Importante lembrarmos que ação de prova de filiação compete ao filho, enquanto viver, passando aos herdeiros, se ele morrer menor ou incapaz. Por fim, se iniciada a ação pelo filho para discutir a filiação, os herdeiros poderão continuá-la, salvo se julgado extinto o processo (art. 1.606, CC). *Alternativa A.*

112. (40º Exame) Mariana e Lucas estão casados há mais de 10 anos em regime da comunhão parcial de bens. Recentemente, Mariana descobriu que Lucas vem mantendo uma relação extraconjugal com uma vizinha. A descoberta abalou profundamente o casamento, e Mariana pediu o divórcio. Considerando a quebra do dever de fidelidade, Mariana alega que Lucas perdeu o direito sobre todos os bens do casal, ou seja, ela entende que, apesar do regime de comunhão parcial de bens, o patrimônio construído ao longo do casamento não deverá ser partilhado. Sobre a hipótese apresentada, assinale a afirmativa correta.

(A) O adultério traduz-se em violação do dever de recíproca fidelidade no casamento. Assim, em

DIREITO CIVIL

razão da traição de Lucas, Mariana tem direito à indenização correspondente a parte dos bens do casal.

(B) A discussão de culpa e culpados para o divórcio não é mais necessária e, por isso, a divisão de bens deve seguir as regras do regime escolhido no casamento.

(C) O adultério é uma das mais graves infrações dos deveres conjugais e tem, como consequência, a perda do direito à meação.

(D) O adultério não interfere na partilha de bens do casal, mas tão somente no convívio do pai adúltero com os filhos menores de idade.

RESPOSTA Desde a Emenda Constitucional n. 66/2010, não é mais necessário discutir a culpa para obter o divórcio. Assim, a infidelidade de um dos cônjuges não interfere na partilha de bens, a qual deve seguir as regras do regime de bens escolhido pelo casal. *Alternativa B.*

113. (40º Exame) Joana trabalhou por 15 anos como empregada doméstica na residência de Alzira, um imóvel de 60 metros quadrados, herdado de seu falecido pai. Durante todo esse período, Joana percebeu salários mensais, tal como acordado, porém nunca recebeu as verbas referentes às férias e ao décimo terceiro salário, bem como nunca teve as contribuições previdenciárias devidamente recolhidas. Depois da rescisão contratual, Joana promoveu a ação trabalhista, visando receber as verbas devidas e não pagas, tendo seus direitos reconhecidos por sentença transitada em julgado. Não obstante, o pagamento das verbas não foi realizado e, fato seguinte, foi promovida a execução, momento em que Joana, representada por seu advogado, diante do não pagamento e da inexistência de outros bens, requereu a penhora do imóvel residencial de Alzira. Ante a hipótese narrada, considerando que o imóvel residencial de Alzira é o único que ela possui, assinale a afirmativa correta.

(A) O imóvel é impenhorável, mas os bens móveis que o guarnecem são penhoráveis, independentemente do valor dos mesmos.

(B) O imóvel é impenhorável, bem como são impenhoráveis os móveis que guarnecem a casa, exceto as obras de arte e os adornos suntuosos.

(C) O imóvel na execução promovida por Joana é, em qualquer hipótese, penhorável.

(D) O imóvel, na execução promovida por Joana, é penhorável, desde que comprovada a má-fé da devedora.

RESPOSTA De acordo com o art. 1º da Lei n. 8.009/90 (Lei do bem de família), o imóvel residencial próprio do casal, ou da entidade familiar, é impenho-

rável e não responderá por qualquer tipo de dívida civil, comercial, fiscal, previdenciária ou de outra natureza, contraída pelos cônjuges ou pelos pais ou filhos que sejam seus proprietários e nele residam, salvo nas hipóteses previstas na lei. A impenhorabilidade compreende o imóvel sobre o qual se assentam a construção, as plantações, as benfeitorias de qualquer natureza e todos os equipamentos, inclusive os de uso profissional, ou móveis que guarneçam a casa, desde que quitados. Por outro lado, adornos suntuosos são os bens considerados de ostentação, desnecessários para sobrevivência da pessoa, não estando protegidos pela impenhorabilidade. *Alternativa B.*

114. (40º Exame) Vitória e Rodrigo foram casados, em regime de comunhão parcial de bens, e são pais de Mariana. Quando Mariana atingiu 16 (dezesseis) anos, os pais divorciaram-se, passando a residir em lares distintos e a compartilhar a guarda de Mariana. Mariana passou a residir com o pai. A respeito do dever de educação de Mariana, assinale a afirmativa correta.

(A) Caberá a Vitória e a Rodrigo, já que o dever de educação inserido nos deveres e direitos dos pais com relação aos filhos, no exercício do poder familiar, independe da situação conjugal de ambos.

(B) Com o divórcio, o dever de educação passa a ser somente do pai, com quem Mariana reside, sendo impossível fisicamente Vitória colaborar nesse sentido, dada a distância física de Mariana.

(C) Com o divórcio, caberá este dever somente ao pai, Rodrigo, pois, em que pese a guarda compartilhada, Mariana reside com ele.

(D) A guarda e a convivência determinam a quem caberá o dever de educar o filho, de modo que, nesse caso, o dever de educação passa a ser somente do pai.

RESPOSTA De acordo com o Código Civil, o dever de educação dos filhos é atribuído a ambos os pais, independentemente de sua situação conjugal. Isso significa que mesmo após o divórcio, Vitória e Rodrigo continuam responsáveis pelo dever de educar Mariana, conforme estabelecido nos arts. 1.566, IV, e 1.634, I, do Código Civil. *Alternativa A.*

115. (39º Exame) Devido às consequências da pandemia, Gabriel Cervantes teve graves problemas financeiros e profissionais, levando ao consumo de álcool de forma excessiva diariamente, sendo considerado pelos médicos como ébrio habitual. Rosa Torres, sua esposa, desesperada com a condição do marido e pela situação financeira da família, procura você, como advogado(a), desejando saber a respeito da possibilidade de curatela. Informa a esposa que o casal tem dois filhos absolutamente incapazes e os pais do marido encontram-se vivos. Comunica ainda que o casal não se encontra separado de fato. Sobre a hipótese, segundo o sistema jurídico brasileiro, assinale a afirmativa correta.

(A) O alcoolismo por si só não conduz à curatela, devendo a esposa demonstrar a prodigalidade do marido.

(B) Em eventual curatela, os pais terão prioridade no exercício em relação à esposa, que só poderá ser designada curadora na desistência dos pais.

(C) A autoridade do curador estende-se à pessoa e aos bens dos filhos do curatelado, enquanto não houver a maioridade ou a emancipação.

(D) A interdição do ébrio habitual só o privará de, sem curador, emprestar, transigir, dar quitação, alienar ou hipotecar seu patrimônio, podendo praticar livremente os demais atos da vida civil.

RESPOSTA Gabriel foi diagnosticado como ébrio habitual, sendo assim considerado relativamente incapaz (art. 4º, CC). Nesse sentido, surge a figura do curador para assistir o curatelado na prática dos atos civis. O art. 1.778 do CC afirma que a autoridade do curador se estende à pessoa e aos bens dos filhos do curatelado. Por fim, o art. 1.775 diz que "o cônjuge ou companheiro, não separado judicialmente ou de fato, é, de direito, curador do outro, quando interdito". *Alternativa C.*

116. (39º Exame) Júlio Cesar e Thayane foram casados por 8 anos e tiveram 2 filhos. Como a separação foi amigável, o casal achou melhor não realizar qualquer medida judicial, acordando verbalmente o valor da pensão alimentícia que seria paga em benefício dos menores, bem como o esquema de convivência parental. Entretanto, 3 anos após a separação, Thayane resolveu reajustar o valor da pensão alimentícia. O que não foi aceito por Júlio Cesar. Como não conseguiram alcançar um acordo, já que Júlio Cesar não pagou os valores solicitados, Thayane decidiu suspender o contato do pai com os filhos. Sem poder ter contato com os filhos, Júlio Cesar procura você, como advogado(a), a fim de receber sua orientação. Assinale a opção que indica, corretamente, sua orientação.

(A) A medida adotada por Thayane está correta, pois a mãe tem autonomia para suspender o contato do pai que não cumpre com seus deveres de prestar alimentos, resguardando, dessa forma, a proteção necessária ao desenvolvimento biopsíquico dos menores.

(B) Thayane pode impedir o contato de Júlio Cesar com o filho, já que, após a separação, o exercício

da autoridade familiar é exclusivo da mãe, que tem o dever de garantir os direitos das crianças e dos adolescentes.

(C) Thayane não pode impedir a convivência de Júlio Cesar com os filhos em razão do não pagamento da pensão alimentícia nos valores que foram pleiteados, pois independentemente das questões pendentes com relação aos alimentos, a convivência dos filhos com os pais é um direito fundamental.

(D) Thayane não pode impedir o contato de Júlio Cesar com os filhos, já que, tanto os alimentos, quanto a guarda e convivência parental jamais foram regularizadas judicialmente, limitando-se o casal a um acordo verbal.

RESPOSTA O direito de visita/convivência tem o objetivo de manutenção dos laços afetivos familiares. Deixar de pagar pensão alimentícia não impede o pai e/ou a mãe de visitar o filho. O convívio familiar é direito não apenas dos pais e deve ser mantido com o intuito de preservar o desenvolvimento físico e psíquico da criança e do adolescente. *Alternativa C.*

117. (38º Exame) Robson, advogado de sucesso e bem-sucedido profissionalmente, foi preso e condenado, com sentença transitada em julgado, pelo crime de homicídio, iniciando o cumprimento de sua pena no regime fechado. Ele é pai de Raquel, 17 anos, fruto de sua união com Rose e ambos compartilham a guarda da filha. Rose e Robson divorciaram-se e, em ação própria, foi fixado o dever de Robson prover alimentos para Raquel. A respeito dos efeitos da prisão de Robson sobre o dever de alimentos, assinale a afirmativa correta.

(A) Afasta-se a obrigação de prestar alimentos de Robson considerando que a mãe de Raquel, Rose, ainda está viva.

(B) A prisão de Robson suspende o dever de prestar alimentos, que volta a produzir seus efeitos imediatamente após o cumprimento integral da pena.

(C) Robson poderá cessar a prestação de alimentos, independente de interpelação judicial, assim que Raquel alcançar a maioridade, o que acontecerá muito em breve.

(D) O fato de Robson estar preso não afasta sua obrigação alimentar.

RESPOSTA A prisão de Robson não tem o efeito de afastar sua obrigação de prestar alimentos a Raquel. A obrigação alimentar decorre do vínculo de parentesco entre pai e filha, independentemente da situação de prisão. A privação da liberdade não extingue o dever de sustento dos filhos. Portanto, mesmo estando preso, Robson continua responsável pelo pagamento dos

DIREITO CIVIL

alimentos em favor de Raquel. Ademais, segundo o Superior Tribunal de Justiça, uma vez que é possível exercer atividade remunerada no presídio, a prisão não afasta a obrigação de alimentos. *Alternativa D.*

118. (37º Exame) Pedro e Joana casaram-se pelo regime da comunhão parcial de bens. Na constância do casamento, Pedro herdou ações e comprou um carro, enquanto Joana recebeu de doação um apartamento e ganhou um prêmio de loteria. Com base nessas informações, assinale a opção que indica, em caso de divórcio, os bens que devem ser partilhados.

(A) As ações e o apartamento.
(B) O carro e o prêmio de loteria.
(C) O carro e o apartamento.
(D) As ações e o prêmio de loteria.

RESPOSTA Pelo regime de bens da comunhão parcial de bens, entram na partilha os bens adquiridos na constância do casamento por título oneroso, ainda que só em nome de um dos cônjuges, bem como devem ser partilhados os bens adquiridos por fato eventual, com ou sem o concurso de trabalho ou despesa anterior (art. 1.660, I e II, CC). *Alternativa B.*

119. (36º Exame) Rodolfo e Marília estão casados desde 2005. Em 2010, nasceu Lorenzo, único filho do casal. No ano de 2020, eles resolveram se divorciar, após um período turbulento de discussões e mútuas relações extraconjugais. A única divergência entre o casal envolvia a guarda do filho, Lorenzo. Neste sentido, sublinhando-se que o pai e a mãe apresentam condições de exercício de tal função, relacionando-se bem com o filho e conseguindo separar seus problemas conjugais de seus deveres paternos e maternos – à luz do Código Civil, assinale a afirmativa correta.

(A) Segundo a lei, o juiz, diante do conflito, deverá aplicar a guarda alternada entre Rodolfo e Marília.
(B) Como os pais desejam a guarda do menor e estão aptos a exercer o poder familiar, a lei determina a aplicação da guarda compartilhada, mesmo que não haja acordo entre eles.
(C) A lei determina a fixação da guarda compartilhada, mas, tendo em vista cuidar-se de divergência sobre a guarda, ela deve ser atribuída a Rodolfo ou a Marília, mas, diante do conflito, a guarda não deve ser atribuída a eles, em nenhuma hipótese.
(D) Caso Rodolfo e Marília não consigam decidir de modo consensual a quem caberá a guarda de Lorenzo, o juiz será obrigado a atribuí-la a um genitor ou ao outro, uma vez que inexiste hipótese de guarda compartilhada na lei brasileira.

RESPOSTA A respeito do instituto da guarda, o art. 1.584, § 2º, do CC consagra que quando não houver acordo entre a mãe e o pai quanto à guarda do filho, encontrando-se ambos os genitores aptos a exercer o poder familiar, será aplicada a guarda compartilhada, salvo se um dos genitores declarar ao magistrado que não deseja a guarda do menor. *Alternativa B.*

120. (XXXIII Exame) Antônio, advogado, passou a residir com sua namorada Lorena, em 2012, com objetivo declarado, pelo próprio casal, de constituir uma união estável, ainda que não guarnecida por escritura pública. A partir de então, Antônio começou a participar do cotidiano de Lucas, filho de Lorena, cuja identidade do pai biológico a própria mãe desconhecia. No início de 2018, Antônio procedeu ao reconhecimento voluntário de paternidade socioafetiva de Lucas, com base no Provimento n. 63/2017 CNJ. Em meados de agosto de 2020, a convivência de Antônio e Lorena chegou ao fim. Diante deste cenário, Antônio comprometeu-se a pagar alimentos para Lucas, que estava com 13 anos de idade, até os 21 anos de idade do filho, no valor de R$ 2.500,00 (dois mil e quinhentos reais), mediante acordo homologado judicialmente. Porém, no final de 2020, Antônio recebeu a notícia de que o escritório de que ele é sócio perdeu um de seus principais clientes, fato cujo impacto financeiro gerou a redução de 30% dos seus rendimentos mensais. Quando soube de tal notícia, Antônio procurou Lorena, como representante legal de Lucas, para fixar um valor mais baixo de pensão a ser pago, ao menos durante um período, mas ela recusou-se a estabelecer um novo acordo.

Conforme este contexto, assinale a afirmativa correta.

(A) A redução do encargo alimentar apenas poderá acontecer caso Lucas, por meio de sua representante legal, Lorena, concorde com ela.
(B) Os filhos socioafetivos não tem o direito de pleitear alimentos frente aos seus pais.
(C) Diante da mudança de sua situação financeira, Antônio poderá requerer ao juiz a redução do encargo alimentar.
(D) Caso eventual pedido de redução do valor pago a título de obrigação alimentar seja procedente, Lucas nunca mais poderá pleitear a majoração do encargo, nem mesmo se a situação financeira de Antônio melhorar.

RESPOSTA Diante da questão, sabendo que a parentalidade socioafetiva ocasiona todos os efeitos jurídicos, inclusive alimentos, todas as regras alimentares são aplicadas ao caso. Logo, para alterar o valor devido de alimentos é preciso uma demanda revisional com essa finalidade. Se, fixados os alimentos, sobrevier mudança na situação financeira de quem os supre, ou na de quem os recebe, poderá o interessado reclamar ao juiz, conforme as circunstâncias, exoneração, redução ou majoração do encargo. *Alternativa C.*

121. (XXXI Exame) Salomão, solteiro, sem filhos, 65 anos, é filho de Lígia e Célio, que faleceram recentemente e eram divorciados. Ele é irmão de Bernardo, 35 anos, médico bem-sucedido, filho único do segundo casamento de Lígia. Salomão, por circunstâncias sociais, não mantinha contato com Bernardo. Em razão de uma deficiência física, Salomão nunca exerceu atividade laborativa e sempre morou com o pai, Célio, até o falecimento deste. Com frequência, seu primo Marcos, comerciante e grande amigo, o visita. Com base no caso apresentado, assinale a opção que indica quem tem obrigação de pagar alimento a Salomão.

(A) Marcos é obrigado a pagar alimentos a Salomão, no caso de necessidade deste.

(B) Por ser irmão unilateral, Bernardo não deve, em hipótese alguma, alimentos a Salomão.

(C) Bernardo, no caso de necessidade de Salomão, deve arcar com alimentos.

(D) Bernardo e Marcos deverão dividir alimentos, entre ambos, de forma igualitária.

RESPOSTA Na falta dos ascendentes, cabe a obrigação aos descendentes, guardada a ordem de sucessão e, faltando estes, aos irmãos, assim germanos como unilaterais – art. 1.697, CC. *Alternativa C.*

122. (XXXI Exame) Aldo e Mariane são casados sob o regime da comunhão parcial de bens, desde setembro de 2013. Em momento anterior ao casamento, Rubens, pai de Mariane, realizou a doação de um imóvel à filha. Desde então, a nova proprietária acumula os valores que lhe foram pagos pelos locatários do imóvel. No ano corrente, alguns desentendimentos fizeram com que Mariane pretendesse se divorciar de Aldo. Para tal finalidade, procurou um advogado, informando que a soma dos aluguéis que lhe foram pagos desde a doação do imóvel totalizava R$ 150.000,00 (cento e cinquenta mil reais), sendo que R$ 50.000,00 (cinquenta mil reais) foram auferidos antes do casamento e o restante, após. Mariane relatou, ainda, que atualmente o imóvel se encontra vazio, sem

locatários. Sobre essa situação e diante de eventual divórcio, assinale a afirmativa correta.

(A) Quanto aos aluguéis, Aldo tem direito à meação sob o total dos valores.

(B) Tendo em vista que o imóvel locado por Mariane é seu bem particular, os aluguéis por ela auferidos não se comunicam com Aldo.

(C) Aldo tem direito à meação dos valores recebidos por Mariane, durante o casamento, a título de aluguel.

(D) Aldo faz jus à meação tanto sobre a propriedade do imóvel doado a Mariane por Rubens, quanto sobre os valores recebidos a título de aluguel desse imóvel na constância do casamento.

RESPOSTA De acordo com o art. 1.660 do CC, entram na comunhão, entre outros bens, os frutos dos bens comuns, ou dos particulares de cada cônjuge, percebidos na constância do casamento, ou pendentes ao tempo de cessar a comunhão. *Alternativa C.*

123. (XXX Exame) Arnaldo, publicitário, é casado com Silvana, advogada, sob o regime de comunhão parcial de bens. Silvana sempre considerou diversificar sua atividade profissional e pensa em se tornar sócia de uma sociedade empresária do ramo de tecnologia. Para realizar esse investimento, pretende vender um apartamento adquirido antes de seu casamento com Arnaldo; este, mais conservador na área negocial, não concorda com a venda do bem para empreender. Sobre a situação descrita, assinale a afirmativa correta.

(A) Silvana não precisa de autorização de Arnaldo para alienar o apartamento, pois destina-se ao incremento da renda familiar.

(B) A autorização de Arnaldo para alienação por Silvana é necessária, por conta do regime da comunhão parcial de bens.

(C) Silvana não precisa de autorização de Arnaldo para alienar o apartamento, pois se trata de bem particular.

(D) A autorização de Arnaldo para alienação por Silvana é necessária e decorre do casamento, independentemente do regime de bens.

RESPOSTA De acordo com o art. 1.647 do Código Civil, nenhum dos cônjuges pode, sem autorização do outro, exceto no regime da separação absoluta alienar ou gravar de ônus real os bens imóveis; pleitear, como autor ou réu, acerca desses bens ou direitos; prestar fiança ou aval; e fazer doação, não sendo remuneratória, de bens comuns, ou dos que possam integrar futura meação. Diante da situação hipotética, o regime de bens do casal é da comunhão parcial de bens, portanto, a autorização para alienação será necessária. *Alternativa B.*

DIREITO CIVIL

124. **(XXIX Exame)** Asdrúbal praticou feminicídio contra sua esposa Ermingarda, com quem tinha três filhos, dois menores de 18 anos e um maior. Nesse caso, quanto aos filhos, assinale a afirmativa correta.

(A) Asdrúbal terá suspenso o poder familiar sobre os três filhos, por ato de autoridade policial.

(B) Asdrúbal perderá o poder familiar sobre os filhos menores, por ato judicial.

(C) Asdrúbal terá suspenso o poder familiar sobre os filhos menores, por ato judicial.

(D) Asdrúbal perderá o poder familiar sobre os três filhos, por ato de autoridade policial.

RESPOSTA De acordo com o parágrafo único do art. 1.638, CC, o pai perderá por ato judicial o poder familiar sobre os filhos menores por ter praticado contra outrem igualmente titular do mesmo poder familiar homicídio, feminicídio ou lesão corporal de natureza grave ou seguida de morte, quando se tratar de crime doloso envolvendo violência doméstica e familiar ou menosprezo ou discriminação à condição de mulher. *Alternativa B.*

125. **(XXVII Exame)** Ana, que sofre de grave doença, possui um filho, Davi, com 11 anos de idade. Ante o falecimento precoce de seu pai, Davi apenas possui Ana como sua representante legal. De forma a prevenir o amparo de Davi em razão de seu eventual falecimento, Ana pretende que, na sua ausência, seu irmão, João, seja o tutor da criança. Para tanto, Ana, em vida, poderá nomear João por meio de

(A) escritura pública de constituição de tutela.

(B) testamento ou qualquer outro documento autêntico.

(C) ajuizamento de ação de tutela.

(D) diretiva antecipada de vontade.

RESPOSTA De acordo com o parágrafo único do art. 1.729 do Código Civil, cabe aos pais o direito de nomear tutor para os filhos menores, por meio de testamento ou outro documento autêntico. *Alternativa B.*

126. **(XXIV Exame)** Lúcia, sem ascendentes e sem descendentes, faleceu solteira e não deixou testamento. O pai de Lúcia tinha dois irmãos, que tiveram, cada qual, dois filhos, sendo, portanto, primos dela. Quando do falecimento de Lúcia, seus tios já haviam morrido. Ela deixou ainda um sobrinho, filho de seu único irmão, que também falecera antes dela. Sobre a sucessão de Lúcia, de acordo com os fatos narrados, assinale a afirmativa correta.

(A) O sobrinho concorre com o tio na sucessão de Lúcia, partilhando-se por cabeça.

(B) O sobrinho representará seu pai, pré-morto, na sucessão de Lúcia.

(C) O filho do tio pré-morto será chamado à sucessão por direito de representação.

(D) O sobrinho é o único herdeiro chamado à sucessão e herda por direito próprio.

RESPOSTA Tendo Lúcia falecido, sem deixar testamento, aplicam-se ao caso as regras da sucessão legítima (arts. 1.829 e s. do CC). Lúcia tem como potenciais herdeiros vivos dois primos e um sobrinho. É preciso atentar para a forma prevista em lei para a contagem dos graus de parentesco. Nos termos do art. 1.594 do CC, "contam-se, na linha reta, os graus de parentesco pelo número de gerações, e, na colateral, também pelo número delas, subindo de um dos parentes até ao ascendente comum, e descendo até encontrar o outro parente". Os primos de Lúcia são seus parentes em quarto grau; o sobrinho, por sua vez, é colateral de terceiro grau. Como, de acordo com o art. 1.840 do CC, os colaterais de grau mais próximo excluem os de grau mais remoto, caberá ao sobrinho o direito de herdar integralmente o patrimônio de Lúcia. *Alternativa D.*

127. **(XXIV Exame)** João e Carla foram casados por cinco anos, mas, com o passar dos anos, o casamento se desgastou e eles se divorciaram. As três filhas do casal, menores impúberes, ficaram sob a guarda exclusiva da mãe, que trabalha em uma escola como professora, mas que está com os salários atrasados há quatro meses, sem previsão de recebimento. João vinha contribuindo para o sustento das crianças, mas, estranhamente, deixou de fazê-lo no último mês. Carla, ao procurá-lo, foi informada pelos pais de João que ele sofreu um atropelamento e está em estado grave na UTI do Hospital Boa Sorte. Como João é autônomo, não pode contribuir, justificadamente, com o sustento das filhas. Sobre a possibilidade de os avós participarem do sustento das crianças, assinale a afirmativa correta.

(A) Em razão do divórcio, os sogros de Carla são ex-sogros, não são mais parentes, não podendo ser compelidos judicialmente a contribuir com o pagamento de alimentos para o sustento das netas.

(B) As filhas podem requerer alimentos avoengos, se comprovada a impossibilidade de Carla e de João garantirem o sustento das filhas.

(C) Os alimentos avoengos não podem ser requeridos, porque os avós só podem ser réus em ação de alimentos no caso de falecimento dos responsáveis pelo sustento das filhas.

(D) Carla não pode representar as filhas em ação de alimentos avoengos, porque apenas os genitores são responsáveis pelo sustento dos filhos.

RESPOSTA Em matéria de alimentos, cumpre verificar o que preceituam os arts. 1.696 e 1.698 do CC: "Art. 1.696. O direito à prestação de alimentos é recíproco entre pais e filhos, e extensivo a todos os ascendentes, recaindo a obrigação nos mais próximos em grau, uns em falta de outros". "Art. 1.698. Se o parente, que deve alimentos em primeiro lugar, não estiver em condições de suportar totalmente o encargo, serão chamados a concorrer os de grau imediato; sendo várias as pessoas obrigadas a prestar alimentos, todas devem concorrer na proporção dos respectivos recursos, e, intentada ação contra uma delas, poderão as demais ser chamadas a integrar a lide". Em decorrência do princípio da solidariedade familiar, e também em virtude da necessária proteção aos interesses dos menores incapazes, permite a lei que, diante da impossibilidade de os pais prestarem pensão aos filhos, sejam outros parentes – neste caso, os avós – chamados à responsabilidade de alimentar as pessoas que careçam de recursos para sua subsistência. *Alternativa B.*

128. (XXIII Exame) Arlindo e Berta firmam pacto antenupcial, preenchendo todos os requisitos legais, no qual estabelecem o regime de separação absoluta de bens. No entanto, por motivo de saúde de um dos nubentes, a celebração civil do casamento não ocorreu na data estabelecida.

Diante disso, Arlindo e Berta decidem não se casar e passam a conviver maritalmente. Após cinco anos de união estável, Arlindo pretende dissolver a relação familiar e aplicar o pacto antenupcial, com o objetivo de não dividir os bens adquiridos na constância dessa união.

Nessas circunstâncias, o pacto antenupcial é

(A) válido e ineficaz.

(B) válido e eficaz.

(C) inválido e ineficaz.

(D) inválido e eficaz.

RESPOSTA No caso em apreço, o casal estipulou o pacto antenupcial, tendo sido preenchidas todas as condições legais, de acordo com o próprio texto do enunciado. Ocorre, todavia, que o casamento acabou por não ser consumado. A resolução da hipótese passa pela análise do art. 1.653 do Código Civil, segundo o qual "é nulo o pacto antenupcial se não for feito por escritura pública, e ineficaz se não lhe seguir o casamento". O pacto é válido, pois a forma exigida em lei foi cumprida, mas não gera efeitos, em razão do não advento do matrimônio. *Alternativa A.*

129. (XXI Exame) Augusto e Raquel casam-se bem jovens, ambos com 22 anos. Um ano depois, nascem os filhos do casal: dois meninos gêmeos. A despeito da ajuda dos avós das crianças, o casamento não resiste à dura rotina de criação dos dois recém-nascidos. Augusto e Raquel separam-se ainda com os filhos em tenra idade, indo as crianças residir coma mãe.

Raquel, em pouco tempo, contrai novas núpcias. Augusto, em busca de um melhor emprego, muda-se para uma cidade próxima.

A respeito da guarda dos filhos, com base na hipótese apresentada, assinale a afirmativa correta.

(A) A guarda dos filhos de tenra idade será atribuída preferencialmente, de forma unilateral, à mãe.

(B) Na guarda compartilhada, o tempo de convívio com os filhos será dividido de forma matemática entre o pai e a mãe.

(C) O pai ou a mãe que contrair novas núpcias perderá o direito de ter consigo os filhos.

(D) Na guarda compartilhada, a cidade considerada base de moradia dos filhos será a que melhor atender aos interesses dos filhos.

RESPOSTA A guarda compartilhada é a regra vigorante no CC. Todavia, caso os genitores residam em cidades distintas, há que prevalecer o interesse dos filhos, nos termos do § 3º do art. 1.583 do CC, com redação dada pela Lei n. 13.058/2014: "na guarda compartilhada, a cidade considerada base de moradia dos filhos será aquela que melhor atender aos interesses dos filhos". *Alternativa D.*

130. (XX Exame) Em maio de 2005, Sérgio e Lúcia casaram-se pelo regime da comunhão parcial de bens. Antes de se casar, ele já era proprietário de dois imóveis. Em 2006, Sérgio alugou seus dois imóveis e os aluguéis auferidos, mês a mês, foram depositados em conta corrente aberta por ele, um mês depois da celebração dos contratos de locação. Em 2010, Sérgio recebeu o prêmio máximo da loteria, em dinheiro, que foi imediatamente aplicado em uma conta poupança aberta por ele naquele momento.

Em 2013, Lúcia e Sérgio se separaram. Lúcia procurou um advogado para saber se tinha direito à partilha do prêmio que Sérgio recebeu na loteria, bem como aos valores oriundos dos aluguéis dos imóveis adquiridos por ele antes do casamento e, mensalmente, depositados na conta corrente de Sérgio.

DIREITO CIVIL

Com base na hipótese narrada, assinale a afirmativa correta.

(A) Ela não tem direito à partilha do prêmio e aos valores depositados na conta corrente de Sérgio, oriundos dos aluguéis de seus imóveis, uma vez que se constituem como bens particulares de Sérgio.

(B) Ela tem direito à partilha dos valores depositados na conta corrente de Sérgio, oriundos dos aluguéis de seus imóveis, mas não tem direito à partilha do prêmio obtido na loteria.

(C) Ela tem direito à partilha do prêmio, mas não poderá pleitear a partilha dos valores depositados na conta corrente de Sérgio, oriundos dos aluguéis de seus imóveis.

(D) Ela tem direito à partilha do prêmio e dos valores depositados na conta corrente de Sérgio, oriundos dos aluguéis dos imóveis de Sérgio, uma vez que ambos constituem-se bens comuns do casal.

RESPOSTA O casamento entre Sérgio e Lúcia ocorreu em 2005, pelo regime da comunhão parcial de bens. Os imóveis já eram pertencentes a Sérgio, mas, posteriormente ao matrimônio, ele os alugou, e também abriu conta para depósito dos valores obtidos na loteria. É preciso, para desvendar a questão, invocar o teor dos incisos II e V do art. 1.660 do CC, que assim preceituam: "Entram na comunhão: (...) II – os bens adquiridos por fato eventual, com ou sem o concurso de trabalho ou despesa anterior; (...) V – os frutos dos bens comuns, ou dos particulares de cada cônjuge, percebidos na constância do casamento, ou pendentes ao tempo de cessar a comunhão". Assim, tanto o prêmio da loteria, obtido por fato eventual, quanto os aluguéis, que são frutos dos bens particulares de Sérgio, devem ser partilhados. *Alternativa D.*

131. (XX Exame) Juliana é sócia de uma sociedade empresária que produz bens que exigem alto investimento, por meio de financiamento significativo. Casada com Mário pelo regime da comunhão universal de bens, desde 1998, e sem filhos, decide o casal alterar o regime de casamento para o de separação de bens, sem prejudicar direitos de terceiros, e com a intenção de evitar a colocação do patrimônio já adquirido em risco.

Sobre a situação narrada, assinale a afirmativa correta.

(A) A alteração do regime de bens mediante escritura pública, realizada pelos cônjuges e averbada no Registro Civil, é possível.

(B) A alteração do regime de bens, tendo em vista que o casamento foi realizado antes da vigência do Código Civil de 2002, não é possível.

(C) A alteração do regime de bens mediante autorização judicial, com pedido motivado de ambos os cônjuges, apurada a procedência das razões invocadas e ressalvados os direitos de terceiros, é possível.

(D) Não é possível a alteração para o regime da separação de bens, tão somente para o regime de bens legal, qual seja, o da comunhão parcial de bens.

RESPOSTA A viabilidade da alteração do regime de bens durante o casamento é atestada pelo teor do § 2º do art. 1.639 do CC: "É lícito aos nubentes, antes de celebrado o casamento, estipular, quanto aos seus bens, o que lhes aprouver. § 1º O regime de bens entre os cônjuges começa a vigorar desde a data do casamento. § 2º É admissível alteração do regime de bens, mediante autorização judicial em pedido motivado de ambos os cônjuges, apurada a procedência das razões invocadas e ressalvados os direitos de terceiros". *Alternativa C.*

132. (XX Exame – Reaplicação) Roberto e Marcela, divorciados, são pais de João. Quando João completou dezoito anos, Roberto, que se encontrava desempregado, de imediato parou de pagar a pensão alimentícia, sem prévia autorização judicial.

Com base na situação descrita, assinale a afirmativa correta.

(A) Por estar desempregado, Roberto não é mais obrigado a pagar a pensão alimentícia ao filho maior de idade; logo, o pagamento da pensão pode ser interrompido sem autorização judicial.

(B) O implemento da maioridade de João, por si só, faz com que não seja mais necessário o pagamento da pensão alimentícia, independentemente da situação econômica do provedor.

(C) O ordenamento jurídico tutela o alimentante de boa-fé; logo, a interrupção do pagamento se dará com o mero fato da maioridade.

(D) O cancelamento de pensão alimentícia de filho que atingiu a maioridade está sujeito à decisão judicial, mediante contraditório.

RESPOSTA O mero fato de João completar 18 anos e adquirir plena capacidade civil (art. 5º do CC) não implica, por si só, a cessação de sua necessidade de perceber alimentos. A propósito, é entendimento pacífico na jurisprudência que a necessidade pode se estender para além dos 18 anos, sobretudo em relação às pessoas que se achem em idade universitária. Conforme dispõe o art. 1.699 do CC, "se, fixados os alimentos, sobrevier mudança na situação financeira de quem os supre, ou na de quem os recebe, poderá o interessado reclamar ao juiz, conforme as circunstâncias, exoneração, redução ou majoração do encargo". A decisão de exoneração ou revisão dos alimentos passa, portanto, por decisão judicial. *Alternativa D.*

133.
(XX Exame – Reaplicação) Manoel, em processo judicial, conseguiu impedir que fosse penhorado seu único imóvel, sob a alegação de que este seria bem de família. O exequente, então, pugna pela penhora da vaga de garagem de Manoel.

A esse respeito, assinale a afirmativa correta.

(A) A vaga de garagem não é considerada bem de família em nenhuma hipótese; portanto, sempre pode ser penhorada.

(B) A vaga de garagem que possui matrícula própria no registro de imóveis não pode ser penhorada, por ser acessória ao bem principal impenhorável.

(C) A vaga de garagem só poderá ser penhorada se existir matrícula própria no Registro de Imóveis.

(D) A vaga de garagem que não possui matrícula própria no registro de imóveis não constitui bem de família para efeito de penhora.

RESPOSTA Os bens de família têm proteção especial, consagrada na Lei n. 8.009/1990 e nos arts. 1.711 a 1.722 do CC. O único imóvel que serve para residência do devedor é impenhorável (art. 1º da Lei n. 8.009/1990), mas a vaga de garagem, se tiver inscrição própria e autônoma, não merece o mesmo resguardo. *Vide* o teor da Súmula 449 do STJ: "A vaga de garagem que possui matrícula própria no registro de imóveis não constitui bem de família para efeito de penhora". *Alternativa C.*

VIII. DIREITO DAS SUCESSÕES

134.
(41º Exame) João, viúvo, é pai da Marcela e Tatiana, capazes, que não possuem filhos. Por ocasião da morte de João, ambas as filhas são chamadas a aceitar a herança, no valor de R$ 200.000,00. Por ser devedora do Banco XYZ, no valor de R$ 50.000,00, Marcela, com receio da instituição financeira a privar da herança, decide renunciar seu quinhão, o que faz por meio de escritura pública. Tatiana, por sua vez, manifesta sua aceitação. Acerca desta situação, assinale a afirmativa correta.

(A) Ante a existência de credor, a renúncia de Marcela é inválida.

(B) O Banco XYZ poderá aceitar a totalidade do quinhão deixado para Marcela.

(C) Diante da aceitação da herança, Tatiana poderá ser responsabilizada pelo débito de Marcela.

(D) O quinhão de Marcela poderá ser aceito pelo Banco XYZ até o valor de seu crédito.

RESPOSTA Em nosso ordenamento jurídico, quando o herdeiro prejudicar os seus credores, renunciando à herança, poderão eles, com autorização do juiz, aceitá-la em nome do renunciante. Devemos lembrar que a habilitação dos credores se fará no prazo de trinta dias seguintes ao conhecimento do fato e que pagas as dívidas do renunciante, prevalece a renúncia quanto ao remanescente, que será devolvido aos demais herdeiros (art. 1.813). *Alternativa D.*

135.
(38º Exame) Maria Cristina era casada com Roberto, falecido no início de 2022, sem deixar testamento, sob o regime de separação convencional de bens. O casal sempre viveu em um imóvel de propriedade de Roberto com seus dois filhos, Alcino e Valério, que não moram mais com os pais. Roberto deixou, além do referido imóvel residencial, alguns investimentos e outro imóvel, de natureza comercial. Sobre o direito real de habitação do cônjuge sobrevivente, assinale a afirmativa correta.

(A) Maria Cristina é titular do direito real de habitação, sem prejuízo de sua participação na herança de Roberto.

(B) Maria Cristina não é titular do direito real de habitação, uma vez que existe mais de um imóvel a inventariar dentre os bens que compõem a herança de Roberto.

(C) Maria Cristina receberá seu quinhão da herança, mas só tem o direito de permanecer morando no imóvel em que vivia com Roberto, caso Alcino e Valério autorizem.

(D) Maria não é titular do direito real de habitação, pois esse não se aplica aos casamentos sob a vigência do regime de separação convencional de bens.

RESPOSTA De acordo com o art. 1.831, CC: "Ao cônjuge sobrevivente, qualquer que seja o regime de bens, será assegurado, sem prejuízo da participação que lhe caiba na herança, o direito real de habitação relativamente ao imóvel destinado à residência da família, desde que seja o único daquela natureza a inventariar". Assim, no caso em análise, trata-se do único bem dessa natureza a ser inventariado. Além do que, há o direito à herança, o que não interfere no direito real de habitação, uma vez que o regime da separação convencional autoriza a concorrência com os descendentes do falecido. *Alternativa A.*

136.
(35º Exame) Sônia e Theodoro estavam casados há 7 anos, sobre o regime da comunhão parcial de bens, quando o último veio a óbito. Desde o casamento, o casal residia em uma belíssima cobertura na praia de Copacabana, que Theodoro havia comprado há mais de 20 anos, ou

DIREITO CIVIL

seja, muito antes do casamento. Após o falecimento de Theodoro, seus filhos do primeiro casamento procuraram Sônia e pediram a ela que entregasse o imóvel, alegando que, como ele não foi adquirido na constância do casamento, a viúva não teria direito sucessório sobre o bem. Diante do caso narrado, assinale a afirmativa correta.

(A) Como Sônia era casada com Theodoro pelo regime da comunhão parcial de bens, ela herda apenas os bens adquiridos na constância do casamento.

(B) Como Sônia era casada com Theodoro, ela possui o direito de preferência para alugar o imóvel, em valor de mercado, que será apurado pela média de 3 avaliações diferentes.

(C) Os filhos do Theodoro não têm razão, pois, ao cônjuge sobrevivente, é assegurado o direito real de habitação, desde que casado sobre o regime da comunhão parcial de bens, ou comunhão universal de bens, e inexistindo descendentes.

(D) Os filhos do Theodoro não têm razão, pois, ao cônjuge sobrevivente, qualquer que seja o regime de bens, será assegurado, sem prejuízo da participação que lhe caiba na herança, o direito real de habitação do imóvel destinado à residência da família, desde que seja o único daquela natureza a inventariar.

RESPOSTA Diz o Código Civil que ao cônjuge sobrevivente, qualquer que seja o regime de bens, será assegurado, sem prejuízo da participação que lhe caiba na herança, o direito real de habitação relativamente ao imóvel destinado à residência da família, desde que seja o único daquela natureza a inventariar (art. 1.831). *Alternativa D.*

137. (35º Exame) Renatinho, conhecido influencer digital, conquistou, ao longo dos anos, muitos seguidores e amealhou vultoso patrimônio. Renatinho é o único filho de Carla e Júlio, que se divorciaram quando Renatinho tinha três anos de idade. Carla nunca concordou com as atividades de influencer digital desenvolvidas pelo filho, pois achava que ele deveria se dedicar aos estudos. Júlio, por outro lado, sempre incentivou bastante o filho e, inclusive, sempre atuou como gestor da carreira e do patrimônio de Renatinho. Aos 15 de março de 2022, Renatinho completou 16 anos e, na semana seguinte, realizou seu testamento sob a forma pública, sem mencionar tal fato para nenhum dos seus pais. Em maio de 2022, Carla e Júlio, em comum acordo e atendendo ao pedido de Renatinho, emancipam seu único filho. E, para tristeza de todos, em julho de 2022, Renatinho vem a óbito em acidente de carro, que também levou o

motorista à morte. Com a abertura da sucessão, seus pais foram surpreendidos com a existência do testamento e, mais ainda, com o fato de Renatinho ter destinado toda a parte disponível para a constituição de uma fundação. Diante da situação hipoteticamente narrada, assinale a afirmativa correta.

(A) O testamento de Renatinho é válido, pois em que pese a incapacidade civil relativa no momento da sua feitura, a emancipação concedida por seus pais retroage e tem o efeito de convalidar o ato.

(B) O testamento de Renatinho é válido em razão dos efeitos da emancipação concedida por seus pais, no entanto, a destinação patrimonial é ineficaz, visto que só podem ser chamadas a suceder na sucessão testamentária pessoas jurídicas já previamente constituídas.

(C) O testamento de Renatinho é válido, pois a lei civil assegura aos maiores de 16 anos a possibilidade de testar, bem como a possibilidade de serem chamados a suceder, na sucessão testamentária, as pessoas jurídicas cuja organização for determinada pelo testador sob a forma de fundação.

(D) A deixa testamentária para a constituição de uma fundação seria válida, no entanto, em razão de o testamento ter sido realizado quando Renatinho tinha apenas 16 anos e não emancipado, o testamento todo será invalidado.

RESPOSTA Diz o Código Civil que, além dos incapazes, não podem testar os que, no ato de fazê-lo, não tiverem pleno discernimento. Porém, podem testar os maiores de 16 anos (art. 1.860 e parágrafo único). *Alternativa C.*

138. (XXXIV Exame) Luiz, sem filhos, é casado com Aline sob o regime da comunhão universal. No ano de 2018, Luiz perdeu o pai, Mário. Como seu irmão, Rogério, morava em outra cidade e sua mãe, Catarina, precisava de cuidados diários, Luiz levou-a para morar junto dele e de Aline. Durante à pandemia de Covid-19, tanto Luiz, quanto Catarina contraíram a doença e foram internados. Ambos não resistiram e no dia 30 de junho, Luiz faleceu, sem deixar testamento. Catarina morreu no dia 15 de agosto, também sem deixar testamento. Tendo em vista a hipótese apresentada, assinale a afirmativa correta.

(A) A herança de Catarina deve dividir-se entre Luiz (seu herdeiro de direito receberá o quinhão) e Rogério.

(B) Rogério será herdeiro de Catarina e, na sucessão de Luiz, serão chamadas Aline e Catarina (seu herdeiro, Rogério, receberá o quinhão como parte da herança deixada pela mãe).

(C) Aline não será herdeira de Rogério, em razão do casamento reger-se pela comunhão universal de bens.

(D) Rogério será herdeiro de Catarina e apenas Aline será herdeira de Luiz.

RESPOSTA Segundo a ordem da sucessão legítima do art. 1.829 do CC, considera-se que são herdeiros necessários os descendentes, os ascendentes e o cônjuge (art. 1.845). *Alternativa B.*

139. **(XXXIV Exame)** Clóvis, funcionário público aposentado, divorciado, falecido em março de 2020 com 75 anos, era pai de Leonora, 40 anos, e Luciana, 16 anos. Faleceu sem deixar dívidas e sem realizar doações aos seus herdeiros necessários. Titular de um patrimônio razoável, foi vítima de um câncer descoberto no estágio terminal, 6 (seis) meses antes de sua morte. Desde o nascimento de Luciana, sempre foi uma preocupação de Clóvis proporcionar para ela as mesmas oportunidades desfrutadas por Leonora, quais sejam, cursar o ensino superior com auxílio paterno e, assim, conseguir o subsídio necessário para buscar uma carreira de sucesso profissional. Por este motivo, Clóvis vendeu os 3 (três) imóveis – que compõem 70% do seu patrimônio – de que era proprietário quando Luciana ainda era criança e depositou este dinheiro em conta bancária, juntamente com todas as suas economias, no intuito de deixar, quando de sua morte, somente patrimônio em dinheiro. No ano de 2019, ao saber de sua doença, Clóvis, em pleno exercício de suas faculdades mentais, elaborou um testamento público, destinando toda a parte disponível de sua herança à Luciana. Diante de seu falecimento, é possível afirmar que

(A) Clóvis não poderia vender seus imóveis ao longo de sua vida, pois lhe era vedado determinar a conversão dos bens da legítima em outros de espécie diversa.

(B) caberá à Luciana 75% da herança de Clóvis. Já Leonora receberá 25% da mesma herança.

(C) Clóvis perdeu a capacidade de dispor do seu patrimônio por testamento a partir do momento em que descobriu o diagnóstico de câncer.

(D) a herança deve ser dividida em partes iguais entre as filhas de Clóvis, ou seja, 50% para Luciana e 50% para Leonora.

RESPOSTA Considere que pertence aos herdeiros necessários, de pleno direito, a metade dos bens da herança, constituindo a legítima (art. 1.846 do CC), ou seja, 50%. Assim, Luciana, além dos 50% que ganhou em razão do testamento, tem ainda direito à legítima, no caso, 25% do restante, pois os outros 25% ficarão com sua irmã (arts. 1.834 e 1.849 do CC). *Alternativa B.*

140. **(XXXIII Exame)** Marta, 75 anos, solteira, sem filhos, com todos os ascendentes falecidos, é irmã de Alberto e prima de Donizete. Proprietária de alguns imóveis, Marta procurou um cartório para lavrar testamento público em 2019. Ainda que seu contato com o irmão Alberto fosse ocasional, sendo muito mais próxima de Donizete, optou por dividir sua herança entre ambos. Contudo, ao longo de 2020, durante a pandemia de Covid-19, Marta passou a residir junto de Donizete e sua família. Enquanto a convivência somente aumentou o afeto e a consideração entre os primos, o contato entre Marta e Alberto tornou-se ainda mais raro. Não por outro motivo, em agosto de 2020, Marta procurou o mesmo cartório e lavrou um novo testamento público, o qual nomeava Donizete como seu único herdeiro. Em janeiro de 2021, Marta faleceu. Ao tomar conhecimento da disposição de última vontade da irmã, Alberto consulta você, como advogado(a), a respeito da situação.

Com efeito, é correto afirmar que

(A) o testamento feito por Marta em agosto de 2020 revoga o testamento feito pela mesma em 2019. Portanto, toda herança de Marta deverá ser transmitida a Donizete.

(B) no testamento, Marta deveria deixar ao menos metade de sua herança para Alberto, seu irmão e, assim, herdeiro necessário.

(C) Marta apenas poderia afastar o direito à herança de Alberto por meio de deserdação fundada no abandono afetivo.

(D) Marta encontrava-se proibida de testar novamente desde o momento em que testou pela primeira vez no ano de 2019, pois o testamento é sempre irrevogável.

RESPOSTA O testamento é um ato personalíssimo, podendo ser mudado a qualquer tempo. O candidato deve lembrar que o testamento pode ser revogado pelo mesmo modo e forma como pode ser feito e que esta revogação pode ser total ou parcial. No caso em análise, a autora da herança (Marta) morreu deixando apenas herdeiros facultativos (irmão e primo). Antes de falecer, Marta lavrou um testamento público alterando outro testamento anteriormente feito por ela e definido como único herdeiro seu primo. Tal revogação é válida e, como o seu irmão não é herdeiro necessário, para que este seja excluído da sucessão, basta que o testador disponha de seu patrimônio sem o contemplar. *Alternativa A.*

DIREITO CIVIL

141. **(XXXII Exame)** Ao falecer em 2019, Januário deixa duas filhas vivas: Rosana, mãe de Luna, e Helena, mãe de Gabriel. O filho mais velho de Januário, Humberto, falecera em 2016, deixando-lhe dois netos: Lucas e João. Sobre a sucessão de Januário, assinale a afirmativa correta.

(A) Lucas, João, Luna, Gabriel e Vinícius são seus herdeiros.

(B) Helena, Rosana, Lucas e João são seus herdeiros, cada um herdando uma quota igual da herança deixada por Januário.

(C) Apenas Helena e Rosana são suas herdeiras.

(D) São seus herdeiros Helena, Rosana e os sobrinhos Lucas e João, que receberão, cada um, metade equivalente ao quinhão de uma das tias.

RESPOSTA A ordem da sucessão legítima segue aquela disposta no art. 1.829 do CC. Aplica-se, como primeiro, aos descendentes, em concorrência com o cônjuge sobrevivente, salvo se casado este com o falecido no regime da comunhão universal, ou no da separação obrigatória de bens (art. 1.640, parágrafo único); ou se, no regime da comunhão parcial, o autor da herança não houver deixado bens particulares. Rosana (1/3) e Helena (1/3) são descendentes diretas de Januário, falecido, bem como Humberto (1/3), mas que morreu antes do pai, cabendo, assim, este quinhão para ser dividido pelos filhos de Humberto. *Alternativa D.*

142. **(XXXI Exame)** Arnaldo faleceu e deixou os filhos Roberto e Álvaro. No inventário judicial de Arnaldo, Roberto, devedor contumaz na praça, renunciou à herança, em 05/11/2019, conforme declaração nos autos. Considerando que o falecido não deixou testamento e nem dívidas a serem pagas, o valor líquido do monte a ser partilhado era de R$ 100.000,00 (cem mil reais). Bruno é primo de Roberto e também seu credor no valor de R$ 30.000,00 (trinta mil reais). No dia 09/11/2019, Bruno tomou conhecimento da manifestação de renúncia supracitada e, no dia 29/11/2019, procurou um advogado para tomar as medidas cabíveis. Sobre esta situação, assinale a afirmativa correta.

(A) Em nenhuma hipótese Bruno poderá contestar a renúncia da herança feita por Roberto.

(B) Bruno poderá aceitar a herança em nome de Roberto, desde que o faça no prazo de quarenta dias seguintes ao conhecimento do fato.

(C) Bruno poderá, mediante autorização judicial, aceitar a herança em nome de Roberto, recebendo integralmente o quinhão do renunciante.

(D) Bruno poderá, mediante autorização judicial, aceitar a herança em nome de Roberto, no limite de seu crédito.

RESPOSTA De acordo com o CC, quando o herdeiro prejudicar os seus credores, renunciando à herança, poderão eles, com autorização do juiz, aceitá-la em nome do renunciante (art. 1.813, CC). Atente ao prazo da habilitação dos credores, que se fará no prazo de trinta dias seguintes ao conhecimento do fato. *Alternativa D.*

143. **(XXX Exame)** Juliana, Lorena e Júlia são filhas de Hermes, casado com Dóris. Recentemente, em razão de uma doença degenerativa, Hermes tornou-se paraplégico e começou a exigir cuidados maiores para a manutenção de sua saúde. Nesse cenário, Dóris e as filhas Juliana e Júlia se revezavam a fim de suprir as necessidades de Hermes, causadas pela enfermidade. Quanto a Lorena, esta deixou de visitar o pai após este perder o movimento das pernas, recusando-se a colaborar com a família, inclusive financeiramente. Diante desse contexto, Hermes procura você, como advogado(a), para saber quais medidas ele poderá tomar para que, após sua morte, seu patrimônio não seja transmitido a Lorena. Sobre o caso apresentado, assinale a afirmativa correta.

(A) A pretensão de Hermes não poderá ser concretizada segundo o Direito brasileiro, visto que o descendente, herdeiro necessário, não poderá ser privado de sua legítima pelo ascendente, em nenhuma hipótese.

(B) Não é necessário que Hermes realize qualquer disposição ainda em vida, pois o abandono pelos descendentes é causa legal de exclusão da sucessão do ascendente, por indignidade.

(C) Existe a possibilidade de deserdar o herdeiro necessário por meio de testamento, mas apenas em razão de ofensa física, injúria grave e relações ilícitas com madrasta ou padrasto atribuídas ao descendente.

(D) É possível que Hermes disponha sobre deserdação de Lorena em testamento, indicando, expressamente, o seu desamparo em momento de grave enfermidade como causa que justifica esse ato.

RESPOSTA As causas de deserdação estão previstas nos casos dos incisos do art. 1.814, art. 1.962 e art. 1.963, todos do CC, e atinge apenas os herdeiros necessários (descendentes, ascendentes, cônjuge e companheiro). É possível, diante da situação hipotética, apontar que trata do caso do inciso IV do art. 1.962 – desamparo do ascendente em alienação mental ou grave enfermidade. *Alternativa D.*

144. **(XXIX Exame)** Mariana e Maurílio são filhos biológicos de Aldo. Este, por sua vez, nunca escondeu ser mais próximo de seu filho Maurílio, com quem diariamente trabalhava. Quando do falecimento de Aldo, divorciado na época, seus filhos constataram a existência de testamento, que destinou todos os bens do falecido exclusivamente para Maurílio. Sobre a situação narrada, assinale a afirmativa correta.

(A) O testamento de Aldo deverá ser integralmente cumprido, e, por tal razão, todos os bens do autor da herança serão transmitidos a Maurílio.

(B) A disposição de última vontade é completamente nula, porque Mariana é herdeira necessária, devendo os bens ser divididos igualmente entre os dois irmãos.

(C) Deverá haver redução da disposição testamentária, respeitando-se, assim, a legítima de Mariana, herdeira necessária, que corresponde a um quinhão de 50% da totalidade herança.

(D) Deverá haver redução da disposição testamentária, respeitando a legítima de Mariana, herdeira necessária, que corresponde a um quinhão de 25% da totalidade da herança.

RESPOSTA De acordo com o Código Civil, há redução das disposições testamentárias, como é o caso em tela, quando o testador só em parte dispuser da quota hereditária disponível, daí o remanescente pertencerá aos herdeiros legítimos (*vide* art. 1.966). Assim, Maurílio poderá ser contemplado com toda a metade disponível do patrimônio de Aldo, mas partilhará, por cabeça, com Mariana, a outra metade, correspondente à legítima (fração de 25% da herança). *Alternativa D.*

145. (XXVIII Exame) Matheus, sem filhos, casado com Jane, no regime de comunhão parcial de bens, falece após enfarto fulminante. De seu parentesco em linha reta são ainda vivos Carlos, seu pai, e Irene, sua avó materna. A partir da situação acima, assinale a opção que indica a sucessão de Matheus.

(A) Serão herdeiros Carlos, Irene e Jane, a última em concorrência, atribuído quinhão de 1/3 do patrimônio para cada um deles.

(B) Serão herdeiros Carlos e Jane, atribuído quinhão de 2/3 ao pai e de 1/3 à Jane, cônjuge concorrente.

(C) Carlos será herdeiro sobre a totalidade dos bens, enquanto Jane apenas herda, em concorrência com este, os bens particulares do falecido.

(D) Serão herdeiros Carlos e Jane, esta herdeira concorrente, atribuído quinhão de metade do patrimônio para cada um destes.

RESPOSTA Se não há descendentes, os ascendentes são chamados a suceder, em concorrência com a viúva (cônjuge supérstite). Atente-se que o regime do casamento não interfere, tornando a viúva com direito à cota da integralidade do patrimônio deixado, independentemente se bens particulares ou comuns. Observe ainda que o grau mais próximo exclui o mais remoto (art. 1.836, §1º), ressaltando-se que não há direito de representação na linha ascendente. Assim, estando o pai de Matheus vivo, sua avó materna não será chamada a suceder, devendo a herança ser partilhada igualmente entre ele e a cônjuge supérstite (art. 1.837, CC). *Alternativa D.*

146. (XXVII Exame) Em 2010, Juliana, sem herdeiros necessários, lavrou testamento público deixando todos os seus bens para sua prima, Roberta. Em 2016, Juliana realizou inseminação artificial heteróloga e, nove meses depois, nasceu Carolina. Em razão de complicações no parto, Juliana faleceu poucas horas após o procedimento. Sobre a sucessão de Juliana, assinale a afirmativa correta.

(A) Carolina herdará todos os bens de Juliana.

(B) Roberta herdará a parte disponível e Carolina, a legítima.

(C) Roberta herdará todos os bens de Juliana.

(D) A herança de Juliana será declarada jacente.

RESPOSTA Se, após elaborar o testamento, sobrevêm ao testador descendente sucessível, que não tinha ou conhecia no momento em que testou, considera-se o testamento rompido em todas as suas disposições, ou seja, inteiramente ineficaz, desde que o descendente sobreviva ao testador (art. 1.973, CC). Assim, rompido o testamento, Roberta não fará jus à herança, que será integralmente deferida à herdeira necessária Carolina. *Alternativa A.*

147. (XXVI Exame) Lúcio, viúvo, tendo como únicos parentes um sobrinho, Paulo, e um tio, Fernando, fez testamento de acordo com todas as formalidades legais e deixou toda a sua herança ao seu amigo Carlos, que tinha uma filha, Juliana. O herdeiro instituído no ato de última vontade morreu antes do testador. Morto Lúcio, foi aberta a sucessão. Assinale a opção que indica como será feita a partilha.

(A) Juliana receberá todos os bens de Lúcio.

(B) Juliana receberá a parte disponível e Paulo, a legítima.

(C) Paulo e Fernando receberão, cada um, metade dos bens de Lúcio.

(D) Paulo receberá todos os bens de Lúcio.

RESPOSTA Lúcio não tem herdeiros necessários (cônjuge, ascendentes e descendentes, de acordo com o art. 1.845 do CC). Assim, ele é livre para dispor da totalidade de seus bens em testamento. Ocorre que Carlos, o beneficiário, veio a falecer antes que o testa-

DIREITO CIVIL

dor viesse a óbito, o que provoca a caducidade da deixa (art. 1.939, V, do CC), não competindo a Juliana receber a título de representação, que somente se aplica na sucessão legítima (art. 1.851 do CC). Assim, há dois interessados (colaterais) na herança, aplicando-se, na hipótese, o teor do art. 1.843 do CC: "Na falta de irmãos, herdarão os filhos destes e, não os havendo, os tios". Os sobrinhos (filhos dos irmãos) antecedem os tios, razão pela qual Paulo ficará com todo o patrimônio do falecido. *Alternativa D.*

148. **(XXV Exame)** Mário, cego, viúvo, faleceu em 1º de junho de 2017, deixando 2 filhos: Clara, casada com Paulo, e Júlio, solteiro. Em seu testamento público, feito de acordo com as formalidades legais, em 02 de janeiro de 2017, Mário gravou a legítima de Clara com cláusula de incomunicabilidade; além disso, deixou toda a sua parte disponível para Júlio.

Sobre a situação narrada, assinale a afirmativa correta.

(A) O testamento é inválido, pois, como Mário é cego, deveria estar regularmente assistido para celebrar o testamento validamente.

(B) A cláusula de incomunicabilidade é inválida, pois Mário não declarou a justa causa no testamento, como exigido pela legislação civil.

(C) A cláusula que confere a Júlio toda a parte disponível é inválida, pois Mário não pode tratar seus filhos de forma diferente.

(D) O testamento é inválido, pois, como Mário é cego, a legislação apenas lhe permite celebrar testamento cerrado.

RESPOSTA O fato de Mário ser cego não o impede de celebrar validamente um testamento. Neste caso, apenas exige a lei que o testador celebre o ato pela via do testamento público, nos termos do art. 1.867 do CC, condição devidamente cumprida por Mário. Ademais, apenas a legítima, correspondente à metade do patrimônio do testador, não pode ser afetada pelo testamento (arts. 1.846 e 1.857, § 1º, do CC). Assim, a parte disponível do patrimônio de Mário pode ser destinada livremente em testamento, inclusive para favorecer apenas um dos seus filhos. A única irregularidade verificada no testamento diz respeito ao fato de Mário não ter declarado a justa causa correspondente à cláusula de incomunicabilidade, consoante exigido pelo art. 1.848 do CC. *Alternativa B.*

149. **(XXV Exame)** Ana, sem filhos, solteira e cujos pais são pré-mortos, tinha os dois avós paternos e a avó materna vivos, bem como dois irmãos: Bernardo (germano) e Carmem (unilateral). Ana falece sem testamento, deixando herança líquida no valor de R$ 60.000,00 (sessenta mil reais).

De acordo com os fatos narrados, assinale a afirmativa correta.

(A) Seus três avós receberão, cada um, R$ 20.000,00 (vinte mil reais), por direito de representação dos pais de Ana, pré-mortos.

(B) Seus avós paternos receberão, cada um, R$ 15.000,00 (quinze mil reais) e sua avó materna receberá R$ 30.000,00 (trinta mil reais), por direito próprio.

(C) Bernardo receberá R$ 40.000,00 (quarenta mil reais), por ser irmão germano, e Carmem receberá R$ 20.000,00 (vinte mil reais), por ser irmã unilateral.

(D) Bernardo e Carmem receberão, cada um, R$ 30.000,00 (trinta mil reais), por direito próprio.

RESPOSTA Como Ana faleceu sem deixar testamento, aplicam-se ao caso as disposições contidas no art. 1.829 e s. do CC. Não tendo Ana cônjuge nem descendentes vivos, a herança é deferida aos seus ascendentes (art. 1.829, II, do CC). Como Ana tem como herdeiros dois avós paternos e a avó materna, cumpre aplicar os termos do § 2º do art. 1.836 do CC: "Havendo igualdade em grau e diversidade em linha, os ascendentes da linha paterna herdam a metade, cabendo a outra aos da linha materna". Assim, metade do patrimônio é deferida à avó materna, restando a outra metade para divisão entre os avós paternos. *Alternativa B.*

150. **(XXIII Exame)** Paulo, viúvo, tinha dois filhos: Mário e Roberta. Em 2016, Mário, que estava muito endividado, cedeu para seu amigo Francisco a quota-parte da herança a que fará jus quando seu pai falecer, pelo valor de R$ 1.000.000,00 (um milhão de reais), pago à vista.

Paulo falece, sem testamento, em 2017, deixando herança líquida no valor de R$ 3.000.000,00 (três milhões de reais).

Sobre a partilha da herança de Paulo, assinale a afirmativa correta.

(A) Francisco não será contemplado na partilha porque a cessão feita por Mário é nula, razão pela qual Mário e Roberta receberão, cada um, R$ 1.500.000,00 (um milhão e quinhentos mil reais).

(B) Francisco receberá, por força da partilha, R$ 1.000.000,00 (um milhão de reais), Mário ficará com R$ 500.000,00 (quinhentos mil reais) e Roberta com R$ 1.500.000,00 (um milhão e quinhentos mil reais).

(C) Francisco e Roberta receberão, cada um, por força da partilha, R$ 1.500.000,00 (um milhão e quinhentos mil reais) e Mário nada receberá.

(D) Francisco receberá, por força da partilha, R$ 1.000.000,00 (um milhão de reais), Roberta ficará com R$ 2.000.000,00 (dois milhões de reais) e Mário nada receberá.

RESPOSTA Mário, filho de Paulo, operou a cessão de sua quota hereditária em favor de Francisco. O ato poderia ser válido se realizado após o óbito de Paulo (art. 1.793 do Código Civil). Entretanto, como Paulo estava vivo à época da cessão, prevalece o teor do art. 426 do Código Civil, segundo o qual "não pode ser objeto de contrato a herança de pessoa viva". Assim, é nulo o ato de cessão, cabendo distribuir a herança do falecido entre seus dois filhos, por igual. *Alternativa A.*

151.

(XXII Exame) Clara e Sérgio são casados pelo regime da comunhão parcial de bens. Durante o casamento, o casal adquiriu onerosamente um apartamento e Sérgio herdou um sítio de seu pai. Sérgio morre deixando, além de Clara, Joaquim, filho do casal.

Sobre os direitos de Clara, segundo os fatos narrados, assinale a afirmativa correta.

(A) Clara é herdeira do apartamento, em concorrência com Joaquim.

(B) Clara é meeira no apartamento e herdeira do sítio, em concorrência com Joaquim.

(C) Clara é herdeira do apartamento e do sítio, em concorrência com Joaquim.

(D) Clara é meeira no sítio e herdeira do apartamento, em concorrência com Joaquim.

RESPOSTA O apartamento adquirido na constância do casamento é considerado patrimônio comum do casal, por força do art. 1.660, I do CC. Já o sítio herdado por Sérgio é excluído da comunhão, sendo patrimônio pessoal dele (art. 1.659, I do CC). Para averiguar o modo como se dará a distribuição póstuma dos bens deixados por Sérgio, é preciso analisar o texto do art. 1.829, I do CC, que assim dispõe: "A sucessão legítima defere-se na ordem seguinte: I – aos descendentes, em concorrência com o cônjuge sobrevivente, salvo se casado este com o falecido no regime da comunhão universal, ou no da separação obrigatória de bens (art. 1.640, parágrafo único); ou se, no regime da comunhão parcial, o autor da herança não houver deixado bens particulares (...)". Clara, a viúva, passa a ser meeira do apartamento, por se tratar de bem comum do casal. Já em relação ao sítio, por se tratar de bem particular de Sérgio, será partilhado em concorrência do cônjuge sobrevivente e do filho, Joaquim. *Alternativa B.*

152.

(XX Exame) Antônio deseja lavrar um testamento e deixar toda a sua herança para uma instituição de caridade que cuida de animais abandonados. O único parente de Antônio é seu irmão João, com quem almoça todos os domingos. Antônio não possui outros parentes nem cônjuge ou compa-

nheiro. Antônio procura você na condição de advogado e indaga se a vontade dele é tutelada pela lei.

Diante da indagação de Antônio, assinale a afirmativa correta.

(A) Antônio pode deixar toda a herança para a instituição de caridade, uma vez que seu irmão não é seu herdeiro necessário.

(B) Antônio não pode testar em favor da instituição de caridade que cuida de animais, uma vez que a herança cabe inteiramente a parente vivo mais próximo, no caso, seu irmão.

(C) Antônio pode deixar por testamento apenas metade da herança para a instituição de caridade, uma vez que a outra metade pertence por lei a seu irmão, a quem deve alimentos.

(D) Antônio pode deixar para a instituição de caridade 3/4 de seu patrimônio, uma vez que é preciso garantir no mínimo 1/4 da herança a seu irmão bilateral.

RESPOSTA Nos termos do art. 1.845 do CC, "são herdeiros necessários os descendentes, os ascendentes e o cônjuge". Antônio tem como único parente seu irmão João, sendo certo que irmãos são parentes colaterais (art. 1.592, CC: "são parentes em linha colateral ou transversal, até o quarto grau, as pessoas provenientes de um só tronco, sem descenderem uma da outra"). Por isso, como Antônio não tem herdeiros necessários, não é obrigado a proceder à reserva da legítima (art. 1.846 do CC), podendo deixar toda a sua herança para a instituição de caridade. *Alternativa A.*

153.

(XX Exame – Reaplicação) Joana e Alcindo, casados sob o regime da comunhão universal de bens, estavam a caminho de uma festa no litoral da Bahia, quando tiveram o carro atingido por um caminhão em alta velocidade. Quando a equipe de socorro chegou ao local, ambos os cônjuges estavam sem vida. Conforme laudo pericial realizado, não foi possível determinar se Joana morreu antes de Alcindo.

Joana, que tinha vinte e cinco anos, deixou apenas um parente vivo, seu irmão Alfredo, enquanto Alcindo, que já tinha cinquenta e nove anos, deixou três familiares vivos, seus primos Guilherme e Jorge, e seu sobrinho, Anderson.

Considerando que nenhum dos cônjuges elaborou testamento, assinale a afirmativa correta.

(A) Tendo em vista a morte simultânea dos cônjuges, Alfredo receberá integralmente os bens de Joana, e a herança de Alcindo será dividida, em partes iguais, entre os seus herdeiros necessários, Guilherme, Jorge e Anderson.

(B) Entre comorientes não há transmissão de patrimônio mas como Joana e Alcindo eram casados em

DIREITO CIVIL

regime de comunhão universal de bens o patrimônio total do casal será dividido em partes iguais e distribuído entre os herdeiros necessários de ambos, ou seja, Alfredo, Guilherme, Jorge e Anderson.

(C) Entre comorientes não há transmissão de patrimônio e a herança de cada um dos falecidos será dividida entre os seus respectivos herdeiros, razão pela qual Alfredo herdará integralmente os bens de Joana, enquanto Anderson herdará os bens de Alcindo.

(D) Diante da impossibilidade pericial de determinar qual dos cônjuges morreu primeiro, aplica-se o regime jurídico da comoriência, pelo que se presume, em razão da idade, que a morte de Alcindo tenha ocorrido primeiro.

RESPOSTA Joana e Alcindo eram casados e, assim, seriam herdeiros entre si, nos termos do art. 1.829 do CC. Ocorre que faleceram no mesmo evento, não sendo possível apurar qual deles sobreviveu ao outro, cabendo, neste caso, aplicar a presunção legal de que vieram a óbito concomitantemente (art. 8º do CC). Entre os comorientes, não haverá sucessão, portanto. Deste modo, os bens de Joana são transmitidos a seu único herdeiro vivo, seu irmão. Já em relação a Alcindo, há dois primos e um sobrinho. Como os primos são colaterais em quarto grau e o sobrinho em terceiro, cumpre invocar o texto do art. 1.840 do CC: "na classe dos colaterais, os mais próximos excluem os mais remotos, salvo o direito de representação concedido aos filhos de irmãos". Assim, herda o sobrinho, de grau mais próximo com o falecido. *Alternativa C.*

IX. LEI GERAL DE PROTEÇÃO DE DADOS PESSOAIS (LGPD)

154. (35º Exame) Raquel resolve sair para comemorar sua efetivação como advogada no escritório em que estagiava e se encontra com seus amigos em um bar. Logo ao entrar no local, o garçom a convida para realizar um breve cadastro a fim de lhe fornecer um cartão que a habilitaria a consumir no local. Ao realizar o cadastro, Raquel se surpreende com as inúmeras informações requeridas pelo garçom, a saber: nome completo, data de nascimento, CPF, identidade, nome dos pais, endereço, e-mail e estado civil. Inconformada,

Raquel se recusa a fornecer os dados, alegando haver clara violação à Lei Geral de Proteção de Dados Pessoais, ao que o garçom responde que, sem o fornecimento de todas as informações, o cartão não seria gerado e, por consequência, ela não poderia consumir no local. Com base nessas informações, assinale a afirmativa correta.

(A) É válida a coleta de tais dados pelo bar, haja vista que foi requerido o consentimento expresso e destacado da consumidora.

(B) A coleta de tais dados pelo bar é regular, uma vez que não constituem dados pessoais sensíveis, o que inviabilizaria o seu tratamento.

(C) É válida a exigência de tais dados, pois trata-se de política da empresa, no caso do bar, não cabendo à consumidora questionar a forma de utilização dos mesmos.

(D) A exigência de tais dados viola o princípio da necessidade, pois os dados requeridos não são proporcionais às finalidades do tratamento de dados relativos ao funcionamento de um bar.

RESPOSTA O art. 6º da LGPD trata dos dados pessoais a partir da aplicação de princípios e, entre eles, está o da necessidade, que prevê a limitação do tratamento ao mínimo necessário para a realização de suas finalidades, com abrangência dos dados pertinentes, proporcionais e não excessivos em relação às finalidades do tratamento de dados (inciso III). *Alternativa D.*

REFERÊNCIAS

FARIAS, Cristiano Chaves de; ROSENVALD, Nelson. *Direito civil* – teoria geral. 7. ed. Rio de Janeiro: Lumen Juris, 2008.

GARCIA JUNIOR, Vanderlei. *Direito civil.* 2. ed. São Paulo: Rideel, 2022.

GONÇALVES, Carlos Roberto. *Direito civil brasileiro*, v. III: contratos e atos unilaterais. 6. ed. São Paulo: Saraiva, 2009.

LÔBO, Paulo. *Direito civil:* famílias. 2. ed. São Paulo: Saraiva, 2009.

TAMER, Maurício. *Direito digital.* São Paulo: Rideel, 2022.

Estatuto da Criança e do Adolescente

Ao acessar o QR Code, você encontrará Dicas para o Exame da OAB e mais Questões Comentadas para treinar seus conhecimentos

> https://uqr.to/1wk73

ESTATUTO DA CRIANÇA E DO ADOLESCENTE: QUADRO GERAL DE QUESTÕES	
TEMAS	N. DE QUESTÕES
Parte Geral	
I. Introdução	1
II. Direitos Fundamentais	35
III. Prevenção	6
Parte Especial	
IV. Atendimento	5
V. Medidas de Proteção	2
VI. Atos Infracionais	11
VII. Medidas aos Pais e Responsáveis	3
VIII. Conselho Tutelar	5
IX. Acesso à Justiça	9
X. Crimes e Infrações Administrativas	12
TOTAL	89

Parte Geral

I. INTRODUÇÃO

Acesse o QR Code e consulte as questões comentadas sobre este tema.

II. DIREITOS FUNDAMENTAIS

1. (41º Exame) Pedro, com 12 anos, foi vítima de *bullying* na escola em que estuda. Durante o recreio, um grupo de colegas da mesma idade o jogou, à força, dentro da lixeira. Um dos adolescentes filmou o ato e o divulgou em redes sociais, em tom de escárnio. Um jornal com veiculação *online*, em tom de reprovação da conduta e para combater a prática de *bullying*, reprisou as imagens que circularam pelas redes sociais. O pai de Pedro, enfurecido, procura você, como advogado(a), para colher a orientação jurídica sobre as providências cíveis cabíveis, especialmente indenizatórias. Assinale a opção que apresenta, corretamente, a orientação recebida.

(A) O jornal que reprisou as imagens, mesmo não sendo autor da filmagem, poderá ser demandado na esfera cível para fins de compensação pelo dano moral que a divulgação do ato representou.

(B) O adolescente que realizou a filmagem deve ser o único demandado em caso de judicialização da questão, porque foi o autor da violação à imagem.

(C) Os adolescentes que efetuaram o ato de atirar Pedro na lixeira deverão ser demandados em eventual judicialização, pois foram os autores da única verdadeira infração existente no caso.

(D) Não há que se falar em responsabilização de qualquer sorte, pois sobre o ato em si, os praticantes e quem filmou são infensos à persecução cível e, o jornal, apenas cumpriu o papel relevante de divulgar e combater o *bullying*.

RESPOSTA Considere que o direito ao respeito consiste na inviolabilidade da integridade física, psíquica e moral da criança e do adolescente, abrangendo a preservação da imagem, da identidade, da autonomia, dos valores, ideias e crenças, dos espaços e objetos pessoais (art. 17, ECA). Disso, há o direito à indenização através da opção da alternativa A conforme está estabelecido pela jurisprudência do STJ (*vide* REsp 1783269/MG). *Alternativa A.*

2. (40º Exame) Rafael e Marta se casaram. Rafael tem dois filhos do relacionamento anterior, ambas crianças com idade inferior a 5 anos. A genitora das crianças teve decretada a perda do poder familiar em processo regular, com trânsito em julgado. Marta, então, em processo igualmente regular, adota os filhos de Rafael, passando em julgado também a decisão que lhe conferiu a maternidade. Marta e Rafael não conseguem manter um relacionamento saudável em razão do comportamento agressivo de Rafael, e, por isso, depois de alguns anos, eles se divorciam. No curso do processo, Marta demonstrou a impossibilidade da guarda compartilhada e obteve, judicialmente, a fixação da guarda unilateral das crianças, com direito a convívio semanal deferido a Rafael. Indignado, Rafael procura sua orientação como advogado(a), sob o argumento de que a adoção deve ser desfeita ou, ao menos, considerada sua paternidade biológica para fins de guarda. Sobre o caso, assinale a afirmativa que apresenta, corretamente, sua orientação.

(A) A guarda unilateral do adotante é inadmitida em casos de adoção, devendo ser pretendida a revisão da decisão para fixação da guarda compartilhada.

(B) A adoção deve ser anulada judicialmente em caso de divórcio, pois este significa a quebra do vínculo que deu origem à filiação por adoção retornando a guarda, bem como todo o poder familiar, ao genitor biológico.

(C) Ainda que a adoção seja indissolúvel, o vínculo biológico deve, de fato, ter precedência sobre a filiação originada pela adoção para fins de definição da guarda.

(D) A adoção atribui a condição plena de filho ao adotado e de mãe à adotante, sendo completa-

mente irrelevante essa origem da filiação como elemento influenciador do modelo de guarda.

RESPOSTA Considere o texto do *caput* do art. 41 do ECA: "Art. 41. A adoção atribui a condição de filho ao adotado, com os mesmos direitos e deveres, inclusive sucessórios, desligando-o de qualquer vínculo com pais e parentes, salvo os impedimentos matrimoniais.". *Alternativa D.*

3. (39º Exame) Eduardo adotou Bernardo, criança de dois anos, regularmente e de forma unilateral, tornando-se seu pai. Quando Bernardo completou três anos, Eduardo, infelizmente, faleceu vítima de um infarto. Eduardo não deixou parentes conhecidos. Maria, a mãe biológica de Bernardo, sempre se arrependeu de tê-lo enviado à adoção. Sabendo do ocorrido e ciente de que não há o restabelecimento do vínculo de poder familiar, pelo fato de ter ocorrido a morte do adotante, Maria o procura, como advogado(a), para buscar uma solução que permita que Bernardo volte a ser seu filho. Assinale a opção que apresenta a solução proposta.

(A) A mãe biológica, infelizmente, não tem ao seu alcance qualquer medida para restabelecer o vínculo de parentalidade com Bernardo.

(B) A mãe biológica deverá se candidatar à adoção de Bernardo, da mesma forma e pelos mesmos procedimentos que qualquer outro candidato.

(C) A mãe biológica não poderá se candidatar à readoção de seu filho biológico, pois a dissolução do vínculo familiar é perene.

(D) A inexistência de parentes do adotante falecido causa a excepcional restauração do vínculo familiar com a mãe biológica, fugindo à regra geral.

RESPOSTA De acordo com o art. 49 do ECA, a morte dos adotantes não restabelece o poder familiar dos pais naturais. *Alternativa B.*

4. (38º Exame) A mãe de Joaquim, criança com necessidades especiais, requereu acompanhamento por professor especializado em atendimento de pessoas com deficiência à escola-creche pública municipal em que o filho estuda. A escola-creche, no entanto, alegou carência de tais profissionais, porque o custo muito alto impedia que a municipalidade os contratasse. Ao consultar você, como advogado(a), a genitora recebeu a seguinte orientação.

(A) A criança tem direito à educação, não se inserindo nesse plexo, porém, o direito individual e específico de acompanhamento especializado.

(B) Joaquim deve ter acesso à educação com metodologia especial, não significando, porém, que seja mandatória a presença de profissional especial.

(C) A atenção especial por profissional especializado é devida a Joaquim, não sendo oponível a dificuldade orçamentária declarada pela municipalidade.

(D) O ensino especializado é devido nas condições em que a entidade for capaz, não sendo obrigatória a presença de profissional especificamente capacitado, em razão da aplicabilidade da reserva do possível.

RESPOSTA Dentre os deveres do Estado para assegurar à criança e ao adolescente, segundo o art. 54 do ECA, está o atendimento educacional especializado aos portadores de deficiência, preferencialmente na rede regular de ensino (inciso III). *Alternativa C.*

5. (36º Exame) Luiza, hoje com cinco anos, foi adotada regularmente por Maria e Paulo quando tinha três anos. Ocorre que ambos os adotantes vieram a falecer em um terrível acidente automobilístico. Ciente disso, a mãe biológica de Luiza, que sempre se arrependera da perda da sua filha, manifestou-se em ter sua maternidade biológica restaurada. Com base nos fatos acima, assinale a afirmativa correta.

(A) O falecimento dos pais adotivos conduz à imediata e automática restauração do poder familiar da ascendente biológica.

(B) O falecimento dos pais adotivos não restabelece o poder familiar dos pais naturais.

(C) O falecimento dos pais adotivos não transfere o poder familiar sobre o adotado supérstite ao parente mais próximo dos obituados, devendo ser reaberto processo de adoção.

(D) Falecendo ambos os pais e inexistindo parentes destes aptos à tutela, somente então se restaura o poder familiar dos pais naturais.

RESPOSTA É clara a regra do art. 49 do ECA, que diz que "a morte dos adotantes não restabelece o poder familiar dos pais naturais". *Alternativa B.*

6. (35º Exame) Eduardo foi adotado quando criança, vivendo em excelentes condições afetiva, material e social junto a seus pais adotivos. Mesmo assim, Eduardo demonstrou ser um adolescente rebelde, insurgente, de difícil trato e convívio – o que em nada abalou o amor e os cuidados de seus pais adotivos em nenhum momento. Hoje, com 19 anos completos, Eduardo manifesta interesse em conhecer seus pais biológicos, com o claro intuito de rebelar-se – repita-se, injustificadamente – contra seus adotantes. Sobre o caso acima, assinale a afirmativa correta.

(A) Eduardo tem direito de conhecer sua origem biológica, seja qual for o motivo íntimo que o leve a tanto.

(B) A motivação para a busca do conhecimento da origem biológica é inválida, pelo que não deve ser facultado o direito ao acesso a tal informação a Eduardo.

(C) A informação da origem biológica somente pode ser revelada em caso imperativo de saúde, para a pesquisa do histórico genético.

(D) O conhecimento da origem biológica somente se revela necessário caso o processo de adoção tenha alguma causa de nulidade.

RESPOSTA Segundo o ECA, o adotado tem o direito de conhecer sua origem biológica, bem como de obter acesso irrestrito ao processo no qual a medida foi aplicada e seus eventuais incidentes, após completar 18 anos, *vide* o art. 48. *Alternativa A.*

7. (XXIX Exame) Júlio, após completar 17 anos de idade, deseja, contrariando seus pais adotivos, buscar informações sobre a sua origem biológica junto à Vara da Infância e da Juventude de seu domicílio. Lá chegando, a ele é informado que não poderia ter acesso ao seu processo, pois a adoção é irrevogável. Inconformado, Júlio procura um amigo, advogado, a fim de fazer uma consulta sobre seus direitos. De acordo com o Estatuto da Criança e do Adolescente, assinale a opção que apresenta a orientação jurídica correta para Júlio.

(A) Ele poderá ter acesso ao processo, desde que receba orientação e assistência jurídica e psicológica.

(B) Ele não poderá ter acesso ao processo até adquirir a maioridade.

(C) Ele poderá ter acesso ao processo apenas se assistido por seus pais adotivos.

(D) Ele não poderá ter acesso ao processo, pois a adoção é irrevogável.

RESPOSTA O adotado, segundo o art. 48 do ECA, tem direito de conhecer sua origem biológica, bem como de obter acesso irrestrito ao processo no qual a medida foi aplicada e seus eventuais incidentes, após completar 18 anos. Além disso, o acesso ao processo de adoção poderá ser também deferido ao adotado menor de 18 anos, a seu pedido, assegurada orientação e assistência jurídica e psicológica. *Alternativa A.*

8. (XXVIII Exame) Carla, de 11 anos de idade, com os pais destituídos do poder familiar, cresce em entidade de acolhimento institucional faz dois anos, sem nenhum interessado em sua adoção habilitado nos cadastros nacional ou internacional. Sensibilizado com a situação da criança, um advogado, que já possui três filhos, sendo um adotado, deseja acompanhar o desenvolvimento de Carla, auxiliando-a nos estudos e, a fim de criar vínculos com sua família, levando-a para casa nos feriados e férias escolares. De acordo com o Estatuto da Criança e do Adolescente, de que forma o advogado conseguirá obter a convivência temporária externa de Carla com sua família?

(A) Acolhimento familiar.
(B) Guarda estatutária.
(C) Tutela.
(D) Apadrinhamento.

RESPOSTA De acordo com o art. 19-B do ECA, a criança e o adolescente em programa de acolhimento institucional ou familiar poderão participar de programa de apadrinhamento. Segundo o seu § 1º, o apadrinhamento consiste em estabelecer e proporcionar à criança e ao adolescente vínculos externos à instituição para fins de convivência familiar e comunitária e colaboração com o seu desenvolvimento nos aspectos social, moral, físico, cognitivo, educacional e financeiro. *Alternativa D.*

9. (XXVII Exame) Perpétua e Joaquim resolveram mover ação de indenização por danos morais contra um jornal de grande circulação. Eles argumentam que o jornal, ao noticiar que o filho dos autores da ação fora morto em confronto com policiais militares, em 21/01/2015, publicou o nome completo do menor e sua foto sem a tarja preta nos olhos, o que caracteriza afronta aos arts. 17, 18, 143 e 247 do Estatuto da Criança e do Adolescente. Esses artigos do ECA proíbem a divulgação da imagem e da identidade de menor envolvido em ato infracional.

Diante dos fatos narrados, assinale a afirmativa correta.

(A) O jornal agiu com abuso no direito de informar e deve indenizar pelos danos causados.
(B) O jornal não incorreu em ilícito, pois pode divulgar a imagem de pessoa suspeita da prática de crime.
(C) Restou caracterizado o ilícito, mas, tratando-se de estado de emergência, não há indenização de danos.
(D) Não houve abuso do direito ante a absoluta liberdade de expressão do jornal noticiante.

RESPOSTA A própria banca informou os artigos que fundamentam a resposta correta. Lembre-se que, na dúvida, a proteção ao menor sempre é a mais completa, portanto, a *alternativa A.*

10. (XXVII Exame) Ana, que sofre de grave doença, possui um filho, Davi, com 11 anos de idade. Ante o falecimento precoce de seu pai, Davi apenas possui Ana como sua representante legal. De forma a prevenir o amparo de Davi em razão de seu eventual falecimento, Ana pretende que, na sua ausência, seu irmão, João, seja o tutor da criança. Para tanto, Ana, em vida, poderá nomear João por meio de

(A) escritura pública de constituição de tutela.
(B) testamento ou qualquer outro documento autêntico.
(C) ajuizamento de ação de tutela.
(D) diretiva antecipada de vontade.

RESPOSTA O deferimento da tutela pressupõe a prévia decretação da perda ou suspensão do poder familiar e implica necessariamente o dever de guarda (art. 36, parágrafo único, ECA). Ele pode ser nomeado por testamento ou qualquer documento autêntico, segundo o art. 37, ECA. *Alternativa B.*

11. (XXVI Exame) Maria, em uma maternidade na cidade de São Paulo, manifesta o desejo de entregar Juliana, sua filha recém-nascida, para adoção. Assim, Maria, encaminhada para a Vara da Infância e da Juventude, após ser atendida por uma assistente social e por uma psicóloga, é ouvida em audiência, com a assistência do defensor público e na presença do Ministério Público, afirmando desconhecer o pai da criança e não ter contato com sua família, que vive no interior do Ceará, há cinco anos. Assim, após Maria manifestar o desejo formal de entregar a filha para adoção, o Juiz decreta a extinção do poder familiar, determinando que Juliana vá para a guarda provisória de família habilitada para adoção no cadastro nacional. Passados oito dias do ato, Maria procura um advogado, arrependida, afirmando que gostaria de criar a filha. De acordo com o ECA, Maria poderá reaver a filha?

(A) Sim, uma vez que a mãe poderá se retratar até a data da publicação da sentença de adoção.
(B) Sim, pois ela poderá se arrepender até 10 dias após a data de prolação da sentença de extinção do poder familiar.
(C) Não, considerando a extinção do poder familiar por sentença.
(D) Não, já que Maria somente poderia se retratar até a data da audiência, quando concordou com a adoção.

RESPOSTA De acordo com o art. 166, § 5º, do ECA, o consentimento é retratável até a data da realização da audiência especificada no § 1º deste artigo, e os pais podem exercer o arrependimento no prazo de 10

ESTATUTO DA CRIANÇA E DO ADOLESCENTE

(dez) dias, contado da data de prolação da sentença de extinção do poder familiar. *Alternativa B.*

12. (XXV Exame) Beatriz, quando solteira, adotou o bebê Théo. Passados dois anos da adoção, Beatriz começou a viver em união estável com Leandro. Em razão das constantes viagens a trabalho de Beatriz, Leandro era quem diariamente cuidava de Théo, participando de todas as atividades escolares. Théo reconheceu Leandro como pai. Quando Beatriz e Leandro terminaram o relacionamento, Théo já contava com 15 anos de idade. Leandro, atendendo a um pedido do adolescente, decide ingressar com ação de adoção unilateral do infante. Beatriz discorda do pedido, sob o argumento de que a união estável está extinta e que não mantém um bom relacionamento com Leandro. Considerando o Princípio do Superior Interesse da Criança e do Adolescente e a Prioridade Absoluta no Tratamento de seus Direitos, Théo pode ser adotado por Leandro?

(A) Não, pois, para a adoção unilateral, é imprescindível que Beatriz concorde com o pedido.

(B) Sim, caso haja, no curso do processo, acordo entre Beatriz e Leandro, regulamentando a convivência familiar de Théo.

(C) Não, pois somente os pretendentes casados, ou que vivam em união estável, podem ingressar com ação de adoção unilateral.

(D) Sim, o pedido de adoção unilateral formulado por Leandro poderá, excepcionalmente, ser deferido e, ainda que de forma não consensual, regulamentada a convivência familiar de Théo com os pais.

RESPOSTA O Princípio do Superior Interesse da Criança não é positivado de forma expressa nem na CRFB nem no ECA. No entanto, é um sucedâneo da proteção integral que está no art. 227 da CRFB e no ECA (art. 1º). Sendo assim, é possível ser concedida a adoção unilateral, observado ainda o § 2º do art. 45 do ECA. *Alternativa D.*

13. (XXIV Exame) Maria, aluna do 9º ano do Ensino Fundamental de uma escola que não adota a obrigatoriedade do uso de uniforme, frequenta regularmente culto religioso afro-brasileiro com seus pais. Após retornar das férias escolares, a aluna passou a ir às aulas com um lenço branco enrolado na cabeça, afirmando que necessitava permanecer coberta por 30 dias. As alunas Fernanda e Patrícia, incomodadas com a situação, procuraram a direção da escola para reclamar da vestimenta da aluna. O diretor da escola entrou em contato com o advogado do estabelecimento de

ensino, a fim de obter subsídios para a sua decisão. A partir do caso narrado, assinale a opção que apresenta a orientação que você, como advogado da escola, daria ao diretor.

(A) Proibir o acesso da aluna à escola.

(B) Marcar uma reunião com os pais da aluna Maria, a fim de compeli-los a descobrir a cabeça da filha.

(C) Permitir o acesso regular da aluna.

(D) Proibir o acesso das três alunas.

RESPOSTA Segundo o ECA, a criança e o adolescente têm direito à liberdade, ao respeito e à dignidade como pessoas humanas em processo de desenvolvimento e como sujeitos de direitos civis, humanos e sociais garantidos na Constituição e nas leis (art. 15), sendo que esta liberdade compreende, entre outros aspectos, direito à crença e culto religioso (art. 16, III) bem como o direito de ser respeitado por seus educadores (art. 53, II). *Alternativa C.*

14. (XXIV Exame) Os irmãos órfãos João, com 8 anos de idade, e Caio, com 5 anos de idade, crescem juntos em entidade de acolhimento institucional, aguardando colocação em família substituta. Não existem pretendentes domiciliados no Brasil interessados na adoção dos irmãos de forma conjunta, apenas separados. Existem famílias estrangeiras com interesse na adoção de crianças com o perfil dos irmãos e uma família de brasileiros domiciliados na Itália, sendo esta a última inscrita no cadastro. Considerando o direito à convivência familiar e comunitária de toda criança e de todo adolescente, assinale a opção que apresenta a solução que atende aos interesses dos irmãos.

(A) Adoção nacional pela família brasileira domiciliada na Itália.

(B) Adoção internacional pela família estrangeira.

(C) Adoção nacional por famílias domiciliadas no Brasil, ainda que separados.

(D) Adoção internacional pela família brasileira domiciliada na Itália.

RESPOSTA Diante da situação hipotética, atende-se ao chamado legal de que os brasileiros residentes no exterior terão preferência aos estrangeiros, nos casos de adoção internacional de criança ou adolescente brasileiro (art. 51, § 2º, ECA). *Alternativa D.*

15. (XXIII Exame) Agente público executor de medida socioeducativa de internação, a pretexto de manter a disciplina e a ordem na unidade em que atua, ordena que dois adolescentes se vistam com roupas femininas e desfilem para os demais internos, que escolherão a "garota da uni-

dade". Em visita à unidade, uma equipe composta pela Comissão de Direitos Humanos da OAB e pelo Conselho Tutelar toma ciência do caso. Segundo restou apurado, o agente teria atuado de tal forma porque os dois adolescentes eram muito rebeldes e não cumpriam regularmente as determinações da unidade. Com base apenas no Estatuto da Criança e do Adolescente, sem prejuízo de outras sanções, assinale a opção que indica a medida que poderá ser adotada imediatamente pela equipe que fiscalizava a unidade.

(A) Transferência imediata dos adolescentes para outra unidade socioeducativa.

(B) Advertência do agente público aplicada pelo Conselho Tutelar.

(C) Advertência do agente público aplicada pela Comissão de Direitos Humanos da OAB.

(D) Transferência imediata do agente público para outra unidade.

RESPOSTA De acordo com o ECA e o art. 18-B e parágrafo único. *Alternativa B.*

16. (XXI Exame) Marcelo e Maria são casados há 10 anos. O casal possui a guarda judicial de Ana, que tem agora três anos de idade, desde o seu nascimento. A mãe da infante, irmã de Maria, é usuária de crack e soropositiva. Ana reconhece o casal como seus pais. Passados dois anos, Ana fica órfã, o casal se divorcia e a criança fica residindo com Maria. Sobre a possibilidade da adoção de Ana por Marcelo e Maria em conjunto, ainda que divorciados, assinale a afirmativa correta.

(A) Apenas Maria poderá adotá-la, pois é parente de Ana.

(B) O casal poderá adotá-la, desde que acorde com relação à guarda (unipessoal ou compartilhada) e à visitação de Ana.

(C) O casal somente poderia adotar em conjunto caso ainda estivesse casado.

(D) O casal deverá se inscrever previamente no cadastro de pessoas interessadas na adoção.

RESPOSTA De acordo com o § 4º do art. 42 do ECA, os divorciados, os judicialmente separados e os ex--companheiros podem adotar conjuntamente, contanto que acordem sobre a guarda e o regime de visitas e desde que o estágio de convivência tenha sido iniciado na constância do período de convivência e que seja comprovada a existência de vínculos de afinidade e afetividade com aquele não detentor da guarda, que justifiquem a excepcionalidade da concessão. Neste caso, o § 5º permite que, desde que demonstrado efetivo benefício ao adotando, será assegurada a guarda compartilhada, conforme previsto no art. 1.584 do Código Civil. *Alternativa B.*

17. (XX Exame) Vanessa e Vitor vivem com o filho Marcelo, criança com 6 anos de idade, na casa dos avós paternos. Em um trágico acidente, Vitor veio a falecer. A viúva, logo após o óbito, decide morar na casa de seus pais com o filho. Após 10 dias, já residindo com os pais, Vanessa, em depressão e fazendo uso de entorpecentes, deixa o filho aos cuidados dos avós maternos, e se submete a tratamento de internação em clínica de reabilitação. Decorridos 20 dias e com alta médica, Vanessa mantém acompanhamento ambulatorial e aluga apartamento para morar sozinha com o filho. Os avós paternos inconformados ingressaram com Ação de Guarda de Marcelo. Afirmaram que sempre prestaram assistência material ao neto, que com eles residia desde o nascimento até o falecimento de Vitor. Citada, Vanessa contestou o pedido, alegando estar recuperada de sua depressão e da dependência química. Ainda, demonstrou possuir atividade laborativa, e que obteve vaga para o filho em escola. Os avós maternos, por sua vez, ingressam com oposição. Aduziram que Marcelo ficou muito bem aos seus cuidados e que possuem excelente plano de saúde, que possibilitará a inclusão do neto como dependente. Sobre a guarda de Marcelo, à luz da Proteção Integral da Criança e do Adolescente, assinale a afirmativa correta.

(A) Marcelo deve ficar com os avós maternos, com quem por último residiu, em razão dos benefícios da inclusão da criança como dependente do plano de saúde.

(B) Marcelo deve ficar na companhia dos avós paternos, pois sempre prestaram assistência material à criança, que com eles residia antes do falecimento de Vitor.

(C) Marcelo deve ficar sob a guarda da mãe, já que ela nunca abandonou o filho e sempre cumpriu com os deveres inerentes ao exercício do poder familiar, ainda que com o auxílio dos avós.

(D) Em programa de acolhimento familiar, até que esteja cabalmente demonstrado que a genitora não faz mais uso de substâncias entorpecentes.

RESPOSTA Diante da situação hipotética, observa--se, inicialmente, que é direito da criança e do adolescente ser criado e educado no seio de sua família e, excepcionalmente, em família substituta, assegurada a convivência familiar e comunitária, em ambiente que garanta seu desenvolvimento integral (art. 19 do ECA). Não há motivo fundamentado pelo ECA ou pelo CC/2002 para perda ou suspensão do poder familiar da mãe. *Alternativa C.*

18. (XX Exame) Casal de brasileiros, domiciliado na Itália, passa regularmente férias duas vezes por ano no Brasil. Nas férias de dezembro, o casal visitou uma entidade de acolhimento institucional na cidade do Rio de Janeiro, encantando-se com Ana, criança de oito anos de idade, já disponível nos cadastros de habilitação para adoção nacional e internacional. Almejando adotar Ana, consultam advogado especialista em infância e juventude. Assinale a opção que apresenta a orientação jurídica correta pertinente ao caso.

(A) Ingressar com pedido de habilitação para adoção junto à Autoridade Central Estadual, pois são brasileiros e permanecem, duas vezes por ano, em território nacional.

(B) Ingressar com pedido de habilitação para adoção no Juízo da Infância e da Juventude e, após a habilitação, ajuizar ação de adoção.

(C) Ajuizar ação de adoção requerendo, liminarmente, a guarda provisória da criança.

(D) Ingressar com pedido de habilitação junto à Autoridade Central do país de acolhida, para que esta, após a habilitação do casal, envie um relatório para a Autoridade Central Estadual e para a Autoridade Central Federal Brasileira, a fim de que obtenham o laudo de habilitação à adoção internacional.

RESPOSTA De acordo com a nossa legislação (ECA), mesmo que a situação seja de casal de brasileiros, mas que tem residência no exterior, é considerada como adoção internacional (art. 51). O tema deve ser tratado dessa maneira. De acordo com o art. 52, o casal deve ingressar com o pedido de habilitação junto à Autoridade Central (inciso I) e depois seguirá os trâmites dos incisos seguintes. *Alternativa D.*

III. PREVENÇÃO

19. **(XXVIII Exame)** Bruno, com quase doze anos de idade, morador de Niterói, na Região Metropolitana do Rio de Janeiro, foi aprovado em um processo de seleção de jogadores de futebol, para a categoria de base de um grande clube, sediado no Rio de Janeiro, capital – cidade contígua à de sua residência. Os treinamentos na nova equipe implicam deslocamento de Niterói ao Rio de Janeiro todos os dias, ida e volta. Ocorre que os pais de Bruno trabalham em horário integral, e não poderão acompanhá-lo. Os pais, buscando orientação, consultam você, como advogado(a), sobre qual seria a solução jurídica para que Bruno frequentasse os treinos, desacompanhado. Assinale a opção que apresenta sua orientação.

(A) Bruno precisará de um alvará judicial, que pode ter validade de até dois anos, para poder se deslocar sozinho entre as comarcas.

(B) Bruno pode, simplesmente, ir aos treinos sozinho, não sendo necessária qualquer autorização judicial para tanto.

(C) Não é possível a frequência aos treinos desacompanhado, pois o adolescente não poderá se deslocar entre comarcas sem a companhia de, ao menos, um dos pais ou do responsável legal.

(D) Bruno poderá ir aos treinos desacompanhado dos pais, mas será necessário obter autorização judicial ou a designação de um tutor, que poderá ser um representante do clube.

RESPOSTA De acordo com o art. 83 do ECA, alterado em 2019, nenhuma criança ou adolescente menor de 16 (dezesseis) anos poderá viajar para fora da comarca onde reside desacompanhado dos pais ou dos responsáveis sem expressa autorização judicial. Só que esta autorização não será exigida se tratar de comarca contígua à da residência da criança ou do adolescente menor de 16 (dezesseis) anos, se na mesma unidade da Federação, ou incluída na mesma região metropolitana (§ 1º, a). *Alternativa B.*

20. **(XXI Exame)** Maria, mãe de João, criança com nove anos de idade, que está na guarda de fato da avó paterna Luisa, almeja viajar com o filho, que já possui passaporte válido, para os Estados Unidos. Para tanto, indagou ao pai e à avó se eles concordariam com a viagem do infante, tendo o primeiro anuído e a segunda não, pelo fato de o neto não estar com boas notas na escola. Preocupada, Maria procura orientação jurídica de como proceder. À luz do Estatuto da Criança e do Adolescente, assinale a opção que indica a medida que deverá ser adotada pelo(a) advogado(a) de Maria.

(A) Ingressar com ação de suprimento do consentimento do pai e da avó paterna, para fins de obter a autorização judicial de viagem ao exterior.

(B) Solicitar ao pai que faça uma autorização de viagem acompanhada de cópias dos documentos dele, pois a criança já possui passaporte válido.

(C) Ingressar com ação de guarda de João, requerendo sua guarda provisória, para que possa viajar ao exterior independente da anuência do pai e da avó paterna.

(D) Solicitar ao pai que faça uma autorização de viagem com firma reconhecida, pois a criança já possui passaporte válido.

RESPOSTA Diante do caso concreto e de acordo com o ECA, nesta situação, quando o menor viaja na companhia de um dos pais, deve ser autorizado expressamente pelo outro por meio de documento com firma reconhecida (art. 84, II). *Alternativa D.*

Parte Especial

IV. ATENDIMENTO

21. **(37º Exame)** A entidade governamental Casa dos Anjos, destinada a programa de internação de adolescentes em conflito com a lei, recebeu inspeção de fiscalização por parte do Ministério Público. Nesta visita, restou constatado que a instituição não dispunha de diversos elementos essenciais para a manutenção condigna dos adolescentes sujeitos à medida socioeducativa, inexistindo, por exemplo, cuidados médicos, psicológicos, odontológicos e farmacêuticos adequados. Com base nos fatos acima, assinale a afirmativa correta.

(A) Poderá ser interrompido o repasse de verbas públicas para a entidade, enquanto ela não sanar as irregularidades.

(B) Poderá ser determinado o afastamento temporário dos dirigentes da Casa dos Anjos.

(C) Poderá haver a cassação do registro da instituição em questão.

(D) Tratando-se de entidade governamental, não há medidas sancionatórias específicas cabíveis.

RESPOSTA De acordo com o art. 95 do ECA, as entidades governamentais e não governamentais referidas no art. 90 serão fiscalizadas pelo Judiciário, pelo Ministério Público e pelos Conselhos Tutelares. E dentre as medidas aplicáveis às entidades de atendimento que descumprirem obrigação constante do art. 94, sem prejuízo da responsabilidade civil e criminal de seus dirigentes ou prepostos, está o afastamento provisório de seus dirigentes (art.97, I, *b*). *Alternativa B.*

22. **(XXXIV Exame)** José, diretor de uma entidade de acolhimento institucional, recebeu em sua instituição Maria, criança com 11 anos, em situação de verdadeiro desespero, narrando confusamente que havia sido vítima de abusos por parte do companheiro de sua mãe, e que esta nada havia feito para impedir o ato. Maria estava aos prantos e demonstrava sinais de ter sofrido violência. Procurado por José, você, como advogado(a), o orienta a

(A) buscar imediato contato com a mãe de Maria, sem efetuar a institucionalização por meio de acolhimento emergencial sem que haja este prévio contato, por ser vedada tal providência.

(B) comunicar o fato ao Ministério Público incontinenti, pois não é permitido o acolhimento sem prévio encaminhamento por este órgão.

(C) oferecer acolhimento emergencial à Maria, comunicando ao Juiz da Infância e da Juventude tal medida, em no máximo, 24h.

(D) comunicar o fato ao Conselho Tutelar para, apenas mediante encaminhamento deste órgão, efetuar o o acolhimento.

RESPOSTA Diante da situação em tela, prevê o art. 93 do ECA que as entidades que mantenham programa de acolhimento institucional poderão, em caráter excepcional e de urgência, acolher crianças e adolescentes sem prévia determinação da autoridade competente, fazendo comunicação do fato em até 24 horas ao Juiz da Infância e da Juventude, sob pena de responsabilidade. *Alternativa C.*

23. **(XXIII Exame)** Os irmãos Fábio (11 anos) e João (9 anos) foram submetidos à medida protetiva de acolhimento institucional pelo Juízo da Infância e da Juventude, pois residiam com os pais em área de risco, que se recusavam a deixar o local, mesmo com a interdição do imóvel pela Defesa Civil. Passados uma semana do acolhimento institucional, os pais de Fábio e João vão até a instituição para visitá-los, sendo impedidos de ter contato com os filhos pela diretora da entidade de acolhimento institucional, ao argumento de que precisariam de autorização judicial para visitar as crianças. Os pais dos irmãos decidem então procurar orientação jurídica de um advogado. Considerando os ditames do Estatuto da Criança e do Adolescente, a direção da entidade de acolhimento institucional agiu corretamente?

(A) Sim, pois o diretor da entidade de acolhimento institucional é equiparado ao guardião, podendo proibir a visitação dos pais.

(B) Não, porque os pais não precisam de uma autorização judicial, mas apenas de um ofício do Conselho Tutelar autorizando a visitação.

(C) Sim, pois a medida protetiva de acolhimento institucional foi aplicada pelo Juiz da Infância, assim somente ele poderá autorizar a visita dos pais.

(D) Não, diante da ausência de vedação expressa da autoridade judiciária para a visitação, ou decisão que os suspenda ou os destitua do exercício do poder familiar.

RESPOSTA O art. 92 do ECA trata das entidades que desenvolvam programas de acolhimento familiar ou institucional e entre os seus princípios está a preservação dos vínculos familiares e promoção da rein-

ESTATUTO DA CRIANÇA E DO ADOLESCENTE

tegração familiar (inciso I). Ademais, o § 4º do mesmo artigo é praticamente a fundamentação da *alternativa D*, portanto, correta.

24. (XXII Exame) João, criança de 07 anos de idade, perambulava pela rua sozinho, sujo e com fome, quando, por volta das 23 horas, foi encontrado por um guarda municipal, que resolve encaminhá-lo diretamente para uma entidade de acolhimento institucional, que fica a 100 metros do local onde ele foi achado. João é imediatamente acolhido pela entidade em questão. Sobre o procedimento adotado pela entidade de acolhimento institucional, de acordo com o que dispõe o Estatuto da Criança e do Adolescente, assinale a afirmativa correta.

(A) A entidade pode regularmente acolher crianças e adolescentes, independentemente de determinação da autoridade competente e da expedição de guia de acolhimento.

(B) A entidade somente pode acolher crianças e adolescentes encaminhados pela autoridade competente por meio de guia de acolhimento.

(C) A entidade pode acolher regularmente crianças e adolescentes sem a expedição da guia de acolhimento apenas quando o encaminhamento for feito pelo Conselho Tutelar.

(D) A entidade pode, em caráter excepcional e de urgência, acolher uma criança sem determinação da autoridade competente e guia de acolhimento, desde que faça a comunicação do fato à autoridade judicial em até 24 horas.

RESPOSTA Diante do caso em tela, aplica-se o art. 93 do ECA, que dispõe que as entidades que mantenham programa de acolhimento institucional poderão, em caráter excepcional e de urgência, acolher crianças e adolescentes sem prévia determinação da autoridade competente, fazendo comunicação do fato em até 24 (vinte e quatro) horas ao Juiz da Infância e da Juventude, sob pena de responsabilidade. *Alternativa D.*

V. MEDIDAS DE PROTEÇÃO

Acesse o QR Code e consulte as questões comentadas sobre este tema.

VI. ATOS INFRACIONAIS

25. (41º Exame) Márcio, adolescente com 16 anos, foi apreendido em flagrante na prática de ato infracional análogo ao roubo qualificado por emprego de arma de fogo. Foi, de plano, colocado em internação provisória, durante o curso do processo. Depois de todo o trâmite processual,

que foi absolutamente regular e escorreito, a autoridade judiciária reconheceu na sentença que não havia prova da existência do ato infracional imputado originalmente, o que ocasionou a absolvição de Márcio, sendo certo que a decisão foi omissa em relação à soltura do adolescente. Entretanto, o fato de a sentença estar baseada na inexistência de provas e no reconhecimento da sua própria falibilidade, fundamento basilar da própria existência da recorribilidade das decisões judiciais, postergou para o trânsito em julgado a liberação do adolescente. Acerca da situação narrada, assinale a afirmativa correta.

(A) A sentença mostra plena correção, adequada ao ordenamento jurídico processual e às disposições do Estatuto da Criança e do Adolescente.

(B) A manutenção da internação até o trânsito em julgado é medida irregular, devendo Márcio ser posto em liberdade, imediatamente, quando da prolação da sentença.

(C) A colocação do adolescente internado em liberdade deve ser imediata apenas no caso de a sentença reconhecer a inexistência do fato análogo ao crime, não havendo falha na decisão de manter sua internação.

(D) A colocação do adolescente internado em liberdade deve ser imediata somente na hipótese de a sentença reconhecer que o adolescente não praticou ou concorreu para a prática do fato análogo ao crime, estando correta a decisão.

RESPOSTA De acordo com o art. 189 do ECA, "A autoridade judiciária não aplicará qualquer medida, desde que reconheça na sentença: I – estar provada a inexistência do fato; II – não haver prova da existência do fato; III – não constituir o fato ato infracional; IV – não existir prova de ter o adolescente concorrido para o ato infracional. Parágrafo único. Na hipótese deste artigo, estando o adolescente internado, será imediatamente colocado em liberdade". *Alternativa B.*

26. (40º Exame) Rafael, de 16 anos, foi apreendido após invadir uma loja de cosméticos e, mediante o emprego de arma de fogo, subtrair os pertences do caixa. Devidamente processado, o juízo da infância aplicou a medida de semiliberdade ao adolescente, tendo ocorrido o trânsito em julgado. Depois de dois meses de cumprimento da medida, Laura, mãe de Rafael, procura você, como advogado(a), buscando sua orientação acerca da possibilidade de o adolescente realizar atividades externas, considerando que foi inaugurado estabelecimento que oferece diversos cursos profissionalizantes em local próximo à unidade socioeducativa. Sobre o caso narrado, levando em conta o Estatuto da Criança e do Adolescente, assinale a orientação que, corretamente, você deu a Laura.

(A) No regime de semiliberdade é possível realizar atividades externas, desde que haja autorização do juízo competente para a execução da medida socioeducativa.

(B) A semiliberdade só admite atividades externas após um ano de cumprimento da medida. Dessa forma, por ora, Rafael não poderá ser incluído no curso profissionalizante almejado.

(C) É possível que Rafael realize atividades externas, independentemente de autorização judicial.

(D) Durante a semiliberdade é inviável a realização de atividades externas, pois elas são cabíveis apenas nas medidas socioeducativas de liberdade assistida e de prestação de serviços à comunidade.

RESPOSTA De acordo com o ECA, *vide* o *caput* do art. 120: "O regime de semiliberdade pode ser determinado desde o início, ou como forma de transição para o meio aberto, possibilitada a realização de atividades externas, independentemente de autorização judicial". *Alternativa C.*

27. (37º Exame) Wilson, 13 anos, foi apreendido por Manoel quando estava em fuga, após praticar ato de subtração de uma caixa de mil unidades de doces em sua vendinha. No curso da perseguição, os doces se perderam porque Wilson os jogou em um bueiro para, desembaraçado, correr melhor. Esgotados todos os procedimentos legais para apuração do ato infracional e constatada sua prática, a autoridade competente fixou, além das medidas socioeducativas pertinentes a Wilson, a obrigatoriedade de reparar o dano, ou seja, restituir o valor correspondente aos doces perdidos por Manoel. Acerca dos fatos acima, assinale a opção que apresenta a medida compensatória adequada para o caso concreto.

(A) A compensação do dano não poderá ser exigida dos pais de Wilson.

(B) Wilson deverá prestar duas horas diárias de serviços de empacotamento de compras na vendinha, até que se compense o dano, caso ele ou seus pais não possam custear financeiramente o valor.

(C) Havendo manifesta impossibilidade de Wilson ou seus pais custearem a perda patrimonial de Manoel, não há como substituir a compensação por outra medida adequada.

(D) A autoridade poderá determinar que Wilson compense o prejuízo de Manoel, desde que não configure trabalho forçado.

RESPOSTA As medidas socioeducativas estão previstas no art. 112 e dentre elas está reparar o dano,

porém, em hipótese alguma e sob pretexto algum, será admitida a prestação de trabalho forçado (§ 2º). *Alternativa D.*

28. (XXXI Exame) O adolescente João, com 16 anos completos, foi apreendido em flagrante quando praticava ato infracional análogo ao crime de furto. Devidamente conduzido o processo, de forma hígida, ele foi sentenciado ao cumprimento de medida socioeducativa de 1 ano, em regime de semiliberdade. Sobre as medidas socioeducativas aplicadas a João, assinale a afirmativa correta.

(A) A medida de liberdade assistida será fixada pelo prazo máximo de 6 meses, sendo que, ao final de tal período, caso João não se revele suficientemente ressocializado, a medida será convolada em internação.

(B) A medida aplicada foi equivocada, pois deveria ter sido, necessariamente, determinada a internação de João.

(C) No regime de semiliberdade, João poderia sair da instituição para ocupações rotineiras de trabalho e estudo, sem necessidade de autorização judicial.

(D) A medida aplicada foi equivocada, pois não poderia, pelo fato análogo ao furto, ter a si aplicada medida diversa da liberdade assistida.

RESPOSTA De acordo com o art. 120 do ECA, o regime de semiliberdade pode ser determinado desde o início, ou como forma de transição para o meio aberto, possibilitada a realização de atividades externas, independentemente de autorização judicial. *Alternativa C.*

29. (XX Exame – Reaplicação) O adolescente X cometeu ato infracional equiparado a crime de roubo, mediante grave ameaça à pessoa. Apreendido com a observância dos estreitos e regulares critérios normativos estabelecidos pelo sistema jurídico, apurou-se que o jovem havia cometido um ato infracional anterior equiparável ao crime de apropriação indébita. Com base na hipótese apresentada, assinale a afirmativa correta.

(A) É incabível a aplicação de medida de internação, o que é autorizado apenas em caso de reiteração no cometimento de outras faltas anteriores ou simultâneas, igualmente graves.

(B) É aplicável apenas a medida de regime de semiliberdade em razão da prática de ato infracional mediante grave ameaça à pessoa.

(C) É aplicável a medida de internação em razão da prática de ato infracional mediante grave ameaça à pessoa, mesmo não sendo hipótese de reiteração da conduta idêntica por parte do adolescente.

ESTATUTO DA CRIANÇA E DO ADOLESCENTE

343

(D) É incabível a aplicação de medida de internação, haja vista que essa somente poderia se dar em caso de descumprimento reiterado de injustificável medida imposta em momento anterior ao adolescente.

RESPOSTA Diante do caso hipotético, trata-se de situação que cabe a medida de internação, de acordo com o inciso I do art. 122 do ECA e que se justifica por si só, diferentemente do inciso II do mesmo artigo que traz como fundamentação a reiteração no cometimento de outras infrações graves. *Alternativa C.*

VII. MEDIDAS AOS PAIS E RESPONSÁVEIS

30. (XXXII Exame) A proteção da estrutura familiar da criança e do adolescente e o fomento ao convívio familiar em condições salutares à pessoa em desenvolvimento fizeram com que o legislador, na concepção do Estatuto da Criança e do Adolescente, previsse medidas aplicáveis aos pais ou responsáveis em casos de problemas familiares envolvendo crianças e adolescentes. Diante do exposto, assinale a afirmativa correta.

(A) As medidas de inclusão em programa oficial ou comunitário de auxílio, de orientação e tratamento a alcoólatras e toxicômanos, e de encaminhamento a tratamento psicológico ou psiquiátrico podem ser aplicadas direta e autonomamente pelos Conselhos Tutelares.

(B) As medidas de encaminhamento a cursos ou programas de orientação e de matricular obrigatoriamente o filho ou pupilo e acompanhar sua frequência e seu aproveitamento escolar somente podem ser aplicadas pela autoridade judiciária.

(C) As medidas de encaminhamento a serviços e programas oficiais ou comunitários de proteção, apoio e promoção da família e de obrigação de encaminhar a criança ou o adolescente a tratamento especializado não podem ser aplicadas diretamente pelos Conselhos Tutelares.

(D) As medidas de encaminhamento a tratamento psiquiátrico, de perda da guarda, de destituição dá tutela ou de suspensão ou destituição do poder familiar somente podem ser aplicadas pela autoridade judiciária.

RESPOSTA Dentre as atribuições do Conselho Tutelar previstas no art. 136 do ECA está em "atender e aconselhar os pais ou responsável, aplicando as medidas previstas no art. 129, I a VII". E segundo o inciso II, está a medida de "inclusão em programa oficial ou comunitário de auxílio, orientação e tratamento a alcoólatras e toxicômanos". *Alternativa A.*

31. (XX Exame – Reaplicação) Dona Maria cuida do neto Paulinho, desde o nascimento, em razão do falecimento de sua filha, mãe do menino, logo após o parto. João, pai de Paulinho, apenas registrou a criança e desapareceu, sem nunca prestar ao filho qualquer tipo de assistência. Paulinho está tão adaptado ao convívio com a avó materna, que a chama de mãe. Passados dez anos, João faz contato com Maria e diz que gostaria de levar o filho para morar com ele. Maria, desesperada, procura um advogado para obter orientações sobre o que fazer, já que João é foragido da Justiça, com condenação por crime de estupro de vulnerável, além de nunca ter procurado o filho Paulinho, que não o reconhece como pai. De acordo com o Estatuto da Criança e do Adolescente, assinale a opção que indica a ação mais indicada para regularizar de forma definitiva o direito à convivência familiar da avó com o neto.

(A) Ação de Destituição do Poder Familiar cumulada com Adoção.

(B) Ação de Destituição do Poder Familiar cumulada com Tutela.

(C) Ação de Destituição do Poder Familiar cumulada com Guarda.

(D) Ação de Suspensão do Poder Familiar cumulada com Guarda.

RESPOSTA Dentre as medidas aplicáveis aos pais ou responsáveis está a suspensão ou destituição do poder familiar (art. 129, X, do ECA). A situação apresenta-se como forma de destituição em razão das hipóteses do art. 1.638 do CC, dentre elas, deixar o filho em abandono (inciso II). Para tanto, é possível cumular com a tutela e que requer, justamente, a perda ou suspensão do poder familiar (art. 36, parágrafo único, do ECA). E por que não pode cumular com adoção? Neste caso porque se trata de ascendente (avó), o que o ECA não permite (vide art. 42, § 1º). *Alternativa B.*

VIII. CONSELHO TUTELAR

32. (35º Exame) Maria perdeu a mãe com 2 anos de idade, ficando sob a guarda de seu pai, Rodrigo, desde então. Quando Maria estava com 5 anos, Rodrigo se casou novamente, com Paula. Paula, contudo, nunca desejou ter filhos e sempre demonstrou não ter qualquer afeto por Maria, chegando, até mesmo, a praticar verdadeiras violências psicológicas contra a criança, frequentemente chamando-a de estúpida, idiota e inúmeras outras palavras aviltantes. Como exercia forte influência sobre Rodrigo, esse nada fez para cessar as agressões. A mãe de Rodrigo, Joana, e a irmã de Rodrigo, Fernanda, após alguns anos percebendo tais atitudes, decidiram intervir em defesa da criança. Porém, as conversas com Rodrigo e Paula foram de mal a pior, não trazendo qualquer solução ou melhora à vida de Maria. Percebendo que não teriam como, sozinhas, evitar mais danos psicológicos à criança, Fernanda e Joana procuram você, como advogado(a), para saber o que poderiam fazer, legalmente, em face de Rodrigo e Paula. Com base no enunciado acima, assinale a opção que apresenta a resposta juridicamente correta que você, como advogado(a), ofereceu.

(A) Informaria que, por ser Rodrigo o pai da criança e detentor da guarda e do poder familiar, a ele incumbe a educação de Maria, não cabendo à avó ou à tia qualquer intervenção nessa relação.

(B) Orientaria que procurassem o Ministério Público da localidade em que Maria reside, porque apenas esse órgão tem competência constitucional e legal para intervir em situação de tal natureza.

(C) Orientaria que buscassem o Conselho Tutelar da localidade em que Maria reside, a fim de relatar a situação e solicitar a averiguação e as providências voltadas a cessar a violação dos direitos da criança.

(D) Informaria que poderá ser ajuizado processo de anulação do casamento de Rodrigo e Paula, dado que a sua omissão perante as agressões de sua esposa contra Maria permite tal providência, em razão da prevalência do interesse da criança.

RESPOSTA De acordo com o ECA, os casos de suspeita ou confirmação de castigo físico, de tratamento cruel ou degradante e de maus-tratos contra criança ou adolescente serão obrigatoriamente comunicados ao Conselho Tutelar da respectiva localidade, sem prejuízo de outras providências legais (art. 13). *Alternativa C.*

33. (XXXII Exame) Augusto, que atua como Promotor de Justiça com atribuição na área de Justiça da Infância e da Juventude do Município Sigma, é casado com a filha de Isabela, cujo outro filho, Ramiro, pretende se candidatar à função de conselheiro tutelar no mesmo município. Considerando o caso hipotético narrado e de acordo com as normas do Estatuto da Criança e do Adolescente, assinale a afirmativa correta.

(A) O impedimento legal para que Ramiro desempenhe a função de conselheiro tutelar no Município Sigma não se extingue com a dissolução do casamento de sua irmã.

(B) O parentesco por afinidade entre Augusto e Ramiro configura impedimento legal para que Ramiro desempenhe a função de conselheiro tutelar no município da comarca em que Augusto atua.

(C) A situação não impede que Ramiro sirva na função de conselheiro tutelar no município sob a atuação de Augusto, mas o impede de atuar nos atendimentos em que Augusto figure como promotor.

(D) A situação não impede que Ramiro atue na função de conselheiro tutelar, porque o ECA veda apenas que parentes, consanguíneos ou por adoção, do representante do Ministério Público com atuação na Justiça da Infância e da Juventude sirvam no mesmo conselho tutelar.

RESPOSTA De acordo com o art. 140 do ECA e seu parágrafo único: "São impedidos de servir no mesmo Conselho marido e mulher, ascendentes e descendentes, sogro e genro ou nora, irmãos, cunhados, durante o cunhadio, tio e sobrinho, padrasto ou madrasta e enteado. Parágrafo único. Estende-se o impedimento do conselheiro, na forma deste artigo, em relação à autoridade judiciária e ao representante do Ministério Público com atuação na Justiça da Infância e da Juventude, em exercício na comarca, foro regional ou distrital". *Alternativa B.*

IX. ACESSO À JUSTIÇA

34. (39º Exame) Carlos e Joana, pais da criança Paula, estão dissolvendo sua união estável, ainda sem judicialização, detendo Joana a guarda de fato de Paula enquanto não regularizados os regimes de visitação ou compartilhamento da guarda. Por razões profissionais, Carlos mudou-se para o município contíguo ao da residência de Joana e Paula. Ocorre que Carlos, estando insatisfeito com algumas decisões de Joana sobre a vida da criança, e não mais conseguindo ajustar amistosamente tais questões, precipitou o ajuizamento de processo para regulamentação da guarda e pensionamento, no Juízo da comarca em que está residindo. Joana procura você, como advogado(a), para representá-la, reclamando de ter que se defender em outra cidade. Com base no enunciado acima, sobre a questão da compe-tência, assinale a orientação que você, corretamente, daria à Joana.

(A) O juízo da residência de Carlos é tão competente quanto o da residência de Joana, eis que apenas quando da definição da guarda – que é o que se está pretendendo – a competência passa a ser do foro do guardião judicialmente definido.

(B) A competência para este processo de regulamentação de guarda e pensão incumbe ao Juízo da comarca de residência de Paula, e não de Carlos, pois a guarda de fato já basta para tal fixação.

ESTATUTO DA CRIANÇA E DO ADOLESCENTE

(C) A competência será sempre definida em razão daquele que primeiro postular judicialmente a regulamentação da guarda.

(D) A guarda é irrelevante para fins de determinação da competência, devendo ser processado o feito em razão do melhor interesse da criança, seja qual for o foro inicialmente escolhido.

RESPOSTA De acordo com o art. 147 do ECA, a competência será determinada pelo lugar onde se encontre a criança ou adolescente, à falta dos pais ou responsável (inciso II). *Alternativa B.*

35. (38º Exame) Pedro, adolescente de quinze anos, foi apreendido pela prática de ato infracional análogo ao crime de roubo. Realizados todos os procedimentos legais cabíveis, o juízo determinou cautelarmente que fosse recolhido à internação em instituição dedicada ao cumprimento de medida socioeducativa dessa natureza. Ocorre que não havia vaga na entidade de internação da comarca, pelo que Pedro foi recolhido a uma repartição policial, em seção isolada dos adultos e com instalações apropriadas, lá restando internado cautelarmente há vinte dias, aguardando o surgimento de vaga no estabelecimento dedicado. Com base nos fatos acima, assinale a afirmativa correta.

(A) A internação jamais poderá ser realizada em repartição policial, nem mesmo cautelarmente, mesmo que seja impossível a transferência imediata.

(B) É admissível a intenação cautelar em estabelecimento policial ou prisional quando da situação exposta no enunciado, por prazo indeterminado, até que seja encontrada vaga em entidade apropriada.

(C) A manutenção de Pedro na repartição policial, por mais de cinco dias, é ilegal, comportando *habeas corpus* para fazer cessar tal estado de ilicitude.

(D) A internação em estabelecimento prisional é admissível quando neste local puderem ser desenvolvidas as atividades pedagógicas próprias dessa medida socioeducativa.

RESPOSTA De acordo com o art. 185 do ECA, a internação, decretada ou mantida pela autoridade judiciária, não poderá ser cumprida em estabelecimento prisional. Observado que é impossível a pronta transferência, o adolescente aguardará sua remoção em repartição policial, desde que em seção isolada dos adultos e com instalações apropriadas, não podendo ultrapassar o prazo máximo de cinco dias, sob pena de responsabilidade (§ 2º). *Alternativa C.*

36. (XXXIII Exame) João, de 17 anos, teve sua participação como artista, em determinado espetáculo público, vedada pela autoridade judiciária, ao argumento de que se trataria de exposição indevida a conteúdo psicologicamente danoso. Procurado pela genitora de João para defender sua participação no espetáculo, você, como advogado(a) deve

(A) impetrar mandado de segurança contra a decisão que reputa ilegal.

(B) interpor recurso de apelação com vistas a reformar a decisão.

(C) interpor recurso de agravo de instrumento para suspender os efeitos da decisão.

(D) ajuizar ação rescisória contra a decisão que reputa ilegal.

RESPOSTA De acordo com o art. 149 do ECA, compete à autoridade judiciária disciplinar, através de portaria, ou autorizar, mediante alvará, a participação de criança e adolescente em espetáculos públicos e seus ensaios (inciso II). Caso seja negado, como é o caso da questão, caberá, segundo o art. 199, o recurso de apelação. Importa destacar a peculiaridade deste recurso nesta situação. *Alternativa B.*

37. (XXX Exame) Pedro, 16 anos, foi apreendido em flagrante quando subtraía um aparelho de som de uma loja. Questionado sobre sua família, disse não ter absolutamente nenhum familiar conhecido. Encaminhado à autoridade competente, foi-lhe designado defensor dativo, diante da completa carência de pessoas que por ele pudessem responder. Após a prática dos atos iniciais, Pedro requereu ao juiz a substituição do seu defensor por um advogado conhecido, por não ter se sentido bem assistido tecnicamente, não confiando no representante originariamente designado. Com base nessa narrativa, assinale a afirmativa correta.

(A) É direito do adolescente ter seu defensor substituído por outro de sua preferência, uma vez que não deposita confiança no que lhe foi designado.

(B) A defesa técnica deve permanecer incumbida ao defensor atualmente designado, pois não é facultado ao adolescente optar por sua substituição.

(C) O processo deve ser suspenso, adiando-se os atos até que seja solucionada a questão da representação do adolescente.

(D) A substituição somente deverá ser realizada se evidenciada imperícia técnica, não podendo a mera preferência do adolescente ser motivo para a substituição.

RESPOSTA De acordo com o art. 207 do ECA, nenhum adolescente a quem se atribua a prática de ato infracional, ainda que ausente ou foragido, será processado sem defensor. Se o adolescente não tiver defensor, ser-lhe-á nomeado pelo juiz, ressalvado o direito de, a todo tempo, constituir outro de sua preferência (§ 1º). *Alternativa A.*

38. **(XXIX Exame)** Gabriel, adolescente com 17 anos de idade, entrou armado em uma loja de conveniência na cidade de Belo Horizonte, Minas Gerais, exigindo que o operador de caixa entregasse todo o dinheiro que ali existisse. Um dos clientes da loja, policial civil em folga, reagiu ao assalto, atirando em Gabriel, mas não acertando. Assustado, Gabriel empreendeu fuga, correndo em direção a Betim, comarca limítrofe a Belo Horizonte e onde residem seus pais, lá sendo capturado por policiais que se encontravam em uma viatura. Sobre o caso, assinale a opção que indica quem será competente para as medidas judiciais necessárias, inclusive a eventual estipulação de medida socioeducativa, desconsiderando qualquer fator de conexão, continência ou prevenção.

(A) O Juiz da Infância e da Juventude da comarca de Belo Horizonte, ou o juiz que exerce essa função, por ser a capital do estado.

(B) O Juiz da Infância e da Juventude, ou o juiz que exerce essa função, da comarca de Belo Horizonte, por ser o foro onde ocorreu o ato infracional cometido por Gabriel.

(C) O Juiz Criminal da comarca de Betim, por ser onde residem os pais do adolescente.

(D) O Juiz da Infância e da Juventude, ou o juiz que exerce essa função, da comarca de Betim, por ser onde residem os pais do adolescente.

RESPOSTA De acordo com o art. 147 do ECA, que trata da competência, nos casos de ato infracional, será competente a autoridade do lugar da ação ou omissão, observadas as regras de conexão, continência e prevenção (§ 1º). *Alternativa B.*

X. CRIMES E INFRAÇÕES ADMINISTRATIVAS

39. **(36º Exame)** Maria deu à luz um bebê cujo nome ainda não havia escolhido. No momento do parto, o médico optou por escrever apenas "José" na pulseira de identificação do bebê. Ocorre que, por obra do destino, naquele mesmo dia, nasceram mais três bebês, dois dos quais foram nomeados pelos pais de José, e o médico acabou por confundir os bebês ao entregá-los às mães. Temeroso de que tal situação viesse a lhe criar problema, o médico escondeu de todos a confusão e entregou um dos bebês, ao acaso, para Maria amamentar, fi-

cando a cargo do destino ser ele o correto ou não. A situação descrita revela, especificamente:

(A) o cometimento de infração administrativa, consubstanciada em negligência profissional, passível de investigação ética, somente.

(B) a prática de crime específico previsto no ECA, consubstanciado na conduta de deixar o médico de identificar corretamente o neonato e a parturiente.

(C) a prática de crime do Código Penal, consubstanciado na conduta de falsidade ideológica ao obliterar as informações de identificação do neonato.

(D) a prática de crime do Código Penal, consubstanciado na conduta de falsidade documental pela certificação inverídica da identificação do neonato.

RESPOSTA É tipificado como crime no ECA deixar o médico, enfermeiro ou dirigente de estabelecimento de atenção à saúde de gestante de identificar corretamente o neonato e a parturiente, por ocasião do parto, bem como deixar de proceder aos exames referidos no art. 10 dessa lei. Tem pena de detenção de seis meses a dois anos. E se for culposo, tem pena de detenção de dois a seis meses, ou multa (art. 229 do ECA). *Alternativa B.*

40. **(XXXIV Exame)** Joana, com 10 anos, viajou de ônibus com a mãe, Marcela, do Espírito Santo para Mato Grosso do Sul, sem que a empresa de transporte verificasse, em nenhum momento, a documentação de comprovação do vínculo parental entre ela e a mãe. Em uma parada, um agente da autoridade fiscalizatória adentrou no coletivo e, indagando a Marcela sobre a comprovação documental, recebeu desta a informação de que não havia sido requerida tal prova em nenhum momento. Dada a situação acima, assinale a afirmativa correta.

(A) Ainda que o vínculo parental efetivamente exista e seja posteriormente comprovado, a empresa de ônibus cometeu infração administrativa prevista no Estatuto da Criança e do Adolescente ao não exigir tal prova antes de iniciar a viagem.

(B) A prova do vínculo de parentesco pode ser feita posteriormente, afastando a consumação da infração administrativa por parte da empresa de ônibus.

(C) A prova do vínculo de parentesco não é exigência legal para viagens interestaduais com crianças, bastando a autoidentificação pela suposta mãe.

(D) A infração administrativa não está consumada senão quando da efetiva ausência do vínculo de parentesco, o que não aconteceu no caso presente.

RESPOSTA De acordo com o ECA, transportar criança ou adolescente, por qualquer meio, com inobservância do disposto nos arts. 83, 84 e 85 desta Lei, incorre na pena de multa de três a vinte salários de referência, aplicando-se o dobro em caso de reincidência. É o que está previsto no seu art. 251. No caso em tela, não precisava de expressa autorização judicial, como prevê o art. 83, mas era necessária a comprovação documental do parentesco (art. 83, § 1º, *b*, 1). *Alternativa A.*

41. (XXXIII Exame) Paulo recebeu vídeos pornográficos em seu celular, enviados por um amigo para um grupo de mensagens do qual faz parte. Em um dos vídeos, Paulo percebeu que havia uma criança em cena de ato libidinoso e nudez. Por isso, Paulo não repassou o vídeo ou o divulgou sob qualquer forma, mantendo-o em sigilo, arquivado no seu celular, sequer mencionando-o. Sobre o fato acima, assinale a afirmativa correta.

(A) A conduta de Paulo foi correta, pois produzir e divulgar imagens de cunho pornográfico envolvendo crianças, e não apenas seu armazenamento, é crime específico do ECA.

(B) Paulo praticou ato designado genericamente como pedofilia, mas sem cunho criminoso, por não ter sido ele o autor do vídeo.

(C) Paulo ao armazenar, ainda que sem divulgar a terceiros, o vídeo de natureza pornográfica envolvendo criança, cometeu crime específico do ECA.

(D) Paulo praticou ato designado genericamente como pedofilia, mas sem cunho criminoso, por não ter divulgado o vídeo, mas apenas o armazenado.

RESPOSTA De acordo com o art. 241-B do ECA, é crime adquirir, possuir ou armazenar, por qualquer meio, fotografia, vídeo ou outra forma de registro que contenha cena de sexo explícito ou pornográfica envolvendo criança ou adolescente, cuja pena é de reclusão. *Alternativa C.*

42. (XXXI Exame) Maria chega à maternidade já em trabalho de parto, sendo atendida emergencialmente. Felizmente, o parto ocorre sem problemas e Maria dá à luz, Fernanda. No mesmo dia do parto, a enfermeira Cláudia escuta a conversa entre Maria e uma amiga que a visitava, na qual Maria oferecia Fernanda a essa amiga em adoção, por não se sentir preparada para a maternidade. Preocupada com a conversa, Cláudia a relata ao médico obstetra de plantão, Paulo, o qual, por

sua vez, noticia o ocorrido a Carlos, diretor-geral do hospital. Naquela noite, já recuperada, Maria e a mesma amiga vão embora da maternidade, sem que nada tenha ocorrido e nenhuma providência tenha sido tomada por qualquer dos personagens envolvidos – Cláudia, Paulo ou Carlos. Diante dos fatos acima, assinale a afirmativa correta.

(A) Não foi cometida qualquer infração, porque a adoção irregular não se consumou no âmbito da maternidade.

(B) Carlos cometeu infração administrativa, consubstanciada no não encaminhamento do caso à autoridade judiciária, porque somente o diretor do hospital pode fazê-lo.

(C) Carlos e Paulo não cometeram infração administrativa ao não encaminharem o caso à autoridade judiciária, porque não cabe ao corpo médico tal atribuição.

(D) Carlos, Paulo e Cláudia cometeram infração administrativa por não encaminharem o caso de que tinham conhecimento para a autoridade judiciária.

RESPOSTA De acordo com o art. 258-B do ECA, deixar o médico, enfermeiro ou dirigente de estabelecimento de atenção à saúde de gestante de efetuar imediato encaminhamento à autoridade judiciária de caso de que tenha conhecimento de mãe ou gestante interessada em entregar seu filho para adoção tem a pena de multa. Está dentro do capítulo de infrações administrativas, portanto, *alternativa D.*

43. (XXX Exame) Roberta produziu, em seu computador, vídeo de animação em que se percebe a simulação de atos pornográficos entre crianças. O vídeo não mostra nenhuma imagem reconhecível, nenhuma pessoa identificável, mas apresenta, inequivocamente, figuras de crianças, e bem jovens. Sobre o fato apresentado, sob a perspectiva do Estatuto da Criança e do Adolescente, assinale a afirmativa correta.

(A) Não é ilícito penal: o crime ocorre quando se simula a atividade pornográfica com imagens reais de crianças.

(B) É crime, pois o Estatuto da Criança e do Adolescente prevê a conduta típica de simular a participação de criança ou adolescente em cena pornográfica por meio de qualquer forma de representação visual.

(C) É crime se houver a divulgação pública do filme, pois a mera produção de filme envolvendo simulacro de imagem de criança ou adolescente em situação pornográfica não é reprovada pelo Estatuto da Criança e do Adolescente.

(D) Não é ilícito penal, pois a animação somente se afigura como simulação suficientemente apta a despertar a reprovabilidade criminal se reproduzir a imagem real de alguma criança diretamente identificável.

RESPOSTA De acordo com o art. 241-C do ECA, é crime simular a participação de criança ou adolescente em cena de sexo explícito ou pornográfica por meio de adulteração, montagem ou modificação de fotografia, vídeo ou qualquer outra forma de representação, cuja pena é de reclusão. *Alternativa B.*

44. (XXVIII Exame) Joaquim, adolescente com 15 anos de idade, sofre repetidas agressões verbais por parte de seu pai, José, pessoa rude que nunca se conformou com o fato de Joaquim não se identificar com seu sexo biológico. Os atentados verbais chegaram ao ponto de lançar Joaquim em estado de depressão profunda, inclusive sendo essa clinicamente diagnosticada. Constatada a realidade dos fatos acima narrados, assinale a afirmativa correta.

(A) Os fatos descritos revelam circunstância de mero desajuste de convívio familiar, não despertando relevância criminal ou de tutela de direitos individuais do adolescente, refugindo do alcance da Lei n. 8.069/90 (ECA).

(B) O juízo competente poderá determinar o afastamento de José da residência em que vive com Joaquim, como medida cautelar para evitar o agravamento do dano psicológico do adolescente, podendo, inclusive, fixar pensão alimentícia provisória para o suporte de Joaquim.

(C) O juiz poderá afastar cautelarmente José da moradia comum com Joaquim, sem que isso implique juízo definitivo de valor sobre os fatos – razão pela qual não é viável a estipulação de alimentos ao adolescente, eis que irreversíveis.

(D) A situação descrita não revela motivação legalmente reconhecida como suficiente a determinar o afastamento de José da moradia comum, recomendando somente o aconselhamento educacional do pai.

RESPOSTA Verificada a hipótese de *maus-tratos, opressão ou abuso sexual* impostos pelos pais ou responsável, de acordo com o art. 130 do ECA, a autoridade judiciária poderá determinar, como medida cautelar, o afastamento do agressor da moradia comum. Da medida cautelar constará, ainda, a fixação provisória dos alimentos de que necessitem a criança ou o adolescente dependente do agressor. *Alternativa B.*

45. (XXVI Exame) Em cumprimento de mandado de busca e apreensão do Juízo Criminal, policiais encontraram fotografias de adolescentes vestidas, em posições sexuais, com foco nos órgãos genitais, armazenadas no computador de um artista inglês. O advogado do artista, em sua defesa, alega a ausência de cena pornográfica, uma vez que as adolescentes não estavam nuas, e que a finalidade do armazenamento seria para comunicar às autoridades competentes. Considerando o crime de posse de material pornográfico, previsto no Art. 241-B do ECA, merecem prosperar os argumentos da defesa?

(A) Sim, pois, para caracterização da pornografia, as adolescentes teriam que estar nuas.

(B) Não, uma vez que bastava afirmar que as fotos são de adolescentes, e não de crianças.

(C) Sim, uma vez que a finalidade do artista era apenas a de comunicar o fato às autoridades competentes.

(D) Não, pois a finalidade pornográfica restou demonstrada, e o artista não faz jus a excludente de tipicidade.

RESPOSTA De acordo com § 2º do art. 241-B do ECA, correta a *alternativa D.*

46. (XXV Exame) Angélica, criança com 5 anos de idade, reside com a mãe Teresa, o padrasto Antônio e a tia materna Joana. A tia suspeita de que sua sobrinha seja vítima de abuso sexual praticado pelo padrasto. Isso porque, certa vez, ao tomar banho com Angélica, esta reclamou de dores na vagina e no ânus, que aparentavam estar bem vermelhos. Na ocasião, a sobrinha disse que "o papito coloca o dedo no meu bumbum e na minha perereca, e dói". Joana narrou o caso para a irmã Teresa, que disse não acreditar no relato da filha, pois ela gostava de inventar histórias, e que, ainda que fosse verdade, não poderia fazer nada, pois depende financeiramente de Antônio. Joana, então, após registrar a ocorrência na Delegacia de Polícia, que apenas instaurou o inquérito policial e encaminhou a criança para exame de corpo de delito, busca orientação jurídica sobre o que fazer para colocá-la em segurança imediatamente. De acordo com o Estatuto da Criança e do Adolescente, a fim de resguardar a integridade de Angélica até que os fatos sejam devidamente apurados pelo Juízo Criminal competente, assinale a opção que indica a medida que poderá ser postulada por um advogado junto ao Juízo da Infância e da Juventude.

(A) A aplicação da medida protetiva de acolhimento institucional de Angélica.

(B) Solicitar a suspensão do poder familiar de Antônio.

(C) Solicitar o afastamento de Antônio da moradia comum.

(D) Solicitar a destituição do poder familiar da mãe Teresa.

ESTATUTO DA CRIANÇA E DO ADOLESCENTE

RESPOSTA De acordo com o art. 130 do ECA, verificada a hipótese de maus-tratos, opressão ou abuso sexual impostos pelos pais ou responsável, a autoridade judiciária poderá determinar, como medida cautelar, o afastamento do agressor da moradia comum. *Alternativa C.*

47. (XXII Exame) João, maior, e sua namorada Lara, com 14 anos de idade, são capturados pela polícia logo após praticarem crime de roubo, majorado pelo emprego de arma de fogo. O Juízo da Infância e da Juventude aplicou a medida socioeducativa de internação para Lara, ressaltando que a adolescente já sofrera a medida de semiliberdade pela prática de ato infracional análogo ao crime de tráfico de drogas. O Juízo Criminal condenou João pelo crime de roubo em concurso com corrupção de menores. João apela da condenação pelo crime de corrupção de menores, sob o argumento de Lara não ser mais uma criança, bem como alegando que ela já está corrompida. Com base no caso apresentado, assiste razão à defesa de João?

(A) Não, pois é irrelevante o fato de Lara já ter sofrido medida socioeducativa.

(B) Não, pois Lara ainda é uma criança.

(C) Sim, já que o crime de corrupção de menores exige que o menor não esteja corrompido.

(D) Sim, visto que no crime de corrupção de menores, a vítima tem que ser uma criança.

RESPOSTA Diante dos fatos, a corrupção de menores está disposta no art. 244-B do ECA, segundo o qual corromper ou facilitar a corrupção de menor de 18 (dezoito) anos, com ele praticando infração penal ou induzindo-o a praticá-la, tem a pena de reclusão, de 1 (um) a 4 (quatro) anos. Observe que a Súmula 500 do STJ refere-se que a configuração do crime do art. 244-B do ECA independe da prova da efetiva corrupção do menor, por se tratar de delito formal. Assim, não se faz necessária a prova da efetiva corrupção do menor. Portanto, não assiste razão à defesa do namorado de Lara, João. *Alternativa A.*

REFERÊNCIA

ELIAS, Roberto João. *Comentários ao Estatuto da Criança e do Adolescente.* 4. ed. São Paulo: Saraiva, 2010.

Direito do Consumidor

Ao acessar o QR Code, você encontrará Dicas para o Exame da OAB e mais Questões Comentadas para treinar seus conhecimentos

> https://uqr.to/1wk74

DIREITO DO CONSUMIDOR: QUADRO GERAL DE QUESTÕES	
TEMAS	N. DE QUESTÕES
I. Disposições Gerais, Princípios e Direitos Básicos	16
II. Da Qualidade de Produtos e Serviços, da Prevenção e da Reparação de Danos	24
III. Práticas Comerciais e Proteção Contratual	30
IV. Da Defesa do Consumidor em Juízo	8
V. Assuntos Diversos	7
TOTAL	85

I. DISPOSIÇÕES GERAIS, PRINCÍPIOS E DIREITOS BÁSICOS

1. (41º Exame) Jordana, aposentada, 89 anos, o(a) procurou como advogado(a) porque fora atraída por ligação telefônica da instituição financeira *Banco Mútuo S.A.*, que anunciava oferta de crédito sem análise da situação financeira do consumidor. Jordana, que à época da oferta do crédito estava em situação financeira muito difícil, contratou a abertura de crédito. Diante do valor reduzido de sua aposentadoria e dos compromissos indispensáveis ao lar e à saúde, celebrados ao longo do ano, não tem mais como pagar todas as dívidas, que a cada mês ficam maiores. Diante da situação hipotética apresentada, assinale a afirmativa correta.

(A) É direito básico do consumidor a garantia de práticas de crédito responsável, bem como a proteção contra a publicidade enganosa.

(B) Para responsabilizar o *Banco Mútuo S.A.*, impondo-lhe a obrigação de indenizar, é necessário comprovar o ato de negligência do preposto do banco.

(C) Tendo em vista que a contratação se deu fora do estabelecimento empresarial, Jordana tinha o prazo de dez dias para exercer o seu direito de arrependimento.

(D) As instituições financeiras não são obrigadas a analisar a situação financeira do consumidor, apenas consultar os serviços de proteção ao crédito antes de concedê-lo.

RESPOSTA De acordo com o art. 6º do CDC, São direitos básicos do consumidor, entre outros: IV – a proteção contra a publicidade enganosa e abusiva, métodos comerciais coercitivos ou desleais, bem como contra práticas e cláusulas abusivas ou impostas no fornecimento de produtos e serviços; XI – a garantia de práticas de crédito responsável, de educação financeira e de prevenção e tratamento de situações de superendividamento, preservado o mínimo existencial, nos termos da regulamentação, por meio da revisão e da repactuação da dívida, entre outras medidas; *Alternativa A.*

2. (39º Exame) Em viagem realizada do Rio de Janeiro para os Estados Unidos, em Janeiro de 2023, Luan e Vanessa tiveram uma de suas malas extraviada, tendo sofrido um prejuízo quantificado em cerca de R$ 15.000,00 (quinze mil reais). Acionada, a empresa aérea alegou que sua responsabilidade estava limitada ao teto previsto na Convenção de Varsóvia e que o Código de Defesa do Consumidor (CDC) não era aplicável à hipótese, por se tratar de transporte internacional. Considerando a jurisprudência predominante no Supremo Tribunal Federal, no que toca ao tema das indenizações por danos materiais decorrentes de extravio de bagagens de viajantes no transporte aéreo, assinale a afirmativa correta.

(A) O CDC é sempre aplicável, independentemente de se tratar de um voo internacional ou doméstico, não sendo possível que qualquer tratado ou convenção internacional limite o valor das indenizações cabíveis, pois tal fato configuraria violação à soberania nacional.

(B) Nos voos internacionais prevalecem integralmente as limitações contidas em normativas internacionais, como a Convenção de Varsóvia e a Convenção de Montreal, enquanto nos voos domésticos aplica-se unicamente o CDC, não sendo aplicáveis as limitações contidas naquelas convenções.

(C) Em se tratando de contrato de transporte aéreo, aplicam-se as limitações contidas nas convenções internacionais tanto aos voos domésticos quanto aos voos internacionais.

(D) As limitações contidas na Convenção de Varsóvia e na Convenção de Montreal somente são aplicáveis quando explicitadas no contrato assinado pelo consumidor, em obediência ao dever de informação exigido pelo CDC.

RESPOSTA Diz o art. 178 da CRFB que a lei disporá sobre a ordenação dos transportes aéreo, aquático e terrestre, devendo, quanto à ordenação do transporte internacional, observar os acordos firmados pela União, atendido o princípio da reciprocidade. O STF decidiu que: "Nos termos do art. 178 da Constituição da República, as normas e os tratados internacionais limitadores da responsabilidade das transportadoras aéreas de passageiros, especialmente as Convenções de Varsóvia e Montreal, têm prevalência em relação ao Código de Defesa do Consumidor" (RE 636331/RJ). Entende-se, por fim, que restará o CDC ser aplicado em relação aos voos domésticos. *Alternativa B.*

3. (XXXI Exame) Adriano, por meio de um *site* especializado, efetuou reserva de hotel para estada com sua família em praia caribenha. A reserva foi imediatamente confirmada pelo *site*, um mês antes das suas férias, quando fariam a viagem. Ocorre que, dez dias antes do embarque, o *site* especializado comunicou a Adriano que o hotel havia informado o cancelamento da contratação por erro no parcelamento com o cartão de crédito. Adriano,

então, buscou nova compra do serviço, mas os valores estavam cerca de 30% mais caros do que na contratação inicial, com o qual anuiu por não ser mais possível alterar a data de suas férias. Ao retornar de viagem, Adriano procurou você, como advogado(a), a fim de saber se seria possível a restituição dessa diferença de valores. Neste caso, é correto afirmar que o ressarcimento da diferença arcada pelo consumidor

(A) poderá ser buscado em face exclusivamente do hotel, fornecedor que cancelou a contratação.

(B) poderá ser buscado em face do *site* de viagens e do hotel, que respondem solidariamente, por comporem a cadeia de fornecimento do serviço.

(C) não poderá ser revisto, porque o consumidor tinha o dever de confirmar a compra em sua fatura de cartão de crédito.

(D) poderá ser revisto, sendo a responsabilidade exclusiva do *site* de viagens, com base na teoria da aparência, respondendo o hotel apenas subsidiariamente.

RESPOSTA Existe a responsabilidade do fornecedor, sendo que o próprio enunciado afirma que a reserva havia sido confirmada pelo *site*. Ademais, o art. 34 do CDC prevê que o *fornecedor do produto ou serviço é solidariamente responsável pelos atos de seus prepostos ou representantes autônomos*, enquanto o parágrafo único do art. 7º do CDC dispõe que, *tendo mais de um autor a ofensa, todos responderão solidariamente pela reparação dos danos previstos nas normas de consumo. Alternativa B.*

4. (XXIX EXAME) Antônio é deficiente visual e precisa do auxílio de amigos familiares para compreender diversas questões da vida cotidiana, como as contas e despesas da casa e outras questões de rotina. Pensando nessa dificuldade, Antonio procurar você, como advogado(a), para orientá-lo a respeito dos direitos dos deficientes visuais nas relações de consumo.

Nesse sentido, assinale a afirmativa correta.

(A) O consumidor poderá solicitar as fornecedoras de serviços, em razão de sua deficiência visual, o envio das faturas das contas detalhadas em Braille.

(B) As informações sobre os riscos que o produto apresenta, por sua própria natureza, devem ser prestadas em formatos acessíveis somente as pessoas que apresentem deficiência visual.

(C) A impossibilidade operacional impede que informação de serviço seja ofertada em formatos acessíveis, considerando a diversidade de deficiências, o que justifica a dispensa de tal obrigatoriedade por expressa determinação legal.

DIREITO DO CONSUMIDOR

(D) O consumidor poderá solicitar as faturas em Braille, mas bastará ser indicado o preço, dispensando-se outras informações, por expressa disposição legal.

RESPOSTA Prevê o art. 6º, III, do CDC que são direitos básicos do consumidor, dentre outros, a informação adequada e clara sobre os diferentes produtos e serviços, com especificação correta de quantidade, características, composição, qualidade, tributos incidentes e preço, bem como sobre os riscos que apresentem. Por sua vez, o parágrafo único dispões que a informação de que trata o inciso III deve ser acessível à pessoa com deficiência, observado o disposto em regulamento. *Alternativa A.*

5. (XXIX EXAME) A concessionária do veículo X adquiriu, da montadora, trinta unidades de veículo do mesmo modelo e cores diversificadas, a fim de guarnecer seu estoque, e direcionou três veículos desse total para o uso da própria pessoa jurídica. Ocorre que cinco veículos apresentaram problemas mecânicos decorrentes de falhas na fabricação, que comprometeram a segurança dos passageiros. Desses automóveis um pertence à concessionária e os outros quatro, a particulares que adquiriram o bem na concessionária.

Nesse caso, com base no Código de Defesa do Consumidor (CDC), assinale a afirmativa correta.

(A) Entre os consumidores particulares e a montadora inexiste relação jurídica, posto que a aquisição dos veículos e de uma concessionária.

(B) Entre os consumidores particulares e a montadora, por se tratar de falha na fabricação, há relação jurídica protegida pelo CDC; a relação jurídica entre a concessionária e a montadora, no que se refere à unidade adquiridos pela pessoa jurídica para uso próprio, é de direito comum civil.

(C) Existe, entre a concessionária e a montadora, relação jurídica regida pelo CDC, mesmo que ambas sejam pessoas jurídicas, no que diz respeito ao veículo adquirido pela concessionária para uso próprio, e não para revenda.

(D) Somente a relação jurídica protegida pelo CDC entre o consumidor e a concessionária, que deverá ingressar com ação de regresso contra a montadora, caso seja condenado em ação judicial, não sendo possível aos consumidores demandar diretamente contra a montadora.

RESPOSTA Questão polêmica por abordar um dos assuntos mais debatidos no Direito do Consumidor (definição de destinatário final) sem trazer os elementos suficientes para tanto. A banca entendeu que, no caso narrado, a concessionária seria destinatária final dos veículos adquiridos para uso da própria pessoa jurídica, aplicando-se, portanto, o CDC, a teor do art. 2º do CDC. Vejamos que a questão não especificou se os veículos seriam usados com fins econômicos ou bens de produção, apenas dizendo que seriam para uso próprio da pessoa jurídica. Assim, não se trata da análise da Teoria Finalista Mitigada, e sim de aplicação do art. 2º do CDC, presumindo-se se tratar de destinatário final. *Alternativa C.*

6. (XXII Exame) Alvina, condômina de um edifício residencial, ingressou com ação para reparação de danos, aduzindo falha na prestação dos serviços de modernização dos elevadores. Narrou ser moradora do 10º andar e que hospedou parentes durante o período dos festejos de fim de ano. Alegou que o serviço nos elevadores estava previsto para ser concluído em duas semanas, mas atrasou mais de seis semanas, o que implicou falta de elevadores durante o período em que recebeu seus hóspedes, fazendo com que seus convidados, todos idosos, tivessem que utilizar as escadas, o que gerou transtornos e dificuldades, já que os hóspedes deixaram de fazer passeios e outras atividades turísticas diante das dificuldades de acesso. Sentindo-se constrangida e tendo que alterar todo o planejamento de atividades para o período, Alvina afirmou ter sofrido danos extrapatrimoniais decorrentes da mora do fornecedor de serviço, que, ainda que regularmente notificado pelo condomínio, quedou-se inerte e não apresentou qualquer justificativa que impedisse o cumprimento da obrigação de forma tempestiva. Diante da situação apresentada, assinale a afirmativa correta.

(A) Existe relação de consumo apenas entre o condomínio e o fornecedor de serviço, não tendo Alvina legitimidade para ingressar com ação indenizatória, por estar excluída da cadeia da relação consumerista.

(B) Inexiste relação consumerista na hipótese, e sim relação contratual regida pelo Código Civil, tendo a multa contratual pelo atraso na execução do serviço cunho indenizatório, que deve servir a todos os condôminos e não a Alvina, individualmente.

(C) Existe relação de consumo, mas não cabe ação individual, e sim a perpetrada por todos os condôminos, em litisconsórcio, tendo como objeto apenas a cobrança de multa contratual e indenização coletiva.

(D) Existe relação de consumo entre a condômina e o fornecedor, com base da teoria finalista, podendo Alvina ingressar individualmente com a ação indenizatória, já que é destinatária final e quem sofreu os danos narrados.

RESPOSTA O art. 2º do CDC conceitua consumidor como toda pessoa física ou jurídica que *adquire* ou *utiliza* produto ou serviço como destinatário final. Portanto, a condômina é consumidora e tem legitimidade para ingressar com ação individual contra a prestadora de serviços, nos termos do art. 81 do CDC. *Alternativa D.*

7. (XX Exame – Reaplicação) Inês, pretendendo fazer pequenos reparos e manutenção em sua residência, contrai empréstimo com essa finalidade. Ocorre que, desconfiando dos valores pagos nas prestações, procura orientação jurídica e ingressa com ação revisional de cédula de crédito bancário, questionando a incidência de juros remuneratórios, ao argumento de serem mais altos que a média praticada no mercado. Requereu a inversão do ônus da prova e, ao final, a procedência do pedido para determinar a declaração de nulidade da cláusula. A respeito desta situação, é correto afirmar que o Código de Defesa do Consumidor

(A) não é aplicável na relação jurídica entre Inês e a instituição financeira, motivo pelo qual o questionamento deve seguir a ótica dos direitos obrigacionais previstos no Código Civil, o que inviabiliza a inversão do ônus da prova.

(B) é aplicável na relação jurídica entre Inês e a instituição financeira, cabível a inversão do ônus da prova, se preenchidos os requisitos legais e, em caso de nulidade da cláusula, todo contrato será declarado nulo, tendo em vista que prática abusiva é questão de ordem pública.

(C) é aplicável na relação jurídica entre Inês e a instituição financeira, cabível a inversão do ônus da prova caso a consumidora comprove preenchimento dos requisitos legais, sendo certo que a declaração de nulidade da cláusula não invalida o contrato, salvo se importar em ônus excessivo para o consumidor, apesar dos esforços de integração.

(D) não é aplicável na relação jurídica entre Inês e a instituição financeira, motivo pelo qual o questionamento orienta-se pela norma especial de direito bancário, em prejuízo da inversão do ônus da prova pleiteado, ainda que formalmente estivessem cumpridos os requisitos legais.

RESPOSTA Trata-se de típica relação de consumo, pois os sujeitos e o objeto da relação se enquadram nos conceitos trazidos pelos arts. 2º e 3º do CDC. Portanto, cabe a inversão do ônus da prova, conforme art. 6º, VIII, do CDC, se preenchidos os requisitos de verossimilhança ou hipossuficiência. Ademais, em regra, a declaração de nulidade de uma das cláusulas não invalida todo o contrato (art. 51, § 2ª). *Alternativa C.*

8. (XX Exame) Heitor agraciou cinco funcionários de uma de suas sociedades empresárias, situada no Rio Grande do Sul, com uma viagem para curso de treinamento profissional realizado em determinado sábado, de 9h às 15h, numa cidade do Uruguai, há cerca de 50 minutos de voo. Heitor custeou as passagens aéreas, translado e alimentação dos cinco funcionários com sua própria renda, integralmente desvinculada da atividade empresária. Ocorre que houve atraso no voo sem qualquer justificativa prestada pela companhia aérea. Às 14h, sem previsão de saída do voo, todos desistiram do embarque e perderam o curso de treinamento. Nesse contexto é correto afirmar que,

(A) por se tratar de transporte aéreo internacional, para o pedido de danos extrapatrimoniais não há incidência do Código de Defesa do Consumidor e nem do Código Civil, que regula apenas Contrato de Transporte em território nacional, prevalecendo unicamente as Normas Internacionais.

(B) ao caso, aplica-se a norma consumerista, sendo que apenas Heitor é consumidor por ter custeado a viagem com seus recursos, mas, como ele tem boas condições financeiras, por esse motivo, é consumidor não enquadrado em condição de vulnerabilidade, como tutela o Código de Defesa do Consumidor.

(C) embora se trate de transporte aéreo internacional, há incidência plena do Código de Defesa do Consumidor para o pedido de danos extrapatrimoniais, em detrimento das normas internacionais e, apesar de Heitor ter boas condições financeiras, enquadra-se na condição de vulnerabilidade, assim como os seus funcionários, para o pleito de reparação.

(D) por se tratar de relação de Contrato de Transporte previsto expressamente no Código Civil, afasta-se a incidência do Código de Defesa do Consumidor e, por ter ocorrido o dano em território brasileiro, afastam-se as normas internacionais, sendo, portanto, hipótese de responsabilidade civil pautada na comprovação de culpa da companhia aérea pelo evento danoso.

RESPOSTA A vulnerabilidade é uma presunção legal conferida a todo consumidor, independentemente da sua situação financeira (art. 4º, I, CDC). Tanto Heitor quanto os funcionários enquadram-se no conceito de consumidor, que prevê que consumidor é toda pessoa física ou jurídica que adquire ou utiliza produto ou serviço como destinatário final. De acordo com a doutrina e a jurisprudência majoritária, muito embora se trate de transporte aéreo internacional, aplica-se o CDC em relação à reparação de danos. *Alternativa C.*

DIREITO DO CONSUMIDOR

II. DA QUALIDADE DE PRODUTOS E SERVIÇOS, DA PREVENÇÃO E DA REPARAÇÃO DE DANOS

9. (41º Exame) Nísia adquiriu um fogão a gás de cinco bocas, sendo o produto entregue no dia 12 de setembro de 2023, lacrado e em perfeito estado quanto ao aspecto externo. O produto foi instalado no mesmo dia; contudo, o fogão só começou a ser utilizado a partir de 20 de setembro. No dia do primeiro uso, Nísia notou um superaquecimento do forno, pois mesmo que o botão fosse manejado para a temperatura mínima de 150º C (cento e cinquenta graus Celsius), o forno continuava exalando calor correspondente à temperatura máxima de 300º C (trezentos graus Celsius). No dia 22 de setembro de 2023, Nísia entrou em contato por telefone e por mensagens de correio eletrônico com o serviço de atendimento do fabricante (SAC), pedindo a troca do produto em razão do vício de qualidade, detectado no primeiro uso e inquestionável. A reclamação foi recebida no mesmo dia, como consta do protocolo, mas a resposta só foi transmitida no dia 30 de setembro, sendo negativa, fato que motivou Nísia a apresentar, no dia 13 de outubro, reclamação perante o órgão estadual de defesa do consumidor.

Segundo o Código de Defesa do Consumidor, sobre o prazo decadencial referente ao direito de reclamar por vício de produto durável, assinale a afirmativa correta.

(A) O prazo deve ser de 90 dias, sendo obstado pela reclamação formulada por Nísia ao fabricante do fogão até a resposta negativa correspondente.

(B) O prazo deve ser de 30 dias, não sendo obstado nem pela reclamação formulada perante o fabricante nem pelo órgão de defesa do consumidor.

(C) O prazo deve ser de 90 dias, sendo obstado pela reclamação formalizada por Nísia perante o órgão estadual de defesa do consumidor, devendo ser retomado 90 dias depois da data da reclamação, caso o problema persista.

(D) O prazo deve ser de 30 dias, não sendo obstado pela reclamação formulada perante o órgão de defesa do consumidor.

RESPOSTA De acordo com o art. 26 do CDC, o direito de reclamar pelos vícios aparentes ou de fácil constatação caduca em: I – trinta dias, tratando-se de fornecimento de serviço e de produtos não duráveis; II – noventa dias, tratando-se de fornecimento de serviço e de produtos duráveis. Observe o §2º do mesmo artigo, pois obstam a decadência: I – a reclamação comprovadamente formulada pelo consumidor perante o fornecedor de produtos e serviços até a resposta

negativa correspondente, que deve ser transmitida de forma inequívoca; III – a instauração de inquérito civil, até seu encerramento. *Alternativa A.*

10. (39º Exame) Adônis procurou você, como advogado(a), queixando-se de lhe ter sido negado crédito. Informou que a recusa se baseou em uma pontuação baixa atribuída por meio do uso do método para avaliação do risco de concessão de crédito, conhecido como sistema "escore de crédito". Disse que o método foi aplicado sem o seu consentimento prévio, bem como explicou que não foram prestados esclarecimentos a respeito das fontes dos dados considerados e nem das informações pessoais valoradas. A respeito desse assunto, à luz das disposições do Código de Defesa do Consumidor sobre banco de dados e cadastro de consumidores, assinale a afirmativa correta;

(A) A realização de qualquer avaliação de risco para a concessão de crédito, com o objetivo de criar sistema de escore do consumidor, deve ser sempre precedida do consentimento do interessado no prazo de 5 (cinco) dias úteis.

(B) A indicação ao consumidor das fontes dos dados considerados pelo fornecedor para o cálculo do escore de crédito fica dispensada.

(C) O consentimento prévio do consumidor consultado é desnecessário, mas a ele deve ser garantido o acesso às informações pessoais valoradas e às fontes dos dados considerados no cálculo do escore de crédito.

(D) As informações pessoais valoradas são de autonomia do fornecedor e não precisam ser conhecidas pelo consumidor, pois são confidenciais.

RESPOSTA Diz o art. 43 do CDC que o consumidor, sem prejuízo do disposto no art. 86, terá acesso às informações existentes em cadastros, fichas, registros e dados pessoais e de consumo arquivados sobre ele, bem como sobre as suas respectivas fontes. Porém, observe o que diz a Súmula 550 do STJ: A utilização de escore de crédito, método estatístico de avaliação de risco que não constitui banco de dados, dispensa o consentimento do consumidor, que terá o direito de solicitar esclarecimentos sobre as informações pessoais valoradas e as fontes dos dados considerados no respectivo cálculo. *Alternativa C.*

11. (35º Exame) José havia comprado um notebook para sua filha, mas ficou desempregado, não tendo como arcar com o pagamento das parcelas do financiamento. Foi então que vendeu para a amiga Margarida o notebook ainda na caixa lacrada, acompanhado de nota fiscal e contrato de venda, que indicavam a compra realizada cinco dias antes. Cerca de dez meses depois, o produto apresentou problemas de funcionamento. Ao receber o bem da assistência técnica que havia sido procurada imediatamente, Margarida foi informada do conserto referente à "placa-mãe". Na semana seguinte, houve recorrência de mau funcionamento da máquina. Indignada, Margarida ajuizou ação em face da fabricante, buscando a devolução do produto e a restituição do valor desembolsado para a compra, além de reparação por danos extrapatrimoniais. A então ré, por sua vez, alegou, em juízo, a ilegitimidade passiva, a prescrição e, subsidiariamente, a decadência. A respeito disso, assinale a afirmativa correta.

(A) O fabricante é parte ilegítima, uma vez que o defeito relativo ao vício do produto afasta a responsabilidade do fabricante, sendo do comerciante a responsabilidade para melhor garantir os direitos dos consumidores adquirentes.

(B) Ocorreu a prescrição, uma vez que o produto havia sido adquirido há mais de noventa dias e a contagem do prazo se iniciou partir da entrega efetiva do produto, não sendo possível reclamar a devolução do produto e a restituição do valor.

(C) Somente José possui relação de consumo com a fornecedora, por ter sido o adquirente do produto, conforme consta na nota fiscal e no contrato de venda, implicando ilegitimidade ativa de Margarida para invocar a proteção da norma consumerista.

(D) A decadência alegada deve ser afastada, uma vez que o prazo correspondente se iniciou quando se evidenciou o defeito e, posteriormente, a partir do prazo decadencial de garantia pelo serviço da assistência técnica, e não na data da compra do produto.

RESPOSTA Considera-se consumidor a pessoa física ou jurídica que adquire ou *utiliza* o produto ou serviço como destinatário final (art. 2º, CDC). A responsabilidade dos fornecedores por vícios é solidária (art. 18, CDC), sendo que, em se tratando de vício oculto, o prazo decadencial de 90 dias (no caso de produto durável) começa a correr a partir momento em que o vício é evidenciado (art. 26, § 3º, CDC). *Alternativa D.*

12. (35º Exame) Pratice Ltda. configura-se como um clube de pontos que se realiza mediante a aquisição de título. Os pontos são convertidos em bônus para uso nas redes de restaurantes, hotéis e diversos outros segmentos de consumo regularmente conveniados. Nas redes sociais, a empresa destaca que os convênios são precedidos de rigoroso controle e aferição do padrão de atendimento e de qualidade dos serviços prestados. To-

más havia aderido à Pratice Ltda. e, nas férias, viajou com sua família para uma pousada da rede conveniada. Ao chegar ao local, ele verificou que as acomodações cheiravam a mofo e a limpeza era precária. Sem poder sair do local em razão do horário avançado, viu-se obrigado a pernoitar naquele ambiente insalubre e sair somente no dia seguinte. Aborrecido com a desagradável situação vivenciada e com o prejuízo financeiro por ter que arcar com outro serviço de hotelaria na cidade, Tomás procurou você, como advogado(a), para ingressar com a medida judicial cabível. Diante disso, assinale a única opção correta.

(A) Pratice Ltda. funciona como mera intermediadora entre os hotéis e os adquirentes do título do clube de pontos, não respondendo pelo evento danoso.

(B) Há legitimidade passiva da Pratice Ltda. para responder pela inadequada prestação de serviço do hotel conveniado que gerou dano ao consumidor, por integrar a cadeia de consumo referente ao serviço que introduziu no mercado.

(C) Trata-se de culpa exclusiva de terceiro, não podendo a intermediária Pratice Ltda. responder pelos danos suportados pelo portador título do clube de pontos.

(D) Cuida-se de hipótese de responsabilidade subjetiva e subsidiária da Pratice Ltda. em relação ao hotel conveniado.

RESPOSTA Trata-se de questão inspirada em julgado do STJ (REsp 1378284/PB), na qual entende-se que há a responsabilidade objetiva e solidária do clube de turismo, por integrar a cadeia de consumo do serviço, que inclusive foi introduzido no mercado por este. Ademais, havendo mais de um responsável pela causação do dano, todos responderão solidariamente pela reparação prevista nesta e nas seções anteriores (art. 25, § 1º, e art. 7º, parágrafo único, do CDC). *Alternativa B.*

13. (XXXIV EXAME) Eleonora passeava de motocicleta por uma rodovia federal quando foi surpreendida por um buraco na estrada, em um trecho sob exploração por concessionária. Não tendo tempo de desviar, ainda que atenta ao limite de velocidade, passou pelo buraco do asfalto, desequilibrou-se e caiu, vindo a sofrer várias escoriações e danos materiais na moto. Os danos físicos exigiram longo período de internação, diversas cirurgias e revelaram reflexos de ordem estética. Você, como advogado(a), foi procurado(a) por Eleonora para ingressar com a medida judicial cabível diante do evento. À luz do Código de Defesa do Consumidor, você afirmou, corretamente, que

DIREITO DO CONSUMIDOR

(A) compete à Eleonora comprovar o nexo de causalidade entre a má conservação da via e o acidente sofrido, bem como a culpa da concessionária.

(B) aplica-se a teoria da responsabilidade civil subjetiva à concessionária.

(C) há relação de consumo entre Eleonora e a concessionária, cuja responsabilidade é objetiva.

(D) pela teoria do risco administrativo, afasta-se a incidência do CDC, aplicando-se a responsabilidade civil da Constituição Federal.

RESPOSTA Trata-se de relação de consumo, considerando que o art. 22 do CDC prevê que os órgãos públicos, por si ou suas empresas, concessionárias, permissionárias ou sob qualquer outra forma de empreendimento, são obrigados a fornecer serviços adequados, eficientes, seguros e, quanto aos essenciais, contínuos. Ademais, o art. 14 do CDC prevê que o fornecedor de serviços responde, independentemente da existência de culpa (responsabilidade objetiva), pela reparação dos danos causados aos consumidores por defeitos relativos à prestação dos serviços, bem como por informações insuficientes ou inadequadas sobre sua fruição e riscos. *Alternativa C.*

14. (XXXII Exame) Maria compareceu à loja Bela, que integra rede de franquias de produtos de beleza e cuidados com a pele. A vendedora ofereceu a Maria a possibilidade de experimentar gratuitamente o produto na própria loja, sendo questionada pela cliente se esta poderia fazer uso com quadro de acne em erupção e inflamada, oportunidade em que a funcionária afirmou que sim. Porém, imediatamente após a aplicação do produto, Maria sentiu ardência e vermelhidão intensas, não o comprando. Logo após sair da loja, a situação agravou-se, e Maria buscou imediato atendimento médico de emergência, onde se constataram graves lesões na pele. Da leitura do rótulo obtido através do site da loja, evidenciou-se erro da vendedora, que utilizou no rosto da cliente produto contraindicado para o seu caso. Nessa situação, à luz do Código de Defesa do Consumidor e do entendimento do Superior Tribunal de Justiça, é correto afirmar que

(A) é objetiva a responsabilidade civil da vendedora que aplicou o produto em Maria sem observar as contraindicações, afastando-se a responsabilidade da empresa por culpa de terceiro.

(B) a responsabilidade civil objetiva recai exclusivamente sobre a franqueadora, a quem faculta-se ingressar com ação de regresso em face da franqueada.

(C) se a franqueadora for demandada judicialmente, não poderá invocar denunciação da lide à franqueada, por se tratar de acidente de consumo.

(D) não há relação de consumo, uma vez que se tratou de hipótese de amostra grátis, sem que tenha se materializado a relação de consumo, em razão de o produto não ter sido comprado por Maria.

RESPOSTA Diz o art. 88 do CDC, que na hipótese do art. 13, parágrafo único, deste código ("Aquele que efetivar o pagamento ao prejudicado poderá exercer o direito de regresso contra os demais responsáveis, segundo sua participação na causação do evento danoso"), a ação de regresso poderá ser ajuizada em processo autônomo, facultada a possibilidade de prosseguir-se nos mesmos autos, vedada a denunciação da lide. *Alternativa C.*

15. (XXX EXAME) Durante período de intenso calor, o Condomínio do Edifício X, por seu representante, adquiriu, junto à sociedade empresária Equipamentos Aquáticos, peças plásticas recreativas próprias para uso em piscinas, produzidas com material atóxico. Na primeira semana de uso, os produtos soltaram gradualmente sua tinta na vestimenta dos usuários, o que gerou apenas problema estético, na medida em que a pigmentação era atóxica e podia ser removida facilmente das roupas dos usuários por meio de uso de sabão. O Condomínio do Edifício X, por seu representante, procurou você, como advogado(a), buscando orientação para receber de volta o valor pago e ser indenizado pelos danos morais suportados. Nesse caso, cuida-se de

(A) Fato do produto, sendo excluída a responsabilidade civil da sociedade empresária, respondendo pelo evento o fabricante das peças; não cabe indenização por danos extrapatrimoniais, por ser o Condomínio pessoa jurídica, que não sofre essa modalidade de dano.

(B) Inaplicabilidade do CDC, haja vista a natureza da relação jurídica estabelecida entre o Condomínio e a sociedade empresária, cabendo a responsabilização civil com base nas regras gerais de Direito Civil, e incabível pleitear indenização por danos morais, por ter o Condomínio a qualidade de pessoa jurídica.

(C) Aplicabilidade do CDC somente por meio de medida de defesa coletiva dos condôminos, cuja legitimidade será exercida pelo Condomínio, na defesa dos interesses a título coletivo.

(D) Vício do produto, sendo solidária a responsabilidade da sociedade empresária e do fabricante das peças; o Condomínio do Edifício X é parte legítima para ingressar individualmente com a medida judicial por ser consumidor, segundo a teoria finalista mitigada.

RESPOSTA Trata-se de evidente hipótese de vício do produto, já que a questão deixou claro que não havia comprometimento da segurança do consumidor, sendo apenas problemas estéticos. Os fornecedores respondem solidariamente pelo vício (art. 18, CDC), sendo que o condomínio é considerado consumidor, haja vista sua vulnerabilidade (teoria finalista mitigada). *Alternativa D.*

16. **(XXVIII Exame)** Mara adquiriu, diretamente pelo *site* da fabricante, o creme depilatório Belle et Belle, da empresa Bele Cosméticos Ltda. Antes de iniciar o uso, Mara leu atentamente o rótulo e as instruções, essas unicamente voltadas para a forma de aplicação do produto.

Assim que iniciou a aplicação, Mara sentiu queimação na pele e removeu imediatamente o produto, mas, ainda assim, sofreu lesões nos locais de aplicação. A adquirente entrou em contato com a central de atendimento da fornecedora, que lhe explicou ter sido a reação alérgica provocada por uma característica do organismo da consumidora, o que poderia acontecer pela própria natureza química do produto.

Não se dando por satisfeita, Mara procurou você como advogado(a), a fim de saber se é possível buscar a compensação pelos danos sofridos.

Nesse caso de clara relação de consumo, assinale a opção que apresenta a orientação a ser dada a Mara.

(A) Poderá ser afastada a responsabilidade civil da fabricante, se esta comprovar que o dano decorreu exclusivamente de reação alérgica da consumidora, fator característico daquela destinatária final, não havendo, assim, qualquer ilícito praticado pela ré.

(B) Existe a hipótese de culpa exclusiva da vítima, na medida em que o CDC descreve que os produtos não colocarão em risco a saúde e a segurança do consumidor, excetuando aqueles de cuja natureza e fruição sejam extraídas a previsibilidade de riscos perceptíveis pelo homem médio.

(C) O fornecedor está obrigado, necessariamente, a retirá-lo de circulação, por estar presente defeito no produto, sob pena de prática de crime contra o consumidor.

(D) Cuida-se de hipótese de violação ao dever de oferecer informações claras ao consumidor, na medida em que a periculosidade do uso de produto químico, quando composto por substâncias com potenciais alergênicos, deve ser apresentada em destaque ao consumidor.

RESPOSTA Trata-se de evidente hipótese de *fato* do produto, causado por informações insuficientes ou inadequadas sobre a fruição e riscos (art. 12 do CDC). O fornecedor de produtos e serviços potencialmente nocivos ou perigosos à saúde ou segurança deverá informar, de maneira ostensiva e adequada, a respeito da sua nocividade ou periculosidade (art. 9º do CDC). *Alternativa D.*

17. **(XXVI Exame)** Dora levou seu cavalo de raça para banho, escovação e cuidados específicos nos cascos, a ser realizado pelos profissionais da Hípica X. Algumas horas depois de o animal ter sido deixado no local, a fornecedora do serviço entrou em contato com Dora para informar-lhe que, durante o tratamento, o cavalo apresentou sinais de doença cardíaca. Já era sabido por Dora que os equipamentos utilizados poderiam causar estresse no animal. Foi chamado o médico veterinário da própria Hípica X, mas o cavalo faleceu no dia seguinte. Dora, que conhecia a preexistência da doença do animal, ingressou com ação judicial em face da Hípica X pleiteando reparação pelos danos morais suportados, em decorrência do ocorrido durante o tratamento de higiene. Nesse caso, à luz do Código de Defesa do Consumidor (CDC), é correto afirmar que a Hípica X

(A) não poderá ser responsabilizada se provar que a conduta no procedimento de higiene foi adequada, seguindo padrões fixados pelos órgão competentes, e que a doença do animal que o levou a óbito era preexistente ao procedimento de higienização do animal.

(B) poderá ser responsabilizada em razão de o evento deflagrador da identificação da doença do animal ter ocorrido durante a sua higienização, ainda que se comprove ser preexistente a doença e que tenham sido seguidos os padrões fixados por órgãos competentes para o procedimento de higienização, pois o nexo causal resta presumido na hipótese.

(C) não poderá ser responsabilizada somente se provar que prestou os primeiros socorros, pois a preexistência da doença não inibiria a responsabilidade civil objetiva dos fornecedores do serviço; somente a conduta de chamar atendimento médico foi capaz de desconstruir o nexo causal entre o procedimento de higiene e o evento do óbito.

(D) poderá ser responsabilizada em solidariedade com o profissional veterinário, pois os serviços foram prestados por ambos os fornecedores, em responsabilidade objetiva, mesmo que Dora comprove que o procedimento de higienização do cavalo tenha potencializado o evento que le-

DIREITO DO CONSUMIDOR

vou ao óbito do animal, ainda que seguidos os padrões estipulados pelos órgãos competentes.

RESPOSTA Muito embora a responsabilidade pelo *fato* seja *objetiva*, o art. 14, § 3º, do CDC prevê as hipóteses em que o fornecedor não será responsabilizado, quais sejam, ao provar que, tendo prestado o serviço, o defeito inexiste ou que foi culpa exclusiva do consumidor ou de terceiro. No caso narrado, o dano não foi causado por defeito na prestação do serviço, não havendo responsabilização do fornecedor. *Alternativa A.*

18. (XXV Exame) Eloá procurou o renomado Estúdio Max para tratamento de restauração dos fios do cabelo, que entendia muito danificados pelo uso de químicas capilares. A proposta do profissional empregado do estabelecimento foi a aplicação de determinado produto que acabara de chegar ao mercado, da marca mundialmente conhecida Ops, que promovia uma amostragem inaugural do produto em questão no próprio Estúdio Max. Eloá ficou satisfeita com o resultado da aplicação pelo profissional no estabelecimento, mas, nos dias que se seguiram, observou a queda e a quebra de muitos fios de cabelo, o que foi aumentando progressivamente. Retornando ao Estúdio, o funcionário que a havia atendido informou-lhe que poderia ter ocorrido reação química com outro produto utilizado por Eloá anteriormente ao tratamento, levando aos efeitos descritos pela consumidora, embora o produto da marca Ops não apontasse contraindicações. Eloá procurou você como advogado(a), narrando essa situação. Neste caso, assinale a opção que apresenta sua orientação.

(A) Há evidente fato do serviço executado pelo profissional, cabendo ao Estúdio Max e ao fabricante do produto da marca Ops, em responsabilidade solidária, responderem pelos danos suportados pela consumidora.

(B) Há evidente fato do produto; por esse motivo, a ação judicial poderá ser proposta apenas em face da fabricante do produto da marca Ops, não havendo responsabilidade solidária do comerciante Estúdio Max.

(C) Há evidente fato do serviço, o que vincula a responsabilidade civil subjetiva exclusiva do profissional que sugeriu e aplicou o produto, com base na teoria do risco da atividade, excluindo-se a responsabilidade do Estúdio Max.

(D) Há evidente vício do produto, sendo a responsabilidade objetiva decorrente do acidente de consumo atribuída ao fabricante do produto da marca Ops e, em caráter subsidiário, ao Estúdio

Max e ao profissional, e não do profissional que aplicou o produto.

RESPOSTA Essa questão teve como gabarito a Alternativa A. Entretanto, houve recursos em razão de não ter informações suficientes na questão para aferir se era caso de responsabilidade pelo fato do produto ou do serviço, já que a responsabilidade de cada fornecedor depende dessa definição. A questão não deixa claro se houve defeito no produto, que, muito embora informasse não ter contraindicações, poderia ter alguma falta ou omissão de informações, ou até mesmo algum defeito técnico; nem deixa claro se o defeito foi na prestação do serviço. Em casos assim, somente uma perícia poderia esclarecer se o dano foi causado pelo produto ou pelo serviço, caso em que se poderia definir as responsabilidades de acordo com as regras do CDC.

19. (XXIV Exame) Os arquitetos Everton e Joana adquiriram pacote de viagens para passar a lua de mel na Europa, primeira viagem internacional do casal. Ocorre que o trajeto do voo previa conexão em um país que exigia visto de trânsito, tendo havido impedimento do embarque dos noivos, ainda no Brasil, por não terem o visto exigido. O casal questionou a agência de turismo por não ter dado qualquer explicação prévia nesse sentido, e a fornecedora informou que não se responsabilizava pela informação de necessidade de visto para a realização da viagem. Diante do caso apresentado, assinale a afirmativa correta.

(A) Cabe ação de reparação por danos extrapatrimoniais, em razão da insuficiência de informação clara e precisa, que deveria ter sido prestada pela agência de turismo, no tocante à necessidade de visto de trânsito para a conexão internacional prevista no trajeto.

(B) Não houve danos materiais a serem ressarcidos, já que os consumidores sequer embarcaram, situação muito diferente de terem de retornar, às próprias expensas, diretamente do país de conexão, interrompendo a viagem durante o percurso.

(C) Não ocorreram danos extrapatrimoniais por se tratar de pessoas que tinham capacidade de leitura e compreensão do contrato, sendo culpa exclusiva das próprias vítimas a interrupção da viagem por desconhecerem a necessidade de visto de trânsito para realizarem a conexão internacional.

(D) Houve culpa exclusiva da empresa aérea que emitiu os bilhetes de viagem, não podendo a agência de viagem ser culpabilizada, por ser o comerciante responsável subsidiariamente e não responder diretamente pelo fato do serviço.

RESPOSTA Prevê o art. 14 do CDC que o *fornecedor de serviços responde*, independentemente da existência de culpa, pela reparação dos *danos* causados aos consumidores por *defeitos* relativos à prestação dos serviços, bem como por *informações insuficientes ou inadequadas* sobre sua fruição e riscos. Portanto, cabível a pretensão de indenização. *Alternativa A.*

20. (XXIV Exame) Osvaldo adquiriu um veículo zero quilômetro e, ao chegar a casa, verificou que, no painel do veículo, foi acionada a indicação de problema no nível de óleo. Ao abrir o capô, constatou sujeira de óleo em toda a área. Osvaldo voltou imediatamente à concessionária, que realizou uma rigorosa avaliação do veículo e constatou que havia uma rachadura na estrutura do motor, que, por isso, deveria ser trocado. Oswaldo solicitou um novo veículo, aduzindo que optou pela aquisição de um zero quilômetro por buscar um carro que tivesse toda a sua estrutura "de fábrica". A concessionária se negou a efetuar a troca ou devolver o dinheiro, alegando que isso não descaracterizaria o veículo como novo e que o custo financeiro de faturamento e outras medidas administrativas eram altas, não justificando, por aquele motivo, o desfazimento do negócio. No mesmo dia, Osvaldo procura você, como advogado, para orientá-lo. Assinale a opção que apresenta a orientação dada.

(A) Cuida-se de vício do produto, e a concessionária dispõe de até trinta dias para providenciar o reparo, fase que, ordinariamente, deve preceder o direito do consumidor de pleitear a troca do veículo.

(B) Trata-se de fato do produto, e o consumidor sempre pode exigir a imediata restituição da quantia paga, sem prejuízo de pleitear perdas e danos em juízo.

(C) Há evidente vício do produto, sendo subsidiária a responsabilidade da concessionária, devendo o consumidor ajuizar a ação de indenização por danos materiais em face do fabricante.

(D) Trata-se de fato do produto, e o consumidor não tem interesse de agir, pois está no curso do prazo para o fornecedor sanar o defeito.

RESPOSTA Trata-se de típica hipótese de *vício do produto*. Nesse caso, prevê o art. 18 do CDC que os fornecedores de produtos de consumo duráveis ou não duráveis *respondem solidariamente* pelos vícios de qualidade ou quantidade que os tornem impróprios ou inadequados ao consumo a que se destinam ou lhes diminuam o valor, assim como por aqueles decorrentes da disparidade, com a indicações constantes do recipiente, da embalagem, rotulagem ou mensagem publicitária, respeitadas as variações decorrentes de sua natureza, *podendo o consumidor exigir a substituição das partes viciadas*. Não sendo o vício sanado no prazo máximo de *trinta dias*, pode o consumidor exigir, alternativamente e à sua escolha: I – a substituição do produto por outro da mesma espécie, em perfeitas condições de uso; II – a restituição imediata da quantia paga, monetariamente atualizada, sem prejuízo de eventuais perdas e danos; III – o abatimento proporcional do preço. *Alternativa A.*

21. (XXIII Exame) Heitor foi surpreendido pelo recebimento de informação de anotação de seu nome no cadastro restritivo de crédito, em decorrência de suposta contratação de serviços de telefonia e Internet. Heitor não havia celebrado tal contrato, sendo o mesmo fruto de fraude, e busca orientação a respeito de como proceder para rescindir o contrato, cancelar o débito e ter seu nome fora do cadastro negativo, bem como o recebimento de reparação por danos extrapatrimoniais, já que nunca havia tido o seu nome inscrito em tal cadastro. Com base na hipótese apresentada, na qualidade de advogado(a) de Heitor, assinale a opção que apresenta o procedimento a ser adotado.

(A) Cabe o pedido de cancelamento do serviço, declaração de inexistência da dívida e exclusão da anotação indevida, inexistindo qualquer dever de reparação, já que à operadora não foi atribuído defeito ou falha do serviço digital, que seria a motivação para tal pleito.

(B) Trata-se de cobrança devida pelo serviço prestado, restando a Heitor pagar imediatamente e, somente assim, excluir a anotação de seu nome em cadastro negativo, e, então, ingressar com a medida judicial, comprovando que não procedeu com a contratação e buscando a rescisão do contrato irregular com devolução em dobro do valor pago.

(C) Heitor não pode ser considerado consumidor em razão da ausência de vinculação contratual verídica e válida que consagre a relação consumerista, afastando-se os elementos principiológicos e fazendo surgir a responsabilidade civil subjetiva da operadora de telefonia e Internet.

(D) Heitor é consumidor por equiparação, aplicando-se a teoria do risco da atividade e devendo a operadora suportar os riscos do contrato fruto de fraude, caso não consiga comprovar a regularidade da contratação e a consequente reparação pelos danos extrapatrimoniais *in re ipsa*, além da declaração de inexistência da dívida e da exclusão da anotação indevida.

RESPOSTA Mesmo não tendo havido contratação, Heitor é considerado *consumidor por equiparação*, já

DIREITO DO CONSUMIDOR

que foi exposto à prática comercial de cadastramento de seu nome em banco de dados (art. 29, CDC). Já a responsabilidade do fornecedor é *objetiva*, baseada na *teoria do risco da atividade*; assim, a responsabilização independe de verificação de culpa (art. 12, CDC). Os danos morais decorrentes da inscrição indevida, segundo entendimento pacífico do STJ, são *presumidos* (*in re ipsa*), já que estão vinculados à própria existência do fato ilícito. Por consequência, o consumidor tem direito à declaração de inexistência da dívida e a exclusão da inscrição indevida. *Alternativa D.*

III. PRÁTICAS COMERCIAIS E PROTEÇÃO CONTRATUAL

22. (40º Exame) Carlos, um consumidor, celebrou um contrato de adesão para aquisição de um pacote turístico. Ao ler atentamente o contrato, Carlos identificou uma cláusula que determinava que ele não poderia requerer indenização à empresa em caso de eventuais prejuízos decorrentes de cancelamentos por causas naturais. Preocupado, Carlos procura você, como advogado(a), para buscar amparo legal e entender a validade da cláusula em questão. Diante disso, assinale a afirmativa que apresenta, corretamente, sua orientação.

(A) A cláusula é válida, porque o Art. 51 do CDC possui um rol exemplificativo de cláusulas abusivas, e essa cláusula específica não está listada entre as proibidas.

(B) A cláusula é inválida, porque o Art. 51 do CDC possui um rol taxativo de cláusulas abusivas, e essa cláusula não está listada entre as permitidas.

(C) A cláusula é válida, porque o Art. 51 do CDC, que possui um rol de cláusulas abusivas, não se aplica aos contratos de adesão.

(D) A cláusula é inválida, porque o Art. 51 do CDC apresenta um rol exemplificativo de cláusulas abusivas, permitindo a anulação das cláusulas que se mostrem abusivas, mesmo que não listadas.

RESPOSTA O *caput* do art. 51 do CDC deixa claro que traz uma lista de cláusulas contratuais, entre outras, relativas ao fornecimento de produtos e serviços, portanto, de forma exemplificativa. *Alternativa D.*

23. (38º EXAME) Carlos foi internado para tratamento de saúde. Apresentava estado grave, sendo seus familiares informados sobre a limitação do tempo de internação. Junto à assinatura dos documentos de internação, o hospital exigiu dos familiares um depósito caução para assegurar a internação do paciente, caso extrapolado o dia-limite custeado pelo plano de saúde, o que fizeram prontamente. Os familiares de Carlos procuraram

você, como advogado(a), informando o ocorrido e que, de fato, o contrato do seguro-saúde apresentava essa cláusula limitadora. Assinale a opção que apresenta a orientação correta dada para o caso.

(A) A cláusula contratual que limita, no tempo, a internação hospitalar do segurado, é abusiva.

(B) O fato de o hospital ter exigido a prestação da caução não configura conduta abusiva, apesar da evidente vulnerabilidade, por força do princípio do equilíbrio contratual.

(C) A cláusula contratual que limita o tempo de internação não se mostra abusiva, por ter sido redigida de forma clara e compreensível.

(D) A cláusula contratual que limita o tempo de internação, embora abusiva, não é nula e, sim, anulável, por se tratar de contrato de adesão celebrado em situação de lesão ao consumidor.

RESPOSTA Trata-se de entendimento jurisprudencial trazido pela Súmula 302 do STJ: "É abusiva a cláusula contratual de plano de saúde que limita no tempo a internação hospitalar do segurado". *Alternativa A.*

24. (37º EXAME) Mota solicitou orçamento para a instalação de persianas na sua casa e, ao receber o documento, leu que a compra das persianas escolhidas somente poderia ser realizada com a compra dos tapetes da mesma coleção. Além disso, juntamente com o orçamento, Mota recebeu proposta para aquisição de seguro residencial. O consumidor ficou em dúvida a respeito da conduta da loja de decoração e procurou você, como advogado(a), para receber orientação jurídica. A esse respeito, você informou, corretamente, ao cliente que se trata de

(A) prática abusiva em relação às persianas e ao tapete, por condicionar o fornecimento de um produto à aquisição do outro; igualmente abusiva a prática de enviar oferta de serviço mediante proposta do seguro residencial ao consumidor, sem prévia solicitação.

(B) prática lícita em relação às persianas e ao tapete, uma vez que se trata de produtos da mesma coleção; o seguro residencial foi meramente sugerido, não importando em venda casada.

(C) prática abusiva em relação às persianas e ao tapete, por condicionar o fornecimento de um produto à aquisição do outro; o seguro residencial foi oferecido sem condicionamento, sendo lícita a prática.

(D) prática lícita em relação às persianas e ao tapete, uma vez que são produtos da mesma coleção; a proposta do seguro residencial foi enviada ao consumidor sem solicitação prévia, o que torna a prática abusiva.

RESPOSTA Trata-se da prática de *venda casada*, prevista no art. 39, I, do CDC. Entretanto, o inciso deixa bem claro que a configuração de tal prática se da ao "*condicionar* o fornecimento de produto ou de serviço ao fornecimento de outro produto ou serviço". Assim, no caso das persianas e do tapete, houve prática abusiva; já em relação ao seguro, não. *Alternativa C.*

25. (36º Exame) Bernardo adquiriu, mediante uso de cartão de crédito, equipamento de som conhecido como *home theater*. A compra, por meio do aplicativo do Magazin Novas Colinas S/A, conhecido como "loja virtual do Colinas", foi realizada na sexta-feira e o produto entregue na terça-feira da semana seguinte. Na quarta-feira, dia seguinte ao do recebimento, Bernardo entrou em contato com o serviço de atendimento ao cliente para exercer seu direito de arrependimento. A atendente lhe comunicou que deveria ser apresentada uma justificativa para o arrependimento dentre aquelas elaboradas pelo fornecedor. Essa foi a condição imposta ao consumidor para a devolução do valor referente à 1ª parcela do preço, já lançado na fatura do seu cartão de crédito. Com base nesta narrativa, em conformidade com a legislação consumerista, assinale a afirmativa correta.

(A) O direito de arrependimento precisa ser motivado diante da comunicação de cancelamento da compra feita pelo consumidor ao fornecedor após o decurso de 48 (quarenta e oito) horas da realização da transação pelo aplicativo.

(B) Embora o direito de arrependimento não precise de motivação por ser potestativo, o fornecedor pode exigir do consumidor que lhe apresente uma justificativa, como condição para a realização da devolução do valor faturado.

(C) Em observância ao princípio da boa-fé objetiva, aplicável tanto ao fornecedor quanto ao consumidor, aquele não pode se opor ao direito de arrependimento, mas, em contrapartida, pode exigir do consumidor a motivação para tal ato.

(D) O direito de arrependimento não precisa ser motivado e foi exercido tempestivamente, devendo o fornecedor providenciar o cancelamento da compra e comunicar à administradora do cartão de crédito para que seja efetivado o estorno do valor.

RESPOSTA De acordo com o CDC, o consumidor pode desistir do contrato no prazo de 7 dias a contar de sua assinatura ou do ato de recebimento do produto ou serviço, sempre que a contratação de fornecimento de produtos e serviços ocorrer fora do estabelecimento comercial, especialmente por telefone ou a domicílio (art. 49). A lei não exige motivação para exercer o direito de arrependimento. Os valores even-

tualmente pagos, a qualquer título, durante o prazo de reflexão, serão devolvidos, de imediato, monetariamente atualizados. Nas compras feitas no cartão de crédito, o Decreto n. 7.962/2013 prevê que: "O exercício do direito de arrependimento será comunicado imediatamente pelo fornecedor à instituição financeira ou à administradora do cartão de crédito ou similar, para que: I – a transação não seja lançada na fatura do consumidor; ou II – seja efetivado o estorno do valor, caso o lançamento na fatura já tenha sido realizado (art. 5º, § 3º). *Alternativa D.*

26. (XXXIV EXAME) José procurou a instituição financeira Banco Bom com o objetivo de firmar contrato de penhor. Para tanto, depositou um colar de pérolas raras, adquirido por seus ascendentes e que passara por gerações até tornar-se sua pertença através de herança. O negócio deu-se na modalidade contrato de adesão, contendo cláusulas claras a respeito das obrigações pactuadas, inclusive com redação em destaque quanto à limitação do valor da indenização em caso de furto ou roubo, o que foi compreendido por José. Posteriormente, José procurou você, como advogado(a), apresentando dúvidas a respeito de diferentes pontos. Sobre os temas indagados, de acordo com o Código de Defesa do Consumidor, assinale a afirmativa correta.

(A) A cláusula que limita o valor da indenização pelo furto ou roubo do bem empenhado é abusiva e nula, ainda que redigida com redação clara e compreensível por José e em destaque no texto, pois o que a vicia não é a compreensão redacional e sim o direito material indevidamente limitado.

(B) A cláusula que limita os direitos de José em caso de furto ou roubo é lícita, uma vez que redigida em destaque e com termos compreensíveis pelo consumidor, impondo-se a responsabilidade subjetiva da instituição financeira em caso de roubo ou furto por se tratar de ato praticado por terceiro, revelando fortuito externo.

(C) O negócio realizado não configura relação consumerista devendo ser afastada a incidência do Código de Defesa do Consumidor e aplicado o Código Civil em matéria de contratos de mútuo e de depósito, uma vez que inquestionável o dever de guarda e restituição do bem mediante pagamento do valor acordado no empréstimo.

(D) A cláusula que limita o valor da indenização pelo furto ou roubo do bem empenhado é lícita, desde que redigida com redação clara e compreensível e, em caso de furto ou roubo do colar, isso será considerado inadimplemento contratual e não falha na prestação do serviço, incidindo o

DIREITO DO CONSUMIDOR

prazo prescricional de 2 (dois) anos, caso seja necessário ajuizar eventual pleito indenizatório.

RESPOSTA Trata-se de relação de consumo, aplicando-se o art. 3º, § 2º, do CDC e a Súmula 297 do STJ (*O Código de Defesa do Consumidor é aplicável às instituições financeiras*). Tal cláusula é considerada abusiva, pois são nulas de pleno direito as cláusulas que impossibilitem, exonerem ou atenuem a responsabilidade do fornecedor por vícios de qualquer natureza dos produtos e serviços ou impliquem renúncia ou disposição de direitos, havendo possibilidade de limitação de indenização nos casos de relações de consumo entre o fornecedor e o consumidor pessoa jurídica (art. 51, I, CDC). *Alternativa A.*

27. **(XXXIII EXAME)** A era digital vem revolucionando o Direito, que busca se adequar aos mais diversos canais de realização da vida inserida ou tangenciada por elementos virtuais. Nesse cenário, consagram-se avanços normativos a fim de atender às situações jurídicas que se apresentam, sendo ponto importante a recorrência dos chamados youtubers, atividade não rara realizada por crianças e destinada ao público infantil. Nesse contexto, os youtubers mirins vêm desenvolvendo atividades que necessitam de intervenção jurídica, notadamente quando se mostram portadores de prática publicitária. A esse respeito, instrumentos normativos que visam a salvaguardar interesses na publicidade infantil estão em vigor e outros previstos em projetos de lei. Sobre o fato narrado, de acordo com o CDC, assinale a afirmativa correta.

(A) A comunicação mercadológica realizada por youtubers mirins para o público infantil não pode ser considerada abusiva em razão da deficiência de julgamento e experiência das crianças, porque é realizada igualmente por crianças.

(B) A publicidade que se aproveita da deficiência de julgamento e experiência da criança ou se prevaleça da sua idade e conhecimento imaturo para lhe impingir produtos ou serviços é considerada abusiva.

(C) A publicidade não pode ser considerada abusiva ou enganosa se o público para a qual foi destinado, de forma fácil e imediata, identifica a mensagem mercadológica como tal.

(D) A publicidade dirigida às crianças, que se aproveite da sua deficiência de julgamento para lhe impingir produtos ou serviços, é considerada enganosa.

RESPOSTA Conforme art. 37, § 2º, do CDC, é abusiva, dentre outras a publicidade discriminatória de qualquer natureza, a que incite à violência, explore o medo ou a superstição, se aproveite da deficiência de

julgamento e experiência da criança, desrespeita valores ambientais, ou que seja capaz de induzir o consumidor a se comportar de forma prejudicial ou perigosa à sua saúde ou segurança. *Alternativa B.*

28. **(XXXI Exame)** O médico de João indicou a necessidade de realizar a cirurgia de gastroplastia (bariátrica) como tratamento de obesidade mórbida, com a finalidade de reduzir peso. Posteriormente, o profissional de saúde explicou a necessidade de realizar a cirurgia plástica pós-gastroplastia, visando à remoção de excesso epitelial que comumente acomete os pacientes nessas condições, impactando a qualidade de vida daquele que deixou de ser obeso mórbido. Nesse caso, nos termos do Código de Defesa do Consumidor e do entendimento do STJ, o plano de saúde de João

(A) terá que custear ambas as cirurgias, porque configuram tratamentos, sendo a cirurgia plástica medida reparadora; portanto, terapêutica.

(B) terá que custear apenas a cirurgia de gastroplastia, e não a plástica, considerada estética e excluída da cobertura dos planos de saúde.

(C) não terá que custear as cirurgias, exceto mediante previsão contratual expressa para esses tipos de procedimentos.

(D) não terá que custear qualquer das cirurgias até que passem a integrar o rol de procedimentos da ANS, competente para a regulação das coberturas contratuais.

RESPOSTA Conforme entendimento do STJ, havendo indicação médica, o plano de saúde não pode se recusar a custear a realização de cirurgia plástica para retirada de excesso de tecido epitelial decorrente de rápido emagrecimento ocasionado por cirurgia bariátrica. "*O excesso de pele pode causar dermatites, candidíase, assaduras e até mesmo infecções bacterianas. Desse modo, a cirurgia plástica para corrigir essa situação não se constitui em procedimento unicamente estético, servindo para prevenir ou curar enfermidades (tem um caráter funcional e reparador)*". STJ, 3ª Turma, REsp 1757938/DF, Rel. Min. Ricardo Villas Bôas Cueva, julgado em 5-2-2019. *Alternativa A.*

29. **(XXVIII Exame)** João da Silva, idoso, ingressou com ação judicial para revisão de valores de reajuste do plano de saúde, contratado na modalidade individual. Alega que houve alteração do valor em decorrência da mudança de faixa etária, o que entende abusivo. Ao entrar em contato com a fornecedora, foi informado que o reajuste atendeu ao disposto pela agência reguladora, que é um órgão governamental, e que o reajuste seria adequado.

Sobre o reajuste da mensalidade do plano de saúde de João, de acordo com o entendimento do STJ firmado em Turma de Recurso Repetitivo, bem como à luz do Código de Defesa do Consumidor, assinale a afirmativa correta.

(A) Somente seria possível se o plano fosse coletivo, mesmo que isso não estivesse previsto em contrato, mas se encontrasse em acordo com percentual que não seja desarrazoado ou aleatório, portanto, não sendo abusivo.

(B) Poderia ser alterado por se tratar de plano individual, mesmo que em razão da faixa etária, desde que previsto em contrato, observasse as normas dos órgãos governamentais reguladores e o percentual não fosse desarrazoado, o que tornaria a prática abusiva.

(C) É possível o reajuste, ainda que em razão da faixa etária, sendo coletivo ou individual, mesmo que não previsto em contrato e em percentual que não onere excessivamente o consumidor ou discrimine o idoso.

(D) Não poderia ter sido realizado em razão da mudança de faixa etária, mesmo se tratando de plano individual, sendo correto o reajuste apenas com base na inflação, não havendo interferência do órgão governamental regulador nesse tema.

RESPOSTA De acordo com o STJ, em recurso repetitivo, baseado nos preceitos do CDC, a variação das contraprestações pecuniárias dos planos privados de assistência à saúde em razão da idade é permitida, desde que prevista no contrato, de forma clara, com previsão de todos os grupos etários e os percentuais de reajuste correspondentes. "A cláusula de aumento de mensalidade de plano de saúde conforme a mudança de faixa etária do beneficiário encontra fundamento no mutualismo (regime de repartição simples) e na solidariedade intergeracional, além de ser regra atuarial e asseguradora de riscos" (STJ – REsp: 1568244 RJ). *Alternativa B.*

30. (XXVII Exame) Dias atrás, Elisa, portadora de doença grave e sob risco imediato de morte, foi levada para atendimento na emergência do hospital X, onde necessitou realizar exame de imagem e fazer uso de medicamentos. Ocorre que o seu plano de saúde, contratado dois meses antes, negou a cobertura de alguns desses fármacos e do exame de imagem, pelo fato de o plano de Elisa ainda estar no período de carência, obrigando a consumidora a custear parcela dos medicamentos e o valor integral do exame de imagem. Nesse caso, à luz do Código de Defesa do Consumidor (CDC) e da Lei n. 9.656/98, que dispõe sobre os planos e segu-

ros privados de assistência à saúde, assinale a afirmativa correta.

(A) As cláusulas que limitam os direitos da consumidora são nulas de pleno direito, sendo qualquer período de carência imposto por contrato de adesão reversível pela via judiciária, por caracterizar-se como cláusula abusiva.

(B) As cláusulas que limitam os direitos da consumidora, como a que fixou a carência do plano de saúde em relação ao uso de medicamentos e exame de imagem, são lícitas, e devem ser observadas no caso de Elisa, em respeito ao equilíbrio da relação contratual.

(C) As cláusulas que preveem o período de carência estão previstas em norma especial que contradiz o disposto no CDC, uma vez que não podem excetuar a proteção integral e presunção de vulnerabilidade existente na relação jurídica de consumo.

(D) O plano de saúde deve cobrir integralmente o atendimento de Elisa, por se tratar de situação de emergência e por, pelo tempo de contratação do plano, não poder haver carência para esse tipo de atendimento, ainda que lícitas as cláusulas que limitem o direito da consumidora.

RESPOSTA De acordo com o CDC, as cláusulas que limitam direito do consumidor podem ser lícitas, desde que redigidas em destaque, permitindo sua imediata e fácil constatação (art. 54, § 4º, CDC), como é o caso de cláusulas de carência em planos de saúde. Porém, a Lei n. 9.656/98, que dispõe sobre os planos e seguros privados de assistência à saúde, prevê em seu art. 12, V, *c* o prazo máximo de vinte e quatro horas para a cobertura dos casos de urgência e emergência. Assim, considerando que o contrato se deu há dois meses, o plano deve cobrir integralmente as despesas. *Alternativa D.*

31. (XXVI Exame) A Construtora X instalou um estande de vendas em um *shopping center* da cidade, apresentando *folder* de empreendimento imobiliário de dez edifícios residenciais com área comum que incluía churrasqueira, espaço *gourmet*, salão de festas, parquinho infantil, academia e piscina. A proposta fez tanto sucesso que, em apenas um mês, foram firmados contratos de compra e venda da integralidade das unidades. A Construtora X somente realizou a entrega dois anos após o prazo originário de entrega dos imóveis e sem pagamento de qualquer verba pela mora, visto que o contrato previa exclusão de cláusula penal, e também deixou de entregar a área comum de lazer que constava do *folder*. Nesse caso, à luz do Código de Defesa do Consumidor, cabe

DIREITO DO CONSUMIDOR

(A) ação individual ou coletiva, em razão da propaganda enganosa evidenciada pela ausência da entrega da parte comum indicada no *folder* de venda.

(B) ação individual ou coletiva, em busca de ressarcimento decorrente da demora na entrega; contudo, não se configura, na hipótese, propaganda enganosa, mas apenas inadimplemento contratual, sendo viável a exclusão da cláusula penal.

(C) ação coletiva, somente, haja vista que cada adquirente, individualmente, não possui interesse processual decorrente da propaganda enganosa.

(D) ação individual ou coletiva, a fim de buscar tutela declaratória de nulidade do contrato, inválido de pleno direito por conter cláusula abusiva que fixou impedimento de qualquer cláusula penal.

RESPOSTA Das ações mencionadas nas alternativas, a mais coerente é a ação individual ou coletiva em razão da publicidade enganosa (art. 37, § 1º, CDC), muito embora, na prática, certamente o advogado entraria com alguma medida capaz de fazer com que o fornecedor cumpra com o ofertado, ou a rescisão do contrato, com direito à restituição de quantia eventualmente antecipada, monetariamente atualizada, e a perdas e danos, nos termos do art. 35 do CDC. *Alternativa A.*

32.

(XXV Exame) Petrônio, servidor público estadual aposentado, firmou, em um intervalo de seis meses, três contratos de empréstimo consignado com duas instituições bancárias diferentes, comprometendo 70% (setenta por cento) do valor de aposentadoria recebido mensalmente, o que está prejudicando seu sustento, já que não possui outra fonte de renda. Petrônio procura orientação de um advogado para saber se há possibilidade de corrigir o que alega ter sido um engano de contratação de empréstimos sucessivos. Partindo dessa situação, à luz do entendimento do Superior Tribunal de Justiça, assinale a afirmativa correta.

(A) Não há abusividade na realização de descontos superiores a 50% (cinquenta por cento) dos rendimentos do consumidor para fins de pagamento de prestação dos empréstimos quando se tratar de contratos firmados com fornecedores diferentes, como no caso narrado.

(B) O consumidor não pode ser submetido à condição de desequilíbrio na relação jurídica, sendo nulas de pleno direito as cláusulas contratuais do contrato no momento em que os descontos ultrapassam metade da aposentadoria do consumidor.

(C) Os descontos a título de crédito consignado, incidentes sobre os proventos de servidores, como

é o caso de Petrônio, devem ser limitados a 30% (trinta por cento) da remuneração, em razão de sua natureza alimentar e do mínimo existencial.

(D) Tratando-se de consumidor hipervulnerável pelo fator etário, os contratos dependem de anuência de familiar, que deve assinar conjuntamente ao idoso, não podendo comprometer mais do que 20% (vinte por cento) do valor recebido a título de aposentadoria.

RESPOSTA Conforme entendimento do STJ: "Esta Corte pacificou o entendimento de que a autorização para o desconto em folha de pagamento de prestação de empréstimo contratado não constitui cláusula abusiva, porquanto se trata de circunstância que facilita a obtenção do crédito com condições mais vantajosas, contanto que a soma mensal das prestações destinadas ao desconto dos empréstimos realizados não ultrapasse 30% dos vencimentos do trabalho, em função do princípio da razoabilidade e do caráter alimentar dos vencimentos. Precedentes: AgInt no AREsp 194.810/RS, Rel. Min. Napoleão Nunes Maia Filho, *DJe* 22-2-2017 e AgRg no REsp 1.535.736/DF, Rel. Min. Herman Benjamin, *DJe* 18-11-2015". *Alternativa C.*

33.

(XXIII Exame) Vera sofreu acidente doméstico e, sentindo fortes dores nas costas e redução da força dos membros inferiores, procurou atendimento médico-hospitalar. A equipe médica prescreveu uma análise neurológica que, a partir dos exames de imagem, evidenciaram uma lesão na coluna. O plano de saúde, entretanto, negou o procedimento e o material, aduzindo negativa de cobertura, embora a moléstia estivesse prevista em contrato. Vera o(a) procura como advogado(a) a fim de saber se o plano de saúde poderia negar, sob a justificativa de falta de cobertura contratual, algo que os médicos informaram ser essencial para a diagnose correta da extensão da lesão da coluna. Neste caso, à luz da norma consumerista e do entendimento do STJ, assinale a afirmativa correta.

(A) O contrato de plano de saúde não é regido pelo Código do Consumidor e sim, exclusivamente, pelas normas da Agência Nacional de Saúde, o que impede a interpretação ampliativa, sob pena de comprometer a higidez econômica dos planos de saúde, respaldada no princípio da solidariedade.

(B) O plano de saúde pode se negar a cobrir o procedimento médico-hospitalar, desde que possibilite o reembolso de material indicado pelos profissionais de medicina, ainda que imponha limitação de valores e o reembolso se dê de forma parcial.

(C) O contrato de plano de saúde é regido pelo Código do Consumidor e os planos de saúde apenas podem estabelecer para quais moléstias oferecerão cobertura, não lhes cabendo limitar o tipo de tratamento que será prescrito, incumbência essa que pertence ao profissional da medicina que assiste ao paciente.

(D) O contrato de plano de saúde é regido pelo Código do Consumidor e, resguardados os direitos básicos do consumidor, os planos de saúde podem estabelecer para quais moléstias e para que tipo de tratamento oferecerão cobertura, de acordo com a categoria de cada nível contratado, sem que isso viole o CDC.

RESPOSTA De acordo com a Súmula 469 do STJ, aplica-se o Código de Defesa do Consumidor aos contratos de plano de saúde. Ademais, a jurisprudência do STJ reconhece a possibilidade de o plano de saúde definir quais as doenças que terão cobertura, mas não o tipo de tratamento utilizado. Vejamos: "É abusiva a negativa de cobertura pelo plano de saúde de procedimento, tratamento, medicamento ou material considerado essencial para preservar a saúde e a vida do paciente" (AgRg no REsp 1.325.733). *Alternativa C.*

34. (XXII Exame) Mário firmou contrato de seguro de vida e acidentes pessoais, apontando como beneficiários sua esposa e seu filho. O negócio foi feito via telemarketing, com áudio gravado, recebendo informações superficiais a respeito da cobertura completa a partir do momento da contratação, atendido pequeno prazo de carência em caso de morte ou invalidez parcial e total, além do envio de brindes em caso de contratação imediata. Mário contratou o serviço na mesma oportunidade por via telefônica, com posterior envio de contrato escrito para a residência do segurado. Mário veio a óbito noventa dias após a contratação. Os beneficiários de Mário, ao entrarem em contato com a seguradora, foram informados de que não poderiam receber a indenização securitária contratada, que ainda estaria no período de carência, ainda que a operadora de telemarketing, que vendeu o seguro para Mário, garantisse a cobertura. Verificando o contrato, os beneficiários perceberam o engano de compreensão da informação, já que estava descrito haver período de carência para o evento morte "nos termos da lei civil". Com base na hipótese apresentada, assinale a afirmativa correta.

(A) A informação foi clara por estar escrita, embora mencionada superficialmente pela operadora de telemarketing, e o período de carência é lícito, mesmo nas relações de consumo.

(B) A fixação do período de carência é lícita, mesmo nas relações de consumo. Todavia, a informação prestada quanto ao prazo de carência, embora descrita no contrato, não foi clara o suficiente, evidenciando, portanto, a vulnerabilidade do consumidor.

(C) A falta de informação e o equívoco na imposição de prazo de carência não são admitidas nas relações de consumo, e sim nas relações genuinamente civilistas.

(D) O dever de informação do consumidor foi respeitado, na medida em que estava descrito no contrato, sendo o período de carência instituto ilícito, por se tratar de relação de consumo.

RESPOSTA A fixação de prazo de carência, por si só, não é ilícita. Entretanto, a informação prestada pelo fornecedor, mesmo por *telemarketing* (o que evidencia ainda mais a vulnerabilidade do fornecedor), deve ser *adequada* e *clara* (art. 6º, III, CDC), bem como a oferta *obriga o fornecedor* e *integra o contrato* que vier a ser celebrado (art. 30, CDC). *Alternativa B.*

35. (XXI Exame) O Banco X enviou um cartão de crédito para Jeremias, com limite de R$ 10.000,00 (dez mil reais), para uso em território nacional e no exterior, incluindo seguro de vida e acidentes pessoais, bem como seguro contra roubo e furto, no importe total de R$ 5,00 (cinco reais) na fatura mensal, além da anuidade de R$ 400,00 (quatrocentos reais), parcelada em cinco vezes. Jeremias recebeu a correspondência contendo um cartão bloqueado, o contrato e o informativo de benefícios e ônus. Ocorre que Jeremias não é cliente do Banco X e sequer solicitou o cartão de crédito. Sobre a conduta da instituição bancária, considerando a situação narrada e o entendimento do STJ expresso em Súmula, assinale a afirmativa correta.

(A) Foi abusiva, sujeitando-se à aplicação de multa administrativa, que não se destina ao consumidor, mas não há ilícito civil indenizável, tratando-se de mero aborrecimento, sob pena de se permitir o enriquecimento ilícito de Jeremias.

(B) Foi abusiva, sujeita à advertência e não à multa administrativa, salvo caso de reincidência, bem como não gera ilícito indenizável, por não ter havido dano moral *in re ipsa* na hipótese, salvo se houvesse extravio do cartão antes de ser entregue a Jeremias.

(C) Foi abusiva e constitui ilícito indenizável em favor de Jeremias, mesmo sem prejuízo comprovado, em razão da configuração de dano moral *in re ipsa* na hipótese, que pode ser cumulada com

DIREITO DO CONSUMIDOR

a aplicação de multa administrativa, que não será fixada em favor do consumidor.

(D) Não foi abusiva, pois não houve prejuízo ao consumidor a justificar multa administrativa e nem constitui ilícito indenizável, na medida em que o destinatário pode desconsiderar a correspondência, não desbloquear o cartão e não aderir ao contrato.

RESPOSTA Súmula 532/STJ "Constitui prática comercial abusiva o envio de cartão de crédito sem prévia e expressa solicitação do consumidor, configurando-se ato ilícito indenizável e sujeito à aplicação de multa administrativa". A indenização será em favor de Jeremias, mas a multa, de acordo com o art. 57 do CDC, reverterá para o Fundo de que trata a Lei n. 7.347/85, os valores cabíveis à União, ou para os Fundos estaduais ou municipais de proteção ao consumidor nos demais casos. *Alternativa C.*

36. (XXI Exame) A Pizzaria X fez publicidade comparando a qualidade da sua pizza de mozarela com a da Pizzaria Y, descrevendo a quantidade de queijo e o crocante das bordas, detalhes que a tornariam mais saborosa do que a oferecida pela concorrente. Além disso, disponibiliza para os consumidores o bônus da entrega de pizza pelo motociclista, em até 30 minutos, ou a dispensa do pagamento pelo produto. A respeito do narrado, assinale a afirmativa correta.

(A) A publicidade comparativa é expressamente vedada pelo Código de Defesa do Consumidor, que, entretanto, nada disciplina a respeito da entrega do produto por motociclista em período de tempo ou dispensa do pagamento.

(B) A promessa de dispensa do pagamento pelo consumidor como forma de estímulo à prática de aumento da velocidade pelo motociclista é vedada por lei especial, enquanto a publicidade comparativa é admitida, respeitados os critérios do CDC e as proteções dispostas em normas especiais que tutelam marca e concorrência.

(C) A dispensa de pagamento, em caso de atraso na entrega do produto por motociclista, é lícita, mas a publicidade comparativa é expressamente vedada pelo Código de Defesa do Consumidor e pela legislação especial.

(D) A publicidade comparativa e a entrega de produto por motociclista em determinado prazo ou a dispensa de pagamento, por serem em benefício do consumidor, embora não previstos em lei, são atos lícitos, conforme entendimento pacífico da jurisprudência.

RESPOSTA A questão aborda o entendimento da Lei n. 12.436/2011 (que diz respeito aos direitos dos

motociclistas profissionais e não ao consumidor!): "É vedado às empresas e pessoas físicas empregadoras ou tomadoras de serviços prestados por motociclistas estabelecer práticas que estimulem o aumento de velocidade, tais como: (...) II – prometer dispensa de pagamento ao consumidor, no caso de fornecimento de produto ou prestação de serviço fora do prazo ofertado para a sua entrega ou realização". Em relação à publicidade comparativa (que também se refere à concorrência e não ao consumidor), não há proibição expressa. *Alternativa B.*

37. (XX Exame – Reaplicação) Florinda, assistindo a um canal de TV fechada, interessou-se por um produto para exercícios físicos. Acompanhando a exposição de imagens, sentiu-se atraída pela forma de "pagamento sem juros, podendo ser parcelado em até doze vezes". Ao telefonar para a loja virtual, foi informada de que o parcelamento sem juros limitava-se a duas prestações. Além disso, a ligação tarifada foi a única forma de Florinda obter as informações a respeito do valor do produto, já que o site da fornecedora limitava-se a indicar o que já estava no anúncio de TV. Sentindo-se enganada por ter sido obrigada a telefonar pagando a tarifa, bem como por ter sido induzida a acreditar que o pagamento poderia ser parcelado em doze vezes sem juros, Florinda procurou um advogado. Assinale a opção que apresenta a orientação dada pelo advogado.

(A) Há publicidade enganosa somente em razão da obscuridade quanto ao parcelamento sem juros, não havendo abusividade quanto à necessidade de ligação tarifada para obtenção de informação a respeito de valor e formas de pagamento.

(B) Não há publicidade enganosa na situação narrada, na medida em que essa deve se dar por conduta ativa do fornecedor, não havendo previsão para a modalidade omissiva.

(C) Inexiste publicidade enganosa, na medida em que as informações sobre o produto foram claras. Quanto ao preço e à forma de pagamento, essas somente devem ser passadas àqueles que se interessam pelo produto.

(D) Há publicidade enganosa por omissão quanto ao preço e à forma de pagamento, que não foram fornecidos de forma clara para o consumidor, bem como caracterizou-se abuso a imposição do ônus da ligação tarifada à consumidora que buscava obter tais informações.

RESPOSTA A publicidade é enganosa por omissão quando deixar de informar sobre dado essencial do produto ou serviço (art. 36, § 3º, CDC). Em relação à ligação telefônica tarifada, por se tratar de uma "complementação" da publicidade, a banca entendeu que se aplica a previsão do parágrafo único do art. 36 do CDC, segundo o qual, é proibida a publicidade de bens e serviços por telefone, quando a chamada for onerosa ao consumidor que a origina. *Alternativa D.*

38. **(XX Exame)** Marieta firmou contrato com determinada sociedade empresária de gêneros alimentícios para o fornecimento de produtos para a festa de 15 anos de sua filha. O pagamento deveria ter sido feito por meio de boleto, mas a obrigação foi inadimplida e a sociedade empresária fornecedora de alimentos, observando todas as regras positivadas e sumulares cabíveis, procedeu com a anotação legítima e regular do nome de Marieta no cadastro negativo de crédito. Passados alguns dias, Marieta tentou adquirir um produto numa loja de departamentos mediante financiamento, mas o crédito lhe foi negado, motivo pelo qual a devedora providenciou o imediato pagamento dos valores devidos à sociedade empresária de gêneros alimentícios. Superada a condição de inadimplente, Marieta quer saber como deve proceder a fim de que seu nome seja excluído do cadastro negativo. A respeito do fato apresentado, assinale a afirmativa correta.

(A) A consumidora deve enviar notificação à sociedade empresária de gêneros alimentícios informando o pagamento integral do débito e requerer que a mesma providencie a exclusão da negativação, o que deve ser feito em até vinte e quatro horas.

(B) A consumidora deve se dirigir diretamente ao órgão de cadastro negativo, o que pode ser feito por meio de procuração constituindo advogado, e solicitar a exclusão da negativação, ônus que compete ao consumidor.

(C) Após a quitação do débito, compete à sociedade empresária de gêneros alimentícios solicitar a exclusão do nome de Marieta do cadastro negativo, no prazo de cinco dias a contar do primeiro dia útil seguinte à disponibilização do valor necessário para a quitação do débito.

(D) Marieta deverá comunicar a quitação diretamente ao órgão de cadastro negativo e, caso não seja feita a exclusão imediata, a consumidora poderá ingressar em juízo pleiteando indenização apenas, pois a hipótese comporta exclusivamente sanção civil.

RESPOSTA Súmula 548/STJ – "Incumbe ao credor a exclusão do registro da dívida em nome do devedor no cadastro de inadimplentes no prazo de cinco dias úteis, a partir do integral e efetivo pagamento do débito." *Alternativa C.*

IV. DA DEFESA DO CONSUMIDOR EM JUÍZO

39. **(XXXIII EXAME)** Godofredo procurou a Seguradora X para contratar seguro residencial, mas a venda direta foi-lhe negada, ao argumento de que o proponente possuía restrição financeira junto aos órgãos de proteção ao crédito. Godofredo explicou que pagaria o seguro à vista, mas, ainda assim, a Seguradora negou a contratação. Indignado, Godofredo registrou sua reclamação no Ministério Público, que verificou significativo número de pessoas na mesma situação, merecendo melhor análise quanto ao cabimento ou não de medida para a defesa de interesses e direitos de consumidores a título coletivo. Sobre a hipótese apresentada, à luz do Código de Defesa do Consumidor, assinale a afirmativa correta.

(A) A questão versa sobre interesses heterogêneos, não cabendo ação coletiva, bem como casos de restrição creditícia possibilitam a recusa de contratação do seguro mesmo quando o pagamento do prêmio for à vista.

(B) A matéria consagra hipótese de direito individual homogêneo, podendo ser objeto de ação coletiva para a defesa dos interesses e direitos dos consumidores, e a recusa à contratação somente pode ser posta se o pagamento do prêmio for parcelado.

(C) A Seguradora não pode recusar a proposta nem mesmo após análise de risco, quando a contratação se der mediante pronto pagamento do prêmio, conforme expressamente disposto na norma consumerista e cuida-se da hipótese de direito difuso, justificando a ação coletiva.

(D) A Seguradora pode recusar a contratação, mesmo mediante pronto pagamento, sob a justificativa de que o proponente possui anotação de restrição financeira junto aos órgãos de proteção ao crédito; quanto à defesa coletiva essa é incabível pela natureza da demanda, sendo possível apenas a formação de litisconsórcio ativo.

RESPOSTA Trata-se de direito individual homogêneo, que pode ser buscado individual ou coletivamente, nos termos do art. 81, parágrafo único, III, do CDC, sendo, inclusive, prática abusiva recusar a venda de bens ou a prestação de serviços, diretamente a quem se disponha a adquiri-los mediante pronto pagamento (art. 39, IX, CDC). *Alternativa B.*

40. **(XXX Exame)** O Ministério Público ajuizou ação coletiva em face de Vaquinha Laticínios, em função do descumprimento de normas para o transporte de alimentos lácteos. A sentença condenou a ré ao pagamento de indenização

DIREITO DO CONSUMIDOR

a ser revertida em favor de um fundo específico, bem como a indenizar os consumidores genericamente considerados, além de determinar a publicação da parte dispositiva da sentença em jornais de grande circulação, a fim de que os consumidores tomassem ciência do ato judicial. João, leitor de um dos jornais, procurou você como advogado(a) para saber de seus direitos, uma vez que era consumidor daqueles produtos. Nesse caso, à luz do Código do Consumidor, trata-se de hipótese

(A) De interesse difuso; por esse motivo, as indenizações pelos prejuízos individuais de João perderão preferência no concurso de crédito frente às condenações decorrentes das ações civis públicas derivadas do mesmo evento danoso.

(B) De interesses individuais homogêneos; nesses casos, tem-se, por inviável, a liquidação e execução individual, devendo João aguardar que o Ministério Público, autor da ação, receba a verba indenizatória genérica para, então, habilitar-se como interessado junto ao referido órgão.

(C) De interesses coletivos; em razão disso, João poderá liquidar e executar a sentença individualmente, mas o mesmo direito não poderia ser exercido por seus sucessores, sendo inviável a sucessão processual na hipótese.

(D) De interesses individuais homogêneos; João pode, em legitimidade originária ou por seus sucessores, por meio de processo de liquidação, provar a existência do seu dano pessoal e do nexo causal, a fim de quantificá-lo e promover a execução.

RESPOSTA Trata-se de interesse individual homogêneo (art. 81, III, CDC), sendo que, conforme art. 97 do CDC, a liquidação e a execução de sentença poderão ser promovidas pela vítima e seus sucessores, assim como pelos legitimados de que trata o art. 82. *Alternativa D.*

41. (XXVIII Exame) O posto de gasolina X foi demandado pelo Ministério Público devido à venda de óleo diesel com adulterações em sua fórmula, em desacordo com as especificações da Agência Nacional de Petróleo (ANP). Trata-se de relação de consumo e de dano coletivo, que gerou sentença condenatória. Você foi procurado(a), como advogado(a), por um consumidor que adquiriu óleo diesel adulterado no posto de gasolina X, para orientá-lo. Assinale a opção que contém a correta orientação a ser prestada ao cliente.

(A) Cuida-se de interesse individual homogêneo, bastando que, diante da sentença condenatória genérica, o consumidor liquide e execute indivi-

dualmente, ou, ainda, habilite-se em execução coletiva, para definir o *quantum debeatur*.

(B) Deverá o consumidor se habilitar no processo de conhecimento nessa qualidade, sendo esse requisito indispensável para fazer jus ao recebimento de indenização, de caráter condenatória a decisão judicial.

(C) Cuida-se de interesse difuso, afastando a possibilidade de o consumidor ter atuado como litisconsorte e sendo permitida apenas a execução coletiva.

(D) Deverão os consumidores individuais ingressar com medidas autônomas, distribuídas por conexão à ação civil pública originária, na medida em que o montante indenizatório da sentença condenatória da ação coletiva será integralmente revertido em favor do Fundo de Reconstituição de Bens Lesados.

RESPOSTA Trata-se de interesse individual homogêneo (art. 81, p. ú., III, do CDC), podendo ser defendido a título individual ou coletivo. Neste caso, poderá liquidar e executar individualmente, baseado na sentença coletiva, ou se habilitar na ação coletiva para definir o valor da sua indenização. *Alternativa A.*

V. ASSUNTOS DIVERSOS

42. (40º Exame) Você, como advogado(a), foi procurado(a) pela senhora Magda para orientá-la quanto às dificuldades de atendimento de suas demandas no Serviço de Atendimento ao Consumidor (SAC) da operadora do plano de saúde a que ela aderiu a partir do mês de novembro de 2022. A consulente narrou a você que não consegue contato telefônico com o SAC nos finais de semana, pois o atendimento se encerra às 22h de sexta-feira e só é retomado a partir de 6h de segunda-feira e não há outro canal de atendimento no período indicado para o registro de demandas. Por fim, durante o tempo de espera para atendimento, a operadora veicula várias mensagens de caráter informativo sobre os procedimentos para fruição de direitos dos clientes e acesso à rede referenciada e mensagens publicitárias de seus patrocinadores. Com base na narrativa e nas determinações legais para atendimento de demandas no SAC, assinale a afirmativa correta.

(A) Os fatos narrados pela consulente não constituem infração, podendo ser interrompido o atendimento em certos horários; é possível veicular mensagens informativas antes do atendimento, vedadas as mensagens publicitárias de seus patrocinadores.

(B) A operadora do plano de saúde pode interromper o atendimento ao consumidor em horários previamente determinados e divulgados, bem como apenas pode veicular mensagens de caráter informativo e publicitárias de seus próprios produtos e serviços.

(C) É defeso à operadora do plano de saúde interromper o atendimento ao consumidor, mas está autorizada a veicular mensagens informativas desde que tratem dos direitos e deveres dos consumidores.

(D) Os fatos narrados pela consulente revelam que a operadora do plano de saúde não cometeu infração administrativa, pois não é obrigatório disponibilizar outros canais de acesso ao SAC além do atendimento telefônico, sendo possível veicular mensagens antes do atendimento.

RESPOSTA Esta questão é uma surpresa dentro da prova de Consumidor, por fugir do CDC. De acordo com o Decreto n. 11.034/2022, o acesso ao SAC estará disponível, ininterruptamente, durante vinte e quatro horas por dia, sete dias por semana (art. 4º). De acordo com o § 5º "É vedada a veiculação de mensagens publicitárias durante o tempo de espera para o atendimento, exceto se houver consentimento prévio do consumidor", e o § 6º dispõe que "Sem prejuízo do disposto no § 5º, é admitida a veiculação de mensagens de caráter informativo durante o tempo de espera, desde que tratem dos direitos e deveres dos consumidores ou dos outros canais de atendimento disponíveis". *Alternativa C.*

43. **(37º Exame)** No instrumento de oferta de crédito pessoal em favor do microempreendedor individual Eugênio Barros, dentre outras informações, constou o montante dos juros de mora e a taxa efetiva anual dos juros. Ao indagar o intermediário sobre a omissão da taxa efetiva mensal de juros, do Custo Efetivo Total da operação (CET) e do prazo de validade da oferta, o microempreendedor recebeu as seguintes explicações: i) a taxa efetiva mensal de juros estava indicada em documento apartado, apresentado ao interessado no ato; ii) o CET deveria ser consultado no aplicativo da instituição financeira ofertante, através do uso da fórmula fornecida no próprio aplicativo; iii) a oferta era válida apenas no dia de hoje, sem qualquer documento comprobatório que amparasse a informação. Considerando as explicações do intermediário em cotejo com as normas do Código de Defesa do Consumidor (CDC) quanto às informações prévias no fornecimento de serviços que envolva outorga de crédito, assinale a afirmativa correta.

(A) Todas as explicações prestadas estão corretas e em conformidade com as prescrições do CDC,

não havendo necessidade de comprovação do prazo de oferta caso o beneficiário seja pessoa jurídica, como o microempreendedor individual.

(B) A única explicação equivocada prestada é em relação à taxa efetiva mensal de juros, que deve ser necessariamente indicada no instrumento da oferta, e não em documento apartado.

(C) Todas as explicações prestadas são equivocadas e violam as prescrições do CDC, eis que a taxa efetiva mensal de juros e o CET devem ser indicados no instrumento da oferta e essa deve ser de, no mínimo, 7 (sete) dias.

(D) São equivocados os esclarecimentos prestados quanto ao CET, pois ele deve constar do instrumento da oferta ou em documento apartado e ser de fácil acesso ao consumidor; quanto ao prazo de validade da oferta, ele deve ser de, no mínimo, 2 (dois) dias.

RESPOSTA O art. 54-B do CDC, que trata da prevenção e tratamento do superendividamento, prevê que, no fornecimento de crédito e na venda a prazo, o fornecedor ou o intermediário deverá informar o consumidor, prévia e adequadamente, no momento da oferta, sobre: "I – o custo efetivo total e a descrição dos elementos que o compõem; II – a taxa efetiva mensal de juros, bem como a taxa dos juros de mora e o total de encargos, de qualquer natureza, previstos para o atraso no pagamento; III – o montante das prestações e o prazo de validade da oferta, que deve ser, no mínimo, de 2 (dois) dias; IV – o nome e o endereço, inclusive o eletrônico, do fornecedor; V – o direito do consumidor à liquidação antecipada e não onerosa do débito, nos termos do § 2º do art. 52 deste Código e da regulamentação em vigor". *Alternativa D.*

44. **(36º Exame)** A sociedade empresária Cimento Montanha Ltda. integra, com outras cinco sociedades empresárias, um consórcio que atua na realização de obras de construção civil. Estruturas e Fundações Pinheiro Ltda., uma das sociedades consorciadas, foi responsabilizada em ação de responsabilidade civil por danos causados aos consumidores em razão de falhas estruturais em imóveis construídos no âmbito das atividades do consórcio, que apresentaram rachaduras, um dos quais desabou. Considerando as normas sobre a responsabilidade de sociedades integrantes de grupo econômico perante o consumidor, segundo o Código de Defesa do Consumidor, assinale a afirmativa correta.

(A) Apenas a sociedade Estruturas e Fundações Pinheiro Ltda. poderá ser responsabilizada pelos danos aos consumidores, pois as demais consorciadas somente se obrigam nas condições previstas no respectivo contrato, respondendo cada uma por suas obrigações, sem solidariedade entre si.

(B) As sociedades integrantes do consórcio são solidariamente responsáveis pelas obrigações da sociedade Estruturas e Fundações Pinheiro Ltda., porém a responsabilidade delas perante o consumidor é sempre em caráter subsidiário.

(C) As sociedades integrantes do consórcio são solidariamente responsáveis, sem benefício de ordem entre elas, pelas obrigações da sociedade Estruturas e Fundações Pinheiro Ltda. perante os consumidores prejudicados, haja ou não previsão diversa no contrato respectivo.

(D) Apenas a sociedade Estruturas e Fundações Pinheiro Ltda. poderá ser responsabilizada pelos danos aos consumidores, pois as demais consorciadas só responderão solidariamente com a primeira se ficar comprovada a culpa de cada uma delas.

RESPOSTA O art. 28 do CDC, que trata da desconsideração da personalidade jurídica em seu *caput*, em seus parágrafos relaciona o tipo de responsabilidade. Assim, diz que as sociedades integrantes dos grupos societários e as sociedades controladas são subsidia-riamente responsáveis (§ 2º); as sociedades consorciadas são solidariamente responsáveis (§ 3º); as sociedades coligadas só responderão por culpa (§ 4º). *Alternativa C.*

REFERÊNCIAS

ALMEIDA, Fabrício Bolzan. *Direito do consumidor esquematizado*. São Paulo: Saraiva, 2013.

ALMEIDA, João Batista. *Manual de direito do consumidor*. 5. ed. São Paulo: Saraiva, 2011.

FIGUEIREDO, Fábio Vieira; FIGUEIREDO, Simone Diogo Carvalho; ALEXANDRIDIS, Georgis. *Minicódigo de Defesa do Consumidor anotado*. São Paulo: Saraiva, 2011.

MIRAGEM, Bruno. *Curso de direito do consumidor*. 2. ed. São Paulo: Revista dos Tribunais, 2010.

MIRAGEM, Bruno. *Curso de direito do consumidor*. 6. ed. São Paulo: Revista dos Tribunais, 2016.

NUNES, Rizzatto. *Comentários ao Código de Defesa do Consumidor*. 7. ed. São Paulo: Saraiva, 2013.

THEODORO JUNIOR, Humberto. *Direitos do consumidor*. 6. ed. Rio de Janeiro: Forense, 2009.

Direito Empresarial

Ao acessar o QR Code, você encontrará Dicas para o Exame da OAB e mais Questões Comentadas para treinar seus conhecimentos

> https://uqr.to/1wk75

DIREITO EMPRESARIAL: QUADRO GERAL DE QUESTÕES	
TEMAS	N. DE QUESTÕES
I. Teoria Geral do Direito Empresarial e Societário	37
II. Direito Societário	53
III. Títulos de Crédito	35
IV. Contratos Mercantis	21
V. Direito Falimentar e Recuperacional	35
VI. Propriedade Industrial	7
TOTAL	188

I. TEORIA GERAL DO DIREITO EMPRESARIAL E SOCIETÁRIO

1. (41º Exame) O empresário individual Valério Sampaio, devidamente inscrito na Junta Comercial do Estado do Espírito Santo, teve sua falência requerida em 3 de maio de 2023 com fundamento na falta de pagamento, sem relevante razão de direito, de nota promissória no valor de R$ 91.000,00, submetida previamente ao protesto especial. Após ser citado, apresentou contestação alegando que cessou suas atividades empresariais em 31 de março de 2020 e, como tal, não teria legitimidade passiva no processo. Sobre a hipótese, sabendo que o empresário não apresentou prova de cancelamento do registro na Junta Comercial, assinale a afirmativa correta.

(A) Trata-se de empresário irregular diante da cessação do exercício da empresa.
(B) É possível a decretação da falência diante da falta de comprovação da cessação da empresa.
(C) Deve ser acatada a contestação apresentada em razão da cessação há mais de dois anos.
(D) Somente com o cancelamento do registro será possível a decretação da falência.

RESPOSTA É necessário comprovar a interrupção das atividades por mais de dois anos para evitar a decretação da falência, conforme estabelece o art. 96 da Lei n. 11.101/2005: "A falência solicitada com base no art. 94, inciso I do *caput*, desta Lei, não será decretada se o requerido demonstrar: (...) VIII – cessação das atividades empresariais por mais de dois anos antes do pedido de falência, comprovada por documento válido do Registro Público de Empresas, o qual não prevalecerá contra prova de exercício posterior ao ato registrado". *Alternativa B.*

2. (40º Exame) A partir de 2022, a possibilidade de o local de exercício da atividade empresarial ser virtual passou a ser reconhecido no Código Civil. A respeito desse tema, assinale a afirmativa correta.

(A) Se o empresário ou a sociedade empresária exercer a empresa em local virtual, tal local é denominado pelo Código Civil de "estabelecimento virtual", com o mesmo significado jurídico de estabelecimento.
(B) Ao contrário do local físico de exercício da empresa, se ele for virtual, a fixação do horário de funcionamento competirá ao Município, obser-

vada a regra geral de qualquer horário ou dia da semana, inclusive feriados.

(C) Quando o local em que se exerce a atividade empresarial for virtual, o endereço informado para fins de registro poderá ser, conforme o caso, o endereço do empresário individual ou o de um dos sócios da sociedade empresária.

(D) A escolha do local virtual de exercício da empresa impõe ao empresário ou ao administrador da sociedade empresária o dever de comunicar sua alteração à Junta Comercial nos 15 (quinze) dias seguintes.

RESPOSTA De acordo com o art. 1.142, § 2º, do Código Civil, quando o local onde se exerce a atividade empresarial for virtual, o endereço informado para fins de registro poderá ser, conforme o caso, o endereço do empresário individual ou o de um dos sócios da sociedade empresária. *Alternativa C.*

3. (40º Exame) Quatro pessoas naturais constituíram uma sociedade para exploração de prestação de serviços de entrega domiciliar, mas não se preocuparam em arquivar o documento particular de constituição em qualquer registro. Considerando a situação dessa sociedade e as disposições aplicáveis, assinale a afirmativa correta.

(A) Ela se rege pelas normas da sociedade em comum e, subsidiariamente, no que forem compatíveis, pelas normas da sociedade simples.

(B) Ela se rege pelas normas da sociedade em conta de participação e, subsidiariamente e no que forem compatíveis, pelas normas das sociedades por ações.

(C) Ela se rege pelas normas da sociedade simples e, subsidiariamente e no que forem compatíveis, pelas normas da sociedade cooperativa.

(D) Ela se rege pelas normas da companhia e, subsidiariamente e no que forem compatíveis, pelas normas da sociedade limitada.

RESPOSTA De acordo com o art. 986 do CC, enquanto não inscritos os atos constitutivos, reger-se-á a sociedade, exceto por ações em organização, pelo disposto neste Capítulo, observadas, subsidiariamente e no que com ele forem compatíveis, as normas da sociedade simples. *Alternativa A.*

4. (39º Exame) O empresário individual Valério Pavão deseja alterar a forma de exercício da sociedade empresária, passando a admitir como sócios Jerônimo e Atílio, e mantendo a mesma atividade e localização de seu estabelecimento. Sobre a mudança pretendida, assinale a opção que apresenta as ações que Valério Pavão deverá executar.

(A) Dissolver sua empresa individual e, após o encerramento da liquidação, constituir uma sociedade com os sócios Jerônimo e Atílio.

(B) Solicitar ao Registro Público de Empresas Mercantis a transformação de seu registro de empresário para registro de sociedade empresária.

(C) Solicitar ao Registro Público de Empresas Mercantis o enquadramento de sua empresa como microempresa para, em seguida, requerer a transformação do registro para sociedade empresária.

(D) Dissolver sua empresa individual e, no curso da liquidação e após o levantamento do balanço patrimonial, constituir uma sociedade com os sócios Jerônimo e Atílio.

RESPOSTA Diz o art. 1.113 do CC, que o ato de transformação independe de dissolução ou liquidação da sociedade, e obedecerá aos preceitos reguladores da constituição e inscrição próprios do tipo em que vai converter-se. *Alternativa B.*

5. (38º Exame) Ainda que o Registro Público de Empresas Mercantis, a cargo das Juntas Comerciais, não possa examinar o mérito dos atos dos empresários, sociedades empresárias e cooperativas, limitando-se sua análise aos requisitos formais, existe proibição de arquivamento de documentos em razão de expressa disposição legal. Assinale a opção que indica o documento que incorre na proibição legal de arquivamento.

(A) Os atos de empresas mercantis com nome idêntico a outro já existente.

(B) A prorrogação do contrato social depois de findo o prazo nele fixado.

(C) A alteração contratual, por deliberação majoritária do capital social, quando não houver cláusula restritiva.

(D) Os atos constitutivos de empresas mercantis que não designarem o nome do liquidante e a forma de liquidação.

RESPOSTA Dentre aqueles documentos que não podem ser arquivados, segundo o art. 35 da Lei de Registro Público de Empresas Mercantis (Lei n. 8.934), estão os atos de empresas mercantis com nome idêntico a outro já existente (inciso V). *Alternativa A.*

6. (37º Exame) A empresária individual Marília da Rocha, inscrita há mais de dez anos na Junta Comercial do Estado de São Paulo, sempre exerceu empresa sem designação de prepostos. Todavia, em razão do aumento de trabalho e necessidades de múltiplas viagens, tornou-se necessário nomear Jandira Franco como gerente na sede de sua empresa. Antes de efetuar a nomeação, Marília da Rocha consulta seu advogado para que este lhe

DIREITO EMPRESARIAL

esclareça sobre as prerrogativas do gerente e sua atuação como preposto. Assinale a opção que está de acordo com a disposição legal e pode ser dada como orientação a Marília da Rocha.

(A) O gerente não está autorizado a praticar os atos necessários ao exercício dos poderes que lhe foram outorgados, pois tais atos sempre exigem poderes especiais.

(B) Se o empresário nomear dois ou mais gerentes, na falta de estipulação diversa, os poderes conferidos a eles presumem-se para atuação individual, sem solidariedade.

(C) O gerente nunca poderá estar em juízo em nome do preponente pelas obrigações resultantes do exercício da sua função porque tal prerrogativa é exclusiva do administrador.

(D) A alteração ou revogação do mandato conferido pelo empresário ao gerente, para ser oposta a terceiros, deve ser arquivada e averbada no Registro Público de Empresas Mercantis.

RESPOSTA Diz o art. 1.174 do CC que as limitações contidas na outorga de poderes, para serem opostas a terceiros, dependem do arquivamento e averbação do instrumento no Registro Público de Empresas Mercantis, salvo se provado serem conhecidas da pessoa que tratou com o gerente. *Alternativa D.*

7. (37º Exame) Lauro e Moysés constituem, por contrato escrito, uma sociedade para prestação de serviços de informática, mas não levam o contrato a arquivamento na Junta Comercial e iniciam a atividade econômica em comum. Lauro, em seu nome, mas agindo no interesse dele e de Moysés, celebra contrato com Agnes para instalação e manutenção de rede sem fio. Agnes desconhecia a existência da sociedade. Inadimplido o contrato, Agnes tomou conhecimento da existência de sociedade por confissão de Lauro na ação de cobrança que ela intentou em face dele. Com base nessas informações, Agnes poderá ter seu crédito satisfeito com o produto da alienação judicial dos

(A) bens sociais de titularidade comum dos sócios Lauro e Moysés e de seus bens particulares, devendo exaurir primeiro os bens sociais para, posteriormente e se necessário, atingir os bens dos sócios, sendo que Lauro está excluído do benefício de ordem por ter contratado no interesse da sociedade.

(B) bens particulares de Lauro, por desconhecer a existência da sociedade, sem possibilidade de excussão dos bens sociais ou os de Moysés, por esse não ter contratado no interesse da sociedade.

(C) bens sociais de titularidade comum dos sócios Lauro e Moysés e dos bens particulares de Lauro,

mas não há possibilidade de atingir os bens particulares de Moysés, já que este não contratou no interesse da sociedade.

(D) bens sociais de titularidade comum dos sócios Lauro e Moysés, considerando a existência de autonomia patrimonial da sociedade, sem possibilidade de excussão dos bens particulares dos sócios Lauro e Moysés.

RESPOSTA Diz o art. 990 do CC que todos os sócios respondem solidária e ilimitadamente pelas obrigações sociais, excluído do benefício de ordem, previsto no art. 1.024, aquele que contratou pela sociedade. Aplica-se esse artigo em razão da sociedade existir "de fato" ou pelo o que o CC assim chamou de "sociedade em comum". *Alternativa A.*

8. (35º Exame) A fisioterapeuta Alhandra Mogeiro tem um consultório em que realiza seus atendimentos mas atende, também, em domicílio. Doutora Alhandra não conta com auxiliares ou colaboradores, mas tem uma página na Internet exclusivamente para marcação de consultas e comunicação com seus clientes. Com base nessas informações, assinale a afirmativa correta.

(A) Não se trata de empresária individual em razão do exercício de profissão intelectual de natureza científica, haja ou não a atuação de colaboradores.

(B) Trata-se de empresária individual em razão do exercício de profissão liberal e prestação de serviços com finalidade lucrativa.

(C) Não se trata de empresária individual em razão de o exercício de profissão intelectual só configurar empresa com o concurso de colaboradores.

(D) Trata-se de empresária individual em razão do exercício de profissão intelectual com emprego de elemento de empresa pela manutenção da página na Internet.

RESPOSTA Diz o art. 966 e seu parágrafo único do CC que se considera empresário quem exerce profissionalmente atividade econômica organizada para a produção ou a circulação de bens ou de serviços. Porém, não se considera empresário quem exerce profissão intelectual, de natureza científica, literária ou artística, ainda com o concurso de auxiliares ou colaboradores, salvo se o exercício da profissão constituir elemento de empresa. *Alternativa A.*

9. (XXXIV Exame) Em ação declaratória de nulidade da sentença arbitral, a autora da ação, parte no juízo arbitral, alegou, como fundamento jurídico do pedido, (I) o fato de a sentença ter sido baseada apenas em regras de direito, (II) omitir a data e (III) o lugar em que foi proferida, requisitos formais da sentença, segundo ela. Na contestação, a outra parte (favorecida pela decisão), alegou que a omissão do lugar e da data são erros meramente materiais, supríveis por outros meios, como a convenção de arbitragem, onde se encontra estipulado o local da sede da arbitragem, e por documentos dos árbitros onde constam a data-limite para ser proferida a decisão. Assim, não se pode anular a sentença arbitral simplesmente por omissões supríveis. Quanto ao mérito e atentando para as disposições legais da sentença arbitral, assinale a afirmativa correta.

(A) Os argumentos apresentados pela ré são procedentes, eis que a ausência da data e do lugar da arbitragem configura erro material, sanável pela produção de todos os meios de prova admitidos em direito.

(B) Os argumentos apresentados pela ré são procedentes, eis que é dispensável na sentença menção à data ou ao lugar em que foi proferida, sanável pelo conteúdo da convenção de arbitragem.

(C) Os argumentos apresentados pela autora são procedentes, eis que é necessário na sentença arbitral a data e o lugar em que foi proferida, exceto se os árbitros julgaram por equidade.

(D) Os argumentos apresentados pela autora são procedentes, eis que é nula a sentença arbitral que não contiver a data e o lugar em que foi proferida.

RESPOSTA De acordo com a Lei da Arbitragem (Lei n. 9.307/96), são requisitos obrigatórios da sentença arbitral: I – o relatório, que conterá os nomes das partes e um resumo do litígio; II – os fundamentos da decisão, onde serão analisadas as questões de fato e de direito, mencionando-se, expressamente, se os árbitros julgaram por equidade; III – o dispositivo, em que os árbitros resolverão as questões que lhes forem submetidas e estabelecerão o prazo para o cumprimento da decisão, se for o caso; e IV – a data e o lugar em que foi proferida (art. 26). A falta desses requisitos, segundo o art. 32 e seu inciso III, torna nula a sentença. *Alternativa D.*

10. (XXXI Exame) As sociedades empresárias Y e J celebraram contrato tendo por objeto a alienação do estabelecimento da primeira, situado em Antônio Dias/MG. Na data da assinatura do contrato, dentre outros débitos regularmente contabilizados, constava uma nota promissória vencida havia três meses no valor de R$ 25.000,00 (vinte e cinco mil reais). O contrato não tem nenhuma cláusula quanto à existência de solidariedade entre as partes, tanto pelos débitos vencidos quanto pelos vincendos. Sabendo-se que, em 15/10/2018, após averbação na Junta Comercial competente, houve publica-

ção do contrato na imprensa oficial e, tomando por base comparativa o dia 15/01/2020, o alienante

(A) responderá pelo débito vencido com o adquirente por não terem decorrido cinco anos da publicação do contrato na imprensa oficial.

(B) não responderá pelo débito vencido com o adquirente em razão de não ter sido estipulada tal solidariedade no contrato.

(C) responderá pelo débito vencido com o adquirente até a ocorrência da prescrição relativa à cobrança da nota promissória.

(D) não responderá pelo débito vencido com o adquirente diante do decurso de mais de 1 (um) ano da publicação do contrato na imprensa oficial.

RESPOSTA O adquirente do estabelecimento responde pelo pagamento dos débitos anteriores à transferência, desde que regularmente contabilizados, continuando o devedor primitivo solidariamente obrigado pelo prazo de um ano, a partir, quanto aos créditos vencidos, da publicação, e, quanto aos outros, da data do vencimento (art. 1.146, CC). *Alternativa D.*

11. (XXIX Exame) Luzia Betim pretende iniciar uma sociedade empresária em nome próprio. Para tanto, procura assessoria jurídica quanto à necessidade de inscrição no Registro Empresarial para regularidade de exercício da empresa. Na condição de consultor(a), você responderá que a inscrição do empresário individual é

(A) dispensada até o primeiro ano de início da atividade, sendo obrigatória a partir de então.

(B) obrigatória antes do início da atividade.

(C) dispensada, caso haja opção pelo enquadramento como microempreendedor individual.

(D) obrigatória, se não houver enquadramento como microempresa ou empresa de pequeno porte.

RESPOSTA De acordo com a situação exposta, correta está a obrigatoriedade do registro antes do início da atividade; *vide* o art. 967, CC. *Alternativa B.*

12. (XXVII Exame) Roberto desligou-se de seu emprego e decidiu investir na construção de uma hospedagem do tipo pousada no terreno que possuía em Matinhos. Roberto contratou um arquiteto para mobiliar a pousada, fez cursos de hotelaria e, com os ensinamentos recebidos, contratou empregados e os treinou. Ele também contratou um desenvolvedor de *sites* de Internet e um profissional de marketing para divulgar sua pousada. Desde então, Roberto dedica-se exclusivamente à pousada, e os resultados são promissores. A pousada está sempre cheia de hóspedes, renovando suas estratégias de fidelização; em breve,

DIREITO EMPRESARIAL

será ampliada em sua capacidade. Considerando a descrição da atividade econômica explorada por Roberto, assinale a afirmativa correta.

(A) A atividade não pode ser considerada empresa em razão da falta tanto de profissionalismo de seu titular quanto de produção de bens.

(B) A atividade não pode ser considerada empresa em razão de a prestação de serviços não ser um ato de empresa.

(C) A atividade pode ser considerada empresa, mas seu titular somente será empresário a partir do registro na Junta Comercial.

(D) A atividade pode ser considerada empresa e seu titular, empresário, independentemente de registro na Junta Comercial.

RESPOSTA A teoria geral está consignada no art. 966, CC, a qual considera empresário quem exerce profissionalmente atividade econômica organizada para a produção ou a circulação de bens ou de serviços. *Alternativa D.*

13. (XXVI Exame) Cruz Machado pretende iniciar o exercício individual de empresa e adotar como firma, exclusivamente, o nome pelo qual é conhecido pela população de sua cidade – "Monsenhor".

De acordo com as informações acima e as regras legais de formação de nome empresarial para o empresário individual, assinale a afirmativa correta.

(A) A pretensão de Cruz Machado é possível, pois o empresário individual pode escolher livremente a formação de sua firma.

(B) A pretensão de Cruz Machado não é possível, pois o empresário individual deve adotar denominação indicativa do objeto social como espécie de nome empresarial.

(C) A pretensão de Cruz Machado não é possível, pois o empresário individual opera sob firma constituída por seu nome, completo ou abreviado.

(D) A pretensão de Cruz Machado é possível, pois o empresário individual pode substituir seu nome civil por uma designação mais precisa de sua pessoa.

RESPOSTA De acordo com o art. 1.156 do Código Civil. *Alternativa C.*

14. (XXV Exame) O empresário individual José de Freitas alienou seu estabelecimento a outro empresário mediante os termos de um contrato escrito, averbado à margem de sua inscrição no Registro Público de Empresas Mercantis, publicado na imprensa oficial, mas não lhe restaram bens suficientes para solver o seu passivo. Em

relação à alienação do estabelecimento empresarial nessas condições, sua eficácia depende

(A) da quitação prévia dos créditos trabalhistas e fiscais vencidos no ano anterior ao da alienação do estabelecimento.

(B) do pagamento a todos os credores, ou do consentimento destes, de modo expresso ou tácito, em trinta dias a partir de sua notificação.

(C) da quitação ou anuência prévia dos credores com garantia real e, quanto aos demais credores, da notificação da transferência com antecedência de, no mínimo, sessenta dias.

(D) do consentimento expresso de todos os credores quirografários ou da consignação prévia das importâncias que lhes são devidas.

RESPOSTA De acordo com o art. 1.145 do CC, se ao alienante não restarem bens suficientes para solver o seu passivo, a eficácia da alienação do estabelecimento depende do pagamento de todos os credores, ou do consentimento destes, de modo expresso ou tácito, em trinta dias a partir de sua notificação. *Alternativa B.*

15. (XXII Exame) Fagundes e Pilar são noivos e pretendem se casar adotando o regime de separação de bens mediante celebração de pacto antenupcial. Fagundes é empresário individual e titular do estabelecimento Borracharia Dona Inês Ltda. ME. Celebrado o pacto antenupcial entre os nubentes, o advogado contratado por Fagundes providenciará o arquivamento e a averbação do documento

(A) no Registro Público de Empresas Mercantis e a publicação na imprensa oficial.

(B) no Registro Público de Empresas Mercantis e no Registro Civil de Pessoas Naturais.

(C) no Registro Civil de Pessoas Naturais e a publicação na imprensa oficial.

(D) no Registro Público de Empresas Mercantis e no Registro Civil de Títulos e Documentos.

RESPOSTA Diante da situação hipotética, resolve-se em razão do art. 979 do CC, sendo que além de no Registro Civil, serão arquivados e averbados, no Registro Público de Empresas Mercantis, os pactos e declarações antenupciais do empresário, o título de doação, herança, ou legado, de bens clausulados de incomunicabilidade ou inalienabilidade. *Alternativa B.*

16. (XXII Exame) Matheus, empresário individual, pretende alugar um imóvel para instalar seu estabelecimento e nele localizar seu ponto empresarial. Antes de celebrar o contrato, ele procura você para, como advogado(a), informar-lhe sobre aspectos concernentes à locação não residencial. Sobre a locação não residencial, assinale a afirmativa correta.

(A) Na ação de despejo que tiver por fundamento exclusivo o término do prazo contratual, tendo sido proposta a ação em até 30 dias do cumprimento de notificação ao locatário comunicando o intento de retomada, será concedida liminar para desocupação em quinze dias, ouvida a parte contrária e se prestada caução pelo autor no valor equivalente a dois meses de aluguel.

(B) Na locação não residencial de imóvel urbano, na qual o locador procede à prévia aquisição do imóvel especificado pelo pretendente à locação, a fim de que seja a este locado por prazo determinado, poderá ser convencionado no contrato a renúncia ao direito de revisão do valor dos aluguéis durante o prazo de vigência do contrato.

(C) Nas locações de espaço em *shopping centers*, o locador poderá recusar a renovação do contrato pleiteada pelo locatário se o imóvel vier a ser utilizado pelo locador, que não poderá ser destinado ao uso no mesmo ramo da atividade do locatário.

(D) Nas locações por prazo determinado de imóveis utilizados por estabelecimentos de ensino autorizados e fiscalizados pelo Poder Público, o contrato poderá ser rescindido por denúncia do locador, a qualquer tempo, independentemente de notificação ou aviso.

RESPOSTA De acordo com a Lei n. 8.245/91, poderá ser convencionada a renúncia ao direito de revisão do valor dos aluguéis durante o prazo de vigência do contrato de locação (art. 54-A, § 1º). *Alternativa B.*

17. **(XXII Exame)** A instauração do incidente de desconsideração da personalidade jurídica foi requerida em um processo de execução por título extrajudicial. O advogado do executado manifestou-se contrariamente ao pedido, sob a alegação de cerceamento de defesa de seu cliente, somente cabendo a desconsideração se requerida em ação de conhecimento ajuizada especificamente contra o sócio da sociedade empresária devedora. Sobre a argumentação acima, assinale a afirmativa correta.

(A) Procede, porque o pressuposto para a aplicação da desconsideração da personalidade jurídica é sempre a conduta ilícita do sócio perpetrada por meio da personalidade da pessoa jurídica; portanto, é imprescindível a demonstração cabal da culpa em ação de conhecimento.

(B) Procede, porque o requerimento de instauração do incidente de desconsideração deve demonstrar o preenchimento dos pressupostos legais específicos, dentre eles o desvio de finalidade da

pessoa jurídica, que só pode ser feito em ação de conhecimento, onde estarão preservados o contraditório e a ampla defesa.

(C) Não procede, porque, ao contrário do afirmado pelo advogado, o incidente de desconsideração só é cabível no cumprimento de sentença e na execução de título executivo extrajudicial, pois, no processo de conhecimento, a desconsideração só pode ser decretada na sentença de mérito.

(D) Não procede, porque o incidente de desconsideração é cabível em todas as fases do processo de conhecimento, no cumprimento de sentença e na execução fundada em título executivo extrajudicial.

RESPOSTA De acordo com o art. 134 do CPC/2015, o incidente de desconsideração é cabível em todas as fases do processo de conhecimento, no cumprimento de sentença e na execução fundada em título executivo extrajudicial. *Alternativa D.*

18. **(XX Exame – Reaplicação)** O engenheiro agrônomo Zacarias é proprietário de quatro fazendas onde ele realiza, em nome próprio, a exploração de culturas de soja e milho, bem como criação intensiva de gado. A atividade em todas as fazendas é voltada para exportação, com emprego intenso de tecnologia e insumos de alto custo. Zacarias não está registrado na Junta Comercial. Com base nessas informações, é correto afirmar que

(A) Zacarias, por exercer empresa em caráter profissional, é considerado empresário independentemente de ter ou não registro na Junta Comercial.

(B) Zacarias, mesmo que exerça uma empresa, não será considerado empresário pelo fato de não ter realizado seu registro na Junta Comercial.

(C) Zacarias não pode ser registrado como empresário, porque, sendo engenheiro agrônomo, exerce profissão intelectual de natureza científica, com auxílio de colaboradores.

(D) Zacarias é um empresário de fato, por não ter realizado seu registro na Junta Comercial antes do início de sua atividade, descumprindo obrigação legal.

RESPOSTA Diante da situação hipotética e de acordo com o art. 971 do Código Civil, correta está a *alternativa B.*

19. **(XX Exame)** Maria, empresária individual, teve sua interdição decretada pelo juiz a pedido de seu pai, José, em razão de causa permanente que a impede de exprimir sua vontade para os atos da vida civil. Sabendo-se que José, servidor público federal na ativa, foi nomeado curador de Maria, assinale a afirmativa correta.

DIREITO EMPRESARIAL

(A) É possível a concessão de autorização judicial para o prosseguimento da empresa de Maria; porém, diante do impedimento de José para exercer atividade de empresário, este nomeará, com a aprovação do juiz, um ou mais gerentes.

(B) A interdição de Maria por incapacidade traz como efeito imediato a extinção da empresa, cabendo a José, na condição de pai e curador, promover a liquidação do estabelecimento.

(C) É possível a concessão de autorização judicial para o prosseguimento da empresa de Maria antes exercida por ela enquanto capaz, devendo seu pai, José, como curador e representante, assumir o exercício da empresa.

(D) Poderá ser concedida autorização judicial para o prosseguimento da empresa de Maria, porém ficam sujeitos ao resultado da empresa os bens que Maria já possuía ao tempo da interdição, tanto os afetados quanto os estranhos ao acervo daquela.

RESPOSTA Observada a situação hipotética e segundo os arts. 974 e 975 do Código Civil, correta a *alternativa A*.

20. **(XX Exame)** P. Industrial S.A., companhia fechada, passa momentaneamente por dificuldades financeiras que se agravaram com a crise na atividade industrial do país. A assembleia geral autorizou os administradores a alienar bens do ativo permanente, dentre eles uma unidade produtiva situada no município de Mirante da Serra, avaliada em R$ 495.000.000,00 (quatrocentos e noventa e cinco milhões de reais). Considerando-se que a unidade produtiva da companhia integra seu estabelecimento, assinale a afirmativa correta.

(A) A assembleia geral não pode autorizar a alienação da unidade produtiva. Por ser o estabelecimento uma universalidade de direito, seus elementos devem ser mantidos indivisíveis e unitariamente agregados para o exercício da empresa.

(B) A assembleia geral pode autorizar a alienação da unidade produtiva. Por ser o estabelecimento uma universalidade de fato, seus elementos podem ser objeto de negócios jurídicos próprios, translativos ou constitutivos, separadamente dos demais.

(C) A assembleia geral pode autorizar a alienação da unidade produtiva. Por ser o estabelecimento um patrimônio de afetação, cabe exclusivamente à companhia a decisão de desagregá-lo e, com isso, limitar sua responsabilidade perante os credores ao valor da unidade produtiva alienada.

(D) A assembleia geral não pode autorizar a alienação da unidade produtiva. Por ser o estabeleci-

mento elemento de exercício da empresa, a alienação de qualquer de seus elementos (corpóreos ou incorpóreos) implica a impossibilidade de manutenção da atividade da companhia, operando-se sua dissolução de pleno direito.

RESPOSTA De acordo com o art. 1.143 do Código Civil, pode o estabelecimento ser objeto unitário de direitos e de negócios jurídicos, translativos ou constitutivos, que sejam compatíveis com a sua natureza. *Alternativa B.*

II. DIREITO SOCIETÁRIO

21. **(41º Exame)** Em 2019, a constituição da sociedade limitada unipessoal, de modo permanente, passou a ser possível. Nas opções a seguir, são apresentadas normas aplicáveis às sociedades limitadas em geral, mas apenas uma delas apresenta norma aplicável tanto às sociedades limitadas pluripessoais quanto às unipessoais. Assinale-a.

(A) A possibilidade de realização de deliberações em reunião ou assembleia.

(B) A ocorrência de dissolução de pleno direito mediante distrato.

(C) A possibilidade de designação de administrador em ato separado.

(D) A solidariedade pela exata estimação dos bens conferidos ao capital social.

RESPOSTA De acordo com o art. 1.052 do Código Civil, na sociedade limitada, a responsabilidade de cada sócio é limitada ao valor de suas quotas, porém todos são solidariamente responsáveis pela integralização do capital social. O § 1º do art. 1.052 diz que "a sociedade limitada pode ser constituída por uma ou mais pessoas". Além disso, a possibilidade de designação em ato separado está prevista no art. 1.060 do Código Civil: "A sociedade limitada é administrada por uma ou mais pessoas designadas no contrato social ou em ato separado". *Alternativa C.*

22. **(41º Exame)** O contrato de constituição de uma sociedade empresária foi assinado pelos sócios no dia 17 de abril de 2023, iniciando-se nessa data a atividade social. O sócio Ubajara Horizonte, administrador nomeado no contrato, somente apresentou o documento para arquivamento na Junta Comercial no dia 22 de maio de 2023, sendo deferido dois dias depois. Considerados esses dados, assinale a afirmativa correta.

(A) Em razão de a representação extrajudicial da sociedade empresária caber, por lei, a seu administrador, nenhum dos sócios poderia requerer o arquivamento do contrato antes de 22 de maio de 2023.

(B) A sociedade, em nenhum momento, funcionou irregularmente, pois o prazo para o requerimento do arquivamento só expiraria em 16 de junho de 2023; logo, foi tempestivo na data em que foi feito.

(C) A sociedade funcionou irregularmente até a data do requerimento de arquivamento, mas tal fato foi sanado com o efeito ex tunc do deferimento pela Junta Comercial.

(D) O sócio administrador pode ser responsabilizado pela demora no requerimento de arquivamento do contrato social, eis que não foi respeitado o prazo legal de trinta dias.

RESPOSTA De acordo com o art. 985 do CC, a sociedade adquire personalidade jurídica com a inscrição, no registro próprio e na forma da lei, dos seus atos constitutivos (arts. 45 e 1.150). Observe ainda o que dispõe o art. 1.016 do CC: "Os administradores respondem solidariamente perante a sociedade e os terceiros prejudicados, por culpa no desempenho de suas funções". *Alternativa D.*

23. (38º Exame) Cambira e Mallet adquiriram 1 (uma) quota da sociedade limitada Imbaú Ensino Superior Ltda. no valor de R$ 250.000,00 (duzentos e cinquenta mil reais), sendo, portanto, condôminos desta quota. Considerando a situação de copropriedade da quota, assinale a afirmativa correta.

(A) Cambira não poderá ceder sua parte ideal no condomínio a outro sócio ou a terceiro em razão da indivisibilidade da quota em relação à sociedade.

(B) Cambira e Mallet respondem solidariamente perante a sociedade pelas prestações necessárias à integralização da quota.

(C) Os direitos inerentes à quota poderão ser exercidos separadamente por cada condômino, não se aplicando a indivisibilidade da quota neste caso.

(D) Cambira poderá ceder sua parte ideal tanto para outro sócio quanto para terceiro independente de audiência dos demais sócios, ainda que omisso o contrato.

RESPOSTA Está previsto no § 2º do art. 1.056 do CC que, sem prejuízo do disposto no art. 1.052, os condôminos de quota indivisa respondem solidariamente pelas prestações necessárias à sua integralização. *Alternativa B.*

24. (38º Exame) Marco Araripe pretende iniciar uma empresa em nome próprio e mediante responsabilidade ilimitada pelas obrigações.

Antes de realizar sua inscrição na Junta Comercial, Marco Araripe precisa indicar o nome que adotará para o exercício de empresa. Consoante a determinação contida no Código Civil quanto à formação de firma individual, ela deve ser constituída.

(A) pelo nome do empresário, completo ou abreviado, aditando-lhe, se quiser, designação mais precisa da sua pessoa ou do gênero de atividade.

(B) pelo nome de fantasia livremente escolhido, aditando-lhe, se quiser, designação do gênero de atividade.

(C) pelo nome abreviado do empresário ou pelo nome de fantasia, aditando-lhe, se quiser, designação mais precisa da sua pessoa.

(D) em duas partes: a primeira, o nome completo do empresário e, a segunda, o nome de fantasia, sendo vedada a indicação do gênero de atividade.

RESPOSTA Diz o art. 1.156 do CC que o empresário opera sob firma constituída por seu nome, completo ou abreviado, aditando-lhe, se quiser, designação mais precisa da sua pessoa ou do gênero de atividade. *Alternativa A.*

25. (37º Exame) Três médicos decidiram constituir uma sociedade do tipo limitada cujo objeto é simples, consoante a classificação das sociedades no Código Civil. Acerca da designação a ser adotada pela sociedade e sua qualificação jurídica, assinale a afirmativa correta.

(A) Por não ter a futura sociedade natureza empresária, não poderá adotar nome empresarial, sendo livre a formação de sua designação, sem incidência das regras de formação do nome da sociedade limitada.

(B) A futura sociedade terá nome empresarial, pois tanto as regras de formação quanto de proteção ao nome empresarial se aplicam indistintamente às sociedades simples e empresárias.

(C) Embora a futura sociedade não tenha nome empresarial, por não exercer empresa, a formação de sua designação obedecerá às regras para a formação do nome empresarial do tipo limitada.

(D) Independentemente da natureza da futura sociedade, ela terá nome empresarial, pois exercerá atividade econômica, devendo adotar denominação, mas é facultativa a palavra "limitada" ou sua abreviatura ao final.

RESPOSTA Diz o parágrafo único do art. 1.155 do CC que se equipara ao nome empresarial, para os efeitos da proteção da lei, a denominação das sociedades simples, associações e fundações. *Alternativa C.*

DIREITO EMPRESARIAL

26. **(36º Exame)** Pedro Laurentino deseja constituir uma sociedade limitada unipessoal cuja denominação será Padaria São Félix do Piauí Ltda., sediada em Teresina. A inscrição dos atos constitutivos da pessoa jurídica, ou as respectivas averbações de atos posteriores no registro empresarial, assegura o uso exclusivo do nome empresarial

(A) nos limites do estado do Piauí.
(B) nos limites do município de Teresina.
(C) em todo o território nacional.
(D) em toda a Região Nordeste.

RESPOSTA O candidato não pode confundir nome empresarial com "marca" do empresário (foi uma pegadinha). No primeiro caso, o art. 1.166 do CC disciplina que "a inscrição do empresário, ou dos atos constitutivos das pessoas jurídicas, ou as respectivas averbações, no registro próprio, asseguram o uso exclusivo do nome nos limites do respectivo Estado". Já a marca teria proteção em todo o território nacional. *Alternativa A.*

27. **(36º Exame)** A sociedade Corinto & Curvelo Ltda. é composta apenas por dois sócios, sendo o sócio Corinto titular de 40% do capital e o sócio Curvelo titular do restante. Nesta situação, a exclusão extrajudicial motivada do sócio minoritário de sociedade limitada poderá ser realizada pelo sócio Curvelo, independentemente de ter havido

(A) justa causa, ou seja, de modo discricionário.
(B) previsão no contrato de exclusão por justa causa.
(C) alteração do contrato social.
(D) reunião ou assembleia especial para esse fim.

RESPOSTA Via de regra, a exclusão do sócio deve ser precedida de reunião ou assembleia. Porém, o parágrafo único incluído no art. 1.085 pela Lei n. 13.792/2019 disciplina que: "ressalvado o caso em que haja apenas dois sócios na sociedade (situação do enunciado), a exclusão de um sócio somente poderá ser determinada em reunião ou assembleia especialmente convocada para esse fim, ciente o acusado em tempo hábil para permitir seu comparecimento e o exercício do direito de defesa", ou seja, como no caso do enunciado só tem dois sócios, dispensa-se a assembleia ou reunião. *Alternativa D.*

28. **(XXXIV Exame)** Na companhia fechada Gráfica Redenção da Serra S/A, o estatuto prevê a criação de classes de ações ordinárias em função de (I) conversibilidade em ações preferenciais e (II) atribuição de voto plural na razão de 5 (cinco) votos por 1 (uma) ação ordinária. Ao analisar a cláusula estatutária você conclui que ela é

(A) parcialmente válida, pois é nula a atribuição de voto plural a qualquer classe de ação ordinária, porém é possível a conversibilidade em ações preferenciais.
(B) parcialmente nula, pois é válida no tocante à atribuição de voto plural, já que não excede o limite de 10 (dez) votos por ação, e nula no tocante à conversibilidade em ações preferenciais.
(C) plenamente válida, pois ambos os parâmetros adotados pelo estatuto (voto plural e conversão em ações preferenciais) são possíveis e lícitos nas companhias fechadas.
(D) totalmente nula, pois são vedadas tanto a conversibilidade de ações ordinárias em preferenciais quanto a atribuição de voto plural nas companhias fechadas.

RESPOSTA Segundo a LSA (Lei n. 6.404/76), *vide* o art. 116, as ações ordinárias de companhia fechada poderão ser de classes diversas, em função de: I – conversibilidade em ações preferenciais; II – exigência de nacionalidade brasileira do acionista; ou III – direito de voto em separado para o preenchimento de determinados cargos de órgãos administrativos; IV – atribuição de voto plural a uma ou mais classes de ações, observados o limite e as condições dispostos no art. 110-A desta Lei. Observa-se que a alteração do estatuto na parte em que regula a diversidade de classes, se não for expressamente prevista e regulada, requererá a concordância de todos os titulares das ações atingidas (parágrafo único). *Alternativa C.*

29. **(XXXIV Exame)** A sociedade cooperativa é dotada de características próprias que lhe atribuem singularidade em relação a outros tipos societários, dentre elas o critério de distribuição de resultados. Das alternativas abaixo, assinale a única que indica corretamente tal critério.

(A) A distribuição dos resultados é realizada proporcionalmente ao valor da quota-parte de cada sócio, salvo disposição diversa do estatuto.
(B) A distribuição dos resultados é realizada proporcionalmente ao valor dos bens conferidos por cada cooperado, para formação do capital social.
(C) A distribuição dos resultados é realizada proporcionalmente ao valor das operações efetuadas pelo sócio com a sociedade, podendo ser atribuído juro fixo ao capital realizado.
(D) A distribuição dos resultados é realizada proporcionalmente à contribuição de cada cooperado, para formação dos Fundos de Reserva e de Assistência Técnica Educacional e Social.

REPOSTA O art. 1.094 do CC traz um elenco de características das sociedades cooperativas, observado que a Lei n. 5.764/71 regula também sobre elas. Entre as características anotadas do CC, está a distribuição dos resultados proporcionalmente ao valor das operações efetuadas pelo sócio com a sociedade, podendo ser atribuído juro fixo ao capital realizado (inciso VII). *Alternativa C.*

30. (XXXIII Exame) Em razão das medidas de isolamento social propagadas nos anos de 2020 e 2021, muitos administradores precisaram de orientação quanto à licitude da realização de reuniões ou assembleias de sócios nas sociedades limitadas, de forma digital, ou à possibilidade do modelo híbrido, ou seja, o conclave é presencial, mas com a possibilidade de participação remota de sócio, inclusive proferindo voto. Assinale a afirmativa que apresenta a orientação correta.

(A) Na sociedade limitada é vedada tanto a reunião ou assembleia de sócios, de forma digital, quanto a participação do sócio e o voto à distância.

(B) Na sociedade limitada é vedada a reunião ou assembleia de sócios, de forma digital, mas é possível a participação de sócio e o voto à distância.

(C) Na sociedade limitada é vedada a participação e voto à distância nas reuniões e assembleias, mas é possível a reunião ou assembleia de forma digital.

(D) Na sociedade limitada é possível tanto a reunião ou a assembleia de sócios, de forma digital, quanto a participação do sócio e o voto à distância.

RESPOSTA A Lei n. 14.030/2020 incluiu o art. 1.080-A no Código Civil, o qual dispõe que "o sócio poderá participar e votar a distância em reunião ou em assembleia, nos termos do regulamento do órgão competente do Poder Executivo federal". O parágrafo único disciplina que "a reunião ou a assembleia poderá ser realizada de forma digital, respeitados os direitos legalmente previstos de participação e de manifestação dos sócios e os demais requisitos regulamentares". *Alternativa D.*

31. (XXXII Exame) Alexandre Larocque pretende constituir sociedade do tipo limitada sem se reunir a nenhuma outra pessoa e consulta sua advogada para saber a possibilidade de efetivar sua pretensão. Assinale a opção que apresenta a resposta dada pela advogada ao seu cliente.

(A) É possível. A sociedade limitada pode ser constituída por uma pessoa, hipótese em que se aplicarão ao ato de instituição, no que couberem, as disposições sobre o contrato social.

(B) Não é possível. A sociedade limitada só pode ser unipessoal acidentalmente e pelo prazo máximo de 180 dias, nos casos em que remanescer apenas um sócio pessoa natural.

(C) Não é possível. Apenas a empresa pública e a subsidiária integral podem ser sociedades uni-

pessoais e constituídas com apenas sócio pessoa jurídica.

(D) É possível, desde que o capital mínimo da sociedade limitada seja igual ou superior a 100 (cem) salários mínimos e esteja totalmente integralizado.

RESPOSTA Incluídos no art. 1.052 do Código Civil, pela Lei n. 13.874, de 2019, os §§ 1º e 2º disciplinam que "a sociedade limitada pode ser constituída por 1 (uma) ou mais pessoas (§ 1º) e que "se for unipessoal, aplicar-se-ão ao documento de constituição do sócio único, no que couber, as disposições sobre o contrato social (§ 2º). *Alternativa A.*

32. (XXXII Exame) Andropoulos Inc. é uma sociedade constituída na Grécia, com sede em Atenas e sócios de nacionalidade grega, exceto a sócia Querência, brasileira nata, que detém participação de 80% do capital, dividido em quotas. Se essa sociedade quiser atuar no Brasil por meio de uma sucursal em São Paulo/SP, será necessário

(A) ter, permanentemente, representante no Brasil, com poderes para resolver quaisquer questões, exceto receber citação judicial pela sociedade.

(B) transferir sua sede para o Brasil, na hipótese de nacionalizar-se, mediante deliberação unânime de seus sócios, independentemente de autorização do Poder Executivo.

(C) obter autorização do Poder Executivo e, em até seis meses do início de sua atividade, realizar sua inscrição na Junta Comercial do Estado de São Paulo, lugar em que deve se estabelecer.

(D) sujeitar-se às leis e aos tribunais brasileiros quanto às operações praticadas no Brasil, e qualquer modificação no contrato dependerá da aprovação do Poder Executivo para produzir efeitos no país.

RESPOSTA De acordo com o art. 1.137 do Código Civil, "a sociedade estrangeira autorizada a funcionar ficará sujeita às leis e aos tribunais brasileiros, quanto aos atos ou operações praticados no Brasil" e o art. 1.139 do mesmo código "qualquer modificação no contrato ou no estatuto dependerá da aprovação do Poder Executivo, para produzir efeitos no território nacional". *Alternativa D.*

33. (XXXII Exame) Moema, Madalena e Carmen são sócias em uma sociedade empresária administrada por Antônio Cardoso. O objeto social é a distribuição de artigos de limpeza e asseio. Moema tem 90% do capital, Madalena tem 9% e Carmen, 1%. Ficando caracterizada confusão patrimonial pelo cumprimento repetitivo pela sociedade de obrigações pessoais das sócias por ação

DIREITO EMPRESARIAL

do administrador e a mando delas, o juiz poderá desconsiderar a personalidade jurídica da sociedade, para atingir os bens particulares

(A) de Moema, somente.
(B) de Antônio, somente.
(C) de Moema, Madalena, Carmen e Antônio.
(D) de Moema e Madalena, somente.

RESPOSTA O art. 50 do Código Civil estabelece que "em caso de abuso da personalidade jurídica, caracterizado pelo desvio de finalidade ou pela confusão patrimonial, pode o juiz, a requerimento da parte, ou do Ministério Público quando lhe couber intervir no processo, desconsiderá-la para que os efeitos de certas e determinadas relações de obrigações sejam estendidos aos bens particulares de administradores (Antônio Cardoso) ou de sócios (Moema, Madalena, Carmem) da pessoa jurídica beneficiados direta ou indiretamente pelo abuso". *Alternativa C.*

34. (XXXII Exame) A sociedade Nerópolis Fretamentos de Cargas Ltda. está passando por grave crise financeira e precisa, com a máxima urgência, pleitear recuperação judicial. A pedido de um dos administradores, o sócio Irapuan Pinheiro, titular de 70% do capital social, autorizou o pedido de recuperação judicial por esse administrador, o que foi feito. Acerca da situação narrada, assinale a afirmativa correta.

(A) A conduta do sócio Irapuan Pinheiro foi ilícita, pois somente por decisão unânime dos sócios é possível pleitear a recuperação judicial de sociedade limitada.
(B) A conduta do administrador foi lícita, pois é dispensável, em qualquer caso, a manifestação da assembleia de sócios para o pedido de recuperação judicial de sociedade limitada.
(C) A conduta do sócio Irapuan Pinheiro foi lícita, pois, em caso de urgência, é possível a qualquer sócio titular de mais da metade do capital social autorizar os administradores a requerer recuperação judicial.
(D) A conduta do administrador foi ilícita, pois deveria ter sido convocada assembleia de sócios para deliberar sobre a matéria com quórum de, no mínimo, 3/4 (três quartos) do capital social.

RESPOSTA Embora a questão mencione "pedido de recuperação judicial", o seu conteúdo é, na verdade, de Direito Societário, uma vez que o dispositivo legal adequado para sua solução se encontra no Código Civil, na seção que trata da "deliberação dos sócios". O art. 1.071, inciso VIII, do referido código disciplina que "dependem da deliberação dos sócios, além de outras matérias indicadas na lei ou no contrato o pedido de concordata". Contudo, o art. 1.072, § 4º, do aludido

diploma legal também dispõe que "no caso do inciso VIII do artigo antecedente [art. 10.71], os administradores, se houver urgência e com autorização de titulares de mais da metade do capital social, podem requerer concordata preventiva". *Alternativa C.*

35. (XXXI Exame) No contrato da sociedade empresária Arealva Calçados Finos Ltda., não consta cláusula de regência supletiva pelas disposições de outro tipo societário. Ademais, tanto no contrato social quanto nas disposições legais relativas ao tipo adotado pela sociedade não há norma regulando a sucessão por morte de sócio. Diante da situação narrada, assinale a afirmativa correta.

(A) Haverá resolução da sociedade em relação ao sócio em caso de morte.
(B) Haverá transmissão *causa mortis* da quota social.
(C) Caberá aos sócios remanescentes regular a substituição do sócio falecido.
(D) Os sócios serão obrigados a incluir, no contrato, cláusula dispondo sobre a sucessão por morte de sócio.

RESPOSTA De acordo com o art. 1.028 do CC, no caso de morte de sócio, liquidar-se-á sua quota, salvo se o contrato dispuser diferentemente; se os sócios remanescentes optarem pela dissolução da sociedade; se, por acordo com os herdeiros, regular-se a substituição do sócio falecido. *Alternativa A.*

36. (XXXI Exame) Anadia e Deodoro são condôminos de uma quota de sociedade limitada no valor de R$ 13.000,00 (treze mil reais). Nem a quota nem o capital da sociedade – fixado em R$ 50.000,00 (cinquenta mil reais) – se encontram integralizados. Você é consultado(a), como advogado(a), sobre a possibilidade de a sociedade demandar os condôminos para que integralizem a referida quota. Assinale a opção que apresenta a resposta correta.

(A) Eles são obrigados à integralização apenas a partir da decretação de falência da sociedade.
(B) Eles não são obrigados à integralização, pelo fato de serem condôminos de quota indivisa.
(C) Eles são obrigados à integralização, porque todos os sócios, mesmo os condôminos, devem integralizar o capital.
(D) Eles não são obrigados à integralização, porque o capital da sociedade é inferior a 100 salários mínimos.

RESPOSTA Na sociedade limitada, a responsabilidade de cada sócio é restrita ao valor de suas quotas, mas todos respondem solidariamente pela integralização do capital social (art. 1.052, CC). *Vide* ainda o § 2º do art. 1.056. *Alternativa C.*

37. (XXX Exame) Determinadas pessoas naturais, em razão de sua atividade profissional, e certas espécies de pessoas jurídicas, todas devidamente registradas no órgão competente, gozam de tratamento simplificado, favorecido e diferenciado em relação aos demais agentes econômicos – microempresas e empresas de pequeno porte. De acordo com a Lei Complementar 123/06, de 14 de dezembro de 2006, as microempresas e empresas de pequeno porte, quanto à forma jurídica são:

(A) Cooperativa de Produção, Empresário Individual, Empresa Pública e Sociedade Limitada.

(B) Empresário Individual, Empresa Individual de Responsabilidade Limitada, Sociedade Simples e Sociedade Empresária, exceto por ações.

(C) Cooperativa de crédito, Empresário Individual, Empresa Individual de Responsabilidade Limitada e Sociedade Simples.

(D) Empresário Individual, Profissional Liberal, Empresa Individual de Responsabilidade Limitada e Sociedade por ações.

RESPOSTA De acordo com o art. 3º da LC n. 123/2006, para os efeitos desta Lei Complementar, consideram-se microempresas ou empresas de pequeno porte a sociedade empresária, a sociedade simples, a empresa individual de responsabilidade limitada e o empresário a que se refere o art. 966 da Lei n. 10.406, de 10 de janeiro de 2002 (Código Civil), devidamente registrados no Registro de Empresas Mercantis ou no Registro Civil de Pessoas Jurídicas, conforme o caso. *Alternativa B.*

38. (XXIX Exame) Álvares Florence tem um filho relativamente incapaz e consulta você, como advogado(a), para saber da possibilidade de transferir para o filho parte das quotas que possui na sociedade empresária Redenção da Serra Alimentos Ltda., cujo capital social se encontra integralizado. Apoiado na disposição do Código Civil sobre o assunto, você respondeu que

(A) É permitido o ingresso do relativamente incapaz na sociedade, bastando que esteja assistido por seu pai no instrumento de alteração contratual.

(B) Não é permitida a participação de menor, absoluta ou relativamente incapaz, em sociedade, exceto nos tipos de sociedades por ações.

(C) Não é permitida a participação de incapaz em sociedade, mesmo que esteja representado ou assistido, salvo se a transmissão das quotas se der em razão de sucessão *causa mortis.*

(D) É permitido o ingresso do relativamente incapaz na sociedade, desde que esteja assistido no ins-

trumento de alteração contratual, devendo constar a vedação do exercício da administração da sociedade por ele.

RESPOSTA De acordo com o art. 974, CC, o incapaz poderá ingressar na sociedade, desde que devidamente assistido, contanto que não exerça a administração da mesma (art. 974, § 3º, I). *Alternativa D.*

39. (XXVII Exame) Dirce Reis trabalha como advogada e presta apoio jurídico aos empreendedores da cidade de São Francisco interessados na constituição de sociedades cooperativas. Um grupo de prestadores de serviços procurou a consultora para receber informações sobre o funcionamento de uma cooperativa. Sobre as regras básicas de funcionamento de uma cooperativa, assinale a afirmativa correta.

(A) O estatuto da cooperativa deve ser aprovado previamente pela Junta Comercial do Estado da Federação onde estiver a sede, sendo arquivado no Registro Civil de Pessoas Jurídicas.

(B) Na sociedade cooperativa, cada sócio tem direito a um só voto nas deliberações sociais, tenha ou não capital a sociedade, e qualquer que seja o valor de sua participação.

(C) A responsabilidade dos sócios de uma cooperativa é sempre limitada ao valor do capital social, mas todos respondem solidária e ilimitadamente pela sua integralização.

(D) Sob pena de nulidade, o capital social da cooperativa deverá ser igual ou superior a 100 salários mínimos, que também será variável durante toda sua existência.

RESPOSTA Atente-se que as cooperativas possuem como característica a singularidade de voto (art. 4º, V, da Lei n. 5.764/71). *Alternativa B.*

40. (XXVI Exame) Leandro, Alcides e Inácio pretendem investir recursos oriundos de investimentos no mercado de capitais para constituir uma companhia fechada por subscrição particular do capital. A sociedade será administrada por Inácio e sua irmã, que não será sócia. Considerando-se o tipo societário e a responsabilidade legal dos sócios a ele inerente, assinale a afirmativa correta.

(A) Leandro, Alcides e Inácio responderão limitadamente até o preço de emissão das ações por eles subscritas.

(B) Leandro, Alcides e Inácio responderão limitadamente até o valor das quotas por eles subscritas, mas solidariamente pela integralização do capital.

(C) Leandro, Alcides e Inácio responderão ilimitada, solidária e subsidiariamente pelas obrigações sociais.

DIREITO EMPRESARIAL

(D) Leandro e Alcides responderão limitadamente até o preço de emissão das ações por eles subscritas, e Inácio, como administrador, ilimitada e subsidiariamente, pelas obrigações sociais.

RESPOSTA De acordo com o 1º da Lei n. 6.404/76. *Alternativa A.*

41. (XXIV Exame) Miguel e Paulo pretendem constituir uma sociedade do tipo limitada porque não pretendem responder subsidiariamente pelas obrigações sociais. Na consulta a um advogado previamente à elaboração do contrato, foram informados de que, nesse tipo societário, todos os sócios respondem

(A) solidariamente pela integralização do capital social.

(B) até o valor da quota de cada um, sem solidariedade entre si e em relação à sociedade.

(C) até o valor da quota de cada um, após cinco anos da data do arquivamento do contrato.

(D) solidariamente pelas obrigações sociais.

RESPOSTA Segundo o art. 1.052 do CC, na sociedade limitada, a responsabilidade de cada sócio é restrita ao valor de suas quotas, mas todos respondem solidariamente pela integralização do capital social. *Alternativa A.*

42. (XXIII Exame) Marcel, durante a realização de seu estágio em um escritório de advocacia, devidamente autorizado por seu chefe, atendeu a uma consulta formulada por um cliente. O cliente desejava esclarecimentos sobre o direito de voto e seu exercício nas companhias. Marcel respondeu, corretamente, que

(A) na eleição dos membros do Conselho Fiscal, o voto poderá ser múltiplo.

(B) em caso de penhor da ação, somente o credor pignoratício exercerá o direito de voto.

(C) independente da espécie ou da classe de ação, o voto é um direito essencial de todo e qualquer acionista.

(D) a qualquer espécie ou classe de ação, é vedado atribuir voto plural.

RESPOSTA O art. 110 da LSA é claro: é vedado atribuir voto plural a qualquer classe de ações (§ 2º). *Alternativa D.*

43. (XXIII Exame) Em 11 de setembro de 2016, ocorreu o falecimento de Pedro, sócio de uma sociedade simples. Nessa situação, o contrato prevê a resolução da sociedade em relação a um sócio. Na alteração contratual ficou estabelecida a redução do capital no valor das quotas titularizadas pelo ex-sócio, sendo o documento arquivado no Registro Civil de Pessoas Jurídicas, em 22 de outubro de 2016. Diante da narrativa, os herdeiros de Pedro são responsáveis pelas obrigações sociais anteriores à data do falecimento, até dois anos após

(A) a data da resolução da sociedade e pelas posteriores e em igual prazo, a partir de 11 de setembro de 2016.

(B) a data do arquivamento da resolução da sociedade (22 de outubro de 2016).

(C) a data da resolução da sociedade em relação ao sócio Pedro (11 de setembro de 2016).

(D) a data do arquivamento da resolução da sociedade e pelas posteriores e em igual prazo, a partir de 22 de outubro de 2016.

RESPOSTA De acordo com o Código Civil, a retirada, exclusão ou morte do sócio, não o exime, ou a seus herdeiros, da responsabilidade pelas obrigações sociais anteriores, até dois anos após averbada a resolução da sociedade; pelas posteriores e em igual prazo, enquanto não se requerer a averbação (art. 1.032). *Alternativa B.*

44. (XXI Exame) Bernardino adquiriu de Lorena ações preferenciais escriturais da companhia Campos Logística S/A e recebeu do(a) advogado(a) orientação de como se dará a formalização da transferência da propriedade. A resposta do(a) advogado(a) é a de que a transferência das ações se opera

(A) pelo extrato a ser fornecido pela instituição custodiante, na qualidade de proprietária fiduciária das ações.

(B) pela inscrição do nome de Bernardino no livro de Registro de Ações Nominativas em poder da companhia.

(C) pelo lançamento efetuado pela instituição depositária em seus livros, a débito da conta de ações de Lorena e a crédito da conta de ações de Bernardino.

(D) por termo lavrado no livro de Transferência de Ações Nominativas, datado e assinado por Lorena e por Bernardino ou por seus legítimos representantes.

RESPOSTA A transferência da ação escritural opera-se pelo lançamento efetuado pela instituição depositária em seus livros, a débito da conta de ações do alienante e a crédito da conta de ações do adquirente, à vista de ordem escrita do alienante, ou de autorização ou ordem judicial, em documento hábil que ficará em poder da instituição (art. 35, § 1º, da LSA). *Alternativa C.*

45. (XX Exame) Na sociedade Apuí Veículos Ltda., a sócia Eva foi eleita administradora, pela unanimidade dos sócios, para um mandato de três anos. Em razão de insuperáveis divergências com os demais administradores sobre a condução dos negócios, Eva renunciou ao cargo após um ano de sua investidura. A eficácia da renúncia de Eva se dará, em relação à sociedade, desde o momento em que

(A) a assembleia de sócios ratifica o ato de Eva; e, em relação a terceiros, após a averbação da renúncia.

(B) é designado novo administrador para substituir Eva; e, em relação a terceiros, após a averbação ou publicação da renúncia.

(C) esta toma conhecimento da comunicação escrita de Eva; e, em relação a terceiros, após a averbação e publicação da renúncia.

(D) o termo de renúncia de Eva é lavrado no livro de atas da administração; e, em relação a terceiros, após a publicação da renúncia.

RESPOSTA A renúncia de administrador torna-se eficaz, em relação à sociedade, desde o momento em que esta toma conhecimento da comunicação escrita do renunciante; e, em relação a terceiros, após a averbação e publicação (art. 1.063, § 3º, do CC). *Alternativa C.*

46. (XX Exame – Reaplicação) Sebastião e Marcelo constituíram uma sociedade sem que o documento de constituição tivesse sido levado a registro. Marcelo assumiu uma dívida em seu nome pessoal, mas no interesse da sociedade. Barros é credor de Marcelo pela referida obrigação. Barros poderá provar a existência da sociedade

(A) de qualquer modo, e os bens sociais respondem pelos atos de gestão praticados por Marcelo.

(B) somente por escrito, e os bens sociais respondem pelos atos de gestão praticados por Marcelo.

(C) de qualquer modo, e somente os bens particulares de Marcelo respondem pelos atos de gestão por ele praticados.

(D) somente por escrito, e os bens particulares de Marcelo e Sebastião respondem pelos atos de gestão praticados por Marcelo.

RESPOSTA Diante do caso concreto e de acordo com o Código Civil (arts. 987 e 989), correta a *alternativa A.*

III. TÍTULOS DE CRÉDITO

47. (38º Exame) Para honrar um empréstimo que lhe foi concedido, o empresário Ruy Barbosa subscreveu nota promissória em favor de Medeiros Neto, com vencimento para o dia 30 de março de 2023. O primeiro endossante transferiu o título em preto para Wagner Desidério e proibiu novo endosso. Considerando o efeito legal da cláusula de proibição de novo endosso, assinale a afirmativa correta.

(A) Para o endossante Medeiros Neto, a cláusula de proibição de novo endosso tem efeito de cessão de crédito perante o endossatário direto e de endosso perante os endossatários posteriores.

(B) Wagner Desidério não poderá realizar novo endosso no título sob pena de desoneração de responsabilidade cambial dos coobrigados.

(C) A cláusula de proibição de novo endosso é nula, tal qual a de endosso parcial, por restringir a responsabilidade cambiária do endossante a seu endossatário imediato.

(D) Medeiros Neto, embora coobrigado, não responde pelo pagamento da nota promissória perante os endossatários posteriores a Wagner Desidério.

RESPOSTA: De acordo com o art. 18 da Lei Uniforme de Genebra (Decreto n. 57.663/1966): "O endossante pode proibir novo endosso; nesse caso, não responde para com as pessoas a quem a letra for posteriormente endossada". *Alternativa D.*

48. (36º Exame) Tamandaré emitiu nota promissória no valor de R$ 7.300,00 (sete mil e trezentos reais) em favor de Altamira. Esta endossou o título em branco para Ângulo Comércio de Tecidos Ltda. Sendo inequívoco que a nota promissória em branco circula ao portador, em caso de desapossamento é correto afirmar que

(A) Tamandaré ficará desonerado da responsabilidade cambial se provar que o desapossamento do título por parte de Ângulo Comércio de Tecidos Ltda. não pode lhe ser imputado.

(B) Ângulo Comércio de Tecidos Ltda. poderá obter novo título em Juízo, bem como impedir que seu valor seja pago a outrem.

(C) Altamira não poderá opor ao novo portador exceção fundada em direito pessoal ou em nulidade de sua obrigação.

(D) a pessoa que se apoderar da nota promissória poderá exigir o pagamento de todos os obrigados, à exceção de Altamira.

RESPOSTA De acordo com o art. 909 do CC (regras gerais dos títulos de crédito), "o proprietário, que perder ou extraviar título, ou for injustamente desapossado dele, poderá obter novo título em juízo, bem como impedir sejam pagos a outrem capital e rendimentos". *Alternativa B.*

DIREITO EMPRESARIAL

49. (35º Exame) Riqueza Comércio de Artigos Eletrônicos Ltda. sacou duplicata na modalidade cartular em face de Papelaria Sul Brasil Ltda., que foi devidamente aceita, com vencimento no dia 25 de março de 2022. Antes do vencimento, a duplicata foi endossada para Saudades Fomento Mercantil S/A. No dia do vencimento, a duplicata não foi paga, porém, no dia seguinte, foi prestado aval em branco datado pelo avalista Antônio Carlos. Acerca da validade e do cabimento do aval dado na duplicata após o vencimento, assinale a afirmativa correta.

(A) É nulo o aval após o vencimento na duplicata, por vedação expressa no Código Civil, diante da omissão da Lei n. 5.474/68 (Lei de Duplicatas).

(B) É válido o aval na duplicata após o vencimento, desde que o título ainda não tenha sido endossado na data da prestação do aval.

(C) É nulo o aval na duplicata cartular, sendo permitido apenas na duplicata escritural e mediante registro do título perante o agente escriturador.

(D) É válido o aval dado na duplicata antes ou após o vencimento, por previsão expressa na Lei de Duplicatas (Lei n. 5.474/68).

RESPOSTA Prevê a Lei de Duplicatas que o pagamento da duplicata poderá ser assegurado por aval, sendo o avalista equiparado àquele cujo nome indicar; na falta da indicação, àquele abaixo de cuja firma lançar a sua; fora esses casos, ao comprador. Observado que o aval dado posteriormente ao vencimento do título produzirá os mesmos efeitos que o prestado anteriormente àquela ocorrência (art. 12 e parágrafo único). *Alternativa D.*

50. (XXXIII Exame) Socorro, empresária individual, sacou duplicata de venda na forma cartular, em face de Laticínios Aguaí Ltda. com vencimento para o dia 11 de setembro de 2020. Antes do vencimento, no dia 31 de agosto de 2020, a duplicata, já aceita, foi endossada para a sociedade Bariri & Piraju Ltda. Considerando-se que, no dia 9 de outubro de 2020, a duplicata foi apresentada ao tabelionato de protestos para ser protestada por falta de pagamento, é correto afirmar que o endossatário

(A) não poderá promover a execução em face de nenhum dos signatários diante da perda do prazo para a apresentação da duplicata a protesto por falta de pagamento.

(B) poderá promover a execução da duplicata em face do aceitante e do endossante, por ser facultativo o protesto por falta de pagamento da duplicata, caso tenha sido aceita pelo sacado.

(C) poderá promover a execução da duplicata em face do aceitante e do endossante, pelo fato de o título ter sido apresentado a protesto em tempo hábil e por ser o aceitante o obrigado principal.

(D) não poderá promover a execução em face do endossante, diante da perda do prazo para a apresentação da duplicata a protesto por falta de pagamento, mas poderá intentá-la em face do aceitante, por ser ele o obrigado principal.

RESPOSTA A lei das duplicadas (Lei n. 5.474/68) estabelece que "o portador que não tirar o protesto da duplicata, em forma regular e dentro do prazo de 30 (trinta) dias, contado da data de seu vencimento, perderá o direito de regresso contra os endossantes e respectivos avalistas" (art. 13, § 4º). *Alternativa C.*

51. (XXXIII Exame) Antenor subscreveu nota promissória no valor de R$ 12.000,00 (doze mil reais) pagável em 16 de setembro de 2021. A obrigação do subscritor foi avalizada por Belizário, que tem como avalista Miguel, e esse tem, como avalista, Antônio. Após o vencimento, caso o avalista Miguel venha a pagar o valor da nota promissória ao credor, assinale a opção que indica a(s) pessoa(s) que poderá(ão) ser demandada(s) em ação de regresso.

(A) Antenor e Belizário, podendo Miguel cobrar de ambos o valor integral do título.

(B) Belizário e Antônio, podendo Miguel cobrar de ambos apenas a quota-parte do valor do título.

(C) Antenor e Antônio, podendo Miguel cobrar do primeiro o valor integral e, do segundo, apenas a quota-parte do valor do título.

(D) Antenor, podendo Miguel cobrar dele o valor integral, eis que os demais avalistas ficaram desonerados com o pagamento.

RESPOSTA A Lei Uniforme de Genebra (Decreto n. 57.663/66) disciplina que "a pessoa que pagou uma letra pode reclamar dos seus garantes a soma integral que pagou", além dos juros da dita soma, calculados a taxa de 6 por cento, desde a data em que a pagou e as despesas que tiver feito (art. 49). *Alternativa A.*

52. (XXXII Exame) Bonfim emitiu nota promissória à ordem em favor de Normandia, com vencimento em 15 de março de 2020 e pagamento na cidade de Alto Alegre/RR. O título de crédito passou por três endossos antes de seu vencimento. O primeiro endosso foi em favor de Iracema, com proibição de novo endosso; o segundo endosso, sem garantia, se deu em favor de Moura; no terceiro e último endosso, o endossante indicou Cantá como endossatário. Vencido o título sem pagamento, o portador poderá promover a ação de cobrança em face de

(A) Bonfim, o emitente e coobrigado, e dos obrigados principais Iracema e Moura, observado o aponte tempestivo do título a protesto por falta de pagamento para o exercício do direito de ação somente em face do coobrigado.

(B) Bonfim, o emitente e obrigado principal, e do endossante e coobrigado Moura, observado o aponte tempestivo do título a protesto por falta de pagamento para o exercício do direito de ação em face do coobrigado.

(C) Normandia, primeira endossante e obrigado principal, e do endossante Moura, observado o aponte tempestivo do título a protesto por falta de pagamento para o exercício do direito de ação em face de ambos.

(D) Iracema, Normandia e Cantá, endossantes e coobrigados da nota promissória, dispensado o aponte do título a protesto por falta de pagamento para o exercício do direito de ação em face deles.

RESPOSTA O art. 15 da Lei Uniforme de Genebra (Decreto n. 57.663/66) dispõe que: "O endossante pode proibir um novo endosso, e, neste caso, não garante o pagamento as pessoas a quem a letra for posteriormente endossada". Observe-se que o art. 77 da mesma lei também disciplina que "são aplicáveis às notas promissórias, na parte em que não sejam contrárias a natureza deste título, as disposições relativas as letras e concernentes ao Endosso (arts. 11 a 20)". *Alternativa B.*

53. (XXIX Exame) André de Barros foi desapossado de nota promissória com vencimento à vista no valor de R$ 34.000,00 (trinta e quatro mil reais), pagável em Lagoa Vermelha/RS, que lhe foi endossada em branco pela sociedade empresária Arvorezinha Materiais de Limpeza Ltda. Em relação aos direitos cambiários decorrentes da nota promissória, assinale a afirmativa correta.

(A) A sociedade empresária endossante ficará desonerada se o título não for restituído a André de Barros no prazo de 30 (trinta) dias da data do desapossamento.

(B) André de Barros poderá obter a anulação do título desapossado e um novo título em juízo, bem como impedir que seu valor seja pago a outrem.

(C) A sociedade empresária endossante não poderá opor ao portador atual exceção fundada em direito pessoal ou em nulidade de sua obrigação.

(D) O subscritor da nota promissória ficará desonerado perante o portador atual se provar que o título foi desapossado de André de Barros involuntariamente.

RESPOSTA De acordo com art. 909 do CC, o proprietário, que perder ou extraviar título, ou for injustamente desapossado dele, poderá obter novo título em juízo, bem como impedir sejam pagos a outrem capital e rendimentos. Considere ainda que o pagamento, feito antes de ter ciência da ação referida neste artigo, exonera o devedor, salvo se se provar que ele tinha conhecimento do fato (art. 909, parágrafo único). *Alternativa B.*

54. (XXVIII Exame) Filadélfia emitiu nota promissória à vista em favor de Palmas. Antes da apresentação a pagamento, Palmas realizou endosso-mandato da cártula para Sampaio. De posse do título, é correto afirmar que Sampaio

(A) poderá exercer todos os direitos inerentes ao título, inclusive realizar novo endosso sem as restrições daquele realizado em cobrança.

(B) poderá transferir o título na condição de procurador da endossante ou realizar endosso em garantia (endosso pignoratício).

(C) somente poderá transferir a nota promissória, por meio de novo endosso, na condição de procurador da endossante.

(D) não poderá realizar qualquer endosso do título, pois caso o faça será considerado como parcial, logo nulo.

RESPOSTA Observe o art. 917 do CC: "A cláusula constitutiva de mandato, lançada no endosso, confere ao endossatário o exercício dos direitos inerentes ao título, salvo restrição expressamente estatuída. § 1º O endossatário de endosso-mandato só pode endossar novamente o título na qualidade de procurador, com os mesmos poderes que recebeu". Correta, então a *alternativa C.*

55. (XXVIII Exame) Inocência adquiriu um aparelho de jantar para sua nova residência em uma loja de artigos domésticos. A vendedora, sociedade limitada empresária, recebeu um cheque cruzado emitido pela compradora e se comprometeu a não o apresentar ao sacado antes de 10 de janeiro de 2019. Em 13 de dezembro de 2018, exatamente uma semana após a compra, Inocência verificou, no extrato de sua conta-corrente bancária, que o cheque em referência havia sido apresentado a pagamento e devolvido por insuficiência de fundos, em decorrência da apresentação antecipada ao sacado. Sobre a apresentação de cheque pós-datado antes da data indicada como sendo a de emissão, com base na jurisprudência pacificada, assinale a afirmativa correta.

(A) Caracteriza dano moral.

DIREITO EMPRESARIAL

(B) Não pode ensejar qualquer indenização ao emitente.

(C) Pode ensejar apenas dano material.

(D) Pode ensejar indenização apenas se o cheque não estiver cruzado.

RESPOSTA Conforme a Súmula 370 do Superior Tribunal de Justiça, caracteriza dano moral a apresentação antecipada de cheque pré-datado. *Alternativa A.*

56. (XXVII Exame) Resende & Piraí Ltda. sacou duplicata de serviço em face de Italva Louças e Metais S/A, que a aceitou. Antes do vencimento, o título foi endossado para Walter. Há um aval em preto no título dado por Casimiro Cantagalo em favor do sacador. Após o vencimento, ocorrido em 11 de setembro de 2018, a duplicata foi levada a protesto por falta de pagamento, em 28 de setembro do mesmo ano. Com base nas informações dadas, assinale a opção que indica contra quem Walter, endossatário da duplicata, poderá promover a ação de execução.

(A) Italva Louças e Metais S/A, exclusivamente, em razão da perda do direito de ação em face dos coobrigados pela apresentação da duplicata a protesto por falta de pagamento além do prazo de 1 (um) dia útil após o vencimento.

(B) Resende & Piraí Ltda. e Casimiro Cantagalo, somente, pois a duplicata foi apresentada a protesto tempestivamente, assegurando o portador seu direito de ação em face dos coobrigados, mas não em face do aceitante.

(C) Resende & Piraí Ltda. e Italva Louças e Metais S/A, somente, em razão da perda do direito de ação em face do avalista pela apresentação da duplicata a protesto por falta de pagamento além do prazo de 1 (um) dia útil após o vencimento.

(D) Resende & Piraí Ltda., Italva Louças e Metais S/A e Casimiro Cantagalo, pois a duplicata foi apresentada a protesto tempestivamente, assegurando o portador seu direito de ação em face dos coobrigados e do aceitante.

RESPOSTA Diante da situação, aplica-se o art. 13, § 4º, da Lei n. 5.474/68. O protesto foi tempestivo, sendo assim, resta assegurado o direito de ação em face dos coobrigados. *Alternativa D.*

57. (XXVI Exame) Três Coroas Comércio de Artigos Eletrônicos Ltda. subscreveu nota promissória em favor do Banco Dois Irmãos S.A. com vencimento a dia certo. Após o vencimento, foi aceita uma proposta de moratória feita pelo devedor por 120 (cento e vinte) dias, sem alteração da data de vencimento indicada no título. O

beneficiário exigiu dois avalistas simultâneos, e o devedor apresentou Montenegro e Bento, que firmaram avais em preto no título.

Sobre esses avais e a responsabilidade dos avalistas simultâneos, assinale a afirmativa correta.

(A) Por ser vedado, no direito brasileiro, o aval póstumo, os avais simultâneos são considerados não escritos, inexistindo responsabilidade cambial dos avalistas.

(B) O aval lançado na nota promissória após o vencimento ou o protesto tem efeito de fiança, respondendo os avalistas subsidiariamente perante o portador.

(C) O aval póstumo produz os mesmos efeitos do anteriormente dado, respondendo os avalistas solidariamente e autonomamente perante o portador.

(D) O aval póstumo é nulo, mas sua nulidade não se estende à obrigação firmada pelo subscritor (avalizado), em razão do princípio da autonomia.

RESPOSTA De acordo com o art. 900 do Código Civil. *Alternativa C.*

58. (XXV Exame) Para realizar o pagamento de uma dívida contraída pelo sócio M. Paraguaçu em favor da sociedade Iguape, Cananeia & Cia. Ltda., o primeiro emitiu uma nota promissória à vista, com cláusula à ordem no valor de R$ 50.000,00 (cinquenta mil reais). De acordo com essas informações e a respeito da cláusula à ordem, é correto afirmar que

(A) a nota promissória, na omissão dessa cláusula, somente poderia ser transferida pela forma e com os efeitos de cessão de crédito.

(B) a cláusula implica a possibilidade de transferência do título por endosso, sendo o endossante responsável pelo pagamento, salvo cláusula sem garantia.

(C) a cláusula implica a possibilidade de transferência do título por endosso, porque a modalidade de vencimento da nota promissória é à vista.

(D) tal cláusula implica a possibilidade de transferência do título por cessão de crédito, não respondendo o cedente pela solvência do emitente, salvo cláusula de garantia.

RESPOSTA A cláusula à ordem significa que o título pode ser transferido por endosso. A responsabilidade do endossante consta na LUG (Decreto n. 57.663) como garantidor do pagamento, exceto se tiver posta cláusula sem garantia (de pagamento). *Alternativa B.*

59. (XXIV Exame) Um cliente apresenta a você um cheque nominal à ordem com as assinaturas do emitente no anverso e do endossante no verso. No verso da cártula, também consta uma terceira assinatura, identificada apenas como aval pelo signatário. Com base nessas informações, assinale a afirmativa correta.

(A) O aval dado no título foi irregular, pois, para a sua validade, deveria ter sido lançado no anverso.

(B) A falta de indicação do avalizado permite concluir que ele pode ser qualquer dos signatários (emitente ou endossante).

(C) O aval dado no título foi na modalidade em branco, sendo avalizado o emitente.

(D) O aval somente é cabível no cheque não à ordem, sendo considerado não escrito se a emissão for à ordem.

RESPOSTA De acordo com o art. 30 da Lei dos Cheques, o aval é lançado no cheque ou na folha de alongamento. Exprime-se pelas palavras "por aval", ou fórmula equivalente, com a assinatura do avalista. Considera-se como resultante da simples assinatura do avalista, aposta no anverso do cheque, salvo quando se tratar da assinatura do emitente. Ademais, o aval deve indicar o avalizado. Na falta de indicação, considera-se avalizado o emitente (parágrafo único do art. 30). *Alternativa C.*

60. (XXIII Exame) Pedrinho emitiu quatro cheques em 26 de março de 2017, mas esqueceu de depositar um deles. Tendo um débito a honrar com Kennedy e sendo beneficiário desse quarto cheque, Pedrinho o endossou em preto, datando no verso "dia 20 de maio de 2017". Sabe-se que o lugar de emissão do quarto cheque é o mesmo do de pagamento. Sobre esse endosso, assinale a afirmativa correta.

(A) O endosso produz seus efeitos legais porque a transmissão do cheque se deu dentro do prazo de apresentação.

(B) No endosso em preto, o endossatário fica dispensado da apresentação em tempo hábil do cheque ao sacado.

(C) O endosso do cheque tem efeito de cessão de crédito por ter sido realizado após o decurso do prazo de apresentação.

(D) Pedrinho ficou exonerado de responsabilidade pelo pagamento do cheque em razão do caráter póstumo do endosso.

RESPOSTA De acordo com a Lei dos Cheques, o endosso posterior ao protesto, ou declaração equivalente, ou à expiração do prazo de apresentação produz apenas os efeitos de cessão. Salvo prova em contrário, o endosso sem data presume-se anterior ao protesto, ou declaração equivalente, ou à expiração do prazo de apresentação (art. 27). *Alternativa C.*

61. (XXII Exame) Luiz emitiu uma nota promissória em favor de Jerônimo. No momento da emissão, ele não inseriu a quantia nem o lugar de pagamento. Na data do vencimento, o subscritor foi procurado por um procurador do beneficiário, que lhe exibiu a cártula com endosso-mandato e exigiu o pagamento. Luiz verificou, então, que o título havia sido preenchido abusivamente, pois constava o valor de R$ 15.000,00 (quinze mil reais), quando o correto seria R$ 1.500,00 (mil e quinhentos reais), e o lugar de pagamento era diverso de seu domicílio, em Cachoeiro de Itapemirim, ES. Procurado pelo devedor para analisar o caso e ciente de que o pagamento não foi realizado por ele, você, como advogado(a), responde que

(A) é possível alegar em juízo, com êxito, a nulidade do título, em razão de o lugar de pagamento ser domicílio diverso do subscritor, caracterizando má-fé do portador atual.

(B) não é possível ao subscritor se recusar validamente ao pagamento diante da autonomia das obrigações cambiárias e do endosso-mandato realizado na cártula.

(C) é possível ao subscritor da nota promissória opor exceção pessoal ao beneficiário Jerônimo quanto ao conteúdo literal do título, diante do preenchimento abusivo.

(D) não é possível a oposição de exceção ao pagamento, porque o subscritor da nota promissória é equiparado ao aceitante da letra de câmbio e, como tal, obriga-se a pagar na data do vencimento.

RESPOSTA Segundo o art. 891 e parágrafo único do CC, o título de crédito, incompleto ao tempo da emissão, deve ser preenchido de conformidade com os ajustes realizados, observado que o descumprimento dos ajustes previstos nesse artigo pelos que deles participaram, não constitui motivo de oposição ao terceiro portador, salvo se este, ao adquirir o título, tiver agido de má-fé. Como o procurador do beneficiário não é "terceiro portador", constitui motivo para exceção a adulteração. *Alternativa C.*

62. (XXI Exame) Humaitá Comércio e Distribuição de Defensivos Agrícolas Ltda. sacou 4 (quatro) duplicatas de compra e venda em face de Cooperativa dos Produtores Rurais de Coari Ltda., em razão da venda de insumos para as plantações dos cooperados. Com base nestas informações, assinale a afirmativa correta.

(A) É facultado ao sacador inserir cláusula não à ordem no momento do saque, caso em que a forma de transferência dos títulos se dará por meio de cessão civil de crédito.

DIREITO EMPRESARIAL

(B) Por se tratar de sacado cooperativa, sociedade simples independentemente de seu objeto, é proibido o saque de duplicatas em face dessa espécie de sociedade.

(C) Lançada eventualmente a cláusula mandato no endosso das duplicatas, o endossatário poderá exercer todos os direitos emergentes dos títulos, inclusive efetuar endosso próprio a terceiro.

(D) Sendo o pagamento das duplicatas garantido por aval, o avalista é equiparado àquele cujo nome indicar; na falta da indicação, àquele abaixo de cuja firma lançar a sua; fora desses casos, ao sacado.

RESPOSTA O pagamento da duplicata poderá ser assegurado por aval, sendo o avalista equiparado àquele cujo nome indicar; na falta da indicação, àquele abaixo de cuja firma lançar a sua; fora desses casos, ao comprador (art. 12, *caput*, da Lei n. 5.474/68). *Alternativa D.*

63. (XX Exame) Cícero sacou uma letra de câmbio em favor de Amélia, tendo designado como sacado Elísio, que acatou a ordem de pagamento. A primeira endossante realizou um endosso em preto para Dario, com proibição de novo endosso. Diante do efeito legal da cláusula de proibição de novo endosso, assinale a afirmativa correta.

(A) Caso Dario realize um novo endosso, tal transferência terá efeito de cessão de crédito perante os coobrigados e efeito de endosso perante o aceitante.

(B) Dario não poderá realizar novo endosso no título sob pena de desoneração de responsabilidade cambial dos coobrigados.

(C) Tal qual o endosso parcial, a proibição de novo endosso é nula por restringir a responsabilidade cambiária do endossante e do sacador.

(D) Amélia, embora coobrigada, não responde pelo pagamento da letra de câmbio perante os endossatários posteriores a Dario.

RESPOSTA O endossante, salvo cláusula em contrário, é garante tanto da aceitação como do pagamento da letra. O endossante pode proibir um novo endosso, e, neste caso, não garante o pagamento às pessoas a quem a letra for posteriormente endossada (art. 15 da LUG). *Alternativa D.*

64. (XX Exame – Reaplicação) Alvarenga, empresário individual, utilizou duplicata para a cobrança do preço referente à venda de laticínios do Serro que realizou em favor de Belmiro Braga. Consta no verso do título a assinatura de Brás Pires, na condição de avalista e sem indicação do avalizado. Após a prestação do aval, houve lan-çamento de endosso-mandato em favor do Banco Botelhos S/A. Sobre o aval e as informações do enunciado, de acordo com a disposição da Lei de Duplicatas, o(s) avalizado(s) será(ão)

(A) Alvarenga e Belmiro Braga.

(B) Banco Botelhos S/A.

(C) Belmiro Braga.

(D) Alvarenga.

RESPOSTA O pagamento da duplicata poderá ser assegurado por aval, sendo o avalista equiparado àquele cujo nome indicar; na falta da indicação, àquele abaixo de cuja firma lançar a sua; fora desses casos, ao comprador (art. 12, *caput*, da Lei n. 5.474/68). Em razão dos fatos, o avalizado é o comprador, pois se interpreta que não houve assinatura do avalista escrita abaixo de qualquer outra. Trata-se de situação de aval em branco. *Alternativa C.*

IV. CONTRATOS MERCANTIS

65. (39º Exame) Pastifício Ponte Serrada S/A celebrou contrato de comissão com Eloi Mendes para aquisição de cereais. O negócio foi efetuado pelo comissário conforme as instruções recebidas, mas a vendedora, Cerealista Campos Novos Ltda., ficou inadimplente na entrega do produto. Considerando-se que o contrato de comissão celebrado entre Pastifício Ponte Serrada S/A e Eloi Mendes não contém cláusula del credere, assinale a afirmativa correta.

(A) O comissário não responde perante o comitente pelo inadimplemento do vendedor Cerealista Campos Novos Ltda., devendo o segundo suportar os prejuízos advindos.

(B) Tanto o comissário quanto o vendedor Cerealista Campos Novos Ltda. respondem solidariamente perante o comitente pelos prejuízos advindos.

(C) Apenas o comissário responde perante o comitente pelos prejuízos advindos do inadimplemento do vendedor Cerealista Campos Novos Ltda.

(D) O comissário e o vendedor Cerealista Campos Novos Ltda. respondem solidariamente perante o comitente pelos prejuízos advindos, mas o primeiro apenas em caráter subsidiário.

RESPOSTA De acordo com o Código Civil, *vide* art. 697, o comissário não responde pela insolvência das pessoas com quem tratar, exceto em caso de culpa e no do artigo seguinte. Assim, se do contrato de comissão constar a cláusula *del credere*, responderá o comissário solidariamente com as pessoas com que houver tratado em nome do comitente, caso em que, salvo estipulação em contrário, o comissário tem direito a remuneração mais elevada, para compensar o ônus assumido (art. 698). *Alternativa A.*

66. (XXXIV Exame) Em 2019 foram estabelecidas, inicialmente por medida provisória posteriormente convertida na Lei n. 13.874, normas de proteção à livre-iniciativa e ao livre exercício de atividade econômica e disposições sobre a atuação do Estado como agente normativo e regulador. Em relação aos contratos empresariais, assinale a afirmativa correta.

(A) Os contratos empresariais são presumidos paritários e simétricos, exceto diante da presença na relação jurídica de um empresário individual ou empresa individual de responsabilidade limitada.

(B) As partes negociantes poderão estabelecer parâmetros objetivos para a interpretação das cláusulas negociais e de seus pressupostos de revisão ou de resolução.

(C) A alocação de riscos definida pelas partes deverá ser respeitada e observada, porém até o ponto em que o Estado julgue, discricionariamente, que deve intervir no exercício da atividade econômica.

(D) A revisão contratual ocorrerá de maneira excepcional e ilimitada sempre que uma das partes for vulnerável, sendo que, no caso de microempresas e empresas de pequeno porte, essa presunção é absoluta.

RESPOSTA Diz o art. 421-A do CC que os contratos civis e empresariais presumem-se paritários e simétricos até a presença de elementos concretos que justifiquem o afastamento dessa presunção, ressalvados os regimes jurídicos previstos em leis especiais, garantido também, entre outras disposições, que as partes negociantes poderão estabelecer parâmetros objetivos para a interpretação das cláusulas negociais e de seus pressupostos de revisão ou de resolução (inciso I). *Alternativa B.*

67. (XXXIII Exame) Farmácias Mundo Novo Ltda. é locatária de um imóvel não residencial onde funciona uma de suas filiais. No curso da vigência do contrato, que se encontra sob a égide do direito à renovação, faleceu um dos sócios, Sr. Deodato. Diante deste acontecimento, os sócios remanescentes deliberaram dissolver a sociedade. A sócia Angélica, prima de Deodato, gostaria de continuar a locação, aproveitando a localização excelente do ponto e a manutenção do aviamento objetivo da empresa. Angélica consulta um advogado especializado para saber se teria direito à renovação, mesmo não sendo a locatária do imóvel. Assinale a afirmativa que apresenta a resposta dada.

(A) Angélica tem direito à renovação da locação como sub-rogatária da sociedade dissolvida, mas deve informar ao locador sua condição no prazo de 30 (trinta) dias do arquivamento da ata de encerramento da liquidação, sob pena de decadência.

(B) Angélica não tem direito à renovação da locação, pois somente a sociedade dissolvida poderia exercer tal direito, por ter sido a parte contratante, incidindo o princípio da relatividade dos contratos.

(C) Angélica tem direito à renovação da locação como sub-rogatária da sociedade dissolvida, mas deve continuar a explorar o mesmo ramo de atividade que a sociedade dissolvida.

(D) Angélica não tem direito à renovação da locação, pois tal direito somente é conferido ao(s) sócio(s) remanescente(s) quando a sociedade sofre resolução por morte de sócio, e não dissolução.

RESPOSTA A Lei de Locações (Lei n. 8.245/91) disciplina que "dissolvida a sociedade comercial por morte de um dos sócios, o sócio sobrevivente fica sub-rogado no direito a renovação, desde que continue no mesmo ramo" (art. 51, III, § 3º). *Alternativa C.*

68. (XXXI Exame) Duas sociedades empresárias celebraram contrato de agência com uma terceira sociedade empresária, que assumiu a obrigação de, em caráter não eventual e sem vínculos de dependência com as proponentes, promover, à conta das primeiras, mediante retribuição, a realização de certos negócios com exclusividade, nos municípios integrantes da região metropolitana de Curitiba/PR. Ficou pactuado que as proponentes conferirão poderes à agente para que esta as represente, como mandatária, na conclusão dos contratos. Antônio Prado, sócio de uma das sociedades empresárias contratantes, consulta seu advogado quanto à legalidade do contrato, notadamente da delimitação de zona geográfica e da concessão de mandato ao agente. Sobre a hipótese apresentada, considerando as disposições legais relativas ao contrato de agência, assinale a afirmativa correta.

(A) Não há ilegalidade quanto à delimitação de zona geográfica para atuação exclusiva do agente, bem como em relação à possibilidade de ser o agente mandatário das proponentes, por serem características do contrato de agência.

(B) Há ilegalidade na fixação de zona determinada para atuação exclusiva do agente, por ferir a livre concorrência entre agentes, mas não há ilegalidade na outorga de mandato ao agente para representação das proponentes.

(C) Há ilegalidade tanto na outorga de mandato ao agente para representação dos proponentes, por ser vedada qualquer relação de dependência en-

DIREITO EMPRESARIAL

tre agente e proponente, e também quanto à fixação de zona determinada para atuação exclusiva do agente.

(D) Não há ilegalidade quanto à fixação de zona determinada para atuação exclusiva do agente, mas há ilegalidade quanto à concessão de mandato do agente, porque é obrigatório por lei que o agente apenas faça a mediação dos negócios no interesse do proponente.

RESPOSTA De acordo com o art. 710 do CC, pelo contrato de agência, uma pessoa assume, em caráter não eventual e sem vínculos de dependência, a obrigação de promover, à conta de outra, mediante retribuição, a realização de certos negócios, em zona determinada, caracterizando-se a distribuição quando o agente tiver à sua disposição a coisa a ser negociada. *Vide* ainda o art. 711, CC. *Alternativa A.*

69. (XXX Exame) Rolim Crespo, administrador da sociedade Indústrias Reunidas Novo Horizonte do Oeste Ltda., consultou sua advogada para lhe prestar orientação quanto à inserção de cláusula compromissória em um contrato que a pessoa jurídica pretende celebrar com uma operadora de planos de saúde empresariais. Pela leitura da proposta, verifica-se que não há margem para a negociação das cláusulas, por tratar-se de contrato padronizado, aplicado a todos os aderentes.

Quanto à cláusula compromissória inserida nesse contrato, assinale a opção que apresenta a orientação dada pela Advogada.

(A) É necessária a concordância expressa e por escrito do aderente com a sua instituição, em documento anexo ou em negrito, com a assinatura ou o visto para essa cláusula.

(B) É nula de pleno direito, por subtrair do aderente o direito fundamental de acesso à justiça, e o contrato não deve ser assinado.

(C) Somente será eficaz se o aderente tomar a iniciativa de instituir a arbitragem, e, como a iniciativa for do proponente e unilateral, ela é nula.

(D) Somente será eficaz se houver a assinatura do aderente no contrato, vedada qualquer forma de manifestação da verdade em documento anexo ou, simplesmente, com o visto para essa cláusula.

RESPOSTA De acordo com o art. 4º da Lei n. 9.307/96, a cláusula compromissória é a convenção através da qual as partes em um contrato comprometem-se a submeter à arbitragem os litígios que possam vir a surgir, relativamente a tal contrato. Ainda, a cláusula compromissória deve ser estipulada por escrito, podendo estar inserta no próprio contrato ou em documento apartado que a ele se refira (§ 1º). E nos contratos de adesão, a cláusula compromissória

só terá eficácia se o aderente tomar a iniciativa de instituir a arbitragem ou concordar, expressamente, com a sua instituição, desde que por escrito em documento anexo ou em negrito, com a assinatura ou visto especialmente para essa cláusula (§ 2º). *Alternativa A.*

70. (XXX Exame) Nos contratos de comissão, corretagem e agência, é dever do corretor, do comissário e do agente atuar com toda diligência, atendo-se às instruções recebidas da parte interessada. Apesar dessa característica comum, cada contrato conserva sua tipicidade em razão de seu *modus operandi*.

(A) O agente pratica, em nome próprio, os atos a ele incumbidos à conta do proponente, o comissário não pode tomar parte – sequer como mandatário – nos negócios que vierem a ser celebrados em razão de sua intermediação, o corretor pode receber poderes do cliente para representá-lo na conclusão dos contratos.

(B) O comissário pratica, em nome próprio, os atos a ele incumbidos à conta do comitente, o corretor não pode tomar parte – sequer como mandatário – nos negócios que vierem a ser celebrados em razão de sua mediação, o agente pode receber poderes do proponente para representá-lo na conclusão dos contratos.

(C) O corretor pratica, em nome próprio, os atos a ele incumbidos à conta do cliente, o agente não pode tomar parte – sequer como mandatário – nos negócios que vierem a ser celebrados no interesse do proponente, o comissário pode receber poderes do comitente para representá-lo na conclusão dos contratos.

(D) Tanto o comissário quanto o corretor praticam, em nome próprio, os atos a ele incumbidos pelo comitente ou cliente, mas o primeiro tem sua atuação restrita à zona geográfica fixada no contrato, o agente deve atuar com exclusividade tão somente na mediação para realização de negócios em favor do proponente.

RESPOSTA Sobre comissário, *vide* os arts. 693 e seguintes do CC. Quanto ao contrato de agência, arts. 710 e seguintes do CC. E, por fim, sobre corretagem, *vide* arts. 722 e seguintes do CC. Diante destas indicações legislativas, correta está a *Alternativa B.*

71. (XXVII Exame) Móveis Combinados Ltda. (franqueador) pretende licenciar a Ananás Móveis e Decorações Ltda. ME (franqueado) o direito de uso de marca, associado ao direito de distribuição semiexclusiva de produtos moveleiros. De acordo com os termos da Circular de Oferta de Franquia elaborada pelo franqueador, eventualmente poderá o franqueado ter acesso ao uso de tecnologia de implantação e administração de negócios desenvolvidos pelo primeiro, mediante remuneração direta, sem ficar caracterizado vínculo empregatício entre as partes. Tendo em vista as disposições legais sobre o contrato celebrado, assinale a afirmativa correta.

(A) Se o contrato de franquia empresarial vier a ser celebrado, o franqueador deverá licenciar ao franqueado o direito de uso de marca e, eventualmente, também o direito de uso de tecnologia de implantação e administração de negócio ou de sistema operacional desenvolvido.

(B) O contrato de franquia empresarial pode ser ajustado verbalmente ou por escrito; neste caso, deverá ser assinado na presença de duas testemunhas e terá eficácia em relação a terceiros com o arquivamento na Junta Comercial.

(C) A circular oferta de franquia deverá ser entregue a Ananás Móveis e Decorações Ltda. ME, no mínimo, 30 dias antes da assinatura do contrato ou pré-contrato, ou ainda do pagamento de taxa de adesão ao sistema pelo franqueado.

(D) Se Móveis Combinados Ltda. veicular informações falsas na circular de oferta de franquia, sem prejuízo das sanções penais cabíveis, Ananás Móveis e Decorações Ltda. ME poderá arguir a nulidade de pleno direito do contrato e exigir devolução de até metade do valor que já houver pago.

RESPOSTA Segundo o art. 2º da Lei n. 8.955/94, franquia empresarial é o sistema pelo qual um franqueador cede ao franqueado o direito de uso de marca ou patente, associado ao direito de distribuição exclusiva ou semiexclusiva de produtos ou serviços e, eventualmente, também ao direito de uso de tecnologia de implantação e administração de negócio ou sistema operacional desenvolvidos ou detidos pelo franqueador, mediante remuneração direta ou indireta, sem que, no entanto, fique caracterizado vínculo empregatício. *Alternativa A.*

72. (XXVI Exame) Iguatu Têxtil S/A contratou o transporte de seus produtos do local de sua fábrica, em Iguatu/CE, até um dos polos de distribuição, em Fernão Dias/SP. Durante o trajeto, a carga será transportada, sucessivamente, pelas vias rodoviária, aérea e ferroviária. Será celebrado um único contrato, desde a origem até o destino, sob a execução e a responsabilidade únicas de um Operador de Transportes.

A situação descrita revela que as partes celebraram um contrato de transporte

(A) multimodal.
(B) combinado.
(C) cumulativo.
(D) de fato.

RESPOSTA O art. 2º da Lei n. 9.611/88, que dispõe sobre o Transporte Multimodal de Cargas, determina que Transporte Multimodal de Cargas é aquele que, regido por um único contrato, utiliza duas ou mais modalidades de transporte, desde a origem até o destino, e é executado sob a responsabilidade única de um Operador de Transporte Multimodal. *Alternativa A.*

73. (XXV Exame) Paulo precisa de um veículo automotor para entregar os produtos de seu estabelecimento aos clientes, mas não tem numerário para adquiri-lo. Ele foi aconselhado por sua advogada a celebrar um contrato de arrendamento mercantil. Assinale a opção que indica as faculdades do arrendatário ao final desse contrato.

(A) Devolver o bem ao arrendador, renovar o contrato ou exercer opção de compra.

(B) Subarrendar o bem a terceiro ou exercer opção de compra.

(C) Subarrendar o bem a terceiro, renovar o contrato ou exercer opção de compra.

(D) Devolver o bem ao arrendador ou renovar o contrato.

RESPOSTA Diante de um contrato de arrendamento mercantil (*leasing*), o arrendatário tem todas as opções da *alternativa A*; portanto, correta.

74. (XXV Exame) Borba Eletrônicos Ltda. celebrou contrato de abertura de crédito em conta corrente com o Banco Humaitá S/A, lastreado em nota promissória emitida em garantia da dívida. Sobre a nota promissória e o contrato de abertura de crédito em conta corrente, diante do inadimplemento do mutuário, assinale a afirmativa correta.

(A) O contrato, ainda que acompanhado de extrato da conta corrente e assinado por duas testemunhas, não é título executivo extrajudicial, e a nota promissória a ele vinculada não goza de autonomia, em razão da iliquidez do título que a originou.

(B) O contrato, desde que acompanhado de extrato da conta corrente e assinado por duas testemunhas, é título executivo extrajudicial, porém a nota promissória a ele vinculada não goza de autonomia, em razão da abusividade da cláusula de mandato.

(C) O contrato, ainda que acompanhado de extrato da conta corrente e assinado por duas testemunhas, não é título executivo extrajudicial, porém a nota promissória a ele vinculada goza de autonomia, em razão de sua independência.

(D) O contrato, mesmo não acompanhado de extrato da conta corrente ou assinado por duas teste-

DIREITO EMPRESARIAL

munhas, é título executivo extrajudicial, e a nota promissória a ele vinculada goza de executividade autônoma.

RESPOSTA Ao caso, aplicam-se duas Súmulas do STJ: 233 e 258, respectivamente. "O contrato de abertura de crédito, ainda que acompanhado de extrato da conta-corrente, não é título executivo"; e "A nota promissória vinculada a contrato de abertura de crédito não goza de autonomia em razão da iliquidez do título que a originou". *Alternativa A.*

75. (XXIV Exame) O administrador da sociedade empresária Dutra & Filhos Comércio de Alimentos Ltda. consulta seu advogado para orientá-lo sobre o contrato apropriado para o aumento de sua capacidade de distribuição. A intenção da pessoa jurídica é celebrar um contrato pelo qual possa receber a posse direta de veículos, que serão indicados por ela ao proprietário, para utilizá-los por prazo determinado, mediante o pagamento de prestações mensais durante a vigência do contrato. Ao termo final, a cliente deseja ter a possibilidade de adquirir os veículos ao invés de ser obrigada a devolvê-los ao proprietário ou renovar o contrato. Assinale a opção que indica o contrato apropriado para a sociedade empresária.

(A) Locação a prazo determinado.
(B) Cessão de uso a título oneroso.
(C) Compra e venda a prazo.
(D) Arrendamento mercantil.

RESPOSTA Diante a situação hipotética, o contrato indicado seria de arrendamento mercantil, cujo conceito consiste numa "locação" de bens móveis duráveis ou imóveis, adquiridos pela empresa arrendadora para esse fim, dado ao arrendatário (posse direta) e que ao fim do contrato pode prorrogar o aluguel, devolver o bem ou comprá-lo pelo seu valor residual. *Alternativa D.*

76. (XXIII Exame) Brito contratou os serviços da corretora Geru para mediar a venda de um imóvel em Estância. O cliente ajustou com a corretora verbalmente que lhe daria exclusividade, fato presenciado por cinco testemunhas. A corretora, durante o tempo de vigência do contrato (seis meses), anunciou o imóvel em veículos de comunicação de Estância, mas não conseguiu concretizar a venda, realizada diretamente por Brito com o comprador, sem a mediação da corretora. Considerando as informações e as regras do Código Civil quanto ao pagamento de comissão, assinale a afirmativa correta.

(A) A corretora não faz jus ao pagamento da comissão, porque o contrato de corretagem foi celebrado por prazo determinado.
(B) A corretora faz jus ao pagamento da comissão, porque a corretagem foi ajustada com exclusividade, ainda que verbalmente.
(C) A corretora não faz jus ao pagamento da comissão, porque o negócio foi iniciado e concluído diretamente entre as partes, sem a sua mediação.
(D) A corretora faz jus ao pagamento da comissão, porque envidou todos os esforços para o êxito da mediação, que não se concluiu por causa alheia à sua vontade.

RESPOSTA Segundo o Código Civil, iniciado e concluído o negócio diretamente entre as partes, nenhuma remuneração será devida ao corretor; mas se, por escrito, for ajustada a corretagem com exclusividade, terá o corretor direito à remuneração integral, ainda que realizado o negócio sem a sua mediação, salvo se comprovada sua inércia ou ociosidade (art. 726). *Alternativa C.*

V. DIREITO FALIMENTAR E RECUPERACIONAL

77. (39º Exame) Pedreira Anitápolis Ltda. está passando por sérias dificuldades de fluxo de caixa a curto e médio prazo e não está conseguindo crédito no mercado financeiro para honrar seus compromissos urgentes, em especial com credores trabalhistas e por acidentes de trabalho. A sociedade empresária pretende elaborar um plano de recuperação extrajudicial para apresentar a seus credores e negociar com eles sua aprovação. Sobre a pretensão de submeter créditos trabalhistas e por acidentes de trabalho aos efeitos da recuperação extrajudicial, assinale a afirmativa correta.

(A) Os créditos de natureza trabalhista e por acidentes de trabalho podem ser incluídos no plano de recuperação extrajudicial, mas, para a homologação, é necessária prévia negociação coletiva com o sindicato da respectiva categoria funcional.
(B) Os créditos de natureza trabalhista e por acidentes de trabalho, à semelhança do que ocorre com os créditos de natureza tributária, não podem ser incluídos no plano de recuperação extrajudicial, por não se sujeitarem aos efeitos da recuperação extrajudicial.
(C) Os créditos decorrentes de acidentes de trabalho, no limite máximo de 150 (cento e cinquenta) salários mínimos por empregado, podem ser incluídos no plano de recuperação extrajudicial, mas os créditos de natureza trabalhista

não se sujeitam aos efeitos da recuperação extrajudicial.

(D) Os créditos de natureza trabalhista podem ser incluídos no plano de recuperação extrajudicial, mediante negociação coletiva prévia com o sindicato da respectiva categoria funcional, mas os créditos decorrentes de acidentes de trabalho não se sujeitam aos efeitos da recuperação extrajudicial.

RESPOSTA De acordo com o art. 161, § 1º, da Lei n. 11.101/2005: "Estão sujeitos à recuperação extrajudicial todos os créditos existentes na data do pedido, exceto os créditos de natureza tributária e aqueles previstos no § 3º do art. 49 e no inciso II do *caput* do art. 86 desta Lei, e a sujeição dos créditos de natureza trabalhista e por acidentes de trabalho exige negociação coletiva com o sindicato da respectiva categoria profissional". *Alternativa A.*

78. (37º Exame) Aral adquiriu bens de consumo de uma sociedade empresária, ficando esta de lhe entregar as mercadorias em até 10 (dez) dias úteis. Entretanto, a entrega não se realizou em razão da decretação de falência da vendedora e o consequente encerramento das atividades com o lacre dos estabelecimentos. O administrador judicial recebeu interpelação de Aral sobre a posição da massa falida quanto à entrega das mercadorias que comprou ou a devolução das parcelas já pagas. O administrador judicial se manifestou no sentido de não entregar a mercadoria ao comprador, justificando a ausência de redução do passivo da massa falida e a extinção do contrato. Não há comitê de credores em funcionamento no processo falimentar. Considerando os fatos narrados e as disposições da Lei n. 11.101/2005, assinale a afirmativa que indica a atitude a ser tomada por Aral.

(A) Pedir ao juiz da falência a indisponibilidade de bens da massa até o valor de seu crédito para fins de futuro pagamento.

(B) Pedir a restituição em dinheiro das parcelas pagas pela aquisição dos bens.

(C) Habilitar o crédito relativo ao valor pago na classe dos credores quirografários.

(D) Ajuizar ação de execução por quantia certa em face da massa falida para recebimento das parcelas pagas.

RESPOSTA Na classificação dos créditos, os quirografários estão como os saldos dos créditos não cobertos pelo produto da alienação dos bens vinculados ao seu pagamento, os saldos dos créditos derivados da legislação trabalhista que excederem o limite estabelecido no inciso I do *caput* do art. 83 e todos aqueles não previstos no art. 83 da LRF. *Alternativa C.*

79. (36º Exame) Cerâmica Água Doce do Norte teve sua falência requerida pelo Banco Boa Esperança S/A, em razão do não pagamento de cinco duplicatas que lhe foram endossadas por Castelo, Vivacqua & Cia. Os títulos estão protestados para fins falimentares e não se verificou pagamento até a data da citação. Ao ser citada, a sociedade devedora apresentou tempestivamente a contestação e, no mesmo prazo, em peça processual própria, requereu recuperação judicial, sem, contudo, se manifestar sobre a efetivação de depósito elisivo. Com base nas informações acima, a sociedade empresária

(A) tinha a faculdade de pleitear sua recuperação judicial no prazo de contestação, ainda que não tivesse se manifestado pela efetivação de depósito elisivo.

(B) não deveria ter requerido sua recuperação judicial e sim ter efetuado o depósito elisivo, eliminando a presunção de insolvência para, somente após esse ato, pleitear recuperação judicial.

(C) deveria ter pleiteado sua recuperação judicial, pois o devedor pode se utilizar do benefício até o trânsito em julgado da sentença de falência, portanto, o pedido foi tempestivo e correto.

(D) estava impedida de requerer recuperação judicial, pois já havia, na data do pedido de recuperação, requerimento de falência contra si, ajuizado pelo credor das duplicatas.

RESPOSTA O art. 98, parágrafo único, da Lei n. 11.101/2005 dispõe que: "o devedor poderá (faculdade), no prazo da contestação, depositar o valor correspondente ao total do crédito (depósito elisivo), acrescido de correção monetária, juros e honorários advocatícios, hipótese em que a falência não será decretada e, caso julgado procedente o pedido de falência, o juiz ordenará o levantamento do valor pelo autor". *Alternativa A.*

80. (35º Exame) Júlio de Castilhos, credor com garantia real da Companhia Cruz Alta, em recuperação judicial, após instalada a assembleia de credores em segunda convocação, propôs a suspensão da deliberação sobre a votação do plano para que três cláusulas do documento fossem ajustadas. A proposta obteve aceitação dos credores presentes e o apoio da recuperanda. Considerando os fatos narrados, deve-se considerar a deliberação sobre a suspensão da assembleia

(A) válida, eis que é permitido aos credores decidir pela suspensão da assembleia geral, que deverá ser encerrada no prazo de até 15 (quinze) dias, contados da data da deliberação.

DIREITO EMPRESARIAL

(B) inválida, eis que a assembleia não pode ser suspensa diante de ter sido instalada em segunda convocação e deverá o juiz convocar nova assembleia no prazo de até 5 (cinco) dias.

(C) válida, eis que é permitido aos credores decidir pela suspensão da assembleia geral, que deverá ser encerrada no prazo de até 90 (noventa) dias, contados da data de sua instalação.

(D) inválida, eis que a suspensão de assembleia é uma característica do procedimento de aprovação do plano especial para micro e pequenas empresas, e a recuperanda não pode utilizá-lo por ser companhia.

RESPOSTA Está previsto na Lei n. 11.101/2005 que, na hipótese de suspensão da assembleia geral de credores convocada para fins de votação do plano de recuperação judicial, a assembleia deverá ser encerrada no prazo de até 90 dias, contado da data de sua instalação (art. 56, § 9º). *Alternativa C.*

81.
(35º Exame) A empresa de viagens Balneário Gaivota Ltda. teve sua falência decretada com fundamento na impontualidade no pagamento de crédito no valor de R$ 610.000,00 (seiscentos e dez mil reais). Na relação de credores apresentada pela falida para efeito de publicação consta o crédito em favor do Banco Princesa S/A. no valor, atualizado até a data da falência, de R$ 90.002,50 (noventa mil e dois reais e cinquenta centavos), garantido por constituição de propriedade fiduciária. Ao ler a relação de credores e constatar tal crédito, é correto afirmar que

(A) o crédito do Banco Princesa S/A. não se submeterá aos efeitos da falência, e prevalecerão as condições contratuais originais assumidas pela devedora antes da falência perante o fiduciário.

(B) o crédito do Banco Princesa S/A. submeter-se-á aos efeitos da falência, porém o bem garantido pela propriedade fiduciária será alienado de imediato para pagamento aos credores extraconcursais.

(C) o crédito do Banco Princesa S/A. não se submeterá aos efeitos da falência, permitindo ao falido permanecer na posse do imóvel até o encerramento da falência.

(D) o crédito do Banco Princesa S/A. submeter-se-á aos efeitos da falência e será pago na ordem dos créditos concursais, ressalvado o direito de o credor pleitear a restituição do bem.

RESPOSTA Diz o art. 85 da Lei n. 11.101/2005 que o proprietário de bem arrecadado no processo de falência ou que se encontre em poder do devedor na data da decretação da falência poderá pedir sua restituição. *Alternativa D.*

82.
(XXXIV Exame) Tibagi Verduras e Legumes Ltda. requereu sua recuperação judicial no juízo do seu principal estabelecimento, localizado em Apucarana/PR. Na petição inicial informou sua condição de microempresa, comprovando na documentação acostada seu enquadramento legal e que apresentará, oportunamente, plano especial de recuperação. Considerando as informações prestadas e as disposições da legislação sobre o plano especial de recuperação, assinale a única afirmativa correta.

(A) A sociedade devedora poderá oferecer aos credores quirografários, inclusive àqueles decorrentes de repasse de recursos oficiais, o pagamento em até 36 (trinta e seis) parcelas mensais, iguais e sucessivas, acrescidas de juros equivalentes à taxa SELIC, podendo propor o abatimento do valor das dívidas.

(B) O plano especial de recuperação deverá prever que o devedor realize o pagamento da primeira parcela aos credores sujeitos à recuperação, no prazo máximo de 360 (trezentos e sessenta) dias, contados da data da concessão da recuperação judicial.

(C) A sociedade limitada não poderá incluir no plano especial os credores titulares de propriedade fiduciária de bens móveis ou imóveis, proprietários em contrato de compra e venda com reserva de domínio, que terão preservadas as condições contratuais e as disposições legais.

(D) Por se tratar de devedora microempresa e em razão do tratamento favorecido que lhe é dispensado, o plano especial de recuperação poderá ser apresentado em até 60 (sessenta) dias, contados da data do pedido de recuperação, admitida uma única prorrogação e por igual prazo.

RESPOSTA O plano especial de recuperação judicial, segundo a Lei n. 11.101/2005, será apresentado no prazo previsto no art. 53 desta Lei e limitar-se-á às condições do art. 71, dentre elas, preverá parcelamento em até 36 parcelas mensais, iguais e sucessivas, acrescidas de juros equivalentes à taxa Sistema Especial de Liquidação e de Custódia – SELIC, podendo conter, ainda, a proposta de abatimento do valor das dívidas (inciso II). *Alternativa A.*

83.
(XXXIII Exame) Na Comarca de Imperatriz/MA funcionam 4 (quatro) Varas Cíveis, com competência concorrente para o julgamento de causas de falência e recuperação judicial. Em 22 de agosto de 2019, foi apresentado requerimento de falência de uma sociedade empresária enquadrada como empresa de pequeno porte, com principal estabelecimento naquele município. O re-

querimento foi distribuído para a 3ª Vara Cível. Tendo sido determinada a citação do devedor, no prazo da contestação, Coelho Dutra, administrador e representante legal da sociedade, requereu sua recuperação judicial, devidamente autorizado por deliberação dos sócios. Com base nestas informações, assinale a afirmativa correta.

(A) O requerimento de recuperação judicial não está sujeito à distribuição por dependência, podendo ser apreciado por qualquer um dos quatro juízos cíveis da comarca.

(B) A distribuição do pedido de falência previne a jurisdição para o pedido de recuperação judicial formulado pelo devedor, de modo que será competente o juízo da 3ª Vara Cível.

(C) Por se tratar de devedor enquadrado como empresa de pequeno porte, há tratamento diferenciado para o pedido de recuperação judicial, estando prevento o juízo que conheceu do pedido de falência.

(D) Como o devedor não se enquadra na definição legal de microempresa (incluído o microempreendedor individual), o requerimento de recuperação judicial não está sujeito à distribuição por dependência.

RESPOSTA A nova redação dada ao § 8º do art. 6º da Lei Recuperacional (Lei n. 11/101/2005) dispõe que "a distribuição do pedido de falência ou de recuperação judicial ou a homologação de recuperação extrajudicial previne a jurisdição para qualquer outro pedido de falência, de recuperação judicial ou de homologação de recuperação extrajudicial relativo ao mesmo devedor". *Alternativa B.*

84. **(XXXI Exame)** José da Silva, credor de sociedade empresária, consulta você, como advogado(a), para obter orientação quanto aos efeitos de uma provável convolação de recuperação judicial em falência. Em relação à hipótese apresentada, analise as afirmativas a seguir e assinale a única correta.

(A) Os créditos remanescentes da recuperação judicial serão considerados habilitados quando definitivamente incluídos no quadro-geral de credores, tendo prosseguimento as habilitações que estiverem em curso.

(B) As ações que devam ser propostas no juízo da falência estão sujeitas à distribuição por dependência, exceto a ação revocatória e a ação revisional de crédito admitido ao quadro geral de credores.

(C) A decretação da falência determina o vencimento antecipado das dívidas do devedor quanto aos créditos excluídos dos efeitos da recupera-

ção judicial; quanto aos créditos submetidos ao plano de recuperação, são mantidos os prazos nele estabelecidos e homologados pelo juiz.

(D) As ações intentadas pelo devedor durante a recuperação judicial serão encerradas, devendo ser intimado o administrador judicial da extinção dos feitos, sob pena de nulidade do processo.

RESPOSTA Considerar-se-ão habilitados os créditos remanescentes da recuperação judicial, quando definitivamente incluídos no quadro-geral de credores, tendo prosseguimento as habilitações que estejam em curso – art. 80, Lei n. 11.101/2005. *Alternativa A.*

85. **(XXX Exame)** Além da impontualidade, a falência pode ser decretada pela prática de atos de falência por parte do devedor empresário individual ou dos administradores da sociedade empresária. Assinale a opção que constitui um ato de falência por parte do devedor.

(A) Deixar de pagar, no vencimento, obrigação líquida materializada em título executivo protestado por falta de pagamento, cuja soma ultrapasse o equivalente a 40 (quarenta) salários-mínimos na data do pedido de falência.

(B) Transferir, durante a recuperação judicial, estabelecimento a terceiro sem o consentimento de todos os credores e sem ficar com bens suficientes para solver seu passivo em cumprimento à disposição do plano de recuperação.

(C) Não pagar, depositar ou nomear bens à penhora, no prazo de 3 (três) dias, contados da citação, bens suficientes para garantir a execução.

(D) Deixar de cumprir, no prazo estabelecido, obrigação assumida no plano de recuperação judicial, após o cumprimento de todas as obrigações previstas no plano que vencerem até dois anos depois da concessão da recuperação judicial.

RESPOSTA Segundo o art. 94 da Lei Falimentar, será decretada a falência do devedor nas hipóteses dos seus três incisos, incluindo quem praticar os atos falimentares previstos nas alíneas do inciso III. Segundo a jurisprudência do STJ, "caso haja inadimplemento da obrigação assumida por ocasião da aprovação do plano, abrem-se três possibilidades: (a) se o inadimplemento ocorrer durante os 2 (dois) anos a que se refere o *caput* do art. 61 da Lei n. 11.101/2005, o juiz deve convolar a recuperação em falência; (b) se o descumprimento ocorrer depois de escoado o prazo de 2 (dois) anos, qualquer credor poderá pedir a execução específica assumida no plano de recuperação; ou (c) requerer a falência com base no art. 94 da Lei" (RESP n. 1.272.697-DF, Min. Luis Felipe Salomão). Apesar da má redação da *alternativa D*, parece-nos que ela é a "mais" correta.

DIREITO EMPRESARIAL

86. (XXIX Exame) Madeireira Juína Ltda. requereu a homologação de plano de recuperação extrajudicial em Juara/MT, lugar de seu principal estabelecimento. Após o pedido de homologação e antes da publicação do edital para apresentação de impugnação ao plano, um dos credores com privilégio geral que haviam assinado o plano pretende desistir unilateralmente da adesão. Tal credor possui um terço dos créditos de sua classe submetidos ao plano. Com relação ao credor com privilégio geral, após a distribuição do pedido de homologação, assinale a afirmativa correta.

(A) Não poderá desistir da adesão ao plano, mesmo com a anuência expressa dos demais signatários.

(B) Poderá desistir da adesão em razão da natureza contratual do plano, que permite, a qualquer tempo, sua denúncia.

(C) Não poderá desistir da adesão ao plano, salvo com a anuência expressa dos demais signatários.

(D) Poderá desistir da adesão ao plano, desde que seja titular de mais de 1/4 do total dos créditos de sua classe.

RESPOSTA Diante da situação hipotética, aplica-se o art. 161, § 5º, da Lei n. 11.101/2005, pois após a distribuição do pedido de homologação, os credores não poderão desistir da adesão ao plano, salvo com a anuência expressa dos demais signatários. *Alternativa C.*

87. (XXIX Exame) Ribamar é sócio da sociedade empresária Junco, Fiquene & Cia. Ltda. Após uma infrutífera negociação de plano de recuperação judicial, a assembleia de credores rejeitou o plano, acarretando a decretação de falência da sociedade. O desgaste, que já existia entre Ribamar e os demais sócios, intensificou-se com a decretação da falência, ensejando pedido de retirada da sociedade, com base nas disposições reguladoras da sociedade limitada. Diante dos fatos narrados, assinale a afirmativa correta.

(A) A decretação da falência suspende o exercício do direito de retirada do sócio Ribamar.

(B) A sociedade deverá apurar os haveres do sócio dissidente Ribamar, que serão pagos como créditos extraconcursais.

(C) O juiz da falência deverá avaliar o pedido de retirada do sócio Ribamar e, eventualmente, deferi-lo na ação de dissolução parcial.

(D) A decretação de falência não suspende o direito de retirada do sócio Ribamar, mas o pagamento de seus haveres deverá ser incluído como crédito subordinado.

RESPOSTA De acordo com o art. 116 da Lei n. 11.101/2005, a decretação da falência suspende o exercício do direito de retirada ou de recebimento do

valor de suas quotas ou ações, por parte dos sócios da sociedade falida. *Alternativa A.*

88. (XXVIII Exame) Indústria de Celulose Três Rios Ltda. requereu homologação de plano de recuperação extrajudicial no lugar do seu principal estabelecimento. No plano de recuperação apresentado há um crédito quirografário em moeda estrangeira, com pagamento segundo a variação cambial do euro. Foi prevista ainda pelo devedor a supressão da variação cambial pela substituição da moeda euro pelo real. O plano foi aprovado por credores que titularizam mais de três quintos dos créditos de cada classe, mas Licínio, o credor titular deste crédito, não o assinou. De acordo com as disposições legais para homologação da recuperação extrajudicial, assinale a afirmativa correta.

(A) O plano pode ser homologado porque, mesmo sem a assinatura de Licínio, houve aprovação por credores que titularizam mais de três quintos dos créditos de cada classe.

(B) O plano não pode ser homologado porque, diante da supressão da variação cambial, o credor Licínio pode vetar sua aprovação, qualquer que seja o quórum de aprovação.

(C) O plano pode ser homologado porque o consentimento expresso de Licínio só é exigido para os créditos com garantia real, não se aplicando a exigência aos créditos quirografários.

(D) O plano não pode ser homologado por não ter atingido o quórum mínimo de aprovação, independentemente da supressão da cláusula de variação cambial.

RESPOSTA De acordo com o art. 50, § 2º, da Lei 11.101/2005, nos créditos em moeda estrangeira, a variação cambial será conservada como parâmetro de indexação da correspondente obrigação e só poderá ser afastada se o credor titular do respectivo crédito aprovar expressamente previsão diversa no plano de recuperação judicial. *Alternativa B.*

89. (XXVI Exame) Antes da decretação de falência da sociedade Talismã & Sandolândia Ltda., foi ajuizada ação de execução por título extrajudicial por Frigorífico Rio Sono Ltda., esta enquadrada como empresa de pequeno porte. Com a notícia da decretação da falência pela publicação da sentença no Diário da Justiça, o advogado da exequente tomará ciência de que a execução do título extrajudicial

(A) não será suspensa, em razão do enquadramento da credora como empresa de pequeno porte.

(B) está suspensa pelo prazo improrrogável de 180 (cento e oitenta) dias, contados da publicação da sentença.

(C) não será suspensa, em razão de ter sido ajuizada pelo credor antes da decretação da falência.

(D) está suspensa, devendo o credor se submeter às regras do processo falimentar e ter seu crédito verificado e classificado.

RESPOSTA De acordo com o inciso V do art. 99 da Lei Falimentar. *Alternativa D.*

90. (XXV Exame) Concessionária de Veículos Primeira Cruz Ltda. obteve concessão de sua recuperação judicial. Diante da necessidade de alienação de bens do ativo permanente, não relacionados previamente no plano de recuperação, foi convocada assembleia geral de credores. A proposta de alienação foi aprovada em razão do voto decisivo da credora Dutra & Corda Representações Ltda., cujo sócio majoritário P. Dutra tem participação de 32% (trinta e dois por cento) no capital da sociedade recuperanda. Com base nesses dados, é correto afirmar que

(A) a decisão é nula de pleno direito, pois a pretensão de alienação de bens do ativo permanente, não relacionados no plano, enseja a convolação da recuperação judicial em falência.

(B) o voto da sociedade Dutra & Corda Representações Ltda. não poderia ter sido considerado para fins de verificação do quórum de instalação e de deliberação da assembleia geral.

(C) a decisão assemblear é anulável, pois a sociedade Dutra & Corda Representações Ltda., como credora, não poderia ter participado nem proferido voto na assembleia geral.

(D) a assembleia é nula, pois a autorização para a alienação de bens do ativo permanente, não relacionados no plano de recuperação judicial, é prerrogativa exclusiva do administrador judicial.

RESPOSTA Segundo o art. 43 da Lei n. 11.101/2005, os sócios do devedor, bem como as sociedades coligadas, controladoras, controladas ou as que tenham sócio ou acionista com participação superior a 10% (dez por cento) do capital social do devedor ou em que o devedor ou algum de seus sócios detenham participação superior a 10% (dez por cento) do capital social, poderão participar da assembleia-geral de credores, sem ter direito a voto e não serão considerados para fins de verificação do *quorum* de instalação e de deliberação. *Alternativa B.*

91. (XXIV Exame) A sociedade empresária Pará de Minas Veículos Ltda. pretende requerer sua recuperação judicial. Ao analisar a minuta de petição inicial, o gerente administrativo listou os impedimentos ao pedido de recuperação. Assinale a opção que apresenta um desses impedimentos.

(A) O devedor ter, há menos de 5 (cinco) anos, obtido concessão de recuperação judicial.

(B) O devedor possuir ativo que não corresponda a, pelo menos, 50% (cinquenta por cento) do passivo quirografário.

(C) O devedor deixar de requerer sua autofalência nos 30 (trinta) dias seguintes ao vencimento de qualquer obrigação líquida.

(D) A sociedade ter como administrador pessoa condenada por crime contra o patrimônio ou contra a fé pública.

RESPOSTA De acordo com o art. 48 da Lei n. 11.101/2005, poderá requerer recuperação judicial "o devedor que, no momento do pedido, exerça regularmente suas atividades há mais de 2 (dois) anos e que atenda aos seguintes requisitos, cumulativamente: I – não ser falido e, se o foi, estejam declaradas extintas, por sentença transitada em julgado, as responsabilidades daí decorrentes; II – não ter, há menos de 5 (cinco) anos, obtido concessão de recuperação judicial; III – não ter, há menos de 5 (cinco) anos, obtido concessão de recuperação judicial com base no plano especial de que trata a Seção V deste Capítulo; IV – não ter sido condenado ou não ter, como administrador ou sócio controlador, pessoa condenada por qualquer dos crimes previstos nesta Lei". *Alternativa A.*

92. (XXIV Exame) O empresário individual Ives Diniz, em conluio com seus dois primos, realizou empréstimos simulados a fim de obter crédito para si; por esse e outros motivos, foi decretada sua falência. No curso do processo falimentar, o administrador judicial verificou a prática de outros atos praticados pelo devedor e seus primos, antes da falência; entre eles, a transferência de bens do estabelecimento a terceiros lastreados em pagamentos de dívidas fictícias, com nítido prejuízo à massa. De acordo com o enunciado e as disposições da Lei de Falência e Recuperação de Empresas, o advogado contratado pelo administrador judicial para defender os direitos e interesses da massa deverá

(A) requerer, no juízo da falência, a instauração do incidente de desconsideração da personalidade jurídica.

(B) ajuizar ação revocatória em nome da massa falida no juízo da falência.

(C) ajuizar ação pauliana em nome do administrador judicial no juízo cível.

DIREITO EMPRESARIAL

(D) requerer, no juízo da falência, o sequestro dos bens dos primos do empresário como medida antecedente à ação de responsabilidade civil.

RESPOSTA De acordo com o art. 130 da Lei n. 11.101/2005, são revogáveis – por meio da ação revocatória – os atos praticados com a intenção de prejudicar credores, provando-se o conluio fraudulento entre o devedor e o terceiro que com ele contratar e o efetivo prejuízo sofrido pela massa falida. *Alternativa B.*

93.
(XXIII Exame) Você participou da elaboração, apresentação e negociação do plano de recuperação extrajudicial de devedor sociedade empresária. Tendo sido o plano assinado por todos os credores por ele atingidos, seu cliente o contratou para requerer a homologação judicial. Assinale a opção que indica o juízo em que deverá ser apresentado o pedido de homologação do plano de recuperação extrajudicial.

(A) O juízo da sede do devedor.
(B) O juízo do principal estabelecimento do devedor.
(C) O juízo da sede ou de qualquer filial do devedor.
(D) O juízo do principal estabelecimento ou da sede do devedor.

RESPOSTA De acordo com a Lei n. 11.101/2005, art. 3º, é competente para homologar o plano de recuperação extrajudicial, deferir a recuperação judicial ou decretar a falência o juízo do local do principal estabelecimento do devedor ou da filial de empresa que tenha sede fora do Brasil. *Alternativa B.*

94.
(XXII Exame) Mauriti & Cia Ltda. celebrou contrato de alienação fiduciária em garantia com a sociedade empresária Gama. Com a decretação de falência da fiduciante, o advogado da fiduciária pleiteou a restituição do bem alienado, sendo informado pelo administrador judicial que o bem se encontrava na posse do falido na época da decretação da falência, porém não foi encontrado para ser arrecadado. Considerando os fatos narrados, o credor fiduciário terá direito à restituição em dinheiro do valor da avaliação do bem atualizado?

(A) Não, em razão de este não ter sido encontrado para arrecadação.
(B) Sim, devendo, para tanto, habilitar seu crédito na falência como quirografário.
(C) Sim, mesmo que o bem alienado não mais exista ao tempo do pedido de restituição ou que não tenha sido arrecadado.
(D) Não, por não ter a propriedade plena do bem alienado fiduciariamente, e sim resolúvel.

RESPOSTA Se a coisa não mais existir ao tempo do pedido de restituição, hipótese em que o requerente

receberá o valor da avaliação do bem, ou, no caso de ter ocorrido sua venda, o respectivo preço, em ambos os casos no valor atualizado (art. 86, I, da Lei n. 11.101/2005 – LRF). *Alternativa C.*

95.
(XXI Exame) A sociedade empresária Monte Santo Embalagens Ltda. EPP requereu homologação de plano de recuperação extrajudicial, que continha, dentre outras, as seguintes disposições:

i) estabelecia a produção de efeitos a partir da data de sua assinatura, exclusivamente em relação à modificação do valor de créditos dos credores signatários;
ii) o pagamento antecipado de dívidas em relação aos credores com privilégio especial, justificando a necessidade em razão do fluxo de caixa;
iii) a inclusão de credores enquadrados como microempresas e empresas de pequeno porte;
iv) previa, como meio de recuperação, o trespasse de duas filiais.

O devedor enviou carta a todos os credores sujeitos ao plano, domiciliados ou sediados no país, informando a distribuição do pedido, as condições do plano e o prazo para impugnação. Você, como advogado(a) de um desse credores, pretende impugnar a homologação porque o plano a ser homologado

(A) só deve incluir, como meio de recuperação, o parcelamento ou abatimento de dívidas, com a incidência de juros fixos à taxa de 12% (doze por cento) ao ano.
(B) não pode contemplar o pagamento antecipado de dívidas nem tratamento desfavorável aos credores que a ele não estejam sujeitos.
(C) não pode prever a produção de efeitos anteriores à sua homologação, ainda que exclusivamente em relação à modificação do valor de créditos dos credores signatários.
(D) não pode incluir credores enquadrados como empresas de pequeno porte, porque está limitado às classes de credores com garantia real, com privilégio geral, quirografários e subquirografários.

RESPOSTA O plano não poderá contemplar o pagamento antecipado de dívidas nem tratamento desfavorável aos credores que a ele não estejam sujeitos (art. 161, § 2º, da Lei n. 11.101/2005). *Alternativa B.*

96.
(XX Exame) Mostardas, Tavares & Cia Ltda. EPP requereu sua recuperação judicial tendo o pedido sido despachado pelo juiz com a nomeação de Frederico Portela como administrador judicial. Em relação à remuneração do administrador judicial, será observada a seguinte regra:

(A) a remuneração não excederá 5% (cinco por cento) do valor devido aos credores submetidos à recuperação judicial.

(B) caberá ao devedor arcar com as despesas relativas à remuneração do administrador judicial e das pessoas eventualmente contratadas para auxiliá-lo.

(C) a remuneração deverá ser paga até o final do encerramento da verificação dos créditos e publicação do quadro de credores.

(D) será devida remuneração proporcional ao trabalho realizado quando o administrador judicial for destituído por descumprimento de deveres legais.

RESPOSTA Caberá ao devedor ou à massa falida arcar com as despesas relativas à remuneração do administrador judicial e das pessoas eventualmente contratadas para auxiliá-lo (art. 25 da Lei n. 11.101/2005). *Alternativa B.*

97. (XX Exame – Reaplicação) O estatuto de uma sociedade empresária do tipo anônima estabelece que seu objeto social é a exploração de serviços aéreos públicos de transporte regular e não regular. Diante do processamento da recuperação judicial da referida sociedade empresária, o exercício dos direitos derivados de contratos de arrendamento de aeronaves ou de seus motores pelos credores

(A) ficará suspenso pelo prazo improrrogável de 180 (cento e oitenta) dias contado da data do processamento da recuperação, restabelecendo-se, após o decurso do prazo, o direito dos arrendadores de iniciar ou continuar suas ações e execuções, independentemente de pronunciamento judicial.

(B) não ficará suspenso, e os arrendadores podem continuar suas ações e execuções, mas, durante o prazo de 180 (cento e oitenta) dias, contado da data do processamento da recuperação, não é permitida a venda ou a retirada do estabelecimento das aeronaves, por serem bens de capital essenciais à empresa.

(C) ficará suspenso até a concessão da recuperação judicial, exceto se o plano de recuperação estabelecer que as obrigações anteriores à recuperação judicial observarão as condições originalmente definidas em lei, inclusive no que diz respeito aos encargos.

(D) não ficará suspenso em nenhuma hipótese e os créditos decorrentes dos contratos de arrendamento não se submeterão aos efeitos da recuperação judicial, prevalecendo os direitos de propriedade sobre a coisa e as condições contratuais.

RESPOSTA Destaca-se que a sociedade em pauta tem condições diferentes, por se tratar de companhia área. Assim, o art. 199 regula algumas peculiaridades, entre elas, em nenhuma hipótese ficará suspenso o exercício de direitos derivados de contratos de locação, arrendamento mercantil ou de qualquer outra modalidade de arrendamento de aeronaves ou de suas partes (§ 1º), como também os créditos decorrentes dos contratos mencionados no § 1º deste artigo não se submeterão aos efeitos da recuperação judicial ou extrajudicial, prevalecendo os direitos de propriedade sobre a coisa e as condições contratuais (§ 2º). Artigo da Lei n. 11.101/2005. *Alternativa D.*

VI. PROPRIEDADE INDUSTRIAL

98. (40º Exame) Os cientistas Pio Alves e Cardoso Moreira desenvolveram dois produtos que reúnem os requisitos de patenteabilidade e reivindicaram a autoria perante o Instituto Nacional da Propriedade Industrial (INPI). O primeiro recebeu registro de patente na categoria de invenção e, o segundo, a patente na categoria de modelo de utilidade. Assinale a opção que indica o privilégio de exploração que as patentes assegurarão aos autores.

A) Temporário, para ambos.

B) Vitalício, para ambos.

C) Perpétuo, até a terceira geração de descendentes dos autores.

D) Temporário, para Pio Alves, autor da invenção, e vitalício para Cardoso Moreira, autor do modelo de utilidade.

RESPOSTA De acordo com a Lei n. 9.279, a patente de invenção vigorará pelo prazo de 20 (vinte) anos e a de modelo de utilidade pelo prazo 15 (quinze) anos contados da data de depósito (art. 40). *Alternativa A.*

99. (37º Exame) A proteção dos direitos relativos à propriedade industrial, por meio da concessão do direito de exclusividade para exploração da criação pelo seu titular, considerado seu interesse social e o desenvolvimento tecnológico e econômico do país, efetua-se mediante concessão de registro

(A) de marca.

(B) para o nome empresarial.

(C) para o título de estabelecimento.

(D) de obras literárias, arquitetônicas, artísticas.

RESPOSTA Diz o art. 2º da Lei n. 9.279/96 que a proteção dos direitos relativos à propriedade industrial, considerado o seu interesse social e o desenvolvimento tecnológico e econômico do País, efetua-se mediante, dentre outros, da concessão de registro de marca. *Alternativa A.*

DIREITO EMPRESARIAL

100. **(XXX Exame)** Amambaí Inovação e Engenharia S/A obteve, junto ao Instituto Nacional da Propriedade Industrial (INPI), patente de invenção no ano de 2013. Dois anos após, chegou ao conhecimento dos administradores a prática de atos violadores de direitos de patente. No entanto, a ação para reparação de dano causado ao direito de propriedade industrial só foi intentada no ano de 2019.

Você é consultado(a), como Advogado(a) sobre o caso. Assinale a opção que apresenta o seu parecer.

(A) A reparação do dano causado pode ser pleiteada, porque o direito de patente é protegido por 20 (vinte) anos, a contar da data de depósito.

(B) A pretensão indenizatória, na data da propositura da ação, encontrava-se prescrita, em razão do decurso de mais de 3 (três) anos.

(C) A pretensão indenizatória, na data da propositura da ação, não se encontrava prescrita

porque o prazo de 5 (cinco) anos não havia se esgotado.

(D) A reparação do dano causado não pode ser pleiteada, porque a patente concedida não foi objeto de licenciamento pelo seu titular.

RESPOSTA De acordo com o art. 225 da Lei n. 9.279/96, prescreve em 5 (cinco) anos a ação para reparação de dano causado ao direito de propriedade industrial. *Alternativa C.*

REFERÊNCIAS

COELHO, Fábio Ulhoa. *Curso de direito comercial.* 11. ed. São Paulo: Saraiva, 2010. v. 3.

DINIZ, Maria Helena. *Lições de direito empresarial.* São Paulo: Saraiva, 2011.

ROCHA, Marcelo Hugo da. *Direito empresarial sintetizado.* São Paulo: Método, 2017.

ROCHA, Marcelo Hugo da; VIEIRA, Hebert Durães. *Direito empresarial.* 2. ed. São Paulo: Rideel, 2022.

Direito Processual Civil

Ao acessar o QR Code, você encontrará Dicas para o Exame da OAB e mais Questões Comentadas para treinar seus conhecimentos

> https://uqr.to/1wk76

DIREITO PROCESSUAL CIVIL: QUADRO GERAL DE QUESTÕES	
TEMAS	N. DE QUESTÕES
I. Princípios	1
II. Jurisdição e Ação, Partes e Procuradores	20
III. Litisconsórcio, Assistência e Intervenção de Terceiros	18
IV. Competências, Ministério Público, Juiz e Auxiliares da Justiça	9
V. Atos Processuais	9
VI. Formação, Suspensão e Extinção do Processo	3
VII. Petição Inicial e Resposta do Réu	22
VIII. Revelia, Providências Preliminares e Julgamento conforme o Estado do Processo	7
IX. Provas e Audiências	11
X. Sentença e Coisa Julgada	14
XI. Recursos	33
XII. Execução, Liquidação de Sentença e Cumprimento de Sentença	33
XIII. Tutelas Provisórias	18
XIV. Procedimentos Especiais	28
XV. Ação Rescisória, Ação Popular, Ação Civil Pública	14
XVI. Mandado de Segurança	5
XVII. Juizados Especiais	7
TOTAL	252

I. PRINCÍPIOS

Acesse o QR Code e consulte as questões comentadas sobre este tema.

II. JURISDIÇÃO E AÇÃO, PARTES E PROCURADORES

1. (41º Exame) Antes de tomar posse como juiz, Bernardo atuou por 2 (dois) anos como membro do Ministério Público. Boa parte de sua atuação como promotor foi focada na Promotoria de Justiça de Tutela Coletiva de Defesa do Meio Ambiente. Um dos seus casos mais relevantes foi a atuação, como representante do Ministério Público, em uma ação coletiva movida contra os proprietários de um shopping center que estava sendo construído perto de zona protegida da Mata Atlântica. Mais de 10 anos depois, Bernardo, como juiz de direito, recebeu no seu gabinete a ação coletiva que ele havia proposto contra o shopping quando atuava como promotor. Segundo o contexto apresentado, sobre a atuação de Bernardo como juiz do caso, assinale a afirmativa correta.

(A) Bernardo poderá proferir sentença na ação coletiva, pois sua atuação no caso como promotor do Ministério Público nesse mesmo processo ocorreu há mais de dez anos, de modo que não há qualquer impedimento do magistrado.

(B) Bernardo somente poderá proferir decisões interlocutórias na ação coletiva, mas não poderá proferir sentença, pois sua atuação no caso como promotor do Ministério Público nesse mesmo processo ocorreu há mais de dez anos, de modo que não há qualquer impedimento do magistrado para proferir decisões interlocutórias.

(C) Bernardo não poderá proferir sentença na ação coletiva, por se enquadrar em hipótese de impedimento do magistrado. Entretanto, Bernardo poderá proferir decisões interlocutórias, exceto as que versem sobre tutela provisória, porque não decidirá o mérito da ação.

(D) Bernardo não poderá proferir decisões interlocutórias e/ou sentença na ação coletiva, por se enquadrar em hipótese de impedimento do magistrado.

RESPOSTA Conforme o disposto no art. 144, I, do CPC, pois haverá impedimento do juiz, sendo-lhe vedado exercer suas funções no processo em que interveio como mandatário da parte, oficiou como perito, funcionou como membro do Ministério Público ou prestou depoimento como testemunha. *Alternativa D.*

2. (40º Exame) Júlio, advogado ainda inexperiente, preocupado com a possibilidade de perder o prazo para oferecer contestação em favor de Roberta, sua cliente que está viajando, indaga a você se ele deve esperar o retorno de Roberta, que esqueceu de fornecer procuração.

Diante desse cenário, assinale a afirmativa que, corretamente, apresenta sua orientação.

(A) Júlio pode oferecer contestação, independentemente de procuração, desde que junte o instrumento aos autos no prazo de 15 dias, a fim de evitar preclusão.

(B) Júlio pode oferecer contestação, independentemente de instrumento de mandato, apenas se a parte contrária concordar.

(C) Júlio deve aguardar o retorno de Roberta, tendo em vista que o advogado não será admitido a postular em juízo sem procuração.

(D) Júlio, caso os direitos tratados em juízo sejam disponíveis, pode oferecer contestação mesmo que desacompanhada de procuração e, caso os mencionados direitos estejam indisponíveis, ele deve aguardar o retorno de Roberta, tendo em vista que, nesse caso, o advogado não será admitido a postular em juízo sem procuração.

RESPOSTA Como regra, o advogado não poderá realizar postulação em juízo sem a apresentação do instrumento de procuração, pois, nesse caso, a sua capacidade postulatória não estará devidamente comprovada. Todavia, essa regra não é absoluta, tendo em vista que a própria legislação admite que o advogado, mesmo sem o instrumento de procuração, atue em juízo para evitar preclusão, decadência ou prescrição, ou, ainda, para praticar um ato considerado urgente. Devendo apresentar a procuração no prazo de 15 dias, o qual ainda poderá ser prorrogado pelo magistrado da causa, conforme art. 104, *caput* e § 1º, do CPC. *Alternativa C.*

3. (38º Exame) Tatiana ingressou com ação de alimentos em face do seu ex-marido José, pleiteando pensão alimentícia no valor mensal de R$ 5.000,00 (cinco mil reais), e gratuidade de justiça que lhe foi concedida. No processo restou comprovado que José estava desempregado e com grave enfermidade, não tendo a possibilidade de prestar alimentos. Dessa forma, o pedido de alimentos foi julgado improcedente, sendo Tatiana condenada em honorários de sucumbência equivalentes a 10% sobre o valor da causa. Contudo, por ser beneficiária da gratuidade de justiça, a exigibilidade dos honorários de sucumbência ficou suspensa. Dois anos após o trânsito em julgado da sentença, Tatiana ganhou sorteio lotérico e recebeu um prêmio milionário. Sabendo da atual situação de Tatiana, o advogado de José a procurou para cobrar os honorários de sucumbência fixados na ação de alimentos. Considerando o caso narrado, assinale a afirmativa correta.

(A) O advogado de José poderá cobrar os honorários de sucumbência se, no prazo de 5 anos após o trânsito em julgado da sentença, demonstrar que deixou de existir a situação de insuficiência de recursos que justificou a concessão de gratuidade de justiça para Tatiana.

(B) Uma vez concedida a gratuidade de justiça, essa não poderá ser revista, razão pela qual o advogado de José não poderá cobrar os honorários de sucumbência.

(C) Após o trânsito em julgado da sentença não é possível cobrar honorários de sucumbência, ficando o advogado de José impedido de cobrar tal verba.

(D) O advogado de José poderá cobrar os honorários de sucumbência se, no prazo de 1 ano após o trânsito em julgado da sentença, demonstrar que deixou de existir a situação de insuficiência de recursos que justificou a concessão de gratuidade de justiça para Tatiana.

DIREITO PROCESSUAL CIVIL

RESPOSTA Diz o CPC que a pessoa natural ou jurídica, brasileira ou estrangeira, com insuficiência de recursos para pagar as custas, as despesas processuais e os honorários advocatícios tem direito à gratuidade da justiça, na forma da lei (art. 98). Complementa o § 3º deste artigo que, vencido o beneficiário, as obrigações decorrentes de sua sucumbência ficarão sob condição suspensiva de exigibilidade e somente poderão ser executadas se, nos 5 anos subsequentes ao trânsito em julgado da decisão que as certificou, o credor demonstrar que deixou de existir a situação de insuficiência de recursos que justificou a concessão de gratuidade, extinguindo-se, passado esse prazo, tais obrigações do beneficiário. *Alternativa A.*

4. (37º Exame) Marco Aurélio atuou como advogado em uma ação indenizatória movida em face de uma operadora de plano de saúde que foi condenada a pagar indenização por danos morais de R$ 100.000,00 (cem mil reais) ao seu cliente. Apesar de o processo ter corrido perante juízo cível, a sentença condenatória deixou de fixar honorários de sucumbência em favor de Marco Aurélio, tendo transitado em julgado sem que ele percebesse a omissão. Considerando o caso narrado, assinale a afirmativa correta.

(A) Após o trânsito em julgado da sentença, Marco Aurélio não poderá pleitear mais a condenação em honorários de sucumbência.

(B) Marco Aurélio poderá ajuizar ação autônoma para definir o valor dos honorários de sucumbência.

(C) Após o trânsito em julgado da sentença, apesar de omissa quanto à condenação em honorários de sucumbência, Marco Aurélio poderá executar somente o valor mínimo de dez por cento sobre o valor da condenação.

(D) Marco Aurélio poderá opor embargos de declaração em face da sentença omissa, pois a matéria de honorários de sucumbência não transita em julgado.

RESPOSTA Diz o CPC que, caso a decisão transitada em julgado seja omissa quanto ao direito aos honorários ou ao seu valor, é cabível ação autônoma para sua definição e cobrança" (art. 85, § 18). *Alternativa B.*

5. (36º Exame) Maria promoveu uma ação de divórcio em face de seu ex-marido, João, sendo que o réu foi inicialmente dado como residente na casa de sua ex-mulher, embora ali já não mais residisse. Quando da tentativa de citação, foi lavrada certidão negativa esclarecendo que a autora informou que o réu tinha regressado a Portugal. Diante disso, João veio a ser citado por edital, a

requerimento da autora. João, após transitada em julgado a sentença da ação de divórcio, teve conhecimento da ação. Diante do fato de que a autora necessariamente sabia o endereço dos familiares do requerido na cidade onde por último residiu com ele em Portugal e de onde era contactada telefonicamente com frequência por ele, procurou você para esclarecê-lo sobre os aspectos e efeitos da citação no processo brasileiro. Sobre o caso narrado, assinale a afirmativa correta.

(A) Maria não poderá ser apenada por requerer a citação por edital, uma vez que houve a ocorrência de uma das circunstâncias autorizadoras para sua realização.

(B) A citação de João é válida, porque, quando ignorado, incerto ou inacessível o lugar em que se encontrar o citando, é autorizada a citação por edital.

(C) A citação por edital é nula, porque não foram efetuadas as diligências necessárias, tendo em vista a existência de elementos sobre o paradeiro do réu.

(D) Já houve a sanatória do vício na citação de João, porque a sentença da ação de divórcio já transitou em julgado.

RESPOSTA Considere as hipóteses em que a citação se dará por edital no art. 256 do CPC. O réu será considerado em local ignorado ou incerto se infrutíferas as tentativas de sua localização, inclusive mediante requisição pelo juízo de informações sobre seu endereço nos cadastros de órgãos públicos ou de concessionárias de serviços públicos (§ 3º). Observe que as citações e as intimações serão nulas quando feitas sem observância das prescrições legais (art. 280). *Alternativa C.*

6. (XXVIII Exame) O fornecimento de energia elétrica à residência de Vicente foi interrompido em 2 de janeiro de 2018, porque, segundo a concessionária de serviço público, haveria um "gato" no local, ou seja, o medidor de energia teria sido indevidamente adulterado. Indignado, Vicente, representado por um(a) advogado(a), propôs, aproximadamente um mês depois, demanda em face da fornecedora e pediu o restabelecimento do serviço, pois o medidor estaria hígido. A fim de provar os fatos alegados, o autor requereu a produção de prova pericial. Citado poucos meses depois da propositura da demanda, a ré defendeu a correção de sua conduta, ratificou a existência de irregularidade no medidor de energia e, tal qual o autor, requereu a produção de perícia. Em dezembro de 2018, após arbitrar o valor dos honorários periciais e antes da realização da perícia, o juiz atribuiu apenas ao autor, que efetivamente foi intimado para tanto, o pagamento de tal verba. Sobre a hipótese apresentada, assinale a afirmativa correta.

(A) A decisão judicial está correta, uma vez que, se ambas as partes requererem a produção de perícia, apenas o autor deve adiantar o pagamento.

(B) O juiz decidiu de modo incorreto, pois se ambas as partes requererem a produção de perícia, autor e réu devem adiantar os honorários periciais.

(C) A decisão está equivocada, na medida em que os honorários periciais são pagos apenas ao final do processo.

(D) A decisão está correta, pois o magistrado tinha a faculdade de atribuir a apenas uma das partes o pagamento do montante.

RESPOSTA Nos termos do art. 95 do CPC, cada parte adiantará a remuneração do assistente técnico que houver indicado, sendo a do perito adiantada pela parte que houver requerido a perícia ou rateada quando a perícia for determinada de ofício ou requerida por ambas as partes. *Alternativa B.*

7. (XXVIII Exame) João Paulo faleceu em Atibaia (SP), vítima de um ataque cardíaco fulminante. Empresário de sucesso, domiciliado na cidade de São Paulo (SP), João Paulo possuía inúmeros bens, dentre os quais se incluem uma casa de praia em Búzios (RJ), uma fazenda em Lucas do Rio Verde (GO) e alguns veículos de luxo, atualmente estacionados em uma garagem em Salvador (BA). Neste cenário, assinale a opção que indica o foro competente para o inventário e a partilha dos bens deixados por João Paulo.

(A) Os foros de Búzios (RJ) e de Lucas do Rio Verde (GO), concorrentemente.

(B) O foro de São Paulo (SP).

(C) O foro de Salvador (BA).

(D) O foro de Atibaia (SP).

RESPOSTA Conforme art. 48 do CPC, foro de domicílio do autor da herança, no Brasil, é o competente para o inventário, a partilha, a arrecadação, o cumprimento de disposições de última vontade, a impugnação ou anulação de partilha extrajudicial e para todas as ações em que o espólio for réu, ainda que o óbito tenha ocorrido no estrangeiro. *Alternativa B.*

8. (XXV Exame) Alice, em razão de descumprimento contratual por parte de Lucas, constituiu Osvaldo como seu advogado para ajuizar uma ação de cobrança com pedido de condenação em R$ 300.000,00 (trezentos mil reais), valor atribuído à causa. A ação foi julgada procedente, mas não houve a condenação em honorários sucumbenciais. Interposta apelação por Lucas, veio a ser desprovi-

da, sendo certificado o trânsito em julgado. Considerando o exposto, assinale a afirmativa correta.

(A) Em razão do trânsito em julgado e da preclusão, não há mais possibilidade de fixação dos honorários sucumbenciais.

(B) Como não houve condenação, presume-se que há fixação implícita de honorários sucumbenciais na média entre o mínimo e o máximo, ou seja, 15% do valor da condenação.

(C) O trânsito em julgado não impede a discussão no mesmo processo, podendo ser requerida a fixação dos honorários sucumbenciais por meio de simples petição.

(D) Deve ser proposta ação autônoma para definição dos honorários sucumbenciais e de sua cobrança.

RESPOSTA De acordo com o art. 85 do CPC, caso a decisão transitada em julgado seja omissa quanto ao direito aos honorários ou ao seu valor, é cabível ação autônoma para sua definição e cobrança (§ 18). *Alternativa D.*

9. (XXII Exame) João ajuizou ação indenizatória contra Maria, postulando a condenação ao pagamento de R$ 100.000,00 a título de reparação por danos materiais e R$ 50.000,00 por indenização de danos morais, em razão do descumprimento de um contrato firmado entre eles, referente à compra e venda de dois imóveis, cujos valores eram R$ 500.000,00 e R$ 200.000,00. Maria, citada, apresentou contestação e reconvenção, pedindo a declaração de invalidade parcial do contrato relativo ao imóvel de R$ 200.000,00, bem como a condenação de João ao pagamento de indenização por danos morais, no valor de R$ 20.000,00. Diante de tal situação, assinale a opção que apresenta o valor da causa da reconvenção.

(A) O valor deve ser o mesmo da ação principal, qual seja, R$ 150.000,00, por ser ação acessória.

(B) Não é necessário dar valor à causa na reconvenção.

(C) O valor deve ser de R$ 220.000,00, referente à soma do pedido de declaração de invalidade parcial do contrato e do pleito de indenização por danos morais.

(D) O valor deve ser de R$ 200.000,00, referente ao pedido de declaração de invalidade parcial do contrato, sendo o pleito de indenização por danos morais meramente estimado, dispensando a indicação como valor da causa.

RESPOSTA De acordo com o art. 292 do CPC, em que há cumulação de pedidos, a quantia correspondente à soma dos valores de todos eles (inciso VI). *Alternativa C.*

DIREITO PROCESSUAL CIVIL

10. (XX Exame) Davi ajuizou ação em face de Heitor, cumulando pedido de cobrança no valor de R$ 70.000,00 (setenta mil reais) e pedido indenizatório de dano material no valor de R$ 30.000,00 (trinta mil reais). Ultrapassada a fase inicial conciliatória, Heitor apresentou contestação contendo vários fundamentos – dentre eles, preliminar de impugnação ao valor da causa. O Juiz proferiu decisão saneadora, rejeitando a impugnação ao valor da causa e determinando o prosseguimento do processo. Com base no caso apresentado, assinale a afirmativa correta.

(A) Heitor deveria ter apresentado incidente processual autônomo de impugnação ao valor da causa.

(B) Heitor poderá formular pedido recursal de modificação da decisão que rejeitou a impugnação ao valor da causa, em suas razões recursais de eventual apelação.

(C) O valor da causa deverá ser de R$ 70.000,00 (setenta mil reais), pois existem pedidos cumulativos.

(D) A impugnação ao valor da causa somente poderia ser decidida por ocasião da prolatação da sentença de mérito.

RESPOSTA (A) Errada, *vide* art. 293, CPC. (B) De acordo com o § 1º do art. 1.009, CPC. (C) Errada, *vide* art. 292, VI, CPC. (D) Errada, *vide* art. 293, CPC. *Alternativa B.*

11. (XX Exame) A médica Carolina é devedora de R$ 100.000,00 (cem mil reais), débito esse originado de contrato particular de mútuo, vencido e não pago, no qual figura como credora a advogada Zélia. Diante do inadimplemento, Zélia ajuizou ação de cobrança que, após instrução probatória, culminou em sentença com resolução de mérito procedente. O juiz não se pronunciou quanto ao pagamento de honorários advocatícios de sucumbência à advogada porque esta atuou em causa própria. A omissa sentença proferida transitou em julgado recentemente. Sobre o caso apresentado, segundo o CPC/15, assinale a afirmativa correta.

(A) O juiz agiu com acerto ao deixar de condenar Carolina ao pagamento de honorários.

(B) Os honorários advocatícios de sucumbência constituem direito do advogado sem natureza alimentar.

(C) A advogada Zélia não poderá requerer que o pagamento dos honorários seja efetuado em favor da sociedade de advogados no qual figura como sócia.

(D) O recente trânsito em julgado da omissa sentença não obsta o ajuizamento de ação autônoma para definição e cobrança dos honorários de sucumbência.

RESPOSTA *Vide* o art. 85 do CPC. Sendo assim, diante do caso, correta está a *alternativa D* em razão do § 18 do art. 85. Todas as outras estão erradas, respectivamente, em razão dos §§ 17, 14 e 15, todos do artigo referido.

12. (XX Exame) Em país estrangeiro em que possui domicílio e onde estão localizados seus bens imóveis, a sociedade empresária Alfa firmou contrato particular de fornecimento de minério com a também estrangeira sociedade empresária Beta, estipulando que a obrigação contratual deveria ser adimplida no Brasil. A sociedade empresária Alfa, diante do inadimplemento contratual da sociedade empresária Beta, ajuizou, perante a 1ª Vara Cível de Montes Claros/MG, ação com o propósito de ser indenizada pelos danos materiais sofridos, prestando como caução consistente dois veículos de sua propriedade. Após a citação e a realização de audiência de conciliação, a sociedade empresária Beta contestou, apresentando pedido de reconvenção, alegando possuir direito de ser indenizada materialmente, em razão da relação jurídica contratual regularmente constituída entre as litigantes, sob a luz das legislações estrangeira e nacional. Com base no caso apresentado, segundo as regras do CPC/15, assinale a afirmativa correta.

(A) A caução prestada pela sociedade empresária Alfa não poderá ser objeto de pedido de reforço durante o trâmite processual.

(B) A sociedade empresária Alfa deverá prestar caução suficiente ao pagamento das custas e dos honorários de advogado da parte contrária.

(C) A sociedade empresária Beta, para admissão de seu pedido reconvencional, deverá prestar caução suficiente ao pagamento das custas e dos honorários de advogado da sociedade empresária Alfa.

(D) O contrato originado em país estrangeiro, antes do ajuizamento da ação indenizatória, deverá ser objeto de homologação perante o Superior Tribunal de Justiça.

RESPOSTA Diante da situação hipotética, aplica-se o art. 83 do CPC. *Alternativa B.*

III. LITISCONSÓRCIO, ASSISTÊNCIA E INTERVENÇÃO DE TERCEIROS

13. (41º Exame) João residia em apartamento localizado na cidade do Rio de Janeiro. Ele era locatário do apartamento e Pedro figurava como locador, tendo ambos firmado um contrato de locação para reger essa relação jurídica. Decidindo se mudar para outro bairro, João deixou sua residência e sublocou o apartamento para Luiz por meio de um contrato de sublocação. Diante da ausência de pagamento dos aluguéis pela locação, Pedro ingressou com uma ação de despejo contra João. Depois de João apresentar sua contestação, Luiz decidiu ingressar no processo por ser sublocatário. Na qualidade de advogado(a) de Luiz, assinale a opção que apresenta a modalidade de intervenção no processo da qual Luiz poderá se valer.

(A) Assistente litisconsorcial, porque a tutela jurisdicional exercida por Luiz será indireta quanto à relação de direito material discutida em juízo entre João e Pedro, sendo que o interesse jurídico de Luiz na lide não equivale às exatas condições da relação do locador com o locatário.

(B) Assistente simples, porque a relação jurídica de direito material de Luiz é a mesma relação jurídica tratada na lide entre João e Pedro.

(C) Assistente litisconsorcial, porque a relação jurídica de direito material de Luiz é a mesma relação jurídica tratada na lide entre João e Pedro.

(D) Assistente simples, porque a tutela jurisdicional pretendida por Luiz será indireta quanto à relação de direito material discutida em juízo entre João e Pedro, sendo que o interesse jurídico de Luiz na lide não equivale às exatas condições da relação do locador com o locatário.

RESPOSTA De acordo com o art. 121, *caput*, do CPC, o assistente simples atuará como auxiliar da parte principal, exercerá os mesmos poderes e sujeitar-se-á aos mesmos ônus processuais que o assistido. No caso narrado, Luiz (assistente) não defende relação jurídica própria na demanda, mas apenas auxilia o assistido (João). Assim, verifica-se que não há relação jurídica do assistente com o adversário do assistido, sendo hipótese de assistência simples. *Alternativa D.*

14. (39º Exame) Em determinada demanda judicial cível é proferida sentença de procedência do pedido autoral, com a condenação da sociedade empresária ré ao pagamento de determinado valor a título de reparação por dano material.

Com o trânsito em julgado, o autor inicia a fase de cumprimento de sentença e, após alguns meses e diversas tentativas, sem sucesso, de penhora de bens do réu, apresenta requerimento de instauração do incidente de desconsideração da personalidade jurídica.

Você, na condição de advogado(a), é procurado(a) pelo réu, buscando saber sobre o incidente em questão.

Assinale a opção que apresenta, corretamente, sua orientação.

(A) O referido incidente não é cabível no procedimento comum, sendo restrito ao âmbito da execução fiscal de débitos tributários.

(B) A instauração do mencionado incidente suspende o processo e sua resolução se dá por decisão interlocutória.

(C) O incidente apontado não é cabível na fase de cumprimento de sentença, por não haver título judicial formado em relação aos sócios cujo patrimônio se busca atingir.

(D) Instaurado o incidente no caso concreto, os sócios da sociedade ré devem ser intimados para exercício de seu direito de defesa.

RESPOSTA A questão tratou do incidente de desconsideração da personalidade jurídica, de acordo com a previsão contida nos arts. 134, § 3º, e 136 do CPC. *Alternativa A.*

15. (35º Exame) Proposta uma demanda judicial com a presença de 150 autores no polo ativo, a parte ré, regularmente citada, peticiona nos autos apenas e exclusivamente no sentido de que seja limitado o número de litigantes, informando, ainda, que sua contestação será apresentada no momento oportuno. A parte autora, então, se antecipando à conclusão dos autos ao magistrado competente, requer que o réu seja considerado revel, por não ter apresentado sua contestação no momento oportuno. Com base no Código de Processo Civil, é correto afirmar que

(A) o juiz pode limitar o litisconsórcio facultativo quanto ao número de litigantes nas fases de conhecimento ou de liquidação de sentença, sendo vedada tal limitação na execução, por esta pressupor a formação de litisconsórcio necessário.

(B) o requerimento de limitação do litisconsórcio facultativo quanto ao número de litigantes interrompe o prazo para manifestação ou resposta, que recomeçará da intimação da decisão que solucionar a questão.

(C) o fato de o réu não ter apresentado sua contestação no prazo regular tem como consequência a incidência de pleno direito da revelia material, que pode ser revertida caso acolhido o requerimento de limitação do litisconsórcio.

DIREITO PROCESSUAL CIVIL

(D) apresentado requerimento de limitação do número de litigantes com base apenas no potencial prejuízo ao direito de defesa do réu, deve o magistrado limitar sua análise a tal argumento, sendo vedado decidir com base em fundamento diverso, ainda que oportunizada a manifestação prévia das partes.

RESPOSTA Quando do litisconsórcio (*vide* art. 113 do CPC), o requerimento de limitação interrompe o prazo para manifestação ou resposta, que recomeçará da intimação da decisão que o solucionar (§ 2º). *Alternativa B.*

16. (35º Exame) Paolo e Ana Sávia, casados há mais de 10 anos, sob o regime de comunhão parcial de bens, constituíram, ao longo do casamento, um enorme patrimônio que contava com carros de luxo, mansões, fazendas, dentre outros bens. Certo dia, por conta de uma compra e venda realizada 5 anos após o casamento, Paolo é citado em uma ação que versa sobre direito real imobiliário. Ana Sávia, ao saber do fato, vai até seu advogado e questiona se ela deveria ser citada, pois envolve patrimônio familiar. Sobre o assunto, o advogado responde corretamente que, no caso em apreço,

(A) Ana Sávia deve ser citada, pois existe litisconsórcio passivo necessário entre os cônjuges em ação que verse sobre direito real imobiliário, mesmo que casados sob o regime de separação absoluta de bens.

(B) Ana Sávia não deve ser citada, pois existe litisconsórcio passivo facultativo entre os cônjuges em ação que verse sobre direito real imobiliário, salvo quando casados sob o regime de separação absoluta de bens.

(C) Ana Sávia não deve ser citada, pois não existe litisconsórcio passivo necessário entre os cônjuges em ação que verse sobre direito real imobiliário.

(D) Ana Sávia deve ser citada, pois existe litisconsórcio passivo necessário entre os cônjuges em ação que verse sobre direito real imobiliário, salvo quando casados sob o regime de separação absoluta de bens.

RESPOSTA De acordo com o art. 73 do CPC, o cônjuge necessitará do consentimento do outro para propor ação que verse sobre direito real imobiliário, salvo quando casados sob o regime de separação absoluta de bens. Em razão disso, cria-se o litisconsórcio necessário, *vide* art. 114. Considere ainda o § 1º do art. 73, que diz que ambos os cônjuges serão necessariamente citados para a ação que verse sobre direito real imobiliário, salvo quando casados sob o regime de separação absoluta de bens. *Alternativa D.*

17. (XXXIII Exame) Karine teve conhecimento de que Pedro propôs ação reivindicatória em face de Joana relativamente à Fazenda Felicidade, situada em Atibaia. Karine, furiosa, apresenta oposição, por entender que aquela fazenda lhe pertence, já que a recebeu em testamento pelo falecido tio de Joana. Sobre o caso narrado, assinale a afirmativa correta.

(A) Se a oposição foi proposta antes do início da audiência do processo originário, a oposição será apensada aos autos e tramitará simultaneamente à ação reivindicatória, sendo ambas julgadas pela mesma sentença.

(B) Se houver possibilidade de julgamento conjunto, o juiz deverá observar a relação de prejudicialidade existente entre a oposição apresentada por Karine e a ação reivindicatória proposta por Pedro, sendo que o pedido desta última deve ser julgado em primeiro lugar.

(C) Os opostos formam um litisconsórcio passivo unitário, devendo a sentença dIvidir de modo idêntico o mérito para ambos.

(D) Se Pedro reconhecer a procedência do pedido da opoente, Karine deverá ser reconhecida como legítima proprietária do imóvel.

RESPOSTA A oposição tem natureza jurídica de ação de quem pretender, no todo ou em parte, a coisa ou o direito sobre que controvertem autor e réu e que poderá, até ser proferida a sentença, oferecer oposição contra ambos (art. 682, CPC). Diz o art. 685 que admitido o processamento, a oposição será apensada aos autos e tramitará simultaneamente à ação originária, sendo ambas julgadas pela mesma sentença. *Alternativa A.*

18. (XXX Exame) Daniel, sensibilizado com a necessidade de Joana em alugar um apartamento, disponibiliza-se a ser seu fiador no contrato de locação, fazendo constar nele cláusula de benefício de ordem. Um ano e meio após a assinatura do contrato, Daniel é citado em ação judicial visando à cobrança de aluguéis atrasados. Ciente de que Joana possui bens suficientes para fazer frente à dívida contraída, Daniel consulta você, como advogado(a), sobre a possibilidade de Joana também figurar no polo passivo da ação. Diante do caso narrado, assinale a opção que apresenta a modalidade de intervenção de terceiros a ser arguida por Daniel em sua contestação.

(A) Assistência.

(B) Denunciação da lide.

(C) Chamamento ao processo.

(D) Nomeação à autoria.

RESPOSTA De acordo com o art. 130 do CPC, são hipóteses de chamamento ao processo, requerido pelo réu, do afiançado, na ação em que o fiador for réu; dos demais fiadores, na ação proposta contra um ou alguns deles; e dos demais devedores solidários, quando o credor exigir de um ou de alguns o pagamento da dívida comum. *Alternativa C.*

19. (XXVIII Exame) Felipe, a fim de cobrar dívida proveniente de contrato de mútuo firmado com Aline, ajuizou demanda de conhecimento em face de João Alberto, fiador. Surpreendido pela citação, João Alberto procura, no mesmo dia, um(a) advogado(a). Diante de tal quadro, assinale a opção que apresenta a medida mais adequada a ser adotada pelo(a) advogado(a) para obter a responsabilização de Aline.

(A) Realizar o chamamento ao processo de Aline.

(B) Efetuar a denunciação da lide de Aline.

(C) Sustentar a ilegitimidade passiva de João Alberto, na medida em que somente após eventual tentativa malsucedida de responsabilização de Aline, João Alberto poderia ser demandado.

(D) Não promover a intervenção de terceiros e aguardar a fase executiva, momento em que deverá ser requerido o benefício de ordem, de modo que os bens de Aline sejam executados antes dos de João Alberto.

RESPOSTA Nos termos do art. 130, I, do CPC, é admissível o chamamento ao processo, requerido pelo réu, do afiançado, na ação em que o fiador for réu. Outras hipóteses de chamamento são: dos demais fiadores, na ação proposta contra um ou alguns deles; e dos demais devedores solidários, quando o credor exigir de um ou de alguns o pagamento da dívida comum. *Alternativa A.*

20. (XXVIII Exame) As irmãs Odete e Nara celebraram contrato bancário, com cláusula de solidariedade, com uma pequena instituição financeira, com o objetivo de constituir uma empresa na cidade de Campos. Depois de sete anos, a instituição financeira, sem receber o valor que lhe era devido, propôs ação judicial em face das duas irmãs. Ocorre que a empresa familiar teve suas atividades encerradas por má gestão e as irmãs, há alguns anos, não mais se falam e, por isso, contrataram advogados(as) de escritórios de advocacia distintos para realizar a defesa judicial. Sobre a hipótese apresentada, assinale a afirmativa correta.

(A) Caso o(a) advogado(a) de Nara perca o prazo do recurso de apelação, a alegação de prescrição no apelo interposto pelo advogado(a) de Odete, se acolhida, beneficiará Nara.

(B) O litisconsórcio formado pelas irmãs pode ser classificado como litisconsórcio passivo, necessário e unitário.

(C) Caberá à parte interessada alegar a prescrição, sendo vedado ao magistrado reconhecer a prescrição de ofício.

(D) Os prazos para as manifestações dos litisconsortes com advogados(as) de diferentes escritórios de advocacia serão contados em dobro, ainda quando os autos do processo forem eletrônicos.

RESPOSTA Segundo o art. 229, os litisconsortes que tiverem diferentes procuradores, de escritórios de advocacia distintos, terão prazos contados em dobro para todas as suas manifestações, em qualquer juízo ou tribunal, independentemente de requerimento. Entretanto, nos termos do § 2º, não se aplica o disposto no *caput* aos processos em autos eletrônicos. *Alternativa A.*

21. (XXVIII Exame) Amauri ingressou com ação ordinária em face de Mercadinho dos Suínos Ltda., em decorrência do consumo de alimento inapropriado vendido pelo réu. O pedido foi julgado procedente em decisão transitada em julgado, condenando a pessoa jurídica ré a indenizar o autor em R$ 10.000,00 (dez mil reais). Na fase de cumprimento de sentença, não foram encontrados bens penhoráveis pertencentes à sociedade, razão pela qual o juízo competente decretou, de ofício, a desconsideração da personalidade jurídica, penhorando um automóvel pertencente a Flávio, sócio majoritário da sociedade ré. Diante de tal cenário, assinale a afirmativa correta.

(A) A decisão está correta, pois o CPC admite a desconsideração da personalidade jurídica, independentemente de requerimento da parte interessada.

(B) A decisão está incorreta, diante da necessidade de requerimento da parte para que haja a desconsideração da personalidade jurídica, a qual possui natureza jurídica de processo autônomo.

(C) A decisão está incorreta, pois a desconsideração da personalidade jurídica exige, cumulativamente, o requerimento da parte interessada e a instauração do incidente, nos termos do CPC.

(D) Não é admissível a desconsideração da personalidade jurídica à luz do CPC.

RESPOSTA Nos termos do art. 133, do CPC, o incidente de desconsideração da personalidade jurídica será instaurado a pedido da parte ou do Ministério Público, quando lhe couber intervir no processo. Ademais, o pedido de desconsideração da personalidade jurídica observará os pressupostos previstos em lei. *Alternativa C.*

DIREITO PROCESSUAL CIVIL

22. **(XXIV Exame)** Marcos se envolveu em um acidente, abalroando a motocicleta de Bruno, em razão de não ter visto que a pista estava interditada. Bruno ajuizou, em face de Marcos, ação de indenização por danos materiais, visando receber os valores necessários ao conserto de sua motocicleta. Marcos, ao receber a citação da ação, entendeu que a responsabilidade de pagamento era da Seguradora Confiança, em virtude de contrato de seguro que havia pactuado para seu veículo, antes do acidente. Diante de tal situação, assinale a afirmativa correta.

(A) Marcos pode promover oposição em face de Bruno e da seguradora.

(B) Marcos pode promover denunciação da lide à seguradora.

(C) Marcos pode pedir a instauração de incidente de desconsideração da personalidade jurídica em face da seguradora.

(D) Marcos pode promover o chamamento ao processo da seguradora.

RESPOSTA De acordo com o art. 125 do CPC, é admissível a denunciação da lide, promovida por qualquer das partes àquele que estiver obrigado, por lei ou pelo contrato, a indenizar, em ação regressiva, o prejuízo de quem for vencido no processo (inciso II). *Alternativa B.*

23. **(XXII Exame)** Antônia contratou os arquitetos Nivaldo e Amanda para realizar o projeto de reforma de seu apartamento. No contrato celebrado entre os três, foi fixado o prazo de trinta dias para a prestação do serviço de arquitetura, o que não foi cumprido, embora tenha sido feito o pagamento dos valores devidos pela contratante. Com o objetivo de rescindir o contrato celebrado e ser ressarcida do montante pago, Antônia procura um advogado, mas lhe informa que não gostaria de processar Amanda, por serem amigas de infância. Sobre a hipótese apresentada, assinale a opção que indica o procedimento correto a ser adotado.

(A) Será possível o ajuizamento da ação unicamente em face de Nivaldo, na medida em que a hipótese tratada é de litisconsórcio simples. A sentença proferida contra Nivaldo será ineficaz em relação a Amanda.

(B) Não será possível o ajuizamento da ação unicamente em face de Nivaldo, uma vez que a hipótese tratada é de litisconsórcio necessário. Caso a ação não seja ajuizada em face de Amanda, o juiz deverá determinar que seja requerida sua citação, sob pena de extinção do processo.

(C) Será possível o ajuizamento da ação unicamente em face de Nivaldo, na medida em que a hipóte-

se tratada é de litisconsórcio facultativo. A sentença proferida contra Nivaldo será eficaz em relação a Amanda, pois entre eles há comunhão de direitos ou de obrigações.

(D) Não será possível o ajuizamento da ação unicamente em face de Nivaldo, uma vez que a hipótese tratada é de litisconsórcio simples. A sentença proferida contra Nivaldo será ineficaz.

RESPOSTA O litisconsórcio será necessário por disposição de lei ou quando, pela natureza da relação jurídica controvertida, a eficácia da sentença depender da citação de todos que devam ser litisconsortes (art. 114 do CPC). E, sendo assim, nos casos de litisconsórcio passivo necessário, o juiz determinará ao autor que requeira a citação de todos que devam ser litisconsortes, dentro do prazo que assinar, sob pena de extinção do processo (art. 115, parágrafo único). *Alternativa B.*

24. **(XX Exame – Reaplicação)** Alessandra é fiadora no contrato de locação do apartamento de Mariana. Diante do inadimplemento de vários meses de aluguel, Marcos (locador) decide ajuizar ação de cobrança em face da fiadora. Alessandra, em sua defesa, alegou que Mariana também deveria ser chamada ao processo. Com base no CPC/15, assinale a afirmativa correta.

(A) O fiador se compromete com a dívida do afiançado, de modo que não pode exigir a sua participação na ação de cobrança promovida.

(B) Sendo certo que Alessandra não participou da relação jurídica existente entre Mariana e Marcos, permite-se o chamamento ao processo do locatário a qualquer tempo.

(C) Incorreta a atitude de Alessandra, pois o instituto apto a informar ao juízo o real devedor da relação é a nomeação à autoria.

(D) Alessandra deve viabilizar a citação de Mariana no prazo de 30 dias, sob pena de o chamamento ao processo ficar sem efeito.

RESPOSTA É admissível o chamamento ao processo, requerido pelo réu nas seguintes situações: do afiançado, na ação em que o fiador for réu; dos demais fiadores, na ação proposta contra um ou alguns deles; dos demais devedores solidários, quando o credor exigir de um ou de alguns o pagamento da dívida comum (vide art. 130, CPC). Deve-se observar que a citação daqueles que devam figurar em litisconsórcio passivo será requerida pelo réu na contestação e deve ser promovida no prazo de 30 (trinta) dias, sob pena de ficar sem efeito o chamamento (art. 131). *Alternativa D.*

IV. COMPETÊNCIAS, MINISTÉRIO PÚBLICO, JUIZ E AUXILIARES DA JUSTIÇA

25. (XXV Exame) Alcebíades ajuizou demanda de obrigação de fazer pelo procedimento comum, com base em cláusula contratual, no foro da comarca de Petrópolis. Citada para integrar a relação processual, a ré Benedita lembrou-se de ter ajustado contratualmente que o foro para tratar judicialmente de qualquer desavença seria o da comarca de Niterói, e comunicou o fato ao seu advogado. Sobre o procedimento a ser adotado pela defesa, segundo o caso narrado, assinale a afirmativa correta.

(A) A defesa poderá alegar a incompetência de foro antes da audiência de conciliação ou de mediação.

(B) A defesa poderá alegar a incompetência a qualquer tempo.

(C) A defesa só poderá alegar a incompetência de foro como preliminar da contestação, considerando tratar-se de regra de competência absoluta, sob pena de preclusão.

(D) A defesa tem o ônus de apresentar exceção de incompetência, em petição separada, no prazo de RESPOSTA.

RESPOSTA Diz o art. 64 do CPC que a incompetência, absoluta ou relativa, será alegada como questão preliminar de contestação. A incompetência de foro é relativa, já que a absoluta pode ser alegada em qualquer tempo e grau de jurisdição e deve ser declarada de ofício (§ 1º). Ocorre que o gabarito preliminar apontou a *Alternativa A* como correta, mas não há esta opção no CPC. Reforça ainda esta contrariedade à afirmativa, pois diz o § 4º do art. 63 do CPC que, citado, incumbe ao réu alegar a abusividade da cláusula de eleição de foro na contestação, sob pena de preclusão. Ou seja, é na contestação.

26. (XX Exame) Durante uma ação de guarda a tramitar em uma vara de família, a ré, mãe da criança, descobriu que o advogado do pai (autor) é filho adotivo do irmão do promotor de justiça que atua no caso. Extremamente preocupada, informou o fato ao seu advogado. Com base no CPC/15, como advogado da mãe, assinale a afirmativa correta.

(A) Por causa do impedimento para que o promotor de justiça exerça suas funções, o fato deverá ser informado ao juiz da causa em petição específica.

(B) O advogado da mãe deverá arguir, por meio de exceção, o impedimento do promotor de justiça.

(C) As causas de impedimento direcionadas ao magistrado, como é o caso, não se estendem aos membros do Ministério Público.

(D) Não se trata de causa de impedimento porque o advogado do pai é parente colateral de terceiro grau do promotor de justiça.

RESPOSTA Diante da situação, cabível arguir impedimento do juiz, cujas causas estão no art. 144 do CPC e aplicáveis também aos promotores (art. 148, I). Das causas está o inciso IV, que diz que quando for parte no processo ele próprio, seu cônjuge ou companheiro, ou parente, consanguíneo ou afim, em linha reta ou colateral, até o terceiro grau, inclusive. Assim, no prazo de 15 (quinze) dias, a contar do conhecimento do fato, a parte alegará o impedimento ou a suspeição, em petição específica dirigida ao juiz do processo, na qual indicará o fundamento da recusa, podendo instruí-la com documentos em que se fundar a alegação e com rol de testemunhas (art. 146). *Alternativa A.*

27. (XX Exame – Reaplicação) Abílio, advogado competente, recebe duas citações de processos de seus clientes. Ao analisar as petições iniciais, bem como a distribuição dos processos, percebe que o processo A, que deveria ter sido ajuizado na Comarca de Maré de Cima, o foi na Comarca de Cipó do Mato, e que o processo B, que deveria correr em uma Vara de Família, foi distribuído para uma Vara Cível. Abílio promete aos seus clientes que irá solucionar esses problemas. De acordo com o regramento do CPC/15, assinale a opção que indica o procedimento que ele deverá adotar.

(A) Acrescentar uma preliminar de incompetência na contestação, em ambos os casos.

(B) Redigir, no processo A, uma exceção de incompetência e, no processo B, uma preliminar de incompetência da contestação.

(C) Acrescentar, ao processo A, uma preliminar de incompetência na contestação e, ao processo B, uma exceção de incompetência.

(D) Redigir uma exceção de incompetência, em ambos os casos.

RESPOSTA Diante da situação, a incompetência será alegada em preliminar, tanto a absoluta como a relativa (*vide* art. 64, CPC/2015). No CPC/73, a incompetência relativa era tratada por meio de "exceção", por isso sua referência nas alternativas, quando a questão foi formulada. *Alternativa A.*

28. (XX Exame – Reaplicação) No decorrer da tramitação de uma ação, em que se discutiam as declarações de última vontade contidas em um testamento, foi alegada, pela parte interessada, a ausência de intervenção obrigatória do

DIREITO PROCESSUAL CIVIL

Ministério Público, requerendo, como consequência, a anulação de todo o procedimento. Com base no CPC/15, assinale a afirmativa correta.

(A) A alegação está correta, uma vez que compete ao Ministério Público intervir nas causas concernentes a disposições de última vontade, sob pena de nulidade.

(B) O advogado da parte contrária pode arguir a inexistência de obrigatoriedade de intervenção, uma vez que, nesse caso, cabe ao *Parquet* avaliar a presença do interesse público ou social, decidindo ou não pela intervenção.

(C) Não há nulidade na situação narrada, pois a obrigatoriedade de intervenção do Ministério Público se limita às ações em que haja interesse de incapaz ou participação da Fazenda Pública.

(D) A alegação de nulidade está correta, de modo que o juiz deverá invalidar todo o processo, desde a distribuição.

RESPOSTA Segundo o art. 178 do CPC, o Ministério Público será intimado para, no prazo de 30 dias, intervir como fiscal da ordem jurídica nas hipóteses previstas em lei ou na Constituição Federal e nos processos que envolvam interesse público ou social; interesse de incapaz; e litígios coletivos pela posse de terra rural ou urbana. De todo modo, a nulidade só pode ser decretada após a intimação do Ministério Público, que se manifestará sobre a existência ou a inexistência de prejuízo (art. 279, § 2º). *Alternativa B.*

V. ATOS PROCESSUAIS

29. (36º Exame) Ainda no início da fase de conhecimento de determinado processo, as partes e o magistrado, de comum acordo, resolvem fixar calendário para a prática de atos processuais. Estipulado que a realização da audiência ocorreria em determinada data, a parte ré não comparece e alega que não foi devidamente intimada para o ato, requerendo a designação de nova data. Nesse contexto, você, como advogado(a), é procurado(a) pela parte ré, que busca avaliar as consequências de seu não comparecimento. Nesse sentido, é correto afirmar que

(A) o calendário não vincula o juiz, apenas as partes, as quais só podem requerer a modificação de datas se apresentada justa causa.

(B) o calendário processual pode ser imposto pelo magistrado em casos excepcionais, sem a necessidade de prévio acordo com as partes, com fundamento na importância do objeto dos autos.

(C) com exceção da audiência, dispensa-se a intimação das partes para a prática dos demais atos processuais cujas datas tiverem sido designadas no calendário.

(D) a ré não poderia deixar de comparecer à audiência, pois a modificação do calendário pelo juiz ou pelas partes somente é possível em casos excepcionais, devidamente justificados.

RESPOSTA Diz o art. 191 do CPC, que trata sobre o assunto da questão, que, de comum acordo, o juiz e as partes podem fixar calendário para a prática dos atos processuais, quando for o caso. "O calendário vincula as partes e o juiz, e os prazos nele previstos somente serão modificados em casos excepcionais, devidamente justificados" (§ 1º). "Dispensa-se a intimação das partes para a prática de ato processual ou a realização de audiência cujas datas tiverem sido designadas no calendário" (§ 2º). *Alternativa D.*

30. (XXXII Exame) Patrícia aluga seu escritório profissional no edifício Law Offices, tendo ajuizado ação em face de sua locadora, a fim de rever o valor do aluguel. Aberto prazo para a apresentação de réplica, ficou silente a parte autora. O juiz, ao examinar os autos para prolação da sentença, verificou não ter constado o nome do patrono da autora da publicação do despacho para oferta de réplica. Entretanto, não foi determinada a repetição do ato, e o pedido foi julgado procedente. Sobre o processo em questão, assinale a afirmativa correta.

(A) Se a ré alegar, em sede de apelação, a irregularidade da intimação para apresentação de réplica, deverá ser pronunciada a nulidade.

(B) Não havia necessidade de repetição da intimação para apresentação de réplica, já que o mérito foi decidido em favor da parte autora.

(C) Caso tivesse sido reconhecida a irregularidade da intimação para apresentação de réplica, caberia ao juiz retomar o processo do seu início, determinando novamente a citação da ré.

(D) Independentemente de ter havido ou não prejuízo à parte autora, a intimação deveria ter sido repetida, sob pena de ofensa ao princípio do contraditório.

RESPOSTA De acordo com o art. 282 do CPC, ao pronunciar a nulidade, o juiz declarará que atos são atingidos e ordenará as providências necessárias a fim de que sejam repetidos ou retificados. Segundo os §§ 1º e 2º, o ato não será repetido nem sua falta será suprida quando não prejudicar a parte e quando puder decidir o mérito a favor da parte a quem aproveite a decretação da nulidade, o juiz não a pronunciará nem mandará repetir o ato ou suprir-lhe a falta. *Alternativa B.*

31. **(XX Exame)** Rafael e Paulo, maiores e capazes, devidamente representados por seus advogados, celebraram um contrato, no qual, dentre outras obrigações, havia a previsão de que, em eventual ação judicial, os prazos processuais relativamente aos atos a serem praticados por ambos seriam, em todas as hipóteses, dobrados. Por conta de desavenças surgidas um ano após a celebração da avença, Rafael ajuizou uma demanda com o objetivo de rescindir o contrato e, ainda, receber indenização por dano material. Regularmente distribuída para o juízo da 10ª Vara Cível da comarca de Porto Alegre/RS, o magistrado houve por reconhecer, de ofício, a nulidade da cláusula que previa a dobra do prazo. Sobre os fatos, assinale a afirmativa correta.

(A) O magistrado agiu corretamente, uma vez que as regras processuais não podem ser alteradas pela vontade das partes.

(B) Se o magistrado tivesse ouvido as partes antes de reconhecer a nulidade, sua decisão estaria correta, uma vez que, embora a cláusula fosse realmente nula, o princípio do contraditório deveria ter sido observado.

(C) O magistrado agiu incorretamente, uma vez que, tratando-se de objeto disponível, realizado por partes capazes, eventual negócio processual, que ajuste o procedimento às especificidades da causa, deve ser respeitado.

(D) O juiz não poderia ter reconhecido a nulidade do negócio processual, ainda que se tratasse de contrato de adesão realizado por partes em situações manifestamente desproporcionais, uma vez que deve ser respeitada a autonomia da vontade.

RESPOSTA De acordo com o art. 190 do CPC, versando o processo sobre direitos que admitam autocomposição, é lícito às partes plenamente capazes estipular mudanças no procedimento para ajustá-lo às especificidades da causa e convencionar sobre os seus ônus, poderes, faculdades e deveres processuais, antes ou durante o processo. Trata-se do que vem sendo adotado pela doutrina de negócio jurídico processual. *Alternativa C.*

VI. FORMAÇÃO, SUSPENSÃO E EXTINÇÃO DO PROCESSO

32. **(XXIII Exame)** Roberta ingressou com ação de reparação de danos em face de Carlos Daniel, cirurgião plástico, devido à sua insatisfação com o resultado do procedimento estético por ele realizado. Antes da citação do réu, Roberta, já acostumada com sua nova feição e considerando a opinião dos seus amigos (de que estaria mais bonita), troca de ideia e desiste da demanda proposta. A desistência foi homologada em juízo por sentença. Após seis meses, quando da total recuperação da cirurgia, Roberta percebeu que o resultado ficara completamente diferente do prometido, razão pela qual resolve ingressar novamente com a demanda. A demanda de Roberta deverá ser

(A) extinta sem resolução do mérito, por ferir a coisa julgada.

(B) extinta sem resolução do mérito, em razão da litispendência.

(C) distribuída por dependência.

(D) submetida à livre distribuição, pois se trata de nova demanda.

RESPOSTA Diante da situação, aplica-se o art. 286 (e inciso II) do CPC, onde estão as hipóteses de distribuição por dependência. Observa-se que a desistência e referida homologação é caso de extinção sem resolução do mérito (art. 485, VIII), mas que o posterior reingresso é situação de distribuição por dependência. *Alternativa C.*

VII. PETIÇÃO INICIAL E RESPOSTA DO RÉU

33. **(38º Exame)** Luíza ajuizou ação de cobrança contra Ricardo. Em sua petição inicial, informou que não possui interesse na realização de audiência de conciliação ou mediação. Ricardo, por sua vez, apresentou manifestação informando que possui interesse na realização da audiência de conciliação ou mediação. Diante do interesse formalizado pelo réu, o juiz competente da causa designou data e local para a realização da audiência. Considerando o caso narrado, Luiza

(A) não precisa comparecer à audiência de conciliação ou mediação, tendo em vista que já manifestou desinteresse em sua realização na petição inicial.

(B) não deve comparecer à audiência de conciliação ou mediação, sob pena de o seu comparecimento representar anuência tácita em compor, obrigando-a a firmar acordo com Ricardo.

(C) deve comparecer à audiência de conciliação ou mediação, sob pena de ter seu processo extinto sem resolução do mérito, por falta de interesse processual.

(D) deve comparecer à audiência de conciliação ou mediação, e, caso de forma injustificada não compareça, será sancionada com multa, tendo em vista que sua ausência será considerada ato atentatório à dignidade da justiça.

DIREITO PROCESSUAL CIVIL

RESPOSTA Diz o CPC que se a petição inicial preencher os requisitos essenciais e não for o caso de improcedência liminar do pedido, o juiz designará audiência de conciliação ou de mediação com antecedência mínima de 30 dias, devendo ser citado o réu com pelo menos 20 dias de antecedência (art. 334). "O não comparecimento injustificado do autor ou do réu à audiência de conciliação é considerado ato atentatório à dignidade da justiça e será sancionado com multa de até dois por cento da vantagem econômica pretendida ou do valor da causa, revertida em favor da União ou do Estado" (§ 8º). *Alternativa D.*

34. (37º Exame) Marcela ajuizou ação de cobrança em face de Gabriel, seu vizinho, a fim de obter o pagamento de aluguéis vencidos no período de fevereiro a junho de determinado ano, relativos à locação da sua vaga de garagem. Uma vez citado, Gabriel apresentou contestação tempestivamente, invocando uma questão preliminar de falta de interesse processual. Instada a se manifestar em réplica, Marcela alegou que teria cometido um erro material na digitação da sua petição inicial, uma vez que nela deveria ter constado, como termo final da dívida, o mês de "julho" – e não de "junho". Sem a oitiva de Gabriel, constatando não haver mais provas a serem produzidas, o juiz proferiu sentença, condenando o réu ao pagamento dos aluguéis relativos aos meses de fevereiro a julho. Surpreso com a sentença, Gabriel questionou o seu advogado sobre os termos da condenação. Considerando o caso narrado, assinale a afirmativa correta.

(A) Por não se tratar de modificação, mas de simples retificação de erro material, Marcela poderia ter requerido a alteração do pedido a qualquer tempo, sendo dispensável a manifestação de Gabriel.

(B) Em se tratando de alteração do pedido posterior à citação, Marcela não poderia tê-lo feito sem o consentimento de Gabriel e sem que ele fosse ouvido.

(C) Marcela poderia ter alterado o pedido, independentemente do consentimento de Gabriel, desde que ele fosse ouvido.

(D) Por se tratar de alteração do pedido antes do saneamento do processo, o consentimento de Gabriel era desnecessário.

RESPOSTA Diz o CPC que o autor poderá até a citação, aditar ou alterar o pedido ou a causa de pedir, independentemente de consentimento do réu e até o saneamento do processo, aditar ou alterar o pedido e a causa de pedir, com consentimento do réu, assegurado o contraditório mediante a possibilidade de manifestação deste no prazo mínimo de 15 dias, faculta-

do o requerimento de prova suplementar (art. 329, incisos I e II). *Alternativa B.*

35. (35º Exame) No âmbito de um contrato de prestação de serviços celebrado entre as sociedades empresárias Infraestrutura S.A. e Campo Lindo S.A., foi prevista cláusula compromissória arbitral, na qual as partes acordaram que qualquer litígio de natureza patrimonial decorrente do contrato seria submetido a um tribunal arbitral. Surgido o conflito, e havendo resistência de Infraestrutura S.A. quanto à instituição da arbitragem, assinale a opção que representa a conduta que pode ser adotada por Campo Lindo S.A.

(A) Campo Lindo S.A. pode adotar medida coercitiva, mediante autorização do tribunal arbitral, para que Infraestrutura S.A. se submeta forçosamente ao procedimento arbitral, em respeito à cláusula compromissória firmada no contrato de prestação de serviço.

(B) Campo Lindo S.A. pode submeter o conflito à jurisdição arbitral, ainda que sem participação de Infraestrutura S.A., o qual será considerado revel e contra si presumir-se-ão verdadeiras todas as alegações de fato formuladas pelo requerente Campo Lindo S.A.

(C) Campo Lindo S.A. pode requerer a citação de Infraestrutura S.A. para comparecer em juízo no intuito de lavrar compromisso arbitral, designando o juiz audiência especial com esse fim.

(D) Campo Lindo S.A. pode ajuizar ação judicial contra Infraestrutura S.A., para que o Poder Judiciário resolva o mérito do conflito decorrente do contrato de prestação de serviço celebrado entre as partes.

RESPOSTA Diz o art. 7º da Lei da Arbitragem (Lei n. 9.307/96) que, existindo cláusula compromissória e havendo resistência quanto à instituição da arbitragem, poderá a parte interessada requerer a citação da outra parte para comparecer em juízo a fim de lavrar-se o compromisso, designando o juiz audiência especial para tal fim. *Alternativa C.*

36. (XXXIII Exame) Joana, em decorrência de diversos problemas conjugais, decidiu se divorciar de Marcelo. Contudo, em razão da resistência do cônjuge em consentir com sua decisão, foi preciso propor ação de divórcio. Após distribuída a ação, o juiz determinou a emenda da petição inicial, tendo em vista a ausência de cópia da certidão do casamento celebrado entre as partes, dentre os documentos anexados à inicial. Considerando o caso narrado e as disposições legais a respeito da ausência de documentos indispensáveis à propositura da ação, assinale a afirmativa correta.

(A) Ausente documento indispensável à propositura da ação, a petição inicial deve ser indeferida de imediato.

(B) A certidão de casamento é documento indispensável à propositura de qualquer ação. Constatando-se sua ausência, deve o autor ser intimado para emendar ou completar a inicial no prazo de 5 (cinco) dias.

(C) Ausente documento indispensável à propositura da ação, o autor deve ser intimado para emendar ou completar a inicial no prazo de 15 (quinze) dias.

(D) A ausência de documento indispensável à propositura da ação configura hipótese de improcedência liminar.

RESPOSTA De acordo com o art. 321 do CPC, o juiz, ao verificar que a petição inicial não preenche os requisitos dos arts. 319 e 320 ou que apresenta defeitos e irregularidades capazes de dificultar o julgamento de mérito, determinará que o autor, no prazo de 15 (quinze) dias, a emende ou a complete, indicando com precisão o que deve ser corrigido ou completado. *Alternativa C.*

37. (XXXI Exame) O arquiteto Fernando ajuizou ação exclusivamente em face de Daniela, sua cliente, buscando a cobrança de valores que não teriam sido pagos no âmbito de um contrato de reforma de apartamento. Daniela, devidamente citada, deixou de oferecer contestação, mas, em litisconsórcio com seu marido José, apresentou reconvenção em peça autônoma, buscando indenização por danos morais em face de Fernando e sua empresa, sob o argumento de que estes, após a conclusão das obras de reforma, expuseram, em *site* próprio, fotos do interior do imóvel dos reconvintes sem que tivessem autorização para tanto. Diante dessa situação hipotética, assinale a afirmativa correta.

(A) Como Daniela deixou de contestar a ação, ela e seu marido não poderiam ter apresentado reconvenção, devendo ter ajuizado ação autônoma para buscar a indenização pretendida.

(B) A reconvenção deverá ser processada, a despeito de Daniela não ter contestado a ação originária, na medida em que o réu pode propor reconvenção independentemente de oferecer contestação.

(C) A reconvenção não poderá ser processada, na medida em que não é lícito a Daniela propor reconvenção em litisconsórcio com seu marido, que é um terceiro que não faz parte da ação originária.

(D) A reconvenção não poderá ser processada, na medida em que não é lícito a Daniela incluir no polo passivo da reconvenção a empresa de Fernando, que é um terceiro que não faz parte da ação originária.

RESPOSTA Segundo o art. 343 do CPC, na contestação, é lícito ao réu propor reconvenção para manifestar pretensão própria, conexa com a ação principal ou com o fundamento da defesa. O réu pode propor reconvenção independentemente de oferecer contestação (§ 6º). *Alternativa B.*

38. (XXX Exame) Carolina foi citada para comparecer com seu advogado ao Centro Judiciário de Solução de Conflitos (CEJUSC) da comarca da capital, para Audiência de Mediação (art. 334 do CPC), interessada em restabelecer o diálogo com Nestor, seu ex-marido. O fato de o advogado de seu ex-cônjuge conversar intimamente com o mediador Teófilo, que asseverava ter celebrado cinco acordos na qualidade de mediador na última semana, retirou sua concentração e a deixou desconfiada da lisura daquela audiência. Não tendo sido possível o acordo nessa primeira oportunidade, foi marcada uma nova sessão de mediação para buscar a composição entre as partes, quinze dias mais tarde. Sobre o caso narrado, assinale a afirmativa correta.

(A) Carolina pode comparecer sem seu advogado na próxima sessão de mediação.

(B) O advogado só pode atuar como mediador no CEJUSC se realizar concurso público específico para integrar quadro próprio do tribunal.

(C) Pode haver mais de uma sessão destinada à conciliação e à mediação, não podendo exceder 2 (dois) meses da data de realização da primeira sessão, desde que necessária(s) à composição das partes.

(D) O mediador judicial pode atuar como advogado da parte no CEJUSC, pois o CPC apenas impede o exercício da advocacia nos juízos em que desempenhe suas funções.

RESPOSTA De acordo com o § 2º do art. 334 do CPC, poderá haver mais de uma sessão destinada à conciliação e à mediação, não podendo exceder a 2 (dois) meses da data de realização da primeira sessão, desde que necessárias à composição das partes. *Alternativa C.*

39. (XXX Exame) João dirigia seu carro a caminho do trabalho quando, ao virar em uma esquina, foi atingido por Fernando, que seguia na faixa ao lado. Diante dos danos ocasionados a seu veículo, João ingressou com ação, junto a uma

DIREITO PROCESSUAL CIVIL

Vara Cível, em face de Fernando, alegando que este trafegava pela faixa que teria como caminho obrigatório a rua para onde aquele seguiria. Realizada a citação, Fernando procurou seu advogado, alegando que, além de oferecer sua defesa nos autos daquele processo, gostaria de formular pedido contra João, uma vez que este teria invadido a faixa sem antes acionar a "seta", sendo, portanto, o verdadeiro culpado pelo acidente. Considerando o caso narrado, o advogado de Fernando deve

(A) instruí-lo a ajuizar nova ação, uma vez que não é possível formular pedido contra quem deu origem ao processo.

(B) informar-lhe que poderá, na contestação, propor reconvenção para manifestar pretensão própria, sendo desnecessária a conexão com a ação principal ou com o fundamento da defesa, bastando a identidade das partes.

(C) informar-lhe sobre a possibilidade de propor a reconvenção, advertindo-o, porém, que, caso João desista da ação, a reconvenção restará prejudicada.

(D) informar-lhe que poderá, na contestação, propor reconvenção para manifestar pretensão própria, desde que conexa com a ação principal ou com o fundamento da defesa.

RESPOSTA De acordo com o art. 343 do CPC, na contestação, é lícito ao réu propor reconvenção para manifestar pretensão própria, conexa com a ação principal ou com o fundamento da defesa. *Alternativa D.*

40. (XXIX Exame) Maria ajuizou ação em face de José, sem mencionar, na inicial, se pretendia ou não realizar audiência de conciliação ou mediação. Assim, o juiz designou a referida audiência, dando ciência às partes. O réu informou ter interesse na realização de tal audiência, enquanto Maria, devidamente intimada, quedou-se silente. Chegado o dia da audiência de conciliação, apenas José, o réu, compareceu. A respeito do caso narrado, assinale a opção que apresenta possível consequência a ser suportada por Maria.

(A) Não existem consequências previstas na legislação pela ausência da autora à audiência de conciliação ou mediação.

(B) Caso não compareça, nem apresente justificativa pela ausência, Maria será multada em até 2% da vantagem econômica pretendida ou do valor da causa.

(C) Diante da ausência da autora à audiência de conciliação ou mediação, o processo deverá ser extinto.

(D) Diante da ausência da autora à audiência de conciliação ou mediação, as alegações apresentadas pelo réu na contestação serão consideradas verdadeiras.

RESPOSTA Segundo art. 334, do CPC, se a petição inicial preencher os requisitos essenciais e não for o caso de improcedência liminar do pedido, o juiz designará audiência de conciliação ou de mediação com antecedência mínima de 30 (trinta) dias, devendo ser citado o réu com pelo menos 20 (vinte) dias de antecedência. Entretanto, afirma o § 8º que o não comparecimento injustificado do autor ou do réu à audiência de conciliação é considerado ato atentatório à dignidade da justiça e será sancionado com multa de até dois por cento da vantagem econômica pretendida ou do valor da causa, revertida em favor da União ou do Estado. *Alternativa B.*

41. (XXVII Exame) Em razão da realização de obras públicas de infraestrutura em sua rua, que envolveram o manejo de retroescavadeiras e britadeiras, a residência de Daiana acabou sofrendo algumas avarias. Daiana ingressou com ação judicial em face do ente que promoveu as obras, a fim de que este realizasse os reparos necessários em sua residência. Citado o réu, este apresentou a contestação. Contudo, antes do saneamento do processo, diante do mal-estar que vivenciou, Daiana consultou seu advogado a respeito da possibilidade de, na mesma ação, adicionar pedido de condenação em danos morais. Considerando o caso narrado, assinale a afirmativa correta.

(A) É possível o aditamento, uma vez que, até o saneamento do processo, é permitido alterar ou aditar o pedido sem o consentimento do réu.

(B) Não é possível o aditamento, uma vez que o réu foi citado e apresentou contestação.

(C) É possível o aditamento, eis que, até o saneamento do processo, é permitido aditar ou alterar o pedido, desde que com o consentimento do réu.

(D) É possível o aditamento, porquanto, até a prolação da sentença, é permitido alterar ou aditar o pedido, desde que não haja recusa do réu.

RESPOSTA Nos termos do art. 329, II, do CPC, o autor poderá até o saneamento do processo, aditar ou alterar o pedido e a causa de pedir, com consentimento do réu, assegurado o contraditório mediante a possibilidade de manifestação deste no prazo mínimo de 15 (quinze) dias, facultado o requerimento de prova suplementar. *Alternativa C.*

42. (XXV Exame) Almir ingressa com ação pelo procedimento comum em face de José, pleiteando obrigação de fazer consistente na restauração do sinteco aplicado no piso de seu apartamento, uma vez que, dias após a realização do serviço ter sido concluída, o verniz começou a apresentar diversas manchas irregulares.

Em sua inicial, afirma ter interesse na autocomposição. O juiz da causa, verificando que a petição inicial preenche os requisitos essenciais, não sendo caso de improcedência liminar do pedido, designa audiência de conciliação a ser realizada dentro de 60 (sessenta) dias, promovendo, ainda, a citação do réu com 30 (trinta) dias de antecedência. Com base na legislação processual aplicável ao caso apresentado, assinale a afirmativa correta.

(A) Caso Almir e José cheguem a um acordo durante a audiência de conciliação, a autocomposição obtida será reduzida a termo pelo conciliador e, independentemente da sua homologação pelo magistrado, já constitui título executivo judicial, bastando que o instrumento seja referendado pelos advogados dos transatores ou por conciliador credenciado junto ao tribunal.

(B) Agiu equivocadamente o magistrado, uma vez que o CPC/15 prevê a imprescindibilidade do prévio oferecimento de contestação por José, no prazo de 15 (quinze) dias úteis a serem contados de sua citação e antes da designação da audiência conciliatória, sob pena de vulnerar o princípio constitucional da ampla defesa e do contraditório, também reproduzido na legislação adjetiva.

(C) Caso Almir, autor da ação, deixe de comparecer injustificadamente à audiência de conciliação, tal ausência é considerada pelo CPC/15 como ato atentatório à dignidade da justiça, sendo sancionado com multa de até dois por cento da vantagem econômica pretendida ou do valor da causa, revertida em favor do Estado.

(D) Almir e José não precisam comparecer à audiência de conciliação acompanhados por seus advogados, uma vez que, nessa fase processual, a relação processual ainda não foi integralmente formada e não há propriamente uma lide, a qual apenas surgirá quando do oferecimento da contestação pelo réu.

RESPOSTA De acordo com o art. 334 do CPC, o não comparecimento injustificado do autor ou do réu à audiência de conciliação é considerado ato atentatório à dignidade da justiça e será sancionado com multa de até dois por cento da vantagem econômica pretendida ou do valor da causa, revertida em favor da União ou do Estado (§ 8º). *Alternativa C.*

43. (XXV Exame) Tancredo ajuizou equivocadamente, em abril de 2017, demanda reivindicatória em face de Gilberto, caseiro do sítio Campos Verdes, porque Gilberto parecia ostentar a condição de proprietário. Diante do narrado, assinale a afirmativa correta.

(A) Gilberto deverá realizar a nomeação à autoria no prazo de contestação.

(B) Gilberto poderá alegar ilegitimidade *ad causam* na contestação, indicando aquele que considera proprietário.

(C) Trata-se de vício sanável, podendo o magistrado corrigir o polo passivo de ofício, substituindo Gilberto da relação processual, ainda que este não tenha indicado alguém.

(D) Gilberto poderá promover o chamamento ao processo de seu patrão, a quem está subordinado.

RESPOSTA Segundo o art. 338 do CPC, alegando o réu, na contestação, ser parte ilegítima ou não ser o responsável pelo prejuízo invocado, o juiz facultará ao autor, em 15 (quinze) dias, a alteração da petição inicial para substituição do réu. Observa-se, ainda, que quando alegar sua ilegitimidade, incumbe ao réu indicar o sujeito passivo da relação jurídica discutida sempre que tiver conhecimento, sob pena de arcar com as despesas processuais e de indenizar o autor pelos prejuízos decorrentes da falta de indicação (art. 339). *Alternativa B.*

44. (XXIV Exame) O Supermercado "X" firmou contrato com a pessoa jurídica "Excelência" – sociedade empresária de renome – para que esta lhe prestasse assessoria estratégica e planejamento empresarial no processo de expansão de suas unidades por todo o país. Diante da discussão quanto ao cumprimento da prestação acordada, uma vez que o supermercado entendeu que o serviço fora prestado de forma deficiente, as partes se socorreram da arbitragem, em razão de expressa previsão do meio de solução de conflitos trazida no contrato. Na arbitragem, restou decidido que assistia razão ao supermercado, sendo a sociedade empresária "Excelência" condenada ao pagamento de indenização, além de multa de 30%. Considerando o exposto, assinale a afirmativa correta.

(A) Por se tratar de um título executivo extrajudicial, deve ser instaurado um processo de execução.

(B) Por se tratar de um título executivo judicial, será promovido segundo as regras do cumprimento de sentença.

(C) A sentença arbitral só poderá ser executada junto ao Poder Judiciário após ser confirmada em processo de conhecimento, quando adquire força de título executivo judicial.

(D) A sentença arbitral será executada segundo as regras do cumprimento de sentença, tendo em vista seu caráter de título executivo extrajudicial.

DIREITO PROCESSUAL CIVIL

RESPOSTA Entre os títulos executivos judiciais do rol do art. 515 está a sentença arbitral (inciso VII). Desse modo, se não houver pagamento, seguirá o cumprimento de sentença. *Alternativa B.*

45. **(XXI Exame)** A sociedade Palavras Cruzadas Ltda. ajuizou ação de responsabilidade civil em face de Helena e requereu o benefício da gratuidade de justiça, na petição inicial. O juiz deferiu o requerimento de gratuidade e ordenou a citação da ré. Como a autora não juntou qualquer documento comprobatório de sua hipossuficiência econômica, a ré pretende atacar o benefício deferido. Com base na situação apresentada, assinale a afirmativa correta.

(A) O instrumento processual adequado para atacar a decisão judicial é o incidente de impugnação ao benefício de gratuidade, que será processado em autos apartados.

(B) A ré alegará na contestação que não estão presentes os requisitos para o deferimento do benefício de gratuidade.

(C) A ré alegará na contestação que o benefício deve ser indeferido, mas terá que apresentar documentos comprobatórios, pois a lei presume verdadeira a alegação de insuficiência deduzida.

(D) O instrumento processual previsto para atacar a decisão judicial de deferimento do benefício é o agravo de instrumento.

RESPOSTA De acordo com o art. 100 do CPC, deferido o pedido de gratuidade, a parte contrária poderá oferecer impugnação na contestação, na réplica, nas contrarrazões de recurso ou, nos casos de pedido superveniente ou formulado por terceiro, por meio de petição simples, a ser apresentada no prazo de 15 (quinze) dias, nos autos do próprio processo, sem suspensão de seu curso. *Alternativa B.*

46. **(XXI Exame)** Lucas foi citado para apresentar defesa em ação de indenização por danos materiais, em razão de acidente de veículo. Contudo, o proprietário e condutor do veículo que causou o acidente era Cláudio, seu primo, com quem Lucas havia pego uma carona. Lucas, em contestação, deverá

(A) requerer a alteração do sujeito passivo, indicando Cláudio como réu.

(B) requerer que Cláudio seja admitido na condição de assistente litisconsorcial.

(C) denunciar Cláudio à lide.

(D) requerer o chamamento de Cláudio ao processo.

RESPOSTA Segundo o art. 339 do CPC, no momento da contestação, quando alegar sua ilegitimidade, incumbe ao réu indicar o sujeito passivo da relação jurídica discutida sempre que tiver conhecimento, sob pena de arcar com as despesas processuais e de indenizar o autor pelos prejuízos decorrentes da falta de indicação. *Alternativa A.*

47. **(XX Exame)** Distribuída a ação, Antônia (autora) é intimada para a audiência de conciliação na pessoa de seu advogado. Explicado o objetivo desse ato pelo advogado, Antônia informa que se recusa a participar da audiência porque não tem qualquer possibilidade de conciliação com Romero (réu). Acerca da audiência de conciliação ou de mediação, com base no CPC/15, assinale a afirmativa correta.

(A) Romero deverá ser citado para apresentar defesa com, pelo menos, 15 (quinze) dias de antecedência.

(B) A audiência não será realizada, uma vez que Antônia manifestou expressamente seu desinteresse pela conciliação.

(C) Ainda que ambas as partes manifestem desinteresse na conciliação, quando a matéria não admitir autocomposição, a audiência de conciliação ocorrerá normalmente.

(D) Antônia deve ser informada que o seu não comparecimento é considerado ato atentatório à dignidade da justiça, sob pena de multa.

RESPOSTA Uma das inovações do CPC/2015, *vide* art. 334. Diante da situação hipotética, correta a *alternativa D* em razão do § 8º do art. 334 do CPC. *Alternativa D.*

48. **(XX Exame – Reaplicação)** Gerusa ajuizou ação de cobrança em face de Vicente, que, ao final da instrução probatória, culminou em sentença de procedência de seu pedido condenatório, tendo o magistrado fixado honorários advocatícios de sucumbência em quantia irrisória. O êxito obtido decorreu do trabalho desenvolvido pelo Dr. Alonso, advogado particular constituído por Gerusa em razão de renúncia ao mandato apresentada por seu antigo advogado, logo após a distribuição da ação. Assim que assumiu o patrocínio da causa, o Dr. Alonso identificou que Gerusa não possuía recursos suficientes para custear o processo, razão pela qual requereu e obteve o direito de gratuidade da justiça para sua cliente. A partir dos elementos do enunciado, com base no CPC/15, assinale a afirmativa correta.

(A) O pedido de gratuidade da justiça deveria ter sido formulado por meio de incidente processual em apenso.

(B) É cabível apelação versando exclusivamente sobre a majoração do valor dos honorários fixados pela sentença, mediante pagamento do preparo pelo Dr. Alonso.

(C) A gratuidade da justiça não poderia ter sido deferida pelo juiz, pois Gerusa está assistida pelo advogado particular Dr. Alonso.

(D) É cabível apelação versando exclusivamente sobre a majoração dos honorários fixados pela sentença, sendo dispensável o pagamento do preparo em razão da concessão do direito de gratuidade da justiça a Gerusa.

RESPOSTA De acordo com o § 5º do art. 99 do CPC, o recurso que verse exclusivamente sobre valor de honorários de sucumbência fixados em favor do advogado de beneficiário estará sujeito a preparo, salvo se o próprio advogado demonstrar que tem direito à gratuidade. *Alternativa B.*

49. (XX Exame – Reaplicação) Em uma ação que tramita em determinada vara cível, a parte ré alegou falsidade de diversos documentos apresentados pelo autor, que, por sua vez, afirmava serem autênticos. Não sendo possível verificar a autenticidade dos documentos pela simples análise superficial, o magistrado determinou que se procedesse à perícia dos documentos por profissional qualificado. Com base no CPC/15, assinale a afirmativa correta.

(A) O custo pelos serviços prestados pelo perito deverão ser rateados por ambas as partes.

(B) O custo da perícia será adiantado pelo réu, uma vez afirmada por ele a falsidade do documento.

(C) O custo do serviço é da Fazenda Pública, porque a perícia foi determinada de ofício pelo magistrado e não por qualquer das partes.

(D) O pagamento do perito será custeado pelo fundo de custeio da Defensoria Pública, caso uma das partes seja assistida pela Defensoria Pública e beneficiária da Justiça Gratuita.

RESPOSTA Segundo o CPC, cada parte adiantará a remuneração do assistente técnico que houver indicado, sendo a do perito adiantada pela parte que houver requerido a perícia ou rateada quando a perícia for determinada de ofício ou requerida por ambas as partes (art. 95). *Alternativa A.*

VIII. REVELIA, PROVIDÊNCIAS PRELIMINARES E JULGAMENTO CONFORME O ESTADO DO PROCESSO

50. (XXXI Exame) Um advogado elabora uma petição inicial em observância aos requisitos legais. Da análise da peça postulatória, mesmo se deparando com controvérsia fática, o magistrado julga o pedido improcedente liminarmente. Diante dessa situação, o patrono do autor opta por recorrer contra o provimento do juiz, arguindo a nulidade da decisão por necessidade de dilação probatória. Com base nessa situação hipotética, assinale a afirmativa correta.

(A) O advogado pode aduzir que, antes de proferir sentença extintiva, o juiz deve, necessariamente, determinar a emenda à inicial, em atenção ao princípio da primazia de mérito.

(B) Não existem hipóteses de improcedência liminar no atual sistema processual, por traduzirem restrição do princípio da inafastabilidade da prestação jurisdicional e ofensa ao princípio do devido processo legal.

(C) Somente a inépcia da petição inicial autoriza a improcedência liminar dos pedidos.

(D) Nas hipóteses em que há necessidade de dilação probatória, não cabe improcedência liminar do pedido.

RESPOSTA Nas causas que dispensem a fase instrutória, portanto, em que não há necessidade de dilação probatória, o juiz, independentemente da citação do réu, julgará liminarmente improcedente o pedido que contrariar as situações do art. 332 do CPC. Porém, no caso em tela, há "controvérsia fática", portanto não caberia o julgamento liminar. *Alternativa D.*

51. (XXVI Exame) Marina propôs ação de reconhecimento e extinção de união estável em face de Caio, que foi regularmente citado para comparecer à audiência de mediação. Sobre a audiência de mediação, assinale a afirmativa correta.

(A) Se houver interesse de incapaz, o Ministério Público deverá ser intimado a comparecer à audiência de mediação.

(B) É faculdade da parte estar acompanhada de advogado ou defensor público à audiência.

(C) Em virtude do princípio da unidade da audiência, permite-se apenas uma única sessão de mediação que, se restar frustrada sem acordo, deverá ser observado o procedimento comum.

(D) É lícito que, para a realização de mediação extrajudicial, Marina e Caio peçam a suspensão do processo.

RESPOSTA Dentre as hipóteses de suspensão do processo do art. 313 do CPC, está a convenção das partes. *Alternativa D.*

IX. PROVAS E AUDIÊNCIAS

52. (39º Exame) Martina ajuizou ação pelo procedimento comum contra Marcela visando à indenização milionária, oportunidade na qual informou na petição inicial que não tinha interesse na audiência de conciliação. Após analisar a

DIREITO PROCESSUAL CIVIL

petição inicial, o MM. Juízo da 100ª Vara Cível da Comarca de Florianópolis/SC determinou a citação de Marcela para comparecer em audiência de conciliação, na forma do Art. 334 do Código de Processo Civil e, eventualmente, apresentar contestação na forma do Art. 35 do mesmo diploma legislativo. Após tomar conhecimento da ação indenizatória de Martina, Marcela apresentou petição concordando com o pedido de cancelamento da audiência de conciliação e se reservando o direito de apresentar contestação no prazo legal. Considerando que foram prestadas todas as informações e apresentados todos os documentos necessários para a elaboração da contestação, a ser apresentada no prazo de 15 dias, assinale a opção que indica o momento em que se inicia a contagem desse prazo.

(A) Da juntada nos autos do aviso de recebimento positivo do seu mandado de citação por correios

(B) Da publicação da decisão do MM. Juízo da 100ª Vara Cível da Comarca de Florianópolis/SC que cancelar a audiência de conciliação agendada no despacho citatório.

(C) Do ato de protocolar o pedido de cancelamento da audiência de conciliação formulado por Marcela.

(D) Da audiência de conciliação, uma vez que o Código de Processo Civil obriga a realização desse ato processual, o qual não poderá ser cancelado por despacho do MM. Juízo da 100ª Vara Cível da Comarca de Florianópolis/SC.

RESPOSTA A questão tratou da fase inicial do procedimento comum (audiência de mediação e conciliação), de acordo com o art. 334, § 4º, I c/c art. 335, II, do CPC. *Alternativa C.*

53. (38º Exame) Arthur e Felipe trabalham juntos na Transportadora Esporte S/A, que realiza campeonatos mensais de futebol entre suas diversas equipes. No último torneio, houve um grande desentendimento, durante o qual Felipe dirigiu numerosas ofensas contra Arthur. Indignado, Arthur ajuizou ação indenizatória em face de Felipe, por meio da qual busca a compensação pelos danos morais decorrentes das ofensas proferidas na presença dos demais colegas de trabalho. Para comprovar a sua versão dos fatos, Arthur requereu o depoimento pessoal de Felipe, que foi deferido pelo juízo de primeiro grau, que o intimou pessoalmente, advertindo-o das consequências legais. Comparecendo à audiência de instrução e julgamento, o réu se recusou a depor, embora intimado pessoalmente e advertido das eventuais consequências legais. Nesse contexto, considerando as normas processuais em vigor, o advogado de Arthur deve requerer

(A) a aplicação de multa de até 2% (dois por cento) da vantagem econômica pretendida ou do valor da causa ao réu, uma vez que a recusa caracteriza prática de ato atentatório à dignidade da justiça.

(B) o regular prosseguimento do feito, sem a imposição de penalidade específica ao réu, que só poderia ser penalizado caso não tivesse comparecido à audiência de instrução e julgamento.

(C) a condenação do réu por litigância de má-fé, com o pagamento de multa de até 10% (dez por cento) do valor corrigido da causa.

(D) a aplicação da pena de confesso ao réu, diante de sua recusa a depor.

RESPOSTA Diz o CPC que cabe à parte requerer o depoimento pessoal da outra parte, a fim de que esta seja interrogada na audiência de instrução e julgamento, sem prejuízo do poder do juiz de ordená-lo de ofício (art. 385). "Se a parte, pessoalmente intimada para prestar depoimento pessoal e advertida da pena de confesso, não comparecer ou, comparecendo, se recusar a depor, o juiz aplicar-lhe-á a pena" (§ 1º). *Alternativa D.*

54. (36º Exame) O Condomínio do Edifício Residências, tendo observado o surgimento de diversos vícios ocultos nas áreas de uso comum do prédio construído pela Mestre de Obras Engenharia S/A, ajuizou ação de produção antecipada de provas, na qual requereu a produção de prova pericial. Para tanto, argumentou que o prévio conhecimento dos fatos, sob o ângulo técnico, poderá evitar ou justificar uma ação futura, a depender do resultado da perícia. Devidamente citada, a Mestre de Obras Engenharia S/A apresentou manifestação, na qual alega que não há qualquer risco de perecimento da prova, pois os vícios eventualmente constatados permaneceriam no local, sendo impertinente, portanto, o ajuizamento da produção antecipada de provas. Considerando o caso narrado, assinale a afirmativa correta.

(A) A pretensão de prévio conhecimento dos fatos para justificar ou evitar o ajuizamento de ação futura em face da Mestre de Obras Engenharia S/A não é suficiente para a admissibilidade da produção antecipada de provas proposta pelo condomínio do Edifício Residências, faltando interesse de agir.

(B) A produção antecipada de provas proposta pelo Condomínio do Edifício Residências previne a competência para a ação principal, eventualmente proposta em face da Mestre de Obras Engenharia S/A.

(C) Na produção antecipada de provas, o juiz não se pronunciará sobre a ocorrência ou inocorrência dos fatos alegados pelo Condomínio do Edifício Residências, nem sobre suas respectivas consequências jurídicas.

(D) No procedimento de produção antecipada de provas, não se admitirá defesa ou recurso, salvo contra decisão que defira a produção da prova pleiteada pelo Condomínio do Edifício Residências.

RESPOSTA Sobre a produção antecipada de provas, *vide* arts. 381 a 383 do CPC. Diante da situação, considere que o juiz não se pronunciará sobre a ocorrência ou a inocorrência do fato, nem sobre as respectivas consequências jurídicas (art. 382, § 2º). *Alternativa C.*

55. (XXXI Exame) Julieta ajuizou demanda em face de Rafaela e, a fim de provar os fatos constitutivos de seu direito, arrolou como testemunhas Fernanda e Vicente. A demandada, por sua vez, arrolou as testemunhas Pedro e Mônica. Durante a instrução, Fernanda e Vicente em nada contribuíram para o esclarecimento dos fatos, enquanto Pedro e Mônica confirmaram o alegado na petição inicial. Em razões finais, o advogado da autora requereu a procedência dos pedidos, ao que se contrapôs o patrono da ré, sob o argumento de que as provas produzidas pela autora não confirmaram suas alegações e, ademais, as provas produzidas pela ré não podem prejudicá-la. Consideradas as normas processuais em vigor, assinale a afirmativa correta.

(A) O advogado da demandada está correto, pois competia à demandante a prova dos fatos constitutivos do seu direito.

(B) O advogado da demandante está correto, porque a prova, uma vez produzida, pode beneficiar parte distinta da que a requereu.

(C) O advogado da demandante está incorreto, pois o princípio da aquisição da prova não é aplicável à hipótese.

(D) O advogado da demandada está incorreto, porque as provas só podem beneficiar a parte que as produziu, segundo o princípio da aquisição da prova.

RESPOSTA De acordo com o art. 371 do CPC, o juiz apreciará a prova constante dos autos, independentemente do sujeito que a tiver promovido, e indicará na decisão as razões da formação de seu convencimento. *Alternativa B.*

56. (XXX Exame) Um advogado, com estudos apurados em torno das regras do CPC, resolve entrar em contato com o patrono da parte adversa de um processo em que atua. Sua intenção é tentar um saneamento compartilhado do processo. Diante disso, acerca das situações que autorizam a prática de negócios jurídicos processuais, assinale a afirmativa correta.

(A) As partes poderão apresentar ao juiz a delimitação consensual das questões de fato e de direito da demanda litigiosa.

(B) As partes não poderão, na fase de saneamento, definir a inversão consensual do ônus probatório, uma vez que a regra sobre produção de provas é matéria de ordem pública.

(C) As partes poderão abrir mão do princípio do contraditório consensualmente de forma integral, em prol do princípio da duração razoável do processo.

(D) As partes poderão afastar a audiência de instrução e julgamento, mesmo se houver provas orais a serem produzidas no feito e que sejam essenciais à solução da controvérsia.

RESPOSTA De acordo com § 2º do art. 357 do CPC, as partes podem apresentar ao juiz, para homologação, delimitação consensual das questões de fato e de direito a que se referem os incisos II e IV, a qual, se homologada, vincula as partes e o juiz. *Alternativa A.*

57. (XXVII Exame) Maria comprou um apartamento da empresa Moradia S/A e constatou, logo após sua mudança, que havia algumas infiltrações e problemas nas instalações elétricas. Maria consultou seu advogado, que sugeriu o ajuizamento de ação de produção antecipada de prova, com o objetivo de realizar uma perícia no imóvel, inclusive com o objetivo de decidir se ajuizaria, posteriormente, ação para reparação dos prejuízos. Diante desse contexto, assinale a afirmativa correta.

(A) A produção antecipada de provas é cabível, porque visa a obter prévio conhecimento dos fatos e da situação do imóvel, para justificar ou evitar o ajuizamento de ação de reparação dos prejuízos.

(B) A produção antecipada de provas é obrigatória, uma vez que Maria não poderia ingressar diretamente com ação para reparação dos prejuízos.

(C) A produção antecipada de provas é incabível, porque apenas pode ser ajuizada quando há urgência ou risco de que a verificação dos fatos venha a se tornar impossível posteriormente, o que não foi demonstrado na hipótese concreta.

(D) A produção antecipada de provas é incabível, vez que o seu ajuizamento apenas pode ocorrer mediante pedido conjunto de Maria e da empresa Moradia S/A.

RESPOSTA Conforme determina o art. 381, do CPC, a produção antecipada da prova será admitida nos casos em que haja fundado receio de que venha a tornar-se impossível ou muito difícil a verificação de

DIREITO PROCESSUAL CIVIL

certos fatos na pendência da ação; a prova a ser produzida seja suscetível de viabilizar a autocomposição ou outro meio adequado de solução de conflito; e que haja o prévio conhecimento dos fatos possa justificar ou evitar o ajuizamento de ação. *Alternativa A.*

58. **(XXIV Exame)** Leilane, autora da ação de indenização por danos morais, proposta em face de Carlindo na 5ª Vara Cível da comarca da capital, informou, em sua petição inicial, que não possuía interesse na audiência de conciliação prevista no Art. 334 do CPC/15. Mesmo assim, o magistrado marcou a audiência de conciliação e ordenou a citação do réu. O réu, regularmente citado, manifestou interesse na realização da referida audiência, na qual apenas o réu compareceu. O juiz, então, aplicou à autora a multa de 2% sobre o valor da causa. Sobre o procedimento do magistrado, a partir do caso apresentado, assinale a afirmativa correta.

(A) O magistrado não deveria ter marcado a audiência de conciliação, já que a autora informou, em sua petição inicial, que não possuía interesse.

(B) O magistrado agiu corretamente, tendo em vista que a conduta da autora se caracteriza como um ato atentatório à dignidade da justiça.

(C) O magistrado deveria ter declarado o processo extinto sem resolução do mérito, e a multa não possui fundamento legal.

(D) A manifestação de interesse do réu na realização da referida audiência pode ser feita em até 72 horas antes da sua realização.

RESPOSTA Diante do caso hipotético, *vide* o art. 334 do CPC, que trata da audiência e permite que o juiz sancione multa de até 2% em caso de ato atentatório à dignidade da justiça (§ 8º), como é na situação. *Alternativa B.*

X. SENTENÇA E COISA JULGADA

59. **(36º Exame)** Por mais de 10 anos, Leandro foi locatário de uma sala comercial de propriedade de Paula, na qual instalou o seu consultório para atendimentos médicos. Decidido a se aposentar, Leandro notificou Paula, informando a rescisão contratual e colocando-se à disposição para entregar o imóvel. Ultrapassados 4 (quatro) meses sem o retorno da locadora, Leandro ajuizou ação declaratória de rescisão contratual com pedido de consignação das chaves. Diante disso, Paula apresentou contestação e reconvenção, na qual pleiteia a cobrança de danos materiais por diversos problemas encontrados no imóvel. Diante desse imbróglio, e reconsiderando sua aposentadoria, Leandro consulta advogado(a) para avaliar a possibilida-

de de desistir da ação. Sobre o caso narrado, assinale a afirmativa correta.

(A) Por ter sido apresentada contestação, Leandro poderá desistir da ação até a sentença, o que ficará sujeito à concordância de Paula.

(B) Como foi oferecida a contestação, Leandro não poderá mais desistir da ação.

(C) Caso apresentada desistência da ação por Leandro, sua conduta implicará a desistência implícita da reconvenção.

(D) Caso Leandro desista da ação, isso acarretará a extinção do processo sem resolução de mérito, obstando a propositura de nova ação com o mesmo objeto.

RESPOSTA As situações que o juiz não resolverá o mérito estão elencadas no art. 485 do CPC, dentre elas, quando homologar a desistência da ação (inciso VIII). Veja que, oferecida a contestação, o autor não poderá, sem o consentimento do réu, desistir da ação (§ 4º). A desistência da ação pode ser apresentada até a sentença (§ 5º). *Alternativa A.*

60. **(XXXIV Exame)** Adriana ajuizou ação de cobrança em face de Ricardo, para buscar o pagamento de diversos serviços de arquitetura por ela prestados e não pagos. Saneado o feito, o juízo de primeiro grau determinou a produção de prova testemunhal, requerida como indispensável pela autora, intimando-a para apresentar o seu rol de testemunhas, com nome e endereço. Transcorrido mais de 1 (um) mês, Adriana, embora regularmente intimada daquela decisão, manteve-se inerte, não tendo fornecido o rol contendo a identificação de suas testemunhas. Diante disso, o juízo determinou a derradeira intimação da autora para dar andamento ao feito, no prazo de 5 (cinco) dias, sob pena de extinção. Essa intimação foi feita pelo Diário da Justiça, na pessoa de seu advogado constituído nos autos. Findo o prazo sem manifestação, foi proferida, a requerimento de Ricardo, sentença de extinção do processo sem resolução de mérito, tendo em vista o abandono da causa pela autora por mais de 30 (trinta) dias, condenando Adriana ao pagamento das despesas processuais e dos honorários advocatícios. Na qualidade de advogado de Adriana, sobre essa sentença assinale a afirmativa correta.

(A) Está incorreta, pois, para que o processo seja extinto por abandono, o CPC exige prévia intimação pessoal da parte autora para promover os atos e as diligências que lhe incumbir, no prazo de 5 (cinco) dias.

(B) Está correta, pois, para que o processo seja extinto por abandono, o CPC exige, como único requisito, o decurso de mais de 30 (trinta) dias sem que haja manifestação da parte autora.

(C) Está incorreta, pois, para que o processo seja extinto por abandono, o CPC exige, como único requisito, o decurso de mais de 60 (sessenta) dias sem que haja manifestação da parte autora.

(D) Está incorreta, pois o CPC não prevê hipótese de extinção do processo por abandono da causa pela parte autora.

RESPOSTA O juiz não resolverá do mérito, entre outras situações, quando o processo ficar parado em razão de o autor não promover os atos e as diligências que lhe incumbir, ao abandonar a causa por mais de 30 dias (art. 485, III). Nesse caso, a parte será intimada pessoalmente para suprir a falta no prazo de 5 dias (§ 1º), o que de fato não ocorreu na hipótese da questão. *Alternativa A.*

61. (XXXI Exame) Marcos foi contratado por Júlio para realizar obras de instalação elétrica no apartamento deste. Por negligência de Marcos, houve um incêndio que destruiu boa parte do imóvel e dos móveis que o guarneciam. Como não conseguiu obter a reparação dos prejuízos amigavelmente, Júlio ajuizou ação em face de Marcos e obteve sua condenação ao pagamento da quantia de R$ 148.000,00 (cento e quarenta e oito mil reais). Após a prolação da sentença, foi interposta apelação por Marcos, que ainda aguarda julgamento pelo Tribunal. Júlio, ato contínuo, apresentou cópia da sentença perante o cartório de registro imobiliário, para registro da hipoteca judiciária sob um imóvel de propriedade de Marcos, visando a garantir futuro pagamento do crédito. Sobre o caso apresentado, assinale a afirmativa correta.

(A) Júlio não pode solicitar o registro da hipoteca judiciária, uma vez que ainda está pendente de julgamento o recurso de apelação de Marcos.

(B) Júlio, mesmo que seja registrada a hipoteca judiciária, não terá direito de preferência sobre o bem em relação a outros credores.

(C) A hipoteca judiciária apenas poderá ser constituída e registrada mediante decisão proferida no Tribunal, em caráter de tutela provisória, na pendência do recurso de apelação interposto por Marcos.

(D) Júlio poderá levar a registro a sentença, e, uma vez constituída a hipoteca judiciária, esta conferirá a Júlio o direito de preferência em relação a outros credores, observada a prioridade do registro.

RESPOSTA Prevê o art. 495 do CPC que a decisão que condenar o réu ao pagamento de prestação consistente em dinheiro e a que determinar a conversão de prestação de fazer, de não fazer ou de dar coisa em prestação pecuniária valerão como título constitutivo de hipoteca judiciária. Uma vez constituída, implicará, para o credor hipotecário, o direito de preferência, quanto ao pagamento, em relação a outros credores, observada a prioridade no registro (§ 4º). *Alternativa D.*

62. (XXII Exame) Gláucia ajuizou, em abril de 2016, ação de alimentos em face de Miguel com fundamento na paternidade. O réu, na contestação, alegou não ser pai de Gláucia. Após a produção de provas e o efetivo contraditório, o magistrado decidiu favoravelmente ao réu. Inconformada com a sentença de improcedência que teve por base o exame de DNA negativo, Gláucia resolve agora propor ação de investigação de paternidade em face de Miguel. Sobre a hipótese apresentada, assinale a afirmativa correta.

(A) O magistrado deve rejeitar a nova demanda com base na perempção.

(B) A demanda de paternidade deve ser admitida, já que apenas a questão relativa aos alimentos é que transitou em julgado no processo anterior.

(C) A questão prejudicial, relativa à paternidade, não é alcançada pela coisa julgada, pois a cognição judicial foi restrita a provas documentais e testemunhais.

(D) A questão prejudicial, relativa à paternidade, é atingida pela coisa julgada, e o novo processo deve ser extinto sem resolução do mérito.

RESPOSTA A decisão que julgar total ou parcialmente o mérito tem força de lei nos limites da questão principal expressamente decidida, aplicando-se à resolução de questão prejudicial desde que decidida expressa e incidentemente no processo além dos requisitos do § 1º do art. 503 do CPC. Assim, diante do caso proposto e com a aplicação do art. 485, V, correta a *alternativa D.*

XI. RECURSOS

63. (41º Exame) Silene ajuizou ação de divórcio, cumulada com pedido de fixação de alimentos, em face de Jonas. O juiz, em sede de decisão de saneamento e organização do processo, entendeu que o pedido de divórcio estava apto para julgamento e, no que se refere à pretensão de alimentos, determinou a produção de prova oral, consistente em depoimento pessoal e prova testemunhal, bem como de prova documental suplementar. Ato contínuo, por meio de decisão interlocutória, o juiz julgou procedente o pedido de divórcio, e determinou o prosseguimento do processo para a fase instrutória em relação ao pedido de fi-

DIREITO PROCESSUAL CIVIL

xação de alimentos. Tomando o caso concreto como premissa, assinale a afirmativa correta.

(A) A decisão de julgamento do pedido de divórcio poderá ser impugnada por agravo de instrumento.

(B) O número de testemunhas arroladas não poderá ser superior a cinco, sendo duas, no máximo, para cada fato.

(C) Depois do saneamento, Silene e Jonas podem pedir esclarecimentos ou solicitar ajustes no prazo comum de dez dias, findo o qual a decisão se torna estável.

(D) Em razão da impossibilidade de fracionamento de julgamento do mérito, o juiz não poderia ter julgado, desde logo, o pedido de divórcio, o qual somente poderia ser feito conjuntamente com o pedido de fixação de alimentos.

RESPOSTA A alternativa correta é a letra A. Depreende-se do enunciado que, no caso, ocorreu um julgamento antecipado parcial do mérito, nos termos do art. 356 do CPC. Ademais, será cabível o recurso de agravo de instrumento da decisão que julgar antecipadamente parcela do mérito, conforme o disposto nos arts. 356, § 5º, e 1.015, II e XIII, do CPC. *Alternativa A.*

64. (41º Exame) Pedro propôs ação de dissolução parcial da sociedade Papel Cia. Ltda., em função de atos praticados pelo então administrador da sociedade, Paulo. No processo, restou comprovado que Paulo adulterava os balanços patrimoniais da sociedade. Diante desse fato, o juiz proferiu sentença decretando a dissolução parcial da sociedade. Em face da sentença, Paulo interpôs o respectivo recurso de apelação. Depois de proferidos os votos, o resultado do julgamento foi pela reforma da decisão, contudo de forma não unânime. Sobre a hipótese narrada, na qualidade de advogado de Pedro, assinale a afirmativa correta.

(A) São cabíveis embargos infringentes, pois o acórdão não unânime reformou a sentença de mérito proferida em primeiro grau.

(B) O julgamento terá prosseguimento em sessão a ser designada com a presença de outros julgadores, tendo em vista o resultado não unânime do julgamento, que serão convocados nos termos previamente definidos no regimento interno, em número suficiente para garantir a possibilidade de inversão do resultado inicial.

(C) Na hipótese de novo julgamento, é vedado às partes e aos eventuais terceiros o direito de sustentar oralmente suas razões perante os julgadores novamente.

(D) A técnica de julgamento nos casos de resultados não unânimes se aplica, igualmente, à ação rescisória, ao agravo de instrumento, ao incidente de resolução de demandas repetitivas, ao incidente de assunção de competência e à remessa necessária.

REPOSTA A questão aborda o conhecimento sobre a técnica de ampliação do colegiado, pois tendo em vista que o resultado do julgamento da apelação foi pela reforma da decisão, contudo de forma não unânime, ensejando, assim, a aplicação da técnica de ampliação do colegiado, prevista no art. 942 do CPC. *Alternativa B.*

65. (40º Exame) Leonardo adquiriu uma televisão na Loja Francesa pelo valor de R$ 12.000,00 (doze mil reais), quantia que seria paga por meio de cartão de crédito em 12 (doze) parcelas de R$ 1.000,00. Ocorre que, após o pagamento da 6ª (sexta) parcela, a Loja Francesa passou a cobrar R$ 2.000,00 (dois mil reais) de Leonardo nas 6 (seis) parcelas restantes. Por ter constatado a cobrança indevida somente depois de realizar o pagamento integral, Leonardo ajuizou ação pelo procedimento comum em face da Loja Francesa para ser ressarcido em dobro pelo valor indevidamente cobrado na forma do Art. 42, parágrafo único, do Código de Defesa do Consumidor. Depois da contestação e regular instrução, o Juízo da Vara Cível competente proferiu sentença julgando procedente o pedido de Leonardo, com a consequente condenação da Loja Francesa ao pagamento de R$ 12.000,00, acrescido de correção monetária e juros legais. Ato contínuo, a Loja Francesa interpôs recurso de apelação, que foi desprovido pelo Tribunal de Justiça. Em seguida, a Loja Francesa interpôs recurso especial, porém intempestivamente. Como existiam inúmeros recursos sobre a admissibilidade da devolução em dobro em caso de cobrança indevida contra o consumidor, com fundamento no Art. 42, parágrafo único, do Código de Defesa do Consumidor, essa controvérsia jurídica foi afetada para o rito do julgamento dos recursos repetitivos e implicou o sobrestamento do recurso especial da Loja Francesa. Ato contínuo, Leonardo requereu que o recurso especial da Loja Francesa não fosse sobrestado, uma vez que era intempestivo. Embora intempestivo o recurso, o referido requerimento foi indeferido. Na condição de advogado(a) de Leonardo, assinale a opção que indica o recurso cabível para alterar essa decisão.

(A) Não será possível interpor qualquer recurso, pois é irrecorrível a decisão que indefere o requerimento de exclusão de sobrestamento do recurso especial impactado pelo procedimento dos recursos especiais repetitivos.

(B) Reclamação, pois é irrecorrível a decisão que indefere o requerimento de exclusão de sobrestamento do recurso especial impactado pelo procedimento dos recursos especiais repetitivos.

(C) Ação rescisória, pois é irrecorrível a decisão que indefere o requerimento de exclusão de sobrestamento do recurso especial impactado pelo procedimento dos recursos especiais repetitivos.

(D) Agravo interno, pois esse é o recurso cabível contra a decisão que indefere o requerimento de exclusão de sobrestamento do recurso especial impactado pelo procedimento dos recursos especiais repetitivos.

RESPOSTA A alternativa correta é a letra *D*. Uma vez tendo sido sobrestado o recurso especial apresentado intempestivamente pela Loja Francesa, o advogado de Leonardo poderá requerer ao presidente ou ao vice-presidente do Tribunal que exclua o recurso em questão da decisão de sobrestamento e o inadmita em razão da sua intempestividade. Caso esse requerimento venha a ser indeferido, será possível a apresentação do agravo interno para o órgão colegiado, que poderá rever a decisão monocrática e, consequentemente, inadmitir o recurso especial apresentado de maneira intempestiva, conforme art. 1.036, §§ 2º e 3º, do CPC. *Alternativo D.*

66. (40º Exame) Felipe propôs ação de reparação de danos contra Gustavo fundada em responsabilidade extracontratual, em razão de Felipe ter sido atacado pelo cachorro de Gustavo, enquanto transitava pela rua perto de sua casa. Em primeira instância, os pedidos formulados por Felipe em sua petição inicial foram julgados totalmente procedentes. Depois da publicação da sentença de procedência, Gustavo interpôs apelação para buscar a reforma integral da sentença. Simultaneamente, Felipe opôs embargos de declaração contra a sentença para obter a majoração dos honorários de sucumbência, considerando que não foi fixado o percentual mínimo previsto no Art. 85, § 2º, do Código de Processo Civil. Sobre essa situação hipotética, assinale a afirmativa que apresenta, corretamente, a conduta que você, como advogado(a) do embargado, deverá adotar.

(A) Apresentar nova apelação após o julgamento dos embargos de declaração opostos por Felipe, independentemente do resultado do julgamento dos embargos de declaração.

(B) Complementar ou alterar as razões de apelação, se houver o acolhimento dos embargos de declaração opostos por Felipe.

(C) Ratificar as razões de sua apelação após o julgamento dos embargos opostos por Felipe, sob

pena de não conhecimento do recurso de apelação.

(D) Apresentar nova apelação após o julgamento dos embargos de declaração opostos por Felipe se os embargos de declaração forem acolhidos.

RESPOSTA A alternativa correta é a letra *B*. No caso concreto narrado pelo enunciado, percebemos que Felipe interpôs o seu recurso de apelação antes do julgamento dos embargos de declaração apresentados pela parte contrária. Nessa situação, é possível que a decisão recorrida (sentença de primeiro grau) venha a ser alterada pelos embargos de declaração, o que terá o condão de influenciar aquela apelação anteriormente apresentada, conforme §§ 4º e 5º do art. 1.024 do CPC. *Alternativa B.*

67. (40º Exame) Na qualidade de servidor público estadual, Marcos ajuizou ação pelo procedimento comum contra o Estado de Minas Gerais, buscando obter o pagamento de determinada verba remuneratória que lhe teria sido suprimida de forma administrativa, em contrariedade ao que dispõe a lei. Depois da citação do Estado de Minas Gerais e do regular curso do feito, o juiz responsável pela tramitação da ação julgou procedente o pedido formulado por Marcos, condenando o ente estatal ao pagamento da verba remuneratória. Na sequência, o cartório da serventia do juízo procedeu à intimação eletrônica das partes acerca da sentença, visto tratar-se de processo eletrônico. Sobre a situação hipotética descrita, assinale a afirmativa correta.

(A) O prazo de que disporá o Estado de Minas Gerais para a interposição de eventual recurso de apelação será de 15 (quinze) dias úteis, contados do dia útil seguinte à consulta ao teor da intimação ou ao término do prazo para que a consulta se dê, dado que a intimação da sentença ocorreu de forma eletrônica, não devendo o prazo ser contado em dobro.

(B) O Estado de Minas Gerais poderá alegar a nulidade da intimação, visto não ser lícita a utilização de meio eletrônico para a comunicação de atos processuais, sendo imprescindível a intimação pessoal do ente estatal, que somente se pode dar por carga ou remessa dos autos.

(C) Caso o Estado de Minas Gerais tivesse interposto apelação antes de intimado eletronicamente da sentença, o recurso haveria de ser considerado intempestivo, por ter sido apresentado antes do termo inicial do prazo.

(D) Caso vislumbre omissão, contradição, obscuridade ou erro material na sentença, o Estado de Minas Gerais poderá opor embargos de declaração, no prazo de 10 (dez) dias úteis, consideran-

DIREITO PROCESSUAL CIVIL

do, como início do prazo, o dia útil seguinte à consulta ao teor da intimação ou ao término do prazo para que a consulta se dê, dado que gozará de prazo em dobro para todas as suas manifestações processuais.

RESPOSTA A alternativa correta é a letra *D*. Considerando que o prazo geral para os embargos de declaração é de 5 dias úteis (art. 1.023, CPC) e que os entes públicos gozam de prazo em dobro para todas as suas manifestações processuais (art. 183, CPC), podemos concluir que, de fato, o Estado de Minas Gerais terá o prazo de 10 dias úteis para a apresentação dos seus embargos de declaração, o que, até este ponto, torna a alternativa correta. *Alternativa D.*

68. (39º Exame) A *General Food* é uma reconhecida sociedade empresária britânica do ramo de alimentos presidida, desde 2018, pelo brasileiro Rodrigo Bottas. Em 2021, o jornal "Folha de Londres" publicou uma série de reportagens apontando irregularidades na gestão de Rodrigo Bottas, que foi imediatamente afastado da sociedade empresária. Ato contínuo, a *General Food* investigou as irregularidades suscitadas pelo jornal e, após confirmá-las, instaurou arbitragem na Inglaterra para obter indenização pelos prejuízos causados por seu antigo executivo. Após regular participação de Rodrigo Bottas no referido procedimento, o Tribunal Arbitral proferiu sentença julgando procedente o pedido indenizatório da *General Food*. Como Rodrigo Bottas não tinha bens na Inglaterra, a *General Food* procurou um(a) advogado(a) para buscar informações sobre a possibilidade de executar a sentença arbitral estrangeira no Brasil. Na qualidade de advogado(a) da General Food, assinale a afirmativa correta.

(A) A *General Food* deverá ajuizar ação de execução contra Rodrigo Bottas, uma vez que a sentença arbitral estrangeira é título executivo judicial.

(B) A *General Food* deverá instaurar arbitragem contra Rodrigo Bottas, uma vez que não são admissíveis a homologação e a execução de sentença arbitral estrangeira no Brasil.

(C) A *General Food* deverá ajuizar ação indenizatória contra Rodrigo Bottas, uma vez que não são possíveis a homologação e a execução de sentença arbitral estrangeira no Brasil.

(D) A *General Food* deverá apresentar pedido de homologação da sentença arbitral estrangeira contra Rodrigo Bottas antes de executar a referida decisão no Brasil.

RESPOSTA A questão trata da homologação de decisão estrangeira, de acordo com o art. 960, § 3º, do CPC, que prevê que a decisão arbitral estrangeira se submete ao procedimento de homologação perante o STJ. *Alternativa D.*

69. (38º Exame) Rafael ajuizou ação de despejo em face de Luiz, sob o fundamento de que Luiz não teria pago o aluguel do imóvel de sua propriedade nos últimos meses. Em primeira instância, foi proferida sentença que julgou improcedentes os pedidos formulados na petição inicial. Rafael, então, interpôs apelação, a qual foi desprovida pelo tribunal. Posteriormente, Rafael interpôs recurso extraordinário contra o acórdão, alegando violação a uma série de dispositivos constitucionais. Examinando o recurso extraordinário, a vice--presidência do tribunal negou-lhe seguimento, sob o fundamento de que o Supremo Tribunal Federal já havia reconhecido a inexistência de repercussão geral da questão constitucional discutida no referido recurso. Diante do caso narrado, assinale a opção que indica a medida judicial a ser adotada por Rafael.

(A) Interposição de agravo em recurso extraordinário, para que o Supremo Tribunal Federal examine se o recurso extraordinário preenche ou não seus requisitos de admissibilidade.

(B) Interposição de recurso extraordinário, para que o Supremo Tribunal Federal reexamine a existência de repercussão geral da questão constitucional discutida no recurso.

(C) Interposição de agravo interno, no intuito de demonstrar a distinção entre a questão constitucional discutida no recurso extraordinário e a discutida no recurso no qual o Supremo Tribunal Federal não reconheceu a existência de repercussão geral.

(D) Ajuizamento de reclamação constitucional, tendo em vista que apenas a presidência do tribunal de segunda instância tem competência para examinar o preenchimento dos requisitos de admissibilidade do recurso extraordinário.

RESPOSTA Atente-se ao art. 1.030 do CPC e seu inciso I e que da decisão proferida com fundamento nos incisos I e III dele caberá agravo interno, nos termos do art. 1.021. *Alternativa C.*

70. (37º Exame) Devidamente intimado do acórdão proferido pela Câmara Cível do Tribunal de Justiça do Estado de Minas Gerais que desproveu seu recurso de apelação, Diego opõe embargos de declaração alegando que o acórdão teria deixado de se manifestar sobre tese firmada em julgamento em incidente de assunção de competência aplicável ao caso. Nos embargos de declaração, Diego também alegou, para fins de prequestionamento, que o acórdão teria se omitido a respeito de determinado dispositivo de lei federal. Em paralelo, antes do julgamento dos embargos de declaração, José, então apelado, interpõe recurso especial alegando violação ao art. 85, § 11, do Código de Processo Civil, visto que a Câmara Cível do Tribunal de Justiça do Estado de Minas Gerais não fixou honorários de sucumbência recursais no acórdão que julgou a apelação de Diego. Diante da situação hipotética descrita, assinale a afirmativa correta.

(A) Diego não poderia ter fundamentado seus embargos de declaração na ausência de manifestação, pelo acórdão que julgou a apelação, acerca de tese firmada em sede de incidente de assunção de competência aplicável ao caso, pois os embargos de declaração constituem recurso de fundamentação vinculada, cabível apenas nas hipóteses de omissão, contradição, obscuridade ou erro material.

(B) Ainda que os embargos de declaração opostos por Diego venham a ser rejeitados ou não alteram a conclusão do julgamento anterior da Câmara Cível do Tribunal de Justiça do Estado de Minas Gerais, o recurso especial interposto por José somente será processado ser for por ele ratificado após a apreciação dos embargos de declaração.

(C) Os embargos de declaração não possuem efeito suspensivo, mas interrompem o prazo para a interposição de outros recursos, de modo que Diego ainda poderá interpor recurso especial contra o acórdão após o julgamento dos embargos de declaração, se for o caso.

(D) Caso sejam desprovidos os embargos de declaração opostos por Diego, não será considerado como incluído no acórdão o dispositivo legal por ele invocado nos embargos de declaração, para fins de pré-questionamento, ainda que tribunal superior posteriormente considere existente a omissão.

RESPOSTA De acordo com o CPC, os embargos de declaração não possuem efeito suspensivo e interrompem o prazo para a interposição de recurso (art. 1.026). *Alternativa C.*

71. (35º Exame) João ajuizou ação de indenização por danos materiais e morais contra Carla. Ao examinar a petição inicial, o juiz competente entendeu que a causa dispensava fase instrutória e, independentemente da citação de Carla, julgou liminarmente improcedente o pedido de João, visto que contrário a enunciado de súmula do Superior Tribunal de Justiça. Nessa situação hipoté-

tica, assinale a opção que indica o recurso que João deverá interpor.

(A) Agravo de instrumento, uma vez que o julgamento de improcedência liminar do pedido ocorre por meio da prolação de decisão interlocutória agravável.

(B) Agravo de instrumento, tendo em vista há urgência decorrente da inutilidade do julgamento da questão em recurso de apelação.

(C) Apelação, sendo facultado ao juiz retratar-se, no prazo de cinco dias, do julgamento liminar de improcedente do pedido.

(D) Apelação, sendo o recurso distribuído diretamente a um relator do tribunal, que será responsável por intimar a parte contrária a apresentar resposta à apelação em quinze dias.

RESPOSTA Prevê o Código de Processo Civil que, nas causas que dispensem a fase instrutória, o juiz, independentemente da citação do réu, julgará liminarmente improcedente o pedido que contrariar as hipóteses do art. 332. Tem-se que, interposta a apelação, o juiz poderá retratar-se em cinco dias (§ 3º). *Alternativa C.*

72. (XXXIV Exame) Diante da multiplicidade de recursos especiais fundados em idêntica questão de direito, o Desembargador 3º Vice-Presidente do Tribunal de Justiça do Estado do Rio de Janeiro seleciona dois dos recursos e os remete ao Superior Tribunal de Justiça para fins de afetação, determinando a suspensão de todos os processos pendentes que tramitam no respectivo Estado que versem sobre a mesma matéria. Uma vez recebido o recurso representativo da controvérsia, o Ministro Relator resolve proferir decisão de afetação. Após seu trâmite, o recurso é julgado pela Corte Especial do Superior Tribunal de Justiça, que fixa a tese jurídica. Diante da situação hipotética acima descrita, assinale a afirmativa correta.

(A) A tese jurídica fixada pelo Superior Tribunal de Justiça por ocasião do julgamento dos recursos especiais representativos da controvérsia não poderá ser alterada ou superada no futuro, em qualquer hipótese, nem mesmo pelo próprio Superior Tribunal de Justiça.

(B) Para a formação de seu convencimento acerca da controvérsia objeto dos recursos especiais repetitivos, o Ministro Relator não poderá admitir a participação de terceiros, na qualidade de *amicus curiae*, e tampouco realizar audiências públicas para a qualificação do contraditório.

(C) A controvérsia objeto dos recursos especiais submetidos ao rito dos repetitivos não poderá

DIREITO PROCESSUAL CIVIL

ter natureza de direito processual, mas apenas de direito material.

(D) A escolha dos recursos feita pelo 3º Vice-Presidente do Tribunal de Justiça do Estado do Rio de Janeiro não possuía o efeito de vincular o Ministro Relator no Superior Tribunal de Justiça, que, se entendesse pertinente, poderia ter selecionado outros recursos representativos da controvérsia.

RESPOSTA Prevê o art. 1.036 do CPC que, sempre que houver multiplicidade de recursos extraordinários ou especiais com fundamento em idêntica questão de direito, haverá afetação para julgamento de acordo com as disposições desta Subseção, observado o disposto no Regimento Interno do STF e no do STJ. Observe que a escolha feita pelo presidente ou vice-presidente do tribunal de justiça ou do tribunal regional federal não vinculará o relator no tribunal superior, que poderá selecionar outros recursos representativos da controvérsia (§ 4º). *Alternativa D.*

73. (XXXIV Exame) Em ação coletiva ajuizada pela Associação Brasileira XYZ, foi proferida sentença que julgou improcedentes os pedidos formulados na petição inicial. Em segunda instância, o tribunal negou provimento à apelação interposta pela Associação Brasileira XYZ e manteve a sentença proferida. A Associação, contudo, notou que um outro tribunal do país, em específico, decidiu sobre questão de direito similar de forma distinta, tendo atribuído interpretação diversa à mesma norma infraconstitucional federal. A respeito da hipótese narrada, assinale a opção que apresenta a medida judicial a ser adotada pela Associação Brasileira XYZ.

(A) Interposição de recurso especial fundado em dissídio jurisprudencial, devendo a Associação recorrente comprovar no recurso a divergência entre o acórdão recorrido e o julgado do outro tribunal, além de mencionar as circunstâncias que identifiquem ou assemelhem os casos confrontados.

(B) Interposição de embargos de divergência direcionados ao Superior Tribunal de Justiça, no intuito de uniformizar o entendimento divergente dos tribunais.

(C) Pedido de instauração de incidente de assunção de competência, ainda que se trate de divergência entre tribunais sobre questão de direito sem relevância e repercussão social.

(D) Pedido de instauração de incidente de resolução de demandas repetitivas direcionado a relator de turma do Superior Tribunal de Justiça, com o objetivo de uniformizar o entendimento divergente dos tribunais.

RESPOSTA Diz o Código de Processo Civil que, quando o recurso fundar-se em dissídio jurisprudencial, o recorrente fará a prova da divergência com a certidão, cópia ou citação do repositório de jurisprudência, oficial ou credenciado, inclusive em mídia eletrônica, em que houver sido publicado o acórdão divergente, ou ainda com a reprodução de julgado disponível na rede mundial de computadores, com indicação da respectiva fonte, devendo-se, em qualquer caso, mencionar as circunstâncias que identifiquem ou assemelhem os casos confrontados (art. 1.029, § 1º). *Alternativa A.*

74. (XXXIII Exame) A corretora de seguros XYZ ajuizou ação de cobrança em face da Alegria Assistência Médica, pugnando pelo pagamento da taxa de comissão de corretagem que a segunda se recusa a pagar, apesar de a autora estar prestando devidamente serviços de corretagem. O juízo de primeiro grau julgou pela procedência do pedido, na mesma oportunidade concedendo tutela antecipada, para que a Alegria faça os pagamentos da comissão devida mensalmente. Nessa circunstância, o(a) advogado(a) da Alegria Assistência Médica, buscando imediatamente suspender os efeitos da sentença, deve

(A) interpor Recurso Extraordinário, no prazo de 15 dias úteis, para que o Supremo Tribunal Federal reforme a sentença e pleiteando efeito suspensivo.

(B) interpor Apelação Cível, no prazo de 15 dias úteis, objetivando a reforma da sentença, e pleitear efeito suspensivo diretamente ao tribunal, por pedido próprio, durante a tramitação da apelação em primeiro grau.

(C) impetrar Mandado de Segurança contra a decisão que reputa ilegal, tendo como autoridade coatora o juízo sentenciante, para sustar os efeitos da sentença.

(D) interpor Agravo de Instrumento, no prazo de 15 dias úteis, para reforma da tutela antecipada.

RESPOSTA Em razão da situação proposta, tem-se que o pedido de concessão de efeito suspensivo nas hipóteses do § 1º do art. 1.012 do CPC, poderá ser formulado por requerimento dirigido ao tribunal, no período compreendido entre a interposição da apelação e sua distribuição, ficando o relator designado para seu exame prevento para julgá-la (inciso I, § 3º). *Alternativa B.*

75. (XXXIII Exame) Após anos de relacionamento conjugal, Adriana e Marcelo resolvem se divorciar. Diante da recusa do cônjuge ao pagamento de alimentos, Adriana, desempregada, resolve ingressar com ação a fim de exigir o pagamento. A ação teve regular processamento, tendo o juiz proferido sentença de procedência, condenando o réu ao pagamento de R$ 2.000,00 (dois mil reais) mensais à autora, sendo publicada no dia seguinte. Inconformado, o réu interpõe recurso de apelação, mas Adriana promove, imediatamente, o cumprimento provisório da decisão. Diante das informações expostas, assinale a afirmativa correta.

(A) A sentença não pode ser executada neste momento, pois o recurso de apelação possui efeito suspensivo.

(B) A sentença não pode ser executada, uma vez que a sentença declaratória não permite a execução provisória.

(C) Poderá ser iniciada a execução provisória, pois a sentença que condena a pagar alimentos começa a produzir efeitos imediatamente após a sua publicação.

(D) Pode ser iniciada execução provisória, pois os recursos de apelação nunca possuem efeito suspensivo.

RESPOSTA De acordo com o CPC, a apelação terá efeito suspensivo (art. 1.012). É a regra geral. Porém, há algumas exceções e uma delas é a sentença que condena a pagar alimentos (§1º, II). *Alternativa C.*

76. (XXXII Exame) Guilherme, em 13/03/2019, ajuizou ação indenizatória contra Rodrigo, a qual tramita no Juízo da 5ª Vara Cível da Comarca de Belo Horizonte, em autos físicos. Em contestação, Rodrigo defendeu, preliminarmente, a incompetência do Poder Judiciário, pois as partes teriam pactuado convenção de arbitragem no contrato que fundamentava a demanda movida por Guilherme. Rodrigo, no mérito de sua defesa, requereu a improcedência do pedido indenizatório, uma vez que teria cumprido o contrato celebrado entre as partes. Após a apresentação de réplica, o Juízo da 5ª Vara Cível da Comarca de Belo Horizonte proferiu decisão na qual rejeitou a preliminar arguida por Rodrigo e intimou as partes para informar as provas que pretendiam produzir. Inconformado, Rodrigo interpôs agravo de instrumento contra a parcela da decisão que rejeitou a preliminar de convenção de arbitragem. No entanto, Rodrigo não cumpriu a obrigação de comunicação ao juízo de primeiro grau da interposição do agravo no prazo de 3 dias, deixando de apresentar a cópia da petição do agravo de instrumento e o comprovante de sua interposição para o Juízo da 5ª Vara Cível da Comarca de Belo Horizonte. Para que o recurso de Rodrigo não seja conhecido com base nesse vício

formal, assinale a opção que apresenta a medida a ser adotada por Guilherme.

(A) Ele não pode fazer nada, pois o vício formal é sanável, de ofício, pelo desembargador responsável por relatar o agravo de instrumento, o qual deve intimar Rodrigo para apresentar cópia da petição do agravo de instrumento e o comprovante de sua interposição.

(B) Ele poderá, em qualquer momento da tramitação do agravo de instrumento, apontar que Rodrigo descumpriu a exigência de comunicação ao primeiro grau.

(C) Ele deverá, em suas contrarrazões ao agravo de instrumento, apontar que Rodrigo descumpriu a exigência de comunicação em questão.

(D) Ele não precisará fazer nada, pois esse vício formal é insanável e poderá ser conhecido, de ofício, pelo desembargador responsável por relatar o agravo de instrumento.

RESPOSTA De acordo com o CPC, o agravante poderá requerer a juntada, aos autos do processo, de cópia da petição do agravo de instrumento, do comprovante de sua interposição e da relação dos documentos que instruíram o recurso (art. 1.018). Quando não for eletrônicos os autos, o agravante tomará esta providência, no prazo de três dias a contar da interposição do agravo de instrumento (§ 2º). Se ele descumprir, desde que arguido e provado pelo agravado, importa inadmissibilidade do agravo de instrumento (§ 3º). *Alternativa C.*

77. (XXXII Exame) Em determinado Mandado de Segurança individual, contra ato de um dos Ministros de Estado, o Superior Tribunal de Justiça, em sua competência constitucional originária, denegou a segurança na primeira e única instância de jurisdição. Diante do julgamento desse caso concreto, assinale a opção que apresenta a hipótese de cabimento para o Recurso Ordinário Constitucional dirigido ao STF.

(A) Os mandados de segurança, os *habeas data* e os mandados de injunção decididos em única instância pelos tribunais superiores, quando denegatória a decisão.

(B) Os mandados de segurança, os *habeas data* e os mandados de injunção decididos em última instância pelos tribunais superiores, quando concessiva a decisão.

(C) Os mandados de segurança decididos em única instância pelos tribunais regionais federais ou pelos tribunais de justiça dos Estados e do Distrito Federal e Territórios, quando denegatória a decisão.

(D) Os processos em que forem partes, de um lado, Estado estrangeiro ou organismo internacional

DIREITO PROCESSUAL CIVIL

e, de outro, Município ou pessoa residente ou domiciliada no país.

RESPOSTA De acordo com o art. 1.027 do CPC, serão julgados em recurso ordinário pelo Supremo Tribunal Federal, os mandados de segurança, os *habeas data* e os mandados de injunção decididos em única instância pelos tribunais superiores, quando denegatória a decisão (inciso I). *Alternativa A.*

78. (XXX Exame) Cláudio, em face da execução por título extrajudicial que lhe moveu Daniel, ajuizou embargos à execução, os quais foram julgados improcedentes. O advogado de Cláudio, inconformado, interpõe recurso de apelação. Uma semana após a interposição do referido recurso, o advogado de Daniel requer a penhora de um automóvel pertencente a Cláudio. Diante do caso concreto e considerando que o juízo não concedeu efeito suspensivo aos embargos, assinale a afirmativa correta.

(A) A penhora foi indevida, tendo em vista que os embargos à execução possuem efeito suspensivo decorrente de lei.

(B) O recurso de apelação interposto por Cláudio é dotado de efeito suspensivo por força de lei, tornando a penhora incorreta.

(C) A apelação interposta em face de sentença que julga improcedentes os embargos à execução é dotada de efeito meramente devolutivo, o que não impede a prática de atos de constrição patrimonial, tal como a penhora.

(D) O recurso de apelação não deve ser conhecido, pois o pronunciamento judicial que julga os embargos do executado tem natureza jurídica de decisão interlocutória, devendo ser impugnado por meio de agravo de instrumento.

RESPOSTA De acordo com o art. 919 do CPC, os embargos à execução não terão efeito suspensivo, exceto pela justificativa do seu § 1º. Como a decisão em embargos de execução tem natureza de sentença, o recurso atacável pela decisão de julgou improcedente é a apelação, que em regra, tem efeito suspensivo (art. 1.012, CPC). As situações excepcionais, de efeitos meramente devolutivos, estão no seu § 1º, dentre elas a situação do inciso III, que reflete o caso em tela. *Vide* ainda o § 2º. *Alternativa C.*

79. (XXIX Exame) O Tribunal de Justiça do Estado X, em mandado de segurança de sua competência originária, denegou a ordem em ação dessa natureza impetrada por Flávio. Este, por seu advogado, inconformado com a referida decisão, interpôs recurso especial. Sobre a hipótese, assinale a afirmativa correta.

(A) O Superior Tribunal de Justiça poderá conhecer do recurso especial, por aplicação do princípio da fungibilidade recursal.

(B) O recurso especial não é cabível na hipótese, eis que as decisões denegatórias em mandados de segurança de competência originária de Tribunais de Justiça somente podem ser impugnadas por meio de recurso extraordinário.

(C) O recurso especial não deve ser conhecido, na medida em que o recurso ordinário é que se mostra cabível no caso em tela.

(D) As decisões denegatórias de mandados de segurança de competência originária de Tribunais são irrecorríveis, razão pela qual o recurso não deve ser conhecido.

RESPOSTA Conforme determina o art. 1.027, II, *a*, do CPC, serão julgados em recurso ordinário pelo Superior Tribunal de Justiça os mandados de segurança decididos em única instância pelos tribunais regionais federais ou pelos tribunais de justiça dos Estados e do Distrito Federal e Territórios, quando denegatória a decisão. *Alternativa C.*

80. (XXVIII Exame) Pedro propõe execução de alimentos, fundada em título extrajudicial, em face de Augusto, seu pai, no valor de R$ 10.000,00 (dez mil reais). Regularmente citado, Augusto não efetuou o pagamento do débito, não justificou a impossibilidade de fazê-lo, não provou que efetuou o pagamento e nem ofertou embargos à execução. Pedro, então, requereu a penhora do único bem pertencente a Augusto que fora encontrado, qual seja, R$ 10.000,00 (dez mil reais), que estavam depositados em caderneta de poupança. O juiz defere o pedido. Sobre a decisão judicial, assinale a afirmativa correta.

(A) Ela foi equivocada, pois valores depositados em caderneta, em toda e qualquer hipótese, são impenhoráveis.

(B) Ela foi correta, pois o Código de Processo Civil permite a penhora de quaisquer valores depositados em aplicações financeiras.

(C) Ela foi equivocada, na medida em que o Código de Processo Civil assegura a impenhorabilidade da caderneta de poupança até o limite de cem salários-mínimos, independentemente da natureza do débito.

(D) Ela foi correta, pois o Código de Processo Civil admite a penhora de valores depositados em caderneta de poupança para o cumprimento de obrigações alimentícias.

RESPOSTA Nos termos do art. 833, X, do CPC, são impenhoráveis a quantia depositada em caderneta de poupança, até o limite de 40 (quarenta) salários mínimos. Entretanto, o § 2º do referido artigo possibilita que disposto nos incisos IV e X do *caput* não se aplica à hipótese de penhora para pagamento de prestação alimentícia, independentemente de sua origem, bem como às importâncias excedentes a 50 (cinquenta) salários-mínimos mensais, devendo a constrição observar o disposto no art. 528, § 8º, e no art. 529, § 3º. *Alternativa D.*

81. (XXVII Exame) Pedro ajuizou ação indenizatória contra Diego, tendo o juiz de primeira instância julgado integralmente improcedentes os pedidos formulados na petição inicial, por meio de sentença que veio a ser mantida pelo Tribunal em sede de apelação. Contra o acórdão, Pedro interpôs recurso especial, sob o argumento de que teria ocorrido violação de dispositivo da legislação federal. A Presidência do Tribunal, no entanto, inadmitiu o recurso especial, ao fundamento de que o acórdão recorrido se encontra em conformidade com entendimento do Superior Tribunal de Justiça exarado no regime de julgamento de recurso repetitivo. Diante dessa situação hipotética, assinale a opção que indica o recurso que Pedro deverá interpor.

(A) Agravo em recurso especial, para que o Superior Tribunal de Justiça examine se o recurso especial preenche ou não os requisitos de admissibilidade.

(B) Agravo interno, para demonstrar ao Plenário do Tribunal, ou ao seu Órgão Especial, que o acórdão recorrido versa sobre matéria distinta daquela examinada pelo Superior Tribunal de Justiça no regime de julgamento do recurso repetitivo.

(C) Agravo interno, para demonstrar ao Superior Tribunal de Justiça que o acórdão recorrido versa sobre matéria distinta daquela examinada pelo mesmo Tribunal Superior no regime de julgamento do recurso repetitivo.

(D) Recurso Extraordinário, para demonstrar ao Supremo Tribunal Federal que o recurso especial deveria ter sido admitido pela Presidência do Tribunal de origem.

RESPOSTA Art. 1.030, § 2º, do CPC, da decisão proferida com fundamento nos incisos I e III caberá agravo interno, nos termos do art. 1.021. *Alternativa B.*

82. (XXVI Exame) José ajuizou ação de indenização por danos morais, materiais e estéticos em face de Pedro. O juiz competente, ao analisar a petição inicial, considerou os pedidos incompatíveis entre si, razão pela qual a indeferiu, com fundamento na inépcia. Nessa situação hipotética, assinale a opção que indica o recurso que José deverá interpor.

(A) Apelação, sendo facultado ao juiz, no prazo de cinco dias, retratar-se do pronunciamento que indeferiu a petição inicial.

(B) Apelação, sendo os autos diretamente remetidos ao Tribunal de Justiça após a citação de Pedro para a apresentação de contrarrazões.

(C) Apelação, sendo que o recurso será diretamente remetido ao Tribunal de Justiça, sem a necessidade de citação do réu para apresentação de contrarrazões.

(D) Agravo de Instrumento, inexistindo previsão legal de retratação por parte do magistrado.

RESPOSTA De acordo com o art. 331 do CPC, caberá apelação no prazo de 5 dias para retratação, portanto, *alternativa A.*

83. (XXV Exame) Lucas, em litígio instaurado contra Alberto, viu seus pedidos serem julgados procedentes em primeira instância, o que veio a ser confirmado pelo tribunal local em sede de apelação. Com a publicação do acórdão proferido em sede de apelação na imprensa oficial, Alberto interpôs recurso especial, alegando que o julgado teria negado vigência a dispositivo de lei federal. Simultaneamente, Lucas opôs embargos de declaração contra o mesmo acórdão, suscitando a existência de omissão. Nessa situação hipotética,

(A) o recurso especial de Alberto deverá ser considerado extemporâneo, visto que interposto antes do julgamento dos embargos de declaração de Lucas.

(B) Alberto, após o julgamento dos embargos de declaração de Lucas, terá o direito de complementar ou alterar as razões de seu recurso especial, independentemente do resultado do julgamento dos embargos de declaração.

(C) Alberto não precisará ratificar as razões de seu recurso especial para que o recurso seja processado e julgado se os embargos de declaração de Lucas forem rejeitados, não alterando a decisão recorrida.

(D) Alberto deverá interpor novo recurso especial após o julgamento dos embargos de declaração.

RESPOSTA De acordo com o art. 1.024 do CPC, se os embargos de declaração forem rejeitados ou não alterarem a conclusão do julgamento anterior, o recurso interposto pela outra parte antes da publicação do julgamento dos embargos de declaração será processado e julgado independentemente de ratificação (§ 5º). *Alternativa C.*

84. (XXIV Exame) O Sr. João, pessoa idosa e beneficiária de plano de saúde individual da sociedade "ABC Saúde Ltda.", começa a sentir

DIREITO PROCESSUAL CIVIL

fortes dores no peito durante a madrugada e, socorrido por seus familiares, é encaminhado para a unidade hospitalar mais próxima. O médico responsável pelo atendimento inicial constata um quadro clínico grave, com risco de morte, sendo necessário o imediato encaminhamento do Sr. João para a Unidade de Terapia Intensiva (UTI) do hospital. Ao ser contatado, o plano de saúde informa que não autoriza a internação, uma vez que o Sr. João ainda não havia cumprido o período de carência exigido em contrato. Imediatamente, um dos filhos do Sr. João, advogado, elabora a ação cabível e recorre ao plantão judicial do Tribunal de Justiça do estado em que reside. A partir do caso narrado, assinale a alternativa correta.

(A) A tutela de urgência a ser requerida deve ser deferida, tendo em vista os princípios da cooperação e da não surpresa que regem a codificação processual vigente, após a prévia oitiva do representante legal do plano de saúde "ABC Saúde Ltda.", no prazo de 5 (cinco) dias úteis.

(B) Uma vez demonstrado o perigo de dano ou de risco ao resultado útil do processo, o magistrado poderá conceder tutela de evidência em favor do Sr. João, autorizando sua internação provisória na Unidade de Terapia Intensiva do hospital.

(C) Diante da urgência do caso, contemporânea à propositura da ação, a petição inicial redigida poderia limitar-se ao requerimento da tutela antecipada e à indicação do pedido final. Concedida a tutela antecipada, o autor deverá aditar a petição inicial em 15 (quinze) dias ou em outro prazo maior que o juiz fixar.

(D) Concedida a tutela provisória requerida em favor do Sr. João, ela conserva sua eficácia na pendência do processo, apenas podendo vir a ser revogada ou modificada com a prolação da sentença definitiva de mérito.

RESPOSTA   O CPC prevê que nos casos em que a urgência for contemporânea à propositura da ação, a petição inicial pode limitar-se ao requerimento da tutela antecipada e à indicação do pedido de tutela final, com a exposição da lide, do direito que se busca realizar e do perigo de dano ou do risco ao resultado útil do processo (art. 303). Se concedida a tutela antecipada, prevê o § 1º, I, do mesmo artigo o aditamento em 15 dias. *Alternativa C.*

85. (XXIV Exame) O advogado Jonas interpôs Recurso Especial contra acórdão do Tribunal de Justiça do Estado X. Ocorre que, no corrente ano, a Vice-Presidência/Presidência do referido Tribunal negou seguimento ao recurso interposto, afirmando que o acórdão recorrido se encontra no mesmo sentido de precedente do STJ, julgado sob o rito dos recursos repetitivos. Nessa hipótese, caso deseje impugnar a referida decisão, o advogado deverá interpor

(A) Agravo de Instrumento, direcionado ao Ministro Presidente do STJ.

(B) Agravo em Recurso Especial, direcionado ao Ministro Presidente do STJ.

(C) Agravo em Recurso Especial, direcionado ao Vice-Presidente do Tribunal de Justiça do Estado X.

(D) Agravo Interno, direcionado ao órgão colegiado competente para revisar as decisões do Presidente/Vice-Presidente do Tribunal de Justiça.

RESPOSTA   Segundo o CPC, negado seguimento a recurso extraordinário ou a recurso especial interposto contra acórdão que esteja em conformidade com entendimento do STF ou do STJ, respectivamente, exarado no regime de julgamento de recursos repetitivos, caberá agravo interno (art. 1.030, § 2º). *Alternativa D.*

86. (XXIII Exame) Carolina, vítima de doença associada ao tabagismo, requereu, em processo de indenização por danos materiais e morais contra a indústria do tabaco, a inversão do ônus da prova, por considerar que a parte ré possuía melhores condições de produzir a prova. O magistrado, por meio de decisão interlocutória, indeferiu o requerimento por considerar que a inversão poderia gerar situação em que a desincumbência do encargo seria excessivamente difícil. Sobre a hipótese apresentada, assinale a afirmativa correta.

(A) A decisão é impugnável por agravo interno.

(B) A decisão é irrecorrível.

(C) A decisão é impugnável por agravo de instrumento.

(D) A parte autora deverá aguardar a sentença para suscitar a questão como preliminar de apelação ou nas contrarrazões do recurso de apelação.

RESPOSTA   O art. 1.015 do CPC traz as hipóteses de cabimento do agravo de instrumento. Entre elas, decisões interlocutórias que versarem sobre redistribuição do ônus da prova (inciso XI). *Alternativa C.*

87. (XXII Exame) Carlos ajuizou, em 18/03/2016, ação contra o Banco Sucesso, pelo procedimento comum, pretendendo a revisão de determinadas cláusulas de um contrato de abertura de crédito. Após a apresentação de contestação e réplica, iniciou-se a fase de produção de provas, tendo o Banco Sucesso requerido a produção de prova pericial para demonstrar a ausência de abusividade dos juros remuneratórios. A prova foi indeferida e o pedido foi julgado procedente para revisar o contrato e limitar a cobrança de tais juros. Sobre a posição do Banco Sucesso, assinale a afirmativa correta.

(A) Ele deve interpor recurso de agravo de instrumento contra a decisão que indeferiu a produção de prova. Não o tendo feito, a questão está preclusa e não admite rediscussão.

(B) Ele deve apresentar petição de protesto contra a decisão que indeferiu a produção de prova, evitando-se a preclusão, com o objetivo de rediscuti-la em apelação.

(C) Ele deve permanecer inerte em relação à decisão de indeferimento de produção de prova, mas poderá rediscutir a questão em preliminar de apelação.

(D) Ele deve interpor recurso de agravo retido contra a decisão que indeferiu a produção de prova, evitando-se a preclusão, com o objetivo de rediscuti-la em apelação.

RESPOSTA As questões resolvidas na fase de conhecimento, se a decisão a seu respeito não comportar agravo de instrumento [vide art. 1.015], não são cobertas pela preclusão e devem ser suscitadas em preliminar de apelação, eventualmente interposta contra a decisão final, ou nas contrarrazões (art. 1.009, § 1º, do CPC). *Alternativa C.*

88. (XXII Exame) Jorge ajuizou demanda contra Maria, requerendo sua condenação à realização de obrigação de fazer e ao pagamento de quantia certa. Fez requerimento de tutela provisória de urgência em relação à obrigação de fazer. Após o transcurso da fase postulatória e probatória sem a análise do mencionado requerimento, sobreveio sentença de procedência de ambos os pedidos autorais, em que o juízo determina o imediato cumprimento da obrigação de fazer. Diante de tal situação, Maria instruiu seu advogado a recorrer apenas da parte da sentença relativa à obrigação de fazer. Nessa circunstância, o advogado de Maria deve

(A) impetrar Mandado de Segurança contra a decisão que reputa ilegal, tendo como autoridade coatora o juízo sentenciante.

(B) interpor Agravo de Instrumento, impugnando o deferimento da tutela provisória, pois ausentes seus requisitos.

(C) interpor Apelação, impugnando o deferimento da tutela provisória e a condenação final à obrigação de fazer.

(D) interpor Agravo de Instrumento, impugnando a tutela provisória e a condenação final à obrigação de fazer.

RESPOSTA Cabe agravo de instrumento contra as decisões interlocutórias que versarem sobre tutelas provisórias (art. 1.015, I, do CPC). No entanto, caberá apelação quando as questões mencionadas no art. 1.015 (agravo de instrumento) integrarem o capítulo da sentença (art. 1.009, § 3º). *Alternativa C.*

89. (XXI Exame) Mariana propôs ação com pedido condenatório contra Carla, julgado improcedente, o que a levou a interpor recurso de apelação ao Tribunal de Justiça, objetivando a reforma da decisão. Após a apresentação de contrarrazões por Carla, o juízo de primeira instância entendeu que o recurso não deveria ser conhecido, por ser intempestivo, tendo sido certificado o trânsito em julgado. Intimada dessa decisão mediante Diário Oficial e tendo sido constatada a existência de um feriado no curso do prazo recursal, não levado em consideração pelo juízo de primeira instância, Mariana deverá

(A) interpor Agravo de Instrumento ao Tribunal de Justiça, objetivando reverter o juízo de admissibilidade realizado em primeiro grau.

(B) ajuizar Reclamação ao Tribunal de Justiça, sob o fundamento de usurpação de competência quanto ao juízo de admissibilidade realizado em primeiro grau.

(C) interpor Agravo Interno para o Tribunal de Justiça, objetivando reverter o juízo de admissibilidade realizado em primeiro grau.

(D) interpor nova Apelação ao Tribunal de Justiça reiterando as razões de mérito já apresentadas, postulando, em preliminar de apelação, a reforma da decisão interlocutória, que versou sobre o juízo de admissibilidade.

RESPOSTA Atente-se que com o atual CPC a admissibilidade da apelação caberá ao tribunal (art. 1.010, § 3º). No caso em questão, o juiz do 1º grau negou a sua admissibilidade. Neste caso, conforme o art. 988, entre outras hipóteses, caberá reclamação para preservar a competência do tribunal (inciso I). *Alternativa B.*

XII. EXECUÇÃO, LIQUIDAÇÃO DE SENTENÇA E CUMPRIMENTO DE SENTENÇA

90. (40º Exame) O engenheiro civil José Carlos Silva trabalha em Aracaju/SE. Ele realizou a reforma da casa de Luzia, no valor de R$ 15.000,00 (quinze mil reais). O serviço foi devidamente prestado, sem qualquer reclamação por eventuais falhas por parte de Luzia. Contudo, Luzia não efetuou o pagamento no prazo estipulado. José Carlos procurou Luzia para resolver o paga-

DIREITO PROCESSUAL CIVIL

mento da dívida sem buscar o Poder Judiciário e, após diversas tratativas, Luzia assinou um documento particular em que reconhece a dívida de R$ 15.000,00 (quinze mil reais). O referido instrumento também foi assinado por duas testemunhas. Porém, no prazo estipulado para cumprimento da obrigação, Luzia não efetuou o pagamento e José Carlos ajuizou uma execução de título extrajudicial em face de Luzia. Depois da citação e da ausência do pagamento de Luzia, José Carlos pede ao Juiz que Luzia indique bens sujeitos à penhora, sob pena de multa, pois caso não indique, sua conduta poderá ser considerada atentatória à dignidade da justiça. Sobre o requerimento de José Carlos, assinale a afirmativa correta.

(A) José Carlos não poderá efetuar esse requerimento, pois não é possível o arbitramento de multa caso Luzia não indique bens sujeitos à penhora.

(B) José Carlos poderá efetuar esse requerimento, sendo considerada atentatória à dignidade da justiça conduta comissiva ou omissiva da executada que intimada, não indica ao juiz quais são e onde estão os bens sujeitos à penhora e os respectivos valores, nem exibe prova de sua propriedade e, se for o caso, a certidão negativa de ônus.

(C) José Carlos poderá efetuar esse requerimento, sendo possível o arbitramento de multa superior a 30% do valor atualizado da execução, mas não poderá ocorrer nenhuma outra sanção de natureza processual ou material em face da executada.

(D) José Carlos não poderá efetuar esse requerimento, pois é sua obrigação indicar os bens possíveis de penhora de Luzia.

RESPOSTA No curso do processo de execução de título extrajudicial, a parte exequente pode requerer ao juiz que intime o executado para indicar os seus bens eventualmente sujeitos à penhora, bem como os seus respectivos valores. Caso essa obrigação não seja cumprida, o ato do executado será considerado atentatório à dignidade da justiça e, consequentemente, ficará sujeito a uma multa não superior a 20% do valor atualizado do débito em execução, nos termos do art. 774 do CPC. *Alternativa B.*

91. (39º Exame) Stefano Carneiro, após ganhar indenização de R$ 60.000,00 em processo judicial movido em face de Estevão Braga, inicia o cumprimento definitivo de sentença requerendo ao juízo competente que intime o devedor para o pagamento da condenação. No prazo para pagar, Estevão Braga reconhece o débito e solicita ao seu advogado que realize o depósito de trinta por cento do valor da execução, acrescido de custas e de honorários do advogado, e que o restante seja parcelado em seis parcelas mensais, acrescidas de correção monetária e de juros de um por cento ao mês, pois soube que o Código de Processo Civil permite ao devedor o parcelamento nessas condições. Na condição de advogado(a) de Estevão Braga, assinale a afirmativa correta.

(A) O parcelamento pretendido por Estevão é possível, independentemente da aceitação do exequente, pois é um direito do executado.

(B) O parcelamento pretendido por Estevão é possível, pois o reconhecimento do débito ocorreu dentro no prazo para pagar.

(C) O parcelamento pretendido por Estevão só é possível antes do início do cumprimento de sentença.

(D) O parcelamento pretendido por Estevão não se aplica ao cumprimento de sentença.

RESPOSTA A questão tratou sobre o parcelamento do débito na execução previsto no art. 916 do CPC, que por expressa previsão legal do § 7º, não se aplica ao cumprimento de sentença. *Alternativa D.*

92. (38º Exame) Joaquim celebrou com a concessionária Fast Car Ltda. contrato de compra e venda de veículo, com força de título executivo, em que restou prevista a entrega do automóvel, com indicação de seu valor (R$ 50.000,00), trinta dias após a avença. Não cumprido o contrato, Joaquim ajuizou execução para a entrega de coisa certa em face da referida loja. Citada, a ré não satisfez a obrigação, tendo a ordem de busca e apreensão restado infrutífera, uma vez que o bem não foi encontrado. Na qualidade de advogado(a) de Joaquim, indique a providência a ser adotada para que Joaquim seja ressarcido dos danos sofridos.

(A) Propor ação de conhecimento para que a ré seja condenada ao pagamento da indenização pelos danos sofridos, na medida em que a ação proposta foi unicamente de execução para entrega de coisa certa.

(B) Pleitear, no mesmo processo, o recebimento tanto do valor da coisa como de perdas e danos, apurando-se em liquidação os prejuízos.

(C) Pleitear, no mesmo processo, o recebimento apenas do valor da coisa, sujeitando-se ao arbitramento judicial.

(D) Ajuizar outra execução, agora por quantia certa, uma vez que possui título executivo extrajudicial.

RESPOSTA Diz o CPC que o exequente tem direito a receber, além de perdas e danos, o valor da coisa, quando essa se deteriorar, não lhe for entregue, não for encontrada ou não for reclamada do poder de terceiro adquirente (art. 809). Além disso, não constando do título o valor da coisa e sendo impossível sua avaliação, o exequente apresentará estimativa, sujeitando-a ao arbitramento judicial (§ 1º). E serão apurados em liquidação o valor da coisa e os prejuízos (§ 2º). *Alternativa B.*

93. (37º Exame) A sociedade empresária Olímpia Limitada ("Olímpia") fabrica equipamentos de musculação para redes de academias, como a Vida Fitness Limitada ("Vida Fitness"). Em 2021, a Vida Fitness passou por problemas financeiros, motivo pelo qual não realizou o pagamento de R$ 500.000,00 (quinhentos mil reais) por 50 (cinquentas) esteiras adquiridas em 2020. Em virtude desse inadimplemento, a Olímpia ajuizou execução de título extrajudicial perante o MM. Juízo da Vara Cível de São Paulo. No curso dessa demanda, a exequente obteve a penhora *online* de R$ 500.000,00 existentes nas contas bancárias da Vida Fitness. Assim que tomou conhecimento da penhora, a Vida Fitness procurou você, como advogado(a), para informar que não pretendia questionar a decisão que determinou a penhora *online*, mas que gostaria de buscar a substituição do bem penhorado, de forma que os R$ 500.000,00 pudessem melhorar a situação do fluxo de caixa da sociedade empresária. Diante dessa situação, assinale a afirmativa que apresenta a orientação correta prestada à Vida Fitness.

(A) Não será possível requerer a substituição da penhora, uma vez que a penhora em dinheiro é prioritária.

(B) Será possível requerer a substituição da penhora por meio de fiança bancária ou seguro garantia judicial, desde que o valor dessas garantias não seja inferior ao valor do débito constante na petição inicial da execução de título extrajudicial movida pela Olímpia.

(C) Será possível requerer a substituição da penhora por meio de fiança bancária ou seguro garantia judicial, desde que o valor dessas garantias não seja inferior ao valor do débito constante na petição inicial da execução de título extrajudicial movida pela Olímpia, acrescido de 30% (trinta por cento).

(D) Será possível requerer a substituição da penhora somente por imóvel de valor superior ao montante exequendo.

RESPOSTA De acordo com o CPC, as partes poderão requerer a substituição da penhora nos casos do art. 848. E a penhora pode ser substituída por fiança bancária ou por seguro garantia judicial, em valor não inferior ao do débito constante da inicial, acrescido de trinta por cento. *Alternativa C.*

94. (36º Exame) A livraria Sabedoria sofreu ação de execução por título extrajudicial movida pelo Banco Carvalho em virtude da inadimplência de contrato de empréstimo. Citada, a executada não realizou o pagamento da dívida, tendo sofrido o bloqueio de dinheiro depositado em instituição financeira. Com o objetivo de liberar o valor bloqueado, ofereceu, em substituição à penhora, fiança bancária ou o percentual de 10% de seu faturamento. Intimada, a exequente não concordou com a substituição, sob o fundamento de que a penhora em dinheiro é preferencial e não pode ser substituída por qualquer outra, fundamento que foi acolhido pela juíza da causa. Diante desses fatos, assinale a afirmativa correta.

(A) A decisão judicial está errada, pois a penhora do faturamento é equivalente a dinheiro, sendo cabível a substituição.

(B) A decisão judicial está correta, pois a penhora em dinheiro é prioritária e somente poderia ser substituída com a concordância da exequente.

(C) A decisão judicial está errada, pois a fiança bancária equipara-se a dinheiro, desde que em valor não inferior ao débito constante da inicial, acrescido de trinta por cento.

(D) a decisão judicial está correta, pois dinheiro, fiança bancária e penhora do faturamento são substituíveis entre si para fins de penhora.

RESPOSTA O art. 835 do CPC dispõe sobre a obediência à ordem de penhora de bens. Para fins de substituição da penhora, equiparam-se a dinheiro a fiança bancária e o seguro garantia judicial, desde que em valor não inferior ao do débito constante da inicial, acrescido de trinta por cento (§ 2º). *Alternativa C.*

95. (35º Exame) Pedro, representado por sua genitora, propõe ação de alimentos em face de João, seu genitor, que residia em Recife. Após desconstituir o advogado que atuou na fase de conhecimento, em Belo Horizonte, onde o autor morava quando do início da demanda, a genitora de Pedro procura você, na qualidade de advogado(a), indagando sobre a possibilidade de que o cumprimento de sentença tramite no município de São Paulo, onde, atualmente, ela e o filho residem, ressalvado que o genitor não mudou de endereço. Diante de tal quadro, é correto afirmar que

(A) o cumprimento de sentença pode ser realizado em São Paulo, embora também pudesse ocorrer em Belo Horizonte, perante o juízo que decidiu a causa no primeiro grau de jurisdição.

(B) o cumprimento não pode ser realizado em São Paulo, tendo em vista que a competência é determinada no momento do registro ou da distri-

DIREITO PROCESSUAL CIVIL

buição da petição inicial, razão pela qual são ir-relevantes as modificações do estado de fato ou de direito ocorridas posteriormente.

(C) o cumprimento de sentença somente pode ser realizado em São Paulo, uma vez que a mudança de endereço altera critério de natureza absoluta, de forma que não há opção.

(D) o cumprimento de sentença somente pode ocorrer em Recife, onde o genitor reside.

RESPOSTA Conforme previsto no Código de Processo Civil, o exequente poderá optar pelo juízo do atual domicílio do executado, pelo juízo do local onde se encontrem os bens sujeitos à execução ou pelo juízo do local onde deva ser executada a obrigação de fazer ou de não fazer, casos em que a remessa dos autos do processo será solicitada ao juízo de origem (art. 516, parágrafo único). Além disso, o exequente pode promover o cumprimento da sentença ou decisão que condena ao pagamento de prestação alimentícia no juízo de seu domicílio (art. 528, § 9º). *Alternativa A.*

96.
(XXXIII Exame) João Carlos ajuizou ação em face do Shopping Sky Mall, objetivando a devolução dos valores que superem o limite máximo previsto em lei de seu município, pagos em virtude do estacionamento de seu automóvel. Julgado procedente o pedido e iniciado o cumprimento de sentença, o executado apresentou impugnação, alegando ser inexigível a obrigação. Sustentou que o Supremo Tribunal Federal, em controle difuso de constitucionalidade, reconheceu a inconstitucionalidade da referida lei municipal que ampara o título judicial. Considerando que a decisão do STF foi proferida após o trânsito em julgado da ação movida por João Carlos, assinale a afirmativa correta.

(A) É possível acolher a alegação do executado veiculada em sua impugnação, pois a decisão do STF sempre se sobrepõe ao título judicial.

(B) É possível acolher a alegação do executado apresentada em sua impugnação, pois não houve a modulação dos efeitos da decisão do STF.

(C) Não é possível acolher a alegação do executado veiculada por meio de impugnação, sendo necessário o ajuizamento de ação rescisória para desconstituir o título.

(D) Não é possível acolher a alegação do executado apresentada em sua impugnação, pois o reconhecimento da inconstitucionalidade se deu em controle difuso de inconstitucionalidade.

RESPOSTA Nos termos do art. 525, § 12, do CPC, para efeito do disposto no inciso III do § 1º deste artigo, considera-se também inexigível a obrigação reconhecida em título executivo judicial fundado em lei ou

ato normativo considerado inconstitucional pelo Supremo Tribunal Federal, ou fundado em aplicação ou interpretação da lei ou do ato normativo tido pelo Supremo Tribunal Federal como incompatível com a Constituição Federal, em controle de constitucionalidade concentrado ou difuso. Ademais, os efeitos da decisão do Supremo Tribunal Federal poderão ser modulados no tempo, em atenção à segurança jurídica. Assim, a decisão do STF referida no § 12 deve ser anterior ao trânsito em julgado da decisão exequenda. Todavia, nos termos do art. 525, § 15, do CPC, se a decisão referida no § 12 for proferida após o trânsito em julgado da decisão exequenda, caberá ação rescisória, cujo prazo será contado do trânsito em julgado da decisão proferida pelo STF. *Alternativa C.*

97.
(XXXII Exame) O Juízo da 1ª Vara de Fazenda Pública da Comarca da Capital do Estado do Rio de Janeiro, em ação ajuizada por Jorge, servidor público, condenou o Município do Rio de Janeiro ao pagamento de verbas remuneratórias atrasadas que não haviam sido pagas pelo ente municipal. Após o trânsito em julgado, Jorge deu início ao cumprimento de sentença do valor de R$ 600.000 (seiscentos mil reais), tendo o Município apresentado impugnação no prazo de 25 dias úteis após sua intimação, alegando haver excesso de execução de R$ 200.000,00 (duzentos mil reais), na medida em que Jorge teria computado juros e correção monetária de forma equivocada ao calcular o valor exequendo. Diante dessa situação hipotética, assinale a afirmativa correta.

(A) A impugnação do Município do Rio de Janeiro se afigura intempestiva, na medida em que o prazo previsto no Código de Processo Civil para a impugnação ao cumprimento de sentença é de 15 (quinze) dias úteis.

(B) O juiz, considerando que o Município do Rio de Janeiro não efetuou o pagamento voluntário do crédito exequendo no prazo de 15 dias úteis após sua intimação, deverá aplicar multa de 10% (dez por cento) sobre o valor da dívida.

(C) Jorge, tendo em vista que o Município do Rio de Janeiro impugnou apenas parcialmente o crédito ao alegar excesso, poderá prosseguir com a execução da parte que não foi questionada, requerendo a expedição do respectivo precatório judicial da parcela incontroversa da dívida.

(D) O Município do Rio de Janeiro, ao alegar o excesso de execução, não precisava declarar, de imediato, em sua impugnação, o valor que entende correto da dívida, podendo deixar para fazê-lo em momento posterior.

RESPOSTA Quando o CPC trata do cumprimento de sentença pela Fazenda Pública, observar o art. 535, pois ela pode querendo, no prazo de 30 dias e nos próprios autos, impugnar a execução, podendo arguir qualquer uma das situações dos incisos. Observa-se o §4º, quando diz que se tratando de impugnação parcial, a parte não questionada pela executada será, desde logo, objeto de cumprimento. *Alternativa C.*

98. (XXXII Exame) Em virtude do inadimplemento do pagamento de uma nota promissória, o Banco Mais Dinheiro ajuizou ação de execução por título extrajudicial em face do Supermercado Baratão. Citado o réu, não houve o pagamento da dívida, tampouco foram encontrados bens penhoráveis. Em consequência, o exequente requereu a penhora de 100% do faturamento do executado, o que foi deferido pela juíza responsável pelo processo, sob o fundamento de que se tratava de dívida muito elevada. O executado interpôs agravo de instrumento impugnando essa decisão. Sobre tais fatos, assinale a afirmativa correta.

(A) O agravante tem razão, na medida em que a penhora da integralidade do faturamento tornaria inviável o exercício da atividade empresarial.

(B) O agravante não tem razão, uma vez que a penhora do faturamento equivale à penhora de dinheiro e é a primeira na ordem de preferência legal, o que autoriza a constrição da integralidade do faturamento.

(C) O agravo deve ser provido, pois o faturamento de empresa executada é impenhorável.

(D) O agravo deve ser desprovido, visto que não existe limite para o percentual do faturamento a ser objeto de penhora, cabendo ao juiz sua fixação no percentual necessário para a imediata satisfação da execução.

RESPOSTA De acordo com o art. 866 do CPC, se o executado não tiver outros bens penhoráveis ou se, tendo-os, esses forem de difícil alienação ou insuficientes para saldar o crédito executado, o juiz poderá ordenar a penhora de percentual de faturamento de empresa. Diante do seu § 1º, diz que o juiz fixará percentual que propicie a satisfação do crédito exequendo em tempo razoável, mas que não torne inviável o exercício da atividade empresarial. *Alternativa A.*

99. (XXXII Exame) Em determinada demanda indenizatória, houve a condenação do réu para pagar a quantia de R$ 10.000 (dez mil reais) em sentença transitada em julgada em prol do autor. Na qualidade de patrono deste último, assinale a opção que representa a medida adequada a ser providenciada.

(A) Aguardar o depósito judicial da quantia referente à condenação, pois as sentenças que conde-

nam a obrigação de pagar são instauradas de ofício, independentemente de requerimento do exequente, assim como as obrigações de fazer e não fazer.

(B) Peticionar a inclusão de multa legal e honorários advocatícios tão logo seja certificado o trânsito em julgado, independentemente de qualquer prazo para que o réu cumpra voluntariamente a obrigação, já que ela deveria ter sido cumprida logo após a publicação da sentença.

(C) Aguardar a iniciativa do juiz para instauração da fase executiva, para atender ao princípio da cooperação, consagrado no art. 6º do CPC.

(D) Peticionar para iniciar a fase executiva após a certificação do trânsito em julgado, requerendo a intimação do devedor para pagamento voluntário no prazo de 15 dias, sob pena de acréscimos de consectários legais.

RESPOSTA De acordo com art. 523 do CPC, no caso de condenação em quantia certa, ou já fixada em liquidação, e no caso de decisão sobre parcela incontroversa, o cumprimento definitivo da sentença far-se-á a requerimento do exequente, sendo o executado intimado para pagar o débito, no prazo de 15 (quinze) dias, acrescido de custas, se houver. *Alternativa D.*

100. (XXXI Exame) Bruno ajuizou contra Flávio ação de execução de título executivo extrajudicial, com base em instrumento particular, firmado por duas testemunhas, para obter o pagamento forçado de R$ 10.000,00 (dez mil reais). Devidamente citado, Flávio prestou, em juízo, garantia integral do valor executado e opôs embargos à execução dentro do prazo legal, alegando, preliminarmente, a incompetência relativa do juízo da execução e, no mérito, que o exequente pleiteia quantia superior à do título (excesso de execução). No entanto, em seus embargos à execução, embora tenha alegado excesso de execução, Flávio não apontou o valor que entendia ser correto, tampouco apresentou cálculo com o demonstrativo discriminado e atualizado do valor em questão. Considerando essa situação hipotética, assinale a afirmativa correta.

(A) Os embargos à execução devem ser liminarmente rejeitados, sem resolução do mérito, porquanto Flávio não demonstrou adequadamente o excesso de execução, ao deixar de apontar o valor que entendia correto e de apresentar cálculo com o demonstrativo discriminado e atualizado do valor em questão.

(B) O juiz deverá rejeitar as alegações de incompetência relativa do juízo e de excesso de execução deduzidas por Flávio, por não constituírem ma-

DIREITO PROCESSUAL CIVIL

térias passíveis de alegação em sede de embargos à execução.

(C) Os embargos à execução serão processados para a apreciação da alegação de incompetência relativa do juízo, mas o juiz não examinará a alegação de excesso de execução, tendo em vista que Flávio não indicou o valor que entendia correto para a execução, não apresentando o cálculo discriminado e atualizado do valor em questão.

(D) O juiz deverá processar e julgar os embargos à execução em sua integralidade, não surtindo qualquer efeito a falta de indicação do valor alegado como excesso e a ausência de apresentação de cálculo discriminado e atualizado do valor em questão, uma vez que os embargos foram apresentados dentro do prazo legal.

RESPOSTA Diz o § 4º do art. 917 do CPC que, não apontado o valor correto ou não apresentado o demonstrativo, os embargos à execução serão liminarmente rejeitados, sem resolução de mérito, se o excesso de execução for o seu único fundamento; ou serão processados, se houver outro fundamento, mas o juiz não examinará a alegação de excesso de execução. *Alternativa C.*

101. (XXX Exame) O edifício Vila Real ajuizou ação de execução das contribuições de condomínio em atraso em face de Paper & Paper Ltda., proprietária da unidade 101. Citada a ré em janeiro de 2018, não houve o pagamento da dívida e, preenchidos os requisitos legais para tanto, houve a desconsideração da personalidade jurídica da devedora, a fim de que seus sócios Ana e Guilherme, casados, fossem citados, o que ocorreu em dezembro de 2018. Posteriormente, o condomínio exequente identificou que Ana e Guilherme venderam a Consuelo um imóvel de sua propriedade, em julho de 2018. Considerando que a execução em tela é capaz de reduzir à insolvência de Paper & Paper Ltda. e que não foram localizados bens penhoráveis de Ana e Guilherme, assinale a afirmativa correta.

(A) A alienação realizada por Ana e Guilherme configura fraude à execução, e deverá ser reconhecida independentemente da intimação de Consuelo.

(B) A alienação realizada por Ana e Guilherme configura fraude à execução e seu reconhecimento não pode se dar antes da intimação de Consuelo, que poderá opor embargos de terceiro.

(C) A alienação realizada por Ana e Guilherme não configura fraude à execução, pois realizada antes da citação dos sócios.

(D) A alienação realizada por Ana e Guilherme não configura fraude à execução, uma vez que a in-

solvência atingiria apenas a devedora original, e não os sócios.

RESPOSTA A alienação ou a oneração de bem é considerada fraude à execução nos casos descritos no art. 792 do CPC, a qual se coaduna com a situação hipotética, observado que o juiz, antes de declarar a fraude à execução, deverá intimar o terceiro adquirente, que, se quiser, poderá opor embargos de terceiro, no prazo de 15 (quinze) dias (vide art. 792, § 4º). *Alternativa B.*

102. (XXIX Exame) Na vigência do Código de Processo Civil de 2015, José ajuizou ação contra Luíza, postulando uma indenização de R$ 100.000,00 (cem mil reais), tendo o pedido formulado sido julgado integralmente procedente, por meio de sentença transitada em julgado. Diante disso, José deu início ao procedimento de cumprimento de sentença, tendo Luíza (executada) apresentado impugnação, a qual, no entanto, foi rejeitada pelo respectivo juízo, por meio de decisão contra a qual não foi interposto recurso no prazo legal. Prosseguiu-se ao procedimento do cumprimento de sentença para satisfação do crédito reconhecido em favor de José. Ocorre que, após o trânsito em julgado da sentença exequenda e a rejeição da impugnação, o Supremo Tribunal Federal proferiu acórdão, em sede de controle de constitucionalidade concentrado, reconhecendo a inconstitucionalidade da lei que fundamentou o título executivo judicial que havia condenado Luíza na fase de conhecimento. Diante da decisão do Supremo Tribunal Federal sobre a situação hipotética, Luiza poderá

(A) interpor recurso de agravo de instrumento contra a decisão que rejeitou sua impugnação, mesmo já tendo se exaurido o prazo legal para tanto, uma vez que o Supremo Tribunal Federal reconheceu a inconstitucionalidade da lei que fundamentou a sentença exequenda.

(B) interpor recurso de apelação contra a decisão que rejeitou sua impugnação, mesmo já tendo se exaurido o prazo legal para tanto, uma vez que o Supremo Tribunal Federal reconheceu a inconstitucionalidade da lei que fundamentou a sentença exequenda.

(C) oferecer nova impugnação ao cumprimento de sentença, alegando a inexigibilidade da obrigação, tendo em vista que, após o julgamento de sua primeira impugnação, o Supremo Tribunal Federal reconheceu a inconstitucionalidade da lei que fundamentou a sentença proferida na fase de conhecimento, que serviu de título executivo judicial.

(D) ajuizar ação rescisória, em virtude de a sentença estar fundada em lei julgada inconstitucional pelo Supremo Tribunal Federal, em sede de controle concentrado de constitucionalidade.

RESPOSTA Segundo o art. 525, §§ 12 e 15, do CPC, para efeito do disposto no inciso III do § 1º deste artigo, considera-se também inexigível a obrigação reconhecida em título executivo judicial fundado em lei ou ato normativo considerado inconstitucional pelo Supremo Tribunal Federal, ou fundado em aplicação ou interpretação da lei ou do ato normativo tido pelo Supremo Tribunal Federal como incompatível com a Constituição Federal, em controle de constitucionalidade concentrado ou difuso. Assim, se a decisão referida no § 12 for proferida após o trânsito em julgado da decisão exequenda, caberá ação rescisória, cujo prazo será contado do trânsito em julgado da decisão proferida pelo Supremo Tribunal Federal. *Alternativa D.*

103. (XXIX Exame) Maria, ao perceber que o seu bem imóvel foi arrematado por preço vil, em processo de execução de título extrajudicial, procurou você, como advogado(a), para saber que defesa poderá invalidar a arrematação. Você verifica que, no 28º dia após o aperfeiçoamento da arrematação, a carta de arrematação foi expedida. Uma semana depois, você prepara a peça processual. Assinale a opção que indica a peça processual correta a ser proposta.

(A) Impugnação à execução.
(B) Petição simples nos próprios autos do processo de execução.
(C) Ação autônoma de invalidação da arrematação.
(D) Embargos do executado.

RESPOSTA Conforme art. 903, § 4º, do CPC, qualquer que seja a modalidade de leilão, assinado o auto pelo juiz, pelo arrematante e pelo leiloeiro, a arrematação será considerada perfeita, acabada e irretratável, ainda que venham a ser julgados procedentes os embargos do executado ou a ação autônoma de que trata o § 4º deste artigo, assegurada a possibilidade de reparação pelos prejuízos sofridos. Após a expedição da carta de arrematação ou da ordem de entrega, a invalidação da arrematação poderá ser pleiteada por ação autônoma, em cujo processo o arrematante figurará como litisconsorte necessário. *Alternativa C.*

104. (XXVIII Exame) Pedro propõe execução de alimentos, fundada em título extrajudicial, em face de Augusto, seu pai, no valor de R$ 10.000,00 (dez mil reais). Regularmente citado, Augusto não efetuou o pagamento do débito, não justificou a impossibilidade de fazê-lo, não provou que efetuou o pagamento e nem ofertou

embargos à execução. Pedro, então, requereu a penhora do único bem pertencente a Augusto que fora encontrado, qual seja, R$ 10.000,00 (dez mil reais), que estavam depositados em caderneta de poupança. O juiz defere o pedido. Sobre a decisão judicial, assinale a afirmativa correta.

(A) Ela foi equivocada, pois valores depositados em caderneta, em toda e qualquer hipótese, são impenhoráveis.
(B) Ela foi correta, pois o Código de Processo Civil permite a penhora de quaisquer valores depositados em aplicações financeiras.
(C) Ela foi equivocada, na medida em que o Código de Processo Civil assegura a impenhorabilidade da caderneta de poupança até o limite de cem salários-mínimos, independentemente da natureza do débito.
(D) Ela foi correta, pois o Código de Processo Civil admite a penhora de valores depositados em caderneta de poupança para o cumprimento de obrigações alimentícias.

RESPOSTA Nos termos do art. 833, X, do CPC, são impenhoráveis a quantia depositada em caderneta de poupança, até o limite de 40 (quarenta) salários mínimos. Entretanto, o § 2º do referido artigo possibilita que disposto nos incisos IV e X do *caput* não se aplica à hipótese de penhora para pagamento de prestação alimentícia, independentemente de sua origem, bem como às importâncias excedentes a 50 (cinquenta) salários-mínimos mensais, devendo a constrição observar o disposto no art. 528, § 8º, e no art. 529, § 3º. *Alternativa D.*

105. (XXVII Exame) Amanda ajuizou execução por quantia certa em face de Carla, fundada em contrato de empréstimo inadimplido que havia sido firmado entre elas, pelo valor, atualizado na data-base de 20/3/2017, de R$ 50 mil. Carla foi citada e não realizou o pagamento no prazo legal, tampouco apresentou embargos, limitando-se a indicar à penhora um imóvel de sua titularidade. Carla informou que o referido imóvel valeria R$ 80 mil. Amanda, após consultar três corretores de imóveis, verificou que o valor estaria bem próximo ao de mercado, de modo que pretende dar seguimento aos atos de leilão e recebimento do crédito. Diante de tal situação, assinale a afirmativa que melhor atende aos interesses de Amanda.

(A) Ela deverá requerer ao juízo a avaliação do imóvel por oficial de justiça avaliador, ato indispensável para dar seguimento ao leilão.
(B) Deverá ser requerida ao juízo a avaliação do imóvel por especialista na área (perito); sem isso, o leilão não poderá prosseguir.

DIREITO PROCESSUAL CIVIL

(C) Ela deverá requerer ao juízo que este faça inspeção judicial no imóvel, de modo a confirmar seu valor.

(D) Ela deverá requerer que seja realizado o leilão, com dispensa da avaliação judicial do bem, manifestando ao juízo concordância com a estimativa de valor feita por Carla.

RESPOSTA Nos termos do art. 871, I e parágrafo único, do CPC, não se procederá à avaliação quando uma das partes aceitar a estimativa feita pela outra. Assim, ocorrendo a hipótese do inciso I deste artigo, a avaliação poderá ser realizada quando houver fundada dúvida do juiz quanto ao real valor do bem. *Alternativa D.*

106. (XXIII Exame) Pedro promove ação de cobrança em face de José, pelo descumprimento de contrato de prestação de serviços celebrado entre as partes. O processo instaurado teve seu curso normal, e o pedido foi julgado procedente, com a condenação do réu a pagar o valor pleiteado. Não houve recurso e, na fase de cumprimento de sentença, o executado é intimado a efetuar o pagamento e pretende ofertar resistência. Sobre a postura adequada para o executado tutelar seus interesses, assinale a afirmativa correta.

(A) Deve oferecer embargos à execução e, para tanto, deverá garantir o juízo com penhora, depósito ou caução.

(B) Deve oferecer impugnação à execução, devendo garantir o juízo com penhora, depósito ou caução.

(C) Deve oferecer embargos à execução, sem a necessidade de prévia garantia do juízo para ser admitido.

(D) Deve oferecer impugnação à execução, sem a necessidade de prévia garantia do juízo com penhora.

RESPOSTA Segundo o CPC, transcorrido o prazo previsto no art. 523 sem o pagamento voluntário, inicia-se o prazo de 15 (quinze) dias para que o executado, independentemente de penhora ou nova intimação, apresente, nos próprios autos, sua impugnação. *Alternativa D.*

107. (XXII Exame) Jair promove ação em face de Carlos para cobrar uma dívida proveniente de contrato (não escrito) de prestação de serviços celebrado pelas partes. Com o trânsito em julgado da sentença que condenou Carlos a pagar o valor devido, Jair requer o cumprimento de sentença. O executado foi intimado regularmente na pessoa do seu advogado. No prazo da impugnação, deposita o correspondente a 30% do valor de-

vido e requer o parcelamento do remanescente em até 6 (seis) prestações. O juiz defere o pedido do executado, fundamentando sua decisão no princípio da menor onerosidade, mas o exequente se insurge por intermédio de agravo de instrumento, alegando que o parcelamento legal não se aplica ao cumprimento de sentença. Diante da situação hipotética, a decisão do juiz está

(A) correta, pois o parcelamento legal pode ser aplicado no caso de cumprimento de sentença.

(B) equivocada, tendo em vista que só poderia deferir se fosse feito depósito de 50%.

(C) equivocada, pois há vedação expressa para a concessão do parcelamento legal no caso de cumprimento de sentença.

(D) correta, pois sempre se deve encontrar a forma mais efetiva para a execução.

RESPOSTA O parcelamento encontra-se previsto no art. 916 do CPC (no prazo dos embargos), no entanto, segundo o seu § 7º, não se aplica ao cumprimento da sentença. *Alternativa C.*

108. (XXI Exame) Em execução por título extrajudicial, movida pela distribuidora de bebidas Geladão em face do Supermercado Preço Certo, o executado, citado, não realizou o pagamento da dívida. O exequente requereu, então, a indisponibilidade da quantia em dinheiro existente em aplicação financeira titularizada pelo executado, o que foi deferido pelo juízo sem a oitiva do réu. Bloqueado valor superior à dívida, o juiz deu vista do processo ao exequente, que requereu a conversão da indisponibilidade em penhora. Sobre o procedimento adotado, assinale a afirmativa correta.

(A) A conversão da indisponibilidade em penhora deve ser deferida independentemente de ciência prévia do ato executado, visto que não houve o pagamento espontâneo da dívida.

(B) A indisponibilidade é nula, pois promovida sem a prévia oitiva do réu, o que viola o contraditório e a ampla defesa.

(C) O juiz, considerando o excesso do bloqueio, não deveria ter dado vista do processo ao exequente, mas promovido o cancelamento da indisponibilidade excessiva no prazo máximo de vinte e quatro horas.

(D) O juiz, independentemente do excesso da indisponibilidade, deveria ter dado vista do processo ao executado, a fim de que este comprovasse a impenhorabilidade da quantia bloqueada.

RESPOSTA O § 1º do art. 854 do CPC trata que no prazo de 24 (vinte e quatro) horas a contar da resposta, de ofício, o juiz determinará o cancelamento de eventual indisponibilidade excessiva, o que deverá ser cumprido pela instituição financeira em igual prazo. *Alternativa D.*

109.
(XX Exame – Reaplicação) Magno ajuizou ação de execução em face de Maria, alegando ser credor da quantia de R$ 28.000,00. A obrigação está vencida há 50 dias, não foi paga e está representada por contrato particular de mútuo, regularmente originado em país estrangeiro, assinado pelos contratantes e por duas testemunhas, estando indicada, para cumprimento da obrigação, a cidade de Salinas/MG. Após despacho positivo proferido pelo Juiz da Vara Cível de Salinas/MG, Maria foi citada, bem como houve penhora eletrônica de quantia existente em caderneta de poupança de titularidade da devedora, sendo a quantia suficiente para suportar 80% da dívida executada. A quantia penhorada foi depositada na caderneta de poupança 10 dias antes do ajuizamento da execução, sendo que Maria possui dois veículos que poderiam ter sido penhorados. A partir dos elementos do enunciado, considerando as regras do CPC/15, assinale a afirmativa correta.

(A) Antes do ajuizamento da ação de execução, exige-se que Magno proceda à homologação do título executivo originado em país estrangeiro.

(B) Maria poderá alegar a inexistência de título executivo extrajudicial apto a instruir a ação de execução.

(C) A penhora recaiu sobre quantia impenhorável.

(D) O juiz deve manter a penhora sobre a quantia depositada e seus rendimentos.

RESPOSTA Dentre o rol dos bens impenhoráveis do art. 833 do CPC está a "quantia depositada em caderneta de poupança, até o limite de 40 (quarenta) salários-mínimos" (inciso X). *Alternativa C.*

XIII. TUTELAS PROVISÓRIAS

110.
(41º Exame) Bruno, após sofrer um grave acidente de carro, foi levado para a urgência do Hospital Bom Sorriso. Ao chegar ao local em uma ambulância, mesmo sendo coberto pelo seu plano de saúde e não havendo nenhuma pendência financeira, a cirurgia de urgência de Bruno foi negada pelo plano. Desesperada, a mãe de Bruno ligou para a central de atendimento do plano e encaminhou por *e-mail* o laudo médico que mencionava que, se a cirurgia não fosse feita no prazo de 48 horas, Bruno poderia morrer. O plano de saúde, por sua vez, negou novamente a realização da cirurgia, sem qualquer motivação. Com o laudo médico que diz ser fundamental a cirurgia

para a sobrevivência de Bruno, a carteira do plano de saúde, um documento que comprova que Bruno não está inadimplente com o plano e um comprovante da negativa do plano de saúde, a mãe de Bruno procura você, como advogado(a), para a defesa do direito e, especialmente, a indicação de pedido de tutela de urgência. Com base nos elementos apresentados e na possibilidade do pedido de tutela de urgência, assinale a afirmativa que apresenta, corretamente, sua orientação.

(A) Para a concessão da tutela de urgência, basta apenas a existência de elementos que evidenciem a probabilidade do direito, sendo dispensável a comprovação do perigo de dano ou o risco ao resultado útil do processo.

(B) Para a concessão da tutela de urgência, deverão existir elementos que evidenciem a probabilidade do direito e o perigo de dano ou o risco ao resultado útil do processo.

(C) Caso a tutela de urgência seja concedida para a realização da cirurgia de Bruno, o juiz não precisará motivar seu convencimento, em razão da urgência.

(D) Caso a tutela de urgência não seja concedida, não é possível a interposição de recurso, pois a demanda se estabilizará.

RESPOSTA A questão aborda o conhecimento sobre a tutela provisória de urgência antecipada requerida em caráter antecedente, exigindo a concessão da tutela de urgência a presença de 2 (dois) requisitos cumulativos: i) existência de elementos que evidenciem a probabilidade do direito; e ii) comprovação do perigo de dano ou o risco ao resultado útil do processo, de acordo com o art. 300, *caput*, do CPC. *Alternativa B.*

111.
(40º Exame) Aline recebeu uma proposta de investimento de Gizé Ltda., instituição que atua no mercado financeiro, que lhe garantiria um retorno fixo mensal de 10% ao mês sobre o capital investido. Crendo tratar-se de um ótimo negócio, Aline transferiu R$ 500.000,00 (quinhentos mil reais) para a conta da Gizé Ltda., que passou a lhe apresentar extratos mensais, apontando um suposto crescimento do capital. Entretanto, alguns meses depois, foi divulgado em um importante veículo de comunicação que a Gizé Ltda. estava sendo investigada pela prática de pirâmide financeira. Muito nervosa, Aline tentou contato telefônico com a instituição, sem sucesso. Depois de inúmeros *e-mails*, Aline decidiu ir ao estabelecimento onde funcionava a Gizé Ltda., mas encontrou o imóvel abandonado. Constatando tratar-se de um golpe, Aline, por meio de advogado(a), decidiu ajuizar pedido de tutela cau-

DIREITO PROCESSUAL CIVIL

telar em caráter antecedente, com o objetivo de efetivar o arresto de R$ 500.000,00 (quinhentos mil reais), antes de formular o pedido principal, de rescisão do contrato, com devolução do valor depositado, cobrança dos rendimentos contratados e indenização pelos danos morais sofridos. Sobre essa modalidade de tutela provisória, assinale a afirmativa correta.

(A) Sendo deferida a tutela cautelar antecedente requerida por Aline, ela deverá ser efetivada no prazo de 60 (sessenta) dias, sob pena de perda da eficácia da tutela cautelar concedida.

(B) Sendo efetivada a tutela cautelar antecedente requerida por Aline, o pedido principal deverá ser formulado no prazo de 15 (quinze) dias, sob pena de perda da eficácia da tutela cautelar concedida.

(C) Se o pedido principal formulado por Aline for julgado improcedente, haverá a perda da eficácia da tutela cautelar concedida.

(D) Se houver a perda da eficácia da tutela cautelar antecedente, tal pedido poderá ser renovado posteriormente, com base nos mesmos fundamentos.

RESPOSTA A tutela cautelar, também denominada "conservativa", tem o intuito específico de garantir o resultado útil do processo. Em razão disso, é natural que a tutela cautelar concedida (nesse caso, o arresto) só perdure enquanto o pedido principal não seja julgado, e, se houver o seu julgamento de improcedência, a referida tutela irá perder a sua eficácia, conforme art. 309, III, do CPC. *Alternativa C.*

112. (39º Exame) Ademir Leone, servidor público aposentado, atualmente obtém sua maior fonte de renda por meio da compra e venda de ações na bolsa de valores brasileira, tendo em vista a perda do poder econômico de sua aposentadoria. Certo dia, ao tentar comprar ações na bolsa de valores, recebe a notificação de que seu nome havia sido inscrito nos órgãos de proteção ao crédito em razão do inadimplemento das parcelas de um empréstimo firmado com o Banco Prata, e por isso a transação não poderia ser completada, bem como soube que suas ações foram bloqueadas. Incrédulo com tal situação, pois nunca contratou com tal banco, além de temer pelo sustento de sua família, Ademir procurou você, como advogado(a), para saber da possibilidade de limpar seu nome o quanto antes, ajuizando ação judicial, mas sem precisar esperar o fim do processo. Assinale a afirmativa que apresenta, corretamente, a orientação que atende à pretensão do seu cliente,

(A) Não existe essa possibilidade no direito brasileiro, o qual pauta-se no contraditório e na ampla de-

fesa, respeitando o devido processo legal, seguindo todas as fases processuais, para que, somente ao final, seja dada uma decisão justa e equânime.

(B) É possível que seja concedida a tutela de urgência, sendo desnecessário a demonstração de elementos que evidenciem a probabilidade do direito e o perigo de dano ou o risco ao resultado útil do processo.

(C) Existe a possibilidade de que seja concedida a tutela de evidência, desde que demonstrado o perigo de dano ou o risco ao resultado útil do processo.

(D) Há a possibilidade de que seja concedida a tutela de urgência, pois existem elementos que evidenciam a probabilidade do direito e o perigo de dano ou o risco ao resultado útil do processo.

RESPOSTA A questão tratou das tutelas provisórias, pois a situação de fato narrada no enunciado preenche os requisitos do art. 300 do CPC. *Alternativa D.*

113. (37º Exame) A sociedade empresária Vesta Construções e Serviços Ltda. propôs tutela cautelar, requerida em caráter antecedente, contra a sociedade empresária Minerva Incorporações Ltda., fundada em contrato de construção civil e fornecimento de serviços, que contém cláusula arbitral para a resolução de quaisquer controvérsias advindas desse contrato. Vesta Construções e Serviços Ltda. figura como parte contratada e Minerva Incorporações Ltda. como parte contratante. Vesta Construções e Serviços Ltda. alega que, embora tenha executado os serviços previstos no contrato, Minerva Incorporações Ltda. aplicou multas contratuais em razão de atraso no cronograma das obras, as quais alega que não seriam devidas. Por essa razão, Vesta Construções e Serviços Ltda. ingressou com a tutela cautelar em caráter antecedente e requereu que fosse concedida tutela de urgência para impedir que Minerva Incorporações Ltda. realize quaisquer atos de cobrança das multas aplicadas à Vesta Construções e Serviços Ltda. A tutela de urgência foi totalmente deferida pelo magistrado em favor de Vesta Construções e Serviços Ltda. Na qualidade de advogado(a) de Vesta Construções e Serviços Ltda. assinale a opção que apresente a medida processual a ser adotada, em razão do deferimento da tutela cautelar.

(A) Formular o pedido principal nos mesmos autos da tutela cautelar requerida em caráter antecedente, dentro do prazo de 30 (trinta) dias a contar da data da efetivação da tutela cautelar.

(B) Requerer a instauração da arbitragem dentro do prazo de 30 (trinta) dias a contar da data da efetivação da tutela cautelar.

(C) Formular o pedido principal nos mesmos autos da tutela cautelar requerida em caráter antecedente, dentro do prazo de 15 (quinze) dias, ou em outro prazo maior que o juiz fixar, a contar da data da efetivação da tutela cautelar.

(D) Requerer a instauração da arbitragem dentro do prazo de 15 (quinze) dias, ou em outro prazo maior que o juiz fixar, a contar da data da efetivação da tutela cautelar.

RESPOSTA Diz a Lei de Arbitragem (Lei n. 9.307/96) que, antes de instituída a arbitragem, as partes poderão recorrer ao Poder Judiciário para a concessão de medida cautelar ou de urgência (art. 22-A). Observado que cessa a eficácia da medida cautelar ou de urgência se a parte interessada não requerer a instituição da arbitragem no prazo de 30 dias, contado da data de efetivação da respectiva decisão (parágrafo único). *Alternativa B.*

114. **(35º Exame)** Com o objetivo de obter tratamento médico adequado e internação em hospital particular, Pedro propõe uma demanda judicial em face do Plano de Saúde X, com pedido de tutela provisória de urgência incidental. Concedida a tutela provisória, devidamente cumprida pelo réu, é proferida sentença pela improcedência do pedido apresentado por Pedro, a qual transita em julgado diante da ausência de interposição de qualquer recurso. O réu, então, apresenta, em juízo, requerimento para que Pedro repare os prejuízos decorrentes da efetivação da tutela provisória anteriormente deferida, com o pagamento de indenização referente a todo o tratamento médico dispensado. Diante de tal situação, é correto afirmar que, de acordo com o Código de Processo Civil,

(A) o autor responde pelo prejuízo que a efetivação da tutela provisória de urgência causar ao réu, dentre outras hipóteses, se a sentença lhe for desfavorável.

(B) por se contrapor aos princípios do acesso à justiça e da inafastabilidade do controle jurisdicional, não há previsão legal de indenização pelos prejuízos eventualmente causados pelo autor com a efetivação da tutela provisória.

(C) a liquidação e a cobrança da indenização referentes ao prejuízo sofrido pelo réu pela efetivação da tutela de urgência, seguindo a regra geral, devem ser objeto de ação própria, descabendo a apresentação do requerimento nos próprios autos em que a medida foi concedida.

(D) a indenização pretendida pelo réu afasta a possibilidade de reparação por eventual dano pro-

cessual, sendo inacumuláveis os potenciais prejuízos alegados pelas partes.

RESPOSTA Independentemente da reparação por dano processual, diz o art. 302 do CPC que a parte responde pelo prejuízo que a efetivação da tutela de urgência causar à parte adversa, nas seguintes hipóteses: I – a sentença lhe for desfavorável; II – obtida liminarmente a tutela em caráter antecedente, não fornecer os meios necessários para a citação do requerido no prazo de cinco dias; III – ocorrer a cessação da eficácia da medida em qualquer hipótese legal; IV – o juiz acolher a alegação de decadência ou prescrição da pretensão do autor. *Alternativa A.*

115. **(35º Exame)** Paulo Filho pretende ajuizar uma ação de cobrança em face de Arnaldo José, tendo em vista um contrato de compra e venda firmado entre ambos. As alegações de fato propostas por Paulo podem ser comprovadas apenas documentalmente, e existe uma tese firmada em julgamento de casos repetitivos. Ao questionar seu advogado sobre sua pretensão, Paulo Filho buscou saber se existia a possibilidade de que lhe fosse concedida uma tutela de evidência, com o intuito de sanar o problema da forma mais célere. Como advogado(a) de Paulo, assinale a afirmativa correta.

(A) A tutela da evidência será concedida, caso seja demonstrado o perigo de dano ou o risco ao resultado útil do processo, quando as alegações de fato puderem ser comprovadas apenas documentalmente e houver tese firmada em julgamento de casos repetitivos ou em súmula vinculante.

(B) A tutela da evidência será concedida, independentemente da demonstração de perigo de dano ou de risco ao resultado útil do processo, somente quando ficar caracterizado o abuso do direito de defesa ou o manifesto propósito protelatório da parte.

(C) A tutela da evidência será concedida, independentemente da demonstração de perigo de dano ou de risco ao resultado útil do processo, quando as alegações de fato puderem ser comprovadas apenas documentalmente e houver tese firmada em julgamento de casos repetitivos ou em súmula vinculante.

(D) A tutela da evidência será concedida, independentemente da demonstração de perigo de dano ou de risco ao resultado útil do processo, somente quando a petição inicial for instruída com prova documental suficiente dos fatos constitutivos do direito do autor, a que o réu não oponha prova capaz de gerar dúvida razoável.

DIREITO PROCESSUAL CIVIL

RESPOSTA Diz o art. 311 do CPC que a tutela da evidência será concedida, independentemente da demonstração de perigo de dano ou de risco ao resultado útil do processo, quando também as alegações de fato puderem ser comprovadas apenas documentalmente e houver tese firmada em julgamento de casos repetitivos ou em súmula vinculante. *Alternativa C.*

116. (XXXIII Exame) Thiago, empresário com renda mensal de R$ 1.000.000,00 (um milhão de reais), ajuizou ação pelo procedimento comum em face do plano de saúde X, com pedido de tutela provisória de urgência, para que o plano seja compelido a custear tratamento médico no valor de R$ 300.000,00 (trezentos mil reais). O juízo, embora entendendo estarem presentes a probabilidade de existência do direito alegado por Thiago e o risco à sua saúde, condicionou a concessão da tutela provisória de urgência à prestação de caução equivalente a R$ 100.000,00 (cem mil reais), de modo a ressarcir eventuais prejuízos que o plano de saúde X possa sofrer em havendo a cessação de eficácia da medida. A este respeito, assinale a afirmativa correta.

(A) A exigência de caução para concessão de tutela provisória de urgência no caso em tela é desprovida de fundamento legal, razão pela qual é indevida.

(B) A decisão judicial que condicione a concessão de tutela provisória de urgência à prestação de caução é impugnável por meio de preliminar no recurso de apelação.

(C) A decisão está em desconformidade com o Código de Processo Civil, pois a caução para a concessão de tutela provisória deve ser de, no mínimo, 50% do valor econômico da pretensão.

(D) A exigência de caução, para concessão de tutela provisória de urgência, é admissível como forma de proteção ao ressarcimento de danos que o requerido possa sofrer em virtude da tutela.

RESPOSTA De acordo com o CPC, para a concessão da tutela de urgência, o juiz pode, conforme o caso, exigir caução real ou fidejussória idônea para ressarcir os danos que a outra parte possa vir a sofrer, podendo a caução ser dispensada se a parte economicamente hipossuficiente não puder oferecê-la (art. 300, §1º). *Alternativa D.*

117. (XXIX Exame) Pedro, na qualidade de advogado, é procurado por Alfredo, para que seja proposta uma demanda em face de João, já que ambos não conseguiram se compor amigavelmente. A fim de embasar suas alegações de fato, Alfredo entrega a Pedro contundentes documentos, que efetivamente são juntados à petição inicial, pela qual, além da procedência dos pedidos, Pedro requer a concessão de liminar em favor de seu cliente. Malgrado a existência de tese firmada em julgamento de recurso repetitivo favorável a Alfredo, o juiz indefere a liminar, sob o fundamento de que não existe urgência capaz de justificar o requerimento. Posto isso, a decisão está

(A) correta, pois, ainda que o autor tenha razão, o devido processo legal impõe que seu direito seja reconhecido apenas na sentença, exceto na hipótese de urgência, o que não é o caso.

(B) incorreta, pois, se as alegações de fato puderem ser comprovadas apenas documentalmente e houver tese firmada em julgamento de casos repetitivos, como no caso, a liminar pode ser deferida.

(C) correta, pois a liminar só poderia ser deferida se, em vez de tese firmada em sede de recurso repetitivo, houvesse súmula vinculante favorável ao pleito do autor.

(D) incorreta, pois a tutela de evidência sempre pode ser concedida liminarmente.

RESPOSTA Conforme art. 311, II, do CPC, a tutela da evidência será concedida, independentemente da demonstração de perigo de dano ou de risco ao resultado útil do processo, quando as alegações de fato puderem ser comprovadas apenas documentalmente e houver tese firmada em julgamento de casos repetitivos ou em súmula vinculante. *Alternativa B.*

118. (XXVII Exame) Em virtude de acidente sofrido nas dependências da loja da operadora de celular Fale Mais S/A, Luana ajuizou ação em face da empresa em questão, buscando indenização por danos materiais e morais, com a concessão de tutela de urgência para o pagamento imediato de despesas médicas. Os aspectos fáticos de suas alegações foram comprovados por meio de documentos, sendo certo que sua tese jurídica encontra respaldo em julgamento de incidente de resolução de demandas repetitivas. Sobre o caso, assinale a afirmativa correta.

(A) Será possível a concessão da tutela da evidência, podendo ser dispensada, para tanto, a prévia oitiva da ré.

(B) A concessão da tutela de urgência poderá ser liminar e independerá da demonstração de perigo de dano ou de risco ao resultado útil do processo.

(C) A tutela antecipada que for concedida em caráter incidental torna-se estável se, da decisão que a conceder, não for interposto o respectivo recurso, levando à extinção do processo.

(D) Concedida a tutela de urgência ou da evidência, somente poderá ser revogada até o fim da instrução processual.

RESPOSTA Conforme art. 311, II, do CPC, a tutela da evidência será concedida, independentemente da demonstração de perigo de dano ou de risco ao resultado útil do processo, quando as alegações de fato puderem ser comprovadas apenas documentalmente e houver tese firmada em julgamento de casos repetitivos ou em súmula vinculante. *Alternativa A.*

119. (XXVII Exame) Márcia está muito doente e necessita fazer uso contínuo do medicamento XYZ para sobreviver. Embora, durante os últimos anos, tenha obtido os medicamentos no único hospital público da cidade em que reside, foi informada de que aquela era a última caixa e que, no mês seguinte, o medicamento não seria mais fornecido pela rede pública. Diante de tal circunstância, desejando obter o fornecimento do medicamento, Márcia procura você, como advogado(a), para elaborar a petição inicial e ajuizar a demanda que obrigue o Poder Público ao fornecimento do medicamento XYZ. A petição inicial distribuída trouxe o pedido de medicamentos em caráter antecedente e tão somente a indicação do pedido de tutela final, expondo na lide o direito que busca realizar e o perigo de dano à saúde de Márcia. A respeito do caso mencionado, assinale a afirmativa correta.

(A) O(A) advogado(a) de Márcia fez uso da denominada tutela da evidência, em que se requer a demonstração do perigo de dano ou de risco ao resultado útil do processo.

(B) O procedimento adotado está equivocado, pois a formulação completa da causa de pedir e do pedido final é requisito do requerimento de tutela antecedente.

(C) O(A) advogado(a) agiu corretamente, sendo possível a formulação de requerimento de tutela antecipada antecedente para o fornecimento de medicamento.

(D) Ocorrerá o indeferimento de plano da petição inicial, caso o juiz entenda que não há elementos para a concessão da tutela antecipada.

RESPOSTA Segundo o art. 303, do CPC, nos casos em que a urgência for contemporânea à propositura da ação, a petição inicial pode limitar-se ao requerimento da tutela antecipada e à indicação do pedido de tutela final, com a exposição da lide, do direito que se busca realizar e do perigo de dano ou do risco ao resultado útil do processo. *Alternativa C.*

120. (XXVI Exame) Alexandre ajuizou ação em face da prestadora de serviço de iluminação pública de sua cidade, questionando os valores cobrados nas últimas contas, bem como pleiteando a condenação da Ré no pagamento de indenização por danos morais. A título de tutela provisória, requereu a retirada de seu nome dos cadastros de inadimplentes, tendo a juíza competente deferido liminarmente a tutela da evidência sob o fundamento de que a ré costuma apresentar contestações padronizadas em processos semelhantes, o que caracterizaria abuso de direito de defesa. Sobre o procedimento adotado, assinale a afirmativa correta.

(A) O juiz errou ao conceder liminarmente a tutela da evidência, na medida em que esta somente é cabível quando há súmula vinculante sobre o tema.

(B) O juiz acertou ao conceder liminarmente a tutela da evidência, pois a apresentação de contestação padronizada em outro processo configura abuso de direito de defesa.

(C) O juiz acertou ao conceder liminarmente a tutela da evidência, uma vez que, assim como na tutela de urgência, é dever do juiz conceder a tutela independentemente da oitiva do réu.

(D) O juiz errou ao conceder liminarmente a tutela da evidência, pois é necessária a oitiva do réu antes de concedê-la com fundamento no abuso do direito de defesa.

RESPOSTA As situações de concessão da tutela de evidência estão no art. 311 do CPC, sendo que diante do caso em tela, atente-se à hipótese do inciso I, onde o juiz não poderá decidir liminarmente, como exceção à regra do próprio parágrafo único. *Alternativa D.*

121. (XXI Exame) Cristina não foi autorizada por seu plano de saúde a realizar cirurgia de urgência indicada por seu médico. Tendo em vista a necessidade de pronta solução para seu caso, ela procura um(a) advogado(a), que afirma que a ação a ser ajuizada terá como pedido a realização da cirurgia, com pedido de tutela antecipada para sua efetivação imediata, sem a oitiva do Réu. O(A) advogado(a) ainda sustenta que não poderá propor a ação sem que Cristina apresente toda a documentação que possui para a instrução da inicial, sob pena de impossibilidade de juntada posterior. A respeito do caso, assinale a afirmativa correta.

(A) O advogado equivocou-se. Trata-se de tutela cautelar e não antecipada, de modo que o pedido principal terá de ser formulado pela autora no prazo de 30 (trinta) dias nos mesmos autos.

(B) O advogado equivocou-se. A urgência é contemporânea à propositura da ação, pelo que a tutela antecipada pode ser requerida em caráter

DIREITO PROCESSUAL CIVIL

antecedente, com a possibilidade de posterior aditamento à petição inicial.

(C) O advogado agiu corretamente. A petição inicial é o momento correto para a apresentação de documentos.

(D) O advogado agiu corretamente. Somente a tutela cautelar e não a antecipada pode ser requerida em caráter antecedente.

RESPOSTA De acordo com o *caput* do art. 300 do CPC, a tutela de urgência será concedida quando houver elementos que evidenciem a probabilidade do direito e o perigo de dano ou o risco ao resultado útil do processo. Para o caso em espécie, em que a urgência for contemporânea à propositura da ação, a petição inicial pode limitar-se ao requerimento da tutela antecipada e à indicação do pedido de tutela final, com a exposição da lide, do direito que se busca realizar e do perigo de dano ou do risco ao resultado útil do processo (art. 303, *caput*). *Alternativa B.*

XIV. PROCEDIMENTOS ESPECIAIS

122. (39º Exame) Samuel ajuizou ação de exigir contas contra Maria, requerendo sua citação para que as preste ou ofereça contestação, no prazo de 15 (quinze) dias úteis. Em sua petição inicial, Samuel alegou que, por força de contrato de mandato, teria confiado a administração de recursos próprios a Maria, que, no entanto, não prestou regularmente contas de forma extrajudicial, conforme entre si acordado. Em que pese Maria tenha oferecido contestação à ação, o juiz julgou procedente o pedido, condenando Maria a prestar as contas, no prazo de 15 (quinze) dias úteis. Sobre a situação hipotética descrita, assinale a afirmativa correta.

(A) Caso Maria deixe de prestar as contas no prazo assinalado de 15 (quinze) dias úteis, Samuel será intimado a apresentá-las, não podendo o juiz determinar a realização de perícia para a sua certificação.

(B) Ainda que Maria deixe de prestar as contas no prazo assinalado de 15 (quinze) dias úteis, lhe será lícito impugnar as contas que venham a ser apresentadas por Samuel.

(C) Maria poderá interpor recurso de apelação contra a sentença, ao fundamento de que o prazo previsto em lei para a prestação de contas é de 30 (trinta), e não 15 (quinze) dias úteis, como assinalado pelo juiz.

(D) Caso Maria venha a prestar as contas, deverá fazê-lo no prazo de 15 (quinze) dias úteis assinalado pelo juiz e de forma adequada, especificando-se as receitas, a aplicação das despesas e os investimentos, es houver.

RESPOSTA A questão trata da ação de exigir contas, procedimento especial previsto no CPC, de acordo com o art. 551 do CPC. *Alternativa D.*

123. (38º Exame) Humberto, em conjunto com seus amigos Paulo e Maria, eram os únicos sócios da Sociedade Incorporadora Ltda. Com o falecimento de Humberto e considerando que nenhum de seus sucessores integrava o quadro societário da Sociedade Incorporadora Ltda., seu espólio ajuizou ação de dissolução parcial da referida sociedade, requerendo a citação apenas de Paulo e Maria. Devidamente citados, Paulo e Maria concordaram com o pedido formulado na ação, pelo que o juiz proferiu sentença decretando a dissolução parcial da sociedade em relação ao espólio de Humberto e condenando Paulo e Maria ao pagamento de honorários advocatícios de sucumbência. Na sentença, o juiz relegou a apuração de haveres da sociedade para a fase subsequente e imediata de liquidação. Diante da situação hipotética acima descrita, assinale a afirmativa correta.

(A) A sentença proferida pelo juiz está contaminada por vício de nulidade, tendo em vista que a Sociedade Incorporadora Ltda. não foi citada para integrar a lide, concordando com o pedido ou contestando a ação.

(B) Paulo e Maria poderão interpor recurso de apelação contra a sentença, sob o argumento de que, não tendo eles se oposto ao pedido de dissolução parcial da sociedade, descaberia ao juiz condená-los ao pagamento de honorários advocatícios de sucumbência.

(C) Ainda que não realizada a partilha dos bens de Humberto, seu espólio não possui legitimidade para ajuizar a ação, pois a legitimidade para requerer a dissolução parcial da Sociedade Incorporadora Ltda. é apenas dos sócios remanescentes, Paulo e Maria.

(D) O juiz não poderia ter determinado a apuração de haveres na fase subsequente e imediata de liquidação, visto ser necessário para a referida a apuração o ajuizamento de ação autônoma, distinta da ação de dissolução parcial de sociedade.

RESPOSTA Diz o CPC que havendo manifestação expressa e unânime pela concordância da dissolução, o juiz a decretará, passando-se imediatamente à fase de liquidação. Nessa hipótese, não haverá condenação em honorários advocatícios de nenhuma das partes, e as custas serão rateadas segundo a participação das partes no capital social (art. 603 e § 1º). Havendo contestação, observar-se-á o procedimento comum, mas a liquidação da sentença seguirá o disposto nesse Capítulo (§ 2º). *Alternativa B.*

124. **(37º Exame)** Vitor, residente em Salvador/BA, precisou se mudar para Fortaleza/CE, por motivos profissionais. Para realizar sua mudança, propôs pagar uma quantia de R$ 10.000,00 (dez mil reais) para Danilo e Juarez, além de arcar com todos os custos da viagem. Por não ter acompanhado o serviço, Vitor não sabe quem efetivamente o fez. Após o término da mudança, Vitor tentou quitar a dívida, mas não sabia a quem pagar, pois ambos afirmaram ser titulares do crédito. Sendo assim, procurou você, como advogado(a), pois queria fazer o pagamento de forma consignada para extinguir a obrigação. Na qualidade de advogado de Vitor, assinale a opção que indica a posição acertada no tocante ao procedimento especial de ação de consignação em pagamento.

(A) Vitor requererá o depósito e a citação de Danilo, e, caso posteriormente se entenda não ser ele o titular, fará a citação de Juarez.

(B) Vitor não deve requerer o depósito, devendo no primeiro momento requerer a citação de todos os possíveis titulares do crédito, para que, após essa decisão, discuta-se o crédito devido.

(C) Vitor requererá o depósito e a citação dos possíveis titulares do crédito para provarem o seu direito.

(D) Vitor requererá o depósito e a citação de Juarez, e, caso posteriormente se entenda não ser ele o titular, fará o chamamento ao processo de Danilo.

RESPOSTA Diz o art. 547 que se ocorrer dúvida sobre quem deva legitimamente receber o pagamento, o autor requererá o depósito e a citação dos possíveis titulares do crédito para provarem o seu direito. *Alternativa C.*

125. **(37º Exame)** Albieri, com base em prova escrita e sem eficácia de título executivo, afirma ter direito de exigir de Juliana o pagamento de R$ 10.000,00 (dez mil reais). Nesse sentido, Albieri procura você, como advogado(a), para ajuizar Ação Monitória em face de Juliana, exigindo o pagamento de R$ 10.000,00 (dez mil reais). O juiz da causa observou que o direito do autor era evidente e deferiu a expedição de mandado de pagamento, concedendo ao réu prazo de 15 (quinze) dias para o cumprimento. Juliana alega que Albieri pleiteia quantia superior à devida, razão pela qual pretende, por meio de seu advogado, opor embargos à ação monitória. Na qualidade de patrono de Juliana, assinale a opção que apresenta a medida adequada a ser providenciada.

(A) Juliana poderá opor, nos próprios autos, embargos à ação monitória caso garanta o valor em juízo previamente, bem como, quando alegar que Albieri pleiteia quantia superior à devida, deverá

declarar de imediato o valor que entende correto, sem necessidade de apresentar o demonstrativo discriminado e atualizado da dívida.

(B) Se Juliana alegar que Albieri pleiteia quantia superior à devida, não precisa indicar o valor correto da dívida. Além disso, independentemente de prévia segurança do juízo, Juliana pode opor embargos à ação monitória.

(C) Juliana poderá opor, nos próprios autos, embargos à ação monitória caso garanta o valor em juízo previamente, bem como, quando alegar que Albieri pleiteia quantia superior à devida, não precisa indicar o valor correto da dívida.

(D) Juliana poderá opor embargos à ação monitória, independentemente de prévia segurança do juízo, bem como, quando alegar que Albieri pleiteia quantia superior à devida, deverá declarar de imediato o valor que entende correto, apresentando demonstrativo discriminado e atualizado da dívida.

RESPOSTA Diz o art. 702 do CPC que independentemente de prévia segurança do juízo, o réu poderá opor, nos próprios autos, no prazo previsto no art. 701, embargos à ação monitória. E quando o réu alegar que o autor pleiteia quantia superior à devida, cumprir-lhe-á declarar de imediato o valor que entende correto, apresentando demonstrativo discriminado e atualizado da dívida (§ 2º). *Alternativa D.*

126. **(36º Exame)** Valdemar move, em face de Felício, ação de despejo, cujos pedidos são julgados procedentes. Considerando-se que o juiz sentenciante não determinou a expedição de mandado de despejo, seria correto afirmar, na qualidade de advogado(a) do autor, que

(A) o requerimento de expedição do correspondente mandado de despejo pode ser dirigido ao juízo *a quo*, pois o recurso cabível contra a sentença tem efeito meramente devolutivo.

(B) a fim de que a sentença seja executada, deve ser requerida a chamada "tutela antecipada recursal", tendo em vista que o recurso cabível tem duplo efeito, devolutivo e suspensivo.

(C) após a prolação da sentença, está exaurida a jurisdição do juízo *a quo*, razão pela qual apenas o Tribunal pode determinar a expedição do mandado de despejo.

(D) devem ser opostos embargos de declaração contra a sentença, a fim de que o magistrado antecipe os efeitos da tutela e, consequentemente, o despejo possa ser objeto de execução provisória.

RESPOSTA Considerando a Lei de Locações, a Lei n. 8.245/91, os recursos interpostos contra as sentenças terão efeito somente devolutivo nas ações de despejo (art. 58, V). *Alternativa A.*

DIREITO PROCESSUAL CIVIL

127. (XXXIV Exame) Fernando é inventariante do espólio de Marcos, seu irmão mais velho. A irmã de ambos, Maria, requereu a remoção de Fernando do cargo de inventariante ao juízo de sucessões, sustentando que Fernando está se apropriando de verbas pertencentes ao espólio, e instruiu seu pedido com extratos bancários de conta-corrente de titularidade de Fernando, com registro de vultosos depósitos. O juiz, entendendo relevante a alegação de Maria, sem a oitiva de Fernando, nos próprios autos do processo de inventário, determinou sua remoção e nomeou Maria como nova inventariante. A este respeito, assinale a afirmativa correta.

(A) O magistrado agiu corretamente, pois, comprovado o desvio de bens do espólio em favor do inventariante, cabe sua imediata remoção, independentemente de oitiva prévia.

(B) A remoção de Fernando depende, cumulativamente, da instauração de incidente de remoção, apenso aos autos do inventário, e da outorga do direito de defesa e produção de provas.

(C) Maria não pode requerer a remoção de Fernando do cargo de inventariante, pois somente o cônjuge supérstite possui legitimidade para requerer a remoção de inventariante.

(D) O desvio de bens em favor do inventariante não é causa que dê ensejo à sua remoção.

RESPOSTA De acordo com o Código de Processo Civil, requerida a remoção com fundamento em qualquer dos incisos do art. 622, que tratam das causas de remoção do inventariante, ele será intimado para, no prazo de quinze dias, defender-se e produzir provas. Este incidente da remoção correrá em apenso aos autos do inventário (art. 623 e parágrafo único). *Alternativa B.*

128. (XXXIV Exame) Pedro possui uma fazenda contígua à de Vitório. Certo dia, Pedro identificou que funcionários de Vitório estavam retirando parte da cerca divisória entre as fazendas, de modo a aumentar a área da fazenda de Vitório e reduzir a sua. Inconformado, Pedro ajuizou ação de interdito proibitório, pelo procedimento especial das ações possessórias, com pedido para que Vitório se abstenha de ocupar a área de sua fazenda, bem como indenização pelos gastos com a colocação de nova cerca divisória, de modo a retomar a linha divisória antes existente entre as fazendas. O juiz, entendendo que a pretensão de Pedro é de reintegração de posse, julga procedente o pedido, determinando que Vitório retire a cerca divisória que seus funcionários colocaram, bem como indenize Pedro em relação ao valor gasto com a colocação de nova cerca divisória. Você, como advogada(o) de Vitório, analisou a sentença proferida. Assinale a opção que indica corretamente sua análise.

(A) O juiz violou o princípio da congruência, pois não é dado ao juiz conceder prestação diversa da pretendida pelo autor da demanda.

(B) O pedido de condenação do réu ao pagamento de indenização deveria ser extinto sem resolução do mérito, pois não é lícita a cumulação de pedidos em sede de ações possessórias.

(C) Na hipótese, houve aplicação da fungibilidade das ações possessórias.

(D) Houve inadequação da via eleita, pois a ação cabível seria a ação de demarcação de terras particulares.

RESPOSTA O princípio da fungibilidade das ações possessórias está previsto no art. 554 do CPC, que diz que a propositura de uma ação possessória em vez de outra não obstará a que o juiz conheça do pedido e outorgue a proteção legal correspondente àquela cujos pressupostos estejam provados. *Alternativa C.*

129. (XXXIV Exame) Paulo é possuidor com *animus domini*, há 35 (trinta e cinco) anos, de apartamento situado no Município X. O referido imóvel foi adquirido da construtora do edifício mediante escritura pública, a qual não foi levada a registro, tendo havido pagamento integral do preço. Em processo movido por credor da construtora do edifício, a qual é proprietária do bem perante o Registro de Imóveis, foi deferida a penhora do apartamento em fase de cumprimento de sentença, a qual foi averbada junto à matrícula do imóvel 6 (seis) meses após a publicação da decisão que determinou tal penhora no órgão oficial de publicações. Na hipótese, assinale a opção que indica a medida processual cabível para a defesa dos interesses de Paulo.

(A) Propositura de ação de oposição, buscando se opor ao credor da construtora e à medida por ele requerida.

(B) Ajuizamento de embargos de terceiro, buscando atacar a medida constritiva em face do imóvel adquirido.

(C) Formular pedido de habilitação nos autos do processo movido pelo credor da construtora, para a defesa de seus interesses.

(D) Interposição de agravo de instrumento em face da decisão que determinou a penhora do bem, buscando reformá-la.

RESPOSTA Diz o art. 674 do CPC que aquele que, não sendo parte no processo, sofrer constrição ou ameaça de constrição sobre bens que possua ou sobre os quais tenha direito incompatível com o ato constritivo, poderá requerer seu desfazimento ou sua inibição por meio de embargos de terceiro. Nesse sentido, a Súmula 84 do STJ. *Alternativa B.*

130. (XXXIII Exame) O Tribunal de Justiça do Estado do Rio de Janeiro, se deparando com pedido de instauração de Incidente de Resolução de Demandas Repetitivas (IRDR) para solucionar as causas de um acidente aéreo com numerosas vítimas, que demandaria a realização de prova pericial para aferir se houve falha elétrica ou se algum outro fator causou a queda da aeronave, designou sessão de julgamento para análise colegiada a respeito do cabimento do incidente. A respeito da referida análise quanto ao cabimento e às consequências da instauração, assinale a afirmativa correta.

(A) O IRDR é cabível, e, uma vez admitida sua instauração, não haverá a suspensão dos processos ajuizados pelas múltiplas vítimas, e o entendimento firmado no IRDR apenas será aplicável aos processos que venham a ser ajuizados após a sua prolação.

(B) O IRDR não é cabível, uma vez que a técnica processual visa apenas a resolver controvérsia sobre questão unicamente de direito, seja processual ou material.

(C) A instauração do IRDR é possível, uma vez que visa a resolver controvérsia sobre questão de fato, com o objetivo de permitir a realização de prova pericial única, tal como na hipótese concreta.

(D) Não é possível instaurar o IRDR, que apenas é cabível em primeira instância e nos tribunais superiores.

RESPOSTA De acordo com o CPC (art. 976), é cabível a instauração do incidente de resolução de demandas repetitivas quando houver, simultaneamente: (i) efetiva repetição de processos que contenham controvérsia sobre a mesma questão unicamente de direito; (ii) risco de ofensa à isonomia e à segurança jurídica. A questão em si não oferece situação que seja cabível, pois trata de tema probatório em razão de perícia judicial. *Alternativa B.*

131. (XXXI Exame) Gustavo procura você, como advogado(a), visando ao ajuizamento de uma ação em face de João, para a defesa da posse de um imóvel localizado em Minas Gerais. Na defesa dos interesses do seu cliente, quanto à ação possessória a ser proposta, assinale a afirmativa correta.

(A) Não é lícito cumular o pedido possessório com condenação em perdas e danos a Gustavo, dada a especialidade do procedimento.

(B) Na pendência da ação possessória proposta por Gustavo, não é possível, nem a ele, nem a João, propor ação de reconhecimento de domínio, salvo em face de terceira pessoa.

(C) Se a proposta de ação de manutenção de posse por Gustavo for um esbulho, o juiz não pode receber a ação de manutenção de posse como reintegração de posse, por falta de interesse de adequação.

(D) Caso se entenda possuidor do imóvel e pretenda defender sua posse, o meio adequado a ser utilizado por João é a reconvenção em face de Gustavo.

RESPOSTA Diz o art. 557 do CPC que na pendência de ação possessória é vedado, tanto ao autor quanto ao réu, propor ação de reconhecimento do domínio, exceto se a pretensão for deduzida em face de terceira pessoa. *Alternativa B.*

132. (XXIX Exame) Raquel, servidora pública federal, pretende ajuizar ação em face da União, pleiteando a anulação de seu ato de demissão, bem como requerendo a condenação da ré ao pagamento de indenização por danos morais, no valor de R$ 50.000,00 (cinquenta mil reais), tendo em vista o sofrimento causado por ato que considera ilegal. Na qualidade de advogado(a) de Raquel, a respeito do rito a ser seguido na hipótese, assinale a afirmativa correta.

(A) A ação deverá seguir o rito dos Juizados Especiais Federais (Lei n. 10.259/01), uma vez que o valor da causa é inferior a 60 (sessenta) salários mínimos.

(B) Tendo em vista que a ré é um ente público, aplica-se à hipótese o rito disposto na Lei n. 12.153/09, que regulamenta os Juizados Especiais da Fazenda Pública.

(C) Poderá ser utilizado tanto o rito comum como o dos Juizados Especiais, já que, no foro onde estiver instalada a Vara do Juizado Especial, sua competência é relativa.

(D) O rito a ser observado será o rito comum, pois não é de competência dos Juizados Especiais pretensão que impugna pena de demissão imposta a servidor público civil.

RESPOSTA Conforme art. 2º, § 1º, III, da Lei n. 12.153/2009 dos Juizados Especiais da Fazenda Pública. Não se incluem na competência do referido Juizado as causas que tenham como objeto a impugnação de pena de demissão imposta a servidores públicos civis ou sanções disciplinares aplicadas a militares. *Alternativa D.*

DIREITO PROCESSUAL CIVIL

133. **(XXVII Exame)** Diego e Thaís, maiores e capazes, ambos sem filhos, são formalmente casados pelo regime legal da comunhão parcial de bens. Ocorre que, devido a problemas conjugais e divergências quanto à divisão do patrimônio comum do casal, o matrimônio teve fim de forma conturbada, o que motivou Thaís a ajuizar ação de divórcio litigioso cumulada com partilha de bens em face do ex-cônjuge. Na petição inicial, a autora informa que tem interesse na realização de audiência de conciliação ou de mediação. Diego, regularmente citado, busca orientação jurídica sobre os possíveis desdobramentos da demanda ajuizada por sua ex-cônjuge. Na qualidade de advogado(a) de Diego, assinale a opção que apresenta os esclarecimentos corretos que foram prestados.

(A) Diego, ainda que de forma injustificada, possui a faculdade de deixar de comparecer à audiência regularmente designada para fins de solução consensual do conflito, não sofrendo qualquer sanção processual em virtude da ausência.

(B) Descabe, no processo contencioso de divórcio ajuizado por Thaís, a solução consensual da controvérsia, uma vez que o direito em questão possui feição extrapatrimonial e, portanto, indisponível.

(C) Ante a existência de vínculo prévio entre as partes, a audiência a ser realizada para fins de autocomposição entre Diego e Thaís deverá ser conduzida por um conciliador, que poderá sugerir soluções para o litígio, vedada a utilização de qualquer tipo de constrangimento ou intimidação.

(D) A partir de requerimento que venha a ser formulado por Diego e Thaís, o juiz pode determinar a suspensão do processo enquanto os litigantes se submetem à mediação extrajudicial.

RESPOSTA Nos termos do art. 694, *caput* e parágrafo único, do CPC, nas ações de família, todos os esforços serão empreendidos para a solução consensual da controvérsia, devendo o juiz dispor do auxílio de profissionais de outras áreas de conhecimento para a mediação e conciliação. Assim, a requerimento das partes, o juiz pode determinar a suspensão do processo enquanto os litigantes se submetem a mediação extrajudicial ou a atendimento multidisciplinar. *Alternativa D.*

134. **(XXVI Exame)** Luciana, por meio de seu advogado, propôs demanda em face de Carlos, perante determinado Juizado Especial Cível, na qual pediu, a título de indenização por danos materiais, a condenação do réu ao pagamento de R$ 20.000,00. Ao julgar parcialmente procedente o pedido, o juízo *a quo* condenou o demandado ao pagamento de R$ 15.000,00. Luciana se conformou com a decisão, ao passo que Carlos recorreu, a fim de diminuir o valor da condenação para R$ 10.000,00 e, bem assim, requereu a condenação da recorrida ao pagamento de custas e honorários. Embora tenha diminuído o valor da condenação para R$ 10.000,00, conforme requerido no recurso, o órgão *ad quem* não condenou Luciana ao pagamento de custas e honorários. Diante de tal quadro, é correto afirmar, especificamente no que se refere às custas e aos honorários, que

(A) o órgão recursal errou, pois a gratuidade prevista pela Lei n. 9.099/95 só abrange o primeiro grau de jurisdição.

(B) o órgão *ad quem* acertou, uma vez que, no âmbito do segundo grau, somente o recorrente vencido pode arcar com a sucumbência.

(C) o órgão *ad quem* acertou, uma vez que, no âmbito do segundo grau, somente é possível condenação em custas e honorários se houver litigância de má-fé.

(D) o órgão recursal agiu corretamente, pois os processos que tramitam sob o rito da Lei n. 9.099/95 são gratuitos, indistintamente, em qualquer grau de jurisdição.

RESPOSTA De acordo com o art. 55 da Lei n. 9.099/95, a sentença de primeiro grau não condenará o vencido em custas e honorários de advogado, ressalvados os casos de litigância de má-fé. Em segundo grau, o recorrente, vencido, pagará as custas e honorários de advogado, que serão fixados entre dez por cento e vinte por cento do valor de condenação ou, não havendo condenação, do valor corrigido da causa. *Alternativa B.*

135. **(XXV Exame)** Aline e Alfredo, casados há 20 anos pelo regime da comunhão parcial de bens, possuem um filho maior de idade e plenamente capaz. Não obstante, Aline encontra-se grávida do segundo filho do casal, estando no sexto mês de gestação. Ocorre que, por divergências pessoais, o casal decide se divorciar e se dirige a um escritório de advocacia, onde demonstram consenso quanto à partilha de bens comuns e ao pagamento de pensão alimentícia, inexistindo quaisquer outras questões de cunho pessoal ou patrimonial. Assinale a opção que apresenta a orientação jurídica correta a ser prestada ao casal.

(A) Inexistindo conflito de interesses quanto à partilha de bens comuns, Aline e Alfredo poderão ingressar com o pedido de divórcio pela via extrajudicial, desde que estejam devidamente assistidos por advogado ou defensor público.

(B) Aline e Alfredo deverão ingressar com ação judicial de divórcio, uma vez que a existência de nascituro impede a realização de divórcio consensual pela via extrajudicial, ou seja, por escritura pública.

(C) O divórcio consensual de Aline e Alfredo somente poderá ser homologado após a partilha de bens do casal.

(D) A partilha deverá ser feita mediante ação judicial, embora o divórcio possa ser realizado extrajudicialmente.

RESPOSTA   De acordo com o art. 733 do CPC, o divórcio consensual, a separação consensual e a extinção consensual de união estável, não havendo nascituro ou filhos incapazes e observados os requisitos legais, poderão ser realizados por escritura pública. Como não é o caso, *Alternativa B.*

136. (XXIII Exame) Jorge administra cinco apartamentos de Marina. Ele recebe os valores relativos à locação dos referidos bens, realiza os pagamentos inerentes aos imóveis (condomínio, IPTU), abate o valor pela prestação de serviços e repassa o saldo residual a Marina, mediante depósito em conta corrente, titularizada pela contratante. Contudo, nos últimos dez meses, Jorge tem deixado de fornecer os relatórios mensais acerca da despesa e receita. Incomodada, Marina o questiona acerca da omissão, que nada faz. Diante desse cenário, Marina procura um advogado, que, com o objetivo de obter os relatórios, deve ajuizar

(A) Ação de Execução, fundada em título extrajudicial consubstanciado no acerto verbal havido entre as partes.

(B) Ação de Reintegração de Posse dos imóveis administrados por Jorge.

(C) Ação de Exigir Contas, para que Jorge forneça os relatórios.

(D) Ação de Consignação de Pagamento, objetivando que Jorge consigne os relatórios em Juízo.

RESPOSTA   Segundo o art. 550 do CPC, aquele que afirmar ser titular do direito de exigir contas requererá a citação do réu para que as preste ou ofereça contestação no prazo de 15 (quinze) dias. *Alternativa C.*

137. (XXIII Exame) Nos Juízos de Direito da capital do Estado X tramitavam centenas de demandas semelhantes, ajuizadas por servidores públicos vinculados ao Município Y discutindo a constitucionalidade de lei ordinária municipal que tratava do plano de cargos e salários da categoria. Antevendo risco de ofensa à isonomia, com a possibilidade de decisões contraditórias, o advogado de uma das partes resolve adotar medida judi-

cial para uniformizar o entendimento da questão jurídica. Nessa hipótese, o advogado deve peticionar

(A) ao Juízo de Direito no qual tramita a demanda por ele ajuizada, requerendo a instauração de incidente de assunção de competência.

(B) ao Presidente do Tribunal ao qual está vinculado o Juízo de Direito, requerendo a instauração de incidente de resolução de demandas repetitivas.

(C) ao Presidente do Tribunal ao qual está vinculado o Juízo de Direito, requerendo a instauração de incidente de arguição de inconstitucionalidade.

(D) ao Juízo de Direito no qual tramita a demanda por ele ajuizada, requerendo a intimação do Ministério Público para conversão da demanda individual em coletiva.

RESPOSTA   De acordo com o CPC, é cabível a instauração do incidente de resolução de demandas repetitivas quando houver, simultaneamente, a efetiva repetição de processos que contenham controvérsia sobre a mesma questão unicamente de direito e o risco de ofensa à isonomia e à segurança jurídica (art. 976). O pedido será dirigido ao presidente do tribunal, segundo o art. 977. *Alternativa B.*

138. (XXIII Exame) A multinacional estrangeira *Computer Inc.*, com sede nos Estados Unidos, celebra contrato de prestação de serviços de informática com a sociedade empresarial Telecomunicações S/A, constituída de acordo com as leis brasileiras e com sede no Estado de Goiás. Os serviços a serem prestados envolvem a instalação e a manutenção dos servidores localizados na sede da sociedade empresarial Telecomunicações S/A. Ainda consta, no contrato celebrado entre as referidas pessoas jurídicas que eventuais litígios serão dirimidos, com exclusividade, perante a Corte Arbitral Alfa, situada no Brasil.

Após discordâncias sobre o cumprimento de uma das cláusulas referentes à realização dos serviços, a multinacional *Computer Inc.* ingressa com demanda no foro arbitral contratualmente avençado. Com base no caso concreto, assinale a afirmativa correta.

(A) A cláusula compromissória prevista no contrato é nula de pleno direito, uma vez que o princípio da inafastabilidade da jurisdição, previsto constitucionalmente, impede que ações que envolvam obrigações a serem cumpridas no Brasil sejam dirimidas por órgão que não integre o Poder Judiciário nacional.

(B) Caso a empresa Telecomunicações S/A ingresse com demanda perante a Vara Cível situada no Estado de Goiás, o juiz deverá resolver o mérito, ainda que a sociedade *Computer Inc.* alegue, em

DIREITO PROCESSUAL CIVIL

contestação, a existência de convenção de arbitragem prevista no instrumento contratual.

(C) Visando efetivar tutela provisória deferida em favor da multinacional *Computer Inc.*, poderá ser expedida carta arbitral pela Corte Arbitral Alfa para que órgão do Poder Judiciário, com competência perante o Estado de Goiás, pratique atos de cooperação que importem na constrição provisória de bens na sede da sociedade empresarial Telecomunicações S/A, a fim de garantir a efetividade do provimento final.

(D) A sentença arbitral proferida pela Corte Arbitral Alfa configura título executivo extrajudicial, cuja execução poderá ser proposta no foro do lugar onde deva ser cumprida a obrigação.

RESPOSTA Será expedida carta arbitral, para que órgão do Poder Judiciário pratique ou determine o cumprimento, na área de sua competência territorial, de ato objeto de pedido de cooperação judiciária formulado por juízo arbitral, inclusive os que importem efetivação de tutela provisória (art. 237, IV, CPC). *Alternativa C.*

139.
(XXI Exame) Pedro, munido de documento comprobatório de vínculo jurídico de prestação de serviço com Carlos e, esgotadas todas as possibilidades consensuais para tentar exigir o cumprimento da obrigação, promove ação observando o rito especial monitório. Citado, Carlos oferece embargos, apontando em preliminar, que o rito da ação monitória não é adequado para pleitear cumprimento de obrigação de fazer e, no mérito, alega exceção de contrato não cumprido. Oferta, ainda, reconvenção, cobrando os valores supostamente devidos. Diante da situação hipotética, sobre os posicionamentos adotados por Carlos, assinale a afirmativa correta.

(A) A preliminar apontada por Carlos nos embargos deve ser acolhida, pois é vedado pleitear cumprimento de obrigação de fazer por intermédio de ação monitória.

(B) A reconvenção deve ser rejeitada, em virtude do descabimento dessa forma de resposta em ação monitória.

(C) A preliminar indicada por Carlos não deve prosperar, tendo em vista que é possível veicular em ação monitória cumprimento de obrigação de fazer.

(D) A forma correta de oferecer defesa em ação monitória é via contestação, sendo assim, os embargos ofertados por Carlos devem ser rejeitados.

RESPOSTA Dentre as possibilidades para oferecer a ação monitória, conforme o art. 700 do CPC, está o adimplemento de obrigação de fazer ou de não

fazer (inciso III). A defesa, através dos embargos (art. 702), não terá êxito em se utilizar deste argumento. *Alternativa C.*

XV. AÇÃO RESCISÓRIA, AÇÃO POPULAR, AÇÃO CIVIL PÚBLICA

140.
(XXXI Exame) Em um processo em que Carla disputava a titularidade de um apartamento com Marcos, este obteve sentença favorável, por apresentar, em juízo, cópia de um contrato de compra e venda e termo de quitação, anteriores ao contrato firmado por Carla. A sentença transitou em julgado sem que Carla apresentasse recurso. Alguns meses depois, Carla descobriu que Marcos era réu em um processo criminal no qual tinha sido comprovada a falsidade de vários documentos, dentre eles o contrato de compra e venda do apartamento disputado e o referido termo de quitação. Carla pretende, com base em seu contrato, retornar a juízo para buscar o direito ao imóvel. Para isso, ela pode

(A) interpor recurso de apelação contra a sentença, ainda que já tenha ocorrido o trânsito em julgado, fundado em prova nova.

(B) propor reclamação, para garantir a autoridade da decisão prolatada no juízo criminal, e formular pedido que lhe reconheça o direito ao imóvel.

(C) ajuizar rescisória, demonstrando que a sentença foi fundada em prova cuja falsidade foi apurada em processo criminal.

(D) requerer cumprimento de sentença diretamente no juízo criminal, para que a decisão que reconheceu a falsidade do documento valha como título judicial para transferência da propriedade do imóvel para seu nome.

RESPOSTA De acordo com as hipóteses de ação rescisória do art. 966 do CPC, ela caberá quando a sentença for fundada em prova cuja falsidade tenha sido apurada em processo criminal ou venha a ser demonstrada na própria ação rescisória. *Alternativa C.*

141.
(XXX Exame) A Associação "X", devidamente representada por seu advogado, visando à proteção de determinados interesses coletivos, propôs ação civil pública, cujos pedidos foram julgados improcedentes. Ademais, a associação foi condenada ao pagamento de honorários advocatícios no percentual de 20% (vinte por cento) sobre o valor da causa. Diante de tal quadro, especificamente sobre os honorários advocatícios, a sentença está

(A) correta no que se refere à possibilidade de condenação ao pagamento de honorários e, incorreta, no que tange ao respectivo valor, porquanto fixado fora dos parâmetros estabelecidos pelo art. 85 do CPC.

(B) Incorreta, pois as associações não podem ser condenadas ao pagamento de honorários advocatícios, exceto no caso de litigância de ma-fé, no âmbito da tutela individual e coletiva.

(C) Correta, pois o juiz pode fixar os honorários de acordo com seu prudente arbítrio, observados os parâmetros do art. 85 do CPC.

(D) Incorreta, pois as associações são isentas do pagamento de honorários advocatícios em ações civis públicas, exceto no caso de má-fé, hipótese em que também serão condenadas ao pagamento do décuplo das custas.

RESPOSTA De acordo com o art. 17 da Lei de Ação Civil Pública (Lei n. 7.347/85), em caso de litigância de má-fé, a associação autora e os diretores responsáveis pela propositura da ação serão solidariamente condenados em honorários advocatícios e ao décuplo das custas, sem prejuízo da responsabilidade por perdas e danos. Observado, ainda, que nas ações de que trata esta lei não haverá adiantamento de custas, emolumentos, honorários periciais e quaisquer outras despesas, nem condenação da associação autora, salvo comprovada má-fé, em honorários de advogado, custas e despesas processuais (art. 18). *Alternativa D.*

142. (XXIX Exame) Em virtude do rompimento de uma represa, o Ministério Público do Estado do Acre ajuizou ação em face da empresa responsável pela sua construção, buscando a condenação pelos danos materiais e morais sofridos pelos habitantes da região atingida pelo incidente. O pedido foi julgado procedente, tendo sido fixada a responsabilidade da ré pelos danos causados, mas sem a especificação dos valores indenizatórios. Em virtude dos fatos narrados, Ana Clara teve sua casa destruída, de modo que possui interesse em buscar a indenização pelos prejuízos sofridos. Na qualidade de advogado(a) de Ana Clara, assinale a orientação correta a ser dada à sua cliente.

(A) Considerando que Ana Clara não constou do polo ativo da ação indenizatória, não poderá se valer de seus efeitos.

(B) Ana Clara e seus sucessores poderão promover a liquidação e a execução da sentença condenatória.

(C) A sentença padece de nulidade, pois o Ministério Público não detém legitimidade para ajuizar ação no lugar das vítimas.

(D) A prolatação de condenação genérica, sem especificar vítimas ou valores, contraria disposição legal.

RESPOSTA Nos termos do art. 97 do CDC, a liquidação e a execução de sentença poderão ser promovidas pela vítima e seus sucessores, assim como pelos legitimados de que trata o art. 82. *Alternativa B.*

143. (XXVI Exame) A associação "Amigos da Natureza", constituída há 2 anos, com a finalidade institucional de proteger o meio ambiente, tem interesse na propositura de uma ação civil pública, a fim de que determinado agente causador de dano ambiental seja impedido de continuar a praticar o ilícito. Procurado pela associação, você, na qualidade de advogado, daria a orientação de

(A) não propor uma ação civil pública, visto que as associações não têm legitimidade para manejar tal instrumento, sem prejuízo de que outros legitimados, como o Ministério Público, o façam.

(B) propor uma ação civil pública, já que a associação está constituída há pelo menos 1 ano e tem, entre seus fins institucionais, a defesa do meio ambiente.

(C) apenas propor a ação civil pública quando a associação estiver constituída há pelo menos 3 anos.

(D) que a associação tem iniciativa subsidiária, de modo que só pode propor a ação civil pública após demonstração de inércia do Ministério Público.

RESPOSTA Novamente, o art. 5º da LACP é cobrado em Exame da OAB e mais uma vez, sobre a legitimidade das associações. Atente-se, então, ao inciso V. *Alternativa B.*

144. (XXVI Exame) Uma fábrica da sociedade empresária Tratores Ltda. despejou 10 toneladas de lixo reciclável no rio Azul, que corta diversos municípios do estado do Paraná. Em decorrência de tal fato, constatou-se a redução da flora às margens do rio. Sobre a medida cabível em tal cenário, assinale a afirmativa correta.

(A) É cabível ação popular, na qual deve figurar obrigatoriamente o Ministério Público como autor.

(B) É cabível ação civil pública, na qual deve figurar obrigatoriamente como autor um dos indivíduos afetados pelos danos.

(C) Não é cabível ação civil pública ou ação coletiva, considerando a natureza dos danos, mas o Ministério Público pode ajuizar ação pelo procedimento comum, com pedido de obrigação de não fazer.

DIREITO PROCESSUAL CIVIL

(D) É cabível ação civil pública, na qual o Ministério Público, se não for autor, figurará como fiscal da lei.

RESPOSTA De acordo com o § 1º do art. 5º da LACP, o Ministério Público, se não intervier no processo como parte, atuará obrigatoriamente como fiscal da lei. *Alternativa D.*

145. **(XXV Exame)** A sociedade empresária Sucesso veiculou propaganda enganosa acerca de um determinado produto, com especificações distintas daquelas indicadas no material publicitário. Aproximadamente 500.000 consumidores, dentre os quais alguns hipossuficientes, compraram o produto. Diante disso, a Associação de Defesa do Consumidor, constituída há 10 anos, cogitou a possibilidade de ajuizar ação civil pública, com base na Lei n. 7.347/85, para obter indenização para tais consumidores. Diante dessas informações, assinale a afirmativa correta.

(A) O Ministério Público é parte ilegítima para a propositura da ação civil pública.

(B) A Associação de Defesa do Consumidor pode propor a ação civil pública.

(C) Qualquer consumidor lesado pode propor a ação civil pública.

(D) A propositura da ação civil pública pela Defensoria dispensa a participação do Ministério Público no processo.

RESPOSTA O art. 5º da Lei da Ação Civil Pública (Lei n. 7.347/85) traz os legitimados para propor a referida ação, dentre eles, a associação que cumprir com os requisitos do inciso V. *Alternativa B.*

146. **(XXIII Exame)** Luana, em litígio instaurado em face de Luciano, viu seu pedido ser julgado improcedente, o que veio a ser confirmado pelo tribunal local, transitando em julgado. O advogado da autora a alerta no sentido de que, apesar de a decisão do tribunal local basear-se em acórdão proferido pelo Superior Tribunal de Justiça em regime repetitivo, o precedente não seria aplicável ao seu caso, pois se trata de hipótese fática distinta. Afirmou, assim, ser possível reverter a situação por meio do ajuizamento de ação rescisória. Diante do exposto, assinale a afirmativa correta.

(A) Não cabe a ação rescisória, pois a previsão de cabimento de rescisão do julgado se destina às hipóteses de violação à lei e não de precedente.

(B) Cabe a ação rescisória, com base na aplicação equivocada do precedente mencionado.

(C) Cabe a ação rescisória, porque o erro sobre o precedente se equipara à situação da prova falsa.

(D) Não cabe ação rescisória com base em tal fundamento, eis que a hipótese é de ofensa à coisa julgada.

RESPOSTA As hipóteses de cabimento da ação rescisória estão no art. 966 do CPC e dentre elas está a violação manifesta de norma jurídica (inciso V). Com este fundamento, cabe ação rescisória contra decisão baseada em enunciado de súmula ou acórdão proferido em julgamento de casos repetitivos que não tenha considerado a existência de distinção entre a questão discutida no processo e o padrão decisório que lhe deu fundamento (§ 5º). Ademais, caberá ao autor, sob pena de inépcia, demonstrar, fundamentadamente, tratar-se de situação particularizada por hipótese fática distinta ou de questão jurídica não examinada, a impor outra solução jurídica (§ 6º). *Alternativa B.*

147. **(XVII Exame)** Luan, servidor público do Estado de Minas Gerais, ajuizou ação contra a Fazenda Pública estadual, requerendo a devolução de verbas indevidamente descontadas em seu contracheque sob a rubrica de "contribuição obrigatória ao plano de saúde". Na oportunidade, demonstrou que o Tribunal de Justiça de Minas Gerais (TJMG) já havia, em anterior ação individual proposta por Thales, outro servidor público estadual, reconhecido a inconstitucionalidade da lei estadual que previa esse desconto, e requereu, assim, a restituição das verbas não prescritas descontadas a tal título. Devidamente ajuizada junto à 1ª Vara de Feitos Tributários da cidade de Belo Horizonte/MG, e após regular tramitação, o magistrado singular acolheu a tese da ré e julgou improcedente o pedido exordial, tendo tal decisão transitado em julgado em 01/04/2012. Sobre os fatos descritos, assinale a afirmativa correta.

(A) Luan poderá se valer de ação anulatória, tendo em vista a manifesta injustiça da sentença.

(B) Se a inconstitucionalidade da lei estadual tivesse sido reconhecida, na ação proposta por Thales, pelo Supremo Tribunal Federal, Luan poderia ignorar a coisa julgada que lhe foi desfavorável.

(C) Luan poderá se valer de uma reclamação constitucional, tendo em vista o desrespeito, pela sentença, de posição jurisprudencial firmada pelo TJMG.

(D) Luan poderia se valer de uma ação rescisória, desde que, para tanto, demonstrasse que houve violação à lei, sendo-lhe vedado, nessa demanda, a rediscussão de matérias fáticas.

RESPOSTA As hipóteses de ação rescisória estão no art. 966 do CPC e, dentre elas, está a sentença de mérito que violou literal disposição de lei (inciso V). No entanto, a ação rescisória não pode ser usada como substitutivo de recurso, a ponto de possibilitar a rediscussão dos fatos e reexame das provas. *Alternativa D.*

XVI. MANDADO DE SEGURANÇA

Acesse o QR Code e consulte as questões comentadas sobre este tema.

XVII. JUIZADOS ESPECIAIS

148. **(41º Exame)** Maria Joana tem contrato de locação firmado com Mariana há muitos anos. A relação contratual entre elas é tranquila, e Maria Joana nunca atrasou o pagamento do aluguel. Além disso, mantém o imóvel de Mariana em perfeito estado de conservação. O contrato estipula os casos de rescisão. Certo dia, ocorreu um desastre natural na localidade em que Mariana morava e a Defesa Civil a orientou a não voltar para casa, pois o local não oferecia mais segurança. Diante dessa situação, Mariana não teve outra saída, senão pedir o imóvel que locou para Maria Joana, para seu uso próprio. Mariana respeitou a legislação e o contrato, mas Maria Joana recusou-se a desocupar e a entregar o imóvel. Mariana, sem ter onde morar, ajuizou ação de despejo em face de Maria Joana no Juizado Especial Cível. A advogada de Maria Joana alegou incompetência do Juizado por considerar a causa complexa. Sobre os Juizados, considerando o exposto acima, assinale a afirmativa correta.

(A) A alegação da advogada de Maria Joana, com relação à competência do Juizado Especial Cível, está correta.

(B) As ações de maior complexidade não são de competência dos Juizados Cíveis, portanto as ações de despejo não podem ser ajuizadas perante tais órgãos jurisdicionais.

(C) O Juizado Especial Cível é competente para conciliar, processar e julgar as causas cíveis de menor complexidade, assim considerada a ação de despejo para uso próprio.

(D) As ações de despejo e as de natureza alimentar, quando não complexas, podem ser propostas nos Juizados Especiais Cíveis.

RESPOSTA Considere a previsão legal expressa no art. 3º, III, da Lei n. 9.099/95, estabelecendo que o Juizado Especial Cível tem competência para conciliação, processo e julgamento das causas cíveis de menor complexidade, assim considerada a ação de despejo para uso próprio. *Alternativa C.*

149. **(XXXIV Exame)** João Eustáquio, após passar por situação vexatória promovida por Lucia Helena, decide procurar um advogado. Após narrar os fatos, o advogado de João Eustáquio promove uma ação indenizatória em face de Lucia Helena, no Juizado Especial Cível de Sousa/PB. Lucia Helena, devidamente representada por seu advogado, apresenta contestação de forma oral, bem como apresenta uma reconvenção contra João Eustáquio. João Eustáquio, indignado com tal situação, questiona se é válida a defesa processual promovida por Lucia Helena. Como advogado de João Eustáquio, nos termos da Lei n. 9.099/95, assinale a afirmativa correta.

(A) A contestação pode ser apresentada de forma oral, porém não se admitirá a apresentação de reconvenção.

(B) A contestação não pode ser apresentada de forma oral, sendo somente permitida de forma escrita. Além disso, não se admitirá a apresentação de reconvenção.

(C) A reconvenção pode ser apresentada, prezando pelo princípio da eventualidade, porém a contestação deve ser feita de forma escrita.

(D) A contestação pode ser apresentada de forma oral, bem como é cabível a apresentação de reconvenção.

RESPOSTA De acordo com a Lei do JEC, a contestação, que será oral ou escrita, conterá toda matéria de defesa, exceto arguição de suspeição ou impedimento do Juiz, que se processará na forma da legislação em vigor (art. 30). E não se admitirá a reconvenção. É lícito ao réu, na contestação, formular pedido em seu favor (nos limites do art. 3º desta Lei), desde que fundado nos mesmos fatos que constituem objeto da controvérsia (art. 31). *Alternativa A.*

150. **(XXIV Exame)** Arthur ajuizou ação perante o Juizado Especial Cível da Comarca do Rio de Janeiro, com o objetivo de obter reparação por danos materiais, em razão de falha na prestação de serviços pela sociedade empresária Consultex. A sentença de improcedência dos pedidos iniciais foi publicada, mas não apreciou juridicamente um argumento relevante suscitado na inicial, desconsiderando, em sua fundamentação, importante prova do nexo de causalidade. Arthur pretende opor embargos de declaração para ver sanada tal omissão. Diante de tal cenário, assinale a afirmativa correta.

(A) Arthur poderá opor embargos de declaração, suspendendo o prazo para interposição de recurso para a Turma Recursal.

(B) Os embargos não interrompem ou suspendem o prazo para interposição de recurso para a Turma

DIREITO PROCESSUAL CIVIL

Recursal, de modo que Arthur deverá optar entre os embargos ou o recurso, sob pena de preclusão.

(C) Eventuais embargos de declaração interpostos por Arthur interromperão o prazo para interposição de recurso para a Turma Recursal.

(D) Arthur não deverá interpor embargos de declaração pois estes não são cabíveis no âmbito de Juizados Especiais.

RESPOSTA Com o CPC, os embargos de declaração interrompem o prazo para a interposição de recurso (art. 50). *Alternativa C.*

REFERÊNCIAS

BUENO, Cassio Scarpinella. *Novo Código de processo civil anotado.* São Paulo: Saraiva, 2015.

DONIZETTI, Elpídio. *Curso Didático de direito processual civil.* 17. ed. São Paulo: Atlas, 2013.

GONÇALVES, Marcus Vinicius Rios. *Direito processual civil esquematizado.* 6. ed. São Paulo: Saraiva, 2016.

ROCHA, Marcelo Hugo da; THAMAY, Rennan Faria Krüger; GARCIA JÚNIOR, Vanderlei. *Direito processual civil.* 2. ed. São Paulo: Saraiva, 2022.

THEODORO JUNIOR, Humberto. *O mandado de segurança segundo a Lei 12.016, de 7 de agosto de 2009.* Rio de Janeiro: Forense, 2009.

WAMBIER, Luiz Rodrigues; TALAMINI, Eduardo. *Curso avançado de processo civil.* 16. ed. São Paulo: RT, 2016. v. 1.

Direito Penal

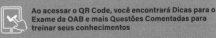

DIREITO PENAL: QUADRO GERAL DAS QUESTÕES	
TEMAS	N. DE QUESTÕES
I. Da Aplicação da Lei Penal	14
II. Do Crime	53
III. Da Imputabilidade Penal	7
IV. Concurso de Pessoas	8
V. Das Penas	40
VI. Da Ação Penal	1
VII. Da Extinção da Punibilidade	11
VIII. Dos Crimes Contra a Pessoa	15
IX. Dos Crimes Contra o Patrimônio	24
X. Dos Crimes Contra a Dignidade Sexual	8
XI. Dos Crimes Contra a Incolumidade Pública	2
XII. Dos Crimes Contra a Paz Pública	3
XIII. Dos Crimes Contra a Fé Pública	5
XIV. Dos Crimes Contra a Administração Pública	18
XV. Legislação Penal Especial	35
TOTAL	244

I. DA APLICAÇÃO DA LEI PENAL

1. **(XXXII Exame)** Paulo e Júlia viajaram para Portugal, em novembro de 2019, em comemoração ao aniversário de um ano de casamento. Na cidade de Lisboa, dentro do quarto do hotel, por ciúmes da esposa que teria olhado para terceira pessoa durante o jantar, Paulo veio a agredi-la, causando-lhe lesões leves reconhecidas no laudo próprio. Com a intervenção de funcionários do hotel que ouviram os gritos da vítima, Paulo acabou encaminhado para Delegacia, sendo liberado mediante o pagamento de fiança e autorizado seu retorno ao Brasil. Paulo, na semana seguinte, retornou para o Brasil, sem que houvesse qualquer ação penal em seu desfavor em Portugal, enquanto Júlia permaneceu em Lisboa. Ciente de que o fato já era do conhecimento das autoridades brasileiras e preocupado com sua situação jurídica no país, Paulo procura você, na condição de advogado(a), para obter sua orientação. Considerando apenas as informações narradas, você, como advogado(a), deve esclarecer que a lei brasileira

(A) não poderá ser aplicada, tendo em vista que houve prisão em flagrante em Portugal e em razão da vedação do bis in idem.

(B) poderá ser aplicada diante do retorno de Paulo ao Brasil, independentemente do retorno de Júlia e de sua manifestação de vontade sobre o interesse de ver o autor responsabilizado criminalmente.

(C) poderá ser aplicada, desde que Júlia retorne ao país e ofereça representação no prazo decadencial de seis meses.

(D) poderá ser aplicada, ainda que Paulo venha a ser denunciado e absolvido pela justiça de Portugal.

RESPOSTA A questão trata de hipótese de extraterritorialidade condicionada, nos termos do art. 7º, II, "b", do CP, e Súmula 542 do STJ: "A ação penal relativa ao crime de lesão corporal resultante de violência doméstica contra a mulher é pública incondicionada". *Alternativa B.*

2. **(XXXI Exame)** André, nascido em 21-11-2001, adquiriu de Francisco, em 18-11-2019, grande quantidade de droga, com o fim de vendê-la aos convidados de seu aniversário, que seria celebrado em 24-11-2019. Imediatamente após a compra, guardou a droga no armário de seu quarto. Em 23-11-2019, a partir de uma denúncia anônima e munidos do respectivo mandado de busca e apreensão deferido judicialmente, policiais compareceram à residência de André, onde encontraram e apreenderam a droga que era por ele armazenada. De imediato, a mãe de André entrou em contato com o advogado da família. Considerando apenas as informações expostas, na Delegacia, o advogado de André deverá esclarecer à família que André, penalmente, será considerado

(A) inimputável, devendo responder apenas por ato infracional análogo ao delito de tráfico, em razão de sua menoridade quando da aquisição da droga, com base na Teoria da Atividade adotada pelo Código Penal para definir o momento do crime.

(B) inimputável, devendo responder apenas por ato infracional análogo ao delito de tráfico, tendo em vista que o Código Penal adota a Teoria da Ubiquidade para definir o momento do crime.

(C) imputável, podendo responder pelo delito de tráfico de drogas, mesmo adotando o Código Penal a Teoria da Atividade para definir o momento do crime.

(D) imputável, podendo responder pelo delito de associação para o tráfico, que tem natureza permanente, tendo em vista que o Código Penal adota a Teoria do Resultado para definir o momento do crime.

RESPOSTA André praticou o tráfico de drogas (Lei n. 11.343/2006, art. 33) de forma permanente, devendo ser considerado o tempo em que cessou a permanência (quando ele já tinha 18 anos), com fundamento na Súmula 711 do STF, nos termos do art. 4º do CP (teoria da atividade). *Alternativa C.*

3. **(XXV Exame)** Francisco, brasileiro, é funcionário do Banco do Brasil, sociedade de economia mista, e trabalha na agência de Lisboa, em Portugal. Passando por dificuldades financeiras, acaba desviando dinheiro do banco para uma conta particular, sendo o fato descoberto e julgado em Portugal. Francisco é condenado pela infração praticada. Extinta a pena, ele retorna ao seu país de origem e é surpreendido ao ser citado, em processo no Brasil, para responder pelo mesmo fato, razão pela qual procura seu advogado. Considerando as informações narradas, o advogado de Francisco deverá informar que, de acordo com o previsto no Código Penal,

(A) Ele não poderá responder no Brasil pelo mesmo fato, por já ter sido julgado e condenado em Portugal.

(B) Ele somente poderia ser julgado no Brasil por aquele mesmo fato, caso tivesse sido absolvido em Portugal.

(C) Ele pode ser julgado também no Brasil por aquele fato, sendo totalmente indiferente a condenação sofrida em Portugal.

(D) Ele poderá ser julgado também no Brasil por aquele fato, mas a pena cumprida em Portugal atenua ou será computada naquela imposta no Brasil, em caso de nova condenação.

RESPOSTA (A) Não há *bis in idem* na hipótese de extraterritorialidade incondicionada. (B) Art. 7º, § 1º, do CP. (C) Art. 8º do CP. (D) Art. 7º, § 1º, do CP. *Alternativa D.*

4. **(XXI Exame)** Revoltado com a conduta de um Ministro de Estado, Mário se esconde no interior de uma aeronave pública brasileira, que estava a serviço do governo, e, no meio da viagem, já no espaço aéreo equivalente ao Uruguai, desfere 5 facadas no Ministro com o qual estava insatisfeito, vindo a causar-lhe lesão corporal gravíssima. Diante da hipótese narrada, com base na lei brasileira, assinale a afirmativa correta.

(A) Mário poderá ser responsabilizado, segundo a lei brasileira, com base no critério da territorialidade.

(B) Mário poderá ser responsabilizado, segundo a lei brasileira, com base no critério da extraterritorialidade e princípio da justiça universal.

(C) Mário poderá ser responsabilizado, segundo a lei brasileira, com base no critério da extraterrito-

DIREITO PENAL

rialidade, desde que ingresse em território brasileiro e não venha a ser julgado no estrangeiro.

(D) Mário não poderá ser responsabilizado pela lei brasileira, pois o crime foi cometido no exterior e nenhuma das causas de extraterritorialidade se aplica ao caso.

RESPOSTA (A) Art. 5º, § 1º, do CP. (B) Embora a aeronave estivesse sobre território estrangeiro – hipótese de extraterritorialidade –, a aeronave pública é considerada território brasileiro por extensão (logo, territorialidade). (C) Não se trata da hipótese do art. 7º, § 2º, a, do CP. (D) Art. 5º, § 1º, do CP. *Alternativa A.*

II. DO CRIME

5. (41º Exame) Gabriel flagrou Júlia, sua namorada, em um momento íntimo com Pedro. Alucinado, Gabriel efetuou disparos de arma de fogo contra ambos, com a intenção de matá-los, mas errou a pontaria. Pedro, assustado com os tiros, saiu correndo do local e, na fuga, tropeçou em uma reentrância do piso, desequilibrou-se e bateu com a cabeça no solo, fato relativamente independente que, por si só, causou o resultado morte. Gabriel aproximou-se de Júlia ainda com munição em sua arma, porém, ao vê-la assustada, desistiu de prosseguir com seu intento original. Gabriel abraçou Júlia, que, na sequência, sofreu um fulminante ataque cardíaco, vindo a falecer. Gabriel foi denunciado pelo homicídio doloso de Pedro e Júlia. Na condição de advogado(a) de defesa de Gabriel, você deve alegar que:

(A) Houve desistência voluntária em relação a ambas as vítimas, cabendo a responsabilização apenas pelos disparos de arma de fogo.

(B) Houve fato superveniente que, por si só, ocasionou o resultado, de forma que a ação de Gabriel configurou apenas duas tentativas de homicídio.

(C) Houve ruptura do nexo causal em razão de fato superveniente que, por si só, causou o resultado, de forma a excluir a tipicidade de todos os atos praticados por Gabriel.

(D) Houve ruptura do nexo causal em relação à morte de Pedro, subsistindo a tentativa de homicídio; em relação à Júlia, houve desistência voluntária, configurando apenas disparo de arma de fogo.

RESPOSTA Gabriel teve a intenção de matar, mas os resultados fatais não foram diretamente causados por suas ações. No caso de Pedro, houve um fato superveniente que causou a morte (a queda durante a fuga), quebrando o nexo causal. Para Júlia, Gabriel desistiu voluntariamente de prosseguir com o intento

homicida, configurando apenas o disparo de arma de fogo. *Alternativa D.*

6. (41º Exame) Amanda, maior e capaz, e Fernando, menor púbere, ingressaram em um supermercado com a intenção de furtar mercadorias. Assim, percorreram os corredores do supermercado, logrando coletar cerca de R$ 2.000,00 em mercadorias. A ação delituosa levantou a suspeita dos seguranças, que perceberam a ação de ambos pelas câmeras de vigilância do supermercado. Por isso, quando Amanda e Fernando se dirigiam à saída do estabelecimento, foram abordados pelos vigilantes, ainda dentro do supermercado, momento em que lograram realizar a prisão em flagrante de Amanda, que foi, então, denunciada por furto qualificado pelo concurso de agentes em concurso formal com o delito de corrupção de menores. Na qualidade de advogado(a) de Amanda, assinale a opção que apresenta a tese de Direito Penal que, corretamente, deve ser sustentada em seu favor.

(A) A incidência da causa de diminuição de pena da tentativa.

(B) A incidência do princípio da insignificância, excluindo a tipicidade material do fato.

(C) A absorção do delito de corrupção de menores pela qualificadora do concurso de pessoas.

(D) A tese de atipicidade da conduta, ante a impossibilidade material de consumação do crime.

RESPOSTA Como o crime não foi consumado e a abordagem ocorreu antes de Amanda e Fernando deixarem o supermercado, aplica-se a causa de diminuição de pena da tentativa, conforme o art. 14, parágrafo único, do Código Penal. *Alternativa A.*

7. (40º Exame) Arthur resolveu furtar os cabos de eletricidade da linha férrea de sua cidade, a fim de revender o cobre, clandestinamente. Contudo, após iniciar o corte para retirar os fios de cobre, foi surpreendido pelo trem, que o atropelou, vindo a sofrer a amputação dos membros inferiores. Arthur foi denunciado como incurso nas penas do delito de furto. Sobre o caso, assinale a afirmativa que apresenta a linha de defesa correta.

(A) Deve ser reconhecida a tentativa, com a correspondente diminuição da pena, já que o delito não chegou a se consumar.

(B) Pode ser reduzida a pena diante do arrependimento posterior, uma vez que, em razão do fato, Arthur perdeu os dois membros inferiores.

(C) Arthur deve ser absolvido, pois está-se diante de crime impossível, por absoluta ineficácia do meio.

(D) Arthur pode ser beneficiado com o perdão judicial, diante do sofrimento que lhe foi imposto pelas consequências do delito.

RESPOSTA O crime de furto não se consumou devido a circunstâncias alheias à vontade de Arthur, sendo caracterizado como tentativa de furto, o que permite a redução da pena conforme o art. 14, parágrafo único, do Código Penal. *Alternativa A.*

8. (40º Exame) Júlio desferiu um tapa no rosto de Jacinto, que foi projetado contra um poste em que havia um fio de alta tensão exposto, algo que não foi visto nem poderia ser imaginado por Júlio, pois já era noite e havia pouca iluminação. Jacinto recebeu uma forte descarga elétrica, que foi causa suficiente de sua morte. Sobre a responsabilidade de Júlio pelo resultado morte, assinale a afirmativa correta.

(A) Júlio deve responder pelo homicídio doloso de Jacinto, tendo em vista que o resultado morte não teria ocorrido se não fosse a agressão dolosa.

(B) A descarga elétrica é uma concausa superveniente relativamente independente que, por si só, produziu o resultado morte, devendo Júlio responder por lesão corporal.

(C) Júlio agiu com dolo no delito antecedente e culpa no consequente, devendo responder por delito preterdoloso de lesão corporal seguida de morte.

(D) A descarga elétrica pode ser imputada a Júlio, ante a violação objetiva de um dever de cuidado, devendo Júlio ser responsabilizado por homicídio culposo.

RESPOSTA A descarga elétrica é considerada uma concausa superveniente relativamente independente, ou seja, um fator que, embora decorrente de uma ação inicial (o tapa), produziu o resultado morte por si só. Júlio, portanto, deve ser responsabilizado apenas pelo resultado lesão corporal, não pelo homicídio, pois o resultado fatal ocorreu devido a circunstâncias alheias e imprevisíveis relacionadas à descarga elétrica. *Alternativa B.*

9. (39º Exame) Paulo estava desempregado, precisando de dinheiro, quando, dentro do metrô, avistou uma mulher com a bolsa entreaberta e a carteira à mostra. Paulo decidiu pegar a carteira, sem que ninguém visse. Durante a empreitada criminosa, Paulo inseriu a mão na bolsa da mulher e segurou a carteira. Porém, com crise de consciência, Paulo decidiu por livre e espontânea vontade não prosseguir na empreitada criminosa. Diante dos fatos narrados, é correto afirmar que Paulo deve ser beneficiado pelo instituto do(a):

(A) arrependimento posterior.

(B) desistência voluntária.

(C) tentativa.

(D) arrependimento eficaz.

RESPOSTA Paulo deve ser beneficiado pelo instituto da desistência voluntária, previsto no art. 15 do Código Penal. Ele desistiu de prosseguir com a prática criminosa por decisão própria e espontânea, antes de consumar o crime, o que exclui a tentativa ou o arrependimento posterior. *Alternativa B.*

10. (39º Exame) Caio, lutador de MMA, estava na praia quando viu uma senhora ser agredida por um terceiro. Caio foi em direção ao agressor e tentou persuadi-lo a parar com as agressões, mas o agressor não deu ouvidos e continuou a agredir a senhora. Dessa forma, Caio não viu outra alternativa a não ser desferir um soco no agressor para afastá-lo da senhora e imobilizá-lo em seguida, até a chegada da polícia. Diante do exposto, a conduta de Caio pode ser beneficiada pela exclusão da:

(A) tipicidade em razão da coação física irresistível.

(B) culpabilidade em razão da coação moral irresistível.

(C) ilicitude em razão do exercício regular de um direito.

(D) ilicitude por legítima defesa.

RESPOSTA A conduta de Caio pode ser justificada pela exclusão da ilicitude por legítima defesa, conforme o art. 25 do Código Penal. Caio agiu para proteger a senhora que estava sendo agredida, utilizando os meios necessários para repelir a agressão injusta. *Alternativa D.*

11. (38º Exame) Alan é bombeiro civil e, atendendo a uma ocorrência, foi retirar um suposto animal selvagem de um condomínio residencial. Lá chegando, deparou-se com um aparente filhote de onça, o qual foi recolhido por Alan, que deveria levar o animal ao Centro de Triagem, distante do local onde encontrado (e que seria o procedimento adequado). Porém, Alan teve a iniciativa de deixar o felino em uma área de mata próxima ao condomínio, onde imaginava ser o habitat natural do animal, e, assim, poupar seu tempo.

Carmen, residente no referido condomínio, ao chegar em casa, percebeu que seu gato Bengal (raça caracterizada por ser muito similar a uma onça) está desaparecido. Ao saber do ocorrido, percebeu que seu gato foi confundido com um filhote de onça e, por isso, foi levado por Alan e deixado na área de mata. Assim, Carmen procurou a Delegacia de Polícia e relatou o ocorrido.

DIREITO PENAL

Neste caso, como advogado de Alan, é correto afirmar, sobre a conduta de seu assistido, que houve erro

(A) de tipo permissivo, uma vez que Alan pensava agir sob estrito cumprimento de dever legal, e por isso, sua conduta é lícita, abarcada por excludente de ilicitude.

(B) de tipo inescusável, pois Alan efetivamente se confundiu sobre a espécie do animal, mas deixou de adotar as cautelas devidas, excluindo-se apenas o dolo.

(C) de tipo escusável, pois Alan efetivamente não conhecia a espécie do animal apreendido, tendo adotado todas as cautelas que lhe eram exigidas na situação, de forma a excluir o dolo e a culpa.

(D) de proibição, tendo em vista que Alan não conhecia a espécie de animal doméstico, afastando-se a culpabilidade da sua conduta.

RESPOSTA Esse é um exemplo de erro sobre o elemento constitutivo do tipo, também conhecido como erro de tipo, conforme descrito no art. 20, *caput*, do Código Penal. Esse erro de tipo aconteceu porque Alan se confundiu sobre a espécie do animal, um elemento fundamental para a configuração do crime. No entanto, ao decidir levar o animal à área de mata próxima em vez de ao Centro de Triagem (o procedimento correto), Alan não adotou as cautelas necessárias que a situação demandava. Por isso, ele incorreu em um erro de tipo inescusável ou evitável. Esse tipo de erro exclui o dolo, ou seja, a intenção de cometer um crime, mas não a culpa, já que o erro poderia ter sido evitado se Alan tivesse tomado as precauções adequadas. *Alternativa B.*

12. (37º Exame) Fernanda trabalha como cuidadora de idosos e foi contratada para assistir ao idoso Luís Fernando, de 89 anos, que, não obstante a idade, seguia ativo, caminhando com algum apoio e realizando suas atividades de forma habitual, com relativa independência. Certo dia, Luís Fernando descia as escadas rolantes de um *shopping center*, quando a barra de sua calça se prendeu nos degraus, o que levou Luís Fernando a se desequilibrar, e o suporte dado por Fernanda não foi suficiente para impedir a sua queda. O idoso fraturou o fêmur. Preocupada com eventual responsabilização criminal, Fernanda procura aconselhamento. Como advogado(a) de Fernanda, assinale a opção que apresenta sua orientação sobre os fatos e as possíveis consequências.

(A) Fernanda ocupa a posição de garantidora, devendo ser responsabilizada por delito comissivo por omissão por ter se operado o resultado danoso.

(B) A responsabilização de Fernanda dependeria de comprovação de efetiva negligência, imprudência ou imperícia, sem o que, não será responsabilizada pelo resultado danoso.

(C) Fernanda pode ser responsabilizada por crime omissivo próprio, diante do resultado danoso.

(D) Fernanda incidiu em conduta tipificada no Estatuto do Idoso.

RESPOSTA A) Está incorreta. A posição de garantidor é atribuída a quem, nos termos do art. 13, § 2º, do CP, possui o dever de evitar o resultado lesivo, e, no caso apresentado, não há indicação de que Fernanda possuía tal dever. C) Está incorreta. Fernanda não praticou uma omissão, mas agiu para evitar a queda de Luís Fernando, ainda que não tenha conseguido impedir o resultado danoso. D) Está incorreta. Não há indicação de que a conduta de Fernanda se enquadre nas hipóteses previstas no Estatuto do Idoso (Lei n. 10.741/2003). B) Está correta. Para que Fernanda possa ser responsabilizada pelo resultado danoso, é necessário comprovar que ela agiu com negligência, imprudência ou imperícia, isto é, que deixou de adotar as medidas necessárias para evitar o acidente (CP, art. 13, § 2º). *Alternativa B.*

13. (37º Exame) Antônio, de 49 anos, manteve numerosas relações sexuais consensuais com Miriam, à época com 13 anos, que tinha experiência sexual anterior, durante o namoro entre eles. Antônio tinha conhecimento da idade de Miriam.

Sobre o caso, assinale a afirmativa correta.

(A) Antônio cometeu conduta típica, ilícita e culpável.

(B) Antônio cometeu conduta ilícita e culpável, mas não típica.

(C) Antônio cometeu conduta típica e culpável, mas não ilícita.

(D) Antônio cometeu conduta típica e ilícita, mas não culpável.

RESPOSTA B) Incorreta. Antônio cometeu uma conduta típica, prevista no Código Penal, que é o estupro de vulnerável. C) Incorreta. A conduta de Antônio é ilícita, pois viola um bem jurídico protegido pelo ordenamento jurídico. D) Incorreta. A conduta de Antônio é culpável, pois tinha ciência da idade da vítima e, portanto, assumiu o risco de cometer o crime de estupro de vulnerável. A) Correta. Antônio praticou o crime de estupro de vulnerável, previsto no art. 217-A do Código Penal, ao manter relações sexuais com Miriam, que à época tinha apenas 13 anos. A vulnerabilidade da vítima é presumida em razão da idade, independentemente da existência de experiência sexual anterior. *Alternativa A.*

14. (36º Exame) Tainá, legalmente autorizada a pilotar barcos, foi realizar um passeio de veleiro com sua amiga Raquel. Devido a uma mudança climática repentina, o veleiro virou e começou a afundar. Tainá e Raquel nadaram, desesperadamente, em direção a um tronco de árvore que flutuava no mar. Apesar de grande, o tronco não era grande o suficiente para suportar as duas amigas ao mesmo tempo. Percebendo isso, Raquel subiu no tronco e deixou Tainá afundar, como único meio de salvar a própria vida. A perícia concluiu que a morte de Tainá se deu por afogamento. A partir do caso relatado, assinale a opção que indica a natureza da conduta praticada por Raquel.

(A) Raquel deverá responder pelo crime de omissão de socorro.

(B) Raquel agiu em legítima defesa, causa excludente de ilicitude.

(C) Raquel deverá responder pelo crime de homicídio consumado.

(D) Raquel agiu em estado de necessidade, causa excludente de ilicitude.

RESPOSTA A) Errada. Raquel agiu amparada por causa excludente da ilicitude; B) Errada. Não houve injusta agressão a ser repelida, como previsto no art. 25 do CP; C) Errada. Raquel não praticou a conduta de matar. Além disso, sua conduta se deu com amparo em excludente da ilicitude; D) Correta. Raquel agiu na forma do art. 24 do CP, que descreve em que consiste o estado de necessidade, causa excludente da ilicitude. *Alternativa D.*

15. (XXXIV Exame) Após ter sido exonerado do cargo em comissão que ocupava há mais de dez anos, Lúcio, abatido com a perda financeira que iria sofrer, vai a um bar situado na porta da repartição estadual em que trabalhava e começa a beber para tentar esquecer os problemas financeiros que viria a encontrar. Duas horas depois, completamente embriagado, na saída do trabalho, encontra seu chefe Plínio, que fora o responsável por sua exoneração. Assim, com a intenção de causar a morte de Plínio, resolve empurrá-lo na direção de um ônibus que trafegava pela rua, vindo a vítima efetivamente a ser atropelada. Levado para o hospital totalmente consciente, mas com uma lesão significativa na perna a justificar o recebimento de analgésicos, Plínio vem a falecer, reconhecendo o auto de necropsia que a causa da morte foi unicamente envenenamento, decorrente de erro na medicação que lhe fora ministrada ao chegar ao hospital, já que o remédio estaria fora de validade e sequer seria adequado no tratamento da perna da vítima. Lúcio foi denunciado, perante o Tribunal do Júri, pela prática do crime de homicídio consumado, imputando a denúncia a agravante da embriaguez preordenada. Confirmados os fatos, no momento das alegações finais da primeira fase do procedimento do Tribunal do Júri, sob o ponto de vista técnico, a defesa deverá pleitear

(A) o afastamento da agravante da embriaguez, ainda que adequada a pronúncia pelo crime de homicídio consumado.

(B) o afastamento, na pronúncia, da forma consumada do crime, bem como o afastamento da agravante da embriaguez.

(C) o afastamento, na pronúncia, da forma consumada do crime, ainda que possível a manutenção da agravante da embriaguez.

(D) a desclassificação para o crime de lesão corporal seguida de morte, bem como o afastamento da agravante da embriaguez.

RESPOSTA Quanto à consumação do homicídio, não é possível imputá-la a Lúcio, pois a causa superveniente relativamente independente foi suficiente para, por si só, produzir o resultado. Portanto, ele deve ser pronunciado pela tentativa de homicídio (CP, art. 13, § 1º). Em relação ao afastamento da agravante da embriaguez espontânea, há um grave problema na resposta indicada como correta pela banca. Como mero juízo de admissibilidade da acusação, a pronúncia não deve fazer remissão à aplicação da pena. Portanto, o juiz sumariante também não deve tratar de agravantes e atenuantes na pronúncia, seja porque tais circunstâncias não integram o tipo penal, não constituem elementos do crime, estando afetas, portanto, exclusivamente à pena, seja porque tais circunstâncias podem ser sustentadas em plenário pelas partes. A questão deveria ter sido anulada pela banca. *Alternativa B.*

16. (XXXII Exame) João, em 17-6-2015, foi condenado pela prática de crime militar próprio. Após cumprir a pena respectiva, João, em 30-2-2018, veio a praticar um crime de roubo com violência real, sendo denunciado pelo órgão ministerial. No curso da instrução criminal, João reparou o dano causado à vítima, bem como, quando interrogado, admitiu a prática do delito. No momento da sentença condenatória, o magistrado reconheceu a agravante da reincidência, não reconhecendo atenuantes da pena e nem causas de aumento e de diminuição da reprimenda penal. Considerando as informações expostas, em sede de apelação, o advogado de João poderá requerer

(A) o reconhecimento da atenuante da confissão e da causa de diminuição de pena do arrependi-

DIREITO PENAL

467

mento posterior, mas não o afastamento da agravante da reincidência.

(B) o reconhecimento das atenuantes da reparação do dano e da confissão, mas não o afastamento da agravante da reincidência.

(C) o reconhecimento das atenuantes da confissão e da reparação do dano e o afastamento da agravante da reincidência.

(D) o reconhecimento da atenuante da confissão e da causa de diminuição de pena do arrependimento posterior, bem como o afastamento da agravante da reincidência.

RESPOSTA (A)(D) Erradas. Não é admitido arrependimento posterior em crime de roubo (CP, art. 16); (B) Erradas. A agravante da reincidência tem de ser afastada por se tratar de crime militar próprio (CP, art. 64, II); (C) Certa, com fundamento nos arts. 16 e 64, II, do CP. *Alternativa C.*

17. **(XXX Exame)** Enquanto assistia a um jogo de futebol em um bar, Francisco começou a provocar Raul, dizendo que seu clube, que perdia a partida, seria rebaixado. Inconformado com a indevida provocação, Raul, que estava acompanhado de um cachorro de grande porte, atiça o animal a atacar Francisco, o que efetivamente acontece. Na tentativa de se defender, Francisco desfere uma facada no cachorro de Raul, o qual vem a falecer. O fato foi levado à autoridade policial, que instaurou inquérito para apuração. Francisco, então, contrata você, na condição de advogado(a), para patrocinar seus interesses. Considerando os fatos narrados, com relação à conduta praticada por Francisco, você, como advogado(a), deverá esclarecer que seu cliente

(A) Não poderá alegar qualquer excludente de ilicitude, em razão de sua provocação anterior.

(B) Atuou escorado na excludente de ilicitude da legítima defesa.

(C) Praticou conduta atípica, pois a vida do animal não é protegida penalmente.

(D) Atuou escorado na excludente de ilicitude do estado de necessidade.

RESPOSTA Na legítima defesa (CP, art. 25), é repelida uma injusta agressão. Animais não têm noção de justo ou injusto. Por isso, se sou atacado por um cachorro e o mato para me defender, ajo em estado de necessidade (CP, art. 24). No entanto, situação diferente ocorre quando o animal ataca por comando de um outro ser humano que age em hipótese de injusta agressão, quando estará caracterizada a legítima defesa. *Alternativa B.*

18. **(XXX Exame)** Regina dá à luz seu primeiro filho, Davi. Logo após realizado o parto, ela, sob influência do estado puerperal, comparece ao berçário da maternidade, no intuito de matar Davi. No entanto, pensando tratar-se de seu filho, ela, com uma corda, asfixia Bruno, filho recém--nascido do casal Marta e Rogério, causando-lhe a morte. Descobertos os fatos, Regina é denunciada pelo crime de homicídio qualificado pela asfixia com causa de aumento de pena pela idade da vítima. Diante dos fatos acima narrados, o(a) advogado(a) de Regina, em alegações finais da primeira fase do procedimento do Tribunal do Júri, deverá requerer

(A) O afastamento da qualificadora, devendo Regina responder pelo crime de homicídio simples com causa de aumento, diante do erro de tipo.

(B) A desclassificação para o crime de infanticídio, diante do erro sobre a pessoa, não podendo ser reconhecida a agravante pelo fato de quem se pretendia atingir ser descendente da agente.

(C) A desclassificação para o crime de infanticídio, diante do erro na execução (aberratio ictus), podendo ser reconhecida a agravante de o crime ser contra descendente, já que são consideradas as características de quem se pretendia atingir.

(D) A desclassificação para o crime de infanticídio, diante do erro sobre a pessoa, podendo ser reconhecida a agravante de o crime ser contra descendente, já que são consideradas as características de quem se pretendia atingir.

RESPOSTA Regina confundiu outra pessoa (Bruno) com seu filho (Davi), estando e*vide*nte a hipótese de erro sobre a pessoa (CP, art. 20, § 3º). Por força do que dispõe o CP, deve ser considerada a vítima pretendida (Davi), e não a efetivamente atingida (Bruno), razão pela qual Regina deveria ser punida pelo delito de infanticídio (CP, art. 123). *Alternativa B.*

19. **(XXIX Exame)** Durante a madrugada, Lucas ingressou em uma residência e subtraiu um computador. Quando se preparava para sair da residência, ainda dentro da casa, foi surpreendido pela chegada do proprietário. Assustado, ele o empurrou e conseguiu fugir com a coisa subtraída. Na manhã seguinte, arrependeu-se e resolveu devolver a coisa subtraída ao legítimo dono, o que efetivamente veio a ocorrer. O proprietário, revoltado com a conduta anterior de Lucas, compareceu em sede policial e narrou o ocorrido. Intimado pelo Delegado para comparecer em sede policial, Lucas, preocupado com uma possível responsabilização penal, procura o advogado da família e solicita esclarecimentos sobre a sua situação jurídica, reiterando que já no dia seguinte devolvera o bem subtraído. Na ocasião da assistência jurídica, o(a) advogado(a) deverá informar a Lucas que poderá ser reconhecido(a)

(A) A desistência voluntária, havendo exclusão da tipicidade de sua conduta.

(B) O arrependimento eficaz, respondendo o agente apenas pelos atos até então praticados.

(C) O arrependimento posterior, não sendo afastada a tipicidade da conduta, mas gerando aplicação de causa de diminuição de pena.

(D) A atenuante da reparação do dano, apenas, não sendo, porém, afastada a tipicidade da conduta.

RESPOSTA Inicialmente, era um furto (CP, art. 155), mas aquele empurrão mudou tudo. Virou um roubo (CP, art. 157, § 1º). Portanto, já sabemos que não foi hipótese de arrependimento posterior (CP, art. 16), pois houve violência contra a pessoa. Na desistência voluntária (CP, art. 15), tem de existir vontade do agente em relação ao abandono da execução. Não foi o caso, afinal, Lucas quis, até o fim, consumar o delito. É o mesmo motivo de não ter havido arrependimento eficaz (CP, art. 15). Contudo, o seu arrependimento após a consumação deve ser recompensado com a atenuante do art. 65, III, *b*, do CP. *Alternativa D.*

20. (XXIX Exame) Após discussão em uma casa noturna, Jonas, com a intenção de causar lesão, aplicou um golpe de arte marcial em Leonardo, causando fratura em seu braço. Leonardo, então, foi encaminhado ao hospital, onde constatou-se a desnecessidade de intervenção cirúrgica e optou-se por um tratamento mais conservador com analgésicos para dor, o que permitiria que ele retornasse às suas atividades normais em 15 dias. A equipe médica, sem observar os devidos cuidados exigidos, ministrou o remédio a Leonardo sem observar que era composto por substância à qual o paciente informara ser alérgico em sua ficha de internação. Em razão da medicação aplicada, Leonardo sofreu choque anafilático, evoluindo a óbito, conforme demonstrado em seu laudo de exame cadavérico. Recebidos os autos do inquérito, o Ministério Público ofereceu denúncia em face de Jonas, imputando-lhe o crime de homicídio doloso. Diante dos fatos acima narrados e considerando o estudo da teoria da equivalência, o(a) advogado(a) de Jonas deverá alegar que a morte de Leonardo decorreu de causa superveniente

(A) Absolutamente independente, devendo ocorrer desclassificação para que Jonas responda pelo crime de lesão corporal seguida de morte.

(B) Relativamente independente, devendo ocorrer desclassificação para o crime de lesão corporal

seguida de morte, já que a morte teve relação com sua conduta inicial.

(C) Relativamente independente, que, por si só, causou o resultado, devendo haver desclassificação para o crime de homicídio culposo.

(D) Relativamente independente, que, por si só, produziu o resultado, devendo haver desclassificação para o crime de lesão corporal, não podendo ser imputado o resultado morte.

RESPOSTA Quando o problema exigir a análise de fatos supervenientes à conduta criminosa (CP, art. 13, § 1º), veja se o resultado – a FGV sempre traz o exemplo do homicídio – foi produzido, por si só, pelo fato posterior. A regra faz sentido. Entenda: tudo o que acontece na vida decorre de uma cadeia de eventos. Em uma leve colisão de veículos no trânsito, há uma série de outros eventos que construíram aquele resultado. Por exemplo, no dia do acidente, o filho do motorista adoeceu e ele estava acima do limite de velocidade por estar atrasado para o trabalho. No exemplo do enunciado, ninguém pode negar: Leonardo estava no hospital por causa da conduta de Jonas. No entanto, o resultado morte foi causado, por si só, por erro da equipe médica. Por isso, Jonas só pode ser punido pela lesão corporal (CP, art. 129), e não pelo falecimento da vítima. *Alternativa D.*

21. (XXVIII Exame) David, em dia de sol, levou sua filha, Vivi, de 03 anos, para a piscina do clube. Enquanto a filha brincava na piscina infantil, David precisou ir ao banheiro, solicitando, então, que sua amiga Carla, que estava no local, ficasse atenta para que nada de mal ocorresse com Vivi. Carla se comprometeu a cuidar da filha de David. Naquele momento, Vitor assumiu o posto de salva-vidas da piscina. Carla, que sempre fora apaixonada por Vitor, começou a conversar com ele e ambos ficam de costas para a piscina, não atentando para as crianças que lá estavam. Vivi começa a brincar com o filtro da piscina e acaba sofrendo uma sucção que a deixa embaixo da água por tempo suficiente para causar seu afogamento. David vê quando o ato acontece através de pequena janela no banheiro do local, mas o fecho da porta fica emperrado e ele não consegue sair. Vitor e Carla não veem o ato de afogamento da criança porque estavam de costas para a piscina conversando. Diante do resultado morte, David, Carla e Vitor ficam preocupados com sua responsabilização penal e procuram um advogado, esclarecendo que nenhum deles adotou comportamento positivo para gerar o resultado. Considerando as informações narradas, o advogado deverá esclarecer que:

DIREITO PENAL

(A) Carla e Vitor, apenas, poderão responder por homicídio culposo, já que podiam atuar e possuíam obrigação de agir na situação.

(B) David, apenas, poderá responder por homicídio culposo, já que era o único com dever legal de agir por ser pai da criança.

(C) David, Carla, Vitor poderão responder por homicídio culposo, já que os três tinham o dever de agir.

(D) Vitor, apenas, poderá responder pelo crime de omissão de socorro.

RESPOSTA Em regra, condutas omissivas não são puníveis, salvo quando previstas em lei – como ocorre com a omissão de socorro (CP, art. 135). Ou seja, a regra é a seguinte: não fazer nada é conduta atípica, exceto quando existe norma que criminalize esse não fazer algo, afinal, ninguém está obrigado a fazer algo senão em virtude em lei. No entanto, o art. 13, § 2º, do CP traz uma situação curiosa, em que determinadas pessoas serão punidas por não terem agido para evitar um resultado. *Alternativa A.*

22. **(XXVII Exame)** No dia 5-3-2015, Vinícius, 71 anos, insatisfeito e com ciúmes em relação à forma de dançar de sua esposa, Clara, 30 anos mais nova, efetua disparos de arma de fogo contra ela, com a intenção de matar. Arrependido, após acertar dois disparos no peito da esposa, Vinícius a leva para o hospital, onde ela ficou em coma por uma semana. No dia 12-3-2015, porém, Clara veio a falecer, em razão das lesões causadas pelos disparos da arma de fogo. Ao tomar conhecimento dos fatos, o Ministério Público ofereceu denúncia em face de Vinícius, imputando-lhe a prática do crime previsto no art. 121, § 2º, inciso VI, do Código Penal, uma vez que, em 9-3-2015, foi publicada a Lei n. 13.104, que previu a qualificadora antes mencionada, pelo fato de o crime ter sido praticado contra a mulher por razão de ser ela do gênero feminino. Durante a instrução da 1ª fase do procedimento do Tribunal do Júri, antes da pronúncia, todos os fatos são confirmados, pugnando o Ministério Público pela pronúncia nos termos da denúncia. Em seguida, os autos são encaminhados ao(a) advogado(a) de Vinícius para manifestação. Considerando apenas as informações narradas, o(a) advogado(a) de Vinicius poderá, no momento da manifestação para a qual foi intimado, pugnar pelo imediato

(A) Reconhecimento do arrependimento eficaz.

(B) Afastamento da qualificadora do homicídio.

(C) Reconhecimento da desistência voluntária.

(D) Reconhecimento da causa de diminuição de pena da tentativa.

RESPOSTA (A e C) Art. 15 do CP. (B) Art. 4º do CP. (D) Art. 14, II, do CP. *Alternativa B.*

23. **(XXIV Exame)** Decidido a praticar crime de furto na residência de um vizinho, João procura o chaveiro Pablo e informa do seu desejo, pedindo que fizesse uma chave que possibilitasse o ingresso na residência, no que foi atendido. No dia do fato, considerando que a porta já estava aberta, João ingressa na residência sem utilizar a chave que lhe fora entregue por Pablo, e subtrai uma TV. Chegando em casa, narra o fato para sua esposa, que o convence a devolver o aparelho subtraído. No dia seguinte, João atende à sugestão da esposa e devolve o bem para a vítima, narrando todo o ocorrido ao lesado, que, por sua vez, comparece à delegacia e promove o registro próprio. Considerando o fato narrado, na condição de advogado(a), sob o ponto de vista técnico, deverá ser esclarecido aos familiares de Pablo e João que

(A) Nenhum deles responderá pelo crime, tendo em vista que houve arrependimento eficaz por parte de João e, como causa de excludente da tipicidade, estende-se a Pablo.

(B) Ambos deverão responder pelo crime de furto qualificado, aplicando-se a redução de pena apenas a João, em razão do arrependimento posterior.

(C) Ambos deverão responder pelo crime de furto qualificado, aplicando-se a redução de pena para os dois, em razão do arrependimento posterior, tendo em vista que se trata de circunstância objetiva.

(D) João deverá responder pelo crime de furto simples, com causa de diminuição do arrependimento posterior, enquanto Pablo não responderá pelo crime contra o patrimônio.

RESPOSTA (A) Art. 15 do CP. (B, C e D) Arts. 16 e 29 do CP. *Alternativa D.*

24. **(XXIII Exame)** Pedro, jovem rebelde, sai à procura de Henrique, 24 anos, seu inimigo, com a intenção de matá-lo, vindo a encontrá-lo conversando com uma senhora de 68 anos de idade. Pedro saca sua arma, regularizada e cujo porte era autorizado, e dispara em direção ao rival. Ao mesmo tempo, a senhora dava um abraço de despedida em Henrique e acaba sendo atingida pelo disparo. Henrique, que não sofreu qualquer lesão, tenta salvar a senhora, mas ela falece. Diante da situação narrada, em consulta técnica solicitada pela família, deverá ser esclarecido pelo advogado que a conduta de Pedro, de acordo com o Código Penal, configura

(A) Crime de homicídio doloso consumado, apenas, com causa de aumento em razão da idade da vítima.

(B) Crime de homicídio doloso consumado, apenas, sem causa de aumento em razão da idade da vítima.

(C) Crimes de homicídio culposo consumado e de tentativa de homicídio doloso em relação a Henrique.

(D) Crime de homicídio culposo consumado, sem causa de aumento pela idade da vítima.

RESPOSTA Trata-se dos crimes previstos nos arts. 73 e 121 do CP. *Alternativa B.*

25. (XXII Exame) Tony, a pedido de um colega, está transportando uma caixa com cápsulas que acredita ser de remédios, sem ter conhecimento que estas, na verdade, continham Cloridrato de Cocaína em seu interior. Por outro lado, José transporta em seu veículo 50g de Cannabis Sativa L. (maconha), pois acreditava que poderia ter pequena quantidade do material em sua posse para fins medicinais. Ambos foram abordados por policiais e, diante da apreensão das drogas, denunciados pela prática do crime de tráfico de entorpecentes. Considerando apenas as informações narradas, o advogado de Tony e José deverá alegar em favor dos clientes, respectivamente, a ocorrência de

(A) Erro de tipo, nos dois casos.

(B) Erro de proibição, nos dois casos.

(C) Erro de tipo e erro de proibição.

(D) Erro de proibição e erro de tipo.

RESPOSTA Trata-se dos crimes previstos nos arts. 20 e 21 do CP. *Alternativa C.*

26. (XXI Exame) Carlos presta serviço informal como salva-vidas de um clube, não sendo regularmente contratado, apesar de receber uma gorjeta para observar os sócios do clube na piscina, durante toda a semana. Em seu horário de "serviço", com várias crianças brincando na piscina, fica observando a beleza física da mãe de uma das crianças e, ao mesmo tempo, falando no celular com um amigo, acabando por ficar de costas para a piscina. Nesse momento, uma criança vem a falecer por afogamento, fato que não foi notado por Carlos. Sobre a conduta de Carlos, diante da situação narrada, assinale a afirmativa correta.

(A) Não praticou crime, tendo em vista que, apesar de garantidor, não podia agir, já que concretamente não viu a criança se afogando.

(B) Deve responder pelo crime de homicídio culposo, diante de sua omissão culposa, violando o dever de garantidor.

(C) Deve responder pelo crime de homicídio doloso, em razão de sua omissão dolosa, violando o dever de garantidor.

(D) Responde apenas pela omissão de socorro, mas não pelo resultado morte, já que não havia contrato regular que o obrigasse a agir como garantidor.

RESPOSTA (A, B e C) Arts. 13, § 2º, e 121 do CP. (D) Art. 135 do CP. *Alternativa B.*

27. (XX Exame) Wellington pretendia matar Ronaldo, camisa 10 e melhor jogador de futebol do time Bola Cheia, seu adversário no campeonato do bairro. No dia de um jogo do Bola Cheia, Wellington vê, de costas, um jogador com a camisa 10 do time rival. Acreditando ser Ronaldo, efetua diversos disparos de arma de fogo, mas, na verdade, aquele que vestia a camisa 10 era Rodrigo, adolescente que substituiria Ronaldo naquele jogo. Em virtude dos disparos, Rodrigo faleceu. Considerando a situação narrada, assinale a opção que indica o crime cometido por Wellington.

(A) Homicídio consumado, considerando-se as características de Ronaldo, pois houve erro na execução.

(B) Homicídio consumado, considerando-se as características de Rodrigo.

(C) Homicídio consumado, considerando-se as características de Ronaldo, pois houve erro sobre a pessoa.

(D) Tentativa de homicídio contra Ronaldo e homicídio culposo contra Rodrigo.

RESPOSTA (A) Arts. 73 e 121 do CP. (B e C) Arts. 20, § 3º, e 121 do CP. (D) Arts. 14, II, e 121, § 3º, do CP. *Alternativa C.*

28. (XX Exame) Rafael foi condenado pela prática de crime a pena privativa de liberdade de 4 anos e 6 meses, tendo a sentença transitado em julgado em 10-2-2008. Após cumprir 2 anos e 6 meses de pena, obteve livramento condicional em 10-8-2010, sendo o mesmo cumprido com correção e a pena extinta em 10-8-2012. Em 15-9-2015, Rafael pratica novo crime, dessa vez de roubo, tendo como vítima senhora de 60 anos de idade, circunstância que era do seu conhecimento. Dois dias depois, arrependido, antes da denúncia, reparou integralmente o dano causado. Na sentença, o magistrado condenou o acusado, reconhecendo a existência de duas agravantes pela reincidência e idade da vítima, além de não reconhecer o

DIREITO PENAL

arrependimento posterior. O advogado de Rafael deve pleitear

(A) Reconhecimento do arrependimento posterior.
(B) Reconhecimento da tentativa.
(C) Afastamento da agravante pela idade da vítima.
(D) Afastamento da agravante da reincidência.

RESPOSTA (A) Art. 16 do CP. (B) Art. 14, II, do CP. (C) Art. 61, II, h, do CP. (D) Art. 61, I, do CP. *Alternativa D.*

III. DA IMPUTABILIDADE PENAL

29. (XXXIII Exame) Após o expediente, Márcio saiu com seus colegas de trabalho para comemorar o sucesso das vendas naquele mês e sua escolha como melhor funcionário do período. Ao chegarem ao bar, Márcio entregou a chave de seu carro aos colegas, alertando-os que iria beber até se embriagar e cair. Após cumprir a promessa feita aos colegas, Márcio, completamente alterado, se dirigiu até o caixa do bar para pagar sua conta. Devido a divergências quanto à quantidade de bebida consumida, Márcio iniciou uma forte discussão com o atendente do estabelecimento e arremessou a garrafa de cerveja que segurava em sua direção, acertando a cabeça do funcionário e causando-lhe ferimentos de natureza grave. Preocupado com as consequências jurídicas de seu ato, Márcio o(a) procura, na condição de advogado(a), para assistência técnica. Considerando apenas as informações expostas, sob o ponto de vista técnico, você, como advogado(a), deverá esclarecer que a conduta praticada por Márcio configura

(A) crime de lesão corporal grave, diante da embriaguez culposa, podendo ser reconhecida causa de diminuição de pena, já que a embriaguez era completa.
(B) conduta típica e ilícita, mas não culpável, diante da embriaguez culposa, afastando a culpabilidade do agente.
(C) crime de lesão corporal grave, com reconhecimento de agravante, diante da embriaguez pre-ordenada.
(D) crime de lesão corporal grave, diante da embriaguez voluntária.

RESPOSTA Mário não ficou embriagado em razão de caso fortuito ou força maior, não havendo o que se falar em afastamento da culpabilidade em razão da inimputabilidade. Por ter consumido bebida por sua própria vontade, houve embriaguez voluntária, devendo ser responsabilizado pela lesão corporal grave, nos termos do art. 28 do CP. *Alternativa D.*

30. (XXX Exame) Durante ação penal em que Guilherme figura como denunciado pela prática do crime de abandono de incapaz (Pena: detenção, de 6 meses a 3 anos), foi instaurado incidente de insanidade mental do acusado, constando o laudo que Guilherme era, na data dos fatos (e permanecia até aquele momento), inteiramente incapaz de entender o caráter ilícito do fato, em razão de doença mental. Não foi indicado, porém, qual seria o tratamento adequado para Guilherme. Durante a instrução, os fatos imputados na denúncia são confirmados, assim como a autoria e a materialidade delitiva. Considerando apenas as informações expostas, com base nas previsões do Código Penal, no momento das alegações finais, a defesa técnica de Guilherme, sob o ponto de vista técnico, deverá requerer

(A) A absolvição imprópria, com aplicação de medida de segurança de tratamento ambulatorial, podendo a sentença ser considerada para fins de reincidência no futuro.
(B) A absolvição própria, sem aplicação de qualquer sanção, considerando a ausência de culpabilidade.
(C) A absolvição imprópria, com aplicação de medida de segurança de tratamento ambulatorial, não sendo a sentença considerada posteriormente para fins de reincidência.
(D) A absolvição imprópria, com aplicação de medida de segurança de internação pelo prazo máximo de 02 anos, não sendo a sentença considerada posteriormente para fins de reincidência.

RESPOSTA Por ser inimputável na época dos fatos (CP, art. 26, *caput*), Guilherme não pode ser condenado criminalmente – a inimputabilidade afasta a culpabilidade –, devendo ser absolvido. No entanto, trata-se de absolvição com consequências ruins a ele, pois o juiz deverá aplicar medida de segurança (por isso, absolvição imprópria). Ou seja, absolve, mas tem ônus (CP, art. 97). *Alternativa C.*

31. (XXV Exame) Laura, nascida em 21 de fevereiro de 2000, é inimiga declarada de Lívia, nascida em 14 de dezembro de 1999, sendo que o principal motivo da rivalidade está no fato de que Lívia tem interesse no namorado de Laura. Durante uma festa, em 19 de fevereiro de 2018, Laura vem a saber que Lívia anunciou para todos que tentaria manter relações sexuais com o referido namorado. Soube, ainda, que Lívia disse que, na semana seguinte, iria desferir um tapa no rosto de Laura, na frente de seus colegas, como forma de humilhá-la. Diante disso, para evitar que as ameaças de Lívia se concretizassem, Laura, durante a festa, desfere facadas no peito de Lívia, mas terceiros intervêm e encaminham Lívia diretamente para o hospital. Dois dias depois, Lívia vem a falecer em virtude dos golpes sofridos. Descobertos os fatos, o Ministério Público ofereceu denúncia em face de Laura pela prática do crime de homicídio qualificado. Confirmados integralmente os fatos, a defesa técnica de Laura deverá pleitear o reconhecimento da

(A) Inimputabilidade da agente.

(B) Legítima defesa.

(C) Inexigibilidade de conduta diversa.

(D) Atenuante da menoridade relativa.

RESPOSTA (A) Arts. 4º e 27 do CP. (B) Art. 25 do CP. (C) Sem previsão legal expressa. (D) Art. 65, I, do CP. *Alternativa A.*

IV. CONCURSO DE PESSOAS

32. (36º Exame) Túlio e Alfredo combinaram de praticar um roubo contra uma joalheria. Os dois ingressam na loja, e Alfredo, com o emprego de arma de fogo, exige que Fernanda, a vendedora, abra a vitrine e entregue os objetos expostos. Enquanto Alfredo vasculha as gavetas da frente da loja, Túlio ingressa nos fundos do estabelecimento com Fernanda, em busca de joias mais valiosas, momento em que decide levá-la ao banheiro e, então, mantém com Fernanda conjunção carnal. Após, Túlio e Alfredo fogem com as mercadorias. Em relação às condutas praticadas por Túlio e Alfredo, assinale a afirmativa correta.

(A) Túlio e Alfredo responderão por roubo duplamente circunstanciado, pelo concurso de pessoas e emprego de arma de fogo, e pelo delito de estupro, em concurso material.

(B) Túlio responderá por roubo circunstanciado, pelo concurso de pessoas e estupro; Alfredo responderá por roubo duplamente circunstanciado, pelo concurso de pessoas e emprego de arma de fogo.

(C) Alfredo e Túlio responderão por roubo circunstanciado, pelo concurso de pessoas e emprego de arma de fogo; Túlio também responderá por estupro, em concurso material.

(D) Túlio e Alfredo responderão por roubo circunstanciado, pelo concurso de pessoas e emprego de arma de fogo; Túlio responderá por estupro, ao passo que Alfredo responderá por participação de menor importância no delito de estupro.

RESPOSTA A, B e C estão erradas. Percebe-se, na cooperação dolosamente distinta, o desvio subjetivo de condutas entre os agentes, em que um dos concorrentes do crime pretendia integrar ação criminosa menos grave do que aquela efetivamente praticada. Em consequência, apenas Túlio deve responder pelo crime de estupro, nos termos do art. 29, § 2º, do CP. As razões são as mesmas trazidas anteriormente. *Alternativa C.*

33. (XXIX Exame) Em 5-10-2018, Lúcio, com o intuito de obter dinheiro para adquirir uma moto em comemoração ao seu aniversário de 18 anos, que aconteceria em 9-10-2018, sequestra Danilo, com a ajuda de um amigo ainda não identificado. No mesmo dia, a dupla entra em contato com a família da vítima, exigindo o pagamento da quantia de R$ 50.000,00 (cinquenta mil reais) para sua liberação. Duas semanas após a restrição da liberdade da vítima, período durante o qual os autores permaneceram em constante contato com a família da vítima exigindo o pagamento do resgate, a polícia encontrou o local do cativeiro e conseguiu libertar Danilo, encaminhando, de imediato, Lúcio à Delegacia. Em sede policial, Lúcio entra em contato com o advogado da família. Considerando os fatos narrados, o(a) advogado(a) de Lúcio, em entrevista pessoal e reservada, deverá esclarecer que sua conduta

(A) Não permite que seja oferecida denúncia pelo Ministério Público, pois o Código Penal adota a Teoria da Ação para definição do tempo do crime, sendo Lúcio inimputável para fins penais.

(B) Não permite que seja oferecida denúncia pelo órgão ministerial, pois o Código Penal adota a Teoria do Resultado para definir o tempo do crime, e, sendo este de natureza formal, sua consumação se deu em 5-10-2018.

(C) Configura fato típico, ilícito e culpável, podendo Lúcio ser responsabilizado, na condição de imputável, pelo crime de extorsão mediante sequestro qualificado na forma consumada.

(D) Configura fato típico, ilícito e culpável, podendo Lúcio ser responsabilizado, na condição de imputável, pelo crime de extorsão mediante sequestro qualificado na forma tentada, já que o crime não se consumou por circunstâncias alheias à sua vontade, pois não houve obtenção da vantagem indevida.

RESPOSTA Lúcio tinha 18 anos quando a vítima foi libertada. Portanto, culpável. Quanto à consumação do delito de extorsão mediante sequestro, a resposta está na Súmula 96-STJ. *Alternativa C.*

34. (XXVII Exame) Pedro e Paulo combinam de praticar um crime de furto em determinada creche, com a intenção de subtrair computadores. Pedro, então, sugere que o ato seja prati-

DIREITO PENAL

cado em um domingo, quando o local estaria totalmente vazio e nenhuma criança seria diretamente prejudicada. No momento da empreitada delitiva, Pedro auxilia Paulo a entrar por uma janela lateral e depois entra pela porta dos fundos da unidade. Já no interior do local, eles verificam que a creche estava cheia em razão de comemoração do "Dia das Mães"; então, Pedro pega um laptop e sai, de imediato, pela porta dos fundos, mas Paulo, que estava armado sem que Pedro soubesse, anuncia o assalto e subtrai bens e joias de crianças, pais e funcionários. Captadas as imagens pelas câmeras de segurança, Pedro e Paulo são identificados e denunciados pelo crime de roubo duplamente majorado. Com base apenas nas informações narradas, a defesa de Pedro deverá pleitear o reconhecimento da

(A) Participação de menor importância, gerando causa de diminuição de pena.

(B) Cooperação dolosamente distinta, gerando causa de diminuição de pena.

(C) Cooperação dolosamente distinta, gerando aplicação da pena do crime menos grave.

(D) Participação de menor importância, gerando aplicação da pena do crime menos grave.

RESPOSTA (A e D) Art. 29, § 1º, do CP. (B e C) Art. 29, § 2º, do CP. *Alternativa C.*

35.
(XXIII Exame) Rafael e Francisca combinam praticar um crime de furto em uma residência onde ela exercia a função de passadeira. Decidem, então, subtrair bens do imóvel em data sobre a qual Francisca tinha conhecimento de que os proprietários estariam viajando, pois assim ela tinha certeza de que os patrões, de quem gostava, não sofreriam qualquer ameaça ou violência. No dia do crime, enquanto Francisca aguarda do lado de fora, Rafael entra no imóvel para subtrair bens. Ela, porém, percebe que o carro dos patrões está na garagem e tenta avisar o fato ao comparsa para que este saísse rápido da casa. Todavia, Rafael, ao perceber que a casa estava ocupada, decide empregar violência contra os proprietários para continuar subtraindo mais bens. Descobertos os fatos, Francisca e Rafael são denunciados pela prática do crime de roubo majorado. Considerando as informações narradas, o(a) advogado(a) de Francisca deverá buscar

(A) Sua absolvição, tendo em vista que não desejava participar do crime efetivamente praticado.

(B) O reconhecimento da participação de menor importância, com aplicação de causa de redução de pena.

(C) O reconhecimento de que o agente quis participar de crime menos grave, aplicando se a pena do furto qualificado.

(D) O reconhecimento de que o agente quis participar de crime menos grave, aplicando se causa de diminuição de pena sobre a pena do crime de roubo majorado.

RESPOSTA Arts. 29, § 1º e § 2º, 155, § 4º, II, e 157 do CP. *Alternativa C.*

V. DAS PENAS

36.
(41º Exame) Douglas, reincidente, pois condenado anteriormente por lesão corporal no âmbito da lei de violência doméstica e familiar contra a mulher, pena já extinta pelo cumprimento, foi condenado a uma pena de 3 (três) anos de reclusão em regime inicial fechado pela prática de furto qualificado, bem como ao pagamento de 15 dias-multa. Na defesa de Douglas, você, na qualidade de advogado(a), deve alegar, corretamente, o cabimento de regime inicial

(A) aberto e a concessão de suspensão condicional da pena.

(B) semiaberto e substituição das penas por multa substitutiva.

(C) aberto e a substituição das penas por pena restritiva de direitos.

(D) semiaberto e a substituição da pena por duas penas restritivas de direitos.

RESPOSTA Douglas, sendo reincidente e condenado a uma pena de três anos de reclusão, pode ter a pena privativa de liberdade substituída por duas penas restritivas de direitos, conforme o art. 44 do Código Penal. O regime inicial deve ser o semiaberto devido à reincidência e à pena superior a quatro anos. *Alternativa D.*

37.
(39º Exame) João completou 20 anos e foi colocado em liberdade, após cumprir 3 anos de internação por medida socioeducativa em razão da prática de atos infracionais análogos a estupro e furto, conforme sentença proferida pelo Juizado da Infância e da Juventude de sua Comarca. Ao ser solto da unidade de internação, foi preso em flagrante pela prática do crime de roubo, sendo que João nunca respondeu por outros crimes. Para os fins deste novo processo, assinale a afirmativa correta.

(A) João é primário e com bons antecedentes, ante a inaptidão de atos infracionais serem utilizados como circunstâncias judiciais ou induzir reincidência.

(B) João é reincidente e com maus antecedentes, ante a pluralidade de infrações pretéritas, anteriores aos delitos de roubo.

(C) João é tecnicamente primário, porém, com maus antecedentes, sendo este único efeito possível gerado pela aplicação de medidas socioeducativas.

(D) João é reincidente ou com maus antecedentes, pois não é possível que a reincidência seja também considerada circunstância judicial, ainda que se tratem de condenações distintas.

RESPOSTA Com base no entendimento de que atos infracionais cometidos por menores de idade não geram reincidência nem podem ser considerados para agravar antecedentes criminais em processos posteriores na fase adulta, a jurisprudência brasileira, conforme o art. 64, inciso I, do Código Penal, não permite a utilização de atos infracionais como circunstâncias judiciais na dosimetria da pena, tampouco para considerar alguém como reincidente. *Alternativa A.*

38. (38º Exame) Luís Alberto, primário, foi condenado a uma pena de oito meses de detenção, em regime inicial aberto, por ter agredido sua companheira, causando-lhe lesões corporais.

Na qualidade de advogado(a) de Luís Alberto, assinale a opção que apresenta o benefício de natureza penal que pode, neste momento processual, ser pleiteado em favor do seu assistido.

(A) Aplicação de pena restritiva de direito, consistente em prestação de serviços à comunidade.

(B) Suspensão condicional da pena, pelo período de dois anos.

(C) Suspensão condicional do processo, pelo período de dois anos.

(D) Substituição da pena privativa de liberdade por multa.

RESPOSTA Na situação descrita, Luís Alberto, que é primário, foi condenado a oito meses de detenção em regime inicial aberto por agressão a sua companheira, causando-lhe lesões corporais. Segundo o art. 77 do Código Penal, a execução da pena privativa de liberdade, que não seja superior a dois anos, pode ser suspensa de dois a quatro anos, desde que o condenado não seja reincidente em crime doloso, e os aspectos de culpabilidade, antecedentes, conduta social e personalidade do agente, bem como os motivos e as circunstâncias autorizem a concessão do benefício. No caso de Luís Alberto, como é um réu primário condenado a menos de dois anos, ele cumpre os requisitos para a suspensão condicional da pena. Portanto, a alternativa B é a correta, que afirma que pode ser pleiteada a suspensão condicional da pena, pelo período de dois anos, em favor de Luís Alberto. *Alternativa B.*

39. (35º Exame) Paulo foi condenado, com trânsito em julgado pela prática do crime de lesão corporal grave, à pena de 1 ano e oito meses de reclusão, tendo o trânsito ocorrido em 14 de abril de 2016. Uma vez que preenchia os requisitos legais, o magistrado houve, por bem, conceder a ele o benefício da suspensão condicional da pena pelo período de 2 anos. Por ter cumprido todas as condições impostas, teve sua pena extinta em 18 de abril de 2018. No dia 15 de maio de 2021, Paulo foi preso pela prática do crime de roubo. Diante do caso narrado, caso Paulo venha a ser condenado pela prática do crime de roubo, deverá ser considerado

(A) reincidente, na medida em que, uma vez condenado com trânsito em julgado, o agente não recupera a primariedade.

(B) reincidente, em razão de não ter passado o prazo desde a extinção da pena pelo crime anterior.

(C) primário, em razão de ter cumprido o prazo para a recuperação de primariedade.

(D) primário, em razão de a reincidência exigir a prática do mesmo tipo penal, o que não ocorreu no caso de Paulo.

RESPOSTA O tempo do período de prova da suspensão da pena deve ser computado para a extinção da pena. Por isso, a contagem da reincidência teve início a partir de abril de 2016, mais de cinco anos antes da prática do novo delito. Portanto, Paulo é primário, nos termos do art. 64, I, do CP. *Alternativa C.*

40. (XXXIV Exame) Em um mesmo contexto, por meio de uma ação fracionada, Carlos praticou dois crimes autônomos cujas sanções penais, previstas no Código Penal, são de pena privativa de liberdade e pena de multa cumulativa. No momento de fixar a multa de cada um dos crimes, reconhecido o concurso formal, o magistrado aplicou a pena máxima de 360 dias para ambas as infrações penais, sendo determinado que o valor do dia-multa seria o máximo de 05 salários mínimos, considerando, em ambos os momentos, a gravidade em concreto do delito. A pena privativa de liberdade aplicada, contudo, por não ultrapassar 04 anos, foi substituída por duas restritivas de direitos. Carlos, intimado da sentença, procura você, como advogado(a), informando não ter condições de arcar com a multa aplicada, já que recebe apenas R$ 2.000,00 (dois mil reais) mensais. Na ocasião, o(a) advogado(a) de Carlos deverá esclarecer ao seu cliente que

(A) poderá ser buscada a redução do valor do dia-multa e da quantidade de dias aplicada, tendo em vista que em ambos os momentos deverá considerar o magistrado a capacidade econômi-

DIREITO PENAL

co-financeira do réu e não a gravidade em concreto do fato, podendo o próprio juiz do conhecimento deixar de aplicar multa com base na situação de pobreza do acusado.

(B)   poderá ser buscada a redução do valor do dia-multa, que deverá considerar a capacidade econômico-financeira do agente, ainda que a quantidade de dias-multa possa valorizar a gravidade em concreto do fato.

(C)   poderá haver conversão da pena de multa em privativa de liberdade em caso de não pagamento injustificado da mesma.

(D)   poderá a pena de multa de um dos delitos ser majorada de 1/6 a 2/3, de acordo com as previsões do Código Penal, diante do concurso formal de crimes, afastada a soma das penas.

RESPOSTA   O valor do dia-multa é fixado com fundamento nesses dois parâmetros, a capacidade econômico-financeira do réu e a gravidade em concreto do fato (CP, art. 59). No exemplo trazido pela banca, houve excesso na fixação do *quantum*. *Alternativa B.*

41. (XXXIII Exame) Augusto foi condenado com trânsito em julgado pela prática da contravenção penal de perturbação da tranquilidade, prevista no art. 65 da Lei das Contravenções Penais (Decreto-lei n. 3.688/41). No ano seguinte à sua condenação definitiva, Augusto foi preso pela prática do crime de estupro. Diante do caso narrado, Augusto, ao ser julgado pelo crime de estupro, deverá ser considerado

(A)   primário com maus antecedentes, já que o cometimento de crime após condenação com trânsito em julgado por contravenção penal não gera reincidência.

(B)   reincidente, na medida em que a lei das contravenções penais considera que a condenação por crime após a condenação pela contravenção gera reincidência.

(C)   reincidente, na medida em que o Código Penal estabelece que tanto o cometimento de crime quanto de contravenção gera reincidência.

(D)   primário com bons antecedentes, na medida em que a condenação com trânsito em julgado por contravenção não tem o condão de gerar nem reincidência nem maus antecedentes.

RESPOSTA   Não se fala em reincidência quando a prática do crime é antecedida por condenação por contravenção penal. Isso porque o art. 63 do CP fala em "crime", e não em "infração penal", gênero que comporta crimes e contravenções. *Alternativa A.*

42. (XXXIII Exame) Félix, com dolo de matar seus vizinhos Lucas e Mário, detona uma granada na varanda da casa desses, que ali conversavam tranquilamente, obtendo o resultado desejado. Os fatos são descobertos pelo Ministério Público, que denuncia Félix por dois crimes autônomos de homicídio, em concurso material. Após regular procedimento, o Tribunal do Júri condenou o réu pelos dois crimes imputados e o magistrado, ao aplicar a pena, reconheceu o concurso material. Diante da sentença publicada, Félix indaga, reservadamente, se sua conduta efetivamente configuraria concurso material de dois crimes de homicídio dolosos. Na ocasião, o(a) advogado(a) do réu, sob o ponto de vista técnico, deverá esclarecer ao seu cliente que sua conduta configura dois crimes autônomos de homicídio,

(A)   em concurso material, sendo necessária a soma das penas aplicadas para cada um dos delitos.

(B)   devendo ser reconhecida a forma continuada e, consequentemente, aplicada a regra da exasperação de uma das penas e não do cúmulo material.

(C)   devendo ser reconhecido o concurso formal próprio e, consequentemente, aplicada a regra da exasperação de uma das penas e não do cúmulo material.

(D)   devendo ser reconhecido o concurso formal impróprio, o que também imporia a regra da soma das penas aplicadas.

RESPOSTA   Por meio de uma única conduta, o agente produziu a pluralidade de resultados, característica dos crimes formais. Por ter existido vontade em produzi-los, as penas devem ser somadas (concurso formal impróprio), nos termos do art. 70, *caput*, do CP, segunda parte; (A)(B) Erradas, pois houve pluralidade de condutas (CP, arts. 69 e 71); (C) Por ter havido a intenção de produzir mais de um resultado, não se trata de concurso formal próprio (CP, art. 70). *Alternativa D.*

43. (XXIX Exame) Inconformado com o comportamento de seu vizinho, que insistia em importunar sua filha de 15 anos, Mário resolve dar-lhe uma "lição" e desfere dois socos no rosto do importunador, nesse momento com o escopo de nele causar diversas lesões. Durante o ato, entendendo que o vizinho ainda não havia sofrido na mesma intensidade do constrangimento de sua filha, decide matá-lo com uma barra de ferro, o que vem efetivamente a acontecer. Descobertos os fatos, o Ministério Público oferece denúncia em face de Mário, imputando-lhe a prática dos crimes de lesão corporal dolosa e homicídio, em concurso material. Durante toda a instrução, Mário confirma os fatos descritos na denúncia. Considerando apenas as informações narradas e confirmada a veracidade dos fatos expostos, o(a) advogado(a) de Mário, sob o ponto de vista técnico, deverá buscar o reconhecimento de que Mário pode ser responsabilizado

(A) Apenas pelo crime de homicídio, por força do princípio da consunção, tendo ocorrido a chamada progressão criminosa.

(B) Apenas pelo crime de homicídio, por força do princípio da alternatividade, sendo aplicada a regra do crime progressivo.

(C) Apenas pelo crime de homicídio, com base no princípio da especialidade.

(D) Pelos crimes de lesão corporal e homicídio, em concurso formal.

RESPOSTA (A, B e C) Na progressão criminosa, o agente inicia a execução de um crime menos grave e, durante a prática da conduta, decide por praticar um delito mais grave. (D) Art. 12 do CP. *Alternativa A.*

44. (XXVIII Exame) Fabrício cumpria pena em livramento condicional, em razão de condenação pela prática de crime de lesão corporal grave. Em 10 de janeiro de 2018, quando restavam 06 meses de pena a serem cumpridos, ele descobre que foi novamente condenado, definitivamente, por crime de furto que teria praticado antes dos fatos que justificaram sua condenação pelo crime de lesão. A pena aplicada em razão da nova condenação foi de 2 anos e 6 meses de pena privativa de liberdade em regime inicial semiaberto. Apesar disso, somente procura seu(sua) advogado(a) em 05 de agosto de 2018, esclarecendo o ocorrido. Ao consultar os autos do processo de execução, o(a) advogado(a) verifica que, de fato, existe a nova condenação, mas que, até o momento, não houve revogação ou suspensão do livramento condicional. Considerando apenas as informações narradas, o(a) advogado(a) de Fabrício, de acordo com a jurisprudência do Superior Tribunal de Justiça, deverá esclarecer que

(A) Poderá haver a revogação do livramento condicional, tendo em vista que a nova condenação por crime doloso, aplicada pena privativa de liberdade, é causa de revogação obrigatória do benefício.

(B) Não poderá haver a revogação do livramento condicional, tendo em vista que a nova condenação é apenas prevista como causa de revogação facultativa do benefício e não houve suspensão durante o período de prova.

(C) Não poderá haver a revogação do livramento condicional, tendo em vista que a nova condenação não é prevista em lei como causa de revogação do livramento condicional, já que o fato que a justificou é anterior àquele que gerou a condenação em que cumpre o benefício.

(D) Não poderá haver a revogação do livramento condicional, pois ultrapassado o período de prova, ainda que a nova condenação seja prevista no Código Penal como causa de revogação obrigatória do benefício.

RESPOSTA Art. 83 do CP e Súmula 617-STJ. *Alternativa D.* Cuidado: o art. 83 do CP sofreu modificações em razão do Pacote Anticrime (Lei n. 13.964/2019).

45. (XXVIII Exame) Douglas foi condenado pela prática de duas tentativas de roubo majoradas pelo concurso de agentes e restrição da liberdade das vítimas (art. 157, § 2º, incisos II e V, c/c. o art. 14, inciso II, por duas vezes, na forma do art. 70, todos do CP). No momento de fixar a sanção penal, o juiz aplicou a pena base no mínimo legal, reconhecendo a confissão espontânea do agente, mas deixou de diminuir a pena na segunda fase. No terceiro momento, o magistrado aumentou a pena do máximo, considerando as circunstâncias do crime, em especial a quantidade de agentes (5 agentes) e o tempo que durou a restrição da liberdade das vítimas. Ademais, reduziu, ainda na terceira fase, a pena do mínimo legal em razão da tentativa, novamente fundamentando na gravidade do delito e naquelas circunstâncias de quantidade de agentes e restrição da liberdade. Após a aplicação da pena dos dois delitos, reconheceu o concurso formal de crimes, aumentando a pena de um deles de acordo com a quantidade de crimes praticados. O Ministério Público não recorreu. Considerando as informações narradas, de acordo com a jurisprudência pacificada do Superior Tribunal de Justiça, o(a) advogado(a) de Douglas, quanto à aplicação da pena, deverá buscar

(A) A redução da pena na segunda fase diante do reconhecimento da atenuante da confissão espontânea.

(B) A redução do *quantum* de aumento em razão da presença das majorantes, que deverá ser aplicada de acordo com a quantidade de causas de aumento.

(C) O aumento do *quantum* de diminuição em razão do reconhecimento da tentativa, pois a fundamentação apresentada pelo magistrado foi inadequada.

(D) A redução do *quantum* de aumento em razão do reconhecimento do concurso de crimes, devido à fundamentação inadequada.

RESPOSTA Art. 14, II, do CP. O critério de aumento da tentativa depende do quanto o agente se aproximou da consumação do delito (STJ, AgRg no HC 273883/SP). *Alternativa C.*

DIREITO PENAL

46. (XXVII Exame) Cátia procura você, na condição de advogado(a), para que esclareça as consequências jurídicas que poderão advir do comportamento de seu filho, Marlon, pessoa primária e de bons antecedentes, que agrediu a ex-namorada ao encontrá-la em um restaurante com um colega de trabalho, causando-lhe lesão corporal de natureza leve. Na oportunidade, você, como advogado(a), deverá esclarecer que:

(A) O início da ação penal depende de representação da vítima, que terá o prazo de seis meses da descoberta da autoria para adotar as medidas cabíveis.

(B) No caso de condenação, em razão de ser Marlon primário e de bons antecedentes, poderá a pena privativa de liberdade ser substituída por restritiva de direitos.

(C) Em razão de o agressor e a vítima não estarem mais namorando quando ocorreu o fato, não será aplicada a Lei n. 11.340/2006, mas, ainda assim, não será possível a transação penal ou a suspensão condicional do processo.

(D) No caso de condenação, por ser Marlon primário e de bons antecedentes, mostra-se possível a aplicação do *sursis* da pena.

RESPOSTA (A) Súmula 542-STJ. (B) Súmula 588-STJ. (C) Não há previsão legal. (D) Art. 77 do CP. *Alternativa D.*

47. (XXVI Exame) Cadu, com o objetivo de matar toda uma família de inimigos, pratica, durante cinco dias consecutivos, crimes de homicídio doloso, cada dia causando a morte de cada um dos cinco integrantes da família, sempre com o mesmo *modus operandi* e no mesmo local. Os fatos, porém, foram descobertos, e o autor, denunciado pelos cinco crimes de homicídio, em concurso material. Com base nas informações expostas e nas previsões do Código Penal, provada a autoria delitiva em relação a todos os delitos, o advogado de Cadu

(A) Não poderá buscar o reconhecimento da continuidade delitiva, tendo em vista que os crimes foram praticados com violência à pessoa, somente cabendo reconhecimento do concurso material.

(B) Não poderá buscar o reconhecimento de continuidade delitiva, tendo em vista que os crimes foram praticados com violência à pessoa, podendo, porém, o advogado pleitear o reconhecimento do concurso formal de delitos.

(C) Poderá buscar o reconhecimento da continuidade delitiva, mesmo sendo o delito praticado com vio-

lência contra a pessoa, cabendo, apenas, aplicação da regra de exasperação da pena de 1/6 a 2/3.

(D) Poderá buscar o reconhecimento da continuidade delitiva, mas, diante da violência contra a pessoa e da diversidade de vítimas, a pena mais grave poderá ser aumentada em até o triplo.

RESPOSTA O que difere o concurso material (CP, art. 69) da continuidade delitiva (CP, art. 71) é exatamente a exigência de os crimes serem de mesma espécie e a semelhança das condições de tempo, lugar, maneira de execução (*modus operandi*) etc. O enunciado deu todas as pistas de que o examinador queria como resposta o crime continuado. *Alternativa D.*

48. (XXVI Exame) Mário foi denunciado pela prática de crime contra a Administração Pública, sendo imputada a ele a responsabilidade pelo desvio de R$ 500.000,00 dos cofres públicos. Após a instrução e confirmação dos fatos, foi proferida sentença condenatória aplicando a pena privativa de liberdade de 3 anos de reclusão, que transitou em julgado. Na decisão, nada consta sobre a perda do cargo público por Mário. Diante disso, ele procura um advogado para esclarecimentos em relação aos efeitos de sua condenação. Considerando as informações narradas, o advogado de Mário deverá esclarecer que

(A) A perda do cargo, nos crimes praticados por funcionário público contra a Administração, é efeito automático da condenação, sendo irrelevante sua não previsão em sentença, desde que a pena aplicada seja superior a 4 anos.

(B) A perda do cargo, nos crimes praticados por funcionário público contra a Administração, é efeito automático da condenação, desde que a pena aplicada seja superior a 1 ano.

(C) A perda do cargo não é efeito automático da condenação, devendo ser declarada em sentença, mas não poderia ser aplicada a Mário diante da pena aplicada ser inferior a 4 anos.

(D) A perda do cargo não é efeito automático da condenação, devendo ser declarada em sentença, mas poderia ter sido aplicada, no caso de Mário, mesmo sendo a pena inferior a 4 anos.

RESPOSTA A perda do cargo público está prevista no art. 92, I, do Código Penal, dentre os efeitos da sentença condenatória. Todavia, não é algo automático. Deve o juiz determiná-la expressamente, com a devida fundamentação. Por se tratar de crime contra a administração pública, não é necessária a condenação superior a quatro anos, como previsto no art. 92, I, *b*, do Código Penal. *Alternativa D.*

49. (XXVI Exame) Pretendendo causar unicamente um crime de dano em determinado estabelecimento comercial, após discussão com o gerente do local, Bruno, influenciado pela ingestão de bebida alcoólica, arremessa uma grande pedra em direção às janelas do estabelecimento. Todavia, sua conduta imprudente fez com que a pedra acertasse a cabeça de Vitor, que estava jantando no local com sua esposa, causando sua morte. Por outro lado, a janela do estabelecimento não foi atingida, permanecendo intacta. Preocupado com as consequências de seus atos, após indiciamento realizado pela autoridade policial, Bruno procura seu advogado para esclarecimentos. Considerando a ocorrência do resultado diverso do pretendido pelo agente, o advogado deve esclarecer que Bruno tecnicamente será responsabilizado pela(s) seguinte(s) prática(s) criminosa(s):

(A) Homicídio culposo e tentativa de dano, em concurso material.
(B) Homicídio culposo, apenas.
(C) Homicídio culposo e tentativa de dano, em concurso formal.
(D) Homicídio doloso, apenas.

RESPOSTA Art. 74 do CP. Como a janela não foi atingida, não houve a prática do delito de dano, devendo o agente ser responsabilizado pela morte da vítima, a título de culpa. *Alternativa B.*

50. (XXV Exame) Em 2014, Túlio foi condenado definitivamente pela prática de um crime de estupro ao cumprimento de pena de 6 anos. Após preencher todos os requisitos legais, foi a ele deferido livramento condicional. No curso do livramento, Túlio vem novamente a ser condenado definitivamente por outro crime de estupro praticado durante o período de prova. Preocupada com as consequências dessa nova condenação, a família de Túlio procura o advogado para esclarecimentos. Considerando as informações narradas, o advogado de Túlio deverá esclarecer à família que a nova condenação funciona, na revogação do livramento, como causa

(A) Obrigatória, não sendo possível a obtenção de livramento condicional em relação ao novo delito.
(B) Obrigatória, sendo possível a obtenção de livramento condicional após cumprimento de mais de 2/3 das penas somadas.
(C) Facultativa, não sendo possível a obtenção de livramento condicional em relação ao novo delito.
(D) Facultativa, sendo possível a obtenção de livramento condicional após cumprimento de mais de 2/3 das penas somadas.

RESPOSTA Não é admitido livramento condicional na hipótese de reincidência específica em crime hediondo (CP, art. 83, V). Ademais, o benefício anteriormente concedido deve ser obrigatoriamente revogado, conforme art. 86, I, do Código Penal. *Alternativa A.* Cuidado: o art. 83 do CP sofreu modificações em razão do Pacote Anticrime (Lei n. 13.964/ 2019).

51. (XXV Exame) Juarez, com a intenção de causar a morte de um casal de vizinhos, aproveita a situação em que o marido e a esposa estão juntos, conversando na rua, e joga um artefato explosivo nas vítimas, sendo a explosão deste material bélico a causa eficiente da morte do casal. Apesar de todos os fatos e a autoria restarem provados em inquérito encaminhado ao Ministério Público com relatório final de indiciamento de Juarez, o Promotor de Justiça se mantém inerte em razão de excesso de serviço, não apresentando denúncia no prazo legal. Depois de vários meses com omissão do Promotor de Justiça, o filho do casal falecido procura o advogado da família para adoção das medidas cabíveis. No momento da apresentação de queixa em ação penal privada subsidiária da pública, o advogado do filho do casal, sob o ponto de vista técnico, de acordo com o Código Penal, deverá imputar a Juarez a prática de dois crimes de homicídio em

(A) Concurso material, requerendo a soma das penas impostas para cada um dos delitos.
(B) Concurso formal, requerendo a exasperação da pena mais grave em razão do concurso de crimes.
(C) Continuidade delitiva, requerendo a exasperação da pena mais grave em razão do concurso de crimes.
(D) Concurso formal, requerendo a soma das penas impostas para cada um dos delitos.

RESPOSTA (A) Art. 69 do CP. (B e D) Art. 70 do CP. (D) Art. 71 do CP. *Alternativa D.*

52. (XXIV Exame) Cássio foi denunciado pela prática de um crime de dano qualificado, por ter atingido bem municipal (art. 163, parágrafo único, inciso III, do CP – pena: detenção de 6 meses a 3 anos e multa), merecendo destaque que, em sua Folha de Antecedentes Criminais, consta uma única condenação anterior, definitiva, oriunda de sentença publicada 4 anos antes, pela prática do crime de lesão corporal culposa praticada na direção de veículo automotor. Ao final da instrução, Cássio confessa integralmente os fatos, dizendo estar arrependido e esclarecendo que "perdeu a cabeça" no momento do crime, sendo certo que está trabalhando e tem 3 filhos com menos de 10 anos de

DIREITO PENAL

idade que são por ele sustentados. Apenas com base nas informações constantes, o(a) advogado(a) de Cássio poderá pleitear, de acordo com as previsões do Código Penal, em sede de alegações finais,

(A) O reconhecimento do perdão judicial.

(B) O reconhecimento da atenuante da confissão, mas nunca sua compensação com a reincidência.

(C) A substituição da pena privativa de liberdade por restritiva de direitos, apesar de o agente ser reincidente.

(D) O afastamento da agravante da reincidência, já que o crime pretérito foi praticado em sua modalidade culposa, e não dolosa.

RESPOSTA (A) Ausente previsão legal. (B) O STJ entende pela possibilidade da compensação (REsp 1341370/MT). (C) Art. 44, § 3º, do CP. (D) Arts. 63 e 64 do CP. *Alternativa C.*

53. (XXIV Exame) Cláudio, na cidade de Campinas, transportava e portava, em um automóvel, três armas de fogo, sendo que duas estavam embaixo do banco do carona e uma, em sua cintura. Abordado por policiais, foram localizadas todas as armas. Diante disso, o Ministério Público ofereceu denúncia em face de Cláudio pela prática de três crimes de porte de arma de fogo de uso permitido, em concurso material (art. 14 da Lei n. 10.826/2003, por três vezes, na forma do art. 69 do Código Penal). Foi acostado nos autos laudo pericial confirmando o potencial lesivo do material, bem como que as armas eram de calibre .38, ou seja, de uso permitido, com numeração de série aparente. Considerando que todos os fatos narrados foram confirmados em juízo, é correto afirmar que o(a) advogado(a) de Cláudio deverá defender o reconhecimento

(A) De crime único de porte de arma de fogo.

(B) Da continuidade delitiva entre os três delitos imputados.

(C) Do concurso formal entre dois delitos, em continuidade delitiva com o terceiro.

(D) Do concurso formal de crimes entre os três delitos imputados.

RESPOSTA (A) Art. 14 da Lei n. 10.826/2003. (B) Art. 71 do CP. (C)(D) Art. 70 do CP. *Alternativa A.*

54. (XXIII Exame) Caio, Mário e João são denunciados pela prática de um mesmo crime de estupro (art. 213 do CP). Caio possuía uma condenação anterior definitiva pela prática de crime de deserção, delito militar próprio, ao cumprimento de pena privativa de liberdade. Já Mário possuía uma condenação anterior, com trânsito em

julgado, pela prática de crime comum, com aplicação exclusiva de pena de multa. Por fim, João possuía condenação definitiva pela prática de contravenção penal à pena privativa de liberdade. No momento da sentença, o juiz reconhece agravante da reincidência em relação aos três denunciados. Considerando apenas as informações narradas, de acordo com o Código Penal, o advogado dos réus

(A) Não poderá buscar o afastamento da agravante, já que todos são reincidentes.

(B) Poderá buscar o afastamento da agravante em relação a Mário, já que somente Caio e João são reincidentes.

(C) Poderá buscar o afastamento da agravante em relação a João, já que somente Caio e Mário são reincidentes.

(D) Poderá buscar o afastamento da agravante em relação a Caio e João, já que somente Mário é reincidente.

RESPOSTA Arts. 61, I, 63 e 64 do CP. *Alternativa D.*

55. (XXIII Exame) Pedro, quando limpava sua arma de fogo, devidamente registrada em seu nome, que mantinha no interior da residência sem adotar os cuidados necessários, inclusive o de desmuniciá-la, acaba, acidentalmente, por dispará-la, vindo a atingir seu vizinho Júlio e a esposa deste, Maria. Júlio faleceu em razão da lesão causada pelo projétil e Maria sofreu lesão corporal e debilidade permanente de membro. Preocupado com sua situação jurídica, Pedro o procura para, na condição de advogado, orientá-lo acerca das consequências do seu comportamento. Na oportunidade, considerando a situação narrada, você deverá esclarecer, sob o ponto de vista técnico, que ele poderá vir a ser responsabilizado pelos crimes de

(A) Homicídio culposo, lesão corporal culposa e disparo de arma de fogo, em concurso formal.

(B) Homicídio culposo e lesão corporal grave, em concurso formal.

(C) Homicídio culposo e lesão corporal culposa, em concurso material.

(D) Homicídio culposo e lesão corporal culposa, em concurso formal.

RESPOSTA (A, B e D) Arts. 70, 121 e 129 do CP. (C) Arts. 69, 121 e 129 do CP. *Alternativa D.*

56. (XXII Exame) Gilson, 35 anos, juntamente com seu filho Rafael, de 15 anos, em dificuldades financeiras, iniciaram atos para a subtração de um veículo automotor. Gilson portava arma de fogo e, quando a vítima tentou empreender fuga, ele efetua disparos contra ela, a fim de conseguir subtrair o carro. O episódio levou o proprietário do automóvel a falecer. Apesar disso, os agentes não levaram o veículo, já que outras pessoas que estavam no local chamaram a Polícia. Descobertos os fatos, Gilson é denunciado pelo crime de latrocínio consumado e corrupção de menores em concurso formal, sendo ao final da instrução, após confessar os fatos, condenado à pena mínima de 20 anos pelo crime do art. 157, § 3º, do Código Penal, e à pena mínima de 1 ano pelo delito de corrupção de menores, não havendo reconhecimento de quaisquer agravantes ou atenuantes. Reconhecido, porém, o concurso formal de crimes, ao invés de as penas serem somadas, a pena mais grave foi aumentada de 1/6, resultando em um total de 23 anos e 4 meses de reclusão. Considerando a situação narrada, o advogado de Gilson poderia pleitear, observando a jurisprudência dos Tribunais Superiores, em sede de recurso de apelação,

(A) A aplicação da regra do cúmulo material em detrimento da exasperação, pelo concurso formal de crimes.

(B) A aplicação da pena intermediária abaixo do mínimo legal, em razão do reconhecimento da atenuante da confissão espontânea.

(C) O reconhecimento da modalidade tentada do latrocínio, já que o veículo automotor não foi subtraído.

(D) O afastamento da condenação por corrupção de menor, pela natureza material do delito.

RESPOSTA (A) Art. 70, parágrafo único, do CP. (B) Súmula 231-STJ. (C) Súmula 610-STF. (D) Súmula 500-STJ. *Alternativa A.*

57. (XXI Exame) Carlos, 21 anos, foi condenado a cumprir pena de prestação de serviços à comunidade pela prática de um crime de lesão corporal culposa no trânsito. Em 01/01/2014, seis meses após cumprir a pena restritiva de direitos aplicada, praticou novo crime de natureza culposa, vindo a ser denunciado. Carlos, após não aceitar qualquer benefício previsto na Lei n. 9.099/95 e ser realizada audiência de instrução e julgamento, é novamente condenado em 17/02/2016. O juiz aplica pena de 11 meses de detenção, não admitindo a substituição por restritiva de direitos em razão da reincidência. Considerando que os fatos são verdadeiros e que o Ministério Público não apelou, o(a) advogado(a) de Carlos, sob o ponto de vista técnico, deverá requerer, em recurso,

(A) A substituição da pena privativa de liberdade por restritiva de direitos.

(B) A suspensão condicional da pena.

(C) O afastamento do reconhecimento da reincidência.

(D) A prescrição da pretensão punitiva.

RESPOSTA (A) Art. 44, II, do CP. (B) Art. 77, III, do CP. (C) Arts. 63 e 64 do CP. (D) Não há dados suficientes para a análise da prescrição. *Alternativa A.*

VI. DA AÇÃO PENAL

Acesse o QR Code e consulte as questões comentadas sobre este tema.

VII. DA EXTINÇÃO DA PUNIBILIDADE

58. (41º Exame) Enzo completou neste mês 18 anos de idade, sendo certo que, na sua infância, foi vítima de estupro de vulnerável (pena: de 8 a 15 anos de reclusão). Considerando que já se passaram 11 anos desde a data do fato, ocorrido em 2013, sem que tenha sido instaurado qualquer inquérito ou investigação, e que o autor do fato já completou 70 anos de idade, Enzo indagou a você, como advogado(a), se ainda seria possível iniciar a persecução penal. Nesse caso, como advogado(a) de Enzo, assinale a alternativa que, corretamente, orienta a vítima.

(A) O crime de estupro de vulnerável é imprescritível.

(B) O delito está prescrito, ante a redução do prazo prescricional em função da idade do autor do fato.

(C) O prazo de prescrição do delito começou a correr quando Enzo completou 18 anos, não se tendo ultimado até o momento.

(D) O prazo de prescrição aplicável ao caso é de 20 anos, contado da data do fato, não tendo ocorrido a prescrição.

RESPOSTA De acordo com o art. 111 do CP, o prazo de prescrição para crimes contra a dignidade sexual de crianças e adolescentes, como o estupro de vulnerável, começa a contar a partir do momento em que a vítima completa 18 anos, e não da data do crime. Portanto, o prazo prescricional ainda está em curso, uma vez que Enzo completou 18 anos recentemente. *Alternativa C.*

59. (39º Exame) Paulo nasceu em outubro de 1990. Em julho de 2011, Paulo cometeu o delito de homicídio simples contra um vizinho. O Ministério Público ofereceu denúncia no ano de 2022. Sobre a hipótese apresentada, assinale a afirmativa correta.

(A) Ocorreu a prescrição da pretensão punitiva no ano de 2021, pois, no caso de Paulo, a prescrição é reduzida pela metade.

DIREITO PENAL

(B) A prescrição da pretensão punitiva só ocorrerá em 20 anos da data dos fatos, ou seja, no ano de 2031.

(C) Por se tratar de crime hediondo, o prazo prescricional da prescrição da pretensão punitiva é acrescido de 1/3, de forma que a prescrição ocorrerá somente no ano de 2024.

(D) Por se tratar de crime hediondo, o crime cometido por Paulo é imprescritível.

RESPOSTA De acordo com o art. 115 do Código Penal Brasileiro, o prazo de prescrição é reduzido pela metade quando o agente era menor de 21 anos ao tempo do crime. No caso de Paulo, que cometeu o delito de homicídio simples em julho de 2011, sendo menor de 21 anos na época, o prazo de prescrição é de 10 anos, contados a partir da data do crime. Assim, a prescrição da pretensão punitiva ocorreu em 2021. *Alternativa A.*

60. **(35º Exame)** Natan, com 21 anos de idade, praticou, no dia 03 de fevereiro de 2020, crime de apropriação indébita simples. Considerando a pena do delito e a primariedade técnica, já que apenas respondia outra ação penal pela suposta prática de injúria racial, foi oferecida pelo Ministério Público proposta de acordo de não persecução penal, que foi aceita pelo agente e por sua defesa técnica. Natan, 15 dias após o acordo, procura seu(sua) advogado(a) e demonstra intenção de não cumprir as condições acordadas, indagando sobre aspectos relacionadas ao prazo prescricional aplicável ao Ministério Público para oferecimento da denúncia. O(A) advogado(a) de Natan deverá esclarecer, sobre o tema, que

(A) enquanto não cumprido o acordo de não persecução penal, não correrá o prazo da prescrição da pretensão punitiva.

(B) será o prazo prescricional da pretensão punitiva pela pena em abstrato reduzido pela metade, em razão da idade de Natan.

(C) poderá, ultrapassado o prazo de 03 anos, haver reconhecimento da prescrição da pretensão punitiva com base na pena ideal ou hipotética.

(D) poderá, ultrapassado o prazo legal, haver reconhecimento da prescrição da pretensão punitiva entre a data dos fatos e do recebimento da denúncia, considerando pena em concreto aplicada em eventual sentença.

RESPOSTA A alternativa B está errada, porque ele já havia completado 21 anos de idade (CP, art. 115). A alternativa C também está errada, porque o crime prescreveria em oito anos (CP, art. 109, IV). A alternativa D contraria o disposto no art. 110, § 1º, do CP. E, por fim, o acordo de não persecução penal é um instituto de não aplicação da pena, adicionado ao art. 28-A do CPP pelo *Pacote Anticrime*, a Lei n. 13.964/2019. Naturalmente, para que o beneficiado pelo ANPP não frustre o cumprimento da parte que lhe cabe no acordo, a prescrição não correrá enquanto não cumprido ou não rescindido o acordo de não persecução penal (CP, art. 116, IV). *Alternativa A.*

61. **(XXIX Exame)** João, por força de divergência ideológica, publicou, em 03 de fevereiro de 2019, artigo ofensivo à honra de Mário, dizendo que este, quando no exercício de função pública na Prefeitura do município de São Caetano, desviou verba da educação em benefício de empresa de familiares. Mário, inconformado com a falsa notícia, apresentou queixa-crime em face de João, sendo a inicial recebida em 02 de maio de 2019. Após observância do procedimento adequado, o juiz designou data para a realização da audiência de instrução e julgamento, sendo as partes regularmente intimadas. No dia da audiência, apenas o querelado João e sua defesa técnica compareceram. Diante da ausência injustificada do querelante, poderá a defesa de João requerer ao juiz o reconhecimento

(A) Da decadência, que é causa de extinção da punibilidade.

(B) Do perdão do ofendido, que é causa de extinção da punibilidade.

(C) Do perdão judicial, que é causa de exclusão da culpabilidade.

(D) Da perempção, que é causa de extinção da punibilidade.

RESPOSTA Art. 107, IV, V, IX, do CP. *Alternativa D.*

62. **(XXIV Exame)** No dia 28 de agosto de 2011, após uma discussão no trabalho quando todos comemoravam os 20 anos de João, este desfere uma facada no braço de Paulo, que fica revoltado e liga para a Polícia, sendo João preso em flagrante pela prática do injusto de homicídio tentado, obtendo liberdade provisória logo em seguida. O laudo de exame de delito constatou a existência de lesão leve. A denúncia foi oferecida em 23 de agosto de 2013 e recebida pelo juiz em 28 de agosto de 2013. Finda a primeira fase do procedimento do Tribunal do Júri, ocasião em que a vítima compareceu, confirmou os fatos, inclusive dizendo acreditar que a intenção do agente era efetivamente matá-la, e demonstrou todo seu inconformismo com a conduta do réu, João foi pronunciado, sendo a decisão publicada em 23 de agosto de 2015, não havendo impugnação pelas partes. Submetido a julgamento em sessão plenária em 18 de julho de 2017, os jurados afastaram a intenção de matar, ocorrendo em sentença, então, a desclassificação para o crime de lesão corporal simples, que tem a pena máxima prevista de 01 ano, sendo certo que o Código Penal prevê que a pena de 01 a 02 anos prescreve em 04 anos. Na ocasião, você, como advogado(a) de João, considerando apenas as informações narradas, deverá requerer que seja declarada a extinção da punibilidade pela

(A) Decadência, por ausência de representação da vítima.

(B) Prescrição da pretensão punitiva, porque já foi ultrapassado o prazo prescricional entre a data do fato e a do recebimento da denúncia.

(C) Prescrição da pretensão punitiva, porque já foi ultrapassado o prazo prescricional entre a data do oferecimento da denúncia e a da publicação da decisão de pronúncia.

(D) Prescrição da pretensão punitiva, porque entre a data do recebimento da denúncia e a do julgamento pelo júri decorreu o prazo prescricional.

RESPOSTA A questão exige os prazos do art. 109 do CP e as causas de interrupção do art. 117 do CP. Como a banca já disse o prazo a ser utilizado no cálculo – 4 anos –, e considerando que, em razão da idade de João, o prazo da prescrição cai pela metade (CP, art. 115). *Alternativa B.*

63.
(XXII Exame) No dia 15 de abril de 2011, João, nascido em 18 de maio de 1991, foi preso em flagrante pela prática do crime de furto simples, sendo, em seguida, concedida liberdade provisória. A denúncia somente foi oferecida e recebida em 18 de abril de 2014, ocasião em que o juiz designou o dia 18 de junho de 2014 para a realização da audiência especial de suspensão condicional do processo oferecida pelo Ministério Público. A proposta foi aceita pelo acusado e pela defesa técnica, iniciando-se o período de prova naquele mesmo dia. Três meses depois, não tendo o acusado cumprido as condições estabelecidas, a suspensão foi revogada, o que ocorreu em decisão datada de 03 de outubro de 2014. Ao final da fase instrutória, a pretensão punitiva foi acolhida, sendo aplicada ao acusado a pena de 01 ano de reclusão em regime aberto, substituída por restritiva de direitos. A sentença condenatória foi publicada em 19 de maio de 2016, tendo transitado em julgado para a acusação. Intimado da decisão respectiva, João procura você, na condição de advogado(a), para saber sobre eventual prescrição, pois tomou conhecimento de que a pena de 01 ano, em tese, prescreve em 04 anos, mas que, no caso concreto, por força da me-

noridade relativa, deve o prazo ser reduzido de metade. Diante desse quadro, você, como advogado(a), deverá esclarecer que

(A) Ocorreu a prescrição da pretensão punitiva entre a data do fato e a do recebimento da denúncia.

(B) Ocorreu a prescrição da pretensão punitiva entre a data do recebimento da denúncia e a da publicação da sentença condenatória.

(C) Ocorreu a prescrição da pretensão executória entre a data do recebimento da denúncia e a da publicação da sentença condenatória.

(D) Não há que se falar em prescrição, no caso apresentado.

RESPOSTA (A) Art. 110, § 1º, do CP. (B) Art. 89, § 6º, (C) Art. 112 do CP. *Alternativa D.*

VIII. DOS CRIMES CONTRA A PESSOA

64.
(39º Exame) Pablo (13 anos) e Luís (19 anos), amigos de longa data, decidiram cometer suicídio. Durante todo o período em que conversaram sobre o tema, sempre condicionaram a realização do ato à presença de ambos, sendo certo que diariamente um instigava o outro a praticar o ato. No dia combinado, os dois se dirigiram à principal ponte da cidade e se posicionaram no vão central. Afastados um do outro, apenas se olharam para iniciar a contagem até se jogarem. Os dois pularam ao mesmo tempo. Apesar de a altura ser a mesma, Pablo ficou em coma por 90 dias no hospital e ao retornar teve diagnosticada a sua tetraplegia, perdendo completamente os movimentos dos braços e das pernas. Luís, por sua vez, sofreu apenas algumas escoriações. Sobre a participação de Luís no caso narrado, assinale a afirmativa correta, conforme expressa previsão legal.

(A) Deverá responder pelo crime de instigação ao suicídio qualificado pelo resultado morte.

(B) Será responsabilizado nas penas do crime de lesão corporal gravíssima.

(C) Incidiu na conduta de tentativa de instigação ao suicídio.

(D) Não será responsabilizado, porque será beneficiado pelo instituto do perdão judicial, independentemente de as consequências da infração o terem atingido de forma grave.

RESPOSTA Luís será responsabilizado pelo crime de lesão corporal gravíssima, conforme o art. 129, § 2º, do Código Penal. A qualificadora se aplica devido à tetraplegia de Pablo, que representa uma perda permanente de função, configurando uma lesão corporal de natureza gravíssima. Além disso, a ação de Luís

DIREITO PENAL

enquadra-se no art. 122, § 6º, do Código Penal, que estipula que o agente responderá por lesão corporal gravíssima quando o crime de instigação ao suicídio for cometido contra menor de 14 anos. *Alternativa B.*

65. **(XXXIV Exame)** Joana, sob influência do estado puerperal, levanta da cama do quarto do hospital, onde estava internada após o parto, com o propósito de matar seu filho recém-nascido, que se encontrava no berçário. Aproveitando-se da distração do segurança que, ao sair para ir ao banheiro, deixara sua arma sobre a mesa no corredor, Joana pega a arma e se dirige até o vidro do berçário. Lá chegando, identifica o berço de seu filho, aponta a arma e efetua o disparo. Ocorre que, devido ao tranco da arma, Joana erra o disparo e atinge o berço onde estava o filho de Maria. Acerca do caso, é correto afirmar que Joana responderá pelo crime de

(A) homicídio, uma vez que acertou o filho de Maria e não o seu próprio filho.

(B) infanticídio, em razão da incidência do erro sobre a pessoa.

(C) infanticídio, em razão da incidência do erro na execução.

(D) infanticídio, em razão da incidência do resultado diverso do pretendido.

RESPOSTA O enunciado descreve hipótese de *aberratio ictus* ou erro na execução (CP, art. 73). Joana deve responder como se tivesse atingido a vítima pretendida, e não a efetivamente atingida. Ou seja, ficou caracterizado o crime de infanticídio (CP, art. 123). *Alternativa C.*

66. **(XXXIV Exame)** Durante uma festa de confraternização entre amigos da faculdade, em 1º de junho de 2020, começou uma discussão entre Plinio e Carlos, tendo a mãe de Plínio procurado intervir para colocar fim à briga. Nesse momento, Carlos passou a ofender a mãe de Plinio, chamando-a de "macumbeira", que "deveria estar em um terreiro". Revoltadas, pessoas que presenciaram o ocorrido compareceram ao Ministério Público e narraram os fatos. A mãe de Plinio disse, em sua residência, que não pretendia manter discórdia com colegas do filho, não tendo comparecido à Delegacia e nem ao órgão ministerial para tratar do evento. O Ministério Público, em 2 de dezembro de 2020, denunciou Carlos pelo crime de racismo, trazido pela Lei n. 7.716/89. Você, como advogado(a) de Carlos, deverá alegar, em sua defesa, que deverá

(A) ocorrer extinção da punibilidade, pois não houve a indispensável representação da vítima, apesar de, efetivamente, o crime praticado ter sido de racismo.

(B) haver desclassificação para o crime de injúria simples, que é de ação penal privada, não tendo o Ministério Público legitimidade para oferecimento da denúncia.

(C) haver desclassificação para o crime de injúria qualificada pela utilização de elementos referentes à religião, que é de ação penal privada, não tendo o Ministério Público legitimidade para oferecimento de denúncia.

(D) haver desclassificação para o crime de injúria qualificada pela utilização de elementos referentes à religião, que é de ação penal pública condicionada, justificando extinção da punibilidade por não ter havido representação por parte da vítima.

RESPOSTA A injúria qualificada do art. 140, § 3º, do CP é crime de ação penal pública condicionada à representação. Portanto, houve a decadência no exemplo narrado, causa de extinção da punibilidade, nos termos do art. 107, IV, do CP. *Alternativa D.*

67. **(XXXI Exame)** Durante uma reunião de condomínio, Paulo, com o animus de ofender a honra objetiva do condômino Arthur, funcionário público, mesmo sabendo que o ofendido foi absolvido daquela imputação por decisão transitada em julgado, afirmou que Artur não tem condições morais para conviver naquele prédio, porquanto se apropriara de dinheiro do condomínio quando exercia a função de síndico. Inconformado com a ofensa à sua honra, Arthur ofereceu queixa-crime em face de Paulo, imputando-lhe a prática do crime de calúnia. Preocupado com as consequências de seu ato, após ser regularmente citado, Paulo procura você, como advogado(a), para assistência técnica. Considerando apenas as informações expostas, você deverá esclarecer que a conduta de Paulo configura crime de

(A) difamação, não de calúnia, cabendo exceção da verdade por parte de Paulo.

(B) injúria, não de calúnia, de modo que não cabe exceção da verdade por parte de Paulo.

(C) calúnia efetivamente imputado, não cabendo exceção da verdade por parte de Paulo.

(D) calúnia efetivamente imputado, sendo possível o oferecimento da exceção da verdade por parte de Paulo.

RESPOSTA (A) errada. O fato imputado a Arthur caracteriza crime, hipótese de calúnia (CP, art. 138), e não de difamação (CP, art. 139). Ademais, não é possível, no exemplo, exceção da verdade (CP, art. 138, § 3º, III), pois Arthur foi absolvido; (B) errada, pois foi atribuído fato, o que poderia caracterizar calúnia (CP, art. 138) ou difamação (CP, art. 139), mas não a injúria (CP, art. 140). Todavia, de fato, não se admite exceção da verdade em injúria; (C) correta, com fundamento no art. 138, *caput* e § 3º, III, do CP; (D) errada, em razão do art. 138, § 3º, III, do CP. *Alternativa C.*

68. (XXIX Exame) Sandra, mãe de Enrico, de 4 anos de idade, fruto de relacionamento anterior, namorava Fábio. Após conturbado término do relacionamento, cujas discussões tinham como principal motivo a criança e a relação de Sandra com o ex-companheiro, Fábio comparece à residência de Sandra, enquanto esta trabalhava, para buscar seus pertences. Na ocasião, ele encontrou Enrico e uma irmã de Sandra, que cuidava da criança. Com raiva pelo término da relação, Fábio, aproveitando-se da distração da tia, conversa com a criança sobre como seria legal voar do 8º andar apenas com uma pequena toalha funcionando como paraquedas. Diante do incentivo de Fábio, Enrico pula da varanda do apartamento com a toalha e vem a sofrer lesões corporais de natureza grave, já que cai em cima de uma árvore. Descobertos os fatos, a família de Fábio procura advogado para esclarecimentos sobre as consequências jurídicas do ato. Considerando as informações narradas, sob o ponto de vista técnico, deverá o advogado esclarecer que a conduta de Fábio configura

(A) Conduta atípica, já que não houve resultado de morte a partir da instigação ao suicídio.

(B) Crime de instigação ao suicídio consumado, com pena inferior àquela prevista para quando há efetiva morte.

(C) Crime de instigação ao suicídio na modalidade tentada.

(D) Crime de homicídio na modalidade tentada.

RESPOSTA É típica a conduta de instigar, auxiliar ou induzir alguém ao suicídio (CP, art. 122). No entanto, reflita: a criança se jogou do 8º andar com o objetivo de morrer? Não! Ela foi convencida de que poderia utilizar uma toalha como paraquedas, e que tudo não passava de uma brincadeira. Ou seja, em razão de ser muito jovem – apenas 4 anos –, a vítima não tinha a menor ideia do que estava fazendo. Por isso, Fábio deve ser punido pela tentativa de homicídio (CP, arts. 121 e 14, II). *Alternativa D.*

69. (XXVII Exame) Inconformado com o fato de Mauro ter votado em um candidato que defendia ideologia diferente da sua, João desferiu golpes de faca contra seu colega, assim agindo com a intenção de matá-lo. Acreditando ter obtido o resultado desejado, João levou o corpo da vítima até uma praia deserta e o jogou no mar. Dias depois, o corpo foi encontrado, e a perícia constatou que a vítima morreu afogada, e não em razão das facadas desferidas por João. Descobertos os fatos, João foi preso, denunciado e pronunciado pela prática de dois crimes de homicídios dolosos, na forma qualificada, em concurso material. Ao apresentar recurso contra a decisão de pronúncia, você, advogado(a) de João, sob o ponto de vista técnico, deverá alegar que ele somente poderia ser responsabilizado

(A) Pelo crime de lesão corporal, considerando a existência de causa superveniente, relativamente independente, que, por si só, causou o resultado.

(B) Por um crime de homicídio culposo, na forma consumada.

(C) Por um crime de homicídio doloso qualificado, na forma tentada, e por um crime de homicídio culposo, na forma consumada, em concurso material.

(D) Por um crime de homicídio doloso qualificado, na forma consumada.

RESPOSTA (A) Art. 13, § 1º, do CP. (B) Art. 121, § 3º, do CP. (C) Arts. 14, II, 69 e 121, § 2º, do CP. (D) Art. 121, § 2º, do CP. *Alternativa D.*

70. (XXVI Exame) Patrícia foi a um shopping center a fim de comprar um celular para sua filha, Maria, de 10 anos, que a acompanhava. Não encontrando o modelo desejado, Patrícia saiu da loja, esclarecendo o ocorrido para a criança que, inconformada com o fato, começou a chorar. Patrícia chamou a atenção de sua filha, o que fez com que seu colega de trabalho Henrique, que passava pelo local, a advertisse, de que não deveria assim agir com a criança, iniciando uma discussão e acabando por empurrá-la contra a parede. Em razão do comportamento de Henrique, Patrícia sofre uma pequena lesão na perna. Ela efetuou o registro e a perícia confirmou a lesão; contudo, dois dias depois, ela compareceu à Delegacia e desistiu da representação. Em razão de a vítima ser do sexo feminino, o Ministério Público ofereceu denúncia contra Henrique pela prática do crime de lesão corporal no âmbito da violência doméstica e familiar contra a mulher, previsto no art. 129, § 9º, do Código Penal. Considerando as informações narradas, o advogado de Henrique deverá alegar que

(A) Apesar de o crime ser de lesão corporal no âmbito da violência doméstica e familiar contra a mulher, será cabível, em caso de condenação, a substituição da pena privativa de liberdade por restritiva de direito.

DIREITO PENAL

(B) O crime em tese praticado é de lesão corporal leve simples, de modo que, apesar de irrelevante a vontade da vítima para o oferecimento da denúncia, pode ser oferecida proposta de suspensão condicional do processo.

(C) Apesar de o crime ser de lesão corporal no âmbito da violência doméstica e familiar contra a mulher, deverá ser rejeitada a denúncia por depender de representação da vítima.

(D) O crime em tese praticado é de lesão corporal leve simples, devendo a denúncia ser rejeitada por depender de representação da vítima.

RESPOSTA A qualificadora do § 9º do art. 129 do Código Penal é aplicável na hipótese de lesão corporal decorrente de violência doméstica. Não foi o caso do enunciado. Ademais, em razão da lesão produzida, trata-se de lesão corporal leve, do art. 129, *caput*, do Código Penal, crime de ação penal pública condicionada à representação (Lei n. 9.099/95, art. 88). Sobre a possibilidade de retratação da representação, não há dúvida acerca de sua viabilidade (CPP, art. 25). *Alternativa D*.

71. **(XXV Exame)** Márcia e Plínio se encontraram em um quarto de hotel e, após discutirem o relacionamento por várias horas, acabaram por se ofender reciprocamente. Márcia, então, querendo dar fim à vida de ambos, ingressa no banheiro do quarto e liga o gás, aproveitando-se do fato de que Plínio estava dormindo. Em razão do forte cheiro exalado, quando ambos já estavam desmaiados, os seguranças do hotel invadem o quarto e resgatam o casal, que foi levado para o hospital. Tanto Plínio quanto Márcia acabaram sofrendo lesões corporais graves. Registrado o fato na delegacia, Plínio, revoltado com o comportamento de Márcia, procura seu advogado e pergunta se a conduta dela configuraria crime. Considerando as informações narradas, o advogado de Plínio deverá esclarecer que a conduta de Márcia configura crime de

(A) Lesão corporal grave, apenas.

(B) Tentativa de homicídio qualificado e tentativa de suicídio.

(C) Tentativa de homicídio qualificado, apenas.

(D) Tentativa de suicídio, por duas vezes.

RESPOSTA Art. 122 do CP. Por ter havido ato executório idôneo a causar a morte de Plínio, Márcia deve ser responsabilizada pela tentativa de homicídio. *Alternativa C*.

72. **(XXIII Exame)** Roberta, enquanto conversava com Robson, afirmou categoricamente que presenciou quando Caio explorava jogo do bicho, no dia 03/03/2017. No dia seguinte, Roberta contou para João que Caio era um "furtador". Caio toma conhecimento dos fatos, procura você na condição de advogado(a) e nega tudo o que foi dito por Roberta, ressaltando que ela só queria atingir sua honra. Nesse caso, deverá ser proposta queixa-crime, imputando a Roberta a prática de

(A) 1 crime de difamação e 1 crime de calúnia.

(B) 1 crime de difamação e 1 crime de injúria.

(C) 2 crimes de calúnia.

(D) 1 crime de calúnia e 1 crime de injúria.

RESPOSTA Arts. 138, 139 e 140 do CP. *Alternativa B*.

73. **(XXII Exame)** Acreditando estar grávida, Pâmela, 18 anos, desesperada porque ainda morava com os pais e eles sequer a deixavam namorar, utilizando um instrumento próprio, procura eliminar o feto sozinha no banheiro de sua casa, vindo a sofrer, em razão de tal comportamento, lesão corporal de natureza grave. Encaminhada ao hospital para atendimento médico, fica constatado que, na verdade, ela não se achava e nunca esteve grávida. O Hospital, todavia, é obrigado a noticiar o fato à autoridade policial, tendo em vista que a jovem de 18 anos chegou ao local em situação suspeita, lesionada. Diante disso, foi instaurado procedimento administrativo investigatório próprio e, com o recebimento dos autos, o Ministério Público ofereceu denúncia em face de Pâmela pela prática do crime de "aborto provocado pela gestante", qualificado pelo resultado de lesão corporal grave, nos termos dos art. 124 c/c o art. 127, ambos do Código Penal. Diante da situação narrada, assinale a opção que apresenta a alegação do advogado de Pâmela.

(A) A atipicidade de sua conduta.

(B) O afastamento da qualificadora, tendo em vista que esta somente pode ser aplicada aos crimes de aborto provocado por terceiro, com ou sem consentimento da gestante, mas não para o delito de autoaborto de Pâmela.

(C) A desclassificação para o crime de lesão corporal grave, afastando a condenação pelo aborto.

(D) O reconhecimento da tentativa do crime de aborto qualificado pelo resultado.

RESPOSTA Art. 17 do CP. Pâmela não estava grávida e, por isso, não há o que se falar em aborto, lesão corporal ou qualquer outro delito. *Alternativa A*.

IX. DOS CRIMES CONTRA O PATRIMÔNIO

74. **(40º Exame)** Joaquim dirigia-se a uma agência bancária para sacar o valor de sua aposentadoria. Todavia, às 10h, ao se aproximar do estabelecimento, foi abordado por Gilson que, com emprego de arma de fogo, ordenou que Joaquim entrasse em seu carro. Em seguida, Gilson conduziu o veículo até um motel e, mediante ameaça de morte, exigiu que a vítima transferisse valores para a conta bancária de Gilson, por meio de operações via PIX e TED, sendo certo que houve restrição da liberdade da vítima por tempo relevante, condição necessária para obtenção da vantagem de R$ 12.000,00 (doze mil reais) efetivamente auferida em desfavor de Joaquim, após o que Gilson liberou a vítima. Diante do cenário descrito, assinale a opção que indica o(s) crime(s) praticados por Gilson.

(A) Roubo circunstanciado pelo emprego de arma de fogo.
(B) Extorsão mediante sequestro.
(C) Sequestro ou cárcere privado.
(D) Extorsão mediante restrição da liberdade da vítima.

RESPOSTA Gilson cometeu o crime de extorsão mediante restrição da liberdade da vítima, conforme descrito no art. 158, § 3º, do Código Penal. A conduta envolve a obtenção de vantagem econômica mediante grave ameaça e restrição da liberdade da vítima. *Alternativa D.*

75. **(37º Exame)** Eduardo trabalha como porteiro do condomínio, e possui um primo, de nome Ygor, envolvido em vários crimes. A semelhança entre ambos sempre foi notória. Certa noite, após Eduardo se ausentar da portaria para colocar as lixeiras do prédio na rua, Ygor, aproveitando-se dos traços físicos muito parecidos com os do seu primo, também vestido com um uniforme idêntico, ingressa no edifício e subtrai vários pacotes endereçados aos moradores. Alguns moradores viram a movimentação, mas pensaram que se tratava de Eduardo arrumando e conferindo os pacotes.

Baseando-se no caso hipotético, Ygor cometeu

(A) furto qualificado mediante fraude.
(B) estelionato.
(C) falsa identidade.
(D) furto qualificado por abuso de confiança.

RESPOSTA B) Incorreta. Não se configura o estelionato, já que não houve a intenção de Ygor de obter vantagem ilícita enganando as vítimas. C) Incorreta. Não é falsa identidade (CP, art. 307), pois Ygor não atribuiu a si a identidade de Eduardo perante terceiro, apenas se aproveitou da semelhança física. Ainda que verificado o crime do art. 307 do CP, haveria a absorção deste pelo furto; D) Incorreta. *Vide* explicação anterior. A) Correta. Nesse caso, a fraude foi utilizada como meio para a prática do furto, enganando as pes-

soas que viram Ygor agindo e pensaram se tratar de Eduardo (CP, art. 155, § 4º, II). *Alternativa A.*

76. **(37º Exame)** Silvio, mediante emprego da ameaça de "esquartejá-la com sua espada", arrancou o cordão de ouro do pescoço de Ana. Após tal subtração, Silvio foi perseguido por policiais militares, que lograram prendê-lo em flagrante delito e recuperar o bem subtraído da vítima. É correto afirmar que Silvio cometeu crime de

(A) extorsão tentada.
(B) roubo tentado.
(C) roubo impróprio.
(D) roubo consumado.

RESPOSTA A) Incorreta. Não houve exigência de vantagem indevida por parte de Silvio, requisito fundamental do crime de extorsão (CP, art. 158). B) Incorreta. Não se trata de roubo tentado, pois houve a inversão da posse. C) Incorreta. Não se trata de roubo impróprio, que ocorre quando, logo depois de subtraída a coisa, o agente emprega violência contra pessoa ou grave ameaça, a fim de assegurar a impunidade do crime ou a detenção da coisa para si ou para terceiro (CP, art. 157, § 1º). D) Correta. Silvio cometeu o crime de roubo consumado, pois subtraiu o bem mediante grave ameaça e houve a inversão da posse do objeto. Além disso, a recuperação da coisa roubada e a breve duração da posse pelo agente não afastam a consumação do crime, como reconhece a Súmula 582 do STJ. *Alternativa D.*

77. **(XXXIV Exame)** Gabriel, funcionário há 20 (vinte) dias de uma loja de eletrodomésticos, soube, por terceira pessoa, que Ricardo, seu amigo de longa data, pretendia furtar o estabelecimento em que trabalhava, após o encerramento do expediente daquele dia, apenas não decidindo o autor do fato como faria para ingressar no local sem acionar o alarme. Ciente do plano de Ricardo, Gabriel, pretendendo facilitar o ato de seu amigo, sem que aquele soubesse, ao sair do trabalho naquele dia, deixou propositalmente aberto o portão de acesso à loja, desligando os alarmes. Ricardo, ao chegar ao local, percebeu o portão de acesso aberto, entrou no estabelecimento e furtou diversos bens de seu interior. Após investigação, todos os fatos são descobertos. Os proprietários do estabelecimento lesado, então, procuram a assistência de um advogado, esclarecendo que tomaram conhecimento de que Ricardo, após o crime, falecera em razão de doença preexistente. Considerando apenas as informações expostas, o advogado deverá esclarecer aos lesados que Gabriel poderá ser responsabilizado pelo crime de

DIREITO PENAL

(A) furto qualificado pelo concurso de pessoas.

(B) furto simples, sem a qualificadora do concurso de pessoas em razão da ausência do elemento subjetivo.

(C) furto simples, sem a qualificadora do concurso de pessoas em razão da contribuição ter sido inócua para a consumação delitiva.

(D) favorecimento real, mas não poderá ser imputado o crime de furto, simples ou qualificado.

RESPOSTA (B)(C) Erradas. Veja a justificativa da alternativa correta. (D) Errada. O dolo do favorecimento real tem de surgir após a prática do crime antecedente – no caso, um furto. (A) Correta. Embora não exista dúvida em relação à imputação do furto a Gabriel em virtude da participação material (cumplicidade), é questionável a incidência da qualificadora do concurso de pessoas. De qualquer forma, a banca o reconheceu, nos termos dos arts. 29 e 155, § 4º, IV, ambos do CP. *Alternativa A.*

78. **(XXXII Exame)** Paulo é dono de uma loja de compra e venda de veículos usados. Procurado por um cliente interessado na aquisição de um veículo Audi Q7 e não tendo nenhum similar para vender, Paulo promete ao cliente que conseguirá aquele modelo no prazo de sete dias. No dia seguinte, Paulo verifica que um carro, do mesmo modelo pretendido, se achava estacionado no pátio de um supermercado e, assim, aciona Júlio e Felipe, conhecidos furtadores de carros da localidade, prometendo a eles adquirir o veículo após sua subtração pela dupla, logo pensando na venda vantajosa que faria para o cliente interessado. Júlio e Felipe, tranquilos com a venda que seria realizada, subtraíram o carro referido e Paulo efetuou a compra e o pagamento respectivo. Dias após, Paulo vende o carro para o cliente. Todavia, a polícia identificou a autoria do furto, em razão de a ação ter sido monitorada pelo sistema de câmeras do supermercado, sendo o veículo apreendido e recuperado com o cliente de Paulo. Paulo foi denunciado pela prática dos crimes de receptação qualificada e furto qualificado em concurso material. Confirmados integralmente os fatos durante a instrução, inclusive com a confissão de Paulo, sob o ponto de vista técnico, cabe ao advogado de Paulo buscar o reconhecimento do

(A) crime de receptação simples e furto qualificado, em concurso material.

(B) crime de receptação qualificada, apenas.

(C) crime de furto qualificado, apenas.

(D) crime de receptação simples, apenas.

RESPOSTA (A)(B)(D) Erradas e (C) certa pelo motivo: quem pratica o crime de receptação (CP, art. 180)

não pode ter envolvimento no crime antecedente, sob pena de responder em concurso de pessoas – no exemplo, o de furto qualificado (CP, art. 155, § 4º). *Alternativa C.*

79. **(XXXI Exame)** Inconformado por estar desempregado, Lúcio resolve se embriagar. Quando se encontrava no interior do coletivo retornando para casa, ele verifica que o passageiro sentado à sua frente estava dormindo, e o telefone celular deste estava solto em seu bolso. Aproveitando-se da situação, Lúcio subtrai o aparelho sem ser notado pelo lesado, que continuava dormindo profundamente. Ao tentar sair do coletivo, Lúcio foi interpelado por outro passageiro, que assistiu ao ocorrido, iniciando-se uma grande confusão, que fez com que o lesado acordasse e verificasse que seu aparelho fora subtraído. Após denúncia pelo crime de furto qualificado pela destreza e regular processamento do feito, Lúcio foi condenado nos termos da denúncia, sendo, ainda, aplicada a agravante da embriaguez preordenada, já que Lúcio teria se embriagado dolosamente. Considerando apenas as informações expostas e que os fatos foram confirmados, o(a) advogado(a) de Lúcio, no momento da apresentação de recurso de apelação, poderá requerer

(A) o reconhecimento de causa de diminuição de pena diante da redução da capacidade em razão da sua embriaguez, mas não o afastamento da qualificadora da destreza.

(B) a desclassificação para o crime de furto simples, mas não o afastamento da agravante da embriaguez preordenada.

(C) a desclassificação para o crime de furto simples e o afastamento da agravante, não devendo a embriaguez do autor do fato interferir na tipificação da conduta ou na dosimetria da pena.

(D) a absolvição, diante da ausência de culpabilidade, em razão da embriaguez completa.

RESPOSTA (A) errada. A embriaguez não se deu por caso fortuito ou força maior (CP, artigo 28, § 2º); (B) errada, pois Lúcio não bebeu com o intuito de praticar o delito, não sendo hipótese de embriaguez preordenada (CP, art. 61, II, "l"); (C) correta. Não houve destreza por parte de Lúcio, afinal, a vítima estava "dormindo profundamente", tendo de ser afastada a qualificadora do art. 155, § 4º, II, do CP; (D) errada. A embriaguez voluntária não afasta a imputabilidade ou a culpabilidade (CP, art. 28, II). *Alternativa C.*

80. **(XXXI Exame)** Maria, em uma loja de departamento, apresentou roupas no valor de R$ 1.200 (mil e duzentos reais) ao caixa, buscando efetuar o pagamento por meio de um cheque de terceira pessoa, inclusive assinando como se fosse a titular da conta. Na ocasião, não foi exigido qualquer documento de identidade. Todavia, o caixa da loja desconfiou do seu nervosismo no preenchimento do cheque, apesar da assinatura perfeita, e consultou o banco sacado, constatando que aquele documento constava como furtado. Assim, Maria foi presa em flagrante naquele momento e, posteriormente, denunciada pelos crimes de estelionato e falsificação de documento público, em concurso material. Confirmados os fatos, o advogado de Maria, no momento das alegações finais, sob o ponto de vista técnico, deverá buscar o reconhecimento

(A) do concurso formal entre os crimes de estelionato consumado e falsificação de documento público.

(B) do concurso formal entre os crimes de estelionato tentado e falsificação de documento particular.

(C) de crime único de estelionato, na forma consumada, afastando-se o concurso de crimes.

(D) de crime único de estelionato, na forma tentada, afastando-se o concurso de crimes.

RESPOSTA (A), (B) e (C) erradas e (D) correta pelos mesmos motivos: (1º) o cheque, em si, não era falso, não havendo que se falar em falsidade material (CP, arts. 297 e 298); (2º) embora fosse possível falar em falsidade ideológica (CP, art. 299), teria de incidir a Súmula 17 do STJ, devendo o crime de falso ser absorvido pelo de estelionato; (3º) não houve a consumação do crime do art. 171 do CP por razões alheias à vontade de Maria, hipótese de tentativa (CP, art. 14, II). *Alternativa D.*

81. **(XXX Exame)** Mário trabalhava como jardineiro na casa de uma família rica, sendo tratado por todos como um funcionário exemplar, com livre acesso a toda a residência, em razão da confiança estabelecida. Certo dia, enfrentando dificuldades financeiras, Mário resolveu utilizar o cartão bancário de seu patrão, Joaquim, e, tendo conhecimento da respectiva senha, promoveu o saque da quantia de R$ 1.000,00 (mil reais). Joaquim, ao ser comunicado pelo sistema eletrônico do banco sobre o saque feito em sua conta, efetuou o bloqueio do cartão e encerrou sua conta. Sem saber que o cartão se encontrava bloqueado e a conta encerrada, Mário tentou novo saque no dia seguinte, não obtendo êxito. De posse das filmagens das câmeras de segurança do banco, Mário foi identificado como o autor dos fatos, tendo admitido a prática delitiva. Preocupado com as consequências jurídicas de seus atos, Mário procurou você, como

advogado(a), para esclarecimentos em relação à tipificação de sua conduta. Considerando as informações expostas, sob o ponto de vista técnico, você, como advogado(a) de Mário, deverá esclarecer que sua conduta configura

(A) Os crimes de furto simples consumado e de furto simples tentado, na forma continuada.

(B) Os crimes de furto qualificado pelo abuso de confiança consumado e de furto qualificado pelo abuso de confiança tentado, na forma continuada.

(C) Um crime de furto qualificado pelo abuso de confiança consumado, apenas.

(D) Os crimes de furto qualificado pelo abuso de confiança consumado e de furto qualificado pelo abuso de confiança tentado, em concurso material.

RESPOSTA Na primeira conduta, Mário tirou proveito da confiança depositada para a prática do crime de furto – CP, art. 155, § 4º, II. Na segunda tentativa, já não havia mais como consumar o crime, pois há havia ocorrido o encerramento da conta da vítima (CP, art. 17). Portanto, não houve concurso de delitos, mas um único furto, qualificado e consumado. *Alternativa C.*

82. **(XXVII Exame)** Leonardo, nascido em 20-3-1976, estava em dificuldades financeiras em razão de gastos contínuos com entorpecente para consumo. Assim, em 5-7-2018, subtraiu, em comunhão de ações e desígnios com João, nascido em 1º-1-1970, o aparelho de telefonia celular de seu pai, Gustavo, nascido em 5-11-1957, tendo João conhecimento de que Gustavo era genitor do comparsa. Após a descoberta dos fatos, Gustavo compareceu em sede policial, narrou o ocorrido e indicou os autores do fato, que vieram a ser denunciados pelo crime de furto qualificado pelo concurso de agentes. No momento da sentença, confirmados os fatos, o juiz reconheceu a causa de isenção de pena em relação aos denunciados, considerando a condição de a vítima ser pai de um dos autores do fato. Inconformado com o teor da sentença, Gustavo, na condição de assistente de acusação habilitado, demonstrou seu interesse em recorrer. Com base apenas nas informações expostas, o(a) advogado(a) de Gustavo deverá esclarecer que

(A) Os dois denunciados fazem jus a causa de isenção de pena da escusa absolutória, conforme reconhecido pelo magistrado, já que a circunstância de a vítima ser pai de Leonardo deve ser estendida para João.

(B) Nenhum dos dois denunciados faz jus à causa de isenção de pena da escusa absolutória, devendo,

DIREITO PENAL

confirmada a autoria, ambos ser condenados e aplicada pena.

(C) Somente Leonardo faz jus a causa de isenção de pena da escusa absolutória, não podendo esta ser estendida ao coautor.

(D) Somente João faz jus a causa de isenção de pena da escusa absolutória, não podendo esta ser estendida ao coautor.

RESPOSTA Art. 183, III, do CP. Cuidado com a incidência do art. 181 em conjunto com o art. 30, ambos do CP. *Alternativa C.*

83. (XXV Exame) Flávia conheceu Paulo durante uma festa de aniversário. Após a festa, ambos foram para a casa de Paulo, juntamente com Luiza, amiga de Flávia, sob o alegado desejo de se conhecerem melhor. Em determinado momento, Paulo, sem qualquer violência real ou grave ameaça, ingressa no banheiro para urinar, ocasião em que Flávia e Luiza colocam um pedaço de madeira na fechadura, deixando Paulo preso dentro do local. Aproveitando-se dessa situação, subtraem diversos bens da residência de Paulo e deixam o imóvel, enquanto a vítima, apesar de perceber a subtração, não tinha condição de reagir. Horas depois, vizinhos escutam os gritos de Paulo e chamam a Polícia. De imediato, Paulo procura seu advogado para esclarecimentos sobre a responsabilidade penal de Luiza e Flávia. Considerando as informações narradas, o advogado de Paulo deverá esclarecer que as condutas de Luiza e Flávia configuram crime de

(A) Roubo majorado.

(B) Furto qualificado, apenas.

(C) Cárcere privado, apenas.

(D) Furto qualificado e cárcere privado.

RESPOSTA (A) Art. 157, § 2º, II e V, do CP. (B)(D) Art. 155, § 4º, do CP. (C) Art. 148 do CP. *Alternativa A.*

84. (XXI Exame) Felipe sempre sonhou em ser proprietário de um veículo de renomada marca mundial. Quando soube que uma moradora de sua rua tinha um dos veículos de seu sonho em sua garagem, Felipe combinou com Caio e Bruno de os dois subtraírem o veículo, garantindo que ficaria com o produto do crime e que Caio e Bruno iriam receber determinado valor, o que efetivamente vem a ocorrer. Após receber o carro, Felipe o leva para sua casa de praia, localizada em outra cidade do mesmo Estado em que reside. Os fatos são descobertos e o veículo é apreendido na casa de veraneio de Felipe. Considerando as informações narra-

das, é correto afirmar que Felipe deverá ser responsabilizado pela prática do crime de

(A) Furto simples.

(B) Favorecimento real.

(C) Furto qualificado pelo concurso de agentes.

(D) Receptação.

RESPOSTA (A e C) Art. 155, *caput* e § 4º, IV, do CP. (B) Art. 349 do CP. (D) Art. 180 do CP. *Alternativa C.*

85. (XX Exame) Aproveitando-se da ausência do morador, Francisco subtraiu de um sítio diversas ferramentas de valor considerável, conduta não assistida por quem quer que seja. No dia seguinte, o proprietário Antônio verifica a falta das coisas subtraídas, resolvendo se dirigir à delegacia da cidade. Após efetuar o devido registro, quando retornava para o sítio, Antônio avistou Francisco caminhando com diversas ferramentas em um carrinho, constatando que se tratavam dos bens dele subtraídos no dia anterior. Resolve fazer a abordagem, logo dizendo ser o proprietário dos objetos, vindo Francisco, para garantir a impunidade do crime anterior, a desferir um golpe de pá na cabeça de Antônio, causando-lhe as lesões que foram a causa de sua morte. Apesar de tentar fugir em seguida, Francisco foi preso por policiais que passavam pelo local, sendo as coisas recuperadas, ficando constatado o falecimento do lesado. Revoltada, a família de Antônio o procura, demonstrando interesse em sua atuação como assistente de acusação e afirmando a existência de dúvidas sobre a capitulação da conduta do agente. Considerando o caso narrado, o advogado esclarece que a conduta de Francisco configura o(s) crime(s) de

(A) Latrocínio consumado.

(B) Latrocínio tentado.

(C) Furto tentado e homicídio qualificado.

(D) Furto consumado e homicídio qualificado.

RESPOSTA (A e B) Art. 157, § 3º, II, do CP. (C e D) Arts. 121, § 2º, V, e 155 do CP. *Alternativa D.*

X. DOS CRIMES CONTRA A DIGNIDADE SEXUAL

86. (36º Exame) Robson, diretor-presidente da Sociedade Empresária RX Empreendimentos, telefona para sua secretária Camila e solicita que ela compareça à sua sala. Ao ingressar no recinto, Camila é convidada para sentar ao lado de Robson no sofá, pois ele estaria precisando conversar com ela. Apesar de achar estranho o procedimento, Camila se senta ao lado de seu chefe. Durante a conversa, Robson afirma que estaria interessado nela e a convida para ir a um motel. Camila recusa o convite e, ato contínuo, Robson afirma que se ela não aceitar, nem precisa retornar ao trabalho no dia seguinte, pois estaria demitida. Camila, desesperada, sai da sala de seu chefe, pega sua bolsa e vai até a Delegacia Policial do bairro para registrar o fato. Diante das informações apresentadas, é correto afirmar que a conduta praticada por Robson se amolda ao crime de

(A) tentativa de assédio sexual (art. 216-A), não chegando o crime a ser consumado na medida em que se trata de crime material, exigindo a produção do resultado, o que não ocorreu na hipótese.

(B) assédio sexual consumado, uma vez que o delito é formal, ocorrendo a sua consumação independentemente da obtenção da vantagem sexual pretendida.

(C) fato atípico, uma vez que a conduta praticada por Robson configura mero ato preparatório do crime de assédio sexual, sendo certo que os atos preparatórios não são puníveis.

(D) importunação sexual (art. 215-A), uma vez que Robson praticou, contra a vontade de Camila, ato visando à satisfação de sua lascívia.

RESPOSTA A) Errada. O assédio sexual é crime formal, cuja consumação independe da efetiva produção de resultado naturalístico (a ocorrência do ato libidinoso); C) Errada. A conduta corresponde ao crime de assédio sexual; D) Errada. A conduta corresponde ao crime de assédio sexual; B) Correta. Por se tratar de crime formal, houve a consumação do assédio sexual, nos termos do art. 216-A do CP. *Alternativa B.*

87. (35º Exame) No dia 31/12/2020, na casa da genitora da vítima, Fausto, com 39 anos, enquanto conversava com Ana Vitória, de 12 anos de idade, sem violência ou grave ameaça à pessoa, passava as mãos nos seios e nádegas da adolescente, conduta flagrada pela mãe da menor, que imediatamente acionou a polícia, sendo Fausto preso em flagrante. Preocupada com eventual represália e tendo interesse em ver o autor do fato punido, em especial porque sabe que Fausto cumpre pena em livramento condicional por condenação com trânsito em julgado pelo crime de latrocínio, a família de Ana Vitória procura você, na condição de advogado(a), para esclarecimento sobre a conduta praticada. Por ocasião da consulta jurídica, deverá ser esclarecido que o crime em tese praticado por Fausto é o de

(A) estupro de vulnerável (Art. 217-A do CP), não fazendo jus Fausto, em caso de eventual condenação, a novo livramento condicional.

(B) importunação sexual (Art. 215-A do CP), não fazendo jus Fausto, em caso de eventual condenação, a novo livramento condicional.

(C) estupro de vulnerável (Art. 217-A do CP), podendo Fausto, em caso de condenação, após cumprimento de determinado tempo de pena e observados os requisitos subjetivos, obter novo livramento condicional.

(D) importunação sexual (Art. 215-A do CP), podendo Fausto, em caso de condenação, após cumprimento de determinado tempo de pena e observados os requisitos subjetivos, obter novo livramento condicional.

RESPOSTA A violência é presumida, de forma absoluta, no crime de estupro de vulnerável (CP, art. 217-A). Por isso, não ficou caracterizado, no exemplo trazido, o delito de importunação sexual (CP, art. 215-A). Ademais, a reincidência específica em crime hediondo impede o livramento condicional (CP, art. 83, IV). *Alternativa A.*

88. (XXXI Exame) Yuri foi denunciado pela suposta prática de crime de estupro qualificado em razão da idade da vítima, porque teria praticado conjunção carnal contra a vontade de Luana, de 15 anos, mediante emprego de grave ameaça. No curso da instrução, Luana mudou sua versão e afirmou que, na realidade, havia consentido na prática do ato sexual, sendo a informação confirmada por Yuri em seu interrogatório. Considerando apenas as informações expostas, no momento de apresentar alegações finais, a defesa técnica de Yuri deverá pugnar por sua absolvição, sob o fundamento de que o consentimento da suposta ofendida, na hipótese, funciona como

(A) causa supralegal de exclusão da ilicitude.

(B) causa legal de exclusão da ilicitude.

(C) fundamento para reconhecimento da atipicidade da conduta.

(D) causa supralegal de exclusão da culpabilidade.

RESPOSTA (A), (B) e (D) erradas e correta a alternativa (C) pelos mesmos motivos: no crime de estupro (CP, art. 213, § 1º), ainda que se trate de vítima menor de idade, o consentimento é causa de atipicidade da conduta. Conclusão diversa seria obtida se Luana fosse menor de 14 anos, pois estaria caracterizado o estupro de vulnerável (CP, art. 217-A), quando o consentimento é irrelevante. *Alternativa C.*

89. (XX Exame) Durante dois meses, Mário, 45 anos, e Joana, 14 anos, mantiveram re-

DIREITO PENAL

lações sexuais em razão de relacionamento amoroso. Apesar do consentimento de ambas as partes, ao tomar conhecimento da situação, o pai de Joana, revoltado, comparece à Delegacia e narra o ocorrido para a autoridade policial, esclarecendo que o casal se conhecera no dia do aniversário de 14 anos de sua filha. Considerando apenas as informações narradas, é correto afirmar que a conduta de Mário

(A) É atípica, em razão do consentimento da ofendida.

(B) Configura crime de estupro de vulnerável.

(C) É típica, mas não é antijurídica, funcionando o consentimento da ofendida como causa supralegal de exclusão da ilicitude.

(D) Configura crime de corrupção de menores.

RESPOSTA (A e B) Art. 217-A do CP. (C) Não há previsão legal. (D) Art. 218 do CP. *Alternativa A.*

XI. DOS CRIMES CONTRA A INCOLUMIDADE PÚBLICA

90. (XXVIII Exame) Frederico, de maneira intencional, colocou fogo no jardim da residência de seu chefe de trabalho, causando perigo ao patrimônio deste e dos demais vizinhos da região, já que o fogo se alastrou rapidamente, aproximando-se da rede elétrica e de pessoas que passavam pelo local. Ocorre que Frederico não se certificou, com as cautelas necessárias, que não haveria ninguém no jardim, de modo que a conduta por ele adotada causou a morte de uma criança, queimada, que brincava no local. Desesperado, Frederico procura você, como advogado(a), e admite os fatos, indagando sobre eventuais consequências penais de seus atos. Considerando apenas as informações narradas, o(a) advogado(a) de Frederico deverá esclarecer que a conduta praticada configura crime de

(A) Homicídio doloso qualificado pelo emprego de fogo.

(B) Incêndio doloso simples.

(C) Homicídio culposo.

(D) Incêndio doloso com aumento de pena em razão do resultado morte.

RESPOSTA Muitos devem ter se perguntado se o delito de incêndio (CP, art. 250) teria a pena aumentada pelo resultado morte. Por ser um tipo penal pouco estudado, é bem provável que boa parte dos examinandos nem o conhecessem. Para piorar a situação, de fato, existe o aumento pelo resultado morte, mas em outro dispositivo: o art. 258 do CP. E não parou por aí: o CP fala em formas qualificadas no art. 258, mas, em verdade, são causas de aumento de pena. Correta a *alternativa D.*

XII. DOS CRIMES CONTRA A PAZ PÚBLICA

91. (XXXIV Exame) Rômulo, 35 anos, José, 28 anos e Guilherme, 15 anos, durante 3 (três) meses, reuniram-se, na casa da mãe do adolescente, para discutirem a prática de crimes considerados de menor potencial ofensivo. Ao descobrir o objetivo das reuniões, a mãe de Guilherme informou os fatos à autoridade policial, que instaurou procedimento investigatório. Concluídas as investigações e confirmados os fatos, o Ministério Público ofereceu denúncia, em face de Rômulo e José, pelo crime de organização criminosa com causa de aumento pelo envolvimento do adolescente. Considerando apenas as informações narradas, a defesa de Rômulo e José poderá pleitear, sob o ponto de vista técnico,

(A) a desclassificação para o crime de associação criminosa, apesar de possível a aplicação da causa de aumento pelo envolvimento de adolescente.

(B) o afastamento da causa de aumento pelo envolvimento de adolescente, apesar de possível a condenação pelo crime de constituição de organização criminosa.

(C) a absolvição dos réus, já que, considerando a inimputabilidade de Guilherme, não poderiam responder nem pela constituição de organização criminosa nem pela associação criminosa.

(D) a desclassificação para o crime de associação criminosa, não havendo previsão de causa de aumento pelo envolvimento de adolescente, mas tão só se houvesse emprego de arma de fogo.

RESPOSTA Nos termos do art. 288 do CP, a associação criminosa é composta por três ou mais pessoas, reunidas para o fim específico de cometer crimes. Nessa contagem do número mínimo, devem ser contabilizados inimputáveis. Ademais, a pena deve ser aumentada até a metade se a associação for armada ou se houver a participação de criança ou adolescente (art. 288, parágrafo único). *Alternativa A.*

92. (XXXI Exame) Caio, funcionário público, Antônio, empresário, Ricardo, comerciante, e Vitor, adolescente, de forma recorrente se reúnem, de maneira estruturalmente ordenada e com clara divisão de tarefas, inclusive Antônio figurando como líder, com o objetivo de organizarem a prática de diversos delitos de falsidade ideológica de documento particular (Art. 299 do CP: pena: 01 a 03 anos de reclusão e multa). Apesar de o objetivo ser a falsificação de documentos particulares, Caio utilizava-se da sua função pública para obter as informações a serem inseridas de forma falsa na documentação. Descobertos os fatos, Caio, Ricardo e Antônio foram denunciados, devidamente processados e condenados como incursos nas sanções do Art. 2º da Lei n. 12.850/13 (constituir organização criminosa), sendo reconhecidas as causas de aumento em razão do envolvimento de funcionário público e em razão do envolvimento de adolescente. A Antônio foi, ainda, agravada a pena diante da posição de liderança. Constituído nos autos apenas para defesa dos interesses de Antônio, o advogado, em sede de recurso, sob o ponto de vista técnico, de acordo com as previsões legais, deverá requerer

(A) desclassificação para o crime de associação criminosa, previsto no Código Penal (antigo bando ou quadrilha).

(B) afastamento da causa de aumento em razão do envolvimento de adolescente, diante da ausência de previsão legal.

(C) afastamento da causa de aumento em razão da presença de funcionário público, tendo em vista que Antônio não é funcionário público e nem equiparado, devendo a majorante ser restrita a Caio.

(D) afastamento da agravante, pelo fato de Antônio ser o comandante da organização criminosa, uma vez que tal incremento da pena não está previsto na Lei n. 12.850/13.

RESPOSTA (A) correta. A organização criminosa tem de ser voltada à prática de delitos com pena superior a 4 anos (Lei n. 12.850/13, art. 1º, § 1º). Ademais, agravantes não têm qualquer influência nesse aspecto (Súmula 231 do STJ), devendo ocorrer a desclassificação para o crime do art. 288 do CP; (B) errada. Art 2º, § 4º, I, da Lei n. 12.850/2013; (C) errada (CP, art. 327); (D) errada (art. 2º, § 3º, da Lei n. 12.850/2013). *Alternativa A.*

XIII. DOS CRIMES CONTRA A FÉ PÚBLICA

93. (XXVI Exame) Talles, desempregado, decide utilizar seu conhecimento de engenharia para fabricar máquina destinada à falsificação de moedas. Ao mesmo tempo, pega uma moeda falsa de R$ 3,00 (três reais) e, com um colega também envolvido com falsificações, tenta colocá-la em livre circulação, para provar o sucesso da empreitada. Ocorre que aquele que recebe a moeda percebe a falsidade rapidamente, em razão do valor suspeito, e decide chamar a Polícia, que apreende a moeda e o maquinário já fabricado. Talles é indiciado pela prática de crimes e, já na Delegacia, liga para você, na condição de advogado(a), para esclarecimentos sobre a tipicidade de sua conduta. Considerando as informações narradas, em conversa

sigilosa com seu cliente, você deverá esclarecer que a conduta de Talles configura

(A) Atos preparatórios, sem a prática de qualquer delito.

(B) Crimes de moeda falsa e de petrechos para falsificação de moeda.

(C) Crime de petrechos para falsificação de moeda, apenas.

(D) Crime de moeda falsa, apenas, em sua modalidade tentada.

RESPOSTA (B e D) Art. 289 do CP. (C) Art. 291 do CP. *Alternativa C.*

94. (XXI Exame) No curso de uma assembleia de condomínio de prédio residencial foram discutidos e tratados vários pontos. O morador Rodrigo foi o designado para redigir a ata respectiva, descrevendo tudo que foi discutido na reunião. Por esquecimento, deixou de fazer constar ponto relevante debatido, o que deixou Lúcio, um dos moradores, revoltado ao receber cópia da ata. Indignado, Lúcio promove o devido registro na delegacia própria, comprovando que Rodrigo, com aquela conduta, havia lhe causado grave prejuízo financeiro. Após oitiva dos moradores do prédio, em que todos confirmaram que o tema mencionado por Lúcio, de fato, fora discutido e não constava da ata, o Ministério Público ofereceu denúncia em face de Rodrigo, imputando-lhe a prática do crime de falsidade ideológica de documento público. Considerando que todos os fatos acima destacados foram integralmente comprovados no curso da ação, o(a) advogado(a) de Rodrigo deverá alegar que

(A) Ele deve ser absolvido por respeito ao princípio da correlação, já que a conduta por ele praticada melhor se adequa ao crime de falsidade material, que não foi descrito na denúncia.

(B) Sua conduta deve ser desclassificada para crime de falsidade ideológica culposa.

(C) A pena a ser aplicada, apesar da prática do crime de falsidade ideológica, é de 01 a 03 anos de reclusão, já que a ata de assembleia de condomínio é documento particular e não público.

(D) Ele deve ser absolvido por atipicidade da conduta.

RESPOSTA (A) Art. 298 do CP. (B e C) Art. 299 do CP. (D) De fato, não se pune a forma culposa da conduta. *Alternativa D.*

XIV. DOS CRIMES CONTRA A ADMINISTRAÇÃO PÚBLICA

95. (40º Exame) Antônio, funcionário público, foi designado como servidor responsável por conduzir a licitação de um Hospital Público

DIREITO PENAL

que desejava adquirir 100.000 (cem mil) doses de um determinado medicamento. Patrícia, funcionária da sociedade empresária Medicante Ltda., descobre o contato de Antônio e, de seu celular pessoal, manda um áudio no qual se oferece para dividir sua comissão com o funcionário público caso a sua empresa fosse a vencedora. O valor da comissão de Patrícia era de R$ 50.000,00 (cinquenta mil reais), em caso de vitória na licitação. Antônio, indignado com a proposta de Patrícia, encaminha os fatos aos seus superiores que enviam Notícia de Crime à autoridade policial com atribuição para investigar os fatos. Tomando por base o fato de não ter havido o pagamento do valor oferecido, assinale a opção que indica o crime pelo qual Patrícia poderá ser responsabilizada.

(A) Corrupção passiva tentada, na medida em que o crime é material, sendo necessário o efetivo pagamento da vantagem indevida para o crime ser consumado.

(B) Corrupção passiva consumada, na medida em que o crime é formal, bastando o oferecimento da vantagem ilícita ao servidor público para a sua consumação.

(C) Corrupção ativa tentada, na medida em que o crime é material, sendo necessário o efetivo pagamento da vantagem indevida para o crime ser consumado.

(D) Corrupção ativa consumada, na medida em que o crime é formal, bastando o oferecimento da vantagem ilícita ao servidor público para a sua consumação.

RESPOSTA Patrícia poderá ser responsabilizada por corrupção ativa consumada, pois, conforme o art. 333 do Código Penal, o crime se consuma com o oferecimento de vantagem ilícita ao funcionário público, independentemente do efetivo pagamento. *Alternativa D.*

96. (38º Exame) Francisco, funcionário público concursado de uma autarquia federal, recebeu de seu órgão de atuação um *notebook* funcional, tendo assinado o livro de carga referente ao objeto e assumido o compromisso de zelar pelo bem da administração. Durante suas férias, Francisco viaja para uma pousada no interior do estado de São Paulo e leva o computador na mochila, uma vez que tinha o costume de assistir séries através do aparelho. Durante sua estadia na pousada, Francisco leva o *notebook* para a piscina e o coloca na mesa onde deixara seus demais pertences. Após se ausentar por cerca de 40 minutos para jogar uma partida de futebol, retorna para a piscina e constata que o notebook fora furtado.

Desesperado, procura a administração do local que, após analisar as câmeras de segurança, não consegue identificar quem teria subtraído o computador.

Diante dos fatos, o órgão funcional ao qual Francisco era vinculado instaura procedimento administrativo e, ato contínuo, encaminha pedido de instauração de Inquérito na Polícia Federal que culmina no oferecimento de denúncia por parte do Ministério Público Federal pela prática do crime de peculato culposo. Francisco procura a repartição pública e se oferece para pagar o valor referente ao *notebook*, o que é aceito, sendo certo que o ressarcimento ao erário se deu antes do julgamento da ação penal.

Diante dos fatos narrados, é correto afirmar que Francisco

(A) terá direito à redução de metade da pena pelo fato de o ressarcimento ter sido feito após o recebimento da denúncia.

(B) terá direito à extinção da punibilidade pelo fato de o ressarcimento ter sido feito antes da sentença irrecorrível.

(C) não terá direito à atenuante referente à reparação do dano, prevista no art. 65, inciso III, alínea *b*, do CP, na medida em que esta exige a reparação do dano antes do recebimento da denúncia.

(D) poderá ser beneficiado pelo arrependimento posterior, previsto no art. 16 do Código Penal em razão de ter reparado o dano antes da sentença.

RESPOSTA De acordo com o art. 312, § 3º, do Código Penal, se a reparação do dano ocorrer antes da sentença irrecorrível, isso resulta na extinção da punibilidade. Isso significa que, embora Francisco tenha cometido o crime de peculato culposo, sua ação de pagar pelo *notebook* antes da sentença final resultou na extinção de sua punibilidade. As alternativas A, C e D estão incorretas com base na interpretação da lei e dos fatos apresentados. Portanto, a alternativa correta é a B, que afirma que Francisco terá direito à extinção da punibilidade pelo fato de o ressarcimento ter sido feito antes da sentença irrecorrível. *Alternativa B.*

97. (35º Exame) Para satisfazer sentimento pessoal, já que tinha grande relação de amizade com Joana, Alan, na condição de funcionário público, deixou de praticar ato de ofício em benefício da amiga. O supervisor de Alan, todavia, identificou o ocorrido e praticou o ato que Alan havia omitido, informando os fatos em procedimento administrativo próprio. Após a conclusão do procedimento administrativo, o Ministério Público denunciou Alan pelo crime de corrupção passiva consumado, destacando que a vantagem obtida poderia ser de qualquer natureza para tipificação do delito. Confirmados os fatos durante a instrução, caberá à defesa técnica de Alan pleitear sob o ponto de vista técnico, no momento das alegações finais,

(A) O reconhecimento da tentativa em relação ao crime de corrupção passiva.

(B) a desclassificação para o crime de prevaricação, na forma tentada.

(C) a desclassificação para o crime de prevaricação, na forma consumada.

(D) o reconhecimento da prática do crime de condescendência criminosa, na forma consumada.

RESPOSTA Os crimes de corrupção passiva privilegiada e prevaricação são muito parecidos. O principal ponto distintivo reside no seguinte aspecto: no delito do art. 317, § 2º, do CP, o sujeito ativo age "cedendo a pedido ou influência de outrem". Na prevaricação, a motivação se dá para satisfazer "interesse ou sentimento pessoal" (CP, art. 319). Ademais, a prevaricação é crime formal, que se consuma independentemente da produção do resultado naturalístico. E, no caso em questão, não ficou caracterizado o crime do art. 320 do CP. *Alternativa C.*

98. (XXXIII Exame) João e Carlos procuram Paulo para que, juntos, pratiquem um crime de roubo de carga. Apesar de se recusar a acompanhá-los na ação delituosa, Paulo oferece a garagem de sua casa para a guarda da carga roubada, conduta que seria fundamental na empreitada criminosa, já que João e Carlos não teriam outro local para esconder os bens subtraídos. Apenas por terem conseguido o acordo com Paulo, João e Carlos operam a subtração. Ao chegarem à casa de Paulo, este lhes informa que a garagem estava ocupada naquele momento e não poderia mais ser utilizada. Assim, o trio que dividiria os lucros procura o vizinho Pedro e, após contarem o ocorrido, pedem a garagem emprestada por um tempo, proposta que é aceita por Pedro. Sendo todos os fatos apurados e recuperada a carga na garagem de Pedro, as famílias de Paulo e Pedro procuram um(a) advogado(a) para saber acerca da situação jurídica deles. Na ocasião da assistência jurídica, o(a) advogado(a) deverá esclarecer que

(A) ambos poderão ser responsabilizados pelo crime de roubo majorado.

(B) Paulo poderá ser responsabilizado pelo crime de roubo majorado, enquanto Pedro, apenas pelo crime de receptação.

(C) Paulo poderá ser responsabilizado pelo crime de roubo majorado, enquanto Pedro, apenas pelo crime de favorecimento real.

(D) Pedro e Paulo poderão ser responsabilizados pelo crime de favorecimento real.

RESPOSTA (A)(B)(D) erradas pelos mesmos fundamentos: tanto no crime de favorecimento real quanto no de receptação (CP, arts. 349 e 180), o sujeito não pode estar envolvido na prática do crime antecedente – no exemplo, um roubo. Como Pedro penas prestou auxílio destinado a tornar seguro o proveito do crime, deve ser punido pelo favorecimento real. *Alternativa C.*

99. (XXXIII Exame) Vitor, embora não tenha prestado concurso público, está exercendo, transitoriamente e sem receber qualquer remuneração, uma função pública. Em razão do exercício dessa função pública, Vitor aceita promessa de José, particular, de lhe pagar R$ 500,00 (quinhentos reais) em troca de um auxílio relacionado ao exercício dessa função. Ocorre que, apesar do auxílio, José não fez a transferência do valor prometido. Os fatos são descobertos pelo superior hierárquico de Vitor, que o indaga sobre o ocorrido. Na ocasião, Vitor confirma o acontecido, mas esclarece que não acreditava estar causando prejuízo para a Administração Pública. Em seguida, preocupado com as consequências jurídicas de seus atos, Vitor procura seu advogado em busca de assegurar que sua conduta fora legítima. Considerando apenas as informações narradas, o advogado de Vitor deverá esclarecer que sua conduta

(A) não configura crime em razão de a função ser apenas transitória, logo não pode ser considerado funcionário público para efeitos penais, apesar de o recebimento de remuneração ser dispensável a tal conceito.

(B) não configura crime em razão de não receber remuneração pela prestação da função pública, logo não pode ser considerado funcionário público para efeitos penais, apesar de o exercício da função transitória não afastar, por si só, tal conceito.

(C) configura crime de corrupção ativa, na sua modalidade tentada.

(D) configura crime de corrupção passiva, na sua modalidade consumada.

RESPOSTA (A) Errada. Ainda que transitória, quem exerce função pública pode praticar o crime de corrupção passiva (CP, art. 327, § 1º); (B) Ainda que sem remuneração, é possível a prática de crime funcional (CP, art. 327, § 1º); (C) Pratica corrupção ativa que oferece ou promete vantagem indevida a funcionário público (CP, art. 333); (D) O enunciado corresponde à corrupção passiva, do artigo 317 do CP. *Alternativa D.*

DIREITO PENAL

100. **(XXXII Exame)** Francisco foi vítima de uma contravenção penal de vias de fato, pois, enquanto estava de costas para o autor, recebeu um tapa em sua cabeça. Acreditando que a infração teria sido praticada por Roberto, seu desafeto que estava no local, compareceu em sede policial e narrou o ocorrido, apontando, de maneira precipitada, o rival como autor. Diante disso, foi instaurado procedimento investigatório em desfavor de Roberto, sendo, posteriormente, verificado em câmeras de segurança que, na verdade, um desconhecido teria praticado o ato. Ao tomar conhecimento dos fatos, antes mesmo de ouvir Roberto ou Francisco, o Ministério Público ofereceu denúncia em face deste, por denunciação caluniosa. Considerando apenas as informações expostas, você, como advogado(a) de Francisco, deverá, sob o ponto de vista técnico, pleitear

(A) a absolvição, pois Francisco deu causa à instauração de investigação policial imputando a Roberto a prática de contravenção, e não crime.

(B) extinção da punibilidade diante da ausência de representação, já que o crime é de ação penal pública condicionada à representação.

(C) reconhecimento de causa de diminuição de pena em razão da tentativa, pois não foi proposta ação penal em face de Roberto.

(D) a absolvição, pois o tipo penal exige dolo direto por parte do agente.

RESPOSTA (A) Errada. O crime de denunciação caluniosa também pode ficar caracterizado pela acusação de contravenção (CP, art. 339, § 2º); (B) Errada. É crime de ação penal pública incondicionada; (C) Errada. O crime se consumou com a instauração da investigação; *(D) Certa*. A ausência de dolo afasta, de fato, a prática da conduta tipificada no artigo 339 do CP. *Alternativa D.*

101. **(XXIII Exame)** Catarina leva seu veículo para uma determinada entidade autárquica com o objetivo de realizar a fiscalização anual. Carlos, funcionário público que exerce suas funções no local, apesar de não encontrar irregularidades no veículo, verificando a inexperiência de Catarina, que tem apenas 19 anos de idade, exige R$ 5.000,00 para "liberar" o automóvel sem pendências. Catarina, de imediato, recusa-se a entregar o valor devido e informa o ocorrido ao superior hierárquico de Carlos, que aciona a polícia. Realizada a prisão em flagrante de Carlos, a família é comunicada sobre o fato e procura um advogado para que ele preste esclarecimentos sobre a responsabilidade penal de Carlos. Diante da situação narrada, o advogado da família de Carlos deverá

esclarecer que a conduta praticada por Carlos configura, em tese, crime de

(A) Corrupção passiva consumada.

(B) Concussão consumada.

(C) Corrupção passiva tentada.

(D) Concussão tentada.

RESPOSTA (A e C) Art. 317 do CP. (B e D) Art. 316 do CP. *Alternativa B.*

102. **(XXI Exame)** Alberto, policial civil, passando por dificuldades financeiras, resolve se valer de sua função para ampliar seus vencimentos. Para tanto, durante o registro de uma ocorrência na Delegacia onde está lotado, solicita à noticiante R$ 2.000,00 para realizar as investigações necessárias à elucidação do fato. Indignada com a proposta, a noticiante resolve gravar a conversa. Dizendo que iria pensar se aceitaria pagar o valor solicitado, a noticiante deixa o local e procura a Corregedoria de Polícia Civil, narrando a conduta do policial e apresentando a gravação para comprovação. Acerca da conduta de Alberto, é correto afirmar que configura crime de

(A) Corrupção ativa, em sua modalidade tentada.

(B) Corrupção passiva, em sua modalidade tentada.

(C) Corrupção ativa consumada.

(D) Corrupção passiva consumada.

RESPOSTA (A e C) Art. 333 do CP. (B e D) Art. 317 do CP. *Alternativa D.*

103. **(XX Exame)** Guilherme, funcionário público de determinada repartição pública do Estado do Paraná, enquanto organizava os arquivos de sua repartição, acabou, por desatenção, jogando ao lixo, juntamente com materiais inúteis, um importante livro oficial, que veio a se perder. Considerando apenas as informações narradas, é correto afirmar que a conduta de Guilherme

(A) Configura crime de prevaricação.

(B) Configura situação atípica.

(C) Configura crime de condescendência criminosa.

(D) Configura crime de extravio, sonegação ou inutilização de livro ou documento.

RESPOSTA (A) Art. 319 do CP. (B) A conduta é atípica por falta de previsão legal. (C) Art. 320 do CP. (D) Art. 314 do CP. *Alternativa B.*

XV. LEGISLAÇÃO PENAL ESPECIAL

104. **(41º Exame)** Denis cumpria pena em regime fechado após ser definitivamente condenado quando ocorreu um movimento de subversão da ordem e disciplina dentro do ambiente carcerário. No inquérito disciplinar, consta que cerca de cem presos rebelados incendiaram colchões e tentaram fugir, permanecendo a situação de rebelião por cerca de cinco dias, até que uma eficaz ação da polícia penal cessou o movimento. Todos os cem presos da ala em que Denis cumpre pena foram indiciados no âmbito disciplinar, indistintamente e sem individualização de condutas. Considerando o caso narrado, assinale o princípio de Direito Penal a ser utilizado pela defesa a fim de evitar a condenação de Denis.

(A) O princípio da isonomia, pelo qual deve ser garantida idêntica sanção penal a todos os presos envolvidos na rebelião.

(B) O princípio da lesividade, que impede a punição pela falta grave quando esta não foi efetivamente consumada.

(C) O princípio da culpabilidade, que demanda que haja identificação individualizada da responsabilidade penal de cada um dos envolvidos.

(D) O princípio da legalidade, pelo qual se exige que haja prévia disposição legal, de forma estrita e escrita, da falta disciplinar de natureza grave.

RESPOSTA O princípio da culpabilidade exige a individualização da responsabilidade penal de cada envolvido. Sem a prova específica da participação de Denis nos atos de rebelião, não é possível atribuir-lhe uma falta grave disciplinar. *Alternativa C.*

105. (41º Exame) Célio, inconformado com o término de seu casamento de 10 anos com sua esposa Natália, passou a persegui-la em seus locais habituais de lazer e trabalho, além de mandar *e-mails* por meio de contas em nome de terceiros. Inconformada com esses fatos, Natália procurou a Delegacia da Mulher e relatou os fatos, tendo o policial civil enquadrado a conduta no crime de perseguição, previsto no art. 147-A do Código Penal. Ao tomar conhecimento da acusação, Célio autorizou seu advogado a entrar em contato com a advogada de Natália para tentar algum acordo com a vítima. Depois da negociação dos profissionais, Natália decidiu não prosseguir com a acusação. Acerca dos fatos narrados, assinale a afirmativa correta.

(A) Natália não poderá se retratar da representação, em razão de o crime imputado ser de ação penal pública incondicionada.

(B) Natália poderá se retratar da representação a qualquer momento, desde que antes do trânsito em julgado.

(C) Natália poderá se retratar da representação, desde que o faça antes do oferecimento da denúncia, em audiência especialmente designada

para este fim, com a presença do Ministério Público.

(D) Natália poderá renunciar à representação, desde que o faça antes do recebimento da denúncia e em audiência perante o Juiz e o membro do Ministério Público.

RESPOSTA A retratação da representação pelo crime de perseguição (*stalking*) deve ocorrer antes do recebimento da denúncia e deve ser feita em audiência perante o juiz e o membro do Ministério Público, conforme o art. 16 da Lei Maria da Penha. *Alternativa D.*

106. (40º Exame) Paulo é investigado em um Inquérito Policial pelos crimes de ameaça e lesão corporal em face de sua esposa, Maria. Ao longo da investigação, foi decretada medida protetiva de afastamento de 1.000m em relação à vítima. Posteriormente, movido por ciúmes em razão de uma mensagem de Maria a um amigo, Paulo foi ao encontro dela com o intuito de questioná-la sobre o fato, violando a medida protetiva da qual já havia sido regularmente intimado. Tendo em vista o que preconiza a Lei n. 11.340/2006, está correto afirmar que Paulo

(A) praticou um crime de ação penal pública incondicionada.

(B) está incurso nas penas de um crime inafiançável.

(C) cometeu uma contravenção penal que comporta o oferecimento de proposta de suspensão condicional do processo.

(D) pode ser submetido a um decreto de prisão preventiva em seu desfavor, mas não cometeu crime.

RESPOSTA A violação de medida protetiva de urgência é considerada um crime de ação penal pública incondicionada, conforme o art. 24-A da Lei n. 11.340/2006 (Lei Maria da Penha). *Alternativa A.*

107. (40º Exame) O médico João dos Santos, durante a realização de uma cirurgia na perna de um paciente, cometeu um erro que acabou provocando a necessária amputação do membro do paciente. A pena cominada à lesão corporal culposa é de dois meses a um ano, à lesão corporal grave é de um a cinco anos e à lesão corporal gravíssima, de dois a oito anos. Sobre a atuação do médico João Santos, assinale a afirmativa correta.

(A) Ele cometeu o crime de lesão corporal culposa, devendo sua conduta ser julgada perante o Juizado Especial Criminal, o que, pela pena abstratamente cominada, torna aplicáveis, em tese, as medidas despenalizadoras da Lei n. 9.099/95.

(B) Ele, apesar de não ter atuado com dolo, cometeu o crime de lesão corporal gravíssima em razão da perda de membro do paciente, não fazendo

DIREITO PENAL

jus a nenhuma das medidas despenalizadoras da Lei n. 9.099/95, devendo o caso ser julgado perante a Vara Criminal.

(C) Ele, apesar de não ter atuado com dolo, cometeu o crime de lesão corporal grave em razão da inutilização do membro e, apesar de ser julgado perante a Vara Criminal, fará jus à suspensão condicional do processo, medida despenalizadora prevista na Lei n. 9.099/95.

(D) Ele cometeu o crime de lesão corporal gravíssima em razão da perda de membro do paciente, apesar de não ter atuado com dolo, e, em função da pena cominada ao delito, fará jus à suspensão condicional do processo, medida despenalizadora prevista na Lei n. 9.099/95.

RESPOSTA O médico cometeu o crime de lesão corporal culposa, que é julgado pelo Juizado Especial Criminal devido à pena cominada ser de dois meses a um ano. Neste caso, são aplicáveis as medidas despenalizadoras previstas na Lei n. 9.099/95, como a suspensão condicional do processo. *Alternativa A.*

108. **(39º Exame)** Maciel teve sua prisão temporária prolongada sem motivo justo e excepcionalíssimo, por decisão de Xavier, diretor da unidade prisional em que Maciel estava custodiado. Esgotado o prazo legal para que ele fosse posto em liberdade, Xavier ignorou dolosamente o alvará de soltura por 5 (cinco) dias, com o objetivo de prejudicar Maciel, seu inimigo declarado.

Sobre o procedimento de Xavier, assinale a afirmativa correta.

(A) Ele praticou o crime de corrupção passiva privilegiada.

(B) Ele praticou o crime de abuso de autoridade.

(C) Ele praticou o crime de desobediência.

(D) Não praticou crime algum, tendo em vista que o alvará de soltura foi cumprido.

RESPOSTA Xavier praticou o crime de abuso de autoridade, conforme previsto no art. 12, parágrafo único, IV, da Lei n. 13.869/2019. Esta lei estabelece que é crime prolongar indevidamente a execução de prisão temporária ou não cumprir o alvará de soltura sem justificativa legal. *Alternativa B.*

109. **(38º Exame)** Bruno, 20 anos, residente no Rio de Janeiro/RJ, conduzia seu veículo de madrugada com destino à cidade de São Paulo/SP. Bruno dirigia dentro da velocidade permitida, portando sua carteira de habilitação e seu veículo apresentavam condições adequadas de tráfego.

Em determinado momento, André, 21 anos, que conduzia uma motocicleta alcoolizado, na outra mão, entrou na faixa na qual trafegava Bruno, violando a regra legal de mudança de faixa de rolamento. Bruno não conseguiu frear o veículo e evitar o contato. O veículo e a motocicleta chocaram-se lateralmente.

Na sequência, André caiu da moto e esbarrou num fio de alta tensão que estava rompido de um poste na estrada. Bruno, assustado com o ocorrido, acelerou seu veículo, em retirada. Após 1 km, avistou um posto policial, mas acometido por forte emoção, optou por não parar para comunicar o fato.

André permaneceu em coma por uma semana e depois veio a óbito. O laudo de necropsia constatou que a *causa mortis* fora determinada por eletrocussão, em razão do contato com o fio de alta tensão.

Pelas razões expostas, analise penalmente as condutas praticadas por Bruno e assinale a afirmativa correta.

(A) Deverá ser penalmente responsabilizado por omissão de socorro (art. 304 do CTB), tendo em vista que o resultado morte foi determinado por culpa exclusiva da vítima.

(B) Ele não praticou crime algum, porque a presença de concausa independente afasta a imputação de homicídio culposo, assim como a violenta emoção afasta a tipicidade do crime de omissão de socorro.

(C) Deverá ser penalmente responsabilizado por homicídio culposo na condução de veículo, com a incidência da causa de aumento de omissão de socorro.

(D) Bruno deverá ser penalmente responsabilizado por homicídio culposo na condução de veículo e omissão de socorro, em concurso material.

RESPOSTA Conforme o art. 13 do Código Penal, o resultado do crime é imputável apenas a quem o causou, considerando como causa a ação ou omissão sem a qual o resultado não teria ocorrido. No caso, Bruno estava conduzindo seu veículo de forma adequada e dentro da velocidade permitida quando André, alcoolizado e pilotando uma motocicleta, entrou na sua faixa, causando o acidente. Posteriormente, André entrou em contato com um fio de alta tensão rompido e morreu por eletrocussão. Mesmo que Bruno tenha se retirado do local sem prestar socorro, a morte de André foi consequência direta de sua própria ação imprudente, fatores independentes da conduta de Bruno. Portanto, de acordo com o enunciado, a alternativa "A" é a correta, pois Bruno deverá ser penalmente responsabilizado apenas por omissão de socorro, conforme o art. 304 do Código de Trânsito Brasileiro (CTB), uma vez que o resultado morte foi determinado por culpa exclusiva da vítima. *Alternativa A.*

110. (37º Exame) Bernardo é servidor público e foi condenado porque, durante procedimento administrativo, prestou informações falsas ao interessado, com o intuito de prejudicá-lo. Recebeu condenação de um ano e dois meses pela prática de tal conduta, tipificada no art. 29 da Lei de Abuso de Autoridade, Lei n. 13.869/2019). Sobre o caso narrado, assinale a afirmativa correta.

(A) Em razão da quantidade de pena aplicada, é efeito automático da condenação a perda do cargo público ocupado por Bernardo.

(B) A pena de Bernardo pode ser substituída por restritivas de direitos, consistente na inaptidão para o exercício de cargo ou emprego público pelo prazo de 1 a 5 anos.

(C) A imposição do dever de indenizar a vítima depende de reincidência específica em crimes de abuso de autoridade.

(D) Bernardo pode sofrer suspensão do exercício do cargo, por 1 a 6 meses, com a perda de vencimentos e vantagens, como medida alternativa à pena de prisão.

RESPOSTA A) Incorreta. A perda do cargo público não é automática (Lei n. 13.869/2019, art. 4º, parágrafo único). B) Incorreta. A pena restritiva de direitos mencionada pode ser imposta pelo prazo de um a 6 seis meses (art. 5º, II). C) Incorreta. A imposição do dever de indenizar a vítima independe de reincidência específica em crimes de abuso de autoridade (art. 4º). D) Correta. A suspensão do exercício do cargo, com a perda de vencimentos e vantagens, é uma das penas restritivas de direitos previstas no art. 5º da Lei n. 13.869/2019. *Alternativa D.*

111. (37º Exame) Quinho foi preso em flagrante delito portando 1 quilo de cocaína, ao tentar embarcar em ônibus na rodoviária Novo Rio (no Rio de Janeiro/RJ) que seguiria em direção a São Paulo/SP, onde Quinho pretendia vender tal substância para um comprador local. Ao ser denunciado por tráfico de drogas interestadual (art. 33 c/c. art. 40, inciso V, ambos da Lei n. 11.343/2006), a defesa técnica de Quinho alegou que a hipótese seria de tráfico de drogas simples, pois, em razão da prisão em flagrante delito, o acusado jamais conseguiu efetivamente transpor a fronteira entre os Estados do Rio de Janeiro/RJ e São Paulo/SP. Sobre a incidência da majorante prevista no art. 40, inciso V, da Lei n. 11.343/2006, assinale a afirmativa correta.

(A) São imprescindíveis a inequívoca intenção de realizar o tráfico interestadual e a efetiva transposição de fronteiras.

(B) São desnecessárias a inequívoca intenção de realizar o tráfico interestadual e a efetiva transposição de fronteiras.

(C) Basta a inequívoca intenção de realizar o tráfico interestadual, sendo desnecessária a efetiva transposição de fronteiras.

(D) Basta a efetiva transposição de fronteiras, sendo desnecessária a inequívoca intenção de realizar o tráfico interestadual.

RESPOSTA A) Errada. Segundo a Súmula 587 do STJ, para a incidência da majorante prevista no art. 40, inciso V, da Lei n. 11.343/2006 é desnecessária a efetiva transposição de fronteiras entre Estados da Federação, sendo suficiente a demonstração inequívoca da intenção de realizar o tráfico interestadual. B) Errada. Como mencionado na alternativa A, a intenção de realizar o tráfico interestadual é imprescindível, mas não a efetiva transposição de fronteiras. D) Errada. A efetiva transposição de fronteiras não é necessária para a incidência da majorante, como mencionado nas alternativas A e B. C) Correta. A intenção de realizar o tráfico interestadual é suficiente para a incidência da majorante prevista no art. 40, inciso V, da Lei n. 11.343/2006. *Alternativa C.*

112. (36º Exame) Policiais militares em patrulhamento de rotina, ao passarem próximos a um conhecido ponto de venda de drogas, flagraram Elias, reincidente específico no crime de tráfico ilícito de entorpecentes, vendendo um "pino" contendo cocaína a um usuário local. Ao perceber que os policiais dirigiam-se para a abordagem, o aludido usuário, de modo perspicaz, jogou ao chão o entorpecente adquirido e conseguiu se evadir, mas Elias acabou sendo preso em flagrante. Ato contínuo, em revista pessoal, nos bolsos de Elias foram encontrados mais 119 (cento e dezenove) pinos de material branco pulverulento, que se comprovou, *a posteriori*, tratar-se de um total de 600g de substância entorpecente capaz de causar dependência, conhecida como cocaína. Diante de tal situação e após cumpridos todos os trâmites legais, o Ministério Público denunciou Elias pela prática do crime de tráfico ilícito de entorpecentes, duas vezes, nas modalidades "vender" e "trazer consigo", em concurso material de crimes. A capitulação feita pelo parquet está

(A) incorreta, tendo em vista que a norma do art. 33 da Lei n. 11.343/06 é de ação múltipla, devendo Elias responder pela prática de um único crime de tráfico ilícito de entorpecentes.

(B) incorreta, porque, embora os verbos – vender e trazer consigo – integrem o tipo penal do art. 33 da Lei n. 11.343/06, a hipótese é de concurso

DIREITO PENAL

formal de crimes, pois Elias, mediante uma só ação, praticou dois crimes.

(C) correta, uma vez que ambos os verbos – vender e trazer consigo – constam no tipo penal do art. 33 da Lei n. 11.343/06, indicando-se a pluralidade de condutas.

(D) incorreta, pois Elias faz jus à causa de redução prevista no art. 33, § 4º, da Lei n. 11.343/06, por não se comprovar ser dedicado a atividades criminosas.

RESPOSTA B, C e D) Erradas. O art. 33 da Lei n. 11.343/06 é exemplo de tipo penal misto alternativo ou de ação múltipla. Portanto, se praticado mais de um verbo nuclear, o agente responde por um único crime, desde que as condutas estejam em um mesmo contexto fático. Se diversos os contextos, aí, sim, falar-se-ia em concurso de crimes. A) Correta. A fundamentação foi trazida anteriormente. *Alternativa A.*

113. (36º Exame) André, primário, e Fábio, reincidente, foram condenados por crime de latrocínio em concurso de pessoas. Durante a execução penal, ambos requereram a progressão de regime, visto que já haviam cumprido parte da pena. André fundamentou seu pedido em "bom comportamento", comprovado pelo diretor do estabelecimento prisional. Fábio, por sua vez, fundamentou seu pedido em razão de ter sido condenado na mesma época de seu comparsa, André. Dessa forma, segundo os princípios que regem a Execução Penal e o Direito Penal, é correto afirmar que

(A) de acordo com o princípio da isonomia, que garante igualdade de tratamento entre os presos, é vedada aplicação de frações de progressão de regime diferenciadas a cada um dos acusados.

(B) de acordo com o princípio da individualização da pena, o Juiz da execução penal deverá alterar as penas dos acusados, conforme o comportamento prisional de cada um.

(C) é assegurada a progressão de regime aos crimes hediondos, mas a fração de progressão varia para cada indivíduo, ainda que ambos condenados pelo mesmo fato.

(D) o princípio do livre convencimento motivado autoriza o Juiz a aplicar a progressão de regime no momento processual que entender adequado, pois não há prazo para o Juiz.

RESPOSTA A) Errada. A reincidência específica é critério de natureza subjetiva, a ser observado em relação a cada um dos condenados, de forma individualizada, na forma do art. 112 da lep; B) Errada. Não existe previsão legal nesse sentido; D) Errada. Em desacordo com o art. 112 da LEP; C) Correta. Embora seja o gabarito apontado pela banca, uma ressalva tem de

ser feita: apenas a reincidência específica justificaria as frações distintas entre André e Fábio, o que não aconteceu. Portanto, a questão deveria ter sido anulada. *Alternativa C.*

114. (35º Exame) Breno, policial civil, estressado em razão do trabalho, resolveu acampar em local deserto, no meio de uma trilha cercada apenas por vegetação. Após dois dias, já sentindo o tédio do local deserto, longe de qualquer residência, para distrair a mente, pegou sua arma de fogo, calibre permitido, devidamente registrada e cujo porte era autorizado, e efetuou um disparo para o alto para testar a capacidade da sua mão esquerda, já que, a princípio, seria destro. Ocorre que, em razão do disparo, policiais militares realizaram diligência e localizaram o imputado, sendo apreendida sua arma de fogo e verificado que um dos números do registro havia naturalmente se apagado em razão do desgaste do tempo. Confirmados os fatos, Breno foi denunciado pelos crimes de porte de arma de fogo com numeração suprimida e disparo de arma de fogo (Art. 15 e Art. 16, § 1º, inciso IV, ambos da Lei n. 10.826/03, em concurso material). Após a instrução, provados todos os fatos acima narrados, você, como advogado(a) de Breno, deverá requerer, sob o ponto de vista técnico, em sede de alegações finais,

(A) a absolvição em relação ao crime de porte de arma com numeração suprimida, restando apenas o crime de disparo de arma de fogo, menos grave, que é expressamente subsidiário.

(B) a absorção do crime de disparo de arma de fogo pelo de porte de arma de fogo com numeração suprimida, considerando que é expressamente subsidiário.

(C) o reconhecimento do concurso formal de delitos, afastando-se o concurso material.

(D) a absolvição em relação a ambos os delitos.

RESPOSTA Em relação ao crime de disparo de arma de fogo (Lei n. 10.826/2003, art. 15), a conduta não se deu em lugar habitado ou em suas adjacências, em via pública ou em direção a ela. Quanto ao delito do art. 16, § 1º, IV, da mesma Lei, a supressão da marca não se deu de forma dolosa por Breno. *Alternativa D.*

115. (XXXIII Exame) Vitor foi condenado pela prática de um crime de lesão corporal leve no contexto da violência doméstica e familiar contra a mulher, sendo aplicada pena privativa de liberdade de três meses de detenção, a ser cumprida em regime aberto, já que era primário e de bons antecedentes. Considerando a natureza do delito, o juiz deixou de substituir a pena privativa de liberdade por restritiva de direitos e não aplicou qualquer outro dispositivo legal que impedisse o recolhimento do autor ao cárcere. No momento da apelação, a defesa técnica de Vitor, de acordo com a legislação brasileira,

(A) não poderá requerer a substituição da pena privativa de liberdade por restritiva de direitos, mas poderá pleitear a suspensão condicional da pena, que, inclusive, admite que seja fixada prestação de serviços à comunidade e limitação de final de semana por espaço de tempo.

(B) não poderá requerer a substituição da pena privativa de liberdade por restritiva de direitos, mas poderá pleitear a suspensão condicional da pena, que não admite que seja fixada como condição o cumprimento de prestação de serviços à comunidade.

(C) não poderá requerer a substituição da pena privativa de liberdade por restritiva de direitos e nem a suspensão condicional da pena, mas poderá pleitear que o regime aberto seja cumprido em prisão domiciliar com tornozeleira eletrônica.

(D) poderá requerer a substituição da pena privativa de liberdade por restritiva de direitos, que, contudo, não poderá ser apenas de prestação pecuniária por expressa vedação legal.

RESPOSTA (B)(C)(D) erradas pelos mesmos fundamentos: na hipótese de violência doméstica e familiar contra a mulher, não é possível suspensão condicional do processo ou substituição de pena privativa de liberdade por restritivas de direitos (Lei n. 11.340/2006, arts. 16 e 41; Lei n. 9.099/95, art. 89; CP, art. 44; e Súmula 588 do STJ). No entanto, não há impedimento para a concessão da suspensão da pena, nos termos do art. 77 do CP. *Alternativa A.*

116. (XXX Exame) Zélia, professora de determinada escola particular, no dia 12 de setembro de 2019, presencia, em via pública, o momento em que Luiz, nascido em 20 de dezembro de 2012, adota comportamento extremamente mal-educado e pega brinquedos de outras crianças que estavam no local. Insatisfeita com a omissão da mãe da criança, sentindo-se na obrigação de intervir por ser professora, mesmo sem conhecer Luiz anteriormente, Zélia passa a, mediante grave ameaça, desferir golpes com um pedaço de madeira na mão de Luiz, como forma de lhe aplicar castigo pessoal, causando-lhe intenso sofrimento físico e mental. Descobertos os fatos, foi instaurado inquérito policial. Nele, Zélia foi indiciada pelo crime de tortura com a causa de aumento em razão da idade da vítima. Após a instrução, confirmada a integralidade dos fatos, a ré foi condenada nos termos da denúncia, reconhecendo o magistrado, ainda, a presença da agravante em razão da idade de Luiz. Considerando apenas as informações expostas, a defesa técnica de Zélia, no momento da apresentação da apelação, poderá, sob o ponto de vista técnico, requerer

(A) A absolvição de Zélia do crime imputado, pelo fato de sua conduta não se adequar à figura típica do crime de tortura.

(B) A absolvição de Zélia do delito de tortura, com fundamento na causa de exclusão da ilicitude do exercício regular do direito, em que pese a conduta seja formalmente típica em relação ao crime imputado.

(C) O afastamento da causa de aumento de pena em razão da idade da vítima, restando apenas a agravante com o mesmo fundamento, apesar de não ser possível pugnar pela absolvição em relação ao crime de tortura.

(D) O afastamento da agravante em razão da idade da vítima, sob pena de configurar bis in idem, já que não é possível requerer a absolvição do crime de tortura majorada.

RESPOSTA O crime de tortura está previsto na Lei n. 9.455/95. Para a caracterização do delito, a tortura tem de se dar (art. 1º, I): a) com o fim de obter informação, declaração ou confissão da vítima ou de terceira pessoa; b) para provocar ação ou omissão de natureza criminosa; c) em razão de discriminação racial ou religiosa. Não foi o caso descrito no enunciado. Por isso, Zélia deve ser absolvida do crime de tortura, como apontado. *Alternativa A.*

117. (XXX Exame) Gabriel foi condenado pela prática de um crime de falso testemunho, sendo-lhe aplicada a pena de 03 anos de reclusão, em regime inicial aberto, substituída a pena privativa de liberdade por duas restritivas de direitos (prestação de serviços à comunidade e limitação de final de semana). Após cumprir o equivalente a 01 ano da pena aplicada, Gabriel deixa de cumprir a prestação de serviços à comunidade. Ao ser informado sobre tal situação pela entidade beneficiada, o juiz da execução, de imediato, converte a pena restritiva de direitos em privativa de liberdade, determinando o cumprimento dos 03 anos da pena imposta em regime semiaberto, já que Gabriel teria demonstrado não preencher as condições para cumprimento de pena em regime aberto. Para impugnar a decisão, o(a) advogado(a) de Gabriel deverá alegar que a conversão da pena restritiva de direitos em privativa de liberdade

(A) Foi válida, mas o regime inicial a ser observado é o aberto, fixado na sentença, e não o semiaberto.

DIREITO PENAL

(B) Foi válida, inclusive sendo possível ao magistrado determinar a regressão ao regime semiaberto, restando a Gabriel cumprir apenas 02 anos de pena privativa de liberdade, pois os serviços à comunidade já prestados são considerados pena cumprida.

(C) Não foi válida, pois o descumprimento da prestação de serviços à comunidade não é causa a justificar a conversão em privativa de liberdade.

(D) Não foi válida, pois, apesar de possível a conversão em privativa de liberdade pelo descumprimento da prestação de serviços à comunidade, deveria o apenado ser previamente intimado para justificar o descumprimento.

RESPOSTA É muito importante que o examinando preste atenção ao que foi pedido pela banca. Agiu corretamente o juiz ao fixar o regime semiaberto? Ele podia ter imposto mais três de anos de cumprimento de pena? Nada disso importa. Ao final do enunciado, a banca pergunta: o que pode ser alegado em relação à conversão da pena privativa de liberdade em restritiva de direito? Apenas o fato de não ter sido válida por não ter sido ouvido previamente o condenado, nos termos do art. 118, § 2º, da LEP. *Alternativa D.*

118. (XXVIII Exame) Gabriela, senhora de 60 anos, é surpreendida com a notícia de que seus dois netos, Pedro e Luiz, ambos com 18 anos de idade, foram presos em flagrante na mesma data, qual seja o dia 5 de setembro de 2018. Pedro foi preso e indiciado pela suposta prática de crime de racismo, enquanto Luiz foi abordado com um fuzil municiado, sendo indiciado pelo crime de porte de arma de fogo de uso restrito (art. 16 da Lei n. 10.826/2003). Gabriela, sem compreender a exata extensão da consequência dos atos dos netos, procurou a defesa técnica deles para esclarecimentos quanto às possibilidades de prescrição e concessão de indulto em relação aos delitos imputados. Considerando as informações narradas, a defesa técnica de Pedro e Luiz deverá esclarecer que

(A) Ambos os crimes são insuscetíveis de indulto e imprescritíveis.

(B) Somente o crime de porte de arma de fogo é imprescritível, enquanto ambos os delitos são insuscetíveis de indulto.

(C) Somente o crime de racismo é imprescritível, enquanto apenas o porte do fuzil é insuscetível de indulto.

(D) Somente o crime de racismo é imprescritível, não sendo nenhum deles insuscetível de indulto.

RESPOSTA Art. 5º, XLII e XLIII, da CF, art. 1º, parágrafo único, e art. 2º, I, da Lei n. 8.072/90. *Alternativa C.*

119. (XXVI Exame) Matheus, José e Pedro, irmãos, foram condenados pela prática dos crimes de homicídio simples contra inimigo, roubo majorado pelo concurso de agentes e estupro simples, respectivamente. Após cumprirem parte das penas privativas de liberdade aplicadas, a mãe dos condenados procura o advogado da família para esclarecimentos sobre a possibilidade de serem beneficiados por decreto de indulto. Com base apenas nas informações narradas, o advogado deverá esclarecer que, em tese,

(A) Matheus e José poderão ser beneficiados, pois os crimes praticados por eles não são classificados como hediondos, diferentemente do que ocorre com o crime imputado a Pedro.

(B) Apenas José poderá ser beneficiado, pois os crimes praticados por Matheus e Pedro são classificados como hediondos.

(C) Matheus, José e Pedro poderão ser beneficiados, pois, apesar de hediondos os delitos praticados pelos três, o indulto poderá ser concedido em respeito ao princípio da individualização da pena.

(D) Matheus, José e Pedro poderão ser beneficiados, tendo em vista que nenhum dos delitos praticados é classificado como hediondo.

RESPOSTA Dos três delitos apontados no enunciado – homicídio simples, roubo majorado e estupro simples –, apenas o estupro é hediondo e, portanto, incompatível com o indulto (Lei n. 8.072/90, art. 2º, I). *Alternativa A.*

120. (XXIV Exame) Com dificuldades financeiras para comprar o novo celular pretendido, Vanessa, sem qualquer envolvimento pretérito com aparato policial ou judicial, aceita, a pedido de namorado de sua prima, que havia conhecido dois dias antes, transportar 500 g de cocaína de Alagoas para Sergipe. Apesar de aceitar a tarefa, Vanessa solicitou como recompensa R$ 5.000,00, já que estava muito nervosa por nunca ter adotado qualquer comportamento parecido. Após a transferência do valor acordado, Vanessa esconde o material entorpecente na mala de seu carro e inicia o transporte da substância. Ainda no estado de Alagoas, 30 minutos depois, Vanessa é abordada por policiais e presa em flagrante. Após denúncia pela prática do crime de tráfico de drogas com causa de aumento do art. 40, inciso V, da Lei n. 11.343/2006 ("caracterizado tráfico entre Estados da Federação ou entre estes e o Distrito Federal"), durante a instrução, todos os fatos são confirmados: Folha de Antecedentes Criminais sem outras anotações, primeira vez no transporte de drogas, transferência de valores, que o bem transportado era droga e que a pretensão era entregar o material em Sergipe. Intimado da sentença condenatória nos termos da denúncia, o advogado de Vanessa, de acordo com as previsões da Lei n. 11.343/2006 e a jurisprudência do Superior Tribunal de Justiça, deverá pleitear

(A) O reconhecimento da causa de diminuição de pena do tráfico privilegiado e reconhecimento da tentativa.

(B) O afastamento da causa de aumento e o reconhecimento da causa de diminuição de pena do tráfico privilegiado.

(C) O afastamento da causa de aumento, apenas.

(D) O reconhecimento da causa de diminuição de pena do tráfico privilegiado, apenas.

RESPOSTA Art. 33, § 4º, da Lei n. 11.343/2006 e Súmula 587-STJ. *Alternativa D.*

121. (XXIV Exame) Bárbara, nascida em 23 de janeiro de 1999, no dia 15 de janeiro de 2017, decide sequestrar Felipe, por dez dias, para puni-lo pelo fim do relacionamento amoroso. No dia 16 de janeiro de 2017, efetivamente restringe a liberdade do ex-namorado, trancando-o em uma casa e mantendo consigo a única chave do imóvel. Nove dias após a restrição da liberdade, a polícia toma conhecimento dos fatos e consegue libertar Felipe, não tendo, assim, se realizado, em razão de circunstâncias alheias, a restrição da liberdade por dez dias pretendida por Bárbara. Considerando que, no dia 23 de janeiro de 2017, entrou em vigor nova lei, mais gravosa, alterando a sanção penal prevista para o delito de sequestro simples, passando a pena a ser de 01 a 05 anos de reclusão e não mais de 01 a 03 anos, o Ministério Público ofereceu denúncia em face de Bárbara, imputando-lhe a prática do crime do art. 148 do Código Penal (Sequestro e Cárcere Privado), na forma da legislação mais recente, ou seja, aplicando-se, em caso de condenação, pena de 01 a 05 anos de reclusão. Diante da situação hipotética narrada, é correto afirmar que o advogado de Bárbara, de acordo com a jurisprudência do Supremo Tribunal Federal, deverá pleitear

(A) A aplicação do instituto da suspensão condicional do processo.

(B) A aplicação da lei anterior mais benéfica, ou seja, a aplicação da pena entre o patamar de 01 a 03 anos de reclusão.

(C) O reconhecimento da inimputabilidade da acusada, em razão da idade.

(D) O reconhecimento do crime em sua modalidade tentada.

RESPOSTA (A) Art. 89 da Lei n. 9.099/95. (B) Súmula 711-STF. (C) Art. 4º do CP. (D) Art. 14, II, do CP. *Alternativa A.*

122. (XXII Exame) Mariano, 59 anos de idade, possuía em sua residência 302 vídeos e fotografias com cenas de sexo explícito envolvendo adolescentes. Descobertos os fatos, foi denunciado pela prática de 302 crimes do art. 241-B da Lei n. 8.069/90 ("Adquirir, possuir ou armazenar, por qualquer meio, fotografia, vídeo ou outra forma de registro que contenha cena de sexo explícito ou pornográfica envolvendo criança ou adolescente"), em concurso material, sendo descrito que possuía o material proibido. Os adolescentes das imagens não foram localizados. Encerrada a instrução e confirmados os fatos, o Ministério Público pugnou pela condenação nos termos da denúncia. Em sede de alegações finais, diante da confissão do acusado e sendo a prova inquestionável, sob o ponto de vista técnico, o advogado de Mariano deverá pleitear

(A) A absolvição de Mariano, tendo em vista que ele não participava de nenhuma das cenas de sexo explícito envolvendo adolescente.

(B) O reconhecimento de crime único do art. 241-B da Lei n. 8.069/90.

(C) O reconhecimento do concurso formal de crimes entre os 302 delitos praticados.

(D) A extinção da punibilidade do acusado, em razão do desinteresse dos adolescentes em ver Mariano processado.

RESPOSTA (A e B) Art. 241-B do ECA. (C) Art. 70 do CP. (D) Não existe previsão legal. *Alternativa B.*

123. (XXII Exame) A Delegacia Especializada de Crimes Tributários recebeu informações de órgãos competentes de que o sócio Mário, da sociedade empresária "Vamos que vamos", possivelmente sonegou imposto estadual, gerando um prejuízo aos cofres do Estado avaliado em R$ 60.000,00. Foi instaurado, então, inquérito policial para apurar os fatos. Ao mesmo tempo, foi iniciado procedimento administrativo, não havendo, até o momento, lançamento definitivo do crédito tributário. O inquérito policial foi encaminhado ao Ministério Público, que ofereceu denúncia em face de Mário, imputando-lhe a prática do crime previsto no art. 1º, inciso I, da Lei n. 8.137/90. Diante da situação narrada, assinale a afirmativa correta.

(A) Não se tipifica o crime imputado ao acusado antes do lançamento definitivo.

DIREITO PENAL

(B) Em razão da independência de instância, o lançamento definitivo é irrelevante para configuração da infração penal.

(C) O crime imputado a Mário é de natureza formal, consumando-se no momento da omissão de informação com o objetivo de reduzir tributo, ainda que a redução efetivamente não ocorra.

(D) O crime imputado a Mário é classificado como próprio, de modo que é necessária a presença de ao menos um funcionário público como autor ou partícipe do delito.

RESPOSTA Art. 1º, I a IV, da Lei n. 8.137/90 e Súmula Vinculante 24. *Alternativa A.*

124. **(XX Exame)** A Lei Maria da Penha objetiva proteger a mulher da violência doméstica e familiar que lhe cause morte, lesão, sofrimento físico, sexual ou psicológico, e dano moral ou patrimonial, desde que o crime seja cometido no âmbito da unidade doméstica, da família ou em qualquer relação íntima de afeto. Diante deste quadro, após agredir sua antiga companheira, porque ela não quis retomar o relacionamento encer-

rado, causando-lhe lesões leves, Jorge o(a) procura para saber se sua conduta fará incidir as regras da Lei n. 11.340/2006. Considerando o que foi acima destacado, você, como advogado(a) irá esclarecê-lo de que

(A) O crime em tese praticado ostenta a natureza de infração de menor potencial ofensivo.

(B) A violência doméstica de que trata a Lei Maria da Penha abrange qualquer relação íntima de afeto, sendo indispensável a coabitação.

(C) A agressão do companheiro contra a companheira, mesmo cessado o relacionamento, mas que ocorra em decorrência dele, caracteriza a violência doméstica e autoriza a incidência da Lei n. 11.340/2006.

(D) Ao contrário da transação penal, em tese se mostra possível a suspensão condicional do processo na hipótese de delito sujeito ao rito da Lei Maria da Penha.

RESPOSTA (A) Art. 41 da Lei n. 11.340/2006. (B) Súmula 600-STJ. (C) A lei não exige que a conduta ocorra durante o relacionamento. (D) Súmula 536-STJ. *Alternativa C.*

Direito Processual Penal

Ao acessar o QR Code, você encontrará Dicas para o Exame da OAB e mais Questões Comentadas para treinar seus conhecimentos

> https://uqr.to/1wk78

DIREITO PROCESSUAL PENAL: QUADRO GERAL DE QUESTÕES	
TEMAS	N. DE QUESTÕES
I. Aplicação da Lei Processual Penal	6
II. Inquérito Policial	14
III. Ação Penal	32
IV. Ação Civil	1
V. Competência	19
VI. Questão Prejudicial e Processos Incidentes	17
VII. Provas	22
VIII. Prisão, Medidas Cautelares e Liberdade Provisória	23
IX. Citações e Intimações	9
X. Sentença	5
XI. Procedimentos	22
XII. Nulidades	3
XIII. Recursos	38
XIV. Execução	11
TOTAL	222

I. APLICAÇÃO DA LEI PROCESSUAL PENAL

1. (41º Exame) A República Federativa Alfa reconhece o Poder Judiciário como um dos poderes independentes da República. Em Alfa há um órgão de acusação independente e diferente do Judiciário, responsável por formular acusações criminais, tendo a iniciativa probatória. Em Alfa, um acusado seria um sujeito de direitos no âmbito do processo penal, e os princípios democráticos do processo penal, tais como o princípio do Juiz Natural e da presunção de inocência, são reconhecidos. A partir dos dados fornecidos, o país Alfa adota o sistema processual com traços mais marcantes do sistema

(A) acusatório.
(B) inquisitivo.
(C) misto.
(D) consensual.

RESPOSTA O sistema acusatório é caracterizado pela separação entre as funções de acusar, defender e julgar. O juiz atua como um sujeito imparcial, enquanto a acusação é realizada por um órgão independente. Isso é o que se verifica na República Federativa Alfa. O sistema inquisitivo é marcado pela concentração das funções de acusação e julgamento nas mãos do juiz, que assume um papel ativo na busca da verdade, o que não é o caso em Alfa, onde há separação clara entre os papéis. O sistema misto combina características dos sistemas acusatório e inquisitivo, geralmente com uma fase inquisitorial preliminar seguida de uma fase acusatória. Não é o caso de Alfa, onde o sistema é predominantemente acusatório. A Justiça negociada, também conhecida como Justiça consensual, refere-se a um conjunto de práticas e mecanismos no sistema jurídico penal que permitem a resolução de conflitos criminais por meio de acordos entre as partes, evitando a necessidade de um julgamento completo. Esse modelo busca uma solução mais rápida e eficiente para os processos, reduzindo a carga de trabalho dos tribunais e proporcionando ao acusado a possibilidade de obter benefícios, como a redução de pena, em troca de uma admissão de culpa ou colaboração com a Justiça. Esse instrumento de polícia criminal foi introduzido no Brasil na década de noventa, com a promulgação da Lei n. 9.099/95, a Lei de Juizados Especiais, que positivou institutos como a transação penal, que permite que o Ministério Público ofereça ao autor do fato uma proposta de pena não privativa de liberdade (como multa ou prestação de serviços à comunidade), que, se aceita, evitará a instauração de um processo penal. *Alternativa A.*

2. **(XXV Exame)** O Ministério Público ofereceu denúncia em face de Matheus, imputando-lhe a prática de um crime de estelionato. Na cota da denúncia, o Promotor de Justiça solicitou a realização de exame grafotécnico para comparar as assinaturas constantes da documentação falsa, utilizada como instrumento da prática do estelionato, com as de Matheus. Após ser citado, Matheus procura seu advogado e esclarece, em sigilo, que realmente foi autor do crime de estelionato. Considerando as informações narradas, sob o ponto de vista técnico, o advogado deverá esclarecer que Matheus

(A) deverá realizar o exame grafotécnico, segundo as determinações que lhe forem realizadas, já que prevalece no Processo Penal o Princípio da Verdade Real.

(B) poderá se recusar a realizar o exame grafotécnico até o momento de seu interrogatório, ocasião em que deverá fornecer padrão para o exame grafotécnico, ainda que com assinaturas diferentes daquelas tradicionalmente utilizadas por ele.

(C) deverá realizar o exame grafotécnico, tendo em vista que, no recebimento da denúncia, prevalece o princípio do *in dubio pro societatis.*

(D) poderá se recusar a realizar o exame grafotécnico durante todo o processo, e essa omissão não pode ser interpretada como confissão dos fatos narrados na denúncia.

RESPOSTA Alternativas A, B e C erradas, com fundamento no art. 8º, 2, *g*, do Pacto de São José da Costa Rica e no art. 5º, LXIII, da CF. É assegurado a Matheus o direito de permanecer em silêncio, não poden-

do ser obrigado a produzir prova contra si mesmo (princípio *nemo tenetur se detegere*). (D) Correta. Sobre o tema, cuidado com o art. 4º, § 14, da Lei n. 12.850/2013. *Alternativa D.*

3. **(XXII Exame)** Em 23 de novembro de 2015 (segunda-feira), sendo o dia seguinte dia útil em todo o país, Técio, advogado de defesa de réu em ação penal de natureza condenatória, é intimado da sentença condenatória de seu cliente. No curso do prazo recursal, porém, entrou em vigor nova lei de natureza puramente processual, que alterava o Código de Processo Penal e passava a prever que o prazo para apresentação de recurso de apelação seria de 03 dias e não mais de 05 dias. No dia 30 de novembro de 2015, dia útil, Técio apresenta recurso de apelação acompanhado das respectivas razões. Considerando a hipótese narrada, o recurso do advogado é

(A) intempestivo, aplicando-se o princípio do *tempus regit actum* (o tempo rege o ato), e o novo prazo recursal deve ser observado.

(B) tempestivo, aplicando-se o princípio do *tempus regit actum* (o tempo rege o ato), e o antigo prazo recursal deve ser observado.

(C) intempestivo, aplicando-se o princípio do *tempus regit actum* (o tempo rege o ato), e o antigo prazo recursal deve ser observado.

(D) tempestivo, aplicando-se o princípio constitucional da irretroatividade da lei mais gravosa, e o antigo prazo recursal deve ser observado.

RESPOSTA Alternativas A, C e D incorretas, com fundamento no art. 2º do CPP. Nova lei de natureza puramente processual não retroage, ainda que mais benéfica, devendo ser sempre aplicada a vigente quando praticado o ato processual (*tempus regit actum*), sem prejuízo da validade dos atos realizados sob a vigência da lei anterior. *Alternativa B.*

II. INQUÉRITO POLICIAL

4. **(38º Exame)** Flávia foi acompanhada por você, na qualidade de advogado(a), à presença da Autoridade Policial, para noticiar a prática dos crimes de apropriação indébita e fraude processual supostamente praticados por seu ex-marido, descrevendo a prática do crime, fornecendo os dados qualificativos completos do suposto autor do fato, apresentando rol de testemunhas e anexando documentação pertinente à materialidade delitiva e de indícios de autoria.

O Delegado de Polícia Civil, após cinco dias da confecção do registro da ocorrência, sem que tenha

DIREITO PROCESSUAL PENAL

sido praticado nenhum ato para a verificação da procedência das informações, despachou nos autos do Inquérito Policial pelo indeferimento da instauração do Inquérito Policial e determinou a suspensão do procedimento.

Nesse caso, você deve

(A) requerer a remessa dos autos ao Ministério Público para que se manifeste, uma vez que o Delegado de Polícia não possui poderes para arquivar o procedimento.

(B) requerer a remessa dos autos ao Juízo para que se manifeste, uma vez que o Delegado de Polícia não possui poderes para arquivar o procedimento.

(C) apresentar recurso para a Chefia de Polícia para que se manifeste sobre o indeferimento da instauração do Inquérito Policial.

(D) apresentar recurso ao Ministério Público para que se manifeste sobre o indeferimento da instauração do Inquérito Policial.

RESPOSTA   Sendo indeferido o requerimento do ofendido para abertura do inquérito policial, cabe recurso inominado para o chefe de Polícia, conforme o art. 5º, § 2º, do CPP. Vejamos: § 2º Do despacho que indeferir o requerimento de abertura de inquérito caberá recurso para o chefe de Polícia. *Alternativa C.*

5. (XXXII Exame) Após concluído inquérito policial para apurar a prática do crime de homicídio em desfavor de Jonas, o Ministério Público requereu o seu arquivamento por falta de justa causa, pois não conseguiu identificar o(s) autor(es) do delito, o que restou devidamente homologado pelo juiz competente. Um mês após o arquivamento do inquérito policial, uma testemunha, que não havia sido anteriormente identificada, compareceu à delegacia de polícia alegando possuir informações quanto ao autor do homicídio de Jonas. A família de Jonas, ao tomar conhecimento dos fatos, procura você, como advogado(a) da família, para esclarecimentos. Diante da notícia de existência de novas provas aptas a identificar o autor do crime, você deverá esclarecer aos familiares da vítima que o órgão ministerial

(A) poderá promover o desarquivamento do inquérito, pois a decisão de arquivamento não faz coisa julgada material independentemente de seu fundamento.

(B) não poderá promover o desarquivamento do inquérito, pois a decisão de arquivamento é imutável na presente hipótese.

(C) não poderá promover o desarquivamento do inquérito, pois se trata de mera notícia, inexistindo efetivamente qualquer prova nova quanto à autoria do delito.

(D) poderá promover o desarquivamento do inquérito, pois a decisão de arquivamento fez apenas coisa julgada formal no caso concreto.

RESPOSTA   As alternativas têm por fundamento o mesmo dispositivo: o art. 18 do CPP. A redação é a seguinte: "Depois de ordenado o arquivamento do inquérito pela autoridade judiciária, por falta de base para a denúncia, a autoridade policial poderá proceder a novas pesquisas, se de outras provas tiver notícia.". Ademais, vale mencionar a Súmula 524 do STF: "Arquivado o inquérito policial, por despacho do juiz, a requerimento do Promotor de Justiça, não pode a ação penal ser iniciada, sem novas provas". *Alternativa D.*

6. (XXVII Exame) Após receber denúncia anônima, por meio de disque-denúncia, de grave crime de estupro com resultado morte que teria sido praticado por Lauro, 19 anos, na semana pretérita, a autoridade policial, de imediato, instaura inquérito policial para apurar a suposta prática delitiva. Lauro é chamado à Delegacia e apresenta sua identidade recém-obtida; em seguida, é realizada sua identificação criminal, com colheita de digitais e fotografias. Em que pese não ter sido encontrado o cadáver até aquele momento das investigações, a autoridade policial, para resguardar a prova, pretende colher material sanguíneo do indiciado Lauro para fins de futuro confronto, além de desejar realizar, com base nas declarações de uma testemunha presencial localizada, uma reprodução simulada dos fatos; no entanto, Lauro se recusa tanto a participar da reprodução simulada quanto a permitir a colheita de seu material sanguíneo. É, ainda, realizado o reconhecimento de Lauro por uma testemunha após ser-lhe mostrada a fotografia dele, sem que fossem colocadas imagens de outros indivíduos com características semelhantes. Ao ser informado sobre os fatos, na defesa do interesse de seu cliente, o(a) advogado(a) de Lauro, sob o ponto de vista técnico, deverá alegar que

(A) o inquérito policial não poderia ser instaurado, de imediato, com base em denúncia anônima isoladamente, sendo exigida a realização de diligências preliminares para confirmar as informações iniciais.

(B) o indiciado não poderá ser obrigado a fornecer seu material sanguíneo para a autoridade policial, ainda que seja possível constrangê-lo a participar da reprodução simulada dos fatos, independentemente de sua vontade.

(C) o vício do inquérito policial, no que tange ao reconhecimento de pessoa, invalida a ação penal como um todo, ainda que baseada em outros elementos informativos, e não somente no ato viciado.

(D) a autoridade policial, como regra, deverá identificar criminalmente o indiciado, ainda que civilmente identificado, por meio de processo datiloscópico, mas não poderia fazê-lo por fotografias.

RESPOSTA (B) Errada. Segundo a jurisprudência, com fundamento no art. 5º, LXIII, da CF, não é possível constranger o indiciado a participar da reprodução simulada dos fatos (CPP, art. 7º). (C) Errada. De acordo com a jurisprudência, eventuais vícios no inquérito policial não invalidam a ação penal, embora possam influenciar em relação à justa causa – podem, por exemplo, gerar a absolvição do réu por ausência de prova, mas não se fala em nulidade do processo. (D) Errada, pois contraria o art. 5º, LVIII, da CF e o art. 5º, caput, da Lei n. 12.037/2009. (A) Correta. As notícias anônimas ou denúncias anônimas não autorizam, por si sós, a propositura de ação penal ou mesmo, na fase de investigação preliminar, o emprego de métodos invasivos de investigação (p. ex., interceptação telefônica ou busca e apreensão). No entanto, é possível a realização de diligências preliminares para confirmar as informações necessárias. Sobre o tema, cuidado com a Súmula 611 do STJ. *Alternativa A.*

7. (XXVI Exame) Um Delegado de Polícia, ao tomar conhecimento de um suposto crime de ação penal pública incondicionada, determina, de ofício, a instauração de inquérito policial. Após adotar diligência, verifica que, na realidade, a conduta investigada era atípica. O indiciado, então, pretende o arquivamento do inquérito e procura seu advogado para esclarecimentos, informando que deseja que o inquérito seja imediatamente arquivado. Considerando as informações narradas, o advogado deverá esclarecer que a autoridade policial

(A) deverá arquivar imediatamente o inquérito, fazendo a decisão de arquivamento por atipicidade da coisa julgada material.

(B) não poderá arquivar imediatamente o inquérito, mas deverá encaminhar relatório final ao Poder Judiciário para arquivamento direto e imediato por parte do magistrado.

(C) deverá elaborar relatório final de inquérito e, após o arquivamento, poderá proceder a novos atos de investigação, independentemente da existência de provas novas.

(D) poderá elaborar relatório conclusivo, mas a promoção de arquivamento caberá ao Ministério Público, havendo coisa julgada em caso de homologação do arquivamento por atipicidade.

RESPOSTA (A) Incorreta. A autoridade policial não pode arquivar o IP (CPP, art. 17). (B) Incorreta. Leia o art. 28 do CPP. (C) Incorreta (CPP, art. 18). (D) Correta, com fundamento no art. 28 do CPP. Atenção à nova redação dada ao dispositivo pelo Pacote Anticrime (Lei n. 13.964/2019) e ao decidido pelo STF no julgamento das ADIs 6.298, 6.299, 6.300 e 6.305. De acordo com a *interpretação conforme* dada pelo Supremo ao art. 28 do CPP, *o órgão do Ministério Público submeterá sua manifestação ao juiz competente* e comunicará à vítima, ao investigado e à autoridade policial, podendo encaminhar os autos para o Procurador-Geral ou para a instância de revisão ministerial, quando houver, para fins de homologação, na forma da lei. Igualmente, foi conferida *interpretação conforme ao § 1º do art. 28 do CPP,* incluído pela Lei n. 13.964/2019, para assentar que, *além da vítima ou de seu representante legal, a autoridade judicial competente também poderá submeter a matéria à revisão da instância competente do órgão ministerial,* caso verifique patente ilegalidade ou teratologia no ato do arquivamento. *Alternativa D.*

8. (XXV Exame) Maria, 15 anos de idade, comparece à Delegacia em janeiro de 2017, acompanhada de seu pai, e narra que João, 18 anos, mediante grave ameaça, teria constrangido-a a manter com ele conjunção carnal, demonstrando interesse, juntamente com seu representante, na responsabilização criminal do autor do fato. Instaurado inquérito policial para apurar o crime de estupro, todas as testemunhas e João afirmaram que a relação foi consentida por Maria, razão pela qual, após promoção do Ministério Público pelo arquivamento por falta de justa causa, o juiz homologou o arquivamento com base no fundamento apresentado. Dois meses após o arquivamento, uma colega de classe de Maria a procura e diz que teve medo de contar antes a qualquer pessoa, mas em seu celular havia filmagem do ato sexual entre Maria e João, sendo que no vídeo ficava demonstrado o emprego de grave ameaça por parte deste. Maria, então, entrega o vídeo ao advogado da família. Considerando a situação narrada, o advogado de Maria

(A) nada poderá fazer sob o ponto de vista criminal, tendo em vista que a decisão de arquivamento fez coisa julgada material.

(B) poderá apresentar o vídeo ao Ministério Público, sendo possível o desarquivamento do inquérito ou oferecimento de denúncia por parte do Promotor de Justiça, em razão da existência de prova nova.

(C) nada poderá fazer sob o ponto de vista criminal, tendo em vista que, apesar de a decisão de arquivamento não ter feito coisa julgada material, o

DIREITO PROCESSUAL PENAL

vídeo não poderá ser considerado prova nova, já que existia antes do arquivamento do inquérito.

(D) poderá iniciar, de imediato, ação penal privada subsidiária da pública em razão da omissão do Ministério Público no oferecimento de denúncia em momento anterior.

RESPOSTA De acordo com a Súmula 524 do STF: "Arquivado o inquérito policial, por despacho do juiz, a requerimento do promotor de justiça, não pode a ação penal ser iniciada, sem novas provas". No mesmo sentido, o art. 18 do CPP: "Depois de ordenado o arquivamento do inquérito pela autoridade judiciária, por falta de base para a denúncia, a autoridade policial poderá proceder a novas pesquisas, se de outras provas tiver notícia".

Destarte, o arquivamento do inquérito policial por insuficiência de provas *não faz* coisa julgada material, mas apenas formal, *podendo* o advogado de Maria apresentar o vídeo ao Ministério Público, sendo possível o desarquivamento do inquérito ou oferecimento de denúncia por parte do Promotor de Justiça, em razão da existência de prova nova. *Alternativa B.*

9. (XXIII Exame) Paulo foi preso em flagrante pela prática do crime de corrupção, sendo encaminhado para a Delegacia. Ao tomar conhecimento dos fatos, a mãe de Paulo entra, de imediato, em contato com o advogado, solicitando esclarecimentos e pedindo auxílio para seu filho. De acordo com a situação apresentada, com base na jurisprudência dos Tribunais Superiores, deverá o advogado esclarecer que

(A) diante do caráter inquisitivo do inquérito policial, Paulo não poderá ser assistido pelo advogado na delegacia.

(B) a presença da defesa técnica, quando da lavratura do auto de prisão em flagrante, é sempre imprescindível, de modo que, caso não esteja presente, todo o procedimento será considerado nulo.

(C) decretado o sigilo do procedimento, o advogado não poderá ter acesso aos elementos informativos nele constantes, ainda que já documentados no procedimento.

(D) a Paulo deve ser garantida, na delegacia, a possibilidade de assistência de advogado, de modo que existe uma faculdade na contratação de seus serviços para acompanhamento do procedimento em sede policial.

RESPOSTA A Paulo deve ser garantida, na delegacia, a *possibilidade* de assistência de advogado. Fala-se em possibilidade, pois na fase investigativa é *facultativa* a assistência por advogado ou defensor público. Conforme o art. 7º, XXI, do Estatuto da OAB (Lei n. 8.906/94): "Art. 7º São *direitos do advogado*: XXI - *assistir a seus*

clientes investigados durante a apuração de infrações, sob pena de nulidade absoluta do respectivo interrogatório ou depoimento e, subsequentemente, de todos os elementos investigatórios e probatórios dele decorrentes ou derivados, direta ou indiretamente, podendo, inclusive, no curso da respectiva apuração". É dizer, se presente, a autoridade policial não poderá impedir que a advogado acompanhe o interrogatório, mas a sua ausência não ensejará a nulidade do ato. Isso porque o inquérito policial é procedimento informativo, de natureza inquisitorial, do qual não resultará sentença judicial imediata. *Alternativa D.*

III. AÇÃO PENAL

10. (41º Exame) Francisco e seu filho Alfredo depredaram o carro de Terezinha, o que motivou o ajuizamento de queixa-crime em face de Francisco e Alfredo, dentro do prazo decadencial, pelo crime de dano qualificado por motivo egoístico, disposto no Art. 163, inciso IV, do CP. No curso da ação penal, Francisco e Terezinha começaram a ter um relacionamento amoroso. Terezinha perdoou expressamente Francisco nos autos da queixa-crime. Intimado, Francisco aceitou o perdão da ofendida, o Juízo declarou a extinção da punibilidade em face de Francisco, mas, determinou o seguimento da ação penal em relação a Alfredo. Diante do caso narrado, assinale a opção que apresenta, corretamente, os princípios que você, como advogado(a) de Alfredo, deve alegar no interesse de seu cliente.

(A) Da indivisibilidade e da disponibilidade.

(B) Da divisibilidade e da intranscendência das penas.

(C) Da legalidade e da presunção de inocência.

(D) Do *ne bis in idem* e da individualização das penas.

RESPOSTA Nas ações penais de iniciativa privada, vigora o princípio da indivisibilidade, previsto no art. 48 do Código de Processo Penal (CPP), que obriga o prosseguimento da ação contra todos os autores do crime, caso a queixa seja apresentada contra um deles. Além disso, nas ações penais privadas o querelante tem a disponibilidade da ação, podendo desistir do processo a qualquer momento, o que reflete o princípio da disponibilidade. De acordo com o CPP: "Art. 48. A queixa contra qualquer dos autores do crime obrigará ao processo de todos, e o Ministério Público velará pela sua indivisibilidade". *Alternativa A.*

11. (40º Exame) Luís Vicente, secretário de fazenda do Município Alfa, foi ofendido por Iório, secretário de fazenda do Estado Beta, que, durante discurso na tribuna da Câmara dos Vereadores, afirmou que "Luís Vicente comete peculato, desviando recursos do caixa municipal em proveito próprio e de seus familiares!". Luís Vicente procurou você, como advogado(a), para que você o oriente sobre a medida cabível para responsabilizar Iório pela ofensa à sua honra. Nesse contexto, é correto afirmar que Luís Vicente

(A) só pode ajuizar uma queixa-crime em face de Iório, pois o delito contra a honra desafia ação penal privada.

(B) pode oferecer representação contra Iório ao Ministério Público, pois sua qualidade de servidor público impõe a ação penal pública na defesa de sua honra.

(C) pode optar entre ajuizar queixa-crime em face de Iório ou oferecer representação ao Ministério Público.

(D) não pode fazer nada a respeito, diante da imunidade material de Iório, pela sua qualidade de ocupante de cargo político.

RESPOSTA A Súmula n. 714 do STF estabelece que a legitimidade para a ação penal por crimes contra a honra de servidor público, em razão do exercício de suas funções, é concorrente entre o ofendido e o Ministério Público, mediante representação. Portanto, Luís Vicente não está restrito a ajuizar apenas uma queixa-crime, podendo também oferecer representação ao Ministério Público, para que este ofereça denúncia. Conforme a Súmula n. 714 do STF: "É concorrente a legitimidade do ofendido, mediante queixa, e do ministério público, condicionada à representação do ofendido, para a ação penal por crime contra a honra de servidor público em razão do exercício de suas funções". *Alternativa C.*

12. **(39º Exame)** Arthur, Bruno, Fernanda e Camille foram acusados de furto simples praticado em 2020. Arthur foi definitivamente condenado, Bruno foi condenado, porém, recorreu e ainda não houve decisão definitiva. Fernanda aceitou a suspensão condicional do processo, já cumprida, e Camille foi absolvida, tendo havido recurso do Ministério Público, ainda não julgado. Em julho de 2023, sobreveio acusação de uso de documento particular falso contra os quatro. Considerando preenchidos os demais requisitos, e considerando apenas os antecedentes criminais mencionados, assinale a opção que indica os que podem celebrar Acordo de Não Persecução Penal.

(A) Arthur e Bruno.
(B) Arthur e Fernanda.
(C) Bruno e Camille.
(D) Fernanda e Camille.

RESPOSTA Os requisitos que autorizam a celebração do acordo (ANPP) estão previstos no art. 28-A do CPP. Considerando isso, vejamos: 1) Artur = NÃO poderá celebrar ANPP, pois é reincidente, incidindo a vedação do art. 28-A, § 2º, II, do CPP, que impede a celebração de ANPP nessa hipótese. Observem que antes da acusação pelo uso de documento particular falso, ele já havia sido definitivamente condenado por outro crime. 2) Bruno = PODERÁ ser beneficiado pelo ANPP, pois a condenação anterior pelo crime de furto simples ainda não se tornou definitiva (não transitou em julgado), não sendo possível falar em reincidência e devendo prevalecer o princípio da presunção de inocência. 3) Fernanda = NÃO poderá celebrar ANPP, pois este não será cabível se nos 5 anos anteriores ao cometimento da infração o investigado tiver sido beneficiado em suspensão condicional do processo, nos termos do art. 28-A, § 2º, III, do CPP. 4) Camille = PODERÁ ser beneficiada pelo ANPP, não configurando óbice legal o fato de em favor dela haver sentença penal absolutória ainda não transitada em julgado, devendo prevalecer o princípio da presunção de inocência. *Alternativa C.*

13. **(39º Exame)** Osvaldo foi denunciado pela prática do crime de estelionato em coautoria com Flávio. Durante a instrução processual, o Juízo ouviu três testemunhas da acusação, e, uma delas, Fabiana, apresentou versão conflitante com as apresentadas pelas defesas. Por isso, o Ministério Público requereu a realização de acareação prevista no Art. 229 do CPP, entre Osvaldo, Flávio e Fabiana. A defesa de Osvaldo informou que o acusado não iria participar da acareação, mas o Ministério Público insistiu com o Juízo que determinasse que Osvaldo se submetesse ao ato, sob pena de incidir nas penas do crime de desobediência. Sobre o caso narrado, assinale a afirmativa que indica o princípio que você, como advogado(a) de Osvaldo, deve alegar em defesa do seu cliente.

(A) O da ampla defesa veda a realização de acareação entre testemunhas de defesa e de acusação, pois cada parte tem o ônus de provar os fatos que alega.

(B) O de fundamentação das decisões exige que, ao determinar a realização de uma prova, o Juízo indique concretamente as razões que a justifiquem, sob pena de nulidade.

(C) O de presunção de inocência impede a participação do réu em procedimento de acareação, ainda que a ele se apresente voluntariamente.

(D) O de não autoincriminação ampara a pretensão de Osvaldo de não se submeter à produção de provas que exigem participação ativa do denunciado, tal como a acareação.

RESPOSTA O princípio da não autoincriminação, também conhecido como *nemo tenetur se detegere*,

DIREITO PROCESSUAL PENAL

garante que o réu não pode ser compelido a produzir provas contra si mesmo, incluindo a participação em atos processuais que possam resultar em sua autoincriminação, como a acareação. Este princípio está consagrado no art. 5º, LXIII, da Constituição Federal e é amplamente reconhecido na doutrina e jurisprudência. *Alternativa D.*

14. (36º Exame) Hamilton, vendedor em uma concessionária de automóveis, mantém Priscila em erro, valendo-se de fraude para obter vantagem econômica ilícita, consistente em valor de comissão maior do que o devido na venda de um veículo automotor. A venda e a obtenção da vantagem ocorrem no dia 20 de novembro de 2019. O fato chega ao conhecimento da autoridade policial por notícia feita pela concessionária, ainda em novembro de 2019 e, em 2 de março de 2020, o Ministério Público oferece denúncia em face de Hamilton, imputando-lhe a prática do crime de estelionato. Embora tenha sido ouvida em sede policial, Priscila não manifestou sua vontade de ver Hamilton processado pela prática delitiva. A denúncia é recebida e a defesa impetra *habeas corpus* perante o Tribunal de Justiça. No caso, assinale a opção que apresenta a melhor tese defensiva a ser sustentada.

(A) A ausência de condição específica de procedibilidade, em razão da exigência de representação da ofendida.

(B) A ausência de condição da ação, pois caberia à vítima o ajuizamento da ação penal privada no caso concreto.

(C) A necessidade de remessa dos autos ao Procurador-geral de Justiça para que haja oferta de acordo de não persecução penal.

(D) A atipicidade da conduta, em razão do consentimento da vítima, consistente na ausência de manifestação de ver o acusado processado.

RESPOSTA A partir da entrada em vigor do Pacote Anticrime (Lei n. 13.964/2019), o estelionato passou a ser crime de ação penal pública condicionada à representação (CP, art. 171, § 5º). Para o STJ, a *novatio legis* deve retroagir para alcançar fatos anteriores à vigência do Pacote, desde que não tenha havido o oferecimento de denúncia (nesse sentido, Informativo n. 691). Por isso, correta a alternativa (A) e erradas as demais, (B), (C) e (D).

15. (37º Exame) Leonardo praticou um crime que, objetivamente, admitia o acordo de não persecução penal (ANPP). Concluída a investigação criminal, e estando presente a justa causa, o Promotor de Justiça se recusou a fazer a proposta de ANPP, por entender que estava demonstrado que a conduta de Leonardo era habitual. Diante da recusa do Promotor de Justiça em propor o ANPP, o Juiz da Comarca de Cascais, acolhendo o requerimento do advogado de Leonardo, remeteu o investigatório ao Ministério Público para se manifestar sobre o tema. O MP apresentou ao Juiz da Vara Criminal da Comarca de Cascais uma proposta de ANPP para ser homologada. O juiz considerou insuficiente a condição de Leonardo pagar como prestação pecuniária a quantia correspondente a 02 (dois) salários-mínimos a uma entidade pública, a ser indicada pelo juízo da execução, devolvendo os autos ao MP para reformular a proposta nesta parte. O MP manteve a proposta nos termos acordados com Leonardo, razão pela qual o Juiz da Vara Criminal de Cascais recusou-se a homologá-la. Sobre a decisão de não homologação da proposta de ANPP, assinale a opção que indica qual o recurso cabível e quem poderá interpô-lo.

(A) Recurso de agravo previsto na Lei de Execução Penal, haja vista que a prestação pecuniária era destinada a uma entidade pública a ser indicada pelo juízo da execução. O legitimado para interpor esse recurso é Leonardo, haja vista que contra o mesmo seria cobrada a prestação pecuniária junto ao juízo da execução.

(B) Recurso em sentido estrito, considerando se tratar de um ato judicial de natureza declaratória. Estavam legitimados a recorrer o Ministério Público e Leonardo, por terem, ambos, interesse recursal.

(C) Recurso de apelação (residual), por se tratar de uma decisão definitiva. Somente estava legitimado a recorrer o Ministério Público, por ser o autor da proposta, ainda que a ela tenha aderido Leonardo.

(D) Recurso de apelação (residual), por se tratar de uma decisão com força de definitiva, e dela poderia recorrer o Promotor de Justiça com atribuição e Leonardo, por terem, ambos, interesse recursal.

RESPOSTA Por expressa previsão legal, deve ser interposto recurso em sentido estrito, com fundamento no art. 581, XXV, do CPP. Pelo mesmo motivo, estão erradas as alternativas A, C e D. Vejamos: "Art. 581. Caberá recurso, no sentido estrito, da decisão, despacho ou sentença: [...] XXV – que recusar homologação à proposta de acordo de não persecução penal, previsto no art. 28-A desta Lei. (Incluído pela Lei n. 13.964, de 2019)". *Alternativa B.*

16. (37º Exame) Sérgio propôs uma ação penal privada contra Ana e Letícia por crime de dano (impossibilidade de qualquer medida penal consensual), isto porque as quereladas, dolosamente, quebraram o para-brisa traseiro do seu carro. Finda a instrução criminal, restaram comprovadas autoria e materialidade, até mesmo porque, além da prova testemunhal confirmar a imputação contida na queixa-crime, as acusadas confessaram o delito. Em alegações finais orais, Dr. Lúcio, advogado constituído por Sérgio, sem se referir à inicial acusatória, finalizou a sua sustentação apenas pedindo que "fosse feita a melhor justiça". Você, como advogado(a) das quereladas, alegaria como prejudicial de mérito a extinção da punibilidade

(A) pelo perdão de Sérgio, pois não se manifestou em alegações finais juntamente com o seu patrono para pedir a condenação.

(B) pela renúncia do querelante, haja vista que o seu advogado não ratificou em alegações finais os termos da acusação articulada na queixa-crime.

(C) pela peremptção, porque o advogado constituído por Sérgio somente pediu em alegações finais que "fosse feita a melhor justiça", deixando de ratificar a pretensão de que as quereladas fossem condenadas, sequer tendo renovado o pedido de condenação apresentado na queixa-crime.

(D) pela retratação do querelante, pois não se manifestou em alegações finais juntamente com o seu patrono para pedir a condenação das quereladas, ou mesmo ratificar o pedido de condenação apresentado na queixa-crime.

RESPOSTA Nos termos do art. 60, III, do CPP, considera-se perempta a ação penal quando o querelante deixar de comparecer, sem motivo justificado, a qualquer ato do processo a que deva estar presente, ou deixar de formular o pedido de condenação nas alegações finais. Pelo mesmo motivo, erradas as alternativas A, B e D. *Alternativa C.*

17. (37º Exame) Antônio Silva foi denunciado pelo Ministério Público do Estado do Rio de Janeiro pelo crime de tráfico de drogas. Essa denúncia foi rejeitada pelo juízo da 50ª Vara Criminal da Comarca do Rio de Janeiro, por falta de prova mínima da autoria e materialidade (justa causa). O órgão ministerial então interpôs recurso em sentido estrito dessa decisão, já arrazoado. Para evitar a caracterização de uma nulidade processual, é correto afirmar que o juízo deve, em seguida,

(A) nomear defensor público para apresentar contrarrazões recursais em favor de Antônio.

(B) nomear defensor dativo para apresentar contrarrazões recursais em favor de Antônio.

(C) notificar Antônio para apresentar contrarrazões recursais.

(D) remeter os autos ao Tribunal competente.

RESPOSTA Nos termos da Súmula 707 do STF: "Constitui nulidade a falta de intimação do denunciado para oferecer contrarrazões ao recurso interposto da rejeição da denúncia, não a suprindo a nomeação de defensor dativo". Pelo mesmo motivo, erradas as alternativas A, B e D. *Alternativa C.*

18. (35º Exame) Magda é servidora pública federal, trabalhando como professora em instituição de Ensino Superior mantida pela União no Estado do Rio de Janeiro. Magda vem a ser vítima de ofensa à sua honra subjetiva em sala de aula, sendo chamada de "piranha" e "vagabunda" por Márcio, aluno que ficara revoltado com sua reprovação em disciplina ministrada por Magda. Nessa situação, assinale a afirmativa correta.

(A) Magda só pode ajuizar queixa-crime contra Márcio, imputando-lhe crime de injúria.

(B) Magda só pode oferecer representação contra Márcio, imputando-lhe crime de injúria.

(C) Magda não pode ajuizar queixa-crime nem oferecer representação contra Márcio, imputando-lhe crime de injúria.

(D) Magda pode optar entre ajuizar queixa-crime ou oferecer representação contra Márcio, imputando-lhe crime de injúria.

RESPOSTA De acordo com a Súmula 714 do STF, "é concorrente a legitimidade do ofendido, mediante queixa, e do Ministério Público, condicionada à representação do ofendido, para a ação penal por crime contra a honra de servidor público em razão do exercício de suas funções". Ou seja, no exemplo trazido, a ação penal poderia ter início por meio de denúncia ou queixa-crime. *Alternativa D.*

19. (XXXIII Exame) Durante uma festa em uma casa noturna, Michele se desentende com sua amiga Flávia e lhe desfere um tapa no rosto, causando-lhe lesão corporal de natureza leve. Flávia, então, se dirige à autoridade policial e registra o fato, manifestando expressamente seu interesse em representar contra Michele, tendo em vista a natureza de ação penal pública condicionada à representação. Findo o procedimento policial, os autos foram encaminhados ao Juizado Especial competente e o Ministério Público apresentou proposta de transação penal à Michele, que não a aceitou. Após o oferecimento de denúncia pelo Parquet, Flávia se diz arrependida e manifesta ao seu advogado interesse em se retratar da representação oferecida, destacando que ainda não foi recebida a inicial acusatória. Considerando os fatos acima narrados, você, como advogado(a) de Flávia, deverá esclarecer que

DIREITO PROCESSUAL PENAL

(A) a representação será irretratável na hipótese, por já ter sido oferecida a denúncia.

(B) a retratação da representação poderá ser realizada até o momento da sentença, não dependendo de formalidades legais.

(C) a retratação da representação será cabível até o recebimento da denúncia, em audiência perante o juiz, especialmente designada para tal finalidade.

(D) a representação será irretratável, independentemente do momento processual, por se tratar de ação penal de natureza pública, de modo que o Ministério Público continua sendo o titular da ação.

RESPOSTA Oferecida a denúncia, não se fala mais em retratação da representação, conforme art. 25 do CPP: "A representação será irretratável, depois de oferecida a denúncia". Fique atento, no entanto, à exceção trazida na Lei n. 11.340/06 (Lei Maria da Penha): "Art. 16. Nas ações penais públicas condicionadas à representação da ofendida de que trata esta Lei, só será admitida a renúncia à representação perante o juiz, em audiência especialmente designada com tal finalidade, antes do recebimento da denúncia e ouvido o Ministério Público". *Alternativa A.*

20. **(XXX Exame)** Após uma partida de futebol amador, realizada em 3-5-2018, o atleta André se desentendeu com jogadores da equipe adversária. Ao final do jogo, dirigiu-se ao estacionamento e encontrou, em seu carro, um bilhete anônimo, em que constavam diversas ofensas à sua honra. Em 28-6-2018, André encontrou um dos jogadores da equipe adversária, Marcelo, que lhe confessou a autoria do bilhete, ressaltando que Luiz e Rogério também estavam envolvidos na ofensa. André, em 17-11-2018, procurou seu advogado, apresentando todas as provas do crime praticado, manifestando seu interesse em apresentar queixa-crime contra os três autores do fato. Diante disso, o advogado do ofendido, após procuração com poderes especiais, apresenta, em 14-12-2018, queixa-crime em face de Luiz, Rogério e Marcelo, imputando-lhes a prática dos crimes de calúnia e injúria. Após o recebimento da queixa crime pelo magistrado, André se arrependeu de ter buscado a responsabilização penal de Marcelo, tendo em vista que somente descobriu a autoria do crime em decorrência da ajuda por ele fornecida. Diante disso, comparece à residência de Marcelo, informa seu arrependimento, afirma não ter interesse em vê-lo responsabilizado criminalmente e o convida para a festa de aniversário de sua filha, sendo a conversa toda registrada em mídia audiovisual. Considerando as informações narradas, é correto afirmar que o(a) advogado(a) dos querelados poderá

(A) questionar o recebimento da queixa-crime, com fundamento na ocorrência de decadência, já que oferecida a inicial mais de 06 meses após a data dos fatos.

(B) buscar a extinção da punibilidade dos três querelados, diante da renúncia ao exercício do direito de queixa realizado por André, que poderá ser expresso ou tácito.

(C) buscar a extinção da punibilidade de Marcelo, mas não de Luiz e Rogério, em razão da renúncia ao exercício do direito de queixa realizado por André.

(D) buscar a extinção da punibilidade dos três querelados, caso concordem, diante do perdão oferecido a Marcelo por parte de André, que deverá ser estendido aos demais coautores.

RESPOSTA (A) Errada. A decadência é contada do dia em que André descobriu a autoria do delito, nos termos do art. 38, *caput*, do CPP: "Art. 38. Salvo disposição em contrário, o ofendido, ou seu representante legal, decairá no direito de queixa ou de representação, se não o exercer dentro do prazo de seis meses, *contado do dia em que vier a saber quem é o autor do crime,* ou, no caso do art. 29, do dia em que se esgotar o prazo para o oferecimento da denúncia. Parágrafo único. Verificar-se-á a decadência do direito de queixa ou representação, dentro do mesmo prazo, nos casos dos arts. 24, parágrafo único, e 31". Alternativas B e C: erradas. Por ter havido o oferecimento de queixa-crime, o enunciado não descreve hipótese de renúncia. (D) Correta, com fundamento no art. 51 do CPP: "Art. 51. O perdão concedido a um dos querelados aproveitará a todos, sem que produza, todavia, efeito em relação ao que o recusar". *Alternativa D.*

21. **(XXVIII Exame)** Gabriel, nascido em 31 de maio 1999, filho de Eliete, demonstrava sua irritação em razão do tratamento conferido por Jorge, namorado de sua mãe, para com esta. Insatisfeito, Jorge, no dia 1º de maio de 2017, profere injúria verbal contra Gabriel. Após a vítima contar para sua mãe sobre a ofensa sofrida, Eliete comparece, em 27 de maio de 2017, em sede policial e, na condição de representante do seu filho, renuncia ao direito de queixa. No dia 02 de agosto de 2017, porém, Gabriel, contra a vontade da mãe, procura auxílio de advogado, informando que tem interesse em ver Jorge responsabilizado criminalmente pela ofensa realizada. Diante da situação narrada, o(a) advogado(a) de Gabriel deverá esclarecer que

(A) Jorge não poderá ser responsabilizado criminalmente, em razão da renúncia do representante legal do ofendido, sem prejuízo de indenização no âmbito cível.

(B) poderá ser proposta queixa-crime em face de Jorge, mas, para que o patrono assim atue, precisa de procuração com poderes especiais.

(C) Jorge não poderá ser responsabilizado criminalmente em razão da decadência, tendo em vista que ultrapassados três meses desde o conhecimento da autoria.

(D) poderá ser proposta queixa-crime em face de Jorge, pois, de acordo com o Código de Processo Penal, ao representante legal é vedado renunciar ao direito de queixa.

RESPOSTA (A) Errada (art. 50 do CPP e Súmula 594 do STF). Vejamos: "Art. 50. A renúncia expressa constará de declaração assinada pelo ofendido, por seu representante legal ou procurador com poderes especiais. Parágrafo único. A renúncia do representante legal do menor que houver completado 18 (dezoito) anos não privará este do direito de queixa, nem a renúncia do último excluirá o direito do primeiro". Súmula 594 do STF: "Os direitos de queixa e de representação podem ser exercidos, independentemente, pelo ofendido ou por seu representante legal". (B) Correta, art. 44 do CPP: "Art. 44. A queixa poderá ser dada por procurador com poderes especiais, devendo constar do instrumento do mandato o nome do querelante e a menção do fato criminoso, salvo quando tais esclarecimentos dependerem de diligências que devem ser previamente requeridas no juízo criminal". (C) Errada, art. 38 do CPP: "Art. 38. Salvo disposição em contrário, o ofendido, ou seu representante legal, decairá no direito de queixa ou de representação, se não o exercer dentro do prazo de seis meses, contado do dia em que vier a saber quem é o autor do crime, ou, no caso do art. 29, do dia em que se esgotar o prazo para o oferecimento da denúncia. Parágrafo único. Verificar-se-á a decadência do direito de queixa ou representação, dentro do mesmo prazo, nos casos dos arts. 24, parágrafo único, e 31". (D) Errada, art. 50 do CPP: "Art. 50. A renúncia expressa constará de declaração assinada pelo ofendido, por seu representante legal ou procurador com poderes especiais. Parágrafo único. A renúncia do representante legal do menor que houver completado 18 (dezoito) anos não privará este do direito de queixa, nem a renúncia do último excluirá o direito do primeiro". *Alternativa B.*

22. (XXVII Exame) Flávio apresentou, por meio de advogado, queixa-crime em desfavor de Gabriel, vulgo "Russinho", imputando-lhe a prática do crime de calúnia, pois Gabriel teria imputado falsamente a Flávio a prática de determinada contravenção penal. Na inicial acusatória, assinada exclusivamente pelo advogado, consta como querelado apenas o primeiro nome de Gabriel, o apelido pelo qual é conhecido, suas características físicas e seu local de trabalho, tendo em vista que Flávio e sua defesa técnica não identificaram a completa qualificação do suposto autor do fato. A peça inaugural não indicou rol de testemunhas, apenas acostando prova documental que confirmaria a existência do crime. Ademais, foi acostada ao procedimento a procuração de Flávio em favor de seu advogado, na qual consta apenas o nome completo de Flávio e seus dados qualificativos, além de poderes especiais para propor eventuais queixas-crime que se façam pertinentes. Após citação de Gabriel em seu local de trabalho para manifestação, considerando apenas as informações expostas, caberá à defesa técnica do querelado pleitear, sob o ponto de vista técnico, a rejeição da queixa-crime,

(A) sob o fundamento de que não poderia ter sido apresentada sem a completa qualificação do querelado, sendo insuficiente o fornecimento de características físicas marcantes, apelido e local de trabalho que poderiam identificá-lo.

(B) porque, apesar de fornecidos imprescindíveis poderes especiais, a síntese do fato criminoso não consta da procuração.

(C) porque a classificação do crime não foi adequada de acordo com os fatos narrados, e a tipificação realizada vincula a autoridade judicial.

(D) tendo em vista que não consta, da inicial, o rol de testemunhas.

RESPOSTA (A) Errada, conforme o art. 41 do CPP: "Art. 41. A denúncia ou queixa conterá a exposição do fato criminoso, com todas as suas circunstâncias, a qualificação do acusado ou esclarecimentos pelos quais se possa identificá-lo, a classificação do crime e, quando necessário, o rol das testemunhas". (B) Correta, nos termos do art. 44 do CPP: "Art. 44. A queixa poderá ser dada por procurador com poderes especiais, devendo constar do instrumento do mandato o nome do querelante e a menção do fato criminoso, salvo quando tais esclarecimentos dependerem de diligências que devem ser previamente requeridas no juízo criminal". (C) Errada. A tipificação entendida pelo MP não vincula o juiz. (D) Errada (art. 41 do CPP). *Alternativa B.*

23. (XXVI Exame) Maicon, na condução de veículo automotor, causou lesão corporal de natureza leve em Marta, desconhecida que dirigia outro automóvel, que inicialmente disse ter interesse em representar em face do autor dos fatos, diante da prática do crime do art. 303, *caput*, do Código de Trânsito Brasileiro. Em audiência preliminar, com a presença de Maicon e Marta acompa-

DIREITO PROCESSUAL PENAL

nhados por seus advogados e pelo Ministério Público, houve composição dos danos civis, reduzida a termo e homologada pelo juiz em sentença. No dia seguinte, Marta se arrepende, procura seu advogado e afirma não ter interesse na execução do acordo celebrado. Considerando apenas as informações narradas, o advogado de Marta deverá

(A) interpor recurso de apelação da sentença que homologou a composição dos danos civis.

(B) esclarecer que o acordo homologado acarretou renúncia ao direito de representação.

(C) interpor recurso em sentido estrito da sentença que homologou composição dos danos civis.

(D) esclarecer que, sendo crime de ação penal de natureza pública, não caberia composição dos danos civis, mas sim transação penal, de modo que a sentença é nula.

RESPOSTA   (A) Errada (art. 74 da Lei n. 9.099/95). (B) Correta, art. 74 da Lei n. 9.099/95: "Art. 74. A composição dos danos civis será reduzida a escrito e, homologada pelo Juiz mediante sentença irrecorrível, terá eficácia de título a ser executado no juízo civil competente. Parágrafo único. Tratando-se de ação penal de iniciativa privada ou de ação penal pública condicionada à representação, *o acordo homologado acarreta a renúncia ao direito de queixa ou representação.*" (C) Errada (art. 74 da Lei n. 9.099/95). (D) Errada (art. 74 da Lei n. 9.099/95). *Alternativa B.*

24. (XXV Exame) Bruna compareceu à Delegacia e narrou que foi vítima de um crime de ameaça, delito este de ação penal pública condicionada à representação, que teria sido praticado por seu marido Rui, em situação de violência doméstica e familiar contra a mulher. Disse, ainda, ter interesse que seu marido fosse responsabilizado criminalmente por seu comportamento. O procedimento foi encaminhado ao Ministério Público, que ofereceu denúncia em face de Rui pela prática do crime de ameaça (art. 147 do Código Penal, nos termos da Lei n. 11.340/2006). Bruna, porém, comparece à Delegacia, antes do recebimento da denúncia, e afirma não mais ter interesse na responsabilização penal de seu marido, com quem continua convivendo. Posteriormente, Bruna e Rui procuram o advogado da família e informam sobre o novo comparecimento de Bruna à Delegacia. Considerando as informações narradas, o advogado deverá esclarecer que

(A) a retratação de Bruna, perante a autoridade policial, até o momento, é irrelevante e não poderá ser buscada proposta de suspensão condicional do processo.

(B) a retratação de Bruna, perante a autoridade policial, até o momento, é válida e suficiente para impedir o recebimento da denúncia.

(C) não cabe retratação do direito de representação após o oferecimento da denúncia; logo, a retratação foi inválida.

(D) não cabe retratação do direito de representação nos crimes praticados no âmbito de violência doméstica e familiar contra a mulher, e nem poderá ser buscada proposta de transação penal.

RESPOSTA   Alternativas B, C e D erradas com base na mesma fundamentação, o art. 16 da Lei Maria da Penha. (A) Correta, visto que a retratação obedece a regra especial, disposta no art. 16 da Lei n. 11.340/2006, segundo o qual: "Art. 16. Nas ações penais públicas condicionadas à representação da ofendida de que trata esta Lei, *só será admitida a renúncia à representação perante o juiz,* em audiência especialmente designada com tal finalidade, antes do recebimento da denúncia e ouvido o Ministério Público".

Ademais, a suspensão condicional do processo, também chamada de sursis processual, está prevista no art. 89 da Lei 9.099/1995 e conforme expressa previsão no art. 41 da Lei n. 11.340/2006: "Art. 41. Aos crimes praticados com violência doméstica e familiar contra a mulher, independentemente da pena prevista, *não se aplica a Lei n. 9.099, de 26 de setembro de 1995*". *Alternativa B.*

25. (XXIV Exame) Lívia, insatisfeita com o fim do relacionamento amoroso com Pedro, vai até a casa deste na companhia da amiga Carla e ambas começam a quebrar todos os porta-retratos da residência nos quais estavam expostas fotos da nova namorada de Pedro. Quando descobre os fatos, Pedro procura um advogado, que esclarece a natureza privada da ação criminal pela prática do crime de dano. Diante disso, Pedro opta por propor queixa-crime em face de Carla pela prática do crime de dano (art. 163, *caput*, do Código Penal), já que nunca mantiveram boa relação e ele tinha conhecimento de que ela era reincidente, mas, quanto a Lívia, liga para ela e diz que nada fará, pedindo, apenas, que o fato não se repita. Apesar da decisão de Pedro, Lívia fica preocupada quanto à possibilidade de ele mudar de opinião, razão pela qual contrata um advogado junto com Carla para consultoria jurídica. Considerando apenas as informações narradas, o advogado deverá esclarecer que ocorreu

(A) renúncia em relação a Lívia, de modo que a queixa-crime não deve ser recebida em relação a Carla.

(B) renúncia em relação a Lívia, de modo que a queixa-crime deve ser recebida apenas em relação a Carla.

(C) perempção em relação a Lívia, de modo que a queixa-crime deve ser recebida apenas em relação a Carla.

(D) perdão do ofendido em relação a Lívia, de modo que a queixa-crime deve ser recebida apenas em relação a Carla.

RESPOSTA (A) Correta, com fundamento no art. 49 do CPP: "Art. 49. A renúncia ao exercício do direito de queixa, em relação a um dos autores do crime, a todos se estenderá". (B) Errada, por contrariar o disposto no art. 49 do CPP. (C) Errada, pois *não se trata de perempção*, conforme o art. 60 do CPP: "Art. 60. Nos casos em que somente se procede mediante queixa, considerar-se-á perempta a ação penal: I – quando, iniciada esta, o querelante deixar de promover o andamento do processo durante 30 dias seguidos; II – quando, falecendo o querelante, ou sobrevindo sua incapacidade, não comparecer em juízo, para prosseguir no processo, dentro do prazo de 60 (sessenta) dias, qualquer das pessoas a quem couber fazê-lo, ressalvado o disposto no art. 36; III – quando o querelante deixar de comparecer, sem motivo justificado, a qualquer ato do processo a que deva estar presente, ou deixar de formular o pedido de condenação nas alegações finais; IV – quando, sendo o querelante pessoa jurídica, esta se extinguir sem deixar sucessor". (D) Não houve perdão do ofendido, como disposto no art. 51 do CPP: "Art. 51. O perdão concedido a um dos querelados aproveitará a todos, sem que produza, todavia, efeito em relação ao que o recusar". *Alternativa A.*

26. (XXIV Exame) Tiago, funcionário público, foi vítima de crime de difamação em razão de suas funções. Após Tiago narrar os fatos em sede policial e demonstrar interesse em ver o autor do fato responsabilizado, é instaurado inquérito policial para investigar a notícia de crime. Quando da elaboração do relatório conclusivo, a autoridade policial conclui pela prática delitiva da difamação, majorada por ser contra funcionário público em razão de suas funções, bem como identifica João como autor do delito. Tiago, então, procura seu advogado e informa a este as conclusões 1 (um) mês após os fatos. Considerando apenas as informações narradas, o advogado de Tiago, de acordo com a jurisprudência do Supremo Tribunal Federal, deverá esclarecer que

(A) caberá ao Ministério Público oferecer denúncia em face de João após representação do ofendido, mas Tiago não poderá optar por oferecer queixa-crime.

(B) caberá a Tiago, assistido por seu advogado, oferecer queixa-crime, não podendo o ofendido optar por oferecer representação para o Ministério Público apresentar denúncia.

(C) Tiago poderá optar por oferecer queixa-crime, assistido por advogado, ou oferecer representação ao Ministério Público, para que seja analisada a possibilidade de oferecimento de denúncia.

(D) caberá ao Ministério Público oferecer denúncia, independentemente de representação do ofendido.

RESPOSTA (A) Errada. Embora a difamação seja crime de ação penal privada, admite-se a ação pública condicionada (veja a Súmula 714 do STF: "É concorrente a legitimidade do ofendido, mediante queixa, e do ministério público, condicionada à representação do ofendido, para a ação penal por crime contra a honra de servidor público em razão do exercício de suas funções"). (B) Errada, conforme a Súmula 714 do STF. (C) Correta, nos termos do art. 30 do CPP: "Art. 30. Ao ofendido ou a quem tenha qualidade para representá-lo caberá intentar a ação privada". (D) Errada, em contrariedade à Súmula 714 do STF. *Alternativa C.*

27. (XXIII Exame) Silva foi vítima de um crime de ameaça por meio de uma ligação telefônica realizada em 02 de janeiro de 2016. Buscando identificar o autor, já que nenhum membro de sua família tinha tal informação, requereu, de imediato, junto à companhia telefônica, o número de origem da ligação, vindo a descobrir, no dia 03 de julho de 2016, que a linha utilizada era de propriedade do ex-namorado de sua filha, Carlos, razão pela qual foi até a residência deste, onde houve a confissão da prática do crime. Quando ia ao Ministério Público, na companhia de Marta, sua esposa, para oferecer representação, Silva sofreu um infarto e veio a falecer. Marta, no dia seguinte, afirmou oralmente, perante o Promotor de Justiça, que tinha interesse em representar em face do autor do fato, assim como seu falecido marido. Diante do apelo de sua filha, Marta retorna ao Ministério Público no dia 06 de julho de 2016 e diz que não mais tem interesse na representação. Ainda assim, considerando que a ação penal é pública condicionada, o Promotor de Justiça ofereceu denúncia, no dia 07 de julho de 2016, em face de Carlos, pela prática do crime de ameaça. Considerando a situação narrada, o(a) advogado(a) de Carlos, em resposta à acusação, deverá alegar que

(A) ocorreu decadência, pois se passaram mais de 6 meses desde a data dos fatos.

(B) a representação não foi válida, pois não foi realizada pelo ofendido.

DIREITO PROCESSUAL PENAL

(C) ocorreu retratação válida do direito de representação.

(D) a representação não foi válida, pois foi realizada oralmente.

RESPOSTA (A) Errada. O prazo decadencial tem início a partir do dia em que se descobre a autoria (CPP, art. 38: "Art. 38. Salvo disposição em contrário, o ofendido, ou seu representante legal, decairá no direito de queixa ou de representação, se não o exercer dentro do prazo de seis meses, contado do dia em que vier a saber quem é o autor do crime, ou, no caso do art. 29, do dia em que se esgotar o prazo para o oferecimento da denúncia. Parágrafo único. Verificar-se-á a decadência do direito de queixa ou representação, dentro do mesmo prazo, nos casos dos arts. 24, parágrafo único, e 31"). (B) Errada, em contrariedade ao disposto no art. 31 do CPP: "Art. 31. No caso de morte do ofendido ou quando declarado ausente por decisão judicial, o direito de oferecer queixa ou prosseguir na ação passará ao cônjuge, ascendente, descendente ou irmão". (C) Correta, nos termos do art. 25 do CPP: "Art. 25. A representação será irretratável, depois de oferecida a denúncia". (D) Errada. Segundo o art. 39, *caput*, do CPP, a representação pode se dar por escrito ou oralmente. Vejamos: "Art. 39. O direito de representação poderá ser exercido, pessoalmente ou por procurador com poderes especiais, mediante declaração, escrita ou oral, feita ao juiz, ao órgão do Ministério Público, ou à autoridade policial". *Alternativa C.*

28. (XXIII Exame) No dia 31 de dezembro de 2015, Leandro encontra, em uma boate, Luciana, com quem mantivera uma relação íntima de afeto, na companhia de duas amigas, Carla e Regina. Já alterado em razão da ingestão de bebida alcoólica, Leandro, com ciúmes de Luciana, inicia com esta uma discussão e desfere socos em sua face. Carla e Regina vêm em defesa da amiga, mas, descontrolado, Leandro também agride as amigas, causando lesões corporais leves nas três. Diante da confusão, Leandro e Luciana são encaminhados a uma delegacia, enquanto as demais vítimas decidem ir para suas casas. Após exame de corpo de delito confirmando as lesões leves, Luciana é ouvida e afirma expressamente que não tem interesse em ver Leandro responsabilizado criminalmente. Em relação às demais lesadas, não tiveram interesse em ser ouvidas em momento algum das investigações, mas as testemunhas confirmaram as agressões. Diante disso, o Ministério Público, em 05 de julho de 2016, oferece denúncia em face de Leandro, imputando-lhe a prática de três crimes de lesão corporal leve. Considerando apenas as informações narradas, o(a) advogado(a) de Leandro

(A) não poderá buscar a rejeição da denúncia em relação a nenhum dos três crimes.

(B) poderá buscar a rejeição da denúncia em relação ao crime praticado contra Luciana, mas não quanto aos delitos praticados contra Carla e Regina.

(C) poderá buscar a rejeição da denúncia em relação aos três crimes.

(D) não poderá buscar a rejeição da denúncia em relação ao crime praticado contra Luciana, mas poderá pleitear a imediata rejeição quanto aos delitos praticados contra Carla e Regina.

RESPOSTA (A) Errada. A Lei n. 11.340/2006 (Maria da Penha) afasta a incidência da Lei n. 9.099/95, que prevê ação penal pública condicionada para a lesão corporal leve ou culposa. Portanto, a ausência de representação não é óbice à persecução penal pelo crime praticado contra Luciana (veja o art. 395 do CPP). (B) Errada, por inverter as respostas. Não pode ser buscada a rejeição da denúncia em relação à vítima Luciana. (C) Errada, pelas razões já expostas. (D) Correta, visto que, em relação à vítima Luciana, o crime é de ação penal pública incondicionada. *Alternativa D.*

29. (XX Exame) Lúcio Flavio, advogado, ofereceu queixa-crime em face de Rosa, imputando-lhe a prática dos delitos de injúria simples e difamação. As partes não celebraram qualquer acordo e a querelada negava os fatos, não aceitando qualquer benefício. Após o regular processamento e a instrução probatória, em alegações finais, Lúcio Flávio requer a condenação de Rosa pela prática do crime de difamação, nada falando em sua manifestação derradeira sobre o crime de injúria. Diante da situação narrada, é correto afirmar que

(A) deverá ser extinta a punibilidade de Rosa em relação ao crime de injúria, em razão da perempção.

(B) deverá ser extinta a punibilidade de Rosa em relação ao crime de injúria, em razão do perdão do ofendido.

(C) deverá ser extinta a punibilidade de Rosa em relação ao crime de injúria, em razão da renúncia ao direito de queixa.

(D) poderá Rosa ser condenada pela prática de ambos os delitos, já que houve apresentação de alegações finais pela defesa técnica do querelante.

RESPOSTA (A) Correta, nos termos do art. 60, III, do CPP: "Art. 60. Nos casos em que somente se procede mediante queixa, considerar-se-á perempta a ação penal: [...] – quando o querelante deixar de comparecer, sem motivo justificado, a qualquer ato do processo a que deva estar presente, ou deixar de formular o pedido de condenação nas alegações finais". (B) Errada, pois não houve perdão do ofendido (CPP, art. 58). (C) Errada. O enunciado não menciona a renúncia, como previsto no art. 50 do CPP: "Art. 50. A renúncia expressa constará de declaração assinada pelo ofendido, por seu representante legal ou procurador com poderes especiais. Parágrafo único. A renúncia do representante legal do menor que houver completado 18 (dezoito) anos não privará este do direito de queixa, nem a renúncia do último excluirá o direito do primeiro". (D) Errada. Não existe previsão legal nesse sentido. *Alternativa A.*

IV. AÇÃO CIVIL

Acesse o QR Code e consulte as questões comentadas sobre este tema.

V. COMPETÊNCIA

30. (38º Exame) Arthur e sua esposa Aline, residentes no Distrito Federal, decidem viajar em um cruzeiro, partindo de Fortaleza com destino à cidade do Rio de Janeiro e fazendo uma parada em Recife. Durante passagem pela costa pernambucana, em alto-mar, o casal tem uma discussão e Arthur agride Aline, vindo a ser contido por seguranças do navio e retirado logo na primeira parada. Aline sofreu lesão que a incapacitou para suas atividades habituais por mais de trinta dias, mas que não deixou sequela ou debilidade permanente. Assinale a opção que indica a autoridade judiciária competente para processar Arthur.

(A) O Juizado Especial Federal da cidade do Rio de Janeiro.

(B) O Juizado Especial de Violência Doméstica e Familiar contra a Mulher do Distrito Federal.

(C) O Juízo Federal de Recife.

(D) A Vara Criminal da Comarca de Fortaleza.

RESPOSTA Considerando que a embarcação partiu de um porto em direção a outro, *todos no âmbito do território nacional, será competente o primeiro porto brasileiro em que tocar a embarcação. Isto é, o juízo da cidade de Recife,* já que foi durante passagem pela costa pernambucana que a agressão ocorreu e lá foi o primeiro local que a embarcação atracou após o crime. Nesse sentido, o art. 89 do CPP. Vejamos: "Art. 89. Os crimes cometidos em qualquer embarcação nas águas territoriais da República, ou nos rios e lagos fronteiriços, bem como a bordo de embarcações nacionais, em alto-mar, *serão processados e julgados pela justiça do primeiro porto brasileiro em que tocar a embarcação,* após o crime, ou, quando se afastar do País, pela do último em que houver tocado. Com efeito, determina o art. 109, IX, da CF/88, que compete aos juízes federais processar e julgar os crimes cometidos a bordo de navios ou aeronaves, ressalvada a competência da Justiça Militar". "Art. 109. Aos juízes federais compete processar e julgar: [...] IX - os crimes cometidos a bordo de navios ou aeronaves, ressalvada a competência da Justiça Militar". *Alternativa C.*

31. (37º Exame) Gregório é defensor público no Estado do Rio de Janeiro, cuja Constituição lhe assegura foro por prerrogativa de função no Tribunal de Justiça local. Durante o carnaval, na cidade de Salvador/BA, Gregório por acaso se encontra com seu irmão e inimigo capital Sandro em uma rua erma, durante a dispersão de bloco carnavalesco. Gregório então se aproveita da oportunidade para matar Sandro com golpes de espada. Assinale a opção que indica o foro competente para conhecer e julgar esse crime.

(A) O Tribunal do Júri da Comarca de Salvador/BA.

(B) O Tribunal de Justiça do Estado da Bahia.

(C) O Tribunal do Júri da Comarca do Rio de Janeiro/RJ.

(D) O Tribunal de Justiça do Estado do Rio de Janeiro.

RESPOSTA De acordo com a Súmula Vinculante 45: "A competência constitucional do tribunal do júri prevalece sobre o foro por prerrogativa de função estabelecido exclusivamente pela Constituição Estadual". Portanto, prevalece a competência firmada nos termos do art. 70 do CPP, não havendo o que se falar em foro por prerrogativa de função no exemplo trazido. Pelos mesmos motivos, erradas as alternativas B, C e D. *Alternativa A.*

32. (36º Exame) O prefeito do Município de Canto Feliz, juntamente com o juiz estadual e o promotor de justiça, todos da mesma comarca (art. 77, inciso I, do CPP), cometeu um crime contra a administração pública federal - interesse da União -, delito que não era de menor potencial ofensivo e nem cabia, objetivamente, qualquer medida penal consensual. Todos foram denunciados pelo Ministério Público federal perante a 1ª Vara Criminal da Justiça Federal da correspondente Seção Judiciária. Recebida a denúncia, a fase probatória da instrução criminal foi encerrada, sendo que o Dr. João dos Anjos, que era advogado em comum aos réus (inexistência de colidência de defesas), faleceu, tendo os acusados constituído um novo advogado para apresentar memoriais (art. 403, § 3º, do CPP) e prosseguir em suas defesas. Nessa fase de alegações finais, somente há uma matéria de mérito a ser defendida em relação a todos os réus, que é a negativa de autoria. Todavia, antes de adentrar o mérito, existe uma questão preliminar processual a ser suscitada, relativa à competência, consequente arguição de nulidade. Como advogado(a) dos

DIREITO PROCESSUAL PENAL

réus, assinale a opção que indica como você fundamentaria a existência dessa nulidade.

(A) O processo é nulo, por ser o juízo relativamente incompetente, aproveitando-se os atos instrutórios. Anulado o processo, este deverá prosseguir para todos a partir da apresentação dos memoriais perante uma das Turmas do Tribunal Regional Federal da respectiva Seção Judiciária, por serem os réus detentores de foro especial por prerrogativa de função junto àquele órgão jurisdicional.

(B) O processo é nulo, por ser o juízo absolutamente incompetente desde o recebimento da denúncia, devendo ser reiniciado para todos a partir deste momento processual perante o Tribunal de Justiça do respectivo Estado da Federação, por serem os réus detentores de foro especial por prerrogativa de função perante aquela Corte estadual de justiça.

(C) O processo é nulo, por ser o juízo relativamente incompetente, aproveitando-se os atos instrutórios. Anulado o processo este deverá prosseguir a partir da apresentação dos memoriais perante o Tribunal de Justiça do respectivo Estado da Federação, por serem todos os réus detentores de foro especial por prerrogativa de função perante aquela Corte estadual de justiça.

(D) O processo é nulo, por ser o juízo absolutamente incompetente. Em relação ao Prefeito do Município de Canto Feliz, o processo deverá ser remetido a uma das Turmas do Tribunal Regional Federal da respectiva Seção Judiciária, sendo reiniciado a partir do recebimento da denúncia. Em relação ao Juiz estadual e ao Promotor de Justiça, há nulidade por vício de incompetência absoluta, com a necessidade de desmembramento do processo, devendo ser reiniciado para ambos a partir do recebimento da denúncia, sendo de competência do Tribunal de Justiça do respectivo Estado da Federação.

RESPOSTA De fato, há nulidade em relação à competência por não ter sido observado o foro por prerrogativa de função, devendo haver o desmembramento do processo. A fundamentação, nos temos da CF/88: (I) Prefeito, art. 29, X: "Art. 29. (...) X – julgamento do Prefeito perante o Tribunal de Justiça"; (II) Magistrado e membro do MP, art. 96, III: "Art. 96. Compete privativamente: [...] III – aos Tribunais de Justiça julgar os juízes estaduais e do Distrito Federal e Territórios, bem como os membros do Ministério Público, nos crimes comuns e de responsabilidade, ressalvada a competência da Justiça Eleitoral". Por isso, correta a alternativa D e erradas as alternativas A, B e C. *Alternativa D*.

33. (35º Exame) Tendo sido admitido a cursar uma universidade nos Estados Unidos da América (EUA), cuja apresentação deveria ocorrer em 05 (cinco) dias, Lucas verificou que o seu passaporte brasileiro estava vencido e entrou em contato com Bento, na cidade de Algarve, no Estado do Paraná, o qual lhe entregaria um passaporte feito pelo mesmo, idêntico ao expedido pelas autoridades brasileiras. Lucas fez a transferência da quantia de R$ 5.000,00 (cinco mil reais) para a conta-corrente de Bento numa agência bancária situada na cidade de Vigo (PR). Confirmado o depósito, Lucas se encontrou com Bento no interior de um hospital federal, onde o primeiro aguardava uma consulta, na cidade de Antonésia (PR). Já no aeroporto de São Paulo, Lucas apresentou às autoridades brasileiras o passaporte feito por Bento, oportunidade em que a polícia federal constatou que o mesmo era falso. Lucas foi preso em flagrante delito. O Ministério Público do Estado de São Paulo ofereceu denúncia contra Lucas pelo crime de uso de documento falso, a qual foi recebida pelo juízo da 48ª Vara Criminal da Comarca da Capital (SP), oportunidade em que foi posto em liberdade, sendo-lhe impostas duas medidas cautelares diversas da prisão. O advogado de Lucas foi intimado para apresentar resposta à acusação, oportunidade em que se insurgiu contra a incompetência absoluta do juízo da 48ª Vara Criminal da Comarca da Capital (SP). Assinale a opção que indica a peça processual em que o advogado de Lucas deverá arguir a relatada incompetência.

(A) Exceção de incompetência, por entender que o juízo natural seria uma das Varas Criminais da Comarca de Vigo (PR), onde se consumou o crime imputado, haja vista que a compra do passaporte se aperfeiçoou na cidade em que Bento possuía conta bancária e recebeu a quantia de R$ 5.000,00 (cinco mil reais).

(B) Na própria resposta à acusação, sustentando que o juízo natural seria uma das Varas Criminais da Comarca de Algarve (PR), onde o passaporte falso foi confeccionado.

(C) Na própria resposta à acusação, por entender que o juízo natural seria uma das Varas Criminais Federais da Seção Judiciária do Estado do Paraná, em razão de Bento ter entregue o passaporte falsificado no interior de um hospital federal na cidade de Antonésia (PR), onde Lucas aguardava uma consulta.

(D) Exceção de incompetência, por entender que o juízo natural seria uma das Varas Criminais Federais da Seção Judiciária do Estado de São Paulo, em razão de Lucas ter tentado embarcar para os EUA manuseando o passaporte falso confeccionado por Bento.

RESPOSTA Embora o enunciado seja extenso, a resposta pode ser obtida a partir da redação da Súmula 200 do STJ: "O Juízo Federal competente para processar e julgar acusado de crime de uso de passaporte falso é o do lugar onde o delito se consumou". *Alternativa D.*

34. (XXXII Exame) Caio praticou um crime de furto (art. 155 – pena: reclusão, de 1 a 4 anos, e multa) no interior da sede da Caixa Econômica Federal, empresa pública, em Vitória (ES), ocasião em que subtraiu dinheiro e diversos bens públicos. Ao sair do estabelecimento, para assegurar a fuga, subtraiu, mediante grave ameaça, o carro da vítima, Cláudia (art. 157 – pena: reclusão, de 4 a 10 anos, e multa). Houve perseguição policial, somente vindo Caio a ser preso na cidade de Cariacica, onde foi encontrado em seu poder um celular produto de crime anterior (art. 180 – pena: reclusão, de 1 a 4 anos, e multa). Considerando a conexão existente entre os crimes de furto simples, roubo simples e receptação, bem como a jurisprudência dos Tribunais Superiores, assinale a opção que indica a Vara Criminal competente para o julgamento de Caio.

(A) A Justiça Estadual, em relação aos três crimes, sendo competente, territorialmente, a comarca de Vitória.

(B) A Justiça Estadual, em relação aos três crimes, sendo competente, territorialmente, a comarca de Cariacica.

(C) A Justiça Federal, em relação ao crime de furto, e a Vara Criminal de Vitória, da Justiça Estadual, no que tange aos crimes de roubo e receptação.

(D) A Justiça Federal, em relação a todos os delitos.

RESPOSTA A competência da Justiça Federal está prevista no art. 109 da Constituição Federal. Na questão sob análise, no entanto, o examinando tinha de conhecer o teor da Súmula 122 do STJ e do art. 78 do CPP. O teor da Súmula 122: "Compete à Justiça Federal o processo e julgamento unificado dos crimes conexos de competência federal e estadual, não se aplicando a regra do art. 78, II, a) do Código de Processo Penal". *Alternativa D.*

35. (XXX Exame) Carlos, advogado, em conversa com seus amigos, na cidade de Campinas, afirmou, categoricamente, que o desembargador Tício exigiu R$ 50.000,00 para proferir voto favorável para determinada parte em processo criminal de grande repercussão, na Comarca em que atua. Ao tomar conhecimento dos fatos, já que uma das pessoas que participavam da conversa era amiga do filho de Tício, o desembargador apresentou queixa-crime, imputando a Carlos o crime de calúnia majorada (art. 138 c/c o art. 141, inciso II, ambos do CP. Pena: 06 meses a 2 anos e multa, aumentada de 1/3). Convicto de que sua afirmativa seria verdadeira, Carlos pretende apresentar exceção da verdade, com a intenção de demonstrar que Tício realmente havia realizado a conduta por ele mencionada. Procura, então, seu advogado, para adoção das medidas cabíveis. Com base apenas nas informações narradas, o advogado de Carlos deverá esclarecer que, para julgamento da exceção da verdade, será competente

(A) a Vara Criminal da Comarca de Campinas, órgão competente para apreciar a queixa crime apresentada.

(B) o Juizado Especial Criminal da Comarca de Campinas, órgão competente para apreciar a queixa-crime apresentada.

(C) o Tribunal de Justiça do Estado de São Paulo, apesar de não ser o órgão competente para apreciar a queixa-crime apresentada.

(D) o Superior Tribunal de Justiça, apesar de não ser o órgão competente para apreciar a queixa-crime apresentada.

RESPOSTA A exceção da verdade é um recurso legal que permite ao ofensor provar a veracidade do que afirmou, defendendo assim a moralidade pública e tornando sua conduta não punível por ser atípica. Como Tício é desembargador, ele tem foro por prerrogativa de função, um privilégio previsto na Constituição Federal para certas autoridades. Esse foro especial visa garantir a imparcialidade e integridade do julgamento, reduzindo a influência pessoal do réu sobre os julgadores. Além dos Tribunais Superiores, os Tribunais Estaduais, Federais e Regionais também têm competência para julgar essas autoridades. O art. 84 do Código de Processo Penal estabelece: "Art. 84. A competência pela prerrogativa de função é do Supremo Tribunal Federal, do Superior Tribunal de Justiça, dos Tribunais Regionais Federais e Tribunais de Justiça dos Estados e do Distrito Federal, relativamente às pessoas que devam responder perante eles por crimes comuns e de responsabilidade". Portanto, a competência para julgar a exceção da verdade, mesmo que não seja originária, será do STJ, que é o tribunal responsável por processar e julgar desembargadores, conforme o art. 105, I, "*a*" da Constituição Federal: "Art. 105. Compete ao Superior Tribunal de Justiça: I – processar e julgar, originariamente: a) nos crimes comuns, os Governadores dos Estados e do Distrito Federal, e, nestes e nos de responsabilidade, os desembargadores dos Tribunais de Justiça dos Estados e do Distrito Federal, os membros dos Tribunais de Contas dos Estados e do Distrito

DIREITO PROCESSUAL PENAL

Federal, os dos Tribunais Regionais Federais, dos Tribunais Regionais Eleitorais e do Trabalho, os membros dos Conselhos ou Tribunais de Contas dos Municípios e os do Ministério Público da União que oficiem perante tribunais". *Alternativa D.*

36. (XXIX Exame) Anderson, Cláudio e Jorge arquitetam um plano para praticar crime contra a agência de um banco, empresa pública federal, onde Jorge trabalhava como segurança. Encerrado o expediente, em 3-12-2017, Jorge permite a entrada de Anderson e Cláudio no estabelecimento e, em conjunto, destroem um dos cofres da agência e subtraem todo o dinheiro que estava em seu interior. Após a subtração do dinheiro, os agentes roubam o carro de Júlia, que trafegava pelo local, e fogem, sendo, porém, presos dias depois, em decorrência da investigação realizada. Considerando que a conduta dos agentes configura os crimes de furto qualificado (pena: 2 a 8 anos e multa) e roubo majorado (pena: 4 a 10 anos e multa, com causa de aumento de 1/3 até metade), praticados em conexão, após solicitação de esclarecimentos pelos envolvidos, o(a) advogado(a) deverá informar que

(A) a Justiça Federal será competente para julgamento de ambos os delitos conexos.

(B) a Justiça Estadual será competente para julgamento de ambos os delitos conexos.

(C) a Justiça Federal será competente para julgamento do crime de furto qualificado e a Justiça Estadual, para julgamento do crime de roubo majorado, havendo separação dos processos.

(D) tanto a Justiça Estadual quanto a Federal serão competentes, considerando que não há relação de especialidade entre estas, prevalecendo o critério da prevenção.

RESPOSTA A competência por conexão ocorre quando há crimes que estão relacionados entre si devido à ocorrência conjunta de atos delitivos. Estes são conhecidos como crimes conexos. Quando crimes conexos envolvem tanto a Justiça Estadual quanto a Justiça Federal, a competência para julgá-los cabe à Justiça Federal. Isso é estabelecido pela Súmula 122 do STJ: "Súmula 122. Compete à Justiça Federal o processo e julgamento unificado dos crimes conexos de competência federal e estadual, não se aplicando a regra do art. 78, II, *a*, do CPP". Dessa forma, os processos serão reunidos e julgados na Justiça Federal. *Alternativa A.*

37. (XXVIII Exame) Jucilei foi preso em flagrante quando praticava crime de estelionato (art. 171 do CP), em desfavor da Petrobras,

sociedade de economia mista federal. De acordo com os elementos informativos, a fraude teria sido realizada na cidade de Angra dos Reis, enquanto a obtenção da vantagem ilícita ocorreu na cidade do Rio de Janeiro, sendo Jucilei preso logo em seguida, mas já na cidade de Niterói. Ainda em sede policial, Jucilei entrou em contato com seu(sua) advogado(a), que compareceu à Delegacia para acompanhar seu cliente, que seria imediatamente encaminhado para a realização de audiência de custódia perante autoridade judicial. Considerando as informações narradas, o(a) advogado(a) deverá esclarecer ao seu cliente que será competente para processamento e julgamento de eventual ação penal pela prática do crime do art. 171 do Código Penal, o juízo junto à

(A) Vara Criminal Estadual da Comarca do Rio de Janeiro.

(B) Vara Criminal Estadual da Comarca de Angra dos Reis.

(C) Vara Criminal Federal com competência sobre a cidade do Rio de Janeiro.

(D) Vara Criminal Federal com competência sobre a cidade de Angra dos Reis.

RESPOSTA A competência territorial é definida pela teoria do resultado, ou seja, pelo local onde o crime foi consumado. Isso está disposto no art. 70 do CPP: "Art. 70. A competência será, de regra, determinada pelo lugar em que se consumar a infração, ou, no caso de tentativa, pelo lugar em que for praticado o último ato de execução". Quando se trata de um crime cometido contra uma Sociedade de Economia Mista, o julgamento deve ser feito pela Justiça Comum, conforme a Súmula 42 do STJ: "Compete à Justiça Comum Estadual processar e julgar as causas cíveis em que é parte sociedade de economia mista e os crimes praticados em seu detrimento". Assim, no caso em questão, como o último ato de execução ocorreu no Rio de Janeiro e o crime foi cometido em detrimento da Petrobras, *a competência será da Vara Criminal Estadual da Comarca do Rio de Janeiro*, o que torna correta a letra A. *Alternativa A.*

38. (XXVI Exame) Maria recebe ligação de duas delegacias diferentes, informando a prisão em flagrante de seus dois filhos. Após contatar seu advogado, Maria foi informada de que Caio, seu filho mais velho, praticou, em Niterói, um crime de lesão corporal grave consumado, mas somente veio a ser preso no Rio de Janeiro. Soube, ainda, que Bruno, seu filho mais novo, foi preso por praticar um crime de roubo simples (pena: 04 a 10 anos de reclusão e multa) em Niterói e um crime de extorsão majorada (pena: 04 a 10 anos de reclusão, aumentada de 1/3 a 1/2, e multa) em São Gonçalo, sendo certo que a prova do roubo influenciaria na prova da extorsão, já que o carro subtraído no roubo foi utilizado quando da prática do segundo delito. Considerando apenas as informações constantes do enunciado, o advogado de Maria deverá esclarecer que o(s) juízo(s) competente(s) para julgar Caio e Bruno será(ão),

(A) Niterói, nos dois casos, sendo que, entre os crimes de roubo e extorsão, há, de acordo com o Código de Processo Penal, continência.

(B) Niterói, nos dois casos, sendo que, entre os crimes de roubo e extorsão, há, de acordo com o Código de Processo Penal, conexão.

(C) Rio de Janeiro e São Gonçalo, respectivamente, sendo que, entre os crimes de roubo e extorsão, há, de acordo com o Código de Processo Penal, continência.

(D) Niterói e São Gonçalo, respectivamente, sendo que, entre os crimes de roubo e extorsão, há, de acordo com o Código de Processo Penal, conexão.

RESPOSTA De acordo com o art. 70 do CPP, Caio responderá pelo crime em Niterói. Segundo o dispositivo legal: "Art. 70. A competência será, de regra, determinada pelo lugar em que se consumar a infração, ou, no caso de tentativa, pelo lugar em que for praticado o último ato de execução". Já em relação a Bruno, segundo os arts. 76, III, e 78, II, a, do CPP, ele responderá pelo crime em São Gonçalo. *Alternativa D.*

39. (XXIV Exame) Na cidade de Angra dos Reis, Sérgio encontra um documento adulterado (logo, falso), que, originariamente, fora expedido por órgão estadual. Valendo-se de tal documento, comparece a uma agência da Caixa Econômica Federal localizada na cidade do Rio de Janeiro e apresenta o documento falso ao gerente do estabelecimento. Desconfiando da veracidade da documentação, o gerente do estabelecimento bancário chama a Polícia, e Sérgio é preso em flagrante, sendo denunciado pela prática do crime de uso de documento falso (art. 304 do Código Penal) perante uma das Varas Criminais da Justiça Estadual da cidade do Rio de Janeiro. Considerando as informações narradas, de acordo com a jurisprudência do Superior Tribunal de Justiça, o advogado de Sérgio deverá

(A) alegar a incompetência, pois a Justiça Federal será competente, devendo ser considerada a cidade de Angra dos Reis para definir o critério territorial.

(B) alegar a incompetência, pois a Justiça Federal será competente, devendo ser considerada a ci-

dade do Rio de Janeiro para definir o critério territorial.

(C) alegar a incompetência, pois, apesar de a Justiça Estadual ser competente, deverá ser considerada a cidade de Angra dos Reis para definir o critério territorial.

(D) reconhecer a competência do juízo perante o qual foi apresentada a denúncia.

RESPOSTA (A) Errada, em contrariedade ao art. 70 do CPP: "Art. 70. A competência será, de regra, determinada pelo lugar em que se consumar a infração, ou, no caso de tentativa, pelo lugar em que for praticado o último ato de execução". (B) Correta, segundo o art. 70 do CPP e a Súmula 546 do STJ: "A competência para processar e julgar o crime de uso de documento falso é firmada em razão da entidade ou órgão ao qual foi apresentado o documento público, não importando a qualificação do órgão expedidor". Alternativas C e D erradas, conforme o art. 109, IV, da CF: "Art. 109. Aos juízes federais compete processar e julgar: [...] IV – os crimes políticos e as infrações penais praticadas em detrimento de bens, serviços ou interesse da União ou de suas entidades autárquicas ou empresas públicas, excluídas as contravenções e ressalvada a competência da Justiça Militar e da Justiça Eleitoral". *Alternativa B.*

40. (XX Exame – Reaplicação) Fábio, juiz de direito, foi vítima de um delito de calúnia, pois Jonas afirmou que ele teria praticado um crime de corrupção passiva. Diante disso, ingressou com queixa-crime contra o autor do fato. Jonas, então, opôs exceção da verdade. Nesta situação, será competente para julgar a exceção da verdade

(A) o Superior Tribunal de Justiça.

(B) o Tribunal de Justiça ao qual Fabio esteja vinculado.

(C) a Turma Recursal do Tribunal de Justiça ao qual Fabio esteja vinculado.

(D) o mesmo magistrado competente para julgar a ação penal pela prática do crime de calúnia.

RESPOSTA De acordo com o Código de Processo Penal, art. 85: "Art. 85. Nos processos por crime contra a honra, em que forem querelantes as pessoas que a Constituição sujeita à jurisdição do Supremo Tribunal Federal e dos Tribunais de Apelação, àquele ou a estes caberá o julgamento, quando oposta e *admitida a exceção da verdade*". Com expressa previsão constitucional, Fábio, juiz de direito está sujeito a jurisdição do respectivo Tribunal de Justiça. É o que aponta o art. 96 da CF/88: "Art. 96. Compete privativamente: (...) III – aos Tribunais de Justiça julgar os juízes estaduais e do Distrito Federal e Territórios, bem como os membros do Ministério Público, nos crimes comuns e de responsabilidade, ressalvada a competência da Justiça Eleitoral". Destarte, alternativa B correta e erradas as

DIREITO PROCESSUAL PENAL

demais, pela mesma razão: o art. 96, III, da CF, que estabelece foro por prerrogativa de função a Fábio. *Alternativa B.*

VI. QUESTÃO PREJUDICIAL E PROCESSOS INCIDENTES

41. (38º Exame) Margot adquiriu de Cesar, de boa-fé e a título oneroso, um imóvel, mas não levou o instrumento ao Registro de Imóveis competente. Por isso, quando Cesar foi acusado de prática de crimes em uma ação penal, vindo a sofrer sequestro de todos os seus bens imóveis, foi incluído na ordem de sequestro o imóvel adquirido por Margot. Nessa situação hipotética, como advogado de Margot, assinale a opção que, de acordo com as disposições do Código de Processo Penal, melhor defenda os interesses da sua assistida.

(A) Por não ser parte no processo penal, Margot não pode opor embargos ao sequestro, devendo efetuar pedido de reconsideração.

(B) Margot pode opor embargos ao sequestro, alegando que a aquisição ocorreu a título oneroso e de boa-fé.

(C) Por não ser parte no processo penal originário, Margot deve impetrar mandado de segurança em face da decisão que determinou o sequestro.

(D) Margot pode opor embargos ao sequestro, alegando que os bens não foram adquiridos com os proventos da infração penal.

RESPOSTA Margot pode opor embargos ao sequestro, alegando que a aquisição ocorreu a título oneroso e de boa-fé, nos termos do art. 130, II, do CPP, que assim preceitua: "Art. 130. O sequestro poderá ainda ser embargado: I – pelo acusado, sob o fundamento de não terem os bens sido adquiridos com os proventos da infração; II – pelo terceiro, a quem houverem os bens sido transferidos a título oneroso, sob o fundamento de tê-los adquirido de boa-fé. *Alternativa B.*

42. (38º Exame) A Polícia Civil ingressou na residência de Gustavo com o objetivo de cumprir mandado de prisão em desfavor de seu filho, Mariano, o qual era acusado de tráfico de drogas. A ordem de prisão foi expedida pelo Juiz de Direito da Comarca. Durante o cumprimento do mandado de prisão, a Polícia pegou o telefone celular de Gustavo, desbloqueado, que estava sobre uma mesa da residência e, sem sua autorização, passou a verificar seu conteúdo, constatando material de pornografia infantil, armazenado e compartilhado via aplicativo de troca de mensagens instantâneas, acessível pela internet a partir de qualquer país. Diante disso, a Polícia imediatamen-te realizou a prisão em flagrante de Gustavo. Sobre o meio de obtenção da prova extraída do celular de Gustavo, assinale a afirmativa correta.

(A) É nula, e a nulidade decorre do fato de ser a pornografia infantil na internet crime de competência federal, de forma que somente a Polícia Federal poderia realizar a prisão em flagrante.

(B) É válida, pois foi um encontro fortuito de provas, uma vez que os policiais tinham autorização legal para ingresso no domicílio de Gustavo e Mariano.

(C) É ilícita, pois o cumprimento de mandado de prisão não compreende a autorização para busca em residência ou para o acesso a dados telemáticos, o que demandaria ordem judicial específica.

(D) É anulável, porque somente com um mandado de busca e apreensão se poderia livremente acessar o conteúdo de comunicações telemáticas, ainda que diversos fossem o objeto ou o destinatário do mandado, podendo a autoridade judiciária, entretanto, ratificar a diligência.

RESPOSTA Prevalece na jurisprudência do STJ que: "O cumprimento de mandado de prisão não justifica a realização de busca na residência do agente, procedimento que demanda autorização judicial expressa ou a autorização explícita e espontânea do réu [...]". (HC n. 695.457/SP, relator Ministro Antonio Saldanha Palheiro, Sexta Turma, julgado em 8/3/2022, *DJe* de 14/3/2022) Logo, correta a alternativa C. As provas extraídas do celular de Gustavo são ilícitas, pois o cumprimento de mandado de prisão não compreende a autorização para busca em residência ou para o acesso a dados telemáticos, o que demandaria ordem judicial específica. *Alternativa C.*

43. (36º Exame) No curso de inquérito que, no início da pandemia de Covid-19, apura a prática do crime contra as relações de consumo descrito no art. 7º, inciso VI, da Lei n. 8.137/90, a autoridade policial representa pela interceptação do ramal telefônico de João, comerciante indiciado, sustentando a imprescindibilidade da medida para a investigação criminal. O crime em questão consiste na sonegação ou retenção de insumos e bens, para fim de especulação, e é punido com pena de detenção de 2 a 5 anos ou multa. A interceptação é autorizada pelo prazo de quinze dias, em decisão fundamentada, na qual o juízo considera demonstrada sua necessidade, bem como a existência de indícios suficientes de autoria. No caso narrado, o(a) advogado(a) do comerciante poderia sustentar a ilegalidade da interceptação das comunicações telefônicas, porque

(A) o prazo fixado pelo juiz excede o legalmente permitido.

(B) a interceptação não é admitida quando o fato objeto da investigação constitui infração penal punida, no máximo, com pena de detenção.

(C) a interceptação não é admitida quando o fato objeto da investigação constitui infração penal cuja pena máxima não seja superior a cinco anos.

(D) caberia apenas ao Ministério Público requerê-la.

RESPOSTA (A) Errada. O prazo está dentro do limite estabelecido no art. 5º da Lei n. 9.296/96: "Art. 5º A decisão será fundamentada, sob pena de nulidade, indicando também a forma de execução da diligência, *que não poderá exceder o prazo de quinze dias, renovável por igual tempo uma vez comprovada a indispensabilidade do meio de prova*". (B) Correta. A exigência encontra amparo no art. 2º, III, da Lei n. 9.296/96: "Art. 2º Não será admitida a interceptação de comunicações telefônicas quando ocorrer qualquer das seguintes hipóteses: I – não houver indícios razoáveis da autoria ou participação em infração penal; II – a prova puder ser feita por outros meios disponíveis; *III – o fato investigado constituir infração penal punida, no máximo, com pena de detenção*". (C) Errada. Para a interceptação telefônica, o art. 2º, III, da Lei n. 9.296/96 exige que o crime seja punido com pena de reclusão, sem menção ao *quantum*; (D) Errada. Nos termos do art. 3º da Lei n. 9.296/96, a medida pode se dar a requerimento: (I) da autoridade policial, na investigação criminal; (II) do representante do Ministério Público, na investigação criminal e na instrução processual penal. Vejamos: "Art. 3º A interceptação das comunicações telefônicas poderá ser determinada pelo juiz, de ofício ou a requerimento: I – da autoridade policial, na investigação criminal; II – do representante do Ministério Público, na investigação criminal e na instrução processual penal". *Alternativa B.*

44. **(XXXIII Exame)** Carlos, em relatório final conclusivo de inquérito policial, foi indiciado pela prática do crime de receptação qualificada (art. 180, § 1º, CP – pena: 3 a 8 anos de reclusão e multa). Recebido o procedimento investigatório, o Promotor de Justiça verificou, na Folha de Antecedentes Criminais, que Carlos possuía uma única anotação e era tecnicamente primário, mas que teria sido beneficiado, oito anos antes da suposta nova prática delitiva, por proposta de suspensão condicional do processo em relação a crime de estelionato. Considerando as informações expostas, você, como advogado(a) de Carlos, deverá esclarecer que, de acordo com o Código de Processo Penal,

(A) poderá ser proposto acordo de não persecução penal, independentemente da confissão do indi-

ciado, podendo, contudo, ser imposto ressarcimento do dano e prestação de serviço à comunidade por tempo limitado em caso de aceitação.

(B) não poderá ser proposto o acordo de não persecução penal, tendo em vista que o suposto autor já foi beneficiado com suspensão condicional do processo anteriormente.

(C) poderá ser proposto acordo de não persecução penal, considerando a pena e natureza do crime, mas Carlos necessariamente deverá confessar a prática delitiva.

(D) não poderá ser proposto o acordo de não persecução penal, em razão da pena máxima prevista para o delito ultrapassar quatro anos de reclusão.

RESPOSTA O acordo de não persecução penal – ANPP – é novidade trazida pelo Pacote Anticrime (Lei n. 13.964/2019), no art. 28-A do CPP. No caso proposto no enunciado, estão preenchidos os requisitos para a concessão do benefício, nos termos do art. 28-A, *caput*, do CPP. Veja: "Art. 28-A. Não sendo caso de arquivamento e tendo o investigado confessado formal e circunstancialmente a prática de infração penal sem violência ou grave ameaça e com pena mínima inferior a 4 (quatro) anos, o Ministério Público poderá propor acordo de não persecução penal, desde que necessário e suficiente para reprovação e prevenção do crime, mediante as seguintes condições ajustadas cumulativa e alternativamente". *Alternativa C.*

45. **(XXXII Exame)** Vitor foi denunciado pela suposta prática dos crimes de furto e ameaça, já que teria ingressado em estabelecimento comercial e, enquanto subtraía produtos, teria, para garantir o sucesso da empreitada delitiva, ameaçado o funcionário que realizava sua abordagem. Considerando que o funcionário não compareceu em juízo para esclarecimento dos fatos, Vitor veio a ser absolvido por insuficiência de provas, transitando em julgado a sentença. Outro promotor de justiça, ao tomar conhecimento dos fatos e localizar o funcionário para ser ouvido em juízo, veio a denunciar Vitor pelo mesmo evento, mas, dessa vez, pelo crime de roubo impróprio. Após citação, caberá ao(à) advogado(a) de Vitor, sob o ponto de vista técnico,

(A) buscar a desclassificação para o crime de furto simples em concurso com o de ameaça no momento das alegações finais, mas não a extinção do processo, considerando que a absolvição anterior foi fundamentada em insuficiência probatória.

(B) requerer, em resposta à acusação, a absolvição sumária de Vitor, pois está provado que o fato não ocorreu.

DIREITO PROCESSUAL PENAL

(C) apresentar exceção de litispendência, requerendo a extinção do processo.

(D) apresentar exceção de coisa julgada, buscando extinção do processo.

RESPOSTA Após citação, caberá ao(à) advogado(a) de Vitor, sob o ponto de vista técnico, apresentar exceção de coisa julgada, buscando extinção do processo. O acusado estará protegido pela coisa julgada se já tiver sido absolvido em relação à mesma acusação em outro processo criminal, ou se em outro julgamento, mesmo que não seja penal, tenha sido definitivamente reconhecida a inexistência do fato ou comprovado que ele não participou da infração penal. Então se, no caso narrado, Vitor foi absolvido por insuficiência de provas, transitando em julgado a sentença, não poderá ser novamente processado pelo mesmo evento, ainda que com tipificação distinta da realizada no primeiro processo. O fundamento para tanto é o princípio do "ne bis in idem" processual, segundo o qual ninguém poderá ser processado duas vezes pelo mesmo fato delituoso, a fim de garantir-se a segurança e a estabilidade que o ordenamento jurídico demanda. *Alternativa D.*

46.
(XXXII Exame) Rita foi denunciada pela suposta prática de crime de furto qualificado, pois teria, mediante fraude, subtraído uma bicicleta de sua amiga Regina. Ao ser citada, de imediato Rita procurou seu advogado, informando que, na verdade, a bicicleta seria de sua propriedade e que, inclusive, já era autora de ação cível na qual buscava o reconhecimento da propriedade do objeto, mas que a questão não seria de simples solução. Com base apenas nas informações expostas, o advogado de Rita poderá buscar

(A) a suspensão da ação penal diante da existência de questão prejudicial obrigatória, ficando, nessa hipótese, suspenso também o curso do prazo prescricional.

(B) a suspensão da ação penal diante da existência de questão prejudicial facultativa, e, caso o juiz indefira o pedido, caberá recurso em sentido estrito.

(C) a suspensão da ação penal diante da existência de questão prejudicial facultativa, podendo o magistrado também decretar a suspensão de ofício.

(D) a intervenção do Ministério Público na ação de natureza cível, mas não a suspensão da ação penal, diante da independência entre as instâncias.

RESPOSTA O art. 93 do CPP trata de toda e qualquer questão prejudicial heterogênea, desde que não seja relativa ao estado civil das pessoas. Essas questões funcionam *como prejudiciais facultativas ou devolutivas relativas*, abrangendo qualquer relação jurí-

dica diferente do estado civil das pessoas, que seja da competência do juízo extrapenal. Isso pode incluir questões de direito tributário, administrativo, trabalhista, civil, conforme narrado no enunciado da questão. Diante de questões prejudiciais facultativas ou em sentido amplo, o juízo penal poderá decidir se remete ou não as partes ao juízo extrapenal para a resolução da controvérsia. Estas são as questões prejudiciais devolutivas relativas, ou seja, as questões prejudiciais heterogêneas não relacionadas ao estado civil das pessoas. Além disso, *o reconhecimento da prejudicialidade facultativa resulta na suspensão do processo e da prescrição. Alternativa C.*

47.
(XXIX Exame) Luiz foi denunciado pela prática de um crime de estelionato. Durante a instrução, o ofendido apresentou, por meio de assistente de acusação, documento supostamente assinado por Luiz, que confirmaria a prática delitiva. Ao ter acesso aos autos, Luiz informa ao patrono ter certeza de que aquele documento seria falso, pois não foi por ele assinado. Com base nas informações narradas, de acordo com as previsões do Código de Processo Penal, o advogado de Luiz poderá

(A) alegar apenas a insuficiência de provas e requerer a extração de cópias para o Ministério Público, mas não poderá, neste processo, verificar a veracidade do documento.

(B) alegar, desde que seja procurador com poderes especiais, a falsidade do documento para fins de instauração de incidente de falsidade.

(C) arguir, com procuração com poderes gerais, a falsidade do documento, gerando incidente de falsidade em autos em apartado.

(D) alegar, oralmente, a falsidade do documento, devendo o incidente ser decidido nos autos principais.

RESPOSTA A questão aborda o procedimento de alegação de falsidade de um documento apresentado em um processo penal de acordo com os arts. 145 e 146 do CPP. Assim, (A) Errada. O advogado de Luiz poderá arguir falsidade documental por meio de incidente de falsidade. (B) Correta, na forma dos arts. 145 e 146 do CPP. (C) Errada, o CPP, no art. 146, exige que, para a arguição de falsidade documental, o advogado tenha poderes especiais. (D) Errada, a falsidade documental deve ser realizada **por escrito** (art. 145, *caput*) e o incidente ser decidido em autos apartados (art. 145, I) e não nos autos principais. *Alternativa B.*

48.
(XXVII Exame) Paulo, ofendido em crime contra o patrimônio, apesar de sua excelente condição financeira, veio a descobrir, após a identificação da autoria, que o autor dos fatos ad-

quiriu, com os proventos da infração, determinado bem imóvel. Diante da descoberta, procurou você, na condição de advogado(a), para a adoção das medidas cabíveis. Com base apenas nas informações expostas, a defesa técnica do ofendido deverá esclarecer ser cabível

(A) o sequestro, desde que após o oferecimento da denúncia, mas exige requerimento do Ministério Público ou decisão do magistrado de ofício.

(B) o arresto, ainda que antes do oferecimento da denúncia, mas a ação principal deverá ser proposta no prazo máximo de 30 dias, sob pena de levantamento.

(C) o sequestro, ainda que antes do oferecimento da denúncia, podendo a decisão judicial ser proferida a partir de requerimento do próprio ofendido.

(D) o arresto, que deve ser processado em autos em apartados, exigindo requerimento do Ministério Público ou decisão do magistrado de ofício.

RESPOSTA Alternativa A errada e C correta, pelo mesmo motivo: o art. 127 do CPP determina que o sequestro poderá ser determinado de ofício pelo juiz ou a requerimento do ofendido ou do Ministério Público em qualquer fase do processo e até mesmo antes de oferecida a denúncia ou queixa. (B) Errada, em razão do art. 136 do CPP: "Art. 136. O arresto do imóvel poderá ser decretado de início, *revogando-se, porém, se no prazo de 15 (quinze) dias não for promovido o processo de inscrição da hipoteca legal*". (D) Errada, a medida cabível é o sequestro e não o arresto, porque este é uma medida cautelar patrimonial aplicada quando não se sabe exatamente quais bens pertencem ao acusado, ou seja, é uma medida para garantir a futura execução de uma sentença condenatória ou para assegurar o pagamento de uma dívida. É diferente do sequestro, que é uma medida específica para bens determinados e diretamente vinculados ao crime, como no caso de bens adquiridos com proventos da infração. *Alternativa C.*

49. (XXII Exame) Ricardo foi denunciado, perante a 1ª Vara Criminal de determinada cidade, pela prática de crime de associação para o tráfico com mais 04 outros indivíduos, destacando a denúncia o local, o período e a existência de outros indivíduos não identificados, integrantes da mesma associação. Foi condenado em primeira instância e foi mantida a prisão preventiva, apresentando a defesa recurso de apelação. No dia seguinte da condenação, na cadeia, Ricardo vem a ser notificado em razão de denúncia diversa oferecida pelo Ministério Público, agora perante a 2ª Vara Criminal da mesma cidade, pela prática do mesmo

crime de associação para o tráfico, em iguais período e local da primeira denúncia, mas, dessa vez, foram denunciados também os indivíduos não identificados mencionados no primeiro processo. Ricardo, então, entra em contato com seu advogado, informando da nova notificação. Considerando a situação narrada, caberá ao advogado de Ricardo apresentar exceção de

(A) litispendência.

(B) coisa julgada.

(C) incompetência.

(D) ilegitimidade.

RESPOSTA Diante da situação apresentada, onde Ricardo está sendo processado duas vezes pelo mesmo crime de associação para o tráfico, a alternativa correta é a exceção de litispendência, pois há duplicidade de ações com os mesmos elementos. Assim, a defesa de Ricardo deve apresentar a exceção de litispendência conforme o art. 95 do CPP. Há litispendência quando existe duplicidade de ações judiciais com os mesmos elementos (partes, causa de pedir e pedido). Observem que Ricardo está enfrentando duas denúncias distintas, mas pelo mesmo crime de associação para o tráfico, no mesmo local e período, configurando claramente a litispendência. *Alternativa A.*

50. (XXI Exame) Carlota foi denunciada pela prática de um crime contra a ordem tributária. Após ser citada, sua advogada foi intimada para apresentar resposta à acusação. Analisando os autos, o(a) advogado(a) de Carlota entendeu que deveria apresentar certas exceções. Considerando a situação narrada, assinale a afirmativa correta.

(A) A arguição de suspeição precederá a de litispendência, salvo quando aquela for fundada em motivo superveniente.

(B) As exceções serão processadas nos autos principais, em regra.

(C) As exceções serão processadas em autos em apartado e suspenderão, em regra, o andamento da ação penal.

(D) Se Carlota pretende recusar o juiz, deverá fazer em petição assinada por ela própria ou por procurador com poderes gerais.

RESPOSTA (A) Correta. De acordo com o art. 96 do CPP, que prevê a ordem de arguição das exceções processuais, a suspeição deve ser arguida antes das demais exceções, salvo se a suspeição for fundada em motivo superveniente, quando então poderá ser arguida a qualquer tempo. (B) Errada. Conforme o art. 111 do CPP, as exceções devem ser processadas em *autos apartados*. (C) Errada. De acordo com o art. 111 do CPP, as exceções, em regra, não suspenderão o andamento da ação penal. (D) Errada. Para a recusa do

DIREITO PROCESSUAL PENAL

juiz (exceção de suspeição), a petição deverá ser assinada por Carlota ou por seu procurador, mas este deve ter *poderes específicos* para tanto, não apenas poderes gerais. Isso está de acordo com o art. 98 do CPP. *Alternativa A.*

51. (XX Exame) Clodoaldo figura como indiciado em inquérito policial que investiga a prática de um crime de estupro de vulnerável. Já no curso das investigações, Clodoaldo apresenta sinais de que poderia ser portador de doença mental. Concluídas as investigações, é oferecida denúncia contra o indiciado. Durante a audiência, o advogado de Clodoaldo requer a instauração de incidente de insanidade mental, sendo o pleito indeferido pelo magistrado, que considerou o ato protelatório. Sobre o tema incidente de insanidade mental, é correto afirmar que

(A) se o perito concluir que o acusado era inimputável ao tempo da infração, o processo prosseguirá, mas se a insanidade surgiu após o ato criminoso imputado, o processo ficará suspenso.

(B) da decisão do magistrado que indeferiu a instauração do incidente caberá recurso em sentido estrito.

(C) diante da suspeita da autoridade policial, poderia ela mesmo ter instaurado incidente de insanidade mental.

(D) o incidente de insanidade mental é processado em autos em apartado e não gera, de imediato, qualquer suspensão do processo.

RESPOSTA De acordo com os arts. 151 e 152 do CPP, se a insanidade mental for constatada e for proveniente do momento em que o crime foi cometido, o processo pode prosseguir. No entanto, se a insanidade surgiu após o fato criminoso, o processo será suspenso. *Alternativa A.*

VII. PROVAS

52. (40º Exame) Depois do recebimento de denúncia anônima, a delegacia iniciou a verificação preliminar de informações e colheu indícios de que Juca desenvolvia atividades ilícitas de telecomunicações (pena: detenção, 2 a 4 anos). A fim de melhor apurar os fatos, foi instaurado inquérito policial e o delegado de polícia representou pela interceptação das comunicações telefônicas de Juca, o que foi deferido pelo Juiz. A fim de anular as provas colhidas a partir da interceptação telefônica, você, na condição de advogado(a) de defesa de Juca, deve alegar que

(A) não é cabível a interceptação quando o ilícito apurado for punível com pena de detenção.

(B) a pena mínima de 2 (dois) anos não autoriza o deferimento de interceptação.

(C) o delegado de polícia não é legitimado a representar pela interceptação telefônica.

(D) a ausência de contraditório, antes do deferimento da interceptação, é causa de nulidade.

RESPOSTA Conforme o art. 2º, III, da Lei n. 9.296/96, não é cabível interceptação telefônica quando o fato investigado constituir infração penal punida, no máximo, com pena de detenção. Vejamos: "Art. 2º Não será admitida a interceptação de comunicações telefônicas quando ocorrer qualquer das seguintes hipóteses: [...] III – o fato investigado constituir infração penal punida, no máximo, com pena de detenção". As demais estão erradas. B. (art. 2º, III, da Lei n. 9.296/96). C. (art. 3º, I, da Lei n. 9.296/96). D. A ausência de contraditório, antes do deferimento da interceptação, não é causa de nulidade, uma vez que corresponde a espécie de prova cautelar e, portanto, sujeita a contraditório postergado, isto é, que será realizado em momento posterior, no decorrer da instrução processual. *Alternativa A.*

53. (XXXIV Exame) Francisco foi preso em flagrante, logo após a prática de um crime de furto qualificado, pelo rompimento de obstáculo. Agentes públicos compareceram ao local dos fatos e constataram, por meio de exame pericial, o arrombamento do fecho da janela que protegia a residência de onde os bens foram subtraídos. No interior da Delegacia, em conversa informal com a autoridade policial, Francisco confessou a prática delitiva, fato que foi registrado em gravação de áudio no aparelho celular pessoal do Delegado. Quando ouvido formalmente, preferiu exercer o direito ao silêncio que lhe foi assegurado naquele momento. Francisco, reincidente, foi denunciado, sendo juntados pelo Ministério Público, já no início da ação penal, o laudo de exame de local que constatou o arrombamento e o áudio da confissão informal encaminhado pela autoridade policial. No momento das alegações finais, o advogado de Francisco, sob o ponto de vista técnico, deverá destacar que

(A) a condenação não poderá se basear exclusivamente no laudo de exame de local, considerando que não foi produzido sob crivo do contraditório, e o áudio acostado, apesar de não poder ser considerado prova ilícita, se valorado na sentença, deverá justificar o reconhecimento da atenuante da pena da confissão.

(B) tanto o áudio com a confissão informal quanto o laudo de exame de local são provas lícitas, podendo, inclusive, o magistrado fundamentar eventual condenação com base exclusivamente no exame pericial produzido antes da instrução probatória.

(C) a confissão informal foi obtida de maneira ilícita, devendo ser o áudio desentranhado do processo, mas poderá o laudo pericial ser considerado em eventual sentença, apesar de produzido antes de ser instaurado o contraditório.

(D) tanto o áudio com a confissão informal quanto o laudo de exame de local são provas ilícitas, devendo ser desentranhados do processo.

RESPOSTA A resposta tem por base o art. 157 do CPP, que dispõe sobre prova ilícita: "Art. 157. São inadmissíveis, devendo ser desentranhadas do processo, as provas ilícitas, assim entendidas as obtidas em violação a normas constitucionais ou legais. § 1º São também inadmissíveis as provas derivadas das ilícitas, salvo quando não evidenciado o nexo de causalidade entre umas e outras, ou quando as derivadas puderem ser obtidas por uma fonte independente das primeiras". *Alternativa C.*

54. (XXXIV Exame) Lorena, em 01/01/2019, foi violentamente agredida por seu ex-companheiro Manuel, em razão de ciúmes do novo relacionamento, o que teria deixado marcas em sua barriga. Policiais militares compareceram ao local dos fatos, após gritos da vítima, e encaminharam os envolvidos à Delegacia, destacando os agentes da lei que não presenciaram a briga e nem verificaram se Lorena estava ou não lesionada. Por sua vez, Lorena, que não precisou de atendimento médico, disse não ter interesse em ver o autor do fato processado, já que seria pai de suas filhas, não esclarecendo o ocorrido. Manuel, arrependido, porém, confessou a agressão na Delegacia, dizendo que desferiu um soco no estômago de Lorena, que lhe deixou marcas. A vítima foi para sua residência, sem realizar exame técnico, mas, com base na confissão de Manuel, foi o autor do fato denunciado pelo crime de lesão corporal praticada no contexto de violência doméstica e familiar contra a mulher (Art. 129, § 9º, do CP, na forma da Lei n. 11.340/06). Durante a instrução, foi juntada apenas a Folha de Antecedentes Criminais de Manuel, sem outras anotações, não comparecendo a vítima à audiência de instrução e julgamento. Os policiais confirmaram apenas que escutaram um grito de Lorena, não tendo presenciado os fatos. Manuel, em seu interrogatório, reitera a confissão realizada em sede policial. No momento das alegações finais, o novo advogado de Manuel, constituído após audiência, poderá pleitear

(A) a absolvição sumária de seu cliente, tendo em vista que não houve a indispensável representação por parte da vítima e a lesão causada seria de natureza leve.

(B) a nulidade da decisão que recebeu a denúncia, tendo em vista que não houve a indispensável representação por parte da vítima e a lesão identificada foi de natureza leve.

(C) a absolvição de seu cliente, diante da ausência de laudo indicando a existência de lesão, não podendo a confissão do acusado suprir tal omissão.

(D) a suspensão condicional da pena, já que não se admite a substituição da pena privativa de liberdade por restritiva de direitos no crime, mas a representação da vítima era dispensável, assim como o corpo de delito.

RESPOSTA A alternativa correta corresponde à literalidade do art. 158 do CPP: "Quando a infração deixar vestígios, será indispensável o exame de corpo de delito, direto ou indireto, não podendo supri-lo a confissão do acusado". *Alternativa C.*

55. (XXXIII Exame) Vanessa foi presa em flagrante, logo após cometer um crime de furto em residência. A proprietária do imóvel, Jurema, 61 anos, informou aos policiais que viu, pelas câmeras de segurança, Vanessa escalando o alto muro da residência e ingressando na casa, acreditando a vítima que a mesma rompeu o cadeado da porta, já que este encontrava-se arrombado. Por determinação da autoridade policial, um perito oficial compareceu à residência de Jurema e realizou laudo pericial para confirmar que o muro que Vanessa pulou era de grande altura e demandava esforço no ato. Deixou, porém, de realizar a perícia no cadeado e na porta por onde Vanessa teria entrado na casa. Vanessa foi denunciada pelo crime de furto qualificado, sendo imputado pelo Ministério Público a qualificadora da escalada e do rompimento de obstáculo. No curso da instrução, assistida a ré pela Defensoria Pública, as partes tiveram acesso ao laudo pericial e, em seu interrogatório, Vanessa confessou os fatos, inclusive o rompimento do cadeado para ingresso na residência, bem como informou que sabia que a lesada era uma senhora de idade. A vítima Jurema não compareceu, alegando que não poderia deixar sua residência exposta, já que o cadeado da casa ainda estava arrombado, argumentando ser idosa, acostando sua carteira de habilitação, e destacando que as imagens da câmera de segurança, já juntadas ao processo, confirmavam a autoria delitiva. Você, como advogado(a), foi constituído(a) por Vanessa para a apresentação de

DIREITO PROCESSUAL PENAL

alegações finais. Considerando as informações expostas, você deverá alegar que

(A) a perícia realizada no muro não poderá ser considerada prova, mas tão só elemento informativo a ser confirmado por provas produzidas sob o crivo do contraditório, tendo em vista que as partes não participaram da elaboração do laudo.

(B) deve ser afastada a qualificadora com fundamento no rompimento de obstáculo, já que não foi produzida prova pericial, não sendo suficiente a confissão da acusada.

(C) a perícia realizada para demonstrar a escalada foi inválida, pois não foi realizada por dois peritos oficiais, nos termos da determinação do Código de Processo Penal.

(D) a idade da vítima não foi comprovada por documento idôneo, não podendo ser reconhecida agravante por tal fundamento.

RESPOSTA Embora a redação seja extensa, a resposta é simples: "Quando a infração deixar vestígios, será indispensável o exame de corpo de delito, direto ou indireto, não podendo supri-lo a confissão do acusado." (CPP, art. 158). *Alternativa B.*

56. (XXXI Exame) O Ministério Público ofereceu denúncia em face de Tiago e Talles, imputando-lhes a prática do crime de sequestro qualificado, arrolando como testemunhas de acusação a vítima, pessoas que presenciaram o fato, os policiais responsáveis pela prisão em flagrante, além da esposa do acusado Tiago, que teria conhecimento sobre o ocorrido. Na audiência de instrução e julgamento, por ter sido arrolada como testemunha de acusação, Rosa, esposa de Tiago, compareceu, mas demonstrou que não tinha interesse em prestar declarações. O Ministério Público insistiu na sua oitiva, mesmo com outras testemunhas tendo conhecimento sobre os fatos. Temendo pelas consequências, já que foi prestado o compromisso de dizer a verdade perante o magistrado, Rosa disse o que tinha conhecimento, mesmo contra sua vontade, o que veio a prejudicar seu marido. Por ocasião dos interrogatórios, Tiago, que seria interrogado por último, foi retirado da sala de audiência enquanto o corréu prestava suas declarações, apesar de seu advogado ter participado do ato. Com base nas previsões do Código de Processo Penal, considerando apenas as informações narradas, Tiago

(A) não teria direito de anular a instrução probatória com fundamento na sua ausência durante o interrogatório de Talles e nem na oitiva de Rosa na condição de testemunha, já que devidamente arrolada pelo Ministério Público.

(B) teria direito de anular a instrução probatória com fundamento na ausência de Tiago no interrogatório de Talles e na oitiva de Rosa na condição de testemunha.

(C) não teria direito de anular a instrução probatória com base na sua ausência no interrogatório de Talles, mas deveria questionar a oitiva de Rosa como testemunha, já que ela poderia se recusar a prestar declarações.

(D) não teria direito de anular a instrução probatória com base na sua ausência no interrogatório de Talles, mas deveria questionar a oitiva de Rosa como testemunha, pois, em que pese seja obrigada a prestar declarações, deveria ser ouvida na condição de informante, sem compromisso legal de dizer a verdade.

RESPOSTA **Ausência no Interrogatório de Talles:** De acordo com o art. 191 do CPP, o interrogatório de um réu deve ser realizado após o interrogatório do outro réu, se houver. Se Tiago foi retirado da sala de audiência enquanto Talles era interrogado, isso não configura necessariamente uma nulidade automática, especialmente se o advogado de Tiago estava presente e acompanhou o ato. A ausência durante o interrogatório de Talles pode não ser um motivo suficiente para anular toda a instrução probatória, pois o advogado estava presente e pode ter garantido a observância dos direitos de Tiago.

Oitiva de Rosa: Rosa, como esposa de Tiago, poderia ser chamada como testemunha de acusação, conforme o art. 206 do CPP. No entanto, a esposa do réu tem o direito de não testemunhar contra o marido. Rosa foi obrigada a prestar declarações apesar de sua falta de interesse, o que pode ser questionado. Se ela foi ouvida contra sua vontade e prejudicou Tiago, a defesa pode argumentar que essa oitiva foi inadequada, e isso pode ter implicações para a validade da prova.

Portanto, Tiago poderia questionar a oitiva de Rosa, mas a ausência no interrogatório de Talles não é necessariamente uma causa para anulação da instrução probatória, especialmente se o advogado de Tiago esteve presente. *Alternativa C.*

57. (XXIX Exame) Glauber foi denunciado pela prática de um crime de roubo majorado. Durante a audiência de instrução e julgamento, que ocorreu na ausência do réu, em razão do temor da vítima e da impossibilidade de realização de *videoconferência*, o Ministério Público solicitou que a vítima descrevesse as características físicas do autor do fato. Após a vítima descrever que o autor seria branco e baixo e responder às perguntas formuladas pelas partes, ela foi conduzida à sala especial, para a realização de reconhecimento formal. No ato de reconhecimento, foram colocados, com as mesmas roupas, lado a lado, Glauber, branco e baixo, Lucas, branco e alto, e Thiago, negro e baixo, apesar de a carceragem do Tribunal de Justiça estar repleta de presos para a realização de audiências, inclusive com as características descritas pela ofendida. A vítima reconheceu Glauber como o autor dos fatos, sendo lavrado auto subscrito pelo juiz, pela vítima e por duas testemunhas presenciais. Considerando as informações narradas, o advogado de Glauber, em busca de futuro reconhecimento de nulidade da instrução ou absolvição de seu cliente, de acordo com o Código de Processo Penal e a jurisprudência dos Tribunais Superiores, deverá consignar, na assentada da audiência, seu inconformismo em relação ao reconhecimento realizado pela vítima,

(A) em razão da oitiva da vítima na ausência do réu, já que o direito de autodefesa inclui o direito de presença em todos os atos do processo.

(B) tendo em vista que, de acordo com as previsões do Código de Processo Penal, ela não poderia ter descrito as características do autor dos fatos antes da realização do reconhecimento.

(C) em razão das características físicas apresentadas pelas demais pessoas colocadas ao lado do réu quando da realização do ato, tendo em vista a possibilidade de participarem outras pessoas com características semelhantes.

(D) tendo em vista que o auto de reconhecimento deveria ter sido subscrito pelo juiz, pelo réu, por seu defensor e pelo Ministério Público, além de três testemunhas presenciais.

RESPOSTA O reconhecimento formal é uma prova crucial e deve ser conduzido com rigor para garantir a sua validade. O art. 226 do CPP estabelece que o reconhecimento deve ser realizado com pessoas que tenham características semelhantes ao autor do fato para evitar equívocos. No caso descrito, o fato de que Glauber foi colocado ao lado de pessoas com características muito distintas (Lucas e Thiago) pode comprometer a validade do reconhecimento. Portanto, a falha na adequação das características físicas dos participantes no ato de reconhecimento é uma razão válida para contestar a validade do reconhecimento e buscar a nulidade da instrução ou a absolvição de Glauber. *Alternativa C.*

58. (XXIX Exame) Tomás e Sérgio foram denunciados como incursos nas sanções penais do crime do Art. 217-A do Código Penal (estupro de vulnerável), narrando a acusação que, no delito, teria ocorrido ato libidinoso diverso da conjunção carnal, já que os denunciados teriam passado as mãos nos seios da criança, e que teria sido

praticado em concurso de agentes. Durante a instrução, foi acostado ao procedimento laudo elaborado por um perito psicólogo oficial, responsável pela avaliação da criança apontada como vítima, concluindo que o crime teria, de fato, ocorrido. As partes tiveram acesso posterior ao conteúdo do laudo, apesar de intimadas da realização da perícia anteriormente. O magistrado responsável pelo julgamento do caso, avaliando a notícia concreta de que Tomás e Sérgio, durante o deslocamento para a audiência de instrução e julgamento, teriam um plano de fuga, o que envolveria diversos comparsas armados, determinou que o interrogatório fosse realizado por *video*conferência. No momento do ato, os denunciados foram ouvidos separadamente um do outro pelo magistrado, ambos acompanhados por defesa técnica no estabelecimento penitenciário e em sala de audiência durante todo ato processual. Insatisfeitos com a atuação dos patronos e acreditando na existência de ilegalidades no procedimento, Tomás e Sérgio contratam José para assistência técnica. Considerando apenas as informações narradas, José deverá esclarecer que

(A) o interrogatório dos réus não poderia ter sido realizado separadamente, tendo em vista que o acusado tem direito a conhecer todas as provas que possam lhe prejudicar.

(B) não poderia ter sido realizado interrogatório por *video*conferência, mas tão só oitiva das testemunhas na ausência dos acusados, diante do direito de presença do réu e ausência de previsão legal do motivo mencionado pelo magistrado.

(C) o laudo acostado ao procedimento foi válido em relação à sua elaboração, mas o juiz não ficará adstrito aos termos dele, podendo aceitá-lo ou rejeitá-lo, no todo ou em parte.

(D) o laudo deverá ser desentranhado dos autos, tendo em vista que elaborado por apenas um perito oficial, sendo certo que a lei exige que sejam dois profissionais e que seja oportunizada às partes apresentação de quesitos complementares.

RESPOSTA (A) Errada (art. 191 do CPP). O interrogatório separado não viola o direito do réu de conhecer todas as provas que lhe possam prejudicar. O direito de defesa e de ter acesso às provas é garantido, mas a separação no momento do interrogatório não configura, por si só, uma violação desse direito.

(B) Errada (art. 185 do CPP). O interrogatório por videoconferência é permitido pelo CPP em situações específicas, como quando o réu está em local distante ou há questões de segurança. Portanto, a realização do interrogatório por videoconferência está de acordo

DIREITO PROCESSUAL PENAL

com a legislação, e não se restringe apenas à oitiva das testemunhas na ausência dos acusados.

(C) Correta (art. 182 do CPP). De acordo com o art. 182 do CPP, o laudo pericial é um meio de prova técnica que deve ser elaborado por um perito qualificado. No entanto, o juiz não é obrigado a seguir integralmente as conclusões do laudo pericial. O magistrado pode aceitar ou rejeitar o laudo, ou parte dele, com base na avaliação das provas e das circunstâncias do caso.

(D) Errada (art. 157 do CPP). O art. 157 do CPP permite a realização de perícia por um único perito oficial em casos onde a lei não exige a atuação de mais de um perito. Além disso, as partes têm a oportunidade de apresentar quesitos complementares conforme a legislação.

Alternativa C.

59. (XXVIII Exame) A autoridade policial recebeu denúncia anônima informando que Gabriel seria autor de um crime de apropriação indébita (art. 168 do CP. Pena: 01 a 04 anos de reclusão e multa). Realizou, então, diligências para verificar a relevância daquela informação e, após constatar que havia motivos para justificar o início de investigação, instaurou inquérito para apurar a infração penal antes mencionada, indiciando Gabriel. O primeiro ato da investigação foi requerer, ao juízo competente, interceptação das comunicações telefônicas de Gabriel, pedido esse que foi deferido. Após a interceptação, a autoridade policial buscou obter outros elementos informativos, ouvindo a vítima e testemunhas que tinham conhecimento dos fatos e da autoria delitiva. Após o fim do prazo de 15 dias fixado para interceptação, com nova representação da autoridade policial e requerimento do Ministério Público, o juiz deferiu a prorrogação da medida, reiterando os termos da decisão que autorizou a medida inicial e destacando que aqueles fundamentos persistiam e foram confirmados pelo teor das transcrições das conversas já obtidas. Gabriel, no curso das investigações, foi intimado para prestar esclarecimentos, momento em que entrou em contato com seu advogado, que obteve acesso ao procedimento. Considerando as informações narradas, o(a) advogado(a) de Gabriel poderá questionar a interceptação telefônica realizada, porque

(A) a primeira notícia do crime foi oriunda de denúncia anônima, o que impede que seja instaurada investigação, ainda que a autoridade policial realize diligências para confirmar a necessidade de iniciar procedimento investigatório.

(B) o crime investigado é punido com pena de reclusão que não ultrapassa 04 anos de pena privativa de liberdade.

(C) a prova da infração poderia ter sido obtida por outros meios disponíveis.

(D) a decisão de prorrogação do prazo da medida utilizou-se de fundamentação per relationem, o que não é admitido no Processo Penal brasileiro.

RESPOSTA (A) Errada. A denúncia anônima não impede a instauração de investigação, desde que a autoridade policial realize diligências para confirmar a necessidade de iniciar o procedimento investigatório.

(B) Errada (art. 2º da Lei n. 9.296/96). O crime de apropriação indébita é punido com pena de reclusão de até 4 anos e a Lei n. 9.296/96 permite a interceptação de comunicações telefônicas em crimes punidos com penas de reclusão.

(C) Correta (art. 2º da Lei n. 9.296/96). Segundo o art. 2º da Lei n. 9.296/96, a interceptação telefônica só pode ser autorizada quando não for possível obter a prova por outros meios disponíveis. Portanto, se houver meios alternativos para obter a prova da infração, a interceptação telefônica pode ser questionada.

(D) Errada. A decisão de prorrogação da medida pode ser fundamentada *per relationem* (ou seja, referindo-se aos fundamentos anteriores), o que é admitido no Processo Penal brasileiro.

Alternativa C.

60. (XXVI Exame) Caio vinha sendo investigado pela prática de crime de organização criminosa. Durante os atos de investigação, agentes da Polícia Civil descobriram que ele realizaria ação no exercício da atividade criminosa da organização que deixaria clara a situação de flagrante e permitiria a obtenção de provas. Todavia, a investigação também indicava que nos dias seguintes outros atos do grupo criminoso seriam praticados por Caio, o que permitiria a identificação de outros envolvidos na organização. Diante disso, a autoridade policial determina diretamente e em sigilo que ocorra ação controlada, comunicando apenas ao Ministério Público, retardando a intervenção policial para que a medida se concretizasse de forma mais eficaz à formação da prova e obtenção de informações. Considerando apenas as informações narradas, o advogado de Caio poderá buscar a invalidade da chamada "ação controlada", porque

(A) não foi deferido acesso aos autos, antes do encerramento da diligência, à defesa técnica, mas tão só ao Ministério Público e ao delegado.

(B) não é instrumento previsto na Lei de Organização Criminosa, diferente da infiltração de agentes, devidamente disciplinada no diploma legal.

(C) não houve prévia comunicação ao juiz competente, que nos termos da lei, poderia, inclusive,
estabelecer os limites do ato.

(D) não poderia haver retardo na realização da prisão em flagrante, sob pena de não mais ser admitida medida cautelar restritiva de liberdade,
apesar de ser possível o retardo na formação e
obtenção das provas.

RESPOSTA (A) Errada. A Lei n. 12.850/2013 não exige que a defesa técnica tenha acesso aos autos antes
do encerramento da diligência para que a ação controlada seja válida.

(B) Errada (art. 8º da Lei n. 12.850/2013). A ação controlada é um instrumento previsto na Lei de Organização Criminosa.

(C) Correta. De acordo com o art. 8º da Lei n.
12.850/2013 (Lei de Organização Criminosa), a ação
controlada deve ser comunicada previamente ao juiz,
que pode estabelecer os limites do ato. A ausência de
prévia comunicação ao juiz é um motivo válido para
questionar a validade da medida.

(D) Errada. O retardo na realização da prisão em flagrante pode ocorrer em ações controladas para a obtenção de provas mais eficazes, desde que respeitadas
as disposições legais.

Alternativa C.

61.
(XXIV Exame) Durante instrução probatória em que se imputava a João a prática
de um crime de peculato, foram intimados para depor, em audiência de instrução e julgamento, os
policiais civis que participaram das investigações, a
ex-esposa de João, que tinha conhecimento dos fatos, e o padre para o qual João contava o que considerava seus pecados, inclusive sobre os desvios de
dinheiro público. Preocupados, todos os intimados
para depoimento foram à audiência, acompanhados de seus advogados, demonstrando interesse em
não prestar declarações. Considerando apenas as
informações narradas, assinale a afirmativa correta.

(A) Apenas o advogado da ex-esposa de João poderá requerer que sua cliente seja eximida do dever
de depor, devendo os demais prestar declarações.

(B) Todos os advogados poderão requerer que seus
clientes sejam eximidos do dever de depor.

(C) Apenas o advogado do padre poderá buscar que
ele não preste declarações, já que proibido, por
ofício, de depor, devendo os demais prestar declarações.

(D) Apenas os advogados da ex-esposa de João e do
padre poderão requerer que seus clientes não
sejam ouvidos na condição de testemunhas.

RESPOSTA Alternativas A, B e C erradas e correta a
alternativa D, com fundamento nos arts. 206 e 207 do
CPP. O art. 206 do CPP estabelece que certas pessoas
são isentas do dever de depor, como os parentes do
réu. No caso da ex-esposa e do padre, que estão nas
condições previstas (ex-esposa como parente e padre
com privilégio de confidencialidade), apenas seus advogados podem requerer que não sejam ouvidos. Já os
policiais civis, que não têm a mesma proteção legal,
devem prestar declarações.

Alternativa D.

62.
(XXII Exame) Fagner, irmão de Vitor,
compareceu à Delegacia e narrou que foi
vítima de agressões que lhe causaram lesão corporal de natureza leve. Afirmou Fagner, em sede policial, que Vitor desferiu um soco em seu rosto, deixando a agressão vestígios, mas esclareceu que não
necessitou de atendimento médico. Apesar de demonstrar interesse inequívoco em ver seu irmão
responsabilizado criminalmente pelo ato praticado,
não assinou termo de representação formal, além
de não realizar exame de corpo de delito. Vitor foi
denunciado pela prática do crime do Art. 129, § 9º,
do Código Penal. Durante a instrução, Fagner não
foi localizado para ser ouvido, não havendo outras
testemunhas presenciais. Vitor, em seu interrogatório, contudo, confirmou que desferiu um soco no
rosto de seu irmão. Em relação aos documentos do
processo, consta apenas a Folha de Antecedentes
Criminais do acusado. Considerando apenas as informações narradas na hipótese, assinale a afirmativa correta.

(A) O processo deve ser extinto sem julgamento do
mérito, pois a representação do ofendido necessariamente deve ser expressa e formal.

(B) Não existe prova da materialidade, pois, quando
a infração penal deixa vestígios, o exame de
corpo de delito é indispensável, não podendo
supri-lo a confissão do acusado.

(C) Não existe prova da materialidade, pois o Código
de Processo Penal apenas admite o exame de
corpo de delito direto.

(D) Existe prova da materialidade, pois o Código de
Processo Penal admite a figura do exame de
corpo de delito indireto e este ocorreu no caso
concreto.

RESPOSTA (A) Errada (CPP, art. 39). (B) Correta (CPP,
art. 158). (C) Errada (CPP, art. 167). (D) Errada, pois não
ocorreu exame de corpo de delito no enunciado da
questão. O exame de corpo de delito, segundo o art.
158 do CPP, é indispensável para comprovar a materialidade do crime quando há vestígios, não podendo a
confissão do acusado substituí-lo. *Alternativa B.*

DIREITO PROCESSUAL PENAL

63. (XXII Exame) Durante audiência de instrução e julgamento em processo em que é imputada a José a prática de um crime de roubo majorado pelo concurso de agentes, Laís e Lívia, testemunhas de acusação, divergem em suas declarações. Laís garante que presenciou o crime e que dois eram os autores do delito; já Lívia também diz que estava presente, mas afirma que José estava sozinho quando o crime foi cometido. A vítima não foi localizada para prestar depoimento. Diante dessa situação, poderá o advogado de José requerer

(A) a realização de contradita das testemunhas.

(B) a realização de acareação das testemunhas.

(C) a instauração de incidente de falsidade.

(D) a suspensão do processo até a localização da vítima, para superar divergência.

RESPOSTA (A) Errada (art. 214 do CPP). A contradita é usada para impugnar a testemunha por razões como suspeição ou desqualificação, não para resolver divergências de depoimento.

(B) Correta. De acordo com o art. 229 do CPP, a acareação é o meio adequado para resolver divergências entre testemunhas que presenciaram os mesmos fatos. Dado que Laís e Lívia têm versões diferentes sobre o ocorrido, a acareação pode ajudar a esclarecer os fatos.

(C) Errada (art. 145 do CPP). Incidente de falsidade é usado para contestar a autenticidade de documentos, não para lidar com divergências no depoimento.

(D) Errada. O processo não pode ser suspenso indefinidamente à espera da vítima, devendo seguir com os elementos disponíveis.

Alternativa B.

64. (XX Exame – Reaplicação) Hugo foi denunciado pela prática de um crime de furto qualificado praticado contra Rosa. Na audiência de instrução e julgamento, Rosa confirmou a autoria delitiva, mas apresentou versão repleta de contradições, inovando ao afirmar que estava junto com Lúcia quando foi vítima do crime. O Ministério Público ouve os policiais que participaram apenas, posteriormente, da prisão de Hugo e não deseja ouvir novas testemunhas. A defesa requer a oitiva de Lúcia, mencionada por Rosa em seu testemunho, já que antes não tinha conhecimento sobre a mesma, mas o juiz indefere afirmando que o advogado já havia arrolado o número máximo de testemunhas em sua resposta à acusação. Diante dessa situação, o advogado de Hugo deve alegar que

(A) as testemunhas referidas não devem ser computadas para fins do número máximo de testemunhas a serem ouvidas.

(B) o Código de Processo Penal não traz número máximo de testemunhas de defesa, pois previsão em contrário violaria o princípio da ampla defesa.

(C) as testemunhas referidas não podem prestar compromisso de dizer a verdade.

(D) o testemunho de Rosa, ao inovar os fatos, deve ser considerado prova ilícita, de modo a ser desentranhado dos autos.

RESPOSTA (A) Correta. O art. 401, § 1º, do CPP estabelece que: "Art. 401. Na instrução poderão ser inquiridas até 8 (oito) testemunhas arroladas pela acusação e 8 (oito) pela defesa. § 1º Nesse número não se compreendem as que não prestem compromisso e as referidas".

(B) Errada (art. 401 do CPP). O Código de Processo Penal traz número máximo de 8 testemunhas de defesa e 8 testemunhas de acusação no rito ordinário.

(C) Errada (art. 206 do CPP). As testemunhas referidas devem prestar compromisso de dizer a verdade.

(D) Errada (art. 157 do CPP). Não existe fundamento legal para que o testemunho de Rosa seja considerado prova ilícita.

Alternativa A.

VIII. PRISÃO, MEDIDAS CAUTELARES E LIBERDADE PROVISÓRIA

65. (41º Exame) Ricardo é policial civil e disparou seis vezes, com intenção de matar, contra Marilene, sua ex-amante, que veio a óbito. Diversos transeuntes testemunharam os fatos, inclusive o delegado de polícia que trabalha com Ricardo, que estava de plantão no momento e imediatamente realizou a prisão em flagrante do acusado e apreendeu sua pistola, lavrando o auto de prisão em flagrante pela prática do crime de feminicídio. Diante do caso narrado, sobre a lavratura do flagrante assinale a opção correta.

(A) É o caso de flagrante impróprio e facultativo e o delegado pode prender Ricardo, ou, por critério de conveniência e oportunidade, postergar o flagrante.

(B) É o caso de flagrante presumido, pois Ricardo estava com a arma na mão.

(C) É o caso de flagrante próprio e obrigatório, e o delegado deve prender Ricardo.

(D) O flagrante é ilegal e o delegado não poderia prender Ricardo por trabalharem juntos.

RESPOSTA Trata-se de flagrante próprio, pois Ricardo foi preso no momento em que cometia o crime (art. 302, I, do CPP). O delegado tem o dever de realizar a prisão em flagrante, sem margem para conveniência ou oportunidade. *Alternativa C.*

66. (40º Exame) Vanessa, primária e sem antecedentes, grávida de seis meses, foi presa em flagrante no aeroporto no momento em que embarcava com destino à Espanha de posse de 10kg de substância entorpecente (cocaína). Vanessa foi autuada pela prática do crime de internacional drogas (Art. 33, *caput*, c/c. Art. 40, inciso I, ambos da Lei no 11.343/06). Sobre a possibilidade de prisão domiciliar em favor de Vanessa, assinale a afirmativa correta.

(A) A quantidade de drogas apreendida e a transnacionalidade do delito obstam a concessão de prisão domiciliar.

(B) O pedido de prisão domiciliar é injustificável, tendo em vista que Vanessa ainda está no sexto mês de gestação.

(C) A natureza não violenta do delito imputado e a gestação de Vanessa autorizam a concessão de prisão domiciliar.

(D) Apenas se houver comprovação de gravidez de risco haverá previsão legal que justifique a concessão de prisão domiciliar.

RESPOSTA O art. 318-A do CPP prevê a substituição obrigatória da prisão preventiva por prisão domiciliar no caso de mulheres gestantes ou responsáveis por crianças ou pessoas com deficiência, desde que o crime cometido não envolva violência ou grave ameaça e que não tenha sido cometido contra o filho ou dependente. *Alternativa C.*

67. (39º Exame) André, primário, subtraiu o computador de Gustavo, enquanto este estava distraído em via pública, em uma sexta-feira. Na terça-feira da semana seguinte, após consultar as câmeras de vigilância, Gustavo identificou André como o responsável pela subtração, e acionou a Polícia Civil que, com base nas declarações de Gustavo, abordou André em via pública e com ele encontrou o computador subtraído dias antes. André foi, então, preso em flagrante pelo delito de receptação, na modalidade "conduzir" produto de furto. As penas do furto e da receptação são de 1 a 4 anos. Como advogado(a) de André, assinale a afirmativa correta.

(A) Deve ser postulado o relaxamento da prisão em flagrante, porque André praticou apenas o delito de furto, crime de natureza instantânea, inexistindo situação flagrancial.

(B) Deve ser postulada a liberdade provisória, pois, não obstante ter praticado dois delitos em con-

curso material, ainda assim é cabível a suspensão condicional do processo.

(C) André praticou delito de furto em concurso formal com receptação, o que autoriza a prisão em flagrante pelo delito de natureza permanente, mas é cabível a liberdade provisória, mediante fiança.

(D) André praticou apenas o delito de receptação, cuja pena máxima é igual a quatro anos, por isso, não é cabível a prisão preventiva, devendo ser postulada a liberdade provisória.

RESPOSTA O crime de furto é de natureza instantânea, ou seja, sua consumação ocorre no momento em que o bem é subtraído, não se prolongando no tempo. A prisão em flagrante só é cabível se o agente é surpreendido no momento da prática do crime ou imediatamente após, em situação de perseguição ou em posse do objeto subtraído. No caso de André, a subtração ocorreu na sexta-feira e ele foi preso na terça-feira seguinte, não caracterizando situação flagrancial quanto a esse delito. Também seria a prisão em flagrante pelo crime de receptação. Apesar de o ato de conduzir um objeto proveniente de crime poder ser enquadrado como receptação, conforme o art. 180 do Código Penal, é importante lembrar que o autor do fato foi o próprio responsável pelo crime anterior (no caso, o furto). Por isso, a doutrina entende que nesses casos aplica-se o princípio da consunção. Esse princípio estabelece que a receptação, quando realizada pelo próprio autor do crime original, não deve ser punida separadamente, pois é considerada um *post factum* impunível, ou seja, um ato posterior que não se distingue do crime principal. Nesse sentido, o STJ já decidiu que não se pode acusar alguém de roubo e, ao mesmo tempo, de receptação do mesmo objeto, uma vez que usar o bem roubado pelo próprio criminoso é apenas uma consequência natural do crime original e não configura um novo delito. Portanto, não se pode falar em flagrante por receptação nesse contexto. Vejamos: "A posse do produto do roubo não configura o delito de receptação, porquanto é apenas exaurimento da primeira infração [...]" (STJ, RHC 13372/RJ). *Alternativa A.*

68. (36º Exame) Vitor respondia ação penal pela suposta prática do crime de ameaça (pena: 01 a 06 meses de detenção ou multa) contra sua ex-companheira Luiza, existindo medida protetiva em favor da vítima proibindo o acusado de se aproximar dela, a uma distância inferior a 100 m. Mesmo intimado da medida protetiva de urgência, Vitor se aproximou de Luiza e tentou manter com ela contato, razão pela qual a vítima, temendo por sua integridade física, procurou você, como advogado(a), e narrou o ocorrido. Nessa ocasião, Luiza esclareceu que, após a denúncia do crime de ameaça, Vitor veio a ser condenado, definitivamen-

DIREITO PROCESSUAL PENAL

te, pela prática do delito de uso de documento falso por fatos que teriam ocorrido antes mesmo da infração penal cometida no contexto de violência doméstica e familiar contra a mulher. Com base nas informações expostas, você, como advogado(a) de Luiza, deverá esclarecer à sua cliente que

(A) não poderá ser decretada a prisão de Vitor, pois não há situação de flagrância.

(B) não poderá ser decretada a prisão preventiva de Vitor, pois o crime de ameaça tem pena inferior a 04 anos e ele é tecnicamente primário.

(C) poderá ser decretada a prisão preventiva de Vitor, pois, apesar de o crime de ameaça ter pena máxima inferior a 04 anos, o autor do fato é reincidente.

(D) poderá ser decretada a prisão preventiva de Vitor, mesmo sendo tecnicamente primário, tendo em vista a existência de medida protetiva de urgência anterior descumprida.

RESPOSTA A) Errada. De fato, não se verifica hipótese para a prisão em flagrante (CP, arts. 301 e 303), mas nada impede a decretação da prisão preventiva; B) Errada. O enunciado descreve exceção prevista no art. 313, III, do CPP: "se o crime envolver violência doméstica e familiar contra a mulher, criança, adolescente, idoso, enfermo ou pessoa com deficiência, para garantir a execução das medidas protetivas de urgência"; C) Errada. O que viabiliza a prisão preventiva é a exceção prevista no art. 313, III, do CPP; D) Correta. O fundamento é o art. 313, III, do CPP, bem como o art. 24-A da Lei n. 11.340/2006. *Alternativa D.*

69. (37º Exame) No dia 10 de julho de 2020, Pedro, primário, é preso em flagrante delito comercializando *ecstasy* em uma rua do bairro onde mora. Com ele, são apreendidos 50 comprimidos e dinheiro em espécie. Assim, é imediatamente conduzido à delegacia, onde, no mesmo dia, é lavrado auto de prisão em flagrante pela prática do crime descrito no art. 33, *caput*, da Lei n. 11.343/06, punido com pena de reclusão de 5 a 15 anos e multa. O laudo toxicológico provisório atesta que a substância consta da lista de substâncias proscritas. Feitas as comunicações devidas, o auto de prisão é remetido ao juízo competente e, desse modo, no dia 11 de julho, passadas 23 horas da prisão, Pedro é apresentado à autoridade judicial. A audiência é realizada sem a presença de órgão do Ministério Público e após entrevistar o preso e ouvir os requerimentos da defesa técnica, o Magistrado homologa a prisão em flagrante, que é convertida em preventiva, sob o fundamento de que existe risco à ordem pública na liberdade do agente, nos termos do art. 312 do Código de Processo Penal. Assi-

nale a opção que indica a tese de Direito Processual Penal adequada para se questionar a prisão preventiva de Pedro.

(A) A prisão deve ser relaxada em razão da inobservância do prazo para a realização da audiência de custódia.

(B) A prisão deve ser substituída por medidas cautelares diversas da prisão, já que suficientes para garantia da ordem pública e conveniência da instrução criminal.

(C) A prisão deve ser relaxada, ante a ausência de pedido do Ministério Público, e concedida prisão domiciliar ao acusado para garantia da ordem pública.

(D) A prisão deve ser relaxada, pois o magistrado não poderia, diante da ausência de pedido do Parquet, ter convertido a prisão em flagrante em preventiva de ofício.

RESPOSTA A partir do Pacote Anticrime, não mais é possível a decretação de prisão preventiva, *ex officio*, pelo juiz (CPP, art. 311); A) O prazo é de 24 horas (CPP, art. 310, *caput*); B) Não há informações suficientes para essa conclusão (CPP, art. 319); C) Não estão presentes os requisitos do art. 318 do CPP. *Alternativa D.*

70. (35º Exame) Policiais militares, ao avistarem Jairo roubar um carro no município de Toledo (PB), passaram a persegui-lo logo após a subtração, o que se deu ininterruptamente durante 28 (vinte e oito) horas. Por terem perdido de vista Jairo quando estavam prestes a ingressar no município de Córdoba (PB), os policiais militares se dirigiram à Delegacia de Polícia de Toledo para confecção do Boletim de Ocorrência.

Antes que fosse finalizado o Boletim de Ocorrência, a Delegacia Policial de Toledo recebeu uma ligação telefônica do lesado (Luiz), informando que Jairo, na posse do seu carro (roubado), estava sentado numa mesa de bar naquele município tomando cerveja. Os policiais militares e os policiais da Distrital se deslocaram até o referido bar, encontrando Jairo como descrito no telefonema do lesado, apenas de chinelo e bermuda, portando uma carteira de identidade e a quantia de R$ 50,00 (cinquenta) reais. Nada mais foi encontrado com Jairo, que negou a autoria do crime. Jairo foi preso em flagrante delito e lavrado o respectivo auto pelo Delegado de Polícia, cujo despacho que determinou o recolhimento à prisão do indiciado teve como fundamento a situação de quase flagrante, já que a diligência não havia sido encerrada e nem encerrado o Boletim de Ocorrência. Os policiais militares que efetuaram a perseguição reconheceram Jairo como o motorista que dirigia o carro roubado. O lesado (Luiz) também foi ouvido e reconheceu Jairo pessoalmente. A família de Jairo contratou você, como advogado(a), para participar da audiência de custódia na Comarca de Toledo e requerer a sua liberdade. Assinale a opção que indica o fundamento da sua manifestação nessa audiência para colocar Jairo em liberdade.

(A) A prisão de Jairo era ilegal, pois a perseguição, ainda que não cessada como constou do despacho da autoridade policial, exigia que o carro fosse apreendido para comprovar a materialidade do crime.

(B) A prisão de Jairo era ilegal, pois, ainda que fosse, inicialmente, uma situação de quase flagrante (ou flagrante impróprio), a perseguição foi encerrada em Toledo, tanto que os policiais militares se dirigiram à Delegacia de Polícia do município para confecção do Boletim de Ocorrência. Restava cessada a situação a caracterizar um flagrante delito. Posterior prisão cautelar somente caberia por ordem judicial.

(C) A prisão de Jairo era ilegal, pois o Código de Processo Penal somente autoriza a prisão em flagrante delito quando o agente está cometendo o crime, acaba de cometê-lo (flagrante real) ou é encontrado, logo depois, com instrumentos, armas, objetos ou papéis que façam presumir ser ele o autor da infração penal (flagrante presumido).

(D) A prisão de Jairo era ilegal, pois o Código de Processo Penal autoriza a prisão em flagrante delito quando o agente é perseguido, logo após, pela autoridade em situação que faça presumir ser autor da infração (quase flagrante), não podendo passar a perseguição de 24 (vinte e quatro) horas.

RESPOSTA De acordo com o art. 302 do CPP, considera-se em flagrante delito quem: "I – está cometendo a infração penal; II – acaba de cometê-la; III – é perseguido, logo após, pela autoridade, pelo ofendido ou por qualquer pessoa, em situação que faça presumir ser autor da infração; IV – é encontrado, logo depois, com instrumentos, armas, objetos ou papéis que façam presumir ser ele autor da infração". Ademais, a decretação de prisão preventiva ou temporária dependeria, de fato, de determinação judicial (CPP, art. 311 e Lei n. 7.960/90, art. 2º). *Alternativa B.*

71. (35º Exame) Rodrigo responde ação penal pela suposta prática do crime de venda irregular de arma de fogo de uso restrito, na condição de preso. O magistrado veio a tomar conhecimento de que Rodrigo seria pai de uma criança de 11 anos de idade e que seria o único responsável pelo menor, que, inclusive, foi encaminhado ao abrigo por não ter outros familiares ou pessoas amigas capazes de garantir seus cuidados. Com esse fundamento, substituiu, de ofício, a prisão preventiva por prisão domiciliar. Rodrigo, intimado

da decisão, entrou em contato com seu(sua) advogado(a) em busca de esclarecimentos sobre o cabimento da medida e suas consequências. A defesa técnica de Rodrigo deverá esclarecer que a concessão da prisão domiciliar foi

(A) adequada, e o tempo recolhido em casa justifica o reconhecimento de detração do período de cumprimento, que deverá ser observado na execução da pena, mas não no momento da fixação do regime inicial do cumprimento de pena.

(B) adequada, e o tempo recolhido em casa justifica o reconhecimento de detração do período de cumprimento, que poderá ser observado no momento da fixação do regime inicial de cumprimento de pena.

(C) inadequada, pois somente admitida para as mulheres que sejam mães de crianças menores de 12 anos.

(D) adequada, mas não justifica o reconhecimento de detração.

RESPOSTA A prisão domiciliar é admitida, nos termos do art. 318, VI, do CPP. Além disso, o tempo em que esteve recolhido em prisão cautelar deve, sim, ser considerado para fins de detração penal – inclusive, o tempo em prisão domiciliar –, nos termos do art. 42 do CP: "Computam-se, na pena privativa de liberdade e na medida de segurança, o tempo de prisão provisória, no Brasil ou no estrangeiro, o de prisão administrativa e o de internação em qualquer dos estabelecimentos referidos no artigo anterior". *Alternativa B.*

72. (XXXIV Exame) Ricardo, motorista profissional e legalizado para transporte escolar, conduzia seu veículo de trabalho por uma rua da Comarca de Celta (MS), sendo surpreendido com a travessia repentina de Igor que conduzia uma bicicleta, vindo com isso a atropelá-lo. Igor ficou caído no chão reclamando de muita dor no peito, não conseguindo levantar-se. Ricardo, diante das reclamações de dor da vítima, e com receio de agravar o seu estado de saúde, permaneceu no local e pediu ajuda ao Corpo de Bombeiros, ligando para o número 193. A polícia militar chegou, fez o teste em Ricardo para apurar a concentração de álcool por litro de sangue, sendo 0 (zero) o resultado de miligrama de álcool. Diante da situação de flagrância, Ricardo foi preso e, no dia seguinte, levado à audiência de custódia. Igor foi socorrido pelo Corpo de Bombeiros constatando-se no hospital, por exame de imagem, que a vítima havia fraturado 03 (três) costelas e o tornozelo direito, sendo operado com sucesso. Você, como advogado(a) de Ricardo, postularia

(A) concessão da liberdade provisória, sem fiança, diante da legalidade da prisão, por se tratar de in-

DIREITO PROCESSUAL PENAL

diciado primário e de bons antecedentes, além de ter prestado imediato e integral socorro à vítima.

(B) somente a imposição da medida cautelar diversa da prisão, consistente no comparecimento periódico em juízo, diante da legalidade da prisão e considerando que a custódia cautelar deve ser a última medida imposta diante do princípio da proporcionalidade.

(C) relaxamento da prisão de Ricardo por ser ilegal, haja vista que prestou imediato e integral socorro à vítima.

(D) concessão da liberdade provisória, mediante fiança, arbitrado o menor valor legal, diante da legalidade da prisão, por ser o indiciado primário e de bons antecedentes, bem como em razão da sua capacidade econômica.

RESPOSTA Embora atípica a conduta, visto que prestou imediato socorro à vítima, Ricardo foi preso em flagrante (CPP, art. 302). Portanto, trata-se de hipótese de relaxamento de prisão ilegal (CPP, art. 310, I). *Alternativa C.*

73. (XXXII Exame) Em 14-1-2021, Valentim, reincidente, foi denunciado como incurso nas sanções penais do Art. 14 da Lei n. 10.826/2003, cuja pena prevista é de reclusão, de 2 a 4 anos, narrando a denúncia que, em 10-1-2017, o denunciado portava, em via pública, arma de fogo de uso permitido. Após recebimento da denúncia e apresentação de resposta à acusação, o magistrado, verificando que a única outra anotação que constava da Folha de Antecedentes Criminais era referente a delito da mesma natureza, decretou, apesar da ausência de requerimento, a prisão preventiva do denunciado, destacando o risco de reiteração delitiva. Ao tomar conhecimento dos fatos, sob o ponto de vista técnico, a defesa de Valentim deverá argumentar que a prisão é inadequada porque

(A) não poderia ter sido decretada de ofício e pela ausência de contemporaneidade, apesar de a pena máxima, por si só, não impedir o decreto prisional na situação diante da reincidência.

(B) não poderia ter sido decretada de ofício, não havia contemporaneidade e porque, considerando a pena máxima, os pressupostos legais não estariam preenchidos.

(C) não haveria contemporaneidade, apesar da possibilidade de decretação de ofício pelo momento processual e com base na reincidência.

(D) não haveria contemporaneidade e considerando a pena máxima prevista para o delito, apesar de, pelo momento processual, ser possível a decretação de ofício.

RESPOSTA Desde a entrada em vigor do Pacote Anticrime (Lei n. 13.964/19), passou a ser vedada a conversão, de ofício, pelo juiz, da prisão em flagrante em prisão preventiva. Nesse sentido, STJ: "Após o advento da Lei n. 13.964/2019, não é possível a conversão ex officio da prisão em flagrante em preventiva, mesmo nas situações em que não ocorre audiência de custódia." (RHC 131.362/GO). *Alternativa A.*

74. (XXXI Exame) Durante escuta telefônica devidamente deferida para investigar organização criminosa destinada ao contrabando de armas, policiais obtiveram a informação de que Marcelo receberia, naquele dia, grande quantidade de armamento, que seria depois repassada a Daniel, chefe de sua facção. Diante dessa informação, os policiais se dirigiram até o local combinado. Após informarem o fato à autoridade policial, que o comunicou ao juízo competente, eles acompanharam o recebimento do armamento por Marcelo, optando por não o prender naquele momento, pois aguardariam que ele se encontrasse com o chefe da sua organização para, então, prendê-los. De posse do armamento, Marcelo se dirigiu ao encontro de Daniel e lhe repassou as armas contrabandeadas, quando, então, ambos foram surpreendidos e presos em flagrante pelos policiais que monitoravam a operação. Encaminhados para a Delegacia, os presos entraram em contato com um advogado para esclarecimentos sobre a validade das prisões ocorridas. Com base nos fatos acima narrados, o advogado deverá esclarecer aos seus clientes que a prisão em flagrante efetuada pelos policiais foi

(A) ilegal, por se tratar de flagrante esperado.

(B) legal, restando configurado o flagrante preparado.

(C) legal, tratando-se de flagrante retardado.

(D) ilegal, pois a conduta dos policiais dependeria de prévia autorização judicial.

RESPOSTA (A) Errada (art. 8º da Lei n. 12.850/2013 e Súmula 145 do STF). (B) Errada (art. 8º da Lei n. 12.850/2013 e Súmula 145 do STF). (C) Correta (art. 8º da Lei n. 12.850/2013 e Súmula 145 do STF). (D) Errada (art. 8º da Lei n. 12.850/2013 e Súmula 145 do STF). *Alternativa C.*

75. (XXVIII Exame) Adolfo e Arnaldo são irmãos e existe a informação de que estão envolvidos na prática de crimes. Durante investigação da suposta prática de crime de tráfico de drogas, foi deferida busca e apreensão na residência de Adolfo, em busca de instrumentos utilizados na prática delitiva. O oficial de justiça, com mandado regularmente expedido, compareceu à residência de Adolfo às 03.00h, por ter informações de que às 07.00h ele deixaria o local. Apesar da não autorização para ingresso na residência por parte do proprietário, ingressou no local para cumprimento do mandado de busca e apreensão, efetivamente apreendendo um caderno com anotações que indicavam a prática do crime investigado. Quando deixavam o local, os policiais e o oficial de justiça se depararam, na rua ao lado, com Arnaldo, sendo que imediatamente uma senhora o apontou como autor de um crime de roubo majorado pelo emprego de arma, que teria ocorrido momentos antes. Diante disso, os policiais realizaram busca pessoal em Arnaldo, localizando um celular, que era produto do crime de acordo com a vítima, razão pela qual efetuaram a apreensão desse bem. Ao tomar conhecimento dos fatos, a mãe de Adolfo e Arnaldo procurou você, como advogado(a), para a adoção das medidas cabíveis. Assinale a opção que apresenta, sob o ponto de vista técnico, a medida que você poderá adotar.

(A) Pleitear a invalidade da busca e apreensão residencial de Adolfo e a da busca e apreensão pessoal em Arnaldo.

(B) Pleitear a invalidade da busca e apreensão residencial de Adolfo, mas não a da busca e apreensão pessoal de Arnaldo.

(C) Não poderá pleitear a invalidade das buscas e apreensões.

(D) Pleitear a invalidade da busca e apreensão pessoal de Arnaldo, mas não a da busca e apreensão residencial de Adolfo.

RESPOSTA (A) Errada (art. 5º da CF e art. 245 do CPP). (B) Correta (art. 5º da CF e art. 245 do CPP). (C) Errada (art. 5º da CF e art. 245 do CPP). (D) Errada (art. 5º da CF e art. 245 do CPP). *Alternativa B.*

76. (XXVII Exame) Após ser instaurado inquérito policial para apurar a prática de um crime de lesão corporal culposa praticada na direção de veículo automotor (Art. 303 da Lei n. 9.503/97 – pena: detenção de seis meses a dois anos), foi identificado que o autor dos fatos seria Carlos, que, em sua Folha de Antecedentes Criminais, possuía três anotações referentes a condenações, com trânsito em julgado, pela prática da mesma infração penal, todas aptas a configurar reincidência quando da prática do delito ora investigado. Encaminhados os autos ao Ministério Público, foi oferecida denúncia em face de Carlos pelo crime antes investigado; diante da reincidência específica do denunciado civilmente identificado, foi requerida a decretação da prisão preventiva. Recebidos os autos, o juiz competente decretou a prisão preven-

tiva, reiterando a reincidência de Carlos e destacando que essa circunstância faria com que todos os requisitos legais estivessem preenchidos. Ao ser intimado da decisão, o(a) advogado(a) de Carlos deverá requerer

(A) a liberdade provisória dele, ainda que com aplicação das medidas cautelares alternativas.

(B) o relaxamento da prisão dele, tendo em vista que a prisão, em que pese ser legal, é desnecessária.

(C) a revogação da prisão dele, tendo em vista que, em que pese ser legal, é desnecessária.

(D) o relaxamento da prisão dele, pois ela é ilegal.

RESPOSTA (A) Errada (art. 301 do CTB, art. 5º, LXV, da CF e art. 310, I, do CPP). (B) Errada (art. 301 do CTB). (C) Errada (art. 301 do CTB, art. 5º, LXV, da CF e art. 310, I, do CPP). (D) Correta (art. 301 do CTB e art. 310, I, do CPP). *Alternativa D.*

77. (XXVI Exame) Durante as investigações de um crime de associação criminosa (Art. 288 do CP), a autoridade policial representa pela decretação da prisão temporária do indiciado Jorge, tendo em vista que a medida seria imprescindível para a continuidade das investigações. Os autos são encaminhados ao Ministério Público, que se manifesta favoravelmente à representação da autoridade policial, mas deixa de requerer expressamente, por conta própria, a decretação da prisão temporária. Por sua vez, o magistrado, ao receber o procedimento, decretou a prisão temporária pelo prazo de 10 dias, ressaltando que a lei admite a prorrogação do prazo de 05 dias por igual período. Fez o magistrado constar, ainda, que Jorge não poderia permanecer acautelado junto com outros detentos que estavam presos em razão de preventivas decretadas. Considerando apenas as informações narradas, o advogado de Jorge, ao ser constituído, deverá alegar que

(A) o prazo fixado para a prisão temporária de Jorge é ilegal.

(B) a decisão do magistrado de determinar que Jorge ficasse separado dos demais detentos é ilegal.

(C) a prisão temporária decretada é ilegal, tendo em vista que a associação criminosa não está prevista no rol dos crimes hediondos e nem naquele que admite a decretação dessa espécie de prisão.

(D) a decretação da prisão foi ilegal, pelo fato de ter sido decretada de ofício, já que não houve requerimento do Ministério Público.

RESPOSTA (A) Correta (art. 2º da Lei n. 7.960/89). (B) Errada (art. 3º da Lei n. 7.960/89). (C) Errada (art. 1º, III, da Lei n. 7.960/89). (D) Errada (art. 1º, *caput*, da Lei n. 7.960/89). *Alternativa A.*

DIREITO PROCESSUAL PENAL

78. **(XXV Exame)** No dia 15 de maio de 2017, Caio, pai de um adolescente de 14 anos, conduzia um veículo automotor, em via pública, às 14h, quando foi solicitada sua parada em uma blitz. Após consultar a placa do automóvel, os policiais constataram que o veículo era produto de crime de roubo ocorrido no dia 13 de maio de 2017, às 09h. Diante da suposta prática do crime de receptação, realizaram a prisão e encaminharam Caio para a Delegacia. Em sede policial, a vítima do crime de roubo foi convidada a comparecer e, em observância a todas as formalidades legais, reconheceu Caio como o autor do crime que sofrera. A autoridade policial lavrou auto de prisão em flagrante pelo crime de roubo em detrimento de receptação. O Ministério Público, em audiência de custódia, manifesta-se pela conversão da prisão em flagrante em preventiva, valorizando o fato de Caio ser reincidente, conforme confirmação constante de sua Folha de Antecedentes Criminais. Quando de sua manifestação, o advogado de Caio, sob o ponto de vista técnico, deverá requerer

(A) liberdade provisória, pois, apesar da prisão em flagrante ser legal, não estão presentes os pressupostos para prisão preventiva.

(B) relaxamento da prisão, em razão da ausência de situação de flagrante.

(C) revogação da prisão preventiva, pois a prisão em flagrante pelo crime de roubo foi ilegal.

(D) substituição da prisão preventiva por prisão domiciliar, pois Caio é responsável pelos cuidados de adolescente de 14 anos.

RESPOSTA (A) Errada (art. 302 do CPP). (B) Correta (art. 302 do CPP). (C) Errada (art. 312 do CPP). (D) Errada (art. 318 do CPP). *Alternativa B.*

79. **(XXIII Exame)** Douglas responde a ação penal, na condição de preso cautelar, pela prática do crime de furto qualificado, sendo ele triplamente reincidente específico. No curso do processo, foi constatado por peritos que Douglas seria semi-imputável e que haveria risco de reiteração. O magistrado em atuação, de ofício, revoga a prisão preventiva de Douglas, entendendo que não persistem os motivos que justificaram essa medida mais grave, aplicando, porém, a medida cautelar de internação provisória, com base no art. 319 do Código de Processo Penal. Diante da situação narrada, o advogado de Douglas poderá requerer o afastamento da cautelar aplicada, em razão

(A) da não previsão legal da cautelar de internação provisória, sendo certo que tais medidas estão sujeitas ao princípio da taxatividade.

(B) de somente ser cabível a cautelar quando os peritos concluírem pela inimputabilidade, mas não pela semi-imputabilidade.

(C) de o crime imputado não ter sido praticado com violência ou grave ameaça à pessoa.

(D) de não ser cabível, na hipótese, a aplicação de medida cautelar de ofício, sem requerimento pretérito do Ministério Público.

RESPOSTA (A) Errada (art. 319, VII, do CPP). (B) Errada (art. 319, VII, do CPP). (C) Correta (art. 319, VII, do CPP). (D) Errada (art. 319, VII, do CPP). *Alternativa C.*

80. **(XXI Exame)** Em uma mesma rua da cidade de Palmas, em dois imóveis diversos, moram Roberto e Mário. Roberto foi indiciado pela prática do crime de estelionato, razão pela qual o magistrado deferiu requerimento do Ministério Público de busca e apreensão de documentos em sua residência, sem estabelecer o horário em que deveria ser realizada. Diante da ordem judicial, a Polícia Civil compareceu à sua residência, às 04h da madrugada para cumprimento do mandado e ingressou no imóvel, sem autorização do indiciado, para cumprir a busca e apreensão. Após a diligência, quando deixavam o imóvel, policiais receberam informações concretas de popular, devidamente identificado, de que Mário guardava drogas para facção criminosa em seu imóvel e, para comprovar o alegado, o popular ainda apresentou fotografias. Diante disso, os policiais ingressaram na residência de Mário, sem autorização deste, onde, de fato, apreenderam 1 kg de droga. Sobre as diligências realizadas, com base na situação narrada, assinale a afirmativa correta.

(A) Nas residências de Roberto e Mário foram inválidas.

(B) Na residência de Roberto foi inválida, enquanto que, na residência de Mário, foi válida.

(C) Nas residências de Roberto e Mário foram válidas.

(D) Na residência de Roberto foi válida, enquanto que, na residência de Mário, foi inválida.

RESPOSTA (A) Errada (arts. 564, IV, e 245 do CPP e art. 5º, XI, da CF). (B) Correta (arts. 564, IV, e 245 do CPP e art. 5º, XI, da CF). (C) Errada (arts. 564, IV, e 245 do CPP e art. 5º, XI, da CF). (D) Errada (arts. 564, IV, e 245 do CPP e art. 5º, XI, da CF). *Alternativa B.*

81. **(XX Exame)** José Augusto foi preso em flagrante delito pela suposta prática do crime de receptação (Art. 180 do Código Penal – pena: 01 a 04 anos de reclusão e multa). Em que pese seja tecnicamente primário e de bons antecedentes e seja civilmente identificado, possui, em sua Folha de Antecedentes Criminais, duas anotações pela prática de crimes patrimoniais, sem que essas ações tenham resultados definitivos. Neste caso, de acordo com as previsões expressas do Código de Processo Penal, assinale a afirmativa correta.

(A) Estão preenchidos os requisitos para decretação da prisão preventiva, pois as ações penais em curso demonstram a existência de risco para a ordem pública.

(B) A autoridade policial não poderá arbitrar fiança neste caso, ficando tal medida de responsabilidade do magistrado.

(C) Antes de decidir pela liberdade provisória ou conversão em preventiva, poderá a prisão em flagrante do acusado perdurar pelo prazo de 10 dias úteis, ou seja, até o oferecimento da denúncia.

(D) O juiz não poderá converter a prisão em flagrante em preventiva, mas poderá aplicar as demais medidas cautelares.

RESPOSTA (A) Errada (art. 322 do CPP). (B) Errada (art. 322 do CPP). (C) Errada (art. 322 do CPP). (D) Correta (art. 322 do CPP). *Alternativa D.*

IX. CITAÇÕES E INTIMAÇÕES

82. (38º Exame) Luciane ajuizou na Vara Criminal da Comarca de Romã (ES) uma ação penal privada contra Jorge (guarda municipal daquele município) por crime de injúria (art. 140, *caput*, do CP). Antes de oferecer a queixa-crime, Luciane propôs uma ação cível de indenização contra Jorge e não conseguiu citá-lo pessoalmente em sua residência, sita no próprio Município de Romã (ES), tendo em vista que o oficial de justiça certificou que esteve em duas oportunidades na casa de Jorge e não o localizou. Luciane foi informada por vizinhos que Jorge estava temporariamente residindo com sua mãe na cidade vizinha de Oeiras (ES), onde ela já havia passado um final de semana. Em se tratando de infração penal de menor potencial ofensivo, você, como advogado(a) da querelante, deverá, na ação penal privada, requerer a citação de Jorge

(A) por intermédio do seu chefe de serviço, em razão de Jorge ser guarda municipal, expedindo-se ofício ao comandante da Guarda Municipal.

(B) por hora certa, haja vista que Jorge estava se ocultando para não ser encontrado.

(C) por carta precatória, visto que Jorge está residindo temporariamente fora da jurisdição do juiz processante, considerando que a querelante tinha conhecimento do endereço da mãe do querelado na Comarca de Oeiras (ES).

(D) por correspondência com aviso de recebimento em mão própria, considerando que a querelante

tinha conhecimento do endereço da mãe do querelado na Comarca de Oeiras (ES).

RESPOSTA Considerando que Jorge está residindo em local diverso da jurisdição do juízo processante, deverá ser citado por carta precatória, com fundamento no art. 353 do CPP: "Art. 353. Quando o réu estiver fora do território da jurisdição do juiz processante, será citado mediante precatória". Importante mencionar, que, Jorge, apesar de ser guarda municipal, *não poderá ser citado por intermédio do seu chefe de serviço*, pois tal possibilidade se aplica exclusivamente aos militares. Nesse sentido, o art. 358 do CPP: "Art. 358. A citação do militar far-se-á por intermédio do chefe do respectivo serviço". Também *não é o caso de citação por hora certa*, pois esta depende da verificação de ocultação do réu para frustrar a citação, o que não ficou claro que ocorreu na situação narrada no enunciado da questão. Segundo o art. 362 do CPP: "Art. 362. Verificando que *o réu se oculta para não ser citado*, o oficial de justiça certificará a ocorrência e procederá à citação com hora certa, na forma estabelecida nos arts. 227 a 229 da Lei n. 5.869, de 11 de janeiro de 1973, Código de Processo Civil. *Alternativa C.*

83. (35º Exame) Joel está sendo processado por crime de estelionato na Vara Criminal da Comarca de Estoril. Na peça de resposta à acusação, o Dr. Roberto, advogado de Joel, arrolou 03 (três) testemunhas. Dentre elas, estava Olinto Silva, residente na Comarca de Vieiras. O juízo da Vara Criminal da Comarca de Estoril determinou a expedição de carta precatória ao juízo da Vara Criminal da Comarca de Vieiras com a finalidade de ser ouvido Olinto Silva, notificando o Promotor de Justiça e o Defensor Público. Na Vara Criminal da Comarca de Vieiras, o juiz designou a audiência para oitiva de Olinto Silva, notificando somente o Ministério Público, não obstante haver Defensor Público na comarca. Realizada a oitiva de Olinto Silva, a deprecata foi devolvida ao Juízo da Vara Criminal da Comarca de Estoril. Recebida a carta precatória, o Dr. Roberto tomou ciência do seu cumprimento. Assinale a opção que apresenta a providência que o advogado de Joel deve tomar em sua defesa.

(A) Requerer ao Juízo da Vara Criminal da Comarca de Estoril a declaração de nulidade da audiência de oitiva de Olinto Silva, que se deu na Vara Criminal da Comarca de Vieiras, por ter sido realizado aquele ato processual sem a intimação do Defensor Público.

(B) Requerer ao Juízo da Vara Criminal da Comarca de Vieiras a declaração de nulidade da audiência de oitiva de Olinto Silva, em razão de ter ocorri-

DIREITO PROCESSUAL PENAL

do aquele ato processual sem que tenha sido intimado como advogado de Joel.

(C) Requerer ao Juízo da Vara Criminal da Comarca de Vieiras a declaração de nulidade da audiência de oitiva de Olinto Silva, em razão de ter ocorrido aquele ato processual sem que tenha sido intimado o Defensor Público.

(D) Requerer ao Juízo da Vara Criminal da Comarca de Estoril a declaração de nulidade do processo a partir da expedição da carta precatória ao Juízo da Vara Criminal da Comarca de Vieiras, como também a dos atos que dela diretamente dependessem ou fossem consequência, haja vista que, como advogado de Joel, não foi intimado da remessa da referida carta ao juízo deprecado.

RESPOSTA A resposta pode ser extraída da literalidade do art. 222 do CPP: "A testemunha que morar fora da jurisdição do juiz será inquirida pelo juiz do lugar de sua residência, expedindo-se, para esse fim, carta precatória, com prazo razoável, intimadas as partes". *Alternativa D.*

84.

(XXXIV Exame) José, primário e de bons antecedentes, foi denunciado pela prática do crime de receptação simples (pena: 01 a 04 anos de reclusão e multa). Após ser certificado que o denunciado estava em local incerto e não sabido, foi publicado edital com objetivo de citá-lo. Mesmo após passado o prazo do edital, José não compareceu em juízo nem constituiu advogado. O magistrado, informado sobre o fato, determinou a suspensão do processo e do curso do prazo prescricional. Na mesma decisão, decretou a prisão preventiva de José, exatamente por ele não ter sido localizado para citação, além da produção de duas provas, antecipadamente: oitiva de Maria, senhora de 90 anos de idade, que se encontrava internada e com risco de falecer, e da vítima, Bruno, jovem de 22 anos, sob o fundamento de que o decurso do tempo poderia prejudicar essa oitiva e gerar esquecimento. José, dez dias após a decisão, veio a tomar conhecimento dos fatos e entrou em contato com seu advogado. Considerando apenas as informações expostas, o advogado de José deverá buscar o reconhecimento de que

(A) a suspensão do processo após citação por edital foi legal, mas não a suspensão do prazo prescricional, já que o magistrado determinou a produção antecipada de provas.

(B) o magistrado poderia ter determinado a produção antecipada de provas em relação à Maria, mas não em relação à oitiva de Bruno, sendo, ainda, inadequada a decretação da prisão preventiva.

(C) a prisão foi decretada de maneira inadequada, mas a determinação da oitiva de Maria e de Bruno de maneira antecipada foi correta.

(D) não poderiam ser produzidas quaisquer provas antecipadas, já que o processo encontrava-se suspenso, apesar de legal a decretação da prisão preventiva.

RESPOSTA (A) e (D) Erradas. Art. 366 do CPP: "Se o acusado, citado por edital, não comparecer, nem constituir advogado, ficarão suspensos o processo e o curso do prazo prescricional, podendo o juiz determinar a produção antecipada das provas consideradas urgentes e, se for o caso, decretar prisão preventiva, nos termos do disposto no art. 312". (C) Errada. Art. 225 do CPP: "Se qualquer testemunha houver de ausentar-se, ou, por enfermidade ou por velhice, inspirar receio de que ao tempo da instrução criminal já não exista, o juiz poderá, de ofício ou a requerimento de qualquer das partes, tomar-lhe antecipadamente o depoimento". (B) Correta. A resposta pode ser extraída da Súmula 455 do STJ: "A decisão que determina a produção antecipada de provas com base no artigo 366 do CPP deve ser concretamente fundamentada, não a justificando unicamente o mero decurso do tempo". *Alternativa B.*

85.

(XXX Exame) Rogério foi denunciado pela prática de um crime de homicídio qualificado por fatos que teriam ocorrido em 2017. Após regular citação e apresentação de resposta à acusação, Rogério decide não comparecer aos atos do processo, apesar de regularmente intimado, razão pela qual foi decretada sua revelia. Em audiência realizada na primeira fase do procedimento do Tribunal do Júri, sem a presença de Rogério, mas tão só de sua defesa técnica, foi proferida decisão de pronúncia. Rogério mudou-se e não informou ao juízo o novo endereço, não sendo localizado para ser pessoalmente intimado dessa decisão, ocorrendo, então, a intimação por edital. Posteriormente, a ação penal teve regular prosseguimento, sem a participação do acusado, sendo designada data para realização da sessão plenária. Ao tomar conhecimento desse fato por terceiros, Rogério procura seu advogado para esclarecimentos, informando não ter interesse em comparecer à sessão plenária. Com base apenas nas informações narradas, o advogado de Rogério deverá esclarecer que

(A) o processo e o curso do prazo prescricional, diante da intimação por edital, deveriam ficar suspensos.

(B) a intimação da decisão de pronúncia por edital não é admitida pelo Código de Processo Penal.

(C) o julgamento em sessão plenária do Tribunal do Júri, na hipótese, poderá ocorrer mesmo sem a presença do réu.

(D) a revelia gerou presunção de veracidade dos fatos e a intimação foi válida, mas a presença do réu é indispensável para a realização da sessão plenária do Tribunal do Júri.

RESPOSTA (A) Errada (arts. 367 e 457 do CPP). (B) Errada (arts. 367 e 457 do CPP). (C) Correta (arts. 367 e 457 do CPP). (D) Errada (arts. 367 e 457 do CPP). *Alternativa C.*

86. (XXI Exame) Marlon, Wellington e Vitor foram denunciados pela prática de um crime de lesão corporal dolosa gravíssima em concurso de agentes. Após o recebimento da denúncia, o oficial de justiça compareceu ao endereço indicado no processo como sendo de residência de Marlon, mas não o encontrou, tendo em vista que estava preso, naquela mesma unidade da Federação, por decisão oriunda de outro processo. Marlon, então, foi citado por edital. Wellington, por sua vez, estava em local incerto e não sabido, sendo também citado por edital. Em relação a Vitor, o oficial de justiça foi à sua residência em quatro oportunidades, constatando que ele, de fato, residia no local, mas que estava se ocultando para não ser citado. Após certificar-se de tal fato, foi realizada a citação de Vitor com hora certa. Considerando a hipótese narrada, o(a) advogado(a) dos acusados deverá alegar ter sido inválida a citação de

(A) Marlon, apenas.
(B) Marlon e Vitor, apenas.
(C) Vitor, apenas.
(D) Marlon, Wellington e Vitor.

RESPOSTA (A) Correta (art. 360 do CPP). (B) Errada (arts. 360 e 362 do CPP). (C) Errada (art. 362 do CPP). (D) Errada (art. 361 do CPP). *Alternativa A.*

87. (XX Exame – Reaplicação) O Ministério Público ofereceu denúncia em face de Matheus, não plenamente identificado, a partir de inquérito policial que apurava a prática de crime de estupro. O endereço constante do inquérito foi diligenciado para citação do réu, mas foi informado que este estava em local incerto e não sabido. Diante disso, foi publicado edital para sua citação. Considerando apenas as informações narradas, assinale a afirmativa correta.

(A) É válido o edital que identifica o réu por suas características, ainda que desconhecida sua qualificação completa.

(B) O réu que, citado por edital, não comparecer nem constituir advogado poderá ter seu processo e o curso do prazo prescricional suspensos por tempo indefinido.

(C) Ainda que Matheus esteja preso na mesma unidade da Federação em que foi oferecida a denúncia, a citação por edital será válida.

(D) Não existe citação por hora certa no âmbito do Processo Penal brasileiro.

RESPOSTA (A) Correta (art. 361 do CPP). (B) Errada (art. 366 do CPP e Súmula 415 do STJ). (C) Errada (art. 360 do CPP). (D) Errada (art. 362 do CPP). *Alternativa A.*

X. SENTENÇA

88. (35º Exame) Caio, primário e de bons antecedentes, sem envolvimento pretérito com o aparato policial ou judicial, foi denunciado pela suposta prática do crime de tráfico de drogas. Em sua entrevista particular com seu advogado, esclareceu que, de fato, estaria com as drogas, mas que as mesmas seriam destinadas ao seu próprio uso. Indagou, então, à sua defesa técnica sobre as consequências que poderiam advir do acolhimento pelo magistrado de sua versão a ser apresentada em interrogatório. Considerando apenas as informações expostas, o(a) advogado(a) deverá esclarecer ao seu cliente que, caso o magistrado entenda que as drogas seriam destinadas apenas ao uso de Caio, deverá o julgador

(A) condenar o réu, de imediato, pelo crime de porte de drogas para consumo próprio, aplicando o instituto da mutatio libelli.

(B) condenar o réu, de imediato, pelo crime de porte de drogas para consumo próprio, aplicando o instituto da *emendatio libelli.*

(C) reconhecer que não foi praticado o crime de tráfico de drogas e encaminhar os autos ao Ministério Público para analisar eventual proposta de transação penal.

(D) reconhecer que não foi praticado o crime de tráfico de drogas e encaminhar os autos ao Ministério Público para analisar proposta de suspensão condicional do processo, mas não transação penal, diante do procedimento especial previsto na Lei de Drogas.

RESPOSTA Não haveria problema em condenar o réu por crime diverso daquele trazido na denúncia, desde que os fatos estejam nela descritos (*emendatio libelli* – art. 383 do CPP). Também seria possível o aditamento da inicial, se surgissem fatos novos (*mutatio libelli* – art. 384 do CPP). Todavia, o crime do art. 28 da Lei n. 11.343/2006 é compatível com a transação penal (Lei n. 9.099/95, art. 76). Por isso, ocorrida a des-

DIREITO PROCESSUAL PENAL

classificação descrita no enunciado, teria de ser dada oportunidade para o oferecimento do benefício ao réu, em observância ao art. 48, § 1º, da Lei n. 11.343/2006. *Alternativa C.*

89.
(XXVII Exame) No âmbito de ação penal, foi proferida sentença condenatória em desfavor de Bernardo pela suposta prática de crime de uso de documento público falso, sendo aplicada pena privativa de liberdade de cinco anos. Durante toda a instrução, o réu foi assistido pela Defensoria Pública e respondeu ao processo em liberdade. Ocorre que Bernardo não foi localizado para ser intimado da sentença, tendo o oficial de justiça certificado que compareceu em todos os endereços identificados. Diante disso, foi publicado edital de intimação da sentença, com prazo de 90 dias. Bernardo, ao tomar conhecimento da intimação por edital 89 dias após sua publicação, descobre que a Defensoria se manteve inerte, razão pela qual procura, de imediato, um advogado para defender seus interesses, assegurando ser inocente. Considerando apenas as informações narradas, o(a) advogado(a) deverá esclarecer que

(A) houve preclusão do direito de recurso, tendo em vista que a Defensoria Pública se manteve inerte.

(B) foi ultrapassado o prazo recursal de cinco dias, mas poderá ser apresentada revisão criminal.

(C) é possível a apresentação de recurso de apelação, pois o prazo de cinco dias para interposição de apelação pelo acusado ainda não transcorreu.

(D) é possível apresentar medida para desconstituir a sentença publicada, tendo em vista não ser possível a intimação do réu sobre o teor de sentença condenatória por meio de edital.

RESPOSTA Alternativa C correta e erradas as alternativas A, B e D, pelo mesmo fundamento: o art. 392, VI, do CPP. *Alternativa C.*

XI. PROCEDIMENTOS

90.
(41º Exame) Ana Rosa foi denunciada perante o Tribunal do Júri pela prática de homicídio duplamente qualificado, por ter sido praticado mediante tortura e em razão da idade da vítima, Inocêncio, criança de 8 anos de idade, ambas as qualificadoras devidamente sustentadas no plenário pela acusação. O Conselho de Sentença respondeu afirmativamente aos quesitos de autoria e materialidade, e negativamente ao quesito de clemência, reconhecendo, ainda, as duas qualificadoras. Na sentença, o Juiz Presidente utilizou a qualificadora sobejante como agravante genérica. Foi

interposta apelação defensiva, com base na alegação de decisão contrária à decisão dos jurados e injustiça na aplicação da pena. Ao final da fundamentação, formulou os seguintes requerimentos: o afastamento da qualificadora da tortura, a inadmissibilidade de reconhecimento de agravantes, de ofício, pelo Juiz Presidente, e a absolvição da ré por ausência de provas. Como advogado(a) de Geminiana, mãe da vítima, prévia e regularmente admitida como assistente de acusação, intimada a se manifestar em contrarrazões, é pertinente alegar

(A) o não cabimento de apelação em face da sentença proferida pelo Juiz Presidente do Tribunal do Júri.

(B) a existência de prova suficiente de autoria.

(C) a inviabilidade de o Tribunal afastar a qualificadora quesitada ao Conselho de Sentença.

(D) a admissibilidade do reconhecimento de agravantes pelo Juiz Presidente, ainda que nenhuma delas tenha sido alegada em plenário.

RESPOSTA O Tribunal não pode afastar a qualificadora reconhecida pelos jurados, pois a soberania dos veredictos do Tribunal do Júri está assegurada pela Constituição Federal (art. 5º, XXXVIII, c). A decisão dos jurados não pode ser revista pelo Tribunal nesse aspecto. *Alternativa C.*

91.
(40º Exame) Roberto Jorge, após regular pronúncia, foi levado a Júri, ocasião em que foi mantido algemado durante toda a sessão de julgamento, com a justificativa de ser pessoa de índole perigosa, já que responde à acusação por crime doloso contra a vida. A defesa técnica impugnou, sem sucesso, a determinação do Juízo. O Ministério Público, em plenário, postulou a condenação do acusado, asseverando que sua periculosidade fica comprovada pela necessidade do uso de algemas durante o julgamento. Roberto Jorge foi condenado pelo Conselho de Sentença, tendo sido aplicada pena privativa de liberdade de 15 (quinze) anos de reclusão. Você, como advogado(a) de Roberto Jorge, interpôs apelação criminal. Assinale a afirmativa que apresenta, corretamente, o objetivo da sua demanda.

(A) Postular a reforma da sentença, com a absolvição do acusado, pois este foi prejudicado no julgamento em razão do uso arbitrário de algemas.

(B) Arguir a nulidade posterior à pronúncia, em razão da manutenção do réu algemado, sem necessidade concreta, e da referência a este fato pelo órgão do Ministério Público.

(C) Arguir a nulidade da sessão de julgamento, em razão da manutenção do réu algemado; a manifestação do Ministério Público, contudo, não é vedada pela lei processual.

(D) Postular a redução das penas aplicadas pelo Juiz-Presidente, pois o uso de algemas e sua menção como argumento de autoridade não caracterizam nenhuma nulidade.

RESPOSTA De acordo com os arts. 473, § 3º, e 478, II, do CPP. Neste sentido, observe o STJ, que aliás, vem determinando a anulação de júris por uso indevido de algema em réu durante julgamento (HC 91.952, rel. min. Marco Aurélio, j. 7-8-2008, P, *DJE* de 19-12-2008.). *Alternativa B.*

92. (36º Exame) Maria foi brutalmente assassinada em sua própria casa por seu vizinho, Antônio, que morava em frente à sua casa. Em julgamento no Tribunal do Júri, o juiz presidente, ao formar o Conselho de Sentença, iniciou os sorteios de costume. Dentre os voluntários para a formação dos jurados, estavam vários outros vizinhos, inclusive o próprio filho de Maria, todos revoltados clamando por justiça e pela condenação de Antônio. Assim, segundo o Código do Processo Penal, com relação à composição do Tribunal do Júri, assinale a afirmativa correta.

(A) As hipóteses de impedimento e suspeição não se aplicam aos jurados, de forma que os vizinhos e o filho da vítima podem compor o Conselho de Sentença.

(B) A suspeição dos vizinhos deve ser arguida por petição dirigida ao Tribunal de Justiça, ao passo que o impedimento do filho da vítima deve ser reconhecido de ofício pelo Juiz togado.

(C) A suspeição e o impedimento do filho e dos vizinhos devem ser alegados pela parte que aproveita, sendo incabível ao Juiz dela conhecer de ofício.

(D) A suspeição dos jurados deve ser arguida oralmente ao Juiz Presidente do Tribunal do Júri.

RESPOSTA A) Errada. Art. 448, § 2º, do CPP: "Aplicar-se-á aos jurados o disposto sobre os impedimentos, a suspeição e as incompatibilidades dos juízes togados"; B e C) Erradas. Não existe previsão legal nesse sentido; D) Correta. Art. 106 do CPP: "A suspeição dos jurados deverá ser arguida oralmente, decidindo de plano do presidente do Tribunal do Júri, que a rejeitará se, negada pelo recusado, não for imediatamente comprovada, o que tudo constará da ata". *Alternativa D.*

93. (XXXIV Exame) Ao término da instrução criminal no processo em que Irineu foi denunciado pelo crime de homicídio doloso consumado que vitimou Alberto, o advogado de Irineu teve a palavra em audiência para fazer suas alegações

finais (juízo de admissibilidade da acusação). No curso do inquérito policial o Delegado de Polícia representou ao juízo competente pelo incidente de insanidade mental, cujo laudo afirmou que, na data em que o crime foi praticado, Irineu era inteiramente incapaz de entender o caráter ilícito do fato. Ouvidas as testemunhas arroladas na denúncia, Roberta, cliente que estava no bar em que aconteceu o crime, declarou que Irineu tinha traços semelhantes àqueles da pessoa que efetuou o disparo de arma de fogo, mas não poderia afirmar com certeza a autoria. No mesmo sentido foi o depoimento de Laércio, que era garçom daquele estabelecimento comercial. Rui, que estava no caixa do bar, e Ana, a gerente, disseram não ter condições de reconhecer o réu. Irineu sempre negou a autoria do homicídio. Você, como advogado(a) de defesa de Irineu, em alegações finais, deve sustentar a tese de

(A) nulidade do processo desde a decisão que determinou o exame de insanidade mental, pois o Delegado de Polícia não poderia representar pelo incidente de insanidade mental, por não ter qualidade de parte.

(B) absolvição sumária, em razão do laudo do exame de insanidade mental ter afirmado que Irineu era absolutamente incapaz, por doença mental, sem condições, à época, de entender o caráter ilícito do fato.

(C) impronúncia de Irineu, posto que a prova testemunhal não revelou a existência de indícios suficientes de autoria.

(D) despronúncia, em razão das declarações de Rui e Ana, que não reconheceram Irineu como autor do disparo de arma de fogo.

RESPOSTA De acordo com o art. 414 do CPP, o juiz, não se convencendo da existência de indícios suficientes de autoria ou de participação, fundamentadamente, impronunciará o acusado. Duas testemunhas, Ana e Rui, disseram não poder reconhecer o réu como autor do delito. Contudo, Roberta e Laércio, que também presenciaram os fatos, disseram que o réu "tinha traços semelhantes àqueles da pessoa que efetuou o disparo de arma de fogo". Vale lembrar que, na primeira fase do rito do Júri, prevalece o princípio do *jus accusationis*, consubstanciado no brocardo *in dubio pro societate*. Por isso, é pouco provável a impronúncia quando duas das testemunhas percebem semelhança física entre o réu e quem praticou o delito. Na dúvida, o réu tinha de ser pronunciado e, em plenário, o advogado poderia convencer os jurados da negativa de autoria. De qualquer forma, a banca manteve a resposta após os recursos. *Alternativa C.*

94. (XXXIV Exame) Matheus está sendo investigado por suposta prática de crime de

DIREITO PROCESSUAL PENAL

uso de documento público falso. Após representação da autoridade policial, o juiz deferiu que fosse realizada busca e apreensão na residência do investigado. Realizadas diversas diligências e concluído o procedimento investigatório, os autos foram encaminhados ao Ministério Público, ocasião em que Lúcia, promotora de justiça junto à 5ª Vara Criminal daquela mesma comarca, ofereceu denúncia imputando a Matheus a prática do crime do Art. 304 (uso de documento falso) do Código Penal. O magistrado recebeu a denúncia oferecida, e a defesa técnica de Matheus foi intimada, após citação, para a adoção das medidas cabíveis. Ocorre que o advogado de Matheus veio a tomar conhecimento que o denunciado devia R$ 2.000,00 (dois mil reais) a Lúcia, pois, em momento anterior, não havia prestado um serviço contratado e pago pela promotora de justiça. Considerando as informações narradas e de acordo com as previsões do Código de Processo Penal, o advogado de Matheus poderá

(A) apresentar resposta à acusação, mas não exceção, tendo em vista que as causas de suspeição e impedimento do magistrado não são aplicáveis aos membros do Ministério Público.

(B) opor exceção de ilegitimidade da parte, diante da constatação de causa de impedimento do membro do Ministério Público que ofereceu denúncia.

(C) opor exceção de suspeição, diante da causa de impedimento do membro do Ministério Público que ofereceu a denúncia.

(D) opor exceção de suspeição, diante da constatação de causa de suspeição do membro do Ministério Público que ofereceu a denúncia.

RESPOSTA (A) Errada. Art. 258 do CPP: "Os órgãos do Ministério Público não funcionarão nos processos em que o juiz ou qualquer das partes for seu cônjuge, ou parente, consanguíneos ou afim, em linha reta ou colateral, até o terceiro grau, inclusive, e a eles se estendem, no que lhes for aplicável, as prescrições relativas à suspeição e aos impedimentos dos juízes". (B)e (C) Erradas. Veja a explicação em relação à alternativa correta. (D) Correta. A suspeição deve ser sustentada em exceção, e não no corpo da resposta à acusação (CPP, art. 396-A, § 1º). *Alternativa D.*

95. (XXXIII Exame) Bartolomeu foi denunciado e pronunciado pela suposta prática de um crime de homicídio qualificado. No dia da sessão plenária do Tribunal do Júri, no momento dos debates orais, o Promotor de Justiça iniciou sua fala lendo o teor da denúncia para que os jurados tivessem conhecimento sobre os fatos imputados. Após, afirmou que estaria presente a prova da ma-

terialidade e de autoria, passando a ler a decisão de pronúncia e destacar que esta demonstraria a veracidade do que assegurava sobre a prova da prática do crime por Bartolomeu. Por fim, o Parquet leu reportagem jornalística que apontava Bartolomeu como possível autor do homicídio, sendo certo que tal documentação foi acostada ao procedimento sete dias antes da sessão plenária, tendo a defesa acesso à mesma quatro dias úteis antes do julgamento. Em sua fala, a defesa técnica de Bartolomeu pugnou pela absolvição, negando a autoria, e consignou em ata seu inconformismo com a leitura da denúncia, a menção à pronúncia e a leitura da reportagem jornalística. O réu foi condenado. Considerando as informações narradas, com base nas previsões legais e sob o ponto de vista técnico, no momento de apresentar recurso de apelação, o(a) advogado(a) de Bartolomeu poderá alegar a existência de nulidade, em razão

(A) da leitura da denúncia, da menção à pronúncia e leitura da reportagem jornalística.

(B) da menção à pronúncia e leitura da reportagem jornalística, apenas.

(C) da leitura da reportagem jornalística, apenas.

(D) da menção à pronúncia, apenas.

RESPOSTA O art. 478, I, do CPP afirma que, durante os debates, as partes não poderão, sob pena de nulidade, fazer referências à decisão de pronúncia ou às decisões posteriores que julgaram admissível a acusação como argumento de autoridade para beneficiar ou prejudicar o acusado. Isso não significa, contudo, que qualquer referência ou leitura da decisão acarretará, obrigatoriamente, a nulidade do julgamento. *Alternativa D.*

96. (XXXI Exame) Durante longa investigação, o Ministério Público identificou que determinado senador seria autor de um crime de concussão no exercício do mandato, que teria sido praticado após sua diplomação. Com o indiciamento, o senador foi intimado a, se fosse de sua vontade, prestar esclarecimentos sobre os fatos no procedimento investigatório. Preocupado com as consequências, o senador procurou seu advogado para esclarecimentos. Considerando apenas as informações narradas e com base nas previsões constitucionais, o advogado deverá esclarecer que

(A) o Ministério Público não poderá oferecer denúncia em face do senador sem autorização da Casa Legislativa, pois a Constituição prevê imunidade de natureza formal aos parlamentares.

(B) a denúncia poderá ser oferecida e recebida, assim como a ação penal ter regular prosseguimento, independentemente de autorização da Casa Legislativa, que não poderá determinar a suspensão do processo, considerando que o crime imputado é comum, e não de responsabilidade.

(C) a denúncia não poderá ser recebida pelo Poder Judiciário sem autorização da Casa Legislativa, em razão da imunidade material prevista na Constituição, apesar de poder ser oferecida pelo Ministério Público independentemente de tal autorização.

(D) a denúncia poderá ser oferecida e recebida independentemente de autorização parlamentar, mas deverá ser dada ciência à Casa Legislativa respectiva, que poderá, seguidas as exigências, até a decisão final, sustar o andamento da ação.

RESPOSTA (A) Errada (arts. 51 e 53 da CF). (B) Errada (arts. 51 e 53 da CF). (C) Errada (arts. 51 e 53 da CF). (D) Correta (arts. 51 e 53 da CF). *Alternativa D.*

97. **(XXIII Exame)** Mateus foi denunciado pela prática de um crime de homicídio qualificado, sendo narrado na denúncia que a motivação do crime seria guerra entre facções do tráfico. Cinco dias antes do julgamento em plenário, o Ministério Público junta ao processo a Folha de Antecedentes Criminais (FAC) do acusado, conforme requerido quando da manifestação em diligências, em que, de fato, constavam anotações referentes a processos pela prática do crime da Lei de Drogas. Apenas três dias úteis antes do julgamento, a defesa de Mateus vem a tomar conhecimento da juntada da FAC. No dia do julgamento, após a manifestação oral da defesa em plenário, indagado pelo juiz presidente sobre o interesse em se manifestar em réplica, o promotor de justiça afirma negativamente, reiterando aos jurados que as provas estão muito claras e que o réu deve ser condenado, não havendo necessidade de maiores explanações. Posteriormente, o juiz presidente nega à defesa o direito de tréplica. Mateus é condenado. Diante da situação narrada, o(a) advogado(a) de Mateus, em sede de apelação, deverá buscar

(A) a nulidade do julgamento, pois foi juntada documentação sem a antecedência necessária exigida pela lei.

(B) o afastamento da qualificadora pelo Tribunal, pois foi juntada documentação que influenciou seu reconhecimento sem a antecedência necessária exigida pela lei.

(C) a nulidade do julgamento, pois o direito de tréplica da defesa independe da réplica do Ministério Público.

(D) a nulidade do julgamento, pois houve réplica por parte do Ministério Público, de modo que deveria ser deferido à defesa o direito de tréplica.

RESPOSTA (A) Errada (art. 479 do CPP). (B) Errada (art. 479 do CPP). (C) Errada (art. 476 do CPP). (D) Correta (art. 476 do CPP). *Alternativa D.*

98. **(XXI Exame)** Victória e Bernadete entram em luta corporal em razão da disputa por um namorado, vindo Victória a desferir uma facada no pé da rival, que sofreu lesões graves. Bernadete compareceu em sede policial, narrou o ocorrido e disse ter intenção de ver a agente responsabilizada criminalmente. Em razão dos fatos, Victória é denunciada e pronunciada pela prática do crime de tentativa de homicídio. Em sessão plenária do Tribunal do Júri, os jurados entendem, no momento de responder aos quesitos, que Victória foi autora da facada, mas que não houve dolo de matar. Diante da desclassificação, será competente para julgamento do crime residual, bem como da avaliação do cabimento dos institutos despenalizadores,

(A) o Juiz Presidente do Tribunal do Júri.

(B) o corpo de jurados, que decidiu pela desclassificação.

(C) o Juiz Criminal da Comarca, a partir de livre distribuição.

(D) o Juiz em atuação perante o Juizado Especial Criminal da Comarca em que ocorreram os fatos.

RESPOSTA (A) Correta (art. 492 do CPP). (B) Errada (art. 492 do CPP). (C) Errada (art. 492 do CPP). (D) Errada (art. 492 do CPP). *Alternativa A.*

99. **(XX Exame)** Guilherme foi denunciado pela prática de um crime de lesão corporal seguida de morte. Após o recebimento da denúncia, Guilherme é devidamente citado. Em conversa com sua defesa técnica, Guilherme apresenta prova inequívoca de que agiu em estado de necessidade. Diante da situação narrada, o advogado de Guilherme, em resposta à acusação, deverá requerer a

(A) rejeição de denúncia, que fará coisa julgada material.

(B) absolvição sumária do réu, que fará coisa julgada material.

(C) absolvição imprópria do réu, que fará coisa julgada material.

(D) impronúncia do acusado, que não faz coisa julgada material.

RESPOSTA (A) Errada (art. 395 do CPP). (B) Correta (art. 397 do CPP). (C) Errada (art. 397 do CPP). (D) Errada (art. 414 do CPP). *Alternativa B.*

100. **(XX Exame – Reaplicação)** André foi denunciado pela prática de um crime de homicídio doloso consumado contra sua ex-esposa Lívia, famosa na cidade de Maricá, Rio de Janeiro, pela contribuição em serviços sociais com crianças humildes. A população local ficou revoltada com o fato, razão pela qual o magistrado avaliou que os jurados não teriam isenção suficiente para o julgamento. Diante da situação narrada, é correto afirmar que:

(A) o acusado poderá requerer o desaforamento, sendo tal requerimento decidido pelo magistrado de primeira instância.

(B) o magistrado poderá representar pelo desaforamento, sendo que a decisão sobre o mesmo independerá de manifestação prévia da defesa.

(C) o acusado poderá requerer o declínio de competência, de modo que todos os atos processuais passarão a ser realizados pelo juízo da comarca mais próxima.

(D) o magistrado poderá representar pelo desaforamento e, sendo os motivos relevantes, o órgão competente poderá, fundamentadamente, determinar a suspensão do julgamento pelo júri.

RESPOSTA (A) Errada (art. 427 do CPP). (B) Errada (art. 427 do CPP). (C) Errada (art. 427 do CPP). (D) Correta (art. 427 do CPP). *Alternativa D.*

XII. NULIDADES

Acesse o QR Code e consulte as questões comentadas sobre este tema.

XIII. RECURSOS

101. (41º Exame) Marilda, após ter sido regularmente processada, foi condenada, pelo Juízo originariamente competente, pela prática de desacato (pena: de seis meses a dois anos). Marilda procura você, como advogado(a), porque deseja recorrer da condenação. Sobre a hipótese, assinale a opção que apresenta, corretamente, o recurso cabível.

(A) Apelação, juntamente com as razões, no prazo de dez dias.

(B) Apelação, no prazo de cinco dias, e as razões poderão ser juntadas no prazo de oito dias.

(C) Recurso inominado, juntamente com as razões, no prazo de dez dias.

(D) Apelação, no prazo de cinco dias, e as razões poderão ser juntadas no prazo de três dias.

RESPOSTA Em se tratando de crime de menor potencial ofensivo, como é o caso de desacato, aplica-se a Lei n. 9.099/95, que disciplina o procedimento dos Juizados Especiais Criminais. O art. 82, § 1º, dessa lei estabelece que o prazo para interposição de apelação é de 10 dias, incluindo as razões. Conforme o art. 82,

§ 1º, da Lei n. 9.099/95: "Art. 82. Da decisão de rejeição da denúncia ou queixa e da sentença caberá apelação, que poderá ser julgada por turma composta de três Juízes em exercício no primeiro grau de jurisdição, reunidos na sede do Juizado. § 1º A apelação será interposta no prazo de dez dias, contados da ciência da sentença pelo Ministério Público, pelo réu e seu defensor, por petição escrita, da qual constarão as razões e o pedido do recorrente. [...]". Lembra: "Art. 61. Consideram-se infrações penais de menor potencial ofensivo, para os efeitos desta Lei, as contravenções penais e os crimes a que a lei comine pena máxima não superior a 2 (dois) anos, cumulada ou não com multa". *Alternativa A.*

102. (40º Exame) Suelen ajuizou queixa-crime contra Bolívar, pela prática do crime de exercício arbitrário das próprias razões praticado sem violência ou grave ameaça, previsto no Art. 345, *caput* e parágrafo único, do CP, cuja pena cominada é de detenção de quinze dias a um mês, ou multa. A queixa-crime foi ajuizada perante o Juízo competente, que, após todo o trâmite preliminar, sendo infrutífero qualquer tipo de solução negociada, já na audiência de instrução e julgamento, rejeitou a queixa. Diante do caso narrado, como advogado(a) de Suelen, assinale a opção que indica o recurso que deve ser interposto.

(A) Recurso em Sentido Estrito, interposto na Vara Criminal. As razões podem ser apresentadas diretamente no Tribunal.

(B) Apelação, a ser interposta no Juizado Especial Criminal, já acompanhada de razões recursais dirigidas à Turma Recursal.

(C) Apelação, a ser interposta na Vara Criminal. As razões podem ser apresentadas diretamente na Turma Recursal.

(D) Recurso em Sentido Estrito, interposto no Juizado Especial Criminal, acompanhado de razões recursais dirigidas à Turma Recursal.

RESPOSTA O recurso que deve ser interposto é a apelação, a ser interposta no Juizado Especial Criminal, já acompanhada de razões recursais dirigidas à Turma Recursal, na forma do art. 82, § 1º, da Lei n. 9.099/95: "§ 1º A apelação será interposta no prazo de dez dias, contados da ciência da sentença pelo Ministério Público, pelo réu e seu defensor, por petição escrita, da qual constarão as razões e o pedido do recorrente". *Alternativa B.*

103. (39º Exame) Fabrício foi preso em flagrante pela prática do crime de roubo, tendo havido a regular conversão do flagrante em prisão preventiva. Contudo, passados mais de dois anos, a instrução processual não logrou finalizar a oitiva das testemunhas de acusação, pois o Ministério Público insiste na oitiva de policiais que, constantemente, faltam à audiência por motivos pessoais, alegando férias e licença. Fabricio permanece preso preventivamente, o que ensejou a impetração de *habeas corpus* para o Tribunal de Justiça competente. O Tribunal de Justiça, em decisão colegiada, denegou a ordem de *habeas corpus*. Identifique, corretamente, a medida judicial a ser proposta para o caso narrado.

(A) Recurso ordinário constitucional, dirigido ao Superior Tribunal de Justiça.

(B) Recurso de apelação, dirigido ao Superior Tribunal de Justiça.

(C) Agravo interno, dirigido para o Tribunal de Justiça.

(D) Recurso extraordinário, dirigido ao Supremo Tribunal Federal.

RESPOSTA A medida judicial a ser proposta para o caso narrado é o recurso ordinário constitucional, dirigido ao Superior Tribunal de Justiça. De acordo com o art. 105, II, da CF/88, contra decisão denegatória de habeas corpus proferida por Tribunal de Justiça, o recurso a ser manejado será o ROC – recurso ordinário constitucional, perante o Superior Tribunal de Justiça. *Alternativa A.*

104.
(XXXIII Exame) Fernando foi preso em flagrante e indiciado pela suposta prática do crime previsto no art. 306 da Lei n. 9.503/97 (Código de Trânsito Brasileiro), pois conduzia veículo automotor em via pública sob a influência de álcool. O magistrado competente, ao analisar o auto de prisão em flagrante, concedeu a liberdade provisória, aplicando a cautelar de suspensão da habilitação para dirigir veículo automotor. Fernando, entendendo que a cautelar prejudicaria seu sustento, já que era motorista de caminhão, solicita que você, como advogado(a), adote as medidas cabíveis para questionar a decisão do magistrado de aplicar a cautelar alternativa de suspensão da habilitação. Considerando apenas as informações expostas, de acordo com a Lei n. 9.503/97, o(a) advogado(a) de Fernando

(A) não poderá apresentar recurso, tendo em vista que a decisão que aplica cautelar alternativa é irrecorrível.

(B) poderá apresentar recurso de apelação.

(C) poderá apresentar recurso em sentido estrito.

(D) poderá apresentar recurso de agravo.

RESPOSTA Embora as hipóteses de recurso em sentido estrito estejam no art. 581, há hipótese excepcional, no art. 294, parágrafo único, do CTB: "Da decisão que decretar a suspensão ou a medida cautelar, ou da que indeferir o requerimento do Ministério Público, caberá recurso em sentido estrito, sem efeito suspensivo". *Alternativa C.*

105.
(XXXI Exame) Caio foi denunciado pela suposta prática do crime de estupro de vulnerável. Ocorre que, apesar da capitulação delitiva, a denúncia apresentava-se confusa na narrativa dos fatos, inclusive não sendo indicada qual seria a idade da vítima. Logo após a citação, Caio procurou seu advogado para esclarecimentos, destacando a dificuldade na compreensão dos fatos imputados. O advogado de Caio, constatando que a denúncia estava inepta, deve esclarecer ao cliente que, sob o ponto de vista técnico, com esse fundamento poderia buscar

(A) a rejeição da denúncia, podendo o Ministério Público apresentar recurso em sentido estrito em caso de acolhimento do pedido pelo magistrado, ou oferecer, posteriormente, nova denúncia.

(B) sua absolvição sumária, podendo o Ministério Público apresentar recurso de apelação em caso de acolhimento do pedido pelo magistrado, ou oferecer, posteriormente, nova denúncia.

(C) sua absolvição sumária, podendo o Ministério Público apresentar recurso em sentido estrito em caso de acolhimento do pedido pelo magistrado, mas, transitada em julgado a decisão, não poderá ser oferecida nova denúncia com base nos mesmos fatos.

(D) a rejeição da denúncia, podendo o Ministério Público apresentar recurso de apelação em caso de acolhimento do pedido pelo magistrado, mas, uma vez transitada em julgado a decisão, não caberá oferecimento de nova denúncia.

RESPOSTA (A) Correta (arts. 395 e 581 do CPP). (B) Errada (arts. 395 e 581 do CPP). (C) Errada (arts. 395 e 581 do CPP). (D) Errada (arts. 395 e 581 do CPP). *Alternativa A.*

106.
(XXX Exame) O advogado de Josefina, ré em processo criminal, entendendo que, entre o recebimento da denúncia e o término da instrução, ocorreu a prescrição da pretensão punitiva estatal, apresentou requerimento, antes mesmo do oferecimento de alegações finais, de reconhecimento da extinção da punibilidade da agente, sendo o pedido imediatamente indeferido pelo magistrado. Intimado, caberá ao(à) advogado(a) de Josefina, discordando da decisão, apresentar

(A) recurso em sentido estrito, no prazo de 5 dias.

(B) recurso de apelação, no prazo de 5 dias.

(C) carta testemunhável, no prazo de 48h.

(D) reclamação constitucional, no prazo de 15 dias.

DIREITO PROCESSUAL PENAL

RESPOSTA (A) Correta (art. 581 do CPP). (B) Errada (art. 581 do CPP). (C) Errada (art. 581 do CPP). (D) Errada (art. 581 do CPP). *Alternativa A.*

107. (XXX Exame) Fred foi denunciado e condenado, em primeira instância, pela prática de crime de corrupção ativa, sendo ele e seu advogado intimados do teor da sentença no dia 05 de junho de 2018, terça-feira. A juntada do mandado de intimação do réu ao processo, todavia, somente ocorreu em 11 de junho de 2018, segunda-feira. Considerando as informações narradas, o prazo para interposição de recurso de apelação pelo advogado de Fred, de acordo com a jurisprudência dos Tribunais Superiores, será iniciado

(A) no dia seguinte à juntada do mandado de intimação (12/06/18), devendo a data final do prazo ser prorrogada para o primeiro dia útil seguinte, caso se encerre no final de semana.

(B) no dia da juntada do mandado de intimação (11/06/18), devendo ser cumprido até o final do prazo de 05 dias previsto em lei, ainda que este ocorra no final de semana.

(C) no dia da intimação (05/06/18), independentemente da data da juntada do mandado, devendo ser cumprido até o final do prazo de 05 dias previsto em lei, ainda que este ocorra no final de semana.

(D) no dia seguinte à intimação (06/06/18), independentemente da data da juntada do mandado, devendo a data final do prazo ser prorrogada para o primeiro dia útil seguinte, caso se encerre no final de semana.

RESPOSTA (A) Errada (art. 798 do CPP e Súmula 710 do STF). (B) Errada (art. 798 do CPP e Súmula 710 do STF). (C) Errada (art. 798 do CPP e Súmula 710 do STF). (D) Correta (art. 798 do CPP e Súmula 710 do STF). *Alternativa D.*

108. (XXIX Exame) Vanessa foi condenada pela prática de um crime de furto qualificado pela 1ª Vara Criminal de Curitiba, em razão de suposto abuso de confiança que decorreria da relação entre a vítima e Vanessa. Como as partes não interpuseram recurso, a sentença de primeiro grau transitou em julgado. Apesar de existirem provas da subtração de coisa alheia móvel, a vítima não foi ouvida por ocasião da instrução por não ter sido localizada. Durante a execução da pena por Vanessa, a vítima é localizada, confirma a subtração por Vanessa, mas diz que sequer conhecia a autora dos fatos antes da prática delitiva. Vanessa procura seu advogado para esclarecimento sobre eventual medida cabível. Considerando apenas as

informações narradas, o advogado de Vanessa deve esclarecer que

(A) não poderá apresentar revisão criminal, tendo em vista que a pena já está sendo executada, mas poderá ser buscada reparação civil.

(B) caberá apresentação de revisão criminal, sendo imprescindível a representação de Vanessa por advogado, devendo a medida ser iniciada perante o próprio juízo da condenação.

(C) não poderá apresentar revisão criminal em favor da cliente, tendo em vista que a nova prova não é apta a justificar a absolvição de Vanessa, mas tão só a redução da pena.

(D) caberá apresentação de revisão criminal, podendo. Vanessa apresentar a ação autônoma independentemente de estar assistida por advogado, ou por meio de procurador legalmente habilitado.

RESPOSTA (A) Errada (arts. 621 e 623 do CPP). (B) Errada (arts. 621 e 623 do CPP). (C) Errada (arts. 621 e 623 do CPP). (D) Correta (arts. 621 e 623 do CPP). *Alternativa D.*

109. (XXIX Exame) Vitor foi denunciado pela prática de um crime de peculato. O magistrado, quando da análise da inicial acusatória, decide rejeitar a denúncia em razão de ausência de justa causa. O Ministério Público apresentou recurso em sentido estrito, sendo os autos encaminhados ao Tribunal, de imediato, para decisão. Todavia, Vitor, em consulta ao sítio eletrônico do Tribunal de Justiça, toma conhecimento da existência do recurso ministerial, razão pela qual procura seu advogado e demonstra preocupação com a revisão da decisão do juiz de primeira instância. Considerando as informações narradas, de acordo com a jurisprudência do Supremo Tribunal Federal, o advogado de Vitor deverá esclarecer que

(A) o Tribunal não poderá conhecer do recurso apresentado, tendo em vista que a decisão de rejeição da denúncia é irrecorrível.

(B) o Tribunal não poderá conhecer do recurso apresentado, pois caberia recurso de apelação, e não recurso em sentido estrito.

(C) ele deveria ter sido intimado para apresentar contrarrazões, apesar de ainda não figurar como réu, mas tão só como denunciado.

(D) caso o Tribunal dê provimento ao recurso, os autos serão encaminhados para o juízo de primeira instância para nova decisão sobre recebimento ou não da denúncia.

RESPOSTA (A) Errada (art. 581 do CPP). (B) Errada (art. 82 da Lei n. 9.099/95). (C) Correta (Súmula 707 do STF). (D) Errada (Súmula 707 do STF). *Alternativa C.*

110. (XXVIII Exame) Marcus, advogado, atua em duas causas distintas que correm perante a Vara Criminal da Comarca de Fortaleza. Na primeira ação penal, Renato figura como denunciado em ação penal por crime de natureza tributária, enquanto, na segunda ação, Hélio consta como denunciado por crime de peculato. Entendendo pela atipicidade da conduta de Renato, Marcus impetra habeas corpus, perante o Tribunal de Justiça, em busca do "trancamento" da ação penal. Já em favor de Hélio, impetra mandado de segurança, também perante o Tribunal de Justiça, sob o fundamento de que o magistrado de primeira instância, de maneira recorrente, não estava permitindo o acesso aos autos do processo. Na mesma data são julgados o habeas corpus e o mandado de segurança por Câmara Criminal do Tribunal de Justiça do Ceará, sendo que a ordem de habeas corpus não foi concedida por maioria de votos, enquanto o mandado de segurança foi denegado por unanimidade. Intimado da decisão proferida no habeas corpus e no mandado de segurança, caberá a Marcus apresentar, em busca de combatê-las,

(A) Recurso Ordinário Constitucional, nos dois casos.

(B) Recurso em Sentido Estrito e Recurso Ordinário Constitucional, respectivamente.

(C) Embargos infringentes, nos dois casos.

(D) Embargos infringentes e Recurso Ordinário Constitucional, respectivamente.

RESPOSTA (A) Correta (art. 105 da CF). (B) Errada (art. 105 da CF). (C) Errada (art. 105 da CF). (D) Errada (art. 105 da CF). *Alternativa A.*

111. (XXVIII Exame) Miguel foi denunciado pela prática de um crime de extorsão majorada pelo emprego de arma e concurso de agentes, sendo a pretensão punitiva do Estado julgada inteiramente procedente e aplicada sanção penal, em primeira instância, de 05 anos e 06 meses de reclusão e 14 dias multa. A defesa técnica de Miguel apresentou recurso alegando:

(i) preliminar de nulidade em razão de violação ao princípio da correlação entre acusação e sentença;

(ii) insuficiência probatória, já que as declarações da vítima, que não presta compromisso legal de dizer a verdade, não poderiam ser consideradas;

(iii) que deveria ser afastada a causa de aumento do emprego de arma, uma vez que o instrumento utilizado era um simulacro de arma de fogo, conforme laudo acostado aos autos.

A sentença foi integralmente mantida. Todos os desembargadores que participaram do julgamento votaram pelo não acolhimento da preliminar e pela manutenção da condenação. Houve voto vencido de um desembargador, que afastava apenas a causa de aumento do emprego de arma. Intimado do teor do acórdão, o(a) advogado(a) de Miguel deverá interpor

(A) embargos infringentes e de nulidade, buscando o acolhimento da preliminar, sua absolvição e o afastamento da causa de aumento de pena reconhecida.

(B) embargos infringentes e de nulidade, buscando o acolhimento da preliminar e o afastamento da causa de aumento do emprego de arma, apenas.

(C) embargos de nulidade, buscando o acolhimento da preliminar, apenas.

(D) embargos infringentes, buscando o afastamento da causa de aumento do emprego de arma, apenas.

RESPOSTA (A) Errada (art. 609 do CPP). (B) Errada (art. 609 do CPP). (C) Errada (art. 609 do CPP). (D) Correta (art. 609 do CPP). *Alternativa D.*

112. (XXVI Exame) Pablo e Leonardo foram condenados, em primeira instância, pela prática do crime de furto qualificado, à pena de 02 anos e 06 meses de reclusão e 12 dias-multa, por fatos que teriam ocorrido quando Pablo tinha 18 anos e Leonardo, 21 anos. A pena-base foi aumentada, não sendo reconhecidas atenuantes ou agravantes nem causas de aumento ou diminuição. Intimados da sentença, o promotor e o advogado de Leonardo não tiveram interesse em apresentar recurso, mas o advogado de Pablo apresentou recurso de apelação. Por ocasião do julgamento do recurso, entenderam os desembargadores por reconhecer que o crime restou tentado, bem como que deveria ser aplicada a atenuante da menoridade relativa a Pablo. Com base nas informações expostas, os efeitos da decisão do Tribunal

(A) não poderão ser estendidos a Leonardo, tendo em vista que houve trânsito em julgado da sua condenação.

(B) poderão ser integralmente estendidos a Leonardo, aplicando-se a atenuante e a causa de diminuição de pena da tentativa.

(C) poderão ser parcialmente estendidos a Leonardo, aplicando-se a causa de diminuição de pena da tentativa, mas não a atenuante.

(D) não poderão ser estendidos a Leonardo, pois, ainda que sem trânsito em julgado, em recurso exclusivo de Pablo não poderia haver *reformatio in mellius* para o corréu.

RESPOSTA Alternativa C correta e erradas as alternativas A, B e C, pelo mesmo fundamento: o art. 580 do CPP. *Alternativa C.*

DIREITO PROCESSUAL PENAL

113. (XXV Exame) Luiz foi condenado, em primeira instância, pela prática de crime de homicídio qualificado em razão de recurso que dificultou a defesa da vítima. Durante seu interrogatório em Plenário, Luiz confessou a prática delitiva, mas disse que não houve recurso que dificultou a defesa da vítima, tendo em vista que ele estava discutindo com ela quando da ação delitiva. Insatisfeito com o reconhecimento da qualificadora pelos jurados, já que, diferentemente do que ocorreu em relação à autoria, não haveria qualquer prova em relação àquela, o advogado apresentou, de imediato, recurso de apelação. Considerando apenas as informações narradas, o advogado de Luiz deverá buscar, em sede de recurso,

(A) o reconhecimento de nulidade, com consequente realização de nova sessão de julgamento.

(B) o reconhecimento de que a decisão dos jurados foi manifestamente contrária à prova dos autos em relação à qualificadora, com consequente realização de nova sessão de julgamento.

(C) o afastamento da qualificadora pelo Tribunal de 2ª instância, com imediata readequação, pelo órgão, da pena aplicada pelo juízo do Tribunal do Júri.

(D) o afastamento da qualificadora pelo Tribunal de 2ª instância, com baixa dos autos, para que o juízo do Tribunal do Júri aplique nova pena.

RESPOSTA Alternativa B correta e erradas as demais, pelo mesmo motivo: o art. 593, III, do CPP. *Alternativa B.*

114. (XXIV Exame) João foi denunciado pela prática do crime de furto qualificado previsto no Art. 155, § 4º, inciso I, do Código Penal. Em primeira instância, João foi absolvido. Em sede de recurso de apelação apresentado pelo Ministério Público, houve provimento parcial do recurso, sendo o agente condenado de maneira unânime. Apesar da unanimidade na condenação, o reconhecimento da qualificadora restou afastado por maioria de votos. Ademais, um dos desembargadores ainda votou pelo reconhecimento do privilégio do Art. 155, § 2º, do CP, mas restou isolado e vencido. Insatisfeito com a condenação pelo furto simples, o Ministério Público apresenta embargos infringentes em busca do reconhecimento da qualificadora. Considerando apenas as informações narradas, é correto afirmar que o advogado de João, sob o ponto de vista técnico, deverá defender

(A) o não conhecimento dos embargos infringentes apresentados pelo Ministério Público e apresentar recurso de embargos infringentes em busca da absolvição de João.

(B) o conhecimento e não provimento dos embargos infringentes apresentados pelo Ministério Público e apresentar embargos infringentes em busca do reconhecimento do privilégio.

(C) o não conhecimento dos embargos infringentes apresentados pelo Ministério Público e apresentar embargos infringentes em busca do reconhecimento do privilégio.

(D) o conhecimento e não provimento dos embargos do Ministério Público e não poderá apresentar recurso de embargos infringentes.

RESPOSTA Alternativas A, B e D erradas e correta a alternativa C, com fundamento no art. 609, parágrafo único, do CPP. *Alternativa C.*

115. (XXIV Exame) Vinícius, sócio de um grande escritório de advocacia, especializado na área criminal, recebeu, no dia 02 de outubro de 2017, duas intimações de decisões referentes a dois clientes diferentes. A primeira intimação tratava de decisão proferida pela 1ª Câmara Criminal de determinado Tribunal de Justiça denegando a ordem de habeas corpus que havia sido apresentada perante o órgão em favor de Gilmar (após negativa em primeira instância), que responde preso a ação pela suposta prática de crime de roubo. A segunda intimação foi de decisão proferida pelo Juiz de Direito da 1ª Vara Criminal de Fortaleza, também denegando ordem de habeas corpus, mas, dessa vez, a medida havia sido apresentada em favor de Rubens, que figura como indiciado em inquérito que investiga a suposta prática do crime de tráfico de drogas. Diante das intimações realizadas, insatisfeito com as decisões proferidas, Vinícius, para combater as decisões prejudiciais a Gilmar e Rubens, deverá apresentar

(A) Recurso Ordinário Constitucional e Recurso em Sentido Estrito, respectivamente.

(B) Recurso em Sentido Estrito, nos dois casos.

(C) Recurso Ordinário Constitucional, nos dois casos.

(D) Recurso Especial e Recurso Ordinário Constitucional, respectivamente.

RESPOSTA (A) Correta, com fundamento nos arts. 581, I, do CPP e 102, II, e 105, II, da CF. Alternativas B, C e D erradas, pelos mesmos motivos. *Alternativa A.*

116. (XXIII Exame) Vitor, corretor de imóveis, está sendo investigado em inquérito policial. Considerando que o delegado vem atuando com abuso e colocando em risco a liberdade de Vitor, o advogado do investigado apresenta habeas corpus perante o órgão competente. Quando da análise do habeas corpus, a autoridade competente entende por denegar a ordem. Considerando as informações narradas, o advogado de Vitor poderá recorrer da decisão que denegou a ordem por meio de

(A) recurso em sentido estrito, tendo em vista que o Tribunal de Justiça foi o órgão competente para análise do habeas corpus apresentado em razão da conduta do delegado.

(B) recurso em sentido estrito, tendo em vista que o juiz de primeiro grau era competente para a análise do habeas corpus apresentado em razão da conduta do delegado.

(C) recurso ordinário constitucional, tendo em vista que o Tribunal de Justiça foi o órgão competente para análise do habeas corpus apresentado em razão da conduta do delegado.

(D) recurso ordinário constitucional, tendo em vista que o juiz de primeiro grau era competente para a análise do habeas corpus apresentado em razão da conduta do delegado.

RESPOSTA (A) Errada, pois o HC tinha de ser impetrado perante juiz de primeiro grau (B). Correta, conforme o art. 581 do CPP. Alternativas C e D erradas, tendo em vista que contrariam o disposto nos arts. 102, II, e 105, II, da CF. *Alternativa B.*

117. (XXII Exame) Daniel foi autor de um crime de homicídio doloso consumado em desfavor de William. Após a denúncia e ao fim da primeira fase do procedimento bifásico dos crimes dolosos contra a vida, Daniel foi pronunciado. Inconformado, o advogado do acusado interpôs o recurso cabível, mas o juiz de primeira instância, ao realizar o primeiro juízo de admissibilidade, negou seguimento ao recurso. Novamente inconformado com a decisão, o defensor de Daniel impetrou nova medida. Considerando a situação narrada, assinale a opção que indica o recurso interposto da decisão de pronúncia e a medida para combater a decisão que denegou o recurso anterior, respectivamente.

(A) Apelação e Recurso em Sentido Estrito.

(B) Recurso em Sentido Estrito e novo Recurso em Sentido Estrito.

(C) Recurso em Sentido Estrito e Carta Testemunhável.

(D) Apelação e Carta Testemunhável.

RESPOSTA Alternativa C correta e alternativas A, B e D erradas com base nos mesmos dispositivos: arts. 581, IV, 593 e 639 do CPP. *Alternativa C.*

118. (XX Exame) José foi absolvido em 1ª instância após ser denunciado pela prática de um crime de extorsão em face de Marina. O Ministério Público interpôs recurso de apelação, sendo a sentença de primeiro grau reformada pelo Tribunal de Justiça de Santa Catarina para condenar o réu à pena de 05 anos, sendo certo que o acórdão transitou em julgado. Sete anos depois da condenação, já tendo cumprido integralmente a pena, José vem a falecer. Posteriormente, Caio, filho de José, encontrou um vídeo no qual foi gravada uma conversa de José e Marina, onde esta admite que mentiu ao dizer que foi vítima do crime pelo qual José foi condenado, mas que a atitude foi tomada por ciúmes. Caio, então, procura o advogado da família. Diante da situação narrada, é correto afirmar que Caio, através de seu advogado,

(A) não poderá apresentar revisão criminal, pois a pena de José já havia sido extinta pelo cumprimento.

(B) não poderá apresentar revisão criminal, pois o acusado, que é quem teria legitimidade, já é falecido.

(C) poderá apresentar revisão criminal, sendo competente para julgamento o Superior Tribunal de Justiça.

(D) poderá apresentar revisão criminal, sendo competente para julgamento o Tribunal de Justiça de Santa Catarina.

RESPOSTA Alternativa D correta e alternativas A, B e C erradas com base nos mesmos dispositivos: arts. 622, 623 e 624 do CPP. *Alternativa D.*

119. (XX Exame – Reaplicação) Em razão de uma determinada conduta de um juiz de direito de 1ª instância, que atuava em uma Vara Criminal da Comarca de Curitiba, o advogado Frederico ingressou com um habeas corpus junto ao Tribunal de Justiça do Paraná, figurando como autoridade coatora o magistrado. A ordem de habeas corpus foi denegada pelo Tribunal. Dessa decisão, desconsiderando a hipótese de habeas corpus, caberá ao advogado interpor a seguinte medida:

(A) recurso em sentido estrito, que permite o exercício do juízo de retratação.

(B) recurso ordinário constitucional perante o STJ.

(C) recurso ordinário constitucional perante o STF.

(D) recurso especial perante o STJ.

RESPOSTA Alternativa B correta e alternativas A, C e D erradas, todas com base nos mesmos dispositivos: arts. 581 do CPP, 102, II, e 105, II, da CF. *Alternativa B.*

XIV. EXECUÇÃO

120. (41º Exame) A família de Luís procura você, como advogado(a), explicando que existe uma lei nova, mais benéfica, que se aplica ao caso do seu parente. Você, ao estudar o caso,

DIREITO PROCESSUAL PENAL

descobriu que já havia trânsito em julgado da condenação e que a lei era realmente mais benéfica. Nessa hipótese, você deve

(A) propor ação de revisão criminal, para que possa ser aplicada a lei mais benéfica.

(B) informar à família que, como existiu trânsito em julgado, a nova lei, mais benéfica, não se aplica.

(C) peticionar ao Juiz da Vara de Execuções Penais, requerendo a aplicação da nova lei, mais benéfica.

(D) propor habeas corpus perante o Supremo Tribunal Federal para aplicação da nova lei, mais benéfica.

RESPOSTA Conforme o art. 66, I, da Lei de Execuções Penais (LEP), cabe ao juiz da execução a aplicação de lei penal mais benéfica ao condenado, mesmo após o trânsito em julgado. No mesmo sentido, a Súmula 611 do STF. Portanto, deve-se peticionar ao juiz competente requerendo essa aplicação. *Alternativa C.*

121. (40º Exame) Juliano foi definitivamente condenado à pena de 8 (oito) anos de reclusão, em regime inicial fechado. Após 2 (dois) anos de cumprimento da pena, foi detectado que Juliano passou a ter uma doença mental grave, tornando-o inteiramente incapaz de compreender o caráter ilícito dos fatos pelos quais havia sido condenado. Neste caso, como advogado(a) de Juliano, você deverá

A) postular ao Juiz da Execução Penal a conversão da pena em medida de segurança.

B) ajuizar uma ação de revisão criminal, postulando a substituição da pena privativa de liberdade por medida de segurança.

C) suscitar incidente de insanidade mental do acusado, a fim de apurar a integridade mental de Juliano ao tempo da ação criminosa.

D) solicitar que Juliano seja colocado em prisão--albergue domiciliar, como medida substitutiva do encarceramento.

RESPOSTA Diante da doença mental grave que acometeu o apenado após o início do cumprimento da pena, o correto é postular a conversão da pena em medida de segurança, como internação em hospital de custódia, pois ele se tornou incapaz de cumprir a pena de forma regular. Nesse sentido, o art. 183 da LEP: "Art. 183. Quando, no curso da execução da pena privativa de liberdade, sobrevier doença mental ou perturbação da saúde mental, o Juiz, de ofício, a requerimento do Ministério Público, da Defensoria Pública ou da autoridade administrativa, poderá determinar a substituição da pena por medida de segurança". *Alternativa A.*

122. (39º Exame) Júnior foi condenado pelo delito de latrocínio, na modalidade tentada, a uma pena de 8 (oito) anos e 6 (seis) meses de reclusão, a ser cumprida em regime inicial fechado, já tendo a sentença transitado em julgado, sem nulidade. Júnior inicia a execução das penas e procura você, na qualidade de advogado(a). Assinale a afirmativa que apresenta, corretamente, a orientação jurídica que possibilita reduzir o tempo de encarceramento de Júnior.

(A) Postular o perdão do ofendido e, assim, reduzir sua pena.

(B) Aguardar o decreto presidencial de comutação de pena.

(C) Requerer a classificação de Júnior para trabalho e estudo no sistema carcerário, a fim de viabilizar a remição de penas.

(D) Pleitear um decreto de anistia no âmbito da Assembleia Legislativa do seu Estado.

RESPOSTA A. Errada, *vide* art. 157, § 3º, II, CP. Além disso, o perdão do ofendido funciona como causa extintiva da punibilidade e não como um redutor de pena. Conforme o CPP: Art. 105. Considere ainda o Art. 107, V, CPP. B. Errada. Art. 1º, II, c, da Lei n. 8.072/90 c/c art. 2º, I, da Lei n. 8.072/90. C. Correta. A remição de pena está prevista no art. 126 da Lei de Execução Penal (Lei n. 7.210/84) e permite ao condenado reduzir o tempo de sua pena mediante o trabalho ou estudo. Cada 3 dias de trabalho ou 12 horas de frequência escolar equivalem à redução de 1 dia na pena. É uma medida concreta e viável para reduzir o tempo de encarceramento de Júnior. *Vide* art. 126, § 1º, I e II. D. Errada. A anistia é um ato de clemência concedido por lei federal editada pelo Congresso Nacional, conforme o art. 48, VIII, da CF/88, não cabendo à Assembleia Legislativa estadual editá-la. De todo modo, ainda que fosse viável, sendo o latrocínio um crime hediondo, a anistia não seria possível por expressa vedação legal (art. 2º, I, da Lei n. 8.072/90) e constitucional (art. 5º, XLIII, CF/88). *Alternativa C.*

123. (36º Exame) Renata, primária, foi condenada à pena de 5 (cinco) anos de reclusão, em regime fechado, por crime de estelionato, em continuidade delitiva, sendo atestado o seu bom comportamento carcerário. Rogério, marido de Renata, que cuidava da filha do casal de 10 (dez) anos de idade, veio a falecer, sendo que Renata já havia cumprido 1/8 (um oitavo) da pena no regime fechado. A filha de Renata está morando provisoriamente com uma amiga de Renata, por não existir qualquer parente para cuidar da criança. Em relação ao cumprimento de pena por Renata, você, como advogado(a), postularia ao juízo da execução a progressão para o regime

(A) semiaberto, em razão de a penitente já ter cumprido a fração de pena estabelecida na Lei de Execução Penal e comprovado o bom comportamento carcerário.

(B) semiaberto e a saída temporária, em razão de a penitente já ter cumprido o percentual de pena estabelecido na Lei de Execução Penal e por ter comprovado o bom comportamento carcerário.

(C) domiciliar, para que ela cuide da filha de 10 (dez) anos de idade, em observância ao Estatuto da Primeira Infância e por ser medida de caráter humanitário.

(D) aberto, em razão de a penitente já ter cumprido 1/8 (um oitavo) da pena estabelecida na Lei de Execução Penal e comprovado o bom comportamento carcerário, somado ao fato de ser a única responsável pela filha menor de 10 (dez) anos de idade.

RESPOSTA B) Errada. Não estão presentes os requisitos da saída temporária, previstos no art. 123 da LEP ("cumprimento mínimo de 1/6 (um sexto) da pena, se o condenado for primário, e 1/4 (um quarto), se reincidente"); C) Errada. A prisão domiciliar é possível apenas para o condenado em regime aberto (LEP, art. 117); D) Errada. Não é admitida a progressão *per saltum* (STJ, Súmula 491); A) Correta. O fundamento pode ser extraído a partir do art. 112, § 3º, III e IV, da LEP. *Alternativa A.*

124. (XXXIII Exame) Paulo, advogado, foi intimado de duas decisões proferidas pelo juízo da execução penal do Rio de Janeiro, em relação a dois de seus clientes. Na primeira, foi determinada a perda de 1/5 (um quinto) dos dias remidos por Lúcio, considerando que foi reconhecida, por meio de procedimento regular, observadas as exigências legais, a prática de falta grave pelo mesmo. Na segunda decisão, o pedido de progressão de regime formulado por Paulo em relação ao apenado Flávio foi deferido, tendo o magistrado fixado, como condição a ser observada no regime aberto, o cumprimento de prestação de serviços à comunidade. Diante das intimações, Paulo poderá apresentar

(A) recurso em sentido estrito para questionar as duas decisões do magistrado, que seriam ilegais.

(B) agravo para questionar as duas decisões do magistrado, que seriam ilegais.

(C) agravo para questionar apenas a decisão que determinou a perda dos dias remidos, que seria ilegal, mas não a que fixou condições especiais para a progressão de regime.

(D) agravo para questionar a decisão que fixou a prestação de serviço à comunidade como condição para a progressão para o regime aberto, não havendo ilegalidade, porém, na determinação da

perda de 1/5 (um quinto) dos dias remidos por Lúcio.

RESPOSTA O agravo em execução é peça prevista no artigo 197 da LEP (Lei n. 7.210/84). É o recurso a ser interposto contra decisões do juiz da execução penal – jamais o recurso em sentido estrito, ainda que a hipótese esteja prevista no art. 581 do CPP. Sobre a perda dos dias remidos, o tema é tratado no art. 127 da LEP: "Art. 127. Em caso de falta grave, o juiz poderá revogar até 1/3 (um terço) do tempo remido, observado o disposto no art. 57, recomeçando a contagem a partir da data da infração disciplinar". *Alternativa D.*

125. (XXXII Exame) Rafael, preso provisório, agride dolosamente o seu companheiro de cela, causando-lhe lesão corporal de natureza grave e gerando grande confusão que iniciou uma subversão da ordem interna. Após procedimento disciplinar, assegurado direito de defesa, o diretor do estabelecimento prisional aplica a Rafael sanção disciplinar consistente na sua inclusão no regime disciplinar diferenciado, pelo período de 45 dias. Considerando os fatos narrados, o advogado de Rafael poderá buscar o reconhecimento da ilegalidade da sanção aplicada, porque

(A) o fato praticado pelo preso não constitui falta grave.

(B) a inclusão do preso em regime disciplinar diferenciado depende de decisão do juízo competente.

(C) o preso provisório não está sujeito ao regime disciplinar diferenciado.

(D) a inclusão no regime disciplinar diferenciado não pode ultrapassar o período inicial de 30 dias, apesar da possível prorrogação por igual período.

RESPOSTA (A) Constitui falta grave, nos termos do art. 52, *caput*, da LEP; (C) O preso provisório pode ser submetido ao RDD, conforme art. 52 da LEP; (D) O prazo máximo está estabelecido no art. 52, I, da LEP: "duração máxima de até 2 (dois) anos, sem prejuízo de repetição da sanção por nova falta grave de mesma espécie". *(B) Correta*, com fundamento no art. 52 da LEP. Atenção à Súmula 192 do STJ: "Compete ao juízo das execuções penais do Estado a execução das penas impostas a sentenciados pela Justiça Federal, Militar ou Eleitoral, quando recolhidos a estabelecimentos sujeitos à administração estadual".

126. (XXX Exame) Enquanto cumpria pena em regime fechado, Antônio trabalhava na unidade prisional de maneira regular. Após progressão para o regime semiaberto, o apenado passou a estudar por meio de metodologia de ensi-

DIREITO PROCESSUAL PENAL

no a distância, devidamente certificado pelas autoridades educacionais. Com a obtenção de livramento condicional, passou a frequentar curso de educação profissional. Ocorre que havia contra Antônio procedimento administrativo disciplinar em que se investigava a prática de falta grave durante o cumprimento da pena em regime semiaberto, sendo, após observância de todas as formalidades legais, reconhecida a prática da falta grave. Preocupado, Antônio procura seu advogado para esclarecimentos sobre o tempo de pena que poderá ser remido e as consequências do reconhecimento da falta grave. Considerando as informações narradas, o advogado de Antônio deverá esclarecer que

(A) o trabalho na unidade prisional e o estudo durante cumprimento de pena em regime semiaberto justificam a remição da pena, mas não o curso frequentado durante livramento condicional, sendo certo que a falta grave permite perda de parte dos dias remidos.

(B) o trabalho somente quando realizado em regime fechado ou semiaberto justifica a remição de pena, mas o estudo a distância e a frequência ao curso poderão gerar remição mesmo no regime aberto ou durante livramento condicional, podendo a punição por falta grave gerar perda de parte dos dias remidos.

(C) o reconhecimento de falta grave não permite a perda dos dias remidos com o trabalho na unidade e a frequência a curso em regime semiaberto, mas tão só a regressão do regime de cumprimento da pena.

(D) o tempo remido exclusivamente com o trabalho em regime fechado, mas não com o estudo, será computado como pena cumprida, para todos os efeitos, mas, diante da falta grave, poderá haver perda de todos os dias remidos anteriormente.

RESPOSTA (A) Errada (arts. 126 e 127 da LEP). (B) Correta (arts. 126 e 127 da LEP). (C) Errada (arts. 126 e

127 da LEP). (D) Errada (arts. 126 e 127 da LEP). *Alternativa B.*

127. **(XXVII Exame)** Vanessa cumpre pena em regime semiaberto em razão de segunda condenação definitiva por crime de tráfico armado. Durante o cumprimento, após preencher o requisito objetivo, requer ao juízo da execução, por meio de seu advogado, a progressão para o regime aberto. Considerando as peculiaridades do caso, a reincidência específica e o emprego de arma, o magistrado, em decisão fundamentada, entende por exigir a realização do exame criminológico. Com o resultado, o magistrado competente concedeu a progressão de regime, mas determinou que Vanessa comparecesse em juízo, quando determinado, para informar e justificar suas atividades; que não se ausentasse, sem autorização judicial, da cidade onde reside; e que prestasse, durante o período restante de cumprimento de pena, serviços à comunidade. Intimada da decisão, considerando as informações expostas, poderá a defesa técnica de Vanessa apresentar recurso de agravo à execução, alegando que

(A) a lei veda a fixação de condições especiais não previstas em lei.

(B) poderiam ter sido fixadas condições especiais não previstas em lei, mas não prestação de serviços à comunidade.

(C) não poderia ter sido fixada a condição de proibição de se ausentar da cidade em que reside sem autorização judicial.

(D) a decisão foi inválida como um todo, porque é vedada a exigência de exame criminológico para progressão de regime, ainda que em decisão fundamentada.

RESPOSTA Alternativas A e C erradas, conforme o art. 115 da LEP. (D) Errada, nos termos da Súmula 439 do STJ. (B) Correta, com fundamento na Súmula 493 do STJ. *Alternativa B.*

Direito do Trabalho

Ao acessar o QR Code, você encontrará Dicas para o Exame da OAB e mais Questões Comentadas para treinar seus conhecimentos

> https://uqr.to/1wk79

DIREITO DO TRABALHO: QUADRO GERAL DE QUESTÕES	
TEMAS	N. DE QUESTÕES
I. Relação de Trabalho e Relação de Emprego	18
II. Encerramentos Contratuais	33
III. Remuneração e Salário	33
IV. Estabilidades e Garantias de Emprego	20
V. Alterações Contratuais, Suspensão e Interrupção do Contrato	37
VI. Direitos Sociais	21
VII. Contrato de Trabalho	30
VIII. Trabalho da Mulher	3
IX. Prescrição	2
X. Direito Coletivo	14
XI. Da Proteção ao Trabalho do Menor	2
XII. Jornada de Trabalho	32
TOTAL	245

I. RELAÇÃO DE TRABALHO E RELAÇÃO DE EMPREGO

1. (38º Exame) Francisco é caseiro desde 2019 em uma chácara localizada em área urbana, cujo proprietário aluga o imóvel por temporada por meio de um *site* especializado neste tipo de negociação. Francisco tem a incumbência de manter limpa a casa, receber os locatários e atender às eventuais necessidades deles no tocante ao conforto e à segurança. Além disso, de 2ª feira a sábado, Francisco faz a manutenção geral do local, independentemente de estar locado, para que a aparência esteja sempre impecável e, assim, os hóspedes recomendem a estadia na chácara a outros candidatos.

Diante desta situação e das normas de regência, assinale a opção que indica a categoria profissional de Francisco.

(A) Trabalhador intermitente.
(B) Empregado doméstico.
(C) Empregado rural.
(D) Empregado comum.

RESPOSTA O trabalhador desempenha atividade econômica em prol do empregador, prestando seus serviços de segunda a sábado. Os requisitos dos artigos 2º e 3º da CLT foram preenchidos, caracterizando uma relação de emprego comum. Vale observar que, pelo fato de o proprietário alugar a chácara, não há que se pensar em empregado doméstico, pois aparece a existência de fins lucrativos. Também não há que se pensar em trabalhador rural, por estar a chácara localizada em área urbana. *Alternativa D.*

2. (XXXI Exame) Paulo trabalhou para a Editora Livro Legal Ltda. de 10/12/2017 a 30/08/2018 sem receber as verbas rescisórias ao final do contrato, sob a alegação de dificuldades financeiras da empregadora. Em razão disso, ele pretende ajuizar ação trabalhista e procurou você, como advogado(a). Sabe-se que a empregadora de Paulo estava sob o controle e a direção da sócia majoritária, a Editora Mundial Ltda.

Assinale a afirmativa que melhor atende à necessidade e à segurança de satisfazer o crédito do seu cliente.

(A) Poderá incluir a sociedade empresária controladora no polo passivo da demanda, e esta responderá solidariamente com a empregadora, pois se trata de grupo econômico.

(B) Poderá incluir a sociedade empresária controladora no polo passivo da demanda, e esta responderá subsidiariamente com a empregadora, pois se trata de grupo econômico.

(C) Não há relação de responsabilização entre as sociedades empresárias, uma vez que possuem personalidades jurídicas distintas, o que afasta a caracterização de grupo econômico.

(D) Não se trata de grupo econômico, porque a mera identidade de sócios não o caracteriza; portanto, descabe a responsabilização da segunda sociedade empresária.

RESPOSTA A Editora Livro Legal Ltda. e a Editora Mundial Ltda. pertencem ao mesmo grupo econômico. Portanto, sempre que uma ou mais empresas, tendo, embora, cada uma delas, personalidade jurídica própria, estiverem sob a direção, controle ou administração de outra, ou ainda quando, mesmo guardando cada uma sua autonomia, integrem grupo econômico, serão responsáveis solidariamente pelas obrigações decorrentes da relação de emprego. Art. 2º, § 2º, da CLT. *Alternativa A.*

3. (XXXI Exame) Renato é um empregado doméstico que atua como caseiro no sítio de lazer do seu empregador. Contudo, a CTPS de Renato foi assinada como sendo operador de máquinas da empresa de titularidade do seu empregador. Renato tem receio de que, no futuro, não possa comprovar experiência na função de empregado doméstico e, por isso, intenciona ajuizar reclamação trabalhista para regularizar a situação.

Considerando a situação narrada e o entendimento consolidado do TST, assinale a afirmativa correta.

(A) Caso comprove que, de fato, é doméstico, Renato conseguirá a retificação na CTPS, pois as anotações nela lançadas têm presunção relativa.

(B) Somente o salário poderia ser objeto de demanda judicial para se comprovar que o empregado recebia valor superior ao anotado, sendo que a alteração na função não é prevista, e a demanda não terá sucesso.

(C) Caso Renato comprove que é doméstico, o pedido será julgado procedente, mas a alteração será feita com modulação de efeitos, com retificação da data da sentença em diante.

(D) Renato não terá sucesso na sua reclamação trabalhista, porque a anotação feita na carteira profissional tem presunção absoluta.

RESPOSTA As anotações apostas pelo empregador na carteira profissional do empregado não geram presunção *juris et de jure*, mas apenas *juris tantum*. Súmula 12 do TST. *Alternativa A.*

4. (XXVIII Exame) Alaor, insatisfeito com o pequeno lucro do restaurante do qual era sócio, retirou-se da sociedade empresária e averbou, na respectiva junta comercial, novo contrato social, onde constava sua retirada.

O empresário, 36 meses após esse fato, foi surpreendido com sua citação em uma reclamação trabalhista ajuizada dias antes.

Sobre a hipótese apresentada, considerando a atual redação da CLT, assinale a afirmativa correta.

(A) Alaor responde solidariamente pelos débitos da sociedade na ação trabalhista em referência.

(B) Alaor responde subsidiariamente pelos débitos da sociedade na ação trabalhista em referência.

(C) Alaor não mais responde, na ação trabalhista em referência, pelos débitos da sociedade.

(D) No caso, primeiro responde a empresa devedora, depois, os sócios atuais e, em seguida, os sócios retirantes, que é o caso de Alaor.

RESPOSTA O sócio retirante responde subsidiariamente pelas obrigações trabalhistas da sociedade relativas ao período em que figurou como sócio, somente em ações ajuizadas até dois anos depois de averbada a modificação do contrato. Art. 10-A da CLT. *Alternativa C.*

5. (XXVII Exame) Paula trabalha na residência de Sílvia três vezes na semana como passadeira. Em geral, comparece às segundas, quartas e sextas, mas, se necessário, mediante comunicação prévia, comparece em outro dia da semana, exceto sábados, domingos e feriados.

A CTPS não foi assinada e o pagamento é por dia de trabalho. Quando Paula não comparece, não recebe o pagamento e não sofre punição, mas Sílvia costuma sempre pedir que a ausência seja previamente comunicada.

Paula procura você, como advogado(a), com dúvida acerca da sua situação jurídica. À luz da legislação específica em vigor, assinale a opção que contempla a situação de Paula.

DIREITO DO TRABALHO

(A) Paula é diarista, pois trabalha apenas 3 vezes na semana.

(B) Paula é autônoma, porque gerencia seu próprio trabalho, dias e horários.

(C) Paula é empregada eventual.

(D) Paula é empregada doméstica.

RESPOSTA Empregada doméstica é considerada, aquela que presta serviços de forma contínua, subordinada, onerosa e pessoal e de finalidade não lucrativa à pessoa ou à família, no âmbito residencial destas, por mais de 2 (dois) dias por semana. Assim sendo, Paula é empregada doméstica. Art. 1º da Lei Complementar n. 150/2015. *Alternativa D.*

6. (XXVI Exame) Paulo é policial militar da ativa da Brigada Militar do Rio Grande do Sul. Como policial militar, trabalha em regime de escala 24h x 72h. Nos dias em que não tem plantão no quartel, atua como segurança em uma joalheria de um *shopping center*, onde tem que trabalhar três dias por semana, não pode se fazer substituir por ninguém, recebe remuneração fixa mensal e tem que cumprir uma rotina de 8 horas a cada dia laborado. Os comandos do trabalho lhe são repassados pelo gerente-geral da loja, sendo que ainda ajuda nas arrumações de estoque, na conferência de mercadorias e em algumas outras funções internas. Paulo não teve a CTPS anotada pela joalheria.

Diante dessa situação, à luz das normas da CLT e da jurisprudência consolidada do TST, assinale a afirmativa correta.

(A) Estão preenchidos os requisitos da relação de emprego, razão pela qual Paulo tem vínculo empregatício com a joalheria, independentemente do fato de ser policial militar da ativa, e de sofrer eventual punição disciplinar administrativa prevista no estatuto do Policial Militar.

(B) Estão preenchidos os requisitos da relação de emprego, mas Paulo não poderá ter vínculo empregatício com a joalheria, em razão da punição disciplinar administrativa prevista no estatuto do Policial Militar.

(C) Não estão presentes os requisitos da relação de emprego, uma vez que Paulo poderá ser requisitado pela Brigada Militar e não poderá trabalhar nesse dia para a joalheria.

(D) Estão preenchidos os requisitos da relação de emprego, sendo indiferente à relação de emprego uma eventual punição disciplinar administrativa prevista no estatuto do Policial Militar, mas Paulo não pode ter vínculo empregatício com a joalheria tendo em vista que a função pública exige dedicação exclusiva.

RESPOSTA A Súmula 386 do TST prevê que, preenchidos os requisitos do art. 3º da CLT, é legítimo o reconhecimento de relação de emprego entre policial militar e empresa privada, independentemente do eventual cabimento de penalidade disciplinar prevista no Estatuto do Policial Militar. *Alternativa A.*

7. (XXIV Exame) José trabalhou como despachante para a sociedade empresária Vinhos do Sul Ltda. Frequentemente ele reparava que, nas notas de despacho, constava também a razão social da sociedade empresária Vinhos e Sucos de Bento Gonçalves Ltda. Os CNPJs das sociedades empresárias eram distintos, assim como suas respectivas personalidades jurídicas, porém, os sócios de ambas eram os mesmos, sendo certo que a sociedade empresária Vinhos e Sucos de Bento Gonçalves Ltda. era sócia majoritária da sociedade empresária Vinhos do Sul Ltda., além dos sócios pessoas físicas.

Com base no caso narrado, assinale a opção que apresenta a figura jurídica existente entre as sociedades empresárias e o efeito disso perante o contrato de trabalho de João, em caso de eventual ação trabalhista.

(A) Trata-se de consórcio de empregadores, havendo responsabilidade solidária.

(B) Trata-se de consórcio de empregadores, havendo responsabilidade subsidiária.

(C) Trata-se de grupo econômico, havendo responsabilidade solidária.

(D) Trata-se de grupo econômico, havendo responsabilidade subsidiária.

RESPOSTA Havendo duas ou mais empresas interligadas entre si, caracterizar-se-á o grupo econômico e com responsabilidade solidária entre as empresas pertencentes ao mesmo grupo, na forma do art. 2º, § 2º, da CLT c/c a Súmula 129 do TST. *Alternativa C.*

Atenção! A Reforma Trabalhista deu nova redação ao art. 2º, §§ 2º e 3º, da CLT:

Art. 2º, § 2º, da CLT – "Sempre que uma ou mais empresas, tendo, embora, cada uma delas, personalidade jurídica própria, estiverem sob a direção, controle ou administração de outra, ou ainda quando, mesmo guardando cada uma sua autonomia, integrem grupo econômico, serão responsáveis solidariamente pelas obrigações decorrentes da relação de emprego".

Art. 2º, § 3º, da CLT – "Não caracteriza grupo econômico a mera identidade de sócios, sendo necessárias, para a configuração do grupo, a demonstração do interesse integrado, a efetiva comunhão de interesses e a atuação conjunta das empresas dele integrantes".

8. (XXIV Exame) Carlos, professor de educação física e fisioterapeuta, trabalhou para a

Academia Boa Forma S/A, que assinou sua CTPS. Cumpria jornada de segunda a sexta-feira, das 7h às 16h, com uma hora de intervalo para almoço.

Ao longo da jornada de trabalho, ele ministrava quatro aulas de ginástica com 50 minutos de duração cada, e, também, fazia atendimentos fisioterápicos previamente marcados pelos alunos da Academia, na sociedade empresária Siga em Boa Forma Ltda., do mesmo grupo econômico da Academia, sem ter sua CTPS anotada. Dispensado, Carlos pretende ajuizar ação trabalhista.

Diante disso, em relação ao vínculo de emprego de Carlos assinale a afirmativa correta.

(A) O caso gera a duplicidade de contratos de emprego, sendo as empresas responsáveis solidárias dos débitos trabalhistas.

(B) O caso gera a duplicidade de contratos de emprego, sendo as empresas responsáveis subsidiárias dos débitos trabalhistas.

(C) O caso gera duplicidade de contratos de emprego, cada empresa com sua responsabilidade.

(D) O caso não gera coexistência de mais de um contrato de trabalho.

RESPOSTA Tratando-se de grupo econômico, e tendo o empregado prestado serviço a mais de uma empresa do grupo, não haverá mais de um contrato de trabalho, salvo ajuste em contrário, o que não ocorreu no problema analisado. Súmula 129 do TST. *Alternativa D.*

9. (XX Exame – Reaplicação) Um grupo de trabalhadores que atua voluntariamente na área de informática se reúne, e seus integrantes, desejosos de não se manterem na condição de empregados, resolvem criar uma cooperativa de serviço, na qual existe participação e ganho de todos, sendo conjunta a deliberação dos destinos da cooperativa.

Sobre a situação narrada, de acordo com a Lei de Regência, assinale a afirmativa correta.

(A) A cooperativa não poderá participar de licitações públicas.

(B) A quantidade mínima de sócios, para ser constituída a cooperativa, é de 7 (sete).

(C) O cooperativado que trabalhar entre 22h00min e 5h00min não receberá retirada noturna superior, porque não é empregado.

(D) O cooperativado é contribuinte facultativo da Previdência Social.

RESPOSTA A quantidade mínima de sócios, para ser constituída a cooperativa, é de 7 (sete), inteligência do art. 6º da Lei n. 12.690/2012. (A) Errada. (B) Certa – art. 6º da Lei n. 12.690/2012. (C) Errada. (D) Errada. *Alternativa B.*

II. ENCERRAMENTOS CONTRATUAIS

10. (41º Exame) Constantino é empregado em uma indústria de fabricação de móveis.

O empregador ficou ciente de que o Ministério Público Estadual apresentou denúncia contra Constantino pela prática de fato típico, antijurídico e culpável, praticado durante uma assembleia de condomínio contra um morador do mesmo prédio.

A denúncia foi recebida pelo juiz criminal e o processo penal teve início. A sociedade empresária consulta você, como advogado(a), para saber que efeito jurídico essa situação terá no contrato de trabalho.

De acordo com a legislação em vigor, assinale a afirmativa que, corretamente, apresenta sua resposta.

(A) O contrato de trabalho de Constantino ficará suspenso pelo recebimento da denúncia.

(B) O recebimento da denúncia é falta grave que automaticamente ensejará a extinção do contrato por justa causa.

(C) Nenhuma consequência haverá no contrato de trabalho, porque a presunção é de inocência.

(D) O contrato de trabalho ficará interrompido e Constantino será considerado licenciado até o término da ação penal.

RESPOSTA Constantino foi denunciado pelo Ministério Público Estadual, portanto, seu processo ainda não transitou em julgado, razão pela qual, não há que se falar na aplicação da justa causa prevista no art. 482, *d* da CLT. Ressalte-se que o problema não fala em perda da confiança entre os contratantes, portanto, em virtude da presunção de inocência, nenhuma consequência haverá no contrato de trabalho. *Alternativa C.*

11. (38º Exame) Vladimir, formado em Educação Física, 28 anos de idade, era instrutor em uma academia de ginástica há 1 ano, com a CTPS devidamente assinada. Ao ser comunicado pelo empregador de sua dispensa sem justa causa, com aviso prévio que deveria ser trabalhado, Vladimir foi tomado de intensa emoção e teve um ataque cardíaco fulminante, vindo a óbito.

De acordo com a situação retratada e a norma de regência, assinale a afirmativa correta.

(A) A sociedade empresária será condenada pelo acidente do trabalho sofrido, mas não haverá indenização pela extinção do contrato porque o aviso prévio não foi cumprido.

(B) As verbas devidas serão pagas, em quotas iguais, aos dependentes de Vladimir habilitados perante a Previdência Social e, na falta, aos sucessores previstos na lei civil.

(C) Não haverá responsabilidade civil do empregador por se tratar de caso fortuito e a Lei deter-

DIREITO DO TRABALHO

mina, no caso de morte suspeita, a consignação em pagamento dos valores devidos.

(D) A morte do empregado extingue o contrato de trabalho e a indenização a ser paga será a metade do que é devido pela dispensa sem justa causa.

RESPOSTA Conforme o art. 1º da Lei n. 6.858/80, os valores devidos pelos empregadores ao empregado que faleceu devem ser pagos aos seus dependentes habilitados perante a Previdência Social ou sucessores previstos na lei civil, em quotas iguais. *Alternativa B.*

12. **(XXXIII Exame)** Walmir foi empregado da sociedade empresária Lanchonete Chapa Quente Ltda., na qual atuou como atendente por um ano e três meses, sendo dispensado sem justa causa em julho de 2021.

A sociedade empresária procura você, como advogado(a), para saber o modo de pagamento dos direitos devidos a Walmir.

De acordo com o que dispõe a CLT, sabendo-se que a norma coletiva nada dispõe a respeito, assinale a afirmativa correta.

(A) Uma vez que o contrato vigorou por mais de um ano, deve ser feita a homologação perante o sindicato de classe do empregado ou perante o Ministério do Trabalho.

(B) O pagamento poderá ocorrer na própria empresa, pois não há mais necessidade de homologação da rescisão contratual pelo sindicato profissional ou pelo Ministério do Trabalho.

(C) Não havendo discórdia sobre o valor devido a Walmir, deverá ser apresentada uma homologação de acordo extrajudicial na Justiça do Trabalho, com assinatura de advogado comum.

(D) A sociedade empresária, ao optar por fazer o pagamento em suas próprias instalações, deverá obrigatoriamente depositar o valor na conta do trabalhador para ter a prova futura do adimplemento.

RESPOSTA Após a Reforma Trabalhista (Lei n. 13.467/2017), não é mais necessária a homologação da rescisão perante o sindicato ou Ministério do Trabalho (revogação do § 1º do art. 477 da CLT). *Alternativa B.*

13. **(XXXIII Exame)** Suelen trabalhava na Churrascaria Boi Mal Passado Ltda. como auxiliar de cozinha, recebendo salário fixo de R$ 1.500,00 (um mil e quinhentos reais) mensais. Por encontrar-se em dificuldade financeira, Suelen pediu ao seu empregador um empréstimo de R$ 4.500,00 (quatro mil e quinhentos reais) para ser descontado em parcelas de R$ 500,00 (quinhentos

reais) ao longo do tempo. Sensibilizado com a situação da empregada, a sociedade empresária fez o empréstimo solicitado, mas 1 mês após Suelen pediu demissão, sem ter pago qualquer parcela do empréstimo.

Considerando a situação de fato, a previsão da CLT e que a empresa elaborará o termo de rescisão do contrato de trabalho (TRCT), assinale a afirmativa correta.

(A) A sociedade empresária poderá descontar todo o resíduo do empréstimo do TRCT.

(B) A sociedade empresária poderá, no máximo, descontar no TRCT o valor de R$ 1.500,00 (um mil e quinhentos reais).

(C) Não pode haver qualquer desconto no TRCT, porque o empréstimo tem a natureza de contrato civil, de modo que a sociedade empresária deverá cobrá-lo na Justiça Comum.

(D) Por Lei, a sociedade empresária tem direito de descontar no TRCT o dobro da remuneração do empregado por eventual dívida dele.

RESPOSTA As compensações feitas na rescisão, não podem exceder o equivalente a um mês de remuneração do empregado. Portanto, se considerarmos o empréstimo um adiantamento, este só poderá ser compensado no limite de um mês de remuneração. Inteligência do art. 477, § 5º, da CLT. *Alternativa B.*

14. **(XXXII Exame)** Bruno era empregado em uma sociedade empresária, na qual atuava como teleoperador de vendas on-line de livros e artigos religiosos, usando, em sua estação de trabalho, computador e headset. Em determinado dia, o sistema de câmeras internas flagrou Bruno acessando, pelo computador, um site pornográfico por 30 minutos, durante o horário de expediente. Esse fato foi levado à direção no dia seguinte, que, indignada, puniu Bruno com suspensão por 40 dias, apesar de ele nunca ter tido qualquer deslize funcional anterior.

Diante da situação apresentada e dos termos da CLT, assinale a afirmativa correta.

(A) A punição, tal qual aplicada pela empresa, importa na rescisão injusta do contrato de trabalho.

(B) A punição é compatível com a gravidade da falta, devendo Bruno retornar ao emprego após os 40 dias de suspensão.

(C) A empresa deveria dispensar Bruno por justa causa, porque pornografia é crime, e, como não o fez, considera-se perdoada a falta.

(D) A empresa errou, porque, sendo a primeira falta praticada pelo empregado, a Lei determina que se aplique a pena de advertência.

RESPOSTA O prazo máximo de aplicação da pena de suspensão, conforme dispõe o art. 474 da CLT, é de 30 (trinta) dias. A suspensão do empregado por mais de 30 (trinta) dias consecutivos importa na rescisão injusta do contrato de trabalho. *Alternativa A.*

15. (XXXI Exame) Eduardo e Carla são empregados do Supermercado Praiano Ltda., exercendo a função de caixa. Após 10 meses de vigência do contrato, ambos receberam aviso prévio em setembro de 2019, para ser cumprido com trabalho. Contudo, 17 dias após, o Supermercado resolveu reconsiderar a sua decisão e manter Eduardo e Carla no seu quadro de empregados. Ocorre que ambos não desejam prosseguir, porque, nesse período, distribuíram seus currículos e conseguiram a promessa de outras colocações num concorrente do Supermercado Praiano, com salário um pouco superior.

Diante da situação posta e dos termos da CLT, assinale a afirmativa correta.

(A) Os empregados não são obrigados a aceitar a retratação, que só gera efeito se houver consenso entre empregado e empregador.

(B) Os empregados são obrigados a aceitá-la, uma vez que a retratação foi feita pelo empregador ainda no período do aviso prévio.

(C) A retratação deve ser obrigatoriamente aceita pela parte contrária se o aviso prévio for trabalhado, e, se for indenizado, há necessidade de concordância das partes.

(D) O empregador jamais poderia ter feito isso, porque a CLT não prevê a possibilidade de reconsideração de aviso prévio, que se torna irreversível a partir da concessão.

RESPOSTA Eduardo e Carla não são obrigados a aceitar a reconsideração do aviso prévio. Dado o aviso prévio, a rescisão torna-se efetiva depois de expirado o respectivo prazo, mas, se a parte notificante reconsiderar o ato, antes de seu termo, à outra parte é facultado aceitar ou não a reconsideração. Caso seja aceita a reconsideração ou continuando a prestação depois de expirado o prazo, o contrato continuará a vigorar, como se o aviso prévio não tivesse sido dado. Art. 489 e parágrafo único da CLT. *Alternativa A.*

16. (XXIX Exame) A sociedade empresária Ômega Ltda. deseja reduzir em 20% o seu quadro de pessoal, motivo pelo qual realizou um acordo coletivo com o sindicato de classe dos seus empregados, prevendo um Programa de Demissão Incentivada (PDI), com vantagens econômicas para aqueles que a ele aderissem.

Gilberto, empregado da empresa havia 15 anos, aderiu ao referido Programa em 12/10/2018, recebeu a indenização prometida sem fazer qualquer ressalva e, três meses depois, ajuizou reclamação trabalhista contra o ex-empregador. Diante da situação apresentada e dos termos da CLT, assinale a afirmativa correta.

(A) A adesão ao Programa de Demissão Incentivada (PDI) não impede a busca, com sucesso, por direitos lesados.

(B) A quitação plena e irrevogável pela adesão ao Programa de Demissão Incentivada (PDI) somente ocorreria se isso fosse acertado em convenção coletiva, mas não em acordo coletivo.

(C) O empregado não terá sucesso na ação, pois conferiu quitação plena.

(D) A demanda não terá sucesso, exceto se Gilberto previamente devolver em juízo o valor recebido pela adesão ao Programa de Demissão Incentivada (PDI).

RESPOSTA Plano de Demissão Voluntária ou Incentivada, para dispensa individual, plúrima ou coletiva, previsto em convenção coletiva ou acordo coletivo de trabalho, enseja quitação plena e irrevogável dos direitos decorrentes da relação empregatícia, salvo disposição em contrário estipulada entre as partes. Art. 477-B da CLT. *Alternativa C.*

17. (XXVIII Exame) Gerson Filho é motorista rodoviário e trabalha na sociedade empresária Viação Canela de Ouro Ltda. No dia 20 de agosto de 2018, ele se envolveu em grave acidente automobilístico, sendo, ao final da investigação, verificado que Gerson foi o responsável pelo sinistro, tendo atuado com dolo no evento danoso. Em razão disso, teve a perda da sua habilitação determinada pela autoridade competente.

O empregador procura você, como advogado(a), afirmando que não há vaga disponível para Gerson em outra atividade na empresa e desejando saber o que deverá fazer para solucionar a questão da maneira mais econômica e em obediência às normas de regência.

Diante desta situação e dos termos da CLT, assinale a afirmativa correta.

(A) O contrato de Gerson deverá ser suspenso.

(B) O empregador deverá interromper o contrato de Gerson.

(C) O contrato do empregado deverá ser rompido por justa causa.

(D) A empresa deverá dispensar Gerson sem justa causa.

RESPOSTA Constitui justa causa para rescisão do contrato de trabalho pelo empregador a perda da ha-

DIREITO DO TRABALHO

bilitação ou dos requisitos estabelecidos em lei para o exercício da profissão, em decorrência de conduta dolosa do empregado. Art. 482, *m*, da CLT. *Alternativa C*.

18. **(XXVIII Exame)** A sociedade empresária Beta Ltda. está passando por grave crise econômica e financeira e, em razão disso, resolveu reduzir drasticamente suas atividades, encerrando unidades e terceirizando grande parte dos seus serviços. Por conta disso, a empresa, que possuía 500 empregados, dispensou 450 deles no dia 23 de janeiro de 2018.

Diante do caso apresentado e dos preceitos da CLT, assinale a afirmativa correta.

(A) Trata-se de dispensa em massa, sendo nula porque não autorizada em norma coletiva.
(B) Equivocou-se a empresa, porque para realizar a dispensa coletiva ela é obrigada a oferecer antes adesão ao Programa de Demissão Voluntária (PDV).
(C) A ordem de antiguidade obrigatoriamente deve ser respeitada, pelo que os 50 empregados mais antigos não poderão ser dispensados.
(D) A dispensa ocorreu validamente, pois a dispensa coletiva é equiparada à dispensa individual.

RESPOSTA As dispensas imotivadas individuais, plúrimas ou coletivas equiparam-se para todos os fins, não havendo necessidade de autorização prévia de entidade sindical ou de celebração de convenção coletiva ou acordo coletivo de trabalho para sua efetivação. Art. 477-A da CLT. *Alternativa D*.

19. **(XXVII Exame)** Gilda e Renan são empregados da sociedade empresária Alfa Calçados Ltda. há 8 meses, mas, em razão da crise econômica no setor, o empregador resolveu dispensá-los em outubro de 2018. Nesse sentido, concedeu aviso prévio indenizado de 30 dias a Gilda e aviso prévio trabalhado de 30 dias a Renan.

Em relação ao prazo máximo, previsto na CLT, para pagamento das verbas devidas pela extinção, assinale a afirmativa correta.

(A) Ambos os empregados receberão em até 10 dias contados do término do aviso prévio.
(B) Gilda receberá até o 10º dia do término do aviso e Renan, até o 1º dia útil seguinte ao término do aviso prévio.
(C) Gilda e Renan receberão seus créditos em até 10 dias contados da concessão do aviso prévio.
(D) Gilda receberá até o 1º dia útil seguinte ao término do aviso prévio e Renan, até o 10º dia do término do aviso.

RESPOSTA O pagamento dos valores constantes do instrumento de rescisão ou recibo de quitação deverão ser efetuados até dez dias contados a partir do

término do contrato. Art. 477, § 6º, da CLT. *Alternativa A*. Observar a reforma trabalhista realizada pela Lei n. 13.467/2017, que deu nova redação ao § 6º do art. 477 da CLT.

20. **(XXV Exame)** Efigênia foi empregada da sociedade empresária Luz Eterna S.A., exercendo, por último, o cargo de chefe do setor de Recursos Humanos. Após décadas de dedicação à empresa, Efigênia se aposentou por tempo de contribuição e saiu do emprego por vontade própria, recebendo a indenização legal. Ocorre que, após seis meses da jubilação, Efigênia passou a sentir falta da rotina que o seu trabalho gerava e também do convívio com os colegas de trabalho, daí por que manifestou desejo de retornar ao mercado de trabalho. Ciente disso, a ex-empregadora ofereceu novamente o emprego a Efigênia, nas mesmas condições vigentes antes da aposentadoria, já que ela era excelente empregada e tinha profundo conhecimento das rotinas do setor de RH. Com base na situação retratada e na Lei, assinale a afirmativa correta.

(A) Uma vez que Efigênia se aposentou, ela não pode assumir emprego na mesma sociedade empresária na qual se jubilou, por vedação legal expressa, sob pena de nulidade do segundo contrato.
(B) Se Efigênia voltar a trabalhar na sociedade empresária, o seu contracheque terá o desconto do INSS mensal, sendo irrelevante que ela seja aposentada.
(C) A ex-empregada pode voltar a trabalhar porque sua liberdade é garantida pela Constituição da República, mas deverá optar entre receber o salário do empregador ou a aposentadoria pelo INSS, já que não é possível o acúmulo.
(D) O tempo trabalhado antes da aposentadoria, caso seja quitado pela sociedade empresária, será considerado para fins de pagamento de adicional por tempo de serviço no segundo contrato.

RESPOSTA O empregado aposentado que obtiver novo contrato de trabalho será descontado do valor referente a contribuição previdenciária, vez que permanece na condição de segurado obrigatório (art. 11, *a*, da Lei n. 8.213/91) e fará jus a salário-família e a reabilitação profissional por força do disposto no art. 18, § 2º, da Lei n. 8.213/91. *Alternativa B*.

21. **(XXV Exame)** Ferdinando trabalha na sociedade empresária Alfa S.A. há 4 anos, mas anda desestimulado com o emprego e deseja dar um novo rumo à sua vida, retornando, em tempo integral, aos estudos para tentar uma outra carreira profissional. Imbuído desta intenção, Ferdinando procurou seu chefe, em 08/03/2018, e apresentou uma proposta para, de comum acordo, ser dispensado da empresa, com formulação de um distrato. Diante do caso apresentado e dos termos da CLT, assinale a afirmativa correta.

(A) A realização da extinção contratual por vontade mútua é viável, mas a indenização será reduzida pela metade e o empregado não receberá seguro desemprego.

(B) A ruptura contratual por consenso pode ser feita, mas depende de homologação judicial ou do sindicato de classe do empregado.

(C) O contrato não pode ser extinto por acordo entre as partes, já que falta previsão legal para tanto, cabendo ao empregado pedir demissão ou o empregador o dispensar sem justa causa.

(D) O caso pode ser considerado desídia por parte do empregado, gerando então a dispensa por justa causa, sem direito a qualquer indenização.

RESPOSTA A Reforma Trabalhista da Lei n. 13.467/2017 inseriu o art. 484-A, I, *b*, e § 2º, na CLT que possibilita a extinção do contrato de trabalho por acordo entre empregado e empregador, caso em que é devida pela metade a indenização sobre o saldo do FGTS, prevista no § 1º do art. 18 da Lei n. 8.036/90 e não autoriza o ingresso no Programa de Seguro-Desemprego. *Alternativa A.*

22. (XXIII Exame) João era proprietário de uma padaria em uma rua movimentada do centro da cidade. Em razão de obras municipais, a referida rua foi interditada para veículos e pedestres. Por conta disso, dada a ausência de movimento, João foi obrigado a extinguir seu estabelecimento comercial, implicando a paralisação definitiva do trabalho.

Acerca da indenização dos empregados pela extinção da empresa, à luz da CLT, assinale a afirmativa correta.

(A) Caberá indenização ao empregado, a ser paga pelo Município.

(B) Caberá indenização ao empregado, a ser paga pela União.

(C) Caberá indenização ao empregado, a ser paga pelo empregador, sem possibilidade de ressarcimento.

(D) Tratando-se de motivo de força maior, não há pagamento de indenização.

RESPOSTA Trata-se de *factum principis*, razão pela qual o Município deverá arcar com a indenização do empregado – art. 486 da CLT. *Alternativa A.*

23. (XXIII Exame) Cristóvão trabalhava na sociedade empresária Solventes Químicos S/A como motorista de empilhadeira. Ocorre que,

em uma viagem de lazer feita nas férias, Cristóvão sofreu um acidente automobilístico e veio a óbito. Cristóvão deixou viúva, com quem era casado há 28 anos pelo regime da comunhão parcial de bens, e cinco filhos, sendo três deles maiores de 21 anos e capazes, e dois menores de 21 anos.

Diante da tragédia ocorrida, a sociedade empresária calculou as verbas devidas em razão da extinção contratual decorrente da morte e pretende efetuar o pagamento a quem de direito.

De acordo com a legislação de regência, assinale a opção que contempla os beneficiários dessa verba.

(A) Somente a esposa e os filhos menores, por serem dependentes previdenciários passíveis de habilitação junto ao INSS, dividirão igualmente a verba decorrente do contrato de trabalho.

(B) A viúva e todos os filhos são sucessores, motivo pelo qual a verba deverá ser rateada igualmente entre todos, conferindo-se isonomia.

(C) A viúva, por ser herdeira e meeira, ficará com 50% da indenização pela ruptura do contrato de trabalho, dividindo-se o restante, igualmente, entre os filhos.

(D) A Lei não é clara sobre quem deve receber a indenização, razão pela qual caberá ao juiz, no caso concreto e verificando a necessidade de cada herdeiro, fazer a divisão justa e equânime.

RESPOSTA Art. 1º da Lei n. 6.858/80. *Alternativa A.*

24. (XXI Exame) Plínio é empregado da empresa Vigilância e Segurança Ltda., a qual não lhe paga salário há dois meses e não lhe fornece vale transporte há cinco meses. Plínio não tem mais condições de ir ao trabalho e não consegue prover seu sustento e de sua família.

Na qualidade de advogado(a) de Plínio, de acordo com a CLT, assinale a opção que melhor atende aos interesses do seu cliente.

(A) Propor uma ação trabalhista pedindo a rescisão indireta em razão do descumprimento do contrato por não concessão do vale transporte, podendo permanecer, ou não, no serviço até decisão do processo.

(B) Propor uma ação trabalhista pedindo a rescisão indireta em razão do descumprimento do contrato por mora salarial.

(C) Propor uma ação trabalhista pedindo a rescisão indireta em razão do descumprimento do contrato por não concessão do vale transporte, mas deverá continuar trabalhando até a data da sentença.

(D) Propor uma ação trabalhista pedindo as parcelas decorrentes da ruptura contratual por pedido de demissão, além do vale transporte e salá-

DIREITO DO TRABALHO

rios atrasados e indenização por dano moral, mas seu cliente deve pedir demissão.

RESPOSTA Na forma do art. 483, *d* e § 3º, da CLT, poderá propor uma ação trabalhista pedindo a rescisão indireta em razão do descumprimento do contrato por não concessão do vale transporte, podendo permanecer, ou não, no serviço até decisão do processo. (A) Certa – art. 483, *d*, e § 3º, da CLT. (B) Errada. (C) Errada. (D) Errada. *Alternativa A.*

25. **(XX Exame)** Um determinado empregado é vigilante e, por meio do seu empregador, sempre prestou serviços terceirizados a uma instituição bancária privada. Após ser dispensado, o ex-empregado ajuizou ação contra o seu antigo empregador e a instituição bancária, reclamando horas extras, diferença por acúmulo de funções e indenização por dano moral.

Sobre a situação apresentada, assinale a afirmativa correta.

(A) Caso haja sucesso na demanda, a instituição bancária não poderá ser condenada em qualquer nível porque não foi o empregador.

(B) A instituição bancária poderá ser condenada de forma solidária pelos créditos porventura deferidos porque terceirizou atividade-fim.

(C) O banco poderia ser condenado de forma mista, ou seja, pagaria todos os direitos devidos exceto dano moral.

(D) A instituição bancária será condenada de forma subsidiária por todos os créditos porventura deferidos.

RESPOSTA Conforme dispõe a Súmula 331, VI, do TST, a instituição bancária será condenada de forma subsidiária por todos os créditos porventura deferidos. (A) Errada. (B) Errada. (C) Errada. (D) Certa – Súmula 331, VI, do TST. *Alternativa D.* Estudar a Lei n. 13.429/2017.

III. REMUNERAÇÃO E SALÁRIO

26. **(38º Exame)** Sílvio Luiz foi convidado pelo seu empregador para ocupar interinamente o cargo de supervisor administrativo; sendo certo que, em caso de vacância do cargo, este seria preenchido por Sílvio Luiz. Diante desta situação, você foi consultado, como advogado(a) do empregado, para saber acerca dos seus direitos na hipótese.

Sobre o caso apresentado, de acordo com o texto em vigor da CLT e a jurisprudência consolidada do TST, assinale a afirmativa correta.

(A) Caso não haja a vacância e cessada a interinidade do cargo, Sílvio Luiz terá que ser desligado da empresa por motivo econômico, o que afasta o pagamento da multa de 40%, pois a alteração contratual de reversão será ilícita e autorizada a dispensa na hipótese por justo motivo.

(B) Sílvio Luiz, no caso de vacância definitiva do cargo, passará a ocupá-lo e terá necessariamente direito ao salário do seu antecessor.

(C) Sendo a hipótese de férias do efetivo supervisor administrativo que ensejou o trabalho interino de Sílvio Luiz no cargo, este último não faz jus ao mesmo salário do substituído no período.

(D) Considerando que o exercício do cargo será interino, não havendo a vacância posterior, Sílvio Luiz terá garantido o retorno ao seu cargo anterior e a contagem de tempo de serviço no cargo ocupado temporariamente.

RESPOSTA Por força da Súmula 159 do TST, enquanto perdurar a substituição que não tenha caráter meramente eventual, o empregado substituto fará jus ao salário contratual do substituído. Vago o cargo em definitivo, o empregado que passa a ocupá-lo não tem direito a salário igual ao do antecessor. *Alternativa D.*

27. **(38º Exame)** Anne é diretora não empregada de uma grande multinacional. Ela tem contraprestação pecuniária elevada e algumas vantagens pelo cargo que ocupa como, por exemplo, veículo com motorista e o aluguel de uma espaçosa residência. Na última assembleia, no entanto, Anne levou a debate sua pretensão de receber mensalmente FGTS em conta vinculada.

Sobre a pretensão de Anne, de acordo com a lei de regência, assinale a afirmativa correta.

(A) A pretensão é inviável, porque Anne não tem o contrato regido pela CLT e, assim, não pode ter FGTS.

(B) Se a sociedade empresária desejar, poderá equiparar, para fins de FGTS, o diretor não empregado aos demais trabalhadores.

(C) A Lei permite atender ao pedido, mas Anne terá creditada metade do percentual do FGTS de um empregado regular.

(D) Para ter direito ao FGTS, Anne terá que renunciar ao cargo que ocupa e passar a ser diretora empregada.

RESPOSTA. Conforme preceitua o art. 16 da Lei n. 8.036/90, as empresas sujeitas ao regime da legislação trabalhista poderão equiparar seus diretores não empregados aos demais trabalhadores sujeitos ao regime do FGTS. *Alternativa B.*

28. **(36º Exame)** A partir de 2021, uma determinada sociedade empresária passou a oferecer aos seus empregados, gratuitamente, plano de saúde em grupo como forma de fidelizar a sua mão de obra e para que o empregado se sinta valorizado. O plano oferece uma boa rede credenciada e internação, se necessária, em enfermaria. Tanto o empregado quanto os seus dependentes são beneficiários. Todos os empregados se interessaram pelo plano e assinaram o documento respectivo de adesão.

Em relação a essa vantagem, de acordo com a CLT, assinale a afirmativa correta.

(A) O benefício não é considerado salário utilidade e, assim, não haverá qualquer reflexo.

(B) O plano, por se tratar de salário *in natura*, vai integrar o salário dos empregados pelo seu valor real.

(C) O valor do plano deverá ser integrado ao salário dos empregados pela metade do seu valor de mercado.

(D) O valor relativo ao empregado não será integrado ao salário, mas o valor referente aos dependentes refletirá nos demais direitos do trabalhador.

RESPOSTA Por força do art. 458, § 2º, IV e § 5º da CLT, além do pagamento em dinheiro, compreende-se no salário, para todos os efeitos legais, a alimentação, habitação, vestuário ou outras prestações *in natura* que a empresa, por força do contrato ou do costume, fornecer habitualmente ao empregado. Não serão consideradas como salário as seguintes utilidades concedidas pelo empregador: assistência médica, hospitalar e odontológica, prestada diretamente ou mediante seguro-saúde. *Alternativa A.*

29. **(XXXIV Exame)** Na reclamação trabalhista movida por Paulo contra a sociedade empresária Moda Legal Ltda., o juiz prolator da sentença reconheceu que o autor tinha direito ao pagamento das comissões, que foram prometidas mas jamais honradas, mas indeferiu o pedido de integração das referidas comissões em outras parcelas (13º salário, férias e FGTS) diante da sua natureza indenizatória.

Considerando a situação de fato e a previsão legal, assinale a afirmativa correta.

(A) Correta a decisão, porque todas as verbas que são deferidas numa reclamação trabalhista possuem natureza indenizatória.

(B) Errada a decisão que indeferiu a integração, porque comissão tem natureza jurídica salarial, daí repercute em outras parcelas.

(C) Correta a decisão, pois num contrato de trabalho as partes podem atribuir a natureza das parcelas desde que haja acordo escrito neste sentido assinado pelo empregado.

(D) A decisão está parcialmente correta, porque a CLT determina que, no caso de reconhecimento judicial de comissões, metade delas terá natureza salarial.

RESPOSTA Após a Reforma Trabalhista (Lei n. 13.467/2017), apenas a parcela fixa estipulada, as comissões pagas pelo empregador e as gratificações legais integram o conceito de salário (art. 457, § 1º, da CLT), portanto, errada a decisão que indeferiu o pedido de integração das comissões alegando natureza indenizatória destas. *Alternativa B.*

30. **(XXXIII Exame)** Um grupo de investidores está estimando custos para montar empresas em diversos ramos. Por isso, procuraram você, como advogado(a), para serem informados sobre os custos dos adicionais de periculosidade e insalubridade nas folhas de pagamento.

Sobre a orientação dada, de acordo com o texto da CLT, assinale a afirmativa correta.

(A) O adicional de insalubridade varia entre os graus mínimo, médio e máximo sobre o salário mínimo; o de periculosidade tem percentual fixo: 30% do salário básico do empregado.

(B) Os adicionais de periculosidade e insalubridade variam entre os graus mínimo, médio e máximo, sendo, respectivamente, de 10%, 20% e 30% do salário dos empregados.

(C) As atividades com inflamáveis, explosivos e energia elétrica são consideradas as de maior risco, com um adicional de 50% sobre as remunerações dos empregados.

(D) O direito do empregado ao adicional de insalubridade ou periculosidade só pode cessar com a mudança de função ou por determinação judicial.

RESPOSTA O exercício de trabalho em condições insalubres, acima dos limites de tolerância estabelecidos pelo Ministério do Trabalho, assegura a percepção de adicional respectivamente de 40% (quarenta por cento), 20% (vinte por cento) e 10% (dez por cento) do salário mínimo, segundo se classifiquem nos graus máximo, médio e mínimo. O trabalho em condições de periculosidade assegura ao empregado um adicional de 30% (trinta por cento) sobre o salário sem os acréscimos resultantes de gratificações, prêmios ou participações nos lucros da empresa (arts. 192 e 193, § 1º, da CLT). *Alternativa A.*

31. **(XXXII Exame)** Desde abril de 2019, Denilson é empregado em uma indústria de cosméticos, com carteira profissional assinada. No último contracheque de Denilson verifica-se o pagamento das seguintes parcelas: abono, prêmio, comissão e diária para viagem.

DIREITO DO TRABALHO

Considerando essa situação, assinale a opção que indica a verba que, de acordo com a CLT, integra o salário e constitui base de incidência de encargo trabalhista.

(A) Abono.

(B) Prêmio.

(C) Comissão.

(D) Diária para viagem.

RESPOSTA Integram o salário a importância fixa estipulada, as gratificações legais e as comissões pagas pelo empregador. As importâncias, ainda que habituais, pagas a título de ajuda de custo, auxílio-alimentação, vedado seu pagamento em dinheiro, diárias para viagem, prêmios e abonos não integram a remuneração do empregado, não se incorporam ao contrato de trabalho e não constituem base de incidência de qualquer encargo trabalhista e previdenciário.

Portanto, de acordo com a CLT, integra o salário e constitui base de incidência de encargo trabalhista, a comissão recebida. (Art. 457, §1º da CLT). *Alternativa C.*

32. (XXXII Exame) Regina foi admitida pela sociedade empresária Calçados Macios Ltda., em abril de 2020, para exercer a função de estoquista. No processo de admissão, foi ofertado a Regina um plano de previdência privada, parcialmente patrocinado pelo empregador. Uma vez que as condições pareceram vantajosas, Regina aderiu formalmente ao plano em questão. No primeiro contracheque, Regina verificou que, na parte de descontos, havia subtrações a título de INSS e de previdência privada.

Assinale a opção que indica, de acordo com a CLT, a natureza jurídica desses descontos.

(A) Ambos são descontos legais.

(B) INSS é desconto legal e previdência privada, contratual.

(C) Ambos são descontos contratuais.

(D) INSS é desconto contratual e previdência privada, legal.

RESPOSTA O INSS corresponde à contribuição social previdenciária prevista no Decreto n. 3.048/99, cabendo ao empregador o desconto relativo às contribuições previdenciárias de seus empregados. Em relação ao desconto de previdência privada, não há na lei obrigatoriedade de a empresa fornecer previdência privada aos empregados, tratando-se portanto de estipulação contratual. *Alternativa B.*

33. (XXVI Exame) Jorge era caixa bancário e trabalhava para o Banco Múltiplo S/A. Recebia salário fixo de R$ 4.000,00 mensais. Além disso, recebia comissão de 3% sobre cada seguro de carro, vida e previdência oferecido e aceito pelos clientes do Banco, o que fazia concomitantemente com suas atividades de caixa, computando-se o desempenho para suas metas e da agência. Os produtos em referência não eram do banco, mas, sim, da Seguradora Múltiplo S/A, empresa do mesmo grupo econômico do empregador de Jorge.

Diante disso, observando o entendimento jurisprudencial consolidado do TST, bem como as disposições da CLT, assinale a afirmativa correta.

(A) Os valores recebidos a título de comissão não devem integrar a remuneração de Jorge, por se tratar de liberalidade.

(B) Os valores recebidos a título de comissão não devem integrar a remuneração de Jorge, porque relacionados a produtos de terceiros.

(C) Os valores recebidos a título de comissão devem integrar a remuneração de Jorge.

(D) Os valores recebidos a título de comissão não devem integrar a remuneração de Jorge, uma vez que ocorreram dentro do horário normal de trabalho, para o qual Jorge já é remunerado pelo banco.

RESPOSTA De acordo com a Súmula 93, do TST: Integra a remuneração do bancário a vantagem pecuniária por ele auferida na colocação ou na venda de papéis ou valores mobiliários de empresas pertencentes ao mesmo grupo econômico, se exercida essa atividade no horário e no local de trabalho e com o consentimento, tácito ou expresso, do banco empregador. Portanto, os valores recebidos a título de comissão devem integrar a remuneração de Jorge. *Alternativa C.*

34. (XXIV Exame) Solange é comissária de bordo em uma grande empresa de transporte aéreo e ajuizou reclamação trabalhista postulando adicional de periculosidade, alegando que permanecia em área de risco durante o abastecimento das aeronaves porque ele era feito com a tripulação a bordo.

Iracema, vizinha de Solange, trabalha em uma unidade fabril recebendo adicional de insalubridade, mas, após cinco anos, sua atividade foi retirada da lista de atividades insalubres, por ato da autoridade competente.

Sobre as duas situações, segundo a norma de regência e o entendimento consolidado do TST, assinale a afirmativa correta.

(A) Solange não tem direito ao adicional de periculosidade e Iracema perderá o direito ao adicional de insalubridade.

(B) Solange tem direito ao adicional de periculosidade e Iracema manterá o adicional de insalubridade por ter direito adquirido.

(C) Solange não tem direito ao adicional de pericu-losidade e Iracema manterá o direito ao adicio-nal de insalubridade.

(D) Solange tem direito ao adicional de periculosi-dade e Iracema perderá o direito ao adicional de insalubridade.

RESPOSTA Solange não tem direito ao adicional de periculosidade, pois os tripulantes e demais emprega-dos auxiliares de transporte aéreo que, no momento do abastecimento da aeronave, permanecem a bordo não tem direito ao adicional de periculosidade previs-to no art. 193 da CLT (Súmula 447 do TST). Já Iracema perderá o direito ao adicional de insalubridade, pois a descaracterização da insalubridade por ato da autori-dade competente, repercute na satisfação do respec-tivo adicional, sem ofensa a direito adquirido ou ao princípio da irredutibilidade salarial (Súmula 248 do TST). *Alternativa A.*

35. (XXIII Exame) Um representante co-mercial ajuíza ação na Justiça do Traba-lho pedindo a devolução de descontos. Ele explica que sua comissão sobre as vendas é de 5%, mas que pode optar pelo percentual de 10%, desde que se comprometa a pagar o valor da venda, caso o comprador fique inadimplente. Alega que sem-pre fez a opção pelos 10%, e que, nos casos de inadimplência, teve de pagar o valor do negócio para depois tentar reaver a quantia do comprador, o que caracterizaria transferência do risco da ati-vidade econômica.

Diante do caso apresentado e da lei de regência, assinale a afirmativa correta.

(A) A prática é válida porque o representante não é empregado nos moldes da CLT, além de ter sido uma opção por ele tomada.

(B) O caso traduz um *truck system*, sendo que a lei limita o prejuízo do representante comercial a 50% da venda não paga.

(C) A norma de regência é omissa a respeito desta situação, razão pela qual é válida, na medida em que se trata de relação de direito privado.

(D) A situação caracteriza a cláusula *del credere*, ve-dada pela Lei de Representação Comercial.

RESPOSTA Com base no art. 43 da Lei n. 4.886/65 é vedada a cláusula *del credere*, que corresponde à previsão da parte contratante ou representada des-contar os valores de comissões ou vendas do repre-sentante comercial na hipótese da venda ou de a tran-sação ser cancelada ou desfeita. *Alternativa D.*

36. (XXII Exame) Lino trabalha como diagra-mador na sociedade empresária XYZ Ltda., localizada em um grande centro urbano, e recebe do empregador, além do salário, moradia e plano de assistência odontológica, graciosamente.

Sobre o caso narrado, de acordo com a CLT, assina-le a afirmativa correta.

(A) Ambos os benefícios serão incorporados ao sa-lário de Lino.

(B) Somente o benefício da habitação será integra-do ao salário de Lino.

(C) Nenhum dos benefícios será incorporado ao sa-lário de Lino.

(D) Somente o benefício do plano de assistência odontológica será integrado ao salário de Lino.

RESPOSTA Somente o benefício da habitação será integrado ao salário de Lino, pois de acordo com o art. 458 da CLT: Além do pagamento em dinheiro, compre-ende-se no salário, para todos os efeitos legais, a ali-mentação, habitação, vestuário ou outras prestações *in natura* que a empresa, por força do contrato ou do costume, fornecer habitualmente ao empregado. Em caso algum será permitido o pagamento com bebidas alcoólicas ou drogas nocivas. (A) Errada. (B) Certa – art. 458 da CLT. (C) Errada. (D) Errada. *Alternativa B.*

37. (XXII Exame) Célio e Paulo eram funcioná-rios da sociedade empresária Minério Ltda. e trabalhavam no município do Rio de Janeiro. Por ne-cessidade de serviço, eles foram deslocados para trabalhar em outros municípios. Célio continuou morando no mesmo lugar, porque o município em que passou a laborar era contíguo ao Rio de Janeiro. Paulo, no entanto, mudou-se definitivamente, com toda a família, para o município em que passou a trabalhar, distante 350 km do Rio de Janeiro.

Dois anos depois, ambos foram dispensados. A so-ciedade empresária nada pagou aos funcionários quando das transferências de locais de trabalho, salvo a despesa com a mudança de Paulo. Ambos ajuizaram ações trabalhistas.

A partir da hipótese sugerida, assinale a afirmativa correta.

(A) Célio e Paulo não têm direito ao adicional de transferência.

(B) Apenas Paulo tem direito ao adicional de trans-ferência.

(C) Apenas Célio tem direito ao adicional de trans-ferência.

(D) Ambos têm direito ao adicional de transferência.

RESPOSTA Célio e Paulo não têm direito ao adicio-nal de transferência, pois, com base na OJ 113, SDI-1, TST, o fato de o empregado exercer cargo de confian-ça ou a existência de previsão de transferência no contrato de trabalho não exclui o direito ao adicional. O pressuposto legal apto a legitimar a percepção do

DIREITO DO TRABALHO

mencionado adicional é a transferência provisória. (A) Certa – OJ 113, SDI-1, TST. (B) Errada. (C) Errada. (D) Errada. *Alternativa A.*

38. **(XX Exame)** Flávio trabalhou na sociedade empresária Sul Minas Ltda., e recebia R$ 1.500,00 mensais. Além disso, desfrutava de plano de saúde custeado integralmente pela empregadora, no valor de R$ 500,00. Em sede de ação trabalhista, Flávio pede a integração do valor à sua remuneração.

Com base na hipótese apresentada, na qualidade de advogado da sociedade empresária, assinale a afirmativa correta.

(A) A contestação deverá aduzir apenas que o plano de saúde não tem caráter de contraprestação, sendo concedido como ferramenta de trabalho, por isso não integra a remuneração.

(B) A contestação deverá sustentar a inexistência de caráter remuneratório do benefício, o que está expressamente previsto em lei.

(C) A contestação deverá alegar que as verbas rescisórias foram pagas observando o reflexo do valor do plano de saúde.

(D) A contestação deverá alegar apenas que a possibilidade de o empregado continuar com o plano de saúde após a ruptura do contrato retira do mesmo o caráter remuneratório.

RESPOSTA A contestação deverá sustentar a inexistência de caráter remuneratório do benefício, o que está expressamente previsto no art. 458, § 2º, IV, da CLT. (A) Errada. (B) Certa – art. 458, § 2º, IV, da CLT. (C) Errada. (D) Errada. *Alternativa B.*

IV. ESTABILIDADES E GARANTIAS DE EMPREGO

39. **(41º Exame)** Roberta é estagiária numa fábrica de tecelagem, mesmo lugar onde Rogéria atua como aprendiz e que Fabiane trabalha como subgerente. No ano de 2024, as três trabalhadoras engravidaram.

O empregador consultou você, como advogado(a), sobre a possibilidade de dispensar essas trabalhadoras sem justa causa, porque os sócios decidiram investir em máquinas modernas, automatizadas, e dispensar 50% da mão de obra.

Considerando os fatos narrados e a norma de regência, assinale a opção que apresenta a orientação correta que você prestou.

(A) Apenas Fabiane possui garantia no emprego.

(B) Somente Rogéria e Fabiane possuem garantia no emprego.

(C) Roberta, Rogéria e Fabiane não poderão ser dispensadas em razão da garantia no emprego oriunda da gravidez.

(D) Todas as trabalhadoras citadas poderão ser dispensadas sem justa causa em razão da força maior apresentada pela empresa.

RESPOSTA Roberta é estagiária e não empregada celetista, portanto, não tem direito a garantia de emprego por estar grávida – art. 3º da Lei n. 11.788/2008. Rogéria é empregada na modalidade de aprendiz (art. 428 da CLT) e Fabiane é subgerente, empregada celetista (arts. 2º e 3º da CLT), assim sendo, ambas são detentoras da garantia de emprego prevista no art. 10, II, *b*, do ADCT c/c Súmula 244 do TST. *Alternativa B.*

40. **(39º Exame)** Determinada sociedade empresária possui cerca de 100 funcionários e, em razão de mudança na direção, decidiu realizar algumas dispensas. Ocorre que alguns dos funcionários indicados para a dispensa são detentores de garantias no emprego, sendo uma em decorrência de gestação; outra por ser dirigente sindical; outro por ser membro da Comissão Interna de Prevenção de Acidentes (CIPA) eleito pelos empregados. Além desses casos existe um quarto funcionário, que informou não poder ser dispensado por também ser membro da CIPA, indicado pelo próprio empregador.

Diante disso, a sociedade empresária consultou você, como advogado(a), para saber os períodos e as possibilidades de dispensa.

A esse respeito, assinale a afirmativa correta.

(A) Todas as modalidades de estabilidade ou garantia de emprego possuem a mesma duração.

(B) A estabilidade gestante dá-se da confirmação da gravidez até cinco meses após o parto; a do membro da CIPA eleito pelos empregados, dá-se do registro da candidatura até um ano após o término do mandato, assim como a do dirigente sindical.

(C) Os empregados representantes da CIPA, seja o eleito pelos empregados, seja o indicado como representante do empregador, têm garantia no emprego até um ano após o término do mandato.

(D) O conhecimento por parte do empregador do estado gravídico da empregada gestante é requisito para o reconhecimento da estabilidade.

RESPOSTA A estabilidade da gestante se dá desde a confirmação da gravidez até 5 meses após o parto – art. 10, II, *b*, do ADCT. O dirigente sindical, representante dos empregados, titulares e suplentes, possuem estabilidade, desde o registro da candidatura a cargo de direção ou representação de entidade sindical ou de associação profissional, até 1 (um) ano após o final do seu mandato, caso seja eleito, salvo se cometerem falta grave devidamente apurada por Inquérito Judicial – art. 543, § 3º, da CLT. Por fim, os membros da CIPA, eleitos representantes dos empregados, possuem estabilidade desde o registro da candidatura, até 1 (um) ano após o final do mandato – art. 10, I, do ADCT. *Alternativa B.*

41. **(XXXIII Exame)** Jorge e Manoel integram a Comissão Interna de Prevenção de Acidentes (CIPA) da empresa na qual trabalham. Jorge é representante do empregador e Manoel, representante dos empregados. Durante a vigência dos seus mandatos, ambos foram dispensados, sem justa causa, na mesma semana, recebendo aviso prévio indenizado.

Considerando a situação de fato e a previsão da CLT, assinale a afirmativa correta.

(A) Não há empecilho à dispensa de Jorge, mas Manoel tem garantia no emprego e não poderia ser desligado sem justa causa.

(B) Ambos os empregados podem ser dispensados, porque o empregador concedeu aviso prévio indenizado.

(C) Jorge, por ser representante do empregador junto à CIPA e dele ter confiança, não poderá ser dispensado, exceto por justa causa.

(D) Nenhum empregado integrante da CIPA pode ser dispensado sem justa causa durante o mandato e até 1 ano após.

RESPOSTA Somente os representantes dos empregados possuem a proteção da garantia de emprego, quando integrantes da CIPA. No caso em tela, Jorge é representante do empregador, portanto, não possui qualquer tipo de proteção, podendo ser demitido imotivadamente. Já Manoel, representa os empregados, portanto, detentor da garantia de emprego prevista no art. 10, II, *a*, do ADCT, não podendo ser demitido imotivadamente. *Alternativa A.*

42. **(XXIX)** Em uma grande empresa que atua na prestação de serviços de telemarketing e possui 250 funcionários, trabalham as empregadas listadas a seguir:

Alice, que foi contratada a título de experiência, e, um pouco antes do término do seu contrato, engravidou;

Sofia, que foi contratada a título temporário, e, pouco antes do termo final de seu contrato, sofreu um acidente do trabalho;

Larissa, que foi indicada pelo empregador para compor a CIPA da empresa;

Maria Eduarda, que foi eleita para a comissão de representantes dos empregados, na forma da CLT alterada pela Lei n. 13.467/2017 (reforma trabalhista).

Diante das normas vigentes e do entendimento consolidado do TST, assinale a opção que indica as empregadas que terão garantia no emprego.

(A) Sofia e Larissa, somente.

(B) Alice e Maria Eduarda, somente.

(C) Alice, Sofia e Maria Eduarda, somente.

(D) Alice, Sofia, Larissa e Maria Eduarda.

RESPOSTA A empregada gestante tem direito à estabilidade provisória prevista no art. 10, inciso II, alínea *b*, do Ato das Disposições Constitucionais Transitórias, mesmo na hipótese de admissão mediante contrato por tempo determinado (Súmula 244, III, do TST). O empregado submetido a contrato de trabalho por tempo determinado goza da garantia provisória de emprego decorrente de acidente de trabalho prevista no art. 118 da Lei n. 8.213/91 (Súmula 378, III, do TST). Os titulares da representação dos empregados na CIPA não poderão sofrer despedida arbitrária, entendendo-se como tal a que não se fundar em motivo disciplinar, técnico, econômico ou financeiro. Observem que Larissa foi indicada pelo empregador, portanto, não é detentora de garantia de emprego (arts. 164, § 1º, e 165 da CLT). Desde o registro da candidatura até um ano após o fim do mandato, o membro da comissão de representantes dos empregados não poderá sofrer despedida arbitrária, entendendo-se como tal a que não se fundar em motivo disciplinar, técnico, econômico ou financeiro (art. 510-D, § 3º, da CLT). *Alternativa C.*

43. **(XXV Exame)** Em março de 2015, Lívia foi contratada por um estabelecimento comercial para exercer a função de caixa, cumprindo jornada de segunda-feira a sábado das 8h às 18h, com intervalo de 30 minutos para refeição. Em 10 de março de 2017, Lívia foi dispensada sem justa causa, com aviso prévio indenizado, afastando-se de imediato. Em 30 de março de 2017, Lívia registrou sua candidatura a dirigente sindical e, em 8 de abril de 2017, foi eleita vice-presidente do sindicato dos comerciários da sua região. Diante desse fato, Lívia ponderou com a direção da empresa que não seria possível a sua dispensa, mas o empregador insistiu na manutenção da dispensa afirmando que o aviso prévio não poderia ser considerado para fins de garantia no emprego. Sobre a hipótese narrada, de acordo com a CLT e com o entendimento consolidado do TST, assinale a afirmativa correta.

(A) O período do aviso prévio é integrado ao contrato para todos os fins, daí por que Lívia, que foi

DIREITO DO TRABALHO

eleita enquanto o pacto laboral estava em vigor, não poderá ser dispensada sem justa causa.

(B) Não se computa o aviso prévio para fins de tempo de serviço nem anotação na CTPS do empregado e, em razão disso, Lívia não terá direito à estabilidade oriunda da eleição para dirigente sindical.

(C) O aviso prévio é computado para todos os fins, mas, como a candidatura da empregada ocorreu no decorrer do aviso prévio, Lívia não terá garantia no emprego.

(D) A Lei e a jurisprudência não tratam dessa situação especial, razão pela qual caberá ao magistrado, no caso concreto, decidir se o aviso prévio será computado ao contrato.

RESPOSTA De acordo com a Súmula 369 do TST, ainda que o aviso prévio seja computado no contrato de trabalho, o registro da candidatura do empregado a cargo de dirigente sindical no curso do aviso prévio, ainda que indenizado, não assegura a ele a estabilidade, visto que inaplicável a regra do § 3º do art. 543 da CLT. *Alternativa C.*

44. **(XXIV Exame)** Sílvio é empregado da sociedade empresária Onda Azul Ltda. e, em determinado dia, no horário de almoço, ao se dirigir a um restaurante para fazer sua refeição, foi atropelado por um veículo, sofrendo lesões que o afastaram do serviço por 30 dias, inclusive com recebimento de benefício previdenciário.

Diante da situação apresentada, assinale a afirmativa correta.

(A) O fato não caracteriza acidente do trabalho, porque não aconteceu na empresa nem em deslocamento a serviço.

(B) O fato caracteriza acidente do trabalho, e, ao retornar, Sílvio tem garantia no emprego de 12 meses.

(C) A Lei é omissa a respeito, daí porque caberá ao juiz, no caso concreto, dizer se o evento foi acidente de trabalho.

(D) A empresa será obrigada a ressarcir o empregado, porque tem o dever de fornecer alimentação.

RESPOSTA O período destinado à refeição e descanso é considerado como o empregado estando no exercício de trabalho, logo, qualquer acidente ocorrido neste interregno será considerado acidente do trabalho (art. 21, § 1º, da Lei n. 8.213/91). Como o afastamento se deu por período superior a quinze dias e houve percepção de auxílio doença acidentário, preenchidos os requisitos legais da Súmula 378 do TST, o empregado terá direito a estabilidade de 12 meses. *Alternativa B.*

45. **(XXI Exame)** As irmãs Rita e Tereza trabalham para o mesmo empregador. Quando Rita engravida, Tereza, que não pode ter filhos naturais, resolve adotar uma criança. Assim, logo após o nascimento da filha de Rita, Tereza adota uma criança de 6 meses de idade.

Considerando a situação posta e de acordo com as leis vigentes, assinale a afirmativa correta.

(A) Rita terá garantia no emprego até 5 meses após o parto, enquanto Tereza não.

(B) Ambas sairão em licença maternidade, mas Tereza, por ser mãe adotiva, terá período um pouco menor, de 60 dias.

(C) Ambas terão estabilidade de até 5 meses, sendo que, para Rita, o período será contado do parto e para Tereza, do momento da adoção.

(D) Ambas terão o salário pago diretamente pelo empregador, enquanto durar a licença maternidade.

RESPOSTA Rita terá garantia no emprego até 5 meses após o parto, enquanto Tereza não. Inteligência do art. 392-A da CLT. (A) Certa – art. 392-A da CLT. (B) Errada. (C) Errada. (D) Errada. *Alternativa A.*

V. ALTERAÇÕES CONTRATUAIS, SUSPENSÃO E INTERRUPÇÃO DO CONTRATO

46. **(39º Exame)** Você, como advogado, trabalha no setor de recursos humanos de uma grande empresa multinacional. Como o gerente do setor está de férias, e é ele, na condição de gerente, que defere ou indefere as licenças reivindicadas pelos funcionários, a secretária do setor, agora, lhe indagou sobre as solicitações de quatro funcionários: o primeiro está com o contrato suspenso por doença, em gozo de benefício previdenciário de auxílio-doença comum e requer pagamento de salário; o segundo requereu o abono de um dia de trabalho, em razão de doação de sangue; o terceiro formulou requerimento de dispensa para ser ouvido como testemunha na Justiça do Trabalho em audiência presencial e, o quarto e último, aduziu que o primo faleceu e requereu a dispensa do dia de trabalho.

Sobre as solicitações, considerando o teor da legislação trabalhista em vigor, assinale a afirmativa correta.

(A) Na hipótese de falecimento do primo, sendo parente do funcionário, a dispensa ao trabalho é devida por um dia.

(B) Em caso de doação de sangue voluntária, devidamente comprovada, o empregado tem direito a um dia de licença remunerada a cada 12 meses.

(C) O empregado em gozo de auxílio-doença tem direito a receber a complementação salarial da diferença entre o benefício previdenciário e o salário.

(D) A ausência ao trabalho para comparecimento em juízo refere-se tão somente aos casos de o empregado ser parte na demanda, mas não para servir como testemunha.

RESPOSTA Apenas o segundo funcionário terá o seu direito assegurado, pois de acordo com o art. 473, IV, da CLT, o empregado poderá deixar de comparecer ao serviço sem prejuízo do salário, por um dia, em cada 12 (doze) meses de trabalho, em caso de doação voluntária de sangue devidamente comprovada. *Alternativa B.*

47. (37º Exame) João Luiz trabalha desde os 18 anos no Banco Dinheiro Futuro S/A. Começou como caixa em 1990. Devido ao seu desempenho brilhante, agora, no dia 30/05/2022, foi eleito diretor. Em razão dessa nova condição, consultou você, na qualidade de advogado(a), acerca dos desdobramentos jurídicos relacionados ao seu contrato de trabalho.

Sobre a hipótese, considerando o teor das normas trabalhistas em vigor e o entendimento jurisprudencial consolidado do TST, assinale a afirmativa correta.

(A) O empregado eleito para ocupar cargo de diretor tem o respectivo contrato de trabalho suspenso, não se computando o tempo de serviço deste período, salvo se permanecer a subordinação jurídica inerente à relação de emprego.

(B) Com a eleição do empregado para o cargo de diretor, o respectivo contrato de trabalho será extinto com o pagamento dos direitos rescisórios pertinentes.

(C) A eleição de empregado para o cargo de diretor não induz suspensão ou interrupção do contrato de trabalho, uma vez que se considera promoção, podendo haver a reversão ao cargo efetivo após o término do mandato.

(D) O contrato de trabalho ficará interrompido, já que permanecem as obrigações de pagamento de remuneração, contagem do tempo de serviço e de recolhimento do FGTS.

RESPOSTA Nos termos da Súmula 269 do TST, o empregado eleito para ocupar cargo de diretor tem o respectivo contrato de trabalho suspenso, não se computando o tempo de serviço desse período, salvo se permanecer a subordinação jurídica inerente à relação de emprego. *Alternativa A.*

48. (37º Exame) Pedro é empregado em uma indústria farmacêutica, atuando como propagandista. Desejoso de lutar por melhores

condições para os brasileiros, Pedro se filiou a um partido político e lançou sua candidatura a deputado federal. Em razão disso, Pedro requereu ao empregador uma licença remunerada por 30 dias para poder se dedicar à campanha eleitoral e aumentar suas chances de ser eleito, já informando que, no caso de indeferimento, irá judicializar a questão.

Sobre o caso apresentado, sabendo-se que a norma coletiva da categoria de Pedro nada diz a respeito dessa situação, assinale a afirmativa correta.

(A) Pedro não poderá exigir a interrupção do seu contrato porque não há tal previsão na CLT.

(B) A pretensão de Pedro somente teria cabimento se a campanha fosse para cargo político estadual ou municipal, não prevalecendo se for federal.

(C) O contrato de trabalho de Pedro ficará automaticamente suspenso a partir do lançamento da candidatura.

(D) Pedro poderá ser dispensado por justa causa, pelo fato de concorrer às eleições sem comunicar previamente o empregador.

RESPOSTA Licença remunerada configura hipótese de interrupção do contrato de trabalho, ocorre que, não há previsão legal para a interrupção do contrato para que o empregado possa se dedicar a uma campanha eleitoral. *Alternativa A.*

49. (36º Exame) Sua cliente é uma empresa do setor calçadista com sede em Sapiranga, no Rio Grande do Sul, e lhe procurou indagando acerca da possibilidade de transferir alguns empregados para outras localidades.

Diante disso, considerando o texto da CLT em vigor e o entendimento jurisprudencial consolidado do TST, assinale a afirmativa correta.

(A) O empregado com contrato de trabalho no qual consta cláusula expressa de transferência decorrente de comprovada real necessidade de serviço obrigatoriamente deve aquiescer com a transferência, sendo tal concordância requisito indispensável para a validade da transferência.

(B) Apenas serão consideradas transferências aquelas que acarretarem, necessariamente, a mudança de domicílio do empregado.

(C) Em caso de necessidade de serviço, o empregador será livre para transferir o empregado provisoriamente, desde que com a aquiescência deste, sendo desnecessário o pagamento de qualquer outra vantagem ou benefício ao empregado, exceto a ajuda de custo para a mudança.

(D) Havendo transferência provisória com o pagamento do respectivo adicional, as despesas resultantes da transferência serão do empregado,

DIREITO DO TRABALHO

uma vez que já indenizada a transferência pelo adicional respectivo.

RESPOSTA Ao empregador é vedado transferir o empregado, sem a sua anuência, para localidade diversa da que resultar do contrato, não se considerando transferência a que não acarretar necessariamente a mudança do seu domicílio. Os empregados que exerçam cargo de confiança e aqueles cujos contratos tenham como condição, implícita ou explícita, a transferência, quando esta decorra de real necessidade de serviço, podem ser transferidos por ordem do empregador. É lícita a transferência quando ocorrer extinção do estabelecimento em que trabalhar o empregado. Em caso de necessidade de serviço o empregador poderá transferir o empregado para localidade diversa da que resultar do contrato, mas, nesse caso, ficará obrigado a um pagamento suplementar, nunca inferior a 25% (vinte e cinco por cento) dos salários que o empregado percebia naquela localidade, enquanto durar essa situação. As despesas resultantes da transferência correrão por conta do empregador. Artigos 469 e 470 da CLT. *Alternativa B.*

50. **(XXXIV Exame)** Eduarda é auditora contábil e trabalha na sociedade empresarial Calculadora Certa Ltda., exercendo sua atividade junto aos vários clientes do seu empregador. Por necessidade de serviço, e tendo em vista a previsão expressa em seu contrato de trabalho, Eduarda será transferida por 4 (quatro) meses para um distante Estado da Federação, pois realizará a auditoria física no maior cliente do seu empregador.

Considerando essa situação e os termos da CLT, assinale a afirmativa correta.

(A) A transferência é nula, porque o empregado tem a expectativa de permanecer em um só lugar.

(B) A empregada pode ser transferida e receberá um adicional de 10% (dez por cento), que será incorporado ao seu salário mesmo após o retorno.

(C) A transferência somente será possível se houver prévia autorização judicial e, caso permitida, Eduarda fará jus a um adicional mínimo de 50% (cinquenta por cento).

(D) Eduarda poderá ser transferida e terá direito a um adicional não inferior a 25% (vinte e cinco por cento) sobre seu salário, enquanto estiver na outra localidade.

RESPOSTA Por força do art. 469 da CLT e da O.J. 113 da SDI-1 do TST, essa transferência é legitima. Observem o § 3º do mencionado art. 469 da CLT, que afirma que o empregador ficará obrigado a um pagamento suplementar, nunca inferior a 25% dos salários que o empregado percebia naquela localidade, enquanto durar essa situação. Pontos importantes a se-

rem observados: necessidade de serviço, previsão expressa no contrato de trabalho e transferência por quatro meses (portanto, provisória e não permanente). *Alternativa D.*

51. **(XXXIII Exame)** Genilson e Carla trabalham como operadores de atendimento em uma sociedade empresária de telemarketing. Ambos possuem plano de saúde empresarial, previsto no regulamento interno e custeado integralmente pelo empregador, com direito a uma ampla rede credenciada e quarto particular em caso de eventual internação. Ocorre que a sociedade empresária, desejando reduzir seus custos, alterou o regulamento e informou seus empregados que o plano foi modificado, com redução significativa da rede credenciada e que, eventual internação hospitalar, seria feita em enfermaria – e não mais em quarto particular.

Sobre a alteração efetuada e de acordo com a CLT, assinale a afirmativa correta.

(A) A alteração não é válida para Genilson e Carla, porque só pode ser efetivada para aqueles admitidos após a mudança.

(B) A alteração é válida para Genilson e Carla, porque o plano de saúde continuou a ser mantido, ainda que em condições diferentes.

(C) A alteração somente será válida para os admitidos anteriormente à mudança.

(D) A alteração, que alcança apenas os admitidos após a mudança, deve ser homologada judicialmente.

RESPOSTA O regulamento interno da empresa adere ao contrato de trabalho. Assim sendo, a alteração do contrato de trabalho só atinge os novos empregados, admitidos após a mudança. Aplicação do art. 468 da CLT. *Alternativa A.*

52. **(XXXI Exame)** Enzo é professor de Matemática em uma escola particular, em que é empregado há 8 anos. Após 2 anos de namoro e 1 ano de noivado, irá se casar com Carla, advogada, empregada em um escritório de advocacia há 5 anos.

Sobre o direito à licença pelo casamento, de acordo com a CLT, assinale a afirmativa correta.

(A) O casal poderá faltar aos seus empregos respectivos por até 3 dias úteis para as núpcias.

(B) Carla, por ser advogada, terá afastamento de 5 dias e Enzo, por ser professor, poderá faltar por 2 dias corridos.

(C) Enzo poderá faltar ao serviço por 9 dias, enquanto Carla poderá se ausentar por 3 dias consecutivos.

(D) Não há previsão específica, devendo ser acertado o período de afastamento com o empregador, observado o limite de 10 dias.

RESPOSTA Enzo é professor, estando amparado por um diploma legal específico de proteção ao trabalho, possuindo o direito de se ausentar, sem sofrer desconto, por 9 (nove) dias consecutivos, por motivo de gala (casamento). Já Carla, advogada, está amparada pela regra comum que concede até 3 (três) dias consecutivos para que o empregado deixe de comparecer ao serviço, sem prejuízo do seu salário, em virtude de casamento. Arts. 320, § 3º, e 473, II, ambos da CLT. *Alternativa C.*

53. **(XXX Exame)** João e Maria são casados e trabalham na mesma empresa, localizada em Fortaleza/CE. Maria ocupa cargo de confiança e, por absoluta necessidade do serviço, será transferida para Porto Alegre/RS, lá devendo fixar residência, em razão da distância.

Diante da situação retratada e da legislação em vigor, assinale a afirmativa correta.

(A) A transferência não poderá ser realizada, porque o núcleo familiar seria desfeito, daí ser vedada por Lei.

(B) A transferência poderá ser realizada, mas, como o casal ficará separado, isso deverá durar, no máximo, 1 ano.

(C) João terá direito, pela CLT, a ser transferido para o mesmo local da esposa e, com isso, manter a família unida.

(D) Não há óbice para a transferência, que poderá ser realizada sem que haja obrigação de a empresa transferir João.

RESPOSTA É lícita a transferência de empregados que exerçam cargo de confiança quando esta decorra de real necessidade de serviço, portanto, Maria poderá ser transferida para Porto Alegre/RS. Art. 469, § 1º, da CLT. *Alternativa D.*

54. **(XXIX Exame)** Plínio foi contratado, em 30/11/2017, como auxiliar administrativo de uma fábrica de motores. Graças ao seu ótimo desempenho, foi promovido, passando a gerente de operações, cargo dispensado do registro de horário, com padrão salarial cinco vezes mais elevado que o cargo efetivo imediatamente abaixo. Plínio era o responsável pela empresa, apenas enviando relatório mensal à diretoria. Em razão da nova função, Plínio passou a receber uma gratificação equivalente a 50% do salário básico recebido na função anteriormente exercida.

O rendimento de Plínio, oito meses após a promoção, deixou de ser satisfatório, por questões pessoais. Em decorrência disso, a empresa retirou de Plínio a função gerencial e ele voltou à função que exercia antes, deixando de receber a gratificação de função.

Diante disso, assinale a afirmativa correta.

(A) O cargo que Plínio passou a ocupar não era de confiança, razão pela qual a alteração contratual equivale a rebaixamento, sendo, portanto, ilícita.

(B) O cargo que Plínio passou a ocupar era de confiança, porém não poderia haver o retorno ao cargo anterior com a perda da gratificação de função, razão pela qual a alteração contratual equivale a rebaixamento, sendo, portanto, ilícita.

(C) O cargo que Plínio passou a ocupar era de confiança, e a reversão ao cargo efetivo foi lícita, mas não a perda da remuneração, pois equivale a diminuição salarial, o que é constitucionalmente vedado.

(D) O cargo que Plínio passou a ocupar era de confiança, razão pela qual se admite a reversão ao cargo anterior, sendo lícita a perda da gratificação de função.

RESPOSTA Não se considera alteração unilateral a determinação do empregador para que o respectivo empregado reverta ao cargo efetivo, anteriormente ocupado, deixando o exercício de função de confiança. A alteração, com ou sem justo motivo, não assegura ao empregado o direito à manutenção do pagamento da gratificação correspondente, que não será incorporada, independentemente do tempo de exercício da respectiva função. Art. 468, §§ 1º e 2º, da CLT. *Alternativa D.*

55. **(XXVI Exame)** Lucas trabalhava em uma empresa estatal, cuja norma interna regulamentar previa a necessidade de sindicância administrativa para apuração de falta e aplicação de suspensão. Após quatro anos de contrato sem qualquer intercorrência, em determinada semana, Lucas faltou sem qualquer comunicação ou justificativa por dois dias consecutivos. Diante disso, logo após o seu retorno ao trabalho, seu superior hierárquico aplicou a pena de suspensão por três dias.

Na qualidade de advogado de Lucas, que tem interesse em manter o emprego, você deverá requerer

(A) A rescisão indireta do contrato por punição excessiva.

(B) A nulidade da punição, pois não foi observada a norma regulamentar da empresa.

(C) A conversão da suspensão em advertência.

(D) A ausência de nexo de causalidade e o decurso de tempo entre a punição e a falta.

RESPOSTA A Súmula 77 do TST prevê que é nula a punição de empregado se não precedida de inquérito

DIREITO DO TRABALHO

ou sindicância internos a que se obrigou a empresa por norma regulamentar. *Alternativa B.*

56.
(XXI Exame) Paula e Joyce são empregadas de uma mesma sociedade empresária. O irmão de Paula faleceu e o empregador não autorizou sua ausência ao trabalho. Vinte dias depois, Joyce se casou e o empregador também não autorizou sua ausência ao trabalho em nenhum dia.

Como advogado(a) das empregadas, você deverá requerer:

(A) Em ambos os casos, a ausência ao trabalho por três dias consecutivos.

(B) Um dia de ausência ao trabalho para Paula e de três dias para Joyce.

(C) A ausência ao trabalho por dois dias consecutivos, no caso de Paula e, de até três dias, para Joyce.

(D) A ausência ao trabalho por dois úteis dias no caso de Paula e, de até três dias úteis, para Joyce.

RESPOSTA Com base no art. 473, I e II, da CLT, como advogado, você deverá requerer a ausência ao trabalho por dois dias consecutivos, no caso de Paula e, de até três dias, para Joyce. (A) Errada. (B) Errada. (C) Certa – art. 473, I e II, da CLT. (D) Errada. *Alternativa C.*

57.
(XX Exame – Reaplicação) Lívia trabalha em uma empresa de jornalismo, cumprindo jornada de 23h00min às 5h00min, recebendo regularmente o adicional noturno. Após 12 meses nessa jornada, o empregador resolveu transferi-la para o horário de 10h00min às 16h00min.

Diante do caso e do entendimento consolidado do TST, assinale a afirmativa correta.

(A) Lívia tem direito adquirido ao adicional noturno porque nele permaneceu 12 meses, de modo que o seu pagamento não pode ser suprimido.

(B) A supressão do adicional noturno exigiria, no caso, o pagamento de uma indenização de 1 mês de adicional noturno.

(C) O adicional noturno poderá ser suprimido porque Lívia não mais se ativa em horário noturno.

(D) O adicional noturno deva ser pago pela metade, segundo determinação do TST.

RESPOSTA O adicional noturno poderá ser suprimido, na forma da Súmula 265 do TST, porque Lívia não mais se ativa em horário noturno. (A) Errada. (B) Errada. (C) Certa – Súmula 265 do TST. (D) Errada. *Alternativa C.*

58.
(XX Exame) Joana é empregada da sociedade empresária XYZ Ltda., que possui diversas filiais em sua cidade. Como trabalha na filial a 100 m de sua residência, não optou pelo vale-transporte. Dois anos depois, por ato unilateral do empregador, foi transferida para uma filial localizada a 30 km de sua residência. Para chegar ao local de trabalho necessita utilizar duas linhas de ônibus que têm custos distintos.

Com base no caso apresentado, assinale a afirmativa correta.

(A) Como Joana não optou por receber o vale-transporte, deverá custear suas despesas de transporte ou utilizar meio alternativo.

(B) A empresa deverá custear apenas uma tarifa modal de transporte, de acordo com a lei do vale-transporte.

(C) Como o local de residência de Joana é o problema, porque não é servido por transporte público regular, a empresa está obrigada a pagar apenas a tarifa modal.

(D) Se Joana é transferida por determinação do empregador para local mais distante, tem direito de receber o acréscimo que terá na despesa com transporte.

RESPOSTA Se Joana é transferida por determinação do empregador para local mais distante, tem direito de receber o acréscimo que terá na despesa com transporte – Súmula 29 do TST. (A) Errada. (B) Errada. (C) Errada. (D) Certa – Súmula 29 do TST. *Alternativa D.*

59.
(XX Exame) Após ter sofrido um acidente do trabalho reconhecido pela empresa, que emitiu a competente CAT, um empregado afastou-se do serviço e passou a receber auxílio-doença acidentário.

Sobre a situação descrita, em relação ao período no qual o empregado recebeu benefício previdenciário, assinale a afirmativa correta.

(A) A situação retrata caso de suspensão contratual e a empresa ficará desobrigada de depositar o FGTS na conta vinculada do trabalhador.

(B) Ocorrerá interrupção contratual e a empresa continua com a obrigação de depositar o FGTS para o empregado junto à CEF.

(C) Ter-se-á suspensão contratual e a empresa continuará obrigada a depositar o FGTS na conta vinculada do trabalhador.

(D) Haverá interrupção contratual e a empresa estará dispensada de depositar o FGTS na conta vinculada do trabalhador.

RESPOSTA Ter-se-á suspensão contratual e a empresa continuará obrigada a depositar o FGTS na conta vinculada do trabalhador, conforme dispõe o art. 15, § 5º, da Lei n. 8.036/90. (A) Errada. (B) Errada. (C) Certa – art. 15, § 5º, da Lei n. 8.036/90. (D) Errada. *Alternativa C.*

VI. DIREITOS SOCIAIS

60. (40º Exame) Alexandre, Reginaldo e Maurício eram empregados da mesma sociedade empresária, mas em períodos distintos.

Alexandre pediu demissão após 2 (dois) anos de trabalho, pois já estava cansado de trabalhar para o mesmo empregador e já era idoso contando com 71 (setenta e um) anos de idade. Reginaldo se aposentou após 3 (três) anos, pois já contava com idade e tempo de serviço anterior, apesar de ter 62 (sessenta e dois) anos. Maurício foi dispensado sem justa causa, após quatro meses, mesmo sendo jovem e contando com 25 (vinte e cinco) anos de idade.

Os três consultaram você, como advogado(a), acerca da possibilidade de levantamento imediato dos valores depositados a título de FGTS dos contratos terminados.

Observando a legislação em vigor e adstrito aos dados do enunciado, assinale a afirmativa que apresenta, corretamente, sua orientação.

(A) Os três poderão receber, imediatamente, os valores do FGTS.

(B) Alexandre e Maurício não poderão receber os valores imediatamente, pois um pediu demissão e o outro teve contrato inferior a seis meses.

(C) Apenas Alexandre não poderá movimentar sua conta vinculada e receber os valores imediatamente.

(D) Apenas Maurício, por haver sido dispensado sem justa causa, tem direito ao recebimento imediato do FGTS.

RESPOSTA Alexandre poderá sacar o seu FGTS, pois mesmo tendo pedido demissão, está com mais de 70 anos de idade – art. 20, XV, da Lei n. 8.036/90. Reginaldo poderá sacar o seu FGTS eis que a aposentadoria justifica o levantamento do Fundo – art. 20, III, da Lei n. 8.036/90. Maurício foi dispensado sem justa causa, o que lhe dá o direito de sacar o FGTS na forma do art. 20, I, da Lei n. 8.036/90. Alternativa A.

61. (39º Exame) Uma família, composta de pai, mãe e uma filha, respectivamente Jorge, Paula e Rita, trabalha na mesma sociedade empresária como funcionários do departamento de produção.

Rita tem 16 anos de idade, estuda na parte da manhã em uma escola vizinha ao local de trabalho, e está cursando o primeiro ano do ensino médio. Os pais são responsáveis pelo setor de qualidade, que não conta com nenhum outro funcionário.

Os três procuraram você, como advogado(a), porque desejam fazer coincidir as férias escolares de Rita, no mês de julho, com as férias de Jorge e Paula,

a fim de viabilizar uma viagem familiar. Entretanto, o empregador indeferiu o requerimento das férias de Jorge e Paula, tendo deferido apenas o de Rita.

Sobre o direito às férias, assinale a afirmativa correta.

(A) Cabe o ajuizamento de reclamação trabalhista requerendo que o juiz marque as férias dos 3 membros da mesma família, pois Rita tem direito às férias no período escolar e deverá ser acompanhada pelos pais.

(B) Cabe aos empregados a designação do período de férias, inexistindo direito ao empregador de indeferi-las.

(C) Os três poderão gozar férias juntos, mas Rita não tem direito de requerer férias concomitantemente com o período de férias escolares.

(D) Rita tem direito a fazer coincidir suas férias no emprego com as férias escolares e seus pais terão direito a gozar férias no mesmo período, desde que isso não resulte prejuízo para o serviço, causa do indeferimento pelo empregador.

RESPOSTA Rita é empregada estudante, menor de 18 (dezoito) anos, por isso terá direito a fazer coincidir suas férias com as férias escolares. Já Jorge e Paula, pais de Rita, por serem membros de uma família, que trabalham no mesmo estabelecimento ou empresa, só terão direito a gozar férias no mesmo período, se assim o desejarem e se disto não resultar prejuízo para o serviço. Portanto, pode o empregador indeferir o pedido de saída ao mesmo tempo de Jorge e Paula por entender ser prejudicial ao serviço. Art. 136, § 1º e § 2º da CLT. *Alternativa D.*

62. (39º Exame) Plínio Salgado ficou afastado do trabalho por 8 meses em benefício previdenciário decorrente de doença ocupacional relacionada ao trabalho. Ao retornar após a alta médica, foi informado que não teria direito ao gozo de férias, pois necessitaria cumprir mais um ano de trabalho, bem como seu FGTS deixou de ser depositado, já que não houve trabalho. Além disso, seu salário permaneceu congelado, por não haver trabalho, não lhe sendo devidas as diferenças salariais decorrentes do aumento espontâneo concedido pelo empregador aos empregados que estavam ativos.

Na qualidade de advogado(a) de Plínio, assinale a opção que, corretamente, contempla os efetivos direitos de seu cliente.

(A) Plínio apenas faz jus aos depósitos do FGTS do período de afastamento, bem como ao reajuste salarial concedido pelo empregador.

(B) Plínio faz jus aos depósitos do FGTS do período de afastamento, bem como ao reajuste salarial concedido pelo empregador e ao cômputo do

DIREITO DO TRABALHO

período de afastamento no período aquisitivo de férias.

(C) Plínio não tem direito ao reajuste salarial, pois não houve contraprestação no período do aumento espontâneo, não se tratando de norma coletiva.

(D) Plínio não tem direito aos valores do FGTS do período, pois em gozo do benefício previdenciário não há cômputo do tempo de serviço.

RESPOSTA Plínio tem direito aos depósitos do FGTS durante o período de afastamento decorrente de doença ocupacional relacionada ao trabalho. É o que determina o art. 15, § 5º, da Lei n. 8.036/90. Da mesma forma, tem direito ao reajuste salarial concedido na época do seu afastamento, com base no art. 471 da CLT, pois são asseguradas, por ocasião de sua volta, todas as vantagens que, em sua ausência, tenham sido atribuídas à categoria que pertencia na empresa. Já em relação ao período de férias, Plínio não tem direito eis que ficou afastado por mais de 6 meses, em virtude do benefício previdenciário – art. 133, IV, da CLT. *Alternativa A.*

63. (35º Exame) A sociedade empresária *Transportes Canela Ltda.*, que realiza transporte rodoviário de passageiros, abriu processo seletivo para a contratação de motoristas profissionais e despachantes.

Interessados nos cargos ofertados, Sérgio se apresentou como candidato ao cargo de motorista e Bárbara, ao cargo de despachante. A sociedade exigiu de ambos a realização de exame toxicológico para detecção de drogas ilícitas como condição para a admissão.

Considerando a situação de fato e a previsão legal, assinale a afirmativa correta.

(A) Em hipótese alguma, o exame poderia ser feito, uma vez que viola a intimidade dos trabalhadores.

(B) O exame pode ser feito em ambos os empregados, desde que haja prévia autorização judicial.

(C) O exame seria válido para Sérgio por expressa previsão legal, mas seria ilegal para Bárbara.

(D) É possível o exame em Bárbara se houver fundada desconfiança da empresa, mas, para Sérgio, não pode ser realizado.

RESPOSTA Há previsão legal para realização de exame toxicológico apenas em motoristas. O art. 168, § 6º, da CLT dispõe que serão exigidos exames toxicológicos, previamente à admissão e por ocasião do desligamento, quando se tratar de motorista profissional, assegurados o direito à contraprova em caso de resultado positivo e a confidencialidade dos resultados dos respectivos exames. Como se vê, a lei fala somente sobre o motorista. *Alternativa C.*

64. (XXX) Reinaldo é empregado da padaria Cruz de Prata Ltda., na qual exerce a função de auxiliar de padeiro, com jornada de segunda a sexta-feira, das 12h às 17h, e pausa alimentar de 15 minutos. Aproxima-se o final do ano, e Reinaldo aguarda ansiosamente pelo pagamento do 13º salário, pois pretende utilizá-lo para comprar uma televisão.

A respeito do 13º salário, assinale a afirmativa correta.

(A) Com a reforma da CLT, a gratificação natalina poderá ser paga em até três vezes, desde que haja concordância do empregado.

(B) A gratificação natalina deve ser paga em duas parcelas, sendo a primeira entre os meses de fevereiro e novembro e a segunda, até o dia 20 de dezembro de cada ano.

(C) Atualmente é possível negociar a supressão do 13º salário em convenção coletiva de trabalho.

(D) O empregado tem direito a receber a primeira parcela do 13º salário juntamente com as férias, desde que a requeira no mês de março.

RESPOSTA Entre os meses de fevereiro e novembro de cada ano, o empregador pagará, como adiantamento do 13º salário, de uma só vez, metade do salário recebido pelo respectivo empregado no mês anterior. O complemento será pago pelo empregador até o dia 20 de dezembro de cada ano, compensada a importância que, a título de adiantamento, o empregado houver recebido. Arts. 1º e 2º da Lei n. 4.749 de 1965. *Alternativa B.*

65. (XXX) Uma indústria de calçados, que se dedica à exportação, possui 75 empregados. No último ano, Davi foi aposentado por invalidez, Heitor pediu demissão do emprego, Lorenzo foi dispensado por justa causa e Laura rompeu o contrato por acordo com o empregador, aproveitando-se da nova modalidade de ruptura trazida pela Lei n. 13.467/2017 (Reforma Trabalhista).

De acordo com a norma de regência, assinale a opção que indica, em razão dos eventos relatados, quem tem direito ao saque do FGTS.

(A) Davi e Laura, somente.

(B) Todos poderão sacar o FGTS.

(C) Laura, somente.

(D) Davi, Heitor e Lorenzo, somente.

RESPOSTA A conta vinculada do trabalhador no FGTS poderá ser movimentada quando a extinção do contrato de trabalho se der por acordo entre as partes, bem como no caso de aposentadoria concedida pela Previdência Social. Art. 20, I-A e III da Lei n. 8.036 de 1990. *Alternativa A.*

66. **(XXX)** Edimilson é vigia noturno em um condomínio residencial de apartamentos. Paulo é vigilante armado de uma agência bancária. Letícia é motociclista de entregas de uma empresa de logística.

Avalie os três casos apresentados e, observadas as regras da CLT, assinale a afirmativa correta.

(A) Paulo e Letícia exercem atividade perigosa e fazem jus ao adicional de periculosidade. A atividade de Edimilson não é considerada perigosa, e, por isso, ele não deve receber adicional.

(B) Considerando que os três empregados não lidam com explosivos e inflamáveis, salvo por disposição em norma coletiva, nenhum deles terá direito ao recebimento de adicional de periculosidade.

(C) Os três empregados fazem jus ao adicional de periculosidade, pois as profissões de Edimilson e Paulo estão sujeitas ao risco de violência física e, a de Letícia, a risco de vida.

(D) Apenas Paulo e Edimilson têm direito ao adicional de periculosidade por conta do risco de violência física.

RESPOSTA São consideradas atividades ou operações perigosas, na forma da regulamentação aprovada pelo Ministério do Trabalho e Emprego, aquelas que, por sua natureza ou métodos de trabalho, impliquem risco acentuado em virtude de exposição permanente do trabalhador a roubos ou outras espécies de violência física nas atividades profissionais de segurança pessoal ou patrimonial. São também consideradas perigosas as atividades de trabalhador em motocicleta. Art. 193, II, da CLT. *Alternativa A.*

67. **(XXVIII)** Determinada sociedade empresária ampliou os benefícios de seus empregados para fidelizá-los e evidenciar sua responsabilidade social. Dentre outras medidas, aderiu voluntariamente ao programa de empresa cidadã e, assim, aumentou o período de licença-maternidade e o de licença-paternidade de seus empregados.

Marcondes, empregado da referida empresa, que será pai em breve, requereu ao setor de recursos humanos a ampliação do seu período de licença-paternidade, e agora deseja saber quanto tempo ficará afastado.

Assinale a opção que, de acordo com a Lei, indica o período total da licença-paternidade que Marcondes aproveitará.

(A) 5 dias.
(B) 10 dias.
(C) 15 dias.
(D) 20 dias.

RESPOSTA O Programa Empresa Cidadã é destinado a prorrogar a licença-maternidade, bem como a licença-paternidade, essa última, por 15 (quinze) dias além dos 5 (cinco) dias fixados pelo Ato das Disposições Constitucionais Transitórias. Portanto, a empresa que aderiu ao Programa deverá conceder licença-paternidade de 20 dias. Art. 7º, XIX, da CF c/c. art. 1º, II, da Lei n. 11.770/2008. *Alternativa D.*

68. **(XXVI Exame)** Considerando a grave crise financeira que o país atravessa, a fim de evitar a dispensa de alguns funcionários, a metalúrgica Multiforte Ltda. pretende suspender sua produção por um mês.

O Sindicato dos Empregados da indústria metalúrgica contratou você para, como advogado, buscar a solução para o caso.

Segundo o texto da CLT, assinale a opção que apresenta a solução de acordo mais favorável aos interesses dos empregados.

(A) Implementar a suspensão dos contratos de trabalho dos empregados por 30 dias, por meio de acordo individual de trabalho.

(B) Conceder férias coletivas de 30 dias.

(C) Promover o *lockout*.

(D) Implementar a suspensão dos contratos de trabalho dos empregados por 30 dias, por meio de acordo coletivo de trabalho.

RESPOSTA A questão fala em suspender a produção da empresa, mas não existe na lei qualquer hipótese que autorize a suspensão dos contratos de trabalho nessa hipótese. Logo, somente poderia definir-se um período de férias coletivas, de acordo com o art. 139 da CLT. Portanto, a alternativa correta é a que fala na concessão de férias coletivas de 30 dias. *Alternativa B.*

69. **(XXIII Exame)** Os irmãos Pedro e Júlio Cesar foram contratados como empregados pela sociedade empresária Arco Doce S/A e lá permaneceram por dois anos. Como foram aprovados em diferentes concursos públicos da administração direta, eles pediram demissão e, agora, com a possibilidade concedida pelo Governo, dirigiram-se à Caixa Econômica Federal (CEF) para sacar o FGTS.

Na agência da CEF foram informados que só havia o depósito de FGTS de 1 ano, motivo por que procuraram o contador da Arco Doce para uma explicação. O contador informou que não havia o depósito porque, no último ano, Pedro afastara-se para prestar serviço militar obrigatório e Júlio Cesar afastara-se pelo INSS, recebendo auxílio-doença comum (código B-31).

DIREITO DO TRABALHO

Diante desses fatos, confirmados pelos ex-empregados, o contador ponderou que não havia obrigação de a empresa depositar o FGTS durante 1 ano para ambos.

Sobre a questão retratada e de acordo com a legislação em vigor, assinale a afirmativa correta.

(A) A sociedade empresária tem razão na justificativa de Júlio Cesar, mas está errada em relação a Pedro.

(B) A sociedade empresária está errada em relação a ambos os empregados.

(C) No que tange a Pedro, a sociedade empresária está certa, mas, no tocante a Júlio Cesar, não tem razão.

(D) A pessoa jurídica está correta em relação a Pedro e a Júlio Cesar.

RESPOSTA Em relação a Pedro, o art. 15, § 5º, da Lei n. 8.036/90 prevê a obrigatoriedade de recolhimento do FGTS no caso de empregado afastado para o serviço militar obrigatório. Já no caso de Júlio César, esta previsão não abrange os casos de empregado que se afasta por motivo de doença/acidente que não estejam relacionados ao contrato de trabalho. *Alternativa A.*

70.
(XXIII Exame) Um empregado recebeu o contracheque de determinado mês com descontos, a título de contribuição confederativa e de contribuição sindical. Por não ser sindicalizado, reclama junto ao empregador contra ambas as subtrações e este encaminha o caso ao setor jurídico para análise.

Diante da situação retratada, de acordo com a CLT e o entendimento consolidado do TST e do STF, assinale a afirmativa correta.

(A) O desconto de contribuição sindical não é válido, mas o da contribuição confederativa está correto, posto que obrigatório.

(B) Os descontos são inválidos, porque o empregado não é sindicalizado e, portanto, não pode ser obrigado a contribuir.

(C) O desconto de contribuição sindical é válido, mas o da contribuição confederativa, não, porque o empregado não é sindicalizado.

(D) As subtrações são válidas, porque o empregado, mesmo não sendo sindicalizado, beneficia-se da convenção coletiva.

RESPOSTA Art. 8º, IV, da CRFB e arts. 578 e 579 da CLT. A contribuição sindical é obrigatória, ainda que o empregado não seja sindicalizado. Já na forma da Súmula 666 do STF e da O.J. 17 da SDC do TST, a contribuição confederativa pode ser cobrada apenas dos empregados sindicalizados. *Alternativa C.* REFORMA TRABALHISTA: Gabarito correto seria letra B em virtude da alteração da redação dos arts. 578 e 579 da CLT.

71.
(XXIII Exame) Um grupo econômico é formado pelas sociedades empresárias X, Y e Z. Com a crise econômica que assolou o país, todas as empresas do grupo procuraram formas de reduzir o custo de mão de obra. Para evitar dispensas, a sociedade empresária X acertou a redução de 10% dos salários dos seus empregados por convenção coletiva; Y acertou a mesma redução em acordo coletivo; e Z fez a mesma redução, por acordo individual escrito com os empregados.

Diante da situação retratada e da norma de regência, assinale a afirmativa correta.

(A) As empresas estão erradas, porque o salário é irredutível, conforme previsto na Constituição da República.

(B) Não se pode acertar redução de salário por acordo coletivo nem por acordo individual, razão pela qual as empresas Y e Z estão erradas.

(C) A empresa Z não acertou a redução salarial na forma da lei, tornando-a inválida.

(D) As reduções salariais em todas as empresas do grupo foram negociadas e, em razão disso, são válidas.

RESPOSTA O art. 7º, VI da CRFB contempla a irredutibilidade salarial, salvo o disposto em convecção ou acordo coletivo. Portanto, a empresa Z não pode pactuar redução salarial mediante acordo individual. *Alternativa C.*

72.
(XXII Exame) Um aprendiz de marcenaria procura um advogado para se inteirar sobre o FGTS que vem sendo depositado mensalmente pelo empregador na sua conta vinculada junto à CEF, na razão de 2% do salário, e cujo valor é descontado juntamente com o INSS.

Com relação ao desconto do FGTS, assinale a afirmativa correta.

(A) O FGTS deveria ser depositado na ordem de 8% e não poderia ser descontado.

(B) A empresa, por se tratar de aprendiz, somente poderia descontar metade do FGTS depositado.

(C) A empresa está equivocada em relação ao desconto, pois o FGTS é obrigação do empregador.

(D) A conduta da empresa é regular, tanto em relação ao percentual quanto ao desconto.

RESPOSTA A empresa está equivocada em relação ao desconto, pois o FGTS é obrigação do empregador. O art. 15 da Lei n. 8.036/90 dispõe: "Para os fins previstos nesta lei, todos os empregadores ficam obrigados a depositar, até o dia 7 (sete) de cada mês, em conta bancária vinculada, a importância correspondente a 8 (oito) por cento da remuneração paga ou devida, no mês anterior, a cada trabalhador, incluídas na remuneração as parcelas de que tratam os arts. 457 e 458 da CLT e a gratificação de Natal a que se refere a Lei n. 4.090, de 13 de julho de 1962, com as modificações da Lei n. 4.749, de 12 de agosto de 1965. Em seguida, no § 7º fica estabelecido que os contratos de aprendizagem terão a alíquota reduzida para dois por cento". (A) Errada. (B) Errada. (C) Certa – art. 15 e § 7º da Lei n. 8.036/90. (D) Errada. *Alternativa C.*

73. **(XXII Exame)** Suely trabalha na casa de Rogério como cuidadora de seu pai, pessoa de idade avançada e enferma, comparecendo de segunda a sexta-feira, das 8:00 às 17:00 h, com intervalo de uma hora para refeição.

De acordo com o caso narrado e a legislação de regência, assinale a afirmativa correta.

(A) O controle escrito não é necessário, porque menos de 10 empregados trabalham na residência de Rogério.

(B) A lei de regência prevê que as partes podem acertar, por escrito, a isenção de marcação da jornada normal, assinalando apenas a eventual hora extra.

(C) A Lei é omissa a respeito, daí por que a existência de controle deve ser acertado entre as partes envolvidas no momento da contratação.

(D) Rogério deve, por força de Lei, manter controle escrito dos horários de entrada e saída da empregada doméstica.

RESPOSTA LETRA D – Rogério deve, por força de Lei, manter controle escrito dos horários de entrada e saída da empregada doméstica. Na forma do art. 12 da LC 150/2015: "É obrigatório o registro do horário de trabalho do empregado doméstico por qualquer meio manual, mecânico ou eletrônico, desde que idôneo". (A) Errada. (B) Errada. (C) Errada. (D) Certa – art. 12 da LC 150/2015. *Alternativa D.*

74. **(XXI Exame)** O empregado Júlio foi vítima de um assalto, fora do local de trabalho, sem qualquer relação com a prestação das suas atividades, sendo baleado e vindo a falecer logo após. O empregado deixou viúva e quatro filhos, sendo dois menores impúberes e dois maiores e capazes.

Dos direitos abaixo listados, indique aquele que não é devido pela empresa e, de acordo com a lei de regência, a quem a empresa deve pagar os valores devidos ao falecido.

(A) A indenização de 40% sobre o FGTS não é devida e os valores devidos ao falecido serão pagos aos dependentes habilitados perante a Previdência Social.

(B) As férias proporcionais não são devidas e os valores devidos ao falecido serão pagos aos herdeiros.

(C) O aviso prévio não é devido e os valores devidos ao falecido serão pagos aos herdeiros.

(D) O 13º salário proporcional não é devido e os valores devidos ao falecido serão pagos aos dependentes habilitados perante a Previdência Social.

RESPOSTA De acordo com o art. 1º da Lei n. 6.858/80, a indenização de 40% sobre o FGTS não é devida e os valores devidos ao falecido serão pagos aos dependentes habilitados perante a Previdência Social. (A) Certa – art. 1º da Lei n. 6.858/80. (B) Errada. (C) Errada. (D) Errada. *Alternativa A.*

75. **(XX Exame – Reaplicação)** Denise é empregada doméstica e labora em sistema de escala de 12 horas seguidas por 36 horas ininterruptas de descanso na residência da sua empregadora. Em relação ao caso concreto, e de acordo com a Lei de Regência, assinale a afirmativa correta.

(A) O sistema de 12x36 horas para o doméstico depende da assinatura de acordo coletivo ou da convenção coletiva de trabalho.

(B) É vedada a adoção do sistema 12x36 horas para os empregados domésticos, daí porque inválido o horário adotado.

(C) A Lei de regência é omissa a respeito, daí porque, em razão da proteção, não se admite o sistema de escala para o doméstico.

(D) É possível a fixação do sistema de escala de 12x36 horas para o doméstico, desde que feito por acordo escrito individual.

RESPOSTA Conforme dispõe o art. 10 da Lei Complementar n. 150/2015, é possível a fixação do sistema de escala de 12x36 horas para o doméstico, desde que feito por acordo escrito individual. (A) Errada. (B) Errada. (C) Errada. (D) Certa – art. 10 da Lei Complementar n. 150/2015. *Alternativa D.*

76. **(XX Exame)** Lúcia trabalha na sede de uma estatal brasileira que fica em Brasília. Seu contrato vigora há 12 anos e, em razão de sua capacidade e experiência, Lúcia foi designada para trabalhar na nova filial do empregador que está sendo instalada na cidade do México, o que foi imediatamente aceito.

Em relação à situação retratada e ao FGTS, à luz do entendimento consolidado do TST, assinale a afirmativa correta.

(A) Lúcia terá direito ao depósito do FGTS enquanto estiver trabalhando no México, que deverá con-

DIREITO DO TRABALHO

tinuar sendo depositado na sua conta vinculada no Brasil.

(B) Usando-se a teoria atomista, chega-se à conclusão que Lúcia terá direito à metade do FGTS, que será depositado na sua conta vinculada.

(C) Uma vez que na legislação do México não há previsão de FGTS, Lúcia não terá esse direito assegurado.

(D) Para que Lúcia tenha direito ao FGTS, deverá assinar documento próprio para tal fim, devidamente traduzido.

RESPOSTA Na forma do art. 3º, parágrafo único, da Lei n. 7.064/82, Lúcia terá direito ao depósito do FGTS enquanto estiver trabalhando no México, que deverá continuar sendo depositado na sua conta vinculada no Brasil. (A) Certa – art. 3º, parágrafo único, Lei n. 7.064/82. (B) Errada. (C) Errada. (D) Errada. *Alternativa A.*

VII. CONTRATO DE TRABALHO

77. (41º Exame) Pedro e Vitor trabalham na mesma sociedade empresária. Em 2023, Pedro foi convocado para prestar serviço militar obrigatório e Vitor sofreu um grave acidente de trabalho, que exigiu seu afastamento do emprego por um ano.

Sobre o tempo de serviço dos dois empregados, considerando os fatos narrados e o que dispõe a CLT, assinale a afirmativa correta.

(A) Ambos os empregados terão computado o tempo de afastamento na contagem de tempo de serviço para efeito de indenização.

(B) Somente Pedro terá computado o tempo de serviço militar na contagem de tempo de serviço para efeito de indenização.

(C) Nenhum dos empregados terá computado o tempo de afastamento na contagem de tempo de serviço para efeito de indenização.

(D) Apenas Vitor terá computado o tempo de serviço militar na contagem de tempo de serviço para efeito de indenização.

RESPOSTA Pedro e Vitor terão computado o tempo de afastamento na contagem de tempo de serviço para efeito de indenização. Com base no art. 4º, § 1º, da CLT, computar-se-ão, na contagem de tempo de serviço, para efeito de indenização e estabilidade, os períodos em que o empregado estiver afastado do trabalho prestando serviço militar e por motivo de acidente do trabalho. *Alternativa A.*

78. (41º Exame) Paulo trabalha desde 2022 na sociedade empresária Auditorias Fidedignas Ltda. como auditor. A empresa possui plano permanente de capacitação e, por isso, Paulo viaja com frequência para realizar cursos de auditoria em todo o país e se manter sempre atualizado. Em uma dessas viagens, Paulo estava no hotel tomando banho e abruptamente, sem motivo aparente, o vidro temperado do banheiro estourou, quebrando-se em vários pedaços, sendo que alguns deles atingiram e cortaram Paulo. Em virtude disso, o empregado precisou se afastar do serviço por 12 dias, findos os quais retornou ao trabalho e reassumiu suas atividades normais.

Diante da situação apresentada e da legislação em vigor, assinale a afirmativa correta.

(A) Uma vez que Paulo não estava trabalhando, o evento não é acidente do trabalho, daí porque ele não terá a garantia no emprego por 12 meses.

(B) O evento pode ser considerado acidente do trabalho e, por isso, o empregado terá estabilidade no emprego por 12 meses a partir do retorno.

(C) Trata-se de acidente do trabalho por equiparação, mas Paulo não terá estabilidade quando retornar.

(D) Não se trata de acidente do trabalho, mas, tendo ocorrido o sinistro, Paulo terá garantia no emprego por um ano.

RESPOSTA Equiparam-se ao acidente de trabalho o acidente sofrido pelo segurado, ainda que fora do local e horário de trabalho, na prestação espontânea de qualquer serviço à empresa. Paulo estava viajando para realizar cursos de auditoria e se manter atualizado para o próprio trabalho, equiparando-se o local da viagem, ao local de trabalho. Art. 21, IV, *b* da Lei n. 8.213/91. Contudo, o afastamento de Paulo se deu por apenas 12 dias, não tendo entrado no benefício acidentário, logo, não há que se falar em estabilidade – art. 118 da Lei n. 8.213/91 e Súmula 378, II do TST. *Alternativa C.*

79. (40º Exame) A empresa de trabalho temporário Sempre Alerta Ltda. terceirizará o serviço de limpeza da sociedade empresária Extintores Infalíveis Ltda., nela alocando 10 (dez) auxiliares de limpeza que se revezarão em turnos de 12 x 36 horas.

No contrato apresentado, que vigora a partir de janeiro de 2024, por 180 dias, e é regido pela Lei n. 6.019/74, existe cláusula de reserva que proíbe a contratação de qualquer auxiliar pela empresa tomadora ao fim do prazo em que ele tenha sido colocado à sua disposição.

Considerando os fatos e a norma de regência, assinale a afirmativa correta.

(A) A cláusula de reserva é válida, se ambas as partes a aceitarem.

(B)   Para a validade da cláusula de reserva, é neces-
        sária a chancela do sindicato de classe dos em-
        pregadores.
(C)   A inserção da cláusula de reserva é possível, des-
        de que prevista em acordo coletivo de trabalho.
(D)   A cláusula de reserva é nula de pleno direito.

RESPOSTA É nula de pleno direito qualquer cláusula de reserva que proíba a contratação do trabalhador
ao fim do prazo do trabalho temporário. Art. 11, parágrafo único, da Lei n. 6.019/74. *Alternativa D.*

80. (36º **Exame**) João da Silva se submeteu,
em novembro de 2021, a um processo seletivo para ingresso em um banco privado. Meses
depois, recebeu um *e-mail* do banco informando
que ele havia sido selecionado para a vaga. O *e-mail*
solicitava a apresentação na sede do banco em 5
dias, com a carteira de trabalho e demais documentos pessoais, e, por causa disso, João da Silva recusou a participação em outros dois processos seleti-
vos para os quais foi chamado, resolvendo focar as
energias no futuro emprego no banco. Ocorre que,
no dia em que se apresentou no banco, o gerente do
setor de Recursos Humanos pediu desculpas e alegou ter havido um engano: segundo ele, o selecionado foi realmente João da Silva, mas um homônimo,
e, por descuido do setor, enviaram a informação da
aprovação para o *e-mail* errado. Nenhum documento foi exibido a João da Silva, sendo que o gerente
renovou o pedido de desculpas e desejou boa sorte a
João da Silva. Diante dos fatos narrados e das normas de regência, assinale a afirmativa correta.

(A)   Nada há a fazer, pois a empresa se justificou, pediu
        desculpas e não houve prejuízo a João da Silva.
(B)   O banco deverá ser obrigado a contratar João da
        Silva, em razão da promessa constante do *e-mail*.
(C)   A situação envolve dano pré-contratual, de
        competência da Justiça do Trabalho.
(D)   Uma vez que não houve contrato formalizado, a
        eventual responsabilidade civil deverá ser anali-
        sada pela Justiça Comum.

RESPOSTA O princípio da boa-fé objetiva se aplica
a todos os contratos, inclusive trabalhistas, previsto
nos arts. 113, 187 e 422 do Código Civil. As partes devem agir em conformidade com parâmetros razoáveis
de boa-fé, tratando o contratante como parceiro e
buscando relação de cooperação. A boa-fé objetiva
deve informar todas as fases do contrato. Conclui-se
pela competência da Justiça do Trabalho para conhecer e julgar pedido de indenização por danos morais
ocorridos nas negociações preliminares, porque decorre de relação de trabalho, ainda que na fase das
tratativas. *Alternativa C.*

81. (36º **Exame**) Lúcio Lima foi contratado
para trabalhar em uma empresa no ramo
da construção civil. Seu empregador descumpriu
inúmeros direitos trabalhistas, e, notadamente, deixou de pagar as verbas rescisórias. No período, Lúcio Lima prestou serviços em um contrato de subempreitada, já que seu empregador fora contratado pelo empreiteiro principal para realizar determinada obra de reforma. Diante desse cenário, Lúcio
Lima contratou você, como advogado(a), para ajuizar uma reclamação trabalhista. Sobre a hipótese,
segundo o texto legal da CLT em vigor, assinale a
afirmativa correta.

(A)   Cabe ação em face de ambas as sociedades em-
        presárias, que figurarão no polo passivo da de-
        manda.
(B)   Trata-se de grupo econômico, o que induz obri-
        gatoriamente à responsabilidade solidária de
        ambas as sociedades empresárias.
(C)   Cabe apenas ação em face do efetivo emprega-
        dor, já que não se trata de terceirização de mão
        de obra.
(D)   A subempreitada é atividade ilícita por terceirizar
        atividade fim, razão pela qual se opera a sucessão
        de empregadores, configurando-se fraude.

RESPOSTA Nos contratos de subempreitada, responderá o subempreiteiro pelas obrigações derivadas
do contrato de trabalho que celebrar, cabendo, todavia, aos empregados, o direito de reclamação contra o
empreiteiro principal pelo inadimplemento daquelas
obrigações por parte do primeiro, inteligência do art.
455 da CLT. *Alternativa A.*

82. (36º **Exame**) A sociedade empresária
Mangiare Bene, do ramo de serviços de
alimentação, tem um plano de expansão em que
pretende assumir as atividades de outros restaurantes, passando a deter a maioria do capital social
destes. Preocupada com os contratos de trabalho
dos futuros empregados, ela consulta você, na
condição de advogado(a). Em relação à consulta
feita, considerando a CLT em vigor, assinale a afirmativa correta.

(A)   A mudança na propriedade ou na estrutura jurí-
        dica da sociedade não afetará os contratos de
        trabalho dos respectivos empregados, mas, em
        caso de sucessão de empregadores, as obriga-
        ções trabalhistas, inclusive as contraídas à épo-
        ca em que os empregados trabalhavam para a
        empresa sucedida, são de responsabilidade do
        sucessor.
(B)   A mudança na propriedade ou na estrutura jurí-
        dica da empresa não afetará os contratos de
        trabalho dos respectivos empregados, mas, ope-

DIREITO DO TRABALHO

rando-se a sucessão de empregadores, as obrigações trabalhistas contraídas à época em que os empregados trabalhavam para a empresa sucedida serão de responsabilidade desta; já as obrigações trabalhistas posteriores à sucessão são de responsabilidade do sucessor.

(C) Em caso de comprovação de fraude na sucessão de empregadores, a empresa sucessora responde como devedora principal, e a sucedida responderá subsidiariamente.

(D) Em caso de sucessão trabalhista, esta implicará novação dos contratos de trabalho dos empregados admitidos antes da sucessão, de modo que poderão ocorrer alterações contratuais pelo atual empregador por se entender como novo contrato, respeitado apenas o tempo de serviço.

RESPOSTA De acordo com os arts. 448 e 448-A da CLT, a mudança na propriedade ou na estrutura jurídica da empresa não afetará os contratos de trabalho dos respectivos empregados. Caracterizada a sucessão empresarial ou de empregadores, as obrigações trabalhistas, inclusive as contraídas à época em que os empregados trabalhavam para a empresa sucedida, são de responsabilidade do sucessor. *Alternativa A.*

83. (35º Exame) Pedro Paulo joga futebol em um clube de sua cidade, que é classificado como formador, e possui com o referido clube um contrato de formação. Recentemente, recebeu uma proposta para assinar seu primeiro contrato profissional.

Sabedor de que não há nenhum outro clube interessado em assinar um primeiro contrato especial de trabalho desportivo como profissional, Pedro Paulo consultou você, como advogado(a), para saber acerca da duração do referido contrato.

Diante disso, observada a Lei Geral do Desporto, assinale a afirmativa correta.

(A) O contrato poderá ter prazo indeterminado.

(B) O contrato poderá ter duração máxima de cinco anos.

(C) O contrato poderá ter duração máxima de três anos.

(D) Não há prazo máximo estipulado, desde que seja por prazo determinado.

RESPOSTA O contrato de trabalho do atleta profissional terá prazo determinado, com vigência nunca inferior a três meses nem superior a cinco anos (art. 30 da Lei n. 9.615/98). *Alternativa B.*

84. (35º Exame) Paulo Sampaio foi chamado para uma entrevista de emprego em uma empresa de tecnologia. Sabendo que, se contratado, desenvolverá projetos de aplicativos para *smar-*

tphones, dentre outras invenções, resolveu consultar você, como advogado(a), para saber sobre a propriedade intelectual sobre tais invenções, sendo certo que não foi tratada nenhuma condição contratual até agora.

Diante disso, de acordo com a redação da CLT em vigor, assinale a afirmativa correta.

(A) Na qualidade de empregado, toda a propriedade sobre as invenções será do empregador.

(B) No curso do contrato de trabalho, as invenções realizadas pessoalmente pelo empregado, mas com utilização de equipamentos fornecidos pelo empregador, serão de propriedade comum, em partes iguais, salvo se o contrato de trabalho tiver por objeto pesquisa científica.

(C) O empregador poderá explorar a invenção a qualquer tempo sem limitação de prazo após a concessão da patente, uma vez que se trata de contrato de trabalho.

(D) A propriedade do invento deverá ser dividida proporcionalmente após a apuração da contribuição do empregado e o investimento em equipamentos feito pelo empregador.

RESPOSTA Por força do art. 454 da CLT, na vigência do contrato de trabalho, as invenções do empregado, quando decorrentes de sua contribuição pessoal e da instalação ou equipamento fornecidos pelo empregador, serão de propriedade comum, em partes iguais, salvo se o contrato de trabalho tiver por objeto, implícita ou explicitamente, pesquisa científica. *Alternativa B.*

85. (35º Exame) A churrascaria *Boi Gordo* tem movimento variado ao longo dos diversos meses do ano. A variação também ocorre em algumas semanas, razão pela qual decidiu contratar alguns empregados por meio do chamado contrato intermitente. Diante disso, esses pretensos empregados ficaram com dúvidas e consultaram você, como advogado(a), para esclarecer algumas questões.

Assinale a opção que indica, corretamente, o esclarecimento prestado.

(A) O tempo de resposta do empregado em relação à convocação para algum trabalho é de um dia útil para responder ao chamado, e o silêncio gera presunção de recusa.

(B) O empregador poderá convocar o empregado de um dia para o outro, sendo a antecedência de um dia útil, portanto.

(C) Para o empregado existe um limite de recusas por mês. Extrapolado o número de três recusas no mês, considerar-se-á rompido o contrato.

(D) O contrato intermitente pode ser tácito ou expresso, verbal ou escrito.

RESPOSTA O art. 452-A da CLT dispõe que o contrato de trabalho intermitente será celebrado por escrito e registrado na CTPS, ainda que previsto acordo coletivo de trabalho ou convenção coletiva. Determinando o § 2º desse artigo que, nos contratos intermitentes, recebida a convocação, o empregado terá o prazo de vinte e quatro horas para responder ao chamado, presumida, no silêncio, a recusa. *Alternativa A.*

86. (XXXIII Exame) Carlos foi contratado como estagiário, em 2018, por uma indústria automobilística, pelo prazo de dois anos. Todas as exigências legais foram atendidas, e o estágio era remunerado. Após um ano de vigência do contrato, ele procura você, como advogado(a), para saber se terá direito a férias nos 12 meses seguintes.

Sobre a situação narrada, de acordo com a Lei de regência, assinale a afirmativa correta.

(A) Não haverá direito a qualquer paralisação, porque somente o empregado tem direito a férias.

(B) O estagiário tem direito a férias normais acrescidas do terço constitucional.

(C) Uma vez que a Lei é omissa a respeito, caberá ao empregador conceder, ou não, algum período de descanso a Carlos.

(D) Carlos terá direito a um recesso remunerado de 30 dias, mas sem direito ao acréscimo de 1/3(um terço).

RESPOSTA Carlos é estagiário, portanto, tem seu contrato regido pela Lei n. 11.788/2008, que em seu art. 13, indica o direito a recesso de 30 dias. Sendo assim, Carlos não tem direito a férias acrescidas do terço constitucional. *Alternativa D.*

87. (XXXII Exame) Uma indústria de chocolates constatou que precisava de mais trabalhadores para produzir ovos de Páscoa e, em razão disso, contratou vários trabalhadores temporários, pelo prazo de 30 dias, por meio de uma empresa de trabalho temporário. Maria era uma dessas trabalhadoras temporárias. Ocorre que a empresa contratada (a empresa de trabalho temporário) teve a falência decretada pela Justiça e não pagou nada a esses trabalhadores temporários.

Maria procura você, como advogado(a), para saber se a indústria de chocolates, tomadora do serviço, teria alguma responsabilidade.

Sobre a hipótese, de acordo com a norma de regência, assinale a afirmativa correta.

(A) A indústria de chocolates contratante terá responsabilidade solidária.

(B) Não haverá qualquer tipo de responsabilidade da contratante, porque a terceirização foi lícita.

(C) A então contratante se tornará empregadora dos trabalhadores temporários em razão da falência da empresa contratada.

(D) A indústria de chocolates contratante terá responsabilidade subsidiária se isso estiver previsto no contrato que entabulou com a empresa prestadora dos serviços.

RESPOSTA Em regra, nas hipóteses de terceirização, a empresa contratante é subsidiariamente responsável pelas obrigações trabalhistas referentes ao período em que ocorrer a prestação de serviços (Súmula 331, IV do TST). No caso em tela, a empresa contratada (a empresa de trabalho temporário) teve sua falência decretada pela Justiça. Em caso de falência da empresa de trabalho temporário, a empresa tomadora ou cliente é solidariamente responsável pelo recolhimento das contribuições previdenciárias, no tocante ao tempo em que o trabalhador esteve sob suas ordens, assim como em referência ao mesmo período, pela remuneração e indenização previstas na Lei n. 6.019/74. (Art. 16 da Lei n. 6.019/74.) *Alternativa A.*

88. (XXXI Exame) Gervásia é empregada na Lanchonete Pará desde fevereiro de 2018, exercendo a função de atendente e recebendo o valor correspondente a um salário mínimo por mês.

Acerca da cláusula compromissória de arbitragem que o empregador pretende inserir no contrato da empregada, de acordo com a CLT, assinale a afirmativa correta.

(A) A inserção não é possível, porque, no Direito do Trabalho, não cabe arbitragem em lides individuais.

(B) A cláusula compromissória de arbitragem não poderá ser inserida no contrato citado, em razão do salário recebido pela empregada.

(C) Não há mais óbice à inserção de cláusula compromissória de arbitragem nos contratos de trabalho, inclusive no de Gervásia.

(D) A cláusula de arbitragem pode ser inserida em todos os contratos de trabalho, sendo admitida de forma expressa ou tácita.

RESPOSTA Após a Reforma Trabalhista (Lei n. 13.467/2017) a arbitragem passou a ser admitida nos contratos individuais de trabalho cuja remuneração seja superior a duas vezes o limite máximo estabelecido para os benefícios do Regime Geral de Previdência Social, podendo ser pactuada cláusula compromissória de arbitragem, desde que por iniciativa do empregado ou mediante a sua concordância expressa. Gervásia recebia o correspondente a um salário mínimo por mês, portanto, em seu contrato, não poderá ser inserida a cláusula compromissória. *Alternativa B.*

DIREITO DO TRABALHO

89. (XXIX Exame) Rogério foi admitido, em 8/12/2017, em uma locadora de automóveis, como responsável pelo setor de contratos, razão pela qual não necessitava comparecer diariamente à empresa, pois as locações eram feitas *on--line*. Rogério comparecia à locadora uma vez por semana para conferir e assinar as notas de devolução dos automóveis. Assim, Rogério trabalhava em sua residência, com todo o equipamento fornecido pelo empregador, sendo que seu contrato de trabalho previa expressamente o trabalho remoto a distância e as atividades desempenhadas. Após um ano trabalhando desse modo, o empregador entendeu que Rogério deveria trabalhar nas dependências da empresa. A decisão foi comunicada a Rogério, por meio de termo aditivo ao contrato de trabalho assinado por ele, com 30 dias de antecedência.

Ao ser dispensado em momento posterior, Rogério procurou você, como advogado(a), indagando sobre possível ação trabalhista por causa desta situação.

Sobre a hipótese de ajuizamento, ou não, da referida ação, assinale a afirmativa correta.

(A) Não se tratando da modalidade de teletrabalho, deverá ser requerida a desconsideração do trabalho em domicílio, já que havia comparecimento semanal nas dependências do empregador.

(B) Não deverá ser requerido o pagamento de horas extras pelo trabalho sem limite de horário, dado o trabalho em domicílio, porém poderá ser requerido trabalho extraordinário em virtude das ausências de intervalo de 11h entre os dias de trabalho, bem como o intervalo para repouso e alimentação.

(C) Em vista da modalidade de teletrabalho, a narrativa não demonstra qualquer irregularidade a ser requerida em eventual demanda trabalhista.

(D) Deverá ser requerido que os valores correspondentes aos equipamentos usados para o trabalho em domicílio sejam considerados salário--utilidade.

RESPOSTA Considera-se teletrabalho a prestação de serviços preponderantemente fora das dependências do empregador, com a utilização de tecnologias de informação e de comunicação que, por sua natureza, não se constituam como trabalho externo. Poderá ser realizada a alteração do regime de teletrabalho para o presencial por determinação do empregador, garantido prazo de transição mínimo de quinze dias, com correspondente registro em aditivo contratual. Art. 75-C, § 2º, da CLT. *Alternativa C.*

90. (XXVII Exame) Uma sociedade empresária do ramo de informática, visando à redução de custos, decidiu colocar metade de seus

funcionários em teletrabalho, com possibilidade de revogação, caso não desse certo.

Sobre o regime de teletrabalho, com base na legislação trabalhista em vigor, assinale a afirmativa correta.

(A) Poderá ser realizada a alteração do regime de teletrabalho para o presencial por determinação do empregador, garantido o prazo de transição mínimo de 15 dias, com correspondente registro em aditivo contratual.

(B) Os materiais fornecidos pelo empregador para a realização do teletrabalho representam utilidades e integram a remuneração do empregado.

(C) A jornada do empregado em teletrabalho que exceder o limite constitucional será paga como hora extra.

(D) A empresa pode implementar, por vontade própria, o teletrabalho, sendo desnecessária a concordância expressa do empregado, já que seria mais vantajoso para ele.

RESPOSTA Poderá ser realizada a alteração entre regime presencial e de teletrabalho, desde que haja mútuo acordo entre as partes, registrado em aditivo contratual. Poderá ser realizada a alteração do regime de teletrabalho para o presencial por determinação do empregador, garantido prazo de transição mínimo de quinze dias, com correspondente registro em aditivo contratual. Art. 75-C, §§ 1º e 2º, da CLT. *Alternativa A.*

91. (XXV Exame) Jerônimo Fernandes Silva foi admitido pela sociedade empresária Usina Açúcar Feliz S.A. em 12 de fevereiro de 2018 para exercer a função de gerente regional, recebendo salário de R$ 22.000,00 mensais. Jerônimo cuida de toda a Usina, analisando os contratos de venda dos produtos fabricados, comprando insumos e materiais, além de gerenciar os 80 empregados que a sociedade empresária possui. A sociedade empresária pretende inserir cláusula compromissória de arbitragem no contrato de trabalho. Diante da situação retratada e dos preceitos da CLT, assinale a afirmativa correta.

(A) A cláusula compromissória de arbitragem pode ser estipulada no momento da contratação, desde que o empregado manifeste concordância expressa.

(B) A cláusula compromissória de arbitragem é viável, se o empregado for portador de diploma de nível superior.

(C) Não cabe arbitragem nas lides trabalhistas individuais, pelo que nula eventual estipulação nesse sentido.

(D) É possível a estipulação de cláusula compromissória de arbitragem, desde que isso seja homologado pelo sindicato de classe.

RESPOSTA Nos contratos individuais de trabalho cuja remuneração seja superior a duas vezes o limite máximo estabelecido para os benefícios do Regime Geral da Previdência Social, poderá ser pactuada cláusula compromissória de arbitragem, desde que por iniciativa do empregado ou mediante a sua concordância expressa, nos termos previstos na Lei n. 9.307/96 (art. 507-A da CLT inserido pela Lei n. 13.467/2017). *Alternativa A.*

92. (XXIV Exame) Uma instituição bancária construiu uma escola para que os filhos dos seus empregados pudessem estudar. A escola tem a infraestrutura necessária, e o banco contratou as professoras que irão dar as aulas nos primeiros anos do Ensino Fundamental. Não existe controvérsia entre empregador e empregadas acerca do enquadramento sindical.

Diante dessa situação, assinale a afirmativa correta.

(A) Sendo o empregador das professoras um banco, elas são bancárias e estão vinculadas à convenção coletiva dessa categoria profissional.

(B) O professor integra categoria conexa, cabendo às professoras definir a que sindicatos pretendem se filiar.

(C) Uma vez que a atividade desenvolvida pelas professoras não é bancária, caberá à Justiça do Trabalho definir as regras que deverão permear os seus contratos.

(D) As professoras não são bancárias, porque integram categoria diferenciada.

RESPOSTA A categoria de professores é diferenciada, e não houve exercício de atividade conexa ao banco ou à instituição financeira (Súmulas 117 e 374 do TST). *Alternativa D.*

VIII. TRABALHO DA MULHER

93. (35º Exame) Sheila e Irene foram admitidas em uma empresa de material de construção, sendo Sheila mediante contrato de experiência por 90 dias e Irene, contratada por prazo indeterminado.

Ocorre que, 60 dias após o início do trabalho, o empregador resolveu dispensar ambas as empregadas porque elas não mostraram o perfil esperado, dispondo-se a pagar todas as indenizações e multas previstas em Lei para extinguir os contratos. No momento da comunicação do desligamento, ambas as empregadas informaram que estavam grávidas com 1 mês de gestação, mostrando os respectivos laudos de ultrassonografia.

Considerando a situação de fato, a previsão legal e o entendimento consolidado do TST, assinale a afirmativa correta.

(A) As duas empregadas poderão ser dispensadas.

(B) Somente Sheila poderá ser desligada porque o seu contrato é a termo.

(C) Sheila e Irene não poderão ser desligadas em virtude da gravidez.

(D) Apenas Irene poderá ser desligada, desde que haja autorização judicial.

RESPOSTA Por força do art. 391-A da CLT, a confirmação do estado de gravidez advindo no curso do contrato de trabalho, ainda que durante o prazo do aviso prévio trabalhado ou indenizado, garante à empregada gestante a estabilidade provisória prevista na alínea *b* do inciso II do art. 10 do ADCT. Em relação a Sheila, que foi contratada por experiência, a regra é a mesma. A Súmula 244, III, do TST dispõe que a empregada gestante tem direito à estabilidade provisória prevista no art. 10, II, *b*, do ADCT, mesmo na hipótese de admissão mediante contrato por tempo determinado. *Alternativa C.*

94. (XXXI Exame) Rafaela trabalha em uma empresa de calçados. Apesar de sua formação como estoquista, foi preterida em uma vaga para tal por ser mulher, o que seria uma promoção e geraria aumento salarial. Um mês depois, a empresa exigiu que todas as funcionárias do sexo feminino apresentassem atestado médico de gravidez. Rafaela, 4 meses após esse fato, engravidou e, após apresentação de atestado médico, teve a jornada reduzida em duas horas, por se tratar de uma gestação delicada, o que acarretou a redução salarial proporcional. Sete meses após o parto, Rafaela foi dispensada.

Como advogado(a) de Rafaela, de acordo com a legislação trabalhista em vigor, assinale a opção que contém todas as violações aos direitos trabalhistas de Rafaela.

(A) Recusa, fundamentada no sexo, da promoção para a função de estoquista.

(B) Recusa, fundamentada no sexo, da promoção para a função de estoquista, exigência de atestado de gravidez e redução salarial.

(C) Recusa, fundamentada no sexo, da promoção para a função de estoquista, exigência de atestado de gravidez, redução salarial e dispensa dentro do período de estabilidade gestante.

(D) Dispensa dentro do período de estabilidade gestante.

RESPOSTA Rafaela possuía formação como estoquista, entretanto foi preterida para a promoção, o que viola o art. 373-A, II, da CLT. O segundo equívoco

DIREITO DO TRABALHO

foi a exigência de atestado médico de gravidez, pois o art. 373-A da CLT veda a exigência de atestado ou exame, de qualquer natureza, para comprovação de esterilidade ou gravidez, na admissão ou permanência no emprego. A redução salarial também viola o direito de Rafaela, pois, de acordo com o art. 377 da CLT, a adoção de medidas de proteção ao trabalho das mulheres é considerada de ordem pública, não justificando, em hipótese alguma, a redução de salário. Já no que tange à demissão de Rafaela, a estabilidade da gestante vai desde a confirmação da gravidez até 5 (cinco) meses após o parto, portanto Rafaela foi demitida fora do período estabilitário (art. 10, II, *b*, do ADCT). *Alternativa B.*

IX. PRESCRIÇÃO

95. **(40º Exame)** Reinaldo, trabalhador rural, atua na Fazenda Boa Esperança como tratorista desde 1990. Em janeiro de 2021, o empregador de Reinaldo o dispensou sem justa causa, sendo que o ex-empregado ajuizou reclamação trabalhista em novembro de 2023.

Sobre a situação apresentada, nos termos da Constituição Federal, assinale a afirmativa correta.

(A) A prescrição para o trabalhador rural só tem início após uma prestação de contas, que não foi feita, razão pela qual não existe prescrição total.

(B) Como forma de proteção especial ao empregado rural, a lei garante que a ação possa ser proposta em até 5 (cinco) anos da extinção do contrato.

(C) Caso o reclamado suscite em defesa a prescrição extintiva, o juiz deverá acolhê-la.

(D) Somente se as verbas da extinção forem quitadas no sindicato de classe rural é que a prescrição bimestral terá início.

RESPOSTA A pretensão quanto a créditos resultantes das relações de trabalho prescreve em cinco anos para os trabalhadores urbanos e rurais, até o limite de dois anos após a extinção do contrato de trabalho. Portanto, caso o reclamado suscite a prescrição extintiva, o juiz deverá acolhê-la, já que a ação foi ajuizada a mais de 2 anos após a extinção do contrato. Art. 11 da CLT. *Alternativa C.*

96. **(XX Exame)** João pretende se aposentar e, para tal fim, dirigiu-se ao órgão previdenciário. Lá ficou sabendo que o seu tempo de contribuição ainda não era suficiente para a aposentadoria, necessitando computar, ainda, 18 meses de contribuição. Ocorre que João, 25 anos antes, trabalhou por dois anos como empregado para uma empresa, mas não teve a CTPS assinada. De acordo com a CLT, sobre uma eventual reclamação

trabalhista, na qual João viesse a postular a declaração de vínculo empregatício para conquistar a aposentadoria, assinale a afirmativa correta.

(A) Se a empresa arguir a prescrição a seu favor, ela será conhecida pelo juiz, já que ultrapassado o prazo de 2 anos para ajuizamento da ação.

(B) Não há o instituto da prescrição na seara trabalhista porque prevalece o princípio da proteção ao empregado.

(C) O prazo, na hipótese, seria de 5 anos e já foi ultrapassado, de modo que a pretensão estaria fulminada pela prescrição total.

(D) Não haverá prescrição, pois a demanda tem por objeto anotações para fins de prova junto à Previdência Social.

RESPOSTA Não haverá prescrição, pois a demanda tem por objeto anotações para fins de prova junto à Previdência Social – art. 11, § 1º, da CLT. (A) Errada. (B) Errada. (C) Errada. (D) Certa – art. 11, § 1º, da CLT. *Alternativa D.*

X. DIREITO COLETIVO

97. **(40º Exame)** Os sindicatos de classe de uma determinada categoria elaboraram uma convenção coletiva normatizando o pagamento do adicional de penosidade. A norma previa vigência de 2 (dois) anos, com término em outubro de 2023.

Considerando esses fatos e o que dispõe a CLT, assinale a afirmativa correta.

(A) Mesmo com a vigência encerrada, os trabalhadores que recebiam o adicional possuem direito adquirido, e o pagamento deve prosseguir.

(B) Ao término da vigência da norma coletiva, caso ela não seja renovada, os trabalhadores perderão o direito ao adicional.

(C) Os trabalhadores que já recebiam o adicional continuarão com o direito se isso for homologado pelo Ministério do Trabalho.

(D) A vantagem se incorpora ao contrato de trabalho dos empregados ativos, e os admitidos posteriormente ao dies ad quem da norma coletiva não a receberão.

RESPOSTA Não é permitido estipular duração de convenção coletiva ou acordo coletivo de trabalho superior a dois anos, sendo vedada a ultratividade – art. 614, § 3º, da CLT. Portanto, ao término da vigência da convenção coletiva, caso ela não seja renovada, os trabalhadores perderão o direito ao adicional de penosidade. *Alternativa B.*

98. **(37º Exame)** Um sindicato de categoria profissional, após ser procurado por uma sociedade empresária e seguir os trâmites legais, pretende assinar com ela um acordo coletivo que, entre outras cláusulas, fixa redução em 20% da jornada e 20% do salário durante 1 ano para todos os empregados.

Em relação a esse acordo coletivo, considerando a previsão da CLT, assinale a afirmativa correta.

(A) O acordo coletivo deverá prever a proteção dos empregados contra dispensa imotivada durante o prazo de vigência do instrumento coletivo.

(B) O acordo coletivo será nulo porque deveria ser pactuado por, no mínimo, 2 anos.

(C) O acordo coletivo será inconstitucional, porque não pode haver redução do salário, haja vista o prejuízo direto que isso causa ao trabalhador.

(D) A redução da jornada e do salário somente seria válida se fosse prevista em convenção coletiva, pois essa previsão é vedada pela CLT no acordo coletivo.

RESPOSTA Por força do art. 7º, VI, da CRFB, é garantida a irredutibilidade do salário, salvo o disposto em convenção ou acordo coletivo. Entretanto, conforme preceitua o art. 611-A, § 3º, da CLT, se for pactuada cláusula que reduza o salário ou a jornada, a convenção coletiva ou o acordo coletivo de trabalho deverão prever a proteção dos empregados contra dispensa imotivada durante o prazo de vigência do instrumento coletivo. *Alternativa A.*

99.
(XXX Exame) O sindicato dos empregados X entabulou, com o sindicato dos empregadores Y, uma convenção coletiva de trabalho para vigorar de julho de 2019 a junho de 2021. Nela ficou acertado que a jornada seria marcada pelos trabalhadores por meio de um aplicativo desenvolvido pelos sindicatos; que haveria instituição de banco de horas anual; que, nas jornadas de trabalho de até 7 horas diárias, haveria intervalo para refeição de 20 minutos; e que a participação nos lucros seria dividida em 4 parcelas anuais.

Considerando o teor da norma coletiva e suas cláusulas, e considerando o disposto na CLT, assinale a afirmativa correta.

(A) A convenção é nula quanto à participação nos lucros, que não pode ser dividida em mais de 2 parcelas anuais.

(B) É nula a fixação de pausa alimentar inferior a 30 minutos para jornadas superiores a 6 horas, mesmo que por norma coletiva.

(C) Inválida a cláusula referente à modalidade de registro da jornada de trabalho, que não pode ser feito por meio de um aplicativo.

(D) Inválido o banco de horas estipulado, pois, em norma coletiva, ele somente pode ser realizado para compensação semestral.

RESPOSTA A convenção coletiva e o acordo coletivo de trabalho têm prevalência sobre a lei quando, entre outros, dispuserem sobre o intervalo intrajornada, respeitado o limite mínimo de trinta minutos para jornadas superiores a seis horas. Art. 611-A, III da CLT. *Alternativa B.*

100.
(XXIX Exame) Os empregados de uma sociedade empresária do setor metalúrgico atuavam em turnos ininterruptos de revezamento, cumprindo jornada de 6 horas diárias, conforme previsto na Constituição Federal, observado o regular intervalo.

O sindicato dos empregados, provocado pela sociedade empresária, convocou assembleia no ano de 2018, e, após debate e votação, aprovou acordo coletivo para que a jornada passasse a ser de 8 horas diárias, com o respectivo acréscimo salarial, observado o regular intervalo, mas sem que houvesse qualquer vantagem adicional para os trabalhadores.

Diante da situação apresentada e de acordo com a previsão da CLT, assinale a afirmativa correta.

(A) É nulo o acordo coletivo em questão, e caberá ao interessado nessa declaração ajuizar ação de cumprimento.

(B) A validade de tal estipulação, por não prever benefício para os trabalhadores, depende de homologação da Justiça do Trabalho.

(C) É obrigatório que a contrapartida seja a estabilidade de todos os funcionários na vigência do acordo coletivo.

(D) O acordo coletivo é válido, porque sua estipulação não depende da indicação de vantagem adicional para os empregados.

RESPOSTA A convenção coletiva e o acordo coletivo de trabalho têm prevalência sobre a lei quando, entre outros, dispuserem sobre pacto quanto à jornada de trabalho, observados os limites constitucionais. Art. 611-A da CLT. *Alternativa D.*

101.
(XXVII Exame) O sindicato dos empregados em tinturaria de determinado município celebrou, em 2018, acordo coletivo com uma tinturaria, no qual, reconhecendo-se a condição financeira difícil da empresa, aceitou a redução do percentual de FGTS para 3% durante 2 anos.

Sobre o caso apresentado, de acordo com a previsão da CLT, assinale a afirmativa correta.

DIREITO DO TRABALHO

(A) É válido o acerto realizado porque fruto de negociação coletiva, ao qual a reforma trabalhista conferiu força legal.

(B) Somente se houver homologação do acordo coletivo pela Justiça do Trabalho é que ele terá validade em relação ao FGTS.

(C) A cláusula normativa em questão é nula, porque constitui objeto ilícito negociar percentual de FGTS.

(D) A negociação acerca do FGTS exigiria que, ao menos, fosse pago metade do valor devido, o que não aconteceu no caso apresentado.

RESPOSTA Constitui objeto ilícito de convenção coletiva ou de acordo coletivo de trabalho, exclusivamente, a supressão ou a redução do valor dos depósitos mensais e da indenização rescisória do Fundo de Garantia do Tempo de Serviço (FGTS). Art. 611-B, III, da CLT. *Alternativa C.*

102.
(XXVII Exame) Em determinada localidade, existe a seguinte situação: a convenção coletiva da categoria para o período 2018/2019 prevê o pagamento de adicional de 70% sobre as horas extras realizadas de segunda-feira a sábado. Ocorre que a sociedade empresária Beta havia assinado um acordo coletivo para o mesmo período, porém alguns dias antes, prevendo o pagamento dessas horas extras com adicional de 60%.

De acordo com a CLT, assinale a opção que indica o adicional que deverá prevalecer.

(A) Prevalecerá o adicional de 70%, por ser mais benéfico aos empregados.

(B) Diante da controvérsia, valerá o adicional de 50% previsto na Constituição Federal.

(C) Deverá ser respeitada a média entre os adicionais previstos em ambas as normas coletivas, ou seja, 65%.

(D) Valerá o adicional de 60% previsto em acordo coletivo, que prevalece sobre a convenção.

RESPOSTA As condições estabelecidas em acordo coletivo de trabalho sempre prevalecerão sobre as estipuladas em convenção coletiva de trabalho. Art. 620 da CLT. *Alternativa D.*

103.
(XXVI Exame) Em 2018, um sindicato de empregados acertou, em acordo coletivo com uma sociedade empresária, a redução geral dos salários de seus empregados em 15% durante 1 ano.

Nesse caso, conforme dispõe a CLT,

(A) uma contrapartida de qualquer natureza será obrigatória e deverá ser acertada com a sociedade empresária.

(B) a contrapartida será a garantia no emprego a todos os empregados envolvidos durante a vigência do acordo coletivo.

(C) a existência de alguma vantagem para os trabalhadores para validar o acordo coletivo será desnecessária.

(D) a norma em questão será nula, porque a redução geral de salário somente pode ser acertada por convenção coletiva de trabalho.

RESPOSTA A redução dos salários dos empregados pelo prazo de um ano está fundada em novidade inserida pela Lei n. 13.467/2017 (Reforma Trabalhista) na CLT. O art. 611-A, § 3º, da CLT prevê que, se for pactuada cláusula que reduza salário, o acordo coletivo deve prever a proteção dos empregados contra dispensa imotivada durante o prazo de vigência do instrumento coletivo. *Alternativa B.*

104.
(XXII Exame) Na convenção coletiva de determinada categoria, ficou estipulado que o adicional de periculosidade seria pago na razão de 15% sobre o salário-base, pois, comprovadamente, os trabalhadores permaneciam em situação de risco durante metade da jornada cumprida.

Sobre a cláusula em questão, assinale a afirmativa correta.

(A) A cláusula não é válida, pois se trata de norma de ordem pública.

(B) A validade da cláusula depende de homologação judicial.

(C) A cláusula é válida, porque a Constituição da República garante eficácia aos acordos e às convenções coletivas.

(D) A legalidade da cláusula será avaliada pelo juiz, porque a Lei e o TST são silentes a respeito.

RESPOSTA A cláusula não é válida, pois se trata de norma de ordem pública. Na forma da Súmula 364, II, do TST, não é válida a cláusula de acordo ou convenção coletiva de trabalho fixando o adicional de periculosidade em percentual inferior ao estabelecido em lei e proporcional ao tempo de exposição ao risco, pois tal parcela constitui medida de higiene, saúde e segurança do trabalho, garantida por norma de ordem pública (art. 7º, XXII e XXIII, da CF e art. 193, § 1º, da CLT). (A) Certa – Súmula 364, II, do TST. (B) Errada. (C) Errada. (D) Errada. *Alternativa A.*

105.
(XXI Exame) O órgão do Ministério Público do Trabalho foi procurado por um grupo de trabalhadores da construção civil. Eles denunciam que o sindicato de classe obreiro está sendo omisso na busca de direitos e vantagens para a categoria, tanto assim que há cinco anos eles não

têm reajuste salarial nem é elaborada uma convenção coletiva.

Na hipótese narrada, sobre a situação do MPT, de acordo com o entendimento do TST e do STF, assinale a afirmativa correta.

(A) O *Parquet* poderá ajuizar dissídio coletivo de natureza econômica na Justiça do Trabalho, em substituição ao sindicato de classe omisso, evitando maiores prejuízos para os trabalhadores.

(B) O órgão do Ministério Público não poderá ajuizar dissídio coletivo, pois sua atribuição fica limitada ao caso de greve em serviço essencial, o que não é o caso.

(C) O MPT poderá entabular negociação diretamente com o sindicato dos empregadores e, elaborada a convenção coletiva, levar à homologação do Poder Judiciário.

(D) O Ministério Público poderá instaurar inquérito civil e, apurando a irregularidade, ajuizar ação na Justiça do Trabalho, requerendo a condenação criminal dos dirigentes do sindicato por ato de improbidade.

RESPOSTA O órgão do Ministério Público não poderá ajuizar dissídio coletivo, pois sua atribuição, de acordo com o art. 114, § 3º, da CRFB/88, fica limitada ao caso de greve em serviço essencial, o que não é o caso. (A) Errada. (B) Certa – art. 114, § 3º, da CRFB/88. (C) Errada. (D) Errada. *Alternativa B.*

XI. DA PROTEÇÃO AO TRABALHO DO MENOR

106. **(XXX Exame)** Vera Lúcia tem 17 anos e foi contratada como atendente em uma loja de conveniência, trabalhando em escala de 12x36 horas, no horário de 19 às 7h, com pausa alimentar de 1 hora.

Essa escala é prevista no acordo coletivo assinado pela loja com o sindicato de classe, em vigor.

A empregada teve a CTPS assinada e tem, como atribuições, auxiliar os clientes, receber o pagamento das compras e dar o troco quando necessário. Diante do quadro apresentado e das normas legais, assinale a afirmativa correta.

(A) A hipótese trata de trabalho proibido.

(B) O contrato é plenamente válido.

(C) A situação retrata caso de atividade com objeto ilícito.

(D) Por ter 17 anos, Vera Lúcia fica impedida de trabalhar em escala 12x36 horas, devendo ser alterada a jornada.

RESPOSTA Ao menor de 18 (dezoito) anos é vedado o trabalho noturno, considerado este o que for executado no período compreendido entre as 22 (vinte e duas) e as 5 (cinco) horas, portanto, Vera Lúcia, trabalhando em escala, no horário de 19 às 7h, está executando um serviço proibido. Art. 7º, XXXIII, da CRFB e artigo 404 da CLT. *Alternativa A.*

XII. JORNADA DE TRABALHO

107. **(41º Exame)** Antônio Valente é seu cliente por conta de uma reclamação trabalhista ajuizada anteriormente, na qual vocês se sagraram vitoriosos. Agora, trabalhando para outro empregador, Antônio Valente viu a possibilidade de passar a exercer suas atividades em teletrabalho, mas sem saber exatamente o que configuraria essa modalidade.

Antes de se candidatar à vaga, Antônio resolveu consultar você a respeito do tema. Assinale a opção que apresenta, corretamente, sua orientação.

(A) O teletrabalho pode ser pactuado, tácita ou expressamente, entre empregado e empregador, não necessitando constar do instrumento individual de contrato de trabalho.

(B) O trabalho em regime de teletrabalho não pressupõe a prestação dos serviços por jornada, por produção ou por tarefa.

(C) O teletrabalho será descaracterizado, caso o empregado, habitualmente, tenha que comparecer às dependências do empregador e o empregado retornará ao sistema de trabalho presencial.

(D) O teletrabalho se dá, total ou parcialmente, fora das dependências do empregador, não se configurando como trabalho externo, pressupondo a utilização de tecnologias de comunicação e informação.

RESPOSTA O teletrabalho é pactuado expressamente, não sendo possível o pacto tácito – art. 75-C da CLT. Não há proibição para a execução de teletrabalho para os prestadores de serviço que laborem por produção ou tarefa – art. 75-B, § 2º, da CLT. Não descaracteriza o teletrabalho o fato de o empregado comparecer às dependências do empregador, ainda que de forma habitual – art. 75-B, § 1º, da CLT. Por fim, considera-se teletrabalho ou trabalho remoto a prestação de serviços fora das dependências do empregador, de maneira preponderante ou não, com a utilização de tecnologias de informação e de comunicação, que, por sua natureza, não configure trabalho externo – art. 75-B da CLT. *Alternativa D.*

108. **(40º Exame)** Em 2024, uma companhia imobiliária contratou Olívia como estagiária. Olívia foi designada para trabalhar em regime de teletrabalho (trabalho em domicílio, *home*

DIREITO DO TRABALHO

office) na confecção de planilhas de locatários inadimplentes, que, em seguida, são enviadas ao setor jurídico da sociedade empresária.

Considerando os fatos e o que dispõe a CLT, assinale a afirmativa correta.

(A) O regime de teletrabalho é incompatível com o estágio, por frustrar o seu objetivo principal que é a vivência prática das rotinas.

(B) Havendo autorização prévia do Juiz do Trabalho, é possível, em caráter excepcional, o regime de teletrabalho no estágio.

(C) Somente se estivesse na cota de estagiário com deficiência, ela poderia trabalhar em regime de teletrabalho.

(D) Se for conveniente para as partes, o regime de teletrabalho pode ser adotado nos contratos de estágio.

RESPOSTA É permitida a adoção do regime de teletrabalho ou trabalho remoto para estagiários e aprendizes – art. 75-B, § 6º, da CLT. Assim sendo, se for conveniente para as partes, o regime de teletrabalho pode ser adotado para Olívia, como estagiária. *Alternativa D.*

109. (39º Exame) Em determinada sociedade empresária trabalham, entre outras, as seguintes pessoas: José, que é teletrabalhador e recebe salário por produção; Vanilda, que trabalha externamente sem que o empregador consiga controlar o seu horário, situação que foi anotada em sua CTPS e na ficha de registro de empregados; Regina, que exerce a função de gerente, comanda um grupo de 45 pessoas, é dispensada da marcação de ponto e recebe salário de R$ 8.000,00 acrescido de gratificação de função de R$ 4.000,00.

De acordo com a CLT, em relação ao direito a horas extras, assinale a afirmativa correta.

(A) Somente José terá direito a horas extras, caso ultrapasse a jornada constitucional.

(B) Nenhum dos empregados indicados no enunciado terá direito a horas extras.

(C) Vanilda e Regina terão direito a horas extras, caso ultrapassem a jornada constitucional.

(D) José e Regina terão direito a horas extras, caso ultrapassem a jornada constitucional.

RESPOSTA Na forma do art. 62 da CLT, estão excluídos do capítulo da Jornada de Trabalho os empregados em regime de teletrabalho que prestam serviço por produção ou tarefa; os empregados que exercem atividade externa incompatível com a fixação de horário de trabalho, desde que tal condição seja anotada na CTPS e no registro de empregados; bem como os gerentes, assim considerados os exercentes de cargos de gestão, aos quais se equiparam os diretores e chefes de departamento ou filial, quando o salário do car-

go de confiança, for acrescido de gratificação de função com valor de 40% (quarenta por cento) ou mais. Portanto, nenhum dos empregados tem direito a horas extras. *Alternativa B.*

110. (38º Exame) Você advoga para uma rede de farmácias e recebeu uma petição inicial de reclamação trabalhista para elaborar defesa acerca de pedido de tempo despendido com troca de uniforme. No caso, alega o autor que levava cerca de 20 minutos para vestir o uniforme, composto por calça social comum, camisa social simples e sapato comum, só podendo registrar o ponto já uniformizado. Afirma, ainda, que levava o uniforme diariamente para casa para higienizá-lo, podendo chegar às dependências do empregador já uniformizado.

Sobre a hipótese apresentada, observadas as normas da CLT, assinale a opção que você apresentaria em defesa de sua cliente.

(A) O tempo despendido para a troca de uniforme sempre será computado na duração do trabalho, pois o empregado já se encontra nas dependências do empregador. Já o tempo despendido na higienização não deve ser computado.

(B) Inexistindo obrigatoriedade de troca de uniforme nas dependências do empregador, o tempo despendido não é computado na jornada de trabalho. Tampouco deve ser computado o tempo de higienização.

(C) O tempo despendido na troca de uniforme, assim como o gasto na higienização do mesmo, são computados na jornada de trabalho, pois estão relacionados diretamente com a função desempenhada e a obrigatoriedade de trabalhar com o uniforme.

(D) O tempo despendido na higienização do uniforme deverá ser computado na duração do trabalho, pois reduz o intervalo mínimo entre duas jornadas. Já a troca de uniforme comum não deve ser computado, porque não há obrigatoriedade de troca na empresa.

RESPOSTA Inexistindo obrigatoriedade de troca de uniforme nas dependências do empregador, o tempo despendido não é computado na jornada de trabalho, conforme dispõe o art. 4º, § 2º, VIII, da CLT. Portanto, o período utilizado para trocar o uniforme não é considerado tempo à disposição do empregador e não poderá ter caracterizado o período extraordinário o que exceder a jornada normal. Outrossim, conforme o parágrafo único do art. 456-A da CLT, a higienização do uniforme é de responsabilidade do trabalhador, não havendo de se falar em cômputo desse tempo. *Alternativa B.*

111. (37º Exame) Sabrina era empregada de um grande escritório de contabilidade desde 2021, e sempre chegava ao local de trabalho com 5 minutos de antecedência em relação ao horário contratual para trocar a roupa e colocar o uniforme da sociedade empresária.

O empregador permitia que o empregado chegasse uniformizado, mas Sabrina achava melhor trocar a roupa na empresa por questão de segurança. Da mesma forma, após terminar o horário contratual, Sabrina permanecia mais 5 minutos no emprego para tirar o uniforme e colocar a sua roupa pessoal.

Sabrina foi dispensada em fevereiro de 2023 e ajuizou reclamação trabalhista postulando 10 minutos diários de horas extras relativas às trocas de roupa.

Sobre a hipótese apresentada, diante do que dispõe a CLT, assinale a afirmativa correta.

(A) Sabrina está correta na postulação e, caso comprovada, ensejará o pagamento de horas extras.

(B) A sociedade empresária deverá pagar metade do período como hora extra, uma vez que o excesso era de 10 minutos diários e o objetivo era a troca de uniforme.

(C) Sabrina terá direito ao pagamento dos 10 minutos diários, mas não do adicional de 50%.

(D) Sabrina está errada, pois esse período não será descontado nem computado como jornada extraordinária.

RESPOSTA O período não será computado como jornada, porque não era exigido que Sabrina realizasse a troca na empresa. Por força do art. 4º, § 2º, da CLT, não se considera tempo à disposição do empregador, logo, não será computado como período extraordinário o que exceder a jornada normal, ainda que ultrapasse o limite de 5 minutos previsto no § 1º do art. 58 da CLT, quando o empregado, por escolha própria, entrar ou permanecer nas dependências da empresa para exercer atividades particulares, entre outras, troca de roupa ou uniforme, quando não houver obrigatoriedade de realizar a troca na empresa. *Alternativa D.*

112. (37º Exame) Rachel foi contratada como empregada em 2019 por uma sociedade empresária fabricante de automóveis. Ocorre que a fábrica fica em um lugar longínquo, não servido por transporte público regular, e por isso a sociedade empresária disponibiliza um ônibus para buscar os empregados pela manhã e deixá-los em casa, ao final da jornada. Raquel gasta diariamente, em média, 50 minutos para chegar ao emprego e outros 50 minutos para retorno.

Considerando esses fatos e o que dispõe a CLT, assinale a afirmativa correta.

(A) Os 50 minutos gastos na ida e os 50 minutos gastos na volta devem ser pagos como horas extras, na condição de hora *in itinere*.

(B) O tempo despendido pelo empregado desde sua residência até o posto de trabalho e para seu retorno não será computado na jornada de trabalho.

(C) O tempo gasto no transporte deverá ser pago porque será computado na jornada de trabalho, mas sem adicional.

(D) O juiz, no caso concreto, após a análise da geografia do local, deverá decidir se o tempo gasto no transporte deverá, ou não, ser quitado como hora extra.

RESPOSTA A hora *in itinere* foi excluída pela Reforma Trabalhista de 2017, em qualquer situação. Com base no art. 58, § 2º, da CLT, o tempo despendido pelo empregado desde a sua residência até a efetiva ocupação do posto de trabalho e para o seu retorno, caminhando ou por qualquer meio de transporte, inclusive o fornecido pelo empregador, não será computado na jornada de trabalho, por não ser tempo à disposição do empregador. *Alternativa B.*

113. (37º Exame) A sociedade empresária Soluções Perfeitas Ltda. pretende implantar banco de horas com compensação das eventuais horas extras cumpridas em até 2 meses e, caso não compensadas, com pagamento ao empregado com adicional legal. Considerando esses fatos e o que dispõe a CLT, assinale a afirmativa correta.

(A) A instituição do banco de horas depende de norma coletiva para sua validade, porque a compensação será superior a 30 dias.

(B) O banco de horas poderá ser pactuado por acordo individual escrito, porque a compensação será feita em menos de 6 meses.

(C) O banco de horas é proibido por Lei, independentemente do tempo previsto para compensação das horas.

(D) O banco de horas pode ser feito por acordo individual ou coletivo independentemente do tempo para compensação, desde que seja pago o adicional legal para as horas não compensadas.

RESPOSTA O banco de horas pode ser realizado por acordo individual escrito para compensação em até 6 meses, bem como pode ser previsto em negociação coletiva, caso em que a compensação poderá ocorrer em até 1 ano (art. 59, §§ 2º e 5º, da CLT). *Alternativa B.*

114. (36º Exame) Gael foi contratado pela Sociedade Empresária Aldeia da Pipoca Ltda. em fevereiro de 2022 como cozinheiro. No contrato de trabalho de Gael, há uma cláusula pre-

DIREITO DO TRABALHO

vendo que a jornada de trabalho será de 8 horas diárias de 2ª a 6ª feira, com intervalo de 1 hora, e de 4 horas aos sábados, sem intervalo. Na mesma cláusula, há previsão de que, havendo realização de horas extras, elas irão automaticamente para um banco de horas e deverão ser compensadas em até 5 meses. Em conversas informais com os colegas, Gael ficou sabendo que não existe nenhuma previsão de banco de horas em norma coletiva da sua categoria profissional.

Considerando a situação retratada e os termos da CLT, assinale a afirmativa correta.

(A) Trata-se de cláusula nula, porque a instituição do banco de horas precisa ser feita em convenção coletiva de trabalho.

(B) É possível a pactuação individual do banco de horas desde que a compensação seja feita em até 12 meses.

(C) A cláusula é válida, porque a compensação ocorrerá em menos de 6 meses, cabendo acerto individual com o empregado para a instituição do banco de horas.

(D) Trata-se de cláusula nula, porque a instituição do banco de horas precisa ser feita em acordo coletivo de trabalho.

RESPOSTA Conforme preceitua o art. 59, §§ 2º e 5º, da CLT, poderá ser dispensado o acréscimo de salário se, por força de acordo ou convenção coletiva de trabalho, o excesso de horas em um dia for compensado pela correspondente diminuição em outro dia, de maneira que não exceda, no período máximo de um ano, à soma das jornadas semanais de trabalho previstas, nem seja ultrapassado o limite máximo de dez horas diárias. O banco de horas poderá ser pactuado por acordo individual escrito, desde que a compensação ocorra no período máximo de seis meses. *Alternativa C.*

115. (35º Exame) Rogéria trabalha como eletricista na companhia de energia elétrica da sua cidade, cumprindo jornada diária de 6 horas, de 2ª a 6ª feira, com intervalo de 1 hora para refeição. Em um sábado por mês, Rogéria precisa permanecer na sede da companhia por 12 horas para atender imediatamente a eventuais emergências (queda de energia, estouro de transformador ou outras urgências). Para isso, a empresa mantém um local reservado com cama, armário e espaço de lazer, até porque não se sabe se haverá, de fato, algum chamado.

De acordo com a CLT, assinale a opção que indica a denominação desse período no qual Rogéria permanecerá na empresa aguardando eventual convocação para o trabalho e como esse tempo será remunerado.

(A) Sobreaviso; será pago na razão de 1/3 do salário normal.

(B) Prontidão; será pago na razão de 2/3 do salário-hora normal.

(C) Hora extra; será pago com adicional de 50%.

(D) Etapa; será pago com adicional de 100%.

RESPOSTA Como Rogéria está na empresa aguardando eventual convocação para o trabalho, esse período é denominado prontidão. Considera-se de "prontidão" o empregado que ficar nas dependências da estrada, aguardando ordens. A escala de prontidão será, no máximo, de doze horas. As horas de prontidão serão, para todos os efeitos, contadas à razão de 2/3 do salário-hora normal (art. 244, § 3º, da CLT). *Alternativa B.*

116. (XXXIV Exame) Rita trabalha, desde a contratação, das 22h às 5h, como recepcionista em um hospital. Tendo surgido uma vaga no horário diurno, a empresa pretende transferir Rita para o horário diurno.

Diante disso, de acordo com o entendimento consolidado da jurisprudência do TST, assinale a afirmativa correta.

(A) A alteração do turno de trabalho do empregado é vedada, pois implica redução remuneratória pela perda do respectivo adicional.

(B) A alteração do turno noturno para o diurno é lícita, mesmo com a supressão do adicional noturno.

(C) A alteração de turno depende do poder diretivo do empregador, mas o adicional noturno não pode ser suprimido.

(D) A alteração do turno de trabalho será lícita, desde que haja a incorporação definitiva do adicional ao salário de Rita.

RESPOSTA A alteração unilateral, neste caso, é permitida, pois está dentro do poder diretivo do empregador (art. 2º da CLT), e pelo fato de ser mais benéfica ao trabalhador (trabalhar de dia), não se incorporando o adicional (art. 468 da CLT e Súmula 265 do TST). A transferência para o período diurno de trabalho implica a perda do direito ao adicional noturno. *Alternativa B.*

117. (XXXIV Exame) Júlia é analista de sistemas de uma empresa de tecnologia e solicitou ao empregador trabalhar remotamente.

Sobre a pretensão de Júlia, observados os termos da CLT, assinale a afirmativa correta.

(A) O teletrabalho só pode ser assim considerado se a prestação de serviços for totalmente fora das dependências da empresa.

(B) O ajuste entre Júlia e seu empregador poderá ser tácito, assim como ocorre com o próprio contrato de trabalho.

(C) O computador e demais utilidades que se fizerem necessárias para o trabalho remoto de Júlia não integrarão sua remuneração.

(D) O ajuste entre as partes para o trabalho remoto deverá ser por mútuo consentimento, assim como o retorno ao trabalho presencial.

RESPOSTA O teletrabalho ocorre quando o trabalho é preponderantemente (dominante) fora das dependências da empresa (art. 75-B da CLT). Deverão constar expressamente no contrato as especificações do teletrabalho (art. 75-C da CLT). A alteração do regime presencial para teletrabalho pode ser de mútuo consentimento, mas do teletrabalho para o presencial só pode ocorrer por determinação do empregador (art. 75-C, § 1º, da CLT). Os equipamentos, computador e demais utilidades para o trabalho não integram a remuneração (art. 75-D e parágrafo único da CLT). *Alternativa C.*

118. (XXXIV Exame) Milton possui uma fábrica de massas que conta com 23 (vinte e três) empregados. Em fevereiro de 2021, Milton conversou individualmente com cada empregado e propôs, para trazer maior agilidade, que dali em diante cada qual passasse a marcar ponto por exceção, ou seja, só marcaria a eventual hora extra realizada. Assim, caso a jornada fosse cumprida dentro das 8 (oito) horas diárias, não haveria necessidade de marcação. Diante da concordância, foi feito um termo individual para cada empregado, que foi assinado.

Sobre a hipótese apresentada, de acordo com o disposto na CLT, assinale a afirmativa correta.

(A) O acordo é inválido, porque somente poderia ser feito por norma coletiva, e não individual.

(B) O acerto é válido, porque o registro de ponto por exceção à jornada regular de trabalho pode ser feito por meio de acordo individual.

(C) A alteração, para ter validade, depende da homologação do Poder Judiciário, por meio de uma homologação de acordo extrajudicial.

(D) Para o acerto da marcação por exceção, é obrigatória a criação de uma comissão de empregados, que irá negociar com o empregador, e, em contrapartida, a empresa deve conceder alguma vantagem.

RESPOSTA O controle por exceção caracteriza-se por controlar apenas o que difere da jornada de trabalho comum, ou seja, horas acima da jornada (hora extra) ou horas abaixo da jornada. De acordo com o art. 74, § 4º, da CLT, é permitida a utilização de registro de ponto por exceção à jornada regular de trabalho, mediante acordo individual escrito, convenção coletiva ou acordo coletivo de trabalho. *Alternativa B.*

119. (XXXIV Exame) Determinada sociedade empresária propôs, em 2022, a um grupo de candidatos a emprego, um contrato de trabalho no qual a duração máxima seria de 30 (trinta) horas semanais, sem a possibilidade de horas extras. Como alternativa, propôs um contrato com duração de 26 (vinte e seis) horas semanais, com a possibilidade de, no máximo, 6 (seis) horas extras semanais.

Um dos candidatos consultou você, na qualidade de advogado(a), sobre os contratos de trabalho oferecidos. Assinale a opção que apresenta, corretamente, sua resposta.

(A) Os dois casos apresentam contratos de trabalho em regime de tempo parcial.

(B) No primeiro caso, trata-se de contrato de trabalho em regime de tempo parcial; no segundo, trata-se de contrato de trabalho comum, dada a impossibilidade de horas extras nessa modalidade contratual.

(C) Os dois casos não são contratos em regime de tempo parcial, já que o primeiro excede o tempo total de horas semanais e, o segundo, contém horas extras, o que não é cabível.

(D) Não se trata de contrato por tempo parcial, pois, na hipótese, admite-se tempo inferior ao limite máximo, quando na modalidade de regime por tempo parcial os contratos só poderão ter 30 (trinta) ou 26 (vinte e seis) horas.

RESPOSTA De acordo com o art. 58-A da CLT, o trabalho em regime de tempo parcial é aquele cuja duração não exceda a trinta horas semanais, sem a possibilidade de horas suplementares semanais, ou, ainda, aquele cuja duração não exceda a vinte e seis horas semanais, com a possibilidade de acréscimo de até seis horas suplementares semanais. Ou seja, no regime de trinta horas não temos possibilidade de horas suplementares; enquanto no regime de vinte e seis horas semanais podemos ter até seis horas suplementares. *Alternativa A.*

120. (XXXII Exame) Luiz e Selma são casados e trabalham para o mesmo empregador. Ambos são teletrabalhadores, tendo o empregador montado um home office no apartamento do casal, de onde eles trabalham na recepção e no tratamento de dados informatizados.

Para a impressão dos dados que serão objeto de análise, o casal necessitará de algumas resmas de papel, assim como de toner para a impressora que utilizarão.

DIREITO DO TRABALHO

Assinale a opção que indica quem deverá arcar com esses gastos, de acordo com a CLT.

(A) Cada parte deverá arcar com 50% desse gasto.

(B) A empresa deverá arcar com o gasto porque é seu o risco do negócio.

(C) A responsabilidade por esse gasto deverá ser prevista em contrato escrito.

(D) O casal deverá arcar com o gasto, pois não há como o empregador fiscalizar se o material será utilizado apenas no trabalho.

RESPOSTA As disposições relativas à responsabilidade pela aquisição, manutenção ou fornecimento dos equipamentos tecnológicos e da infraestrutura necessária e adequada à prestação do trabalho remoto, bem como ao reembolso de despesas arcadas pelo empregado, serão previstas em contrato escrito. (Art. 75-D da CLT.). *Alternativa C.*

121. (XXIX Exame) Fábio trabalha em uma mineradora como auxiliar administrativo. A sociedade empresária, espontaneamente, sem qualquer previsão em norma coletiva, fornece ônibus para o deslocamento dos funcionários para o trabalho, já que ela se situa em local cujo transporte público modal passa apenas em alguns horários, de forma regular, porém insuficiente para a demanda. O fornecimento do transporte pela empresa é gratuito, e Fábio despende cerca de uma hora para ir e uma hora para voltar do trabalho no referido transporte. Além do tempo de deslocamento, Fábio trabalha em uma jornada de 8 horas, com uma hora de pausa para repouso e alimentação. Insatisfeito, ele procura você, como advogado(a), a fim de saber se possui algum direito a reclamar perante a Justiça do Trabalho.

Considerando que Fábio foi contratado em dezembro de 2017, bem como a legislação em vigor, assinale a afirmativa correta.

(A) Fábio faz jus a duas horas extras diárias, em razão do tempo despendido no transporte.

(B) Fábio não faz jus às horas extras, pois o transporte fornecido era gratuito.

(C) Fábio faz jus às horas extras, porque o transporte público era insuficiente, sujeitando o trabalhador aos horários estipulados pelo empregador.

(D) Fábio não faz jus a horas extras, porque o tempo de transporte não é considerado tempo à disposição do empregador.

RESPOSTA O tempo despendido pelo empregado desde a sua residência até a efetiva ocupação do posto de trabalho e para o seu retorno, caminhando ou por qualquer meio de transporte, inclusive o fornecido pelo empregador, não será computado na jornada de trabalho, por não ser tempo à disposição do empregador. Art. 58, § 2º, da CLT. *Alternativa D.*

122. (XXVIII Exame) Você, como advogado(a), foi procurado por Pedro para ajuizar ação trabalhista em face da ex-empregadora deste. Pedro lhe disse que, após encerrar o expediente e registrar o efetivo horário de saída do trabalho, ficava na empresa em razão de eventuais tiroteios que ocorriam na região. Nos meses de verão, ocasionalmente, permanecia na empresa para esperar o escoamento da água decorrente das fortes chuvas. Diariamente, após o expediente, havia culto ecumênico de participação voluntária e, dada sua atividade em setor de contaminação radioativa, era obrigado a trocar de uniforme na empresa, o que levava cerca de 20 minutos.

Considerando o labor de Pedro, de 10/12/2017 a 20/9/2018, e a atual legislação em vigor, assinale a afirmativa correta.

(A) Apenas o período de troca de uniforme deve ser requerido como horário extraordinário.

(B) Todo o tempo que Pedro ficava na empresa gera hora extraordinária, devendo ser pleiteado como tal em sede de ação trabalhista.

(C) Nenhuma das hipóteses gera labor extraordinário.

(D) Como apenas a questão religiosa era voluntária, somente essa não gera horário extraordinário.

RESPOSTA Por não se considerar tempo à disposição do empregador, não será computado como período extraordinário o que exceder a jornada normal, ainda que ultrapasse o limite de cinco minutos de tolerância previsto na CLT, quando o empregado, por escolha própria, buscar proteção pessoal, em caso de insegurança nas vias públicas ou más condições climáticas, bem como adentrar ou permanecer nas dependências da empresa para exercer atividades particulares, entre outras, troca de roupa ou uniforme, quando não houver obrigatoriedade de realizar a troca na empresa. Art. 4º, § 2º e VIII, da CLT. *Alternativa A.*

123. (XXVIII Exame) Rita de Cássia é enfermeira em um hospital desde 10/1/2018, no qual trabalha em regime de escala de 12x36 horas, no horário das 7.00 às 19.00 horas. Tal escala encontra-se prevista na convenção coletiva da categoria da empregada. Alguns plantões cumpridos por Rita de Cássia coincidiram com domingos e outros, com feriados. Em razão disso, a empregada solicitou ao seu gestor que as horas cumpridas nesses plantões fossem pagas em dobro.

Sobre a pretensão da empregada, diante do que preconiza a CLT, assinale a afirmativa correta.

(A) Ela fará jus ao pagamento com adicional de 100% apenas nos feriados.

(B) Ela não terá direito ao pagamento em dobro nem nos domingos nem nos feriados.

(C) Ela terá direito ao pagamento em dobro da escala que coincidir com o domingo.

(D) Ela receberá em dobro as horas trabalhadas nos domingos e feriados.

RESPOSTA É facultado às partes, mediante acordo individual escrito, convenção coletiva ou acordo coletivo de trabalho, estabelecer horário de trabalho de doze horas seguidas por trinta e seis horas ininterruptas de descanso, observados ou indenizados os intervalos para repouso e alimentação. A remuneração mensal pactuada pelo horário 12 x 36 abrange os pagamentos devidos pelo descanso semanal remunerado e pelo descanso em feriados, e serão considerados compensados os feriados e as prorrogações de trabalho noturno, quando houver. Art. 59-A, *caput* e parágrafo único, da CLT. *Alternativa B.*

124. (XXVII Exame) Renato trabalha na empresa Ramos Santos Ltda. exercendo a função de técnico de manutenção. De segunda a sexta-feira, ele trabalha das 8h às 17h, com uma hora de almoço, e, aos sábados, das 8h às 12h, sem intervalo. Ocorre que, por reivindicação de alguns funcionários, a empresa instituiu um culto ecumênico toda sexta-feira, ao final do expediente, cujo comparecimento é facultativo. O culto ocorre das 17h às 18h, e Renato passou a frequentá-lo.

Diante dessa situação, na hipótese de você ser procurado como advogado(a) em consulta formulada por Renato sobre jornada extraordinária, considerando o enunciado e a legislação trabalhista em vigor, assinale a afirmativa correta.

(A) Renato não faz jus a qualquer valor de horas extras.

(B) Renato tem direito a uma hora extra semanal, pois o culto foi instituído pela empregadora.

(C) Renato tem direito a uma hora extra diária, de segunda a sexta-feira, em razão do horário de trabalho das 8h às 17h.

(D) Renato tem direito a nove horas extras semanais, sendo cinco de segunda a sexta-feira e mais as 4 aos sábados.

RESPOSTA Por não se considerar tempo à disposição do empregador, não será computado como período extraordinário o que exceder a jornada normal, ainda que ultrapasse o limite de cinco minutos de tolerância previsto na CLT, quando o empregado permanecer nas dependências da empresa para exercer atividades particulares, entre outras, práticas religiosas; art. 4º, § 2º, I, da CLT. *Alternativa A.*

125. (XXVI Exame) Felisberto foi contratado como técnico pela sociedade empresária Montagens Rápidas Ltda., em janeiro de 2018, recebendo salário correspondente ao mínimo legal. Ele não está muito satisfeito, mas espera, no futuro, galgar degraus dentro da empresa.

O empregado em questão trabalha na seguinte jornada: de segunda a sexta-feira, das 10h às 19h48min com intervalo de uma hora para refeição, tendo assinado acordo particular por ocasião da admissão para não trabalhar aos sábados e trabalhar mais 48 minutos de segunda a sexta-feira.

Com base na situação retratada e na Lei, considerando que a norma coletiva da categoria de Felisberto é silente a respeito, assinale a afirmativa correta.

(A) Há direito ao pagamento de horas extras, porque a compensação de horas teria de ser feita por acordo coletivo ou convenção coletiva, não se admitindo acordo particular para tal fim.

(B) Não existe direito ao pagamento de sobrejornada, porque as partes podem estipular qualquer quantidade de jornada, independentemente de limites.

(C) A Lei é omissa a respeito da forma pela qual a compensação de horas deva ser realizada, razão pela qual caberá ao juiz, valendo-se de bom senso e razoabilidade, julgar por equidade.

(D) A situação não gera direito a horas extras, porque é possível estipular compensação semanal de horas, inclusive por acordo particular, como foi o caso.

RESPOSTA Não há horas extras a serem pagas, tendo em vista que a jornada semanal de 44 horas está sendo cumprida. De segunda a sexta-feira o empregado trabalha 8h48min, não havendo que se falar em horas extras porque os 48 minutos excedentes decorrem da compensação da jornada do sábado, sendo certo que este acordo de compensação pode ser validamente celebrado individualmente entre empregado e empregador, art. 59, § 6º, CLT. *Alternativa D.*

126. (XXV Exame) Lúcio foi dispensado do emprego, no qual trabalhou de 17/11/2017 a 20/03/2018, por seu empregador. Na sociedade empresária em que trabalhou, Lúcio batia o cartão de ponto apenas no início e no fim da jornada efetiva de trabalho, sem considerar o tempo de café da manhã, de troca de uniforme (que consistia em vestir um jaleco branco e tênis comum, que ficavam na posse do empregado) e o tempo em que jogava pingue-pongue após almoçar, já que o fazia em 15 minutos, e poderia ficar jogando até o término do intervalo integral. Você foi procurado por Lúcio para, como advogado, in-

DIREITO DO TRABALHO

gressar com ação pleiteando horas extras pelo tempo indicado no enunciado não constante dos controles de horário. Sobre o caso, à luz da CLT, assinale a afirmativa correta.

(A) Lúcio não faz jus às horas extras pelas atividades indicadas, pois as mesmas não constituem tempo à disposição do empregador.

(B) Lúcio faz jus às horas extras pelas atividades indicadas, pois as mesmas constituem tempo à disposição do empregador, já que Lúcio estava nas dependências da empresa.

(C) Apenas o tempo de alimentação e café da manhã devem ser considerados como tempo à disposição, já que o outro representa lazer do empregado.

(D) Apenas o tempo em que ficava jogando poderá ser pretendido como hora extra, pois Lúcio não desfrutava integralmente da pausa alimentar.

RESPOSTA A Reforma Trabalhista trazida pela Lei n. 13.467/2017 inseriu o § 2º ao art. 4º da CLT não considerando tempo à disposição do empregador, não sendo computado como período extraordinário o que exceder a jornada normal, ainda que ultrapasse o limite de cinco minutos previsto no § 1º do art. 58 da CLT, quando o empregado, por escolha própria, buscar proteção pessoal, em caso de insegurança nas vias públicas ou más condições climáticas, bem como adentrar ou permanecer nas dependências da empresa para exercer atividades particulares, entre outras: práticas religiosas; descanso; lazer; estudo; alimentação; atividades de relacionamento social; higiene pessoal; troca de roupa ou uniforme, quando não houver obrigatoriedade de realizar a troca na empresa. *Alternativa A.*

127. (XXV Exame) Jorge trabalhou para a Sapataria Bico Fino Ltda., de 16/11/2017 a 20/03/2018. Na ocasião realizava jornada das 9h às 18h, com 15 minutos de intervalo. Ao ser dispensado ajuizou ação trabalhista, reclamando o pagamento de uma hora integral pela ausência do intervalo, além dos reflexos disso nas demais parcelas intercorrentes do contrato de trabalho. Diante disso, e considerando o texto da CLT, assinale a afirmativa correta.

(A) Jorge faz jus a 45 minutos acrescidos de 50%, porém sem os reflexos, dada a natureza jurídica indenizatória da parcela.

(B) Jorge faz jus a 45 minutos acrescidos de 50%, além dos reflexos, dada a natureza jurídica salarial da parcela.

(C) Jorge faz jus a uma hora integral acrescida de 50%, porém sem os reflexos, dada a natureza jurídica indenizatória da parcela.

(D) Jorge faz jus a uma hora integral acrescida de 50%, porém sem os reflexos, dada a natureza jurídica salarial da parcela.

RESPOSTA Na forma do art. 71, § 4º, da CLT (redação dada pela Lei n. 13.467/2017), a não concessão ou a concessão parcial do intervalo intrajornada mínimo, para repouso e alimentação, a empregados urbanos e rurais, implica o pagamento, de natureza indenizatória, apenas do período suprimido, com acréscimo de 50% (cinquenta por cento) sobre o valor da remuneração da hora normal de trabalho. *Alternativa A.*

128. (XX Exame – Reaplicação) Luis é empregado da sociedade empresária Braço Forte Ltda. Sua jornada é de oito horas, desfrutando de uma hora de intervalo. Em determinada semana, por necessidade do empregador, Luis trabalhou a jornada de oito horas mas sem desfrutar do intervalo. Em outra semana, trabalhou sete horas contínuas, sem intervalo.

Com base no caso apresentado, assinale a afirmativa correta.

(A) Em ambos os casos Luis tem direito a hora extra.

(B) Apenas na primeira semana Luis tem direito a hora extra.

(C) Não tendo havido excesso de jornada, Luis não tem direito a hora extra em ambas as semanas.

(D) Independentemente da existência de acordo individual, a hora da segunda semana compensa a da primeira semana e, em ambos os casos, Luis não faz jus a hora extra.

RESPOSTA Em ambos os casos Luis tem direito a hora extra, na forma do art. 71 da CLT. (A) Certa – art. 71 da CLT. (B) Errada. (C) Errada. (D) Errada. *Alternativa A.*

129. (XX Exame – Reaplicação) Leônidas trabalha 44 horas semanais como churrasqueiro em um restaurante e recebe salário de R$ 1.400,00 mensais. Considerando o aumento da clientela, o restaurante contratou Vinícius, também como churrasqueiro, a tempo parcial, para que ele cumpra jornada de 22 horas semanais e receba R$ 700,00 por mês.

Diante da hipótese retratada e de acordo com a CLT e o entendimento do TST, assinale a afirmativa correta.

(A) O salário pago a Vinicius é ilegal porque inferior ao salário mínimo nacional, cabendo então reivindicar a diferença correspondente.

(B) O salário é de livre estipulação em cada contrato, daí porque não cabe ao Judiciário interferir nos valores fixados livremente pelas partes.

(C) A situação retrata discriminação salarial, pois não pode haver divergência salarial entre empregados que exercem a mesma função.

(D) É possível a estipulação do salário de Vinicius nessa base, pois ele guarda relação com o de Leônidas, que cumpre a jornada constitucional.

RESPOSTA É possível a estipulação do salário de Vinicius nessa base, pois ele guarda relação com o de Leônidas, que cumpre a jornada constitucional. Na forma do art. 58-A, § 1º, da CLT, o salário a ser pago aos empregados sob o regime de tempo parcial será proporcional à sua jornada, em relação aos empregados que cumprem, nas mesmas funções, tempo integral. (A) Errada. (B) Errada. (C) Errada. (D) Certa – art. 58-A, § 1º, da CLT. *Alternativa D.*

REFERÊNCIAS

ALMEIDA, André Luiz Paes de. *Direito do trabalho.* 7. ed. São Paulo: Rideel, 2009.

BARROSO, Luís Roberto. *O direito constitucional e a efetividade de suas normas.* 5. ed. Rio de Janeiro: Renovar, 2006.

BONAVIDES, Paulo. *Curso de direito constitucional.* 22. ed. São Paulo: Malheiros, 2008.

BRASIL. Constituição (1988). Constituição da República Federativa do Brasil. Brasília, DF: Senado, 1988. Disponível em: http://www.planalto.gov.br/ccivil_03/Constituicao/Constituicao.htm

BRASIL. Decreto-Lei n. 5.452 de 1º de maio de 1943. Consolidação das Leis do Trabalho. Brasília, DF. Disponível em: http://www.planalto.gov.br/ccivil_03/decreto-lei/del5452.htm

BRASIL. Lei n. 13.467/2017. Altera a Consolidação das Leis do Trabalho (CLT). Brasília, DF. Disponível em: http://www.planalto.gov.br/ccivil_03/_ato2015-2018 /2017/lei/L13467.htm

CARRION, Valentin. *Comentários à Consolidação das Leis do Trabalho.* 37. ed. São Paulo: Saraiva, 2012.

DELGADO, Maurício Godinho. *Curso de direito do trabalho.* 11. ed. São Paulo: LTr, 2012.

DELGADO, Maurício Godinho & DELGADO, Gabriela Neves. *A reforma trabalhista no Brasil:* com os comentários à Lei n. 13.467/2017. São Paulo: LTr, 2017.

GRAVATÁ, Isabelli et al. *CLT organizada.* 7. ed. São Paulo: LTr, 2015.

GRAVATÁ, Isabelli & MORGADO, Almir. *Direito do trabalho:* teoria e questões. Rio de Janeiro: Elsevier, 2011.

MARTINS, Sérgio Pinto. *Direito do trabalho.* 37ª ed. São Paulo: SaraivaJur, 2021.

MARTINS FILHO, Ives Gandra da Silva. *Manual esquemático de direito e processo do trabalho.* 20. ed. rev. e atual. São Paulo: Saraiva, 2012.

MIESSA, Élisson et al. *A Reforma Trabalhista e seus impactos.* Salvador: JusPodivm, 2017.

NASCIMENTO, Amauri Mascaro. *Curso de direito do trabalho: história e teoria geral do direito do trabalho: relações individuais e coletivas do trabalho.* 26. ed. São Paulo: Saraiva, 2011.

NASCIMENTO, Amauri Mascaro. Princípios do Direito do Trabalho e Direitos Fundamentais do Trabalhador. *Revista LTr*, São Paulo, v. 67, n. 8, 2003.

NASCIMENTO, Amauri Mascaro; NASCIMENTO, Sônia Mascaro. *Curso de direito do trabalho.* 29. ed. São Paulo: Saraiva, 2014.

PLÁ RODRIGUEZ, Américo. *Princípios de direito do trabalho.* São Paulo: Edusp, 1978.

PRUNES, José Luiz Ferreira. *Tratado sobre prescrição e a decadência no direito do trabalho.* São Paulo: Saraiva, 1998.

RIBEIRO, Eraldo Teixeira. *Reformas trabalhistas:* CLT, legislação conexa, súmulas, orientações jurisprudenciais. São Paulo: 2017.

ROMITA, Arion Sayão. *Organização sindical, justiça do trabalho, direito à greve.* Rio de Janeiro: Trabalhistas, 1987.

SÜSSEKIND, Arnaldo. *Direito constitucional do trabalho.* 4. ed. Rio de Janeiro: Renovar, 2009.

Direito Processual do Trabalho

Ao acessar o QR Code, você encontrará Dicas para o Exame da OAB e mais Questões Comentadas para treinar seus conhecimentos

> https://uqr.to/1wk7a

DIREITO PROCESSUAL DO TRABALHO: QUADRO GERAL DE QUESTÕES	
TEMAS	N. DE QUESTÕES
I. Custas e Emolumentos	7
II. Recursos	45
III. Execução	38
IV. Procedimento Sumaríssimo	11
V. Provas	23
VI. Nulidades	1
VII. Exceções	3
VIII. Comissões de Conciliação Prévia	1
IX. Princípios Aplicados ao Processo do Trabalho	1
X. Organização, Competência e Jurisdição na Justiça do Trabalho	11
XI. Acordo, Conciliação na Justiça do Trabalho e Homologação de Acordo Extrajudicial	10
XII. Prescrição e Decadência	3
XIII. Ação Rescisória	4
XIV. Dissídio Coletivo	4
XV. Audiência, Representação, Defesa e Revelia	29
XVI. Mandado de Segurança	5
XVII. *Jus Postulandi*, Assistência, Substituição Processual, Partes e Procuradores e Honorários Sucumbenciais	13
XVIII. Sentença e Coisa Julgada	4
XIX. Atos, Termos e Prazos Processuais	3
XX. Ação Civil Pública	1
XXI. Inquérito Judicial para Apuração de Falta Grave	1
TOTAL	218

I. CUSTAS E EMOLUMENTOS

1. (40º exame) Em sede de reclamação trabalhista na qual você advoga para o empregado, foi celebrado acordo entre as partes ainda na fase de conhecimento, antes da prolação da sentença. Na petição de lavra conjunta entre os advogados das partes nada constou acerca das custas processuais. Seu cliente é beneficiário da gratuidade de justiça, conforme decisão constante do processo desde o início. Sobre as custas processuais, considerando o silêncio das partes e havendo acordo, segundo o texto da CLT, assinale a afirmativa correta.

(A) As custas deverão incidir em 2% sobre o valor do acordo e serão divididas em frações iguais pelas partes, sendo que, no caso de seu cliente, não haverá o pagamento por força da gratuidade de justiça.

(B) As custas deverão incidir em 10% sobre o valor do acordo e serão integralmente recolhidas pela parte ré.

(C) As custas deverão incidir em 2% sobre o valor do acordo e ficarão integralmente sob responsabilidade da parte autora que, na hipótese, está dispensada do recolhimento por força da gratuidade de justiça.

(D) As custas deverão incidir em 5% sobre o valor da causa, já que não houve prolação de sentença, e serão rateadas igualmente pelas partes, dispensado o autor do recolhimento pela gratuidade de justiça.

RESPOSTA O art. 789, em seu § 3º, da CLT prevê expressamente: "Art. 789. Nos dissídios individuais e nos dissídios coletivos do trabalho, nas ações e procedimentos de competência da Justiça do Trabalho, bem como nas demandas propostas perante a Justiça Estadual, no exercício da jurisdição trabalhista, as custas relativas ao processo de conhecimento incidirão à base de 2% (dois por cento), observado o mínimo de R$ 10,64 (dez reais e sessenta e quatro centavos) e serão calculadas: (...) § 3º Sempre que houver acordo, se de outra forma não for convencionado, o pagamento das custas caberá em partes iguais aos litigantes". Como o empregado é detentor da Gratuidade de Justiça, será dispensado do pagamento de custas. Dentro das alternativas, a única que estaria de acordo com o artigo seria a *alternativa A*.

2. (XXIV Exame) Jorge trabalhou em uma sociedade empresária francesa, no Brasil. Entendendo que o valor das horas extras não lhe havia sido pago corretamente, ajuizou ação trabalhista. Como impugnara os controles de horário, necessitou apresentar prova testemunhal, porém, sua única testemunha, apesar de trabalhar a seu lado, não fala português. Diante disso, Jorge requereu ao juiz a nomeação de um intérprete. Nesse caso, nada mais estando em discussão no processo, assinale a opção que indica a quem caberá o custeio dos honorários do intérprete.

(A) A Jorge, que é a parte interessada no depoimento da testemunha.

(B) À União, porque Jorge é autor da ação.

(C) Ao réu, já que era empregador de Jorge e da testemunha, que era de nacionalidade igual à da sociedade empresária.

(D) O depoimento ocorrerá fora do processo, por tradutor juramentado, custeado pela parte requerente, que depois deverá juntá-lo ao processo.

RESPOSTA Assim informa o § 2º do art. 819 da CLT: "Art. 819. O depoimento das partes e testemunhas que não souberem falar a língua nacional será feito por meio de intérprete nomeado pelo juiz ou presidente. (...) § 2º Em ambos os casos de que este artigo trata, as despesas correrão por conta da parte a que interessar o depoimento. A questão deixa cristalina a ideia de que Jorge é a parte interessada no depoimento da testemunha, logo ele deve arcar com os honorários do intérprete". *Alternativa A*.

3. (XXII Exame) Lucas é vigilante. Nessa condição, trabalhou como terceirizado durante um ano em um estabelecimento comercial privado e, a seguir, em um órgão estadual da administração direta, no qual permaneceu por dois anos. Dispensado, ajuizou ação contra o ex-empregador e contra os dois tomadores dos seus serviços (a empresa privada e o Estado), pleiteando o pagamento de horas extras durante todo o período contratual e a responsabilidade subsidiária dos tomadores nos respectivos períodos em que receberam o serviço. A sentença julgou procedente o pedido e os réus pretendem recorrer.

Em relação às custas, com base nos ditames da CLT, assinale a afirmativa correta.

(A) Cada réu deverá recolher 1/3 das custas.

(B) Havendo participação do Estado, ninguém pagará custas.

(C) Somente o Estado ficará dispensado das custas.

(D) Cada réu deverá recolher a integralidade das custas.

RESPOSTA Questão de fácil resolução. O art. 790-A traz em seu rol de isentos do pagamento de custas, entre outros, o Estado, sendo certo que, no caso da questão, só ele teria tal benefício, cabendo, assim, à empresa privada recolher os valores normalmente, na forma do art. 789 da CLT. *Alternativa C*.

II. RECURSOS

4. (41º exame) Em sede de reclamação trabalhista, a decisão deferindo horas extras para o autor transitou em julgado. Após a liquidação de sentença e fixado o débito em R$ 10.000,00, a sociedade empresária que é ré foi intimada a pagar.

DIREITO PROCESSUAL DO TRABALHO

Ocorre que, você, advogado(a) da sociedade empresária ré, entendeu que os valores estavam incorretos. Seu cliente teve um veículo penhorado para garantir a execução. Você apresentou embargos à execução tempestivamente, contestados pela parte contrária. O juiz julgou improcedente sua alegação e manteve o valor. Seu cliente lhe perguntou se haveria mais alguma medida para discutir o valor. Admitindo que você foi notificado da decisão na data de ontem e que ela não contém nenhum vício processual formal, assinale a opção que indica o recurso cabível.

(A) Agravo de Instrumento.
(B) Agravo de Petição.
(C) Ordinário.
(D) Recurso de Revista.

RESPOSTA Questão de fácil solução, eis que estamos diante de uma decisão que ocorreu em fase de execução. Logo, o recurso cabível é o agravo de petição, na forma do art. 897, *a*, da CLT. *Alternativa B.*

5. (41º exame) Pietro está sendo executado na Justiça do Trabalho e, em seu processo, o juiz acionou todas as ferramentas tecnológicas disponíveis para tentar apreender dinheiro ou bens, mas não teve sucesso. Como última e radical tentativa de coerção, o exequente requereu a suspensão do passaporte de Pietro, o que foi deferido pelo magistrado e cumprido. Inconformado, Pietro o contratou como advogado(a) e você impetrou habeas corpus para garantir o direito de locomoção do seu cliente, comprovando que ele adquiriu passagem aérea para uma viagem ao exterior, mas que estava impossibilitado de deixar o território nacional. Em decisão colegiada, o TRT negou, no mérito, o salvo conduto a Pietro, e, em razão disso, você pretende recorrer da decisão. Assinale a opção que indica a medida judicial correta que você deverá apresentar e para que órgão.

(A) Recurso Ordinário para o TST.
(B) Agravo de Petição para o STJ.
(C) Recurso de Revista para o TST.
(D) Agravo de Instrumento para o TRT da Região.

RESPOSTA Observe que a origem da decisão que desafiou a impetração do *habeas corpus* foi do juízo de primeiro grau, logo, o remédio constitucional foi impetrado no TRT. Atuando o TRT em competência originária, eventual recurso ordinário será encaminhado ao TST. Logo, seria cabível recurso ordinário para o TST. *Alternativa A.*

6. (40º Exame) Você é advogado de um trabalhador em sede de reclamação trabalhista. Em que pese o direito de seu cliente ser constitucional-

mente assegurado, pois se trata de férias não gozadas um ano após o período aquisitivo, que tampouco foram indenizadas, a sentença de primeiro grau considerou o pedido improcedente. Do mesmo modo o recurso pertinente contra essa decisão também teve o provimento negado. Diante disso, considerando a decisão contrária ao dispositivo constitucional, você interpôs o recurso cabível, que não foi admitido sob a alegação de que não preenchia os pressupostos para tanto. Diante disso, assinale a afirmativa que apresenta, corretamente, a medida a ser adotada no interesse do seu cliente, sendo certo que as decisões não contêm nenhum vício de dúvida, omissão, obscuridade ou contradição.

(A) Recurso de Revista.
(B) Agravo de Instrumento.
(C) Recurso Extraordinário.
(D) Agravo de Petição.

RESPOSTA Da decisão que nega seguimento a recurso cabe o Agravo de Instrumento na forma do art. 897, *b*, da CLT. *Alternativa B.*

7. (39º Exame) De uma sentença trabalhista, que julgou o pedido procedente em parte, somente o reclamante recorreu. No prazo de 8 dias da intimação acerca do recurso, a sociedade empresária apresentou contrarrazões ao recurso ordinário e recurso ordinário adesivo.

Do recurso adesivo, o juiz concedeu vista ao reclamante, que se manifestou desistindo do recurso principal. Diante do caso retratado e dos termos da legislação em vigor, assinale a afirmativa correta.

(A) Não existe previsão de recurso adesivo na CLT e, por isso, ele não pode ser interposto na Justiça do Trabalho.
(B) O recurso adesivo pode ser manejado na seara trabalhista, e, com a desistência do recurso principal, o adesivo será admitido e apreciado pelo TRT.
(C) O recurso adesivo, com a desistência do recurso principal, não poderá ser conhecido, ocorrendo assim o trânsito em julgado da sentença.
(D) A desistência do recurso principal dependerá de concordância da parte contrária, porque isso pode gerar consequência ao recurso adesivo.

RESPOSTA Em primeiro momento, cabe destacar que o recurso adesivo tem previsão no art. 997 do CPC. O parágrafo segundo do citado artigo assim ensina: "§ 2º *O recurso adesivo fica subordinado ao recurso independente*, sendo-lhe aplicáveis as mesmas regras deste quanto aos requisitos de admissibilidade e julgamento no tribunal, salvo disposição legal diversa, observado, ainda, o seguinte:" (grifamos). Ou seja, como ocorreu a desistência do recurso principal, o recurso adesivo perde o objeto. *Alternativa C.*

8. (37º Exame) Depois de fracassar a tentativa pacífica de negociação para realizar uma convenção coletiva de âmbito municipal, o sindicato dos empregados ajuizou dissídio coletivo que, depois de regularmente processado nos moldes da Lei, recebeu sua sentença normativa. Ocorre que o sindicato dos empregadores não concorda com algumas das cláusulas fixadas, e pretende recorrer da decisão. Diante da situação retratada e dos termos da CLT, assinale a afirmativa correta.

(A) Caberá recurso ordinário para o TST.
(B) Por se tratar de sentença normativa, é irrecorrível.
(C) Caberá recurso de revista para o TST.
(D) Caberá recurso ordinário para o TRT.

RESPOSTA Nos casos de atuação do Tribunal Regional do Trabalho em sede de competência originária, cabe recurso ordinário no prazo de 8 dias para o Tribunal Superior do Trabalho. No caso da questão, o dissídio coletivo foi ajuizado no TRT da respectiva região, logo, aplica-se o art. 895, II, da CLT. *Alternativa A.*

9. (36º Exame) Na audiência de uma reclamação trabalhista, estando as partes presentes e assistidas por seus respectivos advogados, foi homologado pelo juiz um acordo no valor de R$ 50.000,00 (cinquenta mil reais), tendo sido atribuído ao valor a natureza indenizatória, com as parcelas devidamente identificadas. O reclamante e o INSS, cinco dias após, interpuseram recurso ordinário contra a decisão de homologação do acordo – o reclamante, dizendo-se arrependido quanto ao valor, afirmando que teria direito a uma quantia muito superior; já o INSS, insurgindo-se contra a indicação de todo o valor acordado como tendo natureza indenizatória, prejudicando a autarquia previdenciária no tocante ao recolhimento da cota previdenciária. Diante do caso apresentado e nos termos da CLT, assinale a afirmativa correta.

(A) Tanto o reclamante quanto o INSS podem recorrer da decisão homologatória, e seus recursos terão o mérito apreciado.
(B) No caso, somente o reclamante poderá recorrer, porque o INSS não tem legitimidade para recorrer de recursos, já que não foi parte.
(C) Somente o INSS pode recorrer, porque, para o reclamante, o acordo valerá como decisão irrecorrível.
(D) Nenhuma das partes nem o INSS podem recorrer contra o acordo, porque a homologação na Justiça do Trabalho é soberana.

RESPOSTA Na forma do parágrafo único do art. 831 da CLT, o acordo homologado em juízo é irrecorrível para as partes, podendo, da decisão que homologa o acordo, recorrer a Previdência Social, ou seja, somente o INSS poderia interpor recurso de acordo como o caso concreto apresentado. A Súmula 259 do TST diz caber ação rescisória para impugnar o acordo, mas o motivo apresentado pelo reclamante não é autorizador para o ajuizamento da Ação Rescisória, pois não se encontra no rol do art. 966 do CPC/2015. *Alternativa C.*

10. (36º Exame) Após a admissão e o julgamento de um recurso de revista, um motorista por aplicativo, que requereu vínculo empregatício com uma plataforma, teve o seu pedido julgado improcedente por uma das turmas do Tribunal competente. Na mesma semana, outro recurso de revista foi julgado de forma diametralmente oposta por outra turma do mesmo Tribunal, reconhecendo o vínculo de emprego. Diante desta contradição nos julgamentos, assinale a opção que indica o recurso cabível para uniformizar o entendimento desse Tribunal e em que órgão ele será apreciado.

(A) Embargos, para a Seção de Dissídios Individuais do TST.
(B) Recurso Ordinário, a ser julgado pelo órgão Pleno do TRT da Região.
(C) Embargos de Declaração, a ser apreciado pelo STF.
(D) Conflito Negativo de Competência, para o órgão especial do STJ.

RESPOSTA De acordo com o art. 894, *caput* e inciso II, da CLT: "No Tribunal Superior do Trabalho cabem embargos, no prazo de 8 (oito) dias: II – das decisões das Turmas que divergirem entre si ou das decisões proferidas pela Seção de Dissídios Individuais, ou contrárias a súmula ou orientação jurisprudencial do Tribunal Superior do Trabalho ou súmula vinculante do Supremo Tribunal Federal". Ou seja, como a questão trata de posições divergentes entre turmas diversas do TST, para a uniformização do entendimento cabe o recurso de embargos previsto no artigo transcrito. *Alternativa A.*

11. (XXXIV Exame) Plínio Barbosa ajuizou uma reclamação trabalhista em face de seu empregador. O valor da causa era de 30 (trinta) salários mínimos, com valor vigente na data do ajuizamento da ação. O pedido único da ação está baseado em entendimento sumulado pelo TST, cabendo aplicação literal da Súmula. Ainda assim, o juiz de primeiro grau julgou improcedente o pedido. Você, na qualidade de advogado(a) de Plínio, apresentou o recurso cabível, mas o TRT respectivo manteve a decisão, sem que houvesse no acórdão dúvida, contradição, obscuridade ou contradição.

DIREITO PROCESSUAL DO TRABALHO

Considerando que a decisão do TRT foi publicada numa segunda-feira, assinale a opção que indica a medida judicial que você adotaria para o caso.

(A) Não cabe mais qualquer recurso em razão do tipo de procedimento da ação.

(B) Caberá recurso de agravo de instrumento.

(C) Caberá recurso de agravo de petição.

(D) Caberá recurso de revista.

RESPOSTA A reclamação foi ajuizada com valor da causa de 30 salários mínimos, ou seja, pelo procedimento sumaríssimo. Como o pedido formulado por Plínio estava buscando a aplicação literal de súmula do TST, ou seja, entendimento baseado em súmula, e foi julgado improcedente pelo juízo de primeiro grau e mantido pelo TRT, caberá, na forma do art. 896, § 9º, da CLT, o Recurso de Revista. *Alternativa D.*

12. **(XXXIV Exame)** Numa reclamação trabalhista que se encontra na fase de execução e diante da extrema complexidade dos cálculos, o juiz determinou a liquidação a cargo de um perito judicial. Apresentado o laudo, em que pese ambas as partes discordarem das contas apresentadas pelo especialista, elas foram homologadas pelo juiz. A sociedade empresária garantiu o juízo e ajuizou embargos à execução, enquanto o exequente apresentou impugnação à sentença de liquidação. O juiz julgou improcedentes ambas as ações, mantendo a homologação já feita. Somente a sociedade empresária interpôs agravo de petição no prazo legal. Sobre o caso, considerando os fatos narrados e o entendimento consolidado do TST, assinale a afirmativa correta.

(A) No prazo de contrarrazões, o exequente poderá, querendo, interpor agravo de petição de forma adesiva.

(B) O recurso adesivo não é aceito na Justiça do Trabalho porque a CLT é omissa a respeito.

(C) Caberá ao exequente apenas apresentar contrarrazões, pois o recurso adesivo só tem cabimento para os recursos ordinário e de revista.

(D) Agravo de petição adesivo é aceito na seara trabalhista, sendo necessário que a matéria nele veiculada esteja relacionada com a do recurso interposto pela parte contrária.

RESPOSTA O executado apresentou o recurso de Agravo de Petição, pois estava combatendo uma decisão em sede de execução (art. 897, *a*, da CLT). Já o exequente, como não recorreu no momento oportuno (julgamento da impugnação), só poderia se utilizar do Recurso Adesivo (Súmula 283 do TST c/c §§ 1º e 2º do art. 997 do CPC). O Agravo de Petição admite recurso adesivo. *Alternativa A.*

13. **(XXXIV Exame)** Beatriz foi empregada de uma entidade filantrópica por 2 (dois) anos e 3 (três) meses. Terminada a relação de emprego no final de 2021, Beatriz ajuizou reclamação trabalhista 1 (um) mês após, pelo procedimento sumaríssimo, postulando diversos direitos supostamente lesados, além de honorários advocatícios. Regularmente contestado e instruído, o pedido foi julgado procedente em parte, sendo que a ex-empregadora recorreu da sentença no prazo legal juntando o recolhimento das custas. Sobre essa hipótese, de acordo com o que dispõe a CLT, assinale a afirmativa correta.

(A) O recurso terá o seguimento negado de plano, já que a ex-empregadora não efetuou o depósito recursal.

(B) O juiz deverá conceder prazo para que a recorrente sane o vício e efetue o recolhimento do depósito recursal, sob pena de deserção.

(C) O recurso terá seguimento normal e será apreciado desde que a recorrente recolha metade do depósito recursal até a apreciação do recurso pelo Relator.

(D) O recurso está com o preparo adequado porque, diante da natureza jurídica da ex-empregadora, ela é isenta do depósito recursal.

RESPOSTA Na forma do art. 899, § 10, da CLT: "§ 10. São isentos do depósito recursal os beneficiários da justiça gratuita, as *entidades filantrópicas* e as empresas em recuperação judicial" (grifamos). Logo, como Beatriz prestou serviços para um entidade filantrópica, não haveria que se falar em pagamento de depósito recursal. *Alternativa D.*

14. **(XXXIII Exame)** A sociedade empresária Refeições Tempero de Casa Ltda. é ré em uma reclamação trabalhista movida por sua ex-empregada Rosângela, que lá atuou como cozinheira. Após devidamente contestada e instruída, foi prolatada sentença, em outubro de 2021, julgando os pedidos procedentes em parte. Ocorre que no mesmo dia da publicação da sentença, a sociedade empresária teve sua recuperação judicial deferida pela justiça estadual. Nada foi decidido a respeito de gratuidade de justiça para a sociedade empresária. Diante da situação apresentada, da previsão contida na CLT e considerando que a sociedade pretende recorrer da sentença, assinale a afirmativa correta.

(A) Com a recuperação judicial deferida, a sociedade empresária fica dispensada de efetuar qualquer preparo para recorrer.

(B) A sociedade empresária terá de recolher as custas, mas não precisará efetuar o depósito recursal para recorrer.

(C) Como a sociedade empresária não teve a falência decretada, mas sim a recuperação judicial deferida, efetuará normalmente o preparo.

(D) A sociedade empresária, diante da recuperação judicial deferida, pagará metade das custas e do depósito recursal.

RESPOSTA Na forma do art. 899, § 10, da CLT, as empresas em recuperação judicial estão dispensadas do pagamento de depósito recursal. Ocorre que, não existe entendimento legal e/ou jurisprudencial consolidado sobre a dispensa do recolhimento de custas, o que leva a concluir que a empresa deverá recolher as custas. Assim, a única alternativa que apresentaria conformidade com o previsto em lei seria a letra B. *Alternativa B.*

15. (XXXIII Exame) Renata, professora de Artes, lecionou na Escola do Futuro. Em sede de reclamação trabalhista, um de seus pedidos foi julgado improcedente, sendo certo que o que você pleiteava, na qualidade de advogado(a) de Renata, estava fundamentado na aplicação incontroversa de súmula do TST a respeito da matéria. Ainda assim, o TRT respectivo, ao julgar seu recurso, manteve a decisão de primeira instância. Considerando que a referida decisão não deixou margem à oposição de embargos de declaração, assinale a opção que indica a medida jurídica a ser adotada.

(A) Interposição de agravo de instrumento.
(B) Interposição de agravo de petição.
(C) Ajuizamento de ação rescisória.
(D) Interposição de recurso de revista.

RESPOSTA Questão de fácil solução, mas que exigia atenção do candidato. Em primeiro momento, merece destaque o fato de que já foi interposto recurso no TRT (recurso ordinário), e que o tribunal julgou o respectivo recurso. Outro fator interessante, é que, o pleiteado era acerca de aplicação incontroversa de súmula do TST. Logo, de acordo com o art. 896, *caput* e alínea "a" da CLT, o recurso cabível seria o Recurso de Revista. *Alternativa D.*

16. (XXXIII Exame) Uma sociedade de economia mista do Estado do Maranhão, após devidamente citada em reclamação trabalhista de um empregado, apresentou defesa e produziu provas em juízo, mas foi condenada na sentença. Assinale a opção que, de acordo com a CLT, indica o prazo que a empresa em questão possui para recorrer ao TRT.

(A) 8 dias úteis.

(B) 16 dias úteis.
(C) 8 dias corridos.
(D) 16 dias corridos.

RESPOSTA Trata-se de sentença proferida em reclamação trabalhista. Assim, é cabível o Recurso Ordinário no prazo de 8 dias na forma do art. 895, I, da CLT. Tendo em vista que os prazos processuais na Justiça do Trabalho são contados em dias úteis conforme o art. 775 da CLT, o prazo para recorrer ao TRT seria de 8 dias úteis. Cabe ainda destacar que a sociedade de economia mista não goza da prerrogativa de prazo em dobro para recorrer (art. 173, § 1º, II, da CF). *Alternativa A.*

17. (XXXII Exame) Helena ajuizou reclamação trabalhista, na qual requereu o pagamento do 13º salário integral do último ano trabalhado, no valor de R$ 1.300,00, indicando o referido valor à causa. A sociedade empresária alegou, em defesa, a quitação regular de tal verba, mas não fez prova documental ou testemunhal desse fato. Em razão disso, o pedido foi julgado procedente, tendo o juiz proferido sentença líquida cujo valor, já incluídos juros e correção monetária, passou a ser de R$ 1.345,00. Sobre esse caso, de acordo com as leis de regência, assinale a afirmativa correta.

(A) A sociedade empresária poderá interpor recurso de apelação no prazo de 15 dias.

(B) O recurso não será admitido, haja vista o valor da condenação e a matéria tratada.

(C) O juiz deverá submeter a decisão ao duplo grau de jurisdição obrigatório, uma vez que a condenação é inferior a 5 salários mínimos.

(D) A sociedade empresária poderá interpor recurso ordinário contra a sentença, mas deverá comprovar o recolhimento de custas e o depósito recursal.

RESPOSTA Questão que exige do candidato conhecimento acerca do procedimento sumário ou também chamado de dissídio ou ação de alçada, em que a demanda não ultrapassa 2 (dois) salários mínimos. O art. 2º, § 4º, da Lei n. 5.584/70 prevê expressamente: "Art. 2º (...) § 4º Salvo se versarem sobre matéria constitucional, nenhum recurso caberá das sentenças proferidas nos dissídios da alçada a que se refere o parágrafo anterior, considerado, para esse fim, o valor do salário mínimo à data do ajuizamento da ação". Ou seja, a sentença proferida neste tipo de procedimento, em regra, é irrecorrível, só cabendo recurso quando haja violação à Constituição. Cabe destacar que o valor dado à causa foi de R$ 1.300,00, ou seja, inferior a dois salários-mínimos. Dentro das alternativas, a única que estaria de acordo com a redação do referido artigo seria a *alternativa B.*

DIREITO PROCESSUAL DO TRABALHO

18. **(XXXI Exame)** Em setembro de 2019, durante a audiência de um caso que envolvia apenas pedido de adicional de insalubridade, o Juiz do Trabalho determinou a realização de perícia e que a reclamada antecipasse os honorários periciais. Inconformada com essa decisão, a sociedade empresária impetrou mandado de segurança contra esse ato judicial, mas o TRT, em decisão colegiada, não concedeu a segurança. Caso a sociedade empresária pretenda recorrer dessa decisão, assinale a opção que indica a medida recursal da qual deverá se valer.

(A) Agravo de Instrumento.
(B) Recurso Ordinário.
(C) Agravo de Petição.
(D) Recurso de Revista.

RESPOSTA Interessante notar que a autoridade coatora, ou seja, a origem da decisão que desafiou a impetração do MS, foi o Juiz do Trabalho, logo, o remédio constitucional foi impetrado no TRT. Atuando o TRT em competência originária, eventual recurso ordinário seria encaminhado ao TST. Nesse sentido a Súmula 201 do TST: "Da decisão de Tribunal Regional do Trabalho em mandado de segurança cabe recurso ordinário, no prazo de 8 (oito) dias, para o Tribunal Superior do Trabalho, e igual dilação para o recorrido e interessados apresentarem razões de contrariedade". Logo, seria cabível recurso ordinário para o TST. *Alternativa B.*

19. **(XXXI Exame)** Heloísa era empregada doméstica e ajuizou, em julho de 2019, ação contra sua ex-empregadora, Selma Reis. Após regularmente instruída, foi prolatada sentença julgando o pedido procedente em parte. A sentença foi proferida de forma líquida, apurando o valor devido de R$ 9.000,00 (nove mil reais) e custas de R$ 180,00 (cento e oitenta reais). A ex-empregadora, não se conformando com a decisão, pretende dela recorrer. Indique a opção que corresponde ao preparo que a ex-empregadora deverá realizar para viabilizar o seu recurso, sabendo-se que ela não requereu gratuidade de justiça porque tem boas condições financeiras.

(A) Tratando-se de empregador doméstico, só haverá necessidade de recolher as custas.
(B) Deverá recolher integralmente as custas e o depósito recursal.
(C) Por ser empregador doméstico, basta efetuar o recolhimento do depósito recursal.
(D) Deverá recolher as custas integralmente e metade do depósito recursal.

RESPOSTA Sendo a empregadora doméstica que tem por objetivo interpor o recurso, deverá recolher as custas de forma integral (§ 1º do art. 789 da CLT) e o depósito recursal pela metade, na forma do art. 899, § 9º, da CLT. *Alternativa D.*

20. **(XXX Exame)** Considere as quatro situações jurídicas a seguir.

(I) A Instituição ABCD é uma entidade sem fins lucrativos.
(II) Rosemary é uma empregadora doméstica.
(III) O Instituto Sonhar é uma entidade filantrópica.
(IV) Mariana é uma microempreendedora individual.
Considere que todas essas pessoas são empregadoras e têm reclamações trabalhistas ajuizadas contra si e que nenhuma delas comprovou ter as condições para ser beneficiária de justiça gratuita. Assinale a opção que indica, nos termos da CLT, quem estará isento de efetuar o depósito recursal para recorrer de uma sentença desfavorável proferida por uma Vara da Justiça do Trabalho.

(A) A Instituição ABCD e o Instituto Sonhar, somente.
(B) Todos estarão dispensados
(C) Instituto Sonhar, somente.
(D) Mariana e Rosemary, somente.

RESPOSTA Na forma do art. 899, § 10, da CLT: "§ 10. São isentos do depósito recursal os beneficiários da justiça gratuita, as *entidades filantrópicas* e as empresas em recuperação judicial" (grifamos). Logo, resta claro que a única contemplada opção no parágrafo é o Instituto Sonhar. *Alternativa C.*

21. **(XXIX Exame)** Em sede de impugnação à sentença de liquidação, o juiz julgou improcedente o pedido, ocorrendo o mesmo em relação aos embargos à execução ajuizados pela executada. A princípio, você, na qualidade de advogado(a) da executada, entendeu por bem não apresentar recurso. Contudo, foi apresentado o recurso cabível pelo exequente. Diante disso, assinale a afirmativa correta.

(A) A parte exequente interpôs agravo de petição, e a executada poderá interpor agravo de petição na modalidade de recurso adesivo.
(B) Ambas as partes poderiam interpor agravo de petição na hipótese, porém não mais existe essa possibilidade para a executada, pois esta não apresentou o recurso no prazo próprio.
(C) A parte autora interpôs recurso de revista, e não resta recurso para a parte executada.
(D) A parte autora apresentou recurso ordinário, e a executada poderá apresentar agravo de petição.

RESPOSTA O exequente apresentou o recurso de Agravo de Petição, pois estava combatendo uma decisão em sede de execução (art. 897, *a*, da CLT). Já o executado, como não recorreu no momento oportuno, só poderia se utilizar do Recurso Adesivo (Súmula 283 do TST c/c §§ 1º e 2º do art. 997 do CPC). O Agravo de Petição admite recurso adesivo. *Alternativa A.*

22. (XXVIII Exame) No curso de uma ação trabalhista que se encontra em fase de execução de sentença, a executada, citada para pagar e garantir o juízo, apresentou exceção de pré-executividade almejando a nulidade de todos os atos, uma vez que não havia sido regularmente citada. Após regular trâmite, o juiz julgou procedente a exceção de pré-executividade e anulou todos os atos processuais praticados desde a citação, concedendo ainda prazo para a reclamada contestar a reclamação trabalhista. Sobre a hipótese, assinale a opção que indica o recurso cabível, a ser manejado pelo exequente, contra a decisão da exceção de pré-executividade.

(A)   Apelação.
(B)   Recurso Ordinário.
(C)   Agravo de Instrumento.
(D)   Agravo de Petição.

RESPOSTA   Questão de fácil solução, eis que estamos diante de uma decisão que ocorreu em fase de execução. Logo, o recurso cabível é o agravo de petição, na forma do art. 897, *a*, da CLT. *Alternativa D.*

23. (XXVIII Exame) Francisco trabalhou em favor de uma empresa em Goiânia/GO. Após ser dispensado, mudou-se para São Paulo e neste Estado ajuizou reclamação trabalhista contra o ex-empregador. Este, após citado em Goiânia/GO, apresentou petição de exceção de incompetência territorial logo no segundo dia. Em razão disso, o juiz suspendeu o processo e conferiu vista ao excepto. Em seguida, proferiu decisão acolhendo a exceção e determinando a remessa dos autos ao juízo distribuidor de Goiânia/GO, local onde os serviços de Francisco foram prestados e que, no entendimento do magistrado, seria o juízo competente para julgar a reclamação trabalhista. Diante da situação retratada e do entendimento consolidado do TST, assinale a afirmativa correta.

(A)   O reclamante nada poderá fazer por se tratar de decisão interlocutória.
(B)   Francisco poderá interpor de imediato Recurso Ordinário no prazo de 8 dias.
(C)   Sendo as decisões interlocutórias irrecorríveis, Pedro deverá impetrar Mandado de Segurança.
(D)   O recurso cabível para tentar reverter a decisão é o Agravo de Petição.

RESPOSTA   Na forma da Súmula 214, *c*, do TST: "Na Justiça do Trabalho, nos termos do art. 893, § 1º, da CLT, as decisões interlocutórias não ensejam recurso imediato, salvo nas hipóteses de decisão: c) que acolhe exceção de incompetência territorial, com a remessa dos autos para Tribunal Regional distinto daquele a que se vincula o juízo excepcionado, consoante o disposto no art. 799, § 2º, da CLT. Assim, tal decisão é passível de Recurso Ordinário no prazo de oito dias (art. 895, I, da CLT)". *Alternativa B.*

24. (XXVIII Exame) Prolatada a sentença em uma reclamação trabalhista, o autor opõe embargos de declaração no 3º dia contado da publicação e afirma que existe erro material no julgado, pois o número do processo encontra-se equivocado, assim como o nome das partes. Diante da situação retratada e dos termos da CLT, assinale a afirmativa correta.

(A)   O juiz não precisará dar vista dos embargos à parte contrária, diante da natureza do erro.
(B)   A Lei é omissa a respeito, daí porque o juiz usará da equidade para ver se é o caso de conferir vista à parte adversa.
(C)   Havendo, no caso em exame, possibilidade de efeito modificativo do julgado, a parte contrária poderá se manifestar em 8 dias.
(D)   Independentemente do recurso e seu efeito perante o julgado, é direito da parte contrária se manifestar sobre os embargos em 10 dias.

RESPOSTA   Na forma do art. 897-A da CLT em seu § 2º: "Eventual efeito modificativo dos embargos de declaração somente poderá ocorrer em virtude da correção de vício na decisão embargada e desde que ouvida a parte contrária, no prazo de 5 (cinco) dias". O que não é o caso da questão, pois o embargante busca tão somente a correção de erro material. Logo, o juiz não precisa dar vista à parte contrária, pois é certo que ele poderia corrigir o erro material até mesmo de ofício, conforme ensina o § 1º do art. 897-A da CLT. *Alternativa A.*

25. (XXVII) Em uma reclamação trabalhista, o autor afirmou ter sido vítima de discriminação estética, pois fora dispensado pelo ex-empregador por não ter querido raspar o próprio bigode. Requereu, na petição inicial, tutela de urgência para ser imediatamente reintegrado em razão de prática discriminatória. O juiz, não convencido da tese de discriminação, indeferiu a tutela de urgência e determinou a designação de audiência, com a respectiva citação. Como advogado(a) do autor, assinale a opção que contém, de acordo com a Lei e o entendimento consolidado do TST, a medi-

DIREITO PROCESSUAL DO TRABALHO

da judicial a ser manejada para reverter a situação e conseguir a tutela de urgência desejada.

(A) Interpor recurso ordinário seguido de medida cautelar.

(B) Nada poderá ser feito, por tratar-se de decisão interlocutória, que é irrecorrível na Justiça do Trabalho.

(C) Impetrar mandado de segurança.

(D) Interpor agravo de instrumento.

RESPOSTA As decisões interlocutórias na Justiça do Trabalho são em regra irrecorríveis de forma imediata (art. 893, § 1º, CLT). Por falta de recurso o Mandado de Segurança é o remédio hábil e capaz para o combate da decisão, na forma da Súmula 414, II, do TST. *Alternativa C.*

26. (XXVI Exame) Vando ajuizou reclamação trabalhista em desfavor da sociedade empresária Cetro Dourado Ltda., na qual trabalhou por 5 anos e 3 meses, na condição de vigia noturno. A sociedade empresária não compareceu à audiência, daí por que o pedido foi julgado procedente à sua revelia. Contudo, a sociedade empresária interpôs recurso ordinário no prazo legal e efetuou o recolhimento das custas e do depósito recursal, mas com valor inferior ao devido (R$ 10,00 a menos nas custas e R$ 500,00 a menos no depósito recursal). Com base na situação retratada, na lei e no entendimento consolidado do TST, assinale a afirmativa correta.

(A) O recurso não pode ser conhecido, porque houve revelia; assim, a sociedade empresária fica juridicamente impedida de recorrer.

(B) Na Justiça do Trabalho, não existe possibilidade de se sanar vício referente à diferença no preparo, motivo pelo qual o recurso será considerado deserto.

(C) O juiz deverá assinalar prazo de 5 dias para que a sociedade empresária efetue o recolhimento da diferença das custas e do depósito recursal, sob pena de deserção.

(D) Em tese, seria possível que a sociedade empresária recolhesse a diferença das custas, mas não há previsão jurisprudencial de prazo para complementar o depósito recursal.

RESPOSTA Questão facilmente respondida com base na OJ 140 da SDI-1: "Em caso de recolhimento insuficiente das custas processuais ou do depósito recursal, somente haverá deserção do recurso se, concedido o prazo de 5 (cinco) dias previsto no § 2º do art. 1.007 do CPC de 2015, o recorrente não complementar e comprovar o valor devido". Assim, ainda que os depósitos tenham sido realizados em valores menores,

o juiz deve conceder prazo de 5 (cinco) dias para complementação. *Alternativa C.*

27. (XXV Exame) Em sede de reclamações trabalhistas duas sociedades empresárias foram condenadas em primeira instância. A Massa Falida da Calçados Sola Dura Ltda. e a Institutos de Seguros Privados do Brasil, sociedade empresária em liquidação extrajudicial. Acerca do depósito recursal, na qualidade de advogado das empresas você deverá

(A) Deixar de recolher o depósito recursal e custas nos dois casos, já que se trata de massa falida de empresa em liquidação extrajudicial.

(B) Deixar de recolher o depósito recursal e as custas no caso da massa falida, mas recolher ambos para a empresa em liquidação extrajudicial.

(C) Recolher nos dois casos o depósito recursal e as custas, sob pena de deserção.

(D) Deixar de recolher o depósito recursal no caso da massa falida, mas recolher ambos para a empresa em liquidação extrajudicial e as custas para a massa falida.

RESPOSTA Questão facilmente respondida de acordo com a Súmula 86 do TST: "Não ocorre deserção de recurso da massa falida por falta de pagamento de custas ou de depósito do valor da condenação. Esse privilégio, todavia, não se aplica à empresa em liquidação extrajudicial". Assim, a massa falida não recolhe custas e depósito recursal e a empresa em liquidação extrajudicial recolhe os dois. *Alternativa B.*

28. (XXV Exame) Em determinada Vara do Trabalho foi prolatada uma sentença que, após publicada, não foi objeto de recurso por nenhum dos litigantes. Quinze meses depois, uma das partes ajuizou ação rescisória perante o Tribunal Regional do Trabalho local, tendo o acórdão julgado improcedente o pedido da rescisória. Ainda inconformada, a parte deseja que o TST aprecie a demanda. Assinale a opção que indica, na hipótese, o recurso cabível para o Tribunal Superior do Trabalho.

(A) Recurso Ordinário.

(B) Recurso de Revista.

(C) Recurso Especial.

(D) Agravo de Instrumento.

RESPOSTA Nos casos em que o Tribunal Regional do Trabalho atuar em competência originária, cabe recurso ordinário no prazo de 8 dias para o Tribunal Superior do Trabalho. No caso da questão, a ação rescisória foi ajuizada no TRT, logo aplica-se o art. 895, II, da CLT. *Alternativa A.*

29. (XXIV Exame) Contra ato de Juiz do Trabalho que determinou a antecipação de honorários periciais do seu cliente, mesmo não tendo ele condições financeiras para arcar com esse custo, você, na defesa dos interesses do cliente, impetrou mandado de segurança contra o ato judicial, mas, por unanimidade, não teve a segurança concedida. De acordo com a CLT, assinale a opção que indica o procedimento a ser adotado para tentar reverter a decisão.

(A) Interpor Recurso Ordinário para o TST.

(B) Interpor Agravo de Instrumento para o STF.

(C) Interpor Agravo Interno para o próprio TRT.

(D) Nada mais pode ser feito, porque se trata de decisão irrecorrível.

RESPOSTA Questão de fácil solução. Observe que a autoridade coatora, ou seja, a origem da decisão que desafiou a impetração do MS foi o Juiz do Trabalho, logo, o remédio constitucional deveria ser impetrado no TRT. Atuando o TRT em competência originária, eventual recurso ordinário seria encaminhado ao TST. Nesse sentido a Súmula 201 do TST: "Da decisão de Tribunal Regional do Trabalho em mandado de segurança cabe recurso ordinário, no prazo de 8 (oito) dias, para o Tribunal Superior do Trabalho, e igual dilação para o recorrido e interessados apresentarem razões de contrariedade". Logo, seria cabível recurso ordinário para o TST. *Alternativa A.*

30. (XXII Exame) Em reclamação trabalhista que se encontra na fase de execução, o executado apresentou exceção de pré-executividade. Após ser conferida vista à parte contrária, o juiz julgou-a procedente e reconheceu a nulidade da citação e de todos os atos subsequentes, determinando nova citação para que o réu pudesse contestar a demanda. Considerando essa situação e o que dispõe a CLT, assinale a opção que indica o recurso que o exequente deverá apresentar para tentar reverter a decisão.

(A) Apelação.

(B) Agravo de Petição.

(C) Recurso de Revista.

(D) Recurso Ordinário.

RESPOSTA Na forma do art. 897, *a*, da CLT: "Cabe agravo, no prazo de 8 (oito) dias: a) de petição, das decisões do Juiz ou Presidente, nas execuções (...)". Ou seja, nas decisões definitivas ou terminativas na execução, o recurso cabível é o Agravo de Petição. *Alternativa B.*

III. EXECUÇÃO

31. (41º exame) Em determinada reclamação trabalhista, o recurso ordinário interposto pela ex-empregadora encontra-se pendente de julgamento e alcança todo o objeto da condenação. Para agilizar o procedimento, o reclamante iniciou a execução provisória do julgado, apresentando os cálculos de liquidação pertinentes, que foram submetidos à análise do adversário, da contadoria do juízo e, depois, homologados por serem reputados corretos.

O juiz concedeu 48 horas para que a sociedade empresária depositasse a quantia nos autos, o que foi cumprido. Logo depois o exequente peticionou a liberação do valor homologado a seu favor. Diante desses fatos e do disposto na CLT, assinale a afirmativa correta.

(A) Inviável a pretensão, porque a execução provisória fica limitada ao bloqueio ou à penhora.

(B) É possível a liberação, desde que o trabalhador assine um termo de compromisso garantindo que devolverá a quantia caso a decisão seja revertida pelo Tribunal.

(C) Tendo o crédito trabalhista natureza alimentar, o juiz poderá liberar o valor sem qualquer condição.

(D) Na Justiça do Trabalho, como regra, os recursos têm efeito suspensivo, de modo que não é possível a execução provisória, havendo evidente falha do juiz.

RESPOSTA De acordo com expressa redação do art. 899 da CLT: "Art. 899. Os recursos serão interpostos por simples petição e terão efeito meramente devolutivo, salvo as exceções previstas neste Título, *permitida a execução provisória até a penhora*" (grifamos). *Alternativa A.*

32. (40º Exame) Você advoga para o empregado, credor em uma reclamação trabalhista cuja decisão transitou em julgado. A liquidação de sentença foi promovida e, após manifestações das partes, foi homologado o cálculo da parte ré. Você continua entendendo que há erro nos cálculos homologados e pretende continuar a discutir a matéria. Diante disso, assinale a opção que apresenta a medida a ser adotada no interesse do seu cliente.

(A) Deverá ser apresentado embargos à execução no prazo de cinco dias independentemente da garantia da execução ou da penhora.

(B) Não cabe qualquer medida, uma vez que se operou a preclusão, pois já houve manifestação sobre a conta de liquidação.

(C) Na sua manifestação, a ser feita em dez dias após a garantia do juízo, não há restrição de matéria, podendo ser discutido não só os cálculos, mas também a sentença de conhecimento.

(D) Após a garantia da execução ou penhorados os bens, você poderá apresentar impugnação à sentença de liquidação em cinco dias.

RESPOSTA Como a questão trata de insatisfação do empregado em relação aos cálculos homologados, caberá a ele no prazo de 5 (cinco) dias a apresentação de impugnação, na forma do artigo 884 da CLT. *Alternativa D.*

33. (39º Exame) O Município de Sete Lagoas/MG foi condenado de forma subsidiária numa reclamação trabalhista envolvendo terceirização. Sendo infrutífera a execução contra o prestador dos serviços, a execução foi direcionada em desfavor do Município, que pretende ajuizar embargos à execução questionando os cálculos. Sobre o caso, de acordo com a Lei de Regência, assinale a afirmativa correta.

(A) Será obrigatório garantir o juízo, porque não há privilégios na Justiça do Trabalho.

(B) É desnecessária a garantia do juízo diante da natureza jurídica do executado.

(C) Para serem admitidos os embargos, o Município deverá depositar metade do valor exequendo.

(D) O juízo precisa ser garantido com seguro fiança judicial para não abalar as finanças do ente público.

RESPOSTA A Fazenda Pública não precisa garantir o juízo para embargar à execução na execução trabalhista. *Alternativa B.*

34. (38º Exame) Tomás teve o pedido de sua reclamação trabalhista julgado procedente em parte. Com o trânsito em julgado, adveio a fase executória e o juiz lhe conferiu prazo para apresentar os cálculos atualizados, o que foi feito. Desse cálculo, a executada foi intimada a se manifestar, mas quedou-se inerte. Em seguida, após ratificação pelo calculista da Vara, o juiz homologou o cálculo de Tomás e citou o executado para pagamento. O executado apresentou guia de depósito do valor homologado e, 5 dias após, ajuizou embargos à execução, questionando os cálculos homologados, entendendo que estavam majorados. Diante da situação retratada e da previsão da CLT, assinale a afirmativa correta.

(A) Os embargos não serão apreciados porque intempestivos, já que o prazo é de 3 dias úteis.

(B) Cabíveis embargos à execução no prazo de até 5 dias úteis após a garantia do juízo, daí, o mérito dele será apreciado.

(C) Há preclusão porque a empresa silenciou acerca dos cálculos, logo o mérito dos embargos não será apreciado.

(D) Os embargos são tempestivos, não há preclusão mas faltou realizar o preparo com acréscimo de 30%, daí o mérito não será apreciado.

RESPOSTA Assim expressa o art. 884 da CLT em seu parágrafo segundo: "§ 2º Elaborada a conta e tornada líquida, o juízo deverá abrir às partes prazo comum de oito dias para impugnação fundamentada com a indicação dos itens e valores objeto da discordância, *sob pena de preclusão*" (grifamos). A questão é cristalina ao demonstrar que o executado foi notificado para se manifestar acerca dos cálculos, porém, nada fez. Logo, operou-se a preclusão. Assim, a alternativa A está errada, já que o prazo dos embargos é de 5 (cinco) dias e não 3 (três). A alternativa B está errada, pois, diante da preclusão, o mérito não será analisado. A alternativa D está errada, pois ocorreu sim a preclusão. *Alternativa C.*

35. (37º Exame) Arthur ajuizou reclamação trabalhista em face de seu ex-empregador – a sociedade empresária Alfa –, e dos 3 sócios dela, valendo-se do incidente de desconsideração da personalidade jurídica (IDPJ) na fase de cognição. Argumentou na petição inicial que assim procedeu para que, em havendo sucesso na pretensão, os sócios já constem do título executivo judicial, o que abreviaria a futura execução. Diante da situação retratada e da previsão contida na CLT, assinale a afirmativa correta.

(A) O incidente de desconsideração da personalidade jurídica (IDPJ), na Justiça do Trabalho, somente pode ser feito na fase de execução.

(B) O incidente de desconsideração da personalidade jurídica (IDPJ), na seara trabalhista, pode ser feito na fase de conhecimento ou de execução.

(C) O incidente de desconsideração da personalidade jurídica (IDPJ) na fase de conhecimento dependerá da concordância dos sócios.

(D) A opção pelo incidente de desconsideração da personalidade jurídica (IDPJ), por exigência expressa da CLT, deve ter, na fase de conhecimento, sua necessidade provada por documentos.

RESPOSTA O incidente de desconsideração da personalidade jurídica é procedimento previsto no art. 855-A da CLT e com aplicação das regras contidas nos arts. 113 a 137 do CPC. Pode ocorrer tanto em fase de conhecimento como de execução. *Alternativa B.*

36. (36º Exame) Numa execução trabalhista, o juiz homologou os cálculos do exequente, declarando devido o valor de R$ 30.000,00. Instado a pagar voluntariamente a dívida, o executado quedou-se inerte e, após requerimento do exequente, o juiz acionou o convênio com o Banco Central para bloqueio do numerário nos ativos financeiros da empresa. A ferramenta de bloqueio conseguiu, após várias tentativas, capturar R$ 20.000,00 das contas do executado. Diante dessa situação e das disposições da CLT, assinale a afirmativa correta.

(A) A empresa poderá, de plano, ajuizar embargos à execução, que serão apreciados, porque não é necessária a garantia do juízo.

(B) O executado ainda não poderá ajuizar embargos à execução e, se o fizer, não serão apreciados, porque o juízo não se encontra integralmente garantido.

(C) Os embargos à execução podem ser ajuizados e apreciados, porque já se conseguiu apreender mais da metade do valor exequendo, que é o requisito previsto na CLT.

(D) A empresa não poderá embargar a execução, porque não existe tal previsão na CLT.

RESPOSTA Assim expressa o art. 884 da CLT: *"Garantida a execução ou penhorados os bens*, terá o executado 5 (cinco) dias para apresentar embargos, cabendo igual prazo ao exequente para impugnação" (grifamos). Com base no texto do artigo, resta evidente que a execução deve estar garantida para a apresentação dos embargos à execução, porém, tal garantia deve se dar integralmente, e não de forma parcial, como ocorreu no caso concreto. *Alternativa B.*

37. (36º Exame) No bojo de uma execução trabalhista, o juízo, a requerimento da exequente, utilizou todas as ferramentas tecnológicas disponíveis para tentar apreender dinheiro ou bens do executado, não tendo sucesso. O juízo, também a requerimento da exequente, deferiu a instauração do incidente de desconsideração da personalidade jurídica (IDPJ) em face dos sócios, que foram citados e se manifestaram. Diante dos argumentos apresentados, o IDPJ foi julgado improcedente, isentando os sócios de qualquer responsabilidade. Considerando a situação de fato e a previsão legal, assinale a afirmativa correta.

(A) A exequente poderá interpor recurso de agravo de petição.

(B) Não caberá recurso da decisão em referência por ser interlocutória.

(C) Caberá à exequente, se desejar, interpor recurso ordinário.

(D) A exequente poderá interpor agravo de instrumento.

RESPOSTA Embora no Processo do Trabalho as decisões interlocutórias sejam irrecorríveis de forma imediata, a reforma trabalhista (Lei n. 13.467/2017) trouxe uma exceção a essa regra, quando, de forma expressa, prevê que, diante de uma decisão interlocutória que, em sede de execução, defere ou indefere o Incidente de Desconsideração da Personalidade Jurídica, cabe o recurso de Agravo de Petição de forma imediata, sem a necessidade de garantia do juízo, conforme art. 855-A, § 1º, inciso II, da CLT. *Alternativa A.*

38. (35º Exame) As entidades, mesmo as filantrópicas, podem ser empregadoras e, portanto, reclamadas na Justiça do Trabalho. A entidade filantrópica Beta foi condenada em uma reclamação trabalhista movida por uma ex-empregada e, após transitado em julgado e apurado o valor em liquidação, que seguiu todos os trâmites de regência, o juiz homologou o crédito da exequente no valor de R$ 25.000,00 (vinte e cinco mil reais). A ex-empregadora entende que o valor está em desacordo com a coisa julgada, pois, nas suas contas, o valor devido é bem menor, algo em torno de 50% do que foi homologado e cobrado. Sobre o caso, diante do que dispõe a CLT, assinale a afirmativa correta.

(A) Para ajuizar embargos à execução, a entidade, por ser filantrópica, não precisará garantir o juízo.

(B) Por ser entidade filantrópica, a Lei expressamente proíbe o ajuizamento de embargos à execução.

(C) É possível o ajuizamento dos embargos, desde que a entidade filantrópica deposite nos autos os R$ 25.000,00 (vinte e cinco mil reais).

(D) Os embargos somente poderão ser apreciados se a entidade depositar o valor que reconhece ser devido.

RESPOSTA O art. 884 da CLT, em seu § 6º, assim informa: "Art. 884. (...) § 6º A exigência da garantia ou penhora não se aplica às entidades filantrópicas e/ou àqueles que compõem ou compuseram a diretoria dessas instituições". Como a questão trata de entidade filantrópica para embargar, não há que se falar em necessidade de garantia do juízo por parte de Beta. *Alternativa A.*

39. (35º Exame) Em determinada reclamação trabalhista, que se encontra na fase de execução, não foram localizados bens da sociedade empresária executada, motivando o credor a instaurar o incidente de desconsideração de personalidade jurídica (IDPJ), para direcionar a execução contra os sócios atuais da empresa. Os sócios foram, então, citados para manifestação. Diante da situação retratada e da previsão da CLT, assinale a afirmativa correta.

(A) É desnecessária a garantia do juízo para que a manifestação do sócio seja apreciada.

DIREITO PROCESSUAL DO TRABALHO

(B) A CLT determina que haja a garantia do juízo, mas com fiança bancária ou seguro garantia judicial.

(C) A Lei determina que haja garantia do juízo em 50% para que a manifestação do sócio seja analisada.

(D) Será necessário garantir o juízo com bens ou dinheiro para o sócio ter a sua manifestação apreciada.

RESPOSTA O incidente de desconsideração da personalidade jurídica é procedimento previsto no art. 855-A da CLT e com aplicação das regras contidas nos arts. 113 a 137 do CPC. Acolhendo o magistrado o direcionamento da execução em face dos sócios, aplicar-se-á a regra contida no art. 135 do CPC, ou seja, será oportunizado o prazo de quinze dias para manifestação sem qualquer necessidade de garantia do juízo para tal. *Alternativa A.*

40. **(XXXIV Exame)** Ramon conseguiu, em uma reclamação trabalhista, a sentença de procedência parcial dos seus pedidos, sendo condenado o ex-empregador a pagar vários direitos, mediante condenação subsidiária da União como tomadora dos serviços. A sentença transitou em julgado nestes termos, houve liquidação regular e foi homologado o valor da dívida em R$ 15.000,00 (quinze mil reais), conforme cálculos apresentados pelo exequente. Ramon tentou executar por várias formas o ex-empregador, sem sucesso, e então requereu ao juiz o direcionamento da execução em face da União, que foi citada, mas discordou dos cálculos apresentados, reputando-os majorados. Diante da situação apresentada e dos termos da legislação em vigor, assinale a afirmativa correta.

(A) Caberá à União depositar o valor da dívida e, então, no prazo legal, ajuizar embargos à execução.

(B) Se a União não depositar voluntariamente a quantia, terá bens penhorados no valor da dívida e, após, poderá ajuizar embargos à execução.

(C) A Lei prevê que sendo o ente público o devedor, ainda que subsidiário, bastará depositar metade do valor homologado para ajuizar embargos à execução.

(D) É desnecessária a garantia do juízo para a União ajuizar embargos à execução.

RESPOSTA A União não precisa garantir o juízo para apresentação dos embargos na execução, na forma do art. 535 do CPC e do art. 100 da CF. Não se aplica aqui a regra do art. 884 da CLT no que se refere à necessidade de garantia do juízo. *Alternativa D.*

41. **(XXXII Exame)** A sociedade empresária de transportes Mundo Pequeno Ltda. Foi condenada ao pagamento de horas extras e diferença salarial na ação movida por Mauro Duarte, seu ex-empregado. Após o trânsito em julgado e apuração do valor devido, a executada foi citada para efetuar o pagamento de R$ 120.000,00. Ocorre que a sociedade empresária pretende apresentar embargos à execução, pois entende que o valor homologado é superior ao devido, mas não tem o dinheiro disponível para depositar nos autos. Sobre o caso relatado, de acordo com o que está previsto na CLT, assinale a afirmativa correta.

(A) Na Justiça do Trabalho não é necessário garantir o juízo para ajuizar embargos à execução.

(B) A sociedade empresária poderá apresentar seguro-garantia judicial para então apresentar embargos à execução.

(C) A sociedade empresária poderá assinar uma nota promissória judicial e, com isso, ter direito a ajuizar embargos de devedor.

(D) Se for comprovada a situação de necessidade, a sociedade empresária, depositando 50% do valor da dívida, poderá embargar.

RESPOSTA No processo do trabalho na forma do art. 884 da CLT, a parte que desejar apresentar embargos à execução deverá garantir o juízo. Porém, após a chegada da reforma trabalhista (Lei n. 13.467/2017), a garantia poderá ser realizada também por seguro-garantia judicial na forma do art. 882 da CLT: "O executado que não pagar a importância reclamada poderá garantir a execução mediante depósito da quantia correspondente, atualizada e acrescida das despesas processuais, apresentação de seguro-garantia judicial ou nomeação de bens à penhora, observada a ordem preferencial estabelecida no art. 835 da Lei n. 13.105, de 16 de março de 2015 – Código de Processo Civil." Assim, a única alternativa que se coaduna com o previsto em lei é a letra B. *Alternativa B.*

42. **(XXXII Exame)** Após ser alvo de um inquérito civil junto ao Ministério Público do Trabalho – MPT, tendo sido investigada pela prática de suposta irregularidade, a sociedade empresária Vida Global assinou um Termo de Ajuste de Conduta (TAC) com o MPT para sanar o problema e evitar a judicialização daquela situação, o que poderia abalar sua credibilidade perante os investidores nacionais e estrangeiros. Ocorre que a sociedade empresária não cumpriu o que foi estipulado no TAC, seja no tocante à obrigação de fazer, seja no pagamento de multa pelo dano moral coletivo. Diante dessa situação, e de acordo com os termos da CLT, assinale a afirmativa correta.

(A) O *Parquet* deverá propor execução de título judicial.

(B) O MPT deverá ajuizar execução de título extra-judicial.

(C) A ação própria para a cobrança será o inquérito judicial.

(D) O MPT deverá propor reclamação trabalhista pelo rito ordinário.

RESPOSTA A simples análise do art. 876 da CLT deixa evidente que o Termo de Ajustamento de Conduta - TAC, é uma espécie de título executivo extrajudicial: "Art. 876. As decisões passadas em julgado ou das quais não tenha havido recurso com efeito suspensivo; os acordos, quando não cumpridos; os termos de ajuste de conduta firmados perante o Ministério Público do Trabalho e os termos de conciliação firmados perante as Comissões de Conciliação Prévia serão executadas pela forma estabelecida neste Capítulo." (grifamos). Assim, como a empresa deixou de cumprir o acordo elaborado com o MPT, cabe a este ajuizar execução de título extrajudicial. *Alternativa B.*

43. (XXXII Exame) No decorrer de uma execução trabalhista, não se conseguiu penhorar nenhum bem da empresa executada nem reter qualquer numerário dela em ativos financeiros. Então, o exequente instaurou um incidente de desconsideração de personalidade jurídica para direcionar a execução em face de um sócio. O referido sócio foi citado e, no prazo de 15 dias, manifestou-se contrariamente à sua execução. Submetida a manifestação ao contraditório e não havendo outras provas a produzir, o juiz julgou procedente o incidente e incluiu o sócio no polo passivo da execução na condição de executado, sendo, então, publicada essa decisão. Considerando a situação retratada e os ditames da CLT, assinale a afirmativa correta.

(A) Por ser interlocutória, essa decisão é irrecorrível, devendo o sócio se submeter ao comando e pagar a dívida.

(B) O sócio em questão poderá recorrer da decisão independentemente de garantia do juízo.

(C) Sendo a Lei omissa a respeito, caberá ao juiz definir se a decisão do incidente poderá ser objeto de recurso e se será necessário garantir o juízo.

(D) O sócio poderá recorrer da decisão, mas terá de garantir o juízo em 50%.

RESPOSTA Embora no Processo do Trabalho as decisões interlocutórias sejam irrecorríveis de forma imediata, a reforma trabalhista (Lei n. 13.467/2017) trouxe uma exceção a esta regra, quando de forma expressa prevê que, diante de uma decisão interlocutória que, em sede de execução, defere ou indefere o Incidente de Desconsideração da Personalidade Jurídica, cabe o

recurso de Agravo de Petição de forma imediata, sem a necessidade de garantia do juízo, conforme artigo 855-A, § 1º, inciso II da CLT. Logo a única opção que representa o previsto em lei é *Alternativa B.*

44. (XXXI Exame) Após tentar executar judicialmente seu ex-empregador (a empresa Tecidos Suaves Ltda.) sem sucesso, o credor trabalhista Rodrigo instaurou o incidente de desconsideração de personalidade jurídica, objetivando direcionar a execução contra os sócios da empresa, o que foi aceito pelo magistrado. De acordo com a CLT, assinale a opção que indica o ato seguinte.

(A) O sócio será citado por oficial de justiça para pagar a dívida em 48 horas.

(B) O sócio será citado para manifestar-se e requerer as provas cabíveis no prazo de 15 dias.

(C) O juiz determinará de plano o bloqueio de bens e valores do sócio, posto que desnecessária a sua citação ou intimação.

(D) Será conferida vista prévia ao Ministério Público do Trabalho, para que o *parquet* diga se concorda com a desconsideração pretendida.

RESPOSTA O incidente de desconsideração da personalidade jurídica é procedimento previsto no art. 855-A da CLT e com aplicação das regras contidas nos arts. 113 a 137 do CPC. Acolhendo o magistrado o direcionamento da execução em face dos sócios, aplicar-se-á a regra contida no art. 135 do CPC, ou seja, o sócio ou a pessoa jurídica será citado para manifestar-se e requerer as provas cabíveis no prazo de 15 (quinze) dias. *Alternativa B.*

45. (XXX Exame) O juiz, em sede de execução trabalhista, intimou a parte para cumprir despacho, determinando que o exequente desse seguimento à execução, indicando os meios de prosseguimento na execução, já que não foram encontrados bens no patrimônio do réu. Com fundamento na legislação vigente, assinale a afirmativa correta.

(A) O processo ficará parado aguardando a manifestação do exequente por período indefinido de tempo.

(B) A declaração de prescrição somente poderá ocorrer por requerimento da parte contrária.

(C) A prescrição intercorrente ocorrerá após dois anos, se a parte não cumprir com o comando judicial.

(D) O juiz deverá intimar novamente a parte, a fim de dar início ao curso do prazo prescricional.

RESPOSTA Na forma do art. 11-A da CLT em seu § 1º: "Ocorre a prescrição intercorrente no processo do trabalho no prazo de dois anos. § 1º A fluência do pra-

DIREITO PROCESSUAL DO TRABALHO

zo prescricional intercorrente inicia-se quando o exequente deixa de cumprir determinação judicial no curso da execução". O que é exatamente o caso da questão. *Alternativa C.*

46. **(XXX Exame)** No decorrer de uma reclamação trabalhista, que transitou em julgado e que se encontra na fase executória, o juiz intimou o autor a apresentar os cálculos de liquidação respectivos, o que foi feito. Então, o juiz determinou que o cálculo fosse levado ao setor de Contadoria da Vara para conferência, tendo o calculista confirmado que os cálculos estavam adequados e em consonância com a coisa julgada. Diante disso, o juiz homologou a conta e determinou que o executado depositasse voluntariamente a quantia, sob pena de execução forçada. Diante dessa narrativa e dos termos da CLT, assinale a afirmativa correta.

(A) Equivocou-se o juiz, porque ele não poderia homologar o cálculo sem antes conceder vista ao executado pelo prazo de 8 dias.

(B) Correta a atitude do magistrado, porque as contas foram conferidas e foi impressa celeridade ao processo do trabalho, observando a duração razoável do processo.

(C) A Lei não fixa a dinâmica específica para a liquidação, daí porque cada juiz tem liberdade para criar a forma que melhor atenda aos anseios da justiça.

(D) O juiz deveria conceder vista dos cálculos ao executado e ao INSS pelo prazo de 5 dias úteis, pelo que o procedimento adotado está errado.

RESPOSTA O juiz cometeu um equívoco, isto porque não deu oportunidade ao executado de se manifestar sobre os valores apresentados. O art. 879, § 2º, da CLT assim ensina: "Elaborada a conta e tornada líquida, o juízo deverá abrir às partes prazo comum de oito dias para impugnação fundamentada com a indicação dos itens e valores objeto da discordância, sob pena de preclusão". Assim, resta evidente que ao executado é garantido por lei prazo para falar, e que, no caso em questão o juiz não respeito tal disciplina. *Alternativa A.*

47. **(XXVII)** A sociedade empresária Alfa S. A. está sendo executada na Justiça do Trabalho e, em 13/3/2018, recebeu citação para pagamento da dívida que possui em relação a um processo. Mesmo citada, a sociedade empresária permaneceu inerte, pelo que, no 10º dia contado da citação, o juízo iniciou, a requerimento do exequente a tentativa de bloqueio pelo sistema Bacen-Jud e, paralelamente, inscreveu o nome do execu-

tado no Banco Nacional de Devedores Trabalhistas (BNDT). Diante da situação apresentada e dos termos da CLT, assinale a afirmativa correta.

(A) A atitude do magistrado está correta, eis que não houve o pagamento voluntário da dívida no prazo legal, sendo a inserção imediata no BNDT uma adequada medida coercitiva judicial.

(B) A Lei deixa ao arbítrio do juiz determinar a partir de quando o nome do devedor deve ser inserido em cadastro restritivo de crédito, inclusive no BNDT.

(C) A Justiça do Trabalho não atua mais com inserção e retirada do nome de devedores no BNDT, pelo que a atitude do magistrado é inócua e contrária às regras da CLT.

(D) A decisão que determinou a inserção do nome do devedor no BNDT está equivocada, porque somente poderia ocorrer 45 dias depois de ele não pagar, nem garantir o juízo.

RESPOSTA Questão de fácil solução tomando-se por base o art. 883-A da CLT: "A decisão judicial transitada em julgado somente poderá ser levada a protesto, gerar inscrição do nome do executado em órgãos de proteção ao crédito ou no Banco Nacional de Devedores Trabalhistas (BNDT), nos termos da lei, *depois de transcorrido o prazo de quarenta e cinco dias a contar da citação do executado*, se não houver garantia do juízo" (grifamos). Logo, por óbvio que o juiz agiu de forma equivocada, pois conforme enunciado da questão, a inscrição ocorreu em prazo bem anterior ao previsto em lei. *Alternativa D.*

48. **(XXVI Exame)** Uma entidade filantrópica foi condenada em reclamação trabalhista movida por uma ex-empregada, em fevereiro de 2018. A sentença transitou em julgado e agora se encontra na fase de execução. Apresentados os cálculos e conferida vista à executada, o juiz homologou a conta apresentada pela exequente. Em relação à pretensão da entidade de ajuizar embargos de devedor para questionar a decisão homologatória, assinale a afirmativa correta.

(A) Não há necessidade de garantia do juízo, no caso apresentado, para o ajuizamento de embargos de devedor.

(B) Se a executada deseja questionar os cálculos, deverá garantir o juízo com dinheiro ou bens e, então, ajuizar embargos de devedor.

(C) A executada, por ser filantrópica, poderá ajuizar embargos à execução, desde que garanta a dívida em 50%.

(D) A entidade filantrópica não tem finalidade lucrativa, daí por que não pode ser empregadora, de modo que a execução contra ela não se justifica, e ela poderá ajuizar embargos a qualquer momento.

RESPOSTA O art. 884 da CLT em seu § 6º assim informa: "Art. 884. (...) § 6º A exigência da garantia ou penhora não se aplica às entidades filantrópicas e/ou àqueles que compõem ou compuseram a diretoria dessas instituições". Como a questão trata de entidade filantrópica para embargar, não há que se falar em necessidade de garantia do juízo. *Alternativa A.*

49.
(XXV Exame) Em reclamação trabalhista já na fase de execução, o juiz determinou que o autor apresentasse os cálculos de liquidação, determinação esta que foi cumprida pelo exequente em fevereiro de 2018. Então, o calculista do juízo analisou as contas e entendeu que elas estavam corretas, pelo que o juiz homologou os cálculos ofertados e determinou a citação do executado para pagamento em 48 horas, sob pena de execução. Considerando a narrativa apresentada e os termos da CLT, assinale a afirmativa correta.

(A) Agiu corretamente o juiz, porque as contas foram atestadas pelo calculista como corretas.

(B) Equivocou-se o magistrado, porque deveria obrigatoriamente conferir vista dos cálculos ao executado.

(C) Uma vez que o juiz do Trabalho tem amplo poder de direção e controle do processo, sua decisão está amparada na norma cogente.

(D) O juiz tem a faculdade de abrir vista ao executado por 10 dias, mas não obrigação de fazê-lo.

RESPOSTA Na forma do art. 879, § 2º, da CLT o juiz agiu incorretamente: "Art. 879. Sendo ilíquida a sentença exequenda, ordenar-se-á, previamente, a sua liquidação, que poderá ser feita por cálculo, por arbitramento ou por artigos. (...) § 2º Elaborada a conta e tornada líquida, o juízo deverá abrir às partes prazo comum de oito dias para impugnação fundamentada com a indicação dos itens e valores objeto da discordância, sob pena de preclusão". Assim, antes de determinar a citação do executado, o juiz deveria ter concedido prazo para as partes de 8 dias comuns para impugnação. *Alternativa B.*

50.
(XXIII Exame) A sociedade empresária Arco Íris Limpeza Ltda. foi citada para pagar o valor de uma dívida trabalhista homologada pelo juiz e, sem apresentar guia de pagamento ou arrolar bens, apresentou embargos de devedor, nos quais aponta diversas inconsistências nos cálculos.

Diante disso, de acordo com a CLT, assinale a afirmativa correta.

(A) A Justiça do Trabalho passou a adotar o sistema do CPC, pelo qual não há necessidade de garantir o juízo para embargar, de modo que os embargos serão apreciados.

(B) A CLT prevê que, para o ajuizamento de embargos de devedor, é necessário garantir o juízo com 50% do valor da dívida exequenda, o que não aconteceu na espécie.

(C) Sem a garantia do juízo, o executado não poderá ajuizar embargos de devedor, de modo que as matérias por ele trazidas não serão apreciadas naquele momento.

(D) A CLT determina que, havendo ajuizamento de embargos de devedor, o executado é obrigado a declarar, o valor que entende devido e a depositar essa quantia à disposição do juízo.

RESPOSTA Assim expressa o art. 884 da CLT: "Garantida a execução ou penhorados os bens, terá o executado 5 (cinco) dias para apresentar embargos, cabendo igual prazo ao exequente para impugnação" (grifamos). Com base no artigo, a questão seria facilmente respondida, eis que para embargar em sede de execução na justiça do trabalho, haverá necessidade da garantia do juízo, e isto, não foi feito pela empresa. *Alternativa C.*

51.
(XXII Exame) Expedida carta precatória executória numa demanda trabalhista, o juízo deprecante cita o devedor para pagamento, mas ele permanece inerte. Então, o oficial de justiça retorna e penhora um dos imóveis do executado, avaliando-o e garantindo o juízo. Imediatamente o executado ajuíza embargos de devedor, alegando que o bem penhorado foi subavaliado, apresentando a documentação que entende provar que o valor de mercado do bem é muito superior àquele lançado no auto pelo oficial de justiça.

Sobre a hipótese apresentada, de acordo com a legislação em vigor e o entendimento consolidado do TST, assinale a opção que, justificadamente, indica o juízo competente para apreciar os embargos.

(A) O juízo deprecante é competente, pois dele se origina a execução.

(B) O julgamento poderá competir aos juízos deprecante ou ao deprecado, porque a Lei não traz previsão.

(C) O juízo deprecado será competente, porque a matéria se refere a suposto vício na penhora.

(D) A Lei e a jurisprudência são omissas a respeito, daí porque a parte poderá escolher qual dos juízos apreciará os embargos.

RESPOSTA Questão facilmente respondida por força da previsão do art. 676 do CPC e da Súmula 419 do TST: "Art. 676, CPC: Os embargos serão distribuídos por dependência ao juízo que ordenou a constrição e autuados em apartado. Parágrafo único. Nos casos de

DIREITO PROCESSUAL DO TRABALHO

ato de constrição realizado por carta, os embargos serão oferecidos no juízo deprecado, salvo se indicado pelo juízo deprecante o bem constrito ou se já devolvida a carta".

"Súmula n. 419 do TST – COMPETÊNCIA. EMBARGOS DE TERCEIRO. EXECUÇÃO POR CARTA PRECATÓRIA. JUÍZO DEPRECADO. (alterada em decorrência do CPC de 2015) – Res. 212/2016, DEJT divulgado em 20, 21 e 22.09.2016

Na execução por carta precatória, os embargos de terceiro serão oferecidos no juízo deprecado, salvo se indicado pelo juízo deprecante o bem constrito ou se já devolvida a carta (art. 676, parágrafo único, do CPC de 2015)". *Alternativa C.*

52. **(XXII Exame)** Jorge foi dispensado e, no dia designado para homologação da ruptura contratual, a empresa informou que não tinha dinheiro para pagar a indenização. O TRCT estava preenchido, com o valor total de R$ 5.000,00 que Jorge deveria receber. Diante da situação narrada pela empresa e da extrema necessidade de Jorge, o sindicato concordou em fazer a homologação apenas para liberar o FGTS e permitir o acesso ao seguro-desemprego, lançando no TRCT um carimbo de que nada havia sido pago. Jorge, então, ajuizou ação monitória na Justiça do Trabalho, cobrando a dívida de R$ 5.000,00.

Sobre a situação narrada, assinale a afirmativa correta.

(A) O comportamento de Jorge é viável, sendo que, nesse caso, o juiz expedirá mandado de pagamento, nos moldes do CPC.

(B) Na Justiça do Trabalho, a ação monitória somente é possível em causas de até dois salários mínimos, sendo que da sentença não caberá recurso, o que não é a hipótese retratada.

(C) Jorge deveria ajuizar ação de execução de título extrajudicial, que é a natureza jurídica do TRCT preenchido, mas não quitado.

(D) Jorge agiu mal, porque não cabe ação monitória na Justiça do Trabalho, em razão da incompatibilidade de procedimentos.

RESPOSTA Viável o comportamento de Jorge, pois na forma do art. 700, I, do CPC: "A ação monitória pode ser proposta por aquele que afirmar, com base em prova escrita sem eficácia de título executivo, ter direito de exigir do devedor capaz: I – o pagamento de quantia em dinheiro". Assim, levando-se em consideração que Jorge não tinha um título executivo em seu poder, cabe a ação monitória. *Alternativa A.*

53. **(XXI Exame)** O juiz, em ação trabalhista proposta por Carlos em face da sociedade

empresária ABCD Ltda., julgou procedente, em parte, o rol de pedidos. Nenhuma das partes apresentou qualquer recurso. O pedido versava exclusivamente sobre horas extras e reflexos, estando nos autos todos os controles de horário, recibos salariais, o termo de rescisão de contrato de trabalho (TRCT) e demais documentos inerentes ao contrato de trabalho em referência. Todos os documentos eram incontroversos.

Com base no caso apresentado, como advogado(a) de Carlos, assinale a opção que indica a modalidade a ser adotada para promover a liquidação de sentença.

(A) Por cálculos.

(B) Por arbitramento.

(C) Por artigos

(D) Por execução por quantia certa.

RESPOSTA Questão de fácil resolução. Dois artigos deveriam aqui ser verificados: Art. 879 da CLT: "Sendo ilíquida a sentença exequenda, ordenar-se-á, previamente, a sua liquidação, que poderá ser feita por cálculo, por arbitramento ou por artigos".

Art. 509, § 2º, do CPC: "Quando a apuração do valor depender apenas de cálculo aritmético, o credor poderá promover, desde logo, o cumprimento da sentença". Assim, restava evidente que a modalidade de liquidação a ser adotada deveria ser a de cálculos. *Alternativa A.*

54. **(XXI Exame)** De acordo com o entendimento consolidado do STF e do TST, assinale a opção que apresenta situação em que a Justiça do Trabalho possui competência para executar as contribuições devidas ao INSS.

(A) Reclamação na qual se postulou, com sucesso, o reconhecimento de vínculo empregatício.

(B) Ação trabalhista na qual se deferiu o pagamento de diferença por equiparação salarial.

(C) Demanda na qual o empregado teve a CTPS assinada mas não teve o INSS recolhido durante todo o contrato.

(D) Reclamação trabalhista na qual foi reconhecido o pagamento de salário à margem dos contra-cheques.

RESPOSTA Talvez uma das questões mais difíceis do exame, mas novamente respondida com base em súmulas. Súmula 368, I, TST: "DESCONTOS PREVIDEN-CIÁRIOS. IMPOSTO DE RENDA. COMPETÊNCIA. RESPONSABILIDADE PELO RECOLHIMENTO. FORMA DE CÁLCULO. FATO GERADOR (aglutinada a parte final da Orientação Jurisprudencial n. 363 da SBDI-I à redação do item II e incluídos os itens IV, V e VI em sessão do Tribunal Pleno realizada em 26.06.2017) – Res. 219/2017, republicada em razão de erro material – *DEJT* divulgado em 12, 13 e 14.07.2017

I – A Justiça do Trabalho é competente para determinar o recolhimento das contribuições fiscais. A competência da Justiça do Trabalho, quanto à execução das contribuições previdenciárias, limita-se às sentenças condenatórias em pecúnia que proferir e aos valores, objeto de acordo homologado, que integrem o salário de contribuição. (ex-OJ n. 141 da SBDI-1 – inserida em 27.11.1998)".

Súmula Vinculante 53, STF: "A competência da Justiça do Trabalho prevista no art. 114, VIII, da Constituição Federal alcança a execução de ofício das contribuições previdenciárias relativas ao objeto da condenação constante das sentenças que proferir e acordos por ela homologados". *Alternativa B.*

55. (XXI Exame) Em determinada reclamação trabalhista, o empregador foi condenado ao pagamento de diversas parcelas, havendo ainda condenação subsidiária da União na condição de tomadora dos serviços.

Na execução, depois de homologado o cálculo e citado o empregador para pagamento, as tentativas de recebimento junto ao devedor principal fracassaram, daí porque a execução foi direcionada contra a União, que agora pretende questionar o valor da dívida.

Diante da situação apresentada, assinale a afirmativa correta.

(A) A União pode embargar a execução no prazo legal, após a garantia do juízo.

(B) A CLT não permite que a União, por ser devedora subsidiária, ajuíze embargos de devedor.

(C) A garantia do juízo para ajuizar embargos de devedor é desnecessária, por se tratar de ente público.

(D) A União, por se tratar de recurso, terá o prazo em dobro para embargar a execução.

RESPOSTA A Fazenda Pública não precisa garantir o juízo para apresentação dos embargos na execução, na forma do art. 535 do CPC e art. 100 da Constituição Federal. Não se aplica aqui a regra do art. 884 da CLT no que se refere à necessidade de garantia do juízo. *Alternativa C.*

56. (XX Exame – Reaplicação) Em execução fiscal, que tramita perante a Justiça do Trabalho, o juiz, após realizar tentativas de execução sem sucesso, deixou o feito arquivado por 1 ano. Cinco anos depois, e após intimada a Fazenda Pública, que nada requereu, o juiz decretou de ofício a prescrição intercorrente. Sobre a atitude judicial, e considerando a legislação em vigor, assinale a afirmativa correta.

(A) O juiz equivocou-se, pois na seara trabalhista a prescrição não pode ser decretada de ofício.

(B) Correto o juiz, pois não se trata de reclamação trabalhista e, assim, a prescrição pode ser decretada de ofício.

(C) Não há dispositivo legal a respeito, daí porque, em razão do princípio da proteção, não deveria haver decretação de ofício da prescrição.

(D) Uma vez que não existe prescrição para o crédito fiscal, agiu erroneamente o magistrado ao decretar a prescrição intercorrente.

RESPOSTA Inicialmente, cabe destacar que a questão deixa claro que não se tratava de reclamação trabalhista e sim de execução fiscal. Logo, a questão deveria ser respondida com base no art. 40, § 4º, da Lei n. 6.830/80. "Art. 40. (...) § 4º Se da decisão que ordenar o arquivamento tiver decorrido o prazo prescricional, o juiz, depois de ouvida a Fazenda Pública, poderá, de ofício, reconhecer a prescrição intercorrente e decretá-la de imediato". *Alternativa B.*

IV. PROCEDIMENTO SUMARÍSSIMO

57. (37º Exame) Natália ajuizou reclamação trabalhista contra o ex-empregador e a ação adotou o rito sumaríssimo. Natália teve procedência parcial do seu pedido, tendo havido recurso do ex-empregador. O TRT local manteve a sentença, mas, na ótica da sociedade empresária, a decisão violou frontalmente uma orientação jurisprudencial (OJ) do TST, daí porque interpôs recurso de revista para tentar revertê-la sob esse fundamento. Diante do fato apresentado e das normas previstas na CLT, assinale a afirmativa correta.

(A) O recurso de revista não será admitido, porque não houve violação de Súmula do TST, de Súmula vinculante do STF e nem violação direta da Constituição Federal.

(B) O recurso em exame será admitido, porque cabe ao TST manter a autoridade da sua jurisprudência contra decisões que a violem.

(C) O recurso de revista não será admitido, porque ele só tem cabimento para as causas que tramitam pelo procedimento ordinário, o que não é a hipótese.

(D) O recurso de revista, no caso apresentado, sempre será admitido se houver alegação de violação às Súmulas e às orientações jurisprudenciais do TST, bem como violação de Lei Federal.

RESPOSTA A Súmula 442 do TST é cristalina ao afirmar que não cabe Recurso de Revista em sede de Procedimento Sumaríssimo por violação à Orientação Jurisprudencial. Cabe destacar que no § 9º do art. 896 da CLT vislumbram-se as possibilidades de cabimento

DIREITO PROCESSUAL DO TRABALHO

do Recurso de Revista em sede de Procedimento Sumaríssimo, exatamente de acordo com as hipóteses apresentada na alternativa A da presente questão. *Alternativa A.*

58. (XXXII Exame) Melissa era uma empregada terceirizada do setor de limpeza que atuou durante todo o seu contrato em uma sociedade de economia mista federal, que era a tomadora dos serviços (contratante). Após ter sido dispensada e não ter recebido nem mesmo as verbas resilitórias, Melissa ajuizou reclamação trabalhista contra o ex-empregador e contra a sociedade de economia mista federal, requerendo desta a responsabilidade subsidiária por ser tomadora dos serviços. O volume dos pedidos de Melissa alcança o valor de R$ 17.000,00. Considerando os fatos narrados, assinale a afirmativa correta.

(A) A ação tramitará pelo procedimento sumaríssimo, de modo que Melissa poderá conduzir, no máximo, duas testemunhas.

(B) Diante do valor dos pedidos formulados, a reclamação deverá se submeter ao rito sumário e, da decisão que vier a ser proferida, não caberá recurso.

(C) A reclamação adotará o rito especial misto e será possível a citação por edital caso o ex-empregador não seja localizado na fase de conhecimento.

(D) A demanda observará rito ordinário, independentemente do valor do pedido de Melissa, pois um dos réus é ente público.

RESPOSTA Em primeiro momento, cabe destacar que, a reclamação em tese deverá tramitar pelo procedimento sumaríssimo, eis que o valor dos pedidos não ultrapassa 40 salários-mínimos, já que é de R$ 17.000,00. Assim, deve ser observada a sistemática legal prevista nos artigos 852-A a 852-I da CLT. Em relação às alternativas: (A) Correta (art. 852-H, § 2º, da CLT). (B) Errada, (art. 852-A da CLT). (C) Errada (art. 852-A da CLT). (D) Errada (art. 852-A, parágrafo único da CLT), pois a sociedade de economia mista pode ser demandada em sede de procedimento sumaríssimo trabalhista. *Alternativa A.*

59. (XXX Exame) Em sede de reclamação trabalhista proposta por Sávio, os pedidos liquidados somaram valor inferior a 40 salários mínimos nacionais. A ação foi movida em face do ex--empregador e da União, em razão de alegação de responsabilidade subsidiária. Sobre o caso apresentado, assinale a opção que indica o procedimento a ser seguido.

(A) A ação correrá sob o rito sumaríssimo, pois cabível o rito especial para qualquer parte na Justiça do Trabalho, desde que o valor da causa seja compatível.

(B) A ação correrá sob o rito ordinário, porque, em que pese o valor da causa, figura ente de direito público no polo passivo.

(C) A ação correrá no rito ordinário, mas, caso a primeira ré não seja encontrada, não será possível realizar a citação por edital, em vista de a segunda ré ser a União.

(D) A ação correrá no rito sumaríssimo, e, em caso de prova testemunhal, cada parte terá direito a ouvir até três testemunhas.

RESPOSTA Questão de fácil solução, diante de previsão expressa da CLT. O art. 852-A em seu *caput* deixa clara a ideia que as reclamações trabalhistas de até 40 salários-mínimos serão submetidas ao procedimento sumaríssimo. Por outro lado, o parágrafo único do referido artigo expressa que a Administração Pública direta não pode figurar em polo passivo no Procedimento Sumaríssimo. Como Sávio demandou também a União, deverá ajuizar a reclamação pelo Procedimento Ordinário. *Alternativa B.*

60. (XXVII Exame) Juca ajuizou ação trabalhista em face da sua ex-empregadora, empresa privada do ramo de mineração. Paulo também ajuizou ação, mas em face de seu ex-empregador, uma empresa de prestação de serviços, e do Município de Nova Iguaçu, no Rio de Janeiro, para quem prestou serviços, requerendo a responsabilização subsidiária. Os respectivos advogados atribuíram o valor correspondente a 20 salários mínimos à causa de Juca e de 15 salários mínimos à causa de Paulo. Diante disso, assinale a afirmativa correta.

(A) A causa de Juca correrá sob o procedimento sumaríssimo e a de Paulo, sob o ordinário.

(B) Ambas as causas correrão sob o procedimento sumaríssimo.

(C) Ambas as causas correrão sob o procedimento ordinário.

(D) A causa de Juca correrá sob o procedimento ordinário e a de Paulo, sob o sumaríssimo.

RESPOSTA Em primeiro momento, cabe destacar que, na forma do art. 852-A da CLT, estão submetidas ao procedimento sumaríssimo as causas de até 40 salários mínimos. Observa-se claramente na questão que as duas reclamações não ultrapassam o teto de 40 salários mínimos, porém, somente a causa ajuizada por Juca correria pelo procedimento sumaríssimo, isto porque a causa de Paulo também é direcionada em face da Administração Pública Direta (Município de Nova Iguaçu), logo não pode correr pelo procedimento sumaríssimo (art. 852-A, parágrafo único, CLT). Assim, a reclamação de Juca seguirá pelo sumaríssimo e a reclamação de Paulo pelo procedimento ordinário. *Alternativa A.*

61. (XX Exame) Em audiência trabalhista sob o rito sumaríssimo, o advogado da ré aduziu que suas testemunhas estavam ausentes. Sem apresentar qualquer justificativa ou comprovante de comunicação às testemunhas, requereu o adiamento do feito.

Diante disso, estando presentes as testemunhas do autor, o juiz indagou do advogado do autor se ele concordava ou não com o adiamento, requerendo justificativa. Sobre o caso relatado, na qualidade de advogado do autor, assinale a afirmativa correta.

(A) Deve concordar com o adiamento, já que ausentes as testemunhas, essas poderão ser intimadas para comparecimento na próxima audiência.

(B) Deve se opor ao adiamento, requerendo o prosseguimento do feito, pois, não havendo comprovação do convite às testemunhas, a audiência não poderá ser adiada para intimação das mesmas.

(C) Deve se opor ao adiamento imediato, requerendo a oitiva de suas testemunhas e protestar por depoimentos pessoais para, na próxima audiência, serem ouvidas as testemunhas da ré.

(D) Deve concordar com o adiamento, pois a lei não exige justificativa ou comprovação de convite às testemunhas.

RESPOSTA O § 3º do art. 852-H da CLT responde a questão de forma direta. Em sede de procedimento sumaríssimo só ocorrerá intimação das testemunhas se a parte comprovar que as convidou. Como na questão restou claro que a parte não comprovou o convite, deve a parte contrária se opor ao adiamento da audiência. *Alternativa B.*

V. PROVAS

62. (40º exame) Em determinada reclamação trabalhista, com a presença das partes e dos advogados, ocorreu a 1ª audiência apenas para a tentativa de conciliação, que não teve sucesso. Então, o juiz recebeu a defesa e deferiu as provas testemunhais e os depoimentos pessoais recíprocos, sob pena de confissão, designando a data da instrução. Chegado o dia da audiência de instrução, as partes foram apregoadas e nenhuma delas estava presente, não havendo qualquer justificativa para as ausências.

Assinale a opção que indica o que deve ocorrer com esse processo.

(A) O juiz deverá designar nova audiência.

(B) O juiz deve aplicar a confissão somente em desfavor do autor.

(C) O magistrado julgará de acordo com a distribuição do ônus da prova.

(D) O processo será arquivado.

RESPOSTA No caso em questão, temos a aplicação da confissão ficta recíproca, ou seja, cada parte torna-se confessa em relação à prova que deveria produzir. Logo, a única alternativa correta é a letra *C. Alternativa C.*

63. (XXIV Exame) Rodolfo Alencar ajuizou reclamação trabalhista em desfavor da sociedade empresária Sabonete Silvestre Ltda. Em síntese, ele afirma que cumpria longa jornada de trabalho, mas que não recebia as horas extras integralmente. A defesa nega o fato e advoga que toda a sobrejornada foi escorreitamente paga, nada mais sendo devido ao reclamante no particular. Na audiência designada, cada parte conduziu duas testemunhas, que começaram a ser ouvidas pelo juiz, começando pelas do autor. Após o magistrado fazer as perguntas que desejava, abriu oportunidade para que os advogados fizessem indagações, e o patrono do autor passou a fazer suas perguntas diretamente à testemunha, contra o que se opôs o juiz, afirmando que as perguntas deveriam ser feitas a ele, que, em seguida, perguntaria à testemunha. Diante do incidente instalado e de acordo com o regramento da CLT, assinale a afirmativa correta.

(A) Correto o advogado, pois, de acordo com o CPC, o advogado fará perguntas diretamente à testemunha.

(B) A CLT não tem dispositivo próprio, daí porque poderia ser admitido tanto o sistema direto quanto o indireto.

(C) A CLT determina que o sistema seja híbrido, intercalando perguntas feitas diretamente pelo advogado, com indagações realizadas pelo juiz.

(D) Correto o magistrado, pois a CLT determina que o sistema seja indireto ou presidencial.

RESPOSTA Questão facilmente respondida com base na redação do art. 820 da CLT: "Art. 820. As partes e testemunhas serão inquiridas pelo juiz ou presidente, podendo ser reinquiridas, por seu intermédio, a requerimento dos vogais, das partes, seus representantes ou advogados". Ou seja, no Processo do Trabalho, as testemunhas não são inquiridas diretamente pelas partes, mas sim por intermédio do juiz. *Alternativa D.*

64. (XXIII Exame) Rômulo ajuizou ação trabalhista em face de sua ex-empregadora, a empresa Análise Eletrônica Ltda. Dentre outros

DIREITO PROCESSUAL DO TRABALHO

pedidos, pretendeu indenização por horas extras trabalhadas e não pagas, férias vencidas não gozadas, nem pagas, e adicional de periculosidade. Na audiência, foi requerida e deferida a perícia, a qual foi custeada por Rômulo, que se sagrou vitorioso no respectivo pedido. Contudo, os pedidos de horas extras e férias foram julgados improcedentes. Rômulo também indicou e custeou assistente técnico, que cobrou o mesmo valor de honorários que o perito do juízo.

Observados os dados acima e o disposto na CLT, na qualidade de advogado(a) que irá orientar Rômulo acerca do custeio dos honorários periciais e do assistente técnico, assinale a afirmativa correta.

(A) Tendo Rômulo sido vitorioso no objeto da perícia, não há que se falar em pagamento de honorários periciais e do assistente técnico, pois a ré os custeará.

(B) Independentemente do resultado no objeto da perícia, como ao final o rol de pedidos foi parcialmente procedente, Rômulo custeará os honorários periciais e do assistente técnico.

(C) Em virtude da aplicação do princípio da celeridade, descabe a indicação de assistente técnico no processo do trabalho, não cabendo a aplicação subsidiária do CPC nesse mister.

(D) Tendo Rômulo sido vitorioso no objeto da perícia, os honorários periciais serão custeados pela parte sucumbente no seu objeto, porém os honorários do assistente técnico serão de responsabilidade da parte que o indicou.

RESPOSTA Aqui, verificamos duas situações distintas: 1 – Pagamento dos honorários do perito, que ficam a cargo de quem é sucumbente no objeto da perícia, na forma do art. 790-B da CLT. Como quem perdeu no objeto da perícia foi a empresa, ela paga os honorários; 2 – Pagamento dos honorários do assistente técnico, que na forma da Súmula 341 do TST é de responsabilidade de quem indicou. Quem indicou foi o Rômulo, logo ele paga os honorários. *Alternativa D.*

65. (XXI Exame) Em pedido de reenquadramento formulado em reclamação trabalhista, foi designada perícia, com honorários adiantados pelo autor, e ambas as partes indicaram assistentes técnicos. Após a análise das provas, o pedido foi julgado procedente.

Diante da situação, da legislação em vigor e do entendimento consolidado do TST, assinale a afirmativa correta.

(A) O autor, tendo se sagrado vencedor, será ressarcido pelos honorários pagos ao perito e ao seu assistente técnico.

(B) O autor não terá o ressarcimento dos honorários que pagou ao seu assistente técnico, porque sua indicação é faculdade da parte.

(C) O autor, segundo previsão da CLT, terá o ressarcimento integral dos honorários pagos ao perito e metade daquilo pago ao seu assistente técnico.

(D) O juiz, inexistindo previsão legal ou jurisprudencial, deverá decidir se os honorários do assistente técnico da parte serão ressarcidos.

RESPOSTA Na forma da Súmula 341 do TST, a responsabilidade pelo pagamento dos honorários do perito assistente é da parte que o indica, mesmo que vencedora no objeto da perícia. Como foi o autor quem indicou o profissional, ele deve custear o valor dos honorários. *Alternativa B.*

66. (XXI Exame) Um empregado ajuizou reclamação trabalhista postulando o pagamento de vale transporte, jamais concedido durante o contrato de trabalho, bem como o FGTS não depositado durante o pacto laboral.

Em contestação, a sociedade empresária advogou que, em relação ao vale transporte, o empregado não satisfazia os requisitos indispensáveis para a concessão; no tocante ao FGTS, disse que os depósitos estavam regulares.

Em relação à distribuição do ônus da prova, diante desse panorama processual e do entendimento consolidado pelo TST, assinale a afirmativa correta.

(A) O ônus da prova, em relação ao vale transporte, caberá ao reclamante e, no tocante ao FGTS, à reclamada

(B) O ônus da prova para ambos os pedidos, diante das alegações, será do reclamante.

(C) O ônus da prova, em relação ao vale transporte, caberá ao reclamado e, no tocante ao FGTS, ao reclamante.

(D) O ônus da prova para ambos os pedidos, diante das alegações, será da sociedade empresária.

RESPOSTA Na forma das Súmulas 460 e 461 do TST, o ônus da prova é do empregador, ou seja, da sociedade empresária. Cabe, ainda, asseverar a regra prevista nos arts. 818 da CLT e 373 do CPC. *Alternativa D.*

67. (XX Exame) Paulo é juridicamente pobre, razão pela qual teve a gratuidade de justiça deferida em sede de reclamação trabalhista ajuizada em face de seu empregador, na qual pleiteava adicional de periculosidade. No curso do processo, o perito constatou que o local de trabalho não era perigoso, uma vez que Paulo não trabalhava em condição que ensejasse o pagamento do adicional de periculosidade. Diante disso, assi-

nale a opção que indica a quem cabe custear os honorários periciais.

(A) Paulo deverá realizar o pagamento, pois honorários periciais não se incluem na gratuidade de justiça, que alcança apenas as custas.

(B) A sociedade empresária deverá pagar a perícia, já que Paulo não tem condições de fazê-lo.

(C) A União será a responsável pelo pagamento dos honorários periciais.

(D) O perito deverá se habilitar como credor de Paulo até que esse tenha condição de custear a perícia.

RESPOSTA Mais uma questão de fácil solução e bem objetiva do exame, eis que levou em consideração previsão expressa na Súmula 457 do TST. O pagamento dos honorários periciais na Justiça do Trabalho em regra cabe à parte sucumbente (art. 790-B da CLT). Paulo foi sucumbente, porém, é beneficiário da gratuidade de justiça, logo, a responsabilidade pelo pagamento fica a cargo da União. A partir da vigência da Lei n. 13.467/2017 (reforma trabalhista), ainda que a parte seja detentora da gratuidade de justiça poderá arcar com os honorários de perito (nova redação do art. 790-B da CLT). A União só paga se na forma do § 4º: "Somente no caso em que o beneficiário da justiça gratuita não tenha obtido em juízo créditos capazes de suportar a despesa referida no *caput*, ainda que em outro processo, a União responderá pelo encargo". *Alternativa C.*

68. (XX Exame – Reaplicação) O juiz, em sede de reclamação trabalhista, após ouvir os depoimentos pessoais das partes, deu início à oitiva de testemunha da parte ré, já que o autor não produziu a prova testemunhal. Como as três testemunhas da empresa permaneceram na sala de audiência durante toda a audiência, o juiz ouviu cada uma delas sem que as outras se retirassem. De acordo com a CLT, assinale a opção que indica o procedimento a ser adotado pelo advogado da parte autora.

(A) Deverá ser requerida a invalidação dos depoimentos.

(B) Não há nada a ser requerido, pois o procedimento foi normal visando à celeridade e à economia processual.

(C) Deverá ser requerido o adiamento da audiência para a produção de prova testemunhal pelo autor.

(D) Deverá ser requerida a oitiva das testemunhas como informantes.

RESPOSTA Na forma do art. 824 da CLT: "O juiz ou presidente providenciará para que o depoimento de uma testemunha não seja ouvido pelas demais que tenham de depor no processo". Logo, deve o advogado requerer a invalidação dos depoimentos. *Alternativa A.*

VI. NULIDADES

Acesse o QR Code e consulte as questões comentadas sobre este tema.

VII. EXCEÇÕES

69. (40º exame) Jeferson trabalhou em São Paulo de 2018 a 2023, quando foi dispensado sem justa causa e voltou para sua cidade de origem, Fortaleza/CE. Entendendo ter realizado sobrejornada sem receber, Jeferson contratou um advogado na sua cidade que ajuizou reclamação trabalhista distribuída a uma das Varas de Fortaleza/CE requerendo o pagamento de horas extras.

A ex-empregadora foi citada para a audiência, que ocorrerá em quatro meses, mas pretende deslocar o feito para São Paulo, pois foi o único local da prestação de serviços e onde o autor foi contratado. Para tanto, a ex-empregadora o(a) contratou como advogado(a).

Na qualidade de advogado(a) da sociedade empresária, considerando os fatos e o que dispõe a CLT, assinale a afirmativa correta.

(A) A sociedade empresária poderá apresentar a exceção de incompetência territorial até a audiência.

(B) A sociedade empresária deve apresentar a exceção de incompetência territorial em até dez dias corridos, contados da citação.

(C) A sociedade empresária deverá apresentar a exceção de incompetência territorial em cinco dias úteis, contados da citação.

(D) Não se poderá apresentar exceção de incompetência territorial, porque a ação pode ser ajuizada no domicílio do autor, ainda que não coincida com o local da prestação dos serviços.

RESPOSTA Na forma do art. 800 da CLT, cabe à sociedade empresária apresentar exceção de incompetência territorial no prazo de 5 (cinco) dias a contar da notificação. *Alternativa C.*

70. (XXIV Exame) Em sede de processo trabalhista, após o trânsito em julgado da sentença e elaborada a conta de liquidação, foi aberto prazo de 10 dias para que as partes se manifestassem sobre a mesma. Contudo, o réu não se manifestou, e o autor concordou com a conta do juízo, que foi homologada. Considerada essa hipótese, em sede de embargos à execução do réu, interposto 05 dias após a garantia do juízo, este pretende discutir a conta de liquidação, aduzindo incorreção nos valores. Você, como advogado (a) do autor deverá, em resposta,

(A) Suscitar a preclusão do direito aos embargos à execução e expor as razões pelas quais entende pela validade dos cálculos do juízo.

(B) Suscitar apenas que a conta está correta.

(C) Suscitar a intempestividade dos embargos.

(D) Suscitar apenas que a conta está correta e requerer o levantamento dos valores incontroversos.

RESPOSTA Na forma do art. 879, § 2º, da CLT, abrindo o juiz prazo para as partes se manifestarem, e estas mantendo-se inertes, ocorre a preclusão. Ou seja, o réu deveria ter se manifestado no momento em que lhe foi concedida a oportunidade. *Alternativa A.*

VIII. COMISSÕES DE CONCILIAÇÃO PRÉVIA

Acesse o QR Code e consulte as questões comentadas sobre este tema.

IX. PRINCÍPIOS APLICADOS AO PROCESSO DO TRABALHO

Acesse o QR Code e consulte as questões comentadas sobre este tema.

X. ORGANIZAÇÃO, COMPETÊNCIA E JURISDIÇÃO NA JUSTIÇA DO TRABALHO

71. (35º Exame) Seu escritório atua exclusivamente na área trabalhista e participará de uma licitação a ser realizada por uma grande empresa pública para escolha de escritórios de advocacia das mais diversas áreas de atuação. Assim sendo, a fim de elaborar a proposta a ser enviada para licitação, você foi incumbido de indicar quais processos seriam da competência da Justiça do Trabalho. Diante disso, considerando o entendimento jurisprudencial consolidado do TST, bem como a Constituição da República Federativa do Brasil, são da competência da Justiça do Trabalho

(A) as ações relativas às penalidades administrativas impostas aos empregadores pelos órgãos de fiscalização das relações de trabalho.

(B) as causas que envolvam servidores públicos estatutários e os entes de direito público interno.

(C) os conflitos de competência instaurados entre juízes do trabalho e juízes de direito da justiça comum estadual.

(D) as ações que visem a determinar o recolhimento de todas as contribuições previdenciárias oriundas da relação de emprego.

RESPOSTA (A) Certa (art. 114, VII, da CF). (B) Errada (art. 114, I, da CF e ADI 3.395). (C) Errada, pois a competência, nesse caso, é do STJ (art. 105, I, *d*, da CF). (D) Errada (Súmula 368, I, do TST). *Alternativa A.*

72. (XXIX Exame) Considere as situações a seguir.

I. Victor é um artista mirim e precisa de autorização judicial para poder participar de uma peça cinematográfica como ator coadjuvante.

II. A empresa FFX Ltda. foi multada por um auditor fiscal do trabalho e deseja anular judicialmente o auto de infração, alegando vícios e nulidades.

III. O empregado Regis teve concedido pelo INSS auxílio-doença comum, mas entende que deveria receber auxílio-doença acidentário, daí por que pretende a conversão judicial do benefício.

IV. Jonilson, advogado, foi contratado por um cliente para o ajuizamento de uma ação de despejo, mas esse cliente não pagou os honorários contratuais que haviam sido acertados.

Diante da norma de regência acerca da competência, assinale a opção que indica quem deverá ajuizar ação na Justiça do Trabalho para ver seu pleito atendido.

(A) Victor e Jonilson

(B) Regis e a empresa FFX Ltda.

(C) Victor e Regis

(D) Apenas a empresa FFX Ltda.

RESPOSTA A única opção em que a competência claramente é da Justiça do Trabalho é o item II, ou seja, na forma do art. 114, VII, da CF, a Justiça do Trabalho é competente para julgar as ações relativas às penalidades administrativas impostas aos empregadores pelos órgãos de fiscalização das relações de trabalho. As alternativas I, III e IV tratam de questões que não são de competência da Justiça do Trabalho. *Alternativa D.*

73. (XXIII Exame) Cristóvão trabalhava na sociedade empresária Solventes Químicos S/A como motorista de empilhadeira. Ocorre que, em uma viagem de lazer feita nas férias, Cristóvão sofreu um acidente automobilístico e veio a óbito. Cristóvão deixou viúva, com quem era casado há 28 anos pelo regime da comunhão parcial de bens, e cinco filhos, sendo três deles maiores de 21 anos e capazes, e dois menores de 21 anos. Diante da tragédia ocorrida, a sociedade empresária calculou as verbas devidas em razão da extinção contratual decorrente da morte e pretende efetuar o pagamento a quem de direito.

De acordo com a legislação de regência, assinale a opção que contempla os beneficiários dessa verba.

(A) Somente a esposa e os filhos menores, por serem dependentes previdenciários passíveis de habilitação junto ao INSS, dividirão igualmente a verba decorrente do contrato de trabalho.

(B) A viúva e todos os filhos são sucessores, motivo pelo qual a verba deverá ser rateada igualmente entre todos, conferindo-se isonomia.

(C) A viúva, por ser herdeira e meeira, ficará com 50% da indenização pela ruptura do contrato de trabalho, dividindo-se o restante, igualmente, entre os filhos.

(D) A Lei não é clara sobre quem deve receber a indenização, razão pela qual caberá ao juiz, no caso concreto e verificando a necessidade de cada herdeiro, fazer a divisão justa e equânime.

RESPOSTA Questão, em nosso sentir, um pouco mal formulada. Na forma do art. 1º da Lei n. 6.858/80, a divisão deveria ser em partes iguais aos dependentes habilitados perante a Previdência Social e, na sua falta, aos sucessores previstos na lei civil, indicados em alvará judicial, independentemente de inventário ou arrolamento. O problema é que em nenhum momento a banca deixa claro se ocorreu habilitação ou não, ou dá maiores informações. A banca acabou utilizando como regra o Decreto n. 3.048/99, e considerou como dependentes os previstos na alternativa "A". *Alternativa A.*

XI. ACORDO, CONCILIAÇÃO NA JUSTIÇA DO TRABALHO E HOMOLOGAÇÃO DE ACORDO EXTRAJUDICIAL

74. (38º Exame) Leonardo Pereira e Panificação Pão Fresquinho Ltda. decidiram, amigavelmente, encerrar a relação de emprego mantida entre eles. Porém, as verbas rescisórias não eram incontroversas, uma vez que discutiam diferenças de horas extras e reflexos; trabalho em feriados e reflexos; intervalo para alimentação e descanso; além de adicional de insalubridade. Sendo assim, após muito conversarem, chegaram a um bom termo. Contudo, para segurança jurídica de ambos, gostariam que a avença fosse chancelada pela Justiça do Trabalho. Para isso, de acordo com o texto da CLT em vigor, as partes deverão

(A) fazer uso do jus postulandi e ajuizar uma reclamação trabalhista do empregado em face do empregador com todos os pedidos, e, no dia designado para a audiência, deverão comparecer e celebrar o acordo.

(B) fazer uso do *jus postulandi* e dar entrada no processo de homologação de transação extrajudicial em petição conjunta e aguardar a homologação do juiz.

(C) estar representadas por advogados independentes que darão entrada em petição conjunta do processo de homologação de transação extrajudicial.

(D) estar representadas por advogado, que poderá ser comum a ambas, e darão entrada em petição conjunta do processo de homologação de transação extrajudicial.

RESPOSTA Na forma do art. 855-B, § 1º, da CLT, é possível, desde a chegada da reforma trabalhista (Lei n. 13.467/2017), a homologação de acordo extrajudicial na Justiça do Trabalho. Porém, um dos requisitos para que ocorra a submissão da demanda é que as partes estejam representadas por advogado, sendo certo que os postulantes não podem estar representados por advogado em comum, ou seja, os advogados devem ser distintos. *Alternativa C.*

75. (XXXIII Exame) Duas irmãs costureiras trabalharam juntas em uma confecção. A mais velha era empregadora da mais nova, que gerenciava a atividade. Devido a um desentendimento em família, a irmã mais nova foi dispensada. Em decorrência da relação fraternal, chegaram a um bom termo sem a necessidade de ajuizamento da demanda. Porém, por segurança de ambas, gostariam de ver garantidos, judicialmente, os termos do acordo e procuraram você, como advogado consultor. Diante disso, observados os termos da CLT, assinale a afirmativa correta.

(A) Deverá ser distribuída uma petição requerendo a homologação de acordo extrajudicial, sendo que as partes deverão obrigatoriamente estar representadas por advogado, ainda que comum.

(B) Deverá ser ajuizada uma ação trabalhista e realizado um acordo na primeira audiência, vigorando o *jus postulandi.*

(C) Deverá ser distribuída uma petição requerendo a homologação de acordo extrajudicial, sendo que as partes não precisarão estar representadas por advogado, em razão do *jus postulandi.*

(D) Deverá ser distribuída uma petição requerendo a homologação de acordo extrajudicial, sendo que as partes deverão obrigatoriamente estar representadas por advogados distintos.

RESPOSTA Na forma do art. 855-B, § 1º, da CLT, é possível, desde a chegada da reforma trabalhista (Lei n. 13.467/2017), a homologação de acordo extrajudicial na Justiça do Trabalho. Porém, um dos requisitos para que ocorra a submissão da demanda é que as partes estejam representadas por advogado, sendo certo que os postulantes não podem estar representados por advogado em comum, ou seja, os advogados devem ser distintos. *Alternativa D.*

DIREITO PROCESSUAL DO TRABALHO

76. (XXXI Exame) José da Silva, que trabalhou em determinada sociedade empresária de 20-11-2018 a 30-4-2019, recebeu, apenas parcialmente, as verbas rescisórias, não tendo recebido algumas horas extras e reflexos. A sociedade empresária pretende pagar ao ex-empregado o que entende devido, mas também quer evitar uma possível ação trabalhista. Sobre a hipótese, na qualidade de advogado(a) da sociedade empresária, assinale a afirmativa correta.

(A) Deverá ser indicado e custeado um advogado para o empregado, a fim de que seja ajuizada uma ação para, então, comparecerem para um acordo, que já estará previamente entabulado no valor pretendido pela empresa.

(B) Deverá ser instaurado um processo de homologação de acordo extrajudicial, proposto em petição conjunta, mas com cada parte representada obrigatoriamente por advogado diferente.

(C) Deverá ser instaurado um processo de homologação de acordo extrajudicial, proposto em petição conjunta, mas cada parte poderá ser representada por advogado, ou não, já que, na Justiça do Trabalho, vigora o *jus postulandi*.

(D) Deverá ser instaurado um processo de homologação de acordo extrajudicial, proposto em petição conjunta, mas com advogado único representando ambas as partes, por se tratar de acordo extrajudicial.

RESPOSTA Na forma do art. 855-B, § 1º, da CLT, é possível, desde a chegada da reforma trabalhista (Lei n. 13.467/2017), a homologação de acordo extrajudicial na Justiça do Trabalho. Porém, um dos requisitos para que ocorra a submissão da demanda é que as partes estejam representadas por advogado, sendo certo que os postulantes não podem estar representados por advogado em comum. *Alternativa B.*

77. (XXX Exame) Wilma foi dispensada sem justa causa e recebeu a indenização correspondente do ex-empregador. Ela, no entanto, alega ter direito a uma equiparação salarial com um colega que realizava as mesmas atividades. Em razão disso, Wilma procura você, como advogado(a), e, com sua assessoria, dá início a um acordo extrajudicial com o ex-empregador. O acordo é materializado em documento, especificando o valor e a identificação da parcela, sendo assinado pelas partes e seus respectivos advogados, e levado à Justiça do Trabalho para homologação. Contudo, a juíza do caso nega-se a homologar o acordo, argumentando que ele seria lesivo à trabalhadora, proferindo decisão nesse sentido. Diante disso, e de acordo com a norma legal, assinale a opção que indica a medida

processual adequada para buscar a reforma da decisão proferida.

(A) Não há medida cabível, por se tratar de decisão interlocutória.

(B) Recurso Ordinário.

(C) Mandado de Segurança.

(D) Novo pedido de homologação de acordo extrajudicial idêntico, mas agora dirigido para outra Vara.

RESPOSTA Com a chegada da Lei n. 13.467/2017 (Reforma Trabalhista), foi introduzido o art. 855-B da CLT; este dispositivo passou a prever a possibilidade das partes homologarem na Justiça do Trabalho o acordo extrajudicial. Conforme relatado na questão, as partes cumpriram os requisitos previstos em lei e, tendo em vista que o juiz proferiu uma decisão de não homologação do acordo, caberia a interposição do Recurso Ordinário (art. 895, I da CLT). *Alternativa B.*

78. (XXIX Exame) Augusto foi empregado de uma lavanderia por 2 anos, tendo sido desligado em setembro de 2018. Após receber as verbas da ruptura, procurou um advogado com a intenção de ajuizar reclamação trabalhista para postular horas extras não recebidas durante o pacto laboral. Após a entrevista e colheita de todas as informações, o advogado de Augusto entrou em contato com a ex-empregadora na tentativa de formular um acordo, que, após debatido e negociado, teve sucesso e foi reduzido a termo. Então, as partes ajuizaram uma homologação de acordo extrajudicial na Justiça do Trabalho, em petição conjunta assinada pelo advogado de cada requerente, mas que não foi homologado pelo juiz, por este entender que o valor da conciliação era desfavorável ao trabalhador. Desse modo, o magistrado extinguiu o feito sem resolução do mérito. Diante da situação e dos termos da CLT, assinale a afirmativa correta.

(A) Agiu corretamente o juiz, porque não há previsão desse tipo de demanda na Justiça do Trabalho.

(B) As partes poderão interpor recurso ordinário da decisão que negou a homologação desejada.

(C) Augusto e seu ex-empregador deverão propor novamente a ação, que deverá ser levada à livre distribuição para outro juízo.

(D) Nada poderá ser feito na ação proposta, porque o juiz não é obrigado a homologar acordo.

RESPOSTA Com a chegada da Lei n. 13.467/2017 (Reforma Trabalhista), foi introduzido o art. 855-B da CLT; este dispositivo passou a prever a possibilidade de as partes homologarem na Justiça do Trabalho o acordo extrajudicial. Conforme relatado na questão, as partes cumpriram os requisitos previstos em lei e, tendo em vista que o juiz proferiu uma decisão sem resolução do mérito, caberia a interposição do Recurso Ordinário (art. 895, CLT). *Alternativa B.*

79. (XXVI Exame) Gustavo foi empregado da empresa Pizzaria Massa Deliciosa. Após a extinção do seu contrato, ocorrida em julho de 2018, as partes dialogaram e confeccionaram um termo de acordo extrajudicial, que levaram à Justiça do Trabalho para homologação. O acordo em questão foi assinado pelas partes e por um advogado, que era comum às partes. Considerando o caso narrado, segundo os ditames da CLT, assinale a afirmativa correta.

(A) Viável a homologação do acordo extrajudicial, porque fruto de manifestação de vontade das partes envolvidas.

(B) Não será possível a homologação, porque empregado e empregador não podem ter advogado comum.

(C) Impossível a pretensão, porque, na Justiça do Trabalho, não existe procedimento especial de jurisdição voluntária, mas apenas contenciosa.

(D) Para a validade do acordo proposto, seria necessário que o empregado ganhasse mais de duas vezes o teto da Previdência Social.

RESPOSTA Inovação trazida pela Reforma Trabalhista, a CLT em seu art. 855-B trata da homologação do acordo extrajudicial pela Justiça do Trabalho. O § 1º do citado artigo informa a respeito da proibição das partes serem representadas pelo mesmo advogado: "Art. 855-B (...) § 1º As partes não poderão ser representadas por advogado comum". *Alternativa B.*

80. (XX Exame – Reaplicação) Feito o pregão em reclamação trabalhista, as partes sentam à mesa de audiência com seus respectivos advogados e informam ao juiz que conciliaram. Analisando os termos da petição inicial, o juiz entende que a proposta de acordo é lesiva ao trabalhador, e informa que em razão disso não irá homologá-la. Sobre o caso apresentado, de acordo com a CLT e o entendimento consolidado do TST, assinale a afirmativa correta.

(A) Agiu incorretamente o juiz, pois se as partes desejam o acordo e estão assistidas, essa vontade precisa ser respeitada.

(B) A negativa de homologação do acordo por parte de um juiz obriga aos demais magistrados, inclusive os substitutos, em razão do princípio da unidade.

(C) O juiz cometeu uma impropriedade, pois necessitaria, de acordo com a CLT, da presença do Ministério Público do Trabalho para negar a homologação ao acordo.

(D) Correta a atitude judicial porque a homologação de um acordo é faculdade do magistrado.

RESPOSTA Questão de simples solução e que levou em consideração a redação da Súmula 418 do TST: "MANDADO DE SEGURANÇA VISANDO À HOMOLOGAÇÃO DE ACORDO (nova redação em decorrência do CPC de 2015) – Res. 217/2017 – *DEJT* divulgado em 20, 24 e 25-4-2017

A homologação de acordo constitui faculdade do juiz, inexistindo direito líquido e certo tutelável pela via do mandado de segurança". Assim, resta evidente que o juiz não estava obrigado a realizar o acordo. *Alternativa D.*

XII. PRESCRIÇÃO E DECADÊNCIA

81. (35º Exame) Rosimeri trabalhou em uma sociedade empresária de produtos químicos de 1990 a 1992. Em 2022, ajuizou reclamação trabalhista contra o ex-empregador, requerendo a entrega do Perfil Profissiográfico Previdenciário (PPP) para que pudesse requerer aposentadoria especial junto ao INSS. Devidamente citada, sociedade empresária suscitou em defesa prescrição total (extintiva). Diante da situação retratada e da previsão da CLT, assinale a afirmativa correta.

(A) Não há prescrição a declarar, porque a ação tem por objeto anotação para fins de prova junto à Previdência Social.

(B) Houve prescrição, porque o pedido foi formulado muito após o prazo de 2 anos contados do término do contrato.

(C) A prescrição para entrega do PPP é trintenária, tal qual a do FGTS, motivo pelo qual não há prescrição na hipótese.

(D) A CLT é omissa acerca da imprescritibilidade de ações, cabendo ao juiz, em cada caso, por equidade, aplicá-la ou não.

RESPOSTA Na forma do art. 11, § 1º, da CLT, não há que se falar em prescrição quanto às ações que tenham por objeto anotações para fins de prova junto à Previdência Social. Logo, como Rosimeri busca a entrega do PPP para fins de requerimento de aposentadoria, a pretensão é imprescritível. *Alternativa A.*

82. (XXIV Exame) Um empregado de 65 anos foi admitido em 10/05/2011 e dispensado em 10/01/2013. Ajuizou reclamação trabalhista em 05/12/2016, postulando horas extras e informando, na petição inicial, que não haveria prescrição porque apresentara protesto judicial quanto às horas extras em 04/06/2015, conforme documentos que juntou aos autos.

DIREITO PROCESSUAL DO TRABALHO

Diante da situação retratada, considerando a Lei e o entendimento consolidado do TST, assinale a afirmativa correta.

(A) A prescrição ocorreu graças ao decurso do tempo e à inércia do titular.

(B) A prescrição foi interrompida com o ajuizamento do protesto.

(C) A prescrição ocorreu, porque não cabe protesto judicial na seara trabalhista.

(D) A prescrição não corre para os empregados maiores de 60 anos.

RESPOSTA A contar da extinção do contrato de trabalho, o empregado tem até 2 (dois) anos para ajuizar a reclamação trabalhista. Verifica-se claramente na questão que tanto o protesto como a reclamação foram ajuizados após o prazo bienal (art. 7º, XXIX, CF). Logo, há que se falar em prescrição. Cabe destacar que o protesto judicial é admitido na Justiça do Trabalho na forma da OJ 392 da SDI-1. *Alternativa A.*

83. (XX Exame) Carlos tinha 17 anos quando começou a trabalhar na sociedade empresária ABCD Ltda. No dia seguinte ao completar 18 anos foi dispensado. A sociedade empresária pagou as verbas rescisórias, mas não pagou as horas extras trabalhadas ao longo de todo o contrato de trabalho.

Para o caso apresentado, na qualidade de advogado de Carlos, assinale a afirmativa correta.

(A) A ação deverá ser ajuizada no prazo de dois anos contados da dispensa.

(B) Sendo Carlos menor na época da contratação e durante quase todo o pacto laboral, não corre prescrição bienal, iniciando-se a quinquenal a partir da data da dispensa.

(C) A ação deverá ser proposta no prazo de cinco anos após a dispensa, já que Carlos era menor quando da contratação, não correndo prescrição.

(D) Não há prazo prescricional para ajuizamento da ação, pois não corre prescrição para o empregado menor e Carlos trabalhou sempre nessa condição.

RESPOSTA A banca tentou confundir o candidato a atrair a aplicação da regra do art. 440 da CLT, ou seja, acreditar que não haveria que se falar em prescrição. Porém, cabe destacar que, ao tempo da dispensa, Carlos já era maior, o que faz concluir claramente a aplicação do inciso XXIX do art. 7º da Constituição Federal. Assim, a contar da dispensa, o empregado teria a aplicação da prescrição bienal. *Alternativa A.*

XIII. AÇÃO RESCISÓRIA

84. (37º Exame) Uma sociedade empresária de grande porte, condenada na Justiça do Trabalho, verificando a nulidade de sua citação em uma reclamação trabalhista que se encontra na fase executória, pretende ajuizar ação rescisória. Seus advogados se dedicaram à peça e agora chegou o momento do ajuizamento da ação. Em relação a custas e depósito prévio, de acordo com a CLT, assinale a afirmativa correta.

(A) Nas ações rescisórias, não há custas no depósito prévio.

(B) A sociedade empresária sujeita-se ao depósito prévio de 20% (vinte por cento) do valor da causa.

(C) Não haverá necessidade de qualquer preparo porque, estando a causa na fase de execução, não cabe ação rescisória.

(D) Devem ser recolhidas custas no importe de 2% sobre o valor da condenação.

RESPOSTA A ação rescisória tem previsão no art. 836 da CLT. O citado artigo prevê o depósito prévio de 20% para ajuizamento da ação rescisória. *Alternativa B.*

85. (35º Exame) Jeane ajuizou ação contra o espólio, postulando o pagamento, em dobro, de 3 (três) períodos de férias alegadamente não quitadas. Designada audiência, a inventariante do espólio informou que não tinha qualquer documento de pagamento de Jeane, pois era a falecida quem guardava e organizava toda a documentação. Por não ter provas, a inventariante concordou em realizar um acordo no valor de R$ 6.000,00 (seis mil reais), pagos no ato, por transferência PIX, e homologado de imediato pelo juiz. Passados 7 (sete) dias da audiência, quando fazia a arrumação das coisas deixadas por Dulce para destinar à doação, a inventariante encontrou, no fundo de uma gaveta, os recibos de pagamento das 3 (três) férias que Jeane reclamava, devidamente assinadas pela então empregada. Diante da situação retratada, da previsão na CLT e do entendimento consolidado do TST, assinale a afirmativa correta.

(A) Nada poderá ser feito pela inventariante, porque o acordo homologado faz coisa julgada material.

(B) A parte interessada poderá interpor recurso ordinário contra a decisão homologatória.

(C) A inventariante poderá ajuizar ação rescisória para desconstituir o acordo.

(D) Deverá ser ajuizada ação de cobrança contra Jeane para reaver o valor pago.

RESPOSTA A ação rescisória tem previsão no art. 836 da CLT. A sua utilização só é cabível contra decisões meritórias, ou seja, decisões em que se verificou o trânsito em julgado material. As hipóteses de cabimento encontram-se previstas no art. 966 do CPC. O art. 966, VII, assim dispõe: "VII - obtiver o autor, posteriormente ao trânsito em julgado, prova nova cuja existência ignorava ou de que não pôde fazer uso, capaz, por si só, de lhe assegurar pronunciamento favorável". Assim, pode-se dizer que a parte obteve "prova nova" após a homologação do pacto, e seria a Ação Rescisória o meio para desconstituição do acordo. *Alternativa C.*

XIV. DISSÍDIO COLETIVO

86. (37º Exame) Foi proferida uma sentença normativa em dissídio coletivo envolvendo os sindicatos de determinada categoria. Na decisão transitada em julgado foi determinada a entrega mensal de *ticket* refeição e *ticket* alimentação no valor de R$ 150,00 cada. Ocorre que uma das sociedades empresárias vinculadas ao sindicato da categoria econômica não está cumprindo a sentença normativa, que se encontra em vigor.

De acordo com a CLT, para que a cláusula normativa seja observada, o sindicato deve se valer de uma ação

(A) monitória.
(B) de execução de título extrajudicial.
(C) civil coletiva.
(D) de cumprimento.

RESPOSTA Questão de fácil resolução. Tomando por base o art. 872, parágrafo único, da CLT e a Súmula 286 do TST, a ação cabível será a Ação de Cumprimento. *Alternativa D.*

XV. AUDIÊNCIA, REPRESENTAÇÃO, DEFESA E REVELIA

87. (41º exame) Pedro é advogado e sua audiência está marcada para as 17 horas, mas ele está preocupado, porque já são 16h30, sua audiência não foi apregoada e ele viu, pela pauta, que ainda há três processos complexos de instrução para serem apreciados pelo magistrado que são anteriores ao seu, sendo certo que o início da pauta de audiências se deu às 14 horas. Considerando os fatos narrados e o que dispõe a CLT, assinale a afirmativa correta.

(A) A audiência de Pedro ocorrerá independentemente do horário em que as anteriores terminarem.
(B) Cada juiz determina o horário de término de suas audiências.
(C) As audiências devem ocorrer até as 18 horas, salvo situação urgente.
(D) As audiências devem ser paralisadas às 17h30.

RESPOSTA Assim ensina o art. 813 da CLT: "Art. 813. As audiências dos órgãos da Justiça do Trabalho serão públicas e realizar-se-ão na sede do Juízo ou Tribunal em dias úteis previamente fixados, entre 8 (oito) e 18 (dezoito) horas, não podendo ultrapassar 5 (cinco) horas seguidas, salvo quando houver matéria urgente". Logo, conforme expressa redação do artigo expresso, as audiências não poderão ultrapassar o horário de 18h. *Alternativa C.*

88. (38º Exame) Pedro Arnaldo ajuizou reclamação trabalhista em face da ex-empregadora. No dia da audiência, rejeitada a possibilidade de acordo, o feito foi contestado. A parte ré, porém, requereu o adiamento em razão da ausência de uma testemunha, que estava intimada regularmente. Na audiência seguinte Pedro Arnaldo, sem qualquer justificativa, não compareceu. Diante disso, nos termos da CLT e do entendimento jurisprudencial consolidado do TST, assinale a afirmativa correta.

(A) A ausência do reclamante, quando adiada a instrução após contestada a ação em audiência, não importa arquivamento do processo.
(B) A ausência do reclamante importará no arquivamento do feito na hipótese.
(C) O feito deverá ser novamente adiado para o comparecimento do reclamante, que não deu causa ao adiamento anterior.
(D) Ausente o interesse de agir, o feito deverá ser extinto sem resolução do mérito.

RESPOSTA Questão de fácil solução, tomando-se por base a redação da Súmula 9 do TST: "A ausência do reclamante, quando adiada a instrução após contestada a ação em audiência, não importa arquivamento do processo". *Alternativa A.*

89. (36º Exame) Amanda ajuizou reclamação trabalhista contra a Sociedade Empresária Brinquedos Infantis Ltda., na qual atuou como caixa durante 7 meses. A reclamada foi citada e apresentou defesa sem sigilo no sistema Pje, com os documentos correspondentes, 2 dias antes da audiência.

No dia da audiência, feito o pregão, a juíza tentou a conciliação entre as partes, sem sucesso. Então, recebeu formalmente a defesa e deu vista à advogada da autora. Após analisar a contestação em mesa, a advogada de Amanda pediu a palavra pela ordem e requereu a desistência da reclamação trabalhista, com o que não concordou o advogado da reclamada.

Considerando a situação e as normas previstas na CLT, assinale a afirmativa correta.

DIREITO PROCESSUAL DO TRABALHO

(A) A desistência pode ser homologada, porque requerida antes do início da instrução.

(B) O requerimento deve ser homologado pelo magistrado, uma vez que a desistência jamais depende da concordância do reclamado.

(C) A desistência não poderá ser homologada, porque tendo a contestação sido oferecida, a desistência depende da concordância do reclamado.

(D) O requerimento não pode ser atendido, porque tanto a desistência quanto a renúncia dependem de aquiescência do reclamado se a defesa tiver sido apresentada sem sigilo.

RESPOSTA Questão de fácil solução com a aplicação da legislação vigente. Na forma do § 3º do art. 841 da CLT: "Oferecida a contestação, ainda que eletronicamente, o reclamante não poderá, sem o consentimento do reclamado, desistir da ação" (grifamos). *Alternativa C.*

90.
(XXXIV Exame) Em 7 de fevereiro de 2022 (uma segunda-feira), Carlos ajuizou reclamação trabalhista pelo rito ordinário contra a Sociedade Empresária Calçados Ícaro Ltda., postulando vários direitos que afirma terem sido lesados ao longo dos 3 (três) anos nos quais trabalhou na empresa. A Vara para a qual o processo foi sorteado é extremamente organizada, tendo comprovadamente ocorrido a citação em 9 de fevereiro (quarta-feira) e designada a audiência una para o dia 11 de fevereiro (sexta-feira). Todos os dias da referida semana são úteis. Diante dos fatos e do que dispõe a CLT, assinale a afirmativa correta.

(A) A audiência deve ser remarcada, se houver pedido do reclamado, porque não se observou prazo mínimo de 5 (cinco) dias úteis contados da citação.

(B) A Justiça do Trabalho deve primar pela celeridade, daí porque a designação de audiência breve é válida, pois respeitado o prazo legal de 48 (quarenta e oito) horas.

(C) Inválida a data marcada para a audiência porque a Lei determina um interregno mínimo de 8 (oito) dias úteis contados da citação.

(D) Se a audiência fosse na modalidade presencial não seria válida pelo curto espaço para deslocamento, mas se fosse telepresencial seria válida.

RESPOSTA A questão leva em consideração o previsto no art. 841 da CLT, ou seja, deve ser respeitado um espaço mínimo de cinco dias da notificação e da realização da audiência. Como a notificação ocorreu no dia 9-2 e a audiência foi dia 11-2, resta evidente que não foi observado o prazo mínimo previsto em lei. Assim, o juiz deve adiar a audiência. *Alternativa A.*

91.
(XXXIII Exame) Maurício ajuizou reclamação trabalhista, em agosto de 2021, contra a sua ex-empregadora, a sociedade empresária Sorvetes Glacial Ltda., postulando o pagamento de horas extras e verbas resilitórias. No dia da audiência inaugural, feito o pregão com pontualidade, o autor compareceu acompanhado de seu advogado, estando ainda presente o advogado da empresa, mas ausente o preposto. O advogado do réu requereu que se aguardasse o prazo de 15 minutos, mas diante da negativa do advogado do autor, que não concordou em aguardar, teve início a audiência. O advogado do autor requereu a aplicação da revelia e o advogado do réu informou que havia protocolizado defesa com documentos pelo processo judicial eletrônico (PJe), requerendo que fossem recebidos. Diante da situação e dos termos da CLT, assinale a afirmativa correta.

(A) Deverá ser aplicada a revelia em razão da ausência do preposto e desprezada a defesa.

(B) Há nulidade do ato porque a CLT determina que se aguarde a parte até 15 minutos após o horário designado.

(C) Sendo a CLT omissa a respeito, caberá ao juiz definir se haverá revelia ou remarcação da audiência.

(D) A defesa e os documentos apresentados devem ser aceitos.

RESPOSTA Após a chegada da reforma trabalhista (Lei n. 13.467/2017), foi incluído o § 5º do art. 844 da CLT, que assim expressa: "Art. 844. O não comparecimento do reclamante à audiência importa o arquivamento da reclamação, e o não comparecimento do reclamado importa revelia, além de confissão quanto à matéria de fato.(...) § 5º Ainda que ausente o reclamado, presente o advogado na audiência, serão aceitos a contestação e os documentos eventualmente apresentados. Como no caso em questão, o preposto não compareceu no dia da audiência, mas seu advogado juntou defesa com documentos pelo processo judicial eletrônico (PJe), serão aceitos a contestação e os documentos apresentados. *Alternativa D.*

92.
(XXIX Exame) Em março de 2019, durante uma audiência trabalhista que envolvia a sociedade empresária ABC S/A, o juiz indagou à pessoa que se apresentou como preposto se ela era empregada da empresa, recebendo como resposta que não. O juiz, então, manifestou seu entendimento de que uma sociedade anônima deveria, obrigatoriamente, fazer-se representar por empregado, concluindo que a sociedade empresária não estava adequadamente representada. Decretou, então, a revelia, excluiu a defesa protocolizada e sentenciou

o feito na própria audiência, julgando os pedidos inteiramente procedentes. Diante desse quadro e do que prevê a CLT, assinale a afirmativa correta.

(A) Nada há a ser feito, porque uma S/A, por exceção, precisa conduzir um empregado para representá-la.

(B) O advogado da ré deverá interpor recurso ordinário no prazo de 8 dias, buscando anular a sentença, pois o preposto não precisa ser empregado da reclamada.

(C) O advogado da ré deverá impetrar mandado de segurança, porque a exigência de que o preposto seja empregado, por não ser prevista em Lei, violou direito líquido e certo da empresa.

(D) Uma vez que a CLT faculta ao juiz aceitar ou não como preposto pessoa que não seja empregada, o advogado deverá formular um pedido de reconsideração judicial.

RESPOSTA A partir da publicação da Lei n. 13.467/2017 (Reforma Trabalhista), o preposto que representa a reclamada em audiência não precisa ser empregado. Assim, a atitude do juiz foi equivocada, pois não haveria que se falar em revelia, na forma do art. 843, § 3º, da CLT. *Alternativa B.*

93. (XXIX Exame) O réu, em sede de reclamação trabalhista, ajuizada em 20-4-2018, apresentou defesa no processo eletrônico, a qual não foi oferecida sob sigilo. Feito o pregão, logo após a abertura da audiência, a parte autora manifestou interesse em desistir da ação. Sobre a desistência da ação pela parte autora, assinale a afirmativa correta.

(A) O juiz deverá, imediatamente, homologar a desistência.

(B) Não é possível desistir da ação após a propositura desta.

(C) Oferecida a contestação, ainda que eletronicamente, o reclamante não poderá, sem o consentimento do reclamado, desistir da ação.

(D) O oferecimento da defesa pelo réu em nada se relaciona à questão da desistência de pedidos ou da demanda.

RESPOSTA Questão de fácil solução. Na forma do § 3º do art. 841 da CLT: "Oferecida a contestação, ainda que eletronicamente, o reclamante não poderá, sem o consentimento do reclamado, desistir da ação". *Alternativa C.*

94. (XXVII Exame) Seu escritório foi contratado pela empresa Alumínio Brilhante Ltda. para assisti-la juridicamente em uma audiência. Você foi designado(a) para a audiência. Forneceram-lhe cópia da defesa e dos documentos, e

afirmaram que tudo já havia sido juntado aos autos do processo eletrônico. Na hora da audiência, tendo sido aberta esta, bem como os autos eletrônicos do processo, o juiz constatou que a defesa não estava nos autos, mas apenas os documentos. Diante disso, o juiz facultou-lhe a opção de apresentar defesa. Nos exatos termos previstos na CLT, você deverá

(A) Entregar a cópia escrita que está em sua posse.

(B) Aduzir defesa oral em 20 minutos.

(C) Requerer o adiamento da audiência para posterior entrega da defesa.

(D) Requerer a digitalização da sua defesa para a juntada no processo.

RESPOSTA A parte poderia ter apresentado a defesa escrita no processo eletrônico até a audiência (art. 847, parágrafo único, CLT). Como o juiz constatou que não estava a defesa nos autos, na forma do art. 847 da CLT, a parte terá 20 (vinte) minutos para apresentar defesa oral. *Alternativa B.*

95. (XXVI Exame) Uma sociedade empresária ajuizou ação de consignação em pagamento em face do seu ex-empregado, com o objetivo de realizar o depósito das verbas resilitórias devidas ao trabalhador e obter quitação judicial da obrigação. No dia designado para a audiência una, a empresa não compareceu nem se justificou, estando presente o ex-empregado. Indique, de acordo com a CLT, o instituto jurídico que ocorrerá em relação ao processo.

(A) Revelia.

(B) Remarcação da audiência.

(C) Arquivamento.

(D) Confissão ficta.

RESPOSTA O *caput* do art. 844 da CLT informa que, em caso de ausência injustificada do reclamante/autor à audiência, ocorrerá o arquivamento da reclamação. A questão trata de um caso típico de empresa na qualidade de reclamante, o que não afasta o arquivamento de qualquer forma. *Alternativa C.*

96. (XXV Exame) Silvio contratou você como advogado para ajuizar ação trabalhista em face do empregador. Entretanto, na audiência, o juiz constatou que não havia procuração nos autos. Diante disso, você requereu fosse efetivado registro em ata de audiência no qual Silvio o constituía como procurador. Silvio anuiu com o requerimento. Com base na hipótese narrada, nos termos da CLT, assinale a afirmativa correta.

(A) O mandato, no caso, é válido e os poderes são apenas para o foro em geral.

DIREITO PROCESSUAL DO TRABALHO

(B) O mandato, no caso, é inválido, e seria necessário e obrigatório o requerimento de prazo para juntada de procuração.

(C) O mandato, no caso, é válido e os poderes são para o foro em geral, bem como os especiais, dentre eles os poderes para transigir.

(D) O mandato é válido apenas para a representação na audiência, devendo os demais atos serem regularizados e juntada a procuração para atos futuros.

RESPOSTA Questão de fácil solução, eis que de acordo com a redação do art. 791, § 3º, da CLT: "Art. 791. Os empregados e os empregadores poderão reclamar pessoalmente perante a Justiça do Trabalho e acompanhar as suas reclamações até o final. (...) § 3º A constituição de procurador com poderes para o foro em geral poderá ser efetivada, mediante simples registro em ata de audiência, a requerimento verbal do advogado interessado, com anuência da parte representada". A única alternativa de acordo com o previsto em lei seria a "a". *Alternativa A.*

97. (XXV Exame) Jéssica trabalhou na sociedade empresária Móveis Perfeitos Ltda. por 4 (quatro) anos, quando foi dispensada sem justa causa, sem receber as verbas resilitórias. Em razão disso, ajuizou reclamação trabalhista pelo rito ordinário postulando os direitos relativos à sua saída, além de horas extras, equiparação salarial, adicional de insalubridade e indenização por dano moral porque foi privada da indenização que serviria para pagar as suas contas regulares. Na audiência designada, após feito o pregão, a sociedade empresária informou, e comprovou documentalmente, que conseguira no mês anterior a sua recuperação judicial, motivo pelo qual requereu a suspensão da reclamação trabalhista por 180 dias, conforme previsto em Lei, sob pena de o prosseguimento acarretar a nulidade do feito. Diante da situação concreta e dos termos da legislação em vigor, assinale a afirmativa correta.

(A) A sociedade empresária está correta, porque, em havendo concessão de recuperação judicial, a Lei determina a suspensão de todas as ações.

(B) A Lei não traz nenhuma previsão a respeito, daí por que ficará a critério do prudente arbítrio do juiz deferir a suspensão processual requerida.

(C) A sociedade empresária está equivocada, pois a suspensão da reclamação trabalhista somente ocorreria na fase executória, o que não é o caso.

(D) O Juiz do Trabalho, tendo sido deferida a recuperação judicial, deve suspender o processo, declarar sua incompetência e enviar os autos à Justiça Estadual.

RESPOSTA A suspensão do processo neste caso só se daria em fase de execução, na forma do art. 6º da Lei n. 11.101/2005. *Alternativa C.*

98. (XXII Exame) A sociedade empresária Sanear Conservação e Limpeza Ltda. ajuizou ação de consignação em pagamento em face do ex-empregado Pedro Braga, afirmando que ele se negava a receber as verbas resilitórias a que faria jus. Citado, Pedro Braga apresentou resposta sob a forma de contestação e reconvenção, postulando diversos direitos alegadamente lesados e incluindo no polo passivo a sociedade empresária Réptil Imobiliária, tomadora dos serviços terceirizados do empregado, requerendo dela a responsabilidade subsidiária.

Diante da situação retratada e da norma de regência, assinale a afirmativa correta.

(A) Não é possível, em sede de reconvenção, ajuizar ação contra quem não é parte na lide principal.

(B) A pretensão de Pedro somente se viabilizará se a sociedade empresária Réptil Imobiliária concordar em figurar na reconvenção.

(C) Não há óbice a se incluir na reconvenção pessoa que não figure na lide original.

(D) A Lei processual é omissa a respeito; assim ficará a critério do juiz aceitar a inclusão da sociedade empresária Réptil Imobiliária.

RESPOSTA Questão que levou em consideração as regras do CPC aplicadas ao Processo do Trabalho, na forma do § 3º do art. 343 do CPC: "Na contestação, é lícito ao réu propor reconvenção para manifestar pretensão própria, conexa com a ação principal ou com o fundamento da defesa. (...) § 3º A reconvenção pode ser proposta contra o autor e terceiro". Assim, não haveria obstáculo para incluir pessoa que não figurava na relação originalmente. *Alternativa A.*

99. (XX Exame) Mário ajuizou reclamação trabalhista em face de seu ex-empregador. No dia da audiência, não compareceu, razão pela qual o processo foi arquivado. Em nova ação proposta em idênticos termos, o juiz extinguiu o feito sem resolução do mérito, pois a ré não foi localizada. Imediatamente, Mário ajuizou a demanda pela terceira vez. Na audiência, com todos presentes, o advogado da sociedade empresária aduziu que o juiz deveria extinguir o processo sem resolução do mérito em razão da perempção, pois não decorreu o prazo de seis meses entre o segundo e o terceiro processo. Sobre a hipótese apresentada, na qualidade de advogado de Mário, assinale a afirmativa correta.

(A) Deverá ser requerido que o juiz apenas suspenda o processo.

(B) Deverá desistir da ação para evitar a condenação em custas.

(C) Deverá aduzir que o prazo de seis meses é contado da primeira ação.

(D) Deverá aduzir que não houve perempção e requerer prosseguimento do feito.

RESPOSTA A perempção, neste caso, só ocorreria se Mário ocasionasse dois arquivamentos consecutivos por ausência injustificada em audiência (art. 844 da CLT). Na primeira vez em que ajuizou a reclamação ele não compareceu, mas na segunda vez (em que ajuizou a ação) ocorreu o arquivamento por falta de localização da reclamada, o que não configura a penalidade prevista nos arts. 731 e 732 da CLT. Assim, o processo deve prosseguir normalmente. *Alternativa D.*

100. (XX Exame – Reaplicação) Em reclamação trabalhista, na qual você figurava como advogado da ré, seu processo era o primeiro da pauta de audiências, designado para as 9h00min. Entretanto, já passados 25 minutos do horário da sua audiência, o juiz ainda não havia comparecido e você e seu cliente tinham audiência em outra Vara às 9h40min. Nesse caso, de acordo com previsão expressa na CLT, assinale a opção que apresenta o procedimento a ser adotado.

(A) O advogado e o cliente poderão se retirar, devendo o ocorrido constar do livro de registro de audiências.

(B) O advogado e o cliente deverão aguardar até que se completem 30 minutos para, então, se retirar e consignar o ocorrido em livro próprio.

(C) O advogado e o cliente deverão tentar inverter a pauta de audiências, comunicando ao secretário de audiências que estarão em outra Vara para posterior retorno e realização da assentada.

(D) O advogado e o cliente deverão se retirar e depois juntar cópia da ata da audiência da outra Vara com a justificativa pela ausência.

RESPOSTA Assim ensina o parágrafo único do art. 815 da CLT: " Art. 815. À hora marcada, o juiz ou presidente declarará aberta a audiência, sendo feita pelo secretário ou escrivão a chamada das partes, testemunhas e demais pessoas que devam comparecer. § 1º Se, até 15 (quinze) minutos após a hora marcada, o juiz ou presidente não houver comparecido, os presentes poderão retirar-se, devendo o ocorrido constar do livro de registro das audiências". Ora, no caso em questão, o processo era o primeiro da pauta e já tinham passado 25 minutos, razão suficiente para a aplicação da regra apresentada. *Alternativa A.*

XVI. MANDADO DE SEGURANÇA

101. (39º Exame) Determinada sociedade empresária, sua cliente, recebeu a visita de fiscais do trabalho, os quais apontaram haver irregularidades quanto às condições de trabalho de alguns empregados, bem como entenderam irregular, no dia, estarem nas dependências da empresa pessoas prestadoras de serviço por intermédio de MEI – Micro Empreendedor Individual.

Diante disso, foram lavrados dois autos de infração aplicando multas severas, sendo concedido prazo de 30 dias para pagamento, sob pena de fechamento do estabelecimento. Não foi facultado à sua cliente nenhum direito à ampla defesa, sendo certo que, de fato, nada foi verificado pelos fiscais. A sociedade empresária tem a documentação de todas as condições de trabalho e alega que os prestadores de serviço são autônomos. Assinale a opção que indica a medida juridicamente cabível que melhor atenda, com urgência, aos interesses da sua cliente de sustar os autos de infração.

(A) Mandado de Segurança na Justiça do Trabalho.

(B) Agravo de Petição na Justiça do Trabalho.

(C) Mandado de Segurança na Justiça Federal.

(D) Agravo de Instrumento na Justiça do Trabalho.

RESPOSTA O mandado de segurança é perfeitamente cabível na Justiça do Trabalho. O art. 114, e seus incisos IV e VII, da CF assim informam: "Art. 114. Compete à Justiça do Trabalho processar e julgar: (...) IV os mandados de segurança, *habeas corpus* e *habeas data*, quando o ato questionado envolver matéria sujeita à sua jurisdição; (...) VII as ações relativas às penalidades administrativas impostas aos empregadores pelos órgãos de fiscalização das relações de trabalho". Assim, a medida cabível é o Mandado de Segurança a ser impetrado na Justiça do Trabalho. *Alternativa A.*

102. (XX Exame – Reaplicação) Em reclamação trabalhista o juiz atende ao pedido expresso do autor na petição inicial e, de plano, defere tutela de urgência para que a empresa entregue ao trabalhador o Perfil Profissiográfico Previdenciário (PPP) e, com isso, ele possa requerer aposentadoria especial junto ao INSS. Intimada da decisão, a empresa o contrata para tentar impedir o efeito da tutela de urgência deferida, pois teme que os demais empregados sigam o mesmo destino, especialmente porque ela não reconhece que haja condição desfavorável no ambiente de trabalho. De acordo com o entendimento consolidado do TST, assinale a opção que apresenta a medida a ser adotada.

DIREITO PROCESSUAL DO TRABALHO

(A) Interpor agravo de instrumento.

(B) Opor embargos declaratórios.

(C) Impetrar mandado de segurança.

(D) Interpor recurso ordinário.

RESPOSTA As decisões interlocutórias na Justiça do Trabalho são, em regra, irrecorríveis de forma imediata. Por falta de recurso próprio, é cabível o Mandado de Segurança na forma da Súmula 414, II, do TST. *Alternativa C.*

XVII. *JUS POSTULANDI,* ASSISTÊNCIA, SUBSTITUIÇÃO PROCESSUAL, PARTES E PROCURADORES E HONORÁRIOS SUCUMBENCIAIS

103. (41º exame) Tereza ajuizou reclamação trabalhista contra o seu ex-empregador, que foi julgada totalmente procedente, com a concessão de 10% de honorários advocatícios sucumbenciais.

Transitado em julgado sem interposição de recurso, o juiz determinou que o calculista da Vara calculasse o valor da dívida. As partes verificaram as contas elaboradas, sem haver discordância. Ocorre que, dez dias depois, sem que o executado ainda tivesse sido citado para pagar a dívida, você, como advogado(a) de Tereza, revisitou os cálculos de liquidação da Contadoria e notou que, por falha involuntária, os honorários advocatícios sucumbenciais não haviam sido incluídos na conta, e que o prazo para impugnação da sentença de liquidação já havia transcorrido.

Sobre os honorários advocatícios, considerando os fatos narrados e o que dispõe a CLT, assinale a afirmativa correta.

(A) O advogado de Tereza perdeu o direito aos honorários.

(B) O causídico ainda poderá perseguir os honorários, mas deverá fazê-lo em ação própria.

(C) Os honorários poderão ser incluídos na conta, se houver concordância expressa do executado.

(D) Os honorários, por se tratar de erro material de cálculo, poderão ser incluídos na conta, mesmo após o prazo para impugnação.

RESPOSTA Como a questão trata de mero erro material, poderia o advogado(a) incluir os honorários advocatícios sucumbenciais na conta. *Alternativa D.*

104. (39º Exame) John estava empregado em uma sociedade empresária de óleo e gás, mas foi injustamente dispensado por justa causa, com base em uma falsa acusação de consumo de álcool a bordo da plataforma, no dia 20/03/2023.

Você, como advogado de John, ajuizou reclamação trabalhista e a única testemunha do seu cliente não fala ou entende português, apenas inglês. Você a arrolou como testemunha, e já requereu e obteve o benefício da gratuidade de justiça.

Sobre seu requerimento para a produção da prova, assinale a afirmativa correta.

(A) Você deverá requerer ao juiz um intérprete, que será custeado pela ré, se sucumbente no objeto da prova, ou pela União, se você for a parte sucumbente.

(B) Deverá ser requerido ao juiz um intérprete, que, independentemente da gratuidade de justiça, deverá ser custeado pela parte a quem o depoimento interessar.

(C) Considerando que seu cliente fala inglês, ele poderá servir de intérprete pelo princípio da economia processual.

(D) A gratuidade de justiça não alcança o intérprete, sendo apenas para custas e perícias judiciais, logo a parte autora deverá custear a despesa processual.

RESPOSTA Assim expressa o art. 819, § 2º, da CLT: "Art. 819. O depoimento das partes e testemunhas que não souberem falar a língua nacional será feito por meio de intérprete nomeado pelo juiz ou presidente. (...) *§ 2º As despesas decorrentes do disposto neste artigo correrão por conta da parte sucumbente, salvo se beneficiária de justiça gratuita.*" (grifamos). *Alternativa A.*

105. (39º Exame) Em uma reclamação trabalhista na qual o reclamante postula apenas o pagamento das verbas devidas pela extinção do contrato, a sociedade empresária alegou em sua defesa que nada seria devido porque o ex-empregado praticou uma falta grave e, por isso, foi dispensado por justa causa. Na audiência de instrução, cada parte conduziu duas testemunhas e, após ouvir os depoimentos pessoais, e considerando a tese da contestação, o juiz decidiu ouvir primeiramente as testemunhas do reclamado e após as do reclamante. Diante dos fatos e da previsão contida na CLT, assinale a afirmativa correta.

(A) Errou o juiz, pois de acordo com a CLT as testemunhas do reclamante devem ser ouvidas antes daquelas conduzidas pelo reclamado, haja vista o direito de defesa.

(B) Uma vez que a CLT não dispõe sobre a ordem de produção das provas, fica a critério do magistrado a definição, inclusive a ordem de produção da prova oral e a quantidade de testemunhas admitidas.

(C) O juiz tem o poder de alterar a ordem de realização das provas, inclusive a oitiva das testemunhas, tendo em vista as alegações das partes e adequando-as às necessidades do conflito.

(D) A forma realizada pelo magistrado nulificou a produção das provas e a sentença, que poderá ser anulada para que a instrução seja refeita com renovação das provas na ordem correta

RESPOSTA Na forma do art. 765 da CLT: "Art. 765. Os Juízes e Tribunais do Trabalho terão ampla liberdade na direção do processo e velarão pelo andamento rápido das causas, podendo determinar qualquer diligência necessária ao esclarecimento delas". *Assim, o juiz pode alterar a ordem de realização das provas*. A alternativa B não poderia ser o gabarito, pois a CLT impõe limite sim para número de testemunhas. A única alternativa correta seria a C. *Alternativa C.*

106. (38º Exame) Você advoga para um ex-empregado, em sede de reclamação trabalhista em face de uma sociedade empresária, e também em face dos sócios desta. O curso processual vem sendo bastante conturbado. A parte ré deduziu fatos manifesta e notoriamente inverídicos em juízo; ela vem utilizando meios e modos de retardar o desfecho processual, arrolando testemunhas que não são localizadas, requerendo a substituição de testemunhas e provocando adiamentos desnecessários de audiências, no intuito de suscitar eventual futura nulidade. Seu cliente perguntou se as condutas poderiam ensejar o requerimento e consequente condenação em litigância de má-fé, em razão de considerar que tais condutas representam procedimento contrário à boa ordem processual. Nesse sentido, de acordo com o texto da CLT, assinale a afirmativa correta.

(A) Não é vedado a parte promover incidentes processuais sem fundamento, com intuito de retardar o andamento processual, já que o amplo direito de defesa é assegurado constitucionalmente.

(B) Os valores da multa de litigância de má-fé sempre incidem sobre o valor da causa, ainda que irrisório o valor, pois existem as demais reparações previstas na lei.

(C) Não constitui conduta passível de litigância de má-fé a parte formular alegações em sede de contestação contrárias a texto expresso de lei, pois cabe ao juiz rechaçar a alegação.

(D) As condutas ensejam litigância de má-fé e têm previsão legal, sendo passíveis de multa superior a 1% e inferior a 10% sobre o valor corrigido da causa, entre outras penalidades.

RESPOSTA Questão de fácil solução com base no previsto no art. 793-C da CLT: "De ofício ou a requerimento, o juízo condenará o litigante de má-fé a pagar

multa, que deverá ser superior a 1% (um por cento) e inferior a 10% (dez por cento) do valor corrigido da causa, a indenizar a parte contrária pelos prejuízos que esta sofreu e a arcar com os honorários advocatícios e com todas as despesas que efetuou. *Alternativa D.*

107. (37º Exame) Pedro, Luzia e Rogério são empregados da sociedade empresária ABC e ajuizaram reclamação trabalhista individual contra ela. Pedro tem 55 anos de idade e postula na sua ação horas extras; Luzia tem 42 anos de idade e em sua ação requer o pagamento de 2 períodos de férias vencidas; Rogério tem 34 anos de idade e, na sua demanda, postula o pagamento dos salários retidos dos últimos 2 meses de trabalho.

Em razão do alto salário que os três empregados recebiam, todas as ações tramitam pelo rito ordinário. A respeito dessas reclamações trabalhistas, assinale a opção que indica, de acordo com a CLT, a(as) que terá(ão) preferência na tramitação processual.

(A) A de Rogério.
(B) A de Luzia.
(C) A de Pedro.
(D) A de Luzia e a de Pedro.

RESPOSTA Na forma do parágrafo único do art. 652 da CLT: "Terão preferência para julgamento os dissídios sobre pagamento de salário e aqueles que derivarem da falência do empregador, podendo o presidente da Junta, a pedido do interessado, constituir processo em separado, sempre que a reclamação também versar sobre outros assuntos". *Alternativa A.*

108. (XXXI Exame) Você foi contratado(a) para atuar nas seguintes ações trabalhistas:

(i) uma ação de cumprimento, como advogado da parte autora;

(ii) uma reclamação plúrima, também como advogado da parte autora;

(iii) uma reclamação trabalhista movida por João, ex-empregado de uma empresa, autor da ação;

(iv) uma reclamação trabalhista, por uma sociedade empresária, ré na ação.

Sobre essas ações, de acordo com a legislação trabalhista em vigor, assinale a afirmativa correta.

(A) Tanto na ação de cumprimento como na ação plúrima, todos os empregados autores deverão obrigatoriamente estar presentes. O mesmo deve ocorrer com João. Já a sociedade empresária poderá se fazer representar por preposto não empregado da ré.

DIREITO PROCESSUAL DO TRABALHO

(B) O sindicato de classe da categoria poderá representar os empregados nas ações plúrima e de cumprimento. João deverá estar presente, em qualquer hipótese, de forma obrigatória. A sociedade empresária tem que se fazer representar por preposto, que não precisa ser empregado da ré.

(C) Nas ações plúrima e de cumprimento, a parte autora poderá se fazer representar pelo Sindicato da categoria. João deverá estar presente, mas, por doença ou motivo ponderoso comprovado, poderá se fazer representar por empregado da mesma profissão ou pelo seu sindicato. Na ação em face da sociedade empresária, o preposto não precisará ser empregado da ré.

(D) O sindicato da categoria poderá representar os empregados nas ações plúrima e de cumprimento. João deverá estar presente, mas, por doença ou motivo ponderoso comprovado, poderá se fazer representar por empregado da mesma profissão ou pelo seu sindicato. Na ação em face da sociedade empresária, o preposto deverá, obrigatoriamente, ser empregado da ré.

RESPOSTA Questão facilmente respondida com base no art. 843, *caput*, e também nos seus §§ 2º e 3º: "Art. 843. Na audiência de julgamento deverão estar presentes o reclamante e o reclamado, independentemente do comparecimento de seus representantes *salvo, nos casos de Reclamatórias Plúrimas ou Ações de Cumprimento, quando os empregados poderão fazer-se representar pelo Sindicato de sua categoria*" (grifamos). "§ 2º Se por doença ou qualquer outro motivo poderoso, devidamente comprovado, não for possível ao empregado comparecer pessoalmente, poderá fazer-se representar por outro empregado que pertença à mesma profissão, ou pelo seu sindicato. § 3º O preposto a que se refere o § 1º deste artigo *não precisa ser empregado da parte reclamada*" (grifamos). *Alternativa C.*

109. **(XXVII)** Em reclamação trabalhista ajuizada em fevereiro de 2018, os pedidos formulados por Paulo em face do seu ex-empregador foram julgados totalmente procedentes. Em relação à verba honorária, de acordo com a CLT, sabendo-se que o patrocínio de Paulo foi feito por advogado particular por ele contratado, assinale a afirmativa correta.

(A) Não haverá condenação em honorários advocatícios, porque o autor não está assistido pelo sindicato de classe.

(B) Haverá condenação em honorários de, no mínimo, 10% e de, no máximo, 20% em favor do advogado.

(C) Haverá condenação em honorários de, no mínimo, 5% e de, no máximo, 15% em favor do advogado.

(D) Somente se a assistência do advogado do autor for gratuita é que haverá condenação em honorários, de até 20%.

RESPOSTA Questão facilmente respondida, pois o art. 791-A da CLT é bem claro em relação ao tema. "Art. 791-A. Ao advogado, ainda que atue em causa própria, serão devidos honorários de sucumbência, fixados *entre o mínimo de 5% (cinco por cento) e o máximo de 15% (quinze por cento)* sobre o valor que resultar da liquidação da sentença, do proveito econômico obtido ou, não sendo possível mensurá-lo, sobre o valor atualizado da causa". (grifamos) *Alternativa C.*

110. **(XXIII Exame)** Rita é engenheira e trabalhou na empresa Irmãos Construtores Ltda. por 3 anos. Ao ser dispensada, ajuizou ação trabalhista em face da ex-empregadora. Como tinha experiência na área de recursos humanos de empregos anteriores, decidiu ela própria fazer sua defesa jurídica, não buscando, portanto, a assistência de advogado ou sindicato. Elaborou a petição inicial, compareceu à audiência e formulou perguntas para testemunhas e para a parte ré. Ao término da instrução, o juiz prolatou sentença de improcedência do petitório de Rita, a qual, inconformada, interpôs recurso ordinário, que teve provimento negado, sendo mantida a sentença de primeiro grau. Ainda inconformada, adotando o mesmo sistema, entendendo ter havido violação literal de dispositivo constitucional tanto na sentença de primeiro grau como no acórdão, Rita, da mesma forma e desacompanhada de advogado, interpõe o competente recurso de revista para o TST.

Com base na jurisprudência consolidada do TST acerca da postulação em causa própria, assinale a afirmativa correta.

(A) O recurso deverá ser conhecido e provido.

(B) O recurso deveria ser endereçado ao STF, em razão da alegada violação constitucional.

(C) Não cabe mais recurso do julgado.

(D) O recurso deverá ter o seguimento negado por irregularidade de representação.

RESPOSTA Questão que leva em consideração a redação da Súmula 425 do TST. O *jus postulandi* na Justiça do Trabalho se limita ao TRT, ou seja, caso a parte queira interpor recurso no TST, deverá constituir advogado. Como a questão trata do Recurso de Revista que é de competência do TST, Rita não poderia interpor sem advogado. *Alternativa D.*

111. (XXIII Exame) Reinaldo, Wilma e Teodoro trabalharam no restaurante Fino Paladar Ltda. Todos procuraram o mesmo advogado para apresentar reclamação trabalhista: Reinaldo diz que não recebeu horas extras, Wilma informa que não recebeu as verbas resilitórias e Teodoro diz que não recebeu a participação nos lucros.

Diante da situação retratada, e de acordo com a CLT, assinale a afirmativa correta.

(A) Não é possível o ajuizamento de reclamação plúrima, porque os pedidos são distintos.

(B) A CLT não traz os requisitos para o litisconsórcio ativo e, por isso, ficará a critério do juiz aceitar o ingresso conjunto.

(C) Cabe manejo da reclamação plúrima, porque o empregador é o mesmo.

(D) No caso apresentado, caberá o ajuizamento de dissídio coletivo.

`RESPOSTA` Na forma do art. 842 da CLT: "Sendo várias as reclamações e havendo identidade de matéria, poderão ser acumuladas num só processo, se se tratar de empregados da mesma empresa ou estabelecimento". Embora o empregador seja o mesmo, os pedidos dos empregados são distintos, logo não comporta o ajuizamento de reclamação plúrima. *Alternativa A.*

XVIII. SENTENÇA E COISA JULGADA

112. (XX Exame) Um determinado empregado é vigilante e, por meio do seu empregador, sempre prestou serviços terceirizados a uma instituição bancária privada. Após ser dispensado, o ex-empregado ajuizou ação contra o seu antigo empregador e a instituição bancária, reclamando horas extras, diferença por acúmulo de funções e indenização por dano moral. Sobre a situação apresentada, assinale a afirmativa correta.

(A) Caso haja sucesso na demanda, a instituição bancária não poderá ser condenada em qualquer nível porque não foi o empregador.

(B) A instituição bancária poderá ser condenada de forma solidária pelos créditos porventura deferidos porque terceirizou atividade-fim.

(C) O banco poderia ser condenado de forma mista, ou seja, pagaria todos os direitos devidos exceto dano moral.

(D) A instituição bancária será condenada de forma subsidiária por todos os créditos porventura deferidos.

`RESPOSTA` Questão de fácil solução, eis que a mesma leva em consideração a previsão expressa da Súmula 331 do TST, mais precisamente em seus itens IV e VI, senão vejamos: "IV – O inadimplemento das obriga-

ções trabalhistas, por parte do empregador, implica a responsabilidade subsidiária do tomador dos serviços quanto àquelas obrigações, desde que haja participado da relação processual e conste também do título executivo judicial" e "VI A responsabilidade subsidiária do tomador de serviços abrange todas as verbas decorrentes da condenação referentes ao período da prestação laboral". *Alternativa D.*

XIX. ATOS, TERMOS E PRAZOS PROCESSUAIS

113. (XXVIII Exame) Uma sociedade empresária consultou você, como advogado(a), para encontrar uma maneira de, periodicamente, firmar com seus empregados uma quitação de direitos, de modo a prevenir conflitos trabalhistas. Diante disso, na qualidade de advogado(a) da empresa, assinale a opção que indica a solução proposta.

(A) Poderá ser firmado termo de quitação anual de obrigações trabalhistas, perante o sindicato da categoria dos empregados.

(B) Os termos de quitação firmados entre empregados e empregadores nada valem, apenas sendo válidos os acordos judiciais; logo, a empresa nada pode fazer.

(C) Poderá ser firmado termo anual de quitação de obrigações trabalhistas no sindicato profissional ou no sindicato patronal.

(D) Basta firmar termo de quitação anual das obrigações trabalhistas por mútuo consentimento.

`RESPOSTA` Com a publicação da Lei n. 13.467/2017, foi introduzido o art. 507-B na CLT, que assim expressa: "É facultado a empregados e empregadores, na vigência ou não do contrato de emprego, firmar o termo de quitação anual de obrigações trabalhistas, perante o sindicato dos empregados da categoria". Logo, é plenamente possível ser firmado perante o sindicato dos empregados o termo de quitação anual. *Alternativa A.*

114. (XXVI Exame) Em sede de reclamação trabalhista, o autor forneceu o endereço da ré na inicial, para o qual foi expedida notificação citatória. Decorridos cinco dias da expedição da citação, não tendo havido qualquer comunicado ao juízo, houve a realização da audiência, à qual apenas compareceu o autor e seu advogado, o qual requereu a aplicação da revelia e confissão da sociedade empresária-ré. O juiz indagou ao advogado do autor o fundamento para o requerimento, já que não havia nenhuma referência à citação no processo, além da expedição da notificação. Diante disso,

DIREITO PROCESSUAL DO TRABALHO

635

na qualidade de advogado do autor, à luz do texto legal da CLT, assinale a opção correta.

(A) Presume-se recebida a notificação 48h após ser postada, sendo o não recebimento ônus de prova do destinatário.

(B) A mera ausência do réu, independentemente de citado ou não, enseja revelia e confissão.

(C) Descabe o requerimento de revelia e confissão se não há confirmação no processo do recebimento da notificação citatória.

(D) O recebimento da notificação é presunção absoluta; logo, são cabíveis de plano a revelia e a confissão.

RESPOSTA Questão facilmente respondida com a conjugação do art. 841 da CLT e Súmula 16 do TST. A notificação na Justiça do Trabalho se presume recebida no prazo de 48 horas, e cabe ao destinatário o ônus de comprovar que não recebeu a notificação. *Alternativa A.*

XX. AÇÃO CIVIL PÚBLICA

Acesse o QR Code e consulte as questões comentadas sobre este tema.

XXI. INQUÉRITO JUDICIAL PARA APURAÇÃO DE FALTA GRAVE

115. (XXVIII Exame) Em uma greve ocorrida há dois dias dentro de uma indústria metalúrgica, o dirigente sindical, que é empregado da referida empresa, agrediu fisicamente o diretor com tapas e socos, sendo a agressão gravada pelo sistema de segurança existente no local. O dono da empresa, diante dessa prática, pretende dispensar o empregado por justa causa. Em razão disso, ele procura você, como advogado(a), no dia seguinte aos fatos narrados, para obter sua orientação. De acordo com o disposto na CLT, assinale a opção que apresenta sua recomendação jurídica e a respectiva justificativa.

(A) Dispensar imediatamente o empregado por justa causa e ajuizar ação de consignação em pagamento dos créditos porventura devidos.

(B) Apresentar notícia-crime e solicitar da autoridade policial autorização para dispensar o empregado por justa causa.

(C) Suspender o empregado e, em até 30 dias, ajuizar inquérito para apuração de falta grave.

(D) Não fazer nada, porque a justa causa teria de ser aplicada no dia dos fatos, ocorrendo então perdão tácito.

RESPOSTA A questão trata de empregado dirigente sindical. A estabilidade do dirigente sindical o protege em relação à despedida sem justa causa ou arbitrária, porém, o mesmo pode ser demitido por justa causa. Na forma da Súmula 379 do TST, o dirigente sindical somente poderá ser demitido por justa causa, se ficar comprovada a sua falta através de inquérito judicial. O art. 853 da CLT ensina que o empregador tem o prazo de até 30 (trinta) dias para ajuizar o inquérito a contar da suspensão do empregado. *Alternativa C.*

REFERÊNCIAS

AIDAR, Leticia; BELFORT, Simone; ANTUNES, Leandro; GRAVATÁ, Isabelli. *CLT organizada.* 3. ed. São Paulo: LTr, 2012.

BRASIL. Constituição (1988). Constituição da República Federativa do Brasil. Brasília, DF, Senado, 1988.

LEITE, Carlos Henrique Bezerra. *Curso de direito processual do trabalho.* 10. ed. São Paulo: LTr, 2012.

MARTINS, Melchíades Rodrigues; FERRARI, Irany; COSTA, Armando Casimiro. *Consolidação das Leis do Trabalho.* 41. ed. São Paulo: LTr, 2013.

SCHIAVI, Mauro. *Manual de direito processual do trabalho.* 4. ed. São Paulo: LTr, 2011.

SITES:

http://www2.planalto.gov.br/

http://www.tst.jus.br/

Direito
Eleitoral

DIREITO ELEITORAL: QUADRO GERAL DE QUESTÕES	
TEMAS	N. DE QUESTÕES
I. Partidos Políticos no Direito Eleitoral	8
TOTAL	**8**

I. PARTIDOS POLÍTICOS NO DIREITO ELEITORAL

1. (41º Exame) Depois de ser convidado para concorrer a um cargo eletivo pelo partido político Alfa, Antônio expressou sua preocupação com os custos de uma campanha eleitoral. Afinal, embora popular, era pessoa humilde e não poderia arcar com esses custos. Para tranquilizá-lo, Maria, presidente de Alfa, informou que seriam utilizados recursos do Fundo Especial de Financiamento de Campanha (FEFC). A respeito do destinatário dos recursos a serem entregues pelo Tribunal Superior Eleitoral, assinale a afirmativa correta.

(A) Os partidos políticos devem receber os recursos e os distribuir, de forma isonômica, entre os seus candidatos.

(B) Os recursos devem ser encaminhados diretamente aos candidatos, o que deve ser feito de maneira isonômica.

(C) Os partidos políticos devem receber os recursos e os distribuir entre os candidatos que os requereram, conforme critérios definidos previamente pelo órgão competente do partido.

(D) Os candidatos devem receber os recursos e priorizar aqueles que concorreram em eleição anterior.

RESPOSTA Considerando o art. 16-D, § 2º, da Lei das Eleições (Lei n. 9.504/97), para que o candidato tenha acesso aos recursos do Fundo a que se refere este artigo, deverá fazer requerimento por escrito ao órgão partidário respectivo. Considere ainda o art. 16-C, § 7º, da Lei das Eleições. *Alternativa C.*

2. (41º Exame) Joana requereu o registro de sua candidatura para concorrer ao cargo eletivo de prefeita do Município Alfa, situado no Estado Beta. O registro não sofreu qualquer impugnação e foi deferido pela Justiça Eleitoral. Duas semanas após a proclamação do resultado da eleição, tendo sido Joana eleita prefeita municipal, Maria, que concorrera para o mesmo cargo e fora derrotada, descobriu que Joana era irmã da governadora do Estado Beta. Maria procurou você, como advogado(a), questionando se era possível discutir a inelegibilidade de Joana, mesmo após a proclamação do resultado. Sobre a hipótese apresentada, assinale a opção que indica, corretamente, sua resposta.

(A) O processo eleitoral não pode retroagir em suas fases, logo, ocorreu a preclusão.

(B) Pode ser interposto recurso contra a expedição de diploma.

(C) É possível ajuizar a ação de impugnação de mandato eletivo.

(D) A decisão de proclamação dos eleitos pode ser impugnada mediante recurso inominado.

RESPOSTA Diante de uma hipótese de inelegibilidade reflexa (CF, art. 14, § 7º), tendo em vista que Joana era irmã da governadora do Estado Beta, observada a inelegibilidade constitucional, é cabível o recurso contra a expedição de diploma (RCED). Tem nome de recurso, mas é uma ação. Conforme o art. 262 do Código Eleitoral, o recurso contra expedição de diploma caberá somente nos casos de inelegibilidade superveniente ou de natureza constitucional e de falta de condição de elegibilidade. Além disso, o RCED deverá ser interposto no prazo de 3 (três) dias após o último dia limite fixado para a diplomação e será suspenso no período compreendido entre os dias 20 de dezembro e 20 de janeiro, a partir do qual retomará seu cômputo. *Alternativa B.*

3. **(40º Exame)** Entre os correligionários do partido político Alfa estavam dois dos pré-candidatos considerados favoritos na eleição para governador do Estado Beta. Como somente um deles poderia ser escolhido por Alfa para concorrer ao referido cargo eletivo, houve grande interesse dos meios de comunicação social na cobertura das prévias partidárias. Em relação às emissoras de rádio e televisão, à luz dos balizamentos legais existentes, assinale a afirmativa correta.

(A) A lei obsta a cobertura das prévias partidárias.

(B) Elas podem realizar, ao vivo ou não, a plena cobertura das prévias partidárias, não sendo permitida qualquer censura.

(C) Somente é permitida a transmissão de imagens ao vivo, de modo a evitar o risco de trucagem.

(D) As transmissões por emissoras de rádio e televisão das prévias partidárias, ao vivo, são vedadas.

RESPOSTA Determina o art. 36-A, § 1º, da Lei 9.504/97, que é vedada a transmissão ao vivo por emissoras de rádio e de televisão das prévias partidárias, sem prejuízo da cobertura dos meios de comunicação social. *Alternativa D.*

4. **(40º Exame)** João, candidato ao cargo eletivo de prefeito municipal, logrou ser eleito. No entanto, por ser muito desorganizado, não conseguiu localizar os documentos necessários para a prestação de contas à Justiça Eleitoral, o que resultou na não apresentação dessas contas. Sobre as consequências da omissão de João, assinale a afirmativa correta.

(A) A impossibilidade de ser diplomado.

(B) A sua diplomação com reservas.

(C) O pagamento de multa, não havendo óbice à diplomação, ato independente.

(D) A necessidade de firmar compromisso, previamente à diplomação, comprometendo-se a apresentar as contas.

RESPOSTA Segundo o art. 29, § 2º, da Lei n. 9.504/1997, a não apresentação das contas de campanha dentro do prazo estabelecido impede a diplomação dos eleitos. *Alternativa A.*

5. **(39º Exame)** Os partidos políticos Alfa, Beta e Gama decidiram celebrar uma coligação para a eleição municipal majoritária que se avizinhava. Apesar do apoio recebido da maior parte dos correligionários dessas agremiações, alguns tinham dúvidas em relação aos efeitos dessa iniciativa quanto à autonomia de cada partido político durante o processo eleitoral, mais especificamente, se poderiam atuar isoladamente ou se apenas a coligação poderia fazê-lo. De acordo com a narrativa e a sistemática estabelecida na Lei n. 9.504/97, assinale a afirmativa correta.

(A) Alfa, Beta e Gama somente podem atuar isoladamente no processo eleitoral para questionar a validade da própria coligação, isto no período delimitado em lei.

(B) Em qualquer fase do processo eleitoral, somente a coligação pode atuar, mas isto não afeta a autonomia de Alfa, Beta e Gama, que devem referendar cada ato praticado.

(C) Alfa, Beta e Gama podem atuar isoladamente em todas as fases do processo eleitoral, sempre que os seus interesses colidirem com os da coligação.

(D) As prerrogativas e obrigações da coligação são distintas daquelas afetas a Alfa, Beta e Gama, de modo que cada qual atua em sua própria esfera de atribuições.

RESPOSTA De acordo com o art. 6º, § 4º, da Lei das Eleições, o partido político coligado somente possui legitimidade para atuar de forma isolada no processo eleitoral quando questionar a validade da própria coligação, durante o período compreendido entre a data da convenção e o termo final do prazo para a impugnação do registro de candidato. *Alternativa A.*

6. **(39º Exame)** Joana, deputada estadual no Estado Alfa, vinha recebendo inúmeras críticas de alguns correligionários do seu partido político. Apesar do amplo apoio popular que recebia, para sua surpresa, não foi escolhida, na convenção partidária, para concorrer à reeleição ao cargo de deputada estadual. A esse respeito, assinale a afirmativa correta.

(A) Como Joana busca a reeleição, deve ser considerada candidata nata.

(B) A deliberação adotada na convenção partidária é lícita, caso tenha sido adotada por maioria absoluta.

(C) Os partidos políticos têm autonomia para a escolha dos seus candidatos, observados os balizamentos legais.

(D) Joana pode requerer pessoalmente o registro de sua candidatura, ainda que não tenha sido aprovada na convenção partidária.

RESPOSTA De acordo com a CF, § 1º, do art. 17, é assegurada aos partidos políticos autonomia para definir sua estrutura interna e estabelecer regras sobre escolha, formação e duração de seus órgãos perma-

DIREITO ELEITORAL

nentes e provisórios e sobre sua organização e funcionamento e para adotar os critérios de escolha e o regime de suas coligações nas eleições majoritárias, vedada a sua celebração nas eleições proporcionais, sem obrigatoriedade de vinculação entre as candidaturas em âmbito nacional, estadual, distrital ou municipal, devendo seus estatutos estabelecer normas de disciplina e fidelidade partidária. *Alternativa C.*

7. (38º Exame) No ano anterior à realização de eleições para cargos eletivos federais e estaduais, os dirigentes dos partidos políticos Alfa e Gama iniciaram tratativas para se aliançarem, tanto nas eleições majoritárias como nas proporcionais, mas havia dúvida em relação ao modelo a ser utilizado. Após consultarem a legislação de regência, concluíram corretamente que deveriam formar:

(A) coligação, que se extinguirá ao fim do prazo para o ajuizamento da ação de impugnação de mandato eletivo.

(B) gestão colegiada, somente utilizada nas eleições proporcionais, que deve perdurar até o fim do prazo do mandato eletivo obtido.

(C) ajuntamento partidário, que se extinguirá após a diplomação dos eleitos.

(D) federação, sendo que os partidos devem permanecer filiados por no mínimo quatro anos, contados da data do respectivo ingresso.

RESPOSTA Diz o artigo 6º da Lei 9.504/97 (Lei das Eleições) que é facultado aos partidos políticos, dentro da mesma circunscrição, celebrar coligações para eleição majoritária. Diz ainda o artigo 11-A da Lei 9.096/95 (Lei dos Partidos Políticos) que dois ou mais partidos políticos poderão reunir-se em federação, a qual, após sua constituição e respectivo registro perante o Tribunal Superior Eleitoral, atuará como se fosse uma única agremiação partidária. Um dos requisitos para as federações, *vide* o §3º deste artigo, é que os partidos reunidos em federação deverão permanecer a ela filiados por, no mínimo, 4 anos. *Alternativa D.*

8. (38º Exame) Helena, filiada ao partido político Beta e candidata ao cargo de governadora do Estado Alfa, consultou seu advogado a respeito da composição dos gastos de campanha, mais especificamente se o pagamento de honorários em razão da prestação de serviços advocatícios, no curso e em razão da campanha eleitoral, teria essa natureza jurídica.

A assessoria respondeu, corretamente, que os referidos honorários:

(A) estão incluídos no limite de gastos de campanha, sendo tidos como despesas eleitorais.

(B) são considerados gastos eleitorais e não estão incluídos no limite de gastos de campanha.

(C) pela sua essência alimentar, não têm correlação com os gastos eleitorais, o que afasta a possibilidade de serem enquadrados em qualquer limitador de despesas.

(D) podem ser considerados gastos eleitorais, caso o candidato assim os declare, e estão incluídos no limite de gastos de campanha.

RESPOSTA Diz o art. 18-A da Lei das Eleições que serão contabilizadas nos limites de gastos de cada campanha as despesas efetuadas pelos candidatos e as efetuadas pelos partidos que puderem ser individualizadas. Porém, seu parágrafo único diz que os gastos advocatícios e de contabilidade referentes a consultoria, assessoria e honorários, relacionados à prestação de serviços em campanhas eleitorais e em favor destas, bem como em processo judicial decorrente de defesa de interesses de candidato ou partido político, não estão sujeitos a limites de gastos ou a limites que possam impor dificuldade ao exercício da ampla defesa. *Alternativa B.*

Direito
Financeiro

DIREITO FINANCEIRO: QUADRO GERAL DE QUESTÕES	
TEMAS	N. DE QUESTÕES
I. Ordem Econômica e Financeira	6
II. Precatórios	1
III. Controle Fiscal	1
TOTAL	8

I. ORDEM ECONÔMICA E FINANCEIRA

1. (41º Exame) O Presidente da República deve enviar, todo ano, o Projeto da Lei de Diretrizes Orçamentárias (PLDO) da União ao Congresso Nacional para ser apreciado e votado. Como projeto de lei orçamentária que é, possui especificidades em seu regime de tramitação. A CRFB/88 estabelece que o PLDO, ao chegar ao Poder Legislativo, deve ser encaminhado ao(à)

(A) Plenário do Congresso Nacional, para apreciação e votação única do PLDO em sessão conjunta de ambas as casas.

(B) Plenário da Câmara dos Deputados, para apreciação e votação em turno único, e posterior remessa ao Plenário do Senado Federal para votação do PLDO.

(C) Comissão Mista de Planos, Orçamentos Públicos e Fiscalização – CMO, para examinar e emitir parecer sobre o PLDO.

(D) Comissão de Constituição e Justiça e de Cidadania – CCJ, para examinar e emitir parecer sobre o PLDO.

RESPOSTA Na forma do art. 166, § 1º, da CRFB, caberá à comissão mista deliberar e emitir parecer sobre o PLDO. *Alternativa C.*

2. (41º Exame) O prefeito do Município Alfa, em determinado exercício financeiro, na primeira semana do seu mandato, convocou todos os seus secretários, assessores e consultores para definir a política financeira da sua gestão. Na reunião, ele questionou alguns aspectos do orçamento público municipal. Diante desse cenário, considerando que a Lei Orgânica Municipal reproduz as mesmas normas do Direito Financeiro da Constituição Federal de 1988, inclusive quanto aos prazos, assinale a opção que indica a informação que você, na qualidade de consultor(a) jurídico(o), corretamente prestou.

(A) Ele deverá usar, no primeiro ano do mandato, a Lei Orçamentária Anual (LOA), cuja proposta foi elaborada pelo prefeito antecessor e por este encaminhada à Câmara de Vereadores que a aprovou.

(B) Ele deverá editar, antes do fim do primeiro biênio de seu mandato, um decreto contendo o Plano Plurianual (PPA), que vigerá ao longo dos quatro anos subsequentes, cujo conteúdo orienta e vincula a elaboração da Lei Orçamentária Anual (LOA) e da Lei de Diretrizes Orçamentárias (LDO).

(C) Ele terá que encaminhar para a Câmara de Vereadores, até 31 de outubro do mesmo ano, o projeto da Lei Orçamentária Anual (LOA) para o exercício financeiro seguinte.

(D) Ele deverá adotar a Lei de Diretrizes Orçamentárias (LDO), que vigerá por quatro anos, a fim de acompanhar a vigência do Plano Plurianual (PPA).

RESPOSTA A lei orçamentária anual é aprovada para vigência no ano seguinte ao da sua aprovação. Nesse sentido, o art. 35, § 2º, III, do ADCT estabelece o prazo para o envio do projeto de lei orçamentária ao Legislativo, veja-se: "o projeto de lei orçamentária da União será encaminhado até quatro meses antes do encerramento do exercício financeiro e devolvido para sanção até o encerramento da sessão legislativa". *Alternativa A.*

3. **(40º Exame)** O Presidente da República se quedou inerte quanto à elaboração e ao envio do projeto de Lei Orçamentária Anual (LOA) da União para aprovação do Congresso Nacional no prazo estabelecido pela CRFB/88. O Presidente do Congresso Nacional, então, assumiu a responsabilidade de elaboração de um novo projeto de LOA e de envio para tramitação e aprovação de ambas as Casas do Congresso Nacional. Nesse caso, é correto afirmar que:

(A) Caso aprovada, a referida LOA será inconstitucional por vício de iniciativa, já que é de competência privativa do Presidente da República sua elaboração e seu envio ao Congresso Nacional, não podendo o Presidente do Congresso Nacional realizar tal elaboração nem mesmo em caráter excepcional.

(B) Comprovada a inércia do Presidente da República, admite-se, de forma subsidiária, que a iniciativa do referido projeto de LOA seja exercida por pessoa diversa, a exemplo do Presidente do Congresso Nacional.

(C) Quando o Presidente da República deixa de apresentar o projeto de LOA da União no prazo legal, a CRFB/88 prevê a possibilidade de o Poder Judiciário, o Ministério Público, a Defensoria Pública e o Poder Legislativo apresentarem, autonomamente, seus respectivos projetos de orçamentos para tramitação no Congresso Nacional.

(D) A referida LOA somente não será inconstitucional, por vício de iniciativa, caso sua aprovação se dê pelo processo legislativo de aprovação de lei complementar, uma vez que, por se tratar de hipótese excepcional, a Constituição Federal de 1988 prevê um maior rigor para sua aprovação.

RESPOSTA Na forma do art. 165 da Constituição, a Lei Orçamentária é de iniciativa do Poder Executivo. *Alternativa A.*

4. **(39º Exame)** O deputado federal José, por meio das emendas individuais impositivas constitucionalmente previstas que a ele competem, deseja destinar recursos para o Município Alfa. Contudo, deseja fazê-lo por meio de repasses diretos ao referido Município, independentemente de celebração de convênio ou de instrumento congênere. Assinale a opção que indica o instrumento constitucional que ele deve adotar.

(A) Transferência especial.

(B) Transferência com finalidade definida.

(C) Transferência individual.

(D) Transferência extraordinária.

RESPOSTA De acordo com o art. 166-A, § 2º, I, da CF, correta a alternativa A.

5. **(39º Exame)** Em um determinado ano, diante de grave impasse entre o Poder Executivo federal e o Congresso Nacional, o que vem dificultando a aprovação das leis orçamentárias, e em face da relevância e urgência em autorizar a realização de uma série de despesas públicas, o chefe do Poder Executivo avalia a hipótese de adotar Medidas Provisórias para legislar sobre o tema, especialmente sobre o plano plurianual, diretrizes orçamentárias, orçamento anual, abertura de créditos suplementares, especiais e extraordinários. Diante desse cenário, à luz da CRFB/88, assinale a afirmativa correta.

(A) A Medida Provisória pode ser usada apenas para abrir crédito suplementar ou especial voltado a atender a despesas de saúde e educação.

(B) A instituição da lei de diretrizes orçamentárias e da lei do orçamento anual, em caso de urgência e relevância, pode ser feita por Medida Provisória, mas não a instituição do Plurianual.

(C) A abertura de crédito extraordinário por meio de Medida Provisória somente será admitida para atender a despesas imprevisíveis e urgentes, como as decorrentes de guerra, comoção interna ou calamidade pública.

(D) A Medida Provisória para dispor sobre qualquer matéria orçamentária, pode ser editada, desde que haja relevância e urgência, e que seja aprovada pelo Congresso Nacional no prazo de 60 (sessenta) dias.

RESPOSTA De acordo com o art. 167, § 3º, da CF, pois "a abertura de crédito extraordinário somente será admitida para atender a despesas imprevisíveis e urgentes, como as decorrentes de guerra, comoção interna ou calamidade pública, observado o disposto no art. 62". *Alternativa C.*

6. **(38º Exame)** O Presidente da República está elaborando projeto de lei que estabelece, de forma regionalizada, as diretrizes, objetivos e metas da Administração Pública federal para as despesas de capital e outras delas decorrentes e para as relativas aos programas de duração continuada. Diante desse cenário, assinale a afirmativa correta.

(A) A matéria tratada em tal projeto de lei objetiva instituir a Lei de Diretrizes Orçamentárias, a qual deve ser aprovada por quórum de maioria simples no Congresso Nacional.

DIREITO FINANCEIRO

(B) Tal projeto versa sobre a Lei de Diretrizes Orçamentárias e se submete à reserva de lei complementar.

(C) Embora institua o Plano Plurianual, tal projeto de lei necessita ser aprovado por quórum de maioria absoluta no Congresso Nacional.

(D) Trata-se de projeto de lei que institui o Plano Plurianual, a ser veiculado por meio de lei ordinária.

RESPOSTA Diz o §1º do art. 165 da CF que a lei que instituir o plano plurianual estabelecerá, de forma regionalizada, as diretrizes, objetivos e metas da administração pública federal para as despesas de capital e outras delas decorrentes e para as relativas aos programas de duração continuada. Observe o §9º do mesmo artigo, que diz que caberá à lei complementar dispor sobre o exercício financeiro, a vigência, os prazos, a elaboração e a organização do plano plurianual, da lei de diretrizes orçamentárias e da lei orçamentária anual. Trata, então, o plano plurianual de lei ordinária. Alternativa D.

II. PRECATÓRIOS

7. (38º Exame) João ganhou uma ação movida em face do Estado Gama, na qual este foi condenado a pagar o equivalente a 30 salários mínimos a título de danos morais pelo uso indevido de sua imagem em uma publicidade institucional do governo estadual. A ação transitou em julgado em 15 de julho de 2022. Seu advogado verifica que não há legislação específica estadual acerca de prazos e limites de valores sobre pagamentos pela Fazenda Pública em caso de condenação judicial. Diante desse cenário, e à luz da Constituição Federal de 1988, João receberá o valor a que tem direito

(A) por meio de precatório alimentar, que tem prioridade em relação aos demais, dentro do próprio ano do trânsito em julgado.

(B) por meio de Requisição de Pequeno Valor (RPV).

(C) por meio de precatório comum, a ser pago no ano seguinte ao do trânsito em julgado da condenação judicial.

(D) em dinheiro, no prazo máximo de 15 (quinze) dias contados da intimação da Fazenda Pública do trânsito em julgado da ação, através de transferência bancária entre a instituição financeira que administra o tesouro estadual e o banco em que João tem sua conta.

RESPOSTA O caso apresentado ao dispor sobre condenação no valor de 30 salários-mínimos configu-

ra hipótese de pagamento por meio de Requisição de Pequeno Valor (RPV). O fundamento está previsto no § 3º e § 4º do art. 100 da CF c/c o inciso I do art. 87 do ADCT. *Alternativa B.*

III. CONTROLE FISCAL

8. (40º Exame) A *Escolinha do Gol*, entidade privada sem fins lucrativos, que realiza sua função social de fomento ao esporte no Município Alfa, Estado Beta, entre os anos de 2020 a 2022, recebeu diretamente da União a quantia de R$ 100.000,00 (cem mil reais) para financiar seu programa beneficente de ensino e treinamento de futebol para crianças carentes da localidade. Pedro, administrador da instituição e técnico de futebol da escolinha, recebeu, em janeiro de 2023, uma notificação do Tribunal de Contas da União (TCU) intimando a instituição a prestar contas dos recursos recebidos no prazo de 30 (trinta) dias, sob pena da imediata devolução, acrescida de juros, correção monetária e multa. Tendo Pedro aplicado 100% dos recursos recebidos nas atividades da escolinha, contrata você, como advogado, para orientá-lo sobre a notificação. Diante desse cenário, assinale a opção que apresenta sua orientação.

(A) Por não se tratar de uma entidade pública, e sim de uma instituição privada, não se submete à fiscalização e ao controle de qualquer Tribunal de Contas.

(B) Não pode o TCU fiscalizar e controlar tais repasses, cabendo apenas ao Tribunal de Contas do Estado Beta, por ser o Município Alfa destinatário e efetivo usuário de tais recursos repassados.

(C) É devida a prestação de contas de qualquer pessoa física ou jurídica, pública ou privada que receba e utilize dinheiro público.

(D) Apenas deverão prestar contas dos recursos públicos recebidos aqueles que os aplicarem em atividade diversa da originalmente estabelecida ou que não os tenham aplicado integralmente.

RESPOSTA Como houve a transferência de verba pública federal, é cabível o controle por meio do Tribunal de Contas da União. *Vide* art. 70, parágrafo único, da Constituição Federal: "Art. 70. Parágrafo único. Prestará contas qualquer pessoa física ou jurídica, pública ou privada, que utilize, arrecade, guarde, gerencie ou administre dinheiros, bens e valores públicos ou pelos quais a União responda, ou que, em nome desta, assuma obrigações de natureza pecuniária". *Alternativa C.*

Direito
Previdenciário

DIREITO PREVIDENCIÁRIO: QUADRO GERAL DE QUESTÕES	
TEMAS	N. DE QUESTÕES
I. Beneficiários do Regime Geral de Previdência Social (RGPS)	8
TOTAL	**8**

I. BENEFICIÁRIOS DO REGIME GERAL DE PREVIDÊNCIA SOCIAL (RGPS)

1. (41º Exame) Humberto Alves, que sempre atuou como advogado autônomo, logrou aprovação em concurso público para a Advocacia Geral da União, sendo regularmente nomeado em cargo público de provimento efetivo e iniciando suas atividades na função pública em janeiro de 2023. Diante da situação hipotética narrada, assinale a afirmativa correta.

(A) Humberto permanece vinculado ao Regime Geral de Previdência Social na condição de segurado empregado, salvo se optar pelo ingresso em regime diverso.

(B) Caso Humberto já ingresse no cargo público com tempo de contribuição e idade suficientes para a aposentadoria, poderá requerer a prestação imediatamente no regime previdenciário a que estiver vinculado.

(C) Humberto, na hipótese de mudança de regime previdenciário, não poderá computar os recolhimentos previdenciários pretéritos na condição de contribuinte individual.

(D) Humberto, já na condição de servidor público federal, é automaticamente filiado ao regime próprio de previdência dos servidores federais.

RESPOSTA De acordo com o art. 40 da CF, o regime próprio de previdência social dos servidores titulares de cargos efetivos terá caráter contributivo e solidário, mediante contribuição do respectivo ente federativo, de servidores ativos, de aposentados e de pensionistas, observados critérios que preservem o equilíbrio financeiro e atuarial. *Alternativa D.*

2. (41º Exame) Em 2018, Antônio, segurado, empregado vinculado ao Regime Geral de Previdência Social, sofreu um acidente de trânsito quando voltava para sua residência. Depois de dois anos de afastamento, recebeu alta previdenciária e retornou ao trabalho. No entanto, Antônio apresenta sequelas do acidente que reduzem sua capacidade laborativa. Assinale a opção que indica o benefício previdenciário que ele poderá receber após a alta.

(A) Auxílio-acidente.

(B) Benefício por incapacidade temporária.

(C) Pecúlio previdenciário.

(D) Abono de permanência em serviço.

RESPOSTA De acordo com o art. 86 da Lei n. 8.213/91: "O auxílio-acidente será concedido, como indenização, ao segurado quando, após consolidação das lesões decorrentes de acidente de qualquer natureza, resultarem sequelas que impliquem redução da capacidade para o trabalho que habitualmente exercia". *Alternativa A.*

3. (40º Exame) José, mecânico, contando com 12 (doze) meses de contribuição para a Previdência Social, sofreu acidente de trabalho, tornando-se tetraplégico. Em razão do acidente, ficou completamente incapacitado para o trabalho. Diante dessas condições, assinale a afirmativa correta.

(A) José não terá direito à aposentadoria por incapacidade permanente, uma vez que não cumpriu a carência mínima de 24 (vinte e quatro) meses de contribuição.

(B) José, necessitando da assistência permanente de outra pessoa, terá acrescido o valor da sua aposentadoria por incapacidade permanente em até 50% (cinquenta por cento).

(C) José, caso se recupere e volte a trabalhar voluntariamente, terá sua aposentadoria cancelada automaticamente, a partir da data do retorno.

(D) José, sendo portador de doença ou lesão ao filiar-se ao Regime Geral de Previdência Social, não terá direito à aposentadoria por incapacidade permanente, ainda que a incapacidade sobrevenha, após a filiação, por motivo de progressão ou agravamento dessa doença ou lesão.

RESPOSTA De acordo com o art. 48 do Decreto n. 3.048/99: "O aposentado por incapacidade permanente que retornar voluntariamente à atividade terá a sua aposentadoria automaticamente cessada, a partir da data de seu retorno, observado o disposto no art. 179". *Alternativa C.*

4. (40º Exame) Manoel é segurado de baixa renda, tendo sido recolhido à prisão, em regime fechado, no dia 01/01/2022. Antes da prisão, ele recolheu 12 contribuições mensais à Previdência Social e tem, como único dependente, o filho Maurício, de 19 anos. Diante destas considerações, sobre o auxílio-reclusão assinale a afirmativa correta.

(A) Maurício não faz jus ao benefício do auxílio-reclusão, uma vez que seu pai, Manoel, não cumpriu a carência de 24 (vinte e quatro) meses.

(B) Maurício, apesar de Manoel cumprir a carência exigida, não faz jus ao benefício do auxílio-reclusão por possuir mais de 18 (dezoito) anos.

(C) Caso Manoel venha a exercer atividade, ainda que em regime fechado, haverá a perda do direito ao recebimento do auxílioreclusão para seu dependente.

(D) O requerimento de Manoel solicitando o auxílio-reclusão deve ser instruído com a certidão de nascimento do dependente, sem a necessidade de certidão sobre o seu recolhimento à prisão.

RESPOSTA De acordo com o art. 25, IV, da Lei n. 8.213/1991, a concessão das prestações pecuniárias do Regime Geral de Previdência Social depende dos seguintes períodos de carência, ressalvado o disposto no art. 26: "(...) IV – auxílio-reclusão: 24 (vinte e quatro) contribuições mensais". *Alternativa A.*

5. (39º Exame) Marina, empregada doméstica, é casada com Pedro, trabalhador avulso. Ambos

são pessoas de baixa renda. O casal possui 2 (dois) filhos, um com 7 (sete) anos e outro com 15 (quinze) anos, sendo este inválido. Marina contribui para a Previdência Social há 2 (dois) anos e Pedro iniciou a contribuição há 4 (quatro) meses. Diante do caso narrado, assinale a afirmativa correta.

(A) Pedro não possui a carência mínima para receber o benefício do salário-família.

(B) Marina e Pedro não fazem jus ao salário-família por possuírem um filho maior de 14 (quatorze) anos.

(C) Marina e Pedro têm direito ao benefício do salário-família, na proporção do respectivo número de filhos.

(D) Pedro, na qualidade de trabalhador avulso, não possui direito ao benefício do salário-família.

RESPOSTA De acordo com os arts. 65 e 66 da Lei n. 8.213/91. *Alternativa C.*

6. (39º Exame) Henrique e Amanda foram casados por 30 anos. Em 02/03/2022, Amanda, que era segurada obrigatória do Regime Geral de Previdência Social, veio a óbito. Henrique fez o requerimento de pensão por morte ao INSS no dia 02/05/2022. Segundo a Lei n. 8213/91, assinale a afirmativa que indica a data a partir da qual Henrique terá direito ao benefício.

(A) Do requerimento, já que foi requerido 60 dias após o óbito.

(B) Do óbito, já que foi requerido em até 90 dias após o óbito.

(C) Da decisão judicial, já que Henrique perdeu o prazo para requerer o benefício administrativamente.

(D) Do óbito, independentemente da data em que foi feito o requerimento.

RESPOSTA De acordo com o art. 74 da Lei n. 8.213/1991, a pensão por morte será devida ao conjunto dos dependentes do segurado que falecer, aposentado ou não, a contar da data: I – do óbito, quando requerida em até 180 (cento e oitenta) dias após o óbito, para os filhos menores de 16 (dezesseis) anos, ou em até 90 (noventa) dias após o óbito, para os demais dependentes. *Alternativa B.*

7. (38º Exame) Maria, empregada doméstica, deu à luz um menino. No mês em que seu filho nasceu, foram contabilizadas sete contribuições mensais feitas por ela para o Regime Geral de Previdência Social. Em relação ao salário-maternidade solicitado por Maria, assinale a afirmativa correta.

DIREITO PREVIDENCIÁRIO

(A) Ela tem direito, pois a concessão desse benefício para as empregadas domésticas independe de carência.

(B) Ela terá direito, desde que contribua por mais três meses para o Regime Geral de Previdência Social.

(C) Ela não tem direito, já que não cumpriu o período de carência para a concessão do benefício.

(D) Ela não tem direito, pois as empregadas domésticas não podem gozar desse benefício.

RESPOSTA A doméstica é uma das situações prevista em lei que dispensa a carência para o recebimento do salário maternidade, senão vejamos o que está na Lei 8.213/91: Art. 26. Independe de carência a concessão das seguintes prestações: VI – salário-maternidade para as seguradas empregada, trabalhadora avulsa e empregada doméstica. E o que diz o Decreto 2048/99? Segundo o art. 30, independe de carência a concessão das seguintes prestações: II - salário-maternidade, para as seguradas empregada, empregada doméstica e trabalhadora avulsa. *Alternativa A.*

8. (38º Exame) Manoel, empresário do segmento de alimentação, desempenha suas atividades como sócio administrador de sua sociedade empresária, a qual desenvolve suas atividades em mais de uma cidade, recebendo seu pró-labore regularmente. Além da condição de empresário, Manoel também é engajado em diversas ações voluntárias em prol de pessoas carentes. Diante dessa realidade, sobre os direitos previdenciários de Manoel assinale a afirmativa correta.

(A) Devido à atividade beneficente de Manoel, ele poderá verter contribuições ao Regime Geral de Previdência Social na condição de facultativo, além de seus aportes como empresário.

(B) Na condição de empresário administrador de sua sociedade empresária, Manoel é segurado obrigatório do Regime Geral de Previdência Social, como contribuinte individual.

(C) Manoel, na condição de administrador de sua sociedade, não poderá aposentar-se por invalidez, tendo em vista a prestação ser restrita a segurados empregados, somente.

(D) Manoel, caso encerre suas atividades profissionais, não poderá manter recolhimentos ao Regime Geral de Previdência Social, haja vista a perda da qualidade de segurado.

RESPOSTA Veja que os segurados que são obrigatórios do INSS estão descritos no art. 9º da Lei 8.213/91 e o contribuinte individual, que é o caso pergunta está no inciso V, bem como regulamentado pelo art. 9º, inciso V do Decreto 3048/99: Art. 9º São segurados obrigatórios da previdência social as seguintes pessoas físicas: V - como contribuinte individual: e) desde que receba remuneração decorrente de trabalho na empresa: 4. o sócio solidário, o sócio gerente, o sócio cotista e o administrador, quanto a este último, quando não for empregado em sociedade limitada, urbana ou rural". *Alternativa B.*